TEORIA GERAL
DO DIREITO CIVIL

O GEN | Grupo Editorial Nacional – maior plataforma editorial brasileira no segmento científico, técnico e profissional – publica conteúdos nas áreas de concursos, ciências jurídicas, humanas, exatas, da saúde e sociais aplicadas, além de prover serviços direcionados à educação continuada.

As editoras que integram o GEN, das mais respeitadas no mercado editorial, construíram catálogos inigualáveis, com obras decisivas para a formação acadêmica e o aperfeiçoamento de várias gerações de profissionais e estudantes, tendo se tornado sinônimo de qualidade e seriedade.

A missão do GEN e dos núcleos de conteúdo que o compõem é prover a melhor informação científica e distribuí-la de maneira flexível e conveniente, a preços justos, gerando benefícios e servindo a autores, docentes, livreiros, funcionários, colaboradores e acionistas.

Nosso comportamento ético incondicional e nossa responsabilidade social e ambiental são reforçados pela natureza educacional de nossa atividade e dão sustentabilidade ao crescimento contínuo e à rentabilidade do grupo.

BRUNO MIRAGEM

TEORIA GERAL DO DIREITO CIVIL

- O autor deste livro e a editora empenharam seus melhores esforços para assegurar que as informações e os procedimentos apresentados no texto estejam em acordo com os padrões aceitos à época da publicação, e todos os dados foram atualizados pelo autor até a data de fechamento do livro. Entretanto, tendo em conta a evolução das ciências, as atualizações legislativas, as mudanças regulamentares governamentais e o constante fluxo de novas informações sobre os temas que constam do livro, recomendamos enfaticamente que os leitores consultem sempre outras fontes fidedignas, de modo a se certificarem de que as informações contidas no texto estão corretas e de que não houve alterações nas recomendações ou na legislação regulamentadora.

- Fechamento desta edição: *04.03.2021*

- O Autor e a editora se empenharam para citar adequadamente e dar o devido crédito a todos os detentores de direitos autorais de qualquer material utilizado neste livro, dispondo-se a possíveis acertos posteriores caso, inadvertida e involuntariamente, a identificação de algum deles tenha sido omitida.

- **Atendimento ao cliente:** (11) 5080-0751 | faleconosco@grupogen.com.br

- Direitos exclusivos para a língua portuguesa
  Copyright © 2021 *by*
  Editora Forense Ltda.
  Uma editora integrante do GEN | Grupo Editorial Nacional
  Travessa do Ouvidor, nº 11 – 8º andar – Centro
  Rio de Janeiro / RJ – CEP 20040-040
  www.grupogen.com.br

- Reservados todos os direitos. É proibida a duplicação ou reprodução deste volume, no todo ou em parte, em quaisquer formas ou por quaisquer meios (eletrônico, mecânico, gravação, fotocópia, distribuição pela Internet ou outros), sem permissão, por escrito, da Editora Forense Ltda.

- Capa: Fabricio Vale
- Imagem de capa: Wassily Kandinsky, Composition 7 (1913) – Galeria Tretyakov, Moscou, Rússia.

- **CIP – BRASIL. CATALOGAÇÃO NA FONTE.**
  SINDICATO NACIONAL DOS EDITORES DE LIVROS, RJ.

M636t

Miragem, Bruno

Teoria Geral do Direito Civil / Bruno Miragem. – 1. ed. – Rio de Janeiro: Forense, 2021.

Inclui bibliografia
ISBN 978-65-596-4078-2

1. Direito civil – Brasil. I. Título.

21-69715 CDU: 347(81)

Leandra Felix da Cruz Candido – Bibliotecária – CRB-7/6135

A Amanda, Francisco e Joaquim José.

Aos meus mestres.

Aos meus alunos.

SOBRE O AUTOR

Professor da Faculdade de Direito da Universidade Federal do Rio Grande do Sul (UFRGS). Professor permanente do Programa de Pós-graduação em Direito da UFRGS (PPGD/UFRGS). Doutor e Mestre em Direito. Advogado e parecerista.

APRESENTAÇÃO

O direito civil resulta da cultura de um povo, expressa-lhe a identidade: eis a ideia base que marca sua história milenar. Todavia, é direito vivo, porquanto seus institutos, com marcas firmes da tradição jurídica, legitimam-se a cada etapa pela correção e utilidade das soluções que propõem. Em especial nos dias atuais, nada se afirma pela simples invocação da autoridade – que afinal é expressão cujo sentido não se compreende na força, mas na persuasão. Não basta apenas trazer-se a lei e só a lei, sem compreender as razões que levaram a editá-la de um modo ou de outro; tampouco que o direito tem este ou aquele sentido, porque assim decidem as cortes superiores, ou porque defende certa doutrina. O melhor estudo do direito hoje se dá ao tomar tudo isso em conjunto. Sobre as fontes o intérprete – seja estudante ou profissional das diversas carreiras – examina os fundamentos nos quais se baseiam diferentes orientações, tomando para si o que vem a lhe convencer e sustentar seu entendimento.

Daí a questão: qual o espaço para uma teoria geral do direito civil neste contexto? Como tal se designa, comumente, na tradição jurídica brasileira, três objetos distintos, que se complementam: primeiro uma *compreensão propriamente teórica* do direito civil, ligada à história e aos vários sistemas jurídicos que influenciam da formação ao estágio atual do direito nacional; igualmente sua *dogmática*, vinculada à parte geral do Código Civil, cujos institutos não são meramente conceituais, mas normativos, aplicando-se ao direito privado e a todos os ramos do direito; e é *introdução* ao direito civil, para o que cumpre a função de persuasão, sobretudo do estudante, apresentando sua importância e articulando o conteúdo com as outras matérias que o integram.

A tudo isso esta obra pretende servir. Deve ser útil ao conhecimento prático do direito civil e sua localização no sistema jurídico, suas questões e exigências atuais. Mas, sobretudo, para compreendê-lo em sua integridade, de como se formou e ora se move a renovação e resposta de novos problemas que resultam das transformações contemporâneas.

Publica-se agora o que há muito tempo foi concebido idealmente. Toma forma no exato momento em que seu autor completa vinte anos de docência. Nestes anos todos, a par de outras várias disciplinas, sempre como professor da *teoria geral* – inicialmente nos cursos de graduação, e já em metade deste tempo, na pós-graduação *stricto sensu* (mestrado e doutorado). Soma-se a isso a admiração do advogado, que sempre encontrou na teoria geral do direito civil soluções para os problemas mais complexos, tanto do direito privado quanto do direito público.

Um registro especial de agradecimento à Editora Forense pela acolhida deste e de outros volumes do direito civil (*Responsabilidade civil* e *Direito das obrigações*), assim como o trabalho criterioso de sua qualificada equipe.

Espera-se que o resultado seja bem recebido. Assim como em outros estudos sobre o direito civil já publicados, tem uma certa compreensão sobre seu significado no sistema jurídico brasileiro, suas relações com outras disciplinas e com a própria Constituição da República. Há no direito civil um compromisso ético com a ordenação da vida comum, e a promoção da liberdade e da igualdade, da segurança jurídica e do desenvolvimento social. Para tudo isso se exige o domínio da técnica, mas com uma visão para além do jurídico estrito. É da vida que o direito civil se forma, e se forma para a vida. Disso cumpre à teoria geral do direito civil expressar e sistematizar estes conceitos, de modo compreensível e o mais completo possível. *Qui bene distinguit bene docet.*

Porto Alegre, março de 2021.

Bruno Miragem

SUMÁRIO

CAPÍTULO I – O LUGAR DO DIREITO CIVIL NO SISTEMA JURÍDICO CONTEMPORÂNEO 1
1. O que é o direito civil? 1
2. Como estudar o direito civil? 5
3. Direito público e direito privado: o direito civil como disciplina central do direito privado 6
4. A teoria geral do direito civil como base do sistema de direito privado 8
   4.1. Direito civil e as outras disciplinas do direito privado 9
   4.2. As funções da teoria geral do direito civil 11
   4.3. Direito civil e direito comparado 12
      4.3.1. O direito brasileiro e o direito comparado 13
      4.3.2. Método de comparação jurídica 15
      4.3.3. Recepção e circulação de modelos jurídicos 18
5. Fundamentos do direito civil contemporâneo 22
   5.1. Proteção da personalidade e seus atributos 23
   5.2. Autonomia privada 24
   5.3. Responsabilidade por danos 25
   5.4. Proteção da confiança 27
   5.5. Propriedade e sua função social 29
   5.6. Proteção da família 32
   5.7. O direito à sucessão por morte 34
6. Fontes do direito civil contemporâneo 35
   6.1. Lei 36
   6.2. Princípios jurídicos 37
   6.3. Autonomia privada 39
   6.4. O costume e os usos 40
   6.5. Jurisprudência 42
7. Direito civil e ordenação econômica 43

CAPÍTULO II – A FORMAÇÃO HISTÓRICA DO DIREITO CIVIL BRASILEIRO..... 45

1. O direito romano como origem histórica do direito civil.................................. 45
2. A recepção do direito romano na Idade Média 48
3. Da interpretação do direito romano à formação do direito civil moderno 50
4. As codificações civis.. 52
5. Origem e desenvolvimento do direito civil brasileiro 56
   5.1. O legado do direito português.. 56
   5.2. O direito civil brasileiro anterior à codificação.. 59
   5.3. O Projeto de Clóvis Beviláqua e o Código Civil de 1916........................ 62
   5.4. Das iniciativas de reforma do Código de 1916 ao Código Civil de 2002 .. 63
   5.5. O Código Civil de 2002.. 65

CAPÍTULO III – O DIREITO CIVIL E OS DIREITOS FUNDAMENTAIS.................... 69

1. A universalização dos direitos humanos e sua repercussão no direito privado... 69
2. A definição jurídica de pessoa humana e sua proteção pelo direito privado....... 72
3. Constituição e direito civil... 74
4. O direito civil e os novos direitos 77
5. Direito privado, igualdade e proteção contra discriminação 81

CAPÍTULO IV – ELEMENTOS FUNDAMENTAIS DO SISTEMA DE DIREITO PRIVADO NO CÓDIGO CIVIL.. 85

1. O direito privado como sistema aberto... 85
2. As cláusulas gerais 87
3. Direito civil e lacunas do ordenamento 90
4. A unificação das obrigações civis e comerciais 92

CAPÍTULO V – SITUAÇÕES JURÍDICAS E A RELAÇÃO JURÍDICA DE DIREITO CIVIL... 97

1. Situação jurídica e relação jurídica 97
   1.1. Situações jurídicas 100
       1.1.1. Espécies de situações jurídicas.. 101
           1.1.1.1. Situações abstratas e concretas...................................... 101
           1.1.1.2. Situações jurídicas simples e complexas....................... 102
           1.1.1.3. Situações jurídicas unissubjetivas e plurissubjetivas ... 102
           1.1.1.4. Situações jurídicas uniposicionais e situações relacionais 102
           1.1.1.5. Situações jurídicas patrimoniais e existenciais............. 103
           1.1.1.6. Situações jurídicas ativas e passivas.............................. 104

			1.1.1.7.	Situações jurídicas pessoais e reais.................................	105
	1.2.	Relações jurídicas			105
2.	Eficácia das situações e relações jurídicas em direito privado.........................				107
	2.1.	Eficácia das posições jurídicas ativas...			107
		2.1.1.	Direito subjetivo..		107
			2.1.1.1.	Formação histórica da noção de direito subjetivo......	107
			2.1.1.2.	Definição de direito subjetivo..	110
			2.1.1.3.	Espécies de direitos subjetivos......................................	111
				2.1.1.3.1. Direitos subjetivos propriamente ditos e direitos potestativos.....................................	111
				2.1.1.3.2. Outras classificações.................................	113
		2.1.2.	Poderes e faculdades..		114
		2.1.3.	Exceções		115
		2.1.4.	Interesses jurídicos...		116
	2.2.	Eficácia das posições jurídicas passivas..			117
		2.2.1.	Deveres e obrigações		118
		2.2.2.	Sujeições..		119
		2.2.3.	Ônus...		119
3.	Institutos jurídicos				119

CAPÍTULO VI – PESSOA E PERSONALIDADE NO DIREITO CIVIL.................. 121

1.	Pessoa e personalidade					121
	1.1.	A pessoa natural..				122
		1.1.1.	Aquisição da personalidade..			123
			1.1.1.1.	A proteção jurídica do nascituro...................................		126
			1.1.1.2.	A proteção jurídica do embrião humano		129
		1.1.2.	Extinção da personalidade da pessoa natural...................			130
			1.1.2.1.	Presunção de morte		131
				1.1.2.1.1.	Morte presumida	132
				1.1.2.1.2.	Morte presumida com decretação de ausência..	133
					1.1.2.1.2.1. Sucessão provisória	134
					1.1.2.1.2.2. Sucessão definitiva.............	136
			1.1.2.2.	Comoriência		137
2.	Estado da pessoa..					137
	2.1.	Questões atuais sobre os estados da pessoa: diversidade e vulnerabilidade..				138

	2.2	Características do estado da pessoa e as ações de estado............	140
3.	Capacidade de fato ou de exercício da pessoa natural...........................		140
	3.1.	Incapacidade absoluta..	142
	3.2.	Incapacidade relativa...	144
		3.2.1. Os maiores de dezesseis e menores de dezoito anos....	144
		3.2.2. Os ébrios habituais e os viciados em tóxicos.................	145
		3.2.3. Os que por causa transitória ou permanente não puderem exprimir vontade...	145
		3.2.4. Os pródigos...	146
	3.3.	Representação e assistência dos incapazes................................	147
	3.4.	Aquisição da capacidade plena..	149
		3.4.1. Emancipação...	149
		3.4.2. Outras causas legais de aquisição de capacidade plena.....	149
	3.5.	As pessoas com deficiência e sua tutela jurídica......................	151
		3.5.1. Tomada de decisão apoiada..	153
		3.5.2. Curatela da pessoa com deficiência...............................	154
	3.6.	A situação jurídica dos índios...	155

CAPÍTULO VII – A PROTEÇÃO DA PESSOA NO DIREITO PRIVADO: OS DIREITOS DA PERSONALIDADE.. 159

1.	Introdução histórica	159
2.	Os direitos da personalidade no direito brasileiro..................................	164
3.	Direitos da personalidade, direitos humanos e direitos fundamentais.....	166
4.	Fundamento dos direitos da personalidade em outros sistemas jurídicos.....	168
5.	Técnica legislativa e direitos da personalidade.......................................	175
6.	Características dos direitos da personalidade..	176
	6.1. Oponibilidade *erga omnes*..	177
	6.2. Intransmissibilidade	177
	6.3. Imprescritibilidade..	177
	6.4. Extrapatrimonialidade	178
	6.5. Vitaliciedade	178
	6.6. Indisponibilidade...	179
7.	Modos de proteção dos direitos da personalidade.................................	184
8.	Classificação dos direitos da personalidade...	186
	8.1. Direitos de integridade física	189
	8.1.1. Direito à vida...	189
	8.1.2. Direito à integridade do corpo.......................................	191

8.2.	Direitos de integridade moral			198
	8.2.1.	Direito à identidade e ao nome		198
	8.2.2.	Direito à honra		201
	8.2.3.	Direito à imagem		209
	8.2.4.	Direito à vida privada e à intimidade		212
		8.2.4.1.	Direito de proteção de dados pessoais	217
		8.2.4.2.	Direitos subjetivos do titular de dados pessoais	224
	8.2.5.	Direitos morais de autor		226

CAPÍTULO VIII – A PESSOA JURÍDICA NO DIREITO PRIVADO 229

1.	O desenvolvimento do conceito de pessoa jurídica e sua justificação			229
2.	Modo de atuação da pessoa jurídica			238
3.	A finalidade da pessoa jurídica e os efeitos de sua atuação			239
4.	A capacidade civil das pessoas jurídicas e o problema da sua responsabilidade delitual			243
5.	A aquisição da personalidade da pessoa jurídica de direito privado			246
6.	Espécies de pessoas jurídicas			247
	6.1.	Pessoas jurídicas de direito público		248
		6.1.1.	Responsabilidade civil das pessoas jurídicas de direito público	251
	6.2.	Pessoas jurídicas de direito privado		255
		6.2.1.	Associações	255
			6.2.1.1. Dimensão constitucional: a liberdade de associação	255
			6.2.1.2. Definição	257
			6.2.1.3. Constituição, estrutura e funcionamento	258
			6.2.1.3.1. O estatuto	258
			6.2.1.3.2. A relação de associação e a posição jurídica do associado	262
			6.2.1.4. Extinção	264
		6.2.2.	Fundações	265
			6.2.2.1. Constituição, estrutura e funcionamento	267
			6.2.2.2. Extinção	270
		6.2.3.	Sociedades	271
		6.2.4.	Organizações religiosas	276
		6.2.5.	Partidos políticos	279
		6.2.6.	Empresas individuais de responsabilidade limitada	280
		6.2.7.	Pessoas jurídicas de direito privado integrantes da Administração Pública	282

7. Autonomia patrimonial e desconsideração da personalidade jurídica 284
   7.1. Fundamentos da desconsideração da personalidade jurídica 286
   7.2. Pressupostos do abuso da personalidade jurídica: desvio de finalidade ou confusão patrimonial 291
   7.3. A denominada "desconsideração inversa" 295
   7.4. Efeitos da desconsideração da personalidade jurídica 298
   7.5. Desconsideração da personalidade jurídica e extensão legal da responsabilidade de sócios ou administradores 299
   7.6. O incidente de desconsideração da personalidade jurídica 307
8. Os entes não personificados 307
9. Extinção da pessoa jurídica 315

CAPÍTULO IX – DOMICÍLIO 319

1. Domicílio da pessoa natural 320
2. Domicílio da pessoa jurídica 323
3. Domicílio especial do contrato 323

CAPÍTULO X – OBJETO DO DIREITO: O REGIME DOS BENS 325

1. Os bens como objeto de relações e situações jurídicas de direito privado 326
2. *Status* jurídico dos animais 329
3. Classificação dos bens 333
   3.1. Bens móveis e imóveis 333
   3.2. Bens fungíveis e infungíveis 338
   3.3. Bens materiais e imateriais 339
   3.4. Bens consumíveis e não consumíveis 340
   3.5. Bens divisíveis e indivisíveis 341
   3.6. Bens singulares e coletivos 342
   3.7. Bens principais e acessórios 344
      3.7.1. Pertenças 345
      3.7.2. Frutos, produtos ou rendimentos 347
      3.7.3. Benfeitorias 349
   3.8. Bens públicos 350
4. Bem de família 353
5. Outras classificações: meio ambiente e bens culturais 358
6. A tutela jurídica do patrimônio pelo direito privado 358

CAPÍTULO XI – A DINÂMICA DAS RELAÇÕES JURÍDICAS: OS FATOS JURÍDICOS 363

1. A juridicização dos fatos da vida no direito privado 363
2. Classificação dos fatos jurídicos 365
   - 2.1. Fatos jurídicos *stricto sensu* 366
   - 2.2. Atos jurídicos 367
   - 2.3. Atos-fatos jurídicos 368
   - 2.4. Fatos jurídicos ilícitos 369

CAPÍTULO XII – NEGÓCIO JURÍDICO 371

1. Importância e delimitação conceitual 371
2. A função da vontade na celebração do negócio jurídico 373
3. Existência, validade e eficácia do negócio jurídico 376
4. Elementos do negócio jurídico 379
   - 4.1. A manifestação da vontade 380
     - 4.1.1. O silêncio como manifestação de vontade 382
     - 4.1.2. Reserva mental 383
   - 4.2. A finalidade negocial e a causa do negócio jurídico 384
5. Requisitos de validade do negócio jurídico 388
   - 5.1. Capacidade do agente 388
   - 5.2. Licitude, possibilidade e determinação do objeto 390
   - 5.3. Forma 393
6. Classificação dos negócios jurídicos 395
   - 6.1. Negócios unilaterais, bilaterais ou plurilaterais 396
   - 6.2. Negócios típicos e atípicos 397
   - 6.3. Negócios jurídicos onerosos e gratuitos 398
   - 6.4. Negócios jurídicos entre vivos (*inter vivos*) e a causa de morte (*mortis causa*) 399
   - 6.5. Negócios jurídicos consensuais e reais 400
   - 6.6. Negócios solenes e não solenes 400
   - 6.7. Negócios puros, condicionais, a termo ou modais 401
   - 6.8. Negócios simples, complexos ou coligados 402
   - 6.9. Negócios causais e negócios abstratos 403
   - 6.10. Negócios diretos e indiretos. Negócios fiduciários 403
7. Interpretação do negócio jurídico 405
8. Representação 410
   - 8.1. Representação legal e voluntária 412

8.2.	Procuração e mandato	413
8.3.	Efeitos da representação	414
8.4.	Aparência de representação	416
8.5.	Negócio jurídico consigo mesmo	417

9. Modalidades e eficácia do negócio jurídico: Condição, termo e encargo 419
 9.1. Condição 419
  9.1.1. Espécies de condições 421
   9.1.1.1. Condições suspensivas e resolutivas 421
   9.1.1.2. Condições casuais e condições potestativas 424
   9.1.1.3. Condições lícitas ou ilícitas, possíveis ou impossíveis. Condições contraditórias 425
  9.1.2. Efeitos da condição no tempo 427
 9.2. Termo 429
  9.2.1. Espécies de termo 429
  9.2.2. Termo e prazo 430
 9.3. Encargo ou modo 432

10. Defeitos do negócio jurídico 433
 10.1. Erro 435
  10.1.1. Características do erro invalidante 436
  10.1.2. Transmissão errônea da vontade por meios interpostos 440
  10.1.3. Consequências do erro 441
 10.2. Dolo 442
  10.2.1. Dolo como vício do consentimento que invalida o negócio jurídico 442
  10.2.2. Dolo da contraparte do negócio jurídico, do seu representante ou de terceiro 444
  10.2.3. Dolo bilateral 445
 10.3. Coação 446
  10.3.1. Pressupostos da coação invalidante 447
  10.3.2. Coação exercida por terceiro 449
  10.3.3. Coação e representação 449
 10.4. Estado de perigo 450
 10.5. Lesão 452
 10.6. Fraude contra credores 454
  10.6.1. Pressupostos da fraude contra credores 456
  10.6.2. Negócios jurídicos gratuitos e onerosos 457
  10.6.3. Sanções para a fraude a credores 458

	10.6.4.	Legitimação para ação anulatória...	459
	10.6.5.	Pagamento antecipado de dívidas e concessão fraudulenta de garantia...................	460
	10.6.6.	Fraude contra credores e fraude à execução...	461
10.7	Prazo para a anulação em razão de defeito do negócio jurídico.............	462
11.	Nulidade e anulabilidade do negócio jurídico..	462
11.1.	Invalidade e inexistência do negócio jurídico	466
11.2.	Espécies de nulidade...	468
11.3.	Causas de nulidade	469
	11.3.1.	Incapacidade absoluta do agente..	469
	11.3.2.	Objeto ilícito, impossível ou indeterminável..................................	469
	11.3.3.	Motivo ilícito comum a ambas as partes..	470
	11.3.4.	Preterição de solenidade considerada essencial por lei.................	471
	11.3.5.	Fraude à lei..	471
	11.3.6.	Previsão expressa ou proibição por lei...	472
	11.3.7.	Simulação..	472
		11.3.7.1. Espécies de simulação..	474
		11.3.7.2. A proteção dos terceiros de boa-fé...........................	475
		11.3.7.3. Prova da simulação...	476
11.4.	Causas de anulabilidade..	476
11.5.	Confirmação do negócio jurídico anulável	477
11.6.	Conversão do negócio jurídico...	478

CAPÍTULO XIII – DOS ATOS ILÍCITOS.. 481

1. Pressupostos lógicos da definição de ato ilícito... 481
   1.1. Contrariedade à lei e contrariedade a direito.. 485
   1.2. O modelo de ilicitude no direito civil brasileiro.. 487
       1.2.1. Ilicitude culposa: art. 186 do Código Civil.................................... 487
           1.2.1.1. Ação ou omissão culposa.. 487
           1.2.1.2. A violação do direito 490
           1.2.1.3. A causação do dano.. 490
       1.2.2. Abuso do direito.. 491
           1.2.2.1. Formação histórico-dogmática...................................... 493
           1.2.2.2. Concepções do abuso do direito 495
           1.2.2.3. Elemento caracterizadores do abuso do direito.......... 496
   1.3. Excludentes de ilicitude... 500

		1.3.1.	Legítima defesa	500
		1.3.2.	Exercício regular de um direito	501
		1.3.3.	Remoção de perigo iminente (estado de necessidade)	502

CAPÍTULO XIV – PRESCRIÇÃO E DECADÊNCIA 505

1. A repercussão do tempo sobre as situações jurídicas 505
2. Fundamento da prescrição e da decadência: a segurança jurídica 506
3. A prescrição e suas características 509
4. Termo inicial do prazo prescricional 511
5. Causas de impedimento, suspensão e interrupção do prazo prescricional 513
    - 5.1. Causas de impedimento e suspensão 513
    - 5.2. Causas de interrupção 515
6. Os prazos prescricionais 517
7. Imprescritibilidade 521
8. A decadência e suas características 522
9. Os prazos decadenciais 523

CAPÍTULO XV – DA PROVA DOS FATOS JURÍDICOS 525

1. Significado e abrangência da prova dos fatos jurídicos 525
2. Confissão 525
3. Documento 526
4. Testemunha 530
5. Presunção 532
6. Perícia 533

BIBLIOGRAFIA 535

Capítulo I
O LUGAR DO DIREITO CIVIL NO SISTEMA JURÍDICO CONTEMPORÂNEO

1. O QUE É O DIREITO CIVIL?

A investigação sobre os sentidos do vocábulo "Direito" remete a diversos significados. Geralmente associa-se ao modo como se exterioriza, e neste sentido, vincula Direito e Lei, esta última como o comando do Estado destinado a ordenar a vida social. De outro modo, a noção de Direito também se vincula a um sentido de correção moral. É a aspiração do justo, do correto, segundo valores ético-sociais assentes na comunidade. Neste sentido é a aproximação entre o Direito e a Moral, cujo traço distintivo, contudo, faz-se perceber na cogência dos comandos que caracteriza o primeiro. O Direito, assim, é expressão da forma como a comunidade humana dispôs sobre a ordenação de suas relações intersubjetivas. Os seres humanos são gregários, isto é, dependem da convivência com outros de mesma espécie, assim também como os demais seres vivos e inanimados que integram o ambiente. Diz-se: *ubi societas ibi ius* ("onde há sociedade há direito). Esta vida de relações compreenderá distintos interesses e aspirações de cada indivíduo, por vezes conflitantes, e daí o Direito emergir como elemento que assegura a compatibilização dos interesses individuais e comunitários.

Por outro lado, o modo como se percebe o Direito varia segundo concepções ideais de cada um. Firmou-se na tradição do direito ocidental a distinção entre o Direito positivo e o Direito natural. Por direito positivo (*ius positum*), direito posto, o conjunto de normas que disciplinam a vida social, condicionado no tempo e no espaço. Resulta da cultura de um povo a certo tempo, e aí encontra seu fundamento de legitimidade.

Por outro lado, o Direito natural, compreendido a partir de distintas escolas de pensamento ao longo da história, ressalta a existência de um sentido de correção da conduta humana e do ideal do justo que é independente da cultura e preexistente às normas e ao Direito positivo. Sua origem, conforme as várias linhas de compreensão, reconduz a um fundamento divino (o direito dado por uma entidade sobrenatural), ou segundo regras morais universais descobertas e sistematizadas pela razão humana.

Estas concepções se refletem na formação do direito contemporâneo. O Direito positivo neste sentido, em diversos aspectos, repousa o fundamento de suas normas que disciplinam a vida de relações em máximas morais com origens no Direito natural, como é o caso, por exemplo, dos direitos da personalidade, que são reconhecidos como de titularidade de qualquer indivíduo pelo simples fato de ser pessoa humana (vida, integridade física e moral, p. ex.).

A pergunta fundamental a ser respondida desde logo para aquele que se dispõe a tomar como objeto de estudo: afinal, o que é o direito civil? Uma resposta mais completa, naturalmente, terá lugar a partir do aprofundamento do estudo e exame de seus elementos constitutivos. Porém, alguns aspectos podem ser já mencionados. O direito civil tem sua origem histórica no direito romano, formado a partir do século II antes de Cristo. Já naquela época, tinha por objeto as relações interpessoais que se estabeleciam prioritariamente segundo o interesse das partes, na satisfação de suas necessidades e aspirações, razão pela qual pautava-se pelo reconhecimento da vontade individual e da função dos institutos que se foram construindo, paulatinamente, para organizar a vida cotidiana.

O direito civil (*ius civilis*) constitui-se, originalmente, como o direito aplicável aos cidadãos de Roma, em contraposição ao direito das gentes (*ius gentium*), aplicável aos indivíduos pertencentes aos outros povos sob o domínio do Império romano. Historicamente, alocou-se sob o direito civil série de institutos representativos das relações pessoais e patrimoniais do indivíduo, de modo a ser comum dizer-se que do nascimento da pessoa até sua morte, estará, sem intervalo, participando de situações disciplinadas pelo direito civil.

Daí a referência de que o direito civil compreende "a disciplina da vida cotidiana do homem comum".[1] De fato, a pessoa humana, ao ser concebida, já passa a ser objeto de tutela pelo direito civil em suas relações fundamentais. Ao nascer, tanto a relação de filiação e seus efeitos, quanto a tutela de sua personalidade e sua integridade psicofísica se estabelecem, prioritariamente, segundo normas de direito civil. A família e suas relações internas e externas se encontram sob a disciplina do direito civil. Com o passar do tempo e o desenvolvimento físico e mental da pessoa, ela reduzirá gradualmente sua dependência da família, tornando-se apta a atuar na vida de relações, buscando sua realização pessoal por intermédio da satisfação de interesses existenciais e patrimoniais. Poderá a pessoa formar sua própria família, celebrar contratos, adquirir e gerir patrimônio, todas situações objeto do direito civil. Da mesma forma, a disciplina da liberdade e de realização do seu projeto de vida, não lhe afasta de certos deveres da convivência humana, de respeito ao outro e, eventualmente, diante da falha no atendimento a este dever e a violação dos interesses legítimos de outros, a imputação de responsabilidade pelos prejuízos que vier a causar, o que nas relações civis se estabelecem – como regra – pela imposição da obrigação de reparar os danos causados. Por fim, ocupa-se o direito civil de regular as situações jurídicas advindas do fim da pessoa, a partir da sua morte, o que importa tanto na adequada destinação do patrimônio formado em vida, quanto na tutela de sua personalidade após a morte.

Para tanto, se costuma dividir o direito civil em partes distintas, espécies de subáreas, a contemplar a diversidade de relações atinentes à pessoa. O **direito de família** regula as relações familiares da pessoa, tanto aquelas que decorre de lei, segundo critério de origem tributário do *ius sanguinis* presente no direito romano – relações de filiação, e colaterais (irmãos, tios, primos), que se estabelecem segundo origem genética – quanto relações que se formem a partir da vontade humana, como é o caso do casamento e união estável, da adoção e todas as formas que atualmente se admite como passíveis de relações familiares a partir do reconhecimento jurídico do afeto.

O **direito das obrigações**, de sua vez, disciplina a dinâmica das relações em que a pessoa se vincula a outra segundo sua própria vontade, ou ainda, em situações nas quais a lei impõe comportamentos a serem adotados na satisfação de interesses da outra parte. Sob o direito das obrigações está a disciplina dos contratos, já mencionados como espécie de veste jurídica de uma operação econômica, afinal, trata-se todo o contrato de uma operação de troca entre duas ou mais pessoas,[2] que tem por efeito a modificação do seu patrimônio original. E também sob as obrigações encontra-se a responsabilidade civil, cuidando de situações nas quais se impõe a alguém que tenha causado um dano a outra pessoa, o dever de repará-lo. Cuida o direito

---

[1] Carlos Alberto Mota Pinto, *Teoria geral do direito civil*. 4ª ed. Coimbra: Coimbra Editora 2005, p. 58.
[2] Vicenzo Roppo, *Il contrato*. Milano: Giuffrè, 2011, p. 397; Cesare Massimo Bianca. *Diritto civile*, t. 3. Il contrato. 2. ed. Milano: Giuffrè, 2000, p. 473.

das obrigações, portanto, da circulação de bens e interesses entre patrimônios, para o que terá predominantemente conteúdo econômico, sem prejuízo do propósito comum de tutela de interesses patrimoniais e existenciais. Em outros termos, por vezes ter-se-á também o contrato, a imposição do dever de indenizar, ou outra forma de tutela da pessoa, destinada a atender a um interesse insuscetível de avaliação econômica.

Outra parte do objeto do direito civil compreende os denominados **direitos reais**, também chamado direito das coisas, em decorrência de simples tradução do latim (*res* = coisas). Destina-se a disciplinar a gestão do patrimônio. Vale dizer, é a parte do direito civil que disciplina a relação da pessoa e seu patrimônio, e sua proteção em relação aos demais. Adquirir e manter patrimônio é uma necessidade da pessoa com vista ao atendimento da necessidade de subsistência. Observa-se, a partir disso, uma tendência de acumulação, de modo que diante de suas possibilidades as pessoas adquirem e acumulam patrimônio, visando assegurar o futuro, ou simplesmente atender a novos interesses que passem a desenvolver. A propriedade é o direito da pessoa a partir do qual se organizam e estruturam todos os demais direitos reais, que ademais, são direitos sobre coisas, que seus titulares opõem a todos os demais. Na sua conformação atual, desenvolvida a partir da Idade Moderna, trata-se de um direito cujo titular exerce de modo a ter o domínio sobre algo, sobre uma parcela física do mundo, e o exerce segundo sua vontade. O dono ou proprietário, tem o direito de usar, fruir e dispor da coisa, e reivindicá-la de quem injustamente a possua ou detenha. Um direito exclusivo e excludente, porque do titular e de mais ninguém, segundo conhecida fórmula. Mais recentemente, a evolução do pensamento jurídico, a partir de influência das transformações políticas e sociais do último século, delimita a vontade do proprietário, de modo a compatibilizá-la com outros interesses merecedores de proteção jurídica, pelo desenvolvimento do que se convencionou denominar *função social da propriedade*.

Por fim refira-se o **direito das sucessões**, cujo objeto é a disciplina dos efeitos do fim da pessoa, em razão de sua morte, sobretudo em relação à destinação do seu patrimônio. No direito brasileiro, o direito à herança é assegurado no catálogo de direitos fundamentais da Constituição (art. 5º, XXX). Confia-se à vontade da pessoa a indicação dos seus herdeiros, quais os herdeiros necessários, a proporção em que receberão parte dos bens do morto, e outras vicissitudes da transmissão do patrimônio, sob a disciplina do direito das sucessões, no âmbito do direito civil.

Os romanos, nas **Institutas** de Gaio – célebre texto introdutório destinado ao estudo do direito romano e suas características essenciais – definiram com grande proveito os preceitos fundamentais sobre os quais se estruturou todo o sofisticado direito romano. Da sua interpretação, através dos tempos, resulta influência decisiva para o direito civil contemporâneo: *honeste vivere, alterum non laedere, suum cuique tribuere*. Viver honestamente, não causar dano a outrem e dar a cada um o que é seu. Da mesma forma, distingue o direito civil e o direito dos povos, ou direito das gentes, sendo o primeiro constituído pelo povo para si mesmo. O segundo, decorrente da razão natural:

> Todos os povos, que são governados por leis e por costumes, fazem uso de um direito (*ius*) que em parte lhes é próprio e em parte é comum a todos os homens. O direito que cada povo constituiu para si mesmo lhe é próprio e chama-se direito civil (*ius civile*), pois é o direito próprio a cada cidade. Já o direito que a razão natural (*naturalis ratio*) constituiu para todos os homens é observado por todos os povos e chama-se direito dos povos, pois é o direito usado por todos os povos. O povo romano segue, portanto, um direito que em parte lhe é próprio e em parte comum a todos os homens. Assinalaremos quais são esses direitos no momento oportuno. Os direitos do povo romano são as leis, os plebiscitos, os *senatus-consulto*,

as constituições dos príncipes, os editos daqueles que possuem o direito para publicá-los e as respostas dos prudentes.[3]

A partir desta definição clássica, pode-se reconhecer o direito civil a partir de três dimensões distintas.

Um primeira pode ser denominada como **dimensão ética**. Viver honestamente, diziam os romanos. Atualmente, revela-se não apenas pela promoção de uma atuação lícita, em conformidade com a lei, mas do respeito aos interesses legítimos da contraparte nas relações jurídicas, a proteção das legítimas expectativas e da confiança despertada no outro sujeito da relação jurídica. A segunda, indique-se como **dimensão de proteção**. Não causar dano a outrem, expressavam, uma vez mais, os romanos. Atualmente a reparação e, mesmo, a prevenção de danos é central no direito civil. Não mais a partir do protagonismo exclusivo dos danos patrimoniais, assim entendidos como os prejuízos econômicos decorrente da violação de direitos, senão com a centralidade na tutela da pessoa humana e seus interesses essenciais, assim compreendidos aqueles que se articulam em torno de sua integridade psicofísica, sem prejuízo da permanência da tutela de interesses patrimoniais legítimos por intermédio da reparação civil.

Por fim, refira-se à **dimensão funcional** do direito civil, bem definida pela máxima romana "dar a cada um o que é seu". Define o direito civil as causas de atribuição patrimonial e sua disciplina. Por que alguém faz jus a um pagamento? Que critérios se utilizam para a identificar os herdeiros e partilhar a herança? Qual o sentido de proteger-se a propriedade individual e delimitar seus efeitos? As respostas a estas questões partem da necessidade e critérios que permitam definir quem deve o que, no interesse de uma ordem justa e a promoção da segurança jurídica, de modo que haja previsibilidade sobre as condutas dos indivíduos em sociedade e suas consequências, imperativo para o desenvolvimento econômico e social.

Tais características do direito civil contemporâneo forjaram-se a partir de longo desenvolvimento histórico, da tradição jurídica nascida no direito romano, e suas rupturas decorrentes das vicissitudes da história, e diferentes compreensões políticas e filosóficas sobre as relações do indivíduo na sociedade. Igualmente, é marcada pela necessidade de estabilização das relações sociais, tornadas jurídicas mediante seu reconhecimento formal pelo Direito.

O direito civil, deste modo, tem por objeto relações intersubjetivas (porque a vida de relações supõe a interação de ao menos duas pessoas) dotadas de essencialidade, e cujas características aderem à compreensão cultural e social de correção de conduta (comportamento devido) afirmada historicamente. Segundo o direito civil, o devedor deve realizar o pagamento daquilo que o credor tem o direito a receber, os pais ostentam deveres de cuidado e orientação dos filhos, ou se deve respeitar a propriedade alheia, abstendo-se de intervir no poder legítimo do proprietário sobre a coisa, porque este é o padrão moral de conduta admitida, e cuja exigibilidade o direito traduz.

Isso não significa que seus preceitos permaneçam insensíveis às transformações sociais e econômicas, bem como ao desenvolvimento da noção de pessoa humana até o estágio atual de hegemonia no direito civil contemporâneo. Alia-se, deste modo, passado e futuro, tradição

---

[3] Gaio, Institutas, 1,1,9: "Omnes populi, qui legibus et moribus reguntur, partim suo proprio, partim communi omnium hominum iure utuntur. Nam quod quisque populus ipse sibi ius constituit, id ipsius proprium civitatis est vocaturque ius civile, quasi ius proprium ipsius civitatis: quod vero naturalis ratio inter omnes homines constituit, id apud omnes peraeque custoditur vocaturque ius gentium, quasi quo iure omnes gentes utuntur." Para a intepretação da passagem, veja-se: Alfredo Carlos Storck, Natureza e direito nas Institutas de Gaio. *Revista Philosophos*, v. 16, n. 1. Goiânia, jan.-jun./2011, p. 13-33.

e renovação desta antiga disciplina jurídica, sempre orientada à solução e/ou prevenção de conflitos envolvendo interesses existenciais e econômicos dos indivíduos em sociedade.

2. COMO ESTUDAR O DIREITO CIVIL?

Convém, antes do exame dos aspectos introdutórios do direito civil e de sua teoria geral, orientar o seu estudo, a partir de critérios que assegurem a melhor compreensão. Para tanto, propõe-se aqui alguns traços característicos que se deverá ter em conta no estudo da matéria.

a) em primeiro lugar, note-se que o direito civil é disciplina jurídica vocacionada à prevenção e solução de conflitos na vida social e econômica, de modo que – em que pese seu alto grau de sofisticação teórica – não se deve afastar o propósito essencial de adequação e razoabilidade da solução em vista dos interesses em questão, sua possibilidade e eficiência quando for o caso, e estabilidade das relações jurídicas;

b) pelo fato de seus institutos terem sido formados a partir de longa tradição histórica, seu correto exame não pode prescindir da investigação sobre as origens e funções para que foram concebidos, atualizando-se esta compreensão segundo a evolução histórica e as necessidades a serem atendidas. Neste caso, é necessário que o estudioso do direito civil coloque os "óculos da história" para saber distinguir as características e funções dos diferentes institutos em cada momento histórico, com o devido cuidado de contemplar em seu exame as características e necessidades de cada época;

c) na formação histórica do direito brasileiro se faz sentir a influência de diferentes sistemas jurídicos estrangeiros, como é o caso do direito português, do direito francês e do direito alemão. Deste modo, o método de direito comparado é de enorme utilidade, seja na investigação das origens de determinadas normas e concepções admitidas pelo direito civil brasileiro, seja mesmo para propor seu aperfeiçoamento. Contudo, o método de direito comparado não pode traduzir-se em simples importação de soluções estrangeiras, tampouco a compreensão do direito brasileiro pode se dar segundo explicações exclusivamente assentadas em razões colhidas em outro sistema jurídico. A realidade econômica e social do Brasil importa, muitas vezes, na modificação do modo como determinada regra deva ser interpretada, ou as possibilidades de sua aplicação;

d) o estudo do direito civil, no âmbito do sistema de direito privado, não pode se dar sem realizar-se a distinção entre relações civis, e outras integrantes do direito privado, caso das relações de direito empresarial e direito do consumidor. As razões para esta distinção têm o objetivo de promover a correta qualificação dos fatos e da relação jurídica a que digam respeito, assim como dos efeitos desta qualificação, com a definição da norma aplicável ao caso;

e) o direito civil brasileiro tem como fundamento a lei, e não admite a decisão *contra legem*. Nestes termos, é fundamental o domínio da legislação, de sua origem e razão de ser – elementos para sua interpretação histórica e teleológica. Neste sentido, o estudo doutrinário e jurisprudencial não pode ser destacado do conhecimento específico da legislação. Todavia, isso não elimina a necessidade de devida compreensão sobre o sistema de fontes do direito e do modo como se articulam entre si. O conhecimento da lei – fonte primária do Direito – pressupõe não apenas o reconhecimento do seu texto, mas do significado que dele resulta em sua interpretação e aplicação. Assim também da sua regulamentação infralegal, por intermédio de outros diplomas normativos que visem lhe dar execução, e da jurisprudência, que fixa seu sentido em vista de casos concretos. Registre-se ainda sua conformidade à Constituição, que também tem por resultado (em especial nos casos em que submetida ao controle abstrato), a determinação do sentido e alcance do texto legal.

f) a hierarquia de normas no sistema jurídico, a qual estabelece uma precedência na aplicação de algumas normas em relação a outras, assim como a necessária compatibilidade entre as normas de grau inferior e as de grau superior, colocam a Constituição Federal no ápice do ordenamento jurídico. Da mesma forma, no direito brasileiro, a Constituição da República de 1988 define linhas fundamentais sobre série de institutos de direito privado. Neste sentido, o conhecimento e prevalência das determinações constitucionais deve ter atenção do estudioso do direito civil, para fixar algumas de suas características. É assim, por exemplo, que o princípio da absoluta prioridade do interesse da criança, previsto no art. 227 da Constituição repercute na relação de filiação e outras relações familiares; ou a exigência de função social da propriedade (art. 5º, XXIII, art. 170, III, e em relação à propriedade imobiliária, os arts. 184 a 186, todos da Constituição da República), devem ser tomados em consideração para a delimitação do conteúdo do direito de propriedade fixado no âmbito do direito civil.

3. DIREITO PÚBLICO E DIREITO PRIVADO: O DIREITO CIVIL COMO DISCIPLINA CENTRAL DO DIREITO PRIVADO

Para efeitos didáticos e, sobretudo, para delimitar com precisão as características das diversas disciplinas jurídicas, critério comum é o de distinguir aquelas que pertencem ao direito público e as que integram o direito privado. Esta dicotomia entre direito público e direito privado, atualmente, contudo, deve ser vista com atenção. Isso porque a separação absoluta entre o direito público e o direito privado é realidade hoje já contestada. Há influências recíprocas entre ambos, o que se percebe em diversas situações, seja quando no direito público formam-se conceitos que influenciam o direito privado, ou ao contrário, quando da técnica do direito privado resulta instrumento de interpretação e aplicação de normas de direito público.

De todo o modo, a distinção permanece. Dentre os critérios para definir se uma determinada disciplina jurídica é de direito público ou de direito privado está a natureza do interesse protegido. Pertence ao direito público a norma cujo propósito essencial é o de proteger o interesse geral, o interesse comunitário. Já aquelas normas cujo propósito essencial seja o de contemplar um interesse particular legítimo, ainda que mediatamente possa ser reconhecida como protetiva de interesses gerais, como a estabilidade ou segurança jurídica, por exemplo, será norma de direito privado. A dificuldade do uso do critério da natureza do interesse protegido reside, justamente, na relação que pode se dar entre o propósito da norma e a repercussão de sua aplicação, de modo que pode se ter uma norma que vise à proteção de interesses particulares, mas que mediatamente, vem a sustentar aspectos essenciais para a coletividade. E da mesma forma, normas cujo propósito essencial seja preservar o interesse geral, mas que no caso específico contemple diretamente o interesse de pessoas determinadas. Exemplo interessante são as normas de direito penal, que ao definirem determinadas condutas tipificadas como crime, visam ao interesse geral de proteção da paz e sossego público. Todavia, tais condutas que se visa coibir também geram danos aos particulares, razão pela qual a norma de direito penal que previne e sanciona o crime, tem repercussão na esfera do interesse particular da vítima do dano.

Pode-se falar, assim, de um interesse predominante ou fundamental, porém fica-se na mesma situação de necessitar qualificar-se a intensidade do interesse, para defini-lo como tal.

Neste sentido, propõe Pontes de Miranda que a distinção tem mais natureza histórica do que propriamente lógica.[4] Assiste razão a este entendimento se for observado que a distinção entre o público e privado resulta das Institutas de Gaio, compiladas pelo Imperador Justiniano no século VI d.C. Constava nas Institutas de Gaio, adiante reproduzido no Digesto, que "o Direito público é aquele que respeita ao Estado dos assuntos romanos; o privado ao interesse dos particulares".[5]

Esta dicotomia traçada no direito romano ganha força com o advento dos Estados nacionais, já na Idade Moderna, com a afirmação do direito público como espécie de disciplina do poder do Estado e de seus governantes, o que permanecerá nos séculos seguintes, distinguindo-se seu conteúdo a partir da orientação política prevalente em cada fase histórica.

Fundamental então, será aferir a presença do Estado e sua relação com as normas jurídicas em questão. A rigor, todas as normas vêm do Estado que as produz nos termos assentados pelo próprio ordenamento jurídico. Contudo, as normas de direito público serão aquelas que terão o Estado como sujeito ou relacionado diretamente ao objeto das relações jurídicas a que se refiram. Neste sentido, as relações em que o Estado seja sujeito, investido das prerrogativas que lhe asseguram o poder de mando (*jus imperii*), tratam-se de relações de direito público. Assim, exemplificativamente, as relações que tenham a ver com o poder de definir e impor tributos (direito tributário), o poder de ordenar o uso do espaço urbano (direito administrativo/urbanístico), ou o de proibir condutas definidas como crime, impondo sanções/penas (direito penal), são relações de direito público. O mesmo ocorre quando o Estado defina o modo como os indivíduos em geral poderão exercer pretensões contra outros indivíduos ou contra o próprio Estado, mediante acesso ao Poder Judiciário, disciplinando como fazê-lo, e em que condições (direito processual). Por outro lado, relações nas quais a presença do Estado é apenas indireta, figurando somente como fonte das normas jurídicas, mas observando o domínio da autonomia privada (mesmo quando delimitado o seu conteúdo por normas de ordem pública) diz-se de direito privado. Nele situam-se o direito civil, o direito empresarial e o direito do consumidor. O primeiro, em que a autonomia privada é exercida em relação entre iguais, que atuam sem o propósito da finalidade lucrativa. O segundo- direito empresarial – em que o amplo domínio da autonomia privada e menor intervenção do Estado justifica-se pela finalidade comum de satisfação dos interesses individuais em vista da obtenção de lucro, como meio do desenvolvimento econômico. De regra trata-se da relação entre *experts*, que conhecem, ou ao menos devem conhecer, a realidade de seus negócios. Já no direito do consumidor restringe-se consideravelmente a liberdade de ação individual característica da autonomia privada, em vista da proteção de um sujeito reconhecido como vulnerável na relação jurídica que disciplina, o consumidor.

Por outro lado, há disciplinas do denominado direito social, como é o caso do direito do trabalho, que na sua origem, dada a forte intervenção do Estado na determinação de normas cogentes, restringe a autonomia privada das partes na definição do conteúdo das relações jurídicas objeto de sua disciplina legal. Contudo, mesmo neste caso, a relação jurídica fundamental se estabelece entre particulares, e se forma a partir da vontade das partes, protegendo, a lei, certo conteúdo desta relação.

---

[4] Francisco Cavalcante Pontes de Miranda, *Tratado de direito privado*, t. I. São Paulo: RT, 2012, p. 138.
[5] "Huius studii duae sunt positiones, publicum et privatum. Publicum ius est quod ad statum rei Romanae spectat, privatum quod ad singulorum utilitatem: sunt enim quaedam publice utilia, quaedam privatum" Digesto 2, 14, 38.

Ludwig Raiser, em estudo conhecido[6], buscou tratar das distinções entre o direito público e o direito privado, não de modo a traçar uma diferenciação absoluta, senão como uma questão de graduação, de modo que se sobrepõem áreas nas quais incidem, em comum, normas de direito público e privado (caso, por exemplo, da eficácia dos direitos fundamentais – normas de direito público – às relações privadas); e outras situações em que predomina a autonomia privada constitutiva do direito privado ou o interesse geral/interesse público, próprio do direito público.

Neste sentido, útil é a distinção que percebe, no direito privado, a prevalência da **coordenação de interesses** entre os sujeitos da relação jurídica, enquanto no direito público destaca-se a **subordinação**, mediante imposição do Estado aos particulares, de condutas devidas.[7]

4. A TEORIA GERAL DO DIREITO CIVIL COMO BASE DO SISTEMA DE DIREITO PRIVADO

A teoria geral do direito civil é base do sistema de direito privado, com influência sobre praticamente todas as demais disciplinas jurídicas. De um lado, articula as bases teóricas do direito civil, a partir de sua tradição histórica; de outro, sistematiza os conceitos normativos e definições legais da Parte Geral do Código Civil, conferindo-lhes unidade. A noção de pessoa, personalidade, domicílio, disciplina dos fatos jurídicos, dos bens, os elementos conceituais sobre prescrição e decadência, dentre outros assuntos, tem influência no direito privado e no direito público.

Todavia, a ideia de uma teoria geral, que é própria das tentativas compreensivas da totalidade de um determinado objeto de análise, pode ser discutida tanto sobre sua possibilidade, quanto sua utilidade. Em outros termos, uma pergunta é se há lugar hoje para teorias gerais, uma vez que ganha força no estudo e aplicação do Direito – e no Direito Privado em particular – a crítica à formulação de conceitos abstratos com aplicação geral,[8] em homenagem à necessidade de soluções que se vinculem ao caso, e às transformações da própria sociedade. Estas transformações nem sempre seriam percebidas na formulação de uma teoria geral, ou pela necessidade de sua atualização. São críticas de ordem metodológica, que no mais das vezes, tem menos a ver com a noção de teoria geral e mais com seu conteúdo. À semelhança do que também se diz sobre a parte geral do Código Civil, indicando não a sua menor importância, senão a necessidade de que suas disposições e a interpretação que a elas se dê, tenham em conta a totalidade do ordenamento jurídico, a partir da Constituição. Deste modo, lê-se as disposições da Parte Geral a partir da Constituição, não apenas em razão do raciocínio de não contradição, mas também de realização de suas normas,[9] sejam elas asseguratórias de direitos, sejam expressão de garantias fundamentais à liberdade e à igualdade.

Todavia, o próprio direito privado – e o que esteja dentro dos limites do objeto de exame de uma teoria geral que a ele se refira – tem caráter histórico, e neste sentido, estará em constante revisão,[10] menos em relação a aspectos conceituais e mais em relação a sua aplicabilidade.

---

[6] Ludwig Raiser, O futuro do direito privado. *Revista da Procuradoria-Geral do Estado*, n. 9. Porto Alegre: PGE, 1979, p. 11 e ss.
[7] Karl Larenz, *Derecho civil*. Parte general. Madrid: EDERSA, 1978, p. 3.
[8] Luiz Edson Fachin, *Teoria crítica do direito civil*. 3ª ed. Rio de Janeiro: Renovar, 2012, p. 29.
[9] Gustavo Tepedino, Introdução: Crise das fontes normativas e técnica legislativa na parte geral do Código Civil de 2002. In: Gustavo Tepedino (Org.), *A parte geral do novo Código Civil*. Estudos na perspectiva civil-constitucional. Rio de Janeiro: Renovar, 2002, p. XV e ss.
[10] Natalino Irti, *Introduzione allo studio del diritto privato*. Padova: Cedam, 1990, p. 60-61.

A teoria geral, neste sentido, resulta de uma tentativa de racionalização do direito civil, cujo desenvolvimento é eminentemente histórico, a partir do direito romano. A teorização sobre o direito, com os esforços de definição conceitual que se observam ao longo das várias etapas de interpretação dos textos romanos – mas especialmente a partir da Escola jusracionalista dos séculos XVII e XVIII e, em seguida, da Pandectística alemã do século XIX – expressa a preocupação de certeza e segurança em relação aos conceitos instrumentais do direito civil. Esta sua utilidade se mantém, ainda que, naturalmente, deva ser compreendida em termos históricos, e como tal, aberto às valorações do tempo em que se vive.

Os elementos conceituais de uma teoria geral do direito civil, contudo, preservam sua utilidade em relação, sobretudo, ao estudo e compreensão de conceitos e categorias fundamentais do direito privado em geral, a partir da formação histórica dos conceitos e seu perfil contemporâneo. Há, portanto, vantagens didáticas e científicas em uma teoria geral. De um lado, o entendimento destes conceitos e institutos fundamentais do direito civil a partir de uma perspectiva sistemática, que permite associar os vários institutos entre si, bem assim com outros elementos do sistema jurídico, como a Constituição da República e a legislação em geral. Do ponto de vista científico, a abstração e generalidade dos conceitos forjados auxiliam na sua precisão. Porém, não se desconhece que a formulação de uma teoria geral do direito civil, em países de sistema romano-germânico, não se desvincula da lei. Afinal, o próprio direito civil é direito posto, ou seja, direito legislado, para o qual se definem conceitos normativos, segundo certo entendimento do legislador. Daí porque não se confundem a Parte Geral do Código Civil, que é o conjunto de normas que definem os conceitos essenciais do direito civil, instrumentais para a compreensão e aplicação das demais normas, e a teoria geral do direito civil, que busca explicar e sistematizar estes conceitos.

4.1. Direito civil e as outras disciplinas do direito privado

O direito privado se divide atualmente em três grandes ramos: o direito civil, o direito empresarial e o direito do consumidor. Integra-o também o direito do trabalho, porém com uma base conceitual distinta, a partir da relação de trabalho tomada como relação estatuída entre empregador e empregado. Em relação à tríplice distinção entre o direito civil, o direito empresarial e o direito do consumidor, varia a qualificação jurídica da relação em vista do interesse predominante. No caso do **direito civil**, trata-se de ramo que disciplina a relação jurídica com normas aplicáveis a todas as pessoas, independentemente de uma qualidade jurídica específica. Pertencem ao direito civil as regras sobre obrigações contratuais, de responsabilidade civil, e decorrentes de atos unilaterais, de direito das coisas, direito de família, e das sucessões.

O **direito empresarial**, que resulta da evolução histórica do direito comercial surgido no princípio da Idade Moderna, a partir do influxo da teoria da empresa desenvolvida na virada do século XIX para o século XX, atualmente afirma-se como direito dos negócios, disciplinando as relações entre agentes econômicos – pessoas no exercício de atividade empresarial, que se caracteriza pela finalidade lucrativa. Sobre a definição de empresário, estabelece o art. 966, do Código Civil: "Considera-se empresário quem exerce profissionalmente atividade econômica organizada para a produção ou a circulação de bens ou de serviços".

O direito empresarial, portanto, disciplina a relação entre profissionais que desempenham atividade econômica, correndo os riscos que lhe são inerentes. Daí porque é marcado por características próprias, como a simplicidade e a agilidade, com o objetivo de fomentar a o desenvolvimento dos negócios, e seu caráter cosmopolita, recebendo com mais facilidade influência de soluções jurídicas estrangeiras, dado a expansão internacional da atividade comercial e financeira.

Há países que possuem um Código específico para a disciplina das relações empresariais, normalmente denominado sob a designação clássica de Código Comercial. Em outros, como é o caso do Brasil, a disciplina do Código é remanescente; a legislação de direito empresarial é esparsa, em parte absorvida pelo Código Civil – a chamada unificação do direito privado – em parte distribuída em diversas leis, contemplando diferentes institutos da matéria. Este caráter fragmentário do direito empresarial é apontado, inclusive, como uma de suas características,[11] responsável pela maior atualidade de suas normas.

O **direito do consumidor**, de sua vez, é ramo do direito que resulta do surgimento da sociedade de consumo, na segunda metade do século XX, e da crescente dependência dos indivíduos em geral, da aquisição, no mercado, de produtos e serviços necessários à sua vida cotidiana. É, da mesma forma, submetido aos riscos do mercado, sobre os vícios e defeitos destes produtos e serviços e suas consequências individuais e coletivas. O direito do consumidor parte de uma relação de desigualdade, mediante reconhecimento da vulnerabilidade do consumidor em relação ao outro sujeito da relação jurídica, o fornecedor. O fornecedor é, normalmente, um profissional cuja atividade consiste na oferta de produtos e serviços no mercado de consumo. Neste sentido, o direito reconhece uma relação de subordinação estrutural entre o consumidor e o fornecedor, e assim define a proteção do consumidor, como uma das diretrizes essenciais da disciplina das denominadas relações de consumo.

A técnica legislativa para dispor sobre os três ramos do direito varia entre os diversos sistemas jurídicos. Há sistemas que organizam a disciplina das relações civis, empresariais e de consumo, confiando a cada uma delas uma codificação específica (França, p. ex.). Outros unificam a disciplina de certas áreas do direito empresarial e do direito civil em um Código (a denominada unificação do direito privado, anterior ao surgimento do direito do consumidor, como fez a Itália, com o Código Civil de 1942, ou a Suíça com seu Código das Obrigações, de 1907).

Mais recentemente houve quem incluiu a disciplina das relações de consumo no Código Civil (Alemanha, a partir da reforma do Código Civil de 2002), preservando a existência do Código Comercial. Ou ainda, a unificação da disciplina das três relações jurídicas em uma mesma codificação, como fez a Argentina, com seu Código Civil e Comercial de 2014.

No direito brasileiro, o Código Civil de 2002 unificou a disciplina legislativa das obrigações civis e empresariais, bem como dispôs sobre a atividade empresarial e a organização e funcionamento das sociedades empresárias, com exceção da sociedade anônima. Esta iniciativa não deixa de reconhecer o caráter fragmentário da legislação de direito empresarial, em especial pela necessidade de assegurar sua permanente atualidade, porém organiza uma base legislativa comum, com sede no Código Civil. Por outro lado, as relações de consumo permanecem disciplinadas em codificação específica, o Código de Defesa do Consumidor, de 1990, editado a partir de comando constitucional (art. 48 do Ato das Disposições Constitucionais Transitórias), sendo reconhecidas as influências recíprocas que ambos os códigos estabelecem entre si.

---

[11] Bruno Miragem, Do direito comercial ao direito empresarial: formação histórica e tendências do direito brasileiro. *Revista da Faculdade de Direito da UFRGS*, v. 24. Porto Alegre: UFRGS, 2004, p. 7-36.

4.2. As funções da teoria geral do direito civil

A referência a uma teoria geral remete à noção de amplitude e exaustão do tema que seja seu objeto. Neste sentido, articula conceitos e princípios essenciais do direito civil, em exame descritivo, mas ao mesmo tempo considerando o caráter normativo das regras que os expressam no ordenamento jurídico, de modo a assegurar sua compreensão e aplicação.

A adoção de uma teoria geral do direito civil tem sua origem na Pandectística alemã, escola de pensamento do direito privado que se caracterizou pela organização dos saberes a partir do estudo do direito romano (em especial do *Corpus iuris civilis*), e da generalização de seus preceitos, mediante a proposição de conceitos gerais, de caráter sistemático. Como resultado direto desta escola de pensamento jurídico, surge a Parte Geral do Direito Civil, enfim estabelecida como Parte Geral do Código Civil, com a função exata de erigir a dimensão da lei, os conceitos abstratos construídos por ação dos intérpretes dos textos romanos.

A referência a uma teoria geral do direito civil, deste modo, tem um caráter eminentemente sistemático ou sistematizador, pretendendo organizar o universo de conceitos e institutos jurídicos que integram a base do direito civil, de modo a permitir sua melhor compreensão, assim como sua articulação com os demais temas objeto do direito civil, como instrumento de interpretação e aplicação do direito. A teoria geral do direito civil, deste modo, tem conteúdo normativo. Isso porque seu objeto, o direito civil, é composto por normas jurídicas, que no caso do direito brasileiro, estão compreendidas na Parte Geral do Código Civil.

São algumas as funções da teoria geral do direito civil, a saber, a sistematização dos conceitos definidos no seu âmbito e sua articulação com os demais setores do direito civil; da mesma forma, assegurar a coerência terminológica e metodológica em seus diversos ramos.

A finalidade de sistematização reconhecida à teoria geral decorre da própria compreensão do direito civil como espécie de sistema normativo. A noção corrente de sistema tem raiz kantiana, e pode ser sintetizada como *um conjunto de conhecimentos ordenados segundo princípios*[12]. Traduz, assim, a existência de uma unidade lógica e coerente, que em se tratando de um sistema jurídico, pressupõe, igualmente, o reconhecimento de uma unidade valorativa, determinada por certas condições históricas e espaciais que lhe são características.

A construção ordinária do direito civil ao longo da história deu-se a partir de uma pretensão de sistematização. Neste sentido, a função de uma teoria geral orienta-se no sentido de viabilizar a sistematização de conceitos essenciais do direito civil, com vocação expansiva dado seu caráter instrumental de situações disciplinadas por outros ramos do direito, no direito privado e no direito público.

Desse modo, um dos objetivos de uma teoria geral é promover a investigação sobre a matéria objeto de exame, buscando assegurar a coerência terminológica do conjunto de saberes articulados sobre o tema. Para tanto, postula-se que adote coerência interna e externa, estabelecendo definições aplicáveis a todas as áreas do direito privado, do qual é base conceitual.

Da mesma forma, é preciso reconhecer na teoria geral, as relações do objeto de estudo e conhecimento – o direito civil – e outros objetos integrantes do Direito, bem como sua hierarquização material, de modo a assegurar coerência metodológica. O método de classificação do objeto de estudo tem função de organizar a abordagem e a técnica de exame de semelhanças e distinções, por intermédio do uso da linguagem. Nesse sentido, a organização da base conceitual que integra a teoria geral, por intermédio da tripartição entre pessoas, bens e fatos

---

[12] Claus-Wilhelm Canaris, *Pensamento sistemático e conceito de sistema na ciência do direito*. 2ª ed. Trad. António Menezes Cordeiro. Lisboa: Fund. Calouste Gulbenkian, 1996, p. 10.

jurídicos (*persona, res* e *actiones*, segundo as *Institutas* de Gaio) permanece tanto por tributo a sua tradição histórica, quanto por sua utilidade prática.

Da mesma forma, não é desconhecida a influência marcante das normas constitucionais sobre o direito civil. Em razão de seu conteúdo e hierarquia, condicionam aspectos essenciais do direito civil, cuja tradição histórica deve incorporar ou adaptar-se às normas imperativas previstas na Constituição.

4.3. Direito civil e direito comparado

A comparação jurídica, por intermédio dos métodos de direito comparado, tem decisiva importância para a compreensão do desenvolvimento do direito civil brasileiro. Compreende-se o direito comparado como o método pelo qual se examina comparativamente sistemas jurídicos distintos entre si, e seus respectivos elementos formadores, visando a diferentes finalidades. Compara-se o direito nacional e o direito estrangeiro, ou mesmo dois ou mais sistemas jurídicos terceiros para: a) aprofundar o próprio conhecimento sobre suas características e identificar eventual necessidade de seu aperfeiçoamento; b) auxiliar na construção de modelos jurídicos que ofereçam soluções adequadas a problemas existentes na realidade nacional; c) nas situações próprias que envolvam relações vinculadas a mais de um sistema jurídico, para qualificá-las corretamente, determinando-se a lei aplicável e a solução que daí resulte.

Trata-se de uma função educativa – de melhor compreender o direito –, de uma função criadora ou reformadora do direito nacional; e de uma função de interpretação e aplicação do direito, quando necessário bem compreender a norma estrangeira para qualificar e/ou reger uma relação com vínculos em mais de uma ordem jurídica. A par destas funções, outras tantas se desdobram, tanto de caráter mais geral – assim o papel do direito comparado para a harmonização e uniformização ou mesmo, a aspiração que possa contribuir para o surgimento de um direito universal –, quanto a própria elevação da cultura jurídica (seu papel na formação dos juristas).

Distingue-se, no direito comparado, a microcomparação e a macrocomparação jurídica. **Microcomparação jurídica** é aquela realizada entre institutos jurídicos pertencentes a diferentes sistemas. Assim, por exemplo, quando se examinam as características do contrato de compra e venda, seus requisitos e efeitos, no direito brasileiro e em outro sistema jurídico como, por exemplo, o direito francês; ou quando se busca comparar os efeitos do casamento no direito brasileiro, no direito chinês e no direito italiano. A microcomparação jurídica compreende o exame de um determinado instituto ou de certo aspecto atinente a um sistema jurídico, em comparação ao pertencente a outro sistema jurídico. Já a **macrocomparação jurídica** compreende a comparação entre sistemas jurídicos tomados em sua totalidade, e em vista de seus aspectos históricos, sociais e culturais, dentre outras características. No âmbito da macrocomparação jurídica, os vários sistemas jurídicos de cada país são organizados em *famílias de direitos*, que geralmente expressam certas características e uma tradição em comum. Deve-se a Pierre Arminjon, Boris Nolde e Martin Wolff, em seu tratado de direito comparado publicado em 1950, a divisão original dos vários sistemas jurídicos em famílias. De acordo com os critérios adotados na época, classificaram as várias famílias de direito a partir de suas características comuns, a saber: a francesa, em vista da influência do Código Civil francês como modelo normativo, a germânica, a escandinava, a inglesa, a russa, a islâmica e a hindu.[13] Mais adiante,

---

[13] Pierre Arminjon, Baron Boris Nolde, Martin Wolff, *Traité de droit comparé*. Paris: LGDJ, 1950. v.1. p. 42-53.. Apontando o caráter contingente da classificação tradicional: Raymond Legeais, *Grands systèmes de droit conteporains. Approche comparative*. Paris Litec, 2004, p. 81.

outro grande comparatista, René David, fará referência à família romano-germânica, *common law*, dos direitos socialistas, e a outros sistemas, compreendendo os direitos muçulmano, hindu, judaico, do Extremo Oriente (China e Japão) e da África.[14] Tais propostas de classificação, naturalmente, sempre terão algo de contingente, considerando as circunstâncias históricas em que se desenvolvem, e os elementos que aproximam ou distinguem cada um dos sistemas.

4.3.1. O direito brasileiro e o direito comparado

Conforme conhecida afirmação, o direito brasileiro é galho da árvore do direito português. Sua origem se explica a partir de longa tradição, de sede romana, mas que se bifurca, em linha de continuidade com o direito português, combinado com a grande influência de outros sistemas jurídicos, não restrita ao Direito em si mas, de modo mais amplo, como expressão da cultura. Neste aspecto, são significativos os aportes do direito francês, alemão (este, inicialmente, a partir das traduções de originais para o francês, no século XIX) e italiano, e, curiosamente, de menor destaque a interação do direito brasileiro com sistemas geograficamente mais próximos, como é o caso dos países da América hispânica.

Porém, se é exato identificar a contribuição do direito comparado para a formação do direito brasileiro,[15] não é menos correto observar que nem sempre seu método é utilizado adequadamente para o fim de examinar o conteúdo do direito estrangeiro. A comparação jurídica não se confunde com simples compilação do direito estrangeiro, ou o transplante de soluções havidas em outro sistema para o direito brasileiro por intermédio da legislação.

País novo, o Brasil vincula-se à família romano-germânica da qual descende o direito português. Nestes termos, a formação do direito brasileiro se vincula aos grandes sistemas europeus de direito, cuja influência, a partir do direito romano, e depois, do seu desenvolvimento e esforços de codificação nos séculos XVIII e XIX. Os juristas brasileiros, nos diversos empreendimentos de sistematização do Direito a partir da doutrina e da legislação, serviram-se das fontes estrangeiras, constituindo, propriamente, uma tradição que segue até os dias de hoje.

A primeira sistematização do direito privado brasileiro, contudo, deve-se a Augusto Teixeira de Freitas, um dos mais notáveis juristas da Corte, e autor da *Consolidação das Leis Civis* e, em seguida, do magistral *Esboço do Código Civil*.[16] Os estudos que subsidiam Teixeira de Freitas na redação do seu *Esboço* são a primeira manifestação do uso do método comparatístico em nossa tradição jurídica. Há ali a comparação jurídica, com a recolha das contribuições, sobretudo, de Savigny[17] e de outros representativos do direito alemão, mas também de Domat, Pothier,

---

[14] René David, *Os grandes sistemas do direito contemporâneo*. 3ª ed. Trad. Hermínio A. Carvalho. São Paulo: Martins Fontes, 1996, p. 16 e ss.

[15] Ana Lúcia de Lyra Tavares, O direito comparado na história do sistema jurídico brasileiro. *Revista de Ciência política*, v. 33 (1). Rio de Janeiro, nov. 1989/jan.1990, p. 55-90.

[16] Em sua primeira versão: Augusto Teixeira de Freitas, *Codigo Civil. Esboço*. Rio de Janeiro: Typographia Universal de Laemmert, 1864.

[17] Augusto Teixeira de Freitas, *Codigo Civil. Esboço*, v. 1. Brasília: Ministério da Justiça, 1983, p. 10 e ss. A influência de Savigny sobre o direito brasileiro, e de resto para vários sistemas jurídicos pode ser exemplificada a partir da definição da relação jurídica como conceito fundamental pelo qual se articula toda o exame sobre o objeto do Direito, ao definir, afinal, que "toda lei destina-se a determinar a natureza da relação jurídica, ou seja, esclarecer pensamentos, simples ou complexos, por meio dos quais a existência daquela relação jurídica é protegida contra o equívoco e a arbitrariedade." Friedrich Carl von Savigny, *System des heutigen Römischen Rechts*, Bd I. Berlin: Veit und Comp., 1840. p. 213. Para um exame atual da recepção de Savigny no direito brasileiro, remeta-se à tese de Benjamin Herzog, *Anwendung und Auslegung von Recht in Portugal und Brasilien. Eine rechtsvergleichende Untersuchung aus genetischer, funktionaler und*

Demolombe, dentre outros expressivos do direito francês,[18] examinando o direito estrangeiro sobre a tríplice perspectiva da realidade social, do direito legislado e da doutrina, e comparando-o à realidade brasileira. Explicou, o próprio jurista, seu método de trabalho: "Examinar as leis em seus próprios textos sem influência de alheias opiniões, comparar atentamente as leis novas com as antigas, medir com precisão o alcance e as consequência de umas e outras; eis o laborioso processo, que empregado temos para conhecer a substância viva da legislação. Para achar, porém, os limites do Direito Civil, e a norma da exposição das matérias que lhe pertencem, recorremos a estudos de outra natureza, consultamos os monumentos legislativos, consultamos as tradições da ciência; o com livre espírito procuramos essa unidade superior, que concentra verdades isoladas, penetra as mais recônditas relações, e dá esperanças de um trabalho consciencioso".[19] Porém, para além de utilizar-se da comparação jurídica para formação da sua obra, foi também Teixeira de Freitas, reconhecidamente, fonte para a edificação do sistema de direito privado em vários outros países da América Latina.[20]

Esta tradição comparatística segue com o próprio Clóvis Beviláqua, afinal Professor de Legislação Comparada na Faculdade de Direito do Recife, e que tanto nos trabalhos preparatórios, quanto no projeto, traz a marca da influência de outros sistemas jurídicos.[21]

Note-se que o recurso ao direito comparado pelos fundadores do direito privado brasileiro, não expressa encantamento subserviente a sistemas jurídicos estrangeiros, ou importação acrítica de conceitos e institutos.[22] É trabalho de ourivesaria jurídica, examinando, distinguindo e sintetizando os aportes dos vários sistemas à luz da tradição (especialmente do direito romano) e da realidade social brasileira. Mais à frente este caminho foi seguido por juristas como Pontes de Miranda,[23] Haroldo Valadão,[24] Lino de Morais Leme,[25] entre outras expressões do direito nacional.

---

postmoderner Perspektive (Zugleich ein Plädoyer für mehr Savigny un weniger Jhering). Tübingen: Mohr Siebeck, 2014, em especial p. 719 e ss.

[18] Augusto Teixeira de Freitas, *Codigo Civil. Esboço*, v. 1. Brasília: Ministério da Justiça, 1983, p. 13 e ss.

[19] Augusto Teixeira de Freitas, *Consolidação das Leis Civis*. Rio de Janeiro: Garnier, 1896, p. XXXVI.

[20] Francisco Cavalcanti Pontes de Miranda, *Fontes e Evolução do Direito Civil Brasileiro*. 2. ed. Rio de Janeiro: Forense, 1981; Orlando de Carvalho, Teixeira de Freitas e a Unificação do Direito Privado. In: Sandro Schipani, Augusto *Teixeira de Freitas e il diritto latinoamericano*. Padova: CEDAM, 1988, p. 101 e ss; Alfredo Flores, O papel de Teixeira de Freitas no contexto do pensamento jurídico do Séc. XIX", *The Latin American and Caribbean Journal of Legal Studies*, v. 1, n. 1, article 3 [https://services.bepress.com/lacjls/vol1/iss1/art3]

[21] Veja-se, por exemplo, a defesa do projeto redigida por Clóvis Beviláqua, em sua conhecida disputa com Rui Barbosa sobre os méritos do trabalho, com ampla referência ao direito francês, alemão, suíço, italiano, holandês, belga e mesmo, do sistema inglês: Clóvis Beviláqua, *Em defeza do projecto de Código Civil brazileiro*. Rio de Janeiro: Livraria Francisco Bastos, 1906, p. 13 e ss.

[22] Sobre a repercussão internacional do Código Civil de 1916 e seu principal autor, Clóvis Beviláqua, veja-se o estudo de Otávio Luiz Rodrigues Júnior, Clóvis Beviláqua e o Código Civil de 1916 na visão de um estrangeiro: contradições com a imagem preponderante na historiografia nacional. *Revista de direito civil contemporâneo*, v. 12. São Paulo: RT, jul.-set./2017, p. 35-61.

[23] Embora em toda sua vasta obra tenha demonstrado entusiasmo com o método comparatístico, vale a referência ao estudo monográfico sobre a formação do direito civil brasileiro: Francisco Cavalcanti Pontes de Miranda, *Fontes e evolução do direito civil brasileiro*, cit.

[24] De sua vasta obra, destaque-se: Haroldo Valladão, O ensino e o estudo do direito comparado no Brasil: séculos XIX e XX. *Revista de informação legislativa*, v. 8, n. 30. Brasília: Senado Federal, abr.-jun./1971, p. 3-14. Para o exame detalhado da contribuição de Haroldo Valladão para o direito comparado no Brasil, veja-se, especialmente: Ana Lúcia de Lyra Tavares, Professor Haroldo Valladão. Um mestre do direito comparado. *Revista do Instituto de Direito Comparado Luso-Brasileiro*, n. 33. Rio de Janeiro: IDCLB, 2º semestre de 2007, p. 181-193.

[25] Lino de Moraes Leme, *Direito civil comparado*. São Paulo: Revista dos Tribunais, 1962, p. 9 e ss.

O direito comparado é usual recurso do legislador nacional, ainda que nem sempre do melhor modo,[26] o que resulta, dentre outros fatores, do vínculo sociocultural que relaciona, desde a origem, a cultura brasileira a dos países europeus originalmente; e hoje, em plano mais amplo, em decorrência da globalização, também recebendo a influência da cultura anglo-saxônica.

Os exemplos das duas codificações civis são emblemáticos. O Código Civil de 1916, sob o patrocínio e autoria principal de Clóvis Beviláqua, privilegiou as soluções das codificações precedentes, em especial o *Code Civil* francês, de 1804, sem desconhecer, contudo, o Código de Seabra, português, de 1867, e os trabalhos preparatórios do Código Civil alemão de 1900.[27] Já o Código Civil de 2002, como cume de décadas de trabalhos de diferentes comissões de estudos até resultar naquela que redigiu o anteprojeto levado ao Congresso Nacional em 1973, ostenta marcados vínculos com soluções de outros sistemas, com especial referência ao Código Civil italiano de 1942 e o Código Civil português de 1966.[28]

4.3.2. Método de comparação jurídica

A estruturação científica do direito comparado tem como marco o conhecido Congresso Internacional de Paris, em 1900, tendo especial significação a conferência de Edouard Lambert, *Concéption générale, définition, méthode et histoire du droit comparé*.[29]

Originalmente, se compreendeu em termos restritos a comparação jurídica, como comparação entre legislações.[30] No princípio do seu desenvolvimento, as finalidades propostas para seu estudo desafiavam certa perspectiva idealista, de conteúdo deontológico, buscando formar uma disciplina comum a partir do exame do direito dos povos, ou soluções adequadas universais aos problemas jurídicos dos vários sistemas.[31] Apenas em um segundo momento é que passará a ser compreendido a partir de seu caráter instrumental, centrado no método de comparação, sem vinculação antecipada com seus resultados. Supera-se então a comparação dogmática (entre legislações) passando a uma comparação funcional, tomando-se em conta as funções que cada instituto ou categoria jurídica atende em determinado sistema.

---

[26] Para uma visão crítica das deficiências do uso do método comparatístico pelo legislador, veja-se: Ana Lúcia de Lyra Tavares, A utilização do direito comparado pelo legislador. *Revista de ciência política*, v. 30. Rio de Janeiro, jul.-set./1987, p. 85-93.

[27] Claudia Lima Marques, Os cem anos do Código Civil alemão: o BGB de 1896 e o Código Civil brasileiro de 1916. *Revista dos Tribunais*, v. 741. São Paulo: RT, julho/1997, p. 11-37.

[28] José Carlos Moreira Alves, *A parte geral do projeto de Código Civil brasileiro. Subsídios históricos para o novo Código Civil brasileiro*. 2ª ed. São Paulo: Saraiva, 2003, p. 17 e ss.

[29] Edouard Lambert, Concéption générale, définition, méthode et histoire du droit comparé. *Congrès international de droit comparé, tenu à Paris, du 31 juillet au 4 août 1900. Procès verbaux des séances et documents*, v. I. Paris: LGDJ, 1905, p. 26-61.

[30] Não por acaso, os trabalhos iniciais sobre a matéria no Brasil versavam sobre legislação comparada, seguindo a designação recebida nos cursos jurídicos a partir da reforma implementada pelo Decreto 1232 H, de 2 de janeiro de 1891, sendo dos professores da disciplina em Recife (Clóvis Beviláqua), Rio de Janeiro (Cândido Luis Maria de Oliveira), e São Paulo (João Monteiro), os primeiros estudos doutrinários sobre a matéria no país, conforme se vê em: Clóvis Bevilaqua, *Resumo das lições de legislação comparada sobre o direito privado*, Recife: Typographia de F. P. Boulitreau, 1893; Cândido Luis Maria de Oliveira, *Curso de legislação comparada*. Rio de Janeiro: J. Ribeiro dos Santos, 1903; João Monteiro, *Da universalização do direito: prelecção inaugural da cadeira de legislação comparada*. São Paulo, 1892.

[31] Em letras firmes, Carlos Ferreira de Almeida e Jorge Morais Carvalho denominam esta primeira fase do direito comparado como "romântica" ou "juvenil". Carlos Ferreira de Almeida, Jorge Morais Carvalho,. *Introdução ao direito comparado*. Coimbra: Almedina, 2016, p. 11.

A consagração do método funcional, especialmente a partir dos estudos de Ernst Rabel,[32] a quem se indica sua elaboração, se dá ao longo do desenvolvimento do direito comparado, chegando à expressão de Konrad Zweigert e Hein Kötz, de que *"o princípio metodológico básico de todo o direito comparado é o da funcionalidade. A partir desse princípio básico, todas as outras regras que determinam a escolha dos direitos a comparar, o escopo deste trabalho, a criação de um sistema de direito comparado, e assim por diante."*[33] Observam, deste modo, que apenas será comparável em direito aquilo que atenda a mesma função.[34]

Desta constatação resulta da presunção de que os diferentes sistemas jurídicos enfrentariam problemas semelhantes (uma presunção de similitude – *praesumptio similitudinis*) para os quais construiriam soluções jurídicas que, nestes termos, quanto à função que atendem, permitiriam sua comparação. Esta visão, embora ainda prevaleça por seus méritos inequívocos, não está infensa a críticas. Atualmente, autorizados estudiosos sustentam que o desenvolvimento do direito comparado deve ser marcado mais pelas diferenças do que pelas semelhanças entre os vários sistemas jurídicos.[35] Da mesma forma, a presunção de similitude sobre a qual se apoia o método funcional pode ser criticado por supor um funcionamento perfeito do sistema jurídico, de modo que o Direito resulte de modo orgânico da sociedade, como objeto de cultura do povo, e sua realização se dê sem contradições.[36] Neste ponto, é relevante notar que a comparação jurídica não se satisfaz com o exame compartimentado das fontes do direito. Assim como foi superada a visão do direito comparado como comparação entre leis, também certo que não é suficiente a comparação de quaisquer outras fontes isoladamente, tais como a jurisprudência ou a doutrina. A rigor, o Direito, como objeto cultural, é indestacável de certa realidade histórico-social na qual tem origem, inclusive no tocante aos eventuais desafios a sua própria efetividade.

---

[32] Ernst Rabel, *Aufgabe und Notwendigkeitder der Rechtsvergleichung*. München, M. Heuber, 1925.

[33] Konrad Zweigert, Heinz Kötz, An introduction to comparative law. 3rd ed. Translated by Tony Weir. Oxford: Clarendon Press, 2011, p. 34. Destacando a relevância desta reivindicação do monopólio do método funcionalista: Ralf Michaels, The functional method of comparative law. In: Mathias Reiman; Reinhard Zimmermann, *The Oxford Handbook of Comparative Law*. Oxford: Oxford University Press, 2006, p. 343.

[34] Konrad Zweigert, Heinz Kötz, *An introduction to comparative law*. 3rd ed. Translated by Tony Weir. Oxford: Clarendon Press, 2011, p. 34.

[35] Assim, propõe Erik Jayme, ao referir que "o direito comparado moderno perseguia o objetivo de determinar, de encontrar o que era comum, igual (*das Gemeinsame*), e que apenas superficialmente podia aparecer e ser percebido de forma diversa, nos também apenas superficialmente diversos sistemas de direito do mundo. O direito comparado pós-moderno procura, ao contrário, o que divide (*das Trennende*), as diferenças (*die Unterschiede*)." Erik Jayme, Visões para uma teoria pós-moderna do direito comparado. *Revista dos Tribunais*, v. 759. São Paulo: RT, janeiro/1999, p. 24-40. Também sustentando a importância de destacar-se as diferenças: Pierre Legrand, The same and the different. In: Pierre Legrand, Roderick Munday (Ed.) *Comparative Legal Studies: Traditions and Transitions*. Cambridge: Cambridge University Press, p. 240-311. Em pequeno opúsculo traduzido recentemente no Brasil, Legrand refere-se à "comparação da divergência", observando que "se for articulada em torno do das ideias de reconhecimento e de respeito, só pode ser a comparação da escuta." Pierre Legrand, Como ler o direito estrangeiro. Trad. Daniel Hachem. São Paulo: Contracorrente, 2018, p. 99. Sistematizando o método de exame do direito comparado a partir de semelhanças e diferenças, Gerhard Dannemann, Comparative law: study of similarities or differences. In: Mathias Reiman; Reinhard Zimmermann, *The Oxford Handbook of Comparative Law*. Oxford: Oxford University Press, 2006, p. 383 e ss.

[36] Uma abordagem crítica mais extremada, termina por questionar, mesmo, a própria legitimidade do método comparatístico, em vista da ausência de distanciamento entre o sujeito e objeto do exame, e a tendência de conservação do status quo, conforme se vê em Günter Frankenberg, Critical comparisons: Re-thinking Comparative Law. *Harvard International Law Review*, v. 26, n.2, Spring 1985, p. 411 e ss.

As críticas ao método funcional, contudo, são insuficientes para destituir-lhe de valor, tampouco podem impugnar sua importância e atualidade. É adequado supor, no exame dos vários sistemas jurídicos e, sobretudo, no âmbito da microcomparação que envolve institutos, conceitos ou modelos específicos, que a presunção de similitude entre funções, tal qual compreendida tradicionalmente – supondo a existência dos mesmos problemas a merecerem solução – deve ser revisitada. Embora muitos problemas sejam comuns, tal como ocorre, no direito privado, com o contrato de compra e venda – que é instituto fundamental do comércio e do desenvolvimento, tanto internamente nos diversos países, quanto no âmbito internacional – nem todas as situações relevantes nos vários sistemas jurídicos terão um caráter universal. Institutos com funções relevantes em diversos sistemas jurídicos, como a compra e venda, por outro lado, podem ser objeto de uniformização visando a um modelo jurídico comum, como ocorreu com a elaboração de Convenção sobre compra e venda internacional de mercadorias (*United Nations Convention on Contracts for the International Sale of Goods – CISG*).

Daí o desenvolvimento de uma noção de equivalência funcional que tenha por objetivo identificar e comparar não apenas as soluções construídas em modelos jurídicos nos diversos sistemas, mas, antes mire sobre a comparação entre os problemas jurídicos. De modo a admitir a possibilidade de que para problemas semelhantes existam diferentes soluções possíveis. As soluções serão consideradas semelhantes apenas em relação a função específica que terminam por cumprir.[37]

Será assim, por exemplo, que um comparatista estrangeiro, debruçando-se sobre o sistema jurídico brasileiro, deverá compreender, por exemplo, a promessa de compra e venda e o direito real do promitente comprador, que lhe confiará, inclusive, a pretensão de adjudicação da coisa objeto da promessa, uma vez demonstrado o pagamento do preço. O que justifica a promessa de compra e venda e sua eficácia, distinguindo-se do contrato de compra e venda propriamente dito, com o qual convive? Apenas o conhecimento de outras características do direito brasileiro, dentre os quais o modelo de transmissão da propriedade imobiliária e a eficácia registral justificam a existência e ampla utilização do instituto. Em outro exemplo, tome-se um instituto de origem romana e de larga utilização em diversos sistemas, a hipoteca. Embora com características comuns e adequado funcionamento em vários sistemas, o que justificaria os limites à sua utilização no Brasil, atualmente. Isso só poderá ser compreendido ampliando o horizonte de comparação de sua disciplina legal e mesmo da doutrina que descreve o instituto, para o exame de outras circunstâncias, em especial o processo executivo ao qual se submete a garantia, e eventuais limitações a ela definidas pela jurisprudência.[38]

Por outro lado, a dimensão cultural do Direito também deve ser tomada em conta, e em muitas situações, será determinante do perfil adotado por um instituto jurídico, sem que se possa *a priori* definir um paralelo em outros sistemas jurídicos que não dividam uma mesma identidade. Faça-se referência, por exemplo, à "kafalah" muçulmana, instituto jurídico destinado à proteção de crianças e adolescentes, que se aproxima da figura da guarda em caráter permanente, considerando a proibição da adoção nos sistemas que se vinculam a esta tradição

---

[37] Ralf Michaels, The functional method of comparative law. In: Mathias Reiman; Reinhard Zimmermann, *The Oxford Handbook of Comparative Law*. Oxford: Oxford University Press, 2006, p. 356-359.

[38] Como é o caso da ineficácia perante terceiros adquirentes, da hipoteca celebrada entre o incorporador e o agente financeiro que empresta recursos para realizar a incorporação, em garantia desta dívida, nos termos da jurisprudência consolidada do Superior Tribunal de Justiça, expressa na sua Súmula 308: "A hipoteca firmada entre a construtora e o agente financeiro, anterior ou posterior à celebração da promessa de compra e venda, não tem eficácia perante os adquirentes do imóvel" (2ª Seção, j. 30/03/2005, *DJ* 25/04/2005).

religiosa.[39] Sem igual nos sistemas jurídicos não-muçulmanos, os termos da comparação, embora desde logo marquem a justificação religiosa do instituto jurídico em questão, pelo critério de equivalência funcional, permite a comparação a partir de um problema comum (a necessidade de disciplinar a proteção da criança e do adolescente a quem faltem os pais), e as diferentes soluções previstas pelos sistemas jurídicos (a adoção e a guarda nos sistemas de direito romano-germânico; a kafalah de sistemas de direito muçulmano, frente à proibição de adoção). Parte-se, portanto, da função que desempenham os institutos para, em seguida, comparar suas características e distinções.

Observadas as críticas ao método funcional no direito comparado, sua atualização revela-se na visão contemporânea, a partir da noção de equivalência funcional. Esta compreende tanto a necessidade de uma perspectiva de análise mais ampla, inclusive dos aspectos sociais, históricos e culturais que expliquem a existência de um problema e respectivas soluções comparáveis, quanto a possibilidade de comparar semelhanças e diferenças entre as situações verificadas. Tomado isso em conta, convém identificar a importância do direito comparado no atual estágio de desenvolvimento do direito privado brasileiro.

4.3.3. Recepção e circulação de modelos jurídicos

Se, conforme já foi registrado, identifica-se a influência de diferentes sistemas jurídicos na formação do direito privado brasileiro, é igualmente correto observar que ela é preservada no seu atual estágio de desenvolvimento. Mesmo sobre o Código Civil vigente, há confessada influência do direito estrangeiro, em especial do direito português e do seu Código Civil de 1966[40] – de sua vez, ele próprio, resultado da influência de outros sistemas jurídicos, especialmente o alemão. Resulta ele, tanto da recepção de modelos jurídicos por parte do direito brasileiro, ou simplesmente *legal transplants* – na expressão consagrada por Alan Watson –[41] quanto o fenômeno que se costuma denominar circulação de modelos jurídicos, Diz-se recepção quando um determinado sistema jurídico recebe o modelo jurídico de outro, fenômeno que é unidirecional, em que se destaca normalmente a posição de poder do direito recepcionado.[42] Indica "a adoção, por um sistema jurídico, em sentido amplo ou restrito, de institutos, regras ou princípios oriundos de outro sistema."[43] Atualmente, consagrou-se tratar da circulação de modelos jurídicos (na lição francesa), ou *legal transplants*, casos todos em que o conteúdo não se determina apenas pela reprodução de texto legal, senão de uma determinada concepção que pode se produzir a partir da lei, porém com decisiva importância da doutrina e da jurisprudência como atividades que outorgam significação à norma legislada.

---

[39] Erik Jayme, Visões para uma teoria pós-moderna do direito comparado, cit.
[40] José Carlos Moreira Alves, *A parte geral do projeto de Código Civil brasileiro. Subsídios históricos para o novo Código Civil brasileiro*. São Paulo: Saraiva, 2003, p. 17 e ss.
[41] Alan Watson, *Legal transplants. An approach to comparative law*. 2nd ed. Georgia: University of Georgia Press, 1993, p. 21 e ss.
[42] A recepção como fenômeno que destaca o poder do direito recepcionado é o que sustentam Konrad Zweigert, e Hein Kötz. *An introduction to comparative law*. 3.ed. Oxford: Clarendon Press, 2011, p. 100. Referem, na oportunidade a lição de Paul Koschhaker, *Europa und das römische Recht*. 2. ed. München: C.H. Beck, 1953, p. 98.
[43] Ana Lúcia de Lyra Tavares, Nota sobre as dimensões do direito constitucional comparado. *Revista do Instituto de Direito Comparado Luso-Brasileiro*, n. 37 (2º semestre de 2009). Rio de Janeiro: IDCLB, 2011, p. 102.

São exemplos de recepção decorrente da circulação de modelos jurídicos, inicialmente, a incorporação do Código Civil francês, de 1804, em diversos países, inclusive na Europa e na América do Sul.[44] Em seguida, o Código Civil alemão converteu-se em modelo adotado em países como o Japão, e mais recentemente a República Tcheca e a China. Contudo, mais do que a influência ampla no processo codificatório, são ricos os exemplos da circulação de modelos no âmbito da microcomparação jurídica, quando se toma em conta os modelos relativos a determinados institutos, e sua recepção nos diversos sistemas jurídicos.

O direito privado brasileiro é pleno de exemplos nos quais a recepção de modelos jurídicos de outros sistemas serviu ao desenvolvimento de solução a problemas concretos. Tanto no transplante legal propriamente dito, servindo o direito comparado para o aperfeiçoamento legislativo, quanto os influxos doutrinários que definiram novos caminhos de interpretação a diversos institutos jurídicos consolidados. É de observar, contudo, que a recepção (transplante) ou circulação de modelos jurídicos entre diferentes sistemas, não é um fenômeno linear e ordenado, de modo que se possa identificar no sistema jurídico destinatário idênticas características àquelas presentes na origem. Ao contrário, o processo de mediação, realizado predominantemente pelo direito comparado, será influenciado não apenas pelas diferenças entre os sistemas jurídicos de origem e destino, senão também pelo processo de comparação jurídica. Este trabalho, muitas vezes, não envolverá apenas dois sistemas jurídicos, mas também outros que, ou tenham transplantado o instituto desde um mesmo sistema jurídico originário – e também aí ele haja adquirido características próprias – ou desenvolvido soluções distintas para um mesmo problema. Todos eles influenciarão no resultado final do modelo a ser adotado no sistema jurídico de destino, assim como, naturalmente, suas próprias características[45] e as condições objetivas da recepção, se mediada – e com qual maturação – pela doutrina nacional, decorrente de precedente judicial ou como resultado direto da atividade legislativa. As próprias razões que impulsionam a circulação de modelos jurídicos são variadas, conforme o tema a que se refiram. A reputação das instituições e o estágio de desenvolvimento do Direito do sistema jurídico de origem também serão um fator de legitimação para a recepção no sistema jurídico de destino.[46]

Como resultado destes vários fatores que repercutem na circulação de modelos jurídicos, soluções híbridas poderão representar, tanto expressão de desenvolvimento do Direito – em especial, quando mais eficientes –, quanto criticadas por sua disfuncionalidade se, apartadas do rigor do direito comparado, produzirem resultado sem vínculos sólidos com o sistema jurídico de origem, e desfigurado no sistema jurídico de destino. Ou mesmo quando fiéis à origem, se plantem como elemento exótico no sistema jurídico que as recepcionem.

---

44   Konrad Zweigert, e Hein Kötz. *An introduction to comparative law*, cit.
45   Cogite-se, por exemplo, da circulação de modelos forjados em famílias jurídicas distintas como ocorre entre os sistemas de *common law* e os romano-germânicos, situação na qual para além da solução jurídica em si, a comparação deverá ter em conta também a própria forma de produção do Direito, tomando em conta a distinção de relevância e precedência entre as fontes, ou da extensão da competência que produziu a solução jurídica em comparação (e.g. a distribuição de competência entre os estados no caso de sistemas jurídicos em países organizados como um federação, caso dos Estados Unidos da América e do Brasil). Veja-se a respeito a conhecida distinção do processo comparativo entre o *case law* e o *statute law* desenvolvido por H. C Gutteridge, *Comparative law*. Cambridge: Cambridge University Press, 2015 (original de 1946), p. 72 e ss.
46   Frederick Schauer, *The Politics and Incentives of Legal Transplantation* CID Working Paper N. 44, Law and Development Paper No. 2. Center of International Development of Harvard University, april 2000, p. 11.

A noção de modelos jurídicos parte das fontes do direito – que indicam modelos jurídicos prescritivos, de caráter obrigatório, determinando, proibindo ou condicionando comportamentos devidos. Cumpre então, à doutrina, construir modelos dogmáticos para definir de que modo as fontes podem produzir modelos válidos, seu significado, e como se relacionam com os demais modelos e institutos de um determinado sistema jurídico.[47] Na precisa lição de Miguel Reale, os modelos jurídicos expressam o conteúdo das fontes jurídicas, podendo ser legais, jurisprudenciais, consuetudinários ou negociais, conforme a fonte a que se refiram, e se caracterizam por se desvincularem da intenção originária de quem tenha instituído as normas, permitindo com que possam atender, de modo prospectivo, fatos e valores supervenientes. São dinâmicos, compreendendo não uma concepção ideal, mas vinculados à experiência concreta, de modo a considerar a totalidade dos fatores que atuam em sua aplicação e eficácia.[48] Distinguem-se, neste particular, os modelos jurídicos, que como conteúdo das fontes são dotados de vinculatividade, e os modelos dogmáticos ou hermenêuticos – dotados de força persuasiva para legitimação de uma determinada solução jurídica, uma vez que visam à compreensão e atribuição de significado dos modelos jurídicos.[49]

O direito comparado é método pelo qual o jurista antes conhece e analisa, em seguida compreende dada realidade de dois ou mais sistemas jurídicos para em seguida compará-las entre si, chegando a uma síntese comparativa. Neste sentido, está vocacionado à formação de modelos dogmáticos que permitam definir determinada compreensão aos modelos jurídicos, a partir dos dados resultantes da comparação jurídica.

Esta utilização do direito comparado verifica-se, então, tanto na criação de modelos doutrinários, quanto de modelos jurisprudenciais que, ao atribuírem significado ao texto da norma, servem-se do direito comparado, seja contribuindo com sua interpretação histórica ou teleológica, seja para sua atualização frente a própria modificação da realidade sobre a qual incide.

A tradição é elemento decisivo de um sistema jurídico, que lhe molda as características, ainda que se admitam possa tomar emprestados elementos de um e de outro.[50] Será a tradição um dos limites fundamentais à circulação de modelos jurídicos entre diferentes sistemas, expressão sob a qual se designam elementos sociais, históricos e culturais que os formam. O método do direito comparado, ao tomar em conta semelhanças e diferenças dos vários institutos jurídicos, e os problemas e soluções a que se refiram, não perde de vista, igualmente a perspectiva mais ampla dada pela macrocomparação jurídica e os elementos que justificam, inclusive, o desenvolvimento de certas soluções em detrimento de outras havidas em sistemas jurídicos distintos.

Daí a afirmação comum – e correta – de que o direito comparado não deve servir apenas à importação de soluções de direito estrangeiro, ou argumento de autoridade para legitimar soluções já dadas, pelo simples fato de reproduzirem totalmente ou em parte, a experiência de outros sistemas jurídicos. A insuficiência ou inefetividade de soluções nacionais, assim como certa atitude de encantamento com elementos presentes em outros sistemas jurídicos, não raro

---

[47] Miguel Reale, *Fontes e modelos do direito. Para um novo paradigma hermenêutico*. São Paulo: Saraiva, 1999, p. 29 e ss.
[48] Miguel Reale, *Fontes e modelos do direito. Para um novo paradigma hermenêutico*, p. 31.
[49] Miguel Reale, *Fontes e modelos do direito. Para um novo paradigma hermenêutico*, p. 37 e ss; da mesma forma: Miguel Reale, *O direito como experiência*. 2ª ed. São Paulo: Saraiva, 1992, p. 163.
[50] Roscoe Pound, *Philosophy of law and comparative law*. University of Pensylvania Law Review, v. 100, n.1. out./1951, p. 1-19.

geram o entusiasmo da sua reprodução no direito nacional, sem maior atenção às diferenças que demarcam.

São comuns equívocos nestes fenômenos de recepção de modelos jurídicos estrangeiros relacionados a problemas de tradução textual, ou sua descontextualização em relação a outros institutos do sistema jurídico de origem, essenciais para compreensão do seu significado. Ou, ainda, a própria falta de atualidade das fontes de que se serve para identificar o direito estrangeiro, deixando-se de ter em conta as características contemporâneas do instituto e sua evolução no sistema de origem. Será o método do direito comparado, então, que traçará os limites para a recepção e circulação de modelos, de modo a evitar uma importação disfuncional de soluções de direito estrangeiro que possa ser causa de novos problemas. Tome-se um exemplo expressivo a este respeito, ao colocar em perspectiva comparativa as famílias de direito romano-germânica (*civil law*) e da *common law*, que embora dividam em comum certa tradição jurídica ocidental,[51] compreendem formas distintas de realização do Direito.

As várias funções reconhecidas ao direito comparado,[52] seja em sua perspectiva analítica – de conhecimento e análise – seja em sua perspectiva mais política – de crítica, aperfeiçoamento ou uniformização do Direito – realizam-se na formação direito privado brasileiro, desde sua origem até os dias atuais. A rigor, o pertencimento a uma mesma tradição cultural fez com que o Brasil se mantivesse próximo, dentre os vários sistemas da família romano-germânica, aos europeus, como Portugal, França, Alemanha e Itália. Mais recentemente, a difusão de culturas e o pluralismo[53] conduzem várias áreas do Direito a jornadas exploratórias em outros sistemas, como ocorre com o direito de família e das sucessões que, como resultado dos fluxos migratórios, exige avançar sobre o direito muçulmano ou do extremo oriente (em especial China e Japão); ou frente à importância econômica dos Estados Unidos e da Inglaterra, o interesse crescente do direito das obrigações e do direito empresarial em geral sobre os sistemas da *common law*.

Esta realidade impõe o olhar atento e rigor metodológico do comparatista, de modo a servir-se da comparação jurídica como instrumento para o adequado exame e aperfeiçoamento do direito, bem como para desvelar suas características e vicissitudes. A utilidade do direito comparado em auxílio à formação e contínuo aperfeiçoamento do direito brasileiro exige, porém, altivez e domínio técnico, de modo a compreender precisamente quais os problemas e insuficiências do sistema vigente para saber o que buscar, ou seja, qual o propósito de investigação de eventuais soluções que do próprio sistema não surjam.

Afinal, se a história da formação do direito privado brasileiro é escrita pela influência quase sempre sadia e dos empréstimos periódicos de contribuições genuínas de outros sistemas jurídicos, também se diga que tais elementos frutificaram no Brasil, criando um sistema original. Seu aprimoramento tem no direito comparado um instrumento essencial para a

---

[51] Os princípios comuns à *civil law* e à *common law* costumam-se identificar a partir de um *proprium* da tradição jurídica ocidental situada nas raízes de um tipo de mentalidade específica da Europa do século XI em diante, reenviando "à questão eterna das relações entre justiça, direito, política, moral e religião. Em um certo contexto, a mentalidade ocidental atribui ao direito um papel superior às escolhas puramente políticas: ela exprime assim seu profundo sentido de ordem." Antonio Gambaro, Rodolfo Sacco, Louis. Vogel, *Traité de droit comparé. Le droit de l'Occident et d'ailleurs*. Paris: LGDJ, 2011, p. 57.

[52] Para uma visão das funções atuais do direito comparado como método, veja-se o em especial, Ralf Michaels, The functional method of comparative law. In: Mathias Reiman; Reinhard Zimmermann, *The Oxford Handbook of Comparative Law*. Oxford: Oxford University Press, 2006, p. 363 e ss.

[53] Roger Cotterrell, Comparative law and legal culture. In: Mathias Reiman; Reinhard Zimmermann, *The Oxford Handbook of Comparative Law*, Oxford: Oxford University Press, 2006, em especial, p. 726 e ss.

compreensão da ordem jurídica, sempre atento às características históricas, sociais e culturais que lhe dão caráter e razão.

5. FUNDAMENTOS DO DIREITO CIVIL CONTEMPORÂNEO

A formação do direito civil moderno assentou-se na definição de instituições jurídicas expressivas de suas características fundamentais. Assim, a **família** a **propriedade** e a **autonomia da vontade** deram conta, a partir do século XVIII, dos traços essenciais do direito civil, elaborado sobretudo pela nascente doutrina jusprivatista, e em seguida incorporada nos códigos civis, a partir do século XIX. O elemento comum nestas instituições era o destaque a força da vontade humana e sua aptidão para formar eficácia jurídica. Assim, a família nascia essencialmente a partir da vontade humana, manifestada na formação do vínculo matrimonial pelo casamento. A propriedade absoluta e relativamente ilimitada, constituía-se na expressão maior do domínio de parcela física do mundo pela vontade humana, de modo que o proprietário tinha a prerrogativa de usar, fruir e dispor da coisa da forma mais ampla possível. A autonomia da vontade, de sua vez, fundamento da liberdade de celebração e formação dos pactos, igualmente revelava-se sob a forma da exigência do comportamento doloso ou culposo – características de uma "falha" (*faute*, na expressão original francesa) da vontade humana – como pressuposto da imputação da responsabilidade.

As transformações sociais iniciadas a partir do final do século XIX, passam então a desafiar as bases tradicionais sobre as quais se firmou o direito civil, desafiando a concepção original dos seus conceitos fundamentais, a partir de novas demandas reconhecidas pela sociedade; ou mesmo a crítica direta ao conteúdo das instituições jurídicas clássicas, delimitando ou modificando suas características essenciais. Assim ocorre quanto à estrutura patriarcal da família a partir do comando do pai e subordinação da mulher-esposa e dos filhos a decisões arbitrárias decorrentes do poder do homem pai e esposo. A gradual emancipação da mulher e valorização dos filhos no âmbito da sociedade conjugal passa a reconfigurar a família, assim como ocorrerá, já na segunda metade do século XX, com a crescente admissão de formas de família de origem diversa do casamento. E, igualmente, com a superação do dogma do caráter indissolúvel do vínculo matrimonial e a percepção sobre a possibilidade de expressar livremente a afetividade e seu reconhecimento pelo Direito.

O perfil tradicional da propriedade também se modifica substancialmente. O reconhecimento de limites ao exercício da propriedade se deu tanto no campo dos conflitos de vizinhança e a proibição do exercício emulativo de direitos, quanto na limitação do seu exercício, vinculando ao aproveitamento útil e ao interesse social. No princípio do século XX, como resultado da revolução mexicana que dentre outros feitos promoveu uma ampla reforma agrária, a Constituição Mexicana de 1917, em seu art. 27, estabeleceu um dever de aproveitamento útil da propriedade imobiliária rural, e o poder do Estado de intervir no domínio privado, para impor restrições ao exercício da propriedade e mesmo expropriação em casos de interesse público. Da mesma forma, na Constituição de Weimar, promulgada na Alemanha, em 1919, o art. 153 será a sede do histórico comando "a propriedade obriga" (*das Eigentum verpflicht*), segundo o qual ao titular da propriedade não cabe apenas usar, fruir e dispor do objeto sob seu domínio, mas seu exercício implica também deveres observados no interesse da coletividade. Tal compreensão rechaça uma visão individualista e inviolável da propriedade com a qual o instituto jurídico havia se formado a partir da modernidade. Estas visões sobre a propriedade, limitada e exercida no interesse da coletividade, implicam o surgimento da noção de **função social**, desenvolvida a partir de então.

O reconhecimento de uma **função social da propriedade**, por sua vez, influenciou também a própria disciplina dos contratos em geral, considerando serem estes um dos principais instrumentos jurídicos que promovem a circulação entre patrimônios, mediante transferência de bens e direitos entre os contratantes. A função social da propriedade, ao limitar o exercício do direito pelo proprietário, também o faz na perspectiva do contrato, delimitando seu conteúdo, conforme propôs Karl Renner em conhecido estudo sobre a função social dos institutos jurídicos.[54] Propunha o autor, identificar a função dos institutos jurídicos privados básicos, tais como a família, o casamento, a propriedade ou as sucessões, a partir, tanto de uma função organizativa da sociedade (*organisatorische Funktion*), quanto a partir de sua função econômica (*ökonomische Funktion*), definindo-as de acordo com sua capacidade de produzir recursos para a sociedade.[55]

Neste caso, permite-se que se visualize, igualmente, as transformações pelas quais passou a autonomia da vontade como base do direito civil. Tanto a liberdade negocial é delimitada pela intervenção do Estado no domínio econômico, quanto as iniciativas de proteção do equilíbrio das prestações dos contratos. Isso implica a revisão do princípio da força obrigatória dos contratos, tornada absoluta a partir da influência do direito moderno, visando compatibilizá-la com o equilíbrio econômico e a reciprocidade de interesses que deverá ser observado. Da mesma forma, no âmbito da responsabilidade civil, o protagonismo da culpa como exigência inafastável para imputação do dever de indenizar dá lugar ao reconhecimento de novas situações, decorrentes do avanço técnico dos processos de produção, e pelo qual o risco da atividade afirma-se como fator de imputação para que alguém seja responsabilizado pela reparação de danos causados a outra pessoa.

A formação histórica dos conceitos e as diferentes influências percebidas pelo direito brasileiro, ao tempo que são importantes para definição do seu perfil atual, fazem com que suas características não possam, simplesmente, reproduzir o direito de um outro país. Forma-se, assim, um sistema próprio, de acordo com traços sociais e culturais que lhe dão identidade, permitindo com que se organize seus fundamentos essenciais.

5.1. Proteção da personalidade e seus atributos

A proteção da personalidade é o principal fundamento do direito civil contemporâneo. A pessoa humana é o centro do sistema jurídico, tendo sua base de tutela originária na própria Constituição. Razões históricas explicam isso e justificam a evolução do pensamento jurídico. Com o final da Segunda Guerra Mundial, a exata compreensão das ações dos regimes nazifascistas, em especial na Alemanha, com a eliminação física de pessoas (Holocausto judeu e demais vítimas dos campos de concentração), a partir de uma disciplina legal que legitimou formalmente estes acontecimentos, faz ganhar força, com a proclamação da Declaração Universal dos Direitos do Homem, a noção de um constitucionalismo de valores, e a dignidade da pessoa humana como valor fundante e justificador do Direito. A influência é percebida nos diversos sistemas jurídicos, sobretudo no Ocidente, e tem por consequência a hierarquização dos direitos fundamentais da pessoa humana e sua dignidade na posição mais elevada do sistema de normas e valores que conformam o Direito. No direito brasileiro, esta influência

---

[54] Originalmente, na obra Die soziale Funktion der Rechtsinstitute, publicada em 1902. Observe-se, contudo a evolução e aprofundamento do pensamento do autor, em seus Die Rechtsinstitute des Privatrechts und ihre soziale Funktion. Ein Beitrag zur Kritik des bürgerlichen Rechts, Tübingen: J.C.B. Mohr,1929, e Mensch und Gesellschaft. Grundriß einer Soziologie. Wien, 1951.

[55] Die Rechtsinstitute des Privatrechts und ihre soziale Funktion, p. 19 e ss.

se faz perceber, sobretudo, a partir da Constituição de 1988, que eleva a dignidade da pessoa humana a fundamento da República (art. 1º, III), assim dá destaque ao catálogo de direitos fundamentais (a partir do seu art. 5º).

No direito civil, a valorização da pessoa humana e sua centralidade no sistema jurídico dá causa ao que alguns vão denominar de *repersonalização do direito*, no qual a proteção da personalidade tem papel fundamental.

A personalidade é, antes de tudo, conceito técnico do direito civil. Atribui-se a personalidade à pessoa, dando-lhe esta condição. Refere o art. 2º do Código Civil que a personalidade da pessoa natural (ser humano) se adquire pelo nascimento com vida, mas a lei põe a salvo os direitos do nascituro desde a concepção. A aquisição de personalidade traz consigo a proteção de seus atributos, o que se viabiliza pelo reconhecimento de um direito subjetivo de proteção. Tecnicamente, pode-se tanto identificar aí um direito geral de personalidade, ou seja, de proteção da personalidade, quanto conferir a cada um dos atributos da personalidade um direito subjetivo de proteção, daí falar-se em direitos da personalidade.

Porém, independentemente da forma de tutela da personalidade, o fato é que sua proteção – e de seus atributos – constitui um dos fundamentos do direito civil contemporâneo. São considerados atributos da personalidade aqueles que se vinculam à integridade psicofísica do indivíduo. Deste modo, compreendem a integridade física (integridade do corpo em relação a lesões), a imagem, a honra e a vida privada de modo, sobretudo, a preservar o estado anímico do indivíduo, e os direitos morais de autor. Como é próprio da ciência do direito contemporânea, os esquemas relativos aos direitos da personalidade poderão detalhar mais tais atributos considerando em diferentes graus sua importância, ou ainda, em sentido diverso, criticar o reconhecimento de atributos ou direitos específicos da personalidade, considerando o fato que a tutela da personalidade é, antes de tudo, uma tutela integral, ou seja, da qual não se pode seccionar partes do todo, sob pena de reduzir o nível de proteção endereçado pelo Direito à pessoa humana.

De qualquer sorte, a proteção da personalidade e seus atributos é um dos fundamentos do direito civil, projetando sua eficácia nas várias relações jurídicas que disciplina. No Código Civil, os direitos da personalidade têm sua previsão expressa nos arts. 11 a 21, cuja incidência é coerente com os direitos fundamentais assegurados pela Constituição.

5.2. Autonomia privada

A autonomia privada se caracteriza como o espaço reconhecido pelo Direito para que as pessoas decidam livremente em acordo com seus interesses. É o espaço de liberdade reconhecido pelo Direito para atuação individual. Auto + nomos: é poder de constituir regras próprias, o que se exerce como decisão de vontade individual. Este espaço de atuação livre reconhecido pelo Direito pode compreender uma atuação jurídica, de autovinculação, a partir de uma decisão formada pela vontade livre e consciente do indivíduo, como é o caso, por exemplo, de quem decide celebrar um contrato, ou casar-se com alguém.

A fórmula típica do princípio da legalidade enuncia: ninguém será obrigado a fazer ou deixar de fazer alguma coisa senão em virtude de lei (art. 5º, II, da Constituição da República). O espaço em que não se é obrigado a fazer ou deixar de fazer, é aquele reconhecido ao indivíduo para atuar livremente, lhe sendo reconhecido o poder de dispor sobre seus próprios interesses e agir em acordo com esta decisão. O exercício da liberdade é inerente ao direito civil. Ao indivíduo é reconhecido o direito de dispor do corpo, naquilo que não contrarie bons costumes ou seja atentatório a sua própria existência e integridade. Sendo considerado capaz de decidir de forma livre e consciente, de acordo com os critérios da lei, poderá vincular-se juridicamente, celebrando contratos e outras convenções; poderá adquirir direitos e exercê--los livremente em acordo com seus interesses, bem como formar família a partir de fórmulas pré-definidas, como o casamento, a união estável e a adoção, ou mediante simples vontade, em outros arranjos familiares.

Historicamente, discute-se a liberdade que se expressa pela autonomia privada é originária ou derivada. Ou seja, se o Direito apenas reconhece a autonomia privada, deixando de interferir em um espaço de liberdade inato do indivíduo, ou se é algo construído pelo próprio Direito, de modo que a liberdade de agir se estabelece nos estritos termos que lhe permite a norma jurídica, ao deixar de disciplinar/regular determinadas situações. A rigor, qual seja este espaço de autonomia é o Direito quem define, conforme certa orientação jurídico-política. Em modelos mais liberais privilegia-se a autonomia privada em detrimento da intervenção estatal. Em modelos de maior intervenção estatal, a autonomia privada reduz sua extensão, embora se possa deduzir da ação do Estado a garantia do exercício da liberdade pelos mais vulneráveis em certas relações jurídicas.

Quando se fala em autonomia privada, é comum identificar sua importância predominantemente no direito das obrigações. Nele se indica como decorrente da autonomia privada tanto a liberdade de celebração de convenções e contratos (liberdade de celebração ou liberdade de contratar), quanto a liberdade de estipulação e formulação do seu conteúdo (liberdade de estipulação ou liberdade contratual). A autonomia privada confere ao indivíduo o poder de decisão sobre celebrar ou não o contrato, assim como agir ou não em determinada situação concreta. A liberdade de agir ou de se abster, de praticar ou não o ato.

Porém, o lugar da autonomia privada não se restringe ao direito das obrigações. Há outros âmbitos do direito civil em que esta liberdade de atuação individual tem a mesma importância, como ocorre no direito de família, na decisão de celebrar casamento, constituir união estável, de adoção, assim como na direção da educação dos filhos. No direito das coisas, a decisão sobre o exercício dos poderes inerentes à propriedade ou outros direitos reais também caracteriza exercício de autonomia privada, assim como no direito das sucessões o exercício da liberdade de testar, nos limites definidos por lei, é decisão em que o indivíduo atua na conformação de seus interesses.

Em relação aos direitos da personalidade, a autonomia privada compreende liberdade de decidir sobre seu exercício nos limites definidos pela lei, bem como aqueles que resultam da ordem pública e dos bons costumes. Assim, por exemplo, pode o indivíduo decidir livremente sobre o aproveitamento de sua imagem com fins econômicos, ou deixar de resguardar informação sob o sigilo que assegura o direito à privacidade. Não poderá, contudo, retirar parte do seu próprio corpo e oferecer à venda, o que viola padrões de moralidade coletiva, e será proibido pelo direito – embora possa dispor gratuitamente para fins de transplante.

5.3. Responsabilidade por danos

A responsabilidade por danos é outro preceito fundamental no direito privado. Recorde--se a célebre fórmula de Ulpiano, no direito romano: *"Iuris praecepta sunt haec: honeste vivere, alterum non laedere, suum cuique tribuere"* ("Os preceitos de direito são: viver honestamente, não causar dano as outros, dar a cada um o que é seu"). Quem causa dano a outra pessoa se lhe imputa o dever de repará-lo. A responsabilidade por danos resulta da compreensão de que qualquer dano injusto, ou seja, a diminuição ou prejuízo no patrimônio sofrido a partir de uma atuação antijurídica da outra parte, deve ser reparada. A tutela do patrimônio, considerado como universalidade de bens e direitos de titularidade de uma pessoa, comporta como eficácia não apenas a legitimidade da atuação para conservação e proteção contra interferências não autorizadas pela lei, mas também a garantia de sua reparação no caso de lesão.

Por dano entenda-se a *diminuição ou supressão de uma situação favorável reconhecida ou protegida pelo Direito*.[56] Quando há o comprometimento desta situação favorável, que pode atingir tanto interesses patrimoniais – que são os dotados de valor econômico – quanto extrapatrimoniais – decorrentes de lesão à integridade psicofísica da pessoa –, o que vem a ocorrer de modo contrário a direito, aquele que sofre o dano tem direito à sua reparação (no caso de serem danos reparáveis, como é o caso dos danos patrimoniais), ou compensação (no caso dos danos extrapatrimoniais, também chamados danos morais). Esta reparação ou compensação dos danos, como regra se impõe àquele que deu causa ao dano. Se diz então que responde pelos danos – ou melhor, responde pela reparação ou compensação dos danos – aqueles que lhe deram causa. Na lei, é o que resulta do art. 927, *caput*, do Código Civil: "Aquele que, por ato ilícito (...), causar dano a outrem, fica obrigado a repará-lo."

Historicamente, exigiu-se como condição para a imputação de responsabilidade pela reparação ou compensação de danos, que se pudesse demonstrar a existência de um comportamento doloso (voluntário) ou culposo (negligente ou imprudente) daquele que lhe deu causa. Com o passar do tempo, contudo, a dificuldade de demonstração de dolo ou culpa, e a multiplicação de situações em que os danos podem ocorrer sem uma intervenção humana direta, fez com que os critérios de imputação de responsabilidade também se modificassem. Deste modo, passou-se a definir, em diversas situações, que a imputação de responsabilidade pelo dever de reparação ou compensação do dano será independentemente de culpa, ou seja, apenas em razão de imputação legal. É o caso, por exemplo, em que a lei define que quem responde pelos danos causados pelos filhos menores serão seus pais (art. 932, I, do Código Civil), ou os causados pelo empregado no exercício do seu trabalho ou ofícios será o empregador (art. 932, III, do Código Civil). E ainda situações nas quais a lei defina a responsabilidade pelos danos decorrentes de atividades que por sua natureza impliquem riscos aos direitos de outrem, como é o que dispõe o art. 927, parágrafo único, do Código Civil: "Haverá obrigação de reparar o dano, independentemente de culpa, nos casos especificados em lei, ou quando a atividade normalmente desenvolvida pelo autor do dano implicar, por sua natureza, risco para os direitos de outrem". Dizendo de outro modo, em benefício da vítima – para facilitar a recomposição do prejuízo sofrido por esta – a lei define como responsáveis por reparar ou compensar o dano determinadas pessoas, independentemente da demonstração de sua participação na causação do dano.

O modo mais comum de reparação e compensação de danos é a indenização (*in + damni* = recompor o dano), que deve corresponder ao prejuízo sofrido (assim o art. 944 do Código Civil: "a indenização mede-se pela extensão do dano"). Em geral, a indenização é paga em dinheiro (indenização pecuniária). Nada impede, contudo, que outros modos de reparação e compensação de danos sejam reconhecidos, como é o caso da reparação específica, no qual aquele que responde pelo dano é condenado a recompor os bens e/ou interesses lesados com as exatas características anteriores à lesão (recomposição do estado anterior – *status quo ante*).

A imputação da responsabilidade por danos, e por conseguinte, a recomposição do patrimônio da vítima, firma-se fundamento de ordem moral e jurídica do direito civil. Vincula-se aos ideais de liberdade e igualdade que lhe caracterizam, considerando que a existência de uma resposta eficiente à interferência danosa e antijurídica de uma pessoa sobre a esfera jurídica alheia implica responsabilidade pela reparação ou compensação dos danos sofridos pela vítima.

---

[56] António Menezes Cordeiro. *Tratado de direito civil português*, cit., p. 511.

A proteção do patrimônio contra quaisquer interferências indevidas na esfera jurídica alheia revela-se como garantia à liberdade individual. Por outro lado, ao definir-se que qualquer pessoa deva responder por interferências danosas na esfera jurídica alheia, destaca-se a noção de igualdade de todos perante a lei.

5.4. Proteção da confiança

A proteção da confiança é princípio imanente em todo o Direito,[57] e como tal também se revela como um dos fundamentos do direito civil contemporâneo. Confiança remete à noção de crença em determinada realidade, o que assume relevância jurídica na medida em que em razão desta crença passa atuar em conformidade com ela, seja em relação à determinada situação constituída, seja em relação a expectativa de uma realidade futura a partir de inferência acerca de uma situação atual. Protege-se juridicamente a confiança legítima, ou seja, aquela que é causada a partir de uma determinada atuação do outro sujeito de uma relação jurídica que se estabelece.

Trata-se a confiança como a expectativa que surge dentro da comunidade, de um comportamento honesto, normal e cooperativo, a partir de normas estabelecidas por esta mesma comunidade, de modo que capitaliza o passado, na medida em que não se exige da generalidade dos atos humanos que sejam formalmente deliberados e executados, senão que se desenvolvam, muitos deles, naturalmente, em vista da ausência de uma precaução exagerada em relação ao comportamento do outro.[58]

A rigor, a própria confiança é uma das bases de coesão social, a partir das quais os membros de uma comunidade estabelecem certos padrões para a convivência social. É causa de redução da complexidade da vida social.[59] Significa, em uma sociedade como a atual, reforçar a tutela das expectativas legítimas dos indivíduos em relação ao comportamento alheio. No direito das obrigações, a confiança revela-se como condição ou influência decisiva do comportamento dos sujeitos da relação, que apenas porque confiam na reciprocidade da conduta do outro na relação, ou na tutela do Direito que torna exigível certo comportamento e sanciona a violação do dever, vão comportar-se de determinado modo.[60] Em um sistema que privilegia a circulação dos bens, valoriza-se a confiança.[61] Daí porque a proteção da confiança realiza-se como um dos princípios fundamentais do Direito, integrante da própria ideia de justiça material que informa a generalidade dos institutos jurídicos.[62]

---

[57] No direito público, por exemplo, a confiança se revela como uma exigência *exige do cidadão que "contou, e dispôs em conformidade com isso, com a existência de determinadas regulações estatais e outras medidas estatais. Ela visa à conservação de estados de posse uma vez obtidos e dirige-se contra as modificações jurídicas posteriores"* Hartmut Maurer, *Elementos de direito administrativo alemão*. Porto Alegre: Sérgio Antônio Fabris, 2001, p. 68.

[58] Célia Weigartner, *La confianza em el sistema jurídico*. Mendoza Cuyo, 2002. p. 45 et seq.

[59] Niklas Luhman, Vertrauen. Ein mechanismus der Reduktion sozialer Komplexität. 5. Auflage, Konstanz: UVK, 2014, p. 2.

[60] Claus-Wlhelm Canaris, Die Vertauenshaftung im deutschen Privatrecht. Munique: Beck, 1971, p. 514; Célia Weingartner, La confianza em el sistema jurídico. Contratos y derecho de daños. Mendoza: Jurídicas Cuyo, 2002, p. 31.

[61] António Menezes Cordeiro, Tratado de direito civil, v. I. Coimbra: Almedina, 2012, p. 969.

[62] Claus-Wlhelm Canaris, Die Vertauenshaftung im deutschen Privatrecht. Munique: Beck, 1971, p. 3-4.

O Direito protege as situações de confiança por intermédio de disposições legais específicas ou por institutos gerais,[63] o que no direito brasileiro podem ser vistos a partir das cláusulas gerais e seus conceitos indeterminados como é o caso da boa-fé (arts. 113, 187 e 422 do Código Civil) e dos bons costumes (arts. 122 e 187 do Código Civil), expressivos de valores fundamentais do direito privado contemporâneo. Parte-se do princípio que a proteção da expectativa legítima seja em relação à conduta de um dos sujeitos da relação jurídico-privada.

Menezes Cordeiro, no direito português, formula útil sistematização dos pressupostos da proteção da confiança no direito,[64] em tudo aplicável ao direito brasileiro:

> 1º Uma situação de confiança conforme com o sistema e traduzida na boa-fé subjetiva e ética, própria da pessoa que, sem violar os deveres de cuidado que ao caso caibam, ignore estar a lesar posições alheias;
>
> 2º Uma justificação para essa confiança, expressa na presença de elementos subjetivos capazes de, em abstrato, provocarem uma crença plausível;
>
> 3º Um investimento de confiança consistente em, da parte do sujeito, ter havido um assentar efetivo de atividades jurídicas sobre a crença consubstanciada;
>
> 4º A imputação da situação de confiança criada à pessoa que vai ser atingida pela proteção dada ao confiante: tal pessoa, por ação ou omissão, terá dado lugar à entrega do confiante em causa ou ao fato objetivo que a tanto conduziu.

Contudo, registra que os pressupostos para tutela da confiança não são todos indispensáveis, articulando-se de modo que "a falta de algum deles pode ser compensada pela intensidade especial que assumam alguns – ou algum, dos restantes."[65] A situação de confiança tutelada pelo direito resulta de uma crença legitimada pela conduta da outra parte, levando-a a um comportamento determinado, baseada nisso.

Neste sentido, a proteção da confiança a estabelece como fonte autônoma de responsabilidade, na hipótese em que um dos sujeitos da relação obrigacional viole os deveres que dela são decorrentes. Esta responsabilidade pela confiança (*Vertrauenshaftung*)[66], constitui o modelo essencial pelo qual se reconhece a proteção da crença gerada a partir do comportamento das partes em dada relação obrigacional, seja em relação a sua constituição, execução ou mesmo após sua extinção, preservando-se os efeitos decorrentes da crença estabelecida.

Esta crença se estabelece por intermédio de comportamentos das partes, ou informações prestadas, que na medida em que despertem a confiança legítima da contraparte, vinculam a uma ação futura, ao prosseguimento de dada conduta, ou ainda a manutenção de um determinado estado de fato. No direito civil terá importância, sobretudo, no domínio das obrigações, como um elemento de redução do formalismo das relações jurídicas e valorização da atuação negocial concretas e das promessas feitas pelas partes, independentemente de formalização (ainda que relevante para a prova dos atos).

---

[63] António Menezes Cordeiro, Tratado de direito civil, v. I, p. 970.
[64] António Menezes Cordeiro, Tratado de direito civil, v. I, p. 971.
[65] António Menezes Cordeiro, Tratado de direito civil, v. I, p. 973.
[66] Manuel Carneiro de Frada, Die Zukunft der Vertrauenshaftung oder Plädoyer für eine "reine" Vertrauenshaftung. In: Heldrich, Andreas et alli. Festschrift für Claus-Wilhelm Canaris zum 70. Geburtstag., Band I. Munich: C.H.Beck, 2007, p. 99 e ss.

5.5. Propriedade e sua função social

A propriedade, antes de um conceito jurídico, é um conceito cultural. Sua evolução histórica a vinculou a um modelo de apropriação de riqueza pelo indivíduo, de modo a assegurar-lhe o uso, fruição e disposição dos bens sobre os quais recai. Tem sentido eminentemente econômico, porém repercussões sociais e jurídicas de grande relevância. Paolo Grossi, em estudo conhecido, observa que o modo mais apropriado de identificar a propriedade é defini-la como espécie de *mentalidade jurídica*,[67] tomada como um conjunto de valores enraizados em certo âmbito espacial e cultural e que em cada etapa da história respeita um perfil específico. Há diferentes concepções sobre a propriedade no direito medieval e moderno,[68] cujos elementos de sentido, profundamente influenciados pela filosofia liberal de fins do século XVIII,[69] desembarcam na célebre definição legal do Código Civil francês de 1804, em seu artigo 544, indicando a propriedade como o direito que o seu titular exerce de "la manière la plus absolute". Daí é que surge a identificação entre propriedade e sujeito: "uma modelação tão estrita como para parecer quase uma identificação: a propriedade é somente o sujeito em ação, o sujeito na conquista do mundo. Idealmente, as barreiras entre eu e meu caem".[70] A célebre definição legal do *Code Civil*, por certo, não é apenas a realização de um projeto ideológico da burguesia que ascendera ao poder na França pós-revolucionária, mas também o resultado do amadurecimento de uma certa compreensão individualista da identidade e disciplina dos direitos subjetivos em geral.[71]

Daí surge a definição clássica de propriedade segundo a qual ela enfeixa uma série de poderes jurídicos, a partir do qual o proprietário pode, a princípio, "utilizar a coisa, ou destruí-la, gravá-la ou praticar outros atos de disposição".[72] Desta forma, trata-se de direito exclusivo e excludente, cujas prerrogativas são reconhecidas ao titular do direito, com a consequente exclusão de todos os demais, aos quais incumbe o mero dever de *pacere* (suportar). Integram o polo passivo da relação jurídica de propriedade, identificando-se todos que não o titular do direito como sujeitos passivos; todos titulares do dever de abstenção oponível *erga omnes* pelo proprietário.

---

[67] Por mentalidade jurídica, ensina Paolo Grossi, tenha-se "aquele conjunto de valores que circulam em uma área espacial e temporal capaz, por sua vitalidade, de separar a diáspora dos fatos e episódios isolados, e de constituir o tecido conjuntivo escondido e constante daquela área." Prossegue, então, referindo que "com visual fundamentalmente sincrônico já que os valores tendem a permear a globalidade da experiência com procedimento fundamentalmente sistemático, já que os valores tendem a permanecer e a cristalizar-se, o jurista se sente cômodo – quase se diria, em sua própria casa – no terreno das mentalidades, é aí onde o jurídico tem sua raiz." Paolo Grossi, *La propriedad y las propriedades. Un análisis histórico.* Trad. Angel Lopez y Lopez. Madrid: Cuadernos Civitas, 1992, p. 58.

[68] Paolo Grossi, *La propriedad y las propriedades. Un análisis histórico*, p. 67 et seq.

[69] Franz Wieacker, refere a renovação da ciência jurídica operada pela filosofia idealista, a partir da ética de autonomia de Kant, a qual oferece ao direito privado um esquema lógico que permite vislumbrar como sistemas de esferas de liberdade da personalidade autônoma, em razão da qual uma das consequências será o reconhecimento da prerrogativa de livre uso da propriedade. Franz Wieacker, *História do direito privado moderno*. 2. ed. Trad. Botelho Espanha. Lisboa, Calouste: Gulbenkian, 1993, p. 717.

[70] Franz Wieacker, *História do direito privado moderno*, p. 130.

[71] Stefano Rodotá. *El terrible derecho*. Estúdio sobre la propriedad privada. Trad. Luis Díez-Picazo. Madrid: Civitas, 1986, p. 102.

[72] Francisco Cavalcante Pontes de Miranda, *Tratado de direito privado*, t. 10. 4. ed. São Paulo: RT, 1977, p. 10-11.

No século XIX, propunha Lafayette Rodrigues Pereira, duas definições de propriedade.[73] Uma em sentido *genérico*, abrangendo todos os direitos que formam o patrimônio do indivíduo e que, portanto, podem ser reduzidos a valor pecuniário; e outro *restrito*, compreendendo apenas o direito que tem por objeto direto e imediato as coisas corpóreas, assinalando que a esta concepção restrita, denomina-se igualmente *domínio*. Ao domínio indicava três atributos essenciais: "1. que o domínio envolve a faculdade de gozar de todas as vantagens e utilidades que a coisa encerra, sob quaisquer relações; 2. que é ilimitado, e como tal inclui em si o direito de praticar sobre a cousa todos os atos que são compatíveis com as leis da natureza; 3. que é de sua essência exclusivo, isto é, contém em si o direito de excluir da coisa a ação de pessoas estranhas".[74]

O direito brasileiro define o conteúdo da propriedade a partir do conteúdo do direito referido ao seu titular.[75] Estabelece o art. 1.228, *caput*, do Código Civil: "O proprietário tem a faculdade de usar, gozar e dispor da coisa, e o direito de reavê-la do poder de quem quer que injustamente a possua ou detenha".[76]

A definição clássica de propriedade fez-se, portanto, em destaque dos poderes que lhe são inerentes e suas características de *plenitude* e *exclusividade*, de modo a conferir ao proprietário o poder pleno e absoluto de dispor sobre o objeto sobre o qual recai o seu direito.

As transformações sociais e econômicas do início do século XX, contudo, colocam em crise o conceito assentado de propriedade absoluta, passando-se a exigir sua limitação, seja em razão do interesse público representado pelo Estado, seja o interesse social, inclusive sancionando o uso ilegítimo da propriedade, por intermédio da rejeição ao exercício abusivo dos direitos (teoria do abuso do direito)[77], assim como a identificação de uma tendência de valorização do interesse social na interpretação e aplicação das normas sobre propriedade.

A delimitação do exercício do direito de propriedade, então, se fixa de modo objetivo, independentemente da malícia ou má-fé do proprietário,[78] mas a partir de critérios objetivos que passam a definir a propriedade como espécie de **poder-função**, de modo que seu exercício passe a contemplar outros interesses em disputa.

Sobre este novo perfil da propriedade, é comum situar como origem normativa o art. 27, § 3º, da Constituição do México, de 1917, que dispôs: "a Nação terá em todo o tempo o direito de impor à propriedade privada as modalidades que dite o interesse público". Todavia, mais influente será a fórmula da Constituição alemã de 1919 ("Constituição de Weimar"), que

---

[73] Lafayette Rodrigues Pereira, *Direito das cousas*. 2. ed. Rio de Janeiro: Jacintho Ribeiro dos Santos, s.d., p. 63-64.
[74] Lafayette Rodrigues Pereira, *Direito das cousas*, p. 64-65.
[75] Não era esta, entretanto, a opção e Teixeira de Freitas no seu *Esboço do Código Civil*. Propunha o jurista, no art. 4.071, uma definição de domínio, nos seguintes termos: "Art. 4.071 – Domínio (direito de propriedade sobre coisas) é o direito real, perpétuo ou temporário, de uma só pessoa sobre coisa própria, móvel ou imóvel, com todos os direitos sobre sua substância e utilidade, ou somente sobre sua substância, ou somente sobre sua substância e alguns sobre sua utilidade". Augusto Teixeira de Freitas, *Esboço do Código Civil*, v. 2. Brasília: Ministério da Justiça, 1983, p. 575.
[76] Como assinala Clóvis Beviláqua, esta opção legislativa, sem prejuízo de outras definições, embasava-se na regra romana de domínio: "*domminium est jus utendi, fruendi et abutendi re sua, quatenus juris ratio patitur*". Clóvis Beviláqua, *Direito das coisas*. Rio de Janeiro: Freitas Bastos, 1941. v.1, p. 133-134.
[77] Louis Josserand, *De l'espirit des droits et de leur relativité*: théorie dite l'abus des droits. Paris: [s.n.], 1927. p. 322 *et seq*.
[78] Francisco Cavalcante Pontes de Miranda, *Tratado de direito privado*, t. 10, p. 27.

em seu art. 153, § 3º, define: "a propriedade obriga. Seu uso também deve servir ao bem da comunidade".[79]

No direito brasileiro, essa publicização do conceito de propriedade, a partir das normas de direito público, inicia-se com a Constituição de 1934, que em seus arts. 113 e 118, estabeleceu como propriedades distintas do solo as minas e as quebras d'água para fins de exploração ou aproveitamento industrial e, sobretudo, determinou que o direito de propriedade *não poderia ser exercido contra o interesse social ou coletivo*. Na Constituição de 1946, de sua vez, ficou estabelecido que o uso da propriedade deve estar condicionado ao bem-estar social, assim como fez uma primeira referência a que se realize *a justa distribuição da propriedade, com igual oportunidade para todos* (arts. 141, § 16, e 147). Será na Constituição de 1967 que a expressão função social da propriedade restará consagrada, como princípio informador da ordem econômica (art. 157, III).

Já na Constituição de 1988, em vigor, a função social da propriedade é prevista, junto com o direito de propriedade, no catálogo dos direitos fundamentais (art. 5º, XXIII), assim como princípio informador da ordem econômica (art. 170, III). Ao mesmo tempo, em relação à propriedade imobiliária, a Constituição define critérios para determinação do que se deva considerar como sua função social. Em relação à propriedade rural o texto constitucional distingue, no seu art. 186, quatro critérios para definir o atendimento da função social. São eles: a) o aproveitamento racional e adequado; b) a utilização adequada dos recursos naturais disponíveis e preservação do meio ambiente; c) observância das disposições que regulam as relações de trabalho; e d) que a exploração que favoreça o bem-estar dos proprietários e dos trabalhadores. Em relação à propriedade urbana, os critérios para atendimento da função social são confiados à lei – no caso, às exigências fundamentais de ordenação da cidade expressas no plano diretor (art. 182, § 2º).

Observe-se, contudo, que em relação à propriedade dos demais bens que não os imóveis, a Constituição obriga ao atendimento da função social, sem, contudo, defini-la. Uma das repercussões que se identificam para este modelo definido na Constituição é o da existência não mais de um conceito uno e abstrato de propriedade, subordinado a um regime jurídico geral,[80] mas de modelos diversos de apropriação de bens,[81] que passam a coexistir segundo características próprias definidas por sua utilidade esperada (assim a propriedade sobre bens imateriais e as coisas fluídas, por exemplo).

Deste modo, o direito de propriedade e sua função social compreendem direitos e deveres correspectivos, formando uma só realidade jurídica. (*ius et obligatio correlata sunt*). A rigor, a função social da propriedade relacionada no catálogo de direitos fundamentais tem como primeira consequência a vinculação, desde o ápice da pirâmide normativa, da correlação entre

---

[79] Assim a íntegra do art. 153 da Constituição de Weimar: "A propriedade será garantida pela Constituição. Seu conteúdo e seus limites se deduzirão das leis. Somente se poderá expropriar em favor da comunidade e com fundamento de direito, tendo sempre como contrapartida a correspondente indenização, exceto quando uma lei do Reich determine outra coisa. Com relação à quantia da indenização, se manterá aberta no caso de litígio a via dos tribunais competentes, exceto quando uma lei do Reich determine o contrário. As expropriações feitas pelo Reich, Länder, municípios e associações de uso público só poderão efetuar-se mediante indenização. A propriedade obriga. Seu uso também deve servir ao bem da comunidade." Veja-se: Hans Hattenhauer, *Conceptos fundamentales del derecho civil*. Introducción histórico-dogmática. Trad. Gonzalo Hernandez. Barcelona: Ariel, 1987, p. 123.

[80] Gustavo Tepedino, Contornos constitucionais da propriedade privada. *Temas de direito civil*. Rio de Janeiro: Renovar, 1999, p. 278-279.

[81] Stefano Rodotá, *El terrible derecho...*, p. 253.

o direito subjetivo de propriedade e o dever jurídico oponível ao seu exercício, de cumprimento de uma função que lhe deve caracterizar. Passa a ser tratada como **poder-função**[82] ou **poder-dever**,[83] cujos condicionamentos específicos serão estabelecidos pelo legislador a partir das coordenadas constitucionais, como é o caso das obrigações relativas ao uso racional e adequado da propriedade rural, à ordenação da ocupação do espaço urbano, ou as pertinentes à utilização adequada dos recursos naturais disponíveis e preservação do meio ambiente.

Não se perde de vista, contudo, que esta intervenção do Estado na propriedade privada, por intermédio do legislador e do juiz, sob a justificativa de realização de função social, é atividade que se deve dar com extrema cautela, em homenagem à segurança jurídica e à proteção da pessoa humana. Nestes termos, a função social não deve ser apenas discurso jurídico desorientado das bases constitucionais e legais que fixem seu conteúdo, sob pena de revelar-se arbítrio.[84]

Em qualquer caso a garantia fundamental de propriedade exigirá que a restrição à propriedade observe os critérios de proporcionalidade entre o sacrifício imposto ao seu titular e a vantagem obtida da restrição, assim como o princípio da igualdade de encargos, de modo a preservar certo grau de vantagens e utilidade ao titular, cujo sacrifício completo apenas se admite com a expropriação nos termos da lei.[85]

5.6. Proteção da família

Outro fundamento do direito civil é a ordenação jurídica da família, resultando daí, na generalidade dos sistemas jurídicos, uma determinação de proteção estatal a partir das normas constitucionais.[86] No direito brasileiro, o art. 226 da Constituição de 1988 é expressivo: "A família, base da sociedade, tem especial proteção do Estado." A família e as relações que as formam são resultado de uma série de influências culturais, determinantes de suas características e da natureza das relações entre os vários sujeitos que as integram, assim como os modelos mais ou menos fixados para sua constituição e reconhecimento. Sua importância para o direito civil é evidente, considerando que as relações jurídicas originais, no início da vida da pessoa, desenvolvem-se, sobretudo, na família. Da mesma forma, as relações familiares são tomadas, por toda a vida, como fatores de bem-estar e promoção da pessoa, responsáveis pela realização de expectativas afetivas, sem prejuízo de muitas vezes serem razão para provimentos de ordem material, como é o que resulta da pretensão alimentar, de conteúdo econômico, exigíveis entre os vários membros da família, fundada na solidariedade familiar.

---

[82] Assim o entendimento, dentre outros de: Orlando Gomes, Novas dimensões da propriedade privada. *Revista dos Tribunais*, n 411. São Paulo: RT, jan. 1970, p. 12; Roger Raupp Rios, A Propriedade e sua função social na Constituição da República de 1988. Ajuris, Porto Alegre, v.22, n.64, jul.1995, p.307- 320. Da mesma forma posiciona-se André Godinho, o qual busca salientar que a função social não significa uma negação do direito subjetivo, mas que "é a função social razão de tutela e garantia da propriedade privada". André Osório Godinho, Função social da propriedade. *In*: Gustavo Tepedino (Coord.). *Problemas de direito civil constitucional*. Rio de Janeiro: Renovar, 2000, p. 1-16.

[83] Fábio Konder Comparato, Função social da propriedade dos bens de produção. *Revista de Direito Mercantil, Industrial, Econômico e Financeiro* (nova série). São Paulo, RT, n. 63, jul.-set. 1986, p. 76.

[84] Para um exame do uso do fundamento da função social para intervenção na propriedade em regimes totalitários, veja-se: Thorsten Kaiser, Eigentumsrecht in Nationalsozialismus und Fascismo. Tübingen: Mohr Siebeck, 2005, p. 174 e ss.

[85] Jan-R Sieckmann. Modelle des Eigentumsschutzes. Eine Untersuchung zur Eigentumsgarantie des Art. 14 GG. Baden-Baden: Nomos, 1998, p. 374 e ss.

[86] Thomas Rauscher, *Familienrecht*. 2ª Auf. Heidelberg: C.F.Müller, 2008, p. 30 e ss; Dieter Schwab, *Familienrecht*. 8ª Auf. C.H.Beck, 1995, p. 5.

Naturalmente que a noção de família não é imutável, e se transforma com o passar do tempo. Até meados do século XX, a noção de família comportava aquela originária do casamento entre homem e mulher, tendo daí origem os filhos, e nestes termos era disciplinada pelo Direito. Esta formação tradicional da família, contudo, deixava de fora do enquadramento jurídico-formal uma série de arranjos, nos quais não havia união formalizada, a distinção entre filhos legítimos e ilegítimos – hoje um arcaísmo jurídico – ou em decorrência de vicissitudes da vida, formações exclusivas entre avós, tios e netos ou sobrinhos, a que se recusava o reconhecimento jurídico como família, realizando-se ao largo do Direito. Da mesma forma, a transformação dos costumes deu causa à emancipação feminina e à plena igualdade jurídica entre mulheres e homens, e a possibilidade de dissolução da sociedade conjugal pelo divórcio. E da mesma forma, o reconhecimento às relações entre pessoas do mesmo sexo e sua proteção contra discriminação injusta e pelo respeito à diferença. Em especial, assegurando-se a igualdade de direitos em relação à formação da família pelo reconhecimento das uniões entre pessoas do mesmo sexo como espécie de sociedade conjugal. No Brasil, este reconhecimento se deu por intermédio de decisão do Supremo Tribunal Federal, na ADI 4277/DF, na qual se afirmou, com fundamento no pluralismo e na proibição de discriminação em razão do sexo, a liberdade para dispor sobre a própria sexualidade, inclusive com a possibilidade de formação de entidade familiar, em simetria com a união estável heteroafetiva, também entre pessoas do mesmo sexo, ainda que se trate de matéria aberta à conformação legislativa.[87]

Buscando destacar estes novos modelos de família e o pluralismo de sua conformação, importante doutrina refere-se ao ramo do direito civil que dele se ocupa não mais como direito de família, mas direito das famílias.[88] Evidencia-se o entusiasmo com esta abertura dos arranjos familiares, própria de um regime de liberdade e fortemente apoiada no exercício da autonomia privada. Não se perde, contudo, à falta deste recurso de estilo, o reconhecimento do perfil atualizado da família[89] e do ramo do direito civil que a disciplina, o direito de família, utilizando-se a terminologia clássica.[90] É o que aqui se procura adotar.

Refira-se, ainda, a repercussão, para o direito de família do novo *status* da criança no sistema jurídico. O perfil histórico-cultural da criança na sociedade permite perceber sua evolução de uma quase completa falta de relevância jurídica até o estágio atual, de amplo reconhecimento sobre seus interesses e direitos.

Em Roma, admitia-se a proteção das pessoas "jovens", ainda que sem contraste com o pátrio poder do *pater familiae*. Eram três níveis de *infantia*, (*infantia, infantia proximus, pubertat proximus*) sendo os dois últimos equivalentes aos relativamente incapazes (atualmente dos 16 anos em diante) e plenamente capazes, até aos 25 anos na época, inclusive com pretensão de uma lei que os tutelasse.[91] Até o século XIII a infância, como uma das fases do desenvolvimento humano era praticamente desconhecida, tampouco se entendia por tratá-las diferentemente dos adultos.[92] Mesmo nas artes, até o século XVII, as crianças eram pouco representadas, e

---

[87] STF, ADI 4277, Rel. Min. Ayres Brito, Tribunal Pleno, j. 05/05/2011, *DJ* 14/10/2011.
[88] Justificando a expressão, por todos: Maria Berenice Dias, Manual de direito das famílias, 8ª ed. São Paulo: RT, 2011, p. 40 e ss.
[89] A título exemplificativo, a classificação de Rodrigo da Cunha Pereira, Direito das famílias. 2ª ed. São Paulo: Forense, 2021, p. 20 e ss.
[90] Rosa Maria Andrade Nery, Nelson Nery Júnior. Instituições de direito civil: família e sucessões. São Paulo: RT, 2019, p. 46 e ss.
[91] Jean Philippe Levy; André Castaldo *Histoire du droit civil*. Paris: Dalloz, 2002. p. 208 e ss.
[92] Philippe Ariés, *História social da criança e da família*. Trad. Dora Flaksman. 2. ed. Rio de Janeiro: Guanabara, 1986.

quando o eram, pareciam-se como miniatura de adultos. Ficavam em posição menor que a dos pais, aprendendo com eles as artes da subsistência, da caça, da guerra ou do trabalho. E se pertencentes às elites, as artes do poder.[93]

No último século, a necessidade de garantir uma proteção especial à criança foi enunciada por vários instrumentos internacionais, como a Declaração de Genebra de 1924 sobre os Direitos da Criança, a Declaração dos Direitos da Criança adotada pelas Nações Unidas em 1959, e também a Declaração Universal dos Direitos do Homem, pelo Pacto Internacional sobre os Direitos Civis e Políticos, pelo Pacto Internacional sobre os Direitos Econômicos, Sociais e Culturais e, mais recentemente, pela Convenção das Nações Unidas pelos Direitos da Criança, de 1989. No direito brasileiro, a Constituição de 1988 definiu um lugar de destaque aos direitos da criança no seu art. 227, que na sua redação em vigor prevê: "É dever da família, da sociedade e do Estado assegurar à criança, ao adolescente e ao jovem, com absoluta prioridade, o direito à vida, à saúde, à alimentação, à educação, ao lazer, à profissionalização, à cultura, à dignidade, ao respeito, à liberdade e à convivência familiar e comunitária, além de colocá-los a salvo de toda forma de negligência, discriminação, exploração, violência, crueldade e opressão." Fez-se aprovar, neste sentido, em 1990, o Estatuto da Criança e do Adolescente (Lei 8.069, de 13 de julho de 1990), cuja incidência é transversal, abrangendo inclusive as relações familiares antes tratadas exclusivamente pelo direito de família.

Deste modo, a posição da criança dentro da família resulta em grande importância, inclusive com direitos oponíveis aos pais e demais familiares, visando assegurar seus interesses existenciais. Com isso legitima-se a intervenção do Estado, onde antes era domínio exclusivo do poder dos pais sobre os filhos (autonomia privada), com o propósito de proteção da criança.

5.7. O direito à sucessão por morte

Dentre os fundamentos do direito civil, o direito à sucessão dos herdeiros sobre o patrimônio de quem venha a falecer é um dos mais controversos. O direito brasileiro consagra o direito à herança no catálogo de direitos fundamentais (art. 5º, XXX, da Constituição da República). É da tradição do direito brasileiro e de suas fontes históricas no direito português, no direito visigótico[94] e, mais remotamente, no direito romano clássico. Todavia, a garantia do direito à herança, como expressão do direito à sucessão patrimonial dos herdeiros sobre os bens do morto (*de cujus*), não é infenso a vivo debate. De um lado os que entendem pelo caráter antieconômico do direito, na medida em que, aos assegurar aos herdeiros a percepção do patrimônio pelo simples fato dos vínculos de parentesco ou da vontade do *de cujus*, se estaria a desestimular a conquista da riqueza pelo trabalho e esforço pessoal, com efeitos marcadamente antissociais. Em sentido contrário, o mesmo argumento é invertido para justificar no direito de herança e a possibilidade de transmiti-la, com a morte, aos herdeiros, o estímulo para que pessoas que já tenham acumulado riqueza permaneçam, com o avançar da idade, a trabalhar e correr riscos, visando ao aumento do seu patrimônio.

A existência do direito à herança, contudo, não elimina a possibilidade de o Estado tomar para si, por intermédio de tributação, uma parcela significativa do patrimônio, o que varia nos diversos sistemas jurídicos, ou ainda, em vista de determinadas características culturais, que haja o estímulo à alocação de parte do patrimônio, ainda em vida, para fins socialmente úteis.

---

[93] Philppe Ariés, História social da criança e da família, p. 299.
[94] Manuel Paulo Merêa, Estudos de direito visigótico. Coimbra, 1948, p. 131-132.

No direito brasileiro, contudo, metade dos bens da herança (denominada legítima), será obrigatoriamente destinada àqueles que a lei define como herdeiros necessários (conforme o art. 1845 do Código Civil, os ascendentes, os descendentes e o cônjuge). Apenas a outra metade será de livre disposição pelo *de cujus*, no exercício da autonomia privada. Na ausência de herdeiros necessários, poderá dispor sobre a integralidade da herança. Não o fazendo, neste caso os bens poderão reverter em favor do Estado (herança vacante).

6. FONTES DO DIREITO CIVIL CONTEMPORÂNEO

O exame das fontes do direito significa investigar qual sua origem, de onde surge seus comandos normativos. A importância do estudo das fontes tem relação com o próprio sistema jurídico, o caracteriza em certa medida, uma vez que revela o modo como se organizam as formas de definição do que é o direito. A maior ou menor complexidade do direito determinará a necessidade não apenas de identificação de quais sejam suas fontes, mas, sobretudo, sua sistematização.

Tradicionalmente, distinguem-se em fontes materiais e fontes formais. **Fontes materiais** seriam aquelas de onde se origina o Direito. Podem ser compreendidas como fontes sociológicas ou históricas, que explicam origem do Direito tal qual ele se manifesta. Já as **fontes formais** são os modos de expressão do direito, desde a lei, o costume, a analogia e os princípios gerais do direito. Destas fontes formais, distinguem-se, comumente, em fontes diretas (ou imediatas) e indiretas (ou mediatas). As **fontes diretas ou imediatas** seriam aquelas que bastariam em si para a criação do Direito. Costuma-se relacioná-las como sendo a lei, a analogia, os costumes e os princípios gerais de direito. Da lei, aliás, surge a remissão às demais fontes (analogia, costumes e princípios gerais de direito, conforme art. 4º da Lei de Introdução às Normas do Direito Brasileiro). É a **lei** em sentido formal, expedida por órgão competente do Estado (em um regime democrático e de separação de poderes, o Parlamento), que fixa o padrão de comportamento devido, determina o Direito. Alguma discussão na literatura tradicional, há em relação à doutrina e à jurisprudência, se seriam, de fato, fontes do direito, uma vez que delas não resultaria norma vinculativa, restringindo-se a interpretação e fixação de determinado sentido às demais fontes (em especial à lei). Alguns autores, inclusive, a elas referem-se como espécies de fontes não formais, ou ainda fontes indiretas. **Fontes indiretas ou mediatas** não são origem da norma jurídica, porém contribuem para sua elaboração e compreensão. De fato, como meio técnico de realização do direito, a doutrina não pode ser considerada fonte direta, uma vez que explica e sustenta determinados sentidos daquilo que de fato resulte das demais fontes, porém, isoladamente, não produz Direito. Será, nestes termos, fonte indireta.

Já a jurisprudência, entendida como conjunto estável das decisões dos tribunais, a rigor, nos sistemas de direito positivo, apenas se restringiriam ao reconhecimento da incidência de determinada norma a um caso e sua aplicação, de modo que em si não seriam fonte, senão aplicariam o Direito decorrente de outras fontes. Contudo, é certo que à jurisprudência, hoje, estão confiadas funções mais abrangentes do que a simples aplicação do direito a um determinado caso. A própria lei confia à decisão dos tribunais a possibilidade de produzir eficácia vinculativa a outras situações que não apenas o caso em julgamento, consistente em determinado sentido conferido pela lei extensível a casos semelhantes, ou mesmo a modulação dos efeitos da sentença no tempo (em especial, neste caso, a competência que se fixa ao Supremo Tribunal Federal neste sentido). Da mesma forma, em muitas situações, ao juiz não é atribuído identificar qual lei incide sobre o caso, senão dar concreção do sentido da lei, o que ocorre sobretudo em relação às cláusulas gerais (o que revela sua participação da produção da norma, e não apenas no seu reconhecimento e aplicação). Assim, por exemplo, a lei estabelece que os contratantes devem se comportar de acordo com a boa-fé (art. 422 do Código Civil). Ao juiz que deverá aplicar esta lei a um caso concreto será dado decidir, então: a) o que significa comportar-se de acordo com a boa-fé (no que consiste, concretamente, este comportamento, seria fazer ou deixar de fazer exatamente o que?) e b) se no caso específico que está em julgamento, os contratantes em questão se comportaram de acordo com aquele padrão que ele reconhece – a partir da contribuição doutrinária e do sentido que a mesma norma obteve em outros casos concretos – de acordo com a boa-fé. A decisão judicial, deste modo, concretiza conceitos legais definindo seu sentido para casos análogos. E conforme é tendência do direito brasileiro hoje – por certa influência do *common law* – também as decisões que, por observarem determinado procedimento ou quórum, ganham eficácia vinculativa para todos os casos análogos, mediante adoção de técnicas de precedentes judiciais e, no caso do Supremo Tribunal Federal, da súmula vinculante.

A noção de fonte do direito tem um sentido técnico, que é aquele aqui explorado. Por fonte se entenda o meio técnico pelo qual se produz o direito e sua eficácia vinculativa. Pode resultar da atuação do Estado, como ocorre quando o direito é definido pela Lei, assim como, naqueles espaços no qual se admite aos particulares, voluntariamente, definir a vinculação a certos comportamentos, da autonomia privada. Da mesma forma, o recurso à equidade só se estabelece quando autorizado expressamente por lei (art. 140, parágrafo único, do Código de Processo Civil), de modo que não será a equidade em si, fonte do direito, mas critério de decisão, conforme prevista em diversas disposições legais (arts. 413, 479, 738, parágrafo único; 928, parágrafo único; 944 parágrafo único; e 953, parágrafo único, todos do Código Civil).

Os princípios jurídicos também tem grande importância na definição do que é o Direito. Naturalmente que o sentido de princípio jurídico aqui é o de norma cuja positivação não se exige – embora possa existir – e cuja formação responde a determinada evolução histórico-cultural do próprio direito. Seu sentido e alcance será concretizado pela jurisprudência e pela doutrina, que reconhecerá seus efeitos para além da lei, porém sem contradição com ela. No direito civil, são expressão destes princípios, por exemplo, a boa-fé, a autonomia da vontade e a função social.

Os usos e costumes, de sua vez, resultam como fonte do direito na ausência de lei que o contradiga. Admite-se, neste sentido, os costumes que se estabeleçam em paralelo à lei (*praeter legem*) ou em acordo com a lei (*secundum legem*), porém não os que se definam contra a lei (*contra legem*).

Não se perde de vista, contudo, que mesmo a classificação das fontes responde a certa compreensão própria do estágio histórico-cultural do direito. Tanto assim que, por muito tempo, a noção alargada de fonte, abrangendo não apenas as normas de caráter vinculativo, mas também as que explicavam o que é o direito, como é o caso da doutrina. É sentido diverso do que aquele que aqui se coloca, considerando como fontes apenas aquelas que produzam o direito mediante a vinculação dos indivíduos a quem se refiram.

6.1. Lei

A Lei é, por excelência, a fonte do direito nos sistemas de direito romano-germânico, como é o caso do direito brasileiro. O sentido de Lei aqui não é apenas a norma que resulte do Poder Legislativo, senão todas as proposições imperativas, gerais e abstratas que sejam emanadas de órgão do Estado com competência para editá-las, tais como decretos e regulamentos em geral. Decretos são editados pelo Chefe do Poder Executivo para a fiel execução das leis (art. 84, IV, da Constituição da República). Tais como os regulamentos, que poderão ser editados, na medida de sua competência, por diferentes órgãos ou pessoas, servem para detalhar os comandos da lei, ou para viabilizar sua execução.

Dizer-se que a lei é geral e abstrata, significa que ela é proposição normativa que se destina à aplicação em relação a todas as pessoas, indistintamente. Da mesma forma é abstrata, uma vez que não se refere a um caso concreto, mas a todos aqueles cujos fatos se enquadrem na previsão feita na norma, a que se denomina suporte fático. O suporte fático é, ele próprio, a previsão normativa abstrata das situações de fato que, estando todas presentes, determinam sua incidência e as consequências que dela decorram. Assim, por exemplo, o art. 2º do Código Civil, na sua parte inicial, estabelece: "A personalidade civil da pessoa começa do nascimento com vida..." O suporte fático da norma, neste caso, será a descrição dos fatos cuja previsão normativa determine a deflagração de um efeito/consequência de sua incidência. Que fatos da realidade estão abstratamente previstos na norma: o nascimento com vida. Naturalmente, ter-se-á de definir a partir de conhecimentos da realidade que não pertencem ao direito, mas a outra ordem de realidade técnica, o que significará nascer com vida. Responderá a ciência médica, definindo padrões e critérios. Porém, reconhecido que alguém nasceu com vida, estará preenchido o suporte fático da norma, determinando que a consequência jurídica, ou seja, o efeito jurídico vinculativo que dela resulta se realize. No caso, o começo da personalidade. A personalidade será o atributo jurídico que o Direito confere àquele que nasce com vida, e que por isso será pessoa. O começo da personalidade, neste caso, será o efeito jurídico vinculativo que resulta da norma legal.

A lei também é impositiva, pois define direitos e deveres aos indivíduos. Poderá ser imperativa, uma vez que não possa de qualquer modo ter afastada sua incidência por vontade das partes, ou dispositiva, porquanto seja admitido aos sujeitos da relação jurídica a que se refira, deixar de aplicar a norma a partir de decisão livre no exercício de sua autonomia privada.

As leis podem ser gerais ou especiais. São gerais as leis que tem incidência abrangente sobre todo o conjunto de relações jurídicas de parte de um determinado sistema, tais como o será o Código Civil, o Código Penal ou o Código Tributário Nacional, frente aos sistemas de direito civil, direito penal e direito tributário, respectivamente. Lei especial será aquela que estabelece, em razão de certa relação jurídica específica, normas que a disciplinem em seus vários aspectos relevantes, como é o caso do Código de Defesa do Consumidor, da Lei de Locações Imobiliárias ou do Estatuto da Criança e do Adolescente.

No direito civil, lei que se apresenta como fonte principal é o Código Civil. Regula os aspectos principais atinentes à vida privada do indivíduo. Todavia, a complexidade do sistema normativo não permitirá que todas as normas de direito civil se localizem em uma só lei. O Código Civil, neste sentido, é o centro do sistema de direito civil, porém não o único. Outras leis regulam aspectos específicos também objeto do direito civil, como é o caso da Lei de Direitos Autorais, a Lei de Propriedade Intelectual, o Estatuto da Criança e do Adolescente, dentre outras.

6.2. Princípios jurídicos

Os princípios jurídicos são fonte do direito. Podem ou não estar expressos na lei, mas isso será relevante mais para sua divulgação do que propriamente sua existência e aplicação. Isso porque a compreensão do que sejam os princípios remete a aceso debate sobre seu exato sentido, tanto em direito público quanto em direito privado, razão pela qual não é de se buscar – ao menos neste momento – uma definição unitária. No direito civil, a referência aos princípios gerais de direito tem certa tradição como fonte subsidiária, no silêncio da lei. Assim o conhecido art. 4º da Lei de Introdução às Normas do Direito Brasileiro: "Quando a lei for omissa, o juiz decidirá o caso de acordo com a analogia, os costumes e os princípios gerais de direito".

Todavia, o desenvolvimento contemporâneo da noção de princípio faz com que o recurso genérico aos princípios gerais de direito, sem sua identificação concreta, tenha certa força retórica, mas menos densidade técnica. Sobre o direito civil podem incidir tanto princípios que são próprios do direito privado, tal como a boa-fé e a autonomia da vontade, quanto princípios de direito público, em especial os de sede constitucional,[95] como é o caso do princípio da dignidade da pessoa humana ou o princípio da solidariedade.

Deste modo, princípios caracterizam-se por serem máximas de orientação da disciplina jurídica de determinados fatos, funcionando como critérios para formulação de norma jurídica, seja ela geral e abstrata, seja norma concreta, que resulte para incidência em um determinado caso. Os princípios, deste modo, expressam valores, não tendo a mesma estrutura de uma regra jurídica (dividida entre o suporte fático e a consequência jurídica). Expressam uma direção, que a partir de sua concreção pela doutrina e jurisprudência se traduz em eficácia concreta, vinculando os sujeitos da relação jurídica sobre a qual incide a um determinado comportamento. Assim, por exemplo, quando se diz que em razão da incidência da boa-fé surge o dever de cooperação das partes entre si em uma relação obrigacional, ou quando se indica que a decisão sobre a guarda dos filhos deve ter em conta não o direito dos pais, senão o da criança, como eficácia do princípio do melhor interesse da criança.

Os princípios são estruturantes do ordenamento jurídico, *standards* que traduzem uma determinada ideia de justiça, valores do sistema, e cuja função será fundamentar a produção de outras normas jurídicas positivas, ou ainda direcionar sua interpretação e aplicação. A incidência dos princípios sobre determinada relação jurídica produzirá eficácia jurídica vinculativa, determinando certo comportamento ou qualificando a situação.

No direito privado, tem especial importância para o exame dos princípios um divulgado estudo de Josef Esser, *Grundsatz und Norm in der richterlichen Fortbildung des Privatrechts*[96] ("Princípio e norma no desenvolvimento jurisprudencial do direito privado"), acessado no direito brasileiro, sobretudo, por sua tradução espanhola.[97] Nele se demonstra a importância dos princípios, sobretudo na construção dos sentidos pela doutrina e pelos tribunais, de modo a reconhecer que, para além do propósito do legislador e dos vários interesses que participam da produção legislativa, é também do trabalho dos juristas que resulta uma decisão acertada de justiça,[98] viabilizando uma ação estabilizadora do direito.

Há princípios que são de direito civil, uma vez que nele se formaram e tem sua eficácia. É o caso da boa-fé e da autonomia da vontade. Outros são princípios que incidem sobre o direito civil, porém seu desenvolvimento não se dá exclusivamente nos seus limites. É o caso do princípio da solidariedade, da função social ou da dignidade da pessoa humana, cuja sede é constitucional. Neste ponto há de se dizer que quando se trata da eficácia das normas constitucionais às relações civis, em termos práticos isso se dá não apenas pela elevação à Constituição de institutos de direito civil, senão, igualmente, pela eficácia dos princípios constitucionais, que condicionam determinado sentido à interpretação e aplicação das normas civis, ou ainda estimulam a produção de normas com mesmo conteúdo.

---

[95] Paulo Lôbo, Direito civil: parte geral. São Paulo: Saraiva, 2009, p. 72.
[96] Josef Esser, Grundsatz und Norm in der richterlichen Fortbildung des Privatrechts Tübingen, J.C.B. Mohr, 1956.
[97] Josef Esser, Principio y norma en el desarollo jurisprudencial del derecho privado. Barcelona: Bosch, 1961.
[98] Josef Esser, Principio y norma en el desarollo jurisprudencial del derecho privado, p. 367.

Há princípios que, a par de seu reconhecimento pelo sistema, estão positivados no ordenamento jurídico. É o que ocorre quando estejam previstos na lei. Assim ocorre com a igualdade entre os cônjuges (art. 1.511 do Código Civil), como projeção da igualdade constitucional entre homem e mulher (art. 5º, caput, da Constituição da República). Também a função social do contrato (art. 421 do Código Civil), ou a função social da propriedade (art. 5º, XXIII, da Constituição da República; art. 1.228, § 1º, do Código Civil) são exemplos destes princípios positivados, a partir da solidariedade constitucional (art. 3º, I, da Constituição da República). Porém, os princípios não precisam ser positivados em lei, basta que sejam reconhecidos como diretrizes do sistema. Assim ocorre com o princípio da vedação ao enriquecimento sem causa, que impede qualquer acréscimo de patrimônio pessoal sem que para tanto exista uma causa juridicamente válida. Não há positivação do princípio, mas apenas, a partir do Código Civil de 2002, a previsão do enriquecimento sem causa como fonte de obrigações (art. 884 do Código Civil).

São algumas as funções dos princípios. Funcionam como fonte do direito (**função nomogenética**), na ausência da lei (art. 4º da Lei de Introdução às Normas do Direito Brasileiro), porém também informam a interpretação das normas jurídicas (**função interpretativa**), e expressam valores do sistema jurídico (**função axiológica**). Podem também definir diretrizes para organização do Estado e seus órgãos (**função organizativa**), como os que resultam da Constituição na organização do Estado brasileiro (exs. princípio democrático, princípio federativo) e de seus órgãos (ex. princípios institucionais do Ministério Público, art. 127, § 1º).

6.3. Autonomia privada

A indicação da autonomia privada na relação de fontes do direito não é usual. É havida geralmente como princípio ou poder,[99] deixando a classificação das fontes para a tradicional distinção entre fontes diretas e indiretas. Todavia, tratando-se de fontes do direito civil, parece correto indicar-lhe como tal. Pode tomar-se em sentido amplo como o poder atribuído à vontade para a criação, modificação e extinção de relações jurídicas. E também se refere ao poder da vontade para uso, gozo e disposição, no exercício de poderes faculdades e direitos subjetivos. Tomada em si como poder para os particulares regularem, de acordo com sua vontade, as relações jurídicas de que sejam parte, a rigor faz surgir direito, na medida em que da decisão de vontade resulta o vínculo como determinadas características. Dela resulta a liberdade de contratar, assim também a de firmar convenções com distintos objetivos e submeter-se a seus termos, sendo fundamento para a realização de atos jurídicos substancialmente distintos, como aquele do qual resulte a constituição de uma pessoa jurídica (o contrato social, a decisão assemblear que resulte a constituição de uma associação ou o ato de instituição de fundação), ou como os que caracterizem adesão à uma associação e submissão a suas normas convencionais. Poderá ser dito que a autonomia privada não cria direito, senão que apenas expressa a admissão à atuação da vontade humana nos limites que lhe fixa a lei. Assim, a decisão de contratar é exercício da autonomia privada, uma vez que se abre ao indivíduo a possibilidade de exercer a liberdade celebrando ou não o contrato, assim como definir seu conteúdo. Porém, não se trata apenas de fazer ou deixar de fazer algo nos limites que a lei lhe dá, mas ao fazê-lo, criar direito, uma vez que o conteúdo da convenção será vinculativo das partes, que a ela devem se submeter, podendo exigir tal comportamento coativamente, em caso de violação.

---

[99] Francisco Amaral, *Direito civil. Introdução*, p. 84.

No âmbito das obrigações, por exemplo, poderá se opor a este entendimento a ideia de que elas decorrem de negócio jurídico, e esse é previsto em lei, tanto em relação a seus requisitos de validade quanto aos limites do seu objeto (não poderá, pois, versar sobre direitos indisponíveis, nem estabelecer disposições contrárias à ordem pública e aos bons costumes). Ainda assim, seria de admitir-se a autonomia privada como espécie de fonte indireta, uma vez que é da liberdade de atuação individual, do poder que se reconhece ao indivíduo, que nascem as disposições em relação às quais os sujeitos estarão vinculados.

Não se trata, portanto, de simplesmente aderir a uma fórmula pré-definida pela lei, de modo que seja ela a fonte do direito, senão definir expressamente a que comportamentos se vinculam as partes. Nesta perspectiva, quando se criam regras específicas para que se submetam os particulares, e não apenas a vontade atuando no exercício de um poder ou liberdade que a lei lhe assegura. Isso pode ocorrer, naturalmente, em outras situações, como a que o indivíduo decida como exercer seu direito subjetivo nos limites que a lei lhe estabelece, ou o modo como exerça um poder. Assim o proprietário que decide como exercer seu poder sobre o bem, ou os pais em relação ao poder familiar sobre os filhos. Nestes casos, será correto considerar que a fonte do direito seja a lei, sendo a vontade influente para determinar um modo de exercício pelo titular.

6.4. O costume e os usos

Os costumes e os usos são fontes do direito com diversos graus de importância para o direito civil, conforme o sistema jurídico que se tenha em referência. Nos sistemas de *common law*, o costume é fonte de direito prevalente, junto à jurisprudência (em especial pela técnica de precedentes judiciais). Nos sistemas de direito romano-germânico, o costume é fonte de direito subsidiária à lei. Sua indicação como fonte de direito, inclusive, resulta de expressa previsão legal, segundo o art. 4º da Lei de Introdução às Normas do Direito Brasileiro, que refere: "Quando a lei for omissa, o juiz decidirá o caso de acordo com a analogia, os costumes e os princípios gerais de direito."

Este caráter subsidiário dos costumes, contudo, não lhe reduz a importância. No Código Comercial de 1850 os costumes e os usos eram critérios para a interpretação dos contratos (art. 130 e 131), o que se manteve mesmo com sua revogação, de modo que ainda hoje são relevantes não apenas para interpretação, senão para definição de comportamentos devidos no âmbito dos negócios, em especial no comércio internacional. No Código Civil, o art. 432 considera o costume do lugar para fixar como será considerada havida a aceitação; o art. 569, II, refere-se ao costume para fixar, na ausência de disposição expressa, critério para o tempo do pagamento do aluguel na locação; no contrato de prestação de serviços admite-se o costume para definição da retribuição ou do prazo, no silêncio das partes (arts. 596, 597 e 599); na empreitada, o costume é invocado como critério para verificação de conclusão da obra (art. 615); e em relação ao limite entre os prédios, os costumes do lugar são admitidos para efeito de definir o rateio de despesas de construção e conservação (art. 1.297, §1º).

Por costume entenda-se a prática social reiterada que se faz acompanhar pela convicção de sua obrigatoriedade. Note-se, neste particular, que esta convicção de que seja obrigatório é consequência, não causa da sua obrigatoriedade. O direito que tem origem no costume se diz consuetudinário. Para que seja costume deve se tratar de (a) uma prática razoavelmente generalizada, reconhecida e utilizada pela comunidade. Também se exige que (b) o seja já há certo tempo, de modo que se possa dizer que esteja estabilizada a convicção quanto a sua adoção pela comunidade. Para se ter uma ideia, na Lei da Boa Razão, que vigeu em Portugal a partir de 1769, referia-se ao costume como aquele "longamente usado, e tal, que por Direito se deva guardar (...) e de ser tão antigo, que exceda o tempo de cem anos." No direito brasileiro não se exige prazo predefinido, o que, tampouco, é um critério útil. O que se há de notar é que se trate de prática arraigada, a tempo razoável.

Os costumes podem ser (1) *praeter legem* (ao largo da lei), quando não haja lei que disponha sobre o tema, e ele se imponha pela autoridade da prática. É o que ocorre em algumas relações de direito empresarial, em que a ausência da lei se dá para beneficiar os usos e costumes dos empresários; também podem ser costumes (2) *secundum legem* (conforme a lei), quando estejam em conformidade com a lei. É o comum. Em um número expressivo de situações, as pessoas em geral seguem as leis não porque as conheçam no seu texto ou detalhe, mas simplesmente porque há convicção de que determinado comportamento é o devido, independentemente da ciência mesmo de haver uma norma específica que o defina. Por isso as pessoas pagam suas dívidas (e não porque conheçam as sanções do Código Civil para o inadimplemento), ou cumprem as ordens do agente de trânsito. De todas as normas se exige, para que sejam Direito, certo grau de adesão social, independentemente da ameaça ou efetiva aplicação da sanção. Por fim refira-se ao costume (3) *contra legem* (contra a lei) no qual a prática social reiterada se opõe ao disposto em norma positiva. Neste caso, pode tanto ocorrer que o costume simplesmente faça com que a lei deixe de se aplicar, quanto para além disso, fixar uma determinada prática que a confronte. No direito brasileiro exemplo didático se dá em relação ao chamado "cheque pré-datado" (que na verdade se deva tomar como "cheque pós-datado"). O cheque, como se sabe, é título de pagamento à vista, de modo que ao preencher-se o título, supõe-se que a data indicada para a emissão seja aquela em que haja o preenchimento e assinatura, passível de ser sacado imediatamente junto à instituição bancária. Ocorre que, independentemente do fato de a Lei do Cheque (Lei 7.357/1985) definir que se deve indicar a data da emissão no título (art. 1º, V), e que "o cheque é pagável a vista", considerando-se "não escrita qualquer menção em contrário" (art. 32), na prática passou-se a indicar na data de emissão outra futura, para quando se acertasse o saque do título junto à instituição bancária, inclusive, muitas vezes, com a indicação escrita "bom para" e a data respectiva. Esta prática tomou-se como costume *contra legem*, mas mesmo assim foi reconhecida e afirmada, inclusive pela jurisprudência, também em homenagem à boa-fé objetiva e ao respeito às expectativas legítimas do emitente, afastando a aplicação do texto legal.

Já os usos entendem-se como sendo uma prática social reiterada, independentemente da convicção de sua obrigatoriedade. Os usos, neste sentido, são comportamentos que não contradizem o direito posto, podendo servir de critério para interpretação normativa ou do que resulte de outras fontes do direito, bem como para suplementá-las. Não são fontes do direito em sentido técnico, na medida em que sua exigibilidade não resulta deles próprios, mas da lei que os refira, ou para interpretação do que resulte de outra fonte (ex. negócio jurídico). No Código Civil brasileiro os usos têm relevância na interpretação dos negócios jurídicos, seja do silêncio das partes na sua celebração (art. 111), seja como critério geral de interpretação, de acordo com a boa-fé (art. 113). Da mesma forma ocorre na interpretação da oferta ao público e sua eficácia (art. 429), em matéria de detecção de vícios ocultos em animais (art. 445, § 2º), para fixação da retribuição devida, na ausência de disposição expressa no contrato, ao depositário (art. 628, parágrafo único), ao mandatário (art. 658, parágrafo único) ao comissário (art. 701) e ao corretor (art. 724); na interpretação do contrato de comissão (arts. 695, parágrafo único, 699 e 700), e de certas vicissitudes do contrato de transporte (art. 753, §§ 1º e 4º).

É reconhecido papel relevante também aos usos no comércio ou em certos setores da atividade econômica, como se percebe na atividade bancária, na qual, muitas vezes, a falta de disciplina normativa dá lugar aos usos com critério de fixação do comportamento a ser realizado pelos seus vários agentes. No comércio internacional também terão relevância os usos, inclusive para fixar certas disposições, como bem demonstra sua consolidação nos conhecidos Incoterms (*international commercial terms*).[100]

6.5. Jurisprudência

Conforme já se referiu, houve certa divergência quanto à indicação da jurisprudência como fonte do direito. Tal como se faz em relação à doutrina, discute-se se podem ser tomadas em sentido técnico como fontes, uma vez que delas não resultaria em si uma norma obrigatória, mas sim, a partir delas, a explicitação de sentido da lei – no caso da doutrina – e sua aplicação – pela jurisprudência. Mesmo dentre os que as reconhecem como fontes do direito vão classificá-las como fontes indiretas, uma vez que não devem criar o direito, apenas o revelam e viabilizam sua aplicação.

Em relação à jurisprudência esta afirmação seria correta se tomada em sentido clássico a atuação do juiz, restrita a interpretação e aplicação da lei. Todavia, a atividade do Poder Judiciário, o que é especialmente percebido no direito brasileiro, destaca características que se distanciam muito do modelo celebrado a partir de Montesquieu, do juiz como "boca da lei". Trata-se de uma reconhecida tendência do direito brasileiro, que ganha força com a vigência da Lei 9.868/1999, a qual atribuiu ao Supremo Tribunal Federal a possibilidade, por decisão de dois terços de seus membros, restringir ou definir desde quando produzirá efeito decisão que declare a inconstitucionalidade de lei ou ato normativo, "tendo em vista razões de segurança jurídica ou de excepcional interesse social" (art. 27). Esta mesma possibilidade foi estendida aos demais tribunais superiores pelo art. 927, § 3º, do Código de Processo Civil de 2015.

Independentemente de lei, igualmente, observa-se tendência do Supremo Tribunal Federal em decidir uma série de casos, em controle abstrato de constitucionalidade, criando norma geral e abstrata frente a uma indicada omissão legislativa. Exemplo disso é a decisão que definiu o direito de formação de entidade familiar por pessoas do mesmo sexo, ainda que reconhecendo tratar-se de matéria atinente à conformação legislativa.[101]

Porém, é a rápida transformação do processo civil da qual resultam mais testemunhos do acerto de elencar-se a jurisprudência como fonte do direito. O Código de Processo Civil de 2015, ao consolidar, em parte, alterações pontuais em relação ao poder dos juízes e eficácia das suas decisões, e mesmo ao dispor sobre novas competências ao magistrado, emancipa o efeito de suas decisões, em várias situações, em relação à lei. Esta é a realidade que impõe determinar o lugar da jurisprudência no sistema de fontes.

O Código de Processo Civil em seu art. 926, define que "os tribunais devem uniformizar sua jurisprudência e mantê-la estável, íntegra e coerente." Para tanto, "ao editar enunciados de súmula, os tribunais devem ater-se às circunstâncias fáticas dos precedentes que motivaram sua criação" (art. 926, § 2º). Da mesma forma, deverão os juízes e tribunais observar, ao decidir, as decisões do STF em controle concentrado de constitucionalidade, enunciados de súmula vinculante, acórdãos em incidentes de assunção de competência, resolução de demandas repetitivas ou de recursos extraordinário e especial repetitivos, enunciados de súmula do STF e do

---

[100] Os Incoterms são cláusulas padrão de contratos de comércio internacional estabelecidas pela *International Chamber of Commerce (ICC)*, que em geral resultam na padronização escrita de usos comerciais internacionais.

[101] STF, ADI 4277, Rel. Min. Ayres Brito, Tribunal Pleno, j. 05/05/2011, *DJ* 14/10/2011.

STJ, e a orientação do plenário ou órgão especial do Tribunal a que estiverem vinculados (art. 927, CPC). Nestes termos, pode ser anulada a decisão judicial que "deixar de seguir enunciado de súmula, jurisprudência ou precedente invocado pela parte, sem demonstrar a existência de distinção no caso em julgamento ou a superação do entendimento." (art. 489, § 1º, VI, do CPC). A valorização dos precedentes, em especial aqueles advindos dos tribunais superiores, tem eficácia vinculante das demais decisões judiciais. Ainda que se possa indicar que esta eficácia não deixa de ter seu fundamento na lei, em uma determinada interpretação que lhe seja dada pelos tribunais. O caráter vinculante de certas decisões, ou ainda de certas súmulas editadas pelos tribunais no âmbito de sua competência faz com que, por sua obrigatoriedade, tenham de ser respeitadas e aplicadas pelos juízes.

Contudo, poderá se argumentar que o fundamento de sua autoridade permanece sendo a lei que as prevê com tal eficácia. Ou ainda, o próprio fato de o conteúdo da decisão vinculante expressar certa interpretação e aplicação da lei. Uma vez que existam no ordenamento jurídico comandos para que o juiz decida a questão, mesmo na ausência de lei, e não havendo recurso a qualquer dos critérios estabelecidos na norma do art. 4º da Lei de Introdução às Normas do Direito Brasileiro (analogia, os costumes e os princípios gerais de direito), cumpridas as condições definidas pela legislação processual, a decisão terá caráter vinculativo, e nestes termos produz direito novo, cuja validade decorrerá de sua fundamentação (art. 489 c/c art. 1.013, § 3º, IV, do CPC). Esta deve indicar quais fontes foram utilizadas pelo juiz para decidir (lei, princípios, costumes etc.).

Tomado tudo em conta, parece evidenciada a função da jurisprudência como fonte do direito, tanto porque dela resulta certa aplicação da lei, quanto pelas situações em que expressamente se reconhece sua possibilidade de constituir o direito.

7. DIREITO CIVIL E ORDENAÇÃO ECONÔMICA

Em vista de seu objeto, o direito civil é disciplina central na ordenação da atividade econômica. Institutos como o contrato e suas várias espécies, a propriedade e suas limitações, a pessoa jurídica e seus aspectos conceituais, ou a definição jurídica dos bens, são reveladores de um determinado modelo de ordenação da atividade econômica, em conformidade com a Constituição. No direito brasileiro, as normas de direito civil deverão estar em acordo com os princípios que informam a ordem constitucional econômica, relacionados no art. 170 da Constituição da República, a saber: "I – soberania nacional; II – propriedade privada; III – função social da propriedade; IV – livre concorrência; V – defesa do consumidor; VI – defesa do meio ambiente, inclusive mediante tratamento diferenciado conforme o impacto ambiental dos produtos e serviços e de seus processos de elaboração e prestação; VII – redução das desigualdades regionais e sociais; VIII – busca do pleno emprego; IX – tratamento favorecido para as empresas de pequeno porte constituídas sob as leis brasileiras e que tenham sua sede e administração no País."

Há aqui uma opção constitucional, baseada nos valores sociais do trabalho e da livre iniciativa – conforme expressa disposição normativa –, e nestes termos os limites à liberdade e à livre disposição do patrimônio decorrerão, sempre, de lei. Assim dispõe o art. 5º, II, da Constituição: "ninguém será obrigado a fazer ou deixar de fazer alguma coisa senão em virtude de lei". E da mesma forma, o art. 5º, LIV: "ninguém será privado da liberdade ou de seus bens sem o devido processo legal".

Deste modo, a intervenção estatal nos contratos e na propriedade será apenas aquela constitucionalmente autorizada e nos termos que lhe der – quando for o caso – a conformação legislativa autorizada pela Constituição na realização de seus princípios fundamentais. Não é por outra razão que para assegurar a uniformidade do direito, confere-se privativamente à União competência para legislar sobre o direito civil (art. 22, I, da Constituição da República). Quaisquer leis estaduais ou municipais que violem esta regra não serão reputadas válidas.

Capítulo II
A FORMAÇÃO HISTÓRICA DO DIREITO CIVIL BRASILEIRO

Dada a compreensão do Direito como objeto resultante da cultura, é indissociável de uma tradição histórica que, entre continuidade e ruptura, permite interpretar um dado sistema jurídico em relação aos demais, assim como o conjunto de suas disposições e de suas noções de justiça e correção. O direito civil brasileiro, deste modo, filia-se, no direito ocidental, a uma tradição jurídica que tem sua origem no direito romano, seguindo-se sua trajetória até os dias atuais. Por isso é que na própria história se pode reconhecer os fundamentos e características de sua evolução, conforme as exigências de cada época. Observa, deste modo, uma continuidade na definição dos seus conceitos fundamentais, ainda que seu perfil contemporâneo responda a uma série de influências quanto a sua utilidade para disciplina de interesses legítimos na vida cotidiana.

A tradição do direito brasileiro é de continuidade do direito português após a independência do Brasil, em composição com as influências de outros sistemas que chegam pelo labor dos juristas, tais como é o caso do direito francês, alemão e italiano. Todavia, forma um conjunto novo, com características próprias, também em proximidade com outros sistemas de direito civil latino-americanos, que trazem em comum a herança do direito ibérico e a influência sobre ele do direito visigótico.

O conhecimento dos aspectos principais da formação histórica do direito civil é relevante para a compreensão do fundamento, sentido e alcance de suas normas.

1. O DIREITO ROMANO COMO ORIGEM HISTÓRICA DO DIREITO CIVIL

Referir-se o direito romano compreende o conjunto de normas, decisões e princípios desenvolvidos em Roma e no império a que deu causa, entre os séculos VIII a.C. até a o fim do Império. Notabilizou-se pela criatividade e utilidade prática das soluções encontradas pelos juristas àquela época, servindo de base para a futura evolução do direito ocidental, tanto nos países do chamado sistema romano-germânico, quanto mesmo no *common law*. Alguns aspectos devem ser tomados em consideração para o exame do direito romano. O primeiro deles é a falta de uma unidade sistemática, ao contrário do que atualmente ocorre, em que a estrutura do direito civil nos distintos países se percebe como um sistema, assim entendido – pelo menos para efeito desta explicação – como um conjunto ordenado e coerente de normas e princípios. A preocupação pragmática dos romanos se orientava pela solução dos casos, ao mesmo tempo em que a participação de leis escritas na formação do direito não tinha o protagonismo que hoje é reconhecido. Daí a importância da jurisprudência romana (*juris* + *prudentia*), ou seja, o resultado da obtenção do direito pela prudência do exame do caso em busca de uma adequada solução. O exame do direito romano, deste modo, tem razão de ser nesta perspectiva, de que não se trata mais de um direito aplicável, mas de perceber-se as bases do direito atual a partir da capacidade de formulação jurídica dos antigos romanos.

O direito privado romano, do qual resulta o direito civil, normalmente é dividido em três fases históricas: o direito pré-clássico, o direito clássico e o direito pós-clássico.

a) **O direito pré-clássico**: considerado desde a origem de Roma até o advento da *Lex Aebutia* (em meados do século II a.C.), caracteriza-se pelo intenso formalismo na prática do direito, que se ressalta na forma dos atos e do exercício das pretensões (*actiones*), de modo que mesmo o emprego de uma expressão incorreta poderia dar causa à perda de uma demanda proposta contra alguém. É a fase de construção do *ius civile*, a partir de normas costumeiras e algumas poucas leis aplicáveis aos *cives* (cidadãos de Roma), segundo o pronunciamento dos jurisconsultos, mediante técnicas de interpretação, analogia ou o uso de ficções. O direito surgia, então, como resultado da jurisprudência e da interpretação das formalidades que se impunham para o reconhecimento de quaisquer pretensões.

b) **O direito clássico**: considerado desde o surgimento da *Lex Aebutia* até o fim do reinado de Diocleciano (305, d. C.). Surgem os pretores urbanos e peregrinos, que passam a exercer a atividade judicial. Pela atuação do pretor peregrino, com função de decidir questões que envolvam o interesse de estrangeiros, desenvolve-se o *ius gentium*, aplicado especialmente em matéria de comércio, e fortemente associado aos usos e costumes comerciais. Neste caso, flexibiliza-se o formalismo e valoriza-se a confiança no compromisso (*fides*). Dentre estes, uma série de relações obrigacionais cuja exigibilidade decorria da *bonae fidei iudicia* (boa-fé) e não de compromisso formal das partes.[1] Distingue-se bem, então, o *ius civile*, compreendido pelos preceitos decorrentes do costume e da lei, sendo os primeiros consagrados, sobretudo, na Lei das XII Tábuas, e complementada por outras leis; e o *ius honorarium*, decorrente das ações conhecidas pelos pretores, e que equivaliam ao reconhecimento do direito pelo interessado. Caracteriza-se um direito dos juristas, na medida em que estes pretores chamados a dizer o direito (*iuris dictio*), e também os jurisconsultos que participavam do aconselhamento dos órgãos de administração da justiça, eram pessoas da experiência prática, recrutados entre os particulares para o exercício de suas funções.

c) **O direito pós-clássico**: considerado desde o fim do reinado de Diocleciano até a morte do Imperador Justiniano (em 565 d.C.). Caracteriza-se pela maior participação do Estado, que passa a concentrar a atividade de produção do direito, a partir de decretos e de suas constituições imperiais. Da mesma forma, prevê-se que os interesses que não fossem reconhecidos pelos magistrados por via de ação, poderiam ser levados ao Imperador, por intermédio da chamada *cognitio extraordinaria*, pela qual este tinha o poder de reconhecer a legitimidade do pleito do interessado, concedendo-lhe a ação. Neste período desaparece a distinção entre *ius civile* e *ius honorarium*, e as fontes do direito passam a ser interpretadas em acordo com o sentido que lhe davam os juristas. Observa-se a chamada vulgarização do direito romano, seja pelas compilações ou mesmo por sua associação com a prática de direito comum. No Império Romano do Ocidente o direito romano aproxima-se e se mescla com o direito germânico. No Império Romano do Oriente, a partir do esforço dos juristas, reúnem-se os documentos clássicos e organiza-se a compilação de suas fontes mais importantes, sob a liderança

---

[1] Max Kaser; Rolf Knütel, *Römisches Privatrecht*. 20. Auflage. München: Verlag C.H.Beck, 2014, p. 37.

do Imperador Justiniano, daí surgindo o principal documento compreendendo o direito romano que chegou aos dias atuais, o *Corpus iuris civilis*. A expressão *Corpus iuris civilis* não é originária, resulta de designação que lhes deram já seus intérpretes medievais.[2] Compreende quatro fontes principais: a) as *Institutas* (Instituições) de Gaio, espécie de obra introdutória e conceitual destinada aos estudantes para apresentação da ideias essenciais do direito romano; b) O *Digesto* (no latim) ou *Pandectas* (no grego), conjunto de expressivos da jurisprudência romana e as manifestações de seus principais juristas; c) os *Codex*, contendo a legislação do império, sendo o *Codex Gregoriano* relativo ao direito imperial mais remoto, o *Codex Theodosianus* com a legislação posterior ao governo do Imperador Constantino, e o *Codex Iustinianus*, de 534, editado pelo próprio Justiniano para substituir a legislação anterior; e, por fim, d) a legislação extravagante contemporânea à compilação, conhecidas como novas leis ou novelas (*Novellae constitutionem*).[3]

Conforme se referiu, os romanos não tiveram a preocupação de racionalizar e organizar seu direito sob uma forma sistemática coerente ou racional. Seu pragmatismo e objetividade dispensou a preocupação de uma sistematização, porém fixou nas decisões e pronunciamento dos seus juristas uma noção de ordem, do justo e de equilíbrio que fez com que seu legado seja até hoje objeto de estudo, e base de vários institutos do direito civil contemporâneo. No direito brasileiro esta influência se faz notar pela presença de normas de direito romano inspirando boa parte das disposições dos Códigos Civis de 1916 e de 2002.[4]

Vem do direito romano, dentre outras, as noções jurídicas de família e vínculo familiar (*cognatio*), tutela (*tueri* = proteger) e curatela (*cura*), de capacidade jurídica (*status libertatis, status civitatis, status familiae*), dos poderes e proteção inerentes à posse (*possessio*) e à propriedade (*dominium* e *proprietas*, ainda que não como direito subjetivo, que é conceito moderno, mas atributo da coisa), suas formas de aquisição, como a usucapião (*usus auctoritas fundi biennium ceterarum reum annus*, conforme a Lei das XII Tábuas) e transmissão (*macipatio, in iure cessio, traditio*). Também os demais direitos reais limitados como, por exemplo, as servidões (*iura praediorum rusticorum*, de prédios rústicos e a *iura praediorum urbanorum*, de prédios urbanos) o usufruto (*usufructus*), a enfiteuse (*enphyteusis*) e a superfície (*interdictum de superficiebus*).

No direito das obrigações, permanece até hoje a distinção entre as obrigações civis e naturais (*naturalis obligatio*), assim como as obrigações que teriam por fundamento o direito estrito (*iudicia stricti iuris*) e aquelas decorrentes da lealdade ao compromisso das partes (*fides*), decididas por equidade (*bona fides iudicia*). As várias classificações romanas ultrapassaram os séculos, desde a distinção quanto as fontes, entre as obrigações advindas do contrato (*ex contractu*) e delitos (*ex delicto*), assim como as que decorriam de uma atuação lícita, embora sem ser contrato (*quasi contractu*), como era o caso da gestão de negócios, por exemplo, e aquelas em que atuação negligente em relação a terceiros é causa do dano (*quasi delitcto*). Bem como a classificação quanto ao objeto (*dare, facere, praestare*, a *facultas alternativa*, entre outras), e outras espécies, como a obrigações de pagar juros (*fenus, usurae*). No plano dos contratos, as várias *actiones* romanas deram causa, ainda, a diversos tipos contratuais atuais como a compra e venda (*actio empti* e *actio venditi*), ou as obrigações asseguradas pelo juízo de boa-fé (*bona*

---

[2] Francesco Calasso, *Medievo del diritto*, v. I. Milano: Giuffré, 1970, p. 527.
[3] Max Kaser; Rolf Knütel, *Römisches Privatrecht*. 20. Auflage. München: Verlag C.H.Beck, 2014, p. 40.
[4] Francisco Cavalcante Pontes de Miranda, *Fontes e evolução do direito civil brasileiro*, cit.; Francisco Amaral, *Direito civil: introdução*, p. 153.

fides iudicium), no qual emergia o dever de custódia, por cujo descumprimento responde o devedor, caso do mandato (*mandatum*) e do depósito (*depositum*), por exemplo. Ou ainda a *locatio conductio*, espécie que é origem das modernas figuras da locação, do arrendamento e da prestação de serviços. A garantia por vícios da prestação conserva até hoje características próximas daquelas decorrentes da *actio rehdibitoria* ou da *actio quanti minoris*.

No plano da responsabilidade civil, embora não tivesse o direito romano um preceito geral quanto à obrigação de indenizar prejuízos causados, o fez por intermédio de diversas ações (*actiones*) concedidas às respectivas vítimas. Da mesma forma, a fórmula da indenização em dinheiro (*comdenatio pecuniaria*) explica-se no direito romano pela exigência de que toda a prestação tivesse que ser expressa em certa quantia em dinheiro, como forma de preservar o devedor, permitindo que o pagamento da quantia pudesse libertá-lo. Embora não se distinguisse totalmente a responsabilidade civil e penal, a pretensão acerca das consequências patrimoniais da interferência indevida na esfera jurídica alheia exigia, a partir da *Lex Aquilia*, o dolo (*dolus*) ou a negligência (*culpa*) A *iniuria*, por intermédio da *actio iniuriarum*, definia a pretensão originada pelo caráter antijurídico da conduta do ofensor.[5] Mais adiante, a noção do que seria uma conduta diligente se define, de modo abstrato, como aquela que se reclama do "pai de família" cauteloso (*diligens pater familiae*), ou em certas situações de modo concreto, como a que o devedor empregue em defesa de seus próprios interesses (*diligentia quam in suis rebus adhibere solet*).

É, ainda, no direito romano, em que reside a origem de série de garantias, como o penhor (*pignus*), a hipoteca (*hypoteca*), e as garantias fiduciárias (*fiducia cum creditore, actio fiduciae*). Igual ocorre em relação ao direito sucessório, encontrando-se em Roma a distinção até hoje basilar entre a sucessão universal (*succedere in locum defuncti*), e a sucessão testamentária (*ex testamento*), bem como sua tutela para requerer a herança (*hereditatis petitio*) ou assegurar sua execução (*actio ex testamento*).

Todos estes institutos, e outros tantos, tem sua origem em direito romano e, apesar das várias modificações ao longo dos séculos, chegam até hoje úteis à ordenação da vida privada e os interesses legítimos do indivíduo. Daí a importância que permanece tendo, e as vantagens do seu estudo para o conhecimento mais amplo do direito civil.

2. A RECEPÇÃO DO DIREITO ROMANO NA IDADE MÉDIA

O reconhecimento do direito romano como fonte de uma tradição do direito civil revela-se não apenas em perspectiva jurídica, senão, sobretudo, como uma tradição cultural. Após a decadência do Império Romano e da civilização que a ele deu causa, o ressurgimento – ou redescoberta – do direito romano, opera-se com o retorno do interesse no seu estudo, na segunda metade do século XI, a partir da Universidade de Bolonha. Ali, a produção de uma resenha crítica ao Digesto ("vulgata"), torna-se ao texto básico de estudo do direito civil europeu.[6] Neste particular, note-se que a redescoberta do direito romano neste período não é fruto do acaso, mas a tentativa de afirmação de uma referência comum em um período de tensões entre diversas ordens jurídicas regionais e locais distintas entre si.

Logo o *Corpus iuris civilis* – e em especial seu principal livro, o *Digesto* – passou a gozar de autoridade como fonte do direito, sendo objeto de estudo e análise, a partir da metodologia desenvolvida no período, pela exposição e explicação do texto, a partir do recurso à lógica,

---

[5] Jean Gaudemet, Emmannuelle Chevreau, *Droit privé romain*. 3ª ed. Paris: Montchrestien, 2009, p. 278.
[6] Franz Wieacker, *História do direito privado moderno*, p. 39.

à gramática e à retórica. Seu conteúdo, igualmente, credencia-se como espécie de *standard* moral e jurídico de validade universal, de modo que apenas o conhecimento e estudo de seus termos autorizava a competência para arbitrar os litígios e questões que necessitavam de uma solução jurídica.

Contribuíram, decisivamente, para o estudo e divulgação do direito romano, escolas de pensamento que se formaram a partir da análise do *Corpus iuris civilis*. Inicialmente a chamada Escola de Bolonha, fundada por Irnerius, concentrou-se na crítica dos textos, de modo a interpretar e ordenar seus preceitos. Reconhece neles uma razão escrita (*ratio scripta*), partindo do pressuposto de que o mundo medieval era em tudo semelhante àquele que, em Roma, deu causa ao desenvolvimento deste direito, buscando-se aí não necessariamente o justo, ou a dedução de princípios superiores para o comportamento comum, mas sobretudo a noção de utilidade. A autoridade dos textos, reconhecida pelos juristas, contou, politicamente, em sua origem, com a força que o direito romano possuía nas diversas cidades italianas, assim como do apoio do Imperador Frederico Barbarossa, do Sacro Império Romano-Germânico, que já vislumbrava aí um elemento de aproximação do direito em toda a extensão do império.

O estudo do direito romano, neste período, avançou para além do norte da Itália, onde teve na Magna Glosa de Francesco Accursio obra de autoridade reconhecida até a Idade Moderna, alcançando também o território francês e a península ibérica, em que encontra também a formação do antigo direito visigótico (*Lex Romana Wisigothorum*). Este trabalho interpretativo dos glosadores fica conhecido então como *mos italicus*, conforme será denominado mais adiante, em contraposição ao que será conhecido como *mos gallicus*, cuja preocupação sistemática e com a contextualização histórica dos textos romanos será característica dos humanistas no final da Idade Média.[7]

Também relevante na influência sobre a interpretação dos textos do *Corpus Iuris Civilis* foi a influência do pensamento cristão, apoiado no protagonismo da Igreja Católica na vida social, política e cultural no medievo. A autoridade da Igreja e a ausência de um direito estatal influenciaram o reconhecimento da aplicabilidade dos textos romanos e a formação dos conceitos, na sua interpretação e na própria preservação documental ao longo do tempo. Aliás, influência recíproca, de modo que tanto juízos de competência da Igreja aplicavam subsidiariamente o direito romano, quanto a jurisdição comum utilizava-se, em caráter subsidiário, do direito canônico (*jus canonicum et civile sunt adeo conexa ut unum sine altero non intellegi potest*).[8]

Seguiu-se, historicamente, ao trabalho dos glosadores, uma outra geração de juristas, de perfil não apenas acadêmico, mas também de grande atuação prática, conhecidos como *pós-glosadores*, ou também *comentadores* ou *práticos*. Cabe aos pós-glosadores promover a expansão do conhecimento e utilização do direito romano por toda a Europa ocidental, dando origem ao chamado *ius commune* europeu, compreendendo o antigo direito romano redescoberto e sua interpretação pelos juristas medievais, inclusive do que daí resulta da influência cristã. Para tanto, identificaram na relação entre este direito comum baseado no direito romano e o direito específico de cada cidade (chamado *statuta*), uma relação de especialidade do direito local, de modo a fixar a preferência do primeiro. Da mesma forma, não se restringem apenas ao estudo do direito romano, senão do direito das cidades e demais ordens locais. Daí resultou o desenvolvimento de temas em que ausente um tratamento mais amplo no direito romano, como é o caso do direito patrimonial de família, do direito de uso da terra e das pessoas jurídicas, assim como, a partir de uma interpretação mais livre, de novas aplicações à disciplina dos

---

[7] Franz Wieacker, História do direito privado moderno, p. 63.
[8] Franz Wieacker, História do direito privado moderno, p. 77.

interditos possessórios e do domínio útil.[9] Sua produção literária, da mesma forma, superou a dos glosadores, contribuindo para a difusão de seu pensamento por toda a Europa. Juristas como Bártolo de Saxoferrato, Baldo de Ubaldis, Paulus de Castro e Jason de Mayno tornaram-se autores de referência deste período.

O modo como a partir de então se desenvolvem diferentes povos em relação à tradição romanística varia, em especial com o uso que se percebe na Itália e na França – em que a participação dos juristas é decisiva, inclusive para a ocupação das profissões jurídicas e contribuição à formação de certa concepção do Estado e suas funções – e o desenvolvimento do que se convencionou denominar de recepção prática do direito romano pelos povos germânicos.

3. DA INTERPRETAÇÃO DO DIREITO ROMANO À FORMAÇÃO DO DIREITO CIVIL MODERNO

Com o advento da modernidade, merece registro o desenvolvimento, na França e nos países baixos, a partir do século XVI, do que se convencionou denominar humanismo jurídico,[10] cujos nomes dos juristas Cujácio (Jacques de Cujas, 1522-1590) e Donellus (Hugo Doneau, 1527-1559), são as principais referências. Responsáveis por uma importante renovação do pensamento jurídico na Idade Moderna, os humanistas propunham, basicamente a interpretação dos textos romanos considerando a compreensão histórica e cultural que lhe deram origem, e com uma preocupação sistemática, o que deu causa, em seguida, à formação da ciência do direito civil na época moderna.

Pregavam, por isso, um retorno à antiguidade clássica para a exata compreensão do sentido e alcance dos textos, no que estabeleciam uma crítica aos predecessores glosadores e pós-glosadores, imputando-lhes, em especial, a imprecisão dos conceitos. O humanismo jurídico esteve presente, sobretudo, na França e nos Países Baixos, dando origem a um novo modelo de estudo do direito romano, tornado conhecido como *mos gallicus*. Este caracterizava-se pela busca do saber simples, auxiliado pela filosofia e pela literatura, buscando situar o direito romano segundo seu contexto histórico cultural, sistematizando-o de modo a bem compreendê-lo e sua contribuição para a época. Neste sentido, criticavam os comentadores por seu descaso com o conhecimento de matérias essenciais para o exame a interpretação do *Corpus iuris civilis*, tais como a língua grega, história, literatura, filologia e latim. Bem como por se concentrarem no exame das glosas e relegarem a segundo plano o conteúdo original do texto.

Dentre os objetivos dos humanistas, a partir da crítica das escolas medievais, está o de promover uma nova sistematização das matérias trazidas pelo *Corpus iuris civilis*, de modo a organizar um conjunto ordenado de saberes e procedimentos. Ao lado desta tentativa de ordenação do direito, sob o aspecto prático a divulgação do direito romano – e a influência do direito germânico que resultou no denominado direito comum europeu – permanece sendo fonte reconhecida em praticamente toda a Europa Ocidental.

Na linha de evolução histórica, este esforço de sistematização do direito também inspirou, de forma ainda mais intensa, a influência que o direito natural passou a exercer sobre o direito privado moderno, dando causa ao surgimento de uma *escola de direito natural moderno*; ou ainda, considerando a influência do paradigma racionalista que a inspira, também chamada *escola jusracionalista*, ou simplesmente, *jusracionalismo*.

---

[9] Franz Wieacker, História do direito privado moderno, p. 83.
[10] George Mousourakis, Roman law and the origins of civil law tradition. Cham: Springer, 2015, p. 277.

Esta escola, que se desenvolve nos séculos XVII e XVIII, retoma a antiga tradição do direito natural na busca de leis imutáveis, de validade geral perante a comunidade, deduzidas da natureza das coisas. Sua contribuição para o direito civil moderno compreende, sobretudo, a renovação metodológica que não chegou a ser feita pelos humanistas, no contexto de uma renovação geral do modo de produção do conhecimento, que se realiza também em relação às ciências naturais. Parte-se do desenvolvimento de um raciocínio lógico sistemático, a partir da contribuição de autores fundamentais como Galileu e Descartes, mediante análise da realidade e dedução de conclusões, como critério de validade geral do conhecimento. O método torna-se, assim, legitimador do conhecimento, o que no caso do direito passa a impor um rigoroso processo de aferição da realidade e formulação de regras de validade geral. A busca de leis naturais que expliquem a realidade também permite deduzir axiomas para o comportamento social. O ser humano torna-se objeto de observação de modo a poder deduzir-se leis naturais para a vida social. Para tanto, serve-se da herança do jusnaturalismo clássico com dedução de um direito geral válido para toda a humanidade, fundando-se somente na valorização da autonomia da razão humana.

O jusracionalismo, neste sentido, emancipa-se do determinismo religioso da teologia moral, assim como do fundamento de autoridade dos intérpretes dos textos romanos da Idade Média, para fundar uma sistematização teórica sobre o direito, pela construção de conceitos gerais. Da mesma forma, orienta-se contra as disposições de direito positivo contrárias ao padrão de racionalidade científica que propõe, assim como em relação ao direito que vem das fontes romanas e dos costumes, assegurando sua autonomia. Esta libertação em relação ao direito romano[11] permitiu a construção de um sistema de direito privado a partir de deduções lógicas, com construções conceituais precisas, inclusive sob a forma de teorias gerais. Daí o surgimento das definições modernas de consensualismo, sujeito de direito, contrato e direito subjetivo, a partir das teorias sobre a propriedade, a declaração de vontade, a justiça contratual e o casamento, por exemplo.

Consideradas obras fundantes desta escola de pensamento, são "O direito da guerra e da paz" (*De iure belli ac pacis*), de Hugo Grotius, publicado em 1625, e "O direito natural e das gentes" (*De iure naturae et gentium*), de Samuel Puffendorf, de 1672. Na primeira, Grotius assenta bases para a noção moderna da eficácia vinculativa dos contratos (*pacta sunt servanda*) e de justiça contratual (*aequalitas*), com fundamento no equilíbrio das prestações;[12] a noção de propriedade individual expressa pelo domínio sobre a coisa e o poder de reivindicá-la quando com outrem; e a noção de casamento como associação entre homem e mulher a partir da declaração da vontade. Sua contribuição essencial será a de promover a transição entre a teologia moral medieval e o jusracionalismo independente da influência religiosa.

Em Puffendorf verifica-se já um projeto de sistematização do direito de caráter universalista, a partir de um método hipotético-dedutivo, com a classificação dos diferentes institutos, cuja influência se faz sentir por toda a Europa continental, inclusive de autores de distintos países, a partir de traduções de suas principais obras, entre os séculos XVII e XVIII. Assim, por exemplo, vê-se com a influência na obra do jurista germânico Christian Wolff, Instituições de direito natural e das gentes (*Institutiones juris naturae et gentium*), de 1750, traduzido para o francês por Jean-Henry Forney em 1758 (*Principes du droit de la nature et des gens*). Também na Suíça, Emeric de Vattel, ao publicar seu *Droit des gens* (1758), afirma expressamente sua vocação universal. As proposições de Pufendorf, neste aspecto, consideram-se base da própria

---

[11] Wieacker, *História do direito privado moderno*, p. 309.
[12] Hugo Grotius, *Le droit de la guerre et de la paix*, Paris: PUF, 2005, p. 395-414.

estrutura dos códigos civis contemporâneos, e da abstração que viabilizaria a própria concepção de uma parte geral, como presente em muitos deles.

As teorias contratualistas, que colocam em destaque a eficácia jurídica-vinculativa da vontade humana, desenvolvem-se em comum para fundar postulados essenciais de direito público e privado. No direito público, a ideia de que o fundamento da própria existência do Estado é a vontade geral do povo, expresso sob a forma de um pacto pela manutenção da paz, pela qual os indivíduos abrem mão de parcela de liberdade em favor da formação do Estado que, no exercício do monopólio da força, assegura o gozo da parcela restante protegendo os indivíduos uns dos outros. Esta fórmula expressa a ideia de um pacto formado a partir da vontade, postulado igualmente considerado nas relações contratuais privadas. Consequência desta ideia foi a fundamentação do poder do Estado (do soberano), cuja legitimidade vinha do pacto de convivência celebrado idealmente por todos, e com isso outorgando-lhe o poder para dizer o direito com fundamento na confiança.[13]

São da mesma época o desenvolvimento da escola jusracionalista e do iluminismo, contudo não se confundem. O jusracionalismo foi uma escola de pensamento técnico-jurídica, circunscrita ao exame do direito; o iluminismo traduz um movimento filosófico-político, catalisador de diversas tendências de pensamento, na qual se engajou a intelectualidade no século XVIII, compreendendo o questionamento sobre as relações do Estado, a Igreja e do Indivíduo, em especial como reação à hierarquia e aos privilégios de certos estamentos em relação à maioria da população. Este movimento cultural e intelectual traduziu-se na busca, a partir do conhecimento e domínio da natureza, torná-la útil ao progresso da humanidade, mediante a autonomia do uso da razão. "Sapere aude" (te atreve a ser sábio) é a conhecida máxima associada ao iluminismo, fomentando o uso da razão e a difusão do conhecimento como estratégia de questionamento do poder.

Porém, embora não se confundam, o jusracionalismo e o iluminismo são em comum expressões do triunfo da razão e da autonomia do indivíduo. Do ponto de vista político, dão causa às ideias liberais que fomentam as revoluções modernas e viabilizam a afirmação do direito privado concebido a partir do reconhecimento de interesses do indivíduo, cuja proteção em relação ao Estado surge como marca da doutrina jurídico-política. Da mesma forma, é o triunfo político do iluminismo, a partir da Revolução Americana mas, da Revolução Francesa, que abre caminho para a afirmação do desenvolvimento teórico-sistemático do jusracionalismo como direito posto, com o surgimento das codificações – definindo os traços fundamentais do direito civil contemporâneo.

4. AS CODIFICAÇÕES CIVIS

A renovação cultural do direito a partir do jusracionalismo, no ambiente propiciado em termos político-filosóficos pelo iluminismo, deu causa ao projeto, em diversos estados nacionais, de codificação do seu direito. A codificação do direito reduz a escrito as regras jurídicas aplicáveis – trazendo ao direito legislado os sistemas lógicos deduzidos no plano teórico pelos jusracionalistas – razão pela qual se indica que representou, ao mesmo tempo, o triunfo e o ocaso do jusracionalismo.[14] Rompem, em primeiro lugar, com o monopólio do saber dos ju-

---

[13] Thomas Hobbes, Do cidadão. Trad., e notas por Renato Janine Ribeiro. São Paulo: Martins Fonte, 1998, p. 75.
[14] Guido Fassó, Storia della filosofia del diritto, t. III. Ottocento e novecento. Roma: Laterza, 2001, p. 7-8.

ristas, uma vez que elaborados pelo concurso destes especialistas e outros homens públicos, sem formação especializada em direito, mas da prática política.

Se deve distinguir, contudo, entre as codificações e as compilações que as antecederam. A rigor, há diversas iniciativas de organização da legislação ao longo dos séculos. Exemplo conhecido são as *Ordonnances* francesas, do século XVI, que visavam compilar os costumes considerados fontes do direito e critério de decisão pelos juízes. Já no século XVII, tanto a Prússia, quanto a Áustria, editaram leis compiladas, buscando organizar e centralizar as fontes normativas do direito. Na tradição portuguesa, da mesma forma, são conhecidas as Ordenações do Rei como espécie de compilação de direito legislado desde o século XVI. O *Allgemeines Landrecht* prussiano, de 1794, tinha, todavia, a pretensão de compilar todas as fontes do direito civil, tanto que deu causa, em 1798, à proibição de sua interpretação por comentários e precedentes, admitida a solução de dúvidas apenas por intermédio de uma comissão especialmente nomeada para este fim.

É o Código Civil francês, de 1804, contudo, que exercerá o papel de codificação mais relevante para o direito civil. Resultado das condições políticas geradas pela Revolução Francesa e ascensão de Napoleão Bonaparte ao poder, não por acaso, é cognominado Código de Napoleão (*Code Napoléon*). O Código Civil francês produz então, impacto sobre as ciências jurídicas em geral, em razão de sua forma e conteúdo, representando uma elaboração científica do direito civil a partir da reelaboração do seu sistema de fontes, vinculando-se à prevalência da lei – afirmação do direito positivo.

O Código Civil francês, neste sentido, incorporou o desenvolvimento do direito civil ao longo dos séculos XVII e XVIII, tanto dos autores do humanismo jurídico, quanto dos jusracionalistas, em especial do trabalho de sistematização operado por Jean Domat (em especial pela obra *Lois civiles dans leur ordre naturel*, 1689) e Robert Joseph Pothier (*Traité des obligations*, 1761), cuja contribuição intelectual é considerada decisiva para a definição do conteúdo da codificação. Neste sentido, note-se que o Código Civil francês se ocupou de tarefas relevantes para a própria unidade do direito na França, como é o caso da unificação das fontes – em um país até então dividido entre regiões de fonte costumeira e de direito escrito – assim como a definição de regras claras e compreensíveis para o público além dos juristas, ou seja, aos próprios indivíduos a quem se destinavam.

Da mesma forma, o Código Civil francês compreende a afirmação de valores forjados do longo desenvolvimento histórico do direito, e que ao mesmo tempo resultavam como triunfantes das revoluções burguesas. Melhor exemplo está no art. 544, que consigna: "A propriedade é o direito de gozar e de dispor dos bens da forma mais absoluta, desde que não se faça deles um uso proibido pelas leis e pelos regulamentos." (*La propriété est le droit de jouir et disposer des choses de la manière la plus absolue, pourvu qu'on n'en fasse pas un usage prohibé par les lois ou par les règlements*). Igualmente, o art. 1.134, parte 1, ao referir: "As convenções legalmente formadas valem como lei para aqueles que as fizeram..." (*Les conventions légalement formées tiennent lieu de loi à ceux qui les ont faites*).[15]

Esta sistematização acompanhou, igualmente, a tradicional distinção romana entre pessoas (*persona*), bens (*res*) e ações (*actiones*), presente nas Institutas de Gaio, dividindo-se o Código, segundo esta orientação, no Livro I, das Pessoas; Livro II, Dos bens e várias modificações da propriedade; e Livro III, Das diferentes formas de aquisição da propriedade. A técnica legislativa empregada foi desde logo reconhecida por sua correção e clareza, de modo a converter-se

---

[15] No caso do art. 1.134, sua redação, assim como toda a sistemática dos contratos no Código Civil francês foram profundamente alterados pela Ordonnance 2016-131, de 10 de fevereiro de 2016.

em modelo de codificação para diversos outros tantos sistemas – com particular importância para a codificação do direito civil brasileiro, conforme será visto em seguida. E, igualmente, em diversos países da América Latina, ainda no século XIX, como é o caso, dentre outros, do Código Civil do Haiti (1825), Bolívia (1830), Argentina (1869), Chile (1855), e Uruguai (1868). Também inspirou o Código Civil do Estado da Louisiana, nos Estados Unidos da América (1808).

A partir da consagração do Código Civil francês, merece destaque o debate que se estabeleceu nos estados de língua alemã no princípio do século XIX, em torno das suas virtudes e – dada a pretensão de haver sistematizado um direito de caráter universal – que pudesse servir como base para a elaboração de um Código Civil alemão. Este debate, que se usa referir em conta dos seus principais protagonistas – Anton Friedrich Justus Thibaut e Friedrich Carl Von Savigny –, acabou tendo papel decisivo no desenvolvimento do estudo do direito civil na Alemanha e da influência que passará a ter sobre os diversos sistemas jurídicos, inclusive o direito brasileiro. Com a publicação do seu "Da necessidade de um direito civil geral para a Alemanha" (*Notwendigkeit eines allgemeinen bürgerlichen Rechst für Deutschland*) Thibaut sustentava a existência de um direito racional, deduzido em caráter universal, e que deveria fundamentar a edição de um código civil para os povos alemães. Neste sentido, posicionava-se em contrário ao interesse e aplicação do direito romano na Alemanha, por considerá-lo afastado das características do povo alemão.

A obra de Thibaut, então, mereceu resposta por parte de um estudo publicado por Savigny, "Da vocação do nosso tempo para a legislação e a jurisprudência" (*Vom Beruf unserer Zeit für Gesetzgebung und Rechtswissenschaft*), no qual sustentava que o direito civil alemão derivava *não de uma ideia de direito universal, senão dos costumes, do espírito do povo (Volksgeist)*, de modo que apenas com o trabalho de recolha dos seus elementos históricos seria possível definir o direito, em vista dos aspectos culturais que o marcam. Deste modo, são os elementos culturais de um povo que lhe dão o sentido de nação e fundamentam um corpo orgânico de preceitos normativos a que se considere direito. No entendimento de Savigny, então, está o fundamento da Escola Histórica que se voltará ao estudo da formação do direito civil alemão, e como parte deste, à renovação do estudo do direito romano e sua influência sobre o direito comum europeu. Por direito comum entenda-se, na Alemanha, o direito romano tardio imposto como direito imperial, e aquele que resultou da recepção do direito romano, em especial nos séculos XV e XVI, sob a forma de um denominado *usus modernus pandectarum*, invocado em tribunais e junto aos governos dos diversos estados alemães.

Será este desenvolvimento do estudo do direito romano formador de uma escola de pensamento jurídico nos estados alemães, denominada, não por acaso, de Pandectística, pela qual o estudo da sistematização das fontes se dá a partir do estudo dos principais textos legados pelos romanos (Pandectística = estudo dos *Pandectas*, expressão em grego que indica principal livro do *Corpus iuris civilis*, no latim *Digesto*). Pela Pandectística, os intérpretes dos textos romanos buscavam deduzir princípios gerais, de modo que da casuística e das situações narradas resultavam proposições conceituais genéricas, caracterizadas pelo caráter analítico e abstração, de modo a fundar uma dogmática jurídica própria que será então base para a codificação do direito alemão, impulsionada após a unificação política da Alemanha, em 1871. Afirma a doutrina: "a criação do Código Civil alemão foi politicamente uma consequência da fundação do Império Alemão".[16] Sob a Pandectística, que marcou o desenvolvimento da ciência jurídica alemã no século XIX, situam-se várias linhas de pensamento que se sucederam no tempo. Inicialmente, a denominada **Escola Histórica**, de Savigny, sustentou o caráter histórico e particular da

---

[16] Karl Larenz. Derecho civil. Parte general, p. 18.

formação do direito, rejeitando soluções universais que permitissem considerar certo direito como expressão do justo para todos os povos. Nesta visão o jusracionalismo e suas proposições universais não resultariam da soberba dos filósofos (*ein bodenloser Hochmut der Philosophen*) quando o verdadeiro direito surgiria da experiência histórica.

Em seguida, a denominada **jurisprudência dos conceitos**, liderada por Georg Frierdrich Puchta, discípulo de Savigny, e desenvolvida por Rudolf Von Ihering, sustentava que o direito, ao não ser algo dado pela natureza, resultaria de uma imposição que se legitimava com o processo legislativo e a dedução de um sistema nos quais as regras se relacionariam entre generalidade e especialidade das diversas proposições. Esta força reconhecida à dogmática jurídica foi então desenvolvida por outros juristas, com especial atenção a Bernhard Windscheid. Windscheid, sobretudo com sua *magnum opus Lehrbuch des Pandektenrechts*, e por sua participação ativa no processo de codificação que durou vinte e três anos, como presidente da primeira comissão responsável pela elaboração do texto, é considerado a principal influência do Código Civil alemão, promulgado em 1896, e que entrou em vigor em 1900.

O Código Civil alemão, conhecido também como BGB (*Bürgerliches Gesetzbuch*), é resultado do amplo desenvolvimento da pandectística alemã. Deve a ela a própria estrutura, a partir de sua sistematização em cinco livros, incluindo: I) uma Parte Geral (*Allgemeiner Teil*); II) o direito das obrigações (*Schuldrecht*); III) o direito das coisas (*Sachenrecht*); IV) o direito de família (*Familienrecht*); e V) o direito das sucessões (*Erbrecht*).

A influência do direito civil alemão, e do BGB em particular, se faz sentir em diversos sistemas jurídicos, notando-se, ademais, que serve de inspiração, até hoje, a outras codificações, como as havidas em Portugal, Grécia, Japão, China, Tailândia, Coreia do Sul, entre outros países. Suas disposições normativas e o desenvolvimento doutrinário e jurisprudencial que a elas se deram, influenciam vivamente outros tantos países, inclusive, particularmente, o direito brasileiro.

Dentre as características do direito alemão, formado pelo desenvolvimento da pandectística e que resulta no BGB de 1900, está uma preocupação conceitual, que leva a certa abstração presente tanto na técnica legislativa do Código – com a previsão de uma parte geral – quanto também na preocupação com a precisão das definições, o que permite o desenvolvimento, por exemplo, das noções de negócio jurídico ou de pessoa jurídica. Da mesma forma, a adoção de técnica legislativa de cláusulas gerais, a partir de conceitos plurissignificativos, dá causa à possibilidade de atualização da norma pelo intérprete, mediante concreção de seus conceitos, como é exemplo reconhecido o amplo sentido ao dever de boa-fé dos contratantes. O que seja boa-fé será definido em vista do exame das circunstâncias do caso a que se refira, e dos comportamentos das partes em relação ao interesse que se repute legítimo no tocante ao contrato.

Do ponto de vista da formação da tradição de direito civil, que vem a influenciar decisivamente os diversos sistemas jurídicos, o Código Civil alemão de 1900 coloca-se ao lado do Código Civil francês de 1804 como linhas de desenvolvimento da herança romanista. Dá causa a formação de família de direito romanista baseada em uma linha no direito francês e outra no direito alemão.

A par dos códigos civis francês e alemão, outras codificações nacionais se desenvolvem, tais como o Código português de 1868 (o Código de Seabra, em homenagem ao seu idealizador Visconde de Seabra), fortemente influenciado pelo Código Civil francês. Da mesma forma, o Código Civil suíço, de 1907, cuja elaboração é protagonizada por Eugen Huber, tem forte influência pandectística, embora já incorporando alterações como o abuso do direito (art. 2º, 2), resultado do desenvolvimento do direito civil posterior à edição do BGB.

O Código Civil grego de 1940, de sua vez, sofreu forte influência do direito alemão (por intermédio, ainda, da pandectística) e do direito suíço, tendo por marca a recuperação dos conceitos de direito romano presentes na tradição formada a partir do *Corpus iuris civilis*, com especial atenção, igualmente, a inovações, como é exemplo a figura do abuso do direito (art. 281). O Código italiano de 1942, ao substituir o primeiro Código Civil italiano de 1865 – este de forte influência napoleônica – afirmou autonomia própria da formação histórica do direito italiano e das fontes que firmaram a tradição jurídica do direito civil ocidental. Contudo, a influência original do direito francês, resultado mesmo de aspectos políticos que deram causa à vigência do Código de Napoleão sobre parte do território italiano por certo período no século XIX, terminou por observar uma transição para a maior influência do direito alemão, em especial pela recepção de estudos clássicos da pandectística (sobretudo, Windscheid). O direito português, com o novo Código Civil de 1966, também fez perceber influência mais acentuada do direito alemão – e neste aspecto será relevante para a compreensão da transmissão desta mesma influência ao Código Civil brasileiro vigente.

5. ORIGEM E DESENVOLVIMENTO DO DIREITO CIVIL BRASILEIRO

5.1. O legado do direito português

O direito civil brasileiro resulta da tradição do direito romano, transmitida pelo direito português. Neste sentido, a formação do direito brasileiro se compreende apenas com o entendimento da história do direito português. Este se forma pela confluência da tradição do direito romano ao qual se submeteu o território onde hoje é Portugal com a expansão de Roma. Da mesma forma, fez-se sob o signo da influência cristã e do direito que daí resulta (em especial o direito canônico). Refira-se ainda a influência do direito visigótico, decorrente das invasões da península ibérica pelos povos germânicos e pelo alto desenvolvimento de suas fontes, em especial do Código de Eurico (475 d.C.), do Breviário de Alarico (ou *Lex Romana Visigothorum*, 506 d.C.), do Código de Leovigildo (580 d. C.) e do Código Visigótico (654 d. C.), este último em vigor no território português, até ao menos o século XII (e no Reino de Leão e Castela até o século XIII).[17]

Quando da formação do Estado nacional português (1139 d. C.), durante a reconquista cristã, ensina a melhor doutrina que o direito era resultado de "um amálgama de camadas jurídicas sobrepostas",[18] formada por resíduos das diversas ocupações pelas quais passou o território português, desde os romanos e, no declínio destes, os povos germanos (suevos, alanos, vândalos e visigodos) e muçulmanos. Neste sentido, a recepção do direito romano a partir da redescoberta operada pelos estudos do *Corpus iuris civilis* foi, marcadamente, um processo lento e moroso em Portugal, em especial devido ao desafio da formação de um entendimento comum sobre o direito, compreensivo da decisão do rei e das Cortes, em consonância com os demais atores como tabeliães, juízes a advogados. Observe-se que apenas com o surgimento de um corpo de juízes itinerantes, com mandato do Rei para pronunciar o direito nas várias localidades (os juízes de fora), é que se inicia a afirmação da unidade da jurisdição real sobre o território português. Da mesma forma, será com a fundação da universidade portuguesa em Coimbra, em 1290, que passam a se desenvolver estudos sistematizados sobre o direito romano,

---

[17] Mario Júlio de Almeida Costa, História do direito português. 3ª ed. Coimbra: Almedina, 2001, p. 183; Nuno J. Espinosa Gomes da Silva, História do direito português. Fontes de direito. Lisboa: Fundação Calouste Gulbenkian, 2006, p. 162.

[18] Mario Júlio de Almeida Costa, História do direito português. 3ª ed. Coimbra: Almedina, 2001, p. 195.

contribuindo para sua afirmação como fonte, a par da influência que exercia neste campo, sobre Portugal, a atuação da Universidade de Salamanca, mesmo situada em território espanhol.

Influenciaram, ainda, o direito português, a legislação promulgada por Afonso X, no Reino de Leão e Castela, mesmo após a independência de Portugal, caso do *Fuero Real* (1255), inspirado no Código Visigótico, e que dispunha sobre direito privado a partir de costumes vigentes, aplicável às localidades que não tinham seus próprios Fueros (normas locais); e das *Siete Partidas* (1256-1265), conjunto de preceitos que traduziam princípios do direito privado romano-canônico, de ampla influência como um dos principais fontes de formação dos juristas na Espanha e em Portugal.

Já o direito canônico se aplica em Portugal a partir dos tribunais eclesiásticos, cuja competência se estabelecia *ratione materiae* ou *ratione personae*. Assim, matérias relativas ao matrimônio, testamentos e legados consideravam-se afetos a sua decisão. Já os clérigos e demais pessoas a quem se concedesse o privilégio, só podiam submeter-se a tribunais da Igreja. Da mesma forma, durante certo tempo, mesmo nos tribunais civis o direito canônico aplicava-se com prevalência sobre o direito nacional (em razão de decisão do Rei Afonso II, em 1211), do que gradualmente passou a se transmutar como fonte subsidiária do direito.

A par destas fontes, possuía o Rei de Portugal ampla competência para dizer o direito, considerando o fato de o país ter se consolidado como o primeiro estado nacional centralizado da Europa. Neste sentido, a partir do reinado de Afonso III (1248-1279), a lei passa a ser o modo usual de criação do direito, editada diretamente pelo monarca, sem a necessidade de concurso das Cortes. Para a edição destas normas, o soberano, então, gradualmente, passa a servir-se do auxílio dos juristas, reduzindo-se gradualmente a importância dos costumes como fonte do direito, e quando afirmado, sempre com a aquiescência do Rei.

Porém, a fase mais conhecida do desenvolvimento do direito português situa-se a partir das denominadas *Ordenações do Reino*. Tratam-se de compilações do direito vigente editadas pelo Rei, sobretudo, com o propósito de reduzir a incerteza sobre a vigência das normas, causada por sua dispersão e quantidade, assim como reforçar a unidade e centralidade da jurisdição real. As primeiras Ordenações tiveram sua elaboração inicial por determinação de D. João I, o qual, todavia, veio a falecer antes da conclusão. Seu sucessor, D. Duarte, deu sequência ao trabalho, porém este só veio a se concluir sob o reinado de Afonso V, sob o impulso do regente Infante D. Pedro. Daí sua designação como **Ordenações Afonsinas**, publicadas, segundo se confia, entre os 1446 e 1447. Nas Ordenações Afonsinas buscou-se a consolidação da legislação vigente nas diferentes matérias, tais como leis gerais, resoluções dos reis, petições ou dúvidas apresentadas as cortes, costumes gerais, entre outras fontes. Para o direito civil é especialmente relevante o Livro IV, no qual se dispunha sobre temas de direito das obrigações, direito das coisas, direito de família e direito das sucessões, ainda que de forma pouco sistemática.

Já em 1505, contudo, o Rei D. Manuel determinou a atualização das Ordenações, iniciada com nova publicação a partir de 1512, a qual se conclui, com a integralidade dos cinco livros que a compunham, em 1514. Porém, submetida a críticas, uma versão definitiva daquelas que ficariam conhecidas como **Ordenações Manuelinas** apenas seria publicada em 1521, após a morte de D. Manuel. As Ordenações Manuelinas seguiram a mesma estrutura das anteriores, com a sistematização do seu conteúdo em cinco livros, ainda que com a supressão de certas matérias, como os preceitos especiais aplicáveis a judeus e mouros, assim como disposições sobre a interpretação vinculante da lei feita pela Casa de Suplicação.

A necessidade de atualização da legislação e, mais, a própria apreensão da nova realidade portuguesa advinda dos descobrimentos, fez com que, no final do século XVI se passasse a trabalhar em uma nova compilação. Então em 1603, no reinado de Felipe II, foram promulgadas e passaram a viger as **Ordenações Filipinas**, mais longevo texto legislativo vigente em Portugal, e que permaneceu em vigor, inclusive no Brasil independente, sendo revogada expressamente, na parte relativa ao direito civil, apenas com a edição do Código Civil de 1916, e sua vigência a partir de 1º de janeiro de 1917.

Todavia, deve ser mencionado ainda a importância para o direito português, e por conseguinte ao direito brasileiro, das reformas empreendidas pelo Marquês de Pombal, no século XVIII, relativas a alterações legislativas, à atividade dos juristas e à reformulação do ensino jurídico em Portugal. No campo legislativo, sob o governo de Pombal houve significativa alteração da legislação sobre direito sucessório, assim como a aprovação da denominada **Lei da Boa Razão** (1769), que ordenou as fontes do direito português, de modo a disciplinar a validade dos costumes e o direito subsidiário, assim como dispor sobre o preenchimento de lacunas, de modo que o direito romano só seria aplicável nestes casos se estivesse conforme a reta razão, cujos critérios foram fixados adiante, pelos Estatutos Novos da Universidade de Coimbra (1772). Exigia-se, segundo a Lei da Boa Razão, que o intérprete identificasse o uso moderno dos preceitos romanos (reconduzindo ao *usus modernus pandectarum*), proibindo-se afinal o recurso direto às glosas de Accursio e Bártolo. No campo do ensino jurídico, os estatutos da Universidade conduziram ao modelo de ensino inspirado nas universidades alemãs, segundo método que designava "sintético demonstrativo compendiário", pelo qual a sistematização das matérias seguiria um nível crescente de complexidade, com a apresentação ampla dos assuntos em geral de cada disciplina e, depois, sua explicação. O propósito era definir um ensino ordenado e sistemático das várias disciplinas, o que teve profundo impacto na formação dos juristas portugueses e brasileiros que estudaram na Universidade de Coimbra.

É esta a tradição jurídica que chegou ao Brasil. O processo de colonização do território brasileiro por Portugal foi marcado por uma expressiva dependência cultural. Ao contrário da América espanhola, não se permitiram universidades na colônia. Da mesma forma, livros e impressos se imprimiam exclusivamente em Portugal, com a chancela real.[19] Os juristas brasileiros, assim, formavam-se em Coimbra. Apenas com a vinda da família real para o Brasil, em 1808, experimentou-se algum processo de desenvolvimento mais consistente, decorrente das iniciativas de dotar o território, elevado a Reino Unido de Portugal e Algarves, em 1815, de instituições compatíveis com este novo *status*, e com as necessidades geradas pela presença da Corte.[20] Em perspectiva jurídica, a instalação dos tribunais e a atuação dos vários atores da cena jurídica (como advogados, juízes etc.) serviu a maior proximidade com os problemas locais, e da população em relação a tais instituições.

Com a Independência do Brasil, em 7 de setembro de 1822, não se romperam os laços com o direito português. Ao contrário, lei de 20 de outubro de 1823 expressamente determinou que as ordenações, leis, regimentos, alvarás, decretos e resoluções editados até 25 de abril de 1821, data em que retornou a Portugal o Rei D. João VI, permaneceriam em vigor no Brasil.[21] Da mesma

---

[19] Sobre o tema, vejam-se, dentre outras, as obras de Sérgio Buarque de Holanda, Raízes do Brasil (edição crítica). São Paulo: Companhia das Letras, 2016, p. 169-170; e José Murilo de Carvalho, A construção da ordem: a elite política imperial. 4ª ed. Rio de Janeiro: Civilização brasileira, 2008, p. 69 e ss.

[20] José Murilo de Carvalho, A construção da ordem: a elite política imperial, cit.

[21] Assim o art. 1º da Lei de 20 de outubro de 1923: "As Ordenações, Leis, Regimentos, Alvarás, Decretos, e Resoluções promulgadas pelos Reis de Portugal, e pelas quaes o Brazil se governava até o dia 25 de Abril de 1821, em que Sua Magestade Fidelíssima, actual Rei de Portugal, e Algarves, se ausentou desta Côrte; e todas as que foram promulgadas daquella data em diante pelo Senhor D. Pedro de Alcantara, como Regente do Brazil, em quanto Reino, e como Imperador Constitucional delle, desde que se erigiu em Imperio, ficam em inteiro vigor na pare, em que não tiverem sido revogadas, para por ellas se regularem

forma, a primeira Constituição do Brasil, de 1824, em seu art. 179, ao dispor sobre os direitos civis e políticos dos cidadãos brasileiros, determina em seu inciso XVIII, que "organizar-se-ha quanto antes um Codigo Civil, e Criminal, fundado nas solidas bases da Justiça, e Equidade".

5.2. O direito civil brasileiro anterior à codificação

A independência do Brasil e a formação das instituições nacionais dependiam, em grande medida, de pessoas com formação e preparo para exercer as diversas tarefas de Estado. Uma constatação comum no direito brasileiro é a do protagonismo dos bacharéis em direito na vida pública, não apenas em funções propriamente jurídicas, mas também na atividade política. Este "bacharelismo" seria dentre as características da vida brasileira, o que lhe daria pouca afeição às atividades práticas e o pragmatismo no desenvolvimento do país. Ocorre que não se trata de uma particularidade brasileira, senão percebida em várias colônias americanas. No Brasil, a necessidade de formar uma classe dirigente motivou a criação dos cursos jurídicos com a fundação das faculdades de direito de Olinda-Recife e São Paulo, em 1827, as quais se converteram, rapidamente, no centro da formação do direito nacional.

Todavia, nos primeiros anos do Brasil independente a doutrina em direito civil seria aquela vinda de Portugal. Pontificavam as obras de Paschoal José de Mello Freire (*Institutiones juris civilis Lusitani*: cum publici tum privati, 2. ed., 1829), Manuel D'Almeida e Sousa Lobão (em especial, suas *Notas de uso prático e críticas, adições, ilustrações e remissões sobre todos os títulos e todos os §§ dos Livros das Instituições de direito civil lusitano do d. Pascoal José de Melo e Freire*. Lisboa: Imprensa Nacional, 1836); Manuel Souza Carneiro (*Direito civil de Portugal*, em três livros e quatro volumes, editados em Lisboa, Typographia de Eugenio Augusto, 1836); José Homem Corrêa Telles (*Tratado dos direitos e obrigações civis*: accommodado as leis e costumes da nação portuguesa: para servir de subsidio ao novo Codigo civil, Pernambuco, 1837); e Manuel Antônio Coelho da Rocha (*Instituições de direito civil português, para uso de seus discípulos*, Coimbra, 2. ed., 1848).

A própria atividade incipiente das faculdades de direito fez com que, ao contrário de outros países, a formação do conhecimento jurídico se desse com o protagonismo, inicialmente de praxistas – pessoas não formadas em direito, mas habilitadas a atuar no foro – advogados, e do próprio legislador. O que contribui com a falta de cientificidade e sistematização de que se acusa o direito civil brasileiro em sua origem.

A doutrina civilista brasileira só iniciaria, de fato, com Lourenço Trigo de Loureiro (*Instituições de Direito Civil Brasileiro*, Extraídas das Instituições de Direito Civil Lusitano do Exímio Jurisconsulto Português Pascoal José de Melo Freire, na Parte Compatível com as Instituições da Nossa Cidade, e Aumentadas nos Lugares Competentes com a Substancia das Leis Brasileiras. Tomos I e II. Pernambuco: Tipografia da Viúva Roma & Filhos, 1851) formado na primeira turma da Faculdade de Direito de Olinda (1832), e seu professor a partir de 1840. Via-se, contudo, na nascente doutrina, uma referência fundamental, ainda, à doutrina portuguesa, em especial, de Mello Freire. Adiante a afirmação de uma doutrina nacional é encontrada na obra de Antônio Joaquim Ribas (*Curso de direito civil brasileiro*, Rio de Janeiro: Laemmert, 1865), professor da Faculdade de Direito de São Paulo, e crítico da falta de sistematicidade do direito civil brasileiro até então, tarefa à qual se dedicou.

---

os negocios do interior deste Imperio, emquanto se não organizar um novo Codigo, ou não forem especialmente alteradas."

Porém, será com o trabalho de Augusto Teixeira de Freitas, um dos mais notáveis juristas da Corte e advogado junto ao Conselho de Estado, que o direito civil brasileiro passa a formar sua identidade definitiva. Profundamente influenciado pelos estudos de Savigny, na Alemanha, e conhecedor de boa parte da doutrina civilista europeia do seu tempo, Teixeira de Freitas foi contratado pelo governo brasileiro, em 1855, para compilar e consolidar a legislação civil vigente no Brasil, de modo a organizá-la e verificar sua vigência, trabalho do qual resulta um dos marcos da doutrina civilista brasileira, sua *Consolidação das Leis Civis*, de 1858. Concluído com êxito este trabalho, Teixeira de Freitas será, então, contratado para elaboração do projeto de Código Civil brasileiro, em 1859, tarefa que não logra concluir, por razões diversas que se encontram na crônica jurídico-política brasileira,[22] dentre as quais sua convicção, avançados os trabalhos, sobre a necessidade de elaboração de uma codificação abrangente da matéria comum ao direito civil e ao direito comercial. Ocorreria, contudo, que estando recém-promulgado o Código Comercial brasileiro, de 1850, assim como o longo tempo e sucessivos adiamentos na conclusão do trabalho para o qual foi contratado, terminaram por fazer com que o propósito de Teixeira de Freitas não tenha sido aceito. e interrompido sem conclusão, embora já contasse com quase cinco mil artigos. Uma primeira versão do projeto foi publicada em 1864 (*Código Civil. Esboço*. Rio de Janeiro: Typographia Universal de Laemmert). Em 1866, contudo, em vista das considerações da comissão de revisão do projeto nomeada pelo Ministério da Justiça, Teixeira de Freitas desiste de prosseguir com a redação, tendo seu contrato rescindido em 1872.

Isso não impede, contudo, que tanto a consolidação, quanto o texto inconcluso do projeto de Código Civil – o qual, por isso mesmo, passa a ser conhecido dali por diante como *Esboço de Código Civil*, ou simplesmente, *Esboço de Teixeira de Freitas* – convertam-se em marcos na formação do direito civil brasileiro. De um lado, pela qualidade e rigor técnico reconhecidos ao trabalho do jurista, especialmente influenciado pela doutrina alemã de Savigny e outros contemporâneos. De outro, pela influência que exercerá tanto no futuro projeto de Código Civil brasileiro, quanto em outros na América Latina, como é o caso dos Códigos Civis argentino de 1871, uruguaio, de 1868, e paraguaio de 1876 (que adotou, no caso, o texto do Código Civil argentino).

Para o direito brasileiro, a obra de Teixeira de Freitas deu causa a uma primeira sistematização do direito nacional, tanto na Consolidação, quanto no Esboço. A ausência de doutrina civilista precedente com esta marca, acabou lhe conferindo este papel. Explica o próprio jurista seu método de trabalho: "Examinar as leis em seus próprios textos sem influência de alheias opiniões, comparar atentamente as leis novas com as antigas, medir com precisão o alcance e as consequência de umas e outras; eis o laborioso processo, que empregado temos para conhecer a substância viva da legislação. Para achar, porém, os limites do Direito Civil, e a norma da exposição das matérias que lhe pertencem, recorremos a estudos de outra natureza, consultamos os monumentos legislativos, consultamos as tradições da ciência; o com livre espírito procuramos essa unidade superior, que concentra verdades isoladas, penetra as mais reconditas relações, e dá esperanças de um trabalho conscencioso".[23]

---

[22] Para detalhes do episódio e das interessantes controvérsias deste que se deve considerar o maior jurista brasileiro do século XIX, vejam-se os textos introdutórios de Levi Carneiro ("Estudo crítico-biográfico") e Haroldo Valladão ("Teixeira de Freitas, jurista excelso do Brasil, da América, do Mundo"), na edição do Esboço de Código Civil publicado pelo Ministério da Justiça, em 1983, em homenagem ao centenário da morte do grande jurista: Código Civil. Esboço, v. 1. Brasília, 1983, p IX e ss.

[23] Augusto Teixeira de Freitas, Consolidação das Leis Civis. Rio de Janeiro: Garnier, 1896, p. XXXVI.

Porém, será no Esboço do Código Civil em que Teixeira de Freitas vai consagrar seu modelo de sistematização do direito civil legislado, com a divisão entre uma parte geral e uma parte especial, sendo a primeira formada por preceitos gerais e de caráter instrumental, para a interpretação e aplicação das regras estabelecidas na segunda parte. Esta Parte Geral vinha dividida em três seções (Das pessoas, das coisas e dos fatos). A Parte Especial consagrava o entendimento do jurista sobre uma divisão ideal do direito civil entre os direitos pessoais e os direitos reais, nas suas variantes.

Com o insucesso em obter-se uma codificação civil para o Brasil a partir do trabalho de Teixeira de Freitas, Nabuco de Araújo, reconhecido político e jurista do Império, foi incumbido da missão, em 1872. Trabalhando sob reconhecida influência da obra de Teixeira de Freitas, não pode, contudo, concluir seu projeto, tendo sido alcançado pela morte em 1878. Em seguida é Joaquim Felício dos Santos quem se propõe a concluir o trabalho. Tratava-se de jurista e homem público de convicções republicanas, com proximidade política ao Ministro da Justiça Lafayette Rodrigues Pereira, e cujo trabalho, concluído com 2.692 artigos e entregue em 1881, acabou sofrendo críticas da comissão revisora nomeada pelo Imperador, não sendo jamais enviado à deliberação parlamentar. A estrutura do projeto de Felício dos Santos fazia incluir, antes da Parte Geral, um título preliminar, sobre a publicação, efeitos e aplicação das leis em geral. Em seguida uma Parte Geral, sobre pessoas, coisas e atos jurídicos em geral; e, adiante, uma Parte Especial, dividida em três livros: Livro I, das Pessoas em particular; Livro II, das Coisas em particular; Livro III, dos Atos jurídicos em particular. As críticas concentraram-se na estrutura proposta pelo Código, que seguia a tradição de exposição da doutrina portuguesa – em especial, Coelho da Rocha e suas *Instituições de direito civil portuguez*. Não tendo aceitação na fase final do Império, com a proclamação da República o projeto tornou a ser apresentado por seu autor, com acréscimo de algumas disposições, totalizando 2.762 artigos,[24] porém, igualmente, não foi encaminhado à deliberação parlamentar.

Aliás, com a Proclamação da República registre-se a elaboração do projeto de Antônio Coelho Rodrigues, jurista e político que concluiu seu trabalho em 1893.[25] Para elaboração do projeto foi viver em Genebra, na Suíça, com o fim de concentrar-se na tarefa com exclusividade. A estrutura do projeto que propõe segue a tradição dos anteriores, com pequenas alterações. Distingue entre Parte Geral e Parte Especial, sendo a primeira, dividida em três livros, das pessoas, dos bens e dos fatos e atos jurídicos; e a Parte Especial dividida em quatro livros: das obrigações; da posse, propriedade e outros direitos reais; do direito de família e do direito das sucessões. Mais uma vez, contudo, frustrou-se a tentativa de elaborar um novo Código Civil. Isso porque, ao tempo da conclusão do projeto e entrega formal ao governo federal, traçava-se estratégia de recuperar-se o Projeto de Felício dos Santos e levá-lo à deliberação do Congresso Nacional, o que, entretanto, não ocorreu. Apura-se se as críticas ao projeto não configuravam, em verdade, críticas ao seu autor, durante muito tempo prestigiado monarquista e favorável à escravidão, chamado a elaborar um código já no período republicano. Desgostoso com a atitude do governo que havia contratado seus esforços para elaboração do trabalho, Coelho Rodrigues então apresenta, ele próprio, na condição de Senador que era, o projeto de sua autoria

---

[24] Joaquim Felício dos Santos. Projecto do Código Civil. Publicado por autorização do Ministro da Fazenda T. de Alencar Araripe para ser apresentado ao Congresso Nacional. Rio de Janeiro: Imprensa Nacional, 1891.

[25] Antônio Coelho Rodrigues, Projecto do Codigo civil brazileiro : precedido de um projecto de lei preliminar. Rio de Janeiro: Imprensa Nacional, 1893.

diretamente ao Congresso Nacional. O fato é que, em razão da disputa estabelecida, nenhum dos projetos teve êxito em ser apreciado, em caráter definitivo, pelo Parlamento.

Então é que, em 1899, o jurista Clóvis Beviláqua, professor da Faculdade de Direito do Recife, é nomeado pelo Governo para a elaboração de um Projeto de Código Civil, tarefa para a qual se lhe concedem estritos seis meses. Aproveitando-se dos estudos já realizados, e com apoio, sobretudo, no Esboço de Teixeira de Freitas e no Projeto de Coelho Rodrigues, tem êxito no seu propósito. O projeto elaborado ao longo de 1899 é concluído em outubro, e submetido ao Ministro da Justiça Epitácio Pessoa e a outros jurisconsultos, após o que será encaminhado ao Congresso Nacional.

5.3. O Projeto de Clóvis Beviláqua e o Código Civil de 1916

O Projeto de Clóvis Beviláqua, enviado ao Congresso Nacional em 1900, foi aprovado pela Câmara dos Deputados em 1902. Sua estrutura compunha-se de uma lei de introdução ao Código; uma Parte Geral, dividida em pessoas, bens, e nascimento e extinção de direitos; e uma Parte Especial, formada por quatro livros: direito de família, direito das coisas, direito das obrigações e direito das sucessões. Todavia, será com sua chegada ao Senado Federal que o projeto passará a sofrer uma avaliação mais específica. Tendo assumido a relatoria do projeto, o Senador Rui Barbosa tomou para si a tarefa de examinar detalhadamente o texto, concentrando-se, sobretudo em questões da sua linguagem, produzindo parecer crítico refutado pelo próprio Beviláqua em texto intitulado "Em defesa do Código Civil", no que foi apoiado por estudo produzido pelo filólogo Ernesto Carneiro Ribeiro. Rui Barbosa então escreveu uma Réplica sustentando seu entendimento originário e estabelecendo uma das mais célebres polêmicas sobre o uso da língua portuguesa culta.[26]

Do ponto de vista do seu conteúdo jurídico, o projeto não observou grandes ponderações no âmbito do Poder Legislativo. Refere-se a ele Orlando Gomes, indicando um texto de índole conservadora e pouco afeito aos aspectos sociais que devem informar as normas de direito civil.[27] De fato, o projeto de Clóvis Beviláqua não se aproximou mais da realidade social do que seus predecessores, expressando em alguma medida, traços de uma cultura jurídica de elite. Porém, já aí, a crítica em relação ao caráter conservador do projeto se contrapõe aos próprios limites de inovação havidos à época para um código de direito civil. O legislador, nestes termos, estaria em condições pouco prováveis de antecipar, por lei, aspectos da vida privada que prescindiriam de assento na sociedade, por mais que um olhar retrospectivo possa julgá-las eticamente corretas. Porém, é acertada a constatação de que o projeto não se debruçou sobre a questão social brasileira de modo a intervir ativamente.[28] O tema reconheceu-se, já naquele tempo, ao domínio da política.

---

[26] O fato de as críticas de Rui Barbosa concentrarem-se em aspectos linguísticos nem sempre é bem compreendido, atribuindo-lhe um excessivo formalismo, sem maior profundidade sobre o próprio conteúdo do texto. Assim refere Pontes de Miranda para quem são debates "sem nenhum interesse jurídico. Preocupados com a forma, esqueceram-se do fundo" (Francisco Cavalcante Pontes de Miranda, Fontes e evolução do direito civil brasileiro, Rio de Janeiro: Pimenta de Melo, 1928, p. 110 *passim* 118-119). O que se deixa de notar, geralmente, é que a crítica linguística a rigor pode ser percebida como estratégia de combate parlamentar ao texto e seu conteúdo, em um estágio histórico no qual a retórica e a literatura eram elementos centrais da comunicação política, amplamente valorizadas.

[27] Orlando Gomes, Raízes históricas e sociológicas do Código Civil brasileiro. São Paulo: Martins Fontes, 2003, p. 14-23.

[28] Orlando Gomes, Raízes históricas e sociológicas do Código Civil brasileiro, p. 34 e ss.

O debate parlamentar, a partir da oposição entre Rui Barbosa e Clóvis Beviláqua, concentrou-se em questões linguísticas, de modo que apenas quando superadas estas o projeto foi aprovado em 1912 no Senado Federal, retornando à Câmara dos Deputados. Tendo sido apreciado por ela em 1915, o projeto retorna ao Senado Federal para exame das emendas rejeitadas pela Câmara, e aprovação de sua redação definitiva, o que vem a ocorrer em dezembro do mesmo ano. O Código Civil então é promulgado em 1º de janeiro de 1916, definindo-se que entraria em vigor um ano depois, em 1º de janeiro de 1917.

O Código Civil de 1916 compreende-se como o último código do século XIX. Seus críticos dirão que se fez com os olhos no passado. Porém, foi filho do seu tempo. De fato, é um código de matriz liberal e individualista, articulado sob as ideias de liberdade individual e defesa da propriedade, sem concessões. No direito de família consagrou o modelo patriarcal vigente na comunidade, indicando ao homem "chefe da família" o protagonismo nas relações familiares, das quais não participavam, em igualdade de condições, os filhos nascidos fora do casamento (considerados ilegítimos). No plano das obrigações, consagrou a ampla liberdade contratual e o vínculo dela decorrente, assim como desconheceu a possibilidade de alguém responder pelos danos causados sem que estivesse demonstrada sua culpa (dolo, negligência e imprudência). Ignora as hipóteses em que o aumento dos riscos sociais de novas técnicas e atividades que resultam da revolução industrial (nos transportes, ou na indústria, por exemplo), já passavam a ser admitidas, em diferentes sistemas, como hipóteses de responsabilidade independente de culpa.

Com a vigência do novo Código Civil e o desenvolvimento tanto de doutrina especializada, quanto da própria aplicação judicial de suas disposições, o estudo do direito civil ganha ainda mais importância, a partir da contribuição de diversos juristas para promoção do seu exame sistemático. Ao mesmo tempo, a par da influência francesa marcante na doutrina do século XIX, desenvolve-se com ainda mais vigor a contribuição vinda de outros sistemas jurídicos, como é o caso do direito alemão – cujo estímulo ao estudo do direito civil renovou-se com a vigência do BGB de 1900, e do direito italiano, do qual o Código Civil de 1942 terá grande influência para efeito do exame comparatístico com o direito brasileiro.

5.4. Das iniciativas de reforma do Código de 1916 ao Código Civil de 2002

As rápidas transformações sociais e econômicas que se observam ao longo do século XX no Brasil, contudo, fazem com que se cogite, já nas primeiras décadas de vigência do Código Civil, iniciativas para sua atualização. A primeira delas parte do anteprojeto de Código de Obrigações elaborado pelos juristas Orozimbo Nonato, Filadelfo Azevedo e Hahnemann Guimarães, publicado em 1941,[29] e cujo escopo era o da unificação das obrigações civis e comerciais, a exemplo do que já havia ocorrido na Suíça, com seu Código das Obrigações de 1911. Embora este anteprojeto de código não tenha sido levado adiante, a mesma comissão elaborou o anteprojeto do Decreto 4.657/1942 – Lei de Introdução ao Código Civil (hoje denominada Lei de Introdução às Normas do Direito Brasileiro).

Nova iniciativa de reforma se deu a partir de iniciativa do Governo Federal, em 1961, ao nomear Orlando Gomes para elaboração de projeto de Código Civil, e Caio Mário da Silva Pereira para elaboração de projeto de Código de Obrigações. O projeto de Orlando Gomes foi então revisado e referendado por comissão de juristas integrada por Orozimbo Nonato e Caio Mário da Silva Pereira. Já o projeto de Código de Obrigações foi revisado e referendado

---

[29] Orozimbo Nonato, Philadelpho Azevedo, Hahnemann Guimarães, Ante-projeto do Código de Obrigações. Parte geral. Rio de Janeiro: Imprensa Nacional, 1941.

por comissão integrada por Orozimbo Nonato, Theóphilo de Azeredo Santos, Sylvio Marcondes, Orlando Gomes e Nehemias Gueiros. O projeto de Código Civil sob a responsabilidade originária de Orlando Gomes[30] suprimia a parte geral e compreendia o direito de família, o direito das sucessões e o direito das coisas, tendo sido apresentado em 1963 com 963 artigos, e inovações substantivas em relação ao direito vigente à época, como, por exemplo, a equiparação entre filhos legítimos e ilegítimos. Neste sentido, embora seu autor fosse francamente favorável ao divórcio como modo de dissolução da sociedade conjugal, este não veio a integrar o texto do projeto em vista de expressa vedação constitucional (art. 163 da Constituição de 1946 dispunha sobre o caráter indissolúvel do casamento). Já o projeto do Código de Obrigações, de Caio Mário,[31] foi apresentado em 1963, com 952 artigos, dividido em nove títulos (I – do Negócio jurídico; II – Das obrigações em geral; III – Inexecução da obrigação; IV – Cessação da obrigação; V – Contrato; VI – Espécies de Contrato; VII – Declaração unilateral de vontade; VIII – Enriquecimento indevido; e IX – Responsabilidade civil). Previa então, de modo expresso, a reparação do dano moral.

Todavia, também aqui se tratou de iniciativas que não lograram êxito. Somam-se para tal razões de técnica legislativa e acerca do próprio conteúdo das disposições previstas nos projetos. A elaboração de um código de obrigações e sua separação em relação ao restante da matéria de direito civil sempre sofreu resistências dentre os civilistas. O próprio Orlando Gomes a ela se opunha expressamente. Também a unificação da matéria civil e comercial, de sua vez, enfrentava a resistência dos comercialistas. Igualmente, inovações legislativas propostas enfrentavam significativa resistência cultural, como é o caso da atualização da disciplina do direito de família. Resultou destas dificuldades o fato de que, embora tendo sido enviados ao Congresso Nacional, tais projetos "foram, em seguida, retirados". Opta então, o Governo Federal, já sob o regime militar instituído em 1964, em compor outra comissão de juristas para apresentar novo projeto de Código Civil. Esta comissão, instituída em 1969, será integrada, sob a presidência do Professor Miguel Reale, por outros seis juristas, de modo que, abandonada a ideia de separar as obrigações do restante da codificação civil, cada qual fosse indicado responsável por uma determinada matéria, contemplando-se, contudo, o propósito de unificação das obrigações civis e empresariais, assim como os aspectos gerais do direito empresarial, sob a égide do Código Civil. Integraram a comissão: José Carlos Moreira Alves (responsável pela Parte Geral), Agostinho de Arruda Alvim (Direito das obrigações), Sylvio Marcondes (Direito da empresa), Ebert Chamoun (Direito das coisas), Clóvis do Couto e Silva (Direito de família) e Torquato Castro (Direito das sucessões).

Do trabalho desta comissão de juristas surgem diversas versões do projeto, continuamente aperfeiçoadas pelos autores a partir de sugestões e críticas que lhe foram endereçadas, até que se consolida o Projeto de Lei 634, enviado ao Congresso Nacional em 1975. Deste projeto resultará, após longa tramitação legislativa, o Código Civil brasileiro de 2002 (Lei 10.406, de 10 de janeiro de 2002), que passou a viger em janeiro de 2003.

---

[30] Orlando Gomes, Orosimbo Nonato, Caio Mário da Silva Pereira ; secretário: Professor Francisco Luiz Cavalcanti Horta, Projeto de Código civil: Comissão revisora do anteprojeto apresentado pelo professor Orlando Gomes. Brasília: Imprensa Nacional, 1965.

[31] Caio Mário da Silva Pereira, Anteprojeto do Código de Obrigações. Rio de Janeiro, 1964.

5.5. O Código Civil de 2002

O Código Civil de 2002 foi promulgado em ambiente dividido entre o entusiasmo de uma nova codificação civil e críticas – especialmente doutrinárias[32] – apontando seu envelhecimento precoce após quase três décadas de tramitação legislativa, bem como a insuficiência do modelo de um Código abrangente de todas as matérias do direito civil. Quanto ao envelhecimento, sustentava a crítica o fato de que nas décadas em que tramitou o projeto de Código, tanto alterações sociais quanto legislativas – caso da nova Constituição de 1988 ou de leis como o Estatuto da Criança e do Adolescente e o Código de Defesa do Consumidor – modificaram substancialmente a realidade, de modo que a vigência do novo Código poderia representar retrocesso no tratamento legislativo de uma série de matérias. Por outro lado, o prestígio granjeado pelo argumento de que se estava em uma era na qual os grandes códigos civis não se adaptariam mais à necessidade de disciplinar realidades complexas – papel a ser ocupado por leis especiais e estatutos específicos sobre determinadas matérias. Esta crítica, em verdade, dando conta de um "big bang legislativo"[33] ou da *era da descodificação* como tornou-se célebre o estudo de Natalino Irti, publicado no final da década de 1970, [34] duvidava da capacidade de um único Código Civil tratar de todas as matérias relevantes do direito privado.

Tais críticas foram respondidas, em especial pelo supervisor da Comissão responsável pelo anteprojeto original, Miguel Reale, e pelo responsável pela redação da Parte Geral, José Carlos Moreira Alves. Em resumo, quanto à crítica sobre o envelhecimento do seu conteúdo, lembrou-se que tanto na Câmara dos Deputados, quanto no Senado Federal, o texto original foi adaptado à nova ordem constitucional e aos avanços fundamentais observados em vários campos do direito civil, notadamente no direito de família. Ademais, o que não era objeto de razoável consenso na sociedade, não deveria ser matéria tratada pelo Código. Por outro lado, em relação à crítica de superação do modelo tradicional de Código Civil abrangente e universal, ponderou-se que isso não afastava sua utilidade e atualidade como legislação nuclear, central do direito privado, sem vocação para regulamentar exaustivamente os temas, mas apenas definir seus aspectos essenciais.[35]

---

[32] Gustavo Tepedino, Crise das fontes normativas e técnica legislativa na parte geral do Código Civil de 2002. In Gustavo Tepedino (Org.) A parte geral do novo Código Civil. Estudos na perspectiva civil-constitucional. Rio de Janeiro: Renovar, 2003, p. 15; Luiz Edson Fachin, Teoria crítica do direito civil. Rio de Janeiro: Renovar, 2003, p. 6. Antônio Junqueira de Azevedo, Insuficiências, deficiências e desatualização do Projeto de Código Civil na questão da boa-fé objetiva nos contratos. Revista dos Tribunais, v. 775, São Paulo: RT, maio/2000, p. 11-17.

[33] Ricardo Lorenzetti, Fundamentos de direito privado. São Paulo: RT, 1998, p. 60.

[34] Na gênese da ideia defendida por Irti, consta que "l'unità del diritto, garantita dalle norme costituzionali, si svolge nella pluralità dei micro-sistemi". Natalino Irti, L'età della decodificazione. 3ª ed. Milano: Giuffrè, 1989, p. 137 (a 1ª edição é de 1979).

[35] Assim, aliás, já ponderavam os responsáveis pelo anteprojeto desde o início de sua tramitação legislativa, conforme se vê das conferências de Miguel Reale, Clóvis do Couto e Silva e José Carlos Moreira Alves na Comissão Especial da Câmara dos Deputados criada para exame do Projeto 634/1975, presidida pelo Dep. Tancredo Neves. Neste sentido, veja-se: José Theodoro Mascarenhas Menck (Org.), Código Civil brasileiro no debate parlamentar. Elementos históricos da elaboração da Lei nº 10.406, de 2002, t. 1. Audiências Públicas e relatórios (1975-1983). Brasília: Câmara dos Deputados, 2012, em especial p. 61, 216 e 413. Atualmente, vê-se como superestimada a crítica mais abrangente sobre o papel dos códigos, cuja função de organização do sistema jurídico-normativo segue reconhecida. Neste sentido, veja-se: Julio Cesar Rivera, The scope and structure of civil codes. Relations with commercial law, family law, consumer law and private international law. A comparative approach. In: Julio Cesar Rivera (ed.) The scope and strucuture of civil codes. Dordrecht: Springer, 2013, p. 17.

Com a promulgação do Código Civil em 2002, com vigência a partir de 11 de janeiro de 2013, as críticas se dissiparam, sendo recebido pela comunidade jurídica como um importante capítulo da renovação e atualização do direito privado brasileiro. A estrutura do Código Civil se dividiu em Parte Geral e Parte Especial. Esta dividida em cinco livros, a saber: Livro I – Do direito das obrigações; Livro II – Do direito da empresa; Livro III – Do direito das coisas; Livro IV – Do direito de família; e Livro V – Do direito das sucessões. É relevante notar, em termos estruturais, a unificação que promove na disciplina das obrigações civis e empresariais. Neste caso, tanto a parte geral das obrigações e dos contratos, quanto os tipos contratuais compreenderam tanto contratos civis, quanto alguns contratos empresariais típicos (p. ex., agência e distribuição). Da mesma forma, realiza a disciplina das regras gerais de contratos socialmente reconhecidos, embora sem uma tipificação legal abrangente até então, caso do contrato de transporte. Note-se, contudo, que embora se afirme a unificação das obrigações civis e empresariais – aspiração de outras iniciativas de reforma da legislação que não obtiveram êxito ao longo da história – ela não retira ou limita a criatividade e dinamismo das atividades negociais em geral, como se percebe, dentre outras disposições, do que estabelece o art. 425 do Código Civil: "É lícito às partes estipular contratos atípicos, observadas as normas gerais fixadas neste Código."

Por outro lado, a introdução de um livro específico sobre o Direito da empresa propôs-se à disciplina de seus aspectos gerais, sem desconhecer o caráter fragmentário da legislação, que é preservado. No caso, a disciplina do direito da empresa apenas ocupou-se da definição da atividade empresarial, as condições para seu exercício, principais tipos societários, e o direitos e deveres de sócios e administradores (com exceção das Sociedades Anônimas, que por sua complexidade e importância permaneceram sendo disciplinadas por lei específica – Lei 6.404/1976).

Da mesma forma, orientou a comissão redatora, e se apresenta como característica do Código Civil, três diretrizes fundamentais: a socialidade, a eticidade e a operabilidade. A **socialidade** compreende a prevalência dos valores coletivos sobre os individuais, "com a necessária revisão os direitos e deveres dos cinco principais personagens do Direito privado tradicional: o proprietário, o contratante, o empresário, o pai de família e o testador".[36]

A **eticidade** revela-se pela referência a critérios éticos, tais como a equidade, a boa-fé e a justa causa. Ou em outros termos, frente à incompletude da norma jurídica, "o recurso a critérios ético-jurídicos que permita chegar-se à concreção jurídica, conferindo-se maior poder ao juiz para encontrar-se a solução mais justa ou equitativa".[37] Esta diretriz da eticidade também se projeta sobre a proteção do equilíbrio econômico dos contratos, e a ressignificação das relações familiares, de modo a apartar-se do formalismo técnico-jurídico próprio das codificações anteriores para valorizar a juridicização de comportamentos éticos, com base na dignidade da pessoa humana como fonte de todos os valores jurídicos.

Já a diretriz da **operabilidade** compreende a preocupação prática com a efetividade das soluções jurídicas estabelecidas na norma, resolvendo, ademais, dissensos teóricos em favor da utilidade das definições estabelecidas pelo Código. É o caso, por exemplo, da insegurança havida na distinção entre prescrição e decadência. Por outro lado, de modo a assegurar mais utilidade das regras estabelecidas, definiu o legislador adotar técnica de redação legislativa que previse normas abertas – sob a forma de cláusulas gerais – permitindo ao intérprete que promova sua interpretação evolutiva, atualizando seu significado e alcance em face das características do caso concreto. Assim, por exemplo, as noções de "boa-fé", "bons costumes", "fins econômicos ou sociais", "desproporção manifesta", "inexperiência", "diligência habitual", entre

---

[36] Miguel Reale, O projeto do novo Código Civil. São Paulo: Saraiva, 1997, p. 7.
[37] Miguel Reale, O projeto do novo Código Civil. São Paulo: Saraiva, 1997, p. 8.

outras expressões constantes na lei, se traduzem como signos cujo significado será concretizado em acordo com as circunstâncias específicas do caso, e atualizadas conforme a compreensão do seu tempo. Repele-se, nestes casos, a abstração dos conceitos, estimando-se sua interpretação e concreção em vista de uma situação da realidade vivida.

Em relação ao conteúdo normativo, observe-se a disciplina de uma série de matérias que não encontravam tratamento próprio no Código Civil anterior. Assim, por exemplo, em relação à Parte Geral do Código Civil, pode-se referir a disciplina dos direitos da personalidade e da desconsideração da personalidade jurídica, bem como a previsão expressa do abuso do direito como ato ilícito e dos danos extrapatrimoniais. Da mesma forma, é de registrar a atualização e aperfeiçoamento de normas havidas na codificação anterior, como o critério de idade para aquisição de capacidade plena, de 21 para 18 anos; a disciplina especial da ausência; um regramento mais detalhado em relação à pessoa jurídica e suas várias espécies; uma disciplina dos fenômenos jurídicos a partir do negócio jurídico, com a definição clara dos seus vários defeitos de constituição válida; uma melhor distinção entre seus planos da validade e eficácia; a disciplina das pertenças em relação aos bens; e a redução dos prazos prescricionais para extinção das várias pretensões.

Todavia, como se percebe, o lugar do Código Civil no século XXI não é mais aquele que lhe pertencia na formação clássica do direito civil. Da era das codificações surgiu a noção de Código Civil com sua vocação universal e abrangente, pretendendo tratar exaustivamente as matérias de direito privado. Daí fazer-se menção a um sistema fechado, autossuficiente, cujas normas expressam todo o conteúdo do que se entende como sendo o jurídico.

A visão contemporânea sobre o papel do Código Civil é substancialmente outra. Não mais como expressão de todo o direito privado, mas como elemento central do sistema do direito privado, em torno do qual orbitam outras leis especiais (tais como estatutos, outros códigos e leis especiais). Deste conjunto forma-se o direito privado. Todavia, o papel de centro do sistema jurídico não pertence mais ao Código Civil ou a qualquer outra lei. O desenvolvimento da noção contemporânea do Estado de Direito colocou a Constituição da República, em especial por suas normas institucionais e os direitos e garantias que expressa, como centro e cume do sistema jurídico. É da Constituição que se irradiam efeitos definidores das características essenciais do sistema jurídico, inclusive do direito civil.

Capítulo III
O DIREITO CIVIL E OS DIREITOS FUNDAMENTAIS

1. A UNIVERSALIZAÇÃO DOS DIREITOS HUMANOS E SUA REPERCUSSÃO NO DIREITO PRIVADO

O desenvolvimento do direito civil ao longo do tempo ocupou-se, sobretudo, da proteção dos aspectos patrimoniais da vida cotidiana. Nesta perspectiva desenvolveram-se institutos como os contratos, a responsabilidade civil, a propriedade e das sucessões. Mesmo no direito de família, em que se destacam interesses existenciais nas relações familiares, mais importância se deu aos aspectos patrimoniais do casamento e as decorrentes do parentesco (para efeito de sucessão). Apenas a partir do segundo pós-guerra (1945) é que se opera a transição da ênfase ao patrimônio para a valorização da pessoa humana e tutela de interesses que se lhe reconheçam a partir de então, como tônica do direito privado contemporâneo. As razões para esta transição do patrimônio à pessoa encontram-se na inflexão que o Direito como um todo obrigou-se a fazer a partir das evidentes dificuldades de enquadramento jurídico dos crimes encetados pelo nacional-socialismo alemão – em especial a eliminação física de pessoas – sob o fundamento de que tal procedimento regulava-se segundo o direito do tempo em que praticados os atos – o que os tornaria lícitos e insuscetíveis de sanção. A partir de então opera-se a revalorização ética do Direito, que tem seu marco na promulgação de uma segunda Declaração Universal dos Direitos Humanos (1948), assentada no protagonismo da dignidade da pessoa humana. Na lição reconhecida de Radbruch, "uma consideração do direito cega aos valores é inadmissível (...) Se o direito se reduzisse ao imperativo da força coercitiva da sociedade, os atentados à dignidade humana praticados nos campos de concentração seriam juridicamente inatacáveis."[1]

As declarações de direitos humanos ao longo da história apresentam duas marcadas características. De um lado – não sendo acompanhadas de meios que determinem o caráter cogente de suas disposições – são observadas como uma declaração solene sobre as bases jurídica e política da vida comunitária. Não são, assim, invocadas como fonte legislativa para o estabelecimento de direitos e garantias. O exemplo mencionado por H. Lauterpach é o da *Declaração Universal dos Direitos do Homem e do Cidadão* francesa, de 1789. Embora não fosse invocada como fonte formal de direito, sua importância se fez notar em inúmeros momentos do desenvolvimento jurídico da França[2], desde as concepções adotadas pelo Código Civil de 1804, até sua influência no desenvolvimento jurisprudencial do direito francês.

---

[1] Apud André Franco Montoro, Cultura dos direitos humanos. *Cinqüenta anos da Declaração Universal dos Direitos Humanos.* Série Pesquisas, n. 11. Rio de Janeiro: Fundação Konrad Adenauer, 1998, p. 1-10.

[2] Jean Rivero, Les garanties constitutionelles des droits de l'homme en droit français. *Revue internationale de droit comparé*, nº 1. Paris: Librairies Techniques, janvier-mars/1977, p. 9-23. Salienta o autor que, embora sede da Declaração Universal dos Direitos do Homem e do Cidadão de 1789, o desenvolvimento de texto e procedimento de proteção dos direitos humanos na França é um fenômeno bastante recente, a partir da Constituição de 1958 e a criação por esta, de um Conselho Constitucional. No mesmo sentido

Há hipóteses em que a declaração de direitos, em razão da organização jurídico-política de um determinado país, ou do lugar que ocupa no ordenamento, determina-lhe um grau de coerção específico. O exemplo mais célebre é o dos Estados Unidos da América, em que os direitos humanos garantidos na Constituição fazem com que sejam, na exata consideração de Lauterpach, "the supreme law of the land".[3]

Observando estes aspectos distintos das declarações de direitos, sobretudo em relação à sua eficácia, Lauterpach propunha, em 1947, que uma declaração internacional de direitos humanos (*International Bill of the Rights of Man*) deveria atender a dois propósitos específicos. Primeiro, a função de esclarecer e definir quais os direitos e liberdades fundamentais a Organização das Nações Unidas, na qualidade de fórum da comunidade internacional, reconheceria como aqueles cuja observação e promoção deve ser propugnada pelos seus Estados-membros. Contudo, a simples menção dos direitos e liberdades não determina, por si, de modo automático, o conteúdo específico destas prerrogativas. A especialização do seu conteúdo dá origem a uma série de direitos especiais como, por exemplo, o direito ao regime político democrático, os direitos sociais e econômicos em geral, o direito à identidade cultural das minorias, à igualdade sexual, e diversos outros.[4]

A *Declaração Universal dos Direitos Humanos de 1948* é vislumbrada de distintos modos pelos países, defendendo alguns o caráter intrínseco de sua obrigatoriedade e outros sua natureza de mera recomendação – cujo respeito pelos Estados não afasta as prerrogativas das jurisdições regionais. Contudo, o aspecto realmente distintivo deste documento será o caráter comum dos princípios e fórmulas adotados.[5] De outra parte, questão da maior relevância incorporada pela Declaração será o reconhecimento dos direitos econômicos e sociais com *status* de direitos humanos, reconhecendo – ainda que de modo implícito – a interdependência entre as diferentes garantias do documento.[6]

Porém, talvez o aspecto mais importante da Declaração de 1948, que assume um caráter renovador da proteção dos direitos humanos, será o reconhecimento do indivíduo como sujeito de direitos no plano internacional. Neste sentido, alcança à proteção dos direitos humanos individuais a possibilidade de recurso além das jurisdições domésticas. A noção de universalidade da pessoa humana, neste aspecto, acaba por propor um novo paradigma à cultura jurídica dos países signatários, influenciando de resto, em diferentes graus, toda a comunidade internacional.

Esta nova visão sobre o Direito e a centralidade dos direitos humanos causa impacto, inicialmente, no direito constitucional, a partir do denominado constitucionalismo de valores que vai operar profundas transformações no próprio modelo de Constituição e o incremento dos direitos fundamentais que passam a ser assegurados. E é por força desta mudança na Constituição, que passa a ocupar um lugar central no sistema jurídico, a partir do qual se arti-

---

P. Fraissex, Protection de la dignité de la personne et de l'espèce humaines dans le domaine de la biomédecine: L'exemple de la Convention d'Oviedo". *Revue internationale de droit comparé*, n°2. Paris: Librairie Technique, avril-juin/2000, em especial p. 378 et seq.

[3] H. Lauterpach, The international protection of human rights. *Recueil des Cours de L'Academie de Droit International de la Haye*, v.70, 1947, I, p. 77. Para os efeitos da declaração de direitos no sistema de *common law* norte-americano, Harry Blackmun, La Cour Suprême des États Unis et les droits de l'homme. *Revue internationale de droit comparé*, n° 2, avril-juin/1980, p. 303-315.

[4] H. Lauterpach, The international protection of human rights, p. 79.

[5] Nicolas Valticos, La notion des droits de l'homme en droit international. *Le droit international au service de la paix, de la justice et du développement*. Paris: Pedone, 1991, p. 483 et seq.

[6] René Cassin, Les droits de l'homme. *Recueil des Cours de L'Academie de Droit International de la Haye*, t. 140, IV, 1974.

culam os demais Códigos e Leis, passa-se a observar uma influência das normas e princípios constitucionais sobre diversas relações jurídicas disciplinadas em nível infraconstitucional, inclusive as relações de direito privado.

A redescoberta dos direitos humanos acentua o protagonismo que a proteção da pessoa humana assume na própria compreensão do que seja Direito.[7] É capítulo recente de uma longa evolução, de modo que "pelo menos desde o início da era moderna, através da difusão das doutrinas jusnaturalistas, primeiro, e das Declarações dos Direitos do Homem, incluídas nas Constituições dos Estados liberais, depois, o problema acompanha o nascimento, o desenvolvimento, a afirmação, numa parte cada vez mais ampla do mundo, do Estado de Direito. Mas é também verdade que somente depois da Segunda Guerra Mundial é que esse problema passou do plano nacional para o internacional, envolvendo, pela primeira vez na história – todos os povos".[8]

A compreensão do tema dos direitos humanos pode assumir as mais diversas perspectivas, dentre as quais a filosófica, histórica, ética, jurídica e política.[9] Em termos jurídicos, o reconhecimento dos direitos humanos e sua eficácia dependem não apenas de uma norma que os declare, senão de providências normativas e de iniciativas públicas que determinem a necessidade de sua proteção, mas também quais os direitos são considerados direitos humanos, e de que modo serão protegidos.

É aí que a partir do constitucionalismo de valores da segunda metade do século XX, a dignidade da pessoa humana apresenta-se como um novo paradigma de caráter principiológico, incorporado pelos ordenamentos jurídicos dos Estados democráticos. O significado de dignidade da pessoa, segundo definição doutrinária, pode ser definido como a "qualidade intrínseca e distintiva de cada ser humano que o faz merecedor do mesmo respeito por parte do Estado e da comunidade, implicando neste sentido, um complexo de direitos e deveres fundamentais, que assegurem a pessoa tanto contra todo e qualquer ato de cunho degradante e desumano, como venham a lhe garantir condições existenciais mínimas para uma vida saudável, além de propiciar e promove sua participação ativa e co-responsável nos destinos da própria existência e da vida em comunhão com os demais seres humanos."[10]

Na Constituição brasileira, seu art. 1º, III, elege o princípio da dignidade da pessoa humana como um dos fundamentos do Estado democrático de direito. Daí sua compreensão a partir de um sentido comum, como prerrogativa de todo ser humano ser respeitado como pessoa, não sendo prejudicado em sua existência e fruindo de um âmbito existencial próprio[11]. Revela, assim, em uma dimensão, a eficácia de proteção da pessoa quanto à violação de sua integridade psicofísica; em outra produz como efeito a promoção e incentivo ao livre desenvolvimento da personalidade –na exata medida em que a atuação da pessoa não cause dano a outrem. O livre desenvolvimento da personalidade – desenvolvido, sobretudo, no direito alemão a partir do art. 2º da Lei Fundamental, compreende um direito reconhecido a cada indivíduo de desenvolver livremente sua personalidade dentro de certos limites.[12]

---

[7] Karl Larenz, *Derecho justo. Fundamentos de ética jurídica*. Madrid: Civitas, 1985.
[8] Norberto Bobbio, *A era dos direitos*. 11ª ed. São Paulo: Campus, 1992, p. 49.
[9] Norberto Bobbio, *A era dos direitos*, p. 50.
[10] Ingo Wolfgang Sarlet, *Dignidade da pessoa humana e direitos fundamentais na Constituição Federal de 1988*. Porto Alegre: Livraria do Advogado, 2001, p. 60.
[11] Karl Larenz, *Derecho civil. Parte general*. Trad. Miguel Izquierdo y Macías-Picavea. Madrid: Editorial Revista de Derecho Privado, 1978, p. 46.
[12] Karl Larenz, *Derecho civil. Parte general*, p. 97.

Neste particular, da imbricação entre a proteção da pessoa pelas normas constitucionais – em especial por intermédio da proteção dos direitos fundamentais – e sua incidência sobre relações e direito privado, se estabelece novas relações entre a legislação civil – notadamente o Código Civil – e a Constituição.

2. A DEFINIÇÃO JURÍDICA DE PESSOA HUMANA E SUA PROTEÇÃO PELO DIREITO PRIVADO

O reconhecimento do conceito de pessoa e de sua proteção pelo Direito percorre parte significativa de sua evolução histórica. A construção jurídica do conceito de pessoa, e sua identificação com os seres humanos em um primeiro momento, resulta da reflexão filosófica atribuída aos pensadores cristãos (sobretudo São Tomás de Aquino),[13] passando adiante pela associação entre a noção de humanidade com a de racionalidade, de modo a ser considerado como tal, a certa altura, apenas o homem racional.[14]

A construção do conceito jurídico de pessoa tal qual ele se apresenta no direito atualmente, de que todos os seres humanos são pessoas, e que, portanto, são titulares de direitos subjetivos e demais projeções do Direito, resulta, sobretudo, de legado do humanismo jurídico e do jusracionalismo, e a partir do século XVIII, nas declarações de direitos.

A noção de pessoa e personalidade no seu sentido moderno e visando à proteção de seus atributos fundamentais, era desconhecida no direito romano. Embora a origem etimológica do termo venha da expressão latina *persona*,[15] seu significado será substancialmente transformado ao longo da história do direito. A *persona* no direito romano reconhecia qualquer ser humano – inclusive o escravo – embora no período tardio o termo vá ser utilizado para designação, apenas, das pessoas livres.[16] Em consideração à *persona* então, coordenavam-se os diversos *status*, cuja mera associação com o conceito moderno de capacidade jurídica é incorreto,[17] à medida que determinava antes de uma potencialidade de ação humana, a situação jurídica do indivíduo, nos três eixos de relações fundamentais da sociedade romana, a saber: as relações de liberdade e autodeterminação (*status libertatis*), de participação política (*status civitatis*) e familiares (*status familiae*).

O conceito de *persona* – frise-se – antes de caracterizar o direito romano como um sistema de marca individualista, exprime uma dimensão social determinada,[18] não desconhecendo, contudo, a importância da liberdade individual na concepção dos seus diversos institutos de direito privado.[19] A experiência jurídica romana não era reativa a valores de eticidade social. O modo como se regulou a escravidão demonstra bem isso. Desde a Lei das XII Tábuas, previu--se multa pecuniária específica a quem cometesse determinadas espécies de lesões corporais a escravos, bem como o progresso econômico e social do Império determinou a ascensão da

---

[13] Hans Hattenhauer, *Conceptos fundamentales*..., p. 14.
[14] Hans Hattenhauer, *Conceptos fundamentales*..., p. 15.
[15] Michel Villey, *Direito Romano*. Porto: Res, p. 91-92.
[16] Max Kaser; Rolf Knütel, *Römisches Privatrecht*. 20. Auflage. München: Verlag C.H.Beck, 2014, p. 89.
[17] Max Kaser; Rolf Knütel, *Römisches Privatrecht*. 20. Auflage. München: Verlag C.H.Beck, 2014, p. 89-90.
[18] Francisco Amaral, Individualismo e universalismo no direito civil brasileiro: permanência ou superação dos paradigmas romanos? *Revista de Direito Civil, Imobiliário, Agrário e Empresarial*, São Paulo, n. 71, p. 69:86, jan./mar. 1995.
[19] Francesco De Martino, *Individualismo e diritto privato romano*. Torino: G.Giappichelli Editore, 1999, p. 3 et seq.

categoria de escravos a condições de vida bastante aproximadas dos homens livres, sendo em seguida – sob influência direta do cristianismo – abolida a escravidão.[20]

Contudo, o mais próximo que se encontra no direito romano clássico em relação à proteção do que mais tarde serão conhecidos como direitos da personalidade são as *actiones* visando responder a um agravo a honra e credibilidade social do cidadão romano – a *actio iniuriarum* – em que a *poena* como sanção privada imposta ao ofensor, assemelhava-se à atual indenização por danos morais, e a *actio de sepulchro violato*, como resposta à violação de sepultura dos mortos.[21]

A derrocada do Império e, posteriormente, a recepção medieval do direito romano justinianeu, determinaram à experiência jurídica romana – como é sabido – o notável papel de paradigma de todo um sistema jurídico ocidental, marcando o direito, definitivamente, como um fenômeno histórico e cultural. Sua interpretação pelos glosadores e pós-glosadores, adiante seguidos pelos diversos intérpretes dos textos do *Corpus Iuris*, dá conta de uma profunda reflexão sobre o conteúdo do direito e de quem seja a pessoa como sujeito de direitos não apenas por parte dos juristas, senão também pelos filósofos. Esta experiência baseia-se em um novo paradigma de racionalidade[22] passando-se a considerar o significado da pessoa. A personalidade como conceito jurídico tem como seu antecedente necessário o conceito de direito subjetivo. Daí resulta a dissociação entre a noção de *ius* em seu sentido objetivo, como expressão do justo (*ius ars aequi et boni*), para seu reconhecimento como expressão do poder da vontade individual.[23]

Com a modernidade, cada vez mais associam-se as noções de pessoa e personalidade à noção de humanidade: são pessoas os seres humanos.[24] Esse novo homem moderno, concebido pelo jusracionalismo profano, também deixa de ser vislumbrado como obra divina e eterna de Deus, para ser percebido como um ser natural, que se submeterá não mais a um direito de fonte divina, senão ao direito emergente da própria natureza, retornando-se à distinção entre *ius naturale* e *ius civile* da tradição clássica.[25]

No âmbito filosófico reside a influência decisiva de Immanuel Kant, ao reconhecer na pessoa um sujeito de direito, dotado de capacidade, entendida esta como a faculdade do homem de ser responsável por sua conduta.[26] Afirma: "o homem não é uma coisa; não é, portanto, um objeto passível de ser utilizado como simples meio, mas, pelo contrário, deve sempre ser

---

[20] Max Kaser; Rolf Knütel, *Römisches Privatrecht*. 20. Auflage. München: Verlag C.H.Beck, 2014, p. 97 e ss; A. Santos Justo, A situação jurídica dos escravos em Roma. *Boletim da Faculdade de Direito da Universidade de Coimbra*, Coimbra, v. 59, 1983, p. 133 et seq.

[21] Max Kaser; Rolf Knütel, *Römisches Privatrecht*. 20. Auflage. München: Verlag C.H.Beck, 2014, p. 295-296; Jean Gaudemet, Emmannuelle Chevreau, Droit privé romain. 3ª ed. Paris: Montchrestien, 2009, p. 278.

[22] Ensina a respeito, Francisco Amaral, ao distinguir no direito ocidental de matriz romano-canônica as tendências de historicidade e racionalidade. O direito como prática social construída a partir da experiência histórica (historicidade), mas ao mesmo tempo vitimado pela tendência dos juristas de elaboração de princípios cada vez mais afastados "do quotidiano e do contingente" (racionalidade). Francisco Amaral, Historicidade e racionalidade na construção do direito brasileiro. *Revista brasileira de direito comparado*, Rio de Janeiro, n. 20, p. 29:87, 2002. O reconhecimento destas tendências – historicidade e racionalidade – são úteis desde agora para a perceber a transformação do significado de pessoa e personalidade desde a primitiva persona romana como se procura demonstrar adiante.

[23] Michel Villey, *Leçons d'histoire de la philosophie du droit*. 2ª ed. Paris: Dalloz, 1962, p. 221 et seq.

[24] José Manuel Lete del Rio, *Derecho de la persona*. 4ª ed. Madrid: Tecnos, p. 25.

[25] Franz Wieacker, *História do direito privado moderno*, p. 298; Paul Koschaker, *Europa y el derecho romano*, p. 356.

[26] Hans Hatenhauer, *Conceptos fundamentales...*, p. 18-19.

considerado, em todas as suas ações, como fim em si mesmo".[27] A compreensão kantiana da pessoa como fim e detentora de dignidade, estará no centro da compreensão atual da proteção da pessoa como finalidade do direito e, por isso, centro do ordenamento jurídico atual.[28]

É esta noção de intangibilidade da pessoa, e seu reconhecimento jurídico por intermédio da proteção dos direitos humanos, que repercute no direito privado, dando causa ao que se reconhece como a *personalização do direito civil*,[29] marcado pela maior vinculação entre o direito privado e a Constituição.

3. CONSTITUIÇÃO E DIREITO CIVIL

No direito brasileiro, a promulgação da Constituição da República de 1988 é tomada como marco da proteção jurídico-constitucional da pessoa humana, a partir da noção de dignidade da pessoa humana (art. 1º, III), e dos direitos fundamentais reconhecidos a todos. Deste modo, revela-se a dignidade da pessoa humana, igualmente, como elo principal de aproximação entre o direito público e o direito privado. Daí a identificação desta circunstância como *publicização do direito privado*, ou *constitucionalização do direito civil* – entendimento de grande prestígio no direito brasileiro, a partir da influência de outros sistemas jurídicos. Registre-se, neste particular, no direito italiano, o entendimento de Pietro Perlingieri, para quem a tutela da pessoa deve ser compreendida como espécie de cláusula geral de ordem pública constitucional.[30] Ou na lição de grande divulgação no Brasil, de Ludwig Raiser, para quem o futuro do direito privado estaria na proteção da humanidade da pessoa.[31]

A repercussão prática desta compreensão definirá que a proteção da pessoa humana ultrapasse as fronteiras do direito público, província a que estavam adstritos os direitos do homem desde sua origem contemporânea – na época das declarações de direitos. Converte-se, deste modo, em critério fundamental para a interpretação e aplicação de todo o ordenamento jurídico, tomando o princípio da dignidade da pessoa humana como valor objetivo.[32]

No direito brasileiro, ensina a doutrina, no tocante ao caráter central da pessoa humana no ordenamento jurídico, que sua tutela integrada pelo direito público e o direito privado revela-se como expressão do projeto constitucional em vigor, da dignidade da pessoa humana.[33] Aponta-se divergência, se as relações entre o direito civil e a Constituição revelam a *constitucionalização do direito civil*,[34] ou a *civilização do direito constitucional*,[35] estando em

---

[27] Immanuel Kant, *Fundamentação da metafísica dos costumes*. Trad. Paulo Quintela. Lisboa: Edições 70, 2007, p. 46.

[28] René Savatier, *Les metamorphoses economiques et sociales du droit prive d'aujourd' hui. L'universalisme renouvelé des disciplines juridiques*. Paris: Dalloz, 1959, p. 5.

[29] Francisco Amaral. Direito civil. Introdução. Rio de Janeiro: Renovar, p. 202.

[30] Pietro Perlingieri, *Il diritto civile nella legalitá constituzionale*. Napoli: Edizione Scientifiche Italiane, 1991, p. 325-326.

[31] Ludwig Raiser, O futuro do direito privado. *Revista da Procuradoria-Geral do Estado*, Porto Alegre, v. 25, n. 9, 1979, p. 11-30.

[32] Pietro Perlingieri, *La personalità umana nell'ordinamento giuridico*. Camerino: Jovene, 1972, p. 15.

[33] Maria Celina Bodin de Moraes, A caminho de um direito civil constitucional. *Revista de Direito Civil*, São Paulo, v. 65, jul./set. 1993. Gustavo Tepedino, A tutela da personalidade no ordenamento civil-constitucional brasileiro. *Temas de direito civil*. Rio de Janeiro: Renovar, 1999, p. 44-46.

[34] Veja-se, por todos, Gustavo Tepedino, "Premissas metodológicas para a constitucionalização do direito civil"; e "Direitos humanos e relações jurídicas privadas", capítulos do seu Gustavo Tepedino, *Temas de direito civil*. Rio de Janeiro: Renovar, 1999. p. 23 e ss.

[35] Francisco Amaral. Direito civil. Introdução, p. 203.

causa qual disciplina predominante. Ou ainda, a crítica à locução *direito civil constitucional*, sob o argumento da impossibilidade de sua antítese (um direito civil inconstitucional). Põe-se em causa, igualmente, a própria autonomia do direito civil em relação ao direito público (em especial ao direito constitucional), de modo a reconhecer-se que a utilização de elementos extrassistemáticos (exteriores ao direito privado), assim como da própria Constituição, não deve ser confundido com uma submissão ou integração dogmática ao direito constitucional.[36] Dado inequívoco, entretanto, é a influência e eficácia das normas constitucionais sobre as relações de direito privado.

Os institutos principais do direito civil têm, atualmente, assento constitucional. Assim, por exemplo, em relação à família, refere o art. 226 da Constituição da República sua proteção especial, além da igualdade de direitos entre os cônjuges na sociedade conjugal e o reconhecimento da união estável, e o divórcio, dentre outros aspectos; da mesma forma, em relação à criança e ao adolescente, dispõe o art. 227 da mesma Constituição, que seus direitos deverão ser assegurados com absoluta prioridade. Em relação à propriedade, o art. 5º, incisos XXII e XXIII, referem: "é garantido o direito de propriedade" e "a propriedade atenderá a sua função social", o que se reproduz no art. 170, incisos I e II, como princípios da ordem constitucional econômica; igualmente, os arts. 182 e 186 definem o conteúdo da função social da propriedade imobiliária urbana e rural. Sobre os contratos, o regime de livre iniciativa assegurado pela Constituição (art. 170, *caput*), é protegido em relação à incidência de leis posteriores (art. 5º, XXXVI), delimitado pelo mandamento constitucional de proteção do consumidor na forma da lei (art. 5º, XXXII), inclusive com determinação de elaboração de um Código específico de proteção do consumidor (art. 48, do Ato das Disposições Constitucionais Transitórias).

Da mesma forma, normas constitucionais de conteúdo amplo incidem sobre as relações jurídicas de direito privado, com eficácia jurídica própria. Assim, por exemplo, dentre outros, os fundamentos do Estado, como é o caso da dignidade da pessoa humana, dos valores sociais do trabalho e da livre iniciativa e do pluralismo político (art. 1º, III a V); e os direitos fundamentais, como a igualdade perante a lei (art. 5º, *caput* e inciso I); a inviolabilidade da vida, liberdade, igualdade, segurança e propriedade (art. 5º, *caput*); a liberdade de manifestação do pensamento (art. 5º, IV) e de expressão sob todas as formas (art. 5º, IX); o reconhecimento da indenizabilidade do dano patrimonial e extrapatrimonial (art. 5º, V); a liberdade de consciência e crença (art. 5º, VI); a inviolabilidade da vida privada, intimidade, honra e imagem da pessoa, e o direito à indenização em caso de violação (art. 5º, X); o direito de acesso à informação (art. 5º, XIV); a liberdade de associação (art. 5º, XVII); os direitos de autor (art. 5º, XXVII); e o direito à herança (art. 5º, XXX).

Neste âmbito, duas são as teorias prevalentes, sob influência do direito alemão, acerca dos efeitos dos direitos fundamentais às relações privadas. No direito alemão o desenvolvimento desta eficácia, que se diz perante terceiros (que não o titular do direito assegurado e o Estado), revela-se segunda a expressão conhecida **Drittwirkung** (eficácia perante terceiros). O modo como se produz a eficácia das normas constitucionais é que difere. Distingue-se entre **eficácia direta** (*Unmittelbare Drittwirkung der Grundrechte*) e a **eficácia indireta** (*Mittelbare Drittwir-*

---

[36] Otávio Luiz Rodrigues Júnior, em tese de livre docência, denomina "fatores de correção" que se podem até recorrer à Constituição para controle de validez de normas e atos, em especial por intermédio da eficácia indireta dos direitos fundamentais, porém sem que implique na perda de autonomia do direito privado. Otávio Luiz Rodrigues Júnior, Direito civil contemporâneo: estatuto epistemológico, Constituição e direitos fundamentais. 2ª ed. São Paulo: Forense Universitária, 2019, p. 353-354.

kung). A **eficácia direta** foi sustentada originalmente por Hans Karl Nipperdey,[37] e posteriormente por Walter Leisner,[38] sob o argumento de que os direitos fundamentais se caracterizam como ordenadores da vida social, em face da unidade do ordenamento jurídico, e em razão disso devem produzir efeitos diretamente, não apenas nas relações entre o indivíduo e o Estado, mas também nas relações entre particulares, vinculando sua atuação.[39]

Já a **eficácia indireta**, cuja contribuição original é reconhecida a Günter Dürig,[40] foi também objeto de reflexão anterior de autores como Herbert Krüger, em 1949, sobre a eficácia dos direitos fundamentais na concreção e preenchimento de significado das normas de direito privado caracterizadas como cláusulas gerais: "Para o direito civil a Constituição é a fonte mais importante para o preenchimento dos conceitos havidos nas cláusulas gerais".[41] Da mesma forma sustenta o estudo de Walter Jellinek, específico sobre a eficácia dos direitos fundamentais no preenchimento da cláusula de bons costumes, presente no Código Civil alemão (§138), como limite ao exercício da autonomia privada.[42] Refira-se, também, mais recentemente, a contribuição de Konrad Hesse,[43] e Claus Wilhelm Canaris,[44] cujos estudos sobre o tema, traduzidos para o espanhol[45] e o português,[46] respectivamente, gozam de grande prestígio no direito brasileiro.

Segundo a teoria da eficácia indireta, compete ao legislador e ao intérprete traduzir o conteúdo dos direitos fundamentais para sua aplicação e concretização nas relações de direito

---

[37] Hans Carl Nipperdey, Die Würde des Menschen. In: Karl Betterman; Franz Neumann; Hans Carl Nipperdey; Ulrich Scheuner (Hrsg.) Die Grundrechte. Handbuch der Theorie und Praxis der Grundrechte, v. 2. Berlin: Duncker und Humblot, 1954, p. 1 e ss. Adiante, no texto de divulgação: Hans Carl Nipperdey, Grundrechte und Privatrecht. Krefeld: Scherpe, 1961. Na literatura contemporânea discutindo a concepção do jurista, Thorsten Hollstein, Die Verfassung als "Allgemeiner Teil": Privatrechtsmethode und Privatrechtskonzeption bei Hans Carl Nipperdey (1895 – 1968). Tübingen: Mohr Siebeck, 2006.

[38] Walter Leisner, Grundrechte und Privatrecht. München: C.H.Beck, 1960, p. 1 e ss.

[39] No direito italiano, Pietro Perlingieri, Il diritto civile nella legalitá constituzionale, cit.; no direito espanhol, Juan María Bilbao Ubillos, La eficacia de los derechos fundamentales frente a particulares. Análisis de la jurisprudencia del Tribunal Constitucional. Madrid: Centro de Estudios Constitucionales, 1997, p. 325. No direito argentino refere Ricardo Lorenzetti, as normas constitucionais se aplicam às relações de direito privado "modificando o 'espírito informador do direito', alterando seus princípios gerais'. Trata-se de fontes que resultam das normas fundantes da comunidade, relativas ao seu modo de organização. Neste sentido, o restante do sistema jurídico é 'sistema constitucional aplicado', posto que nele é detectado o projeto de vida em comum que a Constituição tenta impor, bem como representam os valores sociais de vigência efetiva": Ricardo Lorenzetti, *Teoria da decisão judicial. Fundamentos de direito*. Trad. Bruno Miragem. São Paulo: Ed. RT, 2010. p. 83-84. No direito brasileiro, Ingo Wolfgang Sarlet, Direitos fundamentais e direito privado: algumas considerações em torno da vinculação dos particulares aos direitos fundamentais. In: Ingo Wolfgang Sarlet (Org.). A Constituição concretizada: construindo as pontes com o público e o privado. Porto Alegre: Livraria do Advogado, 2000. p. 107-163.

[40] Günter Dürig, Grundrechte und Zivilrechtsprechung. In: Theodor Maunz (Hrsg.) Vom Bonner Grundgesetz zur gesamtdeutschen Verfassung – Fest zum 75. Geburtstag von Hans Nawiasky. München: Isar, 1956, p. 157 e ss.

[41] "Für da Zivilrecht ist die Verfassung die vornehmste Quelle, aus der es seine wertausfüllungsbedürftigen Begriffe und Generalklauseln ausfüllen hat", Herbert Krüger, Die Verfassungen in der Zivilrechtsprechung, Neue Juristische Wochenschrift, 2, n. 5. München: C.H.Beck, 1949, p. 163-166.

[42] Walter Jellinek, Die Entlohnung der Frau und Artikel 3 Absatz 2 des Grundsgesetzes. Betriebsberater, Heidelberg, 1950, p. 425-427.

[43] Konrad Hesse, Verfassungsrecht und Privatrecht. Heidelberg: C.F. Müller, 1988.

[44] Claus-Wilhelm Canaris. Grundrechte und Privatrecht. Eine Zwischenbilanz. Berlin: De Gruyter, 1999.

[45] Konrad Hesse, Derecho constitucional y derecho privado. Trad. Ignacio Gutierrez. Madrid: Civitas, 1995.

[46] Claus-Wilhelm Canaris, Direitos fundamentais e direito privado. Trad. Ingo Wolfgang Sarlet. Coimbra: Almedina, 2003.

privado. Neste sentido, tanto a conformação legislativa – na produção das leis – quanto o intérprete, em especial na precisão do significado da norma, ou ainda na concreção de conceitos jurídicos indeterminados, mediante a atribuição de significado, estarão vinculados a realização dos direitos fundamentais. Isso traduzirá, de um lado, uma *direção* ao legislador e ao intérprete da norma (ao juiz cumpre interpretar a normas conforme a Constituição); de outro, uma *limitação*, considerando que do sentido da aplicação do direito infraconstitucional não apenas fica vedada a contradição com o conteúdo dos direitos fundamentais como, igualmente, deve promover sua realização concreta nas relações entre particulares.

Não se deve perder de vista, contudo, a repercussão de um efeito recíproco entre os direitos fundamentais e as normas de direito privado, o que foi bem identificado sob a chamada **teoria do efeito recíproco** (*Wechselwirkungstheorie*), segundo a qual, respeitada a função própria das normas constitucionais e das normas de direito privado, é reconhecida a possibilidade de influência mútua entre elas.[47] Assim, por exemplo, o que se considere propriedade, contrato ou dano, para efeito de interpretação do texto constitucional, dependerá do significado construído no âmbito da historicidade dos conceitos, segundo a tradição do direito privado. Por outro lado, institutos de direito civil podem ser afetados no seu significado original, a partir da influência das normas constitucionais, conforme se percebe, por exemplo, mais recentemente, no âmbito do direito de família.

4. O DIREITO CIVIL E OS NOVOS DIREITOS

A par da evolução do direito civil, as exigências sociais reclamaram o reconhecimento de situações e sua diferenciação em relação à disciplina generalizante própria da técnica jurídica (generalidade e abstração), de modo a contemplar de modo mais específico e certos interesses considerados valiosos à comunidade, conferindo-lhes efetiva tutela. O reconhecimento destas situações, que observam diferentes trajetórias nos vários sistemas jurídicos, no direito brasileiro tem como marco a Constituição de 1988. Deste modo, marca a Constituição de 1988 o reconhecimento do consumidor e de disciplina própria das relações jurídicas de que é parte, o *direito do consumidor*. Igualmente, em relação aos interesses da criança e do adolescente, e sua tutela, dá origem ao desenvolvimento de um *direito da criança e do adolescente*. O mesmo se verifica em relação ao meio ambiente, cujo longo desenvolvimento de normas de proteção ambiental afirmam o desenvolvimento do *direito ambiental*. Mais recentemente, sempre a partir da Constituição, organiza-se mediante legislação própria, o *direito do idoso*, o *direito das pessoas com deficiência*, dentre outros. Estas várias situações que passam a ser disciplinadas de modo especial pelo Direito, por intermédio de leis e estatutos próprios que lhe dão conteúdo jurídico, tem em sua formalização no quadro normativo, o fundamento da sua definição como *novos direitos*.

Os *novos direitos*, de um modo geral, observam uma disciplina transversal, abrangente de normas características, dentre outras, do direito privado e público, direito processual, administrativo e penal, sempre sob o marco da Constituição. Em relação às normas especiais relativas a aspectos de direito privado, não raro redefinem e, mesmo, em várias situações, substituem a disciplina estabelecida pelas normas gerais do direito civil. Assim, no direito do consumidor, ao prever o Código de Defesa do Consumidor regras especiais sobre contratos de consumo e responsabilidade civil do fornecedor, qualificam-se como normas especiais e tem incidência no

---

[47] Matthias Ruffert, Vorrang der Verfassung und Eigenständigkeit des Privatrechts. Eine verfassungsrechtliche Untersuchung zur Privatrechtsentwicklung des Grundgesetzes. Tübingen: Mohr, 2001, p. 50. No direito brasileiro, veja-se: Marcelo Schenk Duque, Direito privado e Constituição. São Paulo: RT, 2013, p. 74 e ss.

lugar das normas gerais do Código Civil. O mesmo se diga no direito da criança e do adolescente em relação aos deveres dos integrantes da família e às regras sobre adoção.

De outro modo, há situações nas quais normas características destes novos direitos especiais não apenas se aplicam em lugar das normas próprias do direito civil, senão que modificam o próprio direito civil. É o que ocorre com a precisão dos deveres do proprietário em matéria ambiental, ou as restrições ao exercício da propriedade definidas em favor da preservação do meio ambiente. Ou ainda a substancial modificação no regime da capacidade da pessoa natural para exercer pessoalmente os atos da vida civil, inclusive com a alteração de paradigmas clássicos, operada pela legislação de proteção da pessoa com deficiência.

A repercussão do reconhecimento destes novos direitos sobre o direito civil, por outro lado, não se dá apenas por segmentação de situações jurídicas, que antes disciplinadas pelo Código Civil, são remetidas às leis especiais; ou mesmo a alteração conceitual, ou da própria redação legislativa das normas do direito civil. É reconhecida, ao contrário, a existência de influências recíprocas entre o direito civil e os novos direitos, decorrentes da própria unidade do ordenamento jurídico e da interpretação sistemática de seus vários diplomas legais.

Observe-se, contudo, que o direito privado resulta da unidade entre o sistema fundado pelo direito civil e os novos direitos, definidos a partir de microssistemas normativos próprios.[48] Da possível contradição entre normas gerais e especiais sobre um mesmo objeto, a técnica jurídica para solução de antinomias define a prevalência da segunda, sob o critério da especialidade. Por outro lado, pode ocorrer que para dada relação jurídica de direito privado não se identifique, de imediato, norma jurídica aplicável, hipótese em que se está à frente de lacuna. A rigor, compete ao intérprete identificar a existência de lacuna e a adoção de proposições lógicas para o seu preenchimento. Conforme ensina a melhor doutrina, a mera ausência de uma dada regulamentação legal não autoriza por si que se conclua pela existência de uma lacuna. Pode essa ser um plano do legislador, que conscientemente decide não produzir norma sobre determinado fato. Todavia, pode resultar da própria mudança das concepções da vida, mediante modificação de circunstâncias, e que por isso passam a se apresentar, pelo simples fato de uma imprevisão não consciente e não deliberada do legislador, mas decorrente da natureza das coisas e da própria transformação das situações de fato ao longo do tempo, na ausência de norma onde seria necessário legislar.[49]

Uma segunda situação ocorre quando a norma jurídica se desatualiza em relação à aos fatos que visa disciplinar. Nesta hipótese, frente à tradicional distinção entre a proposição normativa e seu conteúdo ético conforme legado pelo positivismo jurídico,[50] não se deixa de considerar a norma jurídica como fenômeno histórico e afeto a dada realidade social.[51] Ou como *concreta experiência histórica*, reconhecendo uma relação essencial entre história e justiça.[52]

---

[48] Gustavo Tepedino, O Código Civil, os chamados microssistemas e a Constituição: premissas para uma reforma legislativa. In: Gustavo Tepedino (org.). *Problemas de direito civil-constitucional*. Rio de Janeiro: Renovar, 2000. p. 12-16.

[49] Karl Engisch, *Introdução ao pensamento jurídico*. Trad. J. Baptista Machado. Lisboa: Fundação Calouste Gulbenkian, 1988. p. 286-288.

[50] Hans Kelsen, *Teoria pura do direito*. Trad. João Baptista Machado. São Paulo: Martins Fontes, 1999. p. 228-232; Guido Fassò. *Storia della filosofia del diritto*. Roma: Laterza, 2001. t. III, p. 185-187.

[51] Gustav Radbruch, *Introdução à ciência do direito*. São Paulo: Martins Fontes, 1999. p. 24-35. Examinando a relevância do entendimento de Radbruch, em vários escritos para a revalorização do sentido ético do direito, Plauto Faraco de Azevedo, *Limites e justificação do poder do Estado*. Petrópolis: Vozes, 1979. p. 182-190.

[52] Miguel Reale, *Lições preliminares de direito*. 27. ed., 9. tir. São Paulo: Saraiva, 2010. p. 377.

Daí é que frente à complexidade dos fatos sociais e das fontes normativas que os regulam total ou parcialmente – porém simultaneamente –, sobretudo na solução de antinomias entre normas de direito privado havidas no Código Civil e demais leis civis, e as normas que resultam dos denominados novos direitos, desenvolve-se técnica de interpretação sistemática da qual resulta solução de antinomias orientada não apenas pelo critério de compatibilidade/não contrariedade entre normas, mas também pelo caráter valorativo e promocional decorrente das normas constitucionais. A técnica tradicional para a solução de antinomias, que importa em geral em um resultado de "tudo ou nada", ou seja, de revogação tácita, mediante derrogação ou ab-rogação da norma incompatível é reputada insuficiente, admitindo-se a possibilidade de solução afastada da ideia de incompatibilidade absoluta. Prevalece a coordenação e aplicação simultânea, a uma mesma situação jurídica, de diferentes fontes normativas, de mais de uma lei. Este fundamento lógico sustenta-se em uma hierarquia axiológico-normativa, a partir das normas e valores constitucionais que informam a interpretação e aplicação do direito infraconstitucional.

Os critérios clássicos de solução de antinomias no direito se expressam por três preceitos básicos: cronológico, de especialidade e hierárquico. Assim: a) lei posterior derroga a anterior (*lex posterior derrogat priori*); b) lei especial derroga a geral (*lex specialis derrogat generali*); e um terceiro afeto à própria validade do direito, critério de hierarquia que expressa a exigência de conformidade entre a lei inferior e a lei superior: c) lei superior prefere à inferior (*lex superior derrogat inferiori*).[53] Todavia, note-se que, mesmo no sistema tradicional, esses critérios observam moderações. No caso, é vigente entre nós a regra de que *leges posteriores ad priores pertinent* (ou seja, "se em um mesmo trecho existe uma parte conciliável e outra não, continua em vigor a primeira"), e mesmo de que *lex posterior generalis non derrogat legi priori speciali* ("lei geral posterior não derroga a especial anterior").[54]

Em parte, esses critérios são inclusive previstos por lei. O art. 2.º da Lei de Introdução às Normas do Direito Brasileiro refere: "Art. 2.º Não se destinando à vigência temporária, a lei terá vigor até que outra a modifique ou revogue. § 1.º A lei posterior revoga a anterior quando expressamente o declare, quando seja com ela incompatível ou quando regule inteiramente a matéria de que tratava a lei anterior. § 2.º A lei nova, que estabeleça disposições gerais ou especiais a par das já existentes, não revoga nem modifica a lei anterior". Ocorre que a partir, sobretudo, da interpretação jurisprudencial, admite-se o reconhecimento de proposições jurídicas fundamentais que estão a expressar uma concepção valorativa dominante.[55] Embora aos princípios não se subsumam situações de fato, devem ser concretizados, servindo como fundamento e diretriz do sistema e suas normas,[56] critérios de interpretação e aplicação do direito.

Uma das teorias desenvolvidas neste novo cenário de solução de antinomias, com repercussão, sobretudo, em relação às normas de direito civil e os denominados novos direitos é a denominada **diálogo das fontes**.

Esta técnica do diálogo das fontes tem origem no direito internacional privado, e é desenvolvida no direito brasileiro a partir das relações entre o Código Civil de 2002 e as leis

---

[53] Norberto Bobbio, *Teoria do ordenamento jurídico*. Trad. Maria Celeste Cordeiro Leite dos Santos. Brasília: UnB, 1994. p. 93-96.
[54] Carlos Maximiliano Pereira dos Santos. *Hermenêutica e aplicação do direito*. 18. ed. Rio de Janeiro: Forense, 1999. p. 358-360.
[55] Karl Larenz, *Metodologia da ciência do direito*. 3. ed. Trad. José Lamego. Lisboa: Fundação Calouste Gulbenkian, 1997. p. 173.
[56] Karl Larenz, *Metodologia da ciência do direito*, p. 674-678.

especiais relativas a novos direitos (Código de Defesa do Consumidor; Estatuto da Criança e do Adolescente, p. ex.). A rigor, mesmo na visão clássica, "coordenar as fontes é preferível a uma solução hierárquica".[57] No caso do diálogo das fontes, contudo, "o fenômeno mais importante é o fato de que a solução dos conflitos de leis emerge como resultado de um diálogo entre as fontes mais heterogêneas. Os direitos do homem, as constituições, as convenções internacionais, os sistemas nacionais: todas estas fontes não mais se excluem mutuamente; elas conversam uma com a outra. Os juízes são necessários para coordenar essas fontes, escutando o que elas dizem"[58] No direito brasileiro, a doutrina a desenvolve como método de coordenação de diferentes fontes normativas, em especial nas relações entre o Código Civil de 2002 e o Código de Defesa do Consumidor de 1990.[59]

Sustenta, a doutrina, então, a existência de três espécies de diálogos entre o Código Civil e o Código de Defesa do Consumidor: a) *diálogo sistemático de coerência*; b) *diálogo sistemático de complementaridade e subsidiariedade*; e c) *diálogo de coordenação e adaptação sistemática*.[60] Segundo o diálogo sistemático de coerência, preserva-se o âmbito de aplicação de ambas as leis, evitando a sobreposição, utilizando como critério o fundamento teleológico das normas (no caso da comparação entre o Código Civil e o Código de Defesa do Consumidor, expressando o primeiro um "direito de iguais", segundo a tradição moderna do direito civil, e o segundo um "direito entre desiguais", fundado no reconhecimento da vulnerabilidade do consumidor como fundamento para sua proteção). O diálogo sistemático de complementaridade e subsidiariedade, resulta, primeiro, a conclusão sobre o não afastamento da lei especial mais antiga pelo advento de lei geral mais nova (como exemplo Código de Defesa do Consumidor de 1990 preserva sua vigência em face do Código Civil de 2002) A compatibilidade entre a lei geral posterior e a lei especial anterior reconhecia-se mediante o critério da *lex posterior generalis non derrogat legi priori speciali*, já mencionado. A possibilidade de aplicação das duas normas é que se revela, contudo, distinta dos critérios tradicionais de solução de antinomias. Assim, nas situações em que a aplicação de norma do Código Civil se revelar mais benéfica ao sujeito tutelado pela lei especial, poderia se afastar topicamente a norma originalmente prevista, mediante aplicação daquela prevista no sistema geral.[61] Já o diálogo de coordenação e adaptação

---

[57] Karl Larenz, *Metodologia da ciência do direito*, p. 60-61.
[58] Erik Jayme, Identité culturelle et intégration: le droit international privé postmoderne. Cours général de droit international privé (Tiré à part du *Recueil des Cours*, tome 251). Hague: Nijhoff, 1995.
[59] Originalmente, é Claudia Lima Marques quem desenvolve a teoria na introdução aos *Comentários ao Código de Defesa do Consumidor*, publicados em 2004, em coautoria com Bruno Miragem e Antônio Herman Benjamin. Em seguida, Claudia Lima Marques, *Contratos no Código de Defesa do Consumidor*. 5. ed. São Paulo: Ed. RT, 2006. Na 6.ª edição da obra (2011) amplia a abordagem do tema, já examinando sua aplicação pela jurisprudência. Colhe a este respeito, especialmente, a lição do direito francês, notadamente da tese de Nathalie Souphanor, sobre a influência do direito do consumidor sobre o sistema jurídico, em especial na renovação do direito privado: Nathalie Souphanor, *L'influence du droit de la consommation sur le système juridique*. Paris: LGDJ, 2000. p. 23 e ss. Igualmente, merece registro: Claudia Lima Marques (Org.). Diálogo das Fontes: do conflito à coordenação de normas do direito brasileiro. 2ª Tiragem. São Paulo: Revista dos Tribunais, 2012.
[60] Claudia Lima Marques, Antônio Herman Benjamin e Bruno Miragem, *Comentários ao Código de Defesa do Consumidor*. 3. ed. São Paulo: Ed. RT, 2010. p. 34-35.
[61] É o que ocorreu, por exemplo, em matéria de prescrição, em caso no qual o Superior Tribunal de Justiça afastou o prazo prescricional de cinco anos, previsto no art. 27 do CDC, para fazer incidir regra do Código Civil vigente à data do nascimento da pretensão, prevendo o prazo prescricional de vinte anos: "'Consumidor e civil - Art. 7.º do CDC - Aplicação da lei mais favorável - Diálogo de fontes - Relativização do princípio da especialidade - Responsabilidade civil - Tabagismo - Relação de consumo - Ação indenizatória - Prescrição - Prazo. O mandamento constitucional de proteção do consumidor deve ser cumprido

sistemática pressupõe o Código Civil e suas normas como base conceitual para interpretação e aplicação das leis especiais que disciplinam os denominados novos direitos. Neste sentido, ao tratar da prescrição, ou de domicílio, ou de indenização, a interpretação das normas da lei especial depende do sentido que se retira desses conceitos na lei geral (Código Civil). Todavia, esta coordenação de fontes se realiza não apenas mediante a influência da lei geral sobre a lei especial, mas mediante *influências recíprocas* – o que, na relação entre essas normas, se realiza com destaque para o desenvolvimento do sentido e alcance das normas da lei especial, mediante sua crescente interpretação jurisprudencial no período que precede a promulgação do Código Civil.

Dentre as objeções que se podem conferir à técnica do diálogo das fontes está a de que se revela como mera especialização da técnica de interpretação sistemática. Da mesma forma, de que ao permitir a incidência de mais de uma lei ao mesmo fato, concederia excessiva liberdade ao juiz, em prejuízo da previsibilidade das decisões e da segurança jurídica. E, por fim, de que se trata de uma técnica sem aplicabilidade geral, mas apenas quando haja autorização legislativa (como é o caso do art. 7º do Código de Defesa do Consumidor). Tais objeções, contudo, são refutadas a partir da exigência de fundamentação segundo a prevalência da Constituição e de seus preceitos no reconhecimento das situações disciplinadas segundo os novos direitos.[62]

5. DIREITO PRIVADO, IGUALDADE E PROTEÇÃO CONTRA DISCRIMINAÇÃO

A eficácia dos direitos fundamentais sobre as relações privadas protege o direito fundamental à igualdade, delimitando o exercício da autonomia privada e proibindo a discriminação injusta. Esta proibição da discriminação injusta vincula-se a critérios constitucionais e tem repercussão prática no tocante à proteção da diversidade e à recusa ou diferenciação para contratar, por exemplo. Discriminação é expressão resulta de *discrimen*, de origem latina, indicando o que separa, separação, diferença. Discriminar é diferenciar, pressupõe escolhas. E fazer escolhas é algo inerente à liberdade humana: separam-se do conjunto das pessoas um grupo de amigos, ou entre produtos, os de melhor qualidade, ou que tenham certas características, em toda sorte de preferências.[63] Toda escolha separa, elege alguns em detrimento de outros. Porém, o que transforma uma escolha, ato de liberdade, em discriminação injusta – daí, portanto, objeto de repressão pelo Direito? O exercício da liberdade individual é delimitado pela proibição à discriminação injusta. O que não significa a impossibilidade absoluta de se-

---

por todo o sistema jurídico, em diálogo de fontes, e não somente por intermédio do CDC. Assim, e nos termos do art. 7.º do CDC, sempre que uma lei garantir algum direito para o consumidor, ela poderá se somar ao microssistema do CDC, incorporando-se na tutela especial e tendo a mesma preferência no trato da relação de consumo. Diante disso, conclui-se pela inaplicabilidade do prazo prescricional do art. 27 do CDC à hipótese dos autos, devendo incidir a prescrição vintenária do art. 177 do CC/1916, por ser mais favorável ao consumidor. Recente decisão da 2.ª Seção, porém, pacificou o entendimento quanto à incidência na espécie do prazo prescricional de 05 anos previsto no art. 27 do CDC, que deve prevalecer, com a ressalva do entendimento pessoal da relatora. Recursos especiais providos" (STJ, REsp 1009591-RS, rel. Min. Nancy Andrighi, 3.ª T., j. 13.04.2010, *DJe* 23.08.2010).

62 Bruno Miragem, *Eppur si muove*: diálogo das fontes como método de interpretação sistemática no direito brasileiro. In: Claudia Lima Marques (Org.). Diálogo das Fontes: do conflito à coordenação de normas do direito brasileiro. São Paulo: Revista dos Tribunais, 2012.

63 Jörg Neuner, Diskriminierungsschutz durch Privatrecht. *JuristenZeitung*, v. 58, n. 2. Tübingen: Mohr Siebeck, jan./2003, 57-66, em especial, p. 63.

rem feitas diferenciações ou separações, de acordo com critérios idôneos e legítimos à luz da Constituição da República e da legislação.

Propõe a doutrina que são destinatários da proteção contra discriminação grupos que: a) se sujeitam histórica e intencionalmente a um tratamento desigual pela maioria; b) são vítimas de um processo de estigmatização; c) são objeto de preconceito e hostilidade difusos; d) recebem tratamento desigual decorrente de estereótipos sobre suas capacidades; e) constituem parcela minoritária e pouco expressiva, com participação política seriamente prejudicada; f) têm nas características próprias, imutáveis, (ou muito dificilmente modificáveis) e constituintes de sua identidade, o fundamento da diferenciação; e g) apresentam, como causa da discriminação, uma característica irrelevante para sua participação positiva na sociedade.[64]

Tratando-se de discriminação injusta, distinguem-se a direta e a indireta. A *discriminação direta* (*disparate treatment*) é aquela que confere a um determinado indivíduo tratamento menos favorável em relação a outro, em razão de critérios contrários ao Direito. A *discriminação indireta* (*disparate impact*), pela qual, em razão da aplicação de critérios aparentemente não discriminatórios, resulta um efeito ou resultado desfavorável a um indivíduo ou grupo, de modo não autorizado pelo Direito (mesmos critérios para situações distintas).[65] A título de ilustração, tome-se o exemplo do direito norte-americano, no qual por longo tempo admitiu a doutrina "separate but equal", que justificava a discriminação racial pelo fato de assegurar, em tese, o acesso aos mesmos serviços a pessoas brancas e negras, porém de modo que cada grupo os utilizasse separadamente.[66]

---

[64] Roger Raupp Rios, *Direito antidiscriminação: discriminação direta, indireta e ações afirmativas*. Porto Alegre: Livraria do Advogado, 2008, p. 55.

[65] O reconhecimento da discriminação indireta deve-se, especialmente, a um caso julgado pela Suprema Corte dos Estados Unidos, *Griggs v. Duke Power Co.*, em 1971, pelo qual foi considerada discriminatória a definição de critérios para transferências internas entre departamentos da empresa, que, embora aparentemente objetivos, disfarçavam o resultado final de manter a segregação racial proibida por lei (no caso norte-americano, pela Lei dos Direitos Civis, de 1964). No caso, a empresa Duke Power Co. admitia o trabalho de negros apenas em um dos seus departamentos, no qual o maior salário pago era inferior ao menor salário pago pelos demais departamentos. Após o advento da lei dos direitos civis, a fixação de critérios para contratação e transferência entre departamentos foi questionada, não havendo comprovação sobre a necessidade de seu atendimento para a realização do trabalho a ser executado, de modo que seu resultado era desproporcional entre brancos e negros. Estes tinham quase dez vezes menos condições de atender a tais critérios, considerados, por isso, discriminatórios. Por influência dessa decisão, o Reino Unido introduziu a noção de discriminação indireta em seu *Sex Discrimination Act*, de 1975, e no âmbito europeu, o art. 2º da Diretiva 76/207/CEE sobre igualdade de tratamento entre homens e mulheres no que se refere ao acesso ao emprego, à formação e promoção profissionais e às condições de trabalho. A norma europeia, de sua vez, já foi alterada, ao longo do tempo, pelas Diretivas 2002/73 /CE e 2004113/CE. Para a distinção, veja-se: Sandra. Fredman, *Discrimination law*. 2. ed. Oxford: Oxford University Press, 2011, p. 166-189. No direito brasileiro, veja-se: Roger Raupp Rios, *Direito da antidiscriminação: discriminação direta, indireta e ações afirmativas*. Porto Alegre: Livraria do Advogado, 2008. p. 36 e ss; CORBO, Wallace. *Discriminação indireta: conceito, fundamentos e uma proposta de enfrentamento à luz da Constituição de 1988*. Lumen Juris: Rio de Janeiro, 2017. Para o caso Griggs, veja-se, em especial, o exame de Joaquim Benedito Barbosa Gomes, *Ação afirmativa e princípio constitucional da igualdade: o direito como instrumento de transformação social (A experiência dos EUA)*. Rio de Janeiro: Renovar, 2001, p. 181 e ss.

[66] A doutrina do "separate but equal" foi afirmada pela Suprema Corte norte-americana a partir do caso Plessy vs. Ferguson (1896), sendo sustentada até a reversão do entendimento pelo festejado precedente Brown vs Board of Education (1954). Por outro lado, identifica-se o denominado "dilema da diferença", pelo qual se questiona como a proibição de diferenciação de um lado pode inibir a proteção dos grupos diferentes, inclusive para efeito de inclusão e acesso aos bens e serviços que em razão da discriminação lhe foram historicamente restringidos. Sobre o debate, no direito norte-americano, veja-se: Martha Minow,

Esses critérios são indissociáveis de certa compreensão histórico-cultural, que fazem com que tais fatores sirvam, em determinado estágio, a promover a discriminação injusta. No direito alemão, a Lei Geral de Igualdade de Tratamento (*Allgemeines Gleichbehandlungsgesetz – AGG*), de 2006, proíbe a diferenciação por raça, origem étnica, gênero, religião ou crença, deficiência, idade e identidade sexual (§ 1º). Seu âmbito de aplicação envolve, entre outros, o acesso e fornecimento de bens e serviços ao público, incluindo habitação (§ 2º). Admite-se, contudo, a possibilidade de diferenciação por critérios objetivos, sem que se caracterizem como discriminação injusta (§ 20).[67]

Nos estudos sobre discriminação no direito privado, distinguem-se também as situações de restrição ou exclusão que se fundamentem em decisões voluntárias da pessoa eventualmente prejudicada, e aquelas que se apoiem em critérios sobre os quais o prejudicado não tenha qualquer interferência (como sua raça, por exemplo).[68]

No direito brasileiro, a eficácia dos direitos fundamentais, ao resultar na proibição da discriminação segundo os critérios definidos pela Constituição,[69] define os atos discriminatórios como ilícitos absolutos (inclusive por abuso do direito, art. 187 do Código Civil), ensejando reparação,[70] e delimita o exercício da autonomia negocial para recusa ou diferenciação da

---

Making all the difference. Inclusion, exclusion and American Law. Ithaca: Cornell University Press, 1990, p. 19 e ss.

[67] No direito norte-americano, a discriminação nas contratações observou caso paradigmático, julgado pela Suprema Corte, envolvendo florista que, em razão de sua crença religiosa, negou-se a fornecer flores para a decoração de um casamento entre pessoas do mesmo sexo, que já eram seus clientes há cerca de nove anos. A florista em questão foi demandada pelos próprios consumidores e pelo estado de Washington, por discriminação e consequente violação da lei de proteção do consumidor daquele estado (*Arlene's Flowers Inc. v. Washington*). O caso foi julgado procedente pela Suprema Corte do Estado de Washington, com base na violação do *Washington State Law Against Discrimination*, que prevê expressamente a proibição de discriminação por orientação sexual em locais públicos. A decisão estadual, contudo, foi anulada pela Suprema Corte dos Estados Unidos por razões processuais, retornando para novo julgamento, que ocorreu em junho de 2019. Na ocasião, a corte estadual confirmou sua decisão anterior. Novo recurso (*writ of ceritiorari*) foi apresentado, então, pela defesa da florista à Suprema Corte dos Estados Unidos. Um segundo caso julgado pela Suprema Corte dos Estados Unidos foi o *Masterpiece Cakeshop v. Colorado Civil Rights Commission*, no qual foi objeto de exame a possibilidade de uma confeitaria negar-se a fornecer o bolo para os festejos de um casamento entre pessoas do mesmo sexo, também sob o fundamento da liberdade de crença religiosa. Nesse caso, a Suprema Corte decidiu, por maioria (7 a 2), que a decisão da Comissão de Liberdades Civis do Estado do Colorado – que havia considerado discriminatório o ato praticado – não respeitou a liberdade religiosa e o direito de propriedade do fornecedor. Veja-se: Jorge Cesa Ferreira da Silva. Discriminação e contrato. São Paulo: RT, 2020, p. 69 e ss.

[68] Jörg Neuner, Diskriminierungsschutz durch Privatrecht. *JuristenZeitung*, v. 58, n. 2. Tübingen: Mohr Siebeck, jan./2003, p. 62. No direito norte-americano, registre-se o entendimento da Suprema Corte em caso envolvendo planos de pensão com contribuições distintas para homens e mulheres (*City of Los Angeles Departament of Water and Power v. Manhart*, 1978), considerando também sua expectativa de vida, no qual se consagrou o entendimento de que tal diferenciação não poderia ser feita com base exclusivamente da diferença de sexo entre os segurados.

[69] A proibição constitucional à discriminação injusta projeta-se, inclusive, na jurisprudência do Supremo Tribunal Federal, no controle de constitucionalidade de leis que a promovam ou expressem (ADPF 291, Rel. Min. Roberto Barroso, j. 28/10/2015, *DJE* de 11/05/2016), bem como ao favorecer a punição dos crimes que a favoreçam (HC 82.424, Rel. p/ o ac. Min. Maurício Corrêa, j. 17/09/2003, *DJ* de 19/03/2004), estendendo, quando for o caso, o conteúdo das normas de proteção (MI 4733, Rel. Min. Edson Fachin, Tribunal Pleno, j. 13/06/2019, p. 29/09/2020).

[70] Assim também no âmbito das relações trabalhistas, exemplificativamente, em casos de discriminação racial: TST, Recurso de Revista 167500-63.2008.5.04.0232, 6ª Turma, Rel. Min. Aloysio Correa da Veiga, DEJT 22/02/2013; TST, Recurso de Revista 831-24.2012.5.09.0011, 5ª Turma, Rel. Min. Emmanoel Pereira,

contratação que se defina, exclusivamente, por critérios proibidos.[71] Estão abrangidas nesta situação, por exemplo, a recusa de contratação sem razões objetivas legítimas, ou mesmo no âmbito de contratações automatizadas a diferenciação de contratação nas mesmas condições.

DEJT 15/05/2015; TST, Recurso de Revista, 217-43.2012.5.09.0003, 8ª Turma, Rel. Des. Conv. João Pedro Silvestrin, DEJT 04/05/2015.

[71] Bruno Miragem, Discriminação injusta e direito do consumidor. In: Bruno Miragem, Claudia Lima Marques, Lucia Ancona Lopez de Magalhães (Org.) Direito do consumidor, 30 anos do CDC: da consolidação como direito fundamental aos atuais desafios da sociedade. Rio de Janeiro: Forense, 2020, p. 203 e ss. Assim, por exemplo, o reconhecimento de discriminação injusta em razão da orientação sexual dos consumidores que foram impedidos de ingressar no *shopping center* após terem participado de manifestação pacífica de orgulho LGBT (TJSP, Apelação Cível 1015946-60.2015.8.26.0554, Rel. Ruy Coppola, 32ª Câmara de Direito Privado, j. 03/03/2020).Por outro lado, regular a restrição de ingresso em estabelecimento ao consumidor exigindo certa austeridade entendeu-se incabível, *per se*, a alegação de discriminação por orientação sexual (TJRS, Apelação Cível 70074526799, Rel. Eduardo Kraemer, 9ª Câmara Cível, j. 25/10/2017).

Capítulo IV
ELEMENTOS FUNDAMENTAIS DO SISTEMA DE DIREITO PRIVADO NO CÓDIGO CIVIL

1. O DIREITO PRIVADO COMO SISTEMA ABERTO

Uma preocupação constante dos juristas é a organização do Direito como sistema. A noção de sistema jurídico permeia praticamente todas as iniciativas de ordenação das fontes e sua aplicação. É da melhor doutrina nacional a afirmação de que "o direito objetivo não é um conglomerado caótico de preceitos; constitui vasta unidade, organismo regular, sistema, conjunto harmônico de normas coordenadas, em interdependência metódica, embora fixada cada uma no seu lugar próprio".[1] Com a evolução do direito e o surgimento das codificações a partir do século XIX, a lei tornou-se o principal elemento de formação do sistema do Direito, o que se revelou especialmente no direito civil e as características que lhe definiu o Código Civil. Prevaleceu, então, o entendimento de que o Código Civil encerrava todo o direito civil, de modo que as soluções para os problemas concretos da vida social disciplinadas por ele, encontravam-se, necessariamente, nas suas normas, sob pena de caracterização de lacunas do ordenamento.

A noção de **direito como um sistema** perpassa toda a tradição jurídica moderna. Era conceito com o qual já trabalhavam os glosadores e comentadores do *Corpus Iuris Civils* justinianeu.[2] No direito moderno, lhe dá feição a escola jusracionalista, e serve à própria compreensão do direito como um corpo uno de normas expressivas de um ideal de conduta (imperativo categórico) a ser observado sob pena de sanção. Tem como requisitos básicos a não contradição e a coerência entre suas partes, ou seja, suas normas. E decorre de uma ordem escalonada de normas, própria do positivismo jurídico,[3] destinada a traduzir e realizar a adequação valorativa e a unidade interior do ordenamento jurídico.[4] A noção de sistema jurídico, da mesma forma, pressupõe a existência de unidade e ordenação de suas normas, em vista da igualdade de todos perante a lei, o que se percebe a partir das definições desenvolvidas pela doutrina do direito.[5] Daí por que apenas a ordenação sistemática permite compreender a norma como parte de um todo, de modo a atender à finalidade que dela pretende se retirar no ordenamento.[6] Note-se,

---
[1] Carlos Maximiliano Pereira dos Santos, *Hermenêutica e aplicação do direito*, p. 128-130.
[2] Mario G. Losano, *Sistema e estrutura no direito*, t. I. Trad. Carlos Alberto Dastoli. São Paulo: Martins Fontes, 2008, p. 49 e ss.
[3] Hans Kelsen, *Teoria pura do direito*, p. 246 e ss; Mario Losano, *Sistema e estrutura no direito*, t. II, p. 97 e ss.
[4] Claus-Wilhelm Canaris, *Pensamento sistemático e conceito de sistema na ciência do direito*. Trad. António Menezes Cordeiro. Lisboa: Fundação Calouste Gulbenkian, 1996. p. 10.
[5] Claus-Wilhelm Canaris, *Pensamento sistemático e conceito de siste*ma..., p. 25.
[6] Claus-Wilhelm Canaris, *Pensamento sistemático e conceito de siste*ma..., p. 156.

contudo, uma alteração significativa da noção de sistema jurídico, especialmente em direito privado. Originalmente, a compreensão sobre o que seja o sistema de direito, ou, mais ainda, o sistema de direito privado, compunha-se, segundo a noção a que Canaris refere, como **sistema fechado**, ou seja, autossuficiente e fundado na crença da coerência interna das normas que o compõem, bem como em sua capacidade de responder de modo eficaz às situações de fato mediante atividade de interpretação e aplicação das leis (plenitude).[7]

Todavia, esta visão sistemática do direito perde relevo justamente em razão de uma nova noção de **sistema aberto e móvel**, oferecida pelo próprio Canaris, mediante o uso da cláusula geral. Neste sentido, ensina que "é característico para a cláusula geral ela estar carecida de preenchimento com valorações, isto é, ela não dar os critérios necessários para a sua concretização, podendo estes se determinar, fundamentalmente, apenas com a consideração do caso concreto respectivo".[8] Essas valorações são fornecidas, então, pelo próprio ordenamento jurídico, assim como por elementos estranhos ao sistema jurídico, mas que resultam da natureza das coisas ("como as coisas normalmente são"), de comportamentos socialmente desejados na vida de relações, assim como de padrões de conduta éticos reconhecidos pela comunidade. Daí por que um dos limites principais à obtenção do direito a partir do sistema seja a necessidade de controle teleológico das soluções propostas, prevenindo-se a contradição não de normas, mas de valores elevados pela aplicação da norma.[9]

Prevalece, portanto, a noção do pensamento sistemático, todavia aberto à influência dos fatos e de suas circunstâncias, como fatores determinantes na sua aplicação. Valoriza-se com isso o pensamento tópico desenvolvido por Theodor Viehweg, em sua obra principal *Tópica e jurisprudência*,[10] que orienta a solução da questão jurídica a partir do exame do caso (do problema).[11] Canaris tem por objetivo confessado de associar os modelos de pensamento sistemático e aquele baseado no problema, de modo que se complementem, em vista da preservação da unidade de valores da ordem jurídica. Para tanto, embora refira que a tópica de Viehweg é inconciliável com o pensamento sistemático, observa que contribui para a abertura do sistema jurídico.[12] Nesta mesma linha situam-se autores que afirmam a aplicação dos princípios jurídicos como instrumentos de conformação do direito pela jurisprudência, a par das disposições legais aplicáveis.[13]

Atualmente, não são poucos os questionamentos acerca da capacidade da aplicação das normas jurídicas resultarem soluções justas e adequadas aos casos levados ao exame de tribunais competentes ou ainda por outros meios de solução de controvérsias (p. ex. a arbitragem). Para tanto, sustenta-se a necessidade de recurso a elementos extrassistemáticos – assim os conhecimentos em outros campos da ciência, como a economia, a administração, à medicina ou à psicologia, dentre outros. Não se trata de subordinar o conteúdo das regras jurídicas a conhecimentos de determinadas ciências, senão fazer com que estas venham em auxílio ao

---

[7] Claus-Wilhelm Canaris, *Pensamento sistemático e conceito de sistema*..., p. 27-28.
[8] Claus-Wilhelm Canaris, *Pensamento sistemático e conceito de sistema*..., p. 142.
[9] Claus-Wilhelm Canaris, *Pensamento sistemático e conceito de sistema*, p. 173-187.
[10] Theodor Viewheg, *Tópica e jurisprudência*. Trad. Tércio Sampaio Ferraz Jr. Brasília: Imprensa Nacional/UnB, 1979.
[11] Plauto Faraco de Azevedo, *Método e hermenêutica material no direito*. Porto Alegre: Livraria do Advogado, 1999. p. 95.
[12] Claus-Wilhelm Canaris, *Pensamento sistemático e conceito de sistema*..., p. 287-288.
[13] Josef Esser, *Princípio y norma en la elaboración jurisprudencial del derecho privado*. Trad. Eduardo Valentí Fiol. Barcelona: Bosch, 1961. p. 185; Karl Larenz, *Metodologia da ciência do direito*, p. 192 e ss.

preenchimento de significado e sentido das normas, de modo a que a solução mais se adeque à realidade.

Aqui se distingue entre o sistema havido a partir das codificações, comumente designado como sistema fechado, pelo qual o direito legislado deveria conter de modo exauriente as respostas aos problemas jurídicos em geral, e o que caracteriza o sistema de direito civil atual como sistema aberto, admitindo a possibilidade da solução de problemas jurídicos advir de proposições não legisladas – caso daquelas que decorram de outras áreas do conhecimento científico e que preencham o sentido de normas jurídicas ou orientem o sentido de sua interpretação. Da mesma forma, a ideia de permanência e estabilidade da legislação não contradiz a possibilidade de atualização dos valores jurídicos fundamentais que orientam a interpretação e aplicação das normas.[14] Isso é o que resulta de se considerar o Direito objeto de cultura e parte do processo histórico, suscetível, portanto, às transformações e modificações que lhe são próprias.

Um dos modos principais pelos quais o direito civil, a partir do Código Civil, abre-se a estas interações, sobretudo visando à construção da decisão adequada ao caso, se dá por intermédio da previsão de normas redigidas como cláusulas gerais.

2. AS CLÁUSULAS GERAIS

Cláusulas gerais são espécies de normas jurídicas estabelecidas a partir de técnica legislativa que, por intermédio da utilização de conceitos indeterminados, prescrevem conduta devida de modo a estabelecer a necessidade do preenchimento de significado no momento de sua interpretação e aplicação. Note-se, neste particular, que, em relação às cláusulas gerais, a concreção do significado dos conceitos nela estabelecidos constitui um modo como o legislador se utiliza, junto a conceitos cujo sentido seja reconhecido, de outros cuja determinação exija receber certa valoração em cada caso.[15]

Tratam-se, as cláusulas gerais, de normas incompletas, atuando como válvulas de segurança para atualização e equilíbrio do sistema jurídico, uma vez que conferem ao intérprete o poder de construir o significado da norma em vista das circunstâncias de um determinado caso ao qual ela se aplique. Neste sentido, espera-se que na construção do significado dos conceitos indeterminados estabelecidos na norma, o intérprete tenha em consideração elementos valorativos que lhe permitam adequar a uma noção comum de justiça e equilíbrio, de modo que o resultado da aplicação siga certo padrão de universalidade.

A origem das cláusulas gerais está no direito alemão (*Generalklauseln*),[16] porém encontrou receptividade em outros sistemas, como o direito italiano,[17] português[18] e, naturalmente, o

---

[14] Claus-Wilhelm Canaris, Pensamento sistemático e conceito de sistema na ciência do direito. 2ª ed. Trad. António Menezes Cordeiro. Lisboa: Fund. Calouste Gulbenkian, 1996, p. 112 e ss.

[15] Karl Larenz, Derecho civil. Parte general. Madrid: Edersa, 1978, p. 88.

[16] Sobre seu desenvolvimento histórico, veja-se: John P. Dawson, The general clauses viewed from a distance. Rabels Zeitschrift für Ausländisches und Internationales Privatrecht, ano 41, 3, Tübingen: Mohr, 1977. p. 441-456.

[17] Luigi Mengoni, Spunti per una teria delle clausole generali. Rivista critica del diritto privato, 1986, p. 5-19; Stefano Rodotà, Il tempo delle clausole generali, Rivista critica de diritto. privato, 1987, pp. 709-733; Carlo Castronovo, L'avventura delle clausole generali, Rivista critica del diritto privato, 1986, p. 21-30; Vito Veluzzi, Le clausole generali: semantica i politica del diritto. Milano: Giuffrè, p. 1 e ss.

[18] António Manuel da Rocha e Menezes Cordeiro, Da boa-fé no direito civil, cit.

brasileiro.[19] No direito alemão as cláusulas gerais não foram pré-concebidas como tais, senão assumindo os traços que hoje lhe caracterizam a partir da atuação dos juízes frente às regras estabelecidas no Código Civil de 1900, que ao interpretá-las, tornaram necessária a precisão de seus termos.[20] É frequentemente usada pelo legislador para abranger tantos fatos quanto o possível, por meio de uma formulação geral, ampliando seu escopo de aplicação. Neste sentido, as cláusulas gerais tem por função recepcionar certos conceitos ou valores sociais[21] que, trazidos à norma jurídica, serão definidos pela jurisprudência quanto ao modo como se traduzirão em cada caso.[22] Na doutrina germânica, são reconhecidas à cláusula geral as funções de flexibilização do sistema (*Flexibilitätsfunktion*),[23] ou ainda de autorizar sua suplementação ou concretização pelo juiz, assegurando maior mobilidade em face de elementos extrajurídicos que se juridicizam por intermédio da concreção dos seus termos no momento da aplicação judicial.[24] Isso ocorrerá, especialmente, com as regras do § 242 e § 138 do Código Civil alemão. O primeiro define o dever de boa-fé no comportamento diligente dos contratantes (§ 242). O segundo estabelece os bons costumes como limite ao exercício da liberdade contratual e a nulidade das disposições que o contrariem (§ 138).

A utilização das cláusulas gerais pode se dar para diferentes finalidades, tanto na disciplina de certas condutas, segundo um determinado padrão definido a partir de conceitos indeterminados pela norma, quanto a restrição de determinados comportamentos, ou a ampliação das hipóteses previstas em caráter ordinário, estendendo certa regulação jurídica. Definem, portanto, padrões de conduta reconhecidos socialmente, ou valores juridicamente afirmados, que serão concretizados na aplicação da lei. Assim, por exemplo, no direito brasileiro, exemplo da primeira hipótese – da cláusula geral como disciplina da conduta exigível – é o art. 422 do Código Civil, que estabelece: "Os contratantes são obrigados a guardar, assim na conclusão do

---

[19] Judith Martins Costa, O direito privado como sistema em construção. As cláusulas gerais no Projeto do Código Civil brasileiro. Revista de informação legislativa, n. 39. Brasília: Senado Federal, jul.-set./1998, p. 5-22; Fabiano Menke, A interpretação das cláusulas gerais: a subsunção e a concreção dos conceitos. Revista de direito do consumidor, v. 50. São Paulo: RT, abr.-jun./2004, p. 9-35.

[20] Criticando as cláusulas gerais e o seu "perigo para o estado e o direito", Justus Wilhelm Hedemann, Die Flucht in die Generalklauseln.Eine Gefahr für Recht und Staat. Tübingen: Mohr, 1933, p. 53 e ss. Não sem ironia, é de anotar-se que Hedemann era jurista próximo ao regime nacional-socialista que se estabeleceu na Alemanha a partir de 1933, e cuja utilização das cláusulas gerais permitiu certa aproximação da jurisprudência aos interesses do regime, conforme anota: Ralph Weber, Einige Gedanken zur Konkretisierung von Generalklauseln durch Fallgruppen", Archiv für die Civilistische Praxis 192, 6, Tübingen: Mohr, 1992, p. 516-567.

[21] No direito italiano, Claudio Luzzatti refere-se a uma "vagueza socialmente típica" (ou de "reenvio"), indicando que tais conceitos são determináveis a partir de parâmetros variáveis do juízo e por intermédio de tipologia cambiante da moral social e do costume. Refere-se, neste sentido, ao uso de parâmetros ético-sociais para o preenchimento de significado da norma: Claudio Luzzati, La vaghezza delle norme. Un'analisi del linguaggio giuridico. Milano: Giuffrè, 1990, p. 302-303. Para um exame crítico desta noção, Vito Veluzzi, Le clausole generali: semantica i politica del diritto. P. 45 e ss.

[22] Marietta Auer, Materialisierung, Flexibisierung, Richterfreiheit: Generalklauseln im Spiegel der Antinomien des Privatrechtsdenkens. Tübingen: Mohr Siebeck, 1972, p. 102 e ss.

[23] Conforme sustenta Ansgar Ohly, ao estudar a legislação de proteção da livre concorrência e o reconhecimento de uma cláusula geral de livre concorrência: Ansgar Ohly, Richterrecht und Generalklausel im Recht des unlauteren Wettweberbs: ein Methodenvergleich des englischen und des deutschen Rechts. Köln: Carl Heymanns Verlag Köln, 1997, p. 234.

[24] Anne Röthel, Normokonkretisierung im Privatrecht. Tübingen: Mohr Siebeck, 2004, p. 30 e ss. Refira-se também o conhecido estudo de Gunter Teubner, Standards und Direktiven in Generalklauseln. Möglichkeiten und Grenzen der empirischen Sozialforschung bei der Präzisierung der Gute-Sitten-Klauseln im Privatrecht. Frankfurt: Athenaum Verlag, 1971, p. 61 e ss.

contrato, como em sua execução, os princípios de probidade e boa-fé." O que seja esta conduta conforme a probidade e a boa-fé é conceito que se vai determinar em consonância com o significado determinado em acordo às circunstâncias e os sentidos construídos pela própria jurisprudência, e afirmados pela reprodução em casos semelhantes (exemplo expressivo é o da construção de um dever geral de informar nas relações negociais, a partir da eficácia reconhecida à boa-fé).[25] Da mesma forma, o art. 927, parágrafo único, do Código Civil constitui espécie de cláusula geral. Dispõe a regra: "Haverá obrigação de reparar o dano, independentemente de culpa, nos casos especificados em lei, ou quando a atividade normalmente desenvolvida pelo autor do dano implicar, por sua natureza, risco para os direitos de outrem". Refira-se, ainda, o art. 2.035, parágrafo único, do Código Civil ao dispor: "Nenhuma convenção prevalecerá se contrariar preceitos de ordem pública, tais como os estabelecidos por este Código para assegurar a função social da propriedade e dos contratos"; e o art. 187, que refere: "Também comete ato ilícito o titular de um direito que, ao exercê-lo, excede manifestamente os limites impostos pelo seu fim econômico ou social, pela boa-fé ou pelos bons costumes."

Não se confundem as cláusulas gerais e os conceitos indeterminados que a integram.[26] Distinguem-se, aliás, em razão da finalidade e dos respectivos efeitos. As **cláusulas gerais** caracterizam-se como normas cujos conceitos que a integram serão preenchidos segundo as circunstâncias do caso, de acordo com critérios valorativos e extrassistemáticos. Ou seja, permite-se ao juiz concretizá-los em vista das circunstâncias do caso, segundo critério que reconhecer justificadamente como adequado. Os **conceitos jurídicos indeterminados** terão seu significado construído, porém a solução jurídica já estará dada pela lei. Assim, por exemplo, são conceitos jurídicos indeterminados, mas não são cláusulas gerais, a "prestação que se torne excessivamente onerosa" ou a "onerosidade excessiva" presentes no artigo 478 e 480, do Código Civil, que autoriza a resolução ou revisão do contrato, conforme o caso, ou a "prestação manifestamente desproporcional" a que se refere o art. 157 do Código Civil, requisito para caracterização da lesão e consequente anulação do negócio jurídico. O mesmo se diga da "desproporção manifesta" a que se refere o art. 317 do Código Civil, para autorizar a revisão judicial do objeto da obrigação. Ainda, dos inúmeros exemplos do Código Civil, pode-se mencionar o *fim imoral* a que se refere o art. 883, como obstáculo à restituição do pagamento indevido, ou a "comunhão plena de vida" estabelecida pelo casamento, segundo dispõe o art. 1.511. Porém, não apenas o Código Civil serve-se de conceitos indeterminados, sendo este um recurso comum ao legislador contemporâneo, como se vê, por exemplo, no Código de Defesa do Consumidor, e a referência às "prestações desproporcionais" que autorizam a revisão do contrato de consumo (art. 6º, V, do CDC); a ausência de "justa causa" (art. 39, I), "fraqueza ou ignorância do consumidor" (art. 39, IV), "vantagem manifestamente excessiva" (art. 39, V), que caracterizam as práticas abusivas. Ou ainda, as obrigações "iníquas, abusivas, que coloquem o consumidor em desvantagem exagerada" (art. 51, IV), bem como "direitos ou obrigações fundamentais inerentes à natureza do contrato" (art. 51, § 1º, II) que caracterizam as cláusulas abusivas. No Estatuto da Criança e do Adolescente constam os "fins sociais" e "as exigências do bem comum" (art. 6º), "identidade", "autonomia" e "valores" (art. 17), "tratamento cruel

---

[25] Julia Aya Haeffs, Der Auskunftsanspruch im Zivilrecht. Zur Kodifikation des allgemeinen Auskunftsanspruchs aus Treu und Glauben (§242 BGB). Baden-Baden: Nomos, 2009, p. 125 e ss. No direito brasileiro, Judith Martins Costa, A boa fé no direito privado; critérios para a sua aplicação. São Paulo: Marcial Pons, 2015, p. 526 e ss; Eduardo Tomsasevicius Filho, O princípio da boa-fé no direito civil. São Paulo: Almedina, 2020, p. 227 e ss.

[26] Adolfo Di Majo, Clausole generali e diritto delle obbligazioni, Rivista critica de diritto. privato, 1984, p. 539-571.

ou degradante" (art. 18-B), "reais vantagens para o adotando" e "motivos legítimos" (art. 43), "pleno desenvolvimento" (art. 53), "legítimo interesse" (art. 155), "motivo grave" (art. 157), dentre outros. Na Lei de Propriedade Intelectual, por exemplo, o exercício de direitos "de forma abusiva", o "abuso de poder econômico", as "necessidades de mercado" permitem a licença compulsória (art. 68, da Lei 9.279/1996). No Estatuto da Terra (Lei 4.504/1964), constam, dentre outros, a "melhor distribuição da terra", "justiça social" e "aumento da produtividade" são objetivos definidos no art. 1º, complementados, adiante, pelos conceitos de "bem estar dos proprietários e trabalhadores" e "níveis satisfatórios de produtividade" (art. 2º). Todos conceitos indeterminados, que não se caracterizam, contudo, como cláusulas gerais.

Em outros termos, enquanto nas cláusulas gerais a consequência jurídica não está determinada na norma, podendo o juiz preenchê-la e determinar sua eficácia conforme mais adequado à solução do caso, nos conceitos jurídicos indeterminados a consequência jurídica já reside na norma, e a concreção do seu significado determina já a consequência jurídica.

A importância das cláusulas gerais definidas no Código Civil resulta da abertura do sistema do direito civil a valores e elementos extrassistemáticos, que serão utilizados pelo juiz para concreção de seus termos e determinação da consequência jurídica. Da mesma forma, é por intermédio da concretização das cláusulas gerais que se viabiliza, em muitas situações, a incidência das normas constitucionais sobre as relações privadas.[27] Há, neste caso, como vantagem reconhecida, a permissão de que o intérprete continuamente atualize o sentido e alcance da norma, em face da evolução social e das necessidades que se desenvolvam no tempo. A crítica mais comum, e que já estava presente na Exposição de Motivos do BGB,[28] é a de que concede ao juiz uma ampla margem de discricionariedade, de modo que as decisões decorrentes da interpretação e concreção de seus termos poderão contar com um grau de incerteza e imprevisibilidade quanto às soluções que definam. A resposta à crítica, contudo, resulta da densidade da interpretação das cláusulas gerais que se estabelece pelo trabalho da doutrina e da jurisprudência, que a partir da solução dos casos passa a sistematizar seu entendimento quanto ao significado e alcance das disposições.

3. DIREITO CIVIL E LACUNAS DO ORDENAMENTO

O caráter exaustivo confiado, originalmente, ao Código Civil, deu causa ao reconhecimento de um sistema no qual a ausência de norma para incidir sobre determinada situação concreta de que se reclama solução jurídica, entende-se como lacuna. Note-se que a atividade de sistematização dos preceitos normativos se faz pela interpretação da lei, mas igualmente pela

---

[27] No direito brasileiro, Gustavo Tepedino, O Código Civil, os chamados microssistemas e a Constituição: premissas para uma reforma legislativa. In: Gustavo Tepedino (org.). *Problemas de direito civil-constitucional*. Rio de Janeiro: Renovar, 2000, p. 11; Judith Martins Costa, A boa fé no direito privado. São Paulo: RT, 1999, p. 274; no direito alemão: Herbert Krüger, Die Verfassungen in der Zivilrechtsprechung, cit.; no direito italiano: C. Luzzati, Clausole generali e princìpi. Oltre la prospettiva civilistica, in G. D'amico (a cura di), Principi costituzionali e clausole generali nell'evoluzione dell'ordinamento giuridico, Milano: Giuffrè, 2017, p. 15 e ss.

[28] Assim referia-se no § 106 da Exposição de Motivos do BGB, tomo I, relativamente à cláusula geral de bons costumes, do § 138: "Ao critério do juiz é concedida uma margem de discricionariedade ampla, até então desconhecida. Os erros não estão descartados" ("Dem richterlichen Ermessen wird ein Spielraum gewährt, ve ein folcher großen Rechtsgebieten bisher unbelannt ist. Fehlgriffe sind nicht ausgefchlossen."). Motive zu dem Entwurfe eines Bürgerlichen Gezetzbuches für das Deutsches Reich, Band I, Allgemeiner Theil. Berlin/Leipzig: J. Guttentag, 1888, § 106, p. 211.

construção jurídica,[29] assim como a integração de lacunas. Por integração de lacunas, entenda-se a construção de uma determinada decisão jurídica para situação sobre a qual não haja previsão normativa (não há, a priori, norma legal para incidir sobre o fato). Ensina a melhor doutrina que "a linha de fronteira entre o preenchimento de lacunas e a correção jurídica nem sempre é nítida e segura" [30], ou seja, se, na falta de disposição normativa que regule determinada situação, por isso se deva referir a uma lacuna. A mera ausência da disposição não será necessariamente lacuna, especialmente se corresponder a uma decisão de não regular certa situação como parte de um plano do legislador.[31] Neste sentido, pode-se falar de lacuna *de lege ferenda*, como aquela em que a ausência de norma específica, ao fazer parte de uma decisão do legislador, só pode ser resolvida mediante a produção de nova norma pelo Poder Legislativo. Por outro lado, a lacuna *de lege lata* representa uma lacuna do direito atual vigente, segundo o plano do legislador, e que por isso se resolve mediante atividade de integração do juiz. Assim, o método de integração do direito – colmatação da lacuna – terá como pressuposto a identificação, pelo aplicador, da necessidade e justificação da lacuna.[32] Nesta perspectiva é que a Lei de Introdução às Normas do Direito Brasileiro, afirmando a premissa de que o sistema de direito civil deve oferecer toda a resposta para a disciplina dos caso sob sua disciplina, dispõe em seu art. 4.º: "Quando a lei for omissa, o juiz decidirá o caso de acordo com a analogia, os costumes e os princípios gerais de direito".

A rigor, a definição de lacuna a ser preenchida pela atividade de integração do direito não decorre de uma escolha do intérprete, mas de uma insuficiência atribuída ao mundo dos fatos, que caracteriza a ausência de uma norma para solucionar determinado caso. Conforme anota Canaris, resulta daí o problema de delimitação entre a competência do juiz e a do legislador, que implica considerar, primeiro, que não há espaço para uma definição subjetiva do juiz, o qual se encontra limitado pela própria lei.[33] Neste sentido, a noção de lacuna separa-se de uma apreciação meramente arbitrária do julgador, para sustentar-se sobre a noção de razoabilidade, segundo a qual se estabelece a noção de uma ordem razoável em vista da natureza das coisas. Como refere Canaris: "Existe uma lacuna quando se está à frente de uma falta de regulamentação legal, considerado o sistema jurídico como um todo – isto é, incluindo os princípios supralegais e ideias retiradas da natureza das coisas".[34]

Esta noção de incompletude do sistema[35] legitima a adoção de soluções que completem o direito a partir de outras fontes normativas. Neste sentido, a noção de sistema fechado e completo inaugurado da legislação civil já era combatida por Portalis e outros responsáveis pela redação do Código Civil francês de 1804, ao indicar a possibilidade do recurso aos costumes ou à equidade universal como critério para preenchimento das lacunas do direito. Esta

---

29 Karl Larenz, *Metodologia da ciência do direito*, p. 627-638.
30 Karl Engisch, Introdução ao pensamento jurídico, p. 275.
31 Karl Engisch, Introdução ao pensamento jurídico, p. 281.
32 Karl Engisch, Introdução ao pensamento jurídico, p. 283.
33 Claus-Wilhelm Canaris, De la manière de constater et de combler les lacunes de la loi en droit allemand. In: Charles Perelman (org.). *Le problème des lacunes en droit*. Bruxelles: Bruylant, 1968. p. 163.
34 Claus-Wilhelm Canaris, De la manière de constater et de combler les lacunes de la loi en droit allemand, p. 167.
35 Charles Perelman, Le problème des lacunes en droit, essai de synthèse. In: Charles Perelman (org.). *Le problème des lacunes en droit*. Bruxelles: Bruylant, 1968. p. 537.

solução, todavia, não foi adotada finalmente por Cambacérès, que optou pela supressão do título preliminar da codificação.[36]

Atualmente, a noção de lacuna não se compreende sem ter em conta a interpretação como método de realização do direito.[37] Nesse sentido, interpreta-se o direito posto e dali, em vista da unidade do sistema e dos valores que expressa, identificam-se as lacunas. Em outras palavras, determina-se uma vez que não haja texto normativo expresso, o que se pode considerar como ausência de norma que compromete a própria realização do direito que se busca definir, e o que decorre de um projeto do legislador. Da mesma forma, é examinada a conformidade deste projeto do legislador com a própria unidade sistemática do ordenamento jurídico, que se realiza a partir das normas estabelecidas na Constituição da República. Isso porque nela se situa a teleologia a qual deve recorrer o aplicador do direito na colmatação da lacuna. Neste sentido, para identificação das semelhanças (argumentos *a simili ad simile*) e distinções (argumentos *a contrario*) entre situações que se pretendam paradigma para o preenchimento da lacuna no caso, parte-se de certa compreensão da teleologia da norma, e o resultado da sua aplicação ao caso concreto.

4. A UNIFICAÇÃO DAS OBRIGAÇÕES CIVIS E COMERCIAIS

A dicotomia entre o direito civil e o direito empresarial foi historicamente construída, especialmente pela evolução paralela de ambos os ramos do direito privado. Embora no direito romano não conhecessem distinção[38], o fato é que a partir do final da Idade Média e princípio da Idade Moderna, as corporações de mercadores passam a organizar-se de modo a disciplinar suas relações econômicas e, consequentemente, sua disciplina jurídica, estabelecendo regras especiais em relação àquelas que vigoravam para solução de questões entre outros que não fossem seus membros, submetidos ao direito comum. O renascimento das cidades italianas após a desagregação do império de Carlos Magno e a independência de diversas repúblicas contribuiu, igualmente, com a prosperidade comercial daquela região. Nota-se então, a propagação do comércio ao longo das margens do Mar Mediterrâneo, tornando-se cidades como Amalfi, Veneza, Gênova, Pisa e Florença importantes empórios comerciais, que aproveitam as cruzadas cristãs para estender este comércio aos povos do oriente. Destas cidades italianas surge a pioneira regulamentação comercial europeia, de que é exemplo a *tabla amalfitana*, em Amalfi, o *Constitutum usus* e o *Breve curiae maris*, de Pisa, que vieram a colecionar os costumes mercantis da cidade reunidos no *Breve consulum maris*. Em Veneza, principal entreposto do comércio marítimo, surge o *capitulare nauticum*. E em Gênova, o mais importante tribunal de comércio italiano, a *Rota Genoveza*, que formou o primeiro corpo de decisões (jurisprudência) da época.[39]

Nestas cidades, assim como por toda Europa, elemento fundamental da atividade comercial naquele tempo eram as denominadas *corporações de ofício*, associações de profissionais cuja filiação era pressuposto ao exercício da atividade comercial. Estas corporações espalharam-se por toda a Europa, sendo conhecidas na Alemanha, Inglaterra, França, Escandinávia e Países

---

[36] John Gilissen, Le problème des lacunes du droit dans l'évolution du droit médiéval et moderne. In: Charles Perelman (org.). *Le problème des lacunes en droit*. Bruxelles: Bruylant, 1968. p. 246.
[37] António Castanheira Neves, *Digesta – Escritos acerca do direito, do pensamento jurídico, de sua metodologia e outros*. Coimbra: Coimbra Ed., 1995. vol. 2, p. 374.
[38] Tulio Ascarelli, *Panorama do direito comercial*. São Paulo: Saraiva, 1947, p. 17.
[39] Waldemar Martins Ferreira, *Curso de Direito Comercial*, v. I. São Paulo: Sales, Oliveira, Rocha & Cia., 1927, p. 19 e ss.

Baixos também como *hansas*.[40] Na França, foram então suprimidas em 1776, em nome da liberdade de iniciativa.[41] Já o direito das sociedades tem seu princípio nas companhias comerciais do séc. XVI, espécies assemelhadas às sociedades por ações, no período que antecede à formação do capitalismo na Europa ocidental. Desde o princípio, entretanto, nota-se a característica peculiar do direito comercial, da não submissão a fronteiras políticas nacionais, uma vez que, embora identificadas diferenças entre as diversas ordens jurídicas internas, tinham sua atividade vinculada a conexões comerciais inter-regionais[42].

O direito que resulta das regras estabelecidas por estas corporações, e as decisões de seus tribunais especiais (tribunais de comércio, p. ex.) são fundamento de um direito especial, de natureza corporativa, o direito comercial. Com o passar do tempo, o direito comercial passa a ganhar importância na mesma ordem de importância que assumem as atividades de comércio e indústria, sustentando-se originalmente uma distinção do direito civil, ao tempo em que se estabelece como um direito dos comerciantes. Com o Código de Comércio francês de 1807, editado sob Napoleão Bonaparte, repele-se a ideia de um direito dos comerciantes, seguindo o ideal revolucionário da igualdade entre todos, definindo-se então critério objetivo para a definição do âmbito de aplicação do direito comercial: a prática dos atos de comércio.

No Brasil, o direito positivo vigente no período colonial permaneceu praticamente sem alterações após as Ordenações Filipinas (1603). Todavia, a influência da *Lei da Boa Razão* (1769), ao autorizar a invocação subsidiária de normas de direito estrangeiro das nações "de boa, depurada e sã jurisprudência", torna possível, mesmo após a independência de 1822, a influência direta do Código de Comércio francês de 1807 e, mais tarde, das codificações espanhola (1829) e portuguesa (1833), considerados base do direito comercial brasileiro.

Em relação ao direito português, aliás, é relevante a influência de Ferreira Borges, que contribuiu para a superação da concepção de direito comercial como direito de profissionais, em prol de uma concepção objetiva, favorecida a partir do advento da Revolução Francesa.[43]

Após a independência do Brasil, Lei de 20 de outubro de 1823 determinou que fossem mantidas as leis portuguesas vigentes em 25 de abril de 1821, o que, em relação ao direito comercial, assegura a vigência de diplomas dos séculos XVII e XVIII relativamente à atividade comercial, submetendo-a a uma "legislação pesada, sem orientação doutrinária ou, pelo menos, sem lógica."[44] Em 1832, saindo o país dos tumultos da abdicação de Pedro I no ano anterior, também as iniciativas para redação da codificação comercial se ampliaram, sendo designada comissão de comerciantes, dentre os quais se destaca José da Silva Lisboa, que se tornou co-

---

[40] A origem das *hansas* datam de fins do séc. XII e início do séc. XIII. Formada incialmente por algumas cidades ao longo do Báltico e alemãs mais tarde se alastraria pela França, Espanha e Inglaterra. Era uma confederação de comerciantes cujo objetivo era a promoção do comércio, livrando-se dos óbices do sistema feudal. Seu apogeu se deu no Séc. XV, quando dominou o Báltico e o Mar do Norte, obtendo o privilégio de comerciar com diversos Estados da Europa, chegando mesmo a incentivarem uma guerra contra a o Rei da Dinamarca pela conquista de novos mercados, celebrando na assembleia de Colônia (Alemanha), o ato de confederação de 77 cidades, estabelecendo-se as contribuições de cada uma. A liga hanseática sobreviveu, então, até o séc. XVII, reduzindo-se no final às mesmas cidades que lhe deram origem, vindo a perder seu prestígio. Carvalho de Mendonça, Tratado de direito comercial brasileiro..., p. 62.

[41] Carvalho de Mendonça, Tratado de direito comercial brasileiro..., p. 27.

[42] Franz Wieacker, História do direito privado moderno, p. 269.

[43] Mário Júlio de Almeida Costa, *História do direito português*. 3ª ed. Coimbra: Almedina, 2001, p 422.

[44] Carvalho de Mendonça, Tratado de direito comercial, *op. cit.*, p. 78-9.

nhecido mais tarde como o Visconde do Cairú.[45] Compreendeu o projeto a divisão da matéria em três partes, sendo a primeira relativa às pessoas do comércio (contratos e obrigações), a segunda sobre comércio marítimo e a terceira sobre as quebras. As fontes imediatas da elaboração do projeto observam-se na sua exposição de motivos, a qual indica sua inspiração, quanto à primeira parte, nas codificações francesa, espanhola e portuguesa, relacionando os motivos para o sensível afastamento em relação à legislação estrangeira nas demais partes.[46] Enviado ao parlamento brasileiro em 1834, resultou no Código Comercial promulgado em 1850.

Em seguida, em 1855, o jurista Augusto Teixeira de Freitas foi contratado para organizar o novo Código Civil brasileiro. Influenciado pelos europeus, no curso do seu trabalho, reconheceu o caráter artificial da distinção entre o direito civil e o direito comercial, e propôs então que seria cientificamente mais correta a elaboração de um Código Geral de Direito Privado, abrangendo também a matéria comercial, estando subjacente em sua abordagem a ideia de completude do ordenamento jurídico a partir de um diploma legislativo único de direito privado. A proposta de Teixeira de Freitas, contudo, não foi bem recebida, sendo ao final rescindido o contrato do governo com o jurista.

Esta proposta de unificação feita por Teixeira de Freitas sobrevive em outras iniciativas legislativas ao longo do tempo, vindo a ser influenciada, decisivamente, pelos estudos do italiano Cesare Vivante, originalmente em suas aulas na Universidade de Bolonha em fins do século XIX, apontando para a conveniência da unificação, em um só corpo legal o direito das obrigações, esparsamente tratado em ambas as codificações de direito privado. Sustentava-se as vantagens da opção do ponto de vista prático, especialmente com a eliminação da controvérsia eventual sobre o direito aplicável, as dificuldades em se apontar o direito aplicável ao caso concreto.[47] E da mesma forma, o prejuízo do desenvolvimento científico do direito comercial em razão de um direito comercial com autonomia legislativa, a causar caracterizações doutrinárias impróprias, o que faz com que, a cada regra obrigacional nova, fala-se em contrato *sui generis*.[48]

O desafio da elaboração do projeto de Código Comercial italiano, todavia, fez com que Vivante revisse seu posicionamento, passando a considerar a unificação do direito privado como hipótese de grave prejuízo para o direito comercial, tanto pelas diferenças metodológicas entre um e outro ramo, quanto pelo caráter dinâmico da disciplina comercial em relação à civil. Ademais, certas preferências lógicas do direito comercial, como a proteção do portador de boa-fé na disciplina dos títulos de crédito, acabariam por comprometer as consequências do direito unificado.

No Brasil, entretanto, a perspectiva da unificação do direito das obrigações é almejada há algum tempo. A iniciativa pioneira, neste sentido, é o Anteprojeto do Código de Obrigações, apresentado por comissão de juristas integrada por Orozimbo Nonato, Philadelpho Azevedo e Hanemann Guimarães, em 1941, mas que não chegou sequer a tramitar no Congresso Nacional. A grande polêmica que surge dali em diante, então, refere-se à objeção proposta por comercialistas contrários à unificação, afirmando que o pressuposto para tanto teria de ser, obrigatoriamente, a extensão do instituto da falência também para as sociedades civis.[49]

---

[45] Veja-se: Carvalho de Mendonça, *op. cit.*, 82. Beviláqua, Clóvis. "Evolução jurídica do Brasil no segundo reinado". *In: Revista Forense*, n° 46. p. 9.
[46] Carvalho de Mendonça. *op. cit.*, 92. Também: Ferreira, Waldemar. *op. cit.*, p. 33 e ss.
[47] Vivante, Cesare. *Trattato di diritto commerciale*, v. I. 5ª ed, 1922. p. 11. Gella, Agustín Vicente y. *Introducción al derecho mercantil comparado*. 3ª ed. Barcelona: Labor, 1941. p. 15-6.
[48] Rubens Requião, *Curso de Direito Comercial*. 22° ed. 1° v. São Paulo: Saraiva, 1995, p. 18.
[49] Hanemann Guimarães, A falência Civil. *Revista Forense*, v. 85. Rio de Janeiro: Forense, janeiro de 1941. p. 581.

Nova iniciativa então se observa em meados da década de 1960, quando o governo forma nova comissão de juristas para elaboração de anteprojeto de Código de Obrigações. Apresentado em 1965, não avançou em sua tramitação legislativa. O jurista responsável pela redação da parte relativa à atividade comercial, professor Sylvio Marcondes, também integrou a comissão de juristas nomeada anos depois, responsável para redação do anteprojeto de Código Civil, em meados da década de 1970, do qual resulta o Código Civil de 2002. Apontou o jurista da vocação do direito brasileiro para a unificação das obrigações civis e comerciais, tais como estabelecidos no projeto, bem como a unificação dos institutos essenciais da atividade negocial.[50]

A rigor, nota-se que a unificação das obrigações civis e comerciais é uma tendência do direito contemporâneo, tendo ocorrido mais recentemente nos códigos do Paraguai (1986), do Canadá (1994), da Holanda (1992) e da Argentina (2015).[51]

A unificação do direito civil e do direito comercial pode ser meramente formal, quando se restrinja a mera reunião das normas de ambas as disciplinas em um só Código. E pode ser material, quando implique a abolição de quaisquer distinções entre comerciantes (ora empresários) e não comerciantes. Em matéria de direito das obrigações, trata-se de uma unificação das obrigações que considera a universalidade das denominadas relações de mercado.

A opção brasileira, no Código Civil de 2002, deu-se no sentido de estabelecer uma parte geral das obrigações e de contratos, comum às obrigações civis e empresariais, assim como o regime da responsabilidade civil, reunindo em relação aos contratos típicos, espécies contratuais com origem, em parte, no direito civil, e nos tipos contratuais nele historicamente desenvolvidos, e a incorporação de alguns tipos contratuais próprios do direito comercial, sem deixar de reconhecer a liberdade de criação de novos contratos, definida no art. 425, ao estabelecer: "É lícito às partes estipular contratos atípicos, observadas as normas gerais fixadas neste Código."

Isso não retira, contudo, a autonomia científica e prática do direito comercial – ora denominado direito da empresa, pela adoção da teoria de mesmo nome (teoria da empresa), cuja vinculação ao seu aspecto dinâmico essencial (a atividade empresarial), e à finalidade de lucro da qual se reveste,[52] demarca características próprias em relação aos demais setores do direito privado. Entretanto, estabelece, em relação à dogmática do direito das obrigações, uma fonte legislativa única no tocante à disciplina das obrigações e dos contratos, seja em relação à forma de constituição, desenvolvimento e extinção das relações obrigacionais em geral, seja no tocante às regras gerais sobre contratos e seus tipos legais expressamente definidos.

---

[50] Sylvio Marcondes, Questões de direito mercantil. São Paulo: Saraiva, 1977, p. 5 e ss.

[51] Ruy Rosado de Aguiar Júnior, Prefácio. In: Augusto Teixeira de Freitas, Consolidação das leis civis, v. 1. Brasília: Senado Federal, 2003, p. 21; António Menezes Cordeiro, Tratado de direito civil português – parte geral: introdução, doutrina geral e negócio jurídico. 3ª ed. Coimbra: Almedina, 2005. v. 1, t. 1, p. 171.

[52] W. Endemann, *Das Deutsche Handelsrecht. Systematisch dargestellt*. 2. Aufl. Heidelberg, 1868, § 15, p. 76 e ss.

Capítulo V
SITUAÇÕES JURÍDICAS E A RELAÇÃO JURÍDICA DE DIREITO CIVIL

1. SITUAÇÃO JURÍDICA E RELAÇÃO JURÍDICA

Há várias formas de se estudar os fatos objeto de disciplina do direito civil. Pressupõe, neste aspecto, o modo de incidência do direito objetivo, a saber, o conjunto de normas jurídicas produzidas em um determinado sistema jurídico, nas situações que sejam juridicamente relevantes, ou seja, nas quais haja uma manifestação do direito, consistente na incidência da norma ou em uma decisão jurídica.

Uma delas se dá a partir do estudo da **relação jurídica** de direito civil. Trata-se a relação jurídica de um conceito abstrato, desenvolvido pela ciência jurídica alemã do século XIX, a partir, sobretudo, de Savigny, para quem ela se estabelecia como conceito essencial sobre o qual se articulava toda a noção de Direito.[1]

A definição de relação jurídica pressupõe o fato de que o objeto do Direito não é o indivíduo isolado, senão como parte da vida de relações. Ao se estabelecer relações entre pessoas (relações intersubjetivas), muitas delas surgem, permanecem e se extinguem como meras relações de fato; outras são merecedoras da previsão de uma norma jurídica, daí passam a se caracterizar como relações jurídicas. Esta forma de exame e exposição dos fenômenos que interessam ao Direito ganhou adeptos em diversos sistemas jurídicos. A relação jurídica pressupõe a relação entre dois sujeitos de direito, acerca de um determinado objeto, que por intermédio da incidência da norma jurídica produz um vínculo jurídico. Desta vinculação dos sujeitos ao dever de realizar determinados comportamentos conforme a regra de direito, surgem efeitos no caso de seu descumprimento. O esquema lógico definido pela chamada *teoria da relação jurídica* sustentou a organização e exposição do direito civil em diversos sistemas. Isto tanto para definição de sua estrutura normativa, quanto exposição didática. Assim, por exemplo, no direito alemão, em que a noção de relação jurídica organiza a estrutura do Código Civil de 1900 (BGB), assim como serve à disciplina de relações jurídicas específicas (e.g. de representação, § 168; da cessão, §417; entre pais e filhos, §1617 e ss; no usufruto, § 1070). Também no direito internacional privado, a definição de lei aplicável possui como um dos critérios determinantes, em vários sistemas jurídicos, a denominada "sede da relação jurídica" (*Sitz des Rechtsverhältnißes*), tal como sugerido por Savigny.[2] No direito português, há o assentimento da doutrina[3] e previsão do Código Civil de 1966, que intitula seu Título II como "Das relações jurídicas", e

---

[1] Friedrich Carl von Savigny, *System des heutigen Römischen Rechts*, Band I, Berlin, 1840, p. 331 e ss.
[2] Friedrich Carl von Savigny, *System des heutigen Römischen Rechts*, Band VIII, Berlin, 1848, p. 1 e ss.
[3] Carlos Alberto da Mota Pinto, Teoria geral do direito civil. 3ª ed. Coimbra: Almedina, 1996, p. 167 e ss; Manuel de Andrade, Teoria Geral da Relação Jurídica. Coimbra, 1998; Orlando de Carvalho, Teoria geral da relação jurídica. Coimbra, 1969.

estabelece em seu art. 67: "As pessoas podem ser sujeitos de quaisquer relações jurídicas, salvo disposição legal em contrário: nisto consiste a sua capacidade jurídica." No direito alemão, o reconhecimento da relação jurídica como estrutura modelar sobre a qual incidem as normas jurídicas, igualmente, deve-se à influência da pandectística do século XIX, projetando-se até os dias atuais.[4] Tratam-se, neste sentir, de relações que decorrem do exercício de liberdade humana para adotar comportamentos que impliquem na produção de efeitos jurídicos.[5]

No direito brasileiro, a utilização do conceito de relação jurídica goza de prestígio.[6] Trata-se da compreensão do fenômeno jurídico a partir da perspectiva de uma relação entre sujeitos de direito acerca de um objeto. A partir da noção de relação jurídica pressupõe-se o fenômeno jurídico como algo que envolve, necessariamente, o vínculo entre mais de um sujeito, relacionado a um determinado interesse que se traduz no seu objeto; sobre ele os sujeitos serão titulares de poderes/direitos, ou deveres jurídicos. Expressa, neste sentido, a juridicização das mais elementares formas de interação social, as relações sociais, tornando-as, quando relevantes para o direito, relações jurídicas.[7]

Esta noção de relação jurídica atende, a seu tempo, uma exigência de valorização da liberdade humana como poder para formação de efeitos jurídicos, o que representa a essência do ideário liberal do século XIX, como reconhecimento do poder da vontade do indivíduo na vida de relações.

É relativamente simples identificar-se a relação jurídica e dela servir-se para a compreensão do fenômeno jurídico em muitas situações típicas de direito privado. Assim ocorre quando, no direito das obrigações, por exemplo, diga-se que existe uma dívida. Pressupõe-se, nesta situação que a dívida se insira em uma relação jurídica obrigacional – de débito e crédito – entre um sujeito que seja o credor e outro o devedor, tendo por objeto o comportamento devido pelo devedor (a dívida). Este poderá ser exigido nos termos da obrigação. O mesmo se diga no vínculo entre pais e filhos, própria do direito de família, no qual os sujeitos desta relação jurídica opõe entre si direitos e deveres (assim os pais tem o dever de cuidado e sustento dos filhos desde o nascimento, o que lhe pode ser exigido pelos filhos).

Contudo, a utilização desta estrutura lógica da relação jurídica será adiante objeto de dúvida, sobre sua adequação a outros fatos juridicizados no âmbito do direito privado, em especial aqueles que digam respeito a um determinado sujeito e sua eficácia perante os demais. É o caso quando se trate do direito do proprietário sobre um determinado bem, ou ainda, os direitos da personalidade, reconhecidos a todas as pessoas, cuja posição do sujeito titular do direito só permite que se considere o fato a partir da estrutura da relação jurídica se for tomado como outro sujeito da relação, em termos abstratos, todo o universo de pessoas que não o próprio titular. Deste modo, se o proprietário é o titular da propriedade sobre o bem, no âmbito de uma relação jurídica, deve-se entender que esta relação se dá com todas as outras pessoas que não são titulares deste mesmo direito. O direito à vida, à integridade física ou à honra de que alguém seja titular, o será em uma relação jurídica, apenas se for considerado que o outro sujeito com que se relaciona seja toda a coletividade de pessoas, cujo dever será de abster-se de interferir na esfera jurídica alheia.

---

[4] Bernhard Windscheid, Lehrbuch des Pandektenrechts. 6. Aufl. Frankfurt am Main, 1887, p. 186 e ss.
[5] Georg Friedrich Puchta, Pandekten. Leipzig: Verlag von J. A. Barth, 1866, p. 47.
[6] No direito contemporâneo, veja-se, dentre outros, Orlando Gomes, Introdução ao direito civil, 19ª ed., p. 85 e ss; e Francisco Amaral, Direito civil. Introdução. 9ª ed. São Paulo: Saraiva, 2017, p. 257 e ss.
[7] Orlando de Carvalho, Teoria geral do direito civil. 3ª ed. Coimbra: Coimbra Editora, 2012, p. 88.

No direito brasileiro, é célebre a identificação, por Pontes de Miranda, tomando a relação entre o proprietário (titular do direito de propriedade sobre o bem) e o segundo sujeito a quem refere, designando-o como *sujeito passivo total*. **Passivo** porque tem o dever de suportar passivamente o direito alheio; *total*, porque são todos que não o titular do direito.[8]

Porém, é a alegada inaptidão da estrutura lógica da relação jurídica para certas situações, ou mesmo, a necessidade de recorrer-se a argumentos técnicos para confirmá-la, que coloca em destaque outro modo de categorização do fenômeno jurídico, que é o de **situação jurídica**.

A estrutura da situação jurídica pretende-se mais ampla do que a de relação jurídica. Neste sentido, entende-se que a relação jurídica será uma espécie de situação jurídica (situação jurídica relativa), ao lado de outras que abrangeriam todas as situações envolvendo pessoas que se caracterizem como relevantes para o Direito, inclusive as relações jurídicas. Dentre aqueles que a preferem como modo de exame do fenômeno jurídico, sugere-se que a teoria da situação jurídica teria vantagem sobre a teoria da relação jurídica, em vista de que pressupõe a análise dos elementos concretos de um determinado fato relevante para o Direito, enquanto a noção de relação jurídica estaria vinculada à abstração das fórmulas jurídicas próprias da pandectística do século XIX. O que, atualmente, estaria baseado mais diretamente no direito objetivo – nas normas jurídicas abstratas – do que no resultado concreto de sua incidência.

Dentre os autores mais reconhecidos pela sistematização da teoria da situação jurídica está Paul Roubier, que a define como *a situação que concretiza regras jurídicas de direito objetivo, de modo a reconhecer direitos subjetivos e demais poderes jurídicos aos partícipes desta situação jurídica*.[9] No direito brasileiro, é destacada a contribuição de Torquato Castro, que define a situação jurídica como a *"situação que de direito se instaura em razão de uma determinada situação de fato, revelada como fato jurídico, e que se traduz na disposição normativa de sujeitos concretos posicionados perante certo objeto; isto é, posicionados em certa medida de participação de uma res, que se define como seu objeto"*.[10]

Neste sentido, sustenta-se que a relação entre sujeitos de direito são medidas, como projeções de relações atributivas, nas quais cada sujeito ocupa *posições jurídicas*. Assim é, por exemplo, a relação entre *credor* e *devedor*, hipótese na qual, em relação ao primeiro, é atribuído o crédito, e ao segundo a obrigação de promover seu adimplemento.[11] Este entendimento leva a considerar o fenômeno jurídico, a partir do conceito de situação jurídica, como integrado por sujeitos concretos, em posições medidas pela norma, de modo a afastar-se de um puro conceitualismo, em favor da identificação do indivíduo situado na realidade, "uma experiência de sua própria existência imersa no mundo e encarnada numa situação".[12]

Em sua origem, a teoria da situação jurídica teve por finalidade a definição de fatos que não se adequavam à identificação da presença de direito subjetivo, hipóteses como a capaci-

---

[8] Francisco Cavalcante Pontes de Miranda, Tratado de direito privado, t. XI, 4. ed. São Paulo: RT, 1977, p. 15-16.
[9] Paul Roubier, *Droits subjectifs et situations juridiques*. Paris: Dalloz, 1963, p. 48.
[10] Esclarece o autor, sobre o conceito proposto que, por res, entenda-se, em seu sentido genérico, "abrangendo tudo o quanto pode ser objeto de direito, desde a parcela do mundo físico, os atos humanos externos, até as qualificações de valor moral ou social, enquanto tais realidades externas sejam passíveis da experiência jurídica, que é a experiência da atribuição." Torquato Castro, *Teoria da situação jurídica em direito privado nacional*. São Paulo: Saraiva, 1985, p. 50-51.
[11] Torquato Castro, Teoria da situação jurídica em direito privado nacional, p. 51.
[12] Idem, p. 52-53.

dade de agir ou o poder de disposição.[13] Mais adiante, a situação jurídica passa a ser indicada pelo entendimento sustentado por parte da doutrina processualista, para a compreensão das situações das partes no curso do procedimento judicial.[14]

Trata-se, deste modo, situações jurídicas e relações jurídicas, de dois modos de estruturar logicamente o exame dos fenômenos jurídicos, ambas com ampla aceitação no estudo do direito civil, de modo que se passa ao exame de cada um deles.

1.1. Situações jurídicas

Situações jurídicas são fatos reconhecidos pelo direito que sobre eles incide de modo a conferir aos sujeitos que dele participam, concretamente, determinados efeitos em tutela de seus interesses. Os elementos constitutivos da situação jurídica compreendem o sujeito, o objeto e a posição do sujeito, assim como, quando esta posição se exerça diretamente em relação a outros sujeitos, a relação intersubjetiva, assinalando a relação jurídica que se estabelece entre sujeitos, determinada pela natureza do objeto.

A teoria da situação jurídica, assim, afasta o papel preponderante do conceito de direito subjetivo como modo de reconhecimento da atuação humana pelo Direito. Prefere a distinção entre *situações jurídicas subjetivas*, em que exista uma dependência da vontade para produção de seus efeitos, e as *situações jurídicas objetivas*, em que o efeito resulta da norma.[15] Desde a perspectiva da teoria da situação jurídica, assim, perde força a distinção entre direito subjetivo ou direito objetivo. Sustenta-se na crítica principal à tese do direito subjetivo, referindo que esta se baseia "na falsa generalização de uma liberdade, criada aqui por exigência de ordem moral, em razão da específica natureza do objeto jurídico".[16]

Não há, assim, uma distinção entre o que é objetivo e o que é subjetivo no fenômeno jurídico, concentrando-se tudo na relação de atributividade da norma jurídica a uma dada situação.[17] Daí porque prefere a noção de *posição jurídica*, entendida como "o termo que

---

[13] Conforme Torquato Castro, ao referir as razões do surgimento do conceito de situação jurídica na doutrina de Josef Kohler, conforme Torquato Castro, a Teoria da situação jurídica..., p. 54. No mesmo sentido, Clóvis do Couto e Silva, que refere as obras de Josef Kohler e James Goldschmidt como as que referem à existência de "posições jurídicas". Clóvis do Couto e Silva, Para uma história dos conceitos no direito civil e no direito processual civil. *Separata do número especial do Boletim da Faculdade de Direito de Coimbra. Estudos em homenagem aos Profs. Manuel Paulo Merêa e Guilherme Braga da Cruz.* Coimbra, 1983, p. 46.

[14] Sobretudo o trabalho de James Goldschmidt, *Processo como situação jurídica* (Prozess als Rechtslage), de 1925. O autor sustenta que "o conceito de situação jurídica é especificamente processual (...) o conceito de situação jurídica forma a síntese da consideração abstrata, suposto processual, e da concreta, suposto material para o direito judicial". Ou como explica: "reduz ao um denominador comum a exigência abstrata do cidadão, de que o estado administre a justiça e a concreta do titular, segundo algum direito material, de que o Estado lhe outorgue proteção jurídica mediante uma sentença favorável." James Goldschmidt, *Teoría general del proceso*. Barcelona: Labor, 1936, p. 56-57. Ou seja, a situação jurídica traduzida como "um estado de esperança de uma pessoa em atenção a uma sentença judicial futura", James Goldschmidt, *Problemas generales del derecho*. Buenos Aires: De Palma, 1944, p.120. Este entendimento, contudo, é criticado por Torquato Castro, ao entender que a teoria da situação jurídica foi impropriamente estendida para o processo civil. Torquato Castro, A teoria da situação jurídica..., p. 54.

[15] Paul Roubier, *Droits subjectifs et situations juridiques*, p. 60 e ss.

[16] Torquato Castro, Teoria da situação jurídica..., p. 82.

[17] A distinção corrente entre os direitos subjetivos e as demais prerrogativas jurídicas em regra vincula-se a uma maior segurança e certeza quanto ao primeiro, porquanto vinculado diretamente ao seu titular, muitas vezes em virtude de previsão legal expressa com anterioridade. Esta distinção, contudo, observará toda a sorte de questionamentos, porquanto esta certeza e segurança quanto à existência e possibilidade de exercício pode se dar em relação às demais prerrogativas. Contudo, é certo que seja como se consti-

congrega em síntese, todas as relações possíveis que cabem a um sujeito, dentro da unidade normo-dispositiva impressa pela norma a cada situação jurídica".[18]

Assim, por exemplo, quando alguém é proprietário de um bem, estará em uma situação jurídica uniposicional (uma só posição relevante) ou ainda se denomina situação jurídica absoluta, no qual exercerá seus poderes sobre a coisa e o opõe aos demais. Já quando alguém é sujeito de uma determinada obrigação, obriga-se em relação a outro sujeito, caracterizando uma situação jurídica relacional (relação jurídica).

1.1.1. Espécies de situações jurídicas

A identificação e classificação de espécies de situações jurídicas não é algo exauriente, ou seja, não se esgota a possibilidade de sua classificação apenas nas espécies principais aqui relacionadas. A variabilidade do critério de classificação poderá conduzir a outras espécies. Elege-se apenas algumas das principais espécies para efeito de permitir seu domínio no exame dos fatos jurídicos relevantes em direito privado.

1.1.1.1. Situações abstratas e concretas

A própria definição de situação jurídica remete à noção de reconhecimento de um dado resultado de incidência da norma jurídica sobre uma situação envolvendo a pessoa e a repercussão em sua esfera jurídica. Neste sentido, há na teoria da situação jurídica, implícita, a ideia de concretização do preceito de uma ou mais normas jurídicas sobre uma dada realidade da vida. Contudo, isso não elimina a possibilidade de que as situações jurídicas se possam examinar tal qual previstas em determinada norma jurídica e após sua incidência concreta em determinado fato da vida que juridiciza.

Desta possibilidade surge a distinção entre situações abstratas e concretas. As situações jurídicas abstratas são aquelas tal qual existam em sua previsão abstrata nas regras jurídicas. Assim por exemplo, quando o art. 2º do Código Civil refere que "a personalidade começa com o nascimento com vida", esta previsão abstrata da norma revela-se como uma espécie de situação jurídica abstrata. Contudo, se João ou Pedro nascem com vida e adquirem personalidade por isso, em razão da incidência da norma do art. 2º do Código Civil, então se terá uma situação jurídica concreta. As situações jurídicas concretas serão aquelas que resultam da incidência da norma jurídica sobre uma dada realidade, ou seja, como realidade social e histórica própria. Quando se refere apenas ao preceito normativo, como a norma que imputa o dever de indenizar de quem tenha praticado um ato ilícito e causado dano (art. 927, *caput*, do Código Civil), se está a referir a uma situação jurídica abstrata de quem seja causador de um dano e obrigado a indenizar. Contudo, quando se diz que Augusto colidiu por culpa sua no automóvel de Maria, causando-lhe um dano, e por isso está obrigado a indenizá-la, se está a referir a uma situação jurídica concreta.

---

tuam estas prerrogativas (se direitos subjetivos, liberdades, faculdades), todas podem ser reconduzidas ao conceito de direitos, para efeito do reconhecimento da possibilidade fática de abuso, rejeitada pela ordem jurídica por intermédio da condenação ao abuso do direito.
[18] Torquato Castro, Teoria da situação jurídica, p. 97.

1.1.1.2. Situações jurídicas simples e complexas

As situações jurídicas podem ser simples ou complexas. Situação jurídica simples é aquela em que qualquer fator que lhe integre a caracteriza como tal, de modo que sendo retirado, a desconstitui por completo, ou a torna ininteligível.[19] É exemplo de uma situação jurídica simples o poder de que alguém é titular, de exigir de outra pessoa um comportamento, o que se caracteriza como uma *pretensão*. Retirando-se este poder, nada sobra na esfera jurídica do titular, desconstituindo-se a própria situação jurídica em questão.

Situação jurídica complexa é aquela de que resultam variados efeitos, de modo que se possa, parcelando-se seu conteúdo, definir-se situações jurídicas autônomas. O melhor exemplo é o direito de propriedade sobre um imóvel. Neste caso, há feixe de poderes e faculdades, tais como usar e fruir da coisa, assim como o poder de disposição que permite transferi-la a diversos títulos (p.ex. de forma onerosa na compra e venda, ou gratuita, por doação), a faculdade de construir, de cultivar ou de habitar, todas as quais podem caracterizar-se como figuras parcelares e mesmo direitos autônomos.

Da mesma forma, a situação jurídica pode ser complexa por haver pluralidade de vínculos, de cotitularidade ou de pessoas com interesses comuns (caso de codevedores ou condôminos, p. ex.), assim como quando haja conjugação funcional, como ocorre em certos negócios jurídicos dependentes entre si (p. ex., o contrato de locação e o de fiança do locatário).

1.1.1.3. Situações jurídicas unissubjetivas e plurissubjetivas

Situações unissubjetivas são aquelas que dizem respeito a apenas um sujeito, como é o caso de alguém que deve cumprir um determinado dever, ou que pode renunciar a um direito, ou ainda que seja titular de direitos oponíveis erga omnes, como é o autor em relação aos direitos autorais ou as pessoas em geral, com seus direitos da personalidade.

Situações plurissubjetivas pressupõem mais de um sujeito, tal como ocorre com as obrigações solidárias em que há mais de um credor ou mais de um devedor que pode exigir ou ser demandado pela satisfação integral da dívida, mas também na situação em que se encontram os titulares de um condomínio (condôminos) todos cotitulares da propriedade; ou ainda os sócios de uma pessoa jurídica entre si.

1.1.1.4. Situações jurídicas uniposicionais e situações relacionais

Outra classificação das situações jurídicas é aquela que toma em conta a posição jurídica do sujeito. Neste caso as situações jurídicas serão uniposicionais ou relacionais – e nesta hipótese caracterizando a relação jurídica. São uniposicionais as situações jurídicas quem haja apenas uma posição jurídica relevante, de modo independente de quaisquer outras. O direito de propriedade é exemplo sempre lembrado. O proprietário exerce seus direitos sobre a coisa com eficácia *erga omnes* (perante todos). Também os direitos da personalidade, como regra, são uniposicionais: a pessoa é titular do direito de personalidade e o opõe aos demais (*erga omnes*). Também há situações em que o sujeito é titular de direito potestativo, cujo exercício basta para preencher de eficácia, independentemente de qualquer outro comportamento, como ocorre no exercício do direito de resolução, resilição ou renúncia. Se é titular de um direito e dele pode abrir mão por renúncia, encontra-se em uma situação jurídica uniposicional. Assim como se é o credor que sofre o inadimplemento e exerce o direito de por fim (resolver) o contrato com

---

[19] Menezes Cordeiro, Tratado de direito civil, t. I, 4ª ed. Coimbra: Almedina, 2012, p. 864.

o devedor inadimplente. Trata-se do exercício de um direito-poder, em que basta a vontade do titular para exercer e os efeitos se produzem.

As situações jurídicas relacionais caracterizam-se por ações e comportamentos típicos dos sujeitos entre si, como no caso dos contratos e demais relações em que existe uma relação entre sujeitos, da qual resulta a ideia de direitos e deveres contrapostos e correspectivos. Nos contratos em geral, os direitos e deveres se realizam em relação a outro sujeito, exista, ou não, reciprocidade. Na compra e venda, o devedor da coisa tem de entregá-la ao seu credor, que, por sua vez, será devedor do preço, cujo pagamento deverá àquele que transmitiu a coisa. Na doação, o doador transmite ao donatário. Nas relações de família, como o casamento, os cônjuges têm posições jurídicas relacionais, de modo que os comportamentos de ambos se exercem um em relação ao outro. Daí se dizer, destas situações jurídicas todas, serem situações relacionais, também entendidas como *relação jurídica*, uma vez que seu sentido só é compreensível a partir da exata compreensão de ambas as posições jurídicas (dos contratantes, ou dos cônjuges, p. ex.).

Um critério útil para exata identificação e distinção entre as situações jurídicas uniposicionais e as situações jurídicas relacionais é o da eficácia que delas resultam. Nas situações jurídicas uniposicionais, a eficácia se dá *erga omnes*, ou seja, perante todos que não sejam o próprio titular do direito. Assim o proprietário opõe sua propriedade perante todos, o titular de um direito da personalidade, como o direito à vida, ou à intimidade, opõe seu direito perante todos. Já nas situações jurídicas relacionais, a eficácia se produz apenas em relação aos sujeitos que integram a relação. Assim o credor exige do devedor o crédito, assim como os cônjuges exercem entre si os direitos e deveres a sociedade conjugal. Daí se diga, nas situações jurídicas relacionais, que a eficácia será *inter partes* (entre as partes).

Há quem se coloque contrário ao critério da eficácia, por sua aptidão para gerar outras confusões que se se visa evitar,[20] ou ainda porque pode ocorrer em certas situações jurídicas relacionais, de surgirem efeitos em favor da preservação das próprias posições dos sujeitos que dela participam, mas que se projetam para além dela. É o caso da eficácia perante terceiros nos contratos, visando inibir qualquer um que não faça parte do pacto, de estimular sua violação pelas partes.

1.1.1.5. Situações jurídicas patrimoniais e existenciais

Distinguem-se as situações jurídicas em patrimoniais e existenciais. Situações jurídicas patrimoniais são aquelas que tenham conteúdo econômico de modo que possam ser estimáveis em dinheiro. Um contrato, como regra, será uma situação patrimonial, assim com a propriedade ou a situação do sócio de uma sociedade empresária. De regra, são situações cuja titularidade é transmissível a outra pessoa.

São situações jurídicas existenciais aquelas que não tenham conteúdo econômico, e cujas posições do sujeito se revela pela tutela de interesse inestimável economicamente. São denominadas também não patrimoniais ou simplesmente, pessoais.[21] Assim é o caso do titular do direito à honra, à vida ou à integridade física, por exemplo, espécies de direitos da personalidade.

---

[20] Menezes Cordeiro, Tratado de direito civil, t. I, 4ª ed. Coimbra: Almedina, 2012, p. 867.
[21] A adoção da terminologia de situações existenciais é consagrada em parte da doutrina brasileira, sobretudo em face da influência do direito italiano, conforme se vê, em especial, em Pietro Perlingieri, Manuale de diritto civile, 8ª ed. Napoli: Edizione Scientifichi Italiane, 2017, p. 183 e ss. Aqui se adota a opção, em especial, para bem distinguir a natureza do critério e sua absoluta distinção de qualquer interesse econômico na tutela das realidades que denomina. Por outro lado, situações não patrimoniais são de ocorrência relativamente comum, conforme, dentre outros, Menezes Cordeiro, Tratado de direito civil, I, cit.; ou ainda

São situações de certa ocorrência, também, no direito de família, como, por exemplo, o que resulta do interesse do filho ao reconhecimento da paternidade, do dever de cuidado dos pais sobre os filhos, ou dos cônjuges entre si. Observe-se que se reveste a situação existencial de um elemento ético-jurídico próprio, que é a proteção de interesses legítimos vinculados à própria dignidade da pessoa humana, ou ainda, a deveres de solidariedade social,[22] insuscetíveis, de modo apriorístico, de avaliação econômica.

Embora afeto à tutela da personalidade e de seus atributos (vida, integridade física, intimidade, vida privada etc.), não significa que situações jurídicas existenciais não possam ser identificadas no curso de relações de natureza econômica. É o caso, por exemplo, de um contrato cuja natureza econômica da relação se ponha, e no qual o credor da prestação integre situação jurídica existencial. Assim ocorre nos contratos de planos de assistência à saúde, em que o assistido pretende o cumprimento da prestação pela operadora do plano de saúde com vistas a preservação de sua integridade física (daí a situação jurídica existencial), ainda que ela tenha conteúdo econômico.

Naturalmente que as situações jurídicas existenciais, embora não se admita que sejam avaliáveis em dinheiro, frente à violação de direitos que dela decorram, e do que resulte danos, poderão admitir certa estimação para efeito do cálculo de eventual indenização. Da mesma forma ocorre quando o interesse tutelado pela situação jurídica existencial seja garantido de outro modo, como é o caso do seguro, hipótese em que a definição da cobertura exigirá uma definição de valores.

O direito civil contemporâneo valoriza a tutela de situações jurídicas existenciais, associando-as à garantia da própria pessoa humana e sua dignidade (dignidade da pessoa humana), razão pela qual tanto sua identificação, quanto os meios de assegurar efetiva proteção são objeto de grande atenção para o jurista atual.

1.1.1.6. Situações jurídicas ativas e passivas

Uma última distinção que convém ser feita se dá entre situações jurídicas ativas e passivas. Situações ativas são aquelas em que o sujeito exerce posição em que é titular de um direito, de um poder ou de uma faculdade, cuja eficácia poderá exigir de outro sujeito um comportamento, ou ainda que constituirá determinado efeito jurídico em seu favor, opondo-o a alguém em particular ou à toda a coletividade (eficácia *erga omnes*). Já a situação passiva é aquela em que se põe o titular de uma determinada posição jurídica que pode ser constrangido ao cumprimento de um dever ou ônus, ou ainda, sujeitar-se a determinada eficácia jurídica.

Importante aqui é distinguir-se entre as situações jurídicas ativas e passivas e outras denominações que pouco explicam e muito confundem, em especial pelo uso do modelo da relação jurídica. Diz-se na relação obrigacional (um contrato, por exemplo), que é relação entre credor e devedor, e nestes termos, o primeiro pertence ao polo ativo e ao segundo ao polo passivo. Em termos abstratos isso é correto. Contudo, é de notar que na grande maioria dos contratos, em que haja prestações correspectivas, ambos os contratantes serão, a seu tempo, credores e devedores. Assim, por exemplo, na compra e venda: o vendedor é credor do preço

---

situação jurídica pessoal, como é a classificação que adota José de Oliveira Ascensão, Direito civil, v. 3. Teoria geral. Relações e situações jurídicas. São Paulo: Saraiva, 2010, p.18-19.

[22] Associa a situações jurídicas existenciais a deveres de solidariedade social, especialmente, a doutrina civilista italiana, conforme se vê em Bernardino Izzi, Il rapporto giuridico non patrimoniale. Milano: Giuffrè, 2012, p. 193.

e devedor da coisa; o comprador é devedor do preço, mas credor da coisa. Nesta perspectiva, o exame deste específico contrato, por intermédio da teoria da situação jurídica, possui uma vantagem didática, de permitir compreender a complexidade dos efeitos jurídicos envolvidos, a partir de direitos e deveres correspectivos.

1.1.1.7. Situações jurídicas pessoais e reais

As situações jurídicas podem ser pessoais ou reais. É classificação que põe em relevo, como critério de diferenciação, a característica e natureza dos direitos reais. São os direitos reais (ou direito das coisas), aqueles que dizem respeito ao poder jurídico de um determinado titular sobre coisas. A propriedade é um direito real, assim como o é o usufruto, ou a servidão; são direitos cuja a eficácia revela-se a partir de um vínculo com uma coisa, seja ela objeto do domínio (o proprietário tem o domínio da coisa, podendo usar, fruir ou dispor dela, e reivindicá-la de quem injustamente a possua ou detenha), podendo ser um poder limitado (direitos reais limitados) para certos e determinados fins. Assim no usufruto, o usufrutuário pode apenas usar e perceber os frutos da coisa; na servidão, admite-se que se utilize da coisa para certo fim (na servidão de passagem, por exemplo, faz-se com que seja admitido a pessoas determináveis ou não, passar ou atravessar um terreno alheio, para alcançar certo destino. Os direitos reais tem como características serem oponíveis *erga omnes* e, conceitualmente, são dotados de avaliação econômica.

As situações jurídicas pessoais compreendem um largo espectro, que abrange, por exclusão, todas aquelas que não envolvam direitos reais e, deste modo, não se caracterizem como situações jurídicas reais. Poderão ou não ser dotadas de valor econômico, sendo patrimoniais ou existenciais, uniposicionais ou relacionais.

1.2. Relações jurídicas

Conforme já se afirmou antes, a teoria da relação jurídica finca sólidas raízes na tradição histórica do direito, desde sua origem no século XIX. Sua importância resulta de uma constatação elementar. O Direito como realidade cultural e instrumental de ordenação da vida social, apenas será dotado de sentido pleno se considerado no âmbito da vida de relações. Em termos hipotéticos, um indivíduo que viva isolado de qualquer outro, sem nenhuma forma de interação social, prescinde do Direito ou de qualquer modo de ordenação de vida social, no caso inexistente. Poderá impor a si mesmo normas de caráter moral ou ético, de modo que possa ele próprio identificar os comportamentos devidos e sua razão. Porém, normas jurídicas são dotadas de sentido quando incidam sobre realidade de interação social entre diferentes indivíduos. Daí dizer-se que o direito incide sobre relações sociais, tornando-as jurídicas.

Disso resulta a definição de relação jurídica como sendo "a relação da vida social disciplinada pelo Direito, mediante a atribuição a uma pessoa de um direito subjetivo e a correspondente imposição a outra pessoa de um dever ou de uma sujeição."[23] Não se descuida da existência, também, de uma definição ampla de relação jurídica, como aquela "situação ou relação da vida real (social) juridicamente relevante, isto é, disciplinada pelo Direito". Porém aqui, a noção de interação social só se admite, em muitos casos, como abstração, caso por exemplo em que

---

[23] Manuel A. Domingues de Andrade, Teoria da relação jurídica, v. 1. Coimbra: Almedina, 2013, p. 2.

se admita, por exemplo, o domicílio como relação jurídica em sentido amplo,[24] quando em verdade é uma situação de fato disciplinada pelo Direito (situação jurídica).

As relações jurídicas também podem ser classificadas segundo critérios semelhantes às situações jurídicas, tais como as de: a) relações jurídicas abstratas e relações jurídicas concretas; e b) relações jurídicas simples e complexas. Em ambos os casos, equivalem-se aos critérios já utilizados para a classificação das situações jurídicas. Relações jurídicas abstratas serão aquelas tomadas em termos abstratos segundo previsto em preceito da norma jurídica. Relações jurídicas concretas serão aquelas havidas na realidade da vida, uma relação social que se juridiciza, de modo que se identifiquem concretamente seus sujeitos, tal como o casamento havido entre João e Maria, ou a união civil de Pedro e Mateus, hipóteses em que se estará a tratar de uma relação jurídica concreta havida com a sociedade conjugal.

Já no caso das relações jurídicas simples ou complexas, se dá o mesmo. As relações jurídicas simples se dão quando delas resultam apenas certo efeito em um direito subjetivo ou poder jurídico que se exerce em vista daquele que deve submeter-se e adotar o comportamento ou sujeitar-se conforme estabeleça a norma jurídica. Relações jurídicas complexas serão aquelas de que resultem série de direitos e deveres, correspectivos ou não, tomados em conjunto a uma mesma relação jurídica. Assim será o contrato de compra e venda, em que os direitos e deveres dos contratantes são múltiplos, relacionados à entrega da coisa e a sua qualidade, ao prazo, ao preço, dentre outros que se definam.

Uma terceira espécie de relação jurídica é a que suscita maiores discussões. Na classificação tradicional, distinguem-se as relações jurídicas absolutas ou de direito absoluto. E são nelas que residem as maiores críticas sobre a categoria da relação jurídica e sua pretensão universalizante do fenômeno jurídico – ou seja, que para algo ser jurídico, necessariamente deve enquadrar-se no conceito abstrato de relação jurídica.[25] Nestes termos, distingue-se entre relações jurídicas absolutas e relações jurídicas relativas. As primeiras, envolvendo a totalidade das pessoas; as segundas, apenas pessoas determinadas.

As relações jurídicas absolutas ou de direito absoluto, pressupõe – como já se referiu na introdução ao tema – a existência de ao menos dois sujeitos, ainda que um deles seja indeterminado. Assim ocorre nos exemplos já mencionados da propriedade (e dos direitos reais em geral), e dos direitos da personalidade. O titular do direito será o proprietário, ou a pessoa em relação aos seus direitos da personalidade. Estará aí em uma posição ativa de exigir o respeito aos direitos e pretensões que integrem sua esfera jurídica. Porém, exigirá em relação a quem? A definição de uma relação jurídica absoluta ou de direitos absolutos sugere que os direitos do sujeito ativo, neste caso, dirigem-se a um sujeito passivo indeterminado, compreendendo todas as pessoas que não o titular do direito. A crítica fundamental a esta construção teórica é que não se estará de fato frente a um sujeito, sendo relevante apenas a posição ativa de exigir em relação a qualquer pessoa que porventura desrespeite ou desconsidere a eficácia jurídica que dela resulta.

Daí resultam vantagens comparativas expressivas da adoção da situação jurídica como modelo para exame e classificação dos fenômenos jurídicos em direito privado e seus efeitos.

---

[24] Eis um exemplo de Ennecerus, Tratado de direito civil, v. 1, §4º, citado por Manuel A. Domingues de Andrade, Teoria da relação jurídica, cit.

[25] A crítica mais ampla à noção de relação jurídica absoluta, em língua portuguesa, é feita por José de Oliveira Ascensão, Direito civil, v. 3. Teoria geral. Relações e situações jurídicas, p. 20 e ss. Sustentando a distinção, e defendendo-a, Carlos Alberto da Mota Pinto, Teoria geral da relação jurídica. 4ª ed. Coimbra: Coimbra Editora, 2005, p. 28.

2. EFICÁCIA DAS SITUAÇÕES E RELAÇÕES JURÍDICAS EM DIREITO PRIVADO

O reconhecimento de situações jurídicas e relações jurídicas no direito privado tem sua razão de ser em vista da produção de efeitos jurídicos. Estes efeitos (eficácia jurídica), resultam da identificação de posições jurídicas ocupadas pelo sujeito nas diferentes situações, para exigir, impor ou constituir comportamentos ou fatos (posições ativas); ou ainda para cumprir ou se submeter a determinada repercussão concreta destes mesmos efeitos (posições passivas).

2.1. Eficácia das posições jurídicas ativas

As várias posições jurídicas ativas em direito privado distinguem-se em direitos subjetivos, poderes e faculdades, exceções e interesses. Há autores, sobretudo na doutrina portuguesa[26] e entre nós,[27] que fazem referência também às expectativas jurídicas como espécie de posição jurídica ativa.

No direito brasileiro, contudo, não parece que tenham autonomia em relação ao direito subjetivo. O que se trata é de diferenciar o que é mera expectativa de fato e o que é expectativa de direito (ou expectativa jurídica). Mais recentemente, sobretudo em face da tutela da confiança, por intermédio da boa-fé, introduziu-se na terminologia do direito a noção de expectativa legítima – porque legitimada pela confiança gerada pela conduta da contraparte, pelas circunstâncias ou pelos usos. Porém, neste caso, não parece ser a expectativa em si a posição ativa, senão o direito subjetivo que daí resulta, de sua concretização ou não-frustração. O mesmo se diga em situações tais como a que a eficácia do direito dependa do implemento de condição e este foi maliciosamente obstado pela parte a quem desfavorece, ou ao contrário, que tenha sido realizada com malícia por quem dela aproveite. Nestas situações, a solução do Código é imperativa, ao definir: *reputa-se verificada a condição* (art. 129 do Código Civil). Logo, não se há de cogitar aqui que a expectativa é posição ativa. E ela também não se confunde com o direito condicional que tem aquele cuja eficácia dependa do implemento da condição, a quem se permite praticar os atos para conservação deste direito (art. 130 do Código Civil). Nestes casos, não se toma a expectativa em si, mas sim a tutela do direito subjetivo mesmo. Nestes termos, deve-se entender que a expectativa será elemento do mundo fático, que pode dar causa a um direito ou outra posição jurídica ativa, em especial como resultado da tutela da confiança, mas não é, de modo autônomo, uma posição ativa.

Examine-se, então, os direitos subjetivos, os poderes e faculdades, as exceções e os interesses.

2.1.1. *Direito subjetivo*

2.1.1.1. Formação histórica da noção de direito subjetivo

A definição de direito subjetivo compreende longa construção histórica, que corre em paralelo à própria formação do direito civil contemporâneo. Trata-se de conceito desconhecido do direito romano, onde o reconhecimento exercício de uma posição ativa da pessoa se dava

---

[26] António Menezes Cordeiro, Tratado de direito civil, I, p. 909; José de Oliveira Ascensão, *Direito civil*, v. 3. Teoria geral. Relações e situações jurídicas. São Paulo: Saraiva, 2010, p. 70.
[27] Francisco Amaral, Direito civil: Introdução. São Paulo: Saraiva, 2017, p. 303.

exclusivamente pela previsão de uma ação (*actio*) para postular em juízo.[28] No seu perfil atual, a noção de direito subjetivo forma-se a partir da modernidade, com a crescente subjetivação do direito e sua vinculação à pessoa.

Recorde-se que originalmente a noção de direito (*ius*) que deriva da tradição romana possui caráter eminentemente objetivo, ou seja, o *ius* era o que resultava da decisão jurídica adotada nos casos concretos decididos conforme se reconhecia ao indivíduo uma ação (*actio*) para pretender sua tutela. Assim era a fórmula clássica presente nas *Institutas: ius ars aequi et boni* (direito é a arte do bom e do equitativo). Esta noção objetiva de *ius*, como objeto da justiça dos romanos, cuja definição clássica de Ulpiano (*Iustitia est constans et perpetua ius suum cuique tribuere*) determinava à noção de *ius*, exatamente a representação do que pertenceria a cada um (... *suum cuique tribuere*). Originava-se, pois, da experiência prática, ao largo da noção apriorística que a modernidade imputará a noção de direito, como por exemplo a titularidade de direitos inatos defendida pelo jusnaturalismo. Será a partir do século XIV, que o conceito clássico de *ius* passa a ser compreendido diversamente, como *facultas*, passível de ser exercida contra outrem.[29] É a partir do crescente protagonismo da pessoa que a noção de direito passa a se vincular ao poder da vontade individual, de modo que seu sentido seja determinado gradualmente, vinculado ao interesse da própria pessoa.[30]

Esta nova racionalidade que marca a própria interpretação do que é o Direito,[31] promovida inicialmente pela chamada escola humanista,[32] pela qual seu sentido e o modo como repercute concretamente na experiência real, passa a associar-se ao exercício de um poder pelo indivíduo segundo sua vontade.[33]

Contudo, será a partir do pensamento jusracionalista que se afirma a noção de direito subjetivo com um poder do indivíduo, cujo exercício submete-se a sua vontade racional, o que aparece já na obra de Hugo Grotius, *De iure belli ac pacis* (1625), ao reconhecer o direito como uma faculdade ou aptidão.[34] Também a escolástica espanhola, sobretudo a partir de Francisco de Vitória, irá reconhece a noção de direito como poder do indivíduo (*facultas*), consagrando-se a fórmula de Francisco Suárez em seu conhecido *Tractatus de legibus ac Deo legislatore*, para quem o *ius* compreende "a ação ou faculdade moral de cada um tem sobre sua coisa ou sobre coisa que de algum modo lhe pertence".[35]

Esta fundamentação jusracionalista, considerando o direito subjetivo como algo inato ao ser humano, então, passa a ser reavaliada no século XIX, vinculando o conceito não mais a algo inato, mas inerente ao próprio sistema de direito positivo (sistema jurídico). A pan-

---

[28] Max Kaser; Rolf Knütel, *Römisches Privatrecht*. 20. Auflage. München: Verlag C.H.Beck, 2014, p. 42-45; José Carlos Moreira Alves, Direito romano, v.I. Rio de Janeiro: Forense, 2001, p. 88-90;

[29] Alasdair MacIntyre, *Tres versiones sobre la etica*. Madrid: RIALP, 1992, p. 208-209.

[30] Michel Villey, *Leçons d'histoire de la philosophie du droit*. 2. ed. Paris: Dalloz, 1962, p. 221 et seq.

[31] Francisco Amaral, Historicidade e racionalidade na construção do direito brasileiro. *Revista Brasileira de Direito Comparado*, Rio de Janeiro, n. 20, p. 29:87, 2002.

[32] Em especial o humanismo filosófico de Duns Scotus e Guilherme de Ockham, adiante incorporado à tradição jurídica estrita, conforme Guido Fassò, Storia della filosofia del diritto, I. Antichità e medioevo. Roma: Laterza, 2008, p. 234. No original, veja-se: Guilherme de Ockham, *Opera Theologica*, VII, Quaestiones in Quartum Librum Sententiarum. Reportatio, p. 340-361. Interpretando-a, Alessandro Ghisalberti, *Guilherme de Ockham*. Tradução Luis A. de Boni. Porto Alegre: EDIPUCRS, 1997, p. 250-251. Igualmente, Janet Coleman, Guillaume d'Occam et la notion de sujet. *Archives de philosophie du droit*, Paris, v.34, p. 25-32, 1989.

[33] Elio A. Gallego, *Tradición jurídica y derecho subjetivo*.Madrid: Dykinson, 1999, p. 107.

[34] Hugo Grotius, Le droit de la guerre et de la paix. Paris: PUF, 2005, p. 35-36.

[35] Francisco Suárez, Tractatus de legibus ac Deo legislatore, Livro I, Cap. 2, 5. Coimbra, 1612, p. 11.

dectística alemã, então, recebe e aperfeiçoa esta noção, do direito subjetivo como *poder da vontade humana*,[36] como *liberdade jurídica*,[37] para chegar-se, afinal, ao *poder concedido ao indivíduo pela ordem jurídica*.[38] Em sequência, o próprio protagonismo da vontade no exercício do poder conferido pela ordem jurídica é discutido por Ihering, de modo a identificar o núcleo do conceito de direito subjetivo não no poder da vontade em si, senão na proteção que a ordem jurídica lhe endereça, considerando sobretudo sua utilidade para o indivíduo. Para tanto, recorda do duplo papel que a *actio* teve no direito romano, um material, vinculado a sua finalidade prática de realização do interesse tutelado, e outra formal, como modo de proteção deste direito,[39] de modo a definir o direito subjetivo como *interesse juridicamente protegido*. Deste modo, o direito subjetivo teria um sentido complexo de reconhecimento dos interesses jurídicos de seus titulares e a proteção que a ordem jurídica confere a estes mesmos interesses.

Esta noção levou a que fosse considerado por alguns autores, igualmente, a vinculação do conceito de direito subjetivo à possibilidade de sua proteção jurídica por intermédio do Estado, ou seja, pela possibilidade de exercício de pretensão em juízo para assegurar sua realização, ou da responsabilidade decorrente de sua violação.[40]

A noção de direito subjetivo como poder da vontade não se confinou apenas às iniciativas originais de sua definição na pandectística alemã, senão também foi reconhecida em outras tradições que vieram a influenciar o direito brasileiro, como é o caso do direito francês. Assim por exemplo, gozaram de prestígio na formação do direito civil brasileiro, as noções de direito subjetivo como poder, formulada por Raymond Salleilles,[41] seguida, adiante, por Jean Dabin, para quem o direito subjetivo caracterizava-se por pertinência ou domínio, de modo a identificar determinado valor ou bem associado ao sujeito, de modo reconhecido pelo direito objetivo; e sobre este valor ou bem terá domínio, ou seja, poder que exercerá sobre eles.[42]

Porém, mesmo com a importância assumida pelo direito subjetivo como conceito técnico de direito, não faltou quem o tenha colocado em xeque, negando sua própria existência e utilidade. Em especial, negou a existência do conceito, de direito subjetivo, na tradição francesa, Léon Duguit, para quem o reconhecimento do conceito, ao vincular de modo indissociável à vontade individual, deixa de perceber que a proteção jurídica que se reconhece a determinadas pessoas não se dá como um direito seu, senão segundo certas condições definidas pelo ordenamento jurídico, afinal, "não há direitos subjetivos contrários à lei".[43] Deste modo, entender-se o direito subjetivo como algo vinculado ao indivíduo que dele se utiliza segundo sua vontade,

---

[36] "Poder jurídico da pessoa: âmbito em que sua vontadeprevalece (...) Poder que chamamos de direito dessa pessoa, tal qual a autoridade: alguns chamam isso de direito em sentido subjetivo", Friedrich Carl von Savigny, System des heutigen Römischen Rechts, Bd 1. Berlin: Veit, 1840, p. 6.

[37] G. F. Puchta, Cursus der Institutionen, Leipzig, 1875, p. 4.

[38] "Recht (Recht in subjectiven Sinn, subjectives Recht) ist eine von der Rechtsordnung (Recht im objectiven Sinn, objectives Recht) verliehene Willensmacht oder Willensvorschrift concreten Inhalts" ("Direito no sentido subjetivo, direito subjetivo) é um poder de vontade ou prescrição de conteúdo concreto conferido pelo sistema jurídico (direito no sentido objetivo, diriieito objetivo"), Bernhard Windscheid, Lehrbuch des Pandektenrechts, Bd 1, 4ª Auf. Düsseldorf: Julius Buddeus, 1875, p. 91

[39] Rudolf von Ihering *El espíritu del derecho romano en las diversas fases de su desarrollo*. Granada: Comares, 1998, p. 1033.

[40] August Thon, Rechtsnorm und subjektives Recht. Untersuchungen zur allgemeinen Rechtslehre. Aalen: Scientia, 1964 (original de 1878), p. 218.

[41] Raymond Saleilles, *De la personnalité juridique. Histoire et théories*. Paris, 1910, p. 538-539.

[42] Jean Dabin. *Le droit subjectif*. Paris: Dalloz, 1952, p. 80.

[43] Léon Duguit, *Traité de droit constitutionnel*, t. I. 2ª ed. Paris; E. de Boccard, 1921, p. 203.

seria permitir que o direito se colocasse contra a própria coletividade e o Estado que o assegura, perfilando um sentido antissocial.[44] Outro crítico da noção de direito subjetivo será Hans Kelsen, para quem este nada mais é do que reflexo da ordem jurídica, seja a pretensão de fazer valer em seu favor um dever jurídico imposto a outrem, ou uma permissão de produção de norma individual, um direito político de participar e eleger representantes que produzirão norma jurídica.[45]

A parte desta longa evolução histórica do conceito de direito subjetivo, é certo que, atualmente, a sucessão de teorias e críticas determinam a necessidade de estabelecer-se uma definição técnica que permita compreendê-lo como instrumento da tutela de interesses juridicamente relevantes da pessoa, conforme é proposto a seguir.

2.1.1.2. Definição de direito subjetivo

As várias definições de direito subjetivo ao longo da construção do conceito são tributárias de influências próprias do seu tempo. Atualmente, o sentido que se procura estabelecer, de caráter técnico, que lhe torne útil ao exame das situações jurídicas em que esteja presente, as condições de seu exercício, e sua repercussão na esfera jurídica do titular do direito e das demais pessoas.

Há na definição de direito subjetivo o pressuposto de que tenha conteúdo determinado. Não é técnico dizer que alguém terá direito à algo sem que se possa determinar precisamente do que se trate, de modo que sejam possíveis providências para realização deste direito. O exemplo oferecido por Larenz é didático. Refere o mestre alemão que que "um direito geral à felicidade, à prosperidade, ao êxito na profissão, ou na vida social (...) e outras generalidades análogas, seria, por carecer de toda determinação, uma ideia vazia. Tampouco teria valor prático um direito a fazer tudo aquilo que não está proibido."[46] Esta exigência de um conteúdo determinado pode fazer com que se tenham em vista um comportamento da outra parte (um dever jurídico correspectivo daquele a quem cumpra atender, respeitar ou realizar o direito), ou uma simples abstenção (o dever de respeitar o exercício pleno do direito alheio), ou ainda uma sujeição pura e simples (quando o exercício do direito tenha por resultado a constituição de uma determinada situação jurídica de modo independente a qualquer interferência de outras pessoas que não o titular).

Por outro lado, o direito subjetivo resulta de eficácia jurídica da norma. Ou seja, só há como se referir ao direito subjetivo em uma realidade que o reconheça e determine consequências próprias. Alguém poderá dizer: tenho direito a algo. Porém, se tal não resultar do próprio sistema jurídico e das normas que o integram, esta evocação estará carente de qualquer consequência concreta na realidade. O direito subjetivo, nestes termos, será sempre resultado de uma determinada previsão normativa, seja expressa do ordenamento jurídico, seja o que se reconheça por intermédio das fontes do direito em geral. Nestes termos, mesmo os direitos que se dizem inatos, como o são os direitos da personalidade, por exemplo, enquanto direitos subjetivos, integrando determinado sistema jurídico, só o serão na medida e nas condições definidas pela norma. Assim, por exemplo, o direito à vida é direito da personalidade típico, de modo que cumpre ao Direito assegurar tanto a preservação e fruição da vida a todas as pessoas, quanto estabelecer sanções no caso de sua violação. Porém, o mesmo sistema jurídico

---

[44] Léon Duguit, *Traité de droit constitutionnel*, t. I. 2ª ed. Paris; Ed. de Boccard, 1921, cit.
[45] Hans Kelsen, *Teoria pura do direito*. São Paulo: Martins Fontes, 1999, p. 162.
[46] Karl Larenz, Derecho civil: parte general, p. 257.

que assegura o direito à vida, também o excepciona em hipóteses restritas, como ocorre, no direito brasileiro, quando a Constituição define que não haverá pena de morte, salvo em caso de guerra declarada (art. 5º, XLVII, "a").

Assim é que o direito subjetivo sempre terá seu conceito estabelecido segundo condições definidas pela norma jurídica, não apenas como uma condição formal, senão também como conceito substancial, de modo que não se deve compreender sua noção dissociada do sistema jurídico em que se estabeleça. Tanto assim é que quando se identifique o exercício de um direito em desacordo a condições ou limites que o próprio sistema jurídico lhe determine, se estará a agir contra o direito (ou seja, de modo antijurídico), conforme será visto adiante quando for examinada a categoria do abuso do direito e sua identificação com a ilicitude (art. 187 do Código Civil).

Nestes termos, pode-se definir direito subjetivo como resultante de previsão normativa que outorga ao seu titular prerrogativa para fazer respeitar ou exigir de outra pessoa um comportamento determinado, seja ele uma atuação positiva ou uma abstenção, cuja violação faz nascer a pretensão de exigir coercitivamente sua realização, ou ainda o de ter reparados ou compensados os efeitos que dela decorram.

2.1.1.3. Espécies de direitos subjetivos

Os direitos subjetivos observam diversas classificações. A mais relevante delas diz respeito à distinção entre direitos subjetivos propriamente ditos (ou direitos subjetivos *stricto sensu*) e direitos potestativos.

2.1.1.3.1. *Direitos subjetivos propriamente ditos e direitos potestativos*

Os direitos subjetivos propriamente ditos (ou direitos subjetivos *stricto sensu*), são aqueles cujo titular exerce com o propósito de fazer respeitar ou exigir de outra pessoa um comportamento determinado, de modo que sua realização concreta se dará, ou pela adoção da pessoa a quem se destina da conduta esperada, ou sua violação, com o nascimento de uma correspondente pretensão de cumprimento ou satisfação das consequências. O direito subjetivo propriamente dito, deste modo, tem sua realização concreta dependente do comportamento cooperativo daquele cujo comportamento exija, ou de modo coativo, mediante o exercício de uma pretensão pelo titular.

São exemplos de direitos subjetivos propriamente ditos (ou direitos subjetivos *stricto sensu*), os direitos de crédito. Imagine-se, por exemplo, que A deve certa quantia de dinheiro a B, para pagamento até determinada data. B será titular de direito de crédito em relação a A, a quem cumpre realizar o pagamento da dívida. Chegado o dia do vencimento da dívida, A poderá cooperativamente realizar o pagamento da dívida ou não. Se não o fizer, nasce para B a pretensão de exigir o pagamento, pelo que responderá o devedor com todos os seus bens (art. 391 do Código Civil).

O mesmo ocorre, por exemplo, com o direito subjetivo de propriedade, pelo qual o proprietário pode exigir de todas as pessoas que respeitem seu aproveitamento exclusivo da coisa sobre o qual recaia. Assim, deverão todos respeitar seu direito de uso, fruição e disposição da coisa, abstendo-se de interferir neste exercício. Por tratar-se de direito subjetivo com eficácia *erga omnes* (perante todos), todas as pessoas, que não o proprietário, terão o dever de respeitá-lo, abstendo-se de qualquer ato que caracterize uma interferência indevida na propriedade alheia (*quieta non movere*). Este comportamento de abstenção se dá de forma cooperativa, ou seja, de forma que espontaneamente todas as pessoas nada façam e, com isso, estejam respeitando o direito alheio, ou, quando uma ou mais pessoas deixem de adotar esta conduta e interfiram na coisa sobre a qual recai a propriedade (p. ex., invadam o terreno, ou tomem a coisa do dono mediante violência ou ameaça), surge para o titular do direito a pretensão para reaver a coisa (direito de reivindicar a coisa de quem injustamente a possua ou detenha, art. 1.228 do Código Civil), assim como de ressarcir-se dos danos decorrentes deste comportamento.

Os direitos subjetivos propriamente ditos (ou direitos subjetivos *stricto sensu*) são aqueles cujo titular pode exigir um comportamento determinado da pessoa a quem se dirija, ou ainda de toda a coletividade (no caso dos direitos oponíveis *erga omnes*), e cuja eficácia poderá determinar sua realização mediante a adoção espontânea do comportamento devido por parte do titular do dever, ou no caso de violação, pelo exercício da pretensão para cumprimento coativo do comportamento devido, assim como a recomposição, tanto quanto possível, do *status* anterior a violação, com o ressarcimento da lesão decorrente da violação do direito.

Estes direitos subjetivos propriamente ditos (ou direitos subjetivos *stricto sensu*) distinguem-se então, substancialmente, dos direitos potestativos. Diz-se direito potestativo quando haja previsão normativa conferindo a pessoa um determinado poder (*potestas*) em uma situação jurídica subjetiva.[47] Por isso se diz tratar de um direito-poder. Este poder compreende a possibilidade do titular, mediante exercício exclusivo do direito potestativo, constituir, modificar ou extinguir efeitos jurídicos determinados.

Há no direito potestativo uma característica essencial que o distingue dos direitos subjetivos propriamente ditos (ou direitos subjetivos *stricto sensu*). Tratando-se de direito que se revela pelo poder de constituir, modificar ou extinguir efeitos jurídicos, basta seu exercício pelo titular para que se produza tal resultado. Ou seja, em relação aos direitos potestativos, não se cogita do cumprimento espontâneo ou não do seu comando pelas pessoas sobre as quais repercutam seus efeitos, tampouco de pretensão do titular do direito em caso de violação. Em termos lógicos, não há necessidade de cooperação, tampouco possibilidade de violação, pelo simples fato de que o direito potestativo, ao ser exercido pelo seu titular, produzirá todos os efeitos, independentemente de cooperação/assentimento de quaisquer outras pessoas.

São vários os exemplos de direito potestativo, cujo exercício produzirá para logo todos os seus efeitos. O direito de anular um ato jurídico quando ele não cumpra todos os requisitos de validade é direito potestativo. A renúncia a uma posição ou a um direito sobre o qual o titular possa dispor é um direito potestativo. O direito de o credor resolver o contrato (ou seja, extingui-lo), no caso de inadimplemento do devedor, também o é. Da mesma forma a aceitação da proposta pelo seu destinatário, que faz nascer o contrato, é um direito potestativo. O direito de pessoas casadas divorciarem-se é potestativo. O que todos estes exemplos tem em comum é, justamente, o fato de que basta o exercício pelo titular do direito potestativo para que os efeitos constitutivos, modificativos ou extintivos se produzam, independentemente do outro sujeito sobre o qual ele repercuta. Quem exerce o direito de anular um ato, o fará desde que demonstre a ausência dos requisitos de validade do ato; qualquer outro sujeito cujos efeitos do ato beneficiem não poderá impedir a anulação. O mesmo vale para quem renuncia a um direito. O exercício da renúncia bastará para extinguir o direito, independente do assentimento de qualquer outra pessoa. O credor também poderá resolver o contrato, extinguindo-o, se

---

[47] A origem da noção de direito potestativo deve-se ao direito alemão, a partir do estudo de Emil Seckel (*Die Gestaltungsrechte des bürgerlichen Rechts*, 1903), desenvolvido por Eduard Böttischer, *Besinnung auf das Gestaltungsrecht und das Gestaltungsklagerecht*, 1963), conforme lição de: Menezes Cordeiro, *Tratado de direito civil*, Coimbra: Almedina, 2010, v. VI, p. 519-520. No mesmo sentido, veja-se: Eduard Bötticher, *Gestaltungsrecht und Unterwerfung im Privatrecht*, Berlin: Walter de Gruyter, 1964, p. 1 e ss.

o devedor for inadimplente, não podendo este impedir a extinção. A aceitação da proposta pelo seu destinatário, fazendo nascer o contrato, será direito potestativo, justamente porque o proponente não poderá, depois da aceitação, revogar ou modificar a proposta, estando por ela vinculado. Por fim, o direito de promover o divórcio pode ser exercido por qualquer dos cônjuges casados, de modo que, independentemente da concordância do outro cônjuge, dará causa à extinção do casamento.

O modo como deverão ser exercidos os direitos potestativos será definido por lei. Há aqueles cujo modo de exercício não respeita a uma forma determinada. Por outro lado, há os que possuem modo definido para seu exercício, como o são aqueles que se devam exercer judicialmente ou administrativamente. No exemplo da aceitação da proposta pelo destinatário para formação do contrato não há forma específica para exercício, podendo inclusive, conforme os usos e costumes, ser dispensada aceitação expressa (art. 432 do Código Civil). De outro lado, o direito de divorciar-se, inerente aos cônjuges, será exercido apenas nos termos da lei, judicialmente ou, quando consensual, administrativamente, por escritura pública lavrada por tabelião.

Da mesma forma, note-se que os direitos potestativos podem existir de modo autônomo, quando se trate de um direito isolado, ou integrado a uma situação jurídica mais ampla.[48] No primeiro caso, renova-se o exemplo da aceitação do destinatário da proposta, cujo efeito é a celebração do contrato. Sua eficácia e conteúdo se dá independentemente de qualquer outro aspecto. Por outro lado, quando o credor exerce o direito de resolução por inadimplemento do devedor, os efeitos extintivos da obrigação poderão estar associados a outros, como os próprios efeitos que advém da extinção (juros e multa de responsabilidade do devedor, interrupção do cumprimento da prestação ou os próprios riscos da prestação, dentre outros).

2.1.1.3.2. *Outras classificações*

Além da distinção substancial entre direitos subjetivos propriamente ditos (ou direitos subjetivos *stricto sensu*) e direitos potestativos, segundo critério variado articulam-se outras classificações aos direitos subjetivos. Algumas classificações tem mais interesse teórico do que prático, e outras semeiam mais dúvidas do que auxiliam na compreensão de sua repercussão concreta. Daí porque, objetivamente, examinam-se aqui as distinções de efetivo alcance prático.

Distingue-se em direitos patrimoniais e extrapatrimoniais. Direitos patrimoniais são direitos que tem natureza econômica, avaliáveis economicamente. Assim, por exemplo, o direito de crédito, ou o direito de propriedade. Os direitos extrapatrimoniais (ou também existenciais), ao contrário, não tem natureza econômica, nem são avaliáveis em dinheiro. É o caso dos direitos da personalidade (vida, integridade física, intimidade, p. ex.), ou de diversos direitos subjetivos no curso das relações familiares.

Os direitos subjetivos patrimoniais podem ser também reais ou pessoais. Direitos reais são aqueles que dizem respeito a um determinado bem, cujo exercício se exerce em relação a todos (p. ex. propriedade) ou relação ao próprio titular do bem (p. ex. servidão). Direitos pessoais são os demais, com conteúdo econômico, porém não vinculado a um bem, senão a prestação de comportamentos avaliáveis economicamente, exigíveis da outra parte. Advirta-se, contudo, neste ponto, que a expressão "direitos pessoais" é polissêmica. Poderá significar, caso da classificação que aqui se apresenta, como espécie de direitos patrimoniais (em contraposição aos direitos reais), porém conforme a opção que se adote, também como sinônimo de direitos extrapatrimoniais (ou existenciais).

---

[48] Menezes Cordeiro, Tratado de direito civil português, I, p. 898.

Os direitos subjetivos podem ser transmissíveis ou intransmissíveis, conforme seu titular possa transferi-lo a outra pessoa ou não. O direito de propriedade é transmissível, mediante a compra e venda ou doação, por exemplo. Os direitos da personalidade, por outro lado, não podem ser transferidos pelo titular, a quem pertencem com exclusividade (art. 11 do Código Civil).

Outra distinção será entre direitos principais e acessórios. Direitos principais são os que existem em si, independentemente de qualquer outra realidade. Direito acessórios são os que supõe a existência do principal. A relação de acessoriedade se dá, casuisticamente, em face do conteúdo da situação jurídica. Assim, por exemplo, o direito do credor à garantia, no caso de inadimplemento do devedor, poderá ser acessório à própria dívida, ou autônomo (principal), conforme sejam as características da obrigação. Nada impede, igualmente, que seja convencionado, no exercício da autonomia privada, a constituição de direitos principais e acessórios, segundo o interesse dos sujeitos envolvidos.

2.1.2. Poderes e faculdades

Outro efeito de situações jurídicas ativas é o reconhecimento dos poderes jurídicos. Distinguem-se da noção de direito subjetivo, sendo realidade própria, cuja materialização poderá se dar também por intermédio de direitos subjetivos específicos. Para os exatos termos da distinção recomenda-se formulação simples. Daí tomar-se a proposta na doutrina portuguesa: "poder é disponibilidade de meios para a obtenção de um fim ou um conjunto de fins, cuja utilização o direito regula de modo unitário."[49]

Em que pese o recurso a esta definição comum, e da necessária distinção entre direitos subjetivos e poderes jurídicos, de resto observa-se sensível divergência doutrinária. Deste modo, procurando uma distinção técnica funcional entre as diferentes categorias, propõe-se a classificação a seguir. A ideia de disponibilidade de meios é útil para compreender-se a noção de poder jurídico, tanto como elemento integrado aos direitos subjetivos (de modo que os direitos subjetivos compreendam diversos poderes), quanto também como realidade autônoma, do qual decorram direitos subjetivos.

Os poderes podem ser materiais ou jurídicos. Serão *poderes materiais* quando consistam na possibilidade de realizar determinado comportamento concreto conforme previsto pela norma jurídica. *Poderes jurídicos* quando consistam na possibilidade reconhecida de constituir, modificar ou extinguir efeitos jurídicos determinados, ou ainda o poder de exigir concretamente comportamentos como ocorre, genericamente, por exemplo, com o poder do credor de promover a responsabilidade patrimonial do devedor, e, de modo específico, com a pretensão, no caso de violação do direito subjetivo. A pretensão, neste caso, é tipicamente o poder de exigir que seu titular tem em face da violação ou ameaça de violação do direito subjetivo.

Por outro lado, serão poderes elementares ou poderes funcionais. *Poderes elementares*, também chamados *faculdades*, são aquelas que integram determinada posição ativa como figura parcelar, assim como parte de um direito subjetivo. Não tem, portanto, autonomia em relação ao conjunto da posição jurídica ativa de cuja compreensão global depende para determinar seu sentido. Da mesma forma, constituem virtualidades do direito subjetivo, de modo que seu exercício ou não pelo titular, não prejudica, como regra, a própria existência do direito.

---

[49] A definição de Manoel Gomes da Silva, é transcrita, dentre outros, por José de Oliveira Ascensão, Direito civil, v. 3. Teoria geral. Relações e situações jurídicas, p. 51; e Menezes Cordeiro, Tratado de direito civil, I, p. 904.

Já *poderes funcionais* são aqueles que se vinculam a uma finalidade para a qual são previstos diferentes direitos subjetivos e faculdades, visando sua realização.

Tome-se, por exemplo, o direito de propriedade e a definição de proprietário prevista no art. 1.228 do Código Civil: "O proprietário tem a faculdade de usar, gozar e dispor da coisa, e o direito de reavê-la do poder de quem quer que injustamente a possua ou detenha." Da norma em questão se observa que o direito subjetivo de propriedade, cujo titular é o proprietário, compreende diferentes poderes elementares (faculdades) exercidos pelo proprietário. Tem ele a possibilidade de usar a coisa que lhe pertence, ou perceber seus frutos (faculdade de gozo), ou mesmo dispor dela, de modo a destruí-la ou transferi-la a outra pessoa, bem como reivindicá-la de quem injustamente a possua ou detenha. Usar e fruir são, como regra, poderes materiais que integram o direito subjetivo do proprietário. Dispor da coisa e reivindicar são poderes jurídicos, seja no exercício da autonomia privada para alienar a coisa, ou da pretensão de reivindicação, perseguindo a coisa onde esteja.

Por outro lado, há previsão de poderes funcionais, que tanto podem estruturar-se como fundamento, quanto efeito emergente de situações jurídicas subjetivas. Observem-se, dois exemplos.

O primeiro é o poder familiar exercido pelos pais em relação aos filhos menores. Trata-se da espécie de poder funcional, uma vez que seu exercício se vincula à função específica de proteção da pessoa dos filhos. O art. 1.634 do Código Civil, define seu conteúdo, ao estabelecer que compete aos pais dirigir a criação e educação dos filhos; exercer a guarda unilateral ou compartilhada; conceder-lhes ou negar-lhes consentimento para casar, para viajar ao exterior ou mudarem sua residência permanente para outro município; representá-los judicialmente e extrajudicialmente, e após os 16 anos de idade, assisti-los; reclamar-lhes de quem injustamente os detenha; exigir que lhe prestem obediência e respeito, dentre outros poderes. Observe-se que do poder familiar resulta variada gama de direitos subjetivos e poderes elementares (faculdades jurídicas). Alguns deles são poderes materiais, como o de dirigir a criação e educação dos filhos, ou o de exercer a guarda. Outros são poderes jurídicos, quando se trate de dar consentimento, ou os poderes de representação.

Um segundo exemplo retira-se do direito empresarial, o poder de controle do acionista nas sociedades anônimas. A própria configuração deste poder de controle compreende a titularidade do direito subjetivo de sócio como pressuposto. O art. 116, "a" e "b" da Lei das Sociedades Anônimas (Lei 6.404/1976) define o acionista controlador (titular do poder de controle) como "titular de direitos de sócio que lhe assegurem, de modo permanente, a maioria dos votos nas deliberações da assembleia geral e o poder de eleger a maioria dos administradores da companhia", e, da mesma forma, que "usa efetivamente seu poder para dirigir as atividades sociais e orientar o funcionamento dos órgãos da companhia". O exercício deste poder, todavia, é funcional, uma vez que se vincula ao "fim de fazer a companhia realizar o seu objeto e cumprir sua função social, e tem deveres e responsabilidades para com os demais acionistas da empresa, os que nela trabalham e para com a comunidade em que atua, cujos direitos e interesses deve lealmente respeitar e atender" (art. 116, parágrafo único). A direção das atividades da empresa compreende tanto poderes materiais quanto poderes jurídicos, assim também como virtualidades do direito subjetivo de sócio nestas condições.

2.1.3. *Exceções*

Exceções são situações jurídicas pelas quais uma pessoa pode recusar o cumprimento de um dever ou de uma pretensão que lhe corresponda. Ou em outros termos, posições que permitem ao titular impedir a eficácia do direito da contraparte.[50] Segue-se, no ponto, a tradição do direito romano (*exceptio*).[51] Costuma-se, em direito civil, referir-se a elas como exceções substanciais ou exceções de direito material, justamente para distinguir-se do sentido que assumem na tradição do direito processual, como meio de defesa do réu – o que, todavia, foi substancialmente alterado no direito vigente, pelo Código de Processo Civil de 2015.

As exceções impedem, de modo permanente, a eficácia da pretensão da contraparte, como ocorre, por exemplo, com a prescrição. Demonstrada a extinção da pretensão em razão do seu não exercício no tempo, compromete-se a eficácia do direito daquele que a exerça. O mesmo se diga em relação à exceção de compensação no direito das obrigações, quando duas pessoas são, ao mesmo tempo, credoras e devedoras entre si, em dívidas distintas, definindo a lei que, sob certas condições, extinguem-se as dívidas até onde concorrerem (art. 368 do Código Civil). Refira-se, ainda, a exceção de contrato não cumprido (*exceptio non adimpleti contratus*, art. 476 do Código Civil), e a exceção de inseguridade (art. 477 do Código Civil), que paralisam a pretensão do cocontratante de exigir o cumprimento da prestação.

As exceções podem ser *gerais* ou *pessoais*, conforme produzam efeitos genéricos a todos os sujeitos parte de determinada situação jurídica, ou pessoais conforme digam respeito apenas a certa pessoa.

2.1.4. Interesses jurídicos

Não há consenso quanto ao reconhecimento dos interesses jurídicos como efeito de posição jurídica ativa. Contudo, parece haver razões para sua distinção, em especial apartando-o da noção de direito subjetivo. Isso porque se revelam diversas situações em que a par de existir um interesse tutelado, não se verifica por isso um direito subjetivo a promover diretamente esta tutela. Aí estará uma diferença substancial entre direito subjetivo e interesse jurídico. Enquanto no direito subjetivo concede-se ao titular a possibilidade de promover diretamente sua tutela, mediante exercício das pretensões que o asseguram, em relação aos interesses isso não ocorre.

Note-se, contudo, que a remissão a interesses compreenderá distintas realidades. Interesses poderão ser tomados, como aqui tem lugar, enquanto posições jurídicas ativas para as quais se reconhece a legitimidade para requerer sua proteção do próprio interessado ou de terceiros (como os sindicatos, no caso do interesse individual e coletivo dos membros da categoria que represente – art. 8º, III, da Constituição da República – a ou do Ministério Público, no caso de interesses sociais e individuais indisponíveis – art. 127 da Constituição da República). Assim como podem configurar critério de interpretação e aplicação das normas, delimitando o exercício de outras posições jurídicas ativas.

No primeiro caso, no direito privado há os interesses individuais, como *posições jurídicas ativas* que se vinculam a determinada pessoa. Assim o interesse de terceiro em realizar o pagamento em lugar do devedor (art. 304 do Código Civil), para requerer a declaração de ausência (art. 22 do Código Civil), para alegar nulidade (art. 168 do Código Civil), para interromper a prescrição (art. 202, I, do Código Civil), o interesse dos filhos na nomeação de curador especial no caso de conflito de interesse com os pais (art. 1.692 do Código Civil), ou no exercício da tutela (art. 1.743 do Código Civil) ou da curatela (art. 1.774 do Código Civil).

Em outro sentido, como parâmetro para *delimitação do exercício de posições jurídicas*, é que se entende o interesse social como parâmetro para a privação da propriedade no caso de

---

[50] Menezes Cordeiro, *Tratado de direito civil* cit., v. VI, p. 525.
[51] Max Kaser; Rolf Knütel, *Römisches Privatrecht*. 20. Auflage. München: Verlag C.H.Beck, 2014, p. 45.

desapropriação (arts. 519 e 1.228, § 3º, do Código Civil), ou o interesse geral como finalidade do encargo do donatário na doação onerosa (art. 553 do Código Civil). Da mesma forma, no direito empresarial, o interesse da sociedade, que vincula o exercício do direito de voto do acionista e a atuação do acionista controlador (arts. 115 e 117, § 1º, "c" e "e" da Lei das Sociedades Anônimas).

Os interesses podem ser individuais, coletivos ou difusos. Se for estendido o exame para o âmbito do direito público, encontra-se também a figura nuclear que articula todo o sistema juspublicista, que é o *interesse público* – o qual, a par das controvérsias sobre seu significado concreto nas várias situações jurídicas em que é invocado, compreende a finalidade da atuação do Estado e fonte de sua legitimidade, a qual se vincula a atuação dos agentes públicos em geral. É ao Estado, por excelência, que se confia a defesa do interesse público.

A categoria dos interesses coletivos e difusos tem origem recente no direito brasileiro. A previu pela primeira vez a legislação processual (Lei 7347, de 24 de julho de 1985 – Lei da Ação Civil Pública). Sua definição legal, contudo, veio com o Código de Defesa do Consumidor, que em seu art. 81 referiu os interesses difusos como "os transindividuais, de natureza indivisível, de que sejam titulares pessoas indeterminadas e ligadas por circunstâncias de fato" (inciso I). Da mesma forma, definiu os interesses coletivos como "os transindividuais, de natureza indivisível de que seja titular grupo, categoria ou classe de pessoas ligadas entre si ou com a parte contrária por uma relação jurídica base" (inciso II).

Os interesses coletivos se caracterizam pelo fato de estarem vinculados a uma relação jurídica base comum a todos os seus titulares, de onde resulta seu caráter transindividual. Assim ocorre com os membros de uma mesma categoria profissional, ou um grupo de pessoas cujo interesse se vincule a um mesmo contrato coletivo do qual sejam parte. Nestes casos, o interesse coletivo poderá ser tutelado também coletivamente, mediante defesa que dele faça, por exemplo, um sindicato ou uma associação.

Já no caso dos interesses difusos, são espécies de interesses transindividuais cuja titularidade de pessoas indeterminadas ligadas por circunstâncias de fato fazem com que sua proteção não possa se dar individualmente, mas apenas coletivamente por pessoa legitimada para este fim. Conforme interessante ponderação da doutrina, trata-se de um interesse comunitário.[52] Interessa em comum a todos. A observação é adequada, considerando que nesta condição não são suscetíveis de atos de disposição por seus titulares. Assim é o caso a preservação do meio ambiente sadio, da segurança do consumidor ou do trabalhador, do patrimônio histórico e artístico, entre outros exemplos. A legitimidade para pretender a tutela destes interesses, conforme refere a legislação, pertencerá ao Ministério Público, a outros órgãos do Estado, ou a associações que tenham esta entre suas finalidades (art. 5º da Lei 7347/1985 e art. 82 do Código de Defesa do Consumidor).

2.2. Eficácia das posições jurídicas passivas

As situações jurídicas, ao tempo em que dão causa a posições jurídicas ativas, de exigir, realizar ou pretender, também tem por efeito impor às pessoas comportamentos ou condutas conforme estejam estruturalmente definidos, podendo haver ou não correspectividade entre eles. Estas imposições que permitem com que se exijam comportamentos e coercitivamente se lhe imponham, ou suas consequências, se estruturam a partir das denominadas posições jurídicas passivas.

---

[52] José de Oliveira Ascensão, Direito civil, v. 3. Teoria Geral. Relações e situações jurídicas, p. 92.

Distinguem-se as posições jurídicas passivas em deveres e obrigações, sujeições e ônus. Examina-se a seguir, cada uma delas.

2.2.1. Deveres e obrigações

Deveres e obrigações são as posições jurídicas passivas de maior ocorrência. Não raro, são expressões utilizadas, muitas vezes, como sinônimas. Em termos técnicos, contudo, convém distingui-las para boa compreensão. A referência aos deveres jurídicos se pode estabelecer em dois sentidos. No primeiro, *dever jurídico* é o que resulta como efeito de normas que imponham condutas determinadas, seja proibindo, condicionando ou determinando determinados comportamentos. São deveres os que resultam de norma legal ou das demais fontes de direito. Porém também se denominam deveres as condutas nas quais se desdobram os comportamentos específicos definidos em uma obrigação.

Em termos gerais, os deveres podem ser *positivos ou negativos*, de *atuação ou de abstenção*. Quando se diz que alguém deva, por comando legal ou em decorrência de outros efeitos de uma determinada situação jurídica passiva, realizar determinada conduta, interferindo no mundo da realidade mediante uma atuação sua, se diz que há deveres positivos ou de atuação. A quem incumbe o dever deverá fazer algo. Pode ocorrer, por outro lado, que o conteúdo do dever determine àquele a quem diga respeito que se comporte de modo a se manter inerte, deixando de realizar qualquer ação, do que se estará a tratar deveres negativos ou de abstenção (*quieta non movere*). Há também quem identifique na classificação dos deveres, os denominados *deveres funcionais*, quando posição passiva decorre do exercício de determinada função. Assim o serão os deveres do tutor e do curador em relação àqueles que estejam sob sua tutela ou curatela, como é o caso do dever de administração do patrimônio (art. 1.741 do Código Civil), ou o dever de prestar contas ao juiz (art. 1.755 do Código Civil).

Já em relação às *obrigações*, tenha-se em conta que a relação obrigacional é aquela que se estabelece entre dois ou mais sujeitos, de conteúdo econômico. É o vínculo jurídico pelo qual uma pessoa (o devedor) assume o dever de realizar uma prestação consistente em um interesse de outra parte (o credor). Obriga a um comportamento humano de dar, fazer (assim como não fazer) ou prestar algo.[53] As obrigações surgem a partir da incidência de norma jurídica ou do exercício da autonomia privada das partes, articulando em si vários deveres jurídicos. A saber, o dever de prestação (dever principal) que compreende a realização do objeto (no contrato de compra e venda, p. ex., é a entrega da coisa vendida e o pagamento do preço ajustado), deveres secundários (de informação, de notificação, etc.) e deveres anexos, de cuidado com a pessoa e o patrimônio da contraparte, decorrentes da boa-fé objetiva.

Em outra classificação, os deveres oriundos da obrigação serão de dar, fazer, não fazer e suportar, conforme seja o comportamento concreto que se exija dos sujeitos na realização da prestação.

Também nas obrigações podem haver sujeições e ônus, assim como os direitos, faculdades e exceções. O conjunto de posições ativas e passivas que integram a obrigação, contudo, não fazem com que deixe de ter um sentido unitário, fixado pela sua causa e pelo interesse útil dos sujeitos que a integram.

---

[53] Bruno Miragem. Direito das obrigações. 3ª ed. Rio de Janeiro: Forense, 2021, p. 1.

2.2.2. Sujeições

Sujeições são o efeito de posições jurídicas passivas que correspondem ao exercício, por uma contraparte, dos direitos potestativos. Conforme foi já examinado, os direitos potestativos compreendem posições ativas nos quais seu titular, pelo mero exercício do direito, produz os efeitos que a ele correspondem, independentemente da vontade ou atuação da pessoa a quem se destina. Deste modo, basta para que se produza o efeito jurídico decorrente do direito potestativo, o exercício por seu titular. A sujeição é, justamente, o estado de submissão ao efeito do direito potestativo a que está adstrita a pessoa no qual ele repercute.

Se está em jogo o direito potestativo do credor de resolver o contrato em razão do inadimplemento do devedor (art. 475 do Código Civil), e ele o exerce, cumpre ao devedor cocontratante simplesmente sujeitar-se aos efeitos decorrentes do exercício do direito. Assim também, se um cônjuge exerce direito potestativo de divorciar-se, cumpre ao outro cônjuge sujeitar-se a este exercício.

A sujeição, deste modo, é a posição passiva que se define pela submissão aos efeitos do exercício do direito potestativo.

2.2.3. Ônus

Ônus (ou ônus jurídico) refere-se a uma atuação do titular que, embora não seja exigível pela contraparte, nem seja passível de sanção por descumprimento, é providência necessária à obtenção de determinado efeito pretendido, seja o de obter uma vantagem ou de evitar uma desvantagem. Em outros termos, é o comportamento que deverá ser adotado pelo sujeito para satisfação do próprio interesse, mas o qual ele não poderá ser obrigado ou constrangido a realizar.

Há, na melhor doutrina[54], quem distinga entre os ônus e os encargos, conferindo aos primeiros uma dimensão processual e probatória, e aos segundos, a noção que aqui se pretende expor, de providência necessária para assegurar determinada posição de interesse do titular. Melhor, em direito brasileiro, tomar a noção tal qual está afirmada, referindo-se ao ônus a possibilidade de atuação do titular visando à produção de determinado efeito[55]. É exemplo de ônus a citação do devedor pelo credor, para interromper a prescrição (art. 202 do Código Civil), ou de denunciar o vício redibitório em contrato oneroso, no prazo definido em lei, para fazer jus ao direito de resolver ou ao abatimento do preço pago (art. 441 do Código Civil). Há ônus, ainda, quando se imputa a uma das partes demonstrar fato para efeito de se beneficiar do seu efeito (ônus de provar).

3. INSTITUTOS JURÍDICOS

É bastante comum no exame do direito civil, assim também das demais disciplinas jurídicas, a referência a institutos jurídicos. Tal referência nem sempre é exata, prestando-se a referir diferentes fenômenos. Não raro, aliás, será na falta de outra expressão mais precisa, referir-se genericamente a que tal ou qual categoria ou figura do direito se trata de um instituto jurídico.

---

[54] Menezes Cordeiro, Tratado de direito civil, VI, p. 528-529. O mestre português associa a noção de encargo à doutrina germânica do *Obliegenheiten*, desenvolvida, sobretudo, no direito dos seguros e expandida para todo o direito privado. No sentido que aqui se pretende, confere-se o sentido à expressão ônus jurídico, conforme melhor tradição do direito brasileiro.

[55] Bruno Miragem, Direito das obrigações, p. 6; Fernando Noronha, *Direito das obrigações*, p. 88-89; Rosa Nery e Nelson Nery Junior, *Instituições de direito civil*, São Paulo: RT, 2015, v. II, p. 103.

A bem da técnica, contudo, defina-se que instituto jurídico consiste no complexo de normas que contém a disciplina de uma determinada situação jurídica ou relação jurídica em sentido abstrato. Neste sentido, o casamento, o poder familiar, o contrato como gênero e todas as suas espécies típicas, a responsabilidade civil, a propriedade, dentre outros, são institutos jurídicos, uma vez que contém em si as características essenciais de cada uma destas categorias jurídicas segundo a disciplina normativa que lhe define o ordenamento jurídico e as demais fontes do direito.

Trata-se o instituto jurídico, deste modo, de uma ordenação jurídica dotada a partir das normas que incidem sobre certa realidade, que ao definir suas características, efeitos e condicionamentos, fazem com que se traduza em uma realidade orgânica.

Capítulo VI
PESSOA E PERSONALIDADE NO DIREITO CIVIL

1. PESSOA E PERSONALIDADE

A noção de pessoa é central no direito civil e no sistema jurídico como um todo. Conforme já se observou antes, o Direito em toda sua formulação e propósito se desenvolve em razão da pessoa humana. A noção de pessoa, porém, também é elemento técnico que define os sujeitos das situações e relações jurídicas. Só as pessoas podem ser sujeitos de direito, titular de direitos e deveres na ordem civil (art. 1º, do Código Civil).

A definição de pessoa associa-se, intimamente, à noção de personalidade. Personalidade é a aptidão genérica para ser titular de direitos e deveres na ordem civil. A aquisição de personalidade dá potencialidade à relação do seu titular com os demais em relações jurídicas. Pessoa é aquele ente dotado de personalidade e, por isso capaz de ser sujeito de relações jurídicas. Daí a associação entre a pessoa como sujeito de direito, dada sua capacidade de relacionar-se juridicamente com os outros. Não sem razão, costuma-se associar a origem do termo pessoa a *persona*, espécie de máscara utilizada por artistas romanos para fazer melhor ressoar sua voz. No direito romano, aliás, a situação de agir por si, simétrica à personalidade, vinha da conjunção sobre a pessoa de três status fundamentais: o *status libertatis* (liberdade), o *status civitatis* (a cidadania) e o *status familiae* (situação familiar). Apenas o indivíduo livre, cidadão romano e *sui iuris* ou *pater familias* teria o que hoje se identifica com a personalidade.[1] A evolução do direito fez com estes critérios fossem pouco a pouco superados. A liberdade a todos os humanos e o rechaço à toda escravidão é conquista relativamente recente na história dos povos, mas hoje afirmada. Da mesma forma, a igualdade plena em direitos civis de nacionais e estrangeiros assim se põe no direito brasileiro (art. 5º, *caput*, da Constituição). Por fim, também a situação familiar não influencia de qualquer modo a titularidade e exercício de direitos, outro bom fruto dos tempos atuais, sobretudo a partir do reconhecimento pleno da igualdade jurídica entre o homem e a mulher. Deste modo, será pessoa, dotada de personalidade, todo o ser humano. Sendo toda pessoa sujeito de direitos, significa que só assim pode ser parte de situações e relações jurídicas com outras pessoas. É pressuposto lógico para que integre uma dada situação jurídica.

Há duas espécies de pessoas reconhecidas pelo Direito. A pessoa natural (também identificada como pessoa física) e a pessoa jurídica. A *pessoa natural* é o ser humano, a quem, segundo a evolução do Direito, reconhece-se indistintamente a personalidade. Houve tempo em que nem todo o ser humano tinha-se em equivalência os atributos personalidade e, nestes termos, era reconhecido como pessoa. Mesmo no direito brasileiro recorde-se da escravidão de seres humanos, havida até o final do século XIX, em que os escravos, ao serem definidos como passíveis de apropriação, afastavam-se do conceito de pessoa, ao lhe serem retirados atributos da personalidade. A evolução ético-jurídica rechaça a escravidão de seres humanos,

---

[1] Max Kaser; Rolf Knütel, *Römisches Privatrecht*. 20. Auflage. München: Verlag C.H.Beck, 2014, 89-90.

reconhecendo-lhes como princípio de direito dos povos, todo o ser humano como pessoa. Do ponto de vista técnico jurídico, significa que todo o ser humano terá reconhecida personalidade, e nestes termos, será pessoa.

A *pessoa jurídica*, de sua vez, toma-se em sentido estrito para reconhecer pura criação normativa. Fala-se pessoa jurídica em sentido estrito, não porque a pessoa natural não tenha juridicidade, senão porque pessoa jurídica é aquela pura criação normativa, constituída pelo direito, a partir da ação da vontade humana. Tratam-se de entes morais, que para melhor organizar recursos necessários à obtenção de determinados fins, ou a própria atuação humana, tem sua existência condicionada ao cumprimento de certas condições estabelecidas pelo Direito, cujo atendimento faz com que adquiram personalidade e da mesma forma, possam ser parte em situações jurídicas.

1.1. A pessoa natural

É pessoa natural todo o ser humano. É pessoa natural porque tem personalidade, e nestes termos, tem a aptidão para ser titular de direitos e deveres. Costuma-se dizer também que a pessoa é aquela que tem capacidade de direito, em mesmo sentido que personalidade. Diz-se capacidade de direito como a capacidade de ser titular de direitos e deveres. Assim estabelece o art. 2o do Código Civil: "Toda pessoa é capaz de direitos e deveres na ordem civil."

Pessoa natural ou pessoa física é o ser humano dotado de personalidade. Pessoa física porque pessoa visível, em contraposição às pessoas ideais que são as pessoas jurídicas, como pura criação do Direito.[2] Melhor seria dizer como o faz a própria Constituição e, mais recentemente, o Código Civil argentino de 2014, pessoa humana, para sublinhar a distinção do ser humano como ente dotado de personalidade.

Note-se que dentre os seres vivos, só os seres humanos tem personalidade, e neste sentido, tem a aptidão para serem titulares de direitos e deveres. Parte-se do pressuposto que apenas seres humanos são dotados de racionalidade. Outros seres vivos, deste modo, não terão, eles próprios, direitos assegurados pela ordem jurídica. Isso não significa que não sejam objeto de proteção, e mesmo que se possa distingui-los, como os mais modernos sistemas jurídicos o fazem, de todo o universo de coisas inanimadas. Exemplo mais relevante é o dos animais. Animais não são pessoas naturais, e por isso não podem ser titulares de direitos e deveres, não tem direito a algo. Isso não significa que não sejam objeto de proteção jurídico-normativa, como crescentemente ocorre, inclusive no sistema brasileiro.

Aliás, alterações recentes em diversos sistemas jurídicos têm dado novo *status* aos animais, distinguindo-os de coisas. Assim, o art. 90-A, do Código Civil alemão: "Animais não são coisas. Eles são protegidos por leis especiais. Eles são regidos pelas disposições que se aplicam às coisas, com as necessárias modificações, exceto disposição em contrário". A regra, adotada igualmente no Código Civil da República Tcheca, de 2014, reconhece a proteção especial dos animais, sem, contudo, outorgar-lhe diretamente direitos, considerando que não são pessoas.

A personalidade não se confunde com a capacidade de exercício destes mesmos direitos, ou ainda sua capacidade delitual. Uma coisa é ser titular de direito e deveres, ter o direito ou ter o dever. Isso todo o ser humano é. Outra é poder exercer tais direitos por sua vontade, ou ainda ser exigido no cumprimento dos deveres que porventura contraia. Neste caso, é da maior importância diferenciar a capacidade de direito (= personalidade) e a capacidade de exercício de direito.

---

[2] Augusto Teixeira de Freitas *Código Civil. Esboço*, v. 1 Brasília: Ministério da Justiça, 1983, p. 11 (art. 17).

Capacidade de direito (= personalidade) é a capacidade de ser titular de direitos e deveres. *Capacidade de fato* (ou *capacidade de exercício*) é a capacidade de exercê-los pessoalmente, segundo sua vontade. O Direito vai proteger a pessoa enquanto ela não tenha condições físicas ou psíquicas de exercer a vontade pessoalmente. Assim ocorre com a recém-nascido, criança, ou aqueles que por qualquer razão não tenham discernimento para formar ou expressar sua vontade. O Direito as protege impedindo que possam exercer direitos ou ser responsabilizados integralmente pelo desatendimento a deveres que lhe são impostos, pressupondo que diante da falta de discernimento para formar e expressar vontade, possam vir a comportar-se de modo prejudicial a seus próprios interesses. Daí decorrerão situações em que a pessoa será titular de direitos (terá personalidade e aptidão para adquiri-los, portanto), mas não poderá exercê-los pessoalmente (não terá, necessariamente, a capacidade de fato ou de exercício).

Uma questão fundamental, contudo, diz respeito ao modo como se adquire a personalidade e torna-se pessoa. O que no caso da pessoa natural implica em responder à pergunta desde quando passa a existir o ser humano.

1.1.1. Aquisição da personalidade

A personalidade é reconhecida a todos os seres humanos. Assim, logo quando exista até o fim da sua existência o ser humano terá personalidade e será pessoa. A duração da personalidade é, pois, a da vida humana. Questão que perpassa a longa evolução do direito civil diz respeito, justamente, em quando começa a vida humana, ou melhor dizendo, quando se pode afirmar que já há um ser humano. A resposta a esta questão atualmente mobiliza largo campo de estudo, do denominado biodireito, e desafia também posições éticas sobre o início da vida humana e a exigência de sua proteção.

No direito romano, só havia pessoa com o nascimento com vida. O feto era parte do corpo da mãe (*partus enim antequam edatur, mulieris portio est vel viscerum*)[3], razão pela qual não se lhe reconheciam direitos ou pretensões. Todavia, desde então se reconhecia a possibilidade de que determinados interesses fossem protegidos, condicionando a aquisição de direitos ao nascimento com vida.

Na evolução do direito brasileiro, diversos juristas anteriores ao Código de 1916, tais como Teixeira de Freitas, Nabuco de Araújo e Felício dos Santos, identificavam na necessidade de proteção do nascituro, por intermédio do reconhecimento de direitos e obrigações, causa para que se determinasse o início da personalidade mesmo antes do nascimento. Outra teoria que gozava de certo prestígio foi a que reconhecia a possibilidade de haver direitos sem sujeito, ou seja, de modo a existir direitos subjetivos (associados a um determinado sujeito), e direitos assubjetivados.[4] Esta teoria terminou por ser rejeitada, sobretudo diante da impossibilidade lógica de se reconhecer direitos, que ademais revelam-se como poderes para agir, a alguém que ainda não pode fazê-lo, pelo simples fato de estar ainda ligado ao organismo da mãe. Seria criar personalidade jurídica antes que existisse a personalidade física do indivíduo, o que se trataria de mera ficção, de difícil aplicação prática. Da mesma forma, identifica-se a circunstância de que se o feto não vem a nascer com vida os direitos que se lhe atribuem não chegam a se formar plenamente, considerando-se, sobretudo, que nenhum direito será transmitido a partir, ou por intermédio, do nascituro.

---

[3] Digesto, Livro 25, Título 4, 4, 1.
[4] Francisco Cavalcante Pontes de Miranda, Tratado de direito privado, v. 1. 4. ed. São Paulo: RT, 1977, p. 164.

Daí porque entender-se que embora se possam preservar certos e determinados interesses do feto, não se lhe reconhece personalidade, ainda não é pessoa em sentido técnico. Esta questão foi bem resolvida pelo art. 4º do Código Civil de 1916, ora reproduzido no art. 2º do Código Civil de 2002, que define: "A personalidade civil da pessoa começa do nascimento com vida; mas a lei põe a salvo, desde a concepção, os direitos do nascituro." A aquisição de personalidade é, desse modo, a eficácia jurídica do nascimento com vida.

O critério legislativo para definir o início da personalidade da pessoa natural é o nascimento com vida. A proteção do nascituro se pôs também, em vista de reclamos ético-jurídicos e da própria realidade, já identificada a forma humana e suas características elementares mesmo quando não desvinculado do ventre materno. A opção do legislador no art. 2º do Código Civil, contudo, que reproduz na essência o texto do Código Civil de 1916 é fruto de acentuada divergência quanto ao momento em que se identifica a pessoa, o que é da tradição do direito brasileiro. Teixeira de Freitas sustentava, no art. 1º do seu Esboço do Código Civil, que "as pessoas se consideram como nascidas apenas formadas no ventre materno"[5]

Firmou-se no texto legal, deste modo, proposição de equilíbrio entre as divergentes versões. Na tradição do direito brasileiro, formaram-se, essencialmente, três entendimentos sobre o início da personalidade, conforme sistematiza a melhor doutrina[6]: a) o de que a personalidade se inicia com a concepção (chamada **corrente concepcionista**); b) de que a personalidade decorre do nascimento com vida (chamada **corrente natalista**); e c) de que a personalidade é eficácia suspensa até o implemento da condição do nascimento com vida (a **personalidade condicional**).

O primeiro entendimento, concepcionista, do que já se percebe de sua terminologia expressiva, sustenta que se deve reconhecer a personalidade desde a concepção. Nestes termos, desde logo reconhecido como pessoa, o nascituro tem seus direitos resguardados em lei. De longa tradição no direito brasileiro, desde o Esboço de Teixeira de Freitas, foi também adotada por Clóvis Beviláqua na versão original do Projeto de Código Civil, em 1899, posteriormente alterada para a redação que veio a ser promulgada. A teoria concepcionista associa em caráter absoluto as noções de pessoa e sujeito de direitos, de modo que o nascituro, uma vez que tenha seus direitos assegurados, só poderá tê-los em vista da sua qualidade de pessoa.

O segundo entendimento, da denominada corrente natalista, sustenta a aquisição da personalidade desde o nascimento com vida. Nessa hipótese não se reconheceriam direitos ao nascituro, reservada a titularidade de direitos apenas no caso de nascimento com vida. O sentido da teoria vincula-se a outras tradições, e tinha, a seu tempo, propósito pragmático de encontrar critério seguro para determinar-se o início da personalidade. No direito francês é célebre a fórmula do Código de 1804, que exigia não apenas o nascimento com vida, mas que se tratasse de vida viável (*habilis vitae*). No direito espanhol fixa-se a aquisição do nascimento com o inteiro desprendimento do ventre materno (art. 30 do Código Civil espanhol). No direito alemão, define-se a capacidade jurídica com a conclusão do nascimento (der Vollendung der Geburt, §1º BGB), ainda que a doutrina admita a noção de uma capacidade jurídica limitada ao nascituro. [7] Na atualidade, considerando a tutela de interesses do nascituro amplamente reconhecida pelo Direito, como ocorre com a preservação do seu direito à vida, a pretensão a alimentos – cuja pretensão pode ser exercida pela mãe, como sua representante, ainda durante

---

[5] Augusto Teixeira de Freitas, Consolidação das leis civis. 3ª ed. Rio de Janeiro: H. Garnier, 1896, p. 1.
[6] Silmara Juny de Abreu Chinelatto, *A tutela jurídica do nascituro*. São Paulo: Saraiva, 2000, p. 144 e ss.
[7] Manfred Wolf,; Jörg Neuner, *Allgemeiner Teil des Bürgerlichen Rechts*. 10 Auf. München: C.H. Beck, 2012, p. 117.

a gravidez (alimentos para o nascituro) – ou à própria investigação da paternidade, dentre outros, este entendimento tem dificuldades de se manter.

Um terceiro entendimento, que compreende a subordinação do efeito jurídico aquisição da personalidade à condição (evento futuro e incerto) do nascimento com vida, conhecida como personalidade condicional, se traduz como uma solução de equilíbrio à tradicional oposição entre concepcionistas e natalistas. Trata-se da tese desenvolvida e sustentada, inicialmente, por Windscheid, na Alemanha, no século XIX.[8] Por ela se reconhece os efeitos da proteção legal do nascituro desde a concepção, porém a aquisição de personalidade só se estabelece com o nascimento com vida. Deste modo, todos os direitos surgidos após a concepção subordinam-se à condição de que o feto venha a nascer com vida. Nestes termos, se nasce morto (natimorto), ou venha a sofrer aborto, não há perda ou transmissão de direitos, uma vez que não chegou a ser seu titular.[9]

Registre-se que os três entendimentos expostos se fixaram na tradição jurídica antes que expressiva evolução da ciência e da técnica no tocante à identificação da vida humana intrauterina e da reprodução humana, marca das últimas décadas. Tal evolução permitiu conhecer a existência, dentre outras realidades, do embrião *in vitro* (não introduzido no ventre materno, mas já formado com material genético dos pais), bem assim como toda sorte de técnicas de manipulação genética, com impactos indissociáveis da noção de vida humana e sua dignidade.

Neste sentido, há distinção a ser feita sobre o que se reconhece como proteção da vida humana, na qualidade de interesse jurídico passível de tutela, e a proteção da pessoa humana, cujo reconhecimento de personalidade induz à existência de direitos subjetivos a serem tutelados. Bem demonstra a doutrina contemporânea sobre as dificuldades de adaptação dos critérios para aquisição de personalidade e os efeitos daí decorrentes, em face da evolução da tecnologia e a alteração que produziu no conhecimento da realidade da vida humana.[10] Apesar de sufragar-se entendimento no sentido de adesão majoritária do sistema brasileiro à corrente concepcionista,[11] é de prudência que não se escolha nem a adesão irrestrita a qualquer das

---

[8] Bernhard Windscheid, Lehrbuch des Pandektenrechts, Bd 1, 4ª Auf. Düsseldorf: Julius Buddeus, 1875, p. 129.
[9] Miguel Maria de Serpa Lopes, Curso de direito civil, v. 1, p. 254.
[10] Paulo Lôbo, Direito civil. Parte geral. p. 108-111.
[11] "DIREITO CIVIL. ACIDENTE AUTOMOBILÍSTICO. ABORTO. AÇÃO DE COBRANÇA. SEGURO OBRIGATÓRIO. DPVAT. PROCEDÊNCIA DO PEDIDO. ENQUADRAMENTO JURÍDICO DO NASCITURO. ART. 2º DO CÓDIGO CIVIL DE 2002. EXEGESE SISTEMÁTICA. ORDENAMENTO JURÍDICO QUE ACENTUA A CONDIÇÃO DE PESSOA DO NASCITURO. VIDA INTRAUTERINA. PERECIMENTO. INDENIZAÇÃO DEVIDA.
ART. 3º, INCISO I, DA LEI N. 6.194/1974. INCIDÊNCIA. 1. A despeito da literalidade do art. 2º do Código Civil – que condiciona a aquisição de personalidade jurídica ao nascimento –, o ordenamento jurídico pátrio aponta sinais de que não há essa indissolúvel vinculação entre o nascimento com vida e o conceito de pessoa, de personalidade jurídica e de titularização de direitos, como pode aparentar a leitura mais simplificada da lei. 2. Entre outros, registram-se como indicativos de que o direito brasileiro confere ao nascituro a condição de pessoa, titular de direitos: exegese sistemática dos arts. 1º, 2º, 6º e 45, caput, do Código Civil; direito do nascituro de receber doação, herança e de ser curatelado (arts. 542, 1.779 e 1.798 do Código Civil); a especial proteção conferida à gestante, assegurando-se-lhe atendimento pré-natal (art. 8º do ECA, o qual, ao fim e ao cabo, visa a garantir o direito à vida e à saúde do nascituro); alimentos gravídicos, cuja titularidade é, na verdade, do nascituro e não da mãe (Lei n. 11.804/2008); no direito penal a condição de pessoa viva do nascituro – embora não nascida – é afirmada sem a menor cerimônia, pois o crime de aborto (arts. 124 a 127 do CP) sempre esteve alocado no título referente a «crimes contra a pessoa» e especificamente no capítulo «dos crimes contra a vida» – tutela da vida humana em formação, a chamada vida intrauterina (MIRABETE, Julio Fabbrini. Manual de direito penal, volume II. 25 ed. São

explicações tradicionais, nem sua refutação pura e simples, como se tudo no tema se revele novidade.

A rigor, o critério legal de aquisição da personalidade – o nascimento com vida – supõe a autonomia física e orgânica do indivíduo em relação ao organismo materno. Os critérios para que tal se estabeleça serão os da ciência médica. Poder-se-á ler o nascimento com vida a partir do completo desprendimento do ventre materno, ou situação equivalente, ou a retirada do ventre, porém considerado já nascido mesmo se ainda vinculado ao cordão umbilical. Aí estará o critério legal de aquisição da personalidade que a doutrina poderá criticar, porém não desconhecer. A locução é legal: adquire-se a personalidade com o nascimento com vida, daí surge a aptidão para ser titular de direitos subjetivos.

Porém, as posições jurídicas ativas não se esgotam nos direitos subjetivos. Ao contrário. O nascituro, porque ainda não nasceu, não terá personalidade, mas se lhe asseguram direitos. Tais direitos tem sua eficácia dependente (condicionada) do nascimento com vida, e serão, sobretudo, de natureza patrimonial, tais com os que decorrem da herança (art. 1.799, I, do Código Civil), da propriedade decorrente de doação (art. 542 do Código Civil), ou ainda outros reflexos patrimoniais de violação de situações existenciais, como a indenização pela morte do pai do nascituro, pretendida por este quando já tenha nascido. Todavia, o sistema jurídico confere ao nascituro, sobretudo em situações jurídicas existenciais, a tutela de interesses jurídicos, como posição jurídica ativa, conforme se examina a seguir.

1.1.1.1. A proteção jurídica do nascituro

Retorne-se ao texto do art. 2º do Código Civil: "A personalidade civil da pessoa começa do nascimento com vida; mas a lei põe a salvo, desde a concepção, os direitos do nascituro." Tomadas as razões expendidas no item anterior, conclui-se: o nascituro não tem personalidade, que segundo critério legal, se reconhece com o nascimento com vida. Porém será titular de posições jurídicas ativas, que em situações patrimoniais colocam-se subordinadas ao nascimento com vida – serão direitos subjetivos (ou direitos expectativos) cuja eficácia dependerá do nascimento com vida. Ao lado destes, surgem também, em situações jurídicas existenciais, interesses jurídicos cuja proteção se confiará aos termos definidos pelo ordenamento jurídico.

Neste sentido, recorde-se que a proteção da pessoa humana e sua dignidade é corolário da ordem constitucional brasileira, que não apenas se estende à proteção da pessoa humana como realidade técnica – dotada de personalidade – mas ao ser humano e sua humanidade,

---

Paulo: Atlas, 2007, p. 62-63; NUCCI, Guilherme de Souza. Manual de direito penal. 8ª ed. São Paulo: Revista dos Tribunais, 2012, p. 658). 3. As teorias mais restritivas dos direitos do nascituro – natalista e da personalidade condicional – fincam raízes na ordem jurídica superada pela Constituição Federal de 1988 e pelo Código Civil de 2002. O paradigma no qual foram edificadas transitava, essencialmente, dentro da órbita dos direitos patrimoniais. Porém, atualmente isso não mais se sustenta. Reconhecem-se, corriqueiramente, amplos catálogos de direitos não patrimoniais ou de bens imateriais da pessoa – como a honra, o nome, imagem, integridade moral e psíquica, entre outros. 4. Ademais, hoje, mesmo que se adote qualquer das outras duas teorias restritivas, há de se reconhecer a titularidade de direitos da personalidade ao nascituro, dos quais o direito à vida é o mais importante. Garantir ao nascituro expectativas de direitos, ou mesmo direitos condicionados ao nascimento, só faz sentido se lhe for garantido também o direito de nascer, o direito à vida, que é direito pressuposto a todos os demais. 5. Portanto, é procedente o pedido de indenização referente ao seguro DPVAT, com base no que dispõe o art. 3º da Lei n. 6.194/1974. Se o preceito legal garante indenização por morte, o aborto causado pelo acidente subsume-se à perfeição ao comando normativo, haja vista que outra coisa não ocorreu, senão a morte do nascituro, ou o perecimento de uma vida intrauterina. 6. Recurso especial provido. (STJ, REsp 1415727/SC, Rel. Min. Luis Felipe Salomão, 4ª Turma, j. 04/09/2014, DJe 29/09/2014)

razão pela qual cumpre à técnica do direito civil promover no seu âmbito a efetiva tutela do ser humano, a partir da identificação e proteção de situações jurídicas que confiram posições jurídicas ativas com este propósito.

A rigor, vários sistemas jurídicos enfrentam dificuldades na precisa determinação da proteção legal reconhecida ao nascituro. No direito alemão, por exemplo, é feita referência a uma capacidade jurídica limitada do nascituro,[12] embora tenha sido reconhecido, pelo Tribunal Constitucional, ao discutir o tema do aborto, seu direito à dignidade humana.[13]

No direito brasileiro, a vida e a integridade do nascituro, os alimentos que assegurem suas condições de existência e nascimento em boas condições,[14] o conhecimento da sua paternidade, ou mesmo a lesão que dá causa à indenização por danos pessoais decorrentes da morte do nascituro,[15] são interesses jurídicos merecedores de tutela pelo ordenamento jurídico.

No que diz respeito aos direitos patrimoniais, dependerão para sua eficácia, conforme se referiu, ao implemento da condição do nascimento com vida. É o caso em que se admite que receba por herança ou legado, sendo-lhe para tanto, nomeado um curador (art. 1.799 e 1.780, do Código Civil);[16] receba por doação (art. 542 do Código Civil), ou ainda faça jus a substituição fideicomissária (art. 1.951 do Código Civil).

Da mesma forma, o art. 1.799, inciso I, admite a capacidade para receber em testamento, os filhos, ainda não concebidos, de pessoas indicadas pelo testador, desde que vivas estas ao abrir-se a sucessão. Neste caso, aberta a sucessão e tendo sido feita a partilha dos bens, se ainda não viver o herdeiro presuntivo, o juiz deverá nomear-lhe curador. E nos mesmos termos, estabelece o § 4º do art. 1.800, que, "se, decorridos dois anos após a abertura da sucessão, não for

---

[12] Manfred Wolf,; Jörg Neuner, *Allgemeiner Teil des Bürgerlichen Rechts*. 10 Auf. München: C.H. Beck, 2012, p. 117.

[13] BVerfGE 88, 203 Bundesverfassungsgericht, 28 de maio de 1993.

[14] A Lei 11.804, de 5 de novembro de 2008 disciplinou os denominados "alimentos gravídicos", que é expressão de absoluta infelicidade, afinal os alimentos não são deferidos para um estado de gravidez, senão para a pessoa do nascituro. De qualquer sorte, consolidou legislativamente realidade consagrada na jurisprudência. O artigo 1º da lei refere que disciplina "o direito de alimentos da mulher gestante". A rigor, mais uma vez, nada obsta que os alimentos sejam de titularidade da gestante em razão da gravidez. Contudo, o propósito da lei, segundo se depreende do seu art. 2º, será o de atender em comum os interesse do nascituro: "Os alimentos de que trata esta Lei compreenderão os valores suficientes para cobrir as despesas adicionais do período de gravidez e que sejam dela decorrentes, da concepção ao parto, inclusive as referentes a alimentação especial, assistência médica e psicológica, exames complementares, internações, parto, medicamentos e demais prescrições preventivas e terapêuticas indispensáveis, a juízo do médico, além de outras que o juiz considere pertinentes". Há interesse comum, mas perfeitamente passível de distinção técnica, entre o que será o bem estar a saúde da mãe e o que serve ao custeio da saúde e integridade do nascituro em benefício de sua situação existencial.

[15] "RECURSO ESPECIAL. DIREITO SECURITÁRIO. SEGURO DPVAT. ATROPELAMENTO DE MULHER GRÁVIDA. MORTE DO FETO. DIREITO À INDENIZAÇÃO. INTERPRETAÇÃO DA LEI Nº 6194/74. 1 – Atropelamento de mulher grávida, quando trafegava de bicicleta por via pública, acarretando a morte do feto quatro dias depois com trinta e cinco semanas de gestação. 2 – Reconhecimento do direito dos pais de receberem a indenização por danos pessoais, prevista na legislação regulamentadora do seguro DPVAT, em face da morte do feto. 3 – Proteção conferida pelo sistema jurídico à vida intra-uterina, desde a concepção, com fundamento no princípio da dignidade da pessoa humana. 4 – Interpretação sistemático-teleológica do conceito de danos pessoais previsto na Lei nº 6.194/74 (arts. 3º e 4º). 5 – Recurso especial provido, vencido o relator, julgando-se procedente o pedido. (STJ, REsp 1120676/SC, Rel. p/ Acórdão Min. Paulo de Tarso Sanseverino, 3ª Turma, j. 07/12/2010, *DJe* 04/02/2011); REsp 1415727/SC, Rel. Min. Luis Felipe Salomão, 4ª Turma, j. 04/09/2014, *DJe* 29/09/2014.

[16] Inclusive no caso de fertilização assistida póstuma, conforme examina Guilherme Calmon Nogueira da Gama, Herança legítima ad tempus. São Paulo: RT, 2018.

concebido o herdeiro esperado, os bens reservados, salvo disposição em contrário do testador, caberão aos herdeiros legítimos."

Tanto os interesses jurídicos do nascituro, decorrentes de situações existenciais, quanto os direitos cuja eficácia plena dependa do implemento da condição do nascimento com vida, poderão ser objeto de tutela tanto enquanto perdure a condição do nascituro, quanto após o nascimento. Igualmente, as pretensões que se originem da violação destas posições jurídicas poderão ser exercidas após o nascimento, como ocorre com a indenização por eventuais lesões.[17]

Neste particular, refira-se à possibilidade reconhecida em alguns sistemas jurídicos, de que o próprio nascimento seja considerado um dano passível de indenização, quando por ação ou omissão dolosa ou culposa caracterize-se a falha em exames ou procedimentos médicos pré-natais, de modo que identificar hipóteses que permitam a interrupção da gravidez sem que se caracterize o crime de aborto; ou ainda, a legitimidade da própria pessoa, após o nascimento, reclamar danos decorrentes deste fato, considerando-se como interesse a possibilidade da gravidez materna ter sido interrompida. No direito norte-americano[18] cunhou-se a distinção entre as situações de concepção indesejada (*wrongful conception*), nascimento indesejado (*wrongful birth*) e vida indesejada (*wrongful life*), sendo que nas primeiras discute-se o reconhecimento de pretensão dos pais, no caso de danos decorrentes da concepção ou nascimento (como ocorre no caso de mãe que é submetida a procedimento para impedir nova gravidez, que vem a falhar); na última (*wrongful life*), trata-se de pretensão da própria pessoa nascida ser vítima dos danos que decorram do nascimento. No direito francês, tornou-se conhecido o caso *Perruche*, julgado pela Corte de Cassação em 2000, no qual Nicolas Perruche, nascido com deficiência grave causada por rubéola contraída por sua mãe, mas que não foi diagnosticada pelos médicos durante a gestação, pretendeu indenização, representado pelos pais, dos médicos, e do laboratório responsável pelos exames que impediram o diagnóstico, assim como das respectivas seguradoras. Sustentou que se o diagnóstico correto tivesse sido feito durante a gravidez, seus pais poderiam ter optado pela interrupção, evitando que nascesse com as graves consequências que o impossibilitam uma vida normal e saudável.[19] Após longo processo judicial a Corte de Cassação francesa julgou procedente a demanda, definindo o direito de Nicolas e seus pais à indenização, uma vez que em face do erro de diagnóstico, não foi possível a seus pais escolher pela interrupção da gravidez.

---

[17] Neste sentido o STJ reconheceu o direito do nascituro à indenização pela morte do pai, ponderando contudo, que o fato de não o ter conhecido em vida influenciará apenas na fixação do quantum indenizatório: STJ, REsp 399.028/SP, Rel. Min. Sálvio de Figueiredo Teixeira, 4ª Turma, j. 26/02/2002, *DJ* 15/04/2002.

[18] Anote-se, porém, que no direito norte-americano a discussão sobre os danos decorrentes do nascimento indesejado tiveram origem no conhecido caso Zepeda v. Zepeda, julgado pela Corte do Estado de Illinois, em 1963, no qual um filho demandou o próprio pai pelo fato de ter nascido como ilegítimo (filiação extraconjugal), o que, sustentou, teria lhe causado danos. Já na decisão que negou a indenização ao filho, referia o tribunal sobre preocupações práticas com o reconhecimento da pretensão, afirmando: "That the doors of litigation would be opened wider might make us proceed cautiously in approving a new action, but it would not deter us. The plaintiff's claim cannot be rejected because there may be others of equal merit. It is not the suits of illegitimates which give us concern, great in numbers as these may be. What does disturb us is the nature of the new action and the related suits which would be encouraged. Encouragement would extend to all others born into the world under conditions they might regard as adverse. One might seek damages for being born of a certain color, another because of race; one for being born with a hereditary disease, another for inheriting unfortunate family characteristics; one for being born into a large and destitute family, another because a parent has an unsavory reputation."

[19] Basil Markesinis, *Réflexions d'un comparatiste britannique sur et à partir de l'arrêt Perruche*. Revue trimestrielle de droit civil, 1, 2001, p. 75-103.

No direito alemão, quase duas décadas antes, o Tribunal Federal da União (*Bundesgerichthof*), em caso semelhante, entendeu pela existência da pretensão contratual dos pais em relação aos médicos responsáveis pelo erro de diagnóstico, rejeitando a existência de uma pretensão do recém-nascido.[20]

A questão tem razão de ser. O reconhecimento da pretensão de indenização à pessoa nascida com as consequências da falha de diagnóstico, pelo fato do nascimento e impossibilidade da interrupção da gravidez, equivale a considerar-se a própria vida como dano, o que traz evidentes problemas quanto à coerência do sistema.[21] Não foi por outra razão que, no direito português, em acórdão de 2001, o Supremo Tribunal de Justiça, não reconheceu a pretensão da pessoa nascida, em razão de não se identificar no sistema jurídico um "direito à não existência".[22] Segundo determinada perspectiva em que se examine a questão, admitir esta possibilidade coloca em causa a indisponibilidade sobre a própria vida. Por outro lado, o reconhecimento da pretensão diretamente à pessoa nascida, diferente daquela de que são titulares seus pais, parte da premissa de que o fato de os danos que acometem a vítima desde o nascimento, além do agravo moral, representam um acréscimo de despesas com tratamentos e a própria subsistência, que devem ser suportados por quem tenha contribuído para que tais consequências não pudessem ter sido evitadas.

1.1.1.2. A proteção jurídica do embrião humano

O desenvolvimento da técnica de fertilização *in vitro* e, em seguida, a amplitude das técnicas de manipulação genética em franca expansão, definiram a necessidade de distinguir-se duas realidades: a do nascituro, já amplamente reconhecida pelo direito; e a do embrião. O embrião humano entende-se como o resultado da fecundação do material genético masculino e feminino. É o ser humano nas primeiras semanas de gestação da mãe (fase embrionária), ou produzido em laboratório para depois ser implantado na mãe. Sua realidade passa a ter autonomia em relação ao nascituro porquanto se tenha desenvolvido técnica para fertilização *in vitro*, ou seja, fora do ventre materno, com o propósito de promover, em seguida, sua implantação, com o fim de realizar-se a gravidez. Ocorre que daí surgem distintas realidades. Primeiramente, os embriões ainda não implantados; da mesma forma, após a implantação no útero materno, aqueles que, uma vez produzidos, não foram implantados (embriões excedentes). Nascituro é realidade que se tem apenas quando desenvolvido o embrião no ventre materno, ainda que fertilizado in vitro e depois implantado. Fora disso há realidade distinta, que embora também se associe à proteção da vida humana, não permite que sejam plenamente equiparadas quanto aos efeitos da proteção jurídica endereçada ao nascituro e ao embrião.

A questão que se apresenta, de natureza jurídica, mas sobretudo ética, diz respeito ao modo como disciplinar a proteção jurídica do embrião enquanto realidade distinta do nascituro, porém

---

[20] Hermann Schünemann, Schadensersatz für missgebildede Kinder Schadensersatz für mißgebildete Kinder bei fehlerhafter genetischer Beratung Schwangerer? — Zugleich Anmerkung zum Urteil des OLG München vom 27. 2. 1981, JuristenZeitung 36 (17), jan. 1981, p. 574-577. Veja-se, igualmente, Edward Picker, Schadensersatz Fur Das Unerwunschte Eigene Leben: Wrongful Life. Tübingen: J.C. B. Mohr (Paul Siebeck), 1995, p. 6 e ss.

[21] Fernando Araújo, A procriação assistida e o problema da santidade da vida. Coimbra: Almedina, 1999, p. 99.

[22] Inclusive a tensão entre o direito à vida e a dignidade da vida, conforme anota António Pinto Monteiro, Direito a não nascer? Anotação ao Ac. STJ de 19/06/2001. Revista de legislação e jurisprudência, ano 134, n. 3933, 2002, p. 377-384. Novo acórdão do Supremo Tribunal de Justiça português, de 13 de janeiro de 2013, confirmou o mesmo entendimento da decisão de 2001.

ainda assim expressivo de vida humana. A Lei 11.105/2005 (Lei de Biossegurança), permitiu a utilização de células-tronco embrionárias obtidas de embriões humanos produzidos por fertilização *in vitro* e não utilizados no respectivo procedimento porque inviáveis, ou congelados há mais de três anos, para fins de pesquisa e terapia, desde que autorizado pelos respectivos genitores (art. 5º).[23] Na perspectiva da ética médica, os embriões excedentes, quando viáveis, devem ser preservados. Da mesma forma, admite-se que os genitores devam dispor por escrito quanto ao destino dos embriões no caso de divórcio, doenças graves ou falecimento de um deles ou de ambos, e quando desejam doá-los, bem como a possibilidade de sua fertilização *post mortem* quando haja autorização específica do genitor falecido (Resolução 2.168/2017 do Conselho Federal de Medicina).

1.1.2. Extinção da personalidade da pessoa natural

A extinção da personalidade da pessoa natural se dá, como regra, pela finitude de sua própria existência, com a morte. Estabelece a primeira parte do art. 6º do Código Civil "A existência da pessoa natural termina com a morte". A morte é realidade de fato cujos efeitos são definidos pelo direito. Mais uma vez aqui, o que se considere morte da pessoa depende de critérios técnicos definidos pela ciência médica. Houve tempo em que a morte se identificava pela paralisação da atividade respiratória, ou da atividade circulatória e cardíaca. O avanço da ciência e da técnica permitiram tanto que não houvesse maiores equívocos de diagnóstico nestes casos – com consequências por vezes trágicas – como também se marcasse como critério contemporâneo para a definição da morte, a paralisação da atividade cerebral, conhecida como morte encefálica, admitida no direito brasileiro a partir da Lei 9.434/1997, que disciplinou o transplante de órgãos humanos.[24]

A definição do critério para a conceituação da morte e seu adequado reconhecimento pelo direito é marcada por questões difíceis, que desafiam direito e ética. Nestes termos, se é a paralisação da atividade cerebral que caracteriza a morte (morte encefálica), põe-se em discussão a possibilidade de interrupção da gravidez dos fetos anencéfalos (sem cérebro), admitida pelo STF ao julgar a ADPF 54, em 2012[25], que afastou, inclusive, sua qualificação como aborto. Porém, caso haja o nascimento do anencéfalo, sem vida viável, mas que vem depois de algum tempo breve ou mais extenso a falecer, adquirirá personalidade, mesmo sem atividade cerebral significativa. Em outros termos, a paralisação da atividade cerebral é critério decisivo, no direito atual, para caracterização da morte. A existência da atividade cerebral, contudo, não o será para a caracterização da vida, no caso do nascimento de anencéfalo, que neste caso adquirirá personalidade, vindo a extingui-la pela morte.

---

[23] Tal dispositivo foi declarado constitucional pelo STF no julgamento da ADI 3510/DF, Rel. Min. Carlos Ayres Britto, j. 29/05/2008, *DJ* 28/05/2010.

[24] O art. 3º da Lei 9.434/1997 dispôs: "A retirada *post mortem* de tecidos, órgãos ou partes do corpo humano destinados a transplante ou tratamento deverá ser precedida de diagnóstico de morte encefálica, constatada e registrada por dois médicos não participantes das equipes de remoção e transplante, mediante a utilização de critérios clínicos e tecnológicos definidos por resolução do Conselho Federal de Medicina".

[25] "ESTADO – LAICIDADE. O Brasil é uma república laica, surgindo absolutamente neutro quanto às religiões. Considerações. FETO ANENCÉFALO – INTERRUPÇÃO DA GRAVIDEZ – MULHER – LIBERDADE SEXUAL E REPRODUTIVA – SAÚDE – DIGNIDADE – AUTODETERMINAÇÃO – DIREITOS FUNDAMENTAIS – CRIME – INEXISTÊNCIA. Mostra-se inconstitucional interpretação de a interrupção da gravidez de feto anencéfalo ser conduta tipificada nos artigos 124, 126 e 128, incisos I e II, do Código Penal." (STF, ADPF 54, Rel. Min. Marco Aurélio, Tribunal Pleno, j. 12/04/2012, p. 30/04/2013).

Porém, será essa a mesma técnica que hoje permite a manutenção de sinais vitais com o auxílio de meios artificiais, o que coloca em destaque o debate sobre a manutenção involuntária da vida de pessoas em estado terminal, e sua autonomia – ou de seus familiares próximos – para deliberar sobre a extinção definitiva da personalidade pela recusa de tratamento ou dispensa dos meios tecnológicos que prolonguem a vida já inviabilizada pelas condições de saúde da própria pessoa (denominada distanásia). São as situações conhecidas como eutanásia (morte provocada por razões de piedade e solidariedade com o sofrimento da pessoa) e a ortotanásia (conduta médica de permitir e auxiliar a morte decorrente de processo natural, deixando de promover seu prolongamento artificial). A rigor, a eutanásia não é admitida no direito brasileiro, sendo eventual conduta associada aos tipos penais do homicídio privilegiado (com causa de redução de pena previsto no art. 121, § 1º, do Código Penal), ou ainda do auxílio ao suicídio (art. 122 do Código Penal). Já a ortotanásia, embora possa ser associada a um comportamento omissivo que contribui com a morte da pessoa, será admitida em situações específicas de pacientes terminais,[26] segundo a Resolução 1.805/2006, do Conselho Federal de Medicina.

Diz-se a **morte natural** como aquela que resulta da paralisação dos sinais vitais, o que atualmente é identificada pela aferição da cessação de atividade cerebral, sendo demonstrada mediante assento de óbito no registro civil, por atestado de médico que houver no local, ou em caso contrário, de duas pessoas qualificadas que tiverem presenciado ou verificado a morte (art. 77 da Lei 6.015/1973 – Lei de Registros Públicos).

Distingue-se a morte natural, que é a que ocorre como fato e é reconhecida pelo direito, de outras situações em que os efeitos de morte são conferidos, embora sem que na realidade se tenha a perda dos sinais vitais do indivíduo. O direito antigo usava tratar da privação de certas prerrogativas ligadas ao status pessoal de liberdade, cidadania ou família (*status libertatis, civitatis* ou *familiae*) como sanção para delitos graves cometidos pela pessoa, restringindo o exercício dos direitos,[27] a que se costumou referir, no seu estágio mais grave, como "morte civil". Atualmente, não se cogita dessa hipótese no direito brasileiro.[28] O direito estabelece distinção entre o fato da morte, que previsto como realidade de extinção da pessoa produz o efeito de extinção da personalidade, e situações em que se produzem os mesmos efeitos de extinção da personalidade em razão da presunção jurídica de morte, que no caso serão os da morte presumida e da morte presumida com decretação de ausência, nas situações definidas em lei, conforme se passa a examinar.

1.1.2.1. Presunção de morte

Diz-se presunção de morte e, por consequência, morte presumida, as situações reconhecidas pelo Direito nas quais, embora não haja prova definitiva e incontestável da morte da

---

[26] Segundo registra Henderson Furst, trata-se de um ato de humanização da morte, que a exemplo de outras normas pertinentes ao denominado "biodireito", exige para interpretação das normas legais e regulamentares, para além de um exame lógico-formal, também sua respectiva justificação. Henderson Fürst, *No confim da vida: direito e bioética na compreensão da ortotanásia*. Belo Horizonte: Casa do direito, 2019.
[27] Max Kaser; Rolf Knütel, *Römisches Privatrecht*. 20. Auflage. München: Verlag C.H.Beck, 2014, p. 90.
[28] Não há previsão de morte civil no direito brasileiro, que de resto é conceito dotado de sentido apenas no direito antigo, sobretudo no direito romano. Sem nenhuma razão quem associa o efeito de exclusão da sucessão, por indignidade (art. 1816, do Código Civil), como "espécie" ou "efeito" de morte civil. Refere a regra que o herdeiro será considerado, neste caso, "como se morto fosse", daí a referência à resquício da morte civil. Ora, do que aí se trata é efeito jurídico decorrente do fato que caracteriza a indignidade e, portanto, exclui aquele que seria herdeiro da sucessão do morto. Absolutamente nenhuma identidade com a morte civil que não é instituto do direito brasileiro contemporâneo.

pessoa natural, em razão de circunstâncias previstas em lei, que caracterizam a probabilidade significativa de que a pessoa a quem se refira esteja de fato morta, deflagra-se a eficácia própria da morte como causa extintiva da personalidade e suas respectivas consequências.

Houve tempo em que se admitia como espécie própria a denominada morte civil, espécie de sanção que se estabelecia a determinadas pessoas de modo a retirar-lhe qualquer eficácia da personalidade. É o que ocorria no direito romano no caso da perda do *status libertatis*, tornando-se o indivíduo escravo.[29] Atualmente não se admite a eficácia de morte como sanção, senão efeitos decorrentes de fatos que, embora não possam demonstrar cabalmente, induzem a probabilidade de morte e autorizam presumi-la, conferindo eficácia própria da extinção da personalidade. Trata-se de meio técnico pelo qual se confere os efeitos próprios da extinção da personalidade, mediante declaração da morte ou decretação da ausência da pessoa, visando, especialmente, à transmissão dos bens de quem se presumirá a morte, bem como a extinção dos vínculos jurídicos de que seja parte.

O direito brasileiro prevê, atualmente, as hipóteses de morte presumida e morte presumida com decretação de ausência, que se examinam a seguir.

1.1.2.1.1. Morte presumida

Na vigência do Código Civil de 1916, a possibilidade de determinar-se efeitos de morte para solução das relações jurídicas em que era parte a pessoa, dependia – seguindo a influência do Código Civil francês de 1804 – da caracterização da sua ausência, a partir de longo procedimento para sua decretação. Todavia, as várias situações em que se assinalava a probabilidade de morte da pessoa, porém sem a possibilidade de sua demonstração cabal – por exemplo, os desaparecidos em regiões conflagradas ou vítimas de acidentes violentos cujos corpos não eram localizados – demonstrou, desde logo, a insuficiência do instituto.

O art. 88 da Lei de Registros Públicos (Lei 6.015/1973) de sua vez, ampliou o rol de situações admitidas, ao prever a chamada justificação de óbito, mediante procedimento judicial, pelo qual se poderia admitir o assento de óbito de pessoas desaparecidas em naufrágio, inundação, incêndio, terremoto ou qualquer outra catástrofe, quando provada sua presença no local do desastre, e não for possível encontrar-se o cadáver para exame.

O Código Civil vigente veio a trazer solução adequada ao problema, definindo em seu art. 7º: "Pode ser declarada a morte presumida, sem decretação de ausência: I – se for extremamente provável a morte de quem estava em perigo de vida; II – se alguém, desaparecido em campanha ou feito prisioneiro, não for encontrado até dois anos após o término da guerra." Trata-se de previsão comum a outros sistemas jurídicos, como é o caso do direito português, em que o art. 68, 3, refere que se tem por falecida "a pessoa cujo cadáver não foi encontrado ou reconhecido, quando o desaparecimento se tiver dado em circunstâncias que não permitam duvidar da morte dela."

De excelente técnica foi a opção do legislador brasileiro em apartar a possibilidade de declaração da morte presumida sem a necessidade de decretação prévia de ausência, mediante procedimento relativamente simplificado e ágil, nos termos já previstos pelas normas sobre registros públicos e adotada, mesmo antes do Código Civil de 2002, pela jurisprudência.

Das hipóteses previstas no art. 7º do Código Civil, que autorizam a declaração de morte presumida, a primeira, "se for extremamente provável a morte de quem estava em perigo de

---

[29] Max Kaser; Rolf Knütel, *Römisches Privatrecht*, cit. Jean Gaudemet, Emmannuelle Chevreau, Droit privé romain., p. 29; José Carlos Moreira Alves, *Direito romano*, v. I, p. 120-123.

vida" (inciso I) concede maior grau de liberdade ao julgador para definir sobre quais situações se caracteriza a probabilidade extrema de morte daquele que se encontrava em perigo de vida. Assim, por exemplo, quando se prove que alguém estava dentro de um prédio no momento em que ele desabou ou incendiou, e não se localize cadáver ou restos mortais, consumidos no evento; ou quando alguém se encontrava em aeronave que cai em alto-mar, impossibilitando que seja localizado o cadáver. As situações abrangidas, todavia, não contemplam apenas catástrofes, mas qualquer hipótese em que for extremamente provável a morte de quem se encontrava em perigo de vida, ainda que não possa ser devidamente atestada.

A segunda hipótese é de interpretação mais estrita, ao prever a possibilidade de declaração da morte "se alguém, desaparecido em campanha ou feito prisioneiro, não for encontrado até dois anos após o término da guerra" (inciso II). Neste caso, é necessário que haja uma situação jurídica pré-existente, que é o estado de guerra, e a partir dele ter havido o fato do desaparecimento da pessoa ou sua prisão, definindo-se prazo certo de dois anos após o término da guerra, ao partir de quando se autoriza a declaração de morte.

Em termos práticos, a hipótese do inciso I do art. 7º é suficientemente abrangente das situações em que a probabilidade de morte autorize sua declaração para que produza os efeitos legais, em especial, no tocante à extinção das relações jurídicas em que aquele que se presuma morto tivesse participação (p. ex. a extinção do casamento, art. 1.571, § 1º, do Código Civil), assim como os efeitos sucessórios.

Para além desta hipótese definida no Código Civil, contudo, a Lei 9.140, de 4 de dezembro de 1995, em seu art. 1º, definiu que "são reconhecidos como mortas, para todos os efeitos legais, as pessoas que tenham participado, ou tenham sido acusadas de participação, em atividades políticas, no período de 2 de setembro de 1961 a 5 de outubro de 1988, e que, por este motivo, tenham sido detidas por agentes públicos, achando-se, deste então, desaparecidas, sem que delas haja notícias." Trata-se de hipótese específica de presunção de morte em razão do desaparecimento físico no período compreendido pela lei, em razão do exercício de atividades políticas. É situação, contudo, excepcional, decorrente de diretriz política de pacificação decorrente da transição para o regime democrático no Brasil, tendo por termo final a data da promulgação da Constituição de 1988, marco da redemocratização do país.

A disciplina da Lei 9.140/1995, contudo é específica, definindo como "morto", ainda, tanto a relação de pessoas arroladas no Anexo I, identificadas nas condições previstas na lei, quanto aquelas cuja morte seja conhecida e se vinculem a atividades políticas de confronto à repressão do Estado no período indicado (art. 4º, I, alíneas "b" a "d").

1.1.2.1.2. Morte presumida com decretação de ausência

A morte presumida com decretação de ausência é outra hipótese em que se autoriza a declaração judicial de morte, segundo procedimento extensamente disciplinado, nos arts. 22 a 39 do Código Civil. A previsão da ausência vem do Código Civil anterior e tem larga tradição nos sistemas de direito romano-germânico. Todavia, anote-se certa confusão que estabelecia o direito anterior, admitindo a declaração de ausência, mas relacionando o ausente entre aqueles os absolutamente incapazes, gerando dificuldades desnecessárias decorrentes desta opção.

Em termos práticos, a decretação de ausência é procedimento longo e com diversas etapas definidas em lei, razão pela qual sua utilidade prática no direito atual apenas se revela quando não estejam presentes as condições para a declaração de morte presumida sem a decretação da ausência, nas hipóteses do art. 7º do Código Civil.

O art. 22 define a situação fática que caracteriza a ausência e autoriza a declaração de morte presumida. Estabelece que: "desaparecendo uma pessoa do seu domicílio sem dela haver notícia, se não houver deixado representante ou procurador a quem caiba administrar-lhe os bens, o juiz, a requerimento de qualquer interessado ou do Ministério Público, declarará a ausência, e nomear-lhe-á curador." Para que haja a declaração de ausência exige-se que a pessoa tenha desaparecido de seu domicílio sem deixar representante ou procurador, e que dela não se tenha mais notícias. Neste caso, poderá qualquer interessado ou o Ministério Público requerer judicialmente esta providência. O mesmo pode ocorrer, segundo o art. 23 do Código Civil, "(...) quando o ausente deixar mandatário que não queira ou não possa exercer ou continuar o mandato, ou se os seus poderes forem insuficientes."

A nomeação do curador pelo juiz tem por finalidade a administração dos bens do ausente, não tendo efeitos sobre seus interesses personalíssimos. O art. 24 do Código Civil define que ao nomear o curador, o juiz fixará seus poderes e obrigações, "conforme as circunstâncias", observando-se quando aplicável, as disposições legais a respeito de tutores e curadores. Quando não esteja separado judicialmente ou de fato há mais de dois anos, o cônjuge do ausente será, por força de lei, seu legítimo curador (art. 25, *caput*, do Código Civil). Porém, na falta do cônjuge, a curadoria dos bens caberá aos pais ou aos descendentes, nesta ordem, desde que não haja impedimento que os iniba de exercer a função (art. 25, § 1º, do Código Civil).

Há, neste particular, regra própria do Código Civil, de modo que entre os descendentes, quando lhe couber exercer a curadoria, os mais próximos precedem os mais remotos. Ou seja, tratando-se de ausente que não tenha cônjuge nem pais, mas possua filhos e netos, preferirá a curadoria os filhos de maior idade, e apenas não sendo possível nomear qualquer deles, aos netos, seguindo o mesmo critério. Não havendo qualquer dos familiares mencionados, ou não estando eles em condições de exercer a curadoria dos bens do ausente, ao juiz competirá escolher quem nomeará como curador (art. 25, § 3º, do Código Civil), cuja função de administração dos bens compreende a manutenção de sua integridade, valor e utilidade, assim como, quando for o caso, mantê-los empregados a sua destinação, produzindo os respectivos frutos.

Declarada a ausência, o juiz determinará a arrecadação dos bens do ausente, e nomeado curador, mandará publicar no sítio da internet do tribunal a que estiver vinculado e na plataforma de editais do Conselho Nacional de Justiça, edital anunciando a arrecadação e chamando o ausente a tomar posse dos seus bens. Esta publicação permanecerá pelo prazo de um ano. No caso de não haver sítio eletrônico na internet, a publicação deverá se dar em órgão oficial, sendo reproduzida e na imprensa da comarca, também durante um ano, mediante publicações de dois em dois meses (art. 745 do Código de Processo Civil).

1.1.2.1.2.1. Sucessão provisória

Após o prazo de um ano da arrecadação dos bens – ou se ele deixou representante ou procurador, após o prazo de três anos – poderão os interessados requerer a abertura da sucessão provisória (art. 26 do Código Civil). Trata-se de sucessão provisória e condicional. A finalidade do procedimento será definir a sucessão dos bens do ausente. Após este prazo, se nenhum interessado requerer a abertura da sucessão provisória, poderá o Ministério Público, requerê-la (art. 28, § 1º do Código Civil).

São considerados interessados para requerer a abertura da sucessão provisória o cônjuge, desde que não separado judicialmente; os herdeiros presumidos, legítimos ou testamentários; os que tiverem sobre os bens do ausente direito dependente de sua morte; e os credores de obrigações vencidas e não pagas; (art. 27 do Código Civil). Note-se que, embora o Código Civil faça referência expressa apenas ao cônjuge, é de rigor, em face da plena equiparação do casamento e da união estável para efeitos civis, a partir da interpretação consagrada ao art. 226, § 1º, da Constituição da República, incluir entre os interessados legitimados para requerer tanto a declaração da ausência, quanto a abertura da sucessão provisória, também os companheiros.

Ao requerer a abertura da sucessão provisória, o interessado pedirá a citação pessoal dos herdeiros presentes e do curador, assim como a citação por edital dos herdeiros ausentes, para que requeiram sua habilitação. (art. 745, § 2º, do Código de Processo Civil). Citados os herdeiros, deverão pronunciar-se em cinco dias, requerendo habilitação e provando sua condição, sendo os pedidos decididos imediatamente pelo juiz, nos termos dos art. 689 a 692 do Código de Processo Civil.

A sentença que determinar a abertura da sucessão provisória produzirá efeito apenas cento e oitenta dias depois de publicada pela imprensa. Porém, transitada em julgado, desde logo será procedida a abertura do testamento, se houver, e o inventário e partilha dos bens, como se o ausente fosse falecido (art. 28 do Código Civil). Pode o juiz, ainda, antes da partilha dos bens, em relação aos bens móveis, se entender conveniente para evitar sua deterioração ou extravio, determinar sua conversão em bens imóveis ou em títulos garantidos pela União, como, por exemplo, títulos da dívida pública (art. 29 do Código Civil).

No caso de o herdeiro ou interessado não requerer o inventário no prazo de até trinta dias após o trânsito em julgado da sentença que mandar abrir a sucessão provisória, será procedida a arrecadação dos bens em acordo com os procedimentos próprios da herança jacente, e não se apresentando interessados, a declaração de herança vacante (arts. 1.819 a 1.823 do Código Civil). O mesmo ocorre quando, aberta a sucessão provisória, não for requerida no prazo legal a conversão em sucessão definitiva, no prazo de dez anos da data em que deveria haver a conversão (art. 39, parágrafo único, do Código Civil). No caso da herança vacante, incorporam-se ao domínio do Município ou do Distrito Federal, nos termos do art. 1.844 do Código Civil.

Os ascendentes, descendentes e o cônjuge do ausente, na qualidade de seus herdeiros legítimos, poderão ser imitidos na posse dos bens, independente da prestação de garantia, fazendo jus, igualmente, a todos os frutos e rendimentos que eles produzirem. Os demais herdeiros, para serem imitidos na posse dos bens, darão garantias de restituição dos mesmos, na forma de penhores ou hipotecas equivalentes. Não podendo prestar a garantia exigida, não poderá ser imitido na posse, mantendo-se os bens que lhe caberiam sob administração do curador ou de outro herdeiro designado pelo juiz, que preste essa garantia (art. 30 do Código Civil). O herdeiro excluído da posse, neste caso, justificando falta de meios, poderá requerer que lhe seja entregue metade dos frutos e rendimentos dos bens a que faria jus.

Da mesma forma, em relação aos frutos e rendimentos, os herdeiros que não sejam ascendentes, descendentes ou cônjuge do ausente deverão capitalizar metade do que produzirem os bens sob sua posse, prestando contas, anualmente, ao juiz (art. 33 do Código Civil). Sobre a parte capitalizada, faz jus o ausente se aparecer, salvo se ficar provado que a ausência foi voluntária e injustificada, hipótese em que perderá a parte que lhe era reservada dos frutos e rendimentos em favor do sucessor (art. 34 do Código Civil).

A posse dos bens pelos sucessores provisórios produz "igualmente" o efeito de representação do ausente, de modo que passam a responder pelas ações em que este seja demandado, sejam existentes ou futuras (art. 32 do Código Civil).

O poder de disposição sobre os bens imóveis do ausente pelos herdeiros que tenham sua posse é limitado, de modo que os negócios de alienação ou a constituição de hipoteca só podem ser feitos por determinação do juiz, providência esta que tem por finalidade evitar sua ruína (art. 31 do Código Civil).

Se durante a fase da sucessão provisória ficar provada a época exata do falecimento do ausente, será considerada nesta data aberta a sucessão em favor dos herdeiros que o eram àquele tempo (art. 35 do Código Civil). Aparecendo o ausente ou provada sua existência depois de estabelecida a posse provisória, cessam todas as vantagens dos sucessores que foram imitidos na posse, cabendo-lhes, contudo, adotar as medidas assecuratórias necessárias à manutenção e integridade dos bens, até a restituição ao seu legítimo proprietário (art. 36 do Código Civil).

1.1.2.1.2.2. Sucessão definitiva

A conversão da sucessão provisória do ausente em sucessão definitiva se dá após dez anos do trânsito em julgado da sentença que deferiu a abertura da primeira (art. 37 do Código Civil) mediante requerimento dos interessados (art. 745, § 3º, do Código de Processo Civil). O efeito da conversão será, primeiramente, o direito dos herdeiros que tenham prestado garantia para imitir-se da posse provisória dos bens, requerem seu levantamento.

O prazo de dez anos previsto na legislação poderá ser dispensado se provado que o ausente, se vivo fosse, contaria com oitenta anos de idade, e que de cinco anos datam as últimas notícias dele (art. 38 do Código Civil).

Em consequência da conversão em sucessão definitiva, estabiliza-se a posse dos sucessores, podendo, todavia, o ausente que regresse, ainda, nos dez anos seguintes à abertura da sucessão definitiva, ou alguns de seus descendentes ou ascendentes reclamar os bens, todavia fazendo jus apenas aos existentes no estado em que se acharem, os que foram sub-rogados em seu lugar, ou o preço que os herdeiros e demais interessados houverem recebido pelos bens alienados depois da conversão (art. 39 do Código Civil).

De interesse, em relação ao retorno do ausente, será a eventual rescisão dos efeitos de morte presumida decorrente da declaração de ausência. Isso tem especial relevância em relação àquele que fosse casado e que, em razão da ausência, tivesse extinta a sociedade conjugal, nos termos do art. 1.571, § 1º, do Código Civil ("O casamento válido só se dissolve pela morte de um dos cônjuges ou pelo divórcio, aplicando-se a presunção estabelecida neste Código quanto ao ausente"). Naturalmente que não se retira do cônjuge do ausente a possibilidade de rescindir a sociedade conjugal por intermédio do divórcio, requerendo sua citação por edital. Contudo, preferindo assim não proceder, e se utilizando da presunção de morte para extinguir o vínculo conjugal e, adiante, contrair novas núpcias, a hipótese de retorno do ausente coloca a questão sobre a validade ou não do segundo casamento, em face da cessação dos efeitos da ausência. O direito italiano, neste ponto, vai reconhecer a nulidade do segundo casamento, preservado aquele mantido pelo ausente.[30] Trata-se de solução de pouco ou nenhum apelo prático ou humano. Do ponto de vista técnico-jurídico, no direito brasileiro, é de atentar que o segundo casamento foi celebrado ao tempo em que os efeitos do primeiro casamento não mais existiam, de modo que se voltam a existir em razão do retorno do ausente, encontram um segundo ajuste, constituído validamente, que não pode tornar-se nulo pela modificação de uma condição existente no momento de sua celebração. E aqui sequer se precisa invocar a norma que reconhece o casamento putativo (art. 1.561 do Código Civil), celebrado de boa-fé por um ou ambos os cônjuges que desconheciam a existência de impedimento, e que corroboraria a preservação dos efeitos do

---

[30] Assim, o art. 68 do Codice Civile: "Il matrimonio contratto a norma dell'articolo 65 è nullo, qualora la persona della quale fu dichiarata la morte presunta ritorni o ne sia accertata l'esistenza. Sono salvi gli effetti civili del matrimonio dichiarato nullo. La nullità non può essere pronunziata nel caso in cui è accertata la morte, anche se avvenuta in una data posteriore a quella del matrimonio."

segundo casamento. Embora, como recomende a doutrina nacional,[31] seja o caso de a matéria merecer solução de *lege ferenda*, da sua ausência considera-se solução adequada a que mantém a validade do segundo casamento celebrado.

1.1.2.2. Comoriência

A morte, conforme se viu, produz efeitos jurídicos relevantes, como a extinção da personalidade e das várias relações jurídicas em que participava a pessoa, assim como a abertura da sucessão, pela qual seu patrimônio é transmitido aos herdeiros. Ocorre que, a par do desafio de se determinar a efetiva ocorrência da morte e o momento em que se dê – para o que o direito se serve da ciência médica – em muitas situações não se tem, em vista das circunstâncias, a possibilidade de determinação precisa do instante em que ela vem a se realizar.

Contudo, o momento em que ocorre a morte pode ter repercussões jurídicas muito relevantes, especialmente em situações nas quais mais de uma pessoa venha a falecer em um mesmo evento – tal como um acidente aéreo ou um naufrágio, por exemplo – e tenham elas relação jurídica que defina como efeito da morte a transmissão de direitos entre si. Neste caso, pode ocorrer de não ser possível determinar qual morte ocorreu antes, e deste modo, como se deu a transmissão dos direitos.

O modo como se soluciona a questão é diversa ao longo da história dos diferentes sistemas jurídicos. No direito romano eram definidas presunções de precedência de morte em vista da qualidade das pessoas, seus vínculos de parentesco e idade. No direito francês, o Código Civil de 1804 também estruturou presunções relativamente complexas, de modo que se os falecidos contavam com menos de 15 anos de idade, presumia-se que o mais velho teria sobrevivido ao mais novo. Porém, se contavam com mais de 60 anos de idade, presumia-se que o mais novo havia sobrevivido ao mais velho, além de uma diversidade de situações, inclusive distinguindo entre homens e mulheres. Estes critérios, contudo, perderam-se no tempo, e atualmente o direito francês define a comoriência nos mesmos termos do direito brasileiro e de boa parte das soluções nos vários sistemas jurídicos (art. 725-1, do *Code Civil*, art. 68, 2, do Código Civil português).

No direito brasileiro, define o art. 8º, do Código Civil: "Se dois ou mais indivíduos falecerem na mesma ocasião, não se podendo averiguar se algum dos comorientes precedeu aos outros, presumir-se-ão simultaneamente mortos." Nestes termos, se dois ou mais indivíduos falecerem no mesmo evento, sem que se possa afirmar quem faleceu antes, serão presumidos como mortos ao mesmo tempo, de modo que não transmitirão quaisquer direitos entre si em razão da morte.

Tratando-se de presunção, contudo, naturalmente que havendo meio de determinar-se quem faleceu antes, deixa de incidir a regra do art. 8º, prevalecendo a realidade identificada e suas consequências jurídicas.

2. ESTADO DA PESSOA

As várias posições jurídicas nas quais esteja inserida a pessoa natural faz com que assuma distintas qualificações. Assim, em relação aos pais será filho ou filha, se tenha cidadania

---

[31] Zeno Veloso, Novo casamento do cônjuge ausente. Revista brasileira de direito de família, v. 6, n. 23. Porto Alegre: Síntese, 2004, p. 37-54; Carlos Roberto Gonçalves, Direito civil brasileiro, v. 1. São Paulo: Saraiva, 2013, p. 213; Cristiano Chaves de Farias; Nelson Rosenvald, Curso de direito civil, v. 1. São Paulo: Atlas, 2015, p. 323; Flavio Tartuce, Direito civil: Lei de introdução e parte geral. 13ª ed. São Paulo: Forense, 2017, p. 220-221.

brasileira, será um nacional, caso não a tenha, um estrangeiro ou apátrida, e assim por diante. Estas qualificações costumam-se identificar como estado da pessoa.

A definição dos estados da pessoa tem sua origem no direito romano, embora sistematizados depois, tomado o cidadão a partir de três status fundamentais, a saber: o *status libertatis*, o *status civitatis* e o *status familae*, conforme a posição do sujeito, se escravo ou livre, se cidadão ou gentio, bem como sua situação na família.

A repercussão prática da definição dos estados da pessoa varia na história do direito. Pode-se compreender o estado da pessoa como a qualidade que lhe é atribuída em razão das distintas posições jurídicas que seja titular. O conjunto dos estados da pessoa forma seu estado civil, no qual é investida a pessoa nas várias situações jurídicas de que seja parte, e se constituem a partir de fatos jurídicos.

Na família, os estados podem ser, em relação à participação ou não em sociedade conjugal, de casado, solteiro, companheiro ou convivente ou viúvo; também poderá ser parente consanguíneo (pais, avós, filhos, irmãos etc.) ou por afinidade (sogro, genro/nora, cunhado). Em relação à nacionalidade, segundo as normas de direito público, o estado da pessoa será nacional, estrangeira ou apátrida. Em outras diversas situações jurídicas, o estado se dá pela definição do sexo, da capacidade de exercício pessoal dos direitos de que é titular, ou por razões de saúde (enfermos e deficientes mentais). Quanto à posição sucessória será, a pessoa, herdeira ou legatária; e se herdeira, legítima ou testamentária.

2.1. Questões atuais sobre os estados da pessoa: diversidade e vulnerabilidade

A definição dos vários estados da pessoa é hoje objeto de discussões intrincadas, relacionadas, sobretudo, à projeção dos direitos fundamentais na tutela da pessoa humana. Dois aspectos merecem destaque. O primeiro deles diz respeito ao sexo. Historicamente, o direito reconhece dois sexos, masculino e feminino, designados pelo critério da presença de órgãos reprodutores respectivos, normalmente identificados e levados a registro no nascimento da pessoa. A renovação dos costumes sociais, contudo, levou a que se identificassem situações que, embora sempre existentes, eram invisíveis ao Direito, sobretudo no tocante a pessoas transexuais e travestis. A transexualidade, conforme define a doutrina, compreende a *condição sexual da pessoa que rejeita sua identidade genética e a própria anatomia do seu gênero, identificando-se psicologicamente com o sexo oposto*[32]. Em termos médicos, o Conselho Federal de Medicina identificava originalmente tal situação como transexualismo, definindo-o, como "desvio psicológico permanente de identidade sexual, com rejeição do fenótipo e tendência à automutilação e ou autoextermínio" (Resolução 1955/2010). Mais recentemente, corrigiu este entendimento segundo correta evolução do entendimento sobre esta condição, definindo a Resolução 2.265/2019, em seu art. 1º, que "compreende-se por transgênero ou incongruência de gênero a não paridade entre a identidade de gênero e o sexo ao nascimento, incluindo-se neste grupo transexuais, travestis e outras expressões identitárias relacionadas à diversidade de gênero". Nestes termos é que autoriza e disciplina a realização, ao lado de tratamentos hormonais, de procedimentos cirúrgicos com acompanhamento continuado de equipe multidisciplinar. Dentre os procedimentos cirúrgicos indicados para afirmação de gênero, apenas a maiores de 18 anos, estão a neovulvovaginoplastia, a mamoplastia de aumento e a faloplastia.

Uma das consequências da cirurgia será a alteração do estado da pessoa em relação ao sexo. Se originalmente masculino para feminino e o inverso. O que se coloca em causa, atual-

---

[32] Maria Helena Diniz, O estado atual do biodireito. 4ª ed. São Paulo: Saraiva, 2007, p. 250.

mente, é da necessidade de cirurgia, ou ainda, de laudo médico atestando a transexualidade de determinada pessoa como condição para a alteração do sexo informado no registro civil, ou mesmo o nome, por intermédio de ações judiciais próprias (espécies de ações de estado). O STF, ao julgar a Ação Direta de Inconstitucionalidade 4275, em fevereiro de 2018, decidiu pela desnecessidade da cirurgia para autorizar a retificação de nome pelo transexual, ao realizar a interpretação conforme a Constituição do art. 58 da Lei dos Registros Públicos (Lei 6.015/1973).[33] No mesmo sentido, ao julgar o Recurso Extraordinário 670422, sob o regime da repercussão geral, fixou as seguintes teses: "i) O transgênero tem direito fundamental subjetivo à alteração de seu prenome e de sua classificação de gênero no registro civil, não se exigindo, para tanto, nada além da manifestação da vontade do indivíduo, o qual poderá exercer tal faculdade tanto pela via judicial como diretamente pela via administrativa. ii) Essa alteração deve ser averbada à margem no assento de nascimento, sendo vedada a inclusão do termo 'transexual'. iii) Nas certidões do registro não constará nenhuma observação sobre a origem do ato, sendo vedada a expedição de certidão de inteiro teor, salvo a requerimento do próprio interessado ou por determinação judicial. iv) Efetuando-se o procedimento pela via judicial, caberá ao magistrado determinar, de ofício ou a requerimento do interessado, a expedição de mandados específicos para a alteração dos demais registros nos órgãos públicos ou privados pertinentes, os quais deverão preservar o sigilo sobre a origem dos atos."[34]

Outro aspecto atual diz respeito ao reconhecimento, ao lado dos estados pessoais decorrentes de posições jurídicas historicamente consolidadas, também de situações nas quais – em vista de determinações constitucionais expressas ou da incidência do princípio da dignidade da pessoa humana – da vulnerabilidade de certas pessoas em determinadas situações jurídicas, a justificar a proteção jurídica pelo direito privado. É o caso de crianças, consumidores, deficientes ou idosos, por exemplo, a quem expressamente o ordenamento jurídico reconhece uma desigualdade de forças e define a necessidade de proteção jurídica. O reconhecimento destas *posições de desigualdade* em distintas situações jurídicas (e.g. na família, no mercado) *fundamenta-se no reconhecimento da promoção da igualdade material*, admitindo-se a existência de diferenças, e neste sentido, quando haja justificativa racional para tanto, o *tratamento desigual para desiguais*.

Com isso justifica-se o tratamento jurídico favorável àqueles reconhecidos como vulneráveis, de modo a assegurar igualdade de chances.[35] Observou-se em outro estudo que "discussões atuais são sobre a igualdade de resultados (*egalité de resultats*), que acabaria com o primado da liberdade sobre a igualdade, e ainda sobre a igualdade no direito das empresas e sociedades (desigualdade por merecimento), do direito patrimonial de família e direito do trabalho (estudos das rupturas toleradas da igualdade, por ações positivas, em direito do trabalho e das sociedades). A doutrina atual, inspirada no direito europeu, destaca a igualdade "de armas" ou de proteção pela compensação (*égalité des armes*) e a igualdade de "chances" pela proteção-acesso ou inclusiva (*égalité des chances*) como uma evolução, no direito privado desta noção vinda do direito público."[36]

---

[33] Assim, o art. 58, *caput*, da Lei 6.015/1973: "O prenome será definitivo, admitindo-se, todavia, a sua substituição por apelidos públicos notórios."
[34] STF, RE 670422, Rel. Min. Dias Toffoli, Tribunal Pleno, j. 15/08/2018, p.10/03/2020.
[35] Pierre-Yves Verkindt,. Rapport de synthése. L´égalité – Archives de philosophie du droit. Paris: Dalloz, 2008. t. 51, p. 238.
[36] Claudia Lima Marques, Bruno Miragem, O novo direito privado e a proteção dos vulneráveis. São Paulo: RT, 2014, p. 110.

2.2 Características do estado da pessoa e as ações de estado

As múltiplas posições jurídicas que se caracterizam como estado da pessoa não apresentam características uniformes. Algumas destas posições, que se vinculam à própria personalidade, não podem ser objeto de renúncia ou cessão, tampouco as pretensões em sua defesa se extinguem com o tempo.

Outros estados decorrem de situações específicas e se alteram a partir do exercício livre da própria pessoa, de modo que alguém poderá, por exemplo, deixar de ser solteira ao casar-se, ou deixar de ser herdeiro renunciando à herança. Por outro lado, os estados da família têm sua disponibilidade bastante restrita, de modo que a posição jurídica de pai em relação aos seus filhos só é perdida em situações muito específicas, como ocorre na extinção do poder familiar e adoção do filho por outros pais.

Os estados da pessoa, regra geral, são objeto do registro civil. O art. 9º do Código Civil refere: "Art. 9º Serão registrados em registro público: I – os nascimentos, casamentos e óbitos; II – a emancipação por outorga dos pais ou por sentença do juiz; III – a interdição por incapacidade absoluta ou relativa; IV – a sentença declaratória de ausência e de morte presumida." Da mesma forma, define o art. 10 do Código Civil: "Far-se-á averbação em registro público: I – das sentenças que decretarem a nulidade ou anulação do casamento, o divórcio, a separação judicial e o restabelecimento da sociedade conjugal; II – dos atos judiciais ou extrajudiciais que declararem ou reconhecerem a filiação."

Para o reconhecimento ou a desconstituição de um determinado estado da pessoa, ou ainda para sua modificação, prevê-se as denominadas ações de estado. São espécies de ações de estado, dentre outras, a ação de reconhecimento de paternidade ou a ação de contestação de paternidade, a ação que pretenda a emancipação, a ação de suprimento de idade para o casamento, a ação de divórcio, assim como a ação que pretenda a suspensão ou destituição do poder familiar.

Há ações de estado que exigem a intervenção do Ministério Público, quando envolva interesse público ou social, ou quando digam respeito a interesse de incapaz (arts. 178, I e II). As decisões que resultem destas ações poderão ter natureza constitutiva – quando sirvam para constituir um novo estado, ou declaratória, quando sirvam para reconhecer juridicamente uma situação preexistente.

3. CAPACIDADE DE FATO OU DE EXERCÍCIO DA PESSOA NATURAL

Como já foi examinado, toda a pessoa ao nascer adquire personalidade, e com ela a capacidade de direito, ou seja, a capacidade para ser titular de direitos e deveres na ordem civil. Poder ser titular de direitos e deveres, todavia, não significa que se possa necessariamente exercê-los direta e pessoalmente, assim como os deveres, embora sejam exigíveis, nem sempre poderão, no caso de descumprimento, dar causa à responsabilização. Isso porque se distinguem a capacidade de ser titular de direitos e deveres (capacidade de direito) e a capacidade para exercer direitos pessoalmente, a que se denomina capacidade de fato ou de exercício.

O exercício pessoal dos direitos pelo titular supõe que a pessoa tenha condições de decidir racionalmente sobre o momento e o modo de os exercer, assim como de resto a prática dos atos da vida civil. Deve haver, deste modo, liberdade e consciência da vontade pelo titular. Daí ocupar-se o Direito em definir critérios pelos quais esta liberdade e consciência da vontade, ou seja, discernimento para o exercício pessoal dos direitos pelo titular. A partir destes critérios é que se vai definir a capacidade de fato ou exercício de direitos e, da mesma forma, as situações nas quais serão admitidas restrições.

Deste modo, note-se que uma criança recém-nascida poderá ser titular da propriedade sobre bens. Não poderá exercer, contudo, pessoalmente, seu direito de propriedade, por exemplo, para dispor destes bens, alienando-os a terceiros. Será a titular do direito, mas não poderá exercê-los pessoalmente. Isso porque, quando se trata da capacidade de fato ou de exercício de direitos, o legislador fixará critérios para seu reconhecimento. Serão critérios abstratos e uniformes, de modo que independentemente de características concretas de cada pessoa, definem a aquisição da capacidade ou ainda, em graus distintos, as situações de incapacidade, absoluta ou relativa, de acordo com definição legal.

Igualmente, não se confunde a incapacidade da pessoa para o exercício pessoal de direitos e a prática dos atos da vida civil, com eventual restrição que a lei defina para que certas pessoas realizem determinados atos, em face de sua posição jurídica. Assim, pode ocorrer de haver doação ou legado constituídos com cláusula de inalienabilidade. Neste caso, o donatário ou o legatário que receba o bem não poderão aliená-lo, restringindo-lhes, assim, o poder de disposição. Não significará, contudo, que sejam incapazes para o exercício de direito, mas tão-somente que lhe é restringido, por força de cláusula definida no negócio de transmissão, alienar aquele bem específico. O mesmo ocorre quando a lei proíbe que a pessoa que titule certa posição jurídica realize determinado ato ou celebre negócio jurídico com outra. É o caso do tutor que está proibido de adquirir os bens do pupilo ou dispor sobre eles gratuitamente (art. 1.749 do Código Civil), ou daquele que pretenda doar todos os bens sem reservar parte necessária a sua subsistência (art. 548 do Código Civil). Não se trata de incapacidade, mas de restrição específica, que impede a realização do ato com certo conteúdo. Esta circunstância, não diz respeito a todos, mas apenas a determinada pessoa em razão da posição jurídica de que é titular em face de outras pessoas, de modo que se lhe imponha restrições a sua atuação, costuma-se referir como *legitimidade*. De modo que, pelo fato de ser titular de determinada posição jurídica, será ilegítima a prática de determinado ato (e.g. porque é tutor não pode adquirir os bens do pupilo), ou quando descumpra certos requisitos (e.g. o dono da coisa pode vendê-la para quem quiser, porém não poderá fazê-lo a descendente seu, sem o consentimento dos demais, conforme art. 469 do Código Civil). Trata-se a **legitimidade**, deste modo, do poder da pessoa de atuar concretamente em determinada situação jurídica.

Em relação ao exercício pessoal dos direitos, o regime da capacidade de fato ou de exercício se distingue em situações de *incapacidade absoluta, incapacidade relativa* e *capacidade plena*. Define-se cada uma delas, gradualmente, a partir de critérios que identifiquem a existência ou não de discernimento para a prática dos atos. Costuma-se definir como critérios o implemento de certa idade – que no direito vigente é de 18 anos completos – ou ainda considerar determinadas situações que prejudiquem o discernimento como causa para definição da incapacidade.

No direito romano distinguiam-se entre os *infans* – absolutamente incapazes, até os 7 anos de idade, após o que se classificavam entre os menores impúberes e os púberes, adquirindo-se a capacidade a partir dos 14 anos. Contudo, sem efeito prático, considerando que se mantinham submetidos ao *pater familiae*. Mais adiante se multiplicaram regras especiais sobre capacidade, inclusive de direito público, conforme o ato a ser praticado. Trata-se de critério, contudo, que o tempo abandonou, não havendo mais sentido no uso das expressões púbere ou impúbere segundo os critérios atualmente adotados. Quanto à idade, a tendência vem sendo, ao longo do tempo, de sua redução para efeito da aquisição de capacidade. A exemplo das codificações clássicas, o antigo Código Civil brasileiro a fixava com o implemento dos 21 anos. Atualmente, tanto o Código Civil vigente, quanto outros sistemas, a definem aos 18 anos.

No direito alemão, a maioridade inicia aos 18 anos (§ 2º do BGB). Para contratar, contudo, admite-se que possa fazê-lo a partir dos 7 anos, desde que tenha, enquanto não complete 18 anos, o consentimento do representante (§§ 104 e 107 do BGB). Ressalvam-se as contratações cotidianas, de pequeno valor, em que o pagamento se considera eficaz, desde que não tragam risco ao patrimônio do incapaz, nem digam respeito a imóveis (§ 105a, do BGB). Também no direito francês a maioridade se dá aos 18 anos completos (art. 388 do *Code Civil*). No direito italiano, reproduz-se o critério dos 18 anos para aquisição da capacidade plena de exercício de direitos, com a ressalva da capacidade para o trabalho e as e os direitos e pretensões correspondentes, regulados por lei especial que a reconhece a partir dos 16 anos (art. 2º do *Codice Civile*). No direito português a menoridade também avança até os 18 anos, situação em que a pessoa carece de capacidade para o exercício de direitos (arts. 122 e 123 do Código Civil português). Excetuam-se os atos de administração ou disposição que o maior de 16 anos tenha adquirido com seu trabalho, bem como os negócios jurídicos relativos à profissão que o menor tenha sido autorizado a exercer, e "os negócios jurídicos próprios da vida corrente do menor que, estando ao alcance da sua capacidade natural, só impliquem despesas, ou disposições de bens, de pequena importância" (art. 127 do Código Civil português). A aquisição da maioridade aos 18 anos também é o critério adotado pelo direito espanhol (art. 315 do Código Civil espanhol). No direito argentino, o Código Civil y Comercial de 2014 fixa a maioridade aos 18 anos (art. 25). Contudo, permite que em vista de sua idade e maturidade suficiente possa exercer por si os atos que são permitidos pelo ordenamento jurídico, e ao adolescente entre 13 e 16 anos reconhece o direito de decidir sobre tratamentos não invasivos, que não comprometam sua saúde e integridade. A partir dos 16 anos, define a norma argentina que "o adolescente é considerado um adulto para as decisões atinentes ao cuidado de seu próprio corpo". (art. 26).

A definição das hipóteses de incapacidade da pessoa para o exercício pessoal de direitos e para a prática de atos da vida civil observa duas finalidades essenciais. A primeira, proteger a pessoa que se entenda sem discernimento para tomar decisões no seu interesse, em relação às possíveis consequências prejudiciais a si mesma. Eis aí a finalidade de tutela ou proteção dos incapazes, cuja eficácia não se restringe às normas de direito material. Assim, por exemplo, a regra do art. 50 do Código de Processo Civil: "A ação em que o incapaz for réu será proposta no foro de domicílio de seu representante ou assistente." Ou quando em ação judicial os interesses do incapaz puderem colidir com o de seu representante legal, o juiz nomeará curador especial para representá-lo (art. 72, I do Código de Processo Civil). Nestes termos, sempre que ação judicial envolver interesse de incapaz o Ministério Público será intimado para intervir como fiscal da lei (*custus legis*). Outra finalidade deste regime de incapacidades será a proteção da própria segurança e estabilidade das relações jurídicas, uma vez que ao interditar a possibilidade de os incapazes exercerem pessoalmente direitos e se comprometerem juridicamente, se previne eventuais dúvidas sobre a validade e eficácia dos atos que pratiquem nesta condição.

Refira-se, ainda, que não se confunde o critério do legislador para dispor sobre a capacidade civil e o que utilize para determinar o reconhecimento da atuação da pessoa em outras situações disciplinadas pelo Direito. É o caso da imputabilidade penal aos 18 anos (art. 228 da Constituição da República) e o exercício dos direitos de participação política, caso do direito ao voto aos 16 anos e dever de votar a partir dos 18 anos, bem como o de ser votado, dependendo do cargo observada a idade mínima entre 18 e 35 anos (art. 14 da Constituição da República). Ou ainda a habilitação administrativa para conduzir veículos automotores, para o que se exige do interessado que seja penalmente imputável (art. 140, I, do Código de Trânsito Brasileiro).

3.1. Incapacidade absoluta

A incapacidade absoluta, conforme se compreende em seus próprios termos, é a situação de total inaptidão da pessoa para o exercício pessoal de direitos e a prática dos atos da vida civil.

Durante largo tempo, foram considerados incapazes aqueles que ainda não tivessem atingido determinada idade (considerados, por isso, menores impúberes), assim como aqueles que, por deficiência ou enfermidade mental, não tivessem discernimento para prática dos atos, e os que mesmo por causa transitória não pudessem exprimir vontade – todas as hipóteses que constavam na redação original do art. 3º do Código Civil brasileiro. A nova disciplina dada à situação das pessoas com deficiência pela Lei 13.146, de 6 de julho de 2015 – o Estatuto das Pessoas com Deficiência – definiu nova redação à norma do Código Civil, nos seguintes termos: "São absolutamente incapazes de exercer pessoalmente os atos da vida civil os menores de 16 (dezesseis) anos."

Deste modo, a única hipótese admitida de incapacidade absoluta no direito brasileiro, atualmente, é aquela decorrente da idade, em que a pessoa, do nascimento até o implemento de 16 anos completos não é considerada apta para exercer pessoalmente os direitos de que for titular, tampouco para a prática dos atos na vida civil. Neste período, fixou-se a presunção do legislador de que a pessoa não tem discernimento suficiente para decisões juridicamente vinculantes, como as que adota no exercício de seus direitos ou na prática de atos jurídicos.

Registre-se que pouco importa, neste caso, o desenvolvimento individual mais ou menos célere do menor de 16 anos. Poderá haver aqueles que se desenvolvem precocemente, em comparação a outros que dependam de mais tempo para alcançar maturidade. Relacionam-se elementos variados, naturais ou culturais, compreendendo aspectos educacionais e de afetividade, entre tantos outros que influenciam no desenvolvimento da pessoa na primeira fase da vida. Isso, contudo, é irrelevante em termos jurídicos, considerando a necessidade da definição de um critério uniforme pela lei para fazer cessar a incapacidade absoluta, o que em última análise submete-se à discricionariedade do legislador.

Não se confunde também, a definição dos absolutamente incapazes com outras categorias jurídicas, como é o caso da criança e do adolescente. Juridicamente, *criança* será a pessoa desde o nascimento até a idade de 12 anos incompletos; *adolescente* será a pessoa com 12 anos completos até os 18 anos de idade (art. 2º do Estatuto da Criança e do Adolescente). Estas definições jurídicas, contudo, não se relacionam com a dos absolutamente incapazes, servindo com critério para identificação das pessoas sujeitas à proteção legal oferecida nos termos da Constituição (art. 227 da Constituição da República).

Os atos ou negócios jurídicos realizados por absolutamente incapazes são considerados nulos de pleno direito (art. 166, I, do Código Civil), ou ainda em regras específicas lhe é dispensada a manifestação de vontade (como nas doações puras, art. 543 do Código Civil). A rigor, a única hipótese, no sistema jurídico brasileiro, em que a manifestação de vontade do incapaz produz efeito jurídico será quando for pessoa maior de doze anos de idade submetida a processo de adoção. Neste caso, em vista da necessidade de promover a convivência familiar e preservar o interesse do adotando, exige-se seu necessário consentimento (art. 45, § 2º, do Estatuto da Criança e do Adolescente).[37] Isso não significa que sua vontade não deva ser considerada em outras situações que o envolva. Contudo, nos demais casos, não há eficácia jurídica da manifestação do incapaz, uma vez que não terá caráter vinculativo.

O exercício de direitos pelo absolutamente incapaz será indireto, por intermédio de outra pessoa que o represente. O instituto da representação, assim, é decisivo para bem compreender seu modo de atuação jurídica. O representante será aquele que age em nome do representado, razão pela qual se exige, sempre, que atue segundo o interesse presumido deste. A represen-

---

[37] Assim, o art. 45, § 2º, do Estatuto da Criança e do Adolescente: "Em se tratando de adotando maior de doze anos de idade, será também necessário o seu consentimento."

tação – como será visto em maiores detalhes mais adiante – pode ser legal ou convencional. Será *legal* quando for a lei quem a determine, e *convencional* quando decorra de acordo entre o representante e o representado.

A representação do absolutamente incapaz será sempre legal, uma vez definida em lei. Dentre os poderes reconhecidos ao poder familiar dos pais sobre os filhos está o poder de representá-los nos atos da vida civil. Diz-se, assim, que a representação nestes casos, se concede por efeito direto da lei, sem a necessidade de qualquer ato jurídico específico que a formalize. Já quando, na falta dos pais, o juiz nomeie um tutor para o absolutamente incapaz, estará compreendido no poder de tutela a representação do incapaz nos atos da vida civil. Observe-se, contudo, que, à diferença do primeiro caso (poder familiar), na tutela é a nomeação do tutor, investindo-lhe no poder de tutela, que faz nascer o poder de representação do seu tutelado.

3.2. Incapacidade relativa

A incapacidade relativa atinge pessoas que não são totalmente privadas de sua capacidade de fato, sendo restringido a elas apenas a prática de certos atos, ou ainda exigindo determinado modo para seu exercício. Justificam-se estas restrições em vista de circunstâncias ou qualidades da pessoa, identificadas pelo legislador, que possam afetar sua aptidão e discernimento para o exercício pessoal de direitos ou a prática de atos na vida civil. Tais hipóteses situam-se na zona intermédia entre a capacidade plena e a incapacidade absoluta, de modo que embora se reconheça a vontade do relativamente incapaz para o exercício de seus direitos e a prática de atos da vida civil, ela deverá ser complementada pela intervenção de outra pessoa, a quem competirá assisti-lo na prática do ato. Aqui entra em jogo o instituto da assistência, pela qual aquele a quem for confiado assistir o incapaz no exercício de direito ou na prática de atos jurídicos, deverá completar sua vontade, confirmando-a, como requisito para que sejam reconhecidos pelo Direito.

A assistência dos relativamente incapazes, neste caso, distingue-se claramente da representação, a que se submetem os absolutamente incapazes. Quem representa substitui a manifestação da vontade do absolutamente incapaz pela sua própria, ainda que no interesse do seu representado. Já o assistente, ao assistir, completa e confirma a manifestação de vontade do relativamente incapaz com a sua própria, de modo a permitir a validade do ato praticado. Será assistente aquele designado pela lei, tal como os pais em relação aos filhos maiores de 16 anos, ou nas outras hipóteses quando se trate de tutela ou curatela de relativamente incapazes, aqueles que, segundo os critérios legais, forem nomeados para este propósito.

O art. 4º do Código Civil relaciona as pessoas consideradas incapazes, "relativamente a certos atos ou à maneira de os exercer", a saber: I) os maiores de dezesseis e menores de dezoito anos; II) os ébrios habituais e os viciados em tóxicos; III) aqueles que, por causa transitória ou permanente, não puderem exprimir sua vontade; e IV) os pródigos.

3.2.1. Os maiores de dezesseis e menores de dezoito anos

Os maiores de 16 e menores de 18 anos são considerados relativamente incapazes, de modo que no exercício de seus direitos e na prática de atos jurídicos devem ser assistidos pelos pais – quando estiverem submetidos ao poder familiar – ou pelo tutor – quando submetidos à tutela. Há aqui também um discrímen do legislador, o qual compreendeu que o maior de 16 anos já conta com certa experiência e maturidade para decidir sobre seus interesses participando da vida civil, ainda que sem completa autonomia, necessitando de acompanhamento quanto a estas decisões. Este reconhecimento pelo Direito verifica-se mesmo quando se admite ao maior de 16 anos, relativamente incapaz, realizar alguns atos jurídicos sem assistência. É o caso de poder ser testemunha de atos jurídicos (art. 228, I, do Código Civil), de aceitar mandato, tornando-se representante do mandatário (art. 666 do Código Civil) ou de fazer testamento (art. 1.860, parágrafo único, do Código Civil).

Os maiores de 16 anos também podem trabalhar (art. 7º, XXXIII, da Constituição da República), observados os limites legais. Para tanto poderão celebrar contrato de trabalho, embora se faculte a seus responsáveis legais pleitear sua extinção, quando demonstrar que a atividade possa acarretar a ele prejuízos de ordem física ou moral (art. 408 da Consolidação das Leis do Trabalho).

3.2.2. Os ébrios habituais e os viciados em tóxicos

Também são definidos como relativamente incapazes os ébrios habituais e os viciados em tóxicos (art. 4º, II, do Código Civil). Ambas são situações que podem afetar o discernimento da pessoa natural. O ébrio habitual entende-se por aquele que tem por hábito frequente o consumo de bebidas alcoólicas, que assim como os viciados em tóxicos podem ter, em razão desta dependência química, redução do seu discernimento. Trata-se de regra, contudo, que conduz a certos desafios de interpretação. Em primeiro lugar, refere situações de fato que poderão dar causa à incapacidade relativa da pessoa quando demonstrado que, em razão delas, há redução de discernimento para prática de ato da vida civil. Ou seja, não será o consumo de bebida alcoólica por si só, tampouco o consumo de substâncias tóxicas, que determinará a incapacidade. Esta tem lugar apenas quando se demonstre que este consumo habitual afete em caráter permanente o discernimento da pessoa. Em relação ao ébrio habitual convém recordar que o alcoolismo é enfermidade catalogada Classificação Estatística Internacional de Doenças e Problemas Relacionados à Saúde, compreendendo "transtornos mentais e comportamentais devidos ao uso de álcool". Deste modo, ao contrário do que o sentido literal da norma pode fazer crer, não será o mero consumo, independente da habitualidade e da quantidade, que deverá configurar causa que caracterize a incapacidade da pessoa, senão a repercussão deste consumo sobre o seu discernimento. O mesmo se diga em relação ao vício em tóxicos. É notório o caráter deletério e prejudicial à saúde individual e à comunidade da dependência de drogas. Contudo, a definição da pessoa dependente como relativamente incapaz supõe, necessariamente, a repercussão deste fato sobre o discernimento para a prática dos atos da vida civil, em prejuízo de seus próprios interesses.

3.2.3. Os que por causa transitória ou permanente não puderem exprimir vontade

Outra hipótese de incapacidade relativa era antes tratada como causa de incapacidade absoluta, sendo realocada no texto do Código Civil pelo Estatuto da Pessoa com Deficiência. Segundo o art. 4º, III, do Código Civil, são considerados relativamente incapazes aqueles que, por causa transitória ou permanente, não puderem exprimir sua vontade. É necessário dizer, desde logo, que a alteração legislativa em questão revela um equívoco. Afinal, se a causa da incapacidade se dá porque a pessoa não pode exprimir vontade, alguém terá de fazê-lo em seu lugar, fato que era reconhecido pela lei para justificar a nomeação de alguém com poderes de representação para este fim, daí justificar-se a identificação de hipótese de incapacidade absoluta. Aquele que não pode exprimir vontade, independente do que dê causa a esta impossibilidade ou de sua duração, não será incapaz *relativamente a certos atos ou ao modo de os exercer*, como é próprio dos relativamente incapazes. Não poderá praticar, a rigor, ato algum. Alguém deverá praticá-los em seu lugar e não o assistir, completando sua vontade, já que esta não poderá ser expressa. Em que pese este aspecto elementar que demonstra o equívoco do legislador, a alteração que promoveu tem consequências práticas, em especial no que diz respeito à decretação da invalidade do ato. Isso porque, no caso de atos praticados por absolutamente incapazes a sanção legal será de nulidade (art. 166, I, do Código Civil), cujo reconhecimento não se extingue com o tempo e pode ser pronunciada de ofício. Já os atos praticados por relativamente incapazes, mesmo que só podendo ser feitos por alguém em lugar dele, em eventual conflito de interesses, será hipótese de anulabilidade (art. 171, I, do Código Civil e/ou art. 119 do Código Civil) com prazo para exercício do direito de anular (art. 178, III, do Código Civil), só podendo ser pronunciada a requerimento do interessado. Será o caso em que pessoas não possam exprimir vontade ou qualquer reação, como ocorre com aquelas em estado de coma, ou vítimas de traumatismos que lhe retirem esta possibilidade, até mesmo outros que desenvolvam enfermidades comuns em idade avançada, a exemplo da doença de Alzheimer. Da mesma forma, os surdos-mudos, apenas quando não conhecerem linguagem ou expressão que lhe permita expressar sua vontade, tornando-a conhecida, também serão considerados relativamente incapazes.

3.2.4. Os pródigos

Serão considerados relativamente incapazes também os pródigos. Por pródigo compreenda a pessoa a quem falte o senso de conservação do próprio patrimônio, de modo que termina por atos próprios a dissipá-lo de forma desordenada, com o risco de não manter sequer o necessário à própria subsistência. A prodigalidade, em boa parte das vezes, apresenta-se como consequência de outras enfermidades ou perturbações de natureza psíquica, sendo sua face mais visível. Neste caso, a incapacidade relativa reconhecida por sentença judicial tem por finalidade, especificamente, a proteção de seus interesses patrimoniais. A prodigalidade como causa de incapacidade, sempre foi objeto de certa discussão doutrinária. Teixeira de Freitas criticava esta opção.[38] Na atualidade, crítica à figura a identifica como resultado da visão burguesa do século XIX, na qual a pessoa racional deve acumular riquezas, não se desfazer delas.[39] Apesar destas respeitáveis observações, é inegável que a dilapidação do patrimônio, comprometendo sua subsistência e da própria família é causa de séria instabilidade às relações pessoais, merecendo atenção do Direito. O desafio é preciso devidamente se os atos de disposição são expressão de decisão racional do indivíduo, no exercício de liberdade individual, ou revelam alguma perturbação que pode colocar em risco sua própria preservação.

Daí porque seus efeitos consistem na restrição, ao pródigo, da prática da atos de disposição patrimonial, providência que teve origem no interesse de proteger a propriedade familiar, adiante se estendendo à proteção do próprio indivíduo. O art. 1.782 do Código Civil refere: "A interdição do pródigo só o privará de, sem curador, emprestar, transigir, dar quitação, alienar, hipotecar, demandar ou ser demandado, e praticar, em geral, os atos que não sejam de mera administração."

---

[38] "Na lista dos incapazes não se achará os pródigos: 1º, porque na prodigalidade não vejo alteração das faculdades intelectuais; 2º, porque a liberdade individual é um bem tão precioso, que não deve ser restringida senão nos casos de evidente necessidade; 3º, porque não descubro critério algum para distinguir com certeza o pródigo daquele que não o é, e maiormente no estado atual dos costumes; 4º, porque o arbítrio é grande e perigoso, como por experiência do Foro o tenha confirmado". Augusto Teixeira de Freitas, Código Civil: Esboço, v. 1. Brasília: Ministério da Justiça, 1983 p. 31 (art. 40).

[39] Paulo Lôbo, Direito civil: famílias. 3ª ed. São Paulo: Saraiva, 2010, p. 421.

3.3. Representação e assistência dos incapazes

Nas situações de incapacidade absoluta e de incapacidade relativa, o propósito de proteção dos incapazes faz com que no exercício de direitos e na prática de atos da vida civil observem a necessidade da intervenção de terceiros, na qualidade de representante ou assistente. A representação tem lugar em relação aos absolutamente incapazes, que não tendo reconhecida juridicamente sua vontade para o exercício pessoal de direitos ou para a prática de atos na vida civil, serão representados por outra pessoa que atuará em seu nome, de acordo com seus interesses pressupostos. Serão representantes dos filhos absolutamente incapazes seus pais, como efeito do exercício do poder familiar. Na falta dos pais, em razão de morte ou perda do poder familiar, serão representantes dos menores de 16 anos, os tutores (art. 1.747, I, do Código Civil).

A nomeação do tutor pode se dar pelos pais em conjunto (em testamento, por exemplo), e na falta desta deliberação, a lei define que o exercício da tutela caberá: "I – aos ascendentes, preferindo o de grau mais próximo ao mais remoto; II – aos colaterais até o terceiro grau, preferindo os mais próximos aos mais remotos, e, no mesmo grau, os mais velhos aos mais moços; em qualquer dos casos, o juiz escolherá entre eles o mais apto a exercer a tutela em benefício do menor" (art. 1.731 do Código Civil). Na ausência de qualquer destes, competirá ao juiz a nomeação de tutor idôneo, residente no domicílio do menor (art. 1.732 do Código Civil).

Anote-se que as atribuições dos tutores excedem em muito a mera proteção dos interesses patrimoniais dos incapazes. A tutela se compreende como poder-dever que se designa na proteção da pessoa e do patrimônio do menor. O art. 1.740 do Código Civil é expressivo ao definir entre as atribuições do tutor, dirigir a educação do menor, defendê-lo e prestar-lhe alimentos, e adimplir os deveres que normalmente cabem aos pais, dentre outros. Não por outra razão, é instituto que pertence, em seus detalhes e vicissitudes, ao direito de família.

No caso dos relativamente incapazes, a proteção de seus interesses se dá por intermédio da assistência. *Assistir* consiste em participar junto com o relativamente incapaz, velando por seus interesses. Quem assiste age junto com o incapaz, completando ou confirmando sua manifestação de vontade. Exercem a assistência os pais e tutores – no caso de maiores de 16 e menores de 18 anos – e os curadores, no caso de serem nomeados pelo juízo para este fim.

À exceção dos maiores de 16 e menores de 18 anos, cuja assistência se dá pelos pais ou tutores, as demais causas de incapacidade relativa, como é o caso daqueles que por causa transitória ou permanente não puderem exprimir sua vontade, os ébrios habituais e viciados em tóxico, ou os pródigos, são submetidos à curatela. Na curatela, cumpre ao curador zelar pelos interesses do incapaz, assistindo-o no exercício de direitos e na prática de atos da vida civil que lhe sejam restringidos em razão da sua incapacidade. Neste sentido, pode o curador exercê-los, e mesmo nomear quem os faça constituindo representante em nome do curatelado, quando necessário para exercício de seus direitos (assim, por exemplo, quando constitua advogado para representá-lo judicialmente).[40]

A lei define que serão curadores o cônjuge ou companheiro não separado judicialmente ou de fato. Na falta do cônjuge ou companheiro, será curador legítimo o pai ou a mãe, e na falta destes, o descendente do incapaz que se demonstrar mais apto, preferindo os mais próximos aos mais remotos. Apenas na ausência destes, competirá ao juiz a escolha do curador (art. 1.775 do Código Civil).

Embora não refira expressamente ao curador, o Código Civil, ao definir que os relativamente incapazes receberão "todo o apoio necessário para ter preservado o direito à convivência

---

[40] STJ, Resp 1705605/SC, Rel. Min. Nancy Andrighi, 3ª Turma, j. 20/02/2020, Dje 26/02/2020.

familiar e comunitária, sendo evitado o seu recolhimento em estabelecimento que os afaste desse convívio" (art. 1.776 do Código Civil), inequivocamente endereça o dever de assegurar este direito subjetivo ao titular do poder-dever de curatela. Note-se, igualmente, que a autoridade do curador se estende à pessoa e aos bens do curatelado quando menores de 18 anos(art. 1.778 do Código Civil).

Nos casos em que a causa de incapacidade se verifica quando a pessoa já for capaz, ou mesmo antes da maioridade (antes que complete os 18 anos de idade), será reconhecida por decisão judicial havida em ação de interdição, a qual deverá ser registrada no Registro Civil de Pessoas Naturais. A interdição produz efeitos desde logo, tornando o interdito incapaz para a prática dos atos que lhe forem restritos em razão da causa de incapacidade, assim como faz cessar os efeitos de atos já praticados, como é o caso do mandato (art. 682, II, do Código Civil).

A disciplina sobre a ação de interdição dividia-se entre o Código Civil e a legislação processual. O Código de Processo Civil de 2015 concentrou as normas sobre a matéria na lei adjetiva, definindo, inicialmente, a legitimidade ativa para promover a interdição ao cônjuge ou companheiro, aos parentes ou tutores, ao representante da entidade em que se encontra abrigado o interditando, e ao Ministério Público (art. 747).

O autor da ação de interdição deverá demonstrar a incapacidade do interditando para administrar seus bens e, se for o caso, para praticar atos da vida civil, bem como o momento em que a incapacidade se revelou. Igualmente, deverá a petição vir acompanhada de laudo médico que comprove as alegações, ou da informação sobre a impossibilidade de realizá-lo. Após citado o interditando, o juiz deverá entrevistá-lo, podendo contar com a presença de especialista, bem como ouvir seus parentes. Poderá o interditando impugnar o pedido de interdição, constituindo advogado para este fim, ou se não o fizer, o juiz nomeará curador especial para representá-lo no processo.

Sendo procedente a ação de interdição, na sentença que a decrete também constará a nomeação de curador, bem como fixados os limites da curatela e seus poderes. Na nomeação do curador, define o art. 755, § 1º, do Código de Processo Civil que a curatela deve ser atribuída a quem melhor possa atender aos interesses do curatelado. Neste caso, a regra deverá ser considerada em harmonia com os critérios definidos pelo Código Civil quanto à ordem de precedência para este fim (art. 1.775 do Código Civil). Cumprirá ao curador buscar tratamento e apoio apropriados à conquista da autonomia pelo interdito (art. 758 do Código de Processo Civil). A sentença deverá ser inscrita no Registro civil de pessoas naturais e publicada na rede mundial de computadores.[41]

A curatela perdurará até quando permaneça a causa que a determinou. Cessada a causa, poderá ser levantada a pedido do próprio interditado ou do Ministério Público, reconhecendo, ainda, a jurisprudência, possibilidade de sua extensão a terceiro juridicamente interessado.[42] Feito o pedido, o juiz nomeará perito ou equipe multidisciplinar para avaliar o interditado, designando audiência de instrução e julgamento para apresentação do laudo. Acolhido o pedido o juiz levantará a interdição fazendo publicar a decisão nos termos definidos no art. 756, § 3º,

---

[41] O art. 755, § 3º, do CPC, refere: "A sentença de interdição será inscrita no registro de pessoas naturais e imediatamente publicada na rede mundial de computadores, no sítio do tribunal a que estiver vinculado o juízo e na plataforma de editais do Conselho Nacional de Justiça, onde permanecerá por 6 (seis) meses, na imprensa local, 1 (uma) vez, e no órgão oficial, por 3 (três) vezes, com intervalo de 10 (dez) dias, constando do edital os nomes do interdito e do curador, a causa da interdição, os limites da curatela e, não sendo total a interdição, os atos que o interdito poderá praticar autonomamente."

[42] STJ, Resp 1735668/MT, Rel. Min. Nancy Andrighi, 3ª Turma, j. 11/12/2018, DJe 14/12/2018.

do Código de Processo Civil. Poderá, igualmente, haver o levantamento parcial da interdição, modificando-se seu objeto, quando ficar demonstrada a capacidade do interdito para praticar alguns atos da vida civil.

3.4. Aquisição da capacidade plena

A aquisição de capacidade plena ocorre quando cessa a menoridade, com o implemento dos 18 anos de idade (art. 5º do Código Civil). Há, contudo, outras situações em que a capacidade plena é adquirida antes do implemento dos 18 anos de idade, seja em razão de ato voluntário dirigido a este propósito, ou como efeito de outros atos de que participe o incapaz. No primeiro caso encontra-se a emancipação. Porém, para além dela, a aquisição da capacidade pode se dar como efeito de outros atos, previstos pelo Código Civil, tais como o casamento, a colação de grau em curso de ensino superior ou o estabelecimento civil ou comercial, ou a pela existência de relação de emprego, desde que em função deles, o menor com dezesseis anos completos tenha economia própria.

Note-se que, nestas situações, se está a tratar apenas da capacidade civil, ou seja, a aptidão para prática dos atos da vida civil. Não se confunde ou influencia critérios normativos definidos para outros fins, como o é a incidência, por exemplo, do Estatuto da Criança e do Adolescente, do Código de Trânsito Brasileiro, ou os critérios definidos na Constituição para imputabilidade penal e para o exercício do voto.

3.4.1. Emancipação

Emancipação é o ato pelo qual os pais ou o juiz, preenchidas as condições legais, concedem a capacidade plena à pessoa que conte com 16 anos completos.

Denomina-se emancipação voluntária o ato praticado em conjunto por ambos os pais, ou de um deles na falta do outro, pelo qual concedem a capacidade plena ao filho menor com 16 anos completos. Trata-se, neste caso, do exercício de autonomia privada dos pais, mediante declaração de vontade específica que tem por consequência a extinção do seu poder familiar sobre o emancipado. A emancipação voluntária não depende, assim, de homologação judicial. Faz-se por escritura pública, posteriormente inscrita no registro civil de pessoas naturais.

Pode ocorrer de estabelecer-se divergência entre os pais, em que um concorde e outro discorde da emancipação. Neste caso, cabe ao interessado recorrer a juízo, com fundamento no art. 1.631, parágrafo único, do Código Civil, que prevê a providência para solução do desacordo no exercício do poder familiar. Note-se, contudo, que mesmo neste caso não há de se falar em emancipação judicial, pois não é o juiz que extingue o poder familiar e concede a capacidade plena, senão o ato de um dos pais que decidiu concedê-la, o qual é completado pela decisão judicial, suprindo a vontade faltante.

Em relação aos menores com 16 anos completos a quem faltam os pais e são submetidos à tutela, podem ser emancipados por sentença judicial, devendo neste caso ser ouvido o tutor. Cumpre ao juiz avaliar as condições discernimento e maturidade do menor para aquisição da capacidade antes do implemento dos 18 anos – critério legal – não tendo a oitiva do tutor caráter vinculativo. A sentença judicial, de sua vez, deve ser inscrita no registro civil de pessoas naturais.

3.4.2. Outras causas legais de aquisição de capacidade plena

Além da emancipação, são causas legais de aquisição de capacidade plena, previstas no art. 5º do Código Civil, o casamento, o exercício de emprego público efetivo, a colação de grau em curso de ensino superior e o estabelecimento civil ou comercial, ou relação de emprego, em função do qual o menor com 16 anos completos tenha economia própria. Tais hipóteses, que reproduzem em grandes linhas aquelas havidas no Código Civil de 1916, devem ser examinadas com atenção, em especial quanto à possibilidade de sua ocorrência na realidade da vida.

No caso da aquisição da capacidade civil em razão do casamento, note-se que o art. 1.517 do Código Civil dispõe que homem e mulher com dezesseis anos completos podem casar, exigindo-se para tanto a autorização dos pais quando não atingida a maioridade civil. Neste caso, portanto, o casamento da pessoa a partir de 16 anos completos, deve contar com a autorização prévia dos pais quando antes de completar 18 anos. Esta autorização deve ser de ambos os pais, uma vez que expressa o exercício do poder familiar. Daí porque, na hipótese de divergência entre ambos, cumpre ao juiz solucionar o desacordo, nos termos do art. 1.631, parágrafo único, do Código Civil.

Coloca-se em causa se eventual dissolução do casamento celebrado nestas condições, antes que o cônjuge complete os 18 anos de idade, faria com que retroagisse, por isso, novamente à incapacidade civil. Parece claro que tendo havido o casamento e produzido ele efeitos, ainda que venha a se extinguir, produziu-se a causa própria para aquisição da capacidade plena. O fato de ter sido posteriormente dissolvido, como ocorre na morte de um dos cônjuges ou com o divórcio, não rescinde efeitos havidos em razão de sua realização, como é o caso da aquisição da capacidade. Outra é a situação quando se trate de casamento nulo, pois aí correto será dizer que não houve casamento reconhecido juridicamente, de modo que a decretação de nulidade faz com que se rescindam todos os efeitos produzidos, neste caso incluindo a aquisição da capacidade por esta causa específica. A rigor, neste caso, sequer estará correto dizer-se que a pessoa retroage à incapacidade, uma vez que sendo nulo o casamento, ela sequer adquiriu a capacidade plena, porquanto não houve casamento reconhecido pelo Direito. Outra situação será a do casamento putativo, ou seja, aquele contraído de boa-fé pela pessoa que ignorava a existência de vício que o torna nulo ou anulável. Neste caso, ao incidir a norma do art. 1.561 do Código Civil, esta é explícita ao estabelecer que em relação aos cônjuges, bem como aos filhos, o casamento produz todos os efeitos até o dia da sentença anulatória. Deste modo, os atos praticados até a sentença anulatória serão válidos e eficazes, mesmo se em razão da invalidade pronunciada na decisão judicial, o cônjuge retorne à situação de incapacidade.

Uma segunda causa de aquisição de capacidade plena prevista no art. 5º do Código Civil é o exercício de emprego público efetivo. Trata-se de hipótese dotada de sentido sob o regime do Código Civil anterior, no qual a maioridade civil e, portanto, a capacidade plena, adquiria-se apenas aos 21 anos de idade. Atualmente, a regra não tem aplicação. Por exercício de emprego público efetivo tenha-se em conta, de acordo com as categorias próprias do direito administrativo, tanto cargos quanto empregos públicos – ao legislador do Código Civil não importou a distinção. No primeiro caso, cargos públicos são aqueles que se criam por lei sob o regime legal próprio de serviço público (denominado comumente, regime estatutário). Empregos públicos, embora também criados por lei, tem sua disciplina fixada em regime legal dominado pela Consolidação das Leis do Trabalho, também incidente nas relações de trabalho entre particulares em geral.

A redação do Código Civil, no ponto, definitivamente não tem a melhor técnica. A rigor não há emprego ou cargo público efetivo. O que existe é a forma de provimento do cargo ou emprego, que poderá ser efetivo, quando o servidor ou empregado assume um vínculo de caráter permanente com o respectivo órgão ou entidade da administração pública, ou poderá ser precário ou em comissão, quando não se trate de vínculo permanente, permitindo-se que possa ser exonerado ou demitido *ad nutum* (ou seja, a qualquer tempo, mediante decisão discricionária da pessoa competente no respectivo órgão ou entidade). O provimento efetivo de cargos e empregos públicos, segundo a Constituição da República, depende de aprovação prévia em concurso público na forma prevista em lei (art. 37, II). A legislação que disciplina o acesso a cargos públicos define a idade mínima de investidura de 18 anos (e.g. art. 5º, V, da Lei 8.112/1990), o que coincide com a idade de aquisição da capacidade plena no direito vigente, e torna inútil a disposição normativa em relação à matéria.

Outra situação de aquisição de capacidade plena para os menores de 18 anos compreende a colação de grau em curso de ensino superior reconhecido. Mais uma vez é situação de difícil realização. Basta dizer para tanto que, segundo a legislação educacional brasileira, o acesso ao ensino fundamental obrigatório se dá com a idade mínima de 6 anos de idade, compreendendo 9 anos de ensino, cuja conclusão é pré-condição para acesso ao ensino médio com duração mínima de 3 anos (arts. 32 e 35 da Lei 9.394/1996). O que já antes do ingresso no ensino superior faz com que, na imensa maioria dos casos a pessoa já tenha ou esteja prestes a contar com 18 anos de idade, a partir do que adquire por força do critério geral a capacidade plena. A possibilidade de colação de grau em curso superior superando etapas de formação anteriores é raríssima, ainda quando se admita sua abreviação por extraordinário aproveitamento nos estudos, demonstrado por meio de provas e outros instrumentos de avaliação específicos, aplicados por banca examinadora especial (art. 47, § 2º, da Lei 9.394/1996). Naturalmente, poderá admitir-se à pessoa que tenha concluído e colado grau em curso superior no exterior, antes dos 18 anos de idade, e de acordo com a legislação do respectivo país, aproveitar da regra para adquirir a capacidade plena no Brasil sob este fundamento.

A última hipótese de aquisição da capacidade plena antes dos 18 anos compreende as pessoas com dezesseis anos completos, que constituam estabelecimento civil ou empresarial ou relação de emprego, desde que, em função deles, tenha economia própria. Aqui se trata do exercício de fato da atividade empresarial, que por isso revele a maturidade e discernimento do menor; assim como sua aptidão para responder perante terceiros por seus atos. Não se confunde com seu registro como empresário, para o que se exige a capacidade civil (art. 972 do Código Civil). No caso da relação de emprego, poderá exercer atividade laboral, segundo norma constitucional, a partir dos 16 anos. Porém não basta mero exercício da atividade empresarial ou de trabalho ou emprego, necessário é que tenha economia própria. No caso da relação de trabalho, recebendo salário, este, mesmo no mínimo legal (salário-mínimo) deve criar presunção de economia própria, considerando sua finalidade (art. 6º, IV, da Constituição da República). A noção de economia própria compreende a possibilidade de a pessoa assegurar, pelo resultado da atividade, seu próprio sustento. Presente esta situação, a aquisição da capacidade decorre de lei, sendo irrelevante a manifestação de vontade dos pais.[43]

3.5. As pessoas com deficiência e sua tutela jurídica

Na tradição do direito brasileiro, a deficiência e a enfermidade mental firmaram-se ao longo do tempo como causas de incapacidade civil. No Código Civil de 1916, o art. 5º, II, definia como absolutamente incapazes os "loucos de todo o gênero". A redação original do Código

---

[43] Solução diversa é a adotada no direito francês, segundo o qual se reconhece a possibilidade do menor, a partir dos 16 anos, exercer atividade empresarial constituindo sociedade ou empresa unipessoal, exigindo-se, contudo, autorização expressa, por documento público ou privado, onde conste os poderes a serem exercidos diretamente pelo menor, sempre reservado os atos de disposição aos seu representante legal (art. 388-1-2, do Code Civil, com a redação determinada pela Ordonnance nº2015-1288, du 15 octobre 2015).

Civil de 2002 definia como absolutamente incapazes "os que, por enfermidade ou deficiência mental, não tiverem o necessário discernimento para a prática desses atos"; e relativamente incapazes "os excepcionais, sem desenvolvimento mental completo". A premissa lógica de tutela dos interesses dos enfermos e deficientes mentais pelo Estado pressupunha a restrição a sua liberdade de formar e manifestar vontade, sob o fundamento de que seu estado mental faz presumir a afetação do discernimento, de modo que a interdição seria providência de proteção da pessoa em relação a si própria.

Sensível transformação no modo como se compreende a pessoa enferma ou deficiente mental definiu a mais expressiva alteração do regime das incapacidades no sistema jurídico brasileiro. Em verdade, a adesão do Brasil à Convenção Internacional sobre os Direitos das Pessoas com Deficiência, também conhecida como "Convenção de Nova York sobre os Direitos das Pessoas com Deficiência" (promulgada pelo Decreto 6.949, de 25 de agosto de 2009), determinou uma profunda modificação da proteção dos interesses dos enfermos e deficientes mentais. A noção de restrição à liberdade dos enfermos e deficientes mentais como modo de proteção dá lugar à valorização de sua dignidade, reconhecendo sua capacidade para a prática dos atos da vida civil em relação aos quais seu discernimento não esteja comprovadamente comprometido.[44] Presume-se, portanto, sua aptidão para fazer escolhas que melhor conformem seus interesses, e apenas excepcionalmente será admitida a restrição de sua capacidade. Não por acaso, dentre os princípios da Convenção estão "o respeito pela dignidade inerente, a autonomia individual, inclusive a liberdade de fazer as próprias escolhas, e a independência das pessoas" e "a plena e efetiva participação e inclusão na sociedade" (art. 3º).

Este é o sentido perseguido pela Lei 13.146/2015 – Estatuto da Pessoa com Deficiência. Define, a lei, pessoa com deficiência como aquela que "tem impedimento de longo prazo de natureza física, mental, intelectual ou sensorial, o qual, em interação com uma ou mais barreiras, pode obstruir sua participação plena e efetiva na sociedade em igualdade de condições com as demais pessoas" (art. 2º). No tocante à capacidade civil, o art. 6º do Estatuto é expressivo ao referir: "A deficiência não afeta a plena capacidade civil da pessoa, inclusive para: I – casar-se e constituir união estável; II – exercer direitos sexuais e reprodutivos; III – exercer o direito de decidir sobre o número de filhos e de ter acesso a informações adequadas sobre reprodução e planejamento familiar; IV – conservar sua fertilidade, sendo vedada a esterilização compulsória; V – exercer o direito à família e à convivência familiar e comunitária; e VI – exercer o direito à guarda, à tutela, à curatela e à adoção, como adotante ou adotando, em igualdade de oportunidades com as demais pessoas." O art. 84 do mesmo Estatuto, de sua vez, estabelece que "a pessoa com deficiência tem assegurado o direito ao exercício de sua capacidade legal em igualdade de condições com as demais pessoas."

O Estatuto da Pessoa com Deficiência, nestes termos, afasta a ideia até então estabelecida da deficiência mental como causa de incapacidade, e de submissão da pessoa à curatela. A rigor, segundo textualmente afirmado na lei, não apenas o deficiente mental não mais se submete, como regra, à curatela, como bem pode exercer ele próprio a tutela e a curatela, dentre outros poderes previstos na legislação.

Eventual necessidade de auxílio à pessoa com deficiência na formação e manifestação de vontade e a prática de atos da vida civil, afastam-se, então, do recurso obrigatório a institutos

---

[44] Nelson Rosenwald, O modelo social de direitos humanos e a Convenção sobre os direitos da pessoa com deficiência: O fundamento primordial da Lei 13.146/2015. In: Joyceane Bezerra de Menezes (Org.) Direito das pessoas com deficiência psíquica e intelectual nas relações privadas. Convenção sobre os direitos da pessoa com deficiência e Lei Brasileira de Inclusão. Rio de Janeiro: Editora Processo, 2016, p. 91 e ss.

tradicionais da representação e da assistência, para dar lugar a um novo instituto, denominado *tomada de decisão apoiada*, cuja disciplina é introduzida no próprio Código Civil' pelo art. 1.783-A. Todavia, em situações específicas,[45] em que se demonstre necessária a restrição da capacidade civil da pessoa com deficiência, permanece sendo admitida a instituição da curatela (art. 84, § 1º, do Estatuto).

3.5.1. Tomada de decisão apoiada

Conforme define a lei, a tomada de decisão apoiada consiste no "processo pelo qual a pessoa com deficiência elege pelo menos 2 (duas) pessoas idôneas, com as quais mantenha vínculos e que gozem de sua confiança, para prestar-lhe apoio na tomada de decisão sobre atos da vida civil, fornecendo-lhes os elementos e informações necessários para que possa exercer sua capacidade." Observe-se que, neste caso, a escolha das pessoas para prestar apoio na tomada de decisão sobre atos da vida civil é confiada a própria pessoa com deficiência, de modo que não restringe ou reduz sua autonomia, senão dela resulta, a partir da consciência sobre a necessidade de auxílio e a legitimidade para requerê-lo em juízo. Cumpre ao interessado requerer em juízo (mediante procedimento de jurisdição voluntária), sendo deferida a eleição de pessoas idôneas para prestar apoio.

Trata-se de instituto que encontra semelhança, em outros sistemas jurídicos, como é o caso da *amministrazione di sostegno* prevista no art. 404 do Código Civil italiano, que refere: "A pessoa que, devido a uma enfermidade ou a uma deficiência física ou mental, é incapaz, mesmo parcialmente ou temporariamente, de prover seus próprios interesses, pode ser assistida por um administrador de apoio, nomeado pelo juiz do lugar onde tem residência ou domicílio."[46] Introduzido em 2004 na codificação civil italiana, revela um grau menor de intervenção na autonomia do indivíduo, porém terá aplicação a um número mais amplo de situações do que apenas as que resultem estritamente de enfermidade e deficiência mental, abrangendo outras hipóteses que no direito brasileiro serão compreendidas também pela curatela.

Com o fim de preservar a segurança jurídica em relação à autonomia da pessoa com deficiência, das próprias pessoas a quem cumpra prestar apoio, e de terceiros com quem sejam celebrados os atos objeto desta tomada de decisão apoiada, a legislação prevê que o conteúdo do apoio oferecido, o prazo no qual vige o acordo do qual ele resulte, assim como o respeito aos direitos e interesses da pessoa apoiada devem ser definidos em termo que acompanha o pedido pela pessoa com deficiência (art. 1.783-A, § 1º, do Código Civil). Este vale e produz efeitos a terceiros nos limites deferidos pelo juiz. Ademais, deve constar no requerimento a indicação expressa das pessoas aptas a prestarem apoio ao requerente.

---

[45] Na correta lição, "o modelo de apoio prioriza a autonomia, mas é possível, a depender do caso concreto e das demandas da pessoa com diversidade, seja recomendável a alternativa da representação". Joyceane Bezerra de Menezes, O novo instituto da tomada de decisão apoiada: instrumento de apoio ao exercício da capacidade civil da pessoa com deficiência instituído pelo Estatuto da Pessoa com Deficiência – Lei Brasileira de Inclusão (Lei nº 13.146/2015). In: Joyceane Bezerra de Menezes (Org.) Direito das pessoas com deficiência psíquica e intelectual nas relações privadas. Convenção sobre os direitos da pessoa com deficiência e Lei Brasileira de Inclusão. Rio de Janeiro: Editora Processo, 2016, p. 610.

[46] Assim, o art. 404 do *Codice Civile*: "*La persona che, per effetto di una infermità ovvero di una menomazione fisica o psichica, si trova nella impossibilità, anche parziale o temporanea, di provvedere ai propri interessi, può essere assistita da un amministratore di sostegno, nominato dal giudice tutelare del luogo in cui questa ha la residenza o il domicilio.*"

A decisão do juiz sobre o deferimento da pretensão de tomada de decisão apoiada será antecedida da oitiva do Ministério Público e do próprio requerente, assim como das pessoas que, sendo deferida a medida, prestarão apoio.

Ocupou-se a legislação, igualmente, em definir critérios para preservar a validade dos atos e negócios jurídicos celebrados por pessoa com deficiência mediante recurso à tomada de decisão apoiada. Os termos do acordo fixam os poderes dos apoiadores, inclusive perante terceiros, podendo ser solicitado que assine em conjunto o contrato ou acordo, fazendo constar sua relação com a pessoa com deficiência apoiada.

Por outro lado, no caso do negócio celebrado puder trazer risco ou prejuízo relevante à pessoa com deficiência, havendo divergência entre ela e um dos apoiadores, cumprirá ao juiz, depois de ouvido o Ministério Público, decidir a questão.

Pode ocorrer, nos casos em que o apoiador agir com negligência, exercer pressão indevida sobre a pessoa apoiada, ou não adimplir as obrigações com as quais se comprometeu, dele ser denunciado ao Ministério Público e ao juiz, e ser destituído de sua função. Neste caso, cumprirá ao juiz ouvir a pessoa apoiada e nomear outro apoiador se for de seu interesse. Da mesma forma, preservando sua autonomia, pode a pessoa apoiada solicitar ao juiz a extinção do acordo firmado no processo de tomada de decisão apoiada. O apoiador, de sua vez, também poderá solicitar a exclusão de sua participação no processo, a qual será submetida a exame do juiz.

Os apoiadores são obrigados a prestar contas em juízo, para tanto se aplicando as mesmas regras atinentes à prestação de contas do curador, na qual incidem as regras sobre tal situação no exercício da tutela (art. 1.755 e ss. do Código Civil). Neste caso, deve-se observar que os prazos definidos pela lei para a prestação de contas da tutela e da curatela aplicam-se também aos apoiadores, de modo que deverão prestar contas de dois em dois anos, ou quando deixarem de prestar o apoio em razão da extinção do acordo, ou ainda segundo julgar conveniente o juiz (art. 1.757 do Código Civil).

3.5.2. *Curatela da pessoa com deficiência*

O regime definido pelo Estatuto da Pessoa com Deficiência não exclui a possibilidade de a pessoa com deficiência ser submetida à curatela quando esta providência revelar-se necessária para a proteção de seus interesses. Trata-se, contudo, de medida protetiva extraordinária, devendo as razões para sua determinação ser explicitadas e seus efeitos – em especial a extensão do poder-dever conferido ao curador designado – definidos segundo as necessidades específicas da pessoa, considerando sua situação concreta, perdurando o menor tempo possível (art. 84, § 2º, do Estatuto). Nestes termos, tem lugar a curatela da pessoa com deficiência apenas quando concluir-se que seus interesses não sejam adequadamente protegidos pelo processo de tomada de decisão apoiada. A sentença que constituir a curatela deverá definir especificamente tais poderes, considerando tanto seu estado e desenvolvimento mental, quanto suas "potencialidades, habilidades, vontades e preferências" (art. 755 do CPC). A rigor, a curatela tem lugar quando a pessoa não possa ela própria manifestar vontade livre e racional, quando haja obstáculos para que o faça livremente.

Neste caso, o regime de curatela das pessoas com deficiência se aproxima daquela que se reconhece às demais hipóteses, em especial aos relativamente incapazes, exigindo-se do curador que preste contas ao juiz que o nomeou, anualmente, e restrinja seus poderes apenas à prática de atos relacionados a direitos de natureza patrimonial e negocial (art. 85 do Estatuto).

Por expressa previsão legal, a curatela das pessoas com deficiência não abrange "direito ao próprio corpo, à sexualidade, ao matrimônio, à privacidade, à educação, à saúde, ao trabalho e ao voto", o que vem a significar que em relação a estes direitos subjetivos prevalece o exercício pessoal diretamente pelo curatelado, sem qualquer participação do curador.

Em relação à designação do curador, a sucessão de normas sem que haja havido revogação expressa, desperta dúvida quanto a quem tem legitimidade para exercer a curatela. O art. 1.775 do Código Civil, ao estabelecer regra incidente para todas as situações de curatela, refere que "o cônjuge ou companheiro, não separado judicialmente ou de fato, é, de direito, curador do outro, quando interdito". Apenas na falta do cônjuge ou companheiro é que se definirá como curador legítimo o pai ou a mãe, e na falta destes, o descendente que se demonstrar mais apto (art. 1.775, §1º). O Estatuto da Pessoa com Deficiência, por outro lado, introduziu no Código Civil o art. 1.775-A, que autoriza o juiz, no caso de pessoa com deficiência a "estabelecer curatela compartilhada a mais de uma pessoa". Questão que se evidencia é se havendo cônjuge ou companheiro, ainda assim poderá haver curatela compartilhada, ou se a solução apenas é aplicável no caso em que a pessoa com deficiência não tenha relação conjugal. A rigor, dizer-se que o cônjuge é, de direito, o curador, não elimina que outra pessoa compartilhe esta condição, mas apenas que não poderá ser afastado, admitindo-se a curatela compartilhada no interesse do curatelado. Já no caso de pessoa que esteja albergada em instituição (normalmente instituição de assistência ou de saúde), o Estatuto da Pessoa com Deficiência estabelece que, ao nomear o curador, "o juiz deve dar preferência a pessoa que tenha vínculo de natureza familiar, afetiva ou comunitária com o curatelado." (art. 85, § 3º).

Poderá a própria pessoa curatelada requerer o levantamento da curatela quando deixar de existir a razão que a motivou. Tal pedido também poderá ser feito pelo curador ou pelo Ministério Público.

3.6. A situação jurídica dos índios

É da tradição jurídica do direito brasileiro a disciplina da capacidade dos índios de modo apartado das demais pessoas. No Código Civil de 1916, designados como "silvícolas" (ou "habitantes das selvas") eram qualificados como relativamente incapazes. O propósito protetivo da medida, contudo, não considerou as diferentes situações em que se encontravam os índios já àquela época, e com mais razão nos dias atuais. Primeiramente, porque estudos antropológicos mais significativos[47] dão conta que não se há de reconhecer uma uniformidade às diferentes etnias e povos indígenas existentes no território brasileiro quanto a sua identidade, cultura e hábitos. Da mesma forma, a maior atenção ao fenômeno de assimilação dos índios,[48] atualmente cede espaço ao respeito à diferença e a suas legítimas ambições de autonomia.[49]

Este é o propósito reconhecido pela Constituição da República, que em seu art. 231 estabelece que "são reconhecidos aos índios sua organização social, costumes, línguas, crenças e tradições, e os direitos originários sobre as terras que tradicionalmente ocupam". Da mesma forma, a Constituição expressamente reconheceu aos índios capacidade postulatória em defesa dos seus interesses, estabelecendo o art. 232: "Os índios, suas comunidades e organizações são

---

[47] João Pacheco de Oliveira Filho, Uma etnologia dos "índios misturados"? Situação colonial, territorialização e fluxos culturais. Revista Mana. Estudos de antropologia social, v. 4(1). Rio de Janeiro: PPGAS/UFRJ, 1998, p. 47-78.

[48] Roberto Cardoso de Oliveira, O processo de assimilação dos Terêna. Rio de Janeiro: Museu Nacional, 1960; assim também Roberto Cardoso de Oliveira, Urbanização e tribalismo. A integração dos índios Terena numa sociedade de classes. Rio de Janeiro: Zahar Editores, 1968.

[49] Assim já havia sido identificado em nosso estudo sobre O novo direito privado e a proteção dos vulneráveis. São Paulo: RT, 2014, p. 115.

partes legítimas para ingressar em juízo em defesa de seus direitos e interesses, intervindo o Ministério Público em todos os atos do processo."

No tocante a sua capacidade civil, o art. 4º, parágrafo único, do Código Civil de 2002 estabelece que a capacidade dos indígenas será regulada por legislação especial. No caso, o Estatuto do Índio (Lei 6.001, de 19 de dezembro de 1973), em vigor, define índio ou silvícola como "todo indivíduo de origem e ascendência pré-colombiana que se identifica e é identificado como pertencente a um grupo étnico cujas características culturais o distinguem da sociedade nacional".

A interpretação jurisprudencial do art. 232 da Constituição da República dá causa, hoje, a duas linhas de interpretação sobre a capacidade civil do índio. De um lado, reside o entendimento de que ao reconhecer a capacidade postulatória, por extensão também deve ser reconhecida aos índios a capacidade civil, não sendo recepcionadas, deste modo, as regras do Estatuto do Índio que fixaram seu regime tutelar,[50] tampouco eventual responsabilidade civil da FUNAI pelos atos praticados pelos indígenas.[51] De outro, sustenta-se a distinção entre a capacidade postulatória (para demandar em juízo) e a capacidade civil (para prática dos atos da vida civil), restringindo o alcance da norma constitucional e preservando o regime tutelar definido pelo Estatuto do Índio.[52]

Não há pronunciamento definitivo do Supremo Tribunal Federal, a quem compete a guarda da Constituição, sobre a recepção ou não das regras de capacidade civil do índio previstas no Estatuto do Índio em face do texto constitucional. Todavia, é de ver que capacidade postulatória (para agir e demandar em juízo) e capacidade civil (para a prática dos atos da vida civil), não são conceitos que se confundem. Há situações nas quais a legislação reconhece a capacidade postulatória sem cogitar da capacidade civil, como é o caso do nascituro, ou ainda de entes despersonalizados (assim a massa falida e o condomínio e.g.). Uma não supõe necessariamente a outra. Deste modo, ainda que se possa entender como aceitável – ou até desejável – tomando em conta a situação atual dos índios e suas condições para compreensão do mundo e da sociedade em geral, que lhes seja reconhecida a capacidade civil sem a intervenção federal, trata-se de matéria de *lege ferenda*, ou seja, a ser disciplinada pelo legislador. Enquanto isso não ocorrer, nada autoriza afastar a incidência das normas especiais do Estatuto do Índio, sob pena do intérprete substituir o legislador, subvertendo o sistema de fontes do Direito.

O Estatuto do Índio distingue três categorias, conforme maior o grau de integração do índio com o restante da sociedade: a) **isolados**, quando vivem em grupos desconhecidos ou de que se possuem poucos e vagos informes através de contatos eventuais; b) **em vias de integração**, quando, em contato intermitente ou permanente com grupos estranhos, conservam menor ou maior parte das condições de sua vida nativa, mas aceitam algumas práticas e modos de existência comuns aos demais; e c) **integrados**, quando incorporados e reconhecidos no pleno exercício dos direitos civis, ainda que conservem usos, costumes e tradições característicos da sua cultura.

---

[50] TRF-3, ApReeNec 00016047620014036002 MS, Rel. Des. Fed. Hélio Nogueira, 1ª Turma, j. 28/11/2017, p.11/12/2017; TJ-ES, ApCiv 00041701320148080006, Rel. Walace Pandolpho Kiffer, 4ª Câmara Cível, j. 16/11/2015, p. 03/12/2015.

[51] TRF-4, ApCiv 6853RS2007.71.04.006853-4, Rel. Edgard Antônio Lippmann Júnior, 4ª Turma, j. 18/02/2009; TRF-4, ApCiv 1262RS2004.71.04.001262-0, Rel. Fernando Quadros da Silva, 3ª Turma, j. 05/04/2011, p. 11/04/2011.

[52] TRF-5, Ap.Civ. 200383000202000, Rel. Des. Fed. José Eduardo de Melo Vilar Filho, 2ª Turma, p. 24/01/2013; TRT-19, Rec.Ordinário 151200105919007AL00151.2001.059.19.00-7, Rel. José Abílio Neves Sousa, p. 19/12/2001.

Os índios isolados e em vias de integração submetem-se à tutela legal da Fundação Nacional do Índio, sendo considerados nulos os atos e negócios jurídicos que realizem com pessoa que não integre a comunidade indígena, quando não haja a participação desta entidade. Ressalva-se, contudo, as situações em que o índio revele consciência e conhecimento do ato praticado e seus efeitos, desde que não lhe seja prejudicial.

Ainda segundo a lei, pode, o índio, requerer judicialmente que seja liberado do regime de tutela da FUNAI, desde que preencha as seguintes condições: a) idade mínima de 21 anos; c) conhecimento da língua portuguesa; habilitação para o exercício de "atividade útil"; e d) razoável compreensão dos usos e costumes em sociedade. A decisão judicial será inscrita no registro civil de pessoas naturais para que produza efeitos *erga omnes*. Neste particular, anote-se que sendo admitida a recepção do Estatuto do Índio pela Constituição da República, a redução da idade para aquisição da capacidade civil pelo Código Civil de 2002 não deve repercutir sobre as condições definidas pela lei especial.

Capítulo VII
A PROTEÇÃO DA PESSOA NO DIREITO PRIVADO: OS DIREITOS DA PERSONALIDADE

1. INTRODUÇÃO HISTÓRICA

O reconhecimento e definição dos direitos da personalidade observam lenta afirmação desde a modernidade. Supõe a existência da pessoa humana e o reconhecimento de certos atributos que lhe são próprios, sem par em quaisquer outros seres. Já no direito romano é correto identificar a preocupação com a proteção de atributos da personalidade. Sobretudo por intermédio das ações (*actiones*) conferidas às pessoas que tivessem sofrido lesão, da qual a mais relevante será a *actio iniuriarum*, cabível para as situações em que cometida uma *iniuria*, espécie de ação *ex delicto* baseada na *Lex Aquilia*, em que cabível uma indenização. Embora não se distinguisse à época, claramente, entre a natureza civil e penal da sanção, uma vez admitida em comum a pena pecuniária e a pena de talião, na qual se facultava à vítima produzir no ofensor o mesmo dano que este lhe tenha produzido.[1] Aliás, sobre a *iniuria*, embora originalmente prevista como uma espécie de dano específico, mediante violência, à integridade física da vítima (*membrum ruptum, fractum*) – a partir da Lei das XII Tábuas –, acabou consagrada em sentido geral como causa de dano.[2] Como referia Ulpiano sobre a *iniuria* "em toda a injúria ou refere-se ao corpo ou à dignidade, ou à infâmia; se o faz ao corpo quando alguém é golpeado, à dignidade quando da mulher se lhe retira o companheiro; e à infâmia, quando se atenta à honestidade".[3]

Na modernidade, o reconhecimento dos direitos da personalidade se atribui ao humanista Hugo Donellus, em seu *Commentatorium iuris civilis libri*, de 1590,[4] ao distinguir os direitos que recaem sobre a pessoa e aqueles sobre as coisas que lhe são externas, identifica os primeiros como o direito à vida, à integridade do corpo, à liberdade e à reputação ("vita, incolumitas

---

[1] Max Kaser; Rolf Knütel. *Römisches Privatrecht*, p. 299-307. Sobre o desenvolvimento da noção de *iniuria* no *Corpus iuris civilis*: Matthias Hagemann. *Iniuria*. Von den XII-Tafeln bis zur Justinianischen Kodifikation. Köln: Bohläu Verlag, 1998, em especial p. 223 e ss. Wolfgang Kunkel; Martin Schermaier. *Römische Rechtsgeschichte*. 14. ed. Köln: Bölau, 2005, p. 43; Jean Gaudemet, Emmannuelle Chevreau, *Droit privé romain*. 3ª ed. Paris: Montchrestien, 2009, p. 278.

[2] Conforme a doutrina, em parte isso se dá pela contraposição da iniuria às noções de justiça e equidade, inclusive por influência da associação à expressão grega correspondente. Giovanni Pugliese, *Studi sull' "iniuria"*. Milano: Giuffrè, 1941, p. 14 e ss.

[3] Digesto L. XLVII, Tit. X. In: Ildefonso L. García Del Corral. *Cuerpo del derecho civil romano*. Barcelona 1897. Edição Fac-similar. Valladolid: Lex Nova, 2004, p. 691.

[4] Horst-Peter Götting, Geschichte des Persönlichkeitsrechts. In: Horst-Peter Götting, Christian Schertz, Walter Seitz. Handbuch des Persönlichkeitsrechts. München: C.H. Beck, 2008, p. 29; Manfred Herrmann, Der Schutz der Persönlichkeit in der Rechtslehre des 16.-18. Jahrhunderts: dargestellt an Hand der Quellen des Humanismus, des aufgeklärten Naturrechts und des Usus modernus. Kohlhammer, 1968, p. 19. Em língua portuguesa, remeta-se ao culto exame de António Menezes Cordeiro, Tratado de direito civil, t. IV. 3ª ed. Coimbra: Almedina, 2011, p. 45 e ss.

corporis, libertas, existimatio").[5] Os direitos da própria pessoa (*iura in persona ipsa*), neste sentido, distinguiam-se nestas quatro espécies, de modo que nenhum homem devesse ter sua vida e integridade atingida, tampouco cerceada sua liberdade de se manifestar e de fazer o que entende correto, bem como de manter sua dignidade e caráter. [6] Em 1609, também Baltasar Gomez de Amescua (Balthassare Gomezio de Amescva), em seu *Tratactus de potestate in se ipsum*, sustentou a existência de direitos sobre a vida, o corpo, a boa fama, a honra e a liberdade, admitindo ao homem livre dispor deles devendo observar apenas as proibições previstas em lei, tais como o suicídio, o corte de membros e a submissão voluntária à tortura.[7]

A compreensão moderna da proteção da personalidade não se afasta, naturalmente, da própria singularidade que se reconhece à pessoa humana, influenciada pela filosofia de Imannuel Kant e a associação definitiva da personalidade à noção de dignidade. Propôs Kant, que "no reino dos fins, tudo tem ou um preço ou uma dignidade. Quando uma coisa tem um preço, pode ser substituída por algo equivalente; por outro lado, a coisa que se acha acima de todo preço, e por isso não admite qualquer equivalência, compreende uma dignidade."[8] Neste sentido é que "a autonomia é, pois, o fundamento da dignidade da natureza humana e de toda a natureza racional".[9] Do que surge o princípio básico da ação humana, qual seja, de que "age segundo uma máxima que contenha ao mesmo tempo em si sua própria validade universal para todo o ser racional"[10].

Já no século XIX, a partir da dificuldade inicial de reconhecer-se a autonomia dos direitos sobre a própria pessoa (especialmente pela oposição de Savigny)[11], será Rudolf von Ihering quem sustentará a possibilidade de seu reconhecimento a partir de suas origens na *iniuria* (e a

---

[5] "In singularum autem instarum partium explicatione quomodo versantur? Ita ut in utraque parte magni alicujus corporis membra se obsteudant: sed membra tantum, saepe ita disjecta et procul a suo capite dissita; ud quodvis potius, quam ex his corpus ipsum, cujus membra sunt agnoscas. Primum, cum de jure, et statu personae quaeritur, constat in persona ipsa pleraque esse cujusque, cujusmodi sunt vita, corporis incolumitas, libertas, existimatio. At haec nusquam ex professo, aut aperte in Pandectis traditio reperias. Initio quidem certe, ubi maxime conveniebat, minime. Jam minuitur id jus multis rebus, quam imminutionem ad statum, et jus personarum in primis pertinere, aparet." Hugo Donellus, Commentatorium de jure civili, tomus primus. Florentiae, 1840, Livro I, Cap. I, III, p. 3-4.

[6] "In personam cujusque id nostrum est, quod tribuitur personae, id est quod cuique ita tribuitur, ut si id habeat in sese, etiamsi desint res caetere externae. Haec a natura cuique tributa sunt quatuor: vita, incolumitas corporis, libertas, existimatio. Est quidem existimatio animi in praecipuis rebus personae habenda: sed haec ad defensionem juris non pertinet, fortasse ideo, quod nemo ita possit corrumpi, ut non quisque suo vitio, et a se videatur corrumpi potius, quam ab alio. De libero homine, et qui sui juris sit loquor. Nam de servis corruptis aliud placuit, quorum exemplo jus ad filiosfamilias interpretatione prudentum translatum est, ut in damnis rerum nostrarum suo loco dicetur. Vita quid sit, notum est, ne vulneremur aut pulsemur. Libertatis est, facere quae velimus (...) Existimatio est, finitore Callistrato, illibatae dignitatis status legibus et moribus comprobatus." Hugo Donellus, Commentatorium de jure civili, tomus primus. Florentiae, 1840, Livro II, Cap. VIII, II, p. 238-239.

[7] Balthassare Gomezio de Amescua, Tractatus de potestate in seipsum, nunc denuò in lucem editus, & à multis erroribus ob purgatiorem studiosorum lectionem accuratissimè expurgatus. Mediolani: apud Hieronymum Bordonum, 1609, p. 240 e ss. Para a interpretação da obra, veja-se o culto estudo de Maria Solle Testuzza, Ius corporis, quasi ius de corpore disponendi: il tractatus de potestate in se ipsum di Baltasar Gomez de Amescua. Milano: Giuffrè Editore, 2016, em especial p. 213 e ss.

[8] Immanuel Kant, *Fundamentação à metafísica dos costumes*, p. 65.

[9] Immanuel Kant, *Fundamentação à metafísica dos costumes*, p. 66.

[10] Immanuel Kant, *Fundamentação à metafísica dos costumes*, p. 68.

[11] Em especial a partir da conhecida fórmula pela qual sustentava que ao defender-se e existência dos direitos da personalidade estaria a sustentar a possibilidade do seu titular, inclusive poder dar causa ao próprio suicídio. Friedrich Carl von Savigny. System des heutigen Römischen Rechts, I Band. Berlin: Veit und

actio iniuriarum) do direito romano e da própria estruturação da categoria de direito subjetivo,[12] admitindo o pertencimento dos bens da personalidade à pessoa. Também Georg Neuner defenderá, em 1866, a existência dos direitos da personalidade, ao lado dos direitos da família e de propriedade, como basilares do direito privado.[13] Já no final do século XIX, Josef Kohler, ao desenvolver a noção de direito individual sobre a pessoa,[14] e sobretudo Otto von Gierke em formulação que ganhará destaque, vão sistematizar o exame dos direitos da personalidade, admitindo a possibilidade de proteção de determinados aspectos da personalidade por intermédio de direitos que garantam ao seu sujeito o domínio sobre um setor da própria esfera de personalidade. Deste modo, designa com este nome os direitos à própria pessoa, que em razão da especialidade do seu objeto, se distinguem de todos os demais direitos, reconhecendo-lhe o caráter não-patrimonial[15]. Neste sentido, será considerado um *direito subjetivo que deve ser reconhecido por todos*, embora tenha reduzido seu significado para restringir a proteção, inicialmente, apenas à integridade física do indivíduo.[16]

Porém, é de observar que o Código Civil alemão, ao fixar na cláusula geral de reparação de danos a ofensa a bens da personalidade ("§ 823. Quem, por culpa ou negligência, lesar, de modo antijurídico, a vida, o corpo, a saúde, a liberdade, a propriedade ou qualquer ou outro direito de uma pessoa estará obrigado, para com esta pessoa, à indenização do dano daí resultante...") – o que a doutrina denomina como um uso moderno da *actio iniuriarum* – mesmo prevendo a responsabilidade por lesão à vida, ao corpo, à saúde e à liberdade, não atribuiu em relação a tais bens, poderes que a própria pessoa pudesse exercer e dispor.[17] Tanto assim é, que o reconhecimento da autonomia da proteção à personalidade e, mesmo, de um direito geral de personalidade, só passa a ser admitido por doutrina e jurisprudência depois do advento da Lei Fundamental Alemã de 1949, que irá prever expressamente o direito ao livre desenvolvimento da personalidade (*freie Entfaltung der Persönlichkeit*) em seu art. 2º: "(1) Todos têm o direito ao livre desenvolvimento da sua personalidade, desde que não violem os direitos de outros e não atentem contra a ordem constitucional ou a lei moral. (2) Todos têm o direito à vida e à integridade física. A liberdade da pessoa é inviolável. Estes direitos só podem ser restringidos em virtude de lei." Trata-se, naturalmente de desenvolvimento do Direito que se tornou possível, em grande medida, pela própria evolução da consciência ética e jurídica a partir dos trágicos eventos protagonizados pelos regimes de força na Alemanha e na Itália, em especial,

---

Comp., 1840, p. 337; sustentando que a oposição de Savigny era quanto a aspectos dogmáticos e não ao mérito da tutela à pessoa, António Menezes Cordeiro, Tratado de direito civil, t. IV, p. 52.

[12] António Menezes Cordeiro, Tratado de direito civil, t. IV, p. 54. Também Windscheid vai identificar a iniuria como lesão à personalidade, conforme se vê em Bernhard Windscheid, Lehrbuch des Pandektenrechts, Band II. 6. Aufl. Frankfurt, 1887, p. 819-821.

[13] Georg Karl Neuner, Wesen und Arten der Privatrechtesverhältnisse. Kiel: Schwers, 1866, p. 15 e ss.

[14] Josef Köhler, Das Autorrecht, eine Zivilistische Abhandlung, zugleich ein Beitrag zur Lehre vom Eigenthum, vom Miteigenthum, vom Rechtsgeschäft und von Individualrecht. Jena: Fischer, 1880 (publicado originalmente em sucessivos volumes de Jherings Jahrbücher für die Dogmatik des bürgerlichen Rechts ao longo do ano de 1879).

[15] Otto von Gierke, Deutsches privatrecht, I. Leipzig: Duncker & Humblot, 1895, p. 702 e ss. Registrando a importância de Gierke, Pietro Perlingieri, *Il diritto civile nella legalitá constituzionale*. Napoli: Edizione Scientifiche Italiane, 1991, p. 23.

[16] A crítica é de Konrad Zweigert; Hein Kötz, *Introdución al derecho comparado*. Trad. Arturo Vázquez. México: Oxford, 2002, p. 733. Veja-se, igualmente, Franz Matthias Mutzenbecher, Zur Lehre vom Persönlichkeitsrecht. Hamburg: Lütcke & Wulff, 1909, p. 15.

[17] Rabindranath Capelo de Sousa, O direito geral de personalidade. Coimbra: Coimbra Editora, 1995, p. 132-133.

a perseguição e extermínio de pessoas (em especial, os judeus), o desprezo por sua integridade física, ao submetê-las a experiências médicas sem consentimento, dentre outras violações que se tornaram conhecidas. Daí ser indissociável do exame do desenvolvimento da proteção dos direitos da personalidade no direito alemão, a eficácia dos direitos fundamentais a ele relacionados diretamente, em especial o livre desenvolvimento da personalidade.[18]

O reconhecimento dos direitos da personalidade em outros sistemas jurídicos, da mesma forma, se dará gradualmente. No direito francês, embora objeto de cogitações doutrinárias,[19] e algum desenvolvimento jurisprudencial contido,[20] os direitos da personalidade serão consagrados, em termos legislativos, apenas na década de 1970. Inicialmente, com a inclusão no art. 9º do Código Civil, da proteção da vida privada.

No direito italiano, da mesma forma, a doutrina sobre os direitos da personalidade teve algum desenvolvimento no princípio do século XX.[21] Porém, sua consagração legislativa deu-se mais cedo, pelo Código Civil de 1942, ainda que sob a forma de tutela de apenas alguns atributos da personalidade, em seus arts. 5 a 10 (direito ao próprio corpo, ao nome e à imagem) considerados formulação original,[22] e que deu causa a expressivo desenvolvimento doutrinário e jurisprudencial a partir de então.[23] Sobretudo, em vista da vinculação da proteção dos direitos da personalidade à própria tutela da personalidade humana a partir das normas constitucionais,

---

[18] Karl-Heinz Ladeur, Die verfassungsrechtlichen Dimensionen des Persönlichkeitsrechts. In: Horst-Peter Götting, Christian Schertz, Walter Seitz. Handbuch des Persönlichkeitsrechts. München: C.H. Beck, 2008, p. 123 e ss.

[19] Assim, por exemplo, no direito francês: Étienne Ernest Hippolyte Perreau, Des droits de la personalité. Paris: L Larose et L Lenin, 1909 (antes publicado na Revue trimestrielle de droit civil, VIII, 1909, p. 501 e ss). Da mesma forma, é reconhecida a importância de Roger Nerson, com seu estudo de 1939 que identifica a natureza dos direitos da personalidade como extrapatrimonial: Roger Nerson, Les droits extra-patrimoniaux, Thèse Lyon, 1939. Do mesmo autor, veja-se, ainda: . Mais recentemente, destacada é o estudo de Pierre Kayser, Les droitsde la personnalité: aspects théoriques et pratiques. Revue trimestrielle de droit civil n. 3, v. 70, Paris: Sirey, juil-sept. 1971, p. 445-509.

[20] Assim o arrêt Rachel, de 1858, julgado pelo Tribunal do Seinne, no qual se definiu que a reprodução dos traços de uma pessoa já falecida só poderiam se dar, independente e sua celebridade, com o consentimento expresso de sua família, de modo que o direito desta se opor a tal reprodução é absoluto. Da mesma forma, o arrêt Lecoq, julgado pela Cour de Cassation em 1902, que ao examinar o direito de autor de promover modificações em obra de sua autoria, reconheceu-o como uma "faculdade inerente a sua própria personalidade" ("la faculté, inhérente à sa personnalité même").

[21] Ainda no século XIX, Valerio Campogrande, I diritti sulla propria persona. Catania: Tipografia Reale Adolfo Pansini, 1896; e também Enrico Ferri, que retoma a discussão de Savigny sobre a dificuldade de reconhecimento dos direitos sobre a própria pessoa em face do fato de ter de reconhecer, igualmente o direito ao suicídio: Enrico Ferri, L'omicidio-suicidio: responsabilità giuridica. Torino: Bocca,1884. Já no princípio do século XX, merece destaque a tese de Adolfo Marco Ravà, I diritti sulla propria persona nella scienza e nela filosofia del diritto. Torino: Fratelli Bocca, 1901, em especial p. 76 e ss. Carlo Fadda e Paolo Emilio Bensa, em nota à tradução da obra de Bernhard Windscheid, distinguem entre a personalidade e direitos da personalidade, admitindo a possibilidade de ressarcimento de danos ao corpo com natureza exclusivamente extrapatrimonial, assim como o direito de disposição sobre o próprio corpo, observadas apenas as restrições legais. Carlo Fadda; Paolo Emilio Bensa, Note e riferimenti al diritto civile italiano a B. Windscheid, Diritto delle pandette, Libri I – Del diritto in genere e II – Dei diritti in generale. Torino, Utet, 1926, p. 134.

[22] Guido Alpa, La cultura della regole. Storia del diritto civile italiano. Roma: Laterza, 2009, p. 315.

[23] Dentre outras obras de relevo, destaque-se a monografia de Adriano de Cupis, Catedrático da Universidade de Perugia, I diritti della personalità, Milano, 1942, de grande influência no estudo do tema no direito brasileiro, em especial pelo acesso à tradução portuguesa: Adriano de Cupis. Os direitos da personalidade. Lisboa: Livraria Morais Editora, 1961.

que vão informar e expandir a eficácia destes direitos, tomando a proteção da personalidade humana como um valor unitário.[24]

Forma-se em alguma medida, nos vários sistemas jurídicos, linhas de interpretação quanto ao reconhecimento de um direito geral, fundamento para a proteção de diversos atributos da personalidade, ou da previsão expressa de diversos direitos subjetivos específicos contemplando cada qual, um destes atributos – assim se identificando, e.g. o direito à vida, direito à honra, direito à vida privada, dentre outros.

No direito alemão, a jurisprudência do *Bundesgerichtshof* (BGH) veio a reconhecer,[25] nos anos 1950, a existência de um direito geral de personalidade em dois casos célebres. O primeiro, de um advogado que teve sua correspondência divulgada em uma publicação, sem sua autorização, o que foi compreendido como violação do seu direito geral de personalidade a partir da incidência do direito ao livre desenvolvimento da personalidade assegurado pela Lei Fundamental. O segundo no caso de uma pessoa que teve sua fotografia utilizada em cartaz publicitário relativo a um produto com propriedades afrodisíacas, sem que tivesse autorizado o uso de sua imagem, hipótese em que lhe foi reconhecido o direito à indenização pela violação do seu direito geral de personalidade. Esta compreensão foi depois consolidada pelo próprio Tribunal Constitucional alemão que reconheceu a autonomia de um direito geral de personalidade não apenas no âmbito civil, mas como espécie de direito fundamental, como um direito-mãe (*Mutterrecht*) ou direito-fonte (*Quellenrecht*), de onde resultam outros direitos individuais.[26]

Este desenvolvimento jurisprudencial se dá em paralelo à sistematização doutrinária que sustentará, igualmente, a tutela de um direito geral de personalidade. Neste plano se destaca, inicialmente, Heinrich Hubmann, ao propor, a partir do reconhecimento da dignidade humana (*Menschenwürde*) e seu caráter indivisível e distintivo da pessoa humana, o fundamento de um direito ao desenvolvimento da personalidade.[27] Daí resulta como efeito a tutela de diferentes dimensões da pessoa que não podem ser enumeradas em caráter exaustivo,[28] como sua própria existência, suas criações espirituais (mediante proteção, sobretudo, dos direitos de autor), sua vontade e autodeterminação, seus sentimentos, sua vida anímica e bem estar, bem como sobre sua relação pessoa com coisas e outras pessoas.[29] Uma segunda proposição, então, surge da própria crítica à proposição de Hubmann, por parte de Rudolf Reinhardt, que vai sustentar outra classificação aos vários atributos da personalidade, abrangendo desde a capacidade corporal e anímica (integridade pessoa), o exercício destas capacidades (liberdade de exercício) e, em seguida, seus resultados (e.g. direitos de autor). Adiante, estende-se a proteção da individualidade humana, da reserva para si mesmo (vida privada) e dos signos de individualização (o nome); e por fim o direito à consideração e reputação social, representado pela proteção à

---

[24] Veja-se: Pietro Perlingieri, La personalità umana nell'ordinamento giuridico. Napoli: Jovene, 1991, p. 44 e ss.
[25] Não se deixa de notar que este reconhecimento se dá divorciado do propósito original do legislador do BGB em relação ao seu §823, que dispôs sobre a reparação civil, como bem assinala Karl Larenz, Das „allgemeine Persönlichkeitsrecht" im Recht der unerlaubten Handlungen, Neue Jusristische Wochenschrift, 1955, p. 521 e ss.
[26] Klaus Martin, Das allgemeine Persönlichkeitsrecht in seiner historischen Entwicklung: Schriften zum Persönlichkeitsrecht. Hamburg: Dr. Kovac, 2007, p. 233 e ss.
[27] Heinrich Hubmann, Das Persönlichkeitsrecht. 2. veränd. und überarb. Auflage. Koln: Böhlau, 1967 (1ª ed. 1953), p. 175.
[28] Heinrich Hubmann, Das Persönlichkeitsrecht, p. 220.
[29] Heinrich Hubmann, Das Persönlichkeitsrecht, p. 253 e ss.

honra.³⁰ Mais adiante, Peter Schwerdtner vai sustentar uma proteção bipartida entre a tutela da integridade da pessoa e de sua atuação, de modo a, neste âmbito de intervenção do livre desenvolvimento da personalidade, por intermédio da autonomia privada, reconhecer-se sua eficácia para reequilibrar certas condições negociais, limitando o poder dos mais fortes na determinação de seu conteúdo.³¹

2. OS DIREITOS DA PERSONALIDADE NO DIREITO BRASILEIRO

No direito brasileiro, a ausência de normas que definissem conceitualmente os direitos da personalidade não inibiu a atividade da doutrina e da jurisprudência para identificar o conteúdo e o modo de proteção da personalidade humana. Antônio Joaquim Ribas, em seu *Curso de direito civil brasileiro*, de 1880, já afirmava que *"o direito é a liberdade circumscripta pela lei; quer ella actue sobre a propria personalidade, quer actue sobre um ente exterior³²"*. Teixeira de Freitas, de sua vez, afirmava em seu *Esboço* que, *"para nós, para a civilização atual, todo homem é pessoa: pois que não há homem sem a suscetibilidade de adquirir direitos, suscetibilidade que não chamo capacidade de direito tratando-se de pessoas, porque só o seria em relação a entes que não são pessoas³³"*. Nestes termos, a proteção da personalidade como resultado do desenvolvimento da liberdade humana.³⁴

Clóvis Beviláqua, de sua vez vai conceituar personalidade, como *"o conjunto de direitos atuais ou 'a personalidade jurídica tem por base a personalidade física'"*³⁵. Não há de se perceber nestes autores a noção de personalidade como objeto de direitos, merecedora por si de proteção jurídica específica. Entretanto, indicam já a consideração da personalidade como algo intrínseco à condição de ser humano, e mesmo – como indicam as considerações de Beviláqua – reconhecendo a vinculação possível entre a personalidade jurídica e a personalidade psíquica.

A tomada da expressão personalidade no seu sentido contemporâneo é o que realiza San Tiago Dantas ao referir-se sobre a expressão direitos da personalidade. Nota que não se está tratando da personalidade como a capacidade de titular direitos e obrigações, mas como um conjunto de atributos inerentes à condição humana, *"um homem vivo"*.³⁶

A sistematização dos direitos da personalidade no direito brasileiro encontra em Pontes de Miranda um dos mais significativos autores. Segundo se depreende da sua lição, são os di-

---

[30] Reinhardt introduz sua crítica na resenha sobre a obra de Hubmann, publicada em 1954: Rudolf Reinhardt, Das Problem des allgemeinen Persönlichkeitsrechts. *Archiv für die civilistische Praxis*, 153, 1954, p. 548-560.

[31] Peter Schwerdtner, Das Persönlichkeitsrecht in der deutschen Zivilrechtsordnung. Berlin: Schweitzer, 1977, p. 153 e ss.

[32] Antônio Joaquim Ribas, *Curso de direito civil brasileiro*, t. II – Parte geral. Rio de Janeiro: B.L.Garnier, 1880, p. 5.

[33] Augusto Teixeira de Freitas, *Código Civil. Esboço*, v. 1. Brasília: Ministério da Justiça, 1983, p. 14.

[34] Merece registro a posição de Teixeira de Freitas em relação aos escravos: "Quem para distinguir a pessoa do que não é pessoa empregar a expressão capacidade de direito- capacidade jurídica, como fazem os escritores de Direito Natural, confundir-se-á a si mesmo e aos outros; e, ou cairá na teoria do status e da capitis diminutio do Direito Romano, ou não terá terminologia própria para exprimir a capacidade de direito nas legislações modernas. Sabe-se que neste Projeto prescindo da escravidão dos negros, reservada para um projeto especial de lei; mas não se creia que terei de considerar os escravos como coisas Por muitas que sejam as restrições, ainda lhes fica aptidão para adquirir direitos; e tanto basta para que sejam pessoas". Augusto Teixeira de Freitas, Código Civil. Esboço, v. 1, p. 14-15.

[35] Clóvis Beviláqua, *Theoria geral do direito civil*. Campinas: Red Livros, 1999, p. 79-81.

[36] Francisco Clementino Santiago Dantas, Programa de direito civil. Rio de Janeiro: Editora Rio, t. I, p. 192.

reitos da personalidade, direitos subjetivos que se irradiam do fato da personalidade inerente a todos os seres humanos. A personalidade neste sentir, "resulta da entrada do ser humano no mundo jurídico".[37] Neste sentido, os direitos da personalidade serão direitos oponíveis *erga omnes*, indicando que na relação jurídica concernente aos mesmos, em um dos polos da relação jurídica ter-se-á o titular do direito, e no outro, a figura que Pontes de Miranda qualificará como *sujeito passivo total*,[38] ou seja, toda a comunidade. Portanto, seriam direitos oponíveis a toda a humanidade.

O reconhecimento dos direitos da personalidade no direito brasileiro se estabelece, a partir de então, crescentemente na doutrina,[39] e embora não tenham sido previstos no Código Civil de 1916, foram adiante referidos em iniciativas de renovação da legislação civil, como é o caso do anteprojeto de Código elaborado por Orlando Gomes. Este, embora não tenha tido êxito legislativo, terminou por influenciar o anteprojeto 634-B, que deu origem ao Código Civil brasileiro de 2002. A crítica fundamental da abordagem dos direitos da personalidade pela legislação civil, então, diz respeito à sua disciplina insuficiente e superficial ao mesmo tempo em que preferiu, ao invés de uma cláusula geral de proteção da personalidade, uma concepção fracionária de tipificação de alguns direitos em detrimento de outros.[40]

Com a promulgação da Constituição de 1988 a proteção dos direitos da personalidade ganha impulso, sobretudo pela consagração de muitos deles no catálogo de direitos fundamentais, estabelecido no seu art. 5º (e.g. vida, liberdade, honra, vida privada, intimidade, imagem, direitos morais de autor), assim como a previsão da dignidade da pessoa humana como fundamento da República. Será a consagração da dignidade da pessoa humana, então, o fundamento para sustentar o reconhecimento, a partir da Constituição, de uma tutela integrada da personalidade humana e de seus atributos essenciais.[41]

A afirmação da categoria dos direitos da personalidade no direito brasileiro a partir da Constituição de 1988 será determinado, igualmente, pelo desenvolvimento jurisprudencial

---

[37] Francisco Cavalcanti Pontes de Miranda, *Tratado de direito privado*, t. 7. 4ª ed. São Paulo: Revista dos Tribunais, 1974, p. 5-6.
[38] Francisco Cavalcanti Pontes de Miranda, *Tratado de direito privado*, t. 7, p. 6.
[39] Dentre outros, é de registrar os estudos iniciais de Francisco Cavalcanti Pontes de Miranda, Tratado de direito privado, 7; Orlando Gomes, Direitos da personalidade. Revista Forense, v.216. Rio de Janeiro: Forense, out.-dez./1966, p. 5 e ss; Milton Fernandes, Direitos da personalidade e estado de direito. Revista brasileira de estudos políticos, Belo Horizonte, nº 50, janeiro de 1980; Francisco José Ferreira Muniz; José Lamartine de Oliveira, O estado de direito e os direitos da personalidade. Revista dos Tribunais, v. 532. São Paulo: RT, fev./1980; Antônio Chaves, Antônio Chaves, *Tratado de direito civil*, v. 1, t. 1. São Paulo: Revista dos Tribunais, 1982, p. 491; Rubens Limongi França, Direitos privados da personalidade. Subsídios para a sua especificação e sistematização. Revista dos Tribunais, v. 370. São Paulo: RT, 1968, p. 7 e ss; e Direitos da personalidade: coordenadas fundamentais. Revista dos Tribunais, v. 567. São Paulo: RT, jan./1983, p. 9 e ss.; Walter Moraes, Concepção tomista de pessoa; um contributo para a teoria do direito da personalidade. Revista Forense, v. 590. Rio de Janeiro: Forense, dez./1984; Carlos Alberto Bittar, *Os direitos da personalidade*, 1ª ed. Rio de Janeiro: Forense Universitária, 1989, p. 7-10.
[40] Para a crítica, veja-se: Elimar Szaniawski, Direitos da personalidade e sua tutela. 2ª ed. São Paulo: RT, 2005, p. 135.
[41] Assim: Gustavo Tepedino, A tutela da personalidade no ordenamento civil-constitucional brasileiro. In: Temas de direito civil, t. I. Rio de Janeiro: Renovar, 1999, cit.; Elimar Szaniawski, Direitos da personalidade e sua tutela. 2ª ed. São Paulo: RT, 2005, p. 137; Eroulths Cortiano Júnior, Alguns apontamentos sobre os chamados direitos da personalidade. In: Luiz Edson Fachin (Coord.). Repensando os fundamentos do direito civil contemporâneo. Rio de Janeiro: Renovar, 2000, em especial p. 36-38.

de sua extensão e meios de proteção.[42] O Código Civil de 2002, de sua vez, irá dispor sobre os direitos da personalidade em seus arts. 11 a 21. A opção do legislador será a de definir as características elementares dos direitos da personalidade e seus meios de proteção (arts. 11 e 12), dispondo então sobre direitos subjetivos relativos a atributos específicos, como o direito ao nome, ao corpo, ao nome, à imagem, à honra e à vida privada, ao longo das demais disposições (arts. 13 a 21).

A disciplina bastante restrita dos direitos da personalidade pelo Código Civil de 2002, contudo, faz com que sua tutela pelos tribunais permaneça a invocar diretamente direitos assegurados na Constituição, a partir do reconhecimento de atributos da personalidade identificados diretamente da proteção à dignidade da pessoa humana, ou decorrentes de vinculação lógica com a personalidade humana, como é o caso da integridade física e psíquica. Esta inferência direta às normas constitucionais, contudo, em especial dos direitos fundamentais previstos na Constituição, exige que se esclareça a distinção entre a compreensão original dos direitos da personalidade e as categorias dos direitos humanos e dos direitos fundamentais.

3. DIREITOS DA PERSONALIDADE, DIREITOS HUMANOS E DIREITOS FUNDAMENTAIS

A proteção da pessoa humana se eleva como o propósito mais elementar do direito contemporâneo. Dentre os vários modos de promover esta proteção situa-se o reconhecimento de sua intangibilidade, assegurando sua integridade física e psíquica. Os meios pelos quais se opera

---

[42] "A jurisprudência que impera neste STJ confirma a assertiva de que o dano moral e extrapatrimonial, carecendo pois de repercussão na esfera patrimonial, pois afeta direitos de personalidade" (STJ, AgRg no Ag 147.816/RS, Rel. Min. Waldemar Zveiter, 3ª Turma, j. 19/03/1998, DJ 08/06/1998); "O dano moral, como sabido, é o sofrimento humano, a dor, a mágoa, a tristeza infligida injustamente a outrem, alcançando os direitos da personalidade protegidos pela gala constitucional." (STJ, REsp 109.470/PR, Rel. Min. Carlos Alberto Menezes Direito, 3ª Turma, j. 15/12/1997, DJ 21/06/1999); "O direito à imagem qualifica-se como direito de personalidade, extrapatrimonial, de caráter personalíssimo, por proteger o interesse que tem a pessoa de opor-se à divulgação dessa imagem, em circunstâncias concernentes à sua vida privada." (STJ, EREsp 230.268/SP, Rel. Min. Sálvio de Figueiredo Teixeira, 2ª Seção, j. 11/12/2002, DJ 04/08/2003); "A responsabilidade civil decorrente de abusos perpetrados por meio da imprensa abrange a colisão de dois direitos fundamentais: a liberdade de informação e a tutela dos direitos da personalidade (honra, imagem e vida privada)" (STJ, REsp 719.592/AL, Rel. Min. Jorge Scartezzini, 4ª Turma, j. 12/12/2005, DJ 01/02/2006); "Dever de cuidado e proteção. Limites. Extinção do poder familiar. Filha maior e civilmente capaz. Direitos de personalidade afetados (...) Ainda que se reconheça o legítimo dever de cuidado e proteção dos pais em relação aos filhos, a internação compulsória de filha maior e capaz, em clínica para tratamento psiquiátrico, sem que haja efetivamente diagnóstico nesse sentido, configura constrangimento ilegal." (STJ, HC 35.301/RJ, Rel. Min. Nancy Andrighi, 3ª Turma, j. 03/08/2004, DJ 13/09/2004); "No sistema jurídico atual, não se cogita da prova acerca da existência de dano decorrente da violação aos direitos da personalidade, dentre eles a intimidade, imagem, honra e reputação, já que, na espécie, o dano é presumido pela simples violação ao bem jurídico tutelado." (STJ, REsp 506.437/SP, Rel. Min. Fernando Gonçalves, 4ª Turma, j. 16/09/2003, DJ 06/10/2003) "... a morte decorrida da tortura no Regime Militar é fato tão sério e que viola em tamanha magnitude os direitos da personalidade, que as pretensões que buscam indenização a títulos de danos morais são imprescritíveis, dada a dificuldade, ou a impossibilidade de serem validadas na época, sendo que apenas se aplica o lustro prescricional para as pretensões de indenização ou reparação de danos materiais." (STJ, REsp 1002009/PE, Rel. Ministro Humberto Martins, 2ª Turma, j. 12/02/2008, DJ 21/02/2008); "Não há vedação para a acumulação da reparação econômica com indenização por danos morais, porquanto se tratam de verbas indenizatórias com fundamentos e finalidades diversas: aquela visa à recomposição patrimonial (danos emergentes e lucros cessantes), ao passo que esta tem por escopo a tutela da integridade moral, expressão dos direitos da personalidade." (STJ, REsp 890.930/RJ, Rel. Min. Denise Arruda, 1ª Turma, j. 17/05/2007, DJ 14/06/2007).

este reconhecimento são variados. A consagração dos direitos humanos no plano internacional, deu causa, igualmente, a sua incorporação no âmbito interno dos países, normalmente no texto das constituições nacionais que passaram a prever, em diferentes níveis de detalhamento, um catálogo de direitos subjetivos reconhecidos a todas as pessoas. O fato deste catálogo de direitos essenciais à pessoa humana situar-se na norma fundamental do Estado deu causa ao seu reconhecimento como *direitos fundamentais*. Os direitos da personalidade, de sua vez, têm um desenvolvimento histórico diverso e antecedente no âmbito da teoria do direito. Porém, com a proclamação dos direitos humanos e dos direitos fundamentais em sinal da centralidade da pessoa humana, a dogmática dos direitos da personalidade acaba por se dissociar de uma técnica meramente declaratória e enunciativa destes direitos ou atributos da personalidade protegidos, para dar maior atenção às situações concretas de sua tutela, bem como os modos de assegurar sua efetividade. Daí porque deixa de vincular-se apenas à reparação de danos decorrentes da violação do direito para abranger, igualmente, fora dos domínios da responsabilidade civil, a tutela antecedente que impeça a própria lesão ou mitigue seus efeitos, assim como permitam, mesmo nas hipóteses de dano, a recomposição mais próxima possível do interesse lesado.

As noções de direitos humanos, direitos fundamentais e direitos da personalidade expressam significados próximos, porém não idênticos. O conteúdo destas distintas categorias tem largos espaços em que se sobrepõe, mas não se confundem.[43] Aduz a doutrina, em matéria de direitos humanos que é fácil e até habitual referir-se aos mesmos por intermédio de belas expressões, sem explicitar o conteúdo concreto sobre o que elas significam.[44] A expressão "direitos humanos" ou "direitos do homem" tem forte influência jusnaturalista, identificando-os como espécie de direitos inatos, identificando na definição jurídica dos direitos humanos e dos direitos fundamentais, uma compreensão filosófica anterior à compreensão destas outras duas expressões[45]. A variedade semântica da referência os direitos do homem na tradição histórica ocidental[46] ao lado da variada terminologia utilizada,[47] exige que se estabeleçam distinções para a boa compreensão dos conceitos.

Direitos humanos compreende o sentido mais amplo, indicando o rol de direitos reconhecidos no plano internacional e nos vários campos do pensamento humano, expressivo da singularidade da pessoa humana e seus atributos no atual estágio civilizatório. É expressão que se afirma no direito internacional e como objeto de estudo das ciências humanas em geral. *Direitos fundamentais* é conceito próprio do direito constitucional, como o conjunto de direitos reconhecidos e tutelados a partir da Constituição, na qualidade de norma fundamental (*Grundnorm*) do Estado. São expressos no texto constitucional ou dele se retira o modo de seu reconhecimento (assim as regras de incorporação dos tratados e convenções de direitos humanos previstos no art. 5º, §3º, da Constituição de 1988). Os direitos fundamentais resultam do constitucionalismo contemporâneo, embora seus antecedentes históricos derivem da ideia de limitação do poder do Estado em benefício da liberdade dos indivíduos – assim o marco histórico original na Magna Carta inglesa (*Magna Charta Libertatum*), de 1215, a Revolução Gloriosa e o *Bill of Rights*, de 1688, e os vários documentos constitucionais que seguem até

---

[43] Veja-se Pierre Kayser, Les droits de la personnalité: aspects théoriques et pratiques. *Revue Trimestrelle de Droit Civil*, Paris, v.69, 1971, p. 445-509.
[44] Gregorio Robles, *Los derechos fundamentales y la ética em la sociedad actual*. Madrid: Civitas, 1992, p. 13.
[45] Ingo Wolfgang Sarlet, *A eficácia dos direitos fundamentais*. 6ª ed. Porto Alegre: Livraria do Advogado, p. 37.
[46] Norberto Bobbio, *A era dos direitos*, p. 16.
[47] Ingo Wolfgang Sarlet, *A eficácia dos direitos fundamentais*, p. 33 et seq.

os dias atuais. Ou retrocedendo ainda mais no tempo, mesmo em sociedades antigas, com o registro, por exemplo, do papel reconhecido à *Torah* entre os hebreus como fonte da limitação do poder dos governantes.

Comparando-se aos direitos humanos assegurados no plano internacional, e objeto de disciplina pelo direito internacional público, tem os direitos fundamentais maior grau de efetividade, sobretudo porque, ao estarem disciplinados no direito interno, pela Constituição, e serem dotados de exigibilidade própria, tem sua proteção assegurada por intermédio de instrumentos coativos do próprio Estado – em especial, pelo Poder Judiciário.

Os direitos fundamentais abrangem um conjunto de liberdades e garantias, e são geralmente compreendidos a partir de duas dimensões distintas. A primeira, considerada uma dimensão negativa, de proteção do indivíduo em relação ao Estado e aos particulares (direitos fundamentais como direitos de proteção). A segunda, de caráter promocional, compreende a realização de prestações concretas visando a promoção da liberdade de ação do indivíduo, assegurando as condições materiais para seu exercício (direitos fundamentais de prestação, direcionados sobretudo ao Estado – *Rechte auf positive handlungen des Staates*). Sua estrutura, igualmente compreende os direitos de liberdade (*Freiheitsrecht*) e igualdade (*Gleichheitsrecht*), assegurando a atuação do indivíduo em relação ao Estado e à própria sociedade. Por tais razões, seu significado será, em termos qualitativos e quantitativos, mais extenso do que os direitos da personalidade.

Os *direitos da personalidade* pertencem à tradição do direito privado. Afirmados a partir da noção de direitos da pessoa sobre si mesma, destaca o reconhecimento e proteção de atributos inseparáveis da personalidade humana, como é o caso da vida, da integridade física, da integridade do corpo, da honra, da vida privada, da intimidade e da imagem na perspectiva do direito privado, seja disciplinando seu conteúdo e as consequências de sua violação (em especial a reparação civil), seja prevenindo lesões, para o que, com maior frequência, serve-se dos instrumentos de tutela previstos na legislação processual.

O conteúdo do que se considerem direitos da personalidade, como regra, também é compreendido pelo conceito de direitos fundamentais. Nem todos os direitos fundamentais, contudo, serão direitos da personalidade, considerando seu caráter mais abrangente, como serão exemplo os direitos de prestação exigíveis do Estado (e.g. direito à saúde, à educação e à cultura), ou os direitos fundamentais sociais que incidem sobre as relações de trabalho.

Os direitos da personalidade, deste modo, protegem atributos da personalidade do indivíduo, visando à proteção de sua integridade física e moral, ou seja, tanto em relação à vida e ao corpo humano contra lesões, quanto a proteção dos aspectos imateriais da existência humana, tais como os que protegem a honra e dignidade pessoal, o segredo ou reserva quanto a informações determinadas, ou ainda a identidade da pessoa.

4. FUNDAMENTO DOS DIREITOS DA PERSONALIDADE EM OUTROS SISTEMAS JURÍDICOS

O fundamento dos direitos da personalidade é colhido por extensa doutrina entre fontes diversas. Uma primeira visão é a que o localiza no direito natural, o que leva a sua identificação como espécie de direitos inatos ou originários, que por isso pertencem ao ser humano pelo simples fato de sua humanidade.[48] Por outro lado, há quem sustente sua definição como

---

[48] Santos Cifuentes, Los derechos personalissimos. *Revista del Notariado*. Buenos Aires, 1973, p. 931 *et seq*; Luis Cunha Gonçalves, *Tratado de direito civil português*, t. III, 1930, p. 8. No direito brasileiro, dentre

produto da evolução social, e o reconhecimento de novos fatos que passam a ser previstos no suporte fático da norma jurídica – muitos dos quais anteriormente permaneciam no âmbito da moral ou da religião[49]. Outra abordagem será a que toma em consideração a espécie de bem jurídico a que digam respeito, distinguindo por isso entre direitos inatos (vida, integridade física e moral) ou adquiridos (nome).[50]

O cerne da discussão que se punha era o caráter naturalista do conceito de direito da personalidade (*ius in re ipsum*), e da dificuldade de conceber-se direito subjetivo inato, desvinculado dos padrões da ciência jurídica positiva e da sua necessária identificação no contexto de uma relação jurídica. Esta divergência, todavia, é tomada em caráter positivo, uma vez, que, segundo lição doutrinária, "solidificou a estrutura dos direitos especiais de personalidade e delimitaram as fronteiras de seu objeto, com o que tais direitos ganham em credibilidade e eficácia".[51]

A crítica positivista ao reconhecimento dos direitos da personalidade auxilia, então, sua compreensão para além da concepção de respeito à vontade humana individual e sua recepção nas legislações de diversos países, como no artigo 28 do Código Civil suíço de 1907, e no artigo 49 do Código Suíço de Obrigações de 1911 (complementado por Lei de 16 de dezembro de 1983); no artigo 5º e seguintes, do Código Civil Italiano de 1942; o artigo 57 do Código Civil grego; e os arts. 70 a 81 do Código Civil português, de 1966. Mais recentemente, refiram-se o Código Civil do Quebéc, de 1991, e o Código Civil da República Checa, de 2014.

O art. 28 do Código Civil Suíço de 1907, originalmente previa a possibilidade de qualquer pessoa requerer a proteção judicial em relação à violação de seus direitos da personalidade, esclarecendo que tais violações seriam ilegais quando não tendo sido realizadas com o consentimento da própria pessoa titular do direito, ou em vista de um interesse público ou privado superior. Sucessivas alterações do Código Civil suíço, então, incluíram, ao longo do tempo, outras disposições (arts. 28-A a 28-L), detalhando o modo de proteção destes direitos, por intermédio de provimento judicial que impeça ou faça cessar a agressão, e a respectiva publicidade da decisão, sem prejuízo da reparação civil (art. 28-A). Da mesma forma, passou a prever que pode ser determinada restrição de locomoção do agressor, proibindo-o que frequente certos lugares, assim como, em relação a ofensas realizadas por intermédio da mídia, a previsão do direito de resposta, que deve ser publicado gratuitamente (arts. 28-K e 28-L).

Já o Código Suíço das Obrigações de 1911, previu em seu art. 49 que a agressão à personalidade dá causa à pretensão da vítima à reparação em dinheiro pelo dano moral sofrido, podendo o juiz substituir a indenização ou complementá-la como outro modo de reparação.

---

outros, Antônio Chaves, *Tratado de direito civil*, v. 1, t. 1. São Paulo: Revista dos Tribunais, 1982, p. 491; Carlos Alberto Bittar, *Os direitos da personalidade*, 1ª ed. Rio de Janeiro: Forense Universitária, 1989, p. 7-10; Rubens Limongi França, Direitos da personalidade. Coordenadas fundamentais. *Revista dos Tribunais*, n. 567. São Paulo: RT, janeiro/1983, p. 9-16.

[49] Francisco Cavalcante Pontes de Miranda, *Tratado de direito privado*, t. 7, p. 7. Segundo o eminente jurista, "os direitos de personalidade não são impostos por ordem sobrenatural, ou natural, aos sistemas jurídicos; são efeitos de fatos jurídicos, que se produziram nos sitemas jurídicos, quando, a certo grau de evolução, a pressão política fez os sistemas jurídicos darem entrada a suportes fáticos que antes ficavam de fora (...) é isso que os juristas dizem quando enunciam que só há bem da vida, relevante para o direito, se o direito objetivo o tutela". Em sentido análogo, Adriano de Cupis, observa que "não é possível determinar os direitos da personalidade como direitos inatos, entendidos no sentido de direitos respeitantes, por natureza, à pessoa". Adriano de Cupis, *Os direitos da personalidade...*, p. 18.

[50] Caio Mário da Silva Pereira, *Instituições de direito civil*, v. I. 19ª ed. Rio de Janeiro: Forense, 2001, p. 153.

[51] Rabindranath Capelo de Sousa, *O direito geral de personalidade*, p. 82.

Na Itália, os arts. 5º a 10 do Código Civil de 1942 definiram alguns direitos da personalidade em espécie. Seu art. 5º dispõe sobre os atos de disposição do próprio corpo, vedando-os quando importarem diminuição permanente à integridade física, ou quando contrários à lei, à ordem pública e aos bons costumes. O art. 6º, de sua vez, diz respeito ao direito ao nome, nele compreendido o prenome e o sobrenome. Esta regra é complementada pelo art. 7º, ao estabelecer a tutela do titular em relação ao uso indevido do nome, tanto mediante providência judicial que faça cessá-lo, quanto o direito à reparação dos prejuízos sofridos. O art. 8º, de sua vez, amplia a legitimação para a tutela do nome aos integrantes da família que manifestem interesse em vista de "razões familiares dignas de tutela". O art. 9º estende a proteção do nome ao pseudônimo. Já o art. 10 do Código Civil italiano dispõe sobre o uso indevido de imagem, prevendo que se a imagem de uma pessoa ou seus pais, cônjuge ou filhos for exposta ou publicada fora dos casos em que a exposição ou publicação é permitida por lei, ou com prejuízo do decoro ou reputação da pessoa, poderá o juiz, a requerimento do interessado, ordenar a cessação do uso, ressalvado o direito à indenização por perdas e danos.

Anote-se, contudo, em que pese a opção legislativa do Código Civil de 1942 pela previsão específica de direitos subjetivos da personalidade, doutrinariamente desenvolveu-se, em paralelo, entendimento favorável a sua tutela integral, a partir da própria proteção constitucional da pessoa humana. De modo que a norma jurídica não se restringe apenas em estabelecer restrições ou vedações à ação que lesione ou macule a integridade da pessoa, mas igualmente, orienta toda a atividade dos particulares para a promoção da pessoa humana[52]. Esta compreensão, inclusive, influencia diretamente parte da doutrina brasileira contemporânea – em especial a escola do direito civil constitucional –, que reconhece a partir da previsão constitucional da dignidade da pessoa humana (art. 1º, III), fundamento para a tutela integral da pessoa, de modo a superar divisão das normas de proteção presentes na legislação infraconstitucional sob diversos títulos, e que guardam como objetivo, igualmente, a proteção jurídica da pessoa humana.[53]

Na Grécia, o Código Civil de 1946 prevê a possibilidade de qualquer pessoa requerer em juízo a proteção de sua personalidade em relação à toda espécie de agressão ilegal, podendo ser dirigida inclusive contra incapazes que tenham dado causa à lesão.[54] Dela pode resultar tanto a proibição de uma ação ilícita do réu (no caso de proteção antecedente ao dano), quanto a reparação dos danos causados (art. 59 do Código Civil grego). Da mesma forma, tem proteção a memória da pessoa falecida. Em relação ao direito ao nome, o art. 58 do Código Civil grego estende esta proteção tanto às pessoas naturais, interpretando-se extensivamente também em relação às pessoas jurídicas. O art. 60 do Código Civil grego dispõe acerca da proteção dos direitos de autor sobre obras intelectuais, o que se aplica em harmonia com o restante da legislação especial de direitos autorais.

No direito português, o Código Civil de 1966 contempla extensa proteção dos direitos da personalidade. Seu art. 70 prevê norma geral de tutela da personalidade, ao definir: "1. A lei protege os indivíduos contra qualquer ofensa ilícita ou ameaça de ofensa à sua personalidade física ou moral. 2. Independentemente da responsabilidade civil a que haja lugar, a pessoa ameaçada ou ofendida pode requerer as providências adequadas às circunstâncias do caso, com o fim de evitar a consumação da ameaça ou atenuar os efeitos da ofensa já cometida." Trata-se da compreensão da personalidade humana, segundo correta lição doutrinária, como uma "complexa unidade fisico-psico-ambiental na relação do homem quo tale consigo mesmo

---

[52] Pietro Perlingieri, *La personalità umana...*, p. 178.
[53] Gustavo Tepedino, A tutela da personalidade..., p. 44.
[54] Penelope Agallopoulou, Basic concepts of greek civil law. Brussels: Bruylant, 2005, p. 49 e ss.

e na sua relação eu–mundo, como objeto jurídico directo, autônomo, geral e unitário".[55] O art. 71 do Código Civil então, estende a possibilidade de proteção dos direitos da personalidade de pessoas já falecidas, conferindo legitimação para tal ao cônjuge sobrevivo ou qualquer descendente, ascendente, irmão, sobrinho ou herdeiro do falecido. A limitação voluntária dos direitos da personalidade é admitida apenas quando não ofender a ordem pública e será sempre revogável, ainda que recaia sobre o titular a obrigação de reparar os prejuízos causados às legítimas expectativas da outra parte (art. 81).

Os arts. 72 a 74 do Código Civil português dispõem sobre a proteção do direito ao nome, a qual se estende também a pseudônimo. Há também previsão quanto a proteção do sigilo em relação ao destinatário de cartas confidenciais, que não pode revelar seu conteúdo e poderá, inclusive, com a morte do autor, ser obrigado judicialmente a destruí-las ou entregá-las em depósito a outra pessoa para que a guarde. Observa-se, aliás, no direito português, grande preocupação em relação à reserva quanto ao conteúdo de cartas e comunicações no âmbito da proteção dos direitos da personalidade. Neste sentido é que a publicação de cartas confidenciais só pode ser feita com o consentimento do autor ou, se for falecido, de seus familiares na ordem fixada na lei, ressalvadas a hipótese de sua divulgação como documento literário, histórico ou biográfico (art. 76). Esta proteção se estende às memórias familiares e pessoais e a outros escritos que tenham caráter confidencial ou se refiram à intimidade da vida privada (art. 77). Tratando-se de cartas não confidenciais, o art. 78 do Código Civil português ainda delimita seu uso apenas "em termos que não contrariem a expectativa do autor".

O direito de imagem é protegido em relação a exposição do retrato, sua reprodução ou comercialização sem consentimento, dispensado apenas quando se justifique por sua notoriedade, cargo que desempenhe, exigências de polícia ou de justiça, finalidades científicas, didáticas ou culturais; ou ainda quando a reprodução venha enquadrada em lugares públicos ou em fatos de interesse público que tenham ocorrido publicamente. Em qualquer caso, contudo, o retrato não pode ser reproduzido, exposto ou comercializado se do fato resultar prejuízo para a honra, reputação ou decoro da pessoa retratada (art. 79). O direito à intimidade e à vida privada, de sua vez, é previsto de modo genérico, definido o dever geral de guardar reserva, e sua extensão em vista da "natureza do caso" e da "condição das pessoas" (art. 80).

Mais recentemente, o Código Civil do Quebéc, de 1991, estabelece um detalhado regime de proteção dos direitos da personalidade. Inicialmente, em seu título preliminar, prevê o art. 3º que "toda pessoa é titular de direitos de personalidade, como o direito à vida, o direito à inviolabilidade e integridade de sua pessoa, e o direito ao respeito de seu nome, reputação e privacidade" complementando que "estes direitos são inalienáveis". O título segundo do Código, sobre certos direitos da personalidade, está dividido em quatro capítulos, sendo o primeiro sobre a "integridade da pessoa", o segundo sobre a "proteção dos direitos da criança", o terceiro relativo "a reputação e a privacidade", e o quarto sobre o "respeito ao corpo depois da morte". E um terceiro título sobre certas particularidades acerca do estado das pessoas, prevê extenso rol de normas relativas à proteção do direito ao nome e a mudança e designação de sexo. Em relação a este último aspecto, o art. 71 do Código refere que "Toda pessoa cuja identidade de gênero não corresponda à designação de sexo que aparece no seu ato de nascimento pode, se as condições prescritas por este Código e por regulamentação governamental tiverem sido atendidas, ter essa designação e, se necessário, alteração dos nomes próprios. Estas alterações não podem, em caso algum, depender do requisito de ter sido submetido a tratamento médico ou

---

[55] Rabindranath Capelo de Sousa, *O direito geral de personalidade*, p. 557.

operação cirúrgica de qualquer tipo." Eventuais exigências da regulamentação governamental poderão variar conforme a idade da pessoa e o objeto do seu requerimento.

No tocante à proteção da integridade da pessoa, há extensa regulamentação quanto à necessidade de consentimento para a submissão a exames, pesquisas, tratamentos e procedimentos médicos em geral, inclusive com critérios para as hipóteses em que a pessoa não for capaz para consentir. Da mesma forma, é expressamente previsto na lei que "ninguém pode ser mantido em uma instituição de saúde ou serviços sociais para avaliação psiquiátrica ou como resultado de uma avaliação psiquiátrica que conclua que a custódia é necessária, sem o seu consentimento ou autorização de um tribunal." Neste caso, a autorização do tribunal para internação deverá ser dada com prazo determinado, podendo ser reduzido no caso de não mais se justificar a internação.

Em relação aos direitos da criança, o Código Civil do Quebéc prevê que "toda criança tem direito à proteção, segurança e atenção que seus pais ou pessoas que atuam em sua capacidade possam lhe dar." Para tanto, as decisões relativas à criança deverão ser tomadas em seu interesse e em respeito a seus direitos, de modo que além de suas necessidades morais, intelectuais, emocionais e físicas, sua idade, saúde, caráter, ambiente familiar e outros aspectos de sua situação sejam levados em consideração. É definido também que sempre que o tribunal for decidir sobre interesses envolvendo uma criança, deverá dar-lhe oportunidade de ser ouvida, se sua idade permitir.

Quanto à proteção da vida privada e da intimidade, ao lado de normas gerais de proteção, vale referir que o Código Civil do Quebéc relaciona, em caráter exemplificativo, como atos considerados atentatórios do respeito à vida privada; a violação de domicílio; a interceptação ou uso voluntário de uma comunicação privada; a captação ou uso de imagem ou voz quando estiver em ambiente privado; o acompanhamento da vida privada por qualquer meio; a utilização do nome, imagem ou voz para qualquer outro propósito que não seja a legítima informação do público; bem como o uso de correspondência, manuscritos ou outros documentos pessoais.

Da mesma forma, situam-se na proteção do direito à vida privada o acesso a dados pessoais havidos em quaisquer bases de dados, admitindo-se a coleta e conservação dos dados apenas com finalidade declarada, séria e legítima. Não pode aquele que promove a coleta dos dados divulgar as informações a terceiros ou utilizá-las para outros fins que não aqueles que justificaram sua constituição, sem o consentimento da pessoa a quem digam respeito. Toda pessoa pode, igualmente, consultar ou retificar, de modo gratuito informações que outra pessoa detenha sobre ela. Por outro lado, a pessoa que tenha informações sobre outra não pode recusar-lhe o acesso às mesmas, a menos que tenha um interesse sério e legítimo em fazê-lo, ou que tal informação possa causar danos sérios para terceiros.

Mencione-se, ainda, o Código Civil da República Checa, de 2014, o qual também previu largamente os direitos da personalidade, alternando normas abrangentes da tutela destes direitos em geral e outras relativas a direitos específicos. A norma de abertura da seção relativa aos direitos da personalidade é expressiva ao definir que "1. A personalidade de um indivíduo, incluindo todos os seus direitos naturais, é protegida. Toda pessoa é obrigada a respeitar a livre escolha de um indivíduo para viver como lhe satisfaz. (2) A vida e a dignidade de um indivíduo, sua saúde e o direito de viver em um ambiente favorável, seu respeito, honra, privacidade e expressões de natureza pessoal gozam de proteção especial." (art. 81). Da mesma forma, prevê os modos de proteção destes direitos tanto por intermédio da prevenção e cessação de sua violação, quanto da reparação dos prejuízos que esta vier a dar causa, o que se estende para depois da morte do titular do direito (art. 82), que também tem direito a decidir, em vida, quanto ao próprio funeral (art. 114).

Refira-se, ainda, que o Código Civil checo promove a proteção específica do direito de imagem (arts. 84 e 85) e da privacidade, hipótese em que a norma prevê que, na ausência de consentimento da pessoa, é proibido ingressar em lugar privado, assistir ou gravar sua vida privada, usar ou distribuir gravações de terceiros, proibição esta que se estende a documentos particulares de natureza pessoal (art. 86). Na hipótese de ter sido dado consentimento, admite-se a possibilidade de sua revogação a qualquer tempo, podendo ser obrigado o titular do direito a indenizar os prejuízos que causar, se não tiver havido para tanto a alteração das circunstâncias, ou outra causa reputada razoável (art. 87).

Já a tutela do direito à integridade física e mental da pessoa é assegurada por diversas disposições, tanto estendendo a proteção do corpo inclusive após a morte, quanto admitindo a possibilidade de lesão à integridade física, desde que não sérias e submetidas ao consentimento do titular que compreenda sua extensão e respectivas consequências.

É reconhecido também o direito da pessoa às partes ou qualquer outra coisa que se retire do corpo humano, tanto se limitando a possibilidade de que sejam retiradas sem seu consentimento, como que lhe seja dado conhecimento quanto a sua destinação ou descarte (art. 111). Poderá decidir, igualmente sobre o uso do corpo e de suas partes após a morte, decisão esta que pode ser revogada (art. 117).

A exigência de consentimento deve ser observada também no caso de intervenções e experiências médicas, hipótese em que deverá ser dado por escrito (art. 96). Em qualquer caso, o consentimento poderá ser revogado, e tendo sido dado por escrito, se a revogação não observar esta mesma forma, presume-se que não tenha ocorrido (art. 97).

A proteção da integridade psíquica da pessoa também serve, segundo o Código Civil da República Checa, para restringir a possibilidade de sua internação em estabelecimento de saúde, que deve ser admitida apenas com seu consentimento ou, na ausência deste, por motivos previstos em lei, desde que não exista medida mais branda e menos restritiva para prover o cuidado necessário da pessoa. Esta regra se aplica mesmo na hipótese em que a pessoa tenha sua capacidade restringida (art. 104). Qualquer pessoa internada em estabelecimento de saúde tem direito à explicação sobre seus direitos e as razões pelas quais se encontra naquela situação, sendo facultado nomear alguém que represente seus interesses para tal fim (art. 106). Terá direito, igualmente, de ter acesso a informações sobre sua condição de saúde, registros médicos ou a declaração do médico a respeito de sua incapacidade de discernimento e para expressar a própria vontade (art. 109).

Na *common law*, por características do sistema, a tutela da personalidade se tem efetivado a partir de distintas *ações* buscando o reconhecimento de ilícitos extracontratuais (*torts*), como por exemplo, o caso do *libel* e do *slander* no direito inglês[56], a construção do *right of privacy* do direito norte-americano[57], cujo reconhecimento compôs uma série de pretensões decorrentes de agressões específicas a esses direitos[58]. Tais direitos da personalidade adquirem, importância e, em decorrência disso, consequências práticas relevantes, seja por via da

---

[56] Sérgio José Porto, *A responsabilidade civil por difamação no direito inglês*. Porto Alegre: Livraria do Advogado, 1995.
[57] A partir, sobretudo, do clássico estudo de Samuel Warren; Louis Brandeis, *The right to privacy*, p. 193-220.
[58] Ensinam Ollier e Le Gall, *"the right of privacy really includes four diferents interests [...] These different torts are: (1) intrusion upon the plaintiff's seclusion or solitude or into his private affairs; (2) public disclosure of embarassing facts about the plaintiff; (3) publicity wich places the the plaintiff in a false light in the public eye; (4) appropriation, for the defendant's advantage, of the plaintiff's name or likeness"*. Pierre Dominique Ollier; Jean-Pierre Le Gall, Violation of rigths of personality. In: Andre Tunc (org.) *International Encyclopedia of Comparative Law*. Boston: Luwer Academics, 1986, v. 10, 2, cap. 10, p. 74.

técnica legislativa – característica dos sistemas de matriz romano-germânica –, ou por meio de instrumentos processuais diversos nos países de *common law*.

Os modelos de proteção aos direitos da personalidade, sistematizado sob a categoria de direitos subjetivos ou de "atributos da personalidade", ou ainda por sua associação pela contrariedade aos bons costumes (conforme a jurisprudência alemã de fins do século XIX e início do século XX),[59] obtinha como resposta do direito apenas o direito do ofendido de demandar por danos causados[60], sem a compreensão contemporânea de proteção da personalidade inclusive em relação à ameaça de violação do direito, e a disposição de mecanismos para evitá-lo, o que se dará apenas com a associação da proteção de direito material com instrumentos processuais que assegurem a efetividade do provimento judicial (proteção *ex ante*).

A proteção da personalidade admite distintas vias jurídicas. Em direito civil, o meio típico de proteção tem sido o da responsabilidade civil. Embora, não tenha jamais indicado à personalidade qualquer espécie de proteção expressa, por intermédio dos direitos subjetivos, o direito alemão, passou a protegê-la de modo sistemático, a partir da aplicação, pela jurisprudência, da cláusula geral de responsabilidade civil do § 823 do BGB. Da mesma forma o direito francês, embora a jurisprudência reconhecesse a proteção de determinados aspectos da personalidade[61], assim como em leis especiais, de regra a proteção da personalidade se estabeleceu a partir da aplicação da cláusula geral de ilicitude do Código Civil Francês (art. 1.382).[62]

Em linhas gerais, indica a doutrina tratarem-se os direitos da personalidade de direitos "inerentes à pessoa e, portanto, a ela ligados de maneira perpétua e permanente"[63]; ou como "atinentes a própria natureza humana, ocupam eles posição supra-estatal"[64]. Define-se os direitos da personalidade, ainda, como um direito de personalidade de proteção do conjunto inseparável dos atributos humanos[65], ou mesmo como "direitos comuns da existência, porque são simples permissões dadas pela norma jurídica, a cada pessoa, de defender um bem que a natureza lhe deu, de maneira primordial e direta"[66].

Sabe-se que a personalidade não é em si, um direito, mas desde um ponto de vista lógico, o pressuposto para o exercício de direitos e, de resto, para a atuação social e jurídica do indivíduo que tem personalidade como atributo, na medida em que é pessoa. Os direitos de personali-

---

[59] Konrad Zweigert; Hein Kötz, *Introducción al derecho comparado*, p. 734-735.
[60] Konrad Zweigert; Hein Kötz, *Introducción al derecho comparado*, p. 739.
[61] Assim, por exemplo a proteção do sigilo das cartas confidenciais, a partir da década de 1880, das conversas telefônicas (decisão de 1955), ou ainda com relação ao rumoroso caso em que uma revista foi condenada a indenizar em razão da divulgação de entrevistas com a atriz alemã Marlene Dietrich, que em verdade nunca foram realizadas. Konrad Zweigert; Hein Kötz, *Introducción al derecho comparado*, p. 742.
[62] Assim, no direito francês, a lição de Gilles Goubeaux: *"En effet, la souplesse de cette techinique se prête sans grande dificulté à la défense de la persone s'adaptant à l'infinie variété des circonstances. Il suffit d'établir l atriologie: faute-causalité-préjudice, pour que les juges trouvent dans l'article 1382 du Code civil le fondement d'une condamnation à imdemniser la victime. Or, depuis longtemps, les tribunaux considèrent qu'il y a faute à porter atteinte à l'intégrité physique, à l'identité, à l'honneur, à l'intimité... d'autrui, soit délibérément, soit même simplementen en agissant sans prendre des précautions suffisantes".* Gilles Goubeaux. *Traité de droit civil...*, p. 247.
[63] Silvio Rodrigues, *Direito civil*, v. 1. São Paulo: Saraiva, 2000, p. 81.
[64] Caio Mário da Silva Pereira, *Instituições de direito civil*, v. 1. Atualizadora: Maria Celina Bodin de Moraes. Rio de Janeiro: Forense, 2005, p. 237.
[65] Francisco Clementino Santiago Dantas, *Programa de direito civil. Teoria geral*, p. 152.
[66] Maria Helena Diniz, Curso de direito civil brasileiro, v. 1. São Paulo: Saraiva, 2007, p. 118.

dade, nesta linha de entendimento, são direitos subjetivos à proteção de aspectos essenciais da pessoa, que dela não se destacam por impossibilidade fática e jurídica, e de que é titular pelo simples fato de ter personalidade. Como é intuitivo, não há meia pessoa ou um terço de pessoa, ou seja, não se cogita, tratando-se de cada ser humano de nenhuma individualidade que não seja pessoa. Este conceito de pessoa compõe-se de aspectos próprios, abrangidos pela proteção conferida à personalidade, desde o que se refere ao suporte físico da vida (integridade corporal) até aspectos que impedem a interferência de outros em aspectos que dizem respeito tão-somente ao indivíduo, como a proteção em relação ao conhecimento público de informações que dizem respeito exclusivamente ao indivíduo ou àqueles de sua relação próxima, ou ainda a sua própria identidade como pessoa.

A existência de direitos subjetivos indicados como direitos da personalidade, todavia, não desnatura a existência, para além dos direitos individualmente considerados, de uma norma de proteção geral da personalidade. Em nosso sistema ela pode efetivamente deduzir tanto do reconhecimento da dignidade da pessoa humana (art. 1º, III, da CR/88), como também da garantia de inviolabilidade do direito à vida, à liberdade, à igualdade, à segurança e à propriedade, previsto no art. 5º, *caput*, da Constituição. Esta proteção da integridade da pessoa, antes do regime dos direitos da personalidade no âmbito do direito civil, observará o regime de proteção dos direitos fundamentais assegurados na própria Constituição e que se apresenta tanto pelo reconhecimento de *direitos de proteção* contra a intervenção de terceiros e do próprio Estado na esfera do indivíduo[67], quanto de *direitos de prestação*, de modo a assegurar, por intermédio de providências materiais, a existência plena da pessoa e o desenvolvimento da sua personalidade.

5. TÉCNICA LEGISLATIVA E DIREITOS DA PERSONALIDADE

O reconhecimento e disciplina da proteção dos direitos da personalidade pelo ordenamento jurídico, como visto, submete-se a diferentes opções legislativas, em geral como expressão do seu próprio desenvolvimento na cultura jurídica de cada sistema. A primeira opção, de tutela ampla de todos os atributos da personalidade a partir da definição de um *direito geral de personalidade*, estabelece a conveniência de permitir ao intérprete o reconhecimento e valoração dos diferentes atributos atinentes à pessoa, o que melhor coaduna com as infinitas possibilidades de manifestação da personalidade humana, ou mesmo para permitir a atualização permanente dos efeitos de sua proteção.[68] O contraponto a esta opção seria o fato da precisão das situações dignas de tutela ficar submetidas a certa discricionariedade do intérprete, o que poderia configurar obstáculo a uma disciplina uniforme dos direitos da personalidade.

Por outro lado, a definição de direitos subjetivos específicos, contemplando cada um dos atributos da personalidade, observam a vantagem de permitir a disciplina mais detalhada das situações merecedoras de tutela. O inconveniente desta opção seria a dificuldade de estabelecer uma disciplina legislativa relativamente extensa e, ainda assim, estar regulando apenas parcialmente as várias manifestações da personalidade.

A opção de técnica legislativa mais comum, contudo, tem sido a adoção de modelo misto, associando a definição de cláusulas gerais prevendo efeitos e modos de proteção destes direitos, e catálogo exemplificativo com os principais direitos subjetivos da personalidade, como

---

[67] Para a distinção entre os direitos de proteção e os direitos de prestação, veja-se: Robert Alexy, *Teoria de los derechos fundamentales*. Trad. Ernesto Garzón Valdés. Madrid: Centro de Estudios Polítics y Constitucionales, p. 435 et seq.

[68] Rabindranath Capelo de Sousa, *O direito geral de personalidade*, p. 23.

se percebe atualmente na experiência dos códigos civis de Portugal, da República Checa e do Quebéc, e em certa medida, do Código Civil brasileiro, em que as cláusulas gerais dos artigos 11 e 12 relativas a todos os direitos da personalidade, são acompanhadas por previsões normativas específicas de certos direitos subjetivos nos arts. 13 a 21. No direito brasileiro, contudo, a principal crítica dirige-se à definição das situações previstas para tutela das várias espécies de direitos subjetivos da personalidade, seja pela descrição insuficiente das hipóteses de incidência da norma, assim também como uma certa desproporção entre as normas relativas a certos atributos da personalidade em detrimento de outros que, na vida contemporânea, dizem respeito a situações de maior complexidade.

Daí porque se deve ter claro que a proteção dos direitos da personalidade no direito brasileiro é estabelecida a partir da incidência integrada das normas que dispõe sobre o tema no Código Civil e as normas constitucionais que asseguram direitos fundamentais, visando à proteção dos atributos da personalidade (e.g. art. 5º, X, da Constituição da República). Assim como as normas processuais que asseguram a tutela adequada a estes direitos, impedindo sua violação, fazendo com que cessem, ou definindo a adequada reparação aos danos que decorrem da afetação ilícita da personalidade.

6. CARACTERÍSTICAS DOS DIREITOS DA PERSONALIDADE

São características dos direitos da personalidade comumente definidas pela doutrina, com pequenas variações: a) sua oponibilidade *erga omnes*; b) sua intransmissibilidade; c) sua imprescritibilidade; d) sua extrapatrimonialidade; e) vitaliciedade; e a que se presta a maior debate doutrinário frente às vicissitudes da experiência contemporânea, e) sua indisponibilidade.[69]

Alguns autores também se referem aos direitos da personalidade como essenciais. A referência à essencialidade, contudo, exige que se precise o exato sentido da expressão. Afinal, se possível é a construção de relações sucessivas entre direitos e os interesses da pessoa humana, se poderia dizer que todos os direitos subjetivos poderiam ser referidos, em tese, como direitos da personalidade. Em linguagem corrente, a expressão direitos da personalidade segue reservada a um certo grupo de direitos, "sem os quais todos os outros direitos subjetivos perderiam todo o interesse para o indivíduo".[70] Por isso tratar-se os mesmos como um *minimum*,[71] sem o qual a compreensão jurídica da pessoa ficaria comprometida. Porém, esta noção de direitos como essenciais exigirá certa valoração, inclusive em relação àqueles que, do ponto de vista fático, não são essenciais à vida humana ou à sua integridade, no que a doutrina clássica exemplifica,

---

[69] Tratam-se dos atributos reconhecidos amplamente pela doutrina, conforme se vê em: Rabindranath Capelo de Sousa, *O direito geral de personalidade*, p. 410-419. Entre nós, adotam o mesmo entendimento: Francisco Cavalcante Pontes de Miranda, *Tratado de direito privado*, t. 7, p. 6-9; Carlos Alberto Bittar, *Os direitos de personalidade*, 2ª ed., São Paulo: Saraiva, 1995, p . 11 et seq.; Arnoldo Wald, *Curso de direito civil brasileiro. Introdução e Parte geral*. 9ª ed. São Paulo: Saraiva, 2002, p. 122; Sílvio de Salvo Venosa, *Direito civil. Parte geral*. 3ª ed. São Paulo: Atlas, 2003, p. 150-151; Washington de Barros Monteiro, *Curso de direito civil. Parte geral*. 39ª ed. São Paulo: Saraiva, 2003, p. 97. Carlos Roberto Gonçalves, *Direito civil brasileiro*, v. I. São Paulo: Saraiva, 2003, p. 156; Carlos Alberto Dabus Maluf e Adriana Caldas do Rego Dabus Maluf, Introdução ao direito civil. São Paulo: Saraiva, 2017, p. 271 e ss; Flavio Tartuce, Direito civil. Parte geral e introdução. São Paulo: Forense, 2018, p. 159 e ss; Pablo Stolze Gagliano e Rodolfo Pamplona Filho, Novo curso de direito civil. Parte geral. 14ª ed. São Paulo: Saraiva, 2012, p. 192 e ss.

[70] Adriano de Cupis, *Os direitos de personalidade*, p. 17.

[71] Ernesto Benda, *Manual de derecho constitucional*. Madrid: Marcial Pons, 1996, p. 126 et seq; Edilson Pereira Nobre Júnior, O direito brasileiro e o princípio da dignidade da pessoa humana. *Revista de Direito Administrativo*, Rio de Janeiro, n. 219, jan./mar. 2000, p. 237-251.

sobretudo, com o caso do direito de imagem, que embora por razões históricas se coloque em mesmo plano dos demais, não teria a mesma relevância para a proteção da personalidade.[72]

6.1. Oponibilidade *erga omnes*

A *oponibilidade erga omnes*, refere-se à eficácia própria dos direitos da personalidade, que resulta da possibilidade de que seu titular possa exercê-lo frente a qualquer outra pessoa. Daí a expressão *erga omnes* ("frente a todos os homens"). Resulta desta eficácia a imposição de um dever geral de abstenção frente ao titular, de todos os que não sejam titulares da proteção jurídica. Assim, por exemplo, reconhecer-se o direito à vida de alguém equivale a opô-lo a todas as demais pessoas, impondo-lhes o dever de se abster de atentar contra a vida do titular. Impõe-se um dever negativo a todas as pessoas que não o próprio titular do direito.

6.2. Intransmissibilidade

Dizer-se que os direitos da personalidade são intransmissíveis uma vez que sendo direitos da pessoa sobre si mesmo (*in re ipsa*), conceitualmente não, podem ser transmitidos por seu titular a outra pessoa. Não pode o titular do direito consignar seu direito à vida, à integridade física ou à honra para outra pessoa, por exemplo, deixando ele próprio de ser titular, ou mesmo admitindo que outra pessoa disponha sobre o interesse em sua preservação. Não se transmite, porque não pode ir do patrimônio jurídico do titular a outro. Há, nestes termos, impossibilidade jurídica de alienação a qualquer título (sob a forma de cessão ou qualquer outra que implique transferência), dos direitos da personalidade ou dos atributos por eles protegidos. São direitos exclusivos, tomando esta exclusividade tanto o sentido de caracterizá-los como personalíssimos (intransmissíveis), quanto de não se subordinarem a outro que não o próprio titular.

Porém, já aqui deve se distinguir bem o que se está a afirmar ao defini-los como direitos intransmissíveis, em especial ao admitir-se que eventual proveito econômico de certos direitos da personalidade sejam objeto de negócio jurídico. Exemplo comum, neste caso, ocorre com a autorização para uso ou cessão de direitos de uso de imagem. Neste caso, não há propriamente transmissão do direito de imagem, porquanto este não deixa de pertencer ao titular, que consente apenas com certa utilização, podendo inclusive ser remunerado por isso, se assim for convencionado.

6.3. Imprescritibilidade

São, os direitos da personalidade, *imprescritíveis*, o que determina que a pretensão relativa à sua proteção possa ser exercida independentemente do decurso do tempo. Ou seja, a pretensão que tenha por objeto a proteção dos direitos contra lesão, seja para impedir sua ocorrência, seja para fazer com que cesse, não se submete à prescrição, cujo implemento poderia extingui-la. A pretensão de proteção dos direitos da personalidade, portanto, não se extingue com o tempo, podendo ser sempre exercida pelo titular do direito. Isso não se confunde, naturalmente, com a pretensão relativa aos efeitos patrimoniais que resultem de lesão aos direitos da personalidade, que de sua vez se submetem à extinção pela prescrição. É o caso da pretensão de reparação civil dos danos decorrentes de lesão a direitos da personalidade, cujo prazo para exercício, segundo o Código Civil, é de três anos contados da data do dano (art. 206, §3º, V), sem prejuízo de

---

[72] Emilio Ondei, *Le persone fisiche e i diritti della personalità*. Torino: Torinese, 1965, p. 236-237.

outros prazos fixados na legislação especial (e.g. o prazo de cinco anos quando a lesão se dê no âmbito das relações de consumo, conforme o art. 27 do CDC).

Para bem diferenciar as situações: a pretensão de um filho de investigar sua paternidade é imprescritível, assim como é a pretensão para fazer cessar o uso indevido da imagem de alguém. Porém, nesta segunda situação mencionada, a pretensão de reparação de danos decorrentes do uso indevido de imagem prescreverá no prazo de 3 anos previsto em lei. Assim também é imprescritível a pretensão em que alguém pretenda impor a outra pessoa que se abstenha de utilizar dados pessoais que lhe digam respeito, sem sua autorização. Porém os danos que resultem de eventual uso indevido submetem-se ao prazo prescricional previsto para o exercício da pretensão de reparação.

6.4. Extrapatrimonialidade

Os direitos da personalidade têm caráter extrapatrimonial. Tal característica põe em destaque sua natureza existencial e necessária para a pessoa que os titule, não predominando, deste modo, qualquer espécie de estimação econômica sobre os atributos que protege. Diz-se, então, que são insuscetíveis de avaliação econômica, e estão fora do comércio jurídico. O que não significa que seu exercício pelo titular não possa resultar em proveito econômico – como ocorre na cessão onerosa da própria imagem – ou ainda que da lesão que se verifique possa decorrer uma reparação de conteúdo econômico (a indenização em dinheiro). Neste último caso, contudo, a reparação econômica tem lugar justamente pela impossibilidade de restituição do bem jurídico violado, dada a sua natureza pessoal e intangível.

6.5. Vitaliciedade

Os direitos da personalidade são vitalícios. Significa dizer que a pessoa será titular destes direitos durante toda sua vida. A rigor, inclusive, considerando que visam a proteção de interesses essenciais do ser humano, seus efeitos podem se estender para antes mesmo do nascimento – tutelando certos interesses do nascituro, como sua vida e integridade – e após a morte, estendendo a eficácia da proteção à honra da pessoa ou à dignidade do cadáver. Nestas hipóteses, todavia, o que se altera é o exercício dos direitos, que não se dá pessoalmente pelo titular, mas por representação. No caso dos direitos relativos ao nascituro, poderão ser exercidos, assim como suas respectivas pretensões, pelos pais; no caso da pessoa morta, o parágrafo único do art. 12 do Código Civil dispõe que "terá legitimação para requerer a medida prevista neste artigo o cônjuge sobrevivente, ou qualquer parente em linha reta, ou colateral até o quarto grau."

A projeção dos efeitos da proteção da personalidade após a morte tem larga tradição, mesmo antes do reconhecimento dos direitos da personalidade, servindo-se de outros institutos jurídicos para assegurá-la. Foi célebre, por exemplo, o caso do reconhecimento da ilicitude da divulgação da fotografia do cadáver de Otto Von Bismarck, na Alemanha, em 1899, por jornalistas que haviam ingressado sem autorização onde se velava o corpo, hipótese na qual, mesmo à falta de norma específica sobre a proteção da personalidade, infirmou-se o ilícito sob o fundamento da invasão à propriedade privada.[73] Atualmente, a eficácia da tutela da

---

[73] Marcel Bartnik, Der Bildnisschutz im deutschen und französischen Zivilrecht, Tubingen: Mohr Siebeck, 2004, p. 14-15; Diethelm Klippel; Gudrun Lies-Benachib. Der Schutz von Persönlichkeitsrechten um 1900. In. Ulrich Falk; Heinz Mohnhaupt (Hrsg), Das Bürgerliche Gesetzbuch und seine Richter. Zur Reaktion der Rechtsprechung auf die Kodifikation des deutschen Privatrechts (1896-1914), Frankfurt am Main: Klostermann, 2000, p. 343-382.

personalidade após a morte, embora não se estenda necessariamente a todos os seus atributos, compreende aqueles cuja a extensão para o fim da vida se revista de significado (em especial os relativos à integridade moral que contemplem a memória da pessoa falecida).

6.6. Indisponibilidade

Por fim, os direitos da personalidade se caracterizam por ser indisponíveis. Trata-se esta, dentre suas características, a que observa maiores debates doutrinários. A rigor, deve-se precisar exatamente o que se está a afirmar quando se dá conta de sua indisponibilidade. Compreende limite imposto ao próprio titular do direito, que não poderá exercê-lo para dar causa a sua extinção ou transmissão. Não pode, por exemplo, renunciar ou abrir mão em favor de outrem (transmitir), como ocorreria se dele dispusesse por intermédio de ato ou negócio jurídico.

Diversas situações contemporâneas, em especial que privilegiem a própria liberdade individual, colocam em xeque este caráter de indisponibilidade. Sustenta-se que as inflexões da liberdade do ser humano, em sua esfera pessoal, podem determinar modificação do próprio objeto da proteção jurídica (por exemplo, a mudança de religião ou a mudança da configuração sexo-corporal)[74]. Daí o desenvolvimento de uma primeira proposição, objeto de grande aceitação, de que se tratam de direitos *relativamente indisponíveis*. O art. 11 do Código Civil estabelece textualmente que seu exercício não pode sofrer limitação voluntária. Por outro lado, sua interpretação conduziu-se, desde o início da vigência da norma, a uma tendência de flexibilização. Assim, o Enunciado nº 4 da I Jornada de Direito Civil promovida pelo Centro da Justiça Federal e pelo Superior Tribunal de Justiça, em 2002, já sustentou que "o exercício dos direitos da personalidade pode sofrer limitação voluntária, desde que não seja permanente e geral". No mesmo sentido, o Enunciado nº 139, aprovado na III Jornada de Direito Civil definiu que "os direitos da personalidade podem sofrer limitações, ainda que não especificamente previstas em lei, não podendo ser exercidos com abuso de direito de seu titular, contrariando a boa-fé objetiva e os bons costumes". No mesmo sentido sinaliza a jurisprudência.[75]

---

[74] Rabindranath Capelo de Sousa, *O direito geral de personalidade*, p. 406-407.
[75] "RECURSO ESPECIAL. DIREITO CIVIL. DIREITOS AUTORAIS E DIREITOS DA PERSONALIDADE. GRAVAÇÃO DE VOZ. COMERCIALIZAÇÃO E UTILIZAÇÃO PELA RÉ. VIOLAÇÃO DO ART. 535 DO CPC/73. NÃO OCORRÊNCIA. DIREITOS AUTORAIS. GRAVAÇÃO DE MENSAGEM TELEFÔNICA QUE NÃO CONFIGURA DIREITO CONEXO AO DE AUTOR, NÃO ESTANDO PROTEGIDA PELA LEI DE DIREITOS AUTORAIS. PROTEÇÃO À VOZ COMO DIREITO DA PERSONALIDADE. POSSIBILIDADE DE DISPOSIÇÃO VOLUNTÁRIA, DESDE QUE NÃO PERMANENTE NEM GERAL. AUTORIZAÇÃO PARA A UTILIZAÇÃO DA GRAVAÇÃO DA VOZ QUE PODE SER PRESUMIDA NO PRESENTE CASO. GRAVAÇÃO REALIZADA ESPECIFICAMENTE PARA AS NECESSIDADES DE QUEM A UTILIZA. UTILIZAÇÃO CORRESPONDENTE AO FIM COM QUE REALIZADA A GRAVAÇÃO. INDENIZAÇÃO NÃO DEVIDA. 1. Pretensão da autora de condenação da empresa requerida ao pagamento de indenização pela utilização de gravação de sua voz sem sua autorização, com fins alegadamente comerciais, por ser ela objeto de proteção tanto da legislação relativa aos direitos autorais, como aos direitos da personalidade. 2. Ausência de violação do art. 535 do CPC/73, tendo o Tribunal de origem apresentado fundamentação suficiente para o desprovimento do recurso de apelação da autora. 3. Os direitos do artista executante ou intérprete são conexos aos direitos de autor e, apesar de sua autonomia, estão intrinsecamente ligados, em sua origem, a uma obra autoral, e a ela devem sua existência. 4. Nos termos da Lei de Direitos Autorais (Lei n. 9.610/98), apenas há direitos conexos quando há execução de obra artística ou literária, ou de expressão do folclore. 5. Gravação de mensagem de voz para central telefônica que não pode ser enquadrada como direito conexo ao de autor, por não representar execução de obra literária ou artística ou de expressão do folclore. Inaplicabilidade da Lei n. 9.610/98 ao caso em comento. 6. A voz humana encontra proteção nos direitos da personalidade, seja como direito autônomo ou como parte integrante do direito à imagem ou do direito à identidade pessoal. 7. Os direitos da perso-

A solução, todavia, aí, parece ser assistemática. Há razão para que a lei preserve os direitos da personalidade indicando que seu exercício não pode sofrer limitação voluntária, que é a de proteger o titular do direito quanto a eventuais pressões para que transija na lesão. Não sendo admitida por lei sua limitação voluntária, qualquer disposição de vontade com este propósito será inválida. Porém, não se pode transigir com o conteúdo mínimo do significado da linguagem: indisponível é o que não se pode dispor. Logo, não é possível dispor nem pouco, nem muito. Afirmar-se que são relativamente indisponíveis os direitos da personalidade é uma contradição em termos. Se um pouco disponíveis, ou apenas em certas situações, por inferência lógica deixam de ser indisponíveis.

Faz-se esta crítica que não é só de mau uso da linguagem, mas tendo em vista preservar a própria coerência do ordenamento jurídico, frente ao texto do art. 11 do Código Civil e da própria liberdade humana tutelada pelo Direito. Nestes termos, o exame da categoria peca, muitas vezes, pela falta de distinção entre disponibilidade e exercício de direitos. Dizer-se que os direitos da personalidade não podem ser objeto de disposição (indisponíveis), significa que não podem ser extintos por ato de vontade do titular, seja por renúncia ou por sua transmissão a outra pessoa. Ou seja, são direitos que se conservam com o titular em caráter perpétuo. Outra coisa será o exercício dos direitos pelo titular que não poderá ser limitado, porém admitido que, justamente ao exercê-los em determinadas situações, segundo seus interesses, autorize certa utilização dos atributos da personalidade, ou delimite o objeto da proteção do direito.[76] Neste caso, limitam o exercício dos direitos da personalidade os padrões gerais definidos por lei para o exercício dos direitos subjetivos em geral, a saber, seus fins econômicos e sociais, a boa-fé e os bons costumes, previstos no art. 187 do Código Civil.

A primeira situação caracteriza-se pelo exercício do direito de personalidade que implique ao seu titular certo proveito, como ocorre com aquele que autoriza o uso da sua própria imagem para certas situações específicas, ou mesmo em termos genéricos, nas condições que estabeleça. Ou o conhecido exemplo dos esportes de luta em que alguém que se disponha a disputar, admite a possibilidade de sofrer lesões a sua integridade física decorrente dos golpes. Ao exercer seu direito o titular afasta do objeto de proteção naquela situação específica – a disputa esportiva – as lesões decorrentes de golpes admitidos segundo as regras do jogo. Em nenhum momento abre mão do direito à integridade física ou o extingue voluntariamente, apenas exerce-o para admitir a possibilidade de sofrer lesões naquela circunstância.

Este mesmo raciocínio se reproduz em todas as situações nas quais o exercício dos direitos da personalidade, por seu titular, implica que ele possa delimitar a extensão da tutela concreta do seu interesse objeto de proteção. Deste modo, não está dispondo do direito à privacidade aquele que revela ou admite que se revele informação pessoal a seu respeito, até então resguardada

---

nalidade podem ser objeto de disposição voluntária, desde que não permanente nem geral, estando seu exercício condicionado à prévia autorização do titular e devendo sua utilização estar de acordo com o contrato. Enunciado n. 4 da I Jornada de Direito Civil. 8. Caso concreto em que a autorização da autora deve ser presumida, pois realizou gravação de voz a ser precisamente veiculada na central telefônica da ré, atendendo especificamente às suas necessidades. 9. Gravação que vem sendo utilizada pela ré exatamente para esses fins, em sua central telefônica, não havendo exploração comercial da voz da autora. 10. Eventual inadimplemento contratual decorrente do contrato firmado pela autora com a terceira intermediária que deve ser pleiteado em relação a ela, e não perante a empresa requerida. 11. Recurso especial desprovido." (STJ, REsp 1630851/SP, Rel. Min. Paulo de Tarso Sanseverino, 3ª Turma, j. 27/04/2017, *DJe* 22/06/2017)

[76] Paulo Lôbo, na doutrina brasileira, prefere tratar destas hipóteses como espécie de autolimitação, indicando as situações de exercício do direito pelo titular, visando conformá-los a seus interesses legítimos. Paulo Lôbo, Direito civil. Parte geral. São Paulo: Saraiva, 2009, p. 162 e ss.

por reserva ou sigilo. Assim, por exemplo, informações pessoais relativas à orientação sexual ou ao estado de saúde da pessoa são comumente reconduzidas à reserva protegida pelo direito à privacidade. Se o próprio titular do direito a quem digam respeito as informações decide divulgá-las, contudo, não se cogita que estará dispondo dele. Será o caso de mero exercício do direito, ao delimitar livremente, de acordo com seus interesses e em atenção às circunstâncias, que informações deseja manter sob reserva ou não do conhecimento público. O mesmo se diga daquele que aceita submeter-se a tratamento médico ou intervenção cirúrgica, mesmo tendo conhecimento dos riscos que implicam. Dispõe o art. 15 do Código Civil que ninguém pode ser constrangido a submeter-se a tais procedimentos com risco de vida. Não se pode constranger para que o titular do direito decida se submeter ou não, mas do exercício do seu direito à vida e à integridade física, é reconhecido o poder para decidir segundo seu interesse.

Não se confundem, deste modo, a disponibilidade de direitos e o seu exercício. Em todos os exemplos mencionados, ninguém deixa de ser titular dos direitos a partir de uma decisão voluntária de submeter-se a certa situação ou o melhor modo de satisfazer seu próprio interesse.

Não se desconhece, contudo, a existência de situações mais sensíveis que podem desafiar a distinção aqui sustentada. A primeira diz respeito à hipótese em que o paciente em estado terminal decida não mais se submeter a técnicas terapêuticas visando o restabelecimento de seu estado de saúde, ou que segundo seu juízo e com apoio na ciência médica, tenham poucas probabilidades de êxito, ao mesmo tempo em que possam lhe causar mais desconforto e sofrimento. Trata-se de saber se teria o paciente a liberdade de decidir não se submeter ao tratamento, o que invariavelmente teria por consequência sua morte. Esta disposição antecipada de vontade pode ser inclusive formalizada em documento firmado pelo paciente, ao qual se designa impropriamente peça expressão "testamento vital", espécie de negócio jurídico unilateral atípico pelo qual o paciente manifesta sua decisão.[77] Neste caso, porém, considerando que a decisão

---

[77] Trata-se a possibilidade do paciente dispor sobre os cuidados sobre sua própria vida de situação admitida em diversos sistemas jurídicos. É o caso, na Alemanha, do §1901-A do Código Civil (BGB), que dispõe sobre o testamento vital; na Argentina, do art. 11 da Lei 26.529, com a redação determinada pela Lei 26.742/2012, que prevê a possibilidade do paciente formular disposições antecipadas sobre sua saúde, podendo consentir ou rechaçar tratamentos médicos, preventivos ou paliativos; na Espanha, a Lei 41/2002, ao dispor sobre direitos e obrigações dos pacientes e usuários dos serviços de saúde, define como princípio seu direito de negar-se ao tratamento, exceto nos casos determinados em lei, devendo sua negativa constar por escrito. Nos Estados Unidos, a Lei de Autodeterminação do Paciente, de 1990 (Section 3), prevê expressamente que os direitos individuais dos pacientes para tomar decisões relativas a tais cuidados médicos, incluindo o direito de aceitar ou recusar tratamento médico ou cirúrgico e o direito de formular diretivas antecipadas devem ser reconhecidos de acordo com o direito de cada Estado, admitindo-se sua previsão em leis estaduais ou na jurisprudência dos tribunais locais. Na França, a Lei 2016-87, de 2 de fevereiro de 2016, incluiu no Código de Saúde Pública o art. 1110-5-1, admitindo que poderá ser dispensada, de acordo com a vontade do paciente, a continuidade dos procedimentos de tratamento quando ele parecerem desnecessários, desproporcionais ou quando não têm outro efeito além da mera manutenção artificial da vida. Na Inglaterra, a possibilidade de disposições antecipadas de vontade foi prevista pelo Mental Capacity Act de 2005, admitida quando celebradas por escrito e produzindo efeitos perante o profissional médico (s.24 a s.26); Na Itália, as disposições antecipadas de vontade estão previstas no art. 4º da recente Lei 2801/2017. Em Portugal, a Lei 25/2012 regulamentou as diretivas antecipadas de vontade que devem ser firmadas por escrito perante um funcionário do registro nacional de testamento vital ou um notário, podendo ter como objeto a decisão do paciente de a) Não ser submetido a tratamento de suporte artificial das funções vitais; b) Não ser submetido a tratamento fútil, inútil ou desproporcionado no seu quadro clínico e de acordo com as boas práticas profissionais, nomeadamente no que concerne às medidas de suporte básico de vida e às medidas de alimentação e hidratação artificiais que apenas visem retardar o processo natural de morte; c) Receber os cuidados paliativos adequados ao respeito pelo seu direito a uma intervenção global no sofrimento determinado por doença grave ou irreversível, em fase

de não se submeter a tratamento pode levar à morte, estaria o paciente a dispor sobre sua vida, contrariando sua característica de indisponibilidade, ou ainda se estaria a tratar do exercício destes direitos? Refira-se que o Código de Ética Médica admite expressamente a hipótese, uma vez que ao vedar ao profissional que abrevie a vida do paciente, ainda que a pedido deste, ou de seu representante legal, ressalva que "nos casos de doença incurável e terminal, deve o médico oferecer todos os cuidados paliativos disponíveis sem empreender ações diagnósticas ou terapêuticas inúteis ou obstinadas, levando sempre em consideração a vontade expressa do paciente ou, na sua impossibilidade, a de seu representante legal." (art. 41, parágrafo único).

Embora se trate de uma situação-limite, a própria admissão das disposições antecipadas de vontade e a recusa de tratamento podem se caracterizar como limitação voluntária ao exercício do direito que venha a sacrificá-lo, segundo os termos que o próprio art. 15 do Código Civil define sobre o direito de integridade física. Afinal, se ninguém poderá ser constrangido a submeter-se com risco de vida a tratamento médico ou a intervenção cirúrgica, define-se critério por lei reconhecendo a autodeterminação da pessoa para decidir sobre seu futuro, compondo os interesses entre a própria preservação da vida e a dignidade da pessoa humana, ambos dignos de tutela constitucional.

A coerência deste argumento, contudo, é desafiada por outra situação, que diz respeito à recusa de tratamento médico pela pessoa em razão de sua fé religiosa. Neste particular, recorrente nos tribunais brasileiros é o caso em que testemunhas de Jeová – adeptos da organização religiosa cristã de mesma denominação – se recusam a se submeterem a transfusão de sangue, sob o argumento de contrariedade aos preceitos da Bíblia.[78] No plano dos direitos fundamentais, contrapõe-se em situações concretas o direito à vida e a liberdade de consciência e crença assegurada a todos (art. 5º, VI, da Constituição da República). Estaria, nestas condições, a pessoa que professe a fé das testemunhas de Jeová dispondo sobre a própria vida, ou exercendo seu direito da personalidade? Quando se trate de tratamento a que se deva submeter pessoa maior e capaz, a compatibilidade entre o exercício de seus direitos e a possibilidade de recusa de tratamento que implique transfusão de sangue parece solução adequada, em acordo com a liberdade de consciência e crença assegurada pela Constituição, que seria sacrificada na hipótese diversa. Todavia, preservado também estará o direito do profissional médico de recusa ao atendimento nestas condições em que a recusa da transfusão de sangue, inegavelmente, representa maiores

---

avançada, incluindo uma terapêutica sintomática apropriada; d) Não ser submetido a tratamentos que se encontrem em fase experimental; e) Autorizar ou recusar a participação em programas de investigação científica ou ensaios clínicos. No Brasil, a Resolução 1.995/2012, do Conselho Federal de Medicina, que reconhece à possibilidade da pessoa dispor sobre diretivas antecipadas de vontade sobre tratamentos e cuidados que quer ou não receber, a serem tomadas em consideração pelo médico."

[78] Em especial, segundo certa interpretação originalista da Bíblia nas passagens de Gênesis 9:4: "Somente não comam a carne de um animal com seu sangue, que é a sua vida"; Levítico, 17:10: ""Se algum homem da casa de Israel ou algum estrangeiro que mora entre vocês comer o sangue de qualquer criatura, eu certamente me voltarei contra aquele que comer o sangue, e o eliminarei dentre seu povo"; e Levítico 17: 14: "Pois a vida de todo tipo de criatura é seu sangue, porque a vida está no sangue. Por isso eu disse aos israelitas: "Não comam o sangue de nenhuma criatura, porque a vida de todas as criaturas é seu sangue. Quem o comer será eliminado"; Deuteronômio, 12:23: "Apenas esteja firmemente decidido a não comer o sangue, porque o sangue é a vida; não coma a vida junto com a carne"; dos Atos 15, 28-29: "Pois pareceu bem ao espírito santo e a nós não impor a vocês nenhum fardo além destas coisas necessárias: que persistam em se abster de coisas sacrificadas a ídolos, de sangue, do que foi estrangulado e de imoralidade sexual. Se vocês se guardarem cuidadosamente dessas coisas, tudo irá bem com vocês. Saudações!"

riscos ao paciente.[79] E, da mesma forma, discutível será a possibilidade de se exigir do sistema público de saúde tratamento específico a estes pacientes, em vista do preceito constitucional de acesso igualitário aos serviços de saúde (art. 196, *caput*, da Constituição da República).[80]

Outra será a solução, todavia, quando a decisão sobre se submeter ou não à transfusão de sangue não pertença ao paciente, mas, eventualmente, àqueles que o representem, como ocorre com os pais em relação aos filhos menores e incapazes, e os tutores sobre seus pupilos. Neste caso, não se tratará de exercício pessoal dos direitos da personalidade pelo titular, mas de exercício por representação, hipótese em que a preservação do interesse do representado,

---

[79] "RESPONSABILIDADE CIVIL. TESTEMUNHA DE JEOVÁ. DANO MORAL E MATERIAL. PROCEDIMENTO CIRÚRGICO. NEGATIVA DO MÉDICO EM PRESTAR SEUS SERVIÇOS FACE À EVENTUAL NECESSIDADE DE TRANSFUSÃO DE SANGUE, RECUSADA PELO PACIENTE POR CONCEPÇÃO RELIGIOSA. CONFLITO ENTRE A LIBERDADE DO PROFISSIONAL DA MEDICINA E A RELIGIÃO DO PACIENTE. AGRAVO RETIDO. CERCEAMENTO DE DEFESA. Conforme disposto no artigo 370 do Código de Processo Civil, ao juiz cumpre determinar, de ofício, a realização das provas que entende necessárias à instrução do processo e indeferir os pedidos que entender inúteis ou meramente protelatórios. A realização de perícia médica mostrou-se desnecessária ao exame do mérito porquanto não se discute nos autos erro médico na realização do procedimento cirúrgico, mas sim a licitude da recusa do médico anestesista em participar. Ademais, a prova constante dos autos evidenciou suficientemente os riscos inerentes ao procedimento indicado ao autor no que tange à eventual necessidade de transfusão de sangue. MÉRITO. Hipótese em que o autor teve indicação médica para a realização de ato cirúrgico RTU prostático, cujo procedimento seria realizado através do SUS. Contudo, por motivo de crença religiosa, negou-se ao tratamento de transfusão de sangue, em caso de necessidade. Diante desta manifestação, o médico anestesista recusou-se a participar da cirurgia, invocando preceitos do Código de Ética da Medicina, optando o paciente pelo procedimento na via privada. Conforme o art. 5º, inciso VI, da CF, o aspecto individual da liberdade religiosa, um direito fundamental, assegura àquele que professa a sua fé escolhas e medidas que guardem e respeitem sua crença, inclusive com relação a atos ligados ao seu bem-estar e até mesmo à sua condição de saúde, circunstâncias estas que agasalham a decisão de recusa no tratamento por hemotransfusão. Ao médico, assegura-se o direito/dever de exercer a profissão com autonomia, não sendo obrigado a prestar serviços que contrariem os ditames de sua consciência ou a quem não deseje, excetuadas as situações de ausência de outro médico, em caso de urgência ou emergência, ou quando sua recusa possa trazer danos à saúde do paciente, bem como, ocorrendo fatos que, a seu critério, prejudiquem o bom relacionamento com o paciente ou o pleno desempenho profissional. O médico tem o direito de renunciar ao atendimento, desde que o comunique previamente ou a seu representante legal, assegurando-se da continuidade dos cuidados e fornecendo todas as informações necessárias ao profissional que lhe suceder. Exegese do inciso VII, Capítulo I e do § 1º do art. 36 do Código de Ética da Medicina. Diante do conflito entre as liberdades de consciência dos envolvidos, tem-se que a recusa do médico não evidencia ato ilícito a ensejar reparação. Diálogo entre ambas as condutas e manifestações filosóficas. Ausência de risco de vida iminente, mostrando-se plenamente possível o encaminhamento a outro profissional moral e ideologicamente desimpedido. Interpretação conforme as regras do Código de Ética da Medicina. A ocorrência dos fatos no âmbito do Sistema Único de Saúde não afasta a prerrogativa que desobriga o médico a prestar serviços que contrariem os ditames da sua consciência. O autor deliberadamente optou pela realização da cirurgia pelo sistema privado de saúde, sem que fosse oportunizado ao Poder Público o encaminhamento a outro profissional da medicina. Constatada a licitude da conduta do preposto do Hospital-réu impõe-se inversão do julgamento com a improcedência do pedido indenizatório. Agravo retido desprovido. Apelação cível provida." (TJRS, ApCiv 70071994727, Rel. Túlio de Oliveira Martins, 10ª Câmara Cível, j. 27/04/2017)

[80] "Saúde. Cirurgia. Testemunha de jeová. Distinções, na prestação do serviço público de saúde, para atender às convicções religiosas ferem o direito à igualdade na repartição dos encargos públicos. Daí que a liberdade de religião garantida a todos pela Constituição da República não assegura o direito à pessoa humana de exigir do Estado prestação diferenciada no serviço público para atender às regras e as praticas da fé que professa. Negado seguimento ao recurso." (TJRS, ApCiv 70061159398, 20ª Rel. Maria Isabel de Azevedo Souza, 22ª Câmara Cível, j. 29/08/2014). No mesmo sentido: TJRJ, ApCiv 0000232-29.2013.8.19.2009, Rel. Des. Juarez Fernandes Folhes, 19ª Câmara Cível, j. 30/01/2018.

embora respeite imediatamente a um dever de seus representantes, não exclui a tutela da ordem jurídica, inclusive com o fim de prevenir eventual conflito de interesses. Ademais, incidirá o art. 227 da Constituição da República, que dispõe: "É dever da família, da sociedade e do Estado assegurar à criança, ao adolescente e ao jovem, com absoluta prioridade, o direito à vida, à saúde, à alimentação, à educação, ao lazer, à profissionalização, à cultura, à dignidade, ao respeito, à liberdade e à convivência familiar e comunitária, além de colocá-los a salvo de toda forma de negligência, discriminação, exploração, violência, crueldade e opressão". Daí porque, nesta circunstância, a liberdade de consciência e crença dos pais ou tutores não deve sobrepor-se ao direito à vida dos filhos e pupilos, incapazes para o exercício pessoal de seus próprios direitos.[81]

Também desafia a indisponibilidade dos direitos da personalidade situação-limite relativa às cirurgias de transgenitalização, realizadas por pessoas transgêneros, para alteração do sexo. O art. 13 do Código Civil é expressivo ao afirmar: "Salvo por exigência médica, é defeso o ato de disposição do próprio corpo, quando importar diminuição permanente da integridade física, ou contrariar os bons costumes." Ressalva apenas, em seu parágrafo único, a disposição gratuita de órgãos do corpo para fins de transplante. Nestes mesmos termos, ao submeter-se a cirurgia para retirada de órgãos sexuais e/ou sua substituição, haveria infração à indisponibilidade, ou novamente se estaria a tratar do exercício de direitos da personalidade. A rigor, a indisponibilidade do corpo também é delimitada por razões de exigência médica. Ora, havendo exigência médica não se cogita de intangibilidade do corpo, visando a obtenção do resultado de cura. Neste particular, a cirurgia em questão é procedimento médico previsto e normado (Resolução nº 2.265/2019, do Conselho Federal de Medicina), razão pela qual não se cogita de exceção à indisponibilidade dos direitos da personalidade, mas delimitação de seu conteúdo, que expressamente exclui as situações em que eventuais atos de disposição do próprio corpo se definam em razão de exigência médica. Este, aliás, foi o entendimento sufragado na IV Jornada de Direito Civil, promovida pelo Centro da Justiça Federal e pelo Superior Tribunal de Justiça, ao aprovar o Enunciado nº 276, com o seguinte teor: "O art. 13 do Código Civil, ao permitir a disposição do próprio corpo por exigência médica, autoriza as cirurgias de transgenitalização, em conformidade com os procedimentos estabelecidos pelo Conselho Federal de Medicina, e a consequente alteração do prenome e do sexo no Registro Civil."

Por tais razões, não há qualquer dificuldade em concluir-se pela indisponibilidade dos direitos da personalidade. A indisponibilidade faz com que sejam irrenunciáveis, de modo que não podem ser objeto de renúncia do titular. Também não podem servir para responder por dívidas do titular, daí serem impenhoráveis. Dizer-se, contudo, que são indisponíveis, não impede situações em que, pelo exercício destes mesmos direitos por seu titular, ele possa determinar a melhor fruição dos seus efeitos, ou ainda delimite o objeto de sua proteção em acordo com as disposições legais que o asseguram.

7. MODOS DE PROTEÇÃO DOS DIREITOS DA PERSONALIDADE

A proteção da personalidade se dá tanto mediante reconhecimento de direitos subjetivos específicos, contemplando cada um diferentes atributos da personalidade, quanto em sentido amplo, um direito geral da personalidade, abrangendo seus diferentes atributos.[82] Percebe-se na noção de direitos subjetivos de personalidade o predomínio do interesse individual de

---

[81] Neste sentido: TRF-4, ApCiv 200371020001556, Rel. Des. Vânia Hack de Almeida, 3ª Turma, *DJ* 01/11/2006.
[82] Emilio Ondei, *Le persone fisiche e i diritti della personalità*, p. 232.

cada titular no exercício da pretensão de proteção do que lhe diga respeito.[83] Sem deixar de considerar, contudo, uma dimensão geral de proteção da personalidade que resulta do seu caráter indisponível e integra a ordem pública fixada a partir da Constituição da República, de modo que são oponíveis inclusive frente a eventual disposição pelo próprio titular, quando não ressalvado pelo ordenamento jurídico.

Em linhas gerais, a proteção dos direitos da personalidade se dá pela imposição de um dever geral de abstenção a todas as pessoas que não sejam os titulares do direito. Este dever de abstenção é respeitado mediante cooperação geral de todos os que não sejam os titulares do direito (toda a comunidade), podendo, contudo, ser objeto de pretensão específica, quando determinada pessoa ameace sua violação, em razão de interferência indevida na esfera jurídica alheia. Neste caso, a pretensão do titular do direito compreenderá a exigência de que a atuação alheia seja impedida de ocorrer, ou já estando em curso, seja interrompida. Por outro lado, tendo já ocorrido a violação ao direito, e provocada a lesão, assiste ao titular do direito violado a pretensão de reparação dos danos sofridos, que tanto serão danos extrapatrimoniais, diretamente decorrentes da afetação de interesses existenciais vinculados aos direitos da personalidade, quanto danos patrimoniais, compreendendo os reflexos econômicos decorrentes da violação – danos emergentes e lucros cessantes. Neste ponto, seja consentido esclarecer: o fato de haver violação dos direitos da personalidade dá causa a lesão de interesses existenciais, mas suas repercussões podem atingir interesses patrimoniais do lesado.

Em regra, o dano extrapatrimonial é presumido – ou seja, demonstrada a violação do direito, presumem-se sua existência, sendo desnecessária a prova da afetação anímica do titular do direito. Porém, pode ocorrer que da violação do direito da personalidade resulte dano patrimonial, ou seja, que dela decorra prejuízo economicamente estimável. Deste modo, a morte de alguém representará uma perturbação anímica ao cônjuge e a seus filhos, por exemplo; mas poderá também representar um prejuízo econômico, se verificado que o morto era quem respondia pelo sustento da família. Igualmente, a lesão à honra pessoal representa um dano anímico à pessoa que é ofendida por imputações injuriosas; porém se destas ofensas resultar prejuízo à credibilidade da qual decorra a perda de clientes ou negócios, há dano patrimonial.

A pretensão do titular do direito – ou também de seus sucessores, caso esteja morto, conforme prevê o art. 12 do Código Civil – quando anteceda, ou seja contemporânea à violação, compreenderá a adoção de providências que impeçam a lesão ou a façam cessar.[84] Poderá ser exercida mediante postulação em juízo de tutela inibitória ou de remoção do ilícito. A tutela inibitória compreende provimento jurisdicional com o objetivo de impedir a prática, a continuação, ou a repetição de um ato ilícito,[85] assim como do dano que dele resulte.[86] Tal providência tem fundamento no art. 497, parágrafo único, do Código de Processo Civil, que estabelece: "Art. 497. Na ação que tenha por objeto a prestação de fazer ou de não fazer, o juiz, se procedente o pedido, concederá a tutela específica ou determinará providências que assegurem a obtenção de tutela pelo resultado prático equivalente. Parágrafo único. Para a concessão

---

[83] Adriano de Cupis, *Os direitos da personalidade*, p. 38.
[84] A adoção de providências que impeçam ou façam cessar os efeitos da violação dos direitos da personalidade integra sua proteção típica nos diferentes sistemas jurídicos, conforme ensina Kirsten von Hutten, Der Unterlassungsanspruch [Zivilrechtliche Rechtsfolgen und ihre Durchsetzung]. In: Horst-Peter Götting, Christian Schertz, Walter Seitz. Handbuch des Persönlichkeitsrechts. München: C.H. Beck, 2008, p. 738 e ss.
[85] Sérgio Cruz Arenhart, Perfis da tutela inibitória coletiva. São Paulo: RT, 2003, p. 219.
[86] Luiz Guilherme Marinoni, Tutela contra o ilícito (art. 497, parágrafo único, do CPC/2015). Revista de Processo. v. 245. São Paulo: RT, jul.-2015, p. 313 e ss.

da tutela específica destinada a inibir a prática, a reiteração ou a continuação de um ilícito, ou a sua remoção, é irrelevante a demonstração da ocorrência de dano ou da existência de culpa ou dolo." Tratando-se da remoção do ilícito, ao lado da pretensão de cumprimento específico da obrigação – a desconstituição da situação criada – agrega-se a pretensão de reparação pelos danos sofridos pela vítima até o momento em que cessarem os efeitos da ilicitude.[87]

De outro modo, quando já tendo havido a violação do direito da personalidade, a pretensão do titular do direito violado compreenderá sempre a reparação de danos materiais e compensação dos danos extrapatrimoniais sofridos. Neste caso, o fundamento será o art. 927, *caput* e parágrafo único, conforme o caso, assim como o paradigma representado pelo art. 944, *caput*, do Código Civil: "A indenização mede-se pela extensão do dano", sem prejuízo das disposições relativas a danos decorrentes de violações específicas (e.g., no caso de homicídio, o art. 948; no caso de lesão à saúde, o art. 949; no caso de dano à honra, decorrente de injúria, difamação ou calúnia, o art. 953, todos do Código Civil).

A proteção dos direitos da personalidade, igualmente, se estabelece a partir das sanções gerais previstas na legislação, como é o caso da nulidade de qualquer ato ou negócio jurídico que implique na disposição e renúncia ou transmissão do direito em caráter permanente. E da mesma forma, embora não haja expresso no ordenamento jurídico brasileiro a ampla revogabilidade dos atos que, no exercício do direito, autorizem certa utilização dos bens e atributos da personalidade – a exemplo do que ocorre em outros sistemas, como é o caso do art. 81, 2, do Código Civil português[88] – trata-se de hipótese que mesmo não prevista legalmente, pode ser cogitada. No Código Civil brasileiro, a possibilidade de revogação é prevista apenas em relação ao ato de disposição do próprio corpo para após a morte (art. 14, parágrafo único). Contudo, dada a indisponibilidade do direito e sua natureza personalíssima em relação ao titular, a possibilidade de revogação, ainda que sem prejuízo do dever de reparar os prejuízos daí decorrentes, é solução que se adequa ao caráter cogente e de ordem pública da proteção dos direitos da personalidade.

A proteção dos bens e atributos da personalidade humana, contudo, não se esgota nas disposições de direito privado. Também pertencem ao direito penal, em especial no tocante à repressão aos crimes que agridem os bens da personalidade, o que se situa no continente da pretensão punitiva do Estado.

8. CLASSIFICAÇÃO DOS DIREITOS DA PERSONALIDADE

Com exceção da vida humana cuja existência é pressuposto da própria pessoa e, portanto, do fato jurídico que enseja o reconhecimento de direitos da personalidade pela norma, as outras características em relação as quais o direito e a própria cultura comum reconhecem valor, situam-se como determinadas projeções da personalidade humana, de natureza física e moral. Nesse sentido, a integridade corporal não se confunde apenas com a garantia do funcionamento do corpo humano, permitindo a continuidade da vida. Protege-o antes de qualquer coisa, contra lesões, bem como se ocupa com a sanidade biológica e física e psíquica do corpo humano. E nesse sentido, sendo o corpo um elemento unitário, é perfeitamente possível identificar na eventual lesão a quaisquer desses elementos constitutivos da integridade psicofísica, a possibilidade de agressão aos demais.

---

[87] Luiz Guilherme Marinoni, *Tutela Inibitória*. 3ª. ed. São Paulo: RT, 2003, p. 463 e ss.
[88] Art. 81, 2, do Código Civil português: "A limitação voluntária, quando legal, é sempre revogável, ainda que com obrigação de indemnizar os prejuízos causados às legítimas expectativas da outra parte."

De outro lado, não é a personalidade humana restrita ao suporte físico da existência da pessoa. Constitui-se o homem, igualmente, pelos sistemas afetivo, cognitivo e volitivo, designando os atributos humanos do sentimento, da inteligência e da vontade[89], cujo reconhecimento se observa sob a expressão genérica de integridade moral da pessoa. O direito à integridade moral exprime-se pelo direito à honra, à dignidade e ao bom conceito do ambiente social. A estas se agregam a intimidade, a vida privada, e a imagem, assim como o nome pessoal.

Em outros sistemas jurídicos, é reconhecido como inerente aos direitos da personalidade, também, ampla tutela ao sistema cognitivo da pessoa, protegendo aspectos do entendimento humano na vida de relações, e fundamentando uma série de outros direitos subjetivos. Como, por exemplo, o direito à informação entre os contratantes, e a valorização jurídica da ignorância e do conhecimento de certos elementos de fato basilares das relações jurídicas, como a posse de boa fé e a o casamento putativo[90]. No direito brasileiro, entretanto, em que pese a crescente tendência doutrinária em associar o princípio da boa-fé com a norma geral de proteção da pessoa[91] – em especial a partir do princípio constitucional da dignidade da pessoa humana – as normas que contemplam tais relações permanecem situadas em sua seara específica (no caso, no direito das obrigações ou nos direitos reais). A proteção da pessoa, contudo, não escapa à possibilidade de aplicação das cláusulas gerais. Será o caso, sobretudo, da aplicação da cláusula geral de abuso do direito (art. 187 do Código Civil) e, a partir dela, da proteção aos bons costumes como instrumento de proteção dos direitos da personalidade. Inclusive com vista à proibição de comportamentos lesivos ao próprio titular do direito de personalidade, assim também como a eventual invalidação de negócio jurídico praticado em contrariedade aos bons costumes.

A atualidade da disciplina dos direitos da personalidade, ao compreender a pessoa em sua dupla dimensão física e moral, não deixa, igualmente, de consagrar uma dimensão relacional entre o indivíduo e o meio social.[92] Essa dimensão relacional da proteção da personalidade vai abranger, inclusive, a consideração de determinadas projeções, em razão da repercussão que as mesmas venham a causar no meio social. É o caso da proteção da honra, da privacidade ou da identidade pessoal, projeções da personalidade que, necessariamente, serão examinadas também em vista da relação de fato existente entre a pessoa titular do direito e as demais, ou seja, como estas projeções da pessoa são percebidas pela comunidade.

Desse modo, a proteção da personalidade, que vai para além dos próprios direitos subjetivos da personalidade, abrange o reconhecimento da autodeterminação da pessoa, tanto de modo a compreender um poder de agir sem que sofra obstrução dos demais (liberdade negativa), como também de se conduzir, como indivíduo racional, de acordo com sua vontade, assegurando sua auto realização pessoal (liberdade positiva).[93] Na disciplina legal dos direitos da personalidade prevalece a dimensão negativa da liberdade, assegurando ao titular do direito que não sofra interferências indevidas na sua esfera pessoal. A liberdade positiva, reconhecida como

---

[89] Rabindranath Capelo de Sousa, *O direito geral de personalidade*, p. 229.
[90] Rabindranath Capelo de Sousa, *O direito geral de personalidade*, p. 232-233; Antônio Menezes Cordeiro, *Da boa-fé no direito civil*. Coimbra: Almedina, 1984, v.1, p.405 e ss.
[91] Assim, dentre outros, Gustavo Tepedino, Direitos humanos e relações jurídicas privadas. *Temas de direito civil*. Rio de Janeiro: Renovar, 1999, p. 55-71; Luiz Edson Fachin, O *aggiornamento* do direito civil brasileiro e a confiança negocial. *Repensando fundamentos do direito civil brasileiro*. Rio de Janeiro: Renovar., p. 115-149.
[92] Rabindranath Capelo de Sousa, *O direito geral de personalidade*, p. 243-244.
[93] Para as noções de liberdade negativa e positiva, veja-se: Isaiah Berlin, *Quatro ensaios sobre a liberdade*. Brasília: Editora da UnB, 1981, p. 136.

direito de autorrealização pessoal, associa-se, sobretudo, à eficácia dos direitos fundamentais, valorizando a vontade individual no exercício dos direitos da personalidade, delimitado apenas pela proibição de ofensa à ordem pública e aos bons costumes.

O direito brasileiro, conforme já foi mencionado, não adotou legislativamente a previsão de um direito geral de personalidade, cuja característica essencial é a de contemplar a tutela dos diversos atributos da personalidade independente de sua tipificação legal,[94] tomando-a como universalidade concreta.[95] Preferiu a solução de prever os direitos da personalidade de modo específico, sendo este o tratamento dado pelo Código Civil (arts. 13 a 21), a exemplo da abordagem que já vinha sendo feita pela doutrina mesmo antes de sua promulgação. Bem como a opção estabelecida na Constituição da República pela definição de um catálogo de direitos fundamentais, dentre os quais se encontram diversos direitos subjetivos também relacionados como direitos da personalidade.

Esta opção de especificação dos direitos da personalidade, já adotada em outros sistemas jurídicos, tem a virtude de compreender melhor seus vários atributos, prestando atenção nas peculiaridades de sua tutela,[96] individualizando as projeções físicas ou psíquicas da personalidade de modo a assegurar a efetividade de sua proteção[97]. Por outro lado, o principal fundamento para crítica desta concepção reside nas dificuldades de interpretação que surgem desde a eleição de um critério para definição de quais as projeções da personalidade deverão ser consideradas para efeito de uma proteção jurídica específica, assim como qual será a extensão da proteção a cada uma.[98]

No direito brasileiro, a crítica terá procedência se examinada, exclusivamente, a disciplina legal do Código Civil, que não apenas elegeu apenas alguns direitos dignos de tratamento normativo específico, como também restringiu, nestas hipóteses legais, as situações a que se dirige sua proteção específica. Assim, por exemplo, em relação à proteção da identidade pessoal, o Código Civil brasileiro ocupou-se de assegurar em quatro artigos, tanto o direito ao nome (art. 16), quanto a vedação de sua utilização indevida "em publicações ou representações que a exponham ao desprezo público, ainda quando não haja intenção difamatória" (art. 17), ou ainda em propaganda comercial (art. 18), estendendo esta proteção ao pseudônimo quando utilizado para atividades lícitas (art. 19).

É isento de dúvida que o direito a proteção da identidade pessoal, como espécie de direito da personalidade, não se restringe apenas ao nome. Da mesma forma, a proteção dada ao nome como expressão da individualidade da pessoa, não se restringe ao uso indevido apenas em publicações ou representações que o exponham ao desprezo público ou em propaganda comercial. Será indevido qualquer uso não autorizado que vincule a situações ou fatos que não lhe digam respeito, sem seu consentimento, independentemente de serem objetos ou não de desprezo público.

Já o direito à integridade física também é objeto de previsão legal apenas no tocante aos atos de disposição do próprio corpo pelo titular, para interditar atos que importem diminuição permanente ou contrariem os bons costumes, bem como admitindo a disposição gratuita para

---

[94] Carlos Alberto Mota Pinto, *Teoria geral do direito civil*, p. 209.
[95] Emilio Ondei, *Le persone fisiche e i diritti della personalità*, p. 233.
[96] José Serpa de Santa Maria, *Direitos da personalidade e a sistemática civil geral*. Campinas: Julex, 1987, p. 32.
[97] Orlando Gomes, Direitos de personalidade. *Revista Forense*, v. 216. Rio de Janeiro: Forense, outubro-dezembro/1966, p. 5-10.
[98] Emilio Ondei, *Le persone fisiche...*, p. 235.

fins de transplante (art. 13); com objetivo científico ou altruístico de utilização do cadáver, após a morte (art. 14); ou ainda pela definição de que ninguém pode ser constrangido a submeter-se, com risco de vida, a tratamento médico ou a intervenção cirúrgica (art. 15). As situações da vida passíveis de tutela do direito à integridade física, naturalmente, são muito mais numerosas do que aquelas contempladas no Código Civil. Daí o reconhecimento de que a tutela dos direitos da personalidade é mais abrangente do que as situações previstas especificamente no Código Civil, contando para tanto, igualmente, com seu reconhecimento genérico também em decorrência da eficácia dos direitos fundamentais previstos na Constituição da República.

É nesta perspectiva sistemática entre o Código Civil e a Constituição da República que devem ser examinadas as várias espécies de direitos subjetivos da personalidade.

8.1. Direitos de integridade física

8.1.1. Direito à vida

A vida é o direito básico do indivíduo, e pressuposto da existência da pessoa e exercício de todos os demais direitos. O Código Civil estabelece que a personalidade se inicia com o nascimento com vida (art. 2º). Da mesma forma se dá com a proteção da vida como direito fundamental e bem jurídico cuja lesão pode dar causa a crimes tipificados na legislação penal (crimes contra a vida – homicídio, infanticídio, e.g.).

No direito privado, o direito à vida assume distintas eficácias com a finalidade de proteção da vida humana[99]. No plano da responsabilidade civil, a lesão à vida dá causa à pretensão indenizatória dos sucessores (art. 12, parágrafo único c/c art. 948 do Código Civil). Mas da mesma forma, o direito à vida imprime significado a uma série de relações jurídico-privadas, como por exemplo, nos contratos de assistência à saúde, em que a jurisprudência reiteradas vezes coloca em destaque a importância do cumprimento da obrigação e a proteção da vida humana pelo Direito,[100] ou mesmo o direito a alimentos, que em última análise tem por finalidade assegurar meios para o sustento e subsistência da pessoa beneficiária.[101]

Não se há de dizer que tais relações tenham por objeto o direito à vida, mas sim que com ele se relacionam, podendo seu descumprimento e violação importar no comprometimento ou na lesão à vida humana, de acordo com as circunstâncias do caso. A importância destacada pelo direito contemporâneo à proteção da pessoa, neste sentido, faz com não apenas na relação do titular do direito à vida com a coletividade (a quem cumpre um dever geral de abstenção *erga omnes*), exista eficácia correspondente à conservação da vida humana, senão também que, em toda a série de relações que, em maior ou menor grau digam respeito a interesses reconduzíveis à preservação da vida humana, o intérprete e aplicador do direito devem ter em conta a necessidade de proteção deste direito de personalidade, como expressão em direito privado, da proteção constitucional à pessoa humana.

A proteção do direito à vida, da mesma forma, defronta-se, atualmente, com diversas questões difíceis que surgem como o desenvolvimento da ciência, em relação as quais nem sempre encontrarão uma resposta unívoca do Direito. São exemplos as situações de fertilização *in vitro*, nos quais a combinação de material genético de um homem e uma mulher resultam na

---

[99] Jorge. *El valor de la vida humana*. Santa Fé: Rubinzal-Culzoni, 1983, p. 52.
[100] Assim, por exemplo: STJ, REsp 1818495/SP, Rel. Min. Marco Aurélio Bellizze, 3ª Turma, j. 08/10/2019, DJe 11/10/2019.
[101] STJ, REsp 1469102/SP, Rel. Min. Ricardo Villas Bôas Cueva, 3ª Turma, j. 08/03/2016, DJe 15/03/2016.

formação de um embrião humano, mas que adiante por decisão de um ou de ambos os doadores, não é implantado no útero para dar origem à pessoa; ou ainda, pode ser objeto de manipulação genética para outros fins (assim por exemplo, a obtenção de células-tronco embrionárias). De que modo o Direito deveria dispor sobre estas questões?

Da mesma forma, em relação ao nascituro, a possibilidade de diagnóstico de má-formação do feto, com a ausência de cérebro (anencéfalo), compromete a própria viabilidade da vida extrauterina, colocando em causa o debate sobre a possibilidade ou não de interrupção da gravidez. E situações reconhecidas de prolongamento da vida por intermédio de técnicas sem as quais a manutenção dos sinais vitais de pessoas enfermas ou feridas não seria obtido, inclusive reconhecendo-se, em muitas legislações a possibilidade de tutelar o interesse em uma morte digna, com a interrupção da vida humana, ou sua não extensão por meios artificiais (ortotanásia). Há evidentes dificuldades do Direito em responder a estas questões de um modo plenamente satisfatório a todos, em vista das nuances éticas, filosóficas, culturais e religiosas que podem envolver as respostas possíveis de serem dadas. Não obstante, são situações do cotidiano às quais serão exigidas respostas do legislador ou, quando ausente disciplina normativa específica, do juiz, uma vez que estas questões sejam objeto de conflitos levados ao conhecimento do Poder Judiciário.

Em relação ao primeiro problema, que envolve o descarte de embriões, bem como a possibilidade de sua manipulação, o direito brasileiro vai estabelecer algumas definições por intermédio da Lei 11.105, de 24 de março de 2005 – Lei de Biossegurança –, permitindo para fins de pesquisa e terapia a utilização de células-tronco embrionárias obtidas de embriões humanos produzidos por fertilização *in vitro* e não utilizados no respectivo procedimento, desde que sejam inviáveis, ou estejam congelados há três anos ou mais (art. 5º). Veda, porém, a possibilidade de utilização dos embriões humanos para engenharia genética, bem como para clonagem humana (art. 6º).

Ao autorizar a pesquisa com embriões, e até sua manipulação – ainda que sob as condições restritas que define – a legislação afasta a definição do embrião humano como pessoa, não lhes assegurando direitos – o que a certa altura foi cogitado em projetos de lei de alteração do Código Civil.[102] Em boa hora adota-se esta solução, que todavia, poderá voltar a desafiar o Direito na hipótese de novas etapas do desenvolvimento científico demonstrarem inovações nos usos da pesquisa em embriões e sua utilidade.

Em relação ao segundo problema examinado, sobre a possibilidade da interrupção da gravidez de fetos que sejam diagnosticados como anencéfalos, trata-se de questão já submetida ao exame do Supremo Tribunal Federal. Note-se que em relação ao feto, os direitos da personalidade, assim como outros direitos subjetivos que se aplicam ao nascituro, por efeito do disposto no art. 2º do Código Civil. Contudo, a questão conhecida pelo STF colocou-se sob outra perspectiva, dos direitos da mulher em relação ao próprio corpo, sua liberdade e a interpretação das disposições do Código Penal que criminalizam o aborto. Nestes termos, ao julgar a ADPF 54, em 2012, o Supremo Tribunal Federal entendeu que a interrupção da gravidez na hipótese de feto anencéfalo não constitui a conduta de aborto tipificada no Código Penal. Embora não tenha abordado expressamente a situação dos direitos da personalidade, contudo,

---

[102] Neste sentido propunha o projeto de lei que visava aperfeiçoar alguns aspectos do texto do Código Civil de 2002, apresentado pelo último relator do Projeto de Lei que lhe deu origem, na Câmara dos Deputados, Deputado Ricardo Fiúza, conforme se vê em: Ricardo Fiúza, O novo Código Civil e as propostas de aperfeiçoamento. São Paulo: Saraiva, 2004, p. 32-33.

em termos práticos, o afastamento da sanção penal para o aborto implica no reconhecimento da possibilidade de interrupção da vida do feto anencéfalo, sob o fundamento de sua inviabilidade.

Já em relação à possibilidade de interrupção da vida, ou ainda seu não prolongamento por meios artificiais em situações de pacientes terminais ou sem probabilidade significativa de recuperação, destaca-se a questão da manutenção involuntária da vida de pessoas em estado terminal, e sua autonomia – ou de seus familiares próximos – para deliberar sobre a extinção definitiva. Nestes casos, distingue-se o fim da vida que resulte da recusa de tratamento ou dispensa dos meios tecnológicos que a prolonguem, quando já inviabilizada pelas condições de saúde da própria pessoa (denominada distanásia); e as situações conhecidas como eutanásia (morte provocada por razões de piedade e solidariedade com o sofrimento da pessoa) e ortotanásia (conduta médica de permitir e auxiliar a morte decorrente de processo natural, deixando de promover seu prolongamento artificial).

A eutanásia não é admitida no direito brasileiro, sendo eventual conduta associada aos tipos penais do homicídio privilegiado (com causa de redução de pena previsto no art. 121, § 1º, do Código Penal), ou ainda do auxílio ao suicídio (art. 122 do Código Penal). A ortotanásia, de sua vez, embora possa ser associada a um comportamento omissivo que contribui com a morte da pessoa, será admitida em situações específicas de pacientes terminais, segundo a Resolução 1.805/2006, do Conselho Federal de Medicina, atentando-se, igualmente, à Resolução 2.232/2019, do mesmo órgão, sobre recusa terapêutica.

8.1.2. *Direito à integridade do corpo*

A proteção do corpo humano equivale à proteção do suporte físico da vida, e neste sentido, da própria existência da pessoa. Contudo, o direito da personalidade que o assegura não tem em conta apenas a proteção do corpo em condições de ter e manter a vida, senão de sua integridade, ou seja, torna-o insuscetível de agressões de qualquer espécie. Esta amplitude do direito à integridade do corpo coloca-o a salvo de toda e qualquer violência, independente se desta resulte ou não diminuição permanente. A integridade do corpo projeta-se como proteção contra qualquer espécie de lesão física em relação ao corpo. Da mesma forma, sua oponibilidade – dado o caráter indisponível de todos os direitos da personalidade – dá-se tanto contra terceiros, como também em relação ao próprio titular do direito. Assim, de regra, interdita-se ao titular do direito a possibilidade de consentir validamente com quaisquer atos que importem a diminuição (= lesão) permanente em face da retirada de partes do corpo, o que de regra, se houver, considera-se como invalido porque ilícito, seja contrário à expressa disposição de lei, ou contra bons costumes.[103]

Em certo sentido, o direito à integridade do corpo e sua indisponibilidade coloca em destaque uma questão relevante: afinal, sobre o ser humano se pode dizer que *tenha* um corpo, ou ao contrário, de que *seja* um corpo? A rigor, a proteção da integridade do corpo tal qual estabelecida em nosso direito assinala que não se possa falar em pessoa natural, ou seja, de um ser humano, sem que necessariamente se tenha de considerar a existência de um corpo humano.

Desta afirmação, contudo, não resulta uma absoluta intangibilidade do corpo humano contra qualquer espécie de intervenção, em acordo com o consentimento do titular do direito. A rigor, diz-se que o direito à integridade física protege tanto o corpo tomado em seu conjunto, quanto às partes do corpo quando dele separadas. Neste sentido, aliás, é que o Código Civil brasileiro expressamente estabelece em seus artigos 13 a 15, uma série de situações em que se

---

[103] Adriano de Cupis, Os direitos da personalidade, p. 75.

protege o direito à integridade do corpo, sem que isso importe no fato de que da sua proteção não possa o indivíduo, em certas situações, impor modificações, ou mesmo decidir sobre sua destinação, em vista de interesses igualmente reconhecidos pela ordem jurídica.

O artigo 13 do Código Civil, estabelece: "Art. 13. Salvo por exigência médica, é defeso o ato de disposição do próprio corpo, quando importar diminuição permanente da integridade física, ou contrariar os bons costumes. Parágrafo único. O ato previsto neste artigo será admitido para fins de transplante, na forma estabelecida em lei especial".[104] A rigor, em face do preceito em comento poder-se-ia questionar uma série de procedimentos atualmente aceitos e realizados com frequência, em evidente contrariedade à norma proibitiva do artigo 13. Em primeiro lugar, e mesmo considerando o caráter de indisponibilidade dos direitos da personalidade, faz-se necessário questionar qual o sentido e alcance da expressão "ato de disposição do próprio corpo", referida na norma. Cogitada, por exemplo, uma cirurgia plástica, ou mesmo de outras intervenções no corpo que tenham por objetivo sua modificação, poder-se-ia dizer que se trata de ato de disposição? Se afirmativa a resposta, necessariamente ter-se-ia que considerar proibidas as cirurgias plásticas com finalidade puramente estética, o que a toda evidência seria irrazoável frente ao atual estágio dos costumes sociais.

Da norma em questão, são duas as situações prévia e expressamente autorizadas, e por isso excluídas da proibição, admitindo-se como hipóteses disposição do próprio corpo, quais sejam: a) por exigência médica; e b) para fins de transplante. De resto, o alcance da proibição abrange tanto atos de disposição do corpo que: a) importem em sua diminuição permanente; e b) contrariem bons costumes. Isto revela a necessidade de propor-se uma interpretação constitucionalmente adequada do disposto neste artigo, assim como compatível com a autonomia privada individual que informa as relações jurídico-privadas como projeção do direito fundamental de liberdade consagrado no Estado Democrático de Direito. Em outras palavras, a proibição, para ter efetividade, deve ser considerada em vista das finalidades que busca atingir, e da sua compatibilidade com a proteção da pessoa.

Tenha-se em conta, assim, inúmeras situações, como a hipótese de exposição da pessoa a riscos de lesão em face da prática desportiva, o que em princípio abrange os esportes em geral, mas especialmente os que envolvam a prática de lutas corporais; e do mesmo modo, mais uma vez, a questão relativa à cirurgia plástica de fins estéticos, ou a autolesão que o indivíduo realize para fins estéticos ou religiosos. Será lícito ao Estado-legislador, por intermédio da norma em destaque, intervir no âmbito de autonomia privada individual, restringindo-a em vista da proteção abstrata da integridade do corpo? A resposta não pode ser afirmativa. Tanto do princípio da dignidade da pessoa humana, quanto dos direitos fundamentais de liberdade retira-se como consequência jurídica a autodeterminação do sujeito. Daí resulta que naquilo que sua atuação não atinja a coletividade ou parte dela, assim entendido, que não cause dano à comunidade ou a si mesmo a partir de uma decisão racional, não deve ser reconhecida a interdição do poder do indivíduo de dispor sobre o próprio corpo.

Tal conclusão deve se adequar aos limites fixados na lei, como também não pode representar ofensa aos bons costumes. A jurisprudência brasileira, quando cotejou a oposição entre o direito de autodeterminação religiosa e o direito à vida (ou a necessidade de preservação da vida), inicialmente inclinou-se por assegurar a preservação da própria existência. Todavia terminou por sustentar a possibilidade de recusa do tratamento com fundamento na proteção

---

[104] A lei especial relativa a transplantes de órgãos e outras partes do corpo é Lei Federal nº 9434/1997 que dispõe sobre a remoção de órgãos, tecidos e partes do corpo humano para fins de transplante e tratamento.

da dignidade humana.[105] De outro modo, quando o direito à integridade do corpo foi invocado para evitar que o réu de uma ação de investigação de paternidade fosse obrigado à realização de exame de DNA para efeito de prova e solução da dúvida, o Supremo Tribunal Federal decidiu pela impossibilidade de imposição do exame. Porém, inverteu o ônus da prova, estabelecendo a presunção de paternidade daquele que se recusou à realização do exame.[106]

Outra questão diretamente associada à norma diz respeito às cirurgias de alteração de sexo realizadas por transgêneros. Segundo a lição de Maria Helena Diniz, ainda identificando a situação da expressão transexualidade, esta é a *condição sexual da pessoa que rejeita sua identidade genética e a própria anatomia do seu gênero, identificando-se psicologicamente com o sexo oposto*[107]. O Conselho Federal de Medicina, por sua vez, inicialmente associava o que definia como "transexualismo" como espécie de desvio psicológico permanente de identidade sexual (Resolução 1.955/2010). Uma melhor compreensão do tema em boa hora abandonou esta perspectiva limitada, e revogando a norma anterior, passa a compreender "por transgênero ou incongruência de gênero a não paridade entre a identidade de gênero e o sexo ao nascimento, incluindo-se neste grupo transexuais, travestis e outras expressões identitárias relacionadas à diversidade de gênero" (Resolução 2.265/2019), admitindo a possibilidade de procedimento cirúrgico para redesignação sexual, observados os protocolos técnicos definidos na norma médica.

Registre-se, neste particular, a relevância de bem distinguir os fenômenos da transexualidade, a homossexualidade e o hermafroditismo. A transexualidade não se resume a uma orientação sexual ou a fatores de natureza biofísicos que determinam certo comportamento sexual do indivíduo. Trata-se de fenômeno complexo, que compreende tanto fatores de ordem psicológica, quanto de ordem social e cultural, biológicos e comportamentais. Neste sentido, o desenvolvimento de uma cirurgia para "mudança de sexo", ou seja, para reconstrução da genitália em vista do sexo assumido pelo transexual, não se resume apenas a uma determinada opção do indivíduo, como se fosse exclusivamente resultado de uma escolha pessoal sobre

---

[105] "AGRAVO DE INSTRUMENTO. DIREITO PRIVADO NÃO ESPECIFICADO. TESTEMUNHA DE JEOVÁ. TRANSFUSÃO DE SANGUE. DIREITOS FUNDAMENTAIS. LIBERDADE DE CRENÇA E DIGNIDADE DA PESSOA HUMANA. PREVALÊNCIA. OPÇÃO POR TRATAMENTO MÉDICO QUE PRESERVA A DIGNIDADE DA RECORRENTE. A decisão recorrida deferiu a realização de transfusão sanguínea contra a vontade expressa da agravante, a fim de preservar-lhe a vida. A postulante é pessoa capaz, está lúcida e desde o primeiro momento em que buscou atendimento médico dispôs, expressamente, a respeito de sua discordância com tratamentos que violem suas convicções religiosas, especialmente a transfusão de sangue. Impossibilidade de ser a recorrente submetida a tratamento médico com o qual não concorda e que para ser procedido necessita do uso de força policial. Tratamento médico que, embora pretenda a preservação da vida, dela retira a dignidade proveniente da crença religiosa, podendo tornar a existência restante sem sentido. Livre arbítrio. Inexistência do direito estatal de "salvar a pessoa dela própria", quando sua escolha não implica violação de direitos sociais ou de terceiros. Proteção do direito de escolha, direito calcado na preservação da dignidade, para que a agravante somente seja submetida a tratamento médico compatível com suas crenças religiosas. AGRAVO PROVIDO." (TJRS, AI 70032799041, Rel. Cláudio Baldino Maciel, 12ª Câmara Cível, j. 06/05/2010)

[106] "INVESTIGAÇÃO DE PATERNIDADE – EXAME DNA – CONDUÇÃO DO RÉU "DEBAIXO DE VARA". Discrepa, a mais não poder, de garantias constitucionais implícitas e explícitas – preservação da dignidade humana, da intimidade, da intangibilidade do corpo humano, do império da lei e da inexecução específica e direta de obrigação de fazer – provimento judicial que, em ação civil de investigação de paternidade, implique determinação no sentido de o réu ser conduzido ao laboratório, "debaixo de vara", para coleta do material indispensável à feitura do exame DNA. A recusa resolve-se no plano jurídico-instrumental, consideradas a dogmática, a doutrina e a jurisprudência, no que voltadas ao deslinde das questões ligadas à prova dos fatos." (STF, HC 71373, Rel. Min. Francisco Rezek, Rel. p/ Acórdão Min. Marco Aurélio, Tribunal Pleno, j. 10/11/1994, *DJ* 22/11/1996)

[107] DINIZ, Maria Helena. O estado atual do biodireito. 4ª ed. São Paulo: Saraiva, 2007, p. 250.

qual o sexo assumir. A rigor, trata-se de um amplo processo de redefinição da identidade de gênero da pessoa, na qual a cirurgia de transgenitalização constitui uma etapa precedida de longo período de avaliações de natureza psicológica e social, importando, após sua realização no acompanhamento do paciente visando sua plena adaptação à nova condição.

Assim, a interpretação constitucionalmente adequada do art. 13 do Código Civil permite que se identifique a cirurgia de redesignação sexual como espécie de "exigência médica", e, portanto, exceção à indisponibilidade do corpo. Note-se que o significado de exigência médica conduz a que se considere em relevo a preservação da saúde do indivíduo e sua autodeterminação, a qual, nos exatos termos da definição proposta pela Organização Mundial da Saúde, trata-se de "um completo bem-estar físico, mental e social, e não apenas a ausência de doença ou enfermidade". Trata-se do que, aliás, foi objeto de entendimento consagrado pelo enunciado nº 276, aprovado na IV Jornada de Direito Civil, promovida pelo Centro da Justiça Federal e pelo Superior Tribunal de Justiça, com o seguinte teor: "276 – O art. 13 do Código Civil, ao permitir a disposição do próprio corpo por exigência médica, autoriza as cirurgias de transgenitalização, em conformidade com os procedimentos estabelecidos pelo Conselho Federal de Medicina, e a consequente alteração do prenome e do sexo no Registro Civil".

No caso da alteração da identidade no registro civil, a rigidez e formalidade própria da disciplina dos registros públicos, pode levar a crença sobre a necessidade de norma expressa que preveja esta possibilidade. Ademais porque o prenome, em especial, tem caráter definitivo (art. 58, da Lei 6.015/73), revestindo-se sua alteração de caráter excepcional (art. 57, da Lei 6.015/73). Todavia, o reconhecimento da transexualidade e a viabilização da transformação física da pessoa em acordo com sua identidade de gênero, a toda evidência devem preencher condição suficiente para a alteração do registro civil.[108] Neste sentido, aliás, já vinha decidindo o STJ, com fundamento no direito de identidade pessoal,[109] e no próprio princípio da dignidade

---

[108] Neste sentido: TJRS, ApCiv 70022952261, 8ª Câmara Cível, Rel. José Ataídes Siqueira Trindade, j. 17/04/2008. Destaque-se, ainda, o entendimento que sustenta desnecessária a realização da cirurgia de transgenitalização para esse fim, quando presentes outros elementos para conferência da identidade de gênero, a ser apurado de forma exauriente, em processo judicial próprio. Neste sentido: TJMG, ApCiv 1.0231.11.012679-5/001, 6ª Câmara Cível, Rel. Edilson Fernandes, p. 23/08/2013; TJRJ, AI 0060493-21.2012.8.19.0000, 6ª Câmara Cível, Rel. Wagner Cinelli de Paula Freitas, j. 08/03/2013; TJRS, ApCiv 70011691185, 8ª Câmara Cível, Rel. Alfredo Guilherme Englert, j. 15/09/2005; TJRS, ApCiv 70030504070, 8ª Câmara Cível, Rel. Rui Portanova, j. 29/10/2009. Da mesma forma, é de relevo para assegurar a proteção da identidade pessoal e o direito à diversidade, que não seja divulgada pelo registrador a ocorrência da mudança do registro. Neste sentido, a ajustada decisão do TJRS: ApCiv 70021120522, 8ª Câmara Cível, Rel. Rui Portanova, j. 11/10/2007.

[109] "REGISTRO PÚBLICO. MUDANÇA DE SEXO. EXAME DE MATÉRIA CONSTITUCIONAL. IMPOSSIBILIDADE DE EXAME NA VIA DO RECURSO ESPECIAL. AUSÊNCIA DE PREQUESTIONAMENTO. SUMULA N. 211/STJ. REGISTRO CIVIL. ALTERAÇÃO DO PRENOME E DO SEXO. DECISÃO JUDICIAL. AVERBAÇÃO. LIVRO CARTORÁRIO. 1. Refoge da competência outorgada ao Superior Tribunal de Justiça apreciar, em sede de recurso especial, a interpretação de normas e princípios de natureza constitucional. 2. Aplica-se o óbice previsto na Súmula n. 211/STJ quando a questão suscitada no recurso especial, não obstante a oposição de embargos declaratórios, não foi apreciada pela Corte a quo. 3. O acesso à via excepcional, nos casos em que o Tribunal a quo, a despeito da oposição de embargos de declaração, não regulariza a omissão apontada, depende da veiculação, nas razões do recurso especial, de ofensa ao art. 535 do CPC. 4. A interpretação conjugada dos arts. 55 e 58 da Lei n. 6.015/73 confere amparo legal para que transexual operado obtenha autorização judicial para a alteração de seu prenome, substituindo-o por apelido público e notório pelo qual é conhecido no meio em que vive. 5. Não entender juridicamente possível o pedido formulado na exordial significa postergar o exercício do direito à identidade pessoal e subtrair do indivíduo a prerrogativa de adequar o registro do sexo à sua nova condição física, impedindo, assim, a sua integração na sociedade. 6. No livro cartorário, deve ficar averbado, à margem do registro de

da pessoa humana.[110] – entendimento afinal consagrado também pelo STF ao julgar a Ação Direta de Inconstitucionalidade 4275, em fevereiro de 2018, quando reconheceu desnecessária

---

[110] prenome e de sexo, que as modificações procedidas decorreram de decisão judicial. 7. Recurso especial conhecido em parte e provido. (STJ, REsp 737993/MG, Rel. Min. João Otávio de Noronha, 4ª Turma, j. 10/11/2009, *DJe* 18/12/2009)

"Direito civil. Recurso especial. Transexual submetido à cirurgia de redesignação sexual. Alteração do prenome e designativo de sexo. Princípio da dignidade da pessoa humana. – Sob a perspectiva dos princípios da Bioética – de beneficência, autonomia e justiça –, a dignidade da pessoa humana deve ser resguardada, em um âmbito de tolerância, para que a mitigação do sofrimento humano possa ser o sustentáculo de decisões judiciais, no sentido de salvaguardar o bem supremo e foco principal do Direito: o ser humano em sua integridade física, psicológica, socioambiental e ético-espiritual. – A afirmação da identidade sexual, compreendida pela identidade humana, encerra a realização da dignidade, no que tange à possibilidade de expressar todos os atributos e características do gênero imanente a cada pessoa. Para o transexual, ter uma vida digna importa em ver reconhecida a sua identidade sexual, sob a ótica psicossocial, a refletir a verdade real por ele vivenciada e que se reflete na sociedade. – A falta de fôlego do Direito em acompanhar o fato social exige, pois, a invocação dos princípios que funcionam como fontes de oxigenação do ordenamento jurídico, marcadamente a dignidade da pessoa humana – cláusula geral que permite a tutela integral e unitária da pessoa, na solução das questões de interesse existencial humano. – Em última análise, afirmar a dignidade humana significa para cada um manifestar sua verdadeira identidade, o que inclui o reconhecimento da real identidade sexual, em respeito à pessoa humana como valor absoluto. – Somos todos filhos agraciados da liberdade do ser, tendo em perspectiva a transformação estrutural por que passa a família, que hoje apresenta molde eudemonista, cujo alvo é a promoção de cada um de seus componentes, em especial da prole, com o insigne propósito instrumental de torná-los aptos de realizar os atributos de sua personalidade e afirmar a sua dignidade como pessoa humana. – A situação fática experimentada pelo recorrente tem origem em idêntica problemática pela qual passam os transexuais em sua maioria: um ser humano aprisionado à anatomia de homem, com o sexo psicossocial feminino, que, após ser submetido à cirurgia de redesignação sexual, com a adequação dos genitais à imagem que tem de si e perante a sociedade, encontra obstáculos na vida civil, porque sua aparência morfológica não condiz com o registro de nascimento, quanto ao nome e designativo de sexo.

- Conservar o "sexo masculino" no assento de nascimento do recorrente, em favor da realidade biológica e em detrimento das realidades psicológica e social, bem como morfológica, pois a aparência do transexual redesignado, em tudo se assemelha ao sexo feminino, equivaleria a manter o recorrente em estado de anomalia, deixando de reconhecer seu direito de viver dignamente. – Assim, tendo o recorrente se submetido à cirurgia de redesignação sexual, nos termos do acórdão recorrido, existindo, portanto, motivo apto a ensejar a alteração para a mudança de sexo no registro civil, e a fim de que os assentos sejam capazes de cumprir sua verdadeira função, qual seja, a de dar publicidade aos fatos relevantes da vida social do indivíduo, forçosa se mostra a admissibilidade da pretensão do recorrente, devendo ser alterado seu assento de nascimento a fim de que nele conste o sexo feminino, pelo qual é socialmente reconhecido. – Vetar a alteração do prenome do transexual redesignado corresponderia a mantê-lo em uma insustentável posição de angústia, incerteza e conflitos, que inegavelmente atinge a dignidade da pessoa humana assegurada pela Constituição Federal. No caso, a possibilidade de uma vida digna para o recorrente depende da alteração solicitada. E, tendo em vista que o autor vem utilizando o prenome feminino constante da inicial, para se identificar, razoável a sua adoção no assento de nascimento, seguido do sobrenome familiar, conforme dispõe o art. 58 da Lei n.º 6.015/73. – Deve, pois, ser facilitada a alteração do estado sexual, de quem já enfrentou tantas dificuldades ao longo da vida, vencendo-se a barreira do preconceito e da intolerância. O Direito não pode fechar os olhos para a realidade social estabelecida, notadamente no que concerne à identidade sexual, cuja realização afeta o mais íntimo aspecto da vida privada da pessoa. E a alteração do designativo de sexo, no registro civil, bem como do prenome do operado, é tão importante quanto a adequação cirúrgica, porquanto é desta um desdobramento, uma decorrência lógica que o Direito deve assegurar. – Assegurar ao transexual o exercício pleno de sua verdadeira identidade sexual consolida, sobretudo, o princípio constitucional da dignidade da pessoa humana, cuja tutela consiste em promover o desenvolvimento do ser humano sob todos os aspectos, garantindo que ele não seja desrespeitado tampouco violentado em sua integridade psicofísica. Poderá, dessa forma, o redesignado exercer, em amplitude, seus direitos civis, sem restrições de cunho discriminatório ou de intolerância, alçando sua autonomia privada em patamar de igualdade para com os demais integrantes da vida civil. A liberdade se refletirá na seara

a cirurgia para autorizar a retificação de nome pelo transexual, ao realizar a interpretação conforme a Constituição do art. 58 da Lei dos Registros Públicos (Lei 6.015/1973).[111] No mesmo sentido, ao julgar o Recurso Extraordinário 670422, sob o regime da repercussão geral, fixou as seguintes teses: "i) O transgênero tem direito fundamental subjetivo à alteração de seu prenome e de sua classificação de gênero no registro civil, não se exigindo, para tanto, nada além da manifestação da vontade do indivíduo, o qual poderá exercer tal faculdade tanto pela via judicial como diretamente pela via administrativa. ii) Essa alteração deve ser averbada à margem no assento de nascimento, sendo vedada a inclusão do termo 'transexual'. iii) Nas certidões do registro não constará nenhuma observação sobre a origem do ato, sendo vedada a expedição de certidão de inteiro teor, salvo a requerimento do próprio interessado ou por determinação judicial. iv) Efetuando-se o procedimento pela via judicial, caberá ao magistrado determinar, de ofício ou a requerimento do interessado, a expedição de mandados específicos para a alteração dos demais registros nos órgãos públicos ou privados pertinentes, os quais deverão preservar o sigilo sobre a origem dos atos."[112]

Insere-se também no âmbito da proteção da integridade do corpo, com eficácia *post mortem*, a disposição do art. 14 do Código Civil, que estabelece: "É válida, com objetivo científico, ou altruístico, a disposição gratuita do próprio corpo, no todo ou em parte, para depois da morte." O direito ao corpo e à preservação de sua integridade é direito da personalidade cuja eficácia se estabelece tanto em vida, quanto após a morte. Durante a vida do titular do direito, a eficácia típica consagra a intangibilidade do corpo, oponível a terceiros e a ele próprio. Após a morte, a projeção de eficácia jurídica deste direito observa-se em nosso sistema a partir do art. 14 do Código Civil, assim como a proteção do bem jurídico *integridade do cadáver*, por intermédio da tipificação dos crimes contra o respeito aos mortos, como os de destruição, subtração ou ocultação de cadáver (art. 211 do Código Penal) e de vilipêndio (art. 212 do Código Penal).

Cumpre considerar a este respeito, se o art. 14 do Código Civil, ao conferir validade à disposição gratuita do corpo para fins altruísticos ou científicos, encerra nestas hipóteses toda a possibilidade jurídica de disposição do corpo admitida em nosso direito. Em outros termos, ao reconhecer a possibilidade de disposição gratuita do corpo nas situações que elenca, estaria a estabelecer, igualmente, que *apenas* nestas situações e para estes fins, admite-se a disposição do corpo após a morte. A princípio, constrange a formação cultural da sociedade, a ideia de que seja possível dispor do corpo para fins de obtenção de vantagem econômica. Da mesma forma, que se lhe possa dar destinação diversa, capaz de diminuir a um grau intolerável da dignidade humana. Neste sentido, quer parecer que, no sentido estabelecido pelo art. 14 do Código Civil, os termos que encerra dão conta de toda a possibilidade de exercício do direito de disposição do corpo após a morte. Não é demais lembrar que esta restrição à disposição do corpo humano associa-se à eficácia do princípio da dignidade da pessoa humana em sua dimensão objetiva,

---

doméstica, profissional e social do recorrente, que terá, após longos anos de sofrimentos, constrangimentos, frustrações e dissabores, enfim, uma vida plena e digna. – De posicionamentos herméticos, no sentido de não se tolerar "imperfeições" como a esterilidade ou uma genitália que não se conforma exatamente com os referenciais científicos, e, consequentemente, negar a pretensão do transexual de ter alterado o designativo de sexo e nome, subjaz o perigo de estímulo a uma nova prática de eugenia social, objeto de combate da Bioética, que deve ser igualmente combatida pelo Direito, não se olvidando os horrores provocados pelo holocausto no século passado. Recurso especial provido." (STJ, REsp 1008398/SP, Rel. Min. Nancy Andrighi, 3ª Turma, j. 15/10/2009, *DJe* 18/11/2009)

[111] Assim, o art. 58, *caput*, da Lei 6.015/1973: "O prenome será definitivo, admitindo-se, todavia, a sua substituição por apelidos públicos notórios."

[112] STF, RE 670422, Rel. Min. Dias Toffoli, Tribunal Pleno, j. 15/08/2018, p.10/03/2020.

a estabelecer a possibilidade de opor a proteção da integridade pessoal, inclusive contra o próprio indivíduo titular do direito. A dignidade da pessoa humana, neste sentido, não incide na proteção de indivíduos em particular, a ponto de poderem manejar os efeitos desta proteção; resulta ao contrário, na proteção da pessoa como projeção de uma proteção da humanidade, espécie de valor jurídico que, portanto, é estranho à possibilidade de disposição ou restrição por parte daqueles que individualmente são contemplados com seus efeitos.[113]

Determinado espaço de autonomia e de autodeterminação do sujeito com relação à disposição do corpo é, contudo, assegurado pelo parágrafo único do art. 14 do Código Civil, ao estabelecer que "o ato de disposição pode ser livremente revogado a qualquer tempo". Trata-se, naturalmente, de exceção ao princípio da vinculatividade dos pactos, em vista da excepcionalidade do objeto da declaração e a dimensão de sua proteção pelo direito brasileiro. A ampla revogabilidade do ato de disposição, neste caso, protege a liberdade do indivíduo no interesse da proteção da própria integridade do corpo, inclusive com eficácia após a morte e extinção da personalidade.

Por fim, a proteção do Código Civil à integridade física se estabelece pelo disposto em seu art. 15, que refere: "Ninguém pode ser constrangido a submeter-se, com risco de vida, a tratamento médico ou a intervenção cirúrgica." Mais uma vez, a espécie normativa de proteção do direito à integridade física e à própria vida da pessoa não atende plenamente ao objetivo de proteção integral da pessoa. Senão vejamos. Refere a norma que ninguém pode ser constrangido a submeter-se, com risco à vida (risco de morte), a tratamento médico ou intervenção cirúrgica. Note-se que o elemento que autoriza a rejeição pelo indivíduo de submeter-se a tais procedimentos é a existência de risco à vida.

Ocorre que, a toda prova, este critério do risco à vida (risco de morte) é falho. Por um lado, é de rigor que toda intervenção cirúrgica, por suas próprias características, implica em risco de vida, ainda que varie quanto a sua intensidade. Assim, uma interpretação literal da norma poderia conduzir a que qualquer intervenção cirúrgica possa ser recusada pela pessoa titular do direito, em vista da presença do risco de vida – o que retira qualquer utilidade do critério previsto na norma. Por outro lado, no que diz respeito ao tratamento médico, a recusa da pessoa em submeter-se a tratamento médico, nos termos do art. 15 do Código Civil, pode se dar apenas quando existente risco de vida? Isto significa dizer que em outros casos esta recusa não é admitida em relação ao paciente? Interpretação desta natureza contraria a ideia elementar de autodeterminação do paciente, inclusive em vista das informações que receba sobre a espécie de tratamento a que pode ser submetido, seus efeitos terapêuticos e colaterais, e outras informações que permitam decidir sobre a questão.

A disposição legal, tal qual estabelecida, contraria regras elementares de ética médica. O Código de Ética Médica brasileiro, em diversas disposições, salienta o respeito à livre decisão do paciente e às condições para que esta decisão seja informada de modo mais completo possível com todos os dados necessários para a tomada de decisão. O art. 36 do Código de Ética Médica (Res. 2.217/2018, do Conselho Federal de Medicina) estabelece ser vedado ao profissional "deixar de informar ao paciente o diagnóstico, o prognóstico, os riscos e os objetivos do tratamento, salvo quando a comunicação direta possa lhe provocar dano, devendo,

---

[113] Sobre este caráter prevalente da dignidade da pessoa humana sobre os demais princípios constitucionais e direitos fundamentais, veja-se o excelente estudo de SARLET, Ingo Wolfgang. *Dignidade da pessoa humana e direitos fundamentais na Constituição Federal de 1988*. Porto Alegre: Livraria do Advogado, 2004, p. 124 e ss. No mesmo sentido. MENDES, Gilmar Ferreira; COELHO, Inocêncio Mártires; BRANCO, Paulo Gonet. *Curso de direito constitucional*. São Paulo: Saraiva, 2007, p. 140-145.

nesse caso, fazer a comunicação a seu representante legal." Da mesma forma, prevê o art. 31 do Código de Ética Médica que "a vedação ao médico de "desrespeitar o direito do paciente ou de seu representante legal de decidir livremente sobre a execução de práticas diagnósticas ou terapêuticas, salvo em caso de iminente risco de morte".

O dever de esclarecimento como modo de qualificar o consentimento do paciente hoje é parte essencial dos deveres de lealdade e cuidado do titular do direito em relação à contraparte, de modo a que a pessoa possa formar e manifestar de modo pleno sua decisão.

8.2. Direitos de integridade moral

Os direitos de integridade moral, como direitos da personalidade, abrangem uma série de atributos de caráter imaterial, espiritual, que dizem respeito à integridade psicológica da pessoa, sua proteção quanto à consideração social e da sua esfera de intimidade e privacidade em relação ao interesse ou curiosidade alheios. Da mesma forma, é correto identificar que a integridade moral se conforma pela proteção dos atributos de identidade da pessoa, desde o direito à própria imagem como da identidade pessoal, aí abrangidos tanto o direito ao nome – de largo tratamento legislativo e doutrinário – até o direito ao conhecimento de suas origens ou de preservação e proteção da identidade cultural da pessoa. Por fim, se reconhece como inserido neste amplo capítulo da integridade moral também os direitos morais de autor, porquanto expressam proteção de uma manifestação de cultura/expressão da pessoa –uma manifestação de espírito.

Esta catalogação que se propõe, contudo, não é exaustiva. Como bem assinala Francesco Galgano, a proteção das várias espécies de direitos da personalidade é um tipo aberto, e neste sentido, encontra-se em permanente expansão.[114] Abrange, pois, outros atributos ou a especialização de atributos reconhecidos como novos direitos da personalidade, ou ainda novas projeções que um determinado direito subjetivo concebido sob determinada realidade assume em vista de novas situações de fato que reclamam sua incidência e eficácia.

Assim, a visão contemporânea dos direitos de personalidade que tutelam a integridade moral da pessoa abrange todas as suas manifestações de espírito e a proteção de sua autodeterminação no que diz respeito à conduta social, às informações que lhe são referentes, ou os atributos que tenham relação com sua identidade. Examine-se a seguir, objetivamente, cada um destes direitos.

8.2.1. Direito à identidade e ao nome

O reconhecimento do direito à identidade coaduna-se com o caráter aberto das disposições sobre os direitos da personalidade e a possibilidade de reconhecimento por especificação ou detalhamento de diversos atributos inerentes à pessoa e a sua personalidade. Pertence à tradição do direito civil o reconhecimento do direito ao nome da pessoa natural. De modo assistemático, reconhece-se a presença do nome desde os povos antigos e inclusive no direito romano.[115]. Sua justificação perpassa, historicamente, a noção de propriedade do titular, de exigência perante o Estado no exercício da polícia administrativa, até ser reconhecida sua vinculação à personalidade pessoal.[116] Nas modernas codificações e na legislação em geral, o

---

[114] Francesco Galgano, *Diritto privato*. Padova: CEDAM, 2006, p. 95.
[115] Para uma visão histórica, veja-se Rubens Limongi França, *Do nome civil das pessoas naturais*. 3ª ed. São Paulo: RT, 1975, p. 24 e ss.
[116] Manuel Vilhena de Carvalho, *O nome das pessoas e o direito*. Coimbra: Almedina, 1989, p. 21 e ss.

direito ao nome da pessoa é consagrado, inclusive, com regras específicas para sua atribuição, modificação e proteção em relação à eventuais violações. Esta disciplina pormenorizada inicia-se com o Código Civil italiano, que em seus arts. 6º e 7º, que tanto preveem o conteúdo do direito ao nome (integrado por prenome e sobrenome), quando definem sua tutela jurídica, inclusive a pretensão de impedir ou fazer cessar o dano decorrente de sua violação, assim como o respectivo direito à reparação de danos que dela resultem. Esta opção foi adotada por outras legislações, como é exemplo o Código Civil português, que estendeu a proteção do direito ao nome ao pseudônimo, reconhecendo a legitimação para requerer a proteção aos sucessores quando se trate de pessoa falecida (arts. 72 a 74).

No direito brasileiro, a disciplina dos direitos da personalidade no Código Civil vai conferir ao direito ao nome uma ampla previsão normativa, nos arts. 16 a 19, *verbis*: "Art. 16. Toda pessoa tem direito ao nome, nele compreendidos o prenome e o sobrenome. Art. 17. O nome da pessoa não pode ser empregado por outrem em publicações ou representações que a exponham ao desprezo público, ainda quando não haja intenção difamatória. Art. 18. Sem autorização, não se pode usar o nome alheio em propaganda comercial. Art. 19. O pseudônimo adotado para atividades lícitas goza da proteção que se dá ao nome". É certo que nem todas as disposições, embora expressamente façam referência ao nome, digam respeito, exclusivamente, a sua proteção. A rigor, das disposições transcritas percebe-se também a finalidade de proteção da honra, ou ainda, da identidade pessoal do indivíduo.

Em relação ao conteúdo do nome pessoal, sua disciplina se dá por intermédio da legislação sobre registros públicos, que disciplina os requisitos para sua atribuição e as hipóteses de alteração, delimitando a atividade dos registradores públicos. Por outro lado, o direito ao nome é espécie de direito da personalidade em vista de seu atributo básico da identidade. Trata-se, assim, de um modo de dar eficácia ao direito moral à própria identidade do indivíduo. A identidade pessoal abrange uma série de atributos,[117] desde a imagem, o nome a voz e outros sinais distintivos da pessoa, até o conhecimento de sua história pessoal, bem como elementos que a qualificam desde o ponto de vista cultural, como a língua, a nacionalidade, sua orientação religiosa e filosófica. Da mesma forma, integra a identidade a orientação sexual de cada indivíduo, o que coloca em destaque seu respeito em vista da proteção do nome pessoal. Em relação aos transexuais, especialmente, debate-se se a possibilidade de alteração do nome atribuído no nascimento por outro que se conforme à identidade de gênero revelada mais tarde pela pessoa, embora não tenha previsão legal específica, pode ser admitida em vista da proteção da dignidade da pessoa humana, de modo a evitar constrangimentos decorrentes do uso de um prenome que não corresponda à identidade adotada. Inicialmente, a jurisprudência dominante exigia como que a alteração do prenome fosse necessariamente precedida da cirurgia de transgenitalização, com a alteração física do sexo da pessoa.[118] A revisão deste entendimento jurisprudencial, contudo, passou a permitir a possibilidade de alteração do prenome e do próprio sexo no registro civil, sem a necessidade de cirurgia, com fundamento na existência de um direito de gênero, considerando a identidade psíquica assumida pela pessoa, com fundamento na proteção da dignidade da pessoa humana.[119] Com o julgamento do RE 670422/RS pelo STF,

---

[117] Rabindranath Capelo de Sousa, O direito geral de personalidade, p. 244-245; Hans Forkel, Zur systematischen Erfassung und Abgenzung des Persönlichkeitsrechts auf Individualität. In: Hans Forkel; Alfons Kraft, Festschrift für Heinrich Hubmann zur 70. Geburstag. Frankfurt am Main: Metzner, 1985, p. 93-110.
[118] STJ, REsp 1.008.398/SP, Rel. Min. Nancy Andrighi, 3ª Turma, j. 15.10.2009, DJe 18.11.2009; e STJ, REsp 737.993/MG, Rel. Min. João Otávio de Noronha, 4ª Turma, j. 10.11.2009, DJe 18.12.2009.
[119] "RECURSO ESPECIAL. AÇÃO DE RETIFICAÇÃO DE REGISTRO DE NASCIMENTO PARA A TROCA DE PRENOME E DO SEXO (GÊNERO) MASCULINO PARA O FEMININO. PESSOA TRANSEXUAL.

sob o regime da repercussão geral, foi reconhecido ao transgênero o direito subjetivo à alteração de seu prenome e de sua classificação de gênero no registro civil, não se exigindo, para tanto, nada além da manifestação da vontade do indivíduo, o qual poderá exercer tal faculdade tanto pela via judicial, quanto diretamente pela via administrativa. Ao mesmo tempo, determina-se que a alteração seja averbada à margem do assento de nascimento, vedando-se a inclusão do termo "transexual", tampouco qualquer referência à respeito nas certidões do registro. No caso do pedido de alteração se dar por via judicial, assegura-se o sigilo sobre o procedimento, a ser observado por todos a quem o juiz determine que procedam a alteração.[120]

Os artigos 54 a 66 da Lei dos Registros Públicos (Lei Federal n. 6.015/73) estabelecem as regras para atribuição de nome, indicando as condições para definição e assentamento no registro para o nome, prenome e hipóteses para sua retificação ou mudança. Mais recentemente, alteração legislativa permitiu que o caráter definitivo da atribuição do nome no registro do nascimento seja flexibilizado para admitir, durante a vida, o registro de apelidos notórios como prenome. Convém mencionar ainda, a regra inserta na legislação relativa à proteção de testemunhas, que autoriza a mudança do nome das pessoas assistidas pelos programas de proteção de testemunhas ou vítimas de violência, visando assegurar este propósito protetivo (art. 9º da Lei Federal nº 9.807/1999).

De ressaltar, ainda, a proteção do nome das pessoas casadas, inclusive no sentido impresso pelo novo Código Civil, que autorizou qualquer dos cônjuges, por eficácia do casamento, a ostentar o nome de família do outro cônjuge. Altera-se, neste sentido, por força da igualdade de direitos e deveres dos cônjuges no casamento, a previsão anterior que previa apenas à mulher a

---

[120] DESNECESSIDADE DE CIRURGIA DE TRANSGENITALIZAÇÃO. 1. À luz do disposto nos artigos 55, 57 e 58 da Lei 6.015/73 (Lei de Registros Públicos), infere-se que o princípio da imutabilidade do nome, conquanto de ordem pública, pode ser mitigado quando sobressair o interesse individual ou o benefício social da alteração, o que reclama, em todo caso, autorização judicial, devidamente motivada, após audiência do Ministério Público. 2. Nessa perspectiva, observada a necessidade de intervenção do Poder Judiciário, admite-se a mudança do nome ensejador de situação vexatória ou degradação social ao indivíduo, como ocorre com aqueles cujos prenomes são notoriamente enquadrados como pertencentes ao gênero masculino ou ao gênero feminino, mas que possuem aparência física e fenótipo comportamental em total desconformidade com o disposto no ato registral. 3. Contudo, em se tratando de pessoas transexuais, a mera alteração do prenome não alcança o escopo protetivo encartado na norma jurídica infralegal, além de descurar da imperiosa exigência de concretização do princípio constitucional da dignidade da pessoa humana, que traduz a máxima antiutilitarista segundo a qual cada ser humano deve ser compreendido como um fim em si mesmo e não como um meio para a realização de finalidades alheias ou de metas coletivas. (...) devem ser resguardados os direitos fundamentais das pessoas transexuais não operadas à identidade (tratamento social de acordo com sua identidade de gênero), à liberdade de desenvolvimento e de expressão da personalidade humana (sem indevida intromissão estatal), ao reconhecimento perante a lei (independentemente da realização de procedimentos médicos), à intimidade e à privacidade (proteção das escolhas de vida), à igualdade e à não discriminação (eliminação de desigualdades fáticas que venham a colocá-los em situação de inferioridade), à saúde (garantia do bem-estar biopsicofísico) e à felicidade (bem-estar geral). 10. Consequentemente, à luz dos direitos fundamentais corolários do princípio fundamental da dignidade da pessoa humana, infere-se que o direito dos transexuais à retificação do sexo no registro civil não pode ficar condicionado à exigência de realização da cirurgia de transgenitalização, para muitos inatingível do ponto de vista financeiro (como parece ser o caso em exame) ou mesmo inviável do ponto de vista médico. 11. Ademais, o chamado sexo jurídico (aquele constante no registro civil de nascimento, atribuído, na primeira infância, com base no aspecto morfológico, gonádico ou cromossômico) não pode olvidar o aspecto psicossocial defluente da identidade de gênero autodefinido por cada indivíduo, o qual, tendo em vista a ratio essendi dos registros públicos, é o critério que deve, na hipótese, reger as relações do indivíduo perante a sociedade. (...)" (STJ, REsp 1626739/RS, Rel. Min. Luis Felipe Salomão, 4ª Turma, j. 09/05/2017, DJe 01/08/2017)

[120] STF, RE 670422, Rel. Min. Dias Toffoli, Tribunal Pleno, j. 15/08/2018, p.10/03/2020.

possibilidade de titular o nome de família do marido, passando também o cônjuge masculino a ter esta possibilidade (art. 1.565, § 1º, do Código Civil). Contudo, uma vez acrescido o nome de família do outro cônjuge, é correto entender que passa a integrar sua identidade, hipótese em que, mesmo sobrevindo futuramente o divórcio, apenas se admitirá a exclusão do nome acrescido na hipótese de não trazer prejuízo ao cônjuge (art. 1.578 do Código Civil).

O direito à identidade integra-se, igualmente, da história pessoal e dos elementos de cultura e significação do indivíduo em determinada comunidade. Neste sentido, a identidade protege as relações de afeto do indivíduo na família, seu desenvolvimento intelectual, o vínculo com uma dada língua de origem e uma nacionalidade. Daí insere-se no direito à identidade da pessoa o de conhecer sua história pessoal e suas origens, questão especialmente relevante nas situações de adoção de filhos, em que a constituição de um novo vínculo de filiação pressupõe a extinção daquele de origem biológica, mas não elimina a possibilidade de o adotado conhecer sua própria história, podendo, neste sentido, ser o exclusivo titular do direito de acesso às informações relativas a suas origens.

Atualmente, coloca-se a questão sobre o modo de preservação do direito à identidade frente às tensões contemporâneas entre a preservação da individualidade e a massificação de conceitos e crenças. Identifica-se como resposta a este desafio o respeito à diferença, que se converte em autêntico direito à diferença como expressão de um pluralismo de valores, a assegurar ao indivíduo a possibilidade de plena realização de seu projeto de vida. Neste contexto compete ao direito privado assegurar a possibilidade de pleno desenvolvimento afetivo dos sujeitos na família,[121] em especial da criança e do adolescente, bem como a proteção da vida privada. Além disso, a proteção de outros direitos culturais e de acesso à informação asseguram, durante a vida, a possibilidade de afirmação e respeito à identidade individual, inclusive com respeito às minorias. O direito à identidade como direito da personalidade, neste sentido, associa-se ao reconhecimento de um direito à diferença e de seu respeito por intermédio do pluralismo e do reconhecimento da liberdade individual de autoconformar a vida em vista de um sistema próprio de crenças e valores do indivíduo.

8.2.2. Direito à honra

A honra se define como uma das dimensões essenciais da vida humana, compreendida como a estima da pessoa por si mesma, a partir dos atributos pessoais que possui e sua projeção à comunidade, de modo a assegurar seu correto reconhecimento. Em língua portuguesa, a honra é princípio ético de conduta conforme a probidade, virtude e coragem. É também o sentimento individual sobre a própria dignidade, ou a consideração devida à pessoa por seus dotes intelectuais, artísticos ou morais. E ao mesmo tempo em que pode ser traduzida como esplendor e grandeza, também assinala a noção de deferência ou homenagem, respeito e consideração.

Atualmente, o direito à honra se compreende a partir de duas perspectivas. A primeira pessoal, ou subjetiva, pela qual a própria pessoa titular de atributos que, segundo certo padrão de moralidade comum, entendam-se como valiosos ao indivíduo, terá interesse na sua preservação, de modo a assegurar a estima por si mesmo (honra subjetiva). Outra, de natureza social, ou objetiva, que expressa o direito da pessoa ao reconhecimento social dos atributos de que efetivamente seja titular, ou ao menos, de não lhe ser atribuídas qualidades que possam

---

[121] Assim propõe Daniel Gutmann, Le sentiment d'identité. Étude de droit des personnes et de la familie. Paris: LGDJ, 2000, p. 69 et seq.

dissociar suas características pessoais e de caráter e aquelas que são divulgadas para a comunidade (honra objetiva).

Dada a natureza gregária do ser humano, uma das consequências necessárias da convivência social se estabelece a partir de um mínimo de reciprocidade [122] sendo o sentido percebido pela pessoa, em parte dependente da estimação e atribuição dos demais. Para tanto, imbricam-se na doutrina brasileira, já há muito tempo, os conceitos de *reputação, decoro e honra*. Por *reputação*, tem-se o valor da pessoa na visão dos outros, cujos reflexos tanto podem ter conteúdo existencial como repercussões de natureza patrimonial. O *decoro*, de sua vez, segundo antiga doutrina, designa "a dignidade de que o homem sói revestir-se pela sua compostura, pela conveniência e pela discrição dos seus atos, das suas atitudes, dos seus gestos. Pode ser também a dignidade que deriva da posição"[123]. Já a *honra* é atributo ínsito ao indivíduo, " é o culto da fidelidade aos princípios rígidos do dever, da verdade, da justiça, da probidade, do bem sob todas as suas formas".[124] Deste modo, ao tratar-se da honra, ordinariamente se distingue entre duas situações. A primeira compreendendo a estima da pessoa pela preservação de seus atributos de moralidade e caráter (*honra interna ou subjetiva*). A segunda tendo em conta o interesse da própria pessoa no reconhecimento social destes atributos, rejeitando-se quaisquer comportamentos de terceiros que divulguem socialmente qualidades que possam prejudicar o reconhecimento dos atributos de moralidade e caráter que efetivamente possua (*honra externa ou objetiva*). Neste sentido, é correta a lição doutrinária de que "a honra não depende do mundo. O que o mundo pode dar ou recusar é a consideração ou a reputação, coisa essa correspondente, menos à realidade que às aparências",[125] quando se tenha em vista a honra subjetiva. Porém, de outra parte a reputação, encerra em si não apenas o reconhecimento social sobre o valor pessoal do indivíduo, o que pode, inclusive, se projetar sobre qualidades profissionais, técnicas ou de caráter.

É da tradição do direito brasileiro o reconhecimento desta dupla perspectiva na compreensão do direito à honra, como estima individual e projeção ou consideração social dos atributos pessoais – honra interna ou subjetiva e honra externa ou objetiva.[126] A Constituição da República assegura, em seu art. 5º, inciso X, a inviolabilidade do direito à honra, sendo definida na doutrina publicista como "o conjunto de qualidades que caracterizam a dignidade da pessoa,

---

[122] Max Weber, *Economia y sociedad*. Traducción José Medina Etchevarría. México: Fondo de Cultura Económica, 1997, p. 21.
[123] L. de Campos Maia, *Delictos de linguagem contra a honra*, p. 56-57.
[124] L. de Campos Maia, *Delictos de linguagem contra a honra*, p. 57.
[125] L. de Campos Maia, *Delictos de linguagem contra a honra*, p. 58.
[126] Brás Florentino Henriques de Souza, *Dos responsáveis nos crimes de exprimir o pensamento*. Recife, 1866, p. 7. No mesmo sentido, no direito italiano, Adriano de Cupis, Direitos da personalidade, p. 111. No direito francês, a Corte de Cassação, em reiterados entendimentos, associa os conceitos de honra e consideração social, conforme ensina Bernard Beignier, *L´honneur et le droit*. Paris: LGDJ, 1995, p. 157. Em sentido diverso, sustentando uma delimitação mais restrita do direito à honra apenas como projeção da consciência social dos valores de cada indivíduo, sustenta Rabindranath Capelo de Sousa, O direito geral de personalidade, p. 301-302. Sustenta que a dignidade humana essencial não se confunde com a proteção dos bens causantes da projeção social, os quais são objetos – no sistema de tutela da personalidade que propõe (p. 229) – de proteção específica (p. 302-303). A dignidade da pessoa humana, como atributo inato e insuscetível de supressão de qualquer ser humano, em qualquer circunstância, indica à pessoa, para além das suas expressões essenciais, uma honorabilidade média, em todos os seus outros domínios, a não ser que os seus atos demonstrem o contrário.Segue, neste particular, o entendimento de Heinrich Hubman, no direito alemão, que rejeitava a possibilidade da tutela de sentimentos ou impressões humanas, apenas reconhecendo a objetividade jurídica da projeção social do atributos da pessoa. Heinrich Hubmann, Das Persönlichkeitsrecht. 2. veränd. und überarb. Auflage. Koln: Böhlau, 1967, p. 289.

o respeito dos concidadãos, o bom nome, a reputação".[127] Na lição de Pontes de Miranda, "a dignidade pessoal, o sentimento e consciência de ser digno, mais a estima e consideração moral dos outros, dão o conteúdo do que se chama honra".[128]

Na sociedade contemporânea, valoriza-se ainda mais a representação do indivíduo em suas relações com a comunidade. Segundo ensina a sociologia, o indivíduo-ator põe-se como homem público em sua relação com os demais, a partir de representação que não diz respeito, necessariamente, a características que possua.[129] Para tanto, na exposição em busca de apreço social recorre-se a dramatizações ou à narrativa de exemplos particulares,[130] convertendo-se em exposição sem a qual os próprios méritos e êxitos pessoais não bastam se não cultivados pelos demais.[131]

As qualidades e atributos pessoais socialmente estimados variam no tempo e no espaço. Contudo, o direito de que sejam tomados em consideração pela comunidade pressupõe que a pessoa interessada tenha efetivamente o domínio destes atributos ou qualidades, de modo que sob o direito à honra não se protegerá de qualquer modo, uma impressão que não corresponda à realidade. A projeção social será mero reflexo dos atributos pessoais do titular do direito.[132]

Daí a associação entre o direito à honra e à reputação ou apreço social, distinguindo-se da simples consciência individual sobre sua dignidade pessoal. O direito à honra vai se compor de dois aspectos essenciais. Um *imanente*, dizendo com a própria pessoa, e outro *transcendente*, de exterioridade.[133] Em relação aos atributos da própria pessoa, e sua própria estima dos mesmos, temos uma primeira concepção da sua proteção. Esta se estende também para os outros domínios de atuação pessoal, que não necessariamente estão associados à sua relação com a comunidade, como no caso da honra que diga respeito à família, à orientação sexual, ou ao respeito intelectual ou político, dentre outros. Em todos esses casos. a proteção do atributo ou qualidade da pessoa, ao mesmo tempo em que não se deva referir, necessariamente, a uma projeção social dos mesmos para a comunidade, não estará afeta a um critério exclusivo de adequação ou correção. Assim, por exemplo, a honra sexual faz referência a uma determinada orientação de cada indivíduo, independente de qual seja, assim como a honra profissional vai envolver um elenco de atributos pressupostos de uma determinada categoria profissional.

Registre-se, em primeiro lugar, que o conceito de honra, envolve o reconhecimento indistinto e *a priori*, de atributos ético-sociais valorizados pela comunidade, a não ser que a

---

[127] José Afonso da Silva, Curso de direito constitucional positivo, p. 212.
[128] Francisco Cavalcante Pontes de Miranda, *Tratado de direito privado*, v.7, p. 44-45; Carlos Alberto Bittar, Os direitos da personalidade, p. 125.
[129] Richard Sennet, *O declínio do homem público*: as tiranias da intimidade. São Paulo: Companhia das Letras, 2001, p. 138 e ss.
[130] Antoine Vincent Prost, *História da vida privada*: da Primeira Guerra aos nossos dias. Tradução: Denise Bottman. São Paulo: Companhia das Letras, 1992, p. 149.
[131] Richard Sennet, *O declínio do homem público...*, p. 150-151.
[132] Assim a decisão do TJRJ que não reconheceu o dano à honra de acusados do crime de rufianismo que foram presos em flagrante e denunciados, porém se insurgiram em relação à divulgação do fato por órgão da imprensa. Assim ponderou a decisão do Tribunal: "O exercício de tal atividade demonstra que os Autores, de há muito haviam se despedido de qualquer sentimento de honorabilidade, pelo que representa uma cínica afronta à Justiça baterem `as suas portas, para pleitear o ressarcimento por danos morais que não sofreram, pois só se macula a honra de quem a tem." (TJRJ, ApCiv 2000.001.06076, Relator: Des. Miguel Pacha, j. 30/05/2000, p. 23/08/2000). No exercício da atividade jornalística, por outro lado, entendeu o STJ que a investigação de hipóteses plausíveis para fatos não dá causa *per se* à lesão do direito à honra dos envolvidos: STJ, REsp 1193886/SP, Rel. Min. Luis Felipe Salomão, 4ª Turma, j. 09/11/2010, DJe 07/02/2011.
[133] José M. Lete del Río, *Derecho de la persona*. 4· ed. Madrid: Tecnos, 2000, p. 267.

atuação concreta e comprovada da pessoa tenha afastado essa *presunção de integridade pessoal*. Trata-se, portanto, de qualidades apreciadas socialmente, as quais são presumidas como atributo de todos os seres humanos como decorrência do princípio da dignidade da pessoa humana, sendo afastada a presunção, exclusivamente, na hipótese de atuação concreta e comprovada do indivíduo em sentido contrário.

O direito à honra, a exemplo dos demais direitos da personalidade, é assegurado por uma série de medidas previstas pelo ordenamento jurídico. A lesão à honra, seja em sua dimensão subjetiva ou objetiva, dá causa ao dever de indenizar os danos causados. Por outro lado, dependendo das circunstâncias da lesão, ou ainda quando se caracterize apenas a ameaça de que ocorra, pode o titular do direito pretender em juízo a adoção de medidas necessárias para evitar o dano ou fazer com que cesse, conforme o caso. Tratando-se a honra objetiva da consideração social e reputação do titular do direito perante a comunidade, poderá pretender espécie de reparação específica, tal como um desmentido ou resposta, no caso de imputações falsas que tenham dado causa à ofensa, em condições de divulgação que permita a reduzir os danos sofridos.

Além do disposto no art. 5º, X, da Constituição da República, que prevê a honra como direito fundamental, estabelece o art. 20 do Código Civil: "Art. 20. Salvo se autorizadas, ou se necessárias à administração da justiça ou à manutenção da ordem pública, a divulgação de escritos, a transmissão da palavra, ou a publicação, a exposição ou a utilização da imagem de uma pessoa poderão ser proibidas, a seu requerimento e sem prejuízo da indenização que couber, se lhe atingirem a honra, a boa fama ou a respeitabilidade, ou se se destinarem a fins comerciais". Trata-se de disposição cuja interpretação deve se fazer em conformidade com a Constituição da República.

Dispõe a norma que a publicação, exposição ou utilização da imagem de uma pessoa podem ser proibidas quando lhe atingir a honra, a boa fama e a respeitabilidade. Na compreensão de honra objetiva ou externa, conforme já se examinou, incluem-se as noções de boa fama e respeitabilidade, designando a consideração e apreço social em relação a atributos individuais da pessoa. Excetua-se a proibição, de sua vez, essencialmente em três situações: a) o consentimento da pessoa; b) a administração da justiça; e c) a manutenção da ordem pública. A norma tem o claro objetivo de complementar a proteção geral aos direitos da personalidade, estabelecida no art. 12, no que diz respeito às projeções à comunidade capazes de ofender a pessoa. Seu âmbito de aplicação alarga-se pela conjugação das expressões *publicação, exposição* e *utilização da imagem*, que abrangem praticamente todas as circunstâncias relacionadas à exposição da pessoa. Parece claro, contudo, que a proibição *a priori*, realizada pelo art. 20 do Código Civil, não pode se coadunar com uma limitação extrema à atividade de imprensa, sob pena de ofender a disciplina constitucional que assegura seu exercício livre. Embora seja possível conceber outras formas de divulgação de escritos e palavras de alguém, além de sua ocorrência por intermédio dos meios de comunicação social, no que se refira a estes, não se pode compreender a proibição *a priori*. Senão apenas quando se tratar de informação restringida em razão de proteção de direito fundamental da pessoa, tal como a privacidade e a intimidade, ou ainda quando se tratar de informação deliberadamente falsa.

O art. 220 da Constituição, de sua vez, ao assegurar a liberdade do exercício da atividade dos meios de comunicação social, consigna, ao mesmo tempo, a locução *"observado o disposto nesta Constituição"*. Indica com isso, claramente, que a conformação do direito à liberdade de expressão, e o seu exercício por intermédio dos meios de comunicação social, é fixada a partir da disciplina constitucional a respeito da matéria. Então que ao § 1º do art. 220 coube determinar expressamente os limites ao exercício do direito subjetivo indicado no *caput*. Quais sejam, o respeito às disposições constantes no art. 5º, IV, V, VI, X, XIII e XIV da Constituição da República. A delimitação da atividade de comunicação social, observados estes termos, não constitui censura, o que aliás é vedado expressamente pelo § 2º do próprio art. 220 da Constituição. No exame sobre a legitimidade de eventuais limitações possíveis ao conteúdo da informação divulgada pelos meios de comunicação social deve observar a convergência entre a restrição operacionalizada por lei e os limites indicados no art. 220, § 1º, da Constituição.

A doutrina, ao examinar o tema, refere em relação ao art. 20 do Código Civil que "o dispositivo veio a tornar possível o mecanismo de proibição prévia de divulgação (até então sem qualquer previsão normativa explícita), que constitui, no entanto, providência inteiramente excepcional. Seu emprego só será admitido quando seja possível afastar, por motivo grave e insuperável, a presunção constitucional de interesse público, que sempre acompanha a liberdade de informação e de expressão, especialmente quando atribuída aos meios de comunicação".[134] A solução que se dará no caso impõe ao interessado na proibição de divulgação do fato o ônus da prova em relação aos prejuízos que dela podem decorrer. E, nesse caso, a presunção de legitimidade deve ser estabelecida em favor da divulgação da informação, sob pena de grave comprometimento dos objetivos do direito constitucionalmente assegurado de liberdade de expressão. Assim entendeu o Supremo Tribunal Federal ao decidir ser inexigível a autorização prévia da pessoa biografada ou no caso em que esteja morta, dos seus sucessores, e de pessoas coadjuvantes (familiares, p.ex.) para a publicação de biografias.[135] Para tanto, adotou a técnica de interpretação conforme a Constituição sem redução de texto, de modo a fixar o entendimento de que o art. 20 do Código Civil não pode restringir as liberdades de expressão e de criação artística constitucionalmente asseguradas.[136]

---

[134] Luís Roberto Barroso, Colisão entre liberdade de expressão e direitos da personalidade. Critérios de ponderação. Interpretação constitucionalmente adequada do Código Civil e da Lei de Imprensa. *Revista Trimestral de Direito Público*, n. 6, São Paulo: Malheiros, 2001, p. 24-53.

[135] Veja-se, a respeito: Fernanda Nunes Barbosa, Biografias e liberdade de expressão. Critérios para a publicação de histórias de vida. Porto Alegre: Arquipélago Editorial, 2016.

[136] "AÇÃO DIRETA DE INCONSTITUCIONALIDADE. ARTS. 20 E 21 DA LEI N. 10.406/2002 (CÓDIGO CIVIL). PRELIMINAR DE ILEGITIMIDADE ATIVA REJEITADA. REQUISITOS LEGAIS OBSERVADOS. MÉRITO: APARENTE CONFLITO ENTRE PRINCÍPIOS CONSTITUCIONAIS: LIBERDADE DE EXPRESSÃO, DE INFORMAÇÃO, ARTÍSTICA E CULTURAL, INDEPENDENTE DE CENSURA OU AUTORIZAÇÃO PRÉVIA (ART. 5º INCS. IV, IX, XIV; 220, §§ 1º E 2º) E INVIOLABILIDADE DA INTIMIDADE, VIDA PRIVADA, HONRA E IMAGEM DAS PESSOAS (ART. 5º, INC. X). ADOÇÃO DE CRITÉRIO DA PONDERAÇÃO PARA INTERPRETAÇÃO DE PRINCÍPIO CONSTITUCIONAL. PROIBIÇÃO DE CENSURA (ESTATAL OU PARTICULAR). GARANTIA CONSTITUCIONAL DE INDENIZAÇÃO E DE DIREITO DE RESPOSTA. AÇÃO DIRETA JULGADA PROCEDENTE PARA DAR INTERPRETAÇÃO CONFORME À CONSTITUIÇÃO AOS ARTS. 20 E 21 DO CÓDIGO CIVIL, SEM REDUÇÃO DE TEXTO. (...) 2. O objeto da presente ação restringe-se à interpretação dos arts. 20 e 21 do Código Civil relativas à divulgação de escritos, à transmissão da palavra, à produção, publicação, exposição ou utilização da imagem de pessoa biografada. 3. A Constituição do Brasil proíbe qualquer censura. O exercício do direito à liberdade de expressão não pode ser cerceada pelo Estado ou por particular. 4. O direito de informação, constitucionalmente garantido, contém a liberdade de informar, de se informar e de ser informado. O primeiro refere-se à formação da opinião pública, considerado cada qual dos cidadãos que pode receber livremente dados sobre assuntos de interesse da coletividade e sobre as pessoas cujas ações, público-estatais ou público-sociais, interferem em sua esfera do acervo do direito de saber, de aprender sobre temas relacionados a suas legítimas cogitações. 5. Biografia é história. A vida não se desenvolve apenas a partir da soleira da porta de casa. 6. Autorização prévia para biografia constitui censura prévia particular. O recolhimento de obras é censura judicial, a substituir a administrativa. O risco é próprio do viver. Erros corrigem-se segundo o direito, não se coartando liberdades conquistadas. A reparação de danos e o direito de resposta devem ser exercidos nos termos da lei. 7. A liberdade é

Será esta oposição entre o conteúdo da proteção do direito à honra e a liberdade de informação e de expressão que coloca em destaque também o debate contemporâneo acerca do reconhecimento do **direito ao esquecimento**. Trata-se o direito ao esquecimento, em linhas gerais no direito da pessoa de restringir o conhecimento público de informações passadas, cuja divulgação presente pode dar causa a prejuízos ou constrangimentos. Projeta-se em relação a informações verdadeiras descontextualizadas pela passagem do tempo, afetando a personalidade do indivíduo a quem se refiram em seu estágio atual. Um primeiro exame sobre o direito ao esquecimento vincula-se à restrição da divulgação de crimes cujos responsáveis já tenham sido condenados e cumprido a pena imposta, em vista do propósito de ressocialização do criminoso.[137] Nestes termos, inclusive, orientou-se o debate em conhecida decisão do Tribunal Constitucional alemão – o caso Lebach – no qual se discutiu a existência ou não do direito de um criminoso que estava por concluir o cumprimento da pena imposta em razão do crime de homicídio de militares por razões políticas, poder restringir a divulgação de notícias que relembrassem o episódio. O Tribunal Constitucional Alemão, então, reconheceu ao condenado o direito a que não fosse divulgado documentário relembrando os crimes cometidos. Entre os fundamentos relacionados para deferir a pretensão do preso estava o da proteção da sua personalidade, na forma contemplada pela Lei Fundamental Alemã, o que servira de fundamento para o direito ao esquecimento. Contudo, também fundamentou a decisão o *nível de intervenção do ato* do órgão de comunicação sobre o fato, bem como as *circunstâncias do caso concreto*, entre as quais a forma duvidosa pela qual se apresentava a estrutura narrativa do referido do programa impugnado.[138] Décadas depois, quando o mesmo caso foi referido em outro programa de televisão, o Tribunal Constitucional não se opôs à divulgação sob o argumento de que do seu conteúdo não se inferia quem seriam os autores do crime, da mesma forma como indicou que não se reconhece aos autores de crimes um direito de que a sociedade não possa ser informadas sobre fatos de domínio público.[139] No direito francês, originalmente mereceu

---

constitucionalmente garantida, não se podendo anular por outra norma constitucional (inc. IV do art. 60), menos ainda por norma de hierarquia inferior (lei civil), ainda que sob o argumento de se estar a resguardar e proteger outro direito constitucionalmente assegurado, qual seja, o da inviolabilidade do direito à intimidade, à privacidade, à honra e à imagem. 8. Para a coexistência das normas constitucionais dos incs. IV, IX e X do art. 5º, há de se acolher o balanceamento de direitos, conjugando-se o direito às liberdades com a inviolabilidade da intimidade, da privacidade, da honra e da imagem da pessoa biografada e daqueles que pretendem elaborar as biografias. 9. Ação direta julgada procedente para dar interpretação conforme à Constituição aos arts. 20 e 21 do Código Civil, sem redução de texto, para, em consonância com os direitos fundamentais à liberdade de pensamento e de sua expressão, de criação artística, produção científica, declarar inexigível autorização de pessoa biografada relativamente a obras biográficas literárias ou audiovisuais, sendo também desnecessária autorização de pessoas retratadas como coadjuvantes (ou de seus familiares, em caso de pessoas falecidas ou ausentes)." (STF, ADI 4815, Rel. Min. Cármen Lúcia, Tribunal Pleno, j. 10/06/2015, *DJ* 01/02/2016)

[137] Originalmente o direito ao esquecimento pode ser associado a dois interesses distintos. De um lado, objeto da preocupação penal o reconhecimento à ressocialização de criminosos que tenha cumprido integralmente a pena que lhe foi imposta. De outro, o direito de qualquer pessoa que tenha se envolvido com fatos do passado de proteger-se em relação a informações inverídicas ou vexatórias. Veja-se: Giovanni B. Ferri, Diritto all'informazione e diritto all'oblio. *Rivista di Diritto Civile*, anno XXXVI, Parte prima. Padova: Cedam, 1990, p. 805 e s. Sustentando tratar-se de direito da personalidade autônomo, Cíntia Rosa Pereira de Lima, Direito ao esquecimento e internet: o fundamento legal no direito comunitário europeu, no direito italiano e no direito brasileiro. *Revista dos Tribunais*, v. 946, São Paulo: RT, ago. 2014, p. 77 e ss.

[138] BVerfGE 35,202, de 5 de junho de 1973, transcrita em: SCHWABE, Jürgen (Comp.). *Cincuenta años de jurisprudencia del Tribunal Constitucional Federal Alemán*, cit., p. 172-174..

[139] BverfGE 348/98, de 25 de novembro de 1999, disponível em: https://www.bundesverfassungsgericht.de/SharedDocs/Entscheidungen/DE/1999/11/rk19991125_1bvr034898.html.

acolhida o direito ao esquecimento (*droit a l'oubli*) em especial no caso Madame Filipacchi v. Cogedipresse, de 1983, pelo qual entendeu o Tribunal de Paris por existir o direito de pessoas envolvidas em eventos públicos ao esquecimento, caso a recordação dos fatos sejam desnecessários à preservação da história e possam ferir seus sentimentos ou prejudicar a própria ressocialização, quando for o caso. Porém, anos depois, ao julgar o caso Madame Monanges v Kern, de 1990, que envolvia a pretensão para supressão de trechos de obra literária relativa a fatos ocorridos durante a ocupação nazista da França, a Corte de Cassação decidiu não reconhecendo a existência do direito ao esquecimento em relação a fatos de interesse público revelados de modo lícito.[140] No direito italiano, em 2012, um indivíduo acusado de corrupção, mas que veio a ser posteriormente absolvido, teve reconhecido pela Corte Suprema de Cassação seu direito a que as futuras referências ao fato fossem atualizadas com esta informação.[141] Em 2018, decisão reconheceu que mesmo celebridades tem direito a não terem reproduzidas indefinidamente no tempo, reportagens sem interesse para o debate público (caso Venditi v. Rai),[142] No direito belga, por outro lado, um jornal que havia noticiado o envolvimento de um motorista embriagado em acidente de trânsito, anos depois, quando da sua digitalização e disponibilização na internet, foi condenado pela Corte de Cassação a suprimir a identificação nominal do indivíduo envolvido no fato.[143]

No direito brasileiro, a jurisprudência do Superior Tribunal de Justiça já teve oportunidade de examinar a questão. Em um primeiro caso (Caso "Aida Curi"), os familiares da vítima de um crime de grande repercussão ocorrido há mais de cinco décadas, buscou impedir a veiculação de programa de televisão que recordava o fato e suas circunstâncias. O Tribunal na ocasião, em decisão por maioria, entendeu que o interesse histórico do fato e a impossibilidade de sua divulgação causar danos aos familiares em face do tempo decorrido, não reconheceu o dever de indenizar da emissora de televisão.[144] Em outro caso, também relativo à programa de televisão, recordava-se crime de grande repercussão social (a "Chacina da Candelária"), no qual se referia a participação de policiais militares no evento Contudo, tendo estes policiais sido processados e absolvidos por negativa de autoria, pretenderam em juízo a responsabilização da emissora de televisão pela veiculação do programa, o que foi reconhecido pelo STJ. É de registrar que, embora os fatos tenham sido narrados de modo fidedigno, entre as razões de decidir elencou-se que "a receptividade do homem médio brasileiro a noticiários desse jaez é apta a reacender a desconfiança geral acerca da índole do autor, o qual, certamente, não teve reforçada sua imagem de inocentado, mas sim a de indiciado. No caso, permitir nova veiculação do fato, com a indicação precisa do nome e imagem do autor, significaria a permissão de uma segunda ofensa à sua dignidade, só porque a primeira já ocorrera no passado".[145] O caso "Aida Curi" foi objeto do Recurso Extraordinário 1010606/RJ, perante o Supremo Tribunal Federal, com repercussão geral reconhecida, e cuja decisão final, por maioria, em fevereiro de 2021, entendeu ser incompatível com a Constituição "o poder de obstar, em razão da passagem do

---

[140] https://www.legifrance.gouv.fr/juri/id/JURITEXT000007025328/
[141] Sentenza 5525/2012, Terza Sezione Civile, j. 11/01/2012, disponível em: https://www.leggioggi.it/wp-content/uploads/2012/04/sentenza_cassazione_civile_5525_2012.pdf
[142] Sentenza 6919/2018, Civile Ord. Sez. 1, p. 20/03/2018, disponível em: http://www.italgiure.giustizia.it/xway/application/nif/clean/hc.dll?verbo=attach&db=snciv&id=./20180320/snciv@s10@a2018@n06919@tO.clean.pdf
[143] P.H. vs O.G (C. 15.0052.F), j. 29/04/2016, disponível em: https://inforrm.org/wp-content/uploads/2016/07/ph-v-og.pdf.
[144] STJ, REsp 1.335.153/RJ, Rel. Min. Luis Felipe Salomão, 4ª Turma, j. 28-5-2013, *DJe* 10-9-2013.
[145] STJ, REsp 1.334.097/RJ, Rel. Min. Luis Felipe Salomão, 4ª Turma, j. 28-5-2013, *DJe* 10-9-2013.

tempo, a divulgação de fatos ou dados verídicos e licitamente obtidos e publicados em meios de comunicação social analógicos ou digitais", fixando tese a respeito. A toda evidência, contudo, o tema seguira suscitando debate.

Tomado como efeito do direito à honra, contudo, apenas deve ser considerado digno de tutela o interesse daquele a quem se atribua fatos ou qualidades inverídicas, ou ainda que o modo como se divulguem as informações a seu respeito permitam interpretação incorreta, de modo a favorecer a compreensão falsa sobre o que se pretenda atribuir ao indivíduo. Afinal, conforme já foi mencionado, o direito à honra contempla exclusivamente o interesse na projeção de qualidades que seu titular efetivamente possua, não contemplando o esquecimento de fatos verdadeiros. O que não significa que esta restrição à informação não possa decorrer de outro fundamento, como é caso do uso de imagem descontextualizada,[146] ou de modo diverso daquele que foi objeto de autorização, ou mesmo, em certas situações, do direito à intimidade e à vida privada.[147]

O direito à honra tradicionalmente é objeto de litígios por eventuais lesões decorrentes de lesões causados pelo exercício da atividade dos meios de comunicação social, seja na atividade de imprensa, mediante divulgação de informações imprecisas ou incorretas, seja nas atividades de entretenimento, imputando a indivíduos fatos ou ações que ofendam sua dignidade ou comprometam sua reputação e apreço social. Da mesma forma, atualmente, estas lesões também se dão com intensidade por intermédio de ofensas veiculadas pela internet por seus mais diversos meios (páginas pessoais, redes sociais, grupos de mensagens, dentre outros). Tratando-se de lesões causadas no ambiente da internet, o regime de responsabilidade do causador do dano terá de tomar em consideração também o disposto nos arts. 18 a 21 da Lei 12.965/2014 – o Marco Civil da Internet –, sem prejuízo das disposições do Código Civil que incidam na hipótese.[148]

O direito à honra será, igualmente, um dos direitos da personalidade com aplicação também às pessoas jurídicas, nos termos do art. 52 do Código Civil: "Aplica-se às pessoas jurídicas, no que couber, a proteção dos direitos da personalidade." No caso, o entendimento jurisprudencial é consolidado no sentido de reconhecer a proteção da honra objetiva das pessoas jurídicas, cuja lesão dá causa, inclusive, à pretensão de reparação civil.[149] A este respeito, inclusive, foi editada a Súmula nº 227 do Superior Tribunal de Justiça, que dispõe: "A pessoa

---

[146] "Direito a imagem. Dano moral. Cena afetiva gravada com autorização e transmitida ulteriormente mais duas vezes em contexto diverso. Dano moral reconhecido. 1. Configura dano moral indenizável a exibição televisiva de cena afetiva de beijo na boca com então namorado, inicialmente autorizada pelo casal para reportagem por ocasião do 'Dia dos namorados', mas repetida, tempos depois, por duas outras vezes, quando já cessado o namoro, tendo a autora outro namorado. 2. Indenização por ofensa a direito de imagem afastada pelo Tribunal de origem, sem recurso da autora, de modo que matéria de que ora não se cogita, ante a ocorrência da preclusão. 3. Valor de indenização por dano moral adequadamente fixado em R$ 20.400,00, consideradas a reiteração da exibição e as forças econômicas da acionada, empresa de televisão de caráter nacional. 4. Recurso Especial improvido" (STJ, REsp 1.291.865/RJ, Rel. Min. Sidnei Beneti, 3ª Turma, j. 25-6-2013, *DJe* 1º-8-2013).

[147] Nestes termos, é que deve ser compreendido o Enunciado 531 da VI Jornada de Direito Civil do STJ, o qual consignou que: "A tutela da dignidade da pessoa humana na sociedade da informação inclui o direito ao esquecimento". Assim, o direito ao esquecimento surge como limite ao exercício da liberdade de expressão e informação. Contudo, não se trata de limite que impeça genericamente a divulgação de fatos verdadeiros, senão um critério de controle sobre o modo e a finalidade da divulgação de fatos pretéritos, segundo o interesse e a adequação lógica de sua lembrança.

[148] Sobre o tema: Bruno Miragem, Responsabilidade civil. 2ª ed. Rio de Janeiro: Forense, 2021, p. 465 e ss.

[149] Até pouco tempo, alguma dissenso havia em reconhecer esta proteção à pessoa jurídica vinculada a sua honra objetiva ou à imagem, conforme se percebe no exame de Alexandre Ferreira de Assumpção Neves, A pessoa jurídica e os direitos da personalidade. Rio de Janeiro: Renovar, 1998, p. 98. Para uma visão

jurídica pode sofrer dano moral". Nestes casos, geralmente se terá em consideração a lesão à credibilidade, o abalo ao crédito e outras projeções da pessoa jurídica perante a comunidade, cuja afetação determina um dano ressarcível. Alguma crítica se estabelecerá em relação à qualificação deste dano como moral, uma vez que se vincula, geralmente, a interesses suscetíveis de estimação econômica.

8.2.3. Direito à imagem

A imagem enquanto atributo jurídico da personalidade comporta duas concepções, uma ampla, outra restrita. A *concepção ampla* define a imagem como a projeção social do indivíduo para a comunidade, no sentido de uma imagem social, pela qual alguém é distinguido pelos demais em razão de determinadas características expostas ao conhecimento geral. Intuitivo observar que esta concepção ampla do que seja imagem confunde-se com a honra, a respeitabilidade ou a boa-fama, uma vez que parte da definição de exterioridade do conceito: a imagem que se tem, é aquela que será percebida pelos demais. Por outro lado, a *concepção estrita* de imagem a identifica com os atributos físicos quaisquer que tornam reconhecível o indivíduo e o direito de imagem à prerrogativa de controlar o uso e reprodução destes mesmos atributos.

No direito brasileiro, está correta a adoção da concepção estrita de direito à imagem.[150] A Constituição da República faz referência ao direito à imagem em duas oportunidades. Quando distingue a reparabilidade do dano à imagem em relação ao dano material e ao dano moral (art. 5º, V) e quando assegura expressamente o direito à imagem, ao lado do direito à honra, à intimidade e à vida privada (art. 5º, X).

O Código Civil, de sua vez, protege a "exposição ou a utilização da imagem de uma pessoa" permitindo sua divulgação apenas quando haja autorização do titular do direito, admitindo ainda, quando necessárias à administração da justiça ou à manutenção da ordem pública, no caso de lhe atingirem a honra, a boa fama ou a respeitabilidade, ou se se destinarem a fins comerciais (art. 20).

O direito à imagem tem autonomia em relação aos demais direitos de integridade moral da pessoa. Trata-se do desenvolvimento da própria compreensão da proteção da imagem pelo direito. A este respeito, já mencionava Pontes de Miranda que "o problema de técnica legislativa e, pois, *de iure contendo*, é o de se saber se convém, ou não, que se tutele o uso exclusivo da própria imagem, ou contra o uso dela por outrem, com prejuízo ou violação de outro direito, ou se a imagem tem de ser considerada mero elemento fático. De *iure conditio*, primeiro se há de perguntar se existe direito à própria imagem absoluto; depois, se esse direito é direito de personalidade por si."[151]

---

crítica, veja-se o estudo de Pablo Malheiros da Cunha Frota, Danos Morais e a Pessoa Jurídica. São Paulo: Método, 2008, p. 258.

[150] Neste sentido, dentre outros: Carlos Alberto Bittar, *Os direitos da personalidade*, p. 92; Sylvio Guerra, *Liberdade de imprensa e direito de imagem*. Rio de Janeiro: Renovar, 1999, p. 55-56; Luiz Alberto David Araújo, *A proteção constitucional da própria imagem*. Belo Horizonte: Del Rey, [s.d.], p. 31; Maria Cecília Naréssi Munhoz Affornalli, *Direito à própria imagem*. Curitiba: Juruá, 2003, p. 46; Oduvaldo Donnini; Rogério Ferraz Donnini, *Imprensa livre, dano moral, dano à imagem e sua quantificação à luz do novo Código Civil*. São Paulo: Método, 2002; p.64-65; Pedro Frederico Caldas, *Vida privada, liberdade de imprensa e dano moral*. São Paulo: Saraiva, 1997, p. 27-29; e, com grande profundidade, o trabalho de Regina Sahm, *Direito à imagem no direito civil contemporâneo, de acordo com o novo Código Civil*. São Paulo: Atlas, 2002, p. 36 e ss; Hermano Duval, *Direito à imagem*. São Paulo: Saraiva, 1988, p. 45 e ss; Antônio Chaves, Direito à imagem e direito à fisionomia. *Revista dos Tribunais*, São Paulo, n. 620, p. 7-14, jun. 1987.

[151] Francisco Cavalcante Pontes de Miranda, Tratado de direito privado, v. 7, p. 52.

Tanto a legislação brasileira, quanto a jurisprudência, asseguram a autonomia do direito à imagem. Neste sentido, a legislação de direitos autorais, de longa tradição,[152] reconhece a proteção da imagem pessoal para pessoas que, não sendo autores, a tem como objeto de tutela, seja a partir de fotografias ou em razão de certas habilidades que desempenhem (o chamado direito de arena).[153] A imagem enquanto reprodução das formas da pessoa[154] ou de sua forma plástica e os vários componentes distintos que o individualizam perante a comunidade,[155] é protegida de modo a impedir sua violação, e havendo esta, a respectiva reparação, independentemente da repercussão sobre qualquer outro atributo da personalidade.

Nestes termos, tanto no direito brasileiro, quanto em outros sistemas jurídicos, a exigência de prévio consentimento do titular do direito para uso e divulgação da imagem constitui a regra geral,[156] dispensável apenas em situações de interesse público. Ou ainda, conforme critérios cujos limites se definem no exame jurisprudencial das circunstâncias do caso,[157] quando se esteja em lugar público, e a divulgação tenha finalidade informativa,[158] ou ainda que: a) trate-se de pessoa célebre; b) participe direta ou indiretamente de fato de interesse público; c) a exposição da imagem seja adequada à divulgação de uma notícia ou informação, em especial para fins jornalísticos.[159]

Deste modo, firmou-se o entendimento em relação às situações nas quais se exige consentimento prévio, que sua ausência, por si, é suficiente para caracterizar a violação do direito de imagem e o dano daí decorrente. Trata-se, deste modo, de dano *in re ipsa*, ou seja, presume-se da violação do direito, de modo que tem o titular do direito de imagem violado a pretensão de reparação civil, independentemente da demonstração de efetivo prejuízo ou abalo anímico.[160] Trata-se de entendimento consolidado, inclusive, pela Súmula 403 do STJ, ao definir: "Independe

---

[152] Marcel Bartnik, Der Bildnisschutz im deutschen und französischen Zivilrecht, Tubingen: Mohr Siebeck, 2004, p. 13 e ss.
[153] Paulo Lôbo, Direito civil: parte geral, p. 141.
[154] Francisco Cavalcante Pontes de Miranda, Tratado de direito privado, v. 7, p. 53.
[155] Carlos Alberto Bittar, *Direitos da personalidade*, p. 87.
[156] Gilles Goubeaux, *Traité de droit civil*: las persones. Paris: LGDJ, 1989, p. 299-300.
[157] Em caso decido pelo STJ, no qual um ex-goleiro do Santos Futebol Clube pretendeu indenização em virtude da veiculação indireta de sua imagem (por ator profissional contratado), sem sua prévia autorização, em cenas do documentário biográfico sobre o jogador Pelé ("Pelé Eterno"), entendeu o tribunal que "a simples representação da imagem de pessoa em obra biográfica audiovisual que tem por objeto a história profissional de terceiro" não dá causa a danos: STJ, REsp 1454016/SP, Rel. Min. Nancy Andrighi, Rel. p/ Acórdão Min. Ricardo Villas Bôas Cueva, 3ª Turma, j. 12/12/2017, DJe 12/03/2018.
[158] O STJ em caso envolvendo programa de televisão rememorando o homicídio de famosa atriz de novelas, não reconheceu a pretensão indenizatória da mãe da vítima que sustentava o uso indevido da imagem da filha porque sem sua autorização, entendendo tratar-se de fato histórico de repercussão social. Neste sentido, sustentou que "ao resgatar da memória coletiva um fato histórico de repercussão social, a atividade jornalística reforça a promessa em sociedade de que é necessário superar, em todos os tempos, a injustiça e a intolerância, contra os riscos do esquecimento dos valores fundamentais da coletividade." E da mesma forma, que "eventual abuso na transmissão do fato, cometido, entre outras formas, por meio de um desvirtuado destaque da intimidade da vítima ou do agressor, deve ser objeto de controle sancionador. A razão jurídica que atribui ao portador da informação uma sanção, entretanto, está vinculada ao abuso do direito e não à reinstituição do fato histórico." STJ, REsp 1631329/RJ, Rel. Min. Ricardo Villas Bôas Cueva, Rel. p/ Acórdão Min. Nancy Andrighi, 3ª Turma, j. 24/10/2017, DJe 31/10/2017.
[159] Pode ocorrer, contudo, da divulgação da imagem ser irrelevante para o cumprimento do direito à informação, de modo que se da sua divulgação surgem danos ao titular do direito, estes deverão ser indenizados: STJ, REsp 794.586/RJ, Rel. Min. Raul Araújo, 4ª Turma, j. 15/03/2012, DJe 21/03/2012.
[160] STJ, REsp 569.812/SC, Rel. Min. Nancy Andrighi, 3ª Turma, j. 16/06/2005, DJ 01/08/2005.

de prova do prejuízo a indenização pela publicação não autorizada de imagem de pessoa com fins econômicos ou comerciais".

Por outro lado, pode ocorrer também que a violação do direito de imagem, ao tempo em que dá origem a danos decorrentes de sua utilização indevida, também se associe à violação de outros direitos,[161] como a honra ou o respeito à vida privada[162], bem como violação a proteção legal endereçada ao vulnerável – no caso de fotografias de crianças, por exemplo.[163] A tutela do direito à imagem também pode associar-se à proteção da própria identidade pessoal,[164] dada a importância da comunicação visual e da estética nas interações humanas,[165] inclusive de modo que o próprio titular do direito possa exercê-lo com o propósito de obter vantagens econômicas decorrentes de sua exploração.

A possibilidade do exercício do direito à imagem, inclusive para fins econômicos, envolve uma série de situações, tais como a cessão de direitos com finalidade publicitária, também como parte da autoria de obra ou criação artística protegida por direitos autorais[166] e o próprio direito de arena, reconhecendo a proteção de certas expressões pessoais que singularizem uma determinada obra ou exposição.[167] Nestes casos, conforme já foi examinado antes, não se trata de disponibilidade ou transmissão do direito à imagem, contrariando traços característicos dos direitos da personalidade, mas de seu exercício, segundo a vontade do titular, de modo a obter proveito econômico de sua exploração.

---

[161] Gilles Goubeaux, *Traité de droit civil*: las persones. Paris: LGDJ, 1989, p. 288-289. No direito alemão, um dos principais precedentes de proteção do direito de imagem pelo Tribunal Federal (BGH) é o do proprietário de uma fábrica de cervejas que teve fotografia sua utilizada sem autorização em publicidade de um produto farmacêutico que prometia maior vigor sexual. Pretendeu em juízo, então, indenização tanto pelo dano decorrente do uso indevido da imagem, quanto de ofensa à honra por ela ter sido associada a um estimulante sexual. O tribunal local havia reconhecido o direito à indenização fixando o valor, por analogia, a da remuneração decorrente de um contrato de licença de uso de imagem. O Tribunal Federal, contudo, reformou a decisão para reconhecer na hipótese a impossibilidade de analogia a um contrato quando, de fato, o titular do direito pretendeu em juízo reparação pelo uso não autorizado e ofensivo. Concedeu, então, pioneiramente, a indenização para compensar os danos extrapatrimoniais sofridos pela vítima. Conforme Klaus Martin, Das allgemeine Persönlichkeitsrecht in seiner historischen Entwicklung, p. 241; Endress Wanckel, Der Schutz vor Indiskretion. In: Horst-Peter Götting, Christian Schertz, Walter Seitz. Handbuch des Persönlichkeitsrechts. München: C.H. Beck, 2008, p. 334. Mais recentemente, ao decidir sobre o caso da divulgação das fotos da princesa Caroline de Mônaco, primeiramente em 1994 e, em seguida, em 1995, o BGH reconheceu, além da função compensatória da indenização por danos extrapatrimoniais, também sua função preventiva, definindo que, nestes casos, o quantum definido deve ter em conta também o desestímulo a novas lesões a direitos da personalidade: Marcel Bartnik, Der Bildnisschutz im deutschen und französischen Zivilrecht, p. 262 e ss.

[162] REsp 1235926/SP, Rel. Min. Sidnei Beneti, 3ª Turma, j. 15/03/2012, DJe 14/11/2012.

[163] STJ, REsp 1628700/MG, Rel. Min. Ricardo Villas Bôas Cueva, 3ª Turma, j. 20/02/2018, DJe 01/03/2018; REsp 1442083/ES, Rel. Min. Nancy Andrighi, 3ª Turma, j. 21/09/2017, DJe 02/10/2017.

[164] Ana Azurmendi Adarraga, *El derecho a la propia imagen*: su identidad y aproximación al derecho a la información. Madrid: Civitas, 1997, p. 30 e ss.

[165] Veja-se a respeito, J. Teixeira Coelho Netto, *Semiótica, informação e comunicação*. São Paulo: Perspectiva, 2001, p. 169.

[166] Todavia, conforme decidiu o STJ, o modelo fotográfico que cede seu direito de imagem, não será titular de direitos autorais relativo às fotografias, cuja criação se reconhece ao fotógrafo: REsp 1322704/SP, Rel. Min. Luis Felipe Salomão, 4ª Turma, j. 23/10/2014, DJe 19/12/2014.

[167] Regina Sahm, *Direito à imagem...*, p. 227 e ss.

8.2.4. Direito à vida privada e à intimidade

O direito à vida privada e à intimidade compreende a liberdade de cada indivíduo orientar livremente sua vida desde que não prejudique injustamente terceiros, assim como manter sob reserva informações pessoais que não digam respeito a ninguém senão a si mesmo do conhecimento ou curiosidade públicos. Compreende a proteção da pessoa para impedir a intromissão, investigação e divulgação de aspectos de sua vida pessoal e familiar, reconhecido também como espécie de liberdade pública. As informações compreendidas sob a esfera de reserva assegurada pelo direito à vida privada e à intimidade são variadas, podendo contemplar informações relativas à origem e à identidade pessoa, seu estado de saúde, orientação sexual e suas relações afetivas; sua orientação política, religiosa ou filosófica. Da mesma forma, abrangem sob critérios diversos de classificação a inviolabilidade do domicílio da pessoa, o sigilo das comunicações, o sigilo sobre os rendimentos e patrimônio (sigilos fiscal e bancário) e, mais recentemente, com o desenvolvimento da informática na sociedade da informação, a proteção dos dados pessoais. Esta compreensão pode ser ainda mais ampla, contemplando também o direito de não ser perturbado em sua tranquilidade e sossego por interferências não autorizadas em sua esfera pessoal (o que se costuma indicar como o direito de estar só – *the right to be alone*). O direito à vida privada e à intimidade traduzia-se, originalmente, como um direito oponível contra o Estado. Porém sua eficácia passou, gradualmente, a contemplar também a possibilidade de sua oposição, pelo titular do direito, às demais pessoas em geral (oponibilidade *erga omnes*).

O direito à vida privada e à intimidade desenvolve-se a partir de diferentes tradições. No direito norte-americano deve-se à construção jurisprudencial da Suprema Corte do denominado *right of privacy*, no final do século XIX, a partir da tese desenvolvida por Samuel Warren e Louis Brandeis, sustentando-o como resultado de uma lenta evolução do *common law*, tendo como propósito inicial a proteção e reserva em relação à divulgação de fotografias em jornais e escritos pessoais não publicados.[168] Sua natureza é interpretada como uma esfera de exclusividade da pessoa oponível a todos os demais.[169] Ainda na mesma tradição, a publicação do artigo *Privacy*, de William L. Prosser, em 1960, é reconhecida pelo fato de que visou sistematizar as formas de atentado à privacidade (espécies de *torts*), relacionando quatro situações: 1) a interferência na esfera de solidão ou reclusão da pessoa; 2) a exposição pública dos fatos da vida da pessoa; 3) a exposição da pessoa a uma falsa expressão do público; e 4) o uso não autorizado do nome ou imagem da pessoa.[170]

No direito continental, vale referir o desenvolvimento da proteção à vida privada e à intimidade no direito alemão, cujo reconhecimento deve-se, sobretudo, à interpretação do art. 2, 1, da Lei Fundamental (livre desenvolvimento da personalidade),[171] sendo desde logo identificado como expressão de autonomia da pessoa.[172] No direito francês, a formação do direito à

---

[168] Samuel Dennis Warren; Louis Dembitz Brandeis, The right of privacy. *Harvard Law Review*, v. 4, n. 5, p. 193-220, 1890.

[169] Pierre Kayser, La protection de la vie privée par le droit. Protection du secret de la vie privée. 3ª ed. Paris: Economica, 1995, p. 100-101.

[170] William L. Prosser, Privacy. *California Law Review*, v. 48, n. 3, ago. 1960, p. 383 e ss.

[171] Giselher Rüpke, Der verfassungsrechtliche Schutz der Privatheit: zugleich ein Versuch pragmatischen Grundrechtsverständnisses. Baden-Baden: Nomos, 1976; Dietwalt Rohlf Der grundrechtliche Schutz der Privatsphäre: Zugleich ein Beitrag zur Dogmatik des Art. 2 Abs. 1 GG.. Berlin: Duncker & Hublot, 1980, p. 223; Walter Schmitt Glaeser, Schutz der Privatsphäre. In: Josef Isensee; Paul Kirchhof, Handbuch des Staatsrechts der Bundesrepublik Deutschland, Bd VI. Heidelberg: C.F.Muller, 1989, p. 41 e ss.

[172] Ulrich Amelung, Der Schutz der Privatheit im Zivilrecht. Schadensersatz und Gewinnabschöpfung bei Verletzung des Rechts auf Selbstbestimmung über personenbezogene Informationen im deutschen, englischen und US-amerikanischen Recht. Tubingen: Nomos, 2002, p. 9 e ss.

proteção da vida privada desenvolve-se a partir da jurisprudência civil, sendo consagrada pela Lei 70-643, de 17 de julho de 1970, que de sua vez contará com rica interpretação e aplicação pelos tribunais, inclusive do Conselho Constitucional. As primeiras decisões, ainda no século XIX, tinham por objeto a proteção do sigilo de correspondências confidenciais, responsabilizando quem desse causa à divulgação do seu conteúdo, em tutela do interesse tanto do autor do escrito quanto de seu destinatário.[173] Em seguida também protege, sob um direito geral de respeito à vida privada, a publicação não autorizada da imagem da pessoa. Já em 1955, um caso de destaque envolveu a atriz Marlene Diettrich, que propôs ação contra um semanário parisiense que havia publicado reportagem sobre sua vida. Decidiu, na ocasião, a Corte de Paris, que "as lembranças da vida privada de cada indivíduo pertencem a seu patrimônio moral; ninguém tem o direito de publicá-las, mesmo quando ausente intenção malévola, sem a autorização expressa e inequívoca daquele cuja vida é contada".[174] Indicava já a proteção da vida privada como um direito subjetivo individual oponível a todos os demais. Com a edição da Lei 70-643, de 1970, o Conselho Constitucional francês desenvolve o seu conceito, identificando a violação da vida privada com a violação de uma liberdade individual assegurada pela Constituição, impondo-se limites tanto ao Estado na investigação da vida do indivíduo, quanto a todos os demais na divulgação de informações que digam respeito apenas à pessoa.[175]

No direito português, o Código Civil de 1966 definiu a proteção da vida privada no seu art. 80, que dispõe: "1. Todos devem guardar reserva quanto à intimidade da vida privada de outrem. 2. A extensão da reserva é definida conforme a natureza do caso e a condição das pessoas." Ao mesmo tempo, disciplinou detalhadamente a proteção do segredo em relação a correspondências e escritos confidenciais, e as hipótese nas quais se autoriza sua publicação (arts. 75-78). A proteção da vida privada e a extensão de seus efeitos no direito português toma em conta os dois critérios definidos no art. 80 do seu Código Civil: um objetivo – "a natureza do caso" – outro subjetivo – "a condição das pessoas". Nestes termos, pode ocorrer que a intromissão na esfera privada, por exigências que tenham fundamento constitucional, possa ser autorizada nos limites do necessário à consecução de seus fins, como é o caso do exercício do poder de polícia, ou ainda, por determinação judicial. Por outro lado, a condição das pessoas toma em consideração a notoriedade ou a posição que ocupe para exame da extensão da reserva. Nestes termos "perante um político ou uma celebridade, passarão a ser notícia fatos que, noutras condições, se tornariam irrelevantes". Porém "a esfera privada de tais políticos ou celebridades não desaparece: e, sobretudo, nunca ao ponto de atingir as esferas secreta e íntima. Mas pode ser fortemente suprimida, sem que se possa falar de atentado à privacidade".[176]

No direito brasileiro, os direitos à vida privada e à intimidade estão consagrados no art. 5º, X, da Constituição da República. Da mesma forma, o art. 21 do Código Civil dispõe: "A vida privada da pessoa natural é inviolável, e o juiz, a requerimento do interessado, adotará as providências necessárias para impedir ou fazer cessar ato contrário a esta norma." Embora tratados por vezes como expressões sinônimas, interpretação mais exata orienta-se pelo fato

---

[173] Pierre Kayser, La protection de la vie privée par le droit. Protection du secret de la vie privée. 3ª ed. Paris: Economica, 1995, p. 119-120.
[174] Pierre Kayser, La protection de la vie privée par le droit. Protection du secret de la vie privée. 3ª ed. Paris: Economica, 1995, p. 121.
[175] Pierre Kayser, La protection de la vie privée par le droit. Protection du secret de la vie privée, . 124-125.
[176] António Menezes Cordeiro, Tratado de direito civil, IV. Parte geral. Pessoas. 3ª ed. Coimbra: Almedina, 2011, p. 265-266. Sobre a preservação da proteção da vida privada de pessoas públicas e célebres no direito brasileiro, veja-se Carlos Alberto Dabus Maluf e Adriana Caldas do Rego Freitas Dabus Maluf, Introdução ao direito civil. São Paulo: Saraiva, 2017, p. 228.

de que o direito à vida privada e à intimidade expressam distinções de grau de reserva e proteção, desenvolvidos a partir do direito comparado, que reconhecem esferas ou camadas com diferentes intensidades em relação ao dever de resguardo da vida privada do indivíduo.[177] A distinção mais comum identifica as esferas da vida privada, da intimidade e do segredo.

Nestes termos, a *esfera da vida privada* é a mais ampla delas, compreendendo fatos que digam respeito ao indivíduo e às pessoas que, mesmo não sendo íntimas, convivem com ele, tendo acesso a informações sobre eles. Será o caso da proteção oferecida a informações relativas à história familiar, conflitos domésticos e comunicação confidencial, à não perturbação do luto pessoal, assim como eventos que ocorrem em espaço doméstico protegido.[178]

A *esfera íntima* é aquela em que a autodeterminação do indivíduo sobre o que deve ser conhecido ou não por outras pessoas é absoluta. Competirá apenas ao titular do direito a quem digam respeito as informações que integram esta esfera íntima, dar ou não a conhecer tais informações a outras pessoas, podendo decidir mantê-las em absoluto segredo frente a terceiros. Nela situam-se, por exemplo, as informações relativas à orientação religiosa e sexual do indivíduo, assim como as que digam respeito ao seu estado e condições de saúde, incluído ainda, a própria imagem do corpo nu.[179]

A *esfera de segredo* se coloca em relação a informações que digam respeito ao próprio indivíduo e a pessoas de sua relação próxima, que pertencem a sua convivência íntima. A exata delimitação do que se reconheça como proteção da esfera do segredo e a esfera privada é sensível, situando-se nela, contudo, a proteção dos dados pessoais – inclusive pelo reconhecimento do direito à autodeterminação informativa – assim como o sigilo de comunicações, compreendendo o sigilo telefônico, de mensagens e conversas privadas, e correspondências (inclusive eletrônicas, e-mails), bem como o sigilo fiscal e bancário.[180]

Esta delimitação, contudo, estará sujeita a calibragens, conforme as informações substanciais que se pretendam proteger do conhecimento público sejam consideradas como de interesse exclusivo da pessoa titular do direito ou se delas partilham, por sua própria natureza ou segundo as circunstâncias, também outras pessoas. No direito brasileiro, por vezes distingue-se, a partir da norma constitucional, apenas entre os direitos à intimidade e à privacidade. Nesta linha de entendimento, sustenta-se que a intimidade consistiria na "esfera secreta na vida do indivíduo na qual este tem o poder legal de evitar os demais".[181] Em outras palavras, é uma esfera exclusiva de conhecimento da própria pessoa, sem nenhuma repercussão social. Já a vida privada (ou privacidade) é reconhecida como a prerrogativa de adotar um modo de ser e viver a sua vida, sem interferências ou perturbações, de forma a permitir o desenvolvimento da própria personalidade. Compreende informações a seu respeito, que a pessoa pode decidir manter ou não sob exclusivo controle. Protege-se a autonomia da pessoa para decidir sobre sua vida e as informações sobre as quais poderá decidir dar ou não conhecimento a outras sem relação com as mesmas. Vai haver ofensa à personalidade quando o alcance ou domínio das informações se

---

[177] Veja-se, no direito brasileiro, em especial, o estudo de José Adércio Leite Sampaio, Direito à intimidade e à vida privada. Belo Horizonte: Del Rey, 1998, p. 268.

[178] Endress Wanckel, Der Schutz vor Indiskretion, In: Horst-Peter Götting, Christian Schertz, Walter Seitz. Handbuch des Persönlichkeitsrechts. München: C.H. Beck, 2008, p. 335-336.

[179] Endress Wanckel, Der Schutz vor Indiskretion, In: Horst-Peter Götting, Christian Schertz, Walter Seitz. Handbuch des Persönlichkeitsrechts. München: C.H. Beck, 2008, p. 349

[180] Endress Wanckel, Der Schutz vor Indiskretion, In: Horst-Peter Götting, Christian Schertz, Walter Seitz. Handbuch des Persönlichkeitsrechts. München: C.H. Beck, 2008, p. 355-356.

[181] José Afonso da Silva, *Curso de direito constitucional positivo*. 16. ed. rev. e aum. São Paulo: Malheiros, 1999, p. 210 e ss.

derem sem a decisão livre da pessoa a quem se reportam. Assim, por exemplo, ocorre quando houver a divulgação não autorizada de informações sobre a saúde da pessoa, ou sobre suas relações afetivas mantidas em reserva, sem que tenha havido autorização para esse fim.

A proteção da vida privada e da intimidade deve ser compatibilizada com outras liberdades asseguradas constitucionalmente. Neste sentido, quando o próprio titular do direito consinta, ou ele próprio torne público informações que estejam resguardadas até então, trata-se de exercício do direito, reconhecendo-se a sua decisão o poder de permitir a divulgação. Por outro lado, determinadas informações podem ser divulgadas quando o interesse público excetue o resguardo sob a intimidade e a vida privada, como ocorre na apuração de crimes (ainda que se deva ter em conta a necessidade de resguardo da vítima),[182] ou outras situações em que um fato originalmente objeto de reserva vincula-se a situação de relevância pública. Neste caso, não se há de considerar uma interferência arbitrária na esfera de exclusividade da pessoa, que é contra o que se opõe o Direito.[183]

É o que ocorre também em relação a pessoas públicas ou pessoas célebres, a quem embora não se conceda mesma extensão às restrições quanto ao conhecimento público de informações pessoais, mantém-se confiando a ela própria definir os domínios da sua vida que deixará apartada do público.[184] O mesmo ocorre em relação às pessoas públicas no tocante a informações particulares que se associem de alguma forma a questões de natureza pública, porque vinculadas ao exercício de funções públicas,[185] ou a obtenção de vantagens ou desvantagens em razão desse

---

[182] "CIVIL E PROCESSO CIVIL. RECURSO ESPECIAL. ADMISSIBILIDADE. DEFICIÊNCIA NA FUNDAMENTAÇÃO. SÚMULA 7, STJ. APLICAÇÃO. NECESSIDADE DE REVISÃO DO CONTEXTO FÁTICO-PROBATÓRIO. PRESCRIÇÃO. PRAZO REDUZIDO. CONTAGEM QUE SE INICIAL COM A VIGÊNCIA DO NOVO CÓDIGO CIVIL. CAUSA DANO MORAL QUEM DIVULGA DE NOME COMPLETO DA VÍTIMA DE CRIME SEXUAL. QUANTUM RAZOÁVEL. – É inadmissível o recurso especial deficientemente fundamentado. Aplicável à espécie a Súmula 284, STF. – A pretensão de simples reexame de prova não enseja recurso especial. Aplicação da Súmula 7, STJ. – O prazo prescricional em curso, quando diminuído pelo novo Código Civil, só sofre a incidência da redução a partir da sua entrada em vigor. Precedentes. – A liberdade de informação deve estar atenta ao dever de veracidade, pois a falsidade dos dados divulgados manipula em vez de formar a opinião pública, bem como ao interesse público, pois nem toda informação verdadeira é relevante para o convívio em sociedade. – A vítima de crime contra o costume tem o direito de não perpetuar seu sofrimento. Se opta por não oferecer a queixa e tampouco a representação que a lei lhe faculta, evidentemente não há interesse social na apuração dos fatos e tampouco na exposição pública de seu nome. Se o crime contra o costume se encontra sujeito à ação penal pública, se a vítima ofereceu a queixa ou a representação, não por isso deixará de passar pelos constrangimentos da apuração dos fatos, do sofrer contínuo. Não se pode presumir tampouco que, por tais motivos, se torne conveniente a exposição pública de seu sofrer, para além dos autos do inquérito ou do processo criminal. – Não há qualquer interesse público no conhecimento da identidade da vítima do crime de estupro, havendo aí abuso da liberdade de informação. – A modificação do quantum fixado a título de compensação por danos morais só deve ser feita em recurso especial quando aquele seja irrisório ou exagerado. – Não mais prevalece, a partir da Constituição em vigor, a indenização tarifada, prevista na Lei de Imprensa, devida por dano moral, por publicação considerada ofensiva à honra e à dignidade das pessoas. Precedentes. Recurso Especial não conhecido." (STJ, REsp 896.635/MT, Rel. Min. Nancy Andrighi, 3ª Turma, j. 26/02/2008, *DJe* 10/03/2008)

[183] René Ariel Dotti, *Proteção da vida privada e liberdade de informação*. São Paulo: RT, 1980, p. 182-183.

[184] Na precisa lição de Elimar Szaniawski, com fundamento na doutrina francesa, é preciso distinguir o dever de respeitar o segredo da vida privada e o direito de usar o segredo de sua própria vida. Elimar Szaniawski, Direitos da personalidade e sua tutela. 2ª ed. São Paulo: RT, 2005, p. 327.

[185] A esse respeito, veja-se a conclusão do STF na decisão da ADPF 130/DF: "(...) A consagração do regime de liberdade da atividade dos meios de comunicação social não significa sua irresponsabilidade. Neste sentido assentou com precisão o Supremo Tribunal Federal ao decidir a ADPF 130/DF, que decidiu pela não recepção, pela ordem constitucional vigente, da Lei de Imprensa. Observa a decisão: "(...) PROPOR-

exercício, uma vez revelado interesse público na divulgação da informação, em detrimento da preservação da intimidade e da vida privada. Essa situação especial, contudo, não abrange os membros da família ou do círculo íntimo da pessoa célebre ou da pessoa pública, quando não haja demonstração de causa específica para extensão da situação excepcional a outros indivíduos que, embora tenham vínculos com elas, nem por isso poderão ser constrangidas a se submeter à mesma exposição.

Por outro lado, o âmbito das informações protegidas também cede em relação à existência de procedimento oficial de apuração, fundamentado e regular, de fatos em que supostamente estejam envolvidos indivíduos os quais, em razão disso, sejam revelados.[186] Nestes casos, põe-se em risco muitas vezes a proteção da honra pessoal, especialmente em situações tais em que a existência de um procedimento de apuração induza a conclusões definitivas sobre a participação do indivíduo em atos irregulares desabonadores, que depois se revele inexistente. Essa restrição não abrange, contudo, a divulgação do fato em si, mesmo que seja desabonador a quem o protagonize, quando se restrinja a informar de modo veraz os acontecimentos.[187]

Refira-se, por fim, o desafio atual de preservação da intimidade e da vida privada em relação à proteção de dados pessoais no âmbito da internet e demais inovações que se estabelecem com as novas tecnologias da informação. Neste sentido, o acesso e organização destes dados pessoais, relativos à identificação, interesses, localização e outras informações individuais, configuram um desafio frente à proteção da vida privada. Se de um lado algum nível de informação torna-se disponível sem que possa a pessoa se opor, de outro observa-se a tendência nos vários sistemas jurídicos de edição de normas específicas visando à disciplina da proteção dos dados pessoais. Assim, o exemplo do recente regulamento europeu de proteção de dados (Regulamento 2016/679, da União Europeia), bem como, no Brasil, a tendência do reconhecimento de um direito autônomo de proteção de dados pessoais e a edição da Lei Geral de Proteção de Dados (Lei 13.709/2018).

CIONALIDADE ENTRE LIBERDADE DE IMPRENSA E RESPONSABILIDADE CIVIL POR DANOS MORAIS E MATERIAIS. Sem embargo, a excessividade indenizatória é, em si mesma, poderoso fator de inibição da liberdade de imprensa, em violação ao princípio constitucional da proporcionalidade. A relação de proporcionalidade entre o dano moral ou material sofrido por alguém e a indenização que lhe caiba receber (quanto maior o dano maior a indenização) opera é no âmbito interno da potencialidade da ofensa e da concreta situação do ofendido. Nada tendo a ver com essa equação a circunstância em si da veiculação do agravo por órgão de imprensa, porque, senão, a liberdade de informação jornalística deixaria de ser um elemento de expansão e de robustez da liberdade de pensamento e de expressão *lato sensu* para se tornar um fator de contração e de esqualidez dessa liberdade. Em se tratando de agente público, ainda que injustamente ofendido em sua honra e imagem, subjaz à indenização uma imperiosa cláusula de modicidade. Isto porque todo agente público está sob permanente vigília da cidadania. E quando o agente estatal não prima por todas as aparências de legalidade e legitimidade no seu atuar oficial, atrai contra si mais fortes suspeitas de um comportamento antijurídico francamente sindicável pelos cidadãos" (ADPF 130, Rel. Min. Carlos Britto, j. 30-4-2009, *DJ* 6-11-2009).

[186] TJRS, Apelação Cível 70029002441, 9ª Câmara Cível, Rel. Odone Sanguiné, j. 10-6-2009, *DJ* 22-6-2009. No mesmo sentido: TJRS, Apelação Cível 700293416141, Rel. Jorge Luiz Lopes do Canto, j. 27-5-2009, *DJ* 4-6-2009.

[187] Assim, por exemplo, quando o veículo de comunicação restringe-se a informar a prisão preventiva de alguém, ainda que os elementos de convencimento sobre a participação do preso em eventual crime não esteja caracterizada de modo definitivo. TJRS, Apelação Cível 70027466762, Rel. Tasso Delabary, j. 15-5-2009, *DJ* 29-5-2009. No mesmo sentido a notícia divulgada com fundamento em informações policiais, quando não acompanhada de comentários ou referências desabonatórias: TJRS, Apelação Cível 70026860411, Rel. Jorge Luiz Lopes do Canto, j. 26-11-2008, *DJ* 3-12-2008.

8.2.4.1. Direito de proteção de dados pessoais

O aumento exponencial da capacidade de processamento de dados e informações variadas, ao tempo em que permitem uma série de novas utilidades, também revelam riscos à privacidade frente às novas tecnologias da informação.[188] O acesso e tratamento de dados pessoais da população em geral dá causa a repercussões sociais, políticas e econômicas, dado suas interações com temas aparentemente distintos entre si, com a qualidade do debate público, a liberdade de manifestação, a proteção da reserva pessoal e da privacidade, dentre outros temas fundamentais para o desenvolvimento humano.

Daí a decisão de diversos sistemas jurídicos no sentido de disciplinar a coleta e, sobretudo, o tratamento de dados pessoais por intermédio de legislação específica sobre o tema. O Brasil associou-se a este esforço de disciplina legislativa da proteção de dados pessoais com a edição, em 2018, da Lei nº 13.709, de 14 de agosto de 2018 – denominada Lei Geral de Proteção de Dados Pessoais (LGPD). Fundamenta-se a LGPD no propósito de garantia dos direitos do cidadão, oferecendo bases para o desenvolvimento econômico a partir da definição de marcos para utilização econômica da informação decorrente dos dados pessoais.[189] Das várias influências do direito brasileiro, têm especial relevância as normas que definem o modelo europeu de proteção de dados, notadamente o Regulamento Geral de Proteção de Dados (Regulamento 2016/679), que substituiu a Diretiva 46/95/CE, sobre tratamento de dados pessoais, e a Convenção 108, do Conselho da Europa, a qual já em 1981 buscava dispor sobre a proteção relativamente ao tratamento automatizado de dados de caráter pessoal.[190]

A proteção de dados pessoais é projeção de direitos fundamentais consagrados. Relaciona-se com a proteção da vida privada e da intimidade (art. 5º, X, da Constituição da República), da dignidade da pessoa humana (art. 1º, III), e contra a discriminação (art. 3º, IV), como expressões da liberdade e da igualdade da pessoa. A Constituição da República, igualmente, assegura como direito fundamental a inviolabilidade do sigilo de dados (art. 5º, XII). Por tais razões sustenta-se a autonomia da proteção de dados pessoais, como direito da personalidade,[191] ou a especialização da proteção constitucional à vida privada e à intimidade dando origem a um direito fundamental à proteção de dados pessoais.[192] A Lei Geral de Proteção de Dados, nesta linha, define em seu art. 1º, seu objetivo de proteção dos "direitos fundamentais de liberdade e de privacidade e o livre desenvolvimento da personalidade da pessoa natural."

---

[188] Simson Garfinkel, Database nation. The death of privacy in 21th century. Sebastopol: O'Reilly Media, 2000, p. 4-5.
[189] Laura Schertel Mendes; Danilo Doneda, Reflexões iniciais sobre a nova Lei Geral de Proteção de Dados. Revista de direito do consumidor, v. 120. São Paulo: RT, nov.-dez./2018, p. 469-483.
[190] Laura Schertel Mendes; Danilo Doneda, Reflexões iniciais sobre a nova Lei Geral de Proteção de Dados, cit.
[191] Bruno Ricardo Bioni, Proteção de dados pessoais. A função e os limites do consentimento. São Paulo: Forense, 2019, p. 51 e ss.
[192] Laura Schertel Mendes, Privacidade, proteção de dados e defesa do consumidor. Linhas gerais de um novo direito fundamental. São Paulo: Saraiva, 2014, p. 161 e ss; Danilo Doneda, O direito fundamental à proteção de dados pessoais. In: Guilherme Magalhães Martins; João Victor Rozatti Longhi (Coord.) Direito digital. Direito privado e internet. 2ª ed. Indaiatuba: Foco, 2019, p. 35 e ss. Em sua tese doutoral Danilo Doneda registra interessante assertiva, apontando a trajetória pela qual o direito à privacidade sofre metamorfose da qual resulta a proteção de dados pessoais. Danilo Doneda, Da privacidade à proteção dos dados pessoais. Rio de Janeiro: Renovar, 2006, p. 3.

Mesmo antes da edição da LGPD construiu-se, no direito brasileiro, por influência do direito comparado,[193] a noção de *autodeterminação informativa*,[194] colocando sob a égide da decisão livre e racional da pessoa a quem os dados digam respeito (titular dos dados), o poder jurídico para determinar a possibilidade e finalidade de sua utilização, assim como seus limites. O exercício deste poder se define, sobretudo a partir da noção de consentimento do titular. No direito brasileiro, a exemplo de vários sistemas jurídicos estrangeiros, o consentimento para uso dos dados poleriza a disciplina da proteção dos dados pessoais.[195] A exigência de consentimento para coleta e uso dos dados é a regra que imediatamente se deduz do reconhecimento da autodeterminação informativa,[196] de modo que se deva admitir o uso dos dados apenas na hipótese de autorização legal ou da concordância do titular dos dados.

Sobre o tratamento de dados pessoais na internet, incide também a Lei 12.965/2014 – o Marco Civil da Internet – que define regras gerais sobre proteção de dados na rede mundial de computadores. A proteção de dados pessoais é fixada como princípio da disciplina do uso da internet (art. 3º, III). Da mesma forma, é previsto o consentimento expresso para "coleta, uso, armazenamento e tratamento de dados pessoais, que deverá ocorrer de forma destacada das demais cláusulas contratuais" (art. 7º, IX) e o direito à "exclusão definitiva dos dados pessoais que tiver fornecido a determinada aplicação de internet, a seu requerimento, ao término da relação entre as partes, ressalvadas as hipóteses de guarda obrigatória de registros previstas nesta Lei" (art. 7º, X)., Assegura ainda, a aplicação da lei brasileira a quaisquer situações em que pelo menos um dos atos de coleta, armazenamento, guarda e tratamento de registros, de

---

[193] Em especial do direito alemão, a partir de decisão paradigmática do Tribunal Constitucional (Volkszählungsurteil), de 15 de dezembro de 1983, que julgou parcialmente inconstitucional a "Lei do Censo" na qual se consagrou o *Grundrecht auf informationelle Selbsbestimmung*, traduzido então como "direito de autodeterminação informativa", como projeção do direito geral de personalidade (. A decisão em questão era relativa a lei aprovada pelo Parlamento em 1982, que determinava as informações que deveriam ser coletadas para efeito da realização de censo populacional, e cuja recusa em fornecê-las submetia aquele que o fizesse a sanções. O Tribunal terminou por reconhecer o direito do indivíduo de poder decidir, ele próprio sobre o fornecimento e utilização de seus dados por terceiros, o que só poderia ser limitado por razões de interesse público, observada a proporcionalidade. Spiros Simitis, *Die informationelle Selbstbestimmung – Grundbedingung einer verfassungskonformen Informationsordnung*. Neue Juristische Wochenschrift, 8. München: C.H. Beck, 1984, p. 398-405.

[194] Dentre outros, veja-se: Ana Paula Gambogi Carvalho, O consumidor e o direito à autodeterminação informacional: considerações sobre os bancos de dados eletrônicos. *Revista de direito do consumidor*. v. 46. p. 77. São Paulo: Ed. RT, abr.-jun. 2003, p. 77 e ss; Laura Schertel Mendes, A vulnerabilidade do consumidor quanto ao tratamento de dados pessoais. In: Claudia Lima Marques; Beat Gsell (Orgs.) *Novas tendências do direito do consumidor: rede Alemanha-Brasil de pesquisa em direito do consumidor*. São Paulo: RT, 2015, p. 203; Maria Cláudia Cachapuz, Os bancos cadastrais positivos e o tratamento à informação sobre (in) adimplemento. *Revista AJURIS*, v. 40, n. 131. Porto Alegre: Ajuris, set. 2013, p. 259. Na jurisprudência, veja-se a síntese deste pensamento na decisão da Min. Nancy Andrighi: "Os direitos à intimidade e à proteção da vida privada, diretamente relacionados à utilização de dados pessoais por bancos de dados de proteção ao crédito, consagram o direito à autodeterminação informativa e encontram guarida constitucional no art. 5º, X, da Carta Magna, que deve ser aplicado nas relações entre particulares por força de sua eficácia horizontal e privilegiado por imposição do princípio da máxima efetividade dos direitos fundamentais."(STJ, EDcl no REsp 1630659/DF, Rel. Min. Nancy Andrighi, 3ª Turma, j. 27/11/2018, DJe 06/12/2018).

[195] Matthias Cristoph Schwenke, Individualisierung und datenschutz..., p. 168 e ss.

[196] Spiros Simitis (Hrsg). Bundesdatenschutzgesetz, 8. Auf. Baden-Baden: Nomos, 2014, p. 470 e ss. No direito brasileiro, Bruno Bioni refere-se ao consentimento como "protagonista" da proteção de dados: (Proteção de dados pessoais..., p. 139).

dados pessoais ou de comunicações por provedores de conexão e de aplicações de internet ocorra em território nacional (art. 11).

No caso da LGPD, as características essenciais da disciplina jurídica que impõe são definidas por intermédio de princípios expressos. Dentre eles, o *princípio da finalidade* é central na disciplina da proteção de dados pessoais. A finalidade da utilização dos dados é requisito do consentimento. O titular dos dados pessoais ao consentir, o faz para que sejam utilizados para certa e determinada finalidade, que deve ser expressa. No direito europeu, os dados pessoais "recolhidos para finalidades determinadas, explícitas e legítimas e não podendo ser tratados posteriormente de uma forma incompatível com essas finalidades; o tratamento posterior para fins de arquivo de interesse público, ou para fins de investigação científica ou histórica ou para fins estatísticos, não é considerado incompatível com as finalidades iniciais (...)" (art. 5º, I, b, do Regulamento Geral de Proteção de Dados da UE). O art. 6º, I, da LGPD define o conteúdo do princípio da finalidade vinculando-o à "realização do tratamento para propósitos legítimos, específicos, explícitos e informados ao titular, sem possibilidade de tratamento posterior de forma incompatível com essas finalidades". Trata-se de princípio de grande relevância prática, afinal, "com base nele fundamenta-se a restrição da transferência de dados pessoais a terceiros, além do que pode-se, a partir dele, estruturar-se um critério para valorar a razoabilidade da utilização de determinados dados para uma certa finalidade (fora da qual haveria abusividade)".[197] Aquele que pretende obter o consentimento do titular dos dados obriga-se a declarar expressamente as finalidades para as quais pretende utilizar os dados e, nestes termos, vincula-se ao conteúdo desta sua manifestação pré-negocial. A utilização dos dados, seja para tratamento ou compartilhamento desviada das finalidades expressas quando da obtenção do consentimento, torna-o ineficaz e, consequentemente, ilícita a conduta, ensejando responsabilidade, bem como todos os meios de tutela efetiva do direito do titular dos dados. O art. 7º da LGPD define as finalidades legítimas para o tratamento de dados pessoais.[198] Em relação aos dados pessoais sensíveis, tais finalidades são definidas, de modo mais estrito, no art. 11 da LGPD.[199]

---

[197] Danilo Doneda, Direito fundamental à proteção de dados pessoais, p. 45.

[198] "Art. 7º O tratamento de dados pessoais somente poderá ser realizado nas seguintes hipóteses: I – mediante o fornecimento de consentimento pelo titular; II – para o cumprimento de obrigação legal ou regulatória pelo controlador; III – pela administração pública, para o tratamento e uso compartilhado de dados necessários à execução de políticas públicas previstas em leis e regulamentos ou respaldadas em contratos, convênios ou instrumentos congêneres, observadas as disposições do Capítulo IV desta Lei; IV – para a realização de estudos por órgão de pesquisa, garantida, sempre que possível, a anonimização dos dados pessoais; V – quando necessário para a execução de contrato ou de procedimentos preliminares relacionados a contrato do qual seja parte o titular, a pedido do titular dos dados; VI – para o exercício regular de direitos em processo judicial, administrativo ou arbitral, esse último nos termos da Lei nº 9.307, de 23 de setembro de 1996 (Lei de Arbitragem) ; VII – para a proteção da vida ou da incolumidade física do titular ou de terceiro; VIII – para a tutela da saúde, exclusivamente, em procedimento realizado por profissionais de saúde, serviços de saúde ou autoridade sanitária; IX – quando necessário para atender aos interesses legítimos do controlador ou de terceiro, exceto no caso de prevalecerem direitos e liberdades fundamentais do titular que exijam a proteção dos dados pessoais; ou X – para a proteção do crédito, inclusive quanto ao disposto na legislação pertinente."

[199] "Art. 11. O tratamento de dados pessoais sensíveis somente poderá ocorrer nas seguintes hipóteses: I – quando o titular ou seu responsável legal consentir, de forma específica e destacada, para finalidades específicas; II – sem fornecimento de consentimento do titular, nas hipóteses em que for indispensável para: a) cumprimento de obrigação legal ou regulatória pelo controlador; b) tratamento compartilhado de dados necessários à execução, pela administração pública, de políticas públicas previstas em leis ou regulamentos; c) realização de estudos por órgão de pesquisa, garantida, sempre que possível, a anonimização dos dados pessoais sensíveis; d) exercício regular de direitos, inclusive em contrato e em processo judicial, administrativo e arbitral, este último nos termos da Lei nº 9.307, de 23 de setembro de 1996 (Lei

O *princípio da adequação* é definido pela "compatibilidade do tratamento com as finalidades informadas ao titular, de acordo com o contexto do tratamento" (art. 6º, II, da LGPD). Seu propósito é o de preservar a vinculação necessária entre a finalidade de utilização dos dados informada ao titular e seu efetivo atendimento na realização concreta do tratamento de dados. A adequação vincula-se diretamente ao consentimento dado pelo titular para o tratamento dos dados ou as demais finalidades legais admitidas que deverão ser informadas, e a situação de confiança que se cria do estrito atendimento dos termos da informação prévia ao consentimento ou do uso informado. Tratando-se do consentimento dado ao tratamento de dados pessoais sensíveis, anote-se que esta vinculação à finalidade é ainda mais estrita, inclusive pelos requisitos que lhe são determinados, nos termos do art. 11, I, da LGPD, a exigir, em tais situações, que ele deva ser dado "de forma específica e destacada, para finalidades específicas".

O *princípio da necessidade* compreende "a limitação do tratamento ao mínimo necessário para a realização de suas finalidades, com abrangência dos dados pertinentes, proporcionais e não excessivos em relação às finalidades do tratamento de dados" (art. 6º, III, da LGPD). Uma vez que o tratamento dos dados pessoais se vincula diretamente a um direito fundamental que assegura sua proteção, assim como supõe o consentimento do titular e hipóteses de atendimento a finalidade legítima, resulta daí a limitação de seu uso ao mínimo necessário para que atenda a tais fins. O tratamento dos dados deve estender-se ao que seja estritamente suficiente para atendimento das finalidades propostas. Daí referir-se, a definição legal, a *dados pertinentes, proporcionais* (revelando adequação entre meios e fins) e *não excessivos*. Dada a crescente capacidade de processamento de volumes cada vez mais expressivos de informações, um desafio regulatório importante em relação à proteção de dados é o equilíbrio entre a pretensão de maior precisão na análise e a limitação do seu uso em face do princípio da necessidade. Em especial frente às várias possibilidades de correlações que podem ser realizadas em termos estatísticos entre dados que aparentemente não tenham uma vinculação direta entre si. A precisão do que se deva considerar o mínimo necessário para a realização das finalidades do tratamento de dados tensiona com o volume ou qualidade dos dados necessários para sua melhor consecução.

O *princípio do livre acesso* compreende a "garantia, aos titulares, de consulta facilitada e gratuita sobre a forma e a duração do tratamento, bem como sobre a integralidade de seus dados pessoais" (art. 6º, IV, da LGPD). A participação dos titulares dos dados no seu tratamento se expressa, especialmente, pela exigência de consentimento e na possibilidade efetiva de que tenham conhecimento sobre a forma e extensão em que se desenvolvem. Abrange a possibilidade de obter cópia dos registros existentes, tendo a pretensão, inclusive, de corrigir informações incorretas ou imprecisas, ou conforme seu interesse, mesmo, acrescentar dados verdadeiros que possam favorecê-lo. O art. 9º da LGPD concretiza o princípio assegurando o direito do titular dos dados "ao acesso facilitado às informações sobre o tratamento de seus dados, que deverão ser disponibilizadas de forma clara, adequada e ostensiva acerca de, entre outras características previstas em regulamentação para o atendimento do princípio do livre acesso: I – finalidade específica do tratamento; II – forma e duração do tratamento, observados os segredos comercial e industrial; III – identificação do controlador; IV – informações de contato do controlador; V – informações acerca do uso compartilhado de dados pelo controlador

---

de Arbitragem); e) proteção da vida ou da incolumidade física do titular ou de terceiro; f) tutela da saúde, exclusivamente, em procedimento realizado por profissionais de saúde, serviços de saúde ou autoridade sanitária; ou g) garantia da prevenção à fraude e à segurança do titular, nos processos de identificação e autenticação de cadastro em sistemas eletrônicos, resguardados os direitos mencionados no art. 9º desta Lei e exceto no caso de prevalecerem direitos e liberdades fundamentais do titular que exijam a proteção dos dados pessoais."

e a finalidade; VI – responsabilidades dos agentes que realizarão o tratamento; e VII – direitos do titular, com menção explícita aos direitos contidos no art. 18 desta Lei." O mesmo direito de acesso é consagrado no rol dos direitos do titular dos dados, enunciado no art. 18, II, da LGPD. Há, neste ponto, clara inspiração na regra do art. 15 do Regulamento Geral de Proteção de Dados europeu (Regulamento 2016/679), que enuncia, com pequenas variações, os direitos subjetivos previstos na LGPD brasileira.

É assegurado pela LGPD a "garantia, aos titulares, de exatidão, clareza, relevância e atualização dos dados, de acordo com a necessidade e para o cumprimento da finalidade de seu tratamento" (art. 6º, V). A rigor, a exatidão de dados é inerente a formação de banco de dados e toda e qualquer atividade de tratamento de dados pessoais que possam repercutir, de qualquer modo, sobre os direitos do titular das informações arquivadas. Esta noção de exatidão abrange sua atualidade e clareza, como pretendeu bem explicitar a definição legal de qualidade dos dados, o que é especialmente importante se for considerado o caráter permanente e contínuo do tratamento de dados, seu compartilhamento e consulta pelos interessados, o que leva a que na medida em que as informações se modifiquem, pelo que é natural e ordinário no cotidiano da vida, seja identificado um ônus do controlador dos dados de mantê-los atualizados.

No tocante à relevância dos dados, é critério cujo conteúdo se firma em estrita vinculação coma finalidade do tratamento. Com exceção de situações extremas, nas quais seja praticamente impossível sustentar alguma associação entre informações notoriamente irrelevantes para a finalidade determinada ao tratamento de dados, a correlação de dados em termos estatísticos não se subordina a uma exigência de causalidade, bastando uma demonstração estatística. Não é necessário, assim, a demonstração específica de como um determinado dado pessoal repercute em termos causais para certo resultado, senão que demonstre sua correlação. *Correlação* é a medida da relação entre duas variáveis, que pode ser demonstrada em termos estatísticos e não implica necessariamente em uma relação de causa e efeito (p.ex. a frequência de aquisição de determinados produtos pelos consumidores se dá em determinado horário ou em determinado dia da semana), como ocorre no juízo de causalidade, no qual a relação entre duas variáveis pressupõe que uma é consequência da outra. O estágio atual do tratamento de dados aperfeiçoa a utilização de correlações, por intermédio, sobretudo, do desenvolvimento de algoritmos que permitem a obtenção de resultados precisos não apoiados necessariamente por relações de causalidade.

O *princípio de qualidade* confere ao titular um direito de correção dos dados incompletos, inexatos ou desatualizados (art. 18, III, da LGPD), assim como de anonimização, bloqueio e eliminação dos dados considerados desnecessários, excessivos ou tratados em desacordo com a lei (art. 18, IV, da LGPD). *Anonimização* significa tornar anônimo, ou simplesmente, desidentificar, tornar impossível a associação direta ou indireta entre os dados objeto de tratamento e a pessoa do seu titular. É definida no art. 5º, XI, da LGPD; *bloqueio* de dados, nos termos da lei (art. 5º, XIII) se caracteriza pela suspensão temporária de qualquer operação de tratamento do dado; *eliminação* compreende a exclusão de dado ou de conjunto de dados armazenados em banco de dados (art. 5º, XIV). Todas são hipóteses em que se visa preservar o titular dos dados, impedindo que informações em desacordo com a lei possam ser associados a ele, de modo a violar direitos fundamentais (sobretudo no caso de informações desnecessárias ou excessivas),[200] ou ainda seus legítimos interesses, inclusive, para prevenir riscos de dano (em especial no caso de dados incompletos, inexatos ou desatualizados).

---

[200] Embora em outro contexto, foi o caráter excessivo e a perda da relevância das informações com o decurso do tempo que levou o STJ, em 2018, a reconhecer o direito à desindexação em sites de busca do nome do

O *princípio da transparência* expressa a "garantia, aos titulares, de informações claras, precisas e facilmente acessíveis sobre a realização do tratamento e os respectivos agentes de tratamento, observados os segredos comercial e industrial" (art. 6º, VI, da LGPD). A transparência sobre o procedimento de tratamento de dados e os sujeitos envolvidos na atividade é uma marca da legislação sobre proteção de dados em diversos sistemas jurídicos.[201] Há, neste particular, uma preocupação com o respeito à legítima expectativa do titular dos dados, mas, sobretudo, a determinação do controle do tratamento pelo titular dos dados em relação ao atendimento do compromisso assumido pelo controlador quando da sua obtenção.

Relevante também, na transparência do tratamento de dados, é o tempo de sua realização e seu término, na hipótese de atingimento da finalidade ou perda de utilidade dos dados, o fim do período de tratamento previsto, a comunicação da revogação do consentimento ou a determinação da autoridade nacional, no caso de violação da lei. O término do tratamento implica, como regra, na obrigação de eliminação dos dados pessoais arquivados. A eliminação deixará de ocorrer apenas em vista das hipóteses previstas no art. 16 da LGPD, a saber: "I – cumprimento de obrigação legal ou regulatória pelo controlador; II – estudo por órgão de pesquisa, garantida, sempre que possível, a anonimização dos dados pessoais III – transferência a terceiro, desde que respeitados os requisitos de tratamento de dados dispostos nesta Lei; ou IV – uso exclusivo do controlador, vedado seu acesso por terceiro, e desde que anonimizados os dados."

O *princípio da segurança* é definido pela "utilização de medidas técnicas e administrativas aptas a proteger os dados pessoais de acessos não autorizados e de situações acidentais ou ilícitas de destruição, perda, alteração, comunicação ou difusão" (art. 6º, VII, da LGPD). Um dos principais objetivos das normas de proteção de dados é assegurar seu tratamento de modo compatível aos direitos dos titulares dos dados, evitando seu tratamento sem observância das exigências legais, assim como a prevenção de riscos inerentes à atividade.

Reconhecida a possibilidade de o tratamento de dados gerar riscos aos direitos dos titulares dos dados, informa a atividade também o princípio da prevenção. Compreende a "adoção de medidas para prevenir a ocorrência de danos em virtude do tratamento de dados pessoais" (art. 6º, VIII, da LGPD). É comum às atividades associadas à tecnologia da informação e sua multifacetada e crescente utilização para uma série de finalidades, a identificação de novos riscos. Estes novos riscos tanto se apresentam em razão de situações novas criadas pela tecnologia – ou seja, que pressupõe sua existência – quanto a potencialização de riscos de dano já existentes, mas que o incremento tecnológico aumenta a possibilidade de ocorrência ou sua extensão.

O princípio da não-discriminação tem importância destacada na proteção dos dados pessoais. Compreende, segundo definição legal, a "impossibilidade de realização do tratamento para fins discriminatórios ilícitos ou abusivos" (art. 6º, IX, da LGPD). A própria disciplina do

---

autor e de notícias desabonadoras a seu respeito: STJ, REsp 1660168/RJ, Rel. Min. Nancy Andrighi, Rel. p/ Acórdão Min. Marco Aurélio Bellizze, 3ª Turma, j. 08/05/2018, *DJe* 05/06/2018.

[201] O Regulamento Geral sobre Proteção de Dados europeu define que "deverá ser transparente para as pessoas singulares que os dados pessoais que lhes dizem respeito são recolhidos, utilizados, consultados ou sujeitos a qualquer outro tipo de tratamento e a medida em que os dados pessoais são ou virão a ser tratados." Prossegue afirmando que "o princípio da transparência exige que as informações ou comunicações relacionadas com o tratamento desses dados pessoais sejam de fácil acesso e compreensão, e formuladas numa linguagem clara e simples. Esse princípio diz respeito, em particular, às informações fornecidas aos titulares dos dados sobre a identidade do responsável pelo tratamento dos mesmos e os fins a que o tratamento se destina, bem como às informações que se destinam a assegurar que seja efetuado com equidade e transparência para com as pessoas singulares em causa, bem como a salvaguardar o seu direito a obter a confirmação e a comunicação dos dados pessoais que lhes dizem respeito que estão a ser tratados." (n. 39 do Regulamento 2016/679).

tratamento dos dados sensíveis (art. 11 da LGPD) em separado dos demais dados pessoais justifica-se pelo risco maior que dele resulte discriminação. Contudo, interpretação constitucionalmente adequada da norma deve compreender a proibição não apenas da finalidade discriminatória ou abusiva, mas também quando o resultado do tratamento de dados possa dar causa à discriminação. A proibição da discriminação injusta não se limita apenas ao comportamento que se dirige a discriminar, senão também em qualquer situação na qual ela é resultado de uma determinada conduta.

A utilidade essencial do tratamento de dados é justamente segmentar, personalizar, especializar dados pessoais; portanto discriminar, assim entendida a noção como separação, diferenciação. É preciso atentar aos exatos termos da proibição presente na lei, que compreende a proibição à discriminação ilícita ou abusiva. Ilícita será a discriminação baseada em critérios que a lei proíbe a utilização para fins de diferenciação. Neste caso, é a Constituição da República quem proíbe preconceitos de origem, raça, sexo, cor, idade e quaisquer outras formas de discriminação (art. 3º, IV). Da mesma forma, estabelece que "ninguém será privado de direitos por motivo de crença religiosa ou de convicção filosófica ou política" (art. 5º, VIII). Além destes, critérios, pode haver discriminação ilícita ou abusiva em razão de critérios que não estejam em acordo com a finalidade para a qual se realize determinada diferenciação. Assim, por exemplo, a recusa de fornecimento de produto ou serviço a quaisquer pessoas em razão de sua orientação sexual.[202] No tocante ao tratamento de dados pessoais, a própria definição legal de dado sensível compreende uma série de critérios cuja utilização, para fins de discriminação, deve ser considerada proibida (o art. 5º, II, da LGPD, relaciona os dados relativos a origem racial ou étnica, convicção religiosa, opinião política, filiação a sindicato ou a organização de caráter religioso, filosófico ou político, dado referente à saúde ou à vida sexual, dado genético ou biométrico, quando vinculado a uma pessoa natural).

O exercício da liberdade individual é delimitado pela proibição à discriminação injusta. O que não significa a impossibilidade absoluta de serem feitas diferenciações ou separações, de acordo com critérios idôneos e legítimos à luz da Constituição da República e da legislação. No tocante ao tratamento de dados, a diferenciação e segmentação constitui, inclusive, uma das utilidades mais perceptíveis. Neste sentido, não basta que o critério de diferenciação seja aferido objetivamente ou que não restrinja o acesso de qualquer dos titulares de dados a quaisquer bens ou serviços em questão.

Por fim, o *princípio da responsabilização* e prestação de contas compreende a exigência de "demonstração, pelo agente, da adoção de medidas eficazes e capazes de comprovar a observância e o cumprimento das normas de proteção de dados pessoais e, inclusive, da eficácia dessas medidas" (art. 6º, X, da LGPD). Relaciona-se diretamente com o princípio da transparência e da prevenção, impelindo aqueles que se ocupam do tratamento de dados pessoais não apenas de observar o cumprimento das normas jurídicas aplicáveis, mas terem a capacidade de demonstrar esta conformidade legal e sua eficácia. A enunciação do princípio se inspira no Regulamento europeu, no qual consta ainda a explicitação do conteúdo do comportamento exigido na demonstração de atendimento às normas, ao referir que "essas medidas deverão ter em conta a natureza, o âmbito, o contexto e as finalidades do tratamento dos dados" (n. 74 do Regulamento 2016/679). Esta obrigação compreende, inclusive, a adoção de programas de conformidade (n. 78 do Regulamento 2016/679), bem como um detalhado procedimento de avaliação de impacto sobre proteção de dados (art. 35 do Regulamento 2016/679).

---

[202] TJRS, ApCiv 70049609944, 9ª Câmara Cível, Rel. Leonel Pires Ohlweiler, j. 24/10/2012.

8.2.4.2. Direitos subjetivos do titular de dados pessoais

O regime de proteção dos dados pessoais gira em torno do consentimento do titular para o tratamento. Consentimento caracterizado pela decisão livre do titular dos dados que permite o tratamento a uma finalidade específica e que tenha sido informado sobre esta finalidade, o processamento e utilização dos dados, bem como da possibilidade de não consentir.[203] O art. 5º, XII, da LGPD, em clara influência do Regulamento Geral europeu sobre proteção de dados, define o consentimento como "manifestação livre, informada e inequívoca pela qual o titular concorda com o tratamento de seus dados pessoais para uma finalidade determinada". A aceitação do titular dos dados deve ser expressa, ainda que se possa interpretar, naquilo que não se lhe seja oneroso ou determine prejuízo, o consentimento tácito, segundo os usos. No caso do consentimento, para o tratamento de dados (art. 7º, I, da LGPD) observam-se requisitos substanciais e formais. São requisitos substanciais os que digam respeito à qualidade do consentimento. Conhecimento e compreensão por aquele de quem se requer o consentimento são elementos essenciais para sua configuração.[204] Daí o sentido de que se trate de uma manifestação de vontade livre – significa dizer, isenta de pressões ou ameaças diretas ou indiretas que contaminem a decisão do titular dos dados. O art. 8º, § 3º, da LGPD, faz referência expressa aos vícios do consentimento, o que remete, no direito atual, aos defeitos do negócio jurídico previstos no Código Civil. Exige-se também que seja uma manifestação de vontade informada e inequívoca,[205] devendo ser "fornecido por escrito ou por outro meio que demonstre a manifestação de vontade do titular." Já o consentimento para tratamento de dados sensíveis deve estar vinculado, "de forma específica e destacada, para finalidades específicas". O consentimento informado, neste caso, firma-se em termos amplos, não apenas com o reconhecimento de um dever de repassar informações àquele que deve manifestar seu consentimento, mas sobretudo de esclarecimento (esclarecer = tornar claro), compreendendo o dever daquele a quem compete informar, de tornar estas informações compreensíveis para o destinatário. Eficaz é o consentimento quando aquele que manifesta vontade teve as condições plenas de compreender o conteúdo da sua decisão e de que modo ela repercute em relação aos seus interesses. Inclusive quanto a finalidade de utilização dos dados, sendo nulas as manifestações que se caracterizem como autorizações genéricas para o tratamento de dados (art. 8º, § 4º, da LGPD).

Dentre os direitos subjetivos específicos que resultam da proteção de dados pessoais está o de confirmação da existência de tratamento, que pode ser exercido perante o controlador dos dados mediante requerimento do titular (art. 19 da LGPD), em formato simplificado ou mediante declaração clara e completa na qual indique a origem dos dados, a inexistência de registro, os critérios utilizados e a finalidade do tratamento, observados os segredos comercial e industrial. No caso de ser requerido em formato simplificado, o que é próprio daquele que pretenda apenas confirmar a existência ou não do tratamento, a resposta do controlador deve ser imediata, o que permite inclusive, a utilização de meios de comunicação instantânea. Requerendo, o titular dos dados, declaração mais completa, a lei define que deverá indicar a origem dos dados, a inexistência de registro, os critérios utilizados e a finalidade do tratamento, observados os segredos comercial e industrial, hipótese em que deverá ser fornecida pelo controlador no prazo de até 15 dias. A lei prevê a possibilidade deste prazo ser alterado, por

---

[203] Spiros Simitis (Hrsg). Bundesdatenschutzgesetz, 8. Auf. Baden-Baden: Nomos, 2014, cit.
[204] Deryck Beyleveld; Roger Browsword, Consent in the law. Oxford: Hart Publishing, 2007, p. 145 ss.
[205] Bruno Ricardo Bioni, Proteção de dados pessoais..., p. 198.

regulamento, para setores específicos (art. 19, § 4º). O atendimento do requerimento do titular dos dados poderá se dar por meio eletrônico ou sob a forma impressa (art. 19, § 2º, da LGPD).

Da mesma forma, deve ser assegurado o *direito de acesso aos dados*, tanto na fase de coleta, pelo período que dure o tratamento dos dados até seu encerramento. O art. 9º da LGPD define, em caráter exemplificativo, as informações sobre o tratamento que devem ser prestadas ao titular dos dados, tais como: a finalidade específica do tratamento; sua forma e duração; a identidade do controlador e suas informações de contato; as informações sobre o uso compartilhado dos dados e sua finalidade; a responsabilidade dos agentes que vão realiza-lo; e os direitos assegurados aos titulares dos dados.

Também o *direito à correção dos dados*, impede que sejam objeto de tratamento dados incompletos, inexatos ou desatualizados. O *direito à anonimização dos dados* visa preservar a privacidade do titular. *Anonimização* implica tornar anônimo, impedindo a associação entre o titular dos dados e as informações objeto de tratamento. Segundo a definição legal, compreende a "utilização de meios técnicos razoáveis e disponíveis no momento do tratamento, por meio dos quais um dado perde a possibilidade de associação, direta ou indireta, a um indivíduo". A anonimização compreende uma alteração da disposição inicial dos dados, de modo a não permitir a identificação do titular, concentrando-se mais no resultado do que no caminho para alcançá-lo, ainda que a rigor, o anonimato absoluto no mundo digital, hoje, seja uma ilusão.[206] Afinal, há sempre elementos passíveis de identificação, como o endereço de IP do computador, dados em um telefone celular, de cartões de crédito, chips RFID,[207] ou outros que permitam uma associação a determinada pessoa, fornecendo um perfil detalhado do seu comportamento a partir do uso de determinado meio de comunicação ou em relação a determinados dados.

É assegurado, ainda, ao titular dos dados, a "portabilidade dos dados a outro fornecedor de serviço ou produto, mediante requisição expressa, de acordo com a regulamentação da autoridade nacional, observados os segredos comercial e industrial" (art. 18, V, do LGPD). O *direito à eliminação dos dados* objeto de tratamento resulta como consequência da autodeterminação do titular dos dados e da própria possibilidade de revogação do consentimento para tratamento. Contrapõe-se à possibilidade de manutenção dos dados em arquivo, porém interditando sua utilização, solução que aumenta os riscos de uso indevido ou vazamento. O titular dos dados pode revogar o consentimento que tenha sido dado para tratamento. A rigor, se deve exigir que seja oferecido o mesmo meio para revogação daquele que se serviu para obter o consentimento, tendo sua eficácia desde quando feita a manifestação (*ex nunc*).[208]

A proteção de dados pessoais como expressão de uma dimensão de proteção da pessoa humana encontra maior fundamento e extensão no tocante aos denominados *dados pessoais sensíveis*. A LGPD define os dados pessoais sensíveis como aqueles "sobre origem racial ou étnica, convicção religiosa, opinião política, filiação a sindicato ou a organização de caráter religioso, filosófico ou político, dado referente à saúde ou à vida sexual, dado genético ou biométrico, quando vinculado a uma pessoa natural" (art. 5º, II). Evidencia-se, da definição, que a natureza sensível do dado em questão refere-se à potencialidade de sua utilização de modo a dar causa à

---

[206] Niko Härting, Anonymität und Pseudonymität im Datenschutzrecht, Neue Juristische Wochenschrift, 29. Munich: C.H. Beck, 2013, p. 2065-2071.
[207] Wolfgang Hackenberg, Big data. In: Thomas Hoeren; Ulrich Sieber; Bernd Holznagel (Hrsg.) Multimedia-Recht: Rechtsfragen des elektronischen Geschäftsverkehrs.37 Auf, Teil, 16.7, Rn 13, EL juli/2017.
[208] Assim como é da tradição da legislação de proteção de dados, conforme assinala Giorgio Resta, Revoca del consenso ed interesse al trattamento nella legge sulla protezione dei dati personali. Rivista critica del diritto privato, ano XVIII, n. 2.,Bologna, giugno/2000, p. 299 e ss.

discriminação proibida do titular dos dados, em ofensa aos direitos fundamentais de liberdade e igualdade assegurados pela Constituição. A disciplina especial da proteção de dados sensíveis fixada pela LGPD tem a finalidade de prevenir e reduzir os riscos de discriminação em razão dos critérios proibidos pela Constituição, a partir da delimitação mais estrita das condições do seu tratamento, em relação ao consentimento e a sua finalidade. São proibidos, por outro lado, a comunicação ou uso compartilhado de dados relativos à saúde, com o objetivo de obter vantagem econômica, exceto no caso da portabilidade de dados consentida pelo titular, ou para atender necessidade de comunicação para a adequada prestação de serviços de saúde e as transações financeiras e administrativas a ela relacionadas (art. 11, § 4º, II, da LGPD).

Nos casos em que o titular dos dados seja criança ou adolescente, informa a disciplina sua proteção a doutrina do melhor interesse, fundada no art. 227 da Constituição da República. Não podem elas próprias manifestar consentimento válido. Daí porque a lei exige que o consentimento específico seja realizado por pelo menos um dos pais ou pelo representante legal (art. 14, § 1º, da LGPD).

8.2.5. Direitos morais de autor

Os direitos morais de autor são considerados no sistema jurídico brasileiro como direitos da personalidade. Não terão, contudo, disciplina específica no Código Civil, sendo sua definição e efeitos confiados à Lei de Direitos Autorais (Lei 9.610, de 19 de fevereiro de 1998). A definição dos direitos morais de autor como direito da personalidade decorre da própria compreensão das obras intelectuais protegidas por direitos autorais, a saber, "as criações do espírito, expressas por qualquer meio ou fixadas em qualquer suporte, tangível ou intangível, conhecido ou que se invente no futuro" (art. 7º da Lei 9.610/1998). Neste sentido, sua vinculação à proteção da personalidade resulta do fato que tais criações são expressão da personalidade do autor, de sua própria identidade,[209] razão pela qual é reconhecido seu direito sobre a obra. Contudo, diferentemente dos demais direitos da personalidade, que são inatos e independem de qualquer atuação específica da pessoa para que seja considerada titular, os direitos morais de autor supõem a realização de uma obra intelectual, tais como obras literárias, artísticas, científicas, composições musicais e sua interpretação, desenhos, gravuras, pinturas, coreografias e quaisquer outros modos de expressão das criações do espírito.

Neste particular, distinguem-se entre os direitos autorais os *direitos morais de autor* – que são direitos da personalidade, na medida em que protegem a própria expressão decorrente da personalidade humana – e os *direitos patrimoniais de autor*, que ao contrário, compreendem o interesse econômico na percepção de vantagens decorrentes da exploração da obra intelectual. São direitos morais de autor, os definidos no art. 24 da Lei 9.610/1998, a saber: "I – o de reivindicar, a qualquer tempo, a autoria da obra; II – o de ter seu nome, pseudônimo ou sinal convencional indicado ou anunciado, como sendo o do autor, na utilização de sua obra; III – o de conservar a obra inédita; IV – o de assegurar a integridade da obra, opondo-se a quaisquer modificações ou à prática de atos que, de qualquer forma, possam prejudicá-la ou atingi-lo, como autor, em sua reputação ou honra; V – o de modificar a obra, antes ou depois de utilizada; VI – o de retirar de circulação a obra ou de suspender qualquer forma de utilização já autorizada, quando a circulação ou utilização implicarem afronta à sua reputação e imagem; VII – o de ter acesso a exemplar único e raro da obra, quando se encontre legitimamente em poder de outrem, para o fim de, por meio de processo fotográfico ou assemelhado, ou audiovisual,

---

[209] Marina Santilli, Il diritto d'autore nella societá dell'informazione. Milano: Giuffrè, 1988, p. 242.

preservar sua memória, de forma que cause o menor inconveniente possível a seu detentor, que, em todo caso, será indenizado de qualquer dano ou prejuízo que lhe seja causado."

Os direitos morais de autor, deste modo, compreendem tanto o interesse na preservação da integridade da obra e de controlar sua divulgação e eventuais modificações,[210] como também o de ter reconhecida a autoria. Da mesma forma, tutela o direito de acesso à obra, quando rara, para o fim de assegurar sua preservação.

Outro aspecto distintivo dos direitos morais de autor em relação aos demais direitos da personalidade deve ser destacado. A lei prevê a transmissão *causa mortis* do autor a seus sucessores apenas em relação a alguns direitos morais de autor de que seja titular. A rigor, embora a legislação faça referência à transmissão, deve ser entendida como hipótese de legitimação dos sucessores para exercer os direitos morais em lugar do autor falecido (a exemplo do que ocorre na situação prevista pela regra geral do art. 12 do Código Civil). No caso, o direito de reivindicar a autoria, o de ter seu nome, pseudônimo ou sinal convencional identificando sua autoria na utilização da obra, o de conservar a obra inédita e de assegurar sua integridade. Os demais direitos, como o de modificação da obra, o de retirar de circulação ou de ter acesso a exemplar único e raro, extinguem-se com a morte do autor, não sendo reconhecido aos sucessores legitimação para exercê-los.

---

[210] "DIREITOS AUTORAIS. CD "REMASTERIZADO" SEM AUTORIZAÇÃO DO ARTISTA. 1) COMERCIALIZADORA DA OBRA TIDA PELO ARTISTA COMO VIOLADORA DE DIREITO AUTORAL. SOLIDARIEDADE ALEGADA COM FUNDAMENTO NO ART. 104 DA LEI DOS DIREITOS AUTORAIS. NECESSIDADE DE EXPOSIÇÃO DE FATOS E FUNDAMENTOS JURÍDICOS PORMENORIZADOS NA INICIAL. OMISSÃO. PRINCÍPIO DA ADSTRIÇÃO OU ASSERÇÃO. INVIABILIDADE DO ACIONAMENTO. IMPROCEDÊNCIA QUANTO À COMERCIALIZADORA MANTIDA. 2) DIREITO MORAL DE ARTISTA. MODIFICAÇÃO DE GRAVAÇÕES ORIGINAIS EM NOVO CD "REMASTERIZADO", LANÇADO SEM O CONSENTIMENTO DO ARTISTA. ORIGINAL ALTERADO, CONFORME CONSTATADO POR PERÍCIA E FIRMADO PELA SENTENÇA E PELO ACÓRDÃO (SÚMULA 7). DIREITO MORAL DO ARTISTA À IDENTIDADE E INTEGRIDADE DA OBRA VIOLADOS. (ARTS. 25, IV, 52 da Lei 5.988/73, ATUALMENTE ARTS. 24, IV, 49, DA LEI 9.610/98). 3) DANO MORAL POR VIOLAÇÃO DE DIREITO MORAL DO ARTISTA RECONHECIDO: a) VEDAÇÃO DE CIRCULAÇÃO FUTURA SEM CONSENTIMENTO DO AUTOR; b) IMPOSSIBILIDADE DE RECOLHIMENTO DE EXEMPLARES VENDIDOS NO ÂMBITO NACIONAL E INTERNACIONAL; c) INDENIZAÇÃO PELA VIOLAÇÃO DO DIREITO MORAL DO ARTISTA; d) PAGAMENTO DE "ROYALTIES" POR EXEMPLARES ANTERIORMENTE VENDIDOS. 4) RECURSO ESPECIAL DO AUTOR, ÚNICO INTERPOSTO, PROVIDO EM PARTE, COM OBSERVAÇÕES. (...) 2.- É direito moral do autor, inalienável, portanto, recusar modificações não autorizadas de sua obra, constatadas por perícia e firmadas como matéria fática pelo Acórdão recorrido, modificações essas realizadas por ocasião de processo de "remasterização", independentemente de a obra indevidamente modificada vir a receber láureas nacionais e internacionais respeitáveis, quando resta patente e durável o constrangimento do artista pela ofensa à identidade da obra. 3.- Violação de direito autoral moral determinadora da vedação de reprodução sem o consentimento do autor, mas inviável o recolhimento de exemplares já objeto de ampla circulação nacional e internacional, de modo que a consequência é a indenização por dano ao direito autoral moral, sem prejuízo do recebimento de "royalties" pelos exemplares já vendidos, em valor a ser apurado em liquidação por arbitramento. 4.- Recurso Especial do autor provido em parte, com observação, para: a) mantida a improcedência da ação quanto à comercializadora; b) condenar a gravadora (sem prejuízo de indenizações já fixadas, sem recurso, ao pagamento de "royalties" pela produção e venda de CDs de obra alterada, com infração a direito material e moral de autor, este a título de indenização, fixada no acréscimo de 6% ao valor dos "royalties" por alteração de obra, ofendendo direito moral de autor sem o consentimento do artista; c) observar a incidência de juros legais (CC/1916, art. 1092 e CC/2002, arts. 406-407), sem juros compostos, porque não fixados pelo julgado, sem recurso do autor sobre a matéria." (STJ, REsp 1098626/RJ, Rel. Min. Sidnei Beneti, 3ª Turma, j. 13/12/2011, *DJe* 29/02/2012).

No caso de obras que estejam em domínio público, compete também ao Estado a proteção da sua integridade, o que faz não em atenção ao direito subjetivo do autor falecido, mas em vista do interesse público de preservação dos bens culturais. Em domínio público estarão as obras cujos direitos patrimoniais encontrem-se extintos, o que ocorre, como regra, após setenta anos contados de 1º de janeiro do ano subsequente ao de falecimento do autor, assim como as de autores falecidos que não tenham deixado sucessores e as de autor desconhecido, ressalvada a proteção legal aos conhecimentos étnicos e tradicionais (art. 45 da Lei 9.610/1998).

Um dos efeitos do reconhecimento dos direitos morais de autor como direitos da personalidade será o de contarem com as características próprias destes direitos, no que se destaca sua indisponibilidade (e consequente intransmissibilidade), assim como a imprescritibilidade das pretensões visando a sua proteção. O próprio art. 27 da Lei 9.610/1998 refere que "os direitos morais do autor são inalienáveis e irrenunciáveis".

Capítulo VIII
A PESSOA JURÍDICA NO DIREITO PRIVADO

A pessoa jurídica é criação do Direito, modo de organização e articulação da atuação humana coletiva visando a diferentes finalidades comuns. Parte da necessidade de que, ao se organizarem a atividade de diversas pessoas, o emprego de capitais e seu vínculo a determinados fins, tal organização revista-se de forma jurídica. Sua estruturação moderna resulta do reconhecimento como sujeito de direitos, tal como a pessoa natural, de modo que seja tomado como ente autônomo, dotado de direitos, deveres e pretensões.

Porém, diferente da pessoa natural, ser humano a quem o Direito atribui personalidade, e daí se reconhece de modo universal um conjunto de direitos invariáveis que são inerentes a sua condição, no caso da pessoa jurídica, como fenômeno decorrente da vontade humana conforme as condições definidas pelo sistema jurídico, sua estrutura e espécies estarão vinculadas a uma série de critérios por ele estabelecidos, tais como a finalidade a que se destinam, estrutura, regime jurídico, dentre outros que participam da sua própria utilidade. O conceito de pessoa jurídica, nestes termos, articula-se a partir da própria noção de autonomia privada, que não compreende apenas a liberdade de decisão sobre sua criação, mas também o modo como se organiza internamente, e a sua atuação na vida de relações, com interesses distintos e separados daqueles que a constituem ou integram.[1]

São várias as teorias que buscam explicar sua natureza jurídica, porém mais do que esboço teórico, será a própria visão histórica das várias formas de associação humana que permitem uma compreensão mais ampla do seu significado contemporâneo. Atualmente, distinguem-se sociedades, associações, fundações em diferentes campos da atividade abrangida pelo direito privado, assim como a própria estruturação do Estado se dá a partir das chamadas pessoas jurídicas de direito público, como a União, os Estados (e o Distrito Federal), os Municípios, as autarquias, e outras formas de organização estatal. Esta realidade, contudo, será tributária de uma longa evolução histórica, cujos traços elementares examinam-se a seguir.

1. O DESENVOLVIMENTO DO CONCEITO DE PESSOA JURÍDICA E SUA JUSTIFICAÇÃO

Com diferentes níveis de complexidade e sofisticação, todas as civilizações apresentam formas de comunhão de esforços individuais em vista do interesse comum. A forma como se articulam estes esforços é variável, e lentamente tenderam, acompanhando a própria evolução do Direito, ao desenvolvimento de formas de organização diversas.

Na tradição jurídica, já entre os romanos identificam-se formas associativas vinculadas a finalidades de culto, como os *sodalicia* e os *collegia*, pertencentes ao Estado e utilizados pe-

---

[1] Veja-se: Franz Bydlinski, System und Prinzipen des Privatrechts. Wien: Verlag Österreich, 2013, p. 141 e ss. Sobre sua liberdade de atuação, com especial referência às sociedades, p. 469 e ss.

los cidadãos para veneração dos Deuses de então. Os *collegia* caracterizavam-se por ter um estatuto próprio (*lex collegia*), caracterizado como espécie de acordo de associação celebrado entre seus membros, e já previsto na Lei das XII Tábuas. Também, mais adiante, os *municipia* e as corporações[2] surgem como entes cujo patrimônio não se confundia com o das pessoas que dele participavam. A compreensão dos antecedentes da pessoa jurídica no direito romano, contudo, costuma vincular-se às corporações e à noção de universalidade derivada da existência de patrimônio próprio e de capacidade processual (para atuação em juízo). Assim a fórmula de Ulpiano no Digesto: "*Si quid universitati debetur, singulis non debetur, nec quod debet universitas singuli debent*" (D. 3, 4, 7, 1: "Se algo é devido à universalidade, não é ela devida a cada um [dos que a integram]; nem do que deve a universalidade, são devedores aqueles que a integram"), identificando as situações em que os cidadãos atuam como grupo, base da explicação para a existência das denominadas *universitas personarum*.[3] Para alguns autores, inclusive, o uso da expressão *persona* contrapunha-se a de *homo*,[4] de modo que a primeira, indicando modo de representação, estaria vinculada à origem da pessoa jurídica moderna.[5] Distinguiam-se, contudo, as *universitas personarum*, em especial a partir dos éditos dos pretores, que as reconheciam dotada de atributos que a diferenciavam das pessoas naturais que as tivessem constituído; e as *societas*, que expressavam, sobretudo, relação entre sócios, nas quais todos mantinham sua própria capacidade processual, apenas titulando o domínio comum dos bens da sociedade, a qual era passível de extinção pela morte ou decisão de qualquer deles no sentido de desconstituí-las.[6]

No século XIII, retomou-se a figura dos *collegia* para identificar-se nela a noção de uma totalidade, uma só pessoa ("*cum collegium in causa universitatis fingatur una persona*"), fórmula atribuída a Sinibaldo de Fieschi, adiante consagrado Papa Inocêncio IV. Aliás, neste particular, a influência da doutrina canônica é marcada com a preocupação política de justificação da própria Igreja, sua organização e poder no amplo território em que atuava. Daí a fórmula atribuída a de Fieschi, da "*persona ficta et representata*", uma vez que jamais teria existência real, e cuja atuação concreta suporia a de um representante que agisse em seu nome.[7] Neste particular, não deixa de justificar, sob outro argumento, a natureza ficta desta personalidade, de modo que não poderia cometer nem pecado, nem delito.[8]

A identificação de uma universalidade em contraposição à noção de pessoa singular torna-se uma constante nos escritos medievais. Bártolo de Saxoferrato, ao referir-se ao usufruto, faz referência à universalidade como uma ficção estruturada para responder juridicamente ("si quaeras an universitas possit delinquere, respondeo proprie non potest delinquere, quia proprie non est persona, ut dictum est. Tamen hoc est fictum positum pro vero, sicut ponimus nos iuristae... aliud est universitas quam personae quae faciunt universitatem secundum

---

[2] Para a distinção entre as noções de municipia e universitas, a partir dos textos romanos, P. W. Duff, Personality in roman private law. Cambridge: Cambridge University Press, 1938, p. 46.
[3] P. W. Duff, Personality in roman private law. Cambridge: Cambridge University Press, 1938, p. 45.
[4] Bernardo Albanese, Persona (storia) – Diritto Romano. Enciclopédia del Diritto, v. XXXIII. Milano: Giuffrè, 1983, p. 169.
[5] Contudo, a utilização técnica da expressão persona nos textos romanos, abrangente tanto das pessoas naturais, quanto das pessoas físicas é reconhecida no período pós-clássico, conforme anota Ricardo Orestano, Il problema delle persone giuridiche in diritto romano.Torino: G. Giapichelli, 1968, p. 9 e ss.
[6] Floriano D'Alessandro. Persone giuridiche e Analisi del Linguaggio. Padova: CEDAM, 1989, p. 85 e ss.
[7] Giuseppe Leziroli. Persona morale e persona fislca nel diritto canônico. In: Studi in onore de Pietro Agosto d'Avack. Milano: Giuffrè, 1976, p. 869-897.
[8] Piérre Clement Timbal. La vie juridique des personnes morales ecclésiastiques en France aux XIII' et XIV` siècles. Etudes d'Histoire du Droit Canonique, v. 11, Paris: Sirey, 1965, p. 1425-1426.

fictionem").[9] O mesmo encontra-se em Baldus de Ubaldis, sustentando a noção de universalidade como uma criação intelectual ("universitas est quaedam persona universalis, quae unius personae intellectum habet")[10] Será da interpretação a ser dada pelos juristas medievais que se debruçaram sobre o direito romano, também com a influência do direito canônico, a contribuição decisiva para afirmar a futura noção da pessoa jurídica – ainda que não com esta denominação – associando-a a uma ficção do direito atribuída a uma universalidade que não se confunde com aqueles que a integram.

O desenvolvimento do tema prossegue de modo coerente na literatura jurídica na modernidade, sobretudo em vista da discussão sobre a própria natureza do Estado, que se identifica funcionar por pessoas "como um só todo",[11] vinculado a uma finalidade pública.[12] A escola jusracionalista vai precisar o conceito, classificando-a segundo diferentes critérios. Registra-se, em especial, o trabalho de Samuel Pufendorf, que expressamente estabeleceu a distinção entre pessoas físicas e pessoas morais, e dentre estas, simples e compostas, públicas e privadas.[13]

As várias expressões, *pessoa moral*, *pessoa coletiva* ou *pessoa jurídica*, até hoje utilizadas em diferentes sistemas jurídicos, pertencem cada qual a certas especializações doutrinárias que marcam sua tradição cultural. O mesmo se diga em relação ao *common law*, no qual o desenvolvimento das teorias que fundamentam a *corporation* vincula-se, de certo modo, às figuras da *communitas* e da *universitas*, também por influência do direito continental. O que, porém, não isenta de críticas a excessiva ambiguidade destes conceitos, ao mesmo tempo em que se anota que eventuais incertezas teóricas não impediram o desenvolvimento prático da figura. De grande importância, no direito inglês, o reconhecimento da personalidade do município com o poder que lhe reconhece a Coroa, e seu poder de cobrar tributos e ordenar a vida do cidadão (*liber burgus*). Também a preocupação clara de distinguir a propriedade da corporação da de seus membros, em especial para separar sua responsabilidade patrimonial de eventuais dívidas de cada um deles. O desenvolvimento do comércio exterior pela navegação, e posteriormente o desenvolvimento empresarial das revoluções industriais, acentuam esta separação patrimonial entre a *corporation* e seus membros, como efeito da concessão de privilégios pelo Rei.[14]

As diferentes tradições confluem para as construções teóricas do século XIX, que vão marcar o desenvolvimento dos fundamentos da moderna pessoa jurídica e sua consagração na legislação. O marco fundamental será a teoria desenvolvida por Savigny, a quem se atribui também a própria criação do termo *pessoa jurídica* (*juristischen Person*).[15] Sustentando marcada visão liberal, inclusive por influência de Kant que conferia a autonomia da vontade como

---

[9] Bártolo de Saxoferrato, Commentarum in Digestum novum a D. 48, 19, 16,10, conforme Francesco Calasso, Enciclopedia del Diritto, v. XXXIII. Milano: Giuffrè, 1958, p. 193.
[10] Basile Eliachevitch, La Personnalité Juridique em Droit Prive Romain. Paris: Sirey, 1942, p. 350 e ss.
[11] "Les communautés, légitimement étabiles, tiennent lien, et leur union qui rend communs à tous ceux quis les composent, leurs intérèts, leurs droits et leurs priviléges, fait qu'on les considere comme um seul tout". Jean Domat, Le droit public, Livre I, Tit. XV. In: Jean Domat, Le quatre livre du droit public – 1697. Centre de philosophie politique et juridique: Université de Caen, 1989, p. 248.
[12] "Les communautés sont des assemblées de plusieurs personnes unies en um corps formé par la permission du prince, distingue des outres personnes que composent um état, et établi pour un bien comun à ceux que son de ce corps, et qui ait aussi son rapport au bien public." Jean Domat, Le droit public, Livre I, Tit. XV, p. 245.
[13] Samuel Pufendorf, De jure naturae et gentium, Lib. Octo, tomus primus. Frankfurt: Ex officina Knochiana, 1759, Lib. I, Cap. I, p. 8.
[14] Harold J. Laski, The early history of the corporation in England. Harvard Law Review, v. 30, n. 6, april/1917, p. 561-588.
[15] Friedrich Carl von Savigny, System des heutigen romischen Rechts, Band 2. Berlin, 1840, p. 310-316.

característica do ser humano racional,[16] a noção autêntica de pessoa apenas compreenderia as pessoas naturais. Nestes termos, o reconhecimento de outra espécie – caso das pessoas jurídicas – só poderia ser admitida com o recurso a uma ficção jurídica. Daí residir em Savigny a origem da **teoria da ficção jurídica** para explicar o fundamento e natureza da pessoa jurídica, ainda que merecedora de significativo desenvolvimento posterior, [17] pela ciência jurídica do século XIX e princípio do século XX. Estes estudos posteriores, inclusive, se afastam do pressuposto essencial do entendimento sustentado por Savigny, de que a noção de pessoa vincula-se a ideia de liberdade e poder (apenas ao indivíduo se reconhece a capacidade de exercer vontade, sua capacidade de direito), o que justifica sua atribuição apenas ao ser humano, e deste modo, recorrendo à construção de uma ficção jurídica para reconhecer, do ponto de vista instrumental, a pessoa jurídica para certos grupos, ou ainda, como figura útil à atribuição de personalidade a instituições públicas e estatais.

A teoria da ficção jurídica na sua formulação original, tem o mérito de permitir a distinção entre a pessoa jurídica e os indivíduos que a integram. Todavia, como espécie de ficção, em geral definida pela lei (e, consequentemente, pelo Estado), seu reconhecimento estará submetido a permissão/autorização estatal. No direito brasileiro, influenciou a formulação de Teixeira de Freitas no Esboço do Código Civil, não sem que este deixasse de notar a dificuldade das teorias baseadas em ficções oferecerem uma classificação completa.[18]

De fato, a concepção original da teoria da ficção jurídica colocou a pessoa jurídica frente a uma questão essencial, que era a de seu artificialismo como propósito de realizar determinadas finalidades ou interesses. Esta visão levou ao desenvolvimento, por Rudolf Von Ihering, a partir de sua própria concepção de direitos subjetivo como "interesse juridicamente protegido", da concepção de pessoa jurídica como um instrumento técnico para a proteção, inclusive via exercício de pretensão judicial, de interesses jurídicos, que, por serem relativamente indeterminados ou gerais, encontram nela o meio para seu exercício em comum. Contudo, não seria a pessoa jurídica titular destes interesses, mas os indivíduos que se articulam por intermédio de sua constituição.[19] Esta construção doutrinária, que coloca a pessoa jurídica como um instrumento a serviço da proteção de interesses jurídicos, promoverá, de um lado, o afastamento da figura de qualquer elemento ético; de outro, dará causa a críticas[20] quanto a tratar-se de mero recurso linguístico, no qual o Direito não pode se fundar com exclusividade, sem atenção a elementos da própria realidade.

---

[16] Immanuel Kant, Fundamentação da metafísica dos costumes. Trad. Paulo Quintela. Lisboa: Edições 70, 2007, p. 75.

[17] Como bem anota a melhor doutrina, o pensamento que vem depois de Savigny sobrevaloriza os aspectos técnicos da sua teoria, resultando em uma inversão prática do seu pensamento, ao associar a noção de personalidade a de sujeito de direitos. Deste modo "reportar a personalidade às relações jurídicas, claramente aproximada da vontade dos homens, dá-lhe, ainda, um substrato humano; mas fazer derivar a personalidade dos direitos subjetivos, já conduz a um circuito fechado, uma vez que o direito subjetivo é, ele próprio, o produto de poderosa abstração jurídica". António Menezes Cordeiro, Tratado de direito civil, IV. Parte geral: pessoas. 3ª ed. Coimbra: Almedina, 2011, p. 573.

[18] Augusto Teixeira de Freitas, Código Civil: Esboço, v. 1. Brasília: Ministério da Justiça, 1983, p. 11-12.

[19] Rudolf Jhering, Geist des römischen Rechts auf den verschiendenen Stufen seiner Entwicklung, Bd. 3. Leipzig: Druck und Verlag von Breitkopf und Härtel, 1865, p. 229.

[20] Em especial veja-se: Alois Brinz, Lehrbuch des Pandekten, I, 2. Auf. Erlangen, 1873, p. 194 e ss.

Outras críticas à teoria da ficção vão derivar de explicações distintas, desde aquelas que fundamentam a existência da pessoa jurídica como resultado de um ato de vontade humana,[21] até as que a sustentam como personificação de uma propriedade coletiva – sustentada, no direito francês, por Planiol[22] e Berthelémy[23] – segundo a qual distingue-se certo patrimônio comum, vinculado a finalidades específicas para a qual foi constituído, do patrimônio dos indivíduos que o constituíram e dele participam (são coproprietários). Esta *teoria da propriedade coletiva*, contudo, embora o prestígio de seus autores, deve ser logo refutada pela constatação de que a existência da pessoa jurídica não pressupõe a titularidade de patrimônio, assim como não avança sobre a própria distinção entre a pessoa jurídica e aqueles que a constituíram em relação ao próprio exercício dos poderes inerentes à propriedade (uso, fruição, disposição). Aliás, a explicação da pessoa jurídica a partir da sua vinculação ao patrimônio conheceu outras variantes, como a proposta de Brinz do *patrimônio destinado a um fim*.[24] No direito francês, a explicação da natureza da pessoa jurídica a partir do *contrato de associação* e submissão a um regime de personificação, observou a doutrina de Vareilles-Somières,[25] o que todavia não deixou de enfrentar críticas semelhantes às que permeiam as demais, uma vez associada aos mesmos elementos controversos da criação da vontade humana e da explicação ausente sobre a distinção quanto ao exercício dos poderes de disposição sobre os bens entre a própria pessoa jurídica e aqueles que a integram.

Em face das críticas havidas a todas estas teorias que, de algum modo, giravam em torno da admissão ou exclusão da ficção jurídica, passa a respondê-las outro conjunto de teorias, reunidas pela doutrina brasileira, geralmente, sob a denominação de *teorias realistas*,[26] mas que de fato revelam distinções quanto a pressupostos e efeitos, de modo a merecer – ainda que a vista de um interesse marcadamente histórico – sua adequada distinção.

Em primeiro lugar, retome-se a constatação de que a pessoa jurídica é categoria que interessa, em comum, o direito público e o direito privado. E, por isso mesmo, uma mesma explicação quanto a sua natureza jurídica deve ser compreensiva de ambos, ademais porque o próprio Estado será tomado em si como pessoa jurídica.[27]

Não por acaso, a teoria mais influente dentre os realistas, será a proposta por Otto von Gierke, denominada como **teoria orgânica** ou **realista-organicista**, que rompe com a ideia da pessoa jurídica como uma soma de indivíduos para reconhecê-la como espécie de organismo presente na realidade das relações sociais,[28] e cuja estrutura compreenderia órgãos por

---

[21] "der rechtliche Willensfähigkeit die einzige nothwendige Qualität eines Wesens, kraft deren es Person ist und Rechtssubject sein kahn". Ernst Zittelmann, Begriff und Wesen der sogenannten juristischen Personen. Leipzig: Duncker & Humblot, 1873, p. 67-68.
[22] Marcel Planiol, Traité elementaire de droit civil, tome premier, avec la collaboration de Georges Ripert. Paris: LGDJ, 1928, p. 1009 e ss.
[23] H. Berthélemy, Traité élémentaire de droit administratif, 7ªed. Paris: LGDJ, 1913, p. 28 e ss.
[24] Alois Brinz, Lehrbuch des Pandekten, I, p. 196-201.
[25] Gabriel de Labroue de Vareilles-Sommières, Les Personnes morales. Paris: E. Pichon 1902, p. 147.
[26] Caio Mário da Silva Pereira, Instituições de direito civil. v I, p. 257; Carlos Roberto Gonçalves, Curso de direito civil brasileiro, v. 1, p. 218.
[27] Veja-se, a respeito, a evolução doutrinária da personificação jurídica do Estado, na perspectiva do direito público, objeto da tese de Henning Uhlenbrock, Der Staat als juristische Person Dogmengeschichtliche Untersuchung zu einem Grundbegriff der deutschen Staatsrechtslehre. Berlin: Duncker & Humblot, 2000, p. 20 e ss.
[28] Henning Uhlenbrock, Der Staat als juristische Person Dogmengeschichtliche Untersuchung zu einem Grundbegriff der deutschen Staatsrechtslehre, p. 89 e ss.

intermédio dos quais se dá sua participação em relações jurídicas; estes órgãos funcionais a presentariam, distinguindo-se o interesse que é próprio da pessoa jurídica daqueles das pessoas que a constituíram.[29] Um primeiro registro sobre a teoria de Gierke é sua compreensão ampla da pessoa jurídica, tomando em conta praticamente todas as espécies em direito privado e público, das igrejas, empresas e associações, para chegar ao próprio Estado e os vários órgãos que o integram. Destaca, deste modo, o reconhecimento, pelo Direito, daquilo que seja uma realidade histórica e cultural, a exigir um substrato social que lhe dá identidade.[30]

Outras formulações atinentes a teorias realistas da pessoa jurídica se desenvolvem sob diferentes pressupostos. É o caso da proposta de Raymond Salleiles[31] e François Gény,[32] para quem a personalidade jurídica se aparta de qualquer referência à personalidade humana para tornar-se instrumento de técnica jurídica apta a reconhecer a realidade de determinados organismos coletivos, formando o que se passa a conhecer como **teoria da realidade técnica**. Em outra vertente é o que sustenta também, no direito francês, Maurice Hauriou,[33] destacando o caráter formal do Direito para reconhecer a existência de grupos sociais organizados ou instituições, expressão que vem a consagrá-la como **teoria institucionalista** (ou **teoria da instituição**). Centrada no direito público, vincula-se sobretudo à noção de permanência ou estabilidade de uma dada realidade a partir de sua organização jurídica. Teve também boa aceitação no direito italiano, a partir dos estudos de Santi Romano, identificando-a como um corpo social dotado de identidade própria.[34] De outra banda, desenvolve-se a teoria segundo a qual o reconhecimento dos interesses a serem titulados pelas pessoas jurídicas, e sua própria formação e pressupostos, não resultam da realidade social, mas, ao contrário, embora vinculados a uma determinada utilidade social, se estruturam a partir de critérios definidos pelo próprio sistema jurídico, razão pela qual define-se como **realidade puramente jurídica**.[35] Em outros termos, embora existam na realidade da vida, sua existência jurídica resulta essencialmente do reconhecimento que o Direito faz desta realidade.[36] Não se desconhece no plano das teorias da

---

[29] Otto von Gierke, Die Genossenchaftstheorie und die deutsche Rechtsprechung. Berlin: Weidmann, 1887, 174 e ss. Antecedente à teoria de Gierke, inclusive reconhecido por ele na primeira parte da sua obra será o estudo de Georg Beseler, sustentando que a existência da pessoa jurídica sempre responderá a uma realidade pré-existente. Georg Beseler, Volksrecht und Juristenrecht. Leipzig: Weidmann Buchhandlung, 1843, p. 158 e ss, em especial 161.

[30] Desenvolvendo a tese em diversos estudos, a identificação entre a pessoa jurídica e seu substrato social – de modo que o Direito reconheça algo que se apresente em certo cenário formado pela realidade histórico-cultural – estará presente em sua conhecida crítica ao Projeto do BGB alemão. Otto Gierke, Personengemeinschaften und Vermögensinbegriffe in dem Entwurfe eines Bürgerlichen Gesetzbuches für das Deutsche Reich. Berlin: Guttentag, 1889, p. 4 e ss.

[31] Raymond Saleilles, De la personalité juriidque. Histoire et théories. Paris: . Paris: Librairie Nouvelle de Droit et Jurisprudence, 1910, p. 626 e ss

[32] François Geny, Science et technique em droit privé positif. Nouvelle contribution a la critique de la methode juridique, t. III. Paris: Sirey, 1921, p. 381.

[33] Maurice Hauriou, De La personnalité comme élément de la réalité sociale. Revue génerale du Droit, 1898, p. 5-23 et 119-140.

[34] Santi Romano, L'ordinamento giuridico. Firenze: Sanzoni, 1945, p. 29 e ss. Há tradução recente para o português: Santi Romano, O ordenamento jurídico. Trad. Arno Dal Ri Júnior. Florianópolis: Fundação Boiteux, 2008.

[35] Léon Michoud, La Théorie de la personnalité morale et son application au droit français. t. I. Paris: LGDJ, 3ª ed., 1932, p. 7.

[36] No direito italiano, Francesco Ferrara. Le persone giuridiche. Torino: Utet, 1958, p. 29 e ss.

realidade jurídica a influência do positivismo jurídico, presente na proposição teórica tanto de direito privado,[37] quanto de direito público.[38]

O exame do rico debate sobre as várias teorias que fundamentam a pessoa jurídica não deve autorizar a solução mais simples de refutação de parte delas em benefício de alguma em específico. Há elementos relevantes a serem considerados em cada uma delas, embora, as características de um determinado sistema jurídico possam definir o predomínio de alguma em relação à demais, inclusive por definição legislativa. Tomando-se a pessoa como um centro de imputação jurídica, cuja qualidade determina tanto a titularidade de direitos e obrigações, quanto sua responsabilização segundo os limites definidos pelas próprias normas jurídicas, qualquer teorização não pode ser feita sem atenção à opção que caracterize o sistema jurídico sob exame.

No direito brasileiro, o art. 45 do Código Civil refere: "Começa a existência legal das pessoas jurídicas de direito privado com a inscrição do ato constitutivo no respectivo registro, precedida, quando necessário, de autorização ou aprovação do Poder Executivo, averbando-se no registro todas as alterações por que passar o ato constitutivo." Reproduz, no essencial, o sentido já previsto no art. 18 do antigo Código Civil de 1916. Boa doutrina identifica nesta disposição a adoção da teoria da realidade técnica,[39] embora não falte, em obras autorizadas, tanto a crítica a ela,[40] como quem sustente a adoção da teoria orgânica,[41] ou ainda, a combinação das teorias da realidade técnica e da realidade orgânica.[42]

Não se deixa de notar que a doutrina se ocupa, em especial, de uma determinada opção legislativa incidente sobre as pessoas jurídicas de direito privado, reguladas pelo Código Civil. Reitera-se, porém, que sendo a pessoa jurídica categoria relevante do direito privado e do direito público, a investigação sobre seu fundamento não pode descurar do exame das pessoas jurídicas de direito público e suas características. Em termos práticos, o exame isolado do art. 45 do Código Civil parece conduzir ao que sustenta a teoria da realidade técnica. Nele está previsto, sobretudo, o modo como o Direito deve reconhecer e conferir existência legal às pessoas jurídicas, por intermédio do registro respectivo, ou quando necessário (como ocorre com certas sociedades empresárias que se constituam para finalidades específicas), a autorização ou aprovação do Poder Executivo (e.g. no caso de instituições financeiras ou seguradoras, de acordo com a legislação que as disciplina, ou ainda a aprovação do estatuto das fundações, conforme prevê o art. 65 do Código Civil). Esta mesma formalidade não se aplica, contudo, às pessoas jurídicas de direito público. O próprio Estado é categoria jurídica que se desdobra em distintas pessoas jurídicas de direito público, tais como a União, os Estados-membros, os municípios, ou as autarquias, por exemplo, sem prejuízo das conhecidas situações em que o legislador, desconsiderando as categorias dogmáticas afirmadas, confere de modo arbitrário, por lei, a qualidade de pessoa jurídica de direito público a outros entes quando de sua criação.

---

[37] Léon Michoud, La Théorie de la personnalité morale et son application au droit français. t. I. Paris: LGDJ, 3ª ed., 1932, p. 107.

[38] Georg Jellinek, Allgemeine Staatslehre. Berlin: O. Häring, 1914, p. 162 e ss; Carré de Malberg, Contribution à la theorie générale de L'État, t. I. Paris: Sirey, 1920, p. 42.

[39] Francisco Amaral, Direito civil. Introdução. 9ª ed. São Paulo: Saraiva, 2017, p. 393; Carlos Roberto Gonçalves, Direito civil brasileiro, v. 1. 11ª ed. São Paulo: Saraiva, 2013, p. 220; Caio Mário da Silva Pereira, Instituições de direito civil, v. I. 28ª ed. Rio de Janeiro: Forense, 2014, p. 259.

[40] Orlando Gomes, Introdução ao direito civil. 19ª ed Rio de Janeiro: Forense, 2007, p. 171.

[41] Paulo Lôbo, Direito civil. Parte geral. São Paulo: Saraiva, 2009, p. 176.

[42] Maria Helena Diniz, Curso de direito civil brasileiro, cit.; Flavio Tartuce. Direito civil: parte geral. Rio de Janeiro: Forense, 2019, cit.

Daí resulta a pergunta, sobre que conclusões relativas às pessoas jurídicas de direito privado (próprias da disciplina pelo direito civil) estendem-se às pessoas jurídicas de direito público. Onde houver convergência residirá a conclusão correta, cujos efeitos poderão ser estendidos, em termos gerais, a todas as pessoas jurídicas.

É indiscutível que a pessoa jurídica é criação do Direito e atende ao propósito de permitir certa organização de esforços e patrimônio visando à realização de uma finalidade útil, tanto àqueles que a constituem, quanto à sociedade em geral. Sendo criação do Direito, dele resultam os pressupostos e requisitos para sua criação regular, assim como seus efeitos, que não se resumem à personificação *per se*, mas a outro universo de questões que passam pelo seu modo de atuação (como adquire e exerce direitos e obrigações), a extensão de sua responsabilidade perante terceiros. Neste ponto, destacam-se os méritos da teoria da realidade técnica, porquanto afirma que é o Direito, por intermédio de suas normas, que define e estrutura estes elementos.

Por outro lado, não é acaso que a teoria da realidade orgânica tenha se desenvolvido na atenção que presta, na sua origem com Baseler e Gierke, ao Estado como pessoa jurídica.[43] A conclusão de que a pessoa jurídica como criação técnica do Direito não pode ser desacompanhada do exame de seu substrato social é evidenciado no direito público. Não é por outra razão que a teoria do Estado contemporânea sustenta seus elementos constitutivos no tríduo povo, território e soberania.[44] Há neles substrato fático indisfarçável, que merece reconhecimento e atribuição de efeitos pelo Direito partindo do fato que caracteriza realidade social.

Também sobre o modo como se constitui o elemento fático merece destaque. Uma constante no direito público é a definição da precisa fronteira entre o político e o jurídico, seja para excluir toda influência da Política sobre o Direito, seja para reconhecer espaços de interação. Exemplo do primeiro caso é o esforço de Hans Kelsen, para quem a pessoa jurídica "nada mais é que a personificação de uma ordem que regula a conduta de vários indivíduos; por assim dizer, o ponto comum de imputação para todos os atos humanos que são determinados pela ordem." Esta compreensão se estende à pessoa jurídica considerada como efeito da norma de personificação de uma ordem que rege a conduta dos indivíduos que a ela se vinculam.[45] Mas só há se falar de pessoa jurídica no sentido estrito e técnico do termo, "quando os órgãos da comunidade considerada como pessoa são capazes de representar juridicamente a corporação, i.e., os indivíduos pertencentes a ela".[46] Por outro lado, não faltam, no direito público, menções a juízos ou definições que são jurídico-políticas, acentuando a dificuldade (ou impossibilidade) de separação precisa, em certas situações, do que são elementos de fato (inclusive as relações de poder) e o que é criação do Direito.

Não é diferente nas pessoas jurídicas de direito privado. Tome-se por exemplo a noção contemporânea de empresa, que define, inclusive, o próprio objeto do direito empresarial e sua precisa distinção em relação ao direito civil. O art. 966, *caput*, do Código Civil refere: "Considera-se empresário quem exerce profissionalmente atividade econômica organizada para a produção ou a circulação de bens ou de serviços." É conceito relativo tanto à pessoa natural do empresário quanto à sociedade empresária, personificada (art. 997 e ss. do CC/02) ou não (art. 986 e ss. do CC/02). Nada diz mais sobre a relevância do elemento fático, neste caso, do

---

[43] Georg Beseler, Volksrecht und Juristenrecht, cit.; Otto Gierke, Die Genossenchaftstheorie und die deutsche Rechtsprechung, cit.
[44] Georg Jellinek, Allgemeine Staatslehre, p. 394 e ss.
[45] Hans Kelsen, Teoria geral do direito e do Estado. Trad. Luis Carlos Borges. São Paulo: Martins Fontes, 1998, p. 144.
[46] Hans Kelsen, Teoria geral do direito e do Estado, cit., p. 146.

que a circunstância de que o exercício da atividade empresarial, mediante recurso à sociedade, poderá dar causa ou não à personificação, conforme se atendam aos requisitos fixados em lei.[47] Aliás, estabelece o art. 967 do Código Civil que é obrigatória a inscrição do empresário no Registro Público de Empresas Mercantis da respectiva sede, antes do início de sua atividade. Porém não é o registro que dá causa à atividade, que é elemento fático e, nestes termos, pode anteceder o registro ou existir independente dele, por mais que neste caso dê causa à ilicitude.

Estas circunstâncias, que poderiam ser reconduzidas, com pequenas adaptações, às demais pessoas jurídicas de direito privado, revelam o mérito da teoria da realidade orgânica, que não pode ser ignorado quando corretamente supõe que a personificação é antes reconhecimento de uma determinada realidade fática existente ou pretendida com a constituição da pessoa jurídica. Como bem afirma Pontes de Miranda, "nada se finge: a regra jurídica incide em elementos fáticos"[48]; ou ainda: "a pessoa jurídica é tão real quanto a pessoa física".[49] Agora, naturalmente, para que haja a incidência da norma, há critérios que são definidos pelo Direito. Este apreende da realidade, mas só admite a constituição da pessoa jurídica quando esta se adeque e, portanto, não contrarie, os critérios definidos de antemão. Assim, não se constituirá pessoa jurídica para consecução de fins ilícitos, por exemplo. Tampouco quando se exija determinada autorização do próprio Estado, sem ela não se constitui validamente a pessoa jurídica.

É isso que aproxima, convergindo as teorias da realidade técnica e da realidade orgânica, as pessoas jurídicas de direito privado e de direito público, uma vez que, mesmo sendo critérios distintos, serão observados, em cada caso, para que haja seu reconhecimento jurídico, a partir de um substrato fático existente. Em relação às pessoas jurídicas de direito privado, regidas pelo Código Civil (associações, fundações e sociedades em geral) ou por legislação especial (caso das Sociedades Anônimas, p. ex.), exige-se a adequação de um ato constitutivo e seu respectivo registro como pressupostos típicos da personificação, sem prejuízo de outras exigências específicas, conforme a espécie de pessoa jurídica ou seu objeto. Em relação às pessoas jurídicas de direito público não é diferente. A própria fundação do Estado, em sentido amplo, decorre da Constituição, com os critérios próprios de legitimidade do poder constituinte originário, e os limites ao poder constituinte derivado. No caso de uma República federativa, como o Brasil, também os entes federados, criados como pessoa jurídica de direito público, observam requisitos complexos para sua criação, modificação e extinção. De resto, as autarquias serão criadas apenas por lei, para execução de atividades típicas da administração (v. art. 5º, I, do Decreto-Lei 200/1967). Também pessoas jurídicas que integram a administração pública, mesmo quando sob a forma de pessoa jurídica de direito privado (caso das sociedades de economia mista, empresas públicas e fundações públicas), tem sua criação subordinada a lei específica que diretamente cria, ou autoriza a criação, conforme o caso.

---

[47] Anote-se, no direito comparado, também que o desenvolvimento da noção de pessoa jurídica, embora derivado da tradição civilista, registra um capítulo próprio no direito empresarial, especialmente em vista da compreensão das várias noções de empresa. Ilustra bem esta realidade a concepção alemã, desenvolvida já em meados do século XX, da *Unternehmen an sich* (empresa em si mesma) como centro autônomo de imputação jurídica (concepção subjetiva de empresa), admitindo a convivência das noções de empresa como atividade exercida pelo empresário (*Unternehmen*) e da pessoa jurídica (*Unternehmensträger*), da qual o empresário participa, como titular da atividade, mas sem ser ele próprio sujeito. Veja-se: Karsten Schmidt, Handelsrecht. 5ª ed. Köln: Carl Heymmans, 1999, p. 98 e ss.

[48] Francisco Cavalcante Pontes de Miranda, Tratado de direito privado, t. I. São Paulo: RT, 1984, §81.

[49] Francisco Cavalcante Pontes de Miranda, Tratado de direito privado, t. I. São Paulo: RT, 1984, §75.

2. MODO DE ATUAÇÃO DA PESSOA JURÍDICA

A pessoa jurídica, sendo criação conforme o Direito, também terá o modo de sua atuação fixada por ele. Seu exercício jurídico não se dá por intermédio das pessoas naturais que o integram, que dela se distinguem. Já é do antigo direito brasileiro que pessoa jurídica não se confunde com a pessoa de seus sócios ou administradores. Assim dispunha o art. 20 do Código Civil de 1916 ("As pessoas jurídicas têm existência distinta da dos seus membros"), em preceito que, não tendo sido reproduzido na redação original do Código Civil de 2002, a ele foi incorporado pelo art. 49-A, acrescido ao texto pela Lei 13.874/2019: "A pessoa jurídica não se confunde com os seus sócios, associados, instituidores ou administradores". Vincula-se à preocupação mais próxima de limitar, em especial, a responsabilidade patrimonial das pessoas jurídicas de fins econômicos, ainda que não exclusivamente.

O que se deve considerar, contudo, é que a pessoa jurídica atua por intermédio de seus órgãos. Daí também referir a doutrina à teoria orgânica, ou organicista, não apenas no sentido já visto, de justificação da existência ou natureza da pessoa jurídica, mas para explicar já seu funcionamento, no plano da eficácia jurídica. Os órgãos da pessoa jurídica serão aqueles previstos em seus atos constitutivos por vontade das partes que o constituem, ou ainda, por exigência legal. São eles que agem, exercendo direitos e assumindo obrigações pelas quais a pessoa jurídica responde. A atuação dos órgãos da pessoa jurídica deve observar a realização do interesse coletivo que a caracteriza. Estes órgãos são integrados por pessoas naturais que vão manifestar vontade, prestar declarações, comprometer-se, praticando atos que serão considerados próprios da pessoa jurídica. Daí a fórmula consagrada por Pontes de Miranda, que o caso da atuação dos órgãos da pessoa jurídica não é de representação, mas de *presentação*. Isto porque não atuam em nome da pessoa jurídica, caso em que estariam a representá-la, mas são o modo próprio de atuação dela mesma. Neste sentido refere que "a personalidade do membro do órgão, ou do membro único, não aparece, não se leva em conta, o que não ocorreria se de representação se tratasse (...) o ato e a receptividade são da pessoa jurídica."[50] Em outros termos, são pessoas que *integram* os órgãos da pessoa jurídica, mas elas *não são* o órgão.

Isso implica concluir que, como regra, os atos praticados regularmente pelos órgãos que integram a pessoa jurídica a vinculam, gerando direitos e obrigações pelos quais deve responder. É o caso da diretoria de uma associação que contrata pela entidade, ou do Prefeito Municipal que contrata pelo Município, por exemplo. Nestes casos, a diretoria e o Prefeito, serão respectivamente órgãos das pessoas jurídicas associação e Município. Ao atuarem nesta qualidade, atuam como órgão da pessoa jurídica. Ou ao inverso, a pessoa jurídica atua *por seu intermédio*.

O art. 47 do Código Civil estabelece: "Obrigam a pessoa jurídica os atos dos administradores, exercidos nos limites de seus poderes definidos no ato constitutivo." A rigor, embora a referência se faça aos administradores, entenda-se de modo amplo, que a vinculação da pessoa jurídica pelos órgãos que a integram, e a quem caiba administrá-la, conforme os poderes que lhe sejam conferidos pelo ato constitutivo ou pela lei.

A atuação dos órgãos da pessoa jurídica supõe a existência poderes jurídicos a eles conferidos, o que no caso das pessoas jurídicas de direito privado, tem lugar nos seus atos constitutivos. Lá é que se constituem os poderes de cada órgão, embora possam ter que reproduzir, no caso de existirem órgãos de existência obrigatória porque prevista em lei, poderes que ela dispõe, como requisito de validade do próprio ato constitutivo. Assim por exemplo, o Código Civil faz referência à assembleia geral como órgão das associações (art. 59). Da mesma forma,

---

[50] Francisco Cavalcante Pontes de Miranda, Tratado de direito privado, t. I. São Paulo: RT, 1984, §75.

tratando-se de sociedades anônimas, a Lei 6.404/1976 faz referência à assembleia-geral, à diretoria, e ao conselho fiscal como órgãos obrigatórios (arts. 121, 138 e 161, respectivamente). Nestes casos e em outros vários, a lei não apenas exige que tais órgãos sejam previstos nos atos constitutivos, como também define alguns poderes que apenas eles devem contar. São os denominados órgãos obrigatórios ou necessários da pessoa jurídica, porque previstos em lei e, nestes termos, tornando-se característicos e inseparáveis daquelas pessoas a que se refiram.

Pode a lei também prever a possibilidade de que certos órgãos sejam definidos no ato constitutivo da pessoa jurídica, sem afirmar que sejam obrigatórios. Podem, deste modo, existir ou não. É o caso do conselho de administração nas sociedades anônimas de capital fechado, por exemplo (embora sejam obrigatórios nas de capital aberto), sem prejuízo da previsão de quaisquer outros órgãos, inclusive com razoável liberdade para sua denominação, desde que preservados os poderes que a lei confere aos órgãos necessários.

Da mesma forma, os órgãos da pessoa jurídica podem ser internos ou externos. Os órgãos internos atuam apenas na relação com outros órgãos da pessoa jurídica, sem estabelecer qualquer relação jurídica com pessoas externas a ela. Assim órgãos que tenham a finalidade consultiva, ou sejam auxiliares ou de fiscalização das próprias atividades desempenhadas por todos os que se vinculem à pessoa jurídica (demais órgãos, funcionários, p.ex.). Já os órgãos externos são aqueles titulares de poder de exteriorização do interesse da pessoa jurídica a outras pessoas, exercendo sua capacidade civil.

Nas pessoas jurídicas de direito público ao referir-se a estes poderes conferidos por lei, usa-se melhor a expressão *competência*. Aliás, segundo célebre fórmula de Ruy Cirne Lima, competência é "a medida de poder que a lei confere a uma pessoa determinada."[51] Neste caso, as competências dos órgãos das pessoas jurídicas de direito público decorrem diretamente da lei (em sentido amplo). Por isso é que o Presidente da República, que é órgão da pessoa jurídica de direito público interno União, assim como da pessoa jurídica de direito público externo República Federativa do Brasil, tem seus poderes fixados na Constituição da República (arts. 76 e 84), sem prejuízo de outros que a legislação defina. O mesmo se diga em relação à Câmara dos Deputados, ao Senado Federal, Ministros de Estado, Ministros, Desembargadores e Juízes que integram o Poder Judiciário e assim por diante. Todos são órgãos dotados de competência, e nos limites deste poder de que são titulares, todo ele definido por norma jurídica, atuam como a pessoa jurídica de direito público respectiva.

3. A FINALIDADE DA PESSOA JURÍDICA E OS EFEITOS DE SUA ATUAÇÃO

Eficácia típica da constituição da pessoa jurídica (personificação) será a aquisição, por ela, de plena capacidade civil, vale dizer, a aptidão para ser titular de direitos e deveres, assim como de exercê-los no modo definido em seus atos constitutivos e/ou pela lei. Há atos que não pode praticar a pessoa jurídica por uma impossibilidade jurídica absoluta relacionada a suas características. Assim, por exemplo, não integra relações familiares ou forma parte de seus institutos, que por sua natureza dizem respeito às pessoas naturais. Da mesma forma, em relação à proteção dos direitos da personalidade, aplica-se às pessoas jurídicas somente "no que couber" (art. 52, do Código Civil).

Para o mais, pode adquirir, modificar ou extinguir direitos conforme seu interesse, no pleno exercício de sua personalidade. Todavia, como criação do Direito, e que ademais resulta da vontade de seus constituintes, a atuação da pessoa jurídica não será completamente dis-

---

[51] Ruy Cirne Lima, Princípios de direito administrativo. São Paulo: RT, 1984, p. 187.

cricionária, vinculando-se à própria finalidade para a qual foi constituída. Assim ocorre, por exemplo, com associações ou sociedades, cujo objeto social delimita precisamente a que fins serve sua constituição e, nestes termos, que fins perseguirá em sua atuação. O mesmo se diga em relação às fundações, cujos fins para os quais sejam constituídas são definidas em lei. Em relação às pessoas jurídicas de direito público, o interesse público é a finalidade cogente de sua atuação, sendo largo o desenvolvimento das teorias de nulidade dos atos praticados por seus órgãos em desvio de finalidade ou excesso de poder.[52]

Nas pessoas jurídicas de direito privado, o fim para a qual foram constituídas limita os atos dos administradores. Neste sentido, o fim social expresso no objeto social de sociedades ou associações, a rigor delimita os que atuam por elas – seus administradores. O art. 47 do Código Civil define que os atos dos administradores obrigam as pessoas jurídicas nos "limites de seus poderes definidos no ato constitutivo". A regra em questão refere-se tanto aos poderes expressamente definidos para sua atuação, quanto do necessário respeito aos fins para os quais a pessoa jurídica foi constituída, e que são definidos, igualmente, no ato constitutivo.

Aí reside o fundamento para admissão no direito brasileiro, da **teoria dos atos *ultra vires societatis*** – de origem anglo-saxônica[53] – a qual sustenta, essencialmente, que os atos praticados pelos administradores em desrespeito aos fins definidos no ato constitutivo da pessoa jurídica de direito privado, não a obrigam. Constitui, deste modo, exceção à eficácia comum dos atos praticados pelos administradores como órgãos da pessoa jurídica de direito privado e tem especial aplicação, ainda que não exclusivamente, aos atos praticados por administradores de sociedades empresárias. A rigor, a referência aos atos *ultra vires* compreende uma série de situações distintas, a saber: a) os atos praticados pela pessoa jurídica que extrapolam ou se desviam do fim social previsto em seu ato constitutivo; b) os atos praticados pela pessoa jurídica que sirvam a fins particulares distintos daquele previsto pela pessoa jurídica; ou c) que mesmo de acordo com a finalidade para a qual tenha sido constituída, é praticado por quem não tenha poder conferido pelo ato constitutivo para sua prática.[54] A insegurança jurídica que trouxe às relações negociais, permitindo a invalidade de atos praticados sob a aparência de regularidade, contudo, fez com que sua aplicação tenha observado certo temperamento ao longo do tempo.

---

[52] O direito administrativo tem longa tradição na definição dos atos praticados em desvio ou excesso de poder, em especial a partir da influência sobre o direito brasileiro, do direito francês. Neste sentido, a dogmática do controle dos atos administrativos (afinal realizados pelas pessoas jurídicas de direito público interno), se desenvolve compreendendo não apenas o exame de sua adequação formal, mas igualmente, da conformidade da substância do ato administrativo e os fins do direito, mediante aferição de seu conteúdo material (Henri Welter, Le contrôle juridictionnel de la moralité administrative – Étude de doctrine et de jurisprudence. Paris: Recueil Sirey, 1929, p. 77). No direito brasileiro, é precisa a definição da lei que disciplina a Ação Popular (Lei 4.717, de 29 de junho de 1965), e define que "o desvio de finalidade se verifica quando o agente pratica o ato visando a fim diverso daquele previsto, explícita ou implicitamente, na regra de competência" (art. 2º, parágrafo único, "e"). Da mesma forma, associa-se a esta noção, todavia visando a responsabilização penal dos agentes públicos pela prática de atos que caracterizem o desvio de finalidade ou excesso de poder, o denominado abuso de autoridade, previsto na legislação penal, ora disciplinado pela Lei 13.869, de 5 de setembro de 2019.

[53] Refere-se, em especial, no direito inglês, a consagração do ultra vires doctrine no caso Ashbury Railway Carriage & Iron v Riche, de 1875, no qual a sociedade constituída para comércio de materiais de construção celebra contrato para financiar a construção de uma ferrovia. Posteriormente, contudo, o contrato é declarado inválido por caracterizar-se como ato ultra vires, porque estranho ao fim social presente no ato constitutivo da sociedade que o celebrou.

[54] Jesse H. Choper, John C. Coffee; Ronald J. Gilson, Cases and materials on Corporations. 5th ed. Aspen Publishers, 2000, p. 67.

No direito brasileiro, o debate acerca dos atos *ultra vires* tem especial relevância para o direito empresarial. Nas antigas sociedades por quotas de responsabilidade limitada (atualmente denominadas apenas sociedades limitadas), entendeu-se, por largo tempo, pela eficácia frente à sociedade dos atos *ultra vires*, com fundamento no art. 10 do Decreto n. 2.708/1919, que as disciplinava, definindo que: "Os sócios gerentes ou que derem o nome à firma não respondem pessoalmente pelas obrigações contraídas em nome da sociedade, mas respondem para com esta, e para com terceiros solidaria e ilimitadamente pelo excesso de mandato e pelos atos praticados com violação do contrato ou da lei." Este entendimento considera-se que tenha sido reconhecido pelo Código Civil de 2002, em especial pela previsão do seu art. 1.015, parágrafo único, que ao dispor sobre a sociedade simples, estabelece: "O excesso por parte dos administradores somente pode ser oposto a terceiros se ocorrer pelo menos uma das seguintes hipóteses: I – se a limitação de poderes estiver inscrita ou averbada no registro próprio da sociedade; II – provando-se que era conhecida do terceiro; III – tratando-se de operação evidentemente estranha aos negócios da sociedade." Porém, não se deixa de observar, mesmo frente ao reconhecimento dos atos *ultra vires*, como resposta também ao rigor da teoria, a existência de poderes implícitos dos administradores para realizar negócios acessórios ou conexos ao objeto social, os quais não constituem operações evidentemente estranhas aos negócios da sociedade (assim, o Enunciado 219, da III Jornada de Direito Civil do Centro da Justiça Federal/STJ)

A aplicação da teoria do *ultra vires societatis*, contudo, cede a situações nas quais presente a tutela da confiança de terceiros de boa-fé, que estabeleceram crença sobre a regularidade dos poderes do órgão da pessoa jurídica que agiu em excesso de poder, com fundamento na proteção da boa-fé de terceiros. Esta proteção à boa-fé dirige-se a uma situação de confiança gerada em terceiro, que é legítima, porquanto fundada na interpretação razoável do comportamento da outra parte. Sua tutela é comumente associada à teoria da aparência,[55] embora não se deixe de exigir que a própria pessoa jurídica tenha contribuído para a situação de confiança gerada no terceiro ao relacionar-se com quem não tinha poderes para agir em seu nome. Esta contribuição se dá em razão de ter tolerado a atuação sem poderes de alguém em seu nome perante terceiros de boa-fé (a semelhança do denominado mandato tolerado, *Duldungsvollmacht*, do direito alemão), ou porque, de forma negligente, permitiu esta atuação (aí propriamente a figura do mandato aparente, *Anscheinsvollmacht*). No primeiro caso, há conhecimento e tolerância da pessoa jurídica em relação àquele que atua sem poderes (p. ex. o empregado que adquire habitualmente matéria-prima para a pessoa jurídica, mesmo sem autorização expressa no seu contrato de trabalho). No segundo, exige-se que se demonstre a falta de cuidado (negligência) em impedir a atuação daquele que agiu em seu nome sem poderes.[56]

No direito brasileiro, contudo, é clara a tendência de concentrar-se na boa-fé do terceiro o critério para o reconhecimento da vinculação da pessoa jurídica que se obriga perante aquele

---

[55] REsp 704.546/DF, Rel. Min. Luis Felipe Salomão, 4ª Turma, j. 01/06/2010, DJe 08/06/2010.

[56] Veja-se: Peter Bader, Duldungs und Anscheinsvollmacht: zur Entwicklung in der Rechtsprechung der Zivilgerichte und zur dogmatischen Einordnung. Frankfurt: Peter Lang, 1978, p. 14. A evolução do mandato tolerado e sua associação à boa-fé é produto de gradual desenvolvimento no direito alemão, em especial considerando a impossibilidade nas pessoas jurídicas em geral, de seus administradores terem absoluto controle e participação sobre todos os negócios celebrados. É o que já afirmava, na primeira metade do século passado, Max Hamburger, Treu und Glauben in Verkehr. Manheim: Bensheimer, 1930, p. 156 e ss. Mais recentemente, veja-se o exame de Claus-Wilhelm Canaris, Die Vertrauenshaftung im deutschen Privatrecht, 1971, p. 40 e ss. No mesmo sentido, veja-se, Claus-Wilhelm Canaris, Handelsrecht, 24 Auf. Munchen: C.H. Beck, 2006, p. 242-245. No direito brasileiro, veja-se: Vitor Frederico Kümpel, Teoria da aparência no Código Civil de 2002. São Paulo: Método, 2007, p. 242 e ss.

pelo ato praticado sem poderes. É ilustrativo, a este respeito, o enunciado 11, da I Jornada de Direito Comercial do Centro do CJF/STJ, de 2012: "A regra do art. 1.015, parágrafo único, do Código Civil deve ser aplicada à luz da teoria da aparência e do primado da boa-fé objetiva, de modo a prestigiar a segurança do tráfego negocial. As sociedades se obrigam perante terceiros de boa-fé." Tampouco a regra geral do art. 47 do Código Civil, ao definir que obrigam a pessoa jurídica os atos dos administradores, exercidos nos limites de seus poderes definidos no ato constitutivo, afasta a aplicação da boa-fé tutelada segundo a teoria da aparência (assim o enunciado 145, da III Jornada de Direito Civil do CJF/STJ: "O art. 47 não afasta a aplicação da teoria da aparência).[57]

Em outros termos, os atos praticados pelos órgãos da pessoa jurídica que não tenham poder para sua realização, ou excedam os poderes definidos no seu ato constitutivo, só deixam de obrigá-la perante terceiros no caso destes terem conhecimento da infração a tais limites, ou que devessem saber em razão das circunstâncias. Não é razoável exigir que a cada ato praticado pela pessoa jurídica aqueles que com ela se relacionam verifiquem, formalmente, em seus atos constitutivos, a existência de poderes daquele que os realizou em seu nome. Reside aí a tutela da confiança que é própria do tráfego jurídico. O que não elimina, em diversas situações, seja pela profissionalidade ou expertise daqueles que se relacionam com a pessoa jurídica, seja por exigências formais que se imponham, que se afigure razoável supor a adoção de cautelas, certificando-se a existência de poderes para a prática dos atos por aquele que atua pela pessoa jurídica.[58] Assim por exemplo: não se supõe de quem ingresse em um estabelecimento empresarial para adquirir um produto ou contratar um serviço, que deva exigir o exame do ato constitutivo da pessoa jurídica para verificar que aquele que celebra o contrato por ela tenha

---

[57] DIREITO EMPRESARIAL. NEGÓCIO JURÍDICO CELEBRADO POR GERENTE DE SOCIEDADE ANÔNIMA. AUSÊNCIA DE PODERES. ATO CONEXO COM A ESPECIALIZAÇÃO ESTATUTÁRIA DA EMPRESA. LIMITAÇÃO ESTATUTÁRIA. MATÉRIA, EM PRINCÍPIO, INTERNA CORPORIS. TERCEIRO DE BOA-FÉ. TEORIA DA APARÊNCIA. APLICABILIDADE. 1. No caso em exame, debatem as partes em torno de aditivo que apenas estabeleceu nova forma de reajuste do contrato original – em relação ao qual não se discute a validade –, circunstância a revelar que o negócio jurídico levado a efeito pelo então Gerente de Suprimentos, que é acessório, possui a mesma natureza do principal – prestação de serviços –, o qual, a toda evidência, poderia ser celebrado pela sociedade recorrente por se tratar de ato que se conforma com seu objeto social. 2. Na verdade, se a pessoa jurídica é constituída em razão de uma finalidade específica (objeto social), em princípio, os atos consentâneos a essa finalidade, não sendo estranho ao seu objeto, praticados em nome e por conta da sociedade, por seus representantes legais, devem ser a ela imputados. 3. As limitações estatutárias ao exercício de atos por parte da Diretoria da Sociedade Anônima, em princípio, são, de fato, matéria *interna corporis*, inoponíveis a terceiros de boa fé que com a sociedade venham a contratar. 4. Por outro lado, a adequada representação da pessoa jurídica e a boa-fé do terceiro contratante devem ser somadas ao fato de ter ou não a sociedade praticado o ato nos limites do seu objeto social, por intermédio de pessoa que ostentava ao menos aparência de poder. 5. A moldura fática delineada pelo acórdão não indica a ocorrência de qualquer ato de má-fé por parte da autora, ora recorrida, além de deixar estampado o fato de que o subscritor do negócio jurídico ora impugnado – Gerente de Suprimento – assinou o apontado "aditivo contratual" na sede da empresa e no exercício ordinário de suas atribuições, as quais, aliás, faziam ostentar a nítida aparência a terceiros de que era, deveras, representante da empresa. 6. Com efeito, não obstante o fato de o subscritor do negócio jurídico não possuir poderes estatutários para tanto, a circunstância de este comportar-se, no exercício de suas atribuições – e somente porque assim o permitiu a companhia –, como legítimo representante da sociedade atrai a responsabilidade da pessoa jurídica por negócios celebrados pelo seu representante putativo com terceiros de boa-fé. Aplicação da teoria da aparência. 7. Recurso especial improvido. (STJ, REsp 887.277/SC, Rel. Min. Luis Felipe Salomão, 4ª Turma, j. 04/11/2010, *DJe* 09/11/2010)

[58] Neste sentido, Fabio Konder Comparato, Aparência de representação: a insustentabilidade de uma teoria. Revista de direito mercantil, v. 111. São Paulo: Malheiros, p. 39-44.

poderes para este fim; por outro lado, na aquisição de um imóvel, ou em um negócio jurídico bancário, o exame do ato constitutivo para conferência dos poderes de quem celebre o negócio é corrente, seja porque há exigência do tabelião, ou pelos deveres de cautela próprios da técnica bancária. Porém, no caso da atuação do administrador que aja em excesso de poder perante a própria pessoa jurídica, em razão das obrigações que ela tenha que assumir, será subordinada à comprovação de dolo ou culpa.[59]

4. A CAPACIDADE CIVIL DAS PESSOAS JURÍDICAS E O PROBLEMA DA SUA RESPONSABILIDADE DELITUAL

A constituição da pessoa jurídica tem por efeito conferir-lhe a capacidade civil, ou seja, a aptidão de ser titular de direitos e deveres na ordem civil. A assunção de deveres pela pessoa jurídica na ordem civil implica a capacidade para constituir obrigações e responder civilmente pelos prejuízos a que der causa diretamente, por atuação dos seus órgãos integrantes, ou ainda por seus empregados no exercício do trabalho que lhes competir ou em razão dele (art. 932, III, do Código Civil). Tal qual a pessoa natural, a pessoa jurídica responde pelos danos causados (art. 927, *caput*, do Código Civil: "Aquele que, por ato ilícito (arts. 186 e 187), causar dano a outrem, fica obrigado a repará-lo"). Há também situações em que a responsabilidade da pessoa jurídica é independente da exigência de demonstração da culpa em diversas hipóteses previstas no ordenamento jurídico (p. ex. art. 931 do Código Civil, para os produtos colocados no mer-

---

[59] DIREITO EMPRESARIAL. RESPONSABILIDADE CIVIL. SOCIEDADE ANÔNIMA. DIRETORIA. ATOS PRATICADOS COM EXCESSO DE PODER E FORA DO OBJETO SOCIAL DA COMPANHIA (ATOS ULTRA VIRES). RESPONSABILIDADE INTERNA CORPORIS DO ADMINISTRADOR. RETORNO FINANCEIRO À COMPANHIA NÃO DEMONSTRADO. ÔNUS QUE CABIA AO DIRETOR QUE EXORBITOU DE SEUS PODERES. ATOS DE MÁ GESTÃO. RESPONSABILIDADE SUBJETIVA. OBRIGAÇÃO DE MEIO. DEVER DE DILIGÊNCIA. COMPROVAÇÃO DE DOLO E CULPA. INDENIZAÇÃO DEVIDA. RESSALVAS DO RELATOR. 1. As limitações estatutárias ao exercício da diretoria, em princípio, são, de fato, matéria interna corporis, inoponíveis a terceiros de boa-fé que com a sociedade venham a contratar. E, em linha de princípio, tem-se reconhecido que a pessoa jurídica se obriga perante terceiros de boa-fé por atos praticados por seus administradores com excesso de poder. Precedentes. 2. Nesse passo, é consequência lógica da responsabilidade externa corporis da companhia para com terceiros contratantes a responsabilidade interna corporis do administrador perante a companhia, em relação às obrigações contraídas com excesso de poder ou desvio do objeto social. 3. Os atos praticados com excesso de poder ou desvio estatutário não guardam relação com a problemática da eficiência da gestão, mas sim com o alcance do poder de representação e, por consequência, com os limites e possibilidades de submissão da pessoa jurídica – externa e internamente. Com efeito, se no âmbito externo os vícios de representação podem não ser aptos a desobrigar a companhia para com terceiros – isso por apreço à boa-fé, aparência e tráfego empresarial –, no âmbito interno fazem romper o nexo de imputação do ato à sociedade empresarial. Internamente, a pessoa jurídica não se obriga por ele, exatamente porque manifestado por quem não detinha poderes para tanto. Não são imputáveis à sociedade exatamente porque o são ao administrador que exorbitou dos seus poderes. 4. Portanto, para além dos danos reflexos eventualmente experimentados pela companhia, também responde o diretor perante ela pelas próprias obrigações contraídas com excesso de poder ou fora do objeto social da sociedade. 5. Se a regra é que o administrador se obriga pessoalmente frente a companhia pelos valores despendidos com excesso de poder, quem excepciona essa regra é que deve suportar o ônus de provar o benefício, para que se possa cogitar de compensação entre a obrigação de indenizar e o suposto proveito econômico, se não for possível simplesmente desfazer o ato exorbitante. Vale dizer, com base no princípio da vedação ao enriquecimento sem causa, eventuais acréscimos patrimoniais à pessoa jurídica constituem fatos modificativos ou extintivos do direito do autor, os quais devem ser provados pelo réu (...)" (REsp 1349233/SP, Rel. Min. Luis Felipe Salomão, 4ª Turma, j. 06/11/2014, *DJe* 05/02/2015). Registre-se que no caso das sociedades anônimas, incide o art. 158, II, da Lei 6.404/1976.

cado; arts. 12, 14, 18 e 20, do Código de Defesa do Consumidor, para os prejuízos causados ao consumidor; art. 14, §1º, da Lei 6.938, de 31 de agosto de 1981, em relação aos danos ambientais)

Na ordem civil, portanto, a pessoa jurídica responde com seu patrimônio pelas obrigações que constituir ou por aquelas que lhe sejam impostas por lei. Esta responsabilidade terá sempre um conteúdo econômico.

Durante a investigação sobre a natureza da pessoa jurídica, no século XIX, objetava-se a possibilidade de imputar a ela qualquer reponsabilidade delitual.[60] Evoluiu-se no sentido de reconhecer que deve responder, seja pelos contratos que celebre, e mesmo pelos danos que causa,[61] conforme já se observou. Todavia, restou assentado durante muito tempo a impossibilidade da imputação de responsabilidade penal da pessoa jurídica. Sobravam razões. Primeiro, pelo fato de que a pessoa jurídica não tinha por si a capacidade de ação, ou seja, de prática dos atos materiais que caracterizam o comportamento típico no cometimento de um crime. Conjugava-se a isso a impossibilidade de exame da sua culpabilidade, aferida a partir de estado psíquico que, por sua natureza, restringe-se às pessoas naturais. E da mesma forma, a imposição das sanções penais tradicionais, em especial as relativas à restrição ou privação de liberdade, não cedem a sua impossibilidade fática de aplicação às pessoas jurídicas.

Estes argumentos, contudo, passaram a ser objeto de exame com o propósito de refutá-los, permitindo a responsabilização penal da pessoa jurídica. Em sistemas jurídicos estrangeiros esta previsão assentou-se como norma penal de aplicação geral. Assim ocorre nos países do *common law*, excluídos apenas os crimes que por sua natureza não possam ser cometidos pela pessoa jurídica. A origem deste entendimento será o reconhecimento de uma vontade autônoma da pessoa jurídica em relação àqueles que a integram.[62] Assim, o art. 121-1 do *Code Pénal* francês: "As pessoas morais, com exceção do Estado, são penalmente responsáveis, segundo distinções dos arts. 121-4 a 121-7 e nos casos previstos em lei ou regulamento pelas infrações praticadas por sua conta, pelos seus órgãos ou representantes (...)". O mesmo ocorre com o Código Penal português, que em seu art. 11, 2, define as situações em que será admitida a imputação de responsabilidade penal da pessoa jurídica. Em comum, observa-se em todos estes sistemas como exigência para imputação de responsabilidade penal, que o crime tenha sido praticado pelos órgãos da pessoa jurídica, por sua conta. Vale dizer, a conduta típica é avaliada a partir da atuação da pessoa que integra os órgãos da pessoa jurídica, e realizada por sua conta e no seu interesse. Neste caso, ambas as legislações adotam o princípio da especialidade, pelo qual a pessoa jurídica será penalmente responsável apenas nas hipóteses de crimes cujos tipos legais indiquem expressamente esta possibilidade.

Por outro lado, há sistemas jurídicos que mantêm sua rejeição à imputação de responsabilidade penal das pessoas jurídicas, como é o caso do direito alemão, no qual a repressão de ilícitos praticados por seu intermédio ou em seu benefício se dá, sobretudo, por intermédio de sanções de caráter administrativo (o denominado direito administrativo sancionador). Ou mesmo admitindo submeter a pessoa jurídica a certos efeitos da condenação criminal imposta às pessoas naturais que dela se utilizaram para o cometimento do crime, como, por exemplo, a proibição definitiva ou suspensão do exercício de suas atividades, o fechamento de estabelecimento, ou mesmo a intervenção judicial na sua administração, como é o que prevê o art. 129 do Código Penal espanhol.

---

[60] Em especial, Friedrich Karl von Savigny, System des heutigen romischen Rechts, Band 2, p. 310 e ss.
[61] Manfred Wolf; Jörg Neuner, Allgemeiner Teil des Bürgerlichen Rechts. 10 Auf. München: C.H. Beck, 2012, p. 151.
[62] Calixto Salomão Filho, O novo direito societário, 4ª ed., p. 282.

O direito brasileiro segue a tradição de restringir a responsabilidade penal às pessoas naturais, fundada já pelo Código Criminal de 1830 (art. 25). Com a promulgação da Constituição de 1988, contudo, o tema observou uma significativa transformação, em especial pelo disposto em dois preceitos nela contidos. O art. 173, § 5º, da Constituição dispôs: "A lei, sem prejuízo da responsabilidade individual dos dirigentes da pessoa jurídica, estabelecerá a responsabilidade desta, sujeitando-a às punições compatíveis com sua natureza, nos atos praticados contra a ordem econômica e financeira e contra a economia popular." Todavia, a falta de conformação legislativa desta disposição não concretizou hipóteses de responsabilidade penal da pessoa jurídica na hipótese.

Já no caso dos crimes contra o meio ambiente, o art. 225, § 3º refere: "As condutas e atividades consideradas lesivas ao meio ambiente sujeitarão os infratores, pessoas físicas ou jurídicas, a sanções penais e administrativas, independentemente da obrigação de reparar os danos causados". Neste caso, embora houvesse a possibilidade de duas interpretações ao texto da norma (tanto o que associava as sanções penais às pessoas físicas e as administrativas às pessoas jurídicas, quanto a que admitia que a ambas poderiam ser impostas as duas espécies de sanções) a conformação legislativa, por intermédio da Lei 9.605/1998, expressamente consagrou a responsabilidade penal das pessoas jurídicas. Assim dispôs seu art. 3º: "Art. 3.º As pessoas jurídicas serão responsabilizadas administrativa, civil e penalmente conforme o disposto nesta Lei, nos casos em que a infração seja cometida por decisão de seu representante legal ou contratual, ou de seu órgão colegiado, no interesse ou benefício da sua entidade. Parágrafo único. A responsabilidade das pessoas jurídicas não exclui a das pessoas físicas, autoras, coautoras ou partícipes do mesmo fato." Neste caso, é prevista a aplicação, isolada ou cumulativamente, das penas de multa, restritivas de direito ou de prestação de serviços à comunidade (art. 21, da Lei 9.605/1998). Da mesma forma, pode haver sua liquidação forçada, quando a pessoa jurídica for constituída ou utilizada, preponderantemente, para a prática de crimes ambientais, hipótese em que seu patrimônio reverterá em favor da União (para o Fundo Penitenciário Nacional, nos termos do art. 24 da Lei 9.605/1998).

A legislação brasileira, contudo, não previu especificamente quais os crimes passíveis de imputação à pessoa jurídica.[63] Assim, todos os crimes ambientais, em tese, poderiam comportar a hipótese, embora vários tipos penais, em razão de seus elementos definidores, são insuscetíveis desta imputação. A circunstância da previsão legislativa expressa de responsabilidade penal das pessoas jurídicas por crimes ambientais não elimina por si só, a controvérsia que envolve o tema. Ademais, pelo conteúdo das sanções aplicáveis à pessoa jurídica em razão da imputação de responsabilidade penal, a investigação sobre a estrita natureza desta responsabilização se destaca em vista da sua identidade material com o conteúdo das sanções referidas como de caráter administrativo previstas em outros diplomas legislativos (assim, por exemplo, o art. 19 da Lei 12.846, de 1º de agosto de 2013, cognominada Lei Anticorrupção).

---

[63] Para a síntese da controvérsia, veja-se: Eladio Lecey, Autoria singular e coletiva nas infrações contra o ambiente e as relações de consumo. A problemática da criminalidade pela pessoa jurídica. Revista de direito do consumidor, vol. 22. São Paulo: RT, abr.-jun./1997, p. 53-63; Fernando Quadros da Silva, Responsabilidade penal da pessoa jurídica: a Lei 9.605, de 13.02.1998 e os princípios constitucionais penais. Revista de direito ambiental, v. 18. São Paulo: RT, abr.-jun./2000, p. 163-197. Refutando a possibilidade de responsabilização penal dadas as características da pessoa jurídica e as condições tradicionais de imputabilidade, em especial a ausência de capacidade para conduta delitiva e culpabilidade, veja-se: José Henrique Pierangelli, A responsabilidade penal das pessoas jurídicas e a Constituição. Revista dos Tribunais, v. 684. São Paulo: RT, out.1992, p. 278-285.

5. A AQUISIÇÃO DA PERSONALIDADE DA PESSOA JURÍDICA DE DIREITO PRIVADO

A aquisição da personalidade pela pessoa jurídica (personificação jurídica) é efeito que não resulta de um único ato, tampouco se dá de modo idêntico a todas as espécies de pessoas jurídicas de direito público e de direito privado. Há características de cada uma delas que repercutem sobre o modo de sua constituição. Da mesma forma, trata-se, em geral, de ato complexo, o que sinaliza um conjunto de ações tanto de parte das pessoas interessadas na constituição da pessoa jurídica, quanto do próprio Estado, em relação a providências que assinalem o preenchimento dos requisitos legais para realização deste propósito.

Isso ocorre tanto em relação às pessoas jurídicas de direito privado que resultam do exercício da autonomia privada dos particulares – caso das associações, fundações e sociedades, por exemplo – quanto daquelas em que se originem de atuação do Estado, como é o caso das que integrem a administração pública (empresas públicas, sociedades de economia mista e fundações públicas), ou que se vinculem a interesse público específico que justifica a imposição de uma disciplina própria e quase híbrida (caso dos partidos políticos, conforme disposto na Lei 9.096/1995). Nestes casos, há situações em que é a lei quem cria (empresa pública), ou autoriza a criar (sociedades de economia mista e fundações públicas). Ou no caso dos partidos políticos, a aquisição de personalidade jurídica se dá pelo registro do ato constitutivo no Registro Civil das Pessoas Jurídicas, mas não basta para que exerça plenamente sua capacidade, e a consecução de seu fim, para o que se exige novo registro, segundo requisitos legais específicos perante a Justiça Eleitoral.

É o preenchimento de uma série de requisitos, por intermédio da realização de providências que assegurem a higidez da declaração de vontade que move a constituição da pessoa jurídica, bem como o atendimento às exigências formais e materiais estabelecidas para realização deste objetivo, que torna a constituição da pessoa jurídica um ato complexo. Como efeito da personificação surge um novo centro de imputação de direitos e deveres.

A regra comum em relação às pessoas jurídicas de direito privado é a de formalização de um ato constitutivo, que expressa declaração de vontade para sua constituição, e que atendidas as exigências legais, dá causa ao reconhecimento pelo Estado, com eficácia constitutiva.

O art. 46 do Código Civil dispõe que "o registro declarará", seguido de uma série de elementos que caracterizam e individualizam a pessoa jurídica de direito privado, e ordenam certos efeitos para seu funcionamento, a saber: I – a denominação, os fins, a sede, o tempo de duração e o fundo social, quando houver; II – o nome e a individualização dos fundadores ou instituidores, e dos diretores; III – o modo por que se administra e representa, ativa e passivamente, judicial e extrajudicialmente; IV – se o ato constitutivo é reformável no tocante à administração, e de que modo; V – se os membros respondem, ou não, subsidiariamente, pelas obrigações sociais; VI – as condições de extinção da pessoa jurídica e o destino do seu patrimônio, nesse caso. Entenda-se aqui se "*o registro declara*", a rigor tais elementos constituem requisitos do ato constitutivo que será inscrito no respectivo registro, de modo que ele poderá ser rejeitado caso não os observe, ou uma vez realizado, ter sua invalidade declarada no prazo de 3 anos contados do prazo da publicação da sua inscrição no registro (art. 45, parágrafo único, do Código Civil).

Variam as espécies de atos constitutivos conforme a espécie de pessoa jurídica a ser criada. No caso das associações, sua constituição se dá pela declaração de vontade coletiva expressa em *ata* escrita da assembleia geral dos associados, na qual consta a aprovação do estatuto social que a organiza e rege sua atividade. Nas fundações é o *ato de dotação* ou *de instituição*, que expressa a declaração de vontade do instituidor em criá-la, por escritura pública específica ou por disposição testamentária. Nas sociedades, simples ou empresárias, como regra, há o *contrato social* que, do mesmo modo expressa a vontade coletiva na sua constituição, ao mesmo tempo em que define sua estrutura e organização.

Na sociedade anônima, contudo, que é espécie de sociedade empresária, há particularidades. As providências para sua criação dependem se for constituída por subscrição pública, com sua oferta pública aos interessados (art. 82 a 87 da Lei 6.404/1976) ou mediante subscrição particular (art. 88, da Lei 6.404/1976), situação que determina distintas providências preliminares obrigatórias antes da sua constituição formal operada, afinal, com o arquivamento dos atos constitutivos no Registro e sua publicação na imprensa oficial (art. 94 da Lei 6.404/1976). Neste sentido, variam os atos a serem levados a registro, se constituída por assembleia (art. 95 da Lei 6.404/1976) ou por escritura pública (art. 96 da Lei 6.404/1976).

Em comum a todas as pessoas jurídicas de direito privado é o fato do ato constitutivo se dar por escrito, observando certas formalidades que assegurem a integridade da declaração de vontade, variando as exigências conforme a espécie da pessoa jurídica. Em regra, trata-se de declaração de vontade coletiva, na qual somam-se as manifestações de todos os interessados em constituir a pessoa jurídica. Porém, há pessoas jurídicas que se constituem com a declaração de vontade individual, como é o caso da fundação, da Empresa Individual de Responsabilidade Limitada (EIRELI) e da sociedade unipessoal. No caso da fundação, a declaração de vontade individual do instituidor se dá por escritura pública (quando instituída em vida), ou por testamento (quando se tratar de disposição do instituidor para após a morte), conforme o art. 62 do Código Civil. A Empresa Individual de Responsabilidade Limitada (EIRELI), prevista no art. 980-A do Código Civil, prevê a declaração de vontade realizada por instrumento público ou particular assinado pelo titular da empresa, contando com os elementos necessários à sua caracterização.[64] Na sociedade unipessoal, espécie de sociedade limitada, a declaração de vontade do único sócio observará, no que couber, as disposições atinentes ao contrato social (art. 1.052, § 2º, do Código Civil).

O registro do ato constitutivo, de sua vez também varia, conforme a espécie de pessoa jurídica de direito privado a ser constituída. O Registro Civil das Pessoas Jurídicas é onde se deve inscrever os atos constitutivos das associações, fundações, das organizações religiosas, dos partidos políticos e das sociedades simples. Neste último caso, sendo sociedade de advogados, constituída para exercício da advocacia, há exceção, e o registro deve ser realizado diretamente no Conselho Seccional da Ordem dos Advogados do Brasil do lugar da sede da pessoa jurídica. Tratando-se de sociedade empresária, como é caso das sociedades limitadas, da sociedade anônima, da sociedade em nome coletivo, e da sociedade em comandita simples, a inscrição do ato constitutivo é no Registro Público de Empresas Mercantis, realizando no âmbito dos Estados pelas Juntas Comerciais. Também na Junta Comercial será a inscrição do ato constitutivo e registro dos demais atos das sociedades cooperativas (art. 18 da Lei 5.764/1971).

6. ESPÉCIES DE PESSOAS JURÍDICAS

As pessoas jurídicas podem ser de direito público interno e externo, ou de direito privado (art. 40 do Código Civil), conforme o regime jurídico que discipline sua criação e atuação. Pessoas jurídicas de direito público submetem-se ao regime jurídico de direito público, o que

---

[64] Tais elementos são definidos em norma regulamentar, atualmente, o Anexo V da Instrução Normativa nº 38 do Departamento de Registro Empresarial e Integração do Ministério da Economia, Indústria, Comércio Exterior e Serviços.

implica, especialmente, duas características essenciais: a) a finalidade para a qual são constituídas é cogente, vinculada à realização do interesse público, e indisponível pelos órgãos por intermédio do qual atua; e b) sua posição jurídica é marcada pelo poder do Estado (*ius imperii*), razão pela qual prevalece em relações jurídicas com os particulares no exercício regular de sua competência (as de direito público interno) ou rege-se pelo critério de igualdade no plano do direito internacional (as de direito público externo).

As pessoas jurídicas de direito público interno presentam o Estado, o que no modelo de república federativa como é o caso do Brasil, distinguem os entes federados União, Estados, Distrito Federal e Municípios, além daquelas criadas por lei com personalidade jurídica própria para executar atividades típicas da Administração Pública, caso das autarquias (art. 5º, I, do Decreto-Lei 200/1967), associações públicas e outras entidades de caráter público criadas por lei.

Já as pessoas jurídicas de direito público externo são os Estados estrangeiros e todas as pessoas que forem regidas pelo direito internacional público (art. 42 do Código Civil). Os países relacionam-se entre si segundo as normas do direito internacional público. Neste plano, é a República Federativa do Brasil que se relaciona com outros estados estrangeiros, assim como com organismos internacionais constituídos segundo as normas do direito internacional público (caso, por exemplo, da Organização das Nações Unidas, da Organização dos Estados Americanos, ou do Fundo Monetário Internacional)

As pessoas jurídicas de direito privado são as criadas no regime jurídico de direito privado. O art. 44 do Código Civil estabelece: "São pessoas jurídicas de direito privado: I – as associações; II – as sociedades; III – as fundações. IV – as organizações religiosas; V – os partidos políticos; VI – as empresas individuais de responsabilidade limitada." É livre a constituição das pessoas jurídicas de direito privado, atendidas as condições definidas em lei. A Constituição da República, em seu art. 5º, XVII, estabelece que "é plena a liberdade de associação para fins lícitos, vedada a de caráter paramilitar". A referência à associação, neste caso, deve ser tomada em sentido amplo, considerando seus fins lícitos de caráter econômico ou não, compreendendo associações e sociedades. Tratando-se do exercício da atividade empresarial por intermédio da constituição de sociedades, seu fundamento associa-se, por igual, à liberdade de iniciativa econômica (art. 1º, IV, e art. 170, *caput*, da Constituição da República). No caso das organizações religiosas, sua livre constituição se funda também na liberdade de consciência e crença, assim como o livre exercício dos cultos religiosos (art. 5º, VI, da Constituição da República). Também a liberdade de criação, fusão, incorporação e extinção de partidos políticos é assegurada pela Constituição, devendo ser exercida nos termos da lei (art. 17 da Constituição da República).

Examina-se, a seguir, os traços característicos de cada uma das pessoas jurídicas.

6.1. Pessoas jurídicas de direito público

Conforme já se referiu, são as pessoas jurídicas de direito público interno ou externo. As pessoas jurídicas de direito público interno são relacionadas pelo art. 41 do Código Civil: "São pessoas jurídicas de direito público interno: I – a União; II – os Estados, o Distrito Federal e os Territórios; III – os Municípios; IV – as autarquias, inclusive as associações públicas; V – as demais entidades de caráter público criadas por lei."

O art. 18 da Constituição da República estabelece: "A organização político-administrativa da República Federativa do Brasil compreende a União, os Estados, o Distrito Federal e os Municípios, todos autônomos, nos termos desta Constituição." Nestes termos, a União, os Estados, o Distrito Federal e os Municípios, a par de constituírem pessoas jurídicas de direito público, são também pessoas políticas, que integram a organização do Estado brasileiro.

A **União** é pessoa jurídica que atua por intermédio de diversos órgãos como a Presidência da República, os Ministérios, o Congresso Nacional, dentre outros. Tem suas competências estabelecidas pela Constituição da República. Os **Estados**, da mesma forma, têm suas competências fixadas na Constituição da República, sem prejuízo que disponham suas respectivas Constituições Estaduais (art. 25 da Constituição da República). Os **Municípios** tem competências definidas na Constituição da República (arts. 30 e 31), e sua organização e funcionamento definidos pelas respectivas leis orgânicas (art. 29).

A União e os Estados reputam-se constituídos com a promulgação da Constituição da República, embora haja alguns pré-existentes da ordem constitucional antecedente, e outros que foram criados diretamente por ela. A incorporação, subdivisão ou desmembramento de Estados na ordem constitucional vigente exige a aprovação em plebiscito da população diretamente interessada (no caso, que habita o território que venha a ser afetado)[65] e de lei complementar do Congresso Nacional (art. 18, §3º, da Constituição da República). No caso dos municípios, sua incorporação, fusão e desmembramento deve ser feito por lei estadual, precedida de plebiscito com a participação da população dos municípios envolvidos após a divulgação de estudos de viabilidade municipal, nos termos definidos em lei federal (art. 18, § 4º da Constituição da República), que, todavia, não foi editada. Em relação ao **Distrito Federal**, que é a sede do governo e domicílio da União, é vedada sua divisão em municípios, e seu funcionamento é regulado por lei orgânica (art. 32 da Constituição da República).

Atualmente, não há territórios federais no Brasil, tendo sido os últimos transformados em Estados pela própria Constituição da República de 1988 (art. 14 do Ato das Disposições Constitucionais Transitórias). Contudo, sua criação, transformação em Estado ou reintegração ao Estado de origem serão reguladas em lei complementar federal (art. 18, § 2º, da Constituição da República).

As **autarquias** são pessoas jurídicas de direito público prevista pelo art. 5º, I, do Decreto-Lei 200/1967, que as define como "serviço autônomo, criado por lei, com personalidade jurídica, patrimônio e receita próprios, para executar atividades típicas da Administração Pública, que requeiram, para seu melhor funcionamento, gestão administrativa e financeira descentralizada." Originalmente, a previsão das autarquias, e sua personificação vinculada a prestação de serviço público, com autonomia, patrimônio e receita próprios, justifica-se pela melhor especialização e descentralização em vista da eficiência da ação administrativa. Por vincular-se ao regime jurídico de direito público, da mesma forma conserva a possibilidade de ser titular de poder de polícia administrativo, o que permite, na consecução de sua finalidade de interesse público, com que possa impor restrições à liberdade e à propriedade dos particulares, nos termos da sua competência fixada por lei. Ao longo do tempo, a criação de autarquias tornou-se, no direito brasileiro, uma estratégia legislativa para assegurar graus diversos de autonomia de seus dirigentes em relação ao Chefe do Poder Executivo e seus auxiliares, como ocorre, no âmbito da administração pública, com as agências reguladoras definidas como autarquias especiais.[66] Neste particular, o desenvolvimento gradual desta eficácia jurídica específica culmina com o disposto no art. 3º da Lei 13.848, de 25 de junho de 2019, que define: "Art. 3º A natureza especial conferida à agência reguladora é caracterizada pela ausência de tutela ou de subordinação hierárquica, pela autonomia funcional, decisória, administrativa e financeira e pela investidura a termo de seus dirigentes e estabilidade durante os mandatos, bem como pelas demais disposições constantes desta Lei ou de leis específicas voltadas à sua implementação."

---

[65] STF, ADI 2650, Rel. Min. Dias Toffoli, j. 24/08/2011, p. *DJ* 17/11/2011.
[66] ADI 1949/RS, Rel Min. Dias Toffoli, j. 17/09/2014, p. 14/11/2014.

As **associações públicas** a que faz referência o Código Civil, porém sem defini-las, são compreendidas como associações integradas por pessoas jurídicas de direito público. Neste sentido, o fim de associar-se deve convergir com a finalidade que vincula as pessoas jurídicas de direito público que venham a integrá-la. Distinguem-se, por isso, das associações civis típicas, em relação às quais impera a liberdade de associar-se para fins lícitos, sem maiores condicionamentos (art. 5º, XVII, da Constituição da República). Tratando-se de associações públicas, vinculam-se ao fim de interesse público que marca e vincula a atuação das pessoas jurídicas de direito público. São exemplos de associações públicas as que envolvem municípios para fins de representação política (associações de municípios), assim como consórcios públicos criados por União, Estados ou Municípios entre si, para a realização de objetivos de interesse comum (art. 1º da Lei 11.107/2005). Neste caso, a legislação prevê que os consórcios públicos possam se constituir tanto como associações públicas, quanto como pessoas jurídicas de direito privado, o que repercutirá nas providências para sua constituição. Neste sentido o art. 6º da Lei 11.107/2005: "Art. 6º O consórcio público adquirirá personalidade jurídica: I – de direito público, no caso de constituir associação pública, mediante a vigência das leis de ratificação do protocolo de intenções; II – de direito privado, mediante o atendimento dos requisitos da legislação civil."

O Código Civil faz referência, ainda, às "demais entidades de caráter público criadas por lei". Registra-se a sabedoria do legislador neste ponto, afinal, prevê a possibilidade de que outras espécies de pessoas jurídicas de direito público sejam criadas, o que é possível frente a determinada orientação que se imprima à administração pública e ao desempenho de suas atividades. Neste particular, registre-se que a fórmula também serve para contemplar adequadamente confusão que ainda hoje abrange certas fundações públicas, integrantes da administração indireta. Isso porque, embora o Decreto-Lei 200/1967 as tenha definido como "entidade dotada de personalidade jurídica de direito privado", cuja criação é autorizada por lei (art. 5º, IV), não faltam exemplos da opção do legislador em diversas esferas da federação que resolveram criar, por lei, fundações públicas, dotando-as de personalidade jurídica de direito público, ou prevendo sua submissão ao regime jurídico de direito público. A divergência entre tais decisões legislativas específicas e a definição legal genérica estabelecida pelo Decreto-Lei 200, e assumida pela doutrina do direito administrativo, tem repercussões até hoje. Porém, para efeitos de classificação, o Código Civil corretamente indica que, sendo decisão do legislador criar pessoa jurídica de direito público, independentemente de seu *nomen juris*, assim devem ser consideradas.

Já as pessoas jurídicas de direito público externo são aqueles, conforme o Código Civil, compreendem os Estados estrangeiros e todas as pessoas que forem regidas pelo direito internacional público (art. 42). Conforme já foi mencionado, no plano internacional, as relações jurídicas entre os diferentes Estados nacionais se dão segundo as regras do direito internacional público. E é neste plano que inclusive, se definem os critérios para o próprio reconhecimento da soberania destes Estados. A República Federativa do Brasil é sujeito de direito de direito internacional. Da mesma forma, por "pessoas regidas pelo direito internacional" é comum referir-se aos organismos integrantes do sistema da Organização das Nações Unidas (ONU), mas não apenas eles. A longa e complexa história das relações internacionais dá conta de série de atos jurídicos de direito internacional que criam estas várias organizações (acordos de criação), assim como figuras únicas como a Santa Sé, que é sujeito de direito internacional pelo qual a Igreja Católica relaciona-se internacionalmente, considerado como equiparado a Estado.

6.1.1. Responsabilidade civil das pessoas jurídicas de direito público

O art. 43 do Código Civil vigente, seguindo a tradição do primeiro Código Civil brasileiro, de 1916 (art. 15) dispõe sobre a responsabilidade civil das pessoas jurídicas de direito público, estabelecendo: "As pessoas jurídicas de direito público interno são civilmente responsáveis por atos dos seus agentes que nessa qualidade causem danos a terceiros, ressalvado direito regressivo contra os causadores do dano, se houver, por parte destes, culpa ou dolo." A responsabilidade das pessoas jurídicas de direito público por danos, contudo, é tema, que já há muito tempo extravasa os limites do direito privado ou da responsabilidade civil, tendo decisiva influência a dogmática do direito público.[67]

A responsabilidade civil das pessoas jurídicas de direito público integra, em sentido amplo, a responsabilidade do Estado por danos causados aos particulares, e observa trajetória que, em pouco menos de dois séculos transita da ausência completa da obrigação de reparar para a de imputação de responsabilidade independente de culpa (responsabilidade objetiva). A famosa máxima de infalibilidade do soberano (*"The king can do no wrong"*), ou ainda a noção de que a atuação do Estado se submete a sua vontade (*"quod principex placuit habit legis vigorem"*), firmou durante séculos a compreensão de que nem as leis nem os direitos dos particulares ousam constituir limites ao seu poder, uma vez que assume a posição de um livre criador do Direito (*freier Rechtschöpfer*).[68]

A ausência de responsabilidade do Estado, deste modo, resultava do reconhecimento da sua prevalência na relação com os particulares, e a identidade com o próprio Direito, tornando impossível sua violação. E mesmo se e quando admitida esta possibilidade, a violação seria de seus agentes, passíveis de responsabilização pessoal, e não do próprio Estado.[69] A imputação ao Estado da obrigação de indenizar tem origem na intervenção lícita na propriedade dos particulares e os prejuízos daí decorrentes.[70] Gradualmente, os diversos sistemas jurídicos passaram a reconhecer hipóteses tópicas de responsabilidade do Estado por danos causados aos particulares, do que é exemplo a Lei de 28 pluvioso do ano VIII (1800), que, ao dispor sobre a organização administrativa francesa, previu a responsabilidade do funcionário por dano que por dolo ou culpa tivesse dado causa. Da mesma forma a previsão da Constituição de Baviera de 1818, fundada na *culpa in eligendo*, no caso do emprego de pessoa "notoriamente inabilitada ou desonesta",[71] do que resulta série de situações, ora reputando ao Estado a responsabilidade pelos atos do funcionário, ora responsabilizando exclusivamente este agente.[72]

De registro obrigatório nesse iter histórico, inclusive por sua influência no direito brasileiro, será a contribuição da jurisprudência francesa para a consolidação da responsabilidade do

---

[67] Veja-se, para exame detalhado do tema: Bruno Miragem, Responsabilidade civil. 2ª ed. Rio de Janeiro: Forense, 2021, cit.
[68] José Joaquim Gomes Canotilho, *O problema da responsabilidade do Estado por atos lícitos*. Coimbra: Almedina, 1974, p. 35.
[69] Yussef Sahid Cahali, *Responsabilidade civil do Estado*. 3. ed. São Paulo: RT, 2007.
[70] Hartmut Maurer, *Direito administrativo geral*. Barueri: Manole, 2002, p. 780. No direito brasileiro, entre outros: Weida Zancaner, *Da responsabilidade extracontratual da administração pública*. São Paulo: RT, 1981, p. 34-35.
[71] Francisco Cavalcante Pontes de Miranda, *Tratado de direito privado*. Atualizador: Rui Stoco. São Paulo: RT, 2012, t. LIII, p. 547-548.
[72] Hartmut Maurer, *Direito administrativo geral*, cit., p. 732.

Estado. Nomeadamente o conhecido *arrêt Blanco*, de 1873,[73] considerado um dos fundamentos do direito administrativo na França, a partir do qual foi reconhecida a responsabilidade do Estado pela falha na prestação de serviço público,[74] vindo a evoluir no sentido da responsabilidade pelo risco,[75] distinguindo a responsabilidade pessoal do funcionário e a falta do serviço (*Arrêt Pelletier*, também de 1873).[76]

No direito alemão, o § 839 do BGB de 1900 estabeleceu a responsabilidade do funcionário por violação de seus deveres funcionais (*Haftung bei Amtspflichtverletzung*), ao qual seguiu-se o art. 131 da Constituição de Weimar, a qual estabelece que, quando o funcionário viola seus deveres funcionais, o Estado ou o órgão a serviço do qual esteja deverá responder pelos danos que vier a causar. E, da mesma forma, o art. 34 da Lei Fundamental de 1949, ora vigente, reproduz o preceito, ao referir: "Se uma pessoa, no exercício de um cargo público que lhe foi confiado, infringir em relação a terceiros os deveres que o cargo lhe impõe, a responsabilidade recai, em princípio, sobre o Estado ou órgão público ao qual esta pessoa esteja servindo. No caso de falta intencional ou negligência grave, preserva-se o direito de regresso. Para reivindicações de indenização e para o exercício do direito de regresso não poderá ser excluída a via judicial ordinária".

No *common law*, a responsabilidade do Estado por danos a particulares, de rigor, só foi admitida mais recentemente. Nos Estados Unidos, por intermédio do *Federal Torts Claims Act*, de 1946. Na Inglaterra, pelo *Crown Proceeding Act*, de 1947.[77]

O direito brasileiro, de sua vez, jamais pré-excluiu a responsabilidade do Estado pelos danos causados por seus agentes.[78] A Constituição imperial de 1824, embora tenha consagrado a irresponsabilidade do Imperador (art. 99) em seu art. 179, XXIX, previa a responsabilidade pessoal dos "empregados públicos" (a rigor, servidores públicos em geral, no sentido atual: "Os Empregados Publicos são strictamente responsaveis pelos abusos, e omissões praticadas no exercicio das suas funcções, e por não fazerem effectivamente responsáveis aos seus subalternos").

---

[73] O famoso caso Blanco definiu, pela primeira vez, de forma sistemática, a distinção dos atos do Estado entre os de gestão e os de autoridade. Nesse caso, os atos de gestão seriam aqueles em que o Estado atuaria na administração de seu patrimônio, e pelo qual estaria submetido à responsabilidade por danos aos particulares, enquanto os atos de soberania, característicos do exercício do poder pelo Estado, permaneceriam protegidos pela irresponsabilidade do governante. Da mesma forma, a responsabilidade pela culpa do agente é relativizada, originando-se a noção de culpa pela falta do serviço (*faute du service*), em vista da prestação de um serviço público inadequado, tardio ou irregular. Para a íntegra da decisão, veja-se a compilação organizada por Marceau Long; Prosper Weil; Guy Braibant; Pierre Delvolvé e Bruno Genevois, *Les grands arrêts de la jurisprudence administrative*. 16. ed. Paris: Dalloz, 2007, p. 1 e s

[74] René Chapus, *Responsabilité publique et responsabilité privée. Les influences réciproques des jurisprudences administratif et judiciaire*. Paris: LGDJ, 1954, p. 86.

[75] Leon Duguit, *Les transformations générales du droit privé depuis le Code Napoléon*. 2. ed. Paris: Libraire Félix Alcan, 1920, p. 144-145.

[76] O caso dizia respeito a pretensão de reparação de danos causados a uma criança atingida por uma carroça movida por quatro funcionários de uma fábrica de tabaco de Bordeaux, gerida pelo Estado, foi reconhecida a responsabilidade do Estado pelos danos causados em razão da prestação de serviço público. O Conselho de Estado, órgão declarado competente para decidir a questão, concedeu, em decisão de 1874, uma renda anual à vítima. Veja-se a íntegra da decisão na compilação de Marceau Long et alli. *Les grands arrêts de la jurisprudence administrative*, cit., p. 8 e s.

[77] Maria Sylvia Zanella Di Pietro, *Direito administrativo*. 20. ed. São Paulo: Atlas, 2007, p. 597. Note-se, todavia, que série de situações polêmicas no tocante à exata extensão da responsabilidade do Estado ainda não foi solucionada adequadamente também no *common law*, conforme refere Stephen Bailey, Public authority liability in negligence. The continued search for coherence. In: *Legal Studies*, v. 26, n. 2, June/2006, p. 155-184.

[78] Francisco Cavalcante Pontes de Miranda, *Tratado de direito privado*, t. LIII, cit., p. 549.

A responsabilidade do Estado também foi objeto dos arts. 82 e 83 da Constituição de 1891; do art. 171, *caput* e §§ 1º e 2º, da Constituição de 1934; do art. 158 da Constituição de 1937; do art. 194 da Constituição de 1946, em que se mencionou pela primeira vez a responsabilidade das pessoas jurídicas de direito público; do o art. 107 da Constituição de 1967, com a redação da Emenda n. 1/69; até o advento da Constituição de 1988, vigente, que em seu art. 37, § 6º, consagra a responsabilidade objetiva do Estado por danos aos particulares. O que significa dizer que a vítima, ao exercer sua pretensão contra a pessoa jurídica de direito público ou de direito privado prestadora de serviço público, não necessita provar que seu agente agiu com dolo ou culpa, mas apenas demonstrar a existência do dano e sua relação causal com a ação ou omissão do Estado ou seus agentes.

A disciplina da responsabilidade do Estado por danos aos particulares pelo Código Civil representa uma primeira fase de sua fundamentação, denominada *civilista*, associada também com a responsabilidade pelo fato de outrem, de modo que, assim como o patrão responde pelos atos do empregado, também o Estado responderia pelos atos danosos praticados por seus funcionários,[79] o que ademais resultava de um temperamento da irresponsabilidade original.[80] Em relação à natureza da responsabilidade, de sua vez, passou-se de um sistema de necessidade de provar a culpa do Estado para o de presunção da culpa. Apenas uma segunda concepção, deve reconhecer que os danos causados pelos agentes públicos nesta qualidade compreendem a atuação do próprio Estado (que agiria por intermédio de seus órgãos), de modo a dar causa a uma imputação de responsabilidade diretamente à pessoa jurídica de direito público.

Não se perde de vista, igualmente, outras concepções como a célebre falta do serviço (*faute du service*) desenvolvida no direito francês, pela qual a responsabilidade do Estado por danos aos particulares não decorre de um comportamento específico do agente público, mas objetivamente em razão da prestação deficiente de um serviço público que deve ser oferecido de modo adequado. Sua principal contribuição foi a de definir a presunção de culpa do Estado no caso da prestação deficiente do serviço, de modo a restringir as hipóteses em que sua responsabilidade poderia ser afastada apenas quando demonstrasse a existência de caso fortuito ou força maior como causa da falha da qual resulta o dano.

Gradualmente, o fundamento da responsabilidade do Estado por danos aos particulares deslocou-se para teorias desenvolvidas pelo direito público, muitas delas associadas à proteção da igualdade.[81] Atualmente, a consagração da responsabilidade objetiva do Estado (independente da demonstração de dolo ou culpa) tem por fundamento na teoria do risco administrativo, pela qual o exercício da atividade estatal gera por si risco de danos aos particulares, e que só por isso o Estado deve responder pelos danos daí advindos. Elimina-se, desse modo, o elemento subjetivo da conduta para a responsabilização do Estado, ainda que se mantenha a exigência

---

[79] Francisco Cavalcante Pontes de Miranda, *Tratado de direito privado*, t. LIII, cit., p. 549.

[80] No direito francês, contudo, conforme menciona Bandeira de Mello, as ações dirigidas contra funcionários dependiam de autorização do Conselho de Estado, que raramente as concedia, Celso Antônio Bandeira de Mello, *Curso de direito administrativo*. 16. ed. São Paulo: Malheiros, 2003, p. 860-861.

[81] Marcel Sousse, *La notion de réparation de dommages en droit administratif français*. Paris: LGDJ, 1994, p. 110 e ss. Exemplo dessa justificação baseada na igualdade na distribuição dos encargos públicos vê-se na fórmula "Qu'elle fasse, mais qu'elle paie", destacada em Maurice Hauriou, Les actions en indemnité contre l'État pour préjudices causés dans l'administration publique. *Revue de Droit Public*, v. 3, 1896, p. 51-65. Para críticas a essas teorias, Marcel Sousse, *La notion de réparation de dommages en droit administratif français*, cit., p. 125 e s.

da culpa no caso da responsabilidade pessoal dos agentes públicos.[82] Deste modo, responde o Estado pelos riscos das atividades que desenvolve no exercício da competência fixada em lei, e mesmo quando existir desvio de finalidade ou excesso de poder por parte dos agentes públicos. Estabelece a norma do art. 37, § 6º, da Constituição Federal que a responsabilidade do Estado abrange os *danos que seus agentes, nessa qualidade, causarem a terceiros*. É a mesma locução presente no art. 15 do Código Civil. A qualidade de agente público na causação do dano é essencial, indicando o exercício de atividade administrativa. O que se exige, assim, é o nexo de causalidade entre a conduta imputável ao Estado e o dano sofrido, afastando-se, com isso, a exigência de demonstração da culpa do agente.

Observe-se, contudo, que a responsabilidade do Estado não está adstrita *apenas* às hipóteses em que o agente público, ao dar causa ao dano, esteja agindo no exercício da atividade administrativa. Como bem anota a doutrina, vai haver responsabilidade do Estado pelo dano causado "sempre que a condição de agente do Estado tiver contribuído de algum modo para a prática do ato danoso, ainda que simplesmente lhe proporcionando a oportunidade para o comportamento ilícito".[83] Em outras palavras, a responsabilidade do Estado abrange tanto as situações em que o agente público esteja exercendo sua atividade típica, de modo regular, quanto aquelas em que ocorra abuso ou excesso de poder, por exemplo. Ou ainda quando se utilize dos bens do Estado para realizar o dano. Refere a Constituição e o Código Civil a *qualidade de agente público*, e não *no exercício da atividade de agente público*, de modo que permanece responsável o Estado quando esta qualidade for ostentada, regularmente ou não, fora do exercício da atividade.[84] O que se exige para atrair a responsabilidade do Estado é a existência de relação entre a atuação do agente e o dano.

Por outro lado, note-se que a noção de agente público é ampla, envolvendo qualquer espécie de vínculo com o Estado, seja como servidor público, empregado público, agente político, funcionário temporário ou qualquer outro modo de exercício da função pública pelo particular,

---

[82] Note-se, todavia, que esse acolhimento não é unívoco na doutrina. Há os que entendem pela bipartição dos fundamentos da responsabilidade estatal. Isso se dá, historicamente, na distinção da vítima como usuário de serviço público ou de terceiro, de modo que para o usuário seja o direito ao bom funcionamento do serviço, enquanto para os terceiros seria um direito genérico de não sofrer danos. Assim, Francis-Paul Bénoit, *Le droit administratif français*. Paris: Dalloz, 1968, p. 691. Sob outro prisma, distingue-se entre fatos ilícitos e lícitos, de modo a reconhecer, no primeiro caso, como fundamento, o princípio da legalidade, e no segundo, a igualdade dos encargos públicos, conforme sustenta Celso Antônio Bandeira de Mello, *Curso de direito administrativo*, cit., p. 853-855.

[83] Sérgio Cavalieri, *Programa de responsabilidade civil*, 11. ed., cit., p. 291.

[84] "Constitucional. Administrativo. Responsabilidade civil do Estado. CF, art. 37, § 6º. I. - Agressão praticada por soldado, com a utilização de arma da corporação militar: incidência da responsabilidade objetiva do Estado, mesmo porque, não obstante fora do serviço, foi na condição de policial-militar que o soldado foi corrigir as pessoas. O que deve ficar assentado é que o preceito inscrito no art. 37, § 6º, da C.F., não exige que o agente público tenha agido no exercício de suas funções, mas na qualidade de agente público. II. – R.E. não conhecido" (STF, RE 160.401, Rel. Min. Carlos Velloso, 2ª Turma, j. 20-4-1999, *DJ* 4-6-1999). Distinguindo-se da hipótese, em caso no qual policial militar utilizou-se da arma de propriedade do Estado para matar mulher com quem mantinha relacionamento afetivo, o STF afastou a responsabilidade do Estado em face da ausência da conexidade do dano com a condição de agente público: "Constitucional. Administrativo. Recurso extraordinário. Responsabilidade civil do Estado. Lesão corporal. Disparo de arma de fogo pertencente à corporação. Policial militar em período de folga. Caso em que o policial autor do disparo não se encontrava na qualidade de agente público. Nessa contexta, não há falar de responsabilidade civil do Estado. Recurso extraordinário conhecido e provido" (STF, RE 363.423, Rel. Min. Carlos Britto, 1ª Turma, j. 16-11-2004, *DJe* 14-3-2008).

mesmo sem vínculo permanente, o que se associa com a necessidade de conexão entre o dano causado e o exercício da atividade pública.[85]

6.2. Pessoas jurídicas de direito privado

O direito civil disciplina a constituição e a atividade das pessoas jurídicas de direito privado. Daí porque o Código Civil contém sua disciplina de forma mais detalhada, definindo tipos legais com suas características essenciais (*Typenzwang*)[86]. Ou seja, tratando-se de criação do Direito, ele é que prevê quais as formas que as pessoas jurídicas e direito privado podem assumir. Apenas aquelas previstas na lei, com as características nela estabelecidas, podem ser criadas, dispondo, igualmente sobre os requisitos para sua constituição e exercício da atividade serão consideradas como tais.

Porém, a lei nem sempre vai disciplinar exaustivamente as várias espécies de pessoas jurídicas. Define seus tipos e características essenciais, mas apenas até onde contribua para a distinção devidas entre elas, em atenção à finalidade para a qual são constituídas. A rigor, a finalidade e a estrutura são os critérios elementares que distinguem as diversas pessoas jurídicas de direito privado, marcando sua tipologia.

6.2.1. Associações

As associações constituem-se pela união de pessoas que se organizem para fins não econômicos (art. 53 do Código Civil). Diga-se bem: fins não econômicos imediatos ou diretos, o que não exclui, seja como condição para sua existência e funcionamento, seja como repercussão aos associados, da própria consecução de sua finalidade, resultado economicamente apreciável. Neste sentido, basta que se trate de fins lícitos, ou seja, não proibidos por lei, considerando que a liberdade de constituir e organizar associação ou dela participar compreende-se como expressão da autonomia privada. Neste sentido, embora frequentemente seja destacado o conteúdo político do exercício desta liberdade, não há, em absoluto, exigência que se identifique o propósito de interesse político, ou mesmo de interesse público. Sendo expressão da autonomia privada, o que se destaca é o propósito de realização do interesse da pessoa, ainda que seja evidente, em muitas situações, a repercussão social ou pública decorrente da atuação da associação.

6.2.1.1. Dimensão constitucional: a liberdade de associação

A livre criação e participação em associações constitui direito fundamental assegurado pela Constituição da República, a exemplo de outros sistemas jurídicos, nos quais a liberdade de associação adquiriu importância, especialmente no constitucionalismo que emerge do se-

---

[85] Neste sentido, deixa de caracterizar a o exercício da atividade pública aquela exercida por servidor público fora das suas atribuições funcionais, como é o caso do policial que exerce suas próprias do cargo, porém de modo desvinculado da prestação de serviço público, cometendo infração disciplinar pela oferta de serviços de segurança a particulares (STF, RE 341.776, Rel. Min. Gilmar Mendes, 2ª Turma, j. 17-4-2007, *DJ* 3-8-2007).

[86] Manfred Wolf; Jörg Neuner, Allgemeiner Teil des Bürgerlichen Rechts. München: C.H. Beck, 2012, p. 149.

gundo pós-guerra,[87] abrangendo toda a forma de união entre pessoas, com certa estabilidade e permanência, para fins lícitos.[88]

A liberdade de associação, neste sentido, não abrange apenas as associações civis, constituídas segundo o direito civil, mas toda a sorte de entidades de caráter associativo, inclusive aquelas disciplinadas em outras áreas do direito. É o caso dos sindicatos – objeto de disciplina pelo direito do trabalho (art. 511 e ss. da Consolidação das Leis do Trabalho), assim como entidades de fiscalização de profissões regulamentadas (conselhos profissionais), que embora tenham caráter associativo, pelo fato de exercerem funções típicas de polícia do Poder Público (supervisão, normalização e fiscalização profissional), tem reconhecida sua natureza autárquica.[89]

O art. 5º, inciso XVII, da Constituição da República, dispõe: "é plena a liberdade de associação para fins lícitos, vedada a de caráter paramilitar". A liberdade de associação compreende a autonomia individual para ingressar na associação, nela se manter regularmente (em acordo com suas regras estatutárias) e deixar de ser associado. É o que resulta complementado pelo inciso XX do art. 5º, da Constituição: "ninguém poderá ser compelido a associar-se ou a permanecer associado". Há aqui um elemento que transcende o interesse meramente individual, colocando-se como espécie de liberdade de organização coletiva, e nestes termos, garantia de liberdade política, religiosa e de expressão em sentido amplo, que se associa aos fundamentos do próprio Estado de Direito.

Da mesma forma, a Constituição ainda prevê uma garantia para a manutenção das associações no tempo, de modo a assegurar sua integridade e pleno funcionamento, protegendo-as, especialmente, da interferência indevida do Estado. Neste sentido, estabelece seu art. 5º, inciso XIX: "as associações só poderão ser compulsoriamente dissolvidas ou ter suas atividades suspensas por decisão judicial, exigindo-se, no primeiro caso, o trânsito em julgado". Portanto, a extinção de associações, por força da Constituição, ou resultará da decisão livre de seus membros, ou de decisão judicial com trânsito em julgado, o que traz implícito a garantia de ampla defesa com os recursos a ele inerentes àqueles que se oponham à dissolução.

Neste sentido, a liberdade de associação compreende três características essenciais: a) a espontaneidade da decisão do titular de criar e participar da associação; b) a vinculação da associação a uma finalidade comum aos associados; e c) certa estabilidade de sua organização e perenidade, em acordo com regras em comum que contem com a adesão dos associados.[90]

Ao assegurar a plena liberdade de associação, deste modo, a Constituição à põe a salvo da intervenção do Estado não apenas impedindo que a dissolva compulsoriamente sem o devido

---

[87] A liberdade de associação é consagrada, neste sentido, pelo art. 18 da Constituição da Itália de 1947, no art. 9º da Lei Fundamental alemã de 1949, no art. 46 da Constituição de Portugal, de 1976, e no art. 22 da Constituição da Espanha, de 1978, dentre outras. No common law, tanto no direito inglês, quanto, por influência deste, no direito norte-americano, a liberdade de associação goza de enorme prestígio, considerada implícita nas liberdades de expressão e de reunião asseguradas pela primeira emenda e de participação política a que se refere décima quarta emenda, ambas à Constituição dos Estados Unidos. Robert J. Bressler, Freedom of association: Rights and liberties under de law. Santa Barbara, Abc Clio, 2004, p. 22 e ss.

[88] A evolução histórica da liberdade de associação no direito brasileiro é muito bem apresentada por Rodrigo Xavier Leonardo, Associações sem fins econômicos. São Paulo: RT, 2014, p. 85 e ss.

[89] STF, 22643/SC, Rel. Min. Moreira Alves, j. 06/08/1998, *DJ* 04/12/1998; RE 938837, Rel. p/ Acórdão: Min. Marco Aurélio, Tribunal Pleno, j. em 19/04/2017; p. 25/09/2017.

[90] Bodo Pieroth; Bernhard Schlink, Trad. António Francisco de Sousa, António Franco. São Paulo: Saraiva, 2012, p. 345 e ss.

processo legal – como é especificado no inciso XX do art. 5º –, mas também impedindo sua interferência indevida de modo a impedir ou dificultar sua constituição. Neste sentido, dispõe o art. 5º, inciso XVIII, da Constituição: "a criação de associações e, na forma da lei, a de cooperativas independem de autorização, sendo vedada a interferência estatal em seu funcionamento". O pleno exercício da liberdade de associação pressupõe o atendimento de exigências legais que assegurem não apenas sua criação, mas o regular funcionamento, inclusive para que o exercício da liberdade seja garantido na própria vida associativa. Há neste sentido, um espaço de conformação legislativa que será preenchido por regras do próprio Código Civil, dispondo sobre exigências para constituição das associações e sua estrutura interna. Justificam-se tais condicionamentos, especialmente, no interesse dos próprios associados e de terceiros que venham a se relacionar com a associação.

A Constituição assegura, ainda, que as "entidades associativas, quando expressamente autorizadas, têm legitimidade para representar seus filiados judicial ou extrajudicialmente" (art. 5º, inciso XXI). A representação judicial dos associados pela associação, neste caso, deve guardar relação com as finalidades da pessoa jurídica, no interesse dos membros. Isso não significa que deva haver autorização estatutária expressa para esta representação, ou que nele deve estar previsto o interesse específico sobre o qual diga respeito eventual atuação da associação em nome dos associados.[91] O propósito indisfarçável da regra é o de promover a própria finalidade associativa, conferindo à associação posição ativa na defesa do interesse de seus associados.

6.2.1.2. Definição

As associações são pessoas jurídicas constituídas pela união de pessoas para fins não econômicos. As caracteriza seu caráter coletivo, de modo que não se supõe a existência de associação unipessoal, há declaração de vontades (mais de uma, necessariamente) dirigida a uma finalidade comum lícita e que não se revista de caráter econômico.

A expressão "fins não econômicos" prevista no art. 53 do Código Civil deve ser bem compreendida. Em primeiro lugar, afasta e distingue as associações das sociedades, as quais se constituem para fins econômicos. Com relação à associação, contudo, o fato dela constituir-se para fins não econômicos não significa a impossibilidade de exercer atividade com o propósito de assegurar o próprio sustento e a realização dos fins para os quais foi constituída. Assim, por exemplo, é comum associação com fins beneficentes que explore atividade econômica para que seu resultado se empregue na finalidade a que se vincula. Pode exercer atividade da qual resulte lucro, porém tais resultados se dirigem à realização do fim próprio da associação, que não é econômico.

Na lição da boa doutrina, "a economicidade ocorre quando há atividade voltada para a geração de riquezas que são encaminhadas à satisfação de interesses econômicos (...) neste campo inserem-se tanto as sociedades em que há a apropriação os ganhos para posterior distribuição (como ocorre na maior parte dos subtipos societários) quanto nas situações em que se busca a direta aferição desses benefícios econômicos pelos sócios (conforme ocorre nas sociedades cooperativas)".[92]

---

[91] O STF, contudo, ao julgar o RE 573232/SC sob o regime da repercussão geral, fixou a tese de que "a previsão estatutária genérica não é suficiente para legitimar a atuação, em Juízo, de associações na defesa de direitos dos filiados, sendo indispensável autorização expressa, ainda que deliberada em assembleia, nos termos do artigo 5º, inciso XXI, da Constituição Federal" (STF, RE 5773232/SC, Rel. p/ Acórdão Min. Marco Aurélio, j. 14/05/2014, p. 19/09/2014).

[92] Rodrigo Xavier Leonardo, Associações sem fins econômicos, p. 207-208.

A previsão de fins não econômicos às associações permite sua constituição para toda a sorte de fins lícitos, mediante exercício da autonomia privada. Em caráter exemplificativo, há associações para promoção de práticas desportivas, recreativas, educacionais, de organização política, beneficentes, religiosas, artísticas, dentre outras.

A Constituição da República expressamente proíbe sua criação para fins paramilitares, o que compreende qualquer organização com o propósito de desempenhar funções que são privativas das Forças Armadas ou das demais forças militares regulares. Para além delas, não se admitem associações que tenham por finalidade promover atividades proibidas por lei. A regularidade dos fins da associação pode ser objeto de fiscalização dos órgãos competentes, para efeito de pretender sua dissolução. Esta, todavia, apenas pode ser promovida judicialmente, e se dará com o trânsito em julgado da sentença, ainda que se admita a suspensão de sua atividade, também por decisão judicial, antes do fim do processo (assim a interpretação do art. 5º, XIX, da Constituição). Registre-se que o exame da regularidade da associação não se realiza somente pelo atendimento formal dos fins que constam em seu ato constitutivo, mas também em razão das atividades que efetivamente desenvolve, de sua atuação real.[93]

6.2.1.3. Constituição, estrutura e funcionamento

A constituição das associações pressupõe a formação da declaração da vontade coletiva com este propósito. Esta declaração de vontade coletiva é negócio jurídico que se pode formalizar com a ata da assembleia de constituição, na qual os interessados declaram a vontade de fazê-lo, inclusive com a aprovação do respectivo estatuto. Observe-se que há diversas manifestações de vontade que concorrem na formação dos atos constitutivos da associação: há a vontade de constituí-la propriamente, que é expressa pelos associados por ocasião da assembleia convocada para sua criação; e a há vontade de constitui-la de determinada maneira, delimitando os fins, sua organização, estrutura e modo de funcionamento, que se expressa pelo conteúdo do estatuto que também será objeto de aprovação. Resulta daí um negócio jurídico complexo de caráter organizacional (*körperschaftlichen Organisationsvertrag*),[94] que será levado ao registro no Registro Civil das Pessoas Jurídicas, nos termos dos arts. 114, I, e 120, da Lei dos Registros Públicos.

6.2.1.3.1. O estatuto

O estatuto da associação é a parte do negócio jurídico complexo que define sua estrutura, organização e funcionamento. Compõe a declaração da vontade coletiva como expressão da autonomia privada.[95] O art. 54 do Código Civil define os elementos que deve conter o estatuto, sob pena de nulidade. São eles: I – a denominação, os fins e a sede da associação; II – os requisitos para a admissão, demissão e exclusão dos associados; III – os direitos e deveres dos associados; IV – as fontes de recursos para sua manutenção; V – o modo de constituição e de funcionamento dos órgãos deliberativos; VI – as condições para a alteração das disposições

---

[93] Gilmar Ferreira Mendes, Paulo Gustavo Gonet Branco, Curso de direito constitucional, 14ª ed. São Paulo: Saraiva, 2019, p. 312.

[94] Manfred Wolf; Jörg Neuner, Allgemeiner Teil des Bürgerlichen Rechts. München: C.H. Beck, 2012, p. 162. Refere-se ao negócio jurídico de constituição da associação como "plurilateral, complexo e organizativo": Rodrigo Xavier Leonardo, Associações sem fins econômicos, p. 182.

[95] Manfred Wolf; Jörg Neuner, Allgemeiner Teil des Bürgerlichen Rechts. München: C.H. Beck, 2012, p. 163.

estatutárias e para a dissolução; VII – a forma de gestão administrativa e de aprovação das respectivas contas.

Toda a associação deve ter uma denominação que a identifique, assim como uma sede, que é o lugar onde realize suas atividades, e possa ser localizada para efeito das relações jurídicas que estabeleça. Os fins da associação, por sua vez, são elementos decisivos para sua constituição regular, considerando a própria vinculação legal do tipo aos fins não econômicos, embora não se exija que sua descrição seja detalhada ou exaustiva.

A previsão obrigatória, no estatuto, sobre os requisitos de admissão, demissão e exclusão dos associados, deve ser compatível com a própria garantia constitucional de liberdade de associação, que compreende a autonomia para ingressar, permanecer e deixar de ser associado.

A situação jurídica de associado se adquire por ocasião da constituição da associação, quando participa da declaração de vontade comum que a cria, ou estando a pessoa jurídica já constituída, decidindo ingressar, para o que deverá ser admitido. Neste particular, trata-se de outra espécie de negócio jurídico, que não é o de constituição da associação, mas o de admissão como associado, hipótese em que devem convergir a declaração de vontade daquele que deseja associar-se e o da associação. Por parte desta, ou a admissão será livre, prevendo o estatuto que o atendimento de requisitos objetivos é suficiente (p.ex. preenchimento de formulário com informações do interessado, pagamento de taxa, etc.), ou exigirá conhecimento e decisão de um ou mais órgãos da associação. Neste caso, pode prever certas condições para aprovação da admissão, como quórum mínimo, ou até unanimidade. Já a demissão do associado compreende a declaração de vontade unilateral do associado pela qual ele retira-se da sociedade e extingue esta condição. No caso de demissão, não pode o estatuto oferecer obstáculos à decisão do associado que deseja se retirar – o que confrontaria a liberdade de associação constitucionalmente assegurada. Há aqui direito potestativo do associado. Restringe-se o estatuto a definir o procedimento para conhecimento da decisão unilateral do associado, ou do seu processamento pela própria associação, assim como algum efeito interno da decisão, se houver.

Já os requisitos para a exclusão do associado, dado seu caráter potencialmente conflitivo, mereceram do Código Civil uma maior atenção. Exclusão do associado há quando, por decisão da associação, extingue-se vínculo associativo, independentemente da vontade daquele que é excluído. A garantia constitucional da liberdade de associação incide nas situações de exclusão de associado, em especial pela concorrência da garantia do devido processo legal. Tendo sido admitido como associado, sua exclusão não pode resultar do arbítrio. Neste ponto talvez seja visível a evolução do pensamento jurídico quanto às associações. Na doutrina tradicional é comum identificar o próprio fundamento do tipo, a justificar seu substrato fático como união de pessoas, pela invocação genérica da *affectio societatis* (em tradução livre a afeição/vontade de associar-se); o que poderia conduzir à possibilidade de exclusão do associado apenas em razão do término desta afeição/vontade por parte dos demais.[96] Há, todavia, excesso de subjetividade nesta interpretação, que não se coaduna com a opção do legislador.

A exclusão do associado, embora também expressão da liberdade de associação dos demais integrantes da pessoa jurídica, tem conformação legislativa específica, visando assegurar o devido processo legal em relação àquele que se pretende excluir. Assim, dispõe o art. 57 do Código Civil que "a exclusão do associado só é admissível havendo justa causa, assim reconhecida em procedimento que assegure direito de defesa e de recurso, nos termos previstos

---

[96] Exemplificativamente, Carlos Roberto Gonçalves, Direito civil brasileiro, v. 1, p. 235.

no estatuto".[97] Deste modo, deve conter o estatuto, ao dispor sobre os requisitos para exclusão dos associados, previsão que assegure o direito de defesa do associado e a possibilidade de recurso em relação à decisão de excluí-lo. O que seja considerado justa causa para a exclusão pode ser relacionado no estatuto ou deixado para deliberação do órgão que for definido como competente para decidir.

Registre-se que os requisitos para admissão e exclusão de associados, além do que é exigido pelo art. 57 do Código Civil, e do que é efeito da garantia constitucional à liberdade

---

[97] A redação original do art. 57 no Código Civil de 2002 previa procedimento ainda mais detalhado, indicando que, no silêncio do estatuto, poderia assembleia geral especificamente convocada para deliberar sobre o tema, mediante o reconhecimento de "motivos graves" por "deliberação fundamentada" da maioria absoluta dos presentes, decidir pela exclusão. E no caso de o estatuto estabelecer outro órgão para decidir sobre a exclusão, caberia sempre recurso à assembleia geral. Registre-se, neste particular, a decisão do Supremo Tribunal Federal no RE 201819/RJ, que anulou a exclusão de associado da União Brasileira de Compositores pela violação do seu direito á ampla defesa. Trata-se de relevante precedente em que se destaca a eficácia dos direitos fundamentais à relação jurídica privada de associação (*unmittelbare Drittwirkung*), assinalando a necessidade de que fosse observado o direito fundamental de ampla defesa do associado excluído, previamente à deliberação pela exclusão: "SOCIEDADE CIVIL SEM FINS LUCRATIVOS. UNIÃO BRASILEIRA DE COMPOSITORES. EXCLUSÃO DE SÓCIO SEM GARANTIA DA AMPLA DEFESA E DO CONTRADITÓRIO. EFICÁCIA DOS DIREITOS FUNDAMENTAIS NAS RELAÇÕES PRIVADAS. RECURSO DESPROVIDO. I. EFICÁCIA DOS DIREITOS FUNDAMENTAIS NAS RELAÇÕES PRIVADAS. As violações a direitos fundamentais não ocorrem somente no âmbito das relações entre o cidadão e o Estado, mas igualmente nas relações travadas entre pessoas físicas e jurídicas de direito privado. Assim, os direitos fundamentais assegurados pela Constituição vinculam diretamente não apenas os poderes públicos, estando direcionados também à proteção dos particulares em face dos poderes privados. II. OS PRINCÍPIOS CONSTITUCIONAIS COMO LIMITES À AUTONOMIA PRIVADA DAS ASSOCIAÇÕES. A ordem jurídico-constitucional brasileira não conferiu a qualquer associação civil a possibilidade de agir à revelia dos princípios inscritos nas leis e, em especial, dos postulados que têm por fundamento direto o próprio texto da Constituição da República, notadamente em tema de proteção às liberdades e garantias fundamentais. O espaço de autonomia privada garantido pela Constituição às associações não está imune à incidência dos princípios constitucionais que asseguram o respeito aos direitos fundamentais de seus associados. A autonomia privada, que encontra claras limitações de ordem jurídica, não pode ser exercida em detrimento ou com desrespeito aos direitos e garantias de terceiros, especialmente aqueles positivados em sede constitucional, pois a autonomia da vontade não confere aos particulares, no domínio de sua incidência e atuação, o poder de transgredir ou de ignorar as restrições postas e definidas pela própria Constituição, cuja eficácia e força normativa também se impõem, aos particulares, no âmbito de suas relações privadas, em tema de liberdades fundamentais. III. SOCIEDADE CIVIL SEM FINS LUCRATIVOS. ENTIDADE QUE INTEGRA ESPAÇO PÚBLICO, AINDA QUE NÃO-ESTATAL. ATIVIDADE DE CARÁTER PÚBLICO. EXCLUSÃO DE SÓCIO SEM GARANTIA DO DEVIDO PROCESSO LEGAL. APLICAÇÃO DIRETA DOS DIREITOS FUNDAMENTAIS À AMPLA DEFESA E AO CONTRADITÓRIO. As associações privadas que exercem função predominante em determinado âmbito econômico e/ou social, mantendo seus associados em relações de dependência econômica e/ou social, integram o que se pode denominar de espaço público, ainda que não-estatal. A União Brasileira de Compositores – UBC, sociedade civil sem fins lucrativos, integra a estrutura do ECAD e, portanto, assume posição privilegiada para determinar a extensão do gozo e fruição dos direitos autorais de seus associados. A exclusão de sócio do quadro social da UBC, sem qualquer garantia de ampla defesa, do contraditório, ou do devido processo constitucional, onera consideravelmente o recorrido, o qual fica impossibilitado de perceber os direitos autorais relativos à execução de suas obras. A vedação das garantias constitucionais do devido processo legal acaba por restringir a própria liberdade de exercício profissional do sócio. O caráter público da atividade exercida pela sociedade e a dependência do vínculo associativo para o exercício profissional de seus sócios legitimam, no caso concreto, a aplicação direta dos direitos fundamentais concernentes ao devido processo legal, ao contraditório e à ampla defesa (art. 5º, LIV e LV, CF/88). IV. RECURSO EXTRAORDINÁRIO DESPROVIDO." (STF, RE 201819, Rel. p/ Acórdão: Min. Gilmar Mendes, 2ª Turma, j. 11/10/2005, p. *DJ* 27/10/2006)

de associação, também deve observar outros direitos fundamentais em causa, em especial a proibição à discriminação injusta (art. 3º, inciso IV, e art. 5º, incisos I, VI e VIII, da Constituição da República). A eficácia da proteção contra a discriminação supõe o exame da situação concreta, ademais porque o exercício da liberdade de associação, naturalmente, compreende espaço para deliberação individual e escolha sobre as pessoas com quem se deseja associar-se, sem que necessite expor a motivação. Por outro lado, a existência de critérios que se justifiquem pelos próprios fins da associação, quando lícitos, descaracterizam qualquer cogitação de discriminação injusta. Assim, por exemplo, uma associação de estudantes, ou um clube de mães constituído sob a forma associativa, podem restringir o ingresso de associados apenas a quem ostente, respectivamente, as qualidades inerentes, como estudante ou mãe. Em paralelo a isso, contudo, poderão surgir situações mais difíceis, nas quais, frente à ausência de critérios objetivos e a reserva quanto às motivações dos outros membros da associação, impeça-se a admissão ou promova-se a exclusão de associado em razão de critérios que a Constituição proíbe (sexo, raça, orientação sexual, p.ex.), hipóteses de ilicitude que não são admitidas sob o argumento do exercício da liberdade de associação.

O estatuto também deve dispor sobre os direitos e deveres dos associados. Neste particular, destaque-se que o art. 55 do Código Civil estabelece que "os associados devem ter iguais direitos, mas o estatuto poderá instituir categorias com vantagens especiais". É comum, nas associações, serem estabelecidas categorias de associados em acordo com certas características ou modo de admissão, tais como associados fundadores, beneméritos, honorários, contribuintes, etc. A distinção, se realizada pelo estatuto, é permitida.[98] Ainda devem ser previstas no estatuto as fontes de recursos para manutenção da associação, necessárias à própria consecução de suas finalidades.

O estatuto deve dispor sobre o modo de constituição e de funcionamento dos órgãos deliberativos. Note-se que o próprio Código Civil, em seu art. 59, prevê a existência da assembleia geral como órgão obrigatório, definindo competência privativa para I) destituir os administradores; e II) alterar o estatuto. São, pois, competências indelegáveis, não podendo o estatuto dispor diversamente, sob pena de nulidade. Porém, além da assembleia geral deve o estatuto definir quais os órgãos deliberativos da associação, e os respectivos poderes. O mais comum, embora não obrigatório, é haver a previsão de uma diretoria, com a definição dos respectivos cargos ou funções e descrição de seus poderes. Da mesma forma, podem ser previstos outros órgãos colegiados com atribuições diversas. Toda a configuração, neste caso, pertence à autonomia privada, de livre estipulação dos associados.

Também deve contemplar – o estatuto – as condições para a alteração das disposições estatutárias e para a dissolução da associação. Neste particular, recorde-se que a competência para alteração do estatuto, por expressa disposição do art. 59, II, do Código Civil, é da assembleia geral. Não pode divergir desta determinação legal, inclusive no tocante às condições para a tomada de deliberações, também definidas no Código. Neste sentido, o parágrafo único do mesmo art. 59 exige que tanto a deliberação para alteração estatutária, quanto para a desti-

---

[98] Ao decidir o Recurso Especial 650.373/SP, em 2012, o STJ reconheceu, inclusive, a impossibilidade do direito de voto ser atribuído apenas a uma categoria de associados, em detrimento dos demais, em vista do direito de participação que é inerente à posição jurídica em questão. Conforme trecho da ementa do julgado, "as normas estatutárias, que decorrem lógica e diretamente da que alija os sócios efetivos do poder de deliberação dos rumos e objetivos da entidade, encontram-se igualmente maculadas, porquanto infringem o princípio do direito de voto de todos os sócios, aos quais assiste a prerrogativa de participar da decisão sobre os objetivos comuns da associação". STJ, REsp 650.373/SP, Rel. Min. João Otávio de Noronha, Rel. p/ Acórdão Min. Luis Felipe Salomão, 4ª Turma, j. 27/03/2012, DJe 25/04/2012.

tuição dos administradores, seja tomada em assembleia especialmente convocada para este fim, determinando que o estatuto da associação estabeleça o respectivo quórum. A finalidade evidente é impedir que alterações estatutárias sejam realizadas sem a possibilidade do conhecimento prévio dos associados, assegurando, igualmente, a possibilidade de participação dos interessados na deliberação.

Refere o Código Civil, ainda, que o estatuto da associação deve dispor sobre a forma de gestão administrativa e de aprovação das respectivas contas. Neste caso, trata-se da definição de quem, e de que modo, exercerá a administração da pessoa jurídica, com a determinação das respectivas competências. Da mesma forma, impõe que haja algum tipo de exame e aprovação das contas da gestão, definindo, portanto, a necessidade de que se estabeleça algum meio para sua fiscalização. Neste sentido, dependendo da dimensão e estrutura da associação, são várias as soluções mais comuns. Tanto pode ser prevista a existência de um conselho fiscal que examine as contas, dê seu parecer prévio e o submeta à assembleia geral ou, independentemente da existência do conselho, seja confiada à própria assembleia geral essa atribuição.

Registre-se, por fim, que estas exigências definidas ao conteúdo do estatuto da associação, e que condicionam a liberdade de estipulação dos associados para a constituição válida da pessoa jurídica, podem ser acrescidas de outras, na hipótese de se pretender lhe atribuir qualificações específicas, previstas em leis especiais. É o que ocorre, por exemplo, no caso em que a associação busque qualificar-se como Organização da Sociedade Civil de Interesse Público (OSCIP) para o fim da celebração de parcerias com o Poder Público, hipótese na qual deverá atender, além das exigências para sua constituição regular, previstas no Código Civil, aquelas definidas na Lei 9.790/1999 (em especial, seu art. 4º). O mesmo se diga para qualificação como Organização Social, para o que deverá atender as exigências da Lei 9.637/1998, e, inclusive, a definição de outros órgãos obrigatórios a serem previstos no estatuto (p.ex. o conselho de administração, previsto nos arts. 2º, I, c, e 3º da Lei 9.637/1998); e as Organizações da Sociedade Civil, definição mais ampla que pode envolver associações (mas também outras espécies de pessoas jurídicas), cuja qualificação também exige certas características obrigatórias a serem previstas em seu ato constitutivo (art. 2º da Lei 13.019/2014).

6.2.1.3.2. A relação de associação e a posição jurídica do associado

A constituição regular da associação, dentre outros efeitos, dá causa à relação jurídica entre a pessoa jurídica e seus associados, a **relação de associação**. Associados e associação, em razão desta relação jurídica, serão titulares de direitos passíveis de exercício e deveres exigíveis entre si. Não há, como bem registra o Código Civil, direitos e obrigações recíprocos entre os associados (art. 53, parágrafo único), isso porque entre eles não há relação jurídica específica. Eventuais comportamentos que se exijam de algum associado, mesmo em benefício de outro, resulta efeito jurídico da relação de associação, que se expressa pelo vínculo de cada um dos associados com a pessoa jurídica. Da mesma forma, não é exigível de terceiros obrigação que resulta como efeito da relação de associação, que é *inter partes*.[99]

A relação de associação e a posição jurídica do associado é *intuitu personae* e intransmissível, salvo disposição expressa do estatuto em contrário (art. 56 do Código Civil). Isso se reflete, como já foi mencionado, nas condições de admissão como membro da associação. Pode ocorrer que se estabeleçam condições para admissão de modo que o associado não possa livremente transmitir esta condição a terceiro, sem o consentimento da própria associação, seja

---

[99] REsp 1280871/SP, Rel. p/ Acórdão Min. Marco Buzzi, 2ª Seção, j. 11/03/2015, *DJe* 22/05/2015.

por ato *inter vivos* ou *causa mortis*. Neste sentido, por exemplo, há associações que exigem para admissão de um novo associado, que seja referendado ou não sofra objeção de certo número de associados. Porém, como dispõe a regra, o estatuto pode afastar a intransmissibilidade da posição de associado, tornando-a plenamente transmissível, caso em que a partir de relação jurídica entre o associado e terceiro haja cessão da posição jurídica, para o que a associação deva ser apenas comunicada do fato.

Por outro lado, destaque-se que o Código Civil, ao referir como intransmissível a posição do associado, faz uma ressalva em relação aos direitos patrimoniais que resultam desta relação de associação. Neste sentido, dispõe o parágrafo único do art. 56: "Se o associado for titular de quota ou fração ideal do patrimônio da associação, a transferência daquela não importará, *de per si*, na atribuição da qualidade de associado ao adquirente ou ao herdeiro, salvo disposição diversa do estatuto." Em outros palavras, ocorrendo situação em que o associado seja titular de direito sobre o patrimônio da associação (em especial, para proveito no caso de dissolução), eventual transmissão deste direito não gera por si só, a transmissão da posição de associado, a não ser que o estatuto da associação disponha em sentido diverso. A relação de associação, neste sentido, não se confunde com outras relações jurídicas estabelecidas, como é o caso das de natureza patrimonial que possam recair sobre direitos atuais ou futuros em relação ao patrimônio da associação.

A disciplina do Código Civil orienta-se também para a proteção do exercício regular da liberdade de associação na relação jurídica entre o associado e a pessoa jurídica. neste sentido, seu art. 58 dispõe: "Nenhum associado poderá ser impedido de exercer direito ou função que lhe tenha sido legitimamente conferido, a não ser nos casos e pela forma previstos na lei ou no estatuto." A relação de associação compreende o direito de livre participação, seja nas deliberações atinentes à pessoa jurídica, seja na fruição das vantagens que a posição jurídica de associado deve assegurar. Deste modo, qualquer restrição ao exercício de direito ou função que não tenha previsão na legislação ou no estatuto da associação, ou mesmo quando resulte dos seus órgãos deliberativos, contrariem a finalidade da associação ou se revelem desproporcionais ou excessivos ao fim a que se destinam, dão causa a pretensão do associado prejudicado. Da mesma forma, como garantia do direito do associado de participação na vida associativa (eficácia inerente à relação de associação), o art. 60 do Código Civil dispõe: "Art. 60. A convocação dos órgãos deliberativos far-se-á na forma do estatuto, garantido a 1/5 (um quinto) dos associados o direito de promovê-la." Segundo a regra, quaisquer órgãos deliberativos – inclusive a assembleia geral, portanto – serão convocados na forma prevista pelo estatuto. Porém, independentemente do que dispuser o estatuto, em qualquer caso é garantido a 1/5 dos associados o direito de promover a convocação. Trata-se de norma que limita os efeitos da liberdade de estipulação do estatuto, visando impedir que a previsão de regras restritivas impeça a participação dos associados na discussão e deliberação de assuntos de interesse comum, em especial assegurando à minoria o direito de promovê-la.

Constitui efeito da relação de associação, inclusive por expressa previsão constitucional, a legitimidade das associações de representarem seus associados, judicial ou extrajudicialmente (art. 5º, inciso XXI, da Constituição da República). Há inclusive situações nas quais se organizam associações precisamente para a tutela do interesse de vítimas de certos eventos. Mas a isso não se restringe a legitimidade da associação na representação dos seus associados. A legislação processual inclusive torna mais ampla esta legitimidade, prevendo não apenas a representação do interesse individual dos associados, mas também para a defesa de interesses difusos ou coletivos relacionados a seus fins institucionais (art. 5º, V, da Lei 7.347/1985 – Lei da Ação Civil Pública – e art. 82, IV, do Código de Defesa do Consumidor). Nestes casos a previsão da finalidade institucional compatível com o objeto de eventual pretensão é suficiente para considerar autorizada a representação pelos associados. Todavia, em relação a ação coletivas promovidas por associações contra o Poder Público, é definido como requisito de admissibilidade da petição inicial a juntada da ata da assembleia que a autorizou, acompanhada da relação nominal dos seus associados e indicação dos respectivos endereços (art. 2º-A, parágrafo único, da Lei 9.494/1997). A exigência, aplicável apenas para ações judiciais em que sejam réus a União, Estados, Municípios, e suas autarquias e fundações, implica em manifestação de vontade específica dos associados, não abrangida pela autorização genérica eventualmente constante do estatuto. O Supremo Tribunal Federal, ao decidir o Recurso Extraordinário 573232/SC, sob o regime da repercussão geral, definiu a tese de que "a previsão estatutária genérica não é suficiente para legitimar a atuação, em Juízo, de associações na defesa de direitos dos filiados, sendo indispensável autorização expressa, ainda que deliberada em assembleia, nos termos do artigo 5º, inciso XXI, da Constituição Federal".[100] Esta exigência terá lugar apenas quando a associação exercer pretensão em representação do interesse individual dos seus associados, não no caso da defesa de interesses difusos ou coletivos relacionados a seus fins institucionais, hipótese em que sua legitimação decorre diretamente da lei.[101]

6.2.1.4. Extinção

As causas de extinção são diversas. A nulidade do ato constitutivo, mesmo quando tenha sido objeto de registro, será causa de extinção, uma vez reconhecida a invalidade. Da mesma forma, deve haver a extinção da fundação quando a finalidade da associação tenha se realizado completamente, exaurindo-se, ou ao contrário, se torne ilícita após sua constituição. A rigor, pode o estatuto definir causas de extinção da associação, inclusive por deliberação dos associados. É o caso, por exemplo, dela tornar-se deficitária, assumindo obrigações que não tenha como responder, prejudicando a própria consecução de suas finalidades. Neste caso, não apenas os associados podem deliberar pela dissolução, como eventuais credores podem exercer sua pretensão contra a associação, dando causa ao reconhecimento da insolvência e à instauração de concurso universal de credores. O Código Civil, não dispõe sobre as causas de extinção, mas apenas sobre parte de seus efeitos patrimoniais.

---

[100] STF, RE 5773232/SC, Rel. p/ Acórdão Min. Marco Aurélio, j. 14/05/2014, p. 19/09/2014.

[101] A interpretação do parágrafo único do art. 2º-A, da Lei 9.494/1997, não pode confundir entre a atuação da associação em representação de seus associados, e a sua condição de legitimada ativa para interposição de ações coletivas para proteção de interesses difusos e coletivos, situação nas quais atuam por direito próprio, conforme ensina Kazuo Watanabe, in: *Código brasileiro de defesa do consumidor comentado pelos autores do anteprojeto*. 8. ed. São Paulo: Forense Universitária, 2005, p. 823. Da mesma forma, observa Sérgio Shimura, para quem "a associação pode agir (1) com legitimação ordinária (na defesa de direitos difusos e coletivos), (2) extraordinária (na defesa de direitos individuais homogêneos) ou (3) como mera representação (quando age em nome e na defesa do direito de seus associados). Quando ajuíza ação coletiva, a associação atua sempre em nome próprio, seja como legitimada ordinária, seja como extraordinária, conforme é do sistema da tutela jurisdicional coletiva (artigos 5º da LACP, e 82 do CDC)" (Sérgio Shimura, A legitimidade da associação para a ação civil pública. In: Aurisvaldo Sampaio e Cristiano Chaves (Orgs.) *Estudos de direito do consumidor: tutela coletiva. Homenagem aos 20 anos da Lei da Ação Civil Pública*. Rio de Janeiro: Lumen Juris, 2005. p. 513-540). Entende-se assim, que a exigência de juntada da ata da assembleia que deliberou pela interposição da ação só tem lugar quando se trate de ação coletiva na qual a associação atue em representação dos seus associados (hipótese do artigo 5º, XXI, da Constituição), mas não no que se refere à legitimação em nome próprio. Neste sentido sustenta-se em Bruno Miragem, *Curso de direito do consumidor*. 8ª ed. São Paulo: RT, 2019, p. 878-880.

A dissolução da associação pode pressupor um procedimento de liquidação. Como bem ensina a melhor doutrina, o que se liquida é o patrimônio[102], havendo necessidade de liquidação quando se tenha de tornar líquido seu patrimônio para responder pelas obrigações exigíveis antes da extinção, ou para distribuir o seu remanescente aos associados. Pode ocorrer que o estatuto defina os procedimentos ou critérios de liquidação, ou mesmo situações em que, não tendo patrimônio associação, seja dispensável liquidar.

Define o art. 61 do Código Civil: "Dissolvida a associação, o remanescente do seu patrimônio líquido, depois de deduzidas, se for o caso, as quotas ou frações ideais referidas no parágrafo único do art. 56, será destinado à entidade de fins não econômicos designada no estatuto, ou, omisso este, por deliberação dos associados, à instituição municipal, estadual ou federal, de fins idênticos ou semelhantes." Ou seja, pode o estatuto dispor sobre a destinação do patrimônio remanescente para entidades de fins não econômicos. Se for silente, podem deliberar os associados quando da decisão pela dissolução. Também é possível, segundo dispõe o §1º do art. 56, que "por cláusula do estatuto ou, no seu silêncio, por deliberação dos associados", possam estes, antes da destinação do remanescente a outra associação, serem restituídos, pelo seu valor atualizado, das contribuições que tiverem prestado ao patrimônio da entidade. Por outro lado, o §2º, do art. 56, do Código Civil, define que "não existindo no Município, no Estado, no Distrito Federal ou no Território, em que a associação tiver sede, instituição nas condições indicadas neste artigo, o que remanescer do seu patrimônio se devolverá à Fazenda do Estado, do Distrito Federal ou da União".

6.2.2. Fundações

As fundações são pessoas jurídicas de direito privado organizadas a partir da dotação de um determinado patrimônio que se vincula a fim não econômico de interesse social, segundo a vontade manifestada por seus instituidores. Há em outros sistemas a possibilidade de a fundação constituir-se como arranjo para segregação patrimonial em benefício de interesses particulares – como é o caso das fundações que reúnem o patrimônio familiar para sua melhor gestão, inclusive de caráter empresarial.[103] Não é o caso do direito brasileiro[104], no qual, inclusive, as finalidades para as quais se admite a instituição de fundação são previstas em lei. A justificativa para esta restrição encerra o propósito de concentrar sua constituição para fins que revelem interesse social relevante, não meramente particulares.[105] O art. 62, parágrafo

---

[102] Francisco Cavalcante Pontes de Miranda, Tratado de direito privado, t. I. 4ª ed. São Paulo: RT, 1977, p. 437.

[103] Assim no direito alemão, onde embora predominem as fundações sem fins econômicos, uma pequena parte compreende o exercício da atividade empresarial. Para detalhes desta figura, veja-se: Michael Göring, Unternehmen Stiftung: Stiften mit Herz und Verstand. München: Carl Hansen, 2010, em especial 123 e ss; 26 e ss.;Ulrich Burgard, Gestaltungsfreiheit im Stiftungsrecht. Zur Einführung korporativer Strukturen bei der Stiftung. Köln: Otto Schmidt, 2006, p. 26 e ss; Dieter Medicus, Allgemeiner Teil des BGB. 10. Auf. Heidelberg: C.F. Muller, 2010, p. 477.

[104] Para o iter histórico das fundações no direito brasileiro, veja-se a obra de Edson José Rafael, Fundações e direito : terceiro setor. São Paulo : Melhoramentos, 1997. p. 68 e ss; do mesmo modo, José Eduardo Sabo Paes, Fundações: origem e evolução histórica, Revista de informação legislativa, ano 35 n. 140. Brasília: Senado Federal, out./dez. 1998, p. 41 e ss.

[105] José Carlos Moreira Alves, A parte geral do Código Civil brasileiro. Subsídios históricos para o novo Código Civil brasileiro. 2ª ed. São Paulo: Saraiva, 2003, p. 78. Anota-se ainda, que a restrição às finalidades para as quais se constituem as fundações pelo Código Civil de 2002 deve-se à reação quanto ao desvirtuamento havido no direito anterior, em que a previsão genérica permitia, inclusive, a criação de fundações que en-

único, do Código Civil, em redação atualizada pela Lei 13.151/2015, define os fins para a qual podem ser constituídas, a saber: I – assistência social; II – cultura, defesa e conservação do patrimônio histórico e artístico; III – educação; IV – saúde; V – segurança alimentar e nutricional; VI – defesa, preservação e conservação do meio ambiente e promoção do desenvolvimento sustentável; VII – pesquisa científica, desenvolvimento de tecnologias alternativas, modernização de sistemas de gestão, produção e divulgação de informações e conhecimentos técnicos e científicos; VIII – promoção da ética, da cidadania, da democracia e dos direitos humanos; IX – atividades religiosas. Lição doutrinária sugere que tais fins são exemplificativos, sustentando que se exclua apenas o fim lucrativo.[106] Não parece que a interpretação da norma autorize esta conclusão, ainda que o significado abrangente dos fins expressos lhe empreste um enorme alcance, de modo a contemplar larga possibilidade de atuação.

A orientação do Código Civil de 2002 distingue-se da fixada no Código Civil de 1916, que não definia expressamente as finalidades para as quais se constituiriam fundações. O direito vigente, inclusive com o detalhamento das finalidades realizado pela Lei 13.151/2015, condiciona a declaração de vontade dos instituidores da fundação. Porém, sua criação resulta do exercício da autonomia privada, considerado um ato de liberalidade pelo qual aquele que tem este propósito destina patrimônio, por negócio jurídico próprio, para qualquer dos fins previstos na lei.

Em termos sintéticos, boa doutrina define a fundação como um acervo (ou complexo) de bens ao qual se confere personalidade jurídica para realização de fins de interesse público de modo permanente e estável.[107] É "uma universidade de bens personalizada, em atenção ao fim, que lhe dá unidade", ou "um patrimônio transfigurado pela ideia, que o põe a serviço de um fim determinado".[108] Distingue-se de outras pessoas jurídicas de direito privado como sociedades e associações pelo fato de que não há, na fundação, pluralidade de pessoas. Daí porque se justifica a preocupação em preservar o próprio uso da expressão "fundação" apenas às pessoas jurídicas que expressem este tipo legal,[109] como também não se revela adequada aplicação supletiva, às fundações, das normas sobre associações ou sociedades, dado a expressiva diferença entre os tipos.[110]

A fundação resulta da declaração de vontade do instituidor de criá-la, mas ele não se integra à fundação, tampouco permanece como titular de quota ou parte dela. Apenas decide criá-la, podendo definir sua finalidade e estrutura.

---

cobriam o exercício de atividades econômicas ou o controle de empresas, conforme Paulo Lôbo, Direito civil: parte geral. São Paulo: Saraiva, 2009, p. 192.

[106] Carlos Roberto Gonçalves, Direito civil brasileiro, v. 1, p. 241. Em especial, fazendo referência ao enunciado nº 9 da I Jornada de Direito Civil do Conselho da Justiça Federal/STJ, que afirma, ainda sobre a redação anterior do art. 62.

[107] José Celso de Mello Filho, Notas sobre as fundações. Revista de Jurisprudência do Tribunal de Justiça do Estado de São Paulo, v. 11, n. 49, nov. dez. 1977, p. 13-19; Francisco Amaral, Direito civil: introdução, 9ª ed., p. 404-405; Carlos Roberto Gonçalves, Direito civil brasileiro, v. 1, 2013, p. 240; Gustavo Saad Diniz, *Direito das fundações privadas: teoria geral e exercício de atividades econômicas*.3. ed. São Paulo: Lemos & Cruz, 2006, p. 89.

[108] Clóvis Beviláqua, Código Civil dos Estados Unidos do Brasil comentado, v. 1. São Paulo: Francisco Alves, 1959, p. 192.

[109] Olaf Werner, Allgemeine Grundlagen. In: Olaf Werner; Ingo Saenger, Die Stiftung: Recht, Steuern, Wirtschaft. Stiftungsrecht. Berlin: BWV, 2008, p. 2-4.

[110] Correto o entendimento, no ponto, de Gabriel Saad Diniz, O poder nas fundações privadas. Revista de Direito Privado, v. 76. São Paulo: RT, abril/2017, p. 149-164.

Há, ainda, ao lado das fundações instituídas por particulares, as denominadas fundações públicas. Alguma confusão se estabelece em relação a elas, sobretudo pela variação das hipóteses em que se deu sua criação na prática. Não raro, diz-se que sobre elas incide o regime de direito público, por pertencerem à administração, terem sido instituídas por pessoas jurídicas de direito público, ou porque o patrimônio a ela destinado é público. A rigor, não procedem hoje, estas ponderações. Por definição legal, a fundação pública é pessoa jurídica de direito privado (art. 5º, inciso IV, do Decreto-Lei 200/1967), e sua criação se dá do mesmo modo como as demais fundações, com o registro do ato de dotação mais o estatuto. Distingue-se apenas pelo fato de que, tanto a dotação dos bens livres – que neste caso serão públicos –, quanto as demais providências para sua constituição, devem ser precedidas de lei que as autorize. Registre-se: a lei autoriza, não cria. A confusão se instala, em termos conceituais, pelo que se fez na prática, tendo o legislador, em muitas situações, denominando fundação entes criados por lei, com características de autarquia, inclusive dando causa a neologismos que acabaram impropriamente assentidos por parte da doutrina (como é caso das denominadas "fundações autárquicas", sem previsão legislativa). Segundo o direito vigente, contudo, esta confusão não se justifica, incidindo sobre as fundações públicas o disposto no Código Civil, salvo quando houver na legislação que autorize sua criação, ressalva expressa ou disposição específica em contrário.

6.2.2.1. Constituição, estrutura e funcionamento

A constituição da fundação decorre da declaração de vontade do instituidor, por intermédio de um ato de dotação de bens livres, realizado de duas formas: a) por escritura pública (*inter vivos*), quando em vida o instituidor criar a fundação; ou b) por testamento, no caso do da criação da fundação se der após a morte do instituidor (*causa mortis*). O conteúdo da declaração de vontade compreende tanto a dotação de bens livres (ou seja, bens que integrem o patrimônio do instituidor, sem ônus ou restrições sobre sua disposição, do qual se destaquem para formar o patrimônio da futura fundação), quanto a vinculação destes bens a uma finalidade de interesse público dentre aquelas previstas em lei (art. 62, parágrafo único, do Código Civil). Esta declaração de vontade é corporificada no ato de dotação, quando celebrado entre vivos (escritura pública), não havendo qualquer óbice para que se seja celebrado por mais de um instituidor, cada qual dispondo sobre parcela de seus bens. Tratando-se, contudo, de negócio jurídico unilateral de disposição patrimonial, pode ser objeto de pretensão anulatória por parte de terceiros prejudicados, quando não respeite limites legais a esta disposição (p.ex., no interesse dos herdeiros necessários no caso de os bens objeto de dotação superarem o limite disponível na herança; ou dos credores, quando em razão do ato de disposição, os bens do instituidor se tornarem insuficientes para responder pelas dívidas). Da mesma forma, por constituir-se em uma liberalidade do instituidor (não tem ele dever ou obrigação de instituir), o ato de dotação pode ser revogado enquanto não tenha havido o registro.

O ato de dotação deve se fazer acompanhar da decisão quanto à estrutura e ao modo como a fundação a ser constituída, será administrada. A estrutura e o modo de administração da fundação se definem no seu estatuto. Tem, o instituidor, o poder para redigir o estatuto, prevendo o modo como se organizará a fundação e seu funcionamento, seus respectivos órgãos e administradores, dentre outras disposições que viabilizem sua atuação. A elaboração do estatuto pertence à autonomia privada do instituidor. Poderá ele tomar para si a incumbência, redigindo-o em conjunto com o ato de dotação e levando a registro. Também pode ocorrer do instituidor tão somente prever no ato de dotação os bens a serem destinados à fundação e sua finalidade, de modo que as demais providências para sua constituição sejam atribuídas como encargo a um terceiro, que pode ser, por exemplo, no caso da instituição por testamento, aquele responsável por sua execução, ou algum dos herdeiros em particular.[111]

O art. 65 do Código Civil, neste caso, estabelece: "Aqueles a quem o instituidor cometer a aplicação do patrimônio, em tendo ciência do encargo, formularão logo, de acordo com as suas bases (art. 62), o estatuto da fundação projetada, submetendo-o, em seguida, à aprovação da autoridade competente, com recurso ao juiz." A norma em questão tem aplicação, especialmente, nos casos em que o ato de dotação para instituição da fundação se dê por testamento, para execução após a morte do instituidor, sem que ele tenha elaborado o estatuto. Porém, nada impede que seja atribuído como encargo a terceiro também no caso da celebração de ato entre vivos, por intermédio de escritura pública. Neste caso, pode ser que o instituidor defina prazo para cumprimento do encargo, hipótese em que deverá ser observado. Sem prazo, estabelece o Código Civil que *"em tendo ciência do encargo, formularão logo"*. Há, neste caso, um dever de agilidade na execução da vontade do instituidor, de modo que se adotem as providências para constituição formal da fundação. Se o estatuto não for elaborado por terceiro no prazo fixado pelo instituidor, ou se este não definiu prazo, em 180 dias, a incumbência é atribuída ao Ministério Público (art. 65, parágrafo único do Código Civil). No caso da elaboração do estatuto por terceiro, uma vez redigida a minuta, deve ser submetida à apreciação da autoridade competente. Esta autoridade é o Ministério Público do Estado onde se estabelecer a sede da fundação. Se elaborado o estatuto pelo Ministério Público, há pretensão do interessado para requerer, em juízo, sua não aprovação (art. 764, inciso II, do Código de Processo Civil).

O ato de dotação, por escritura pública ou testamento, e o estatuto, em conjunto, devem ser registrados no Registro Civil das Pessoas Jurídicas, a partir do qual passa a existir a fundação. Contudo, pode ocorrer dos bens destinados pelo instituidor não serem suficientes para a constituição da fundação. Neste caso, dispõe o art. 63 do Código Civil: "Quando insuficientes para constituir a fundação, os bens a ela destinados serão, se de outro modo não dispuser o instituidor, incorporados em outra fundação que se proponha a fim igual ou semelhante." Tendo realizado o ato de dotação, e não se constituindo a fundação por insuficiência dos bens destinados para este propósito, cumpre ao próprio instituidor decidir, podendo revogar o ato de dotação (uma vez que a transmissão do patrimônio objeto da dotação ainda não foi realizado e a fundação ainda não existe)[112], pode acrescentar bens para que se atinja o necessário à sua constituição regular, ou determinar sua destinação a outra pessoa jurídica, hipótese em que o que era ato de dotação para criar a fundação, torna-se doação. Permanece aqui, a prioridade do exercício da autonomia privada do instituidor. Contudo, não havendo decisão do instituidor – como ocorrerá no caso da instituição se dar por testamento, eficaz após sua morte – incide a lei, que determina a incorporação dos bens objeto da dotação insuficiente a outra fundação que se proponha a fim igual ou semelhante àquele da fundação cuja constituição não se realizou.

Registrado o ato de dotação e o estatuto, e passando a existir a fundação, obriga-se o instituidor a transferir a propriedade ou outro direito real sobre os bens dotados. Deixando de fazê-lo, tem pretensão a própria fundação contra seu instituidor, para estrito cumprimento do

---

[111] Jonas Arnhold, Die selbständige Stiftung und der Testamentsvollstrecker. Frankfurt am Main: Peter Lang, 2010, p. 31.

[112] Em sentido contrário, sustenta Pontes de Miranda sustenta a irrevogabilidade da declaração de vontade do instituidor no caso de negócio jurídico inter vivos, por escritura pública, admitindo apenas a revogabilidade da estabelecida em declaração testamentária, por ser o próprio testamento revogável (Tratado de direito privado, t. I. São Paulo: RT, 1977, p. 458). Discorda-se deste entendimento, objetivamente, pelas seguintes razões: a) sendo uma liberalidade, deve-se admitir a possibilidade de revogação como regra; b) não prevê, a lei, irrevogabilidade; c) até o registro do ato, a revogação não afeta direito de terceiros.

ato de dotação. O art. 64 do Código Civil define que, neste caso, os bens serão registrados em nome da fundação, por mandado judicial.

Neste particular, destaque-se que embora a declaração de vontade do instituidor vincule a atuação da fundação, especialmente quanto aos fins para o qual foi constituída, e o próprio modo de sua atuação – quando tome para si a elaboração do estatuto que o define – isso não se confunde com sua administração. Pode ocorrer que, ao elaborar o estatuto e definir o modo como se administrará a fundação, o instituidor busque manter certo controle sobre como serão escolhidos os administradores, e a composição de seus órgãos internos. Isso, contudo, não permite confundir o interesse da fundação com o do seu instituidor. Afinal, quando é afirmada a obediência da fundação à vontade do instituidor, é a sua vontade original, no ato de dotação, que lhes fixou os fins a que se destina. Dali para diante, se outra vontade se revela – ou porque o próprio instituidor a manifesta diretamente, ou porque se interpreta do que já foi manifestado –, não deve ter influência, não vincula a atuação da fundação. Deve haver separação completa, o que repercute nos próprios deveres atribuídos aos administradores.

Sendo o patrimônio afeto a uma finalidade que caracteriza a fundação, os deveres principais dos administradores giram, precisamente, em torno disso. Se lhes atribui, sobretudo, o dever de conservação do patrimônio, visando a própria subsistência da fundação; e o dever de estrita realização dos fins para a qual foi constituída. No primeiro caso, o dever de conservação do patrimônio compreende também sua boa utilização, inclusive exploração econômica destinada ao sustento da atividade da fundação. A estrita realização dos fins pela fundação denota uma vinculação impositiva com a finalidade de sua constituição, que não pode ser flexibilizada pelo administrador. O atendimento destes deveres revela a expectativa de um comportamento leal dos administradores em relação aos interesses da fundação. Deste modo, embora não se elimine a influência do instituidor, ela não deve preponderar, especialmente se contraditória com os fins que originalmente foram estabelecidos.

Aliás, é a finalidade para a qual foi constituída a fundação que delimita toda sua atuação. Isso justifica o papel que a legislação confere ao Ministério Público na fiscalização do seu funcionamento. Define o art. 66, *caput*, do Código Civil: "Velará pelas fundações o Ministério Público do Estado onde situadas." Tendo atuação no Distrito Federal, competirá ao Ministério Público do Distrito Federal e Territórios esta atividade. Estendendo-se por mais de um Estado a atividade da fundação, em cada um deles competirá ao respectivo Ministério Público estadual. A atuação do Ministério Público na fiscalização das fundações explica-se a partir do objetivo de assegurar o respeito à finalidade para a qual foi constituída, que marca a pessoa jurídica e transcende à própria vontade do instituidor que a instituiu. Atua o Ministério Público em proteção do interesse social impresso nos fins a que se vincula a fundação.

Refere o Código Civil que o Ministério Público "velará pelas fundações". *Velar* é cuidar e também fiscalizar. Não se integra ou participa, sequer de órgãos da fundação, inclusive para preservar a necessária isenção no exercício de sua competência legal. Tampouco cabe ao Ministério Público substituir sua administração.[113] Em parecer de 1960, Orozimbo Nonato já registrava, corretamente, que a função do Ministério Público é velar, não tutelar a fundação, assumindo sua direção ou comando.[114] Contudo, tem legitimidade para lhe tomar as contas,

---

[113] A noção de supervisão é, antes, de acompanhamento e fiscalização da gestão, traço comum das fundações em variados ordenamentos jurídicos, conforme se vê em Ulrich Burgard, Gestaltungsfreiheit im Stiftungsrecht. Köln: Otto Schmidt, 2006, p. 203 e ss.

[114] Orozimbo Nonato, As fundações de direito privado em face dos poderes de vigilância do Ministério Público, Revista dos Tribunais, v. 296. São Paulo: RT, junho/1960, p. 71 e ss. No mesmo sentido sustenta

assim como pretender judicialmente medidas para assegurar a conservação do seu patrimônio, impugnar atos da administração que se desviem dos fins institucionais, ou mesmo o afastamento dos administradores que cometam irregularidades ou em razão de má-gestão.[115] Também pode promover sua extinção, nos casos previstos em lei (art. 765 do Código de Processo Civil).

Sendo características das fundações sua estabilidade e permanência, de modo que possa realizar os fins definidos para sua instituição, prevê o art. 67 do Código Civil a possibilidade de reforma do seu estatuto original. Apenas veda que a reforma contrarie o desvirtue o fim para a qual foi constituída. Neste sentido, define para que se possa alterar o estatuto da fundação, sua reforma deve ser deliberada "por dois terços dos competentes para gerir e representar a fundação", bem como seja aprovada pelo Ministério Público no prazo máximo de 45 dias. No caso da alteração não ter sido aprovada por votação unânime, define-se aos administradores da fundação, ao submeter a decisão ao Ministério Público, o dever de requerer que se dê a ciência do ato à minoria vencida, para que possa impugná-lo perante este órgão, querendo, no prazo de 10 dias (art. 68 do Código Civil). Não havendo manifestação do Ministério Público no prazo de 45 dias, ou não tendo ele aprovado a alteração, é prevista a possibilidade de requerer-se em juízo, o suprimento do ato, como condição para sua eficácia (art. 67, inciso III). O exame do Ministério Público e sua decisão quanto à aprovação ou não da alteração estatutária não é meramente formal. Cumpre-lhe, antes de tudo, assegurar o respeito à lei, e neste caso, verificar que o fim original da fundação não tenha sido contrariado ou desvirtuado com a reforma estatutária. Por outro lado, compreende também juízo sobre a repercussão das alterações estatutárias em relação à capacidade da fundação de continuar atendendo os fins para o qual foi instituída, visando sua preservação. Pode inclusive exigir modificações para aprovar. É juízo de mérito que se submete a revisão no caso de desaprovação, de modo que os interessados na eficácia da alteração estatutária têm pretensão para obter o suprimento judicial desta necessária aprovação (art. 764, inciso I, do Código de Processo Civil). Para aprovar, inclusive, o juiz pode determinar a realização de modificações no estatuto "a fim de adaptá-lo ao objetivo do instituidor" (art. 764, §2º, do Código de Processo Civil). Portanto, também o suprimento judicial se orienta à preservação da finalidade original para a qual se instituiu a fundação. Esta pretensão de revisão de mérito não se confunde, contudo, com o exame de eventuais irregularidades que afetem a própria validade da deliberação (como, por exemplo, o desrespeito ao quórum, ou a violação de alguma disposição legal), hipótese em que qualquer interessado ou o próprio Ministério Público tem pretensão para promover sua anulação.

6.2.2.2. Extinção

O Código Civil prevê, em seu art. 69, duas hipóteses de extinção das fundações: a) tornando-se ilícita, impossível ou inútil a finalidade a que visa a fundação; ou b) vencido o prazo de sua existência. A rigor, se deve acrescentar mais uma causa de extinção, que é a própria insolvência da fundação, cujo patrimônio deixe de ser suficiente para realização dos fins para a qual foi constituída. Neste sentido, a impossibilidade não é da finalidade a que visa a fundação em si, mas da execução ou atingimento deste fim, o que também tem por causa a insuficiência de recursos que dê causa à insolvência da fundação. Esta, aliás, é a correta definição do art. 765 do Código de Processo Civil, que dispõe: "Art. 765. Qualquer interessado ou o Ministério

---

Gabriel Saad Diniz, O poder nas fundações privadas, cit.

[115] STJ, REsp 162.114/SP, Rel. Min. Ruy Rosado de Aguiar, 4ª Turma, j. 06/08/1998, DJ 26/10/1998. Da mesma forma, tem pretensão o Ministério Público para responsabilização dos administradores por má-gestão, conforme: STJ, REsp 776.549/MG, Rel. Min. Luiz Fux, 1ª Turma, j. 15/05/2007, DJ 31/05/2007.

Público promoverá em juízo a extinção da fundação quando: I – se tornar ilícito o seu objeto; II – for impossível a sua manutenção; III – vencer o prazo de sua existência."

A ilicitude superveniente do objeto compreende, a rigor, a do fim para o qual foi constituída, embora rara a circunstância de que um fim revestido de interesse público, se torne, por lei superveniente, proibido ou ilícito. Já a impossibilidade, como regra, não será do fim para a qual foi instituída a fundação – como pode induzir o texto do art. 69 do Código Civil –, mas da sua manutenção para execução do fim (acertadamente, o art. 765 do Código de Processo Civil). Neste caso situam-se as hipóteses de falta de condições financeiras ou insuficiência de outros recursos necessários à sua execução. É possível cogitar de situações peculiares em que o fim se torne impossível, o que, entretanto, pode confundir-se em termos práticos com sua inutilidade (p.ex. constitui-se fundação para preservação de certa espécie ameaçada de extinção, e que apesar dos esforços da fundação acaba extinta; o fim para a qual foi criada torna-se impossível e inútil).

Uma última hipótese de extinção faz referência ao vencimento do prazo para sua existência. Neste caso, há uma situação pouco usual às pessoas jurídicas, que como regra são constituídas para se manterem com estabilidade e permanência no tempo. O que a lei acaba autorizando por via transversa (ao definir que se extingue vencendo o prazo), é que o instituidor possa, no exercício da autonomia privada, prever no ato de dotação sua constituição por prazo certo. Se o fizer, pode definir, inclusive, a destinação do patrimônio por ocasião da extinção. A rigor, sendo constituída por prazo certo, vencido o prazo se extingue de pleno direito. Contudo, a lei ainda assim prevê a necessidade de pronunciamento judicial (art. 765 do Código de Processo Civil).

A razão para tanto, é de duas ordens, e justifica o procedimento judicial para quaisquer situações de extinção de fundação: primeiro, a preservação do interesse de terceiros, especialmente dos credores da fundação extinta, a ser satisfeito em procedimento de liquidação; segundo, a destinação dos bens remanescentes da fundação extinta, que na falta de disposição própria no ato constitutivo ou no estatuto, será objeto de decisão judicial. Neste particular, aliás, note-se que, em qualquer caso de extinção da fundação incorpora-se "o seu patrimônio, salvo disposição em contrário no ato constitutivo, ou no estatuto, em outra fundação, designada pelo juiz, que se proponha a fim igual ou semelhante" (art. 69 do Código Civil, *in fine*).

6.2.3. Sociedades

As sociedades são pessoas jurídicas de direito privado constituídas por pessoas visando a realização de finalidades econômicas, ou seja, o exercício de atividade econômica e a partilha dos seus resultados entre os sócios. No direito vigente, a partir do Código Civil de 2002, refinou-se a precisão dos conceitos, do que resulta a exclusividade do uso da expressão *associação* às pessoas jurídicas que se distingam como união de pessoas com fins não econômicos, reservando-se a designação *sociedade* para as uniões de pessoas com fins econômicos.

Há elementos que os identificam, especialmente em relação ao modo de constituição, no qual a declaração de vontade coletiva que se expressa no ato constitutivo deve ser levado a registro para dar início à pessoa jurídica. Porém, mesmo os fins econômicos não serão uniformes. A opção do legislador brasileiro foi distinguir entre **sociedades personificadas**, ou seja, que dão causa e/ou se constituem como pessoa jurídica, e **sociedades não personificadas**, nas quais a união de pessoas com fins econômicos define finalidades e ajusta os comportamentos no interesse comum por intermédio de contrato de sociedade, porém não se dirigem à constituição de uma pessoa jurídica nova para consecução dos fins comuns.

Da mesma forma, distingue-se a espécie de atividade cujo exercício dirige-se à obtenção de fins econômicos. O Código Civil de 2002 diferencia, neste particular, as **sociedades simples** e as **sociedades empresárias**. O critério da distinção é, precisamente, o exercício ou não da atividade empresária. Define, o Código Civil, em seu art. 966, quem seja o empresário: "Art. 966. Considera-se empresário quem exerce profissionalmente atividade econômica organizada para a produção ou a circulação de bens ou de serviços. Parágrafo único. Não se considera empresário quem exerce profissão intelectual, de natureza científica, literária ou artística, ainda com o concurso de auxiliares ou colaboradores, salvo se o exercício da profissão constituir elemento de empresa."

Exercendo a atividade empresarial por intermédio de sociedade constituída para este fim, há sociedade empresária. Se os fins econômicos serão obtidos pela sociedade sem exercício da atividade empresarial, há sociedade simples.

Características das relações econômicas no Brasil, seja visando certa facilitação na constituição de pessoa jurídica para fins de limitação da responsabilidade, ou o propósito de simplificação fiscal, vão dar ensejo ao surgimento de tipos específicos, nem sempre com a adoção da melhor técnica, cuja disciplina se insere por alterações legislativas próprias. É o caso da Empresa Individual de Responsabilidade Limitada (EIRELI), prevista pela inserção do art. 980-A do Código Civil pela Lei 12.441/2011, ou a sociedade limitada unipessoal (com apenas um sócio), prevista pela inclusão, por força da Lei 13.874/2019, dos §§ 1º e 2º no art. 1.052 do Código Civil.

A disciplina das sociedades, segundo a técnica legislativa do Código Civil de 2002, concentra-se no Livro II – Do direito de empresa. Por esta razão, inclusive, a previsão dos tipos legais de sociedade e seu detalhamento consagrou-se fora da Parte Geral do Direito Civil, sendo objeto do Direito da Empresa, em face do protagonismo, sobretudo, das sociedades empresariais. A opção não é isenta de crítica, em especial de natureza sistemática, considerando que nem toda a sociedade, conceitualmente, como se viu, exerce atividade empresária. Como pessoas jurídicas tem-se as sociedades personificadas, que se caracterizam justamente pelo fato de que o ato constitutivo no qual se manifesta a declaração de vontade coletiva dirige-se para formar pessoa jurídica nova, levada a registro, conforme o caso, de acordo com o tipo societário em questão. As sociedades simples (não empresárias) tem o registro do ato constitutivo para sua criação realizado no Registro Civil das Pessoas Jurídicas, quando a lei não preveja algum registro especial (caso das sociedades de advogados, registradas no Conselho Seccional da Ordem dos Advogados do Brasil). As sociedades empresárias tem seu registro necessário à constituição no Registro Público de Empresas Mercantis.

Examina-se, a seguir, de modo sucinto, os vários tipos societários quanto a seus aspectos conceituais.

São espécies de **sociedades não personificadas** a **sociedade em comum** (art. 986 a 990 do Código Civil) e a **sociedade em conta de participação** (art. 991 a 996 do Código Civil). A **sociedade em comum** decorre de contrato de sociedade sem que tenha havido registro dos atos constitutivos, o que dá causa aos seguintes efeitos legais: a) os sócios apenas podem provar a existência da sociedade por escrito; terceiros que com eles se relacionem, contudo, podem provar de qualquer modo (art. 987 do Código Civil); b) os bens sociais são de titularidade comum dos sócios, constituindo espécie de patrimônio especial (art. 988); c) os bens sociais respondem pelos atos praticados pelos sócios, salvo pacto expresso limitativo de poderes em relação à pretensão de terceiro que o conheça ou devesse conhecer (art. 989); d) os sócios respondem solidária e ilimitadamente pelas obrigações sociais, excluído do benefício de ordem aquele que contrato pela sociedade – representou os sócios na constituição da obrigação (art. 990).

Na **sociedade em conta de participação**, de sua vez, apenas o sócio ostensivo exerce a atividade prevista no objeto social. O faz em seu próprio nome e sob sua responsabilidade, cabendo aos demais sócios, denominados participantes, apenas a participação nos resultados econômicos que dela decorrerem (art. 991 do Código Civil). Apenas o sócio ostensivo obriga-se perante terceiros, de modo que o contrato social em que prevista a sociedade produz efeito apenas entre os sócios (art. 993). O sócio participante pode fiscalizar a gestão dos negócios sociais, porém não tomar parte das relações do sócio ostensivo com terceiros, sob pena de passar a responder solidariamente pelas obrigações sociais (art. 993, parágrafo único). A celebração do contrato da sociedade em conta de participação não tem forma específica e pode ser provada por todos os meios previstos em direito. A contribuição dos sócios constitui patrimônio especial para realização dos negócios sociais, oponível apenas entre eles.

Aplica-se à sociedade em conta de participação, subsidiariamente, as regras das sociedade simples. A liquidação da sociedade, de sua vez, rege-se pelas regras da prestação de contas (art. 996), admitindo a jurisprudência, contudo, aplicação subsidiária das regras sobre dissolução das sociedades em geral.[116]

Dentre as **sociedades personificadas**, a **sociedade simples** constitui-se por contrato escrito, por instrumento público ou particular, que deve conter as cláusulas obrigatórias previstas na lei (art. 997 do Código Civil), e levado a registrado no prazo de 30 dias contados da sua celebração, no Registro Civil das Pessoas Jurídicas (art. 998 do Código Civil), ou no caso da sociedade de advogados e da sociedade unipessoal de advocacia, no Conselho Seccional da Ordem dos Advogados do Brasil da sede da pessoa jurídica (art. 15, § 1º, da Lei 8.906/1994 – Estatuto da Advocacia). Na sociedade simples a responsabilidade dos sócios pelas obrigações sociais é subsidiária, ou seja, só respondem com seus bens pessoais na medida em que os bens da sociedade se revelem insuficientes para satisfação de todos os credores (art. 1.024 do Código Civil). Ela pode ser constituída por prazo certo ou indeterminado. No caso de ser constituída por prazo certo, vencido este e sem oposição de qualquer dos sócios, não havendo liquidação prorroga sua existência por prazo indeterminado (art. 1.033, inciso I, do Código Civil).

Dentre as **sociedades empresárias**, são de maior relevância por sua presença na realidade econômica e social brasileira as **sociedades limitadas** e as **sociedades anônimas**. A **sociedade limitada** conta com disciplina no Código Civil (art. 1.052 a 1.087). Caracteriza-se, como induz a sua denominação, pelo fato da responsabilidade dos sócios ser restrita ao valor de suas quotas, ou seja, o que contribuíram para a integralização do capital social. Contudo, todos os sócios respondem solidariamente pela integralização do capital social, ou seja, até que transmitam à sociedade os recursos com os quais se obrigaram para constituir seu capital por ocasião da constituição, responderão, os sócios, solidariamente, pelo valor das quotas de todos. É justa-

---

[116] "DIREITO EMPRESARIAL E CIVIL. RECURSO ESPECIAL. AÇÃO DE DISSOLUÇÃO DE SOCIEDADE. SOCIEDADE EM CONTA DE PARTICIPAÇÃO. NATUREZA SOCIETÁRIA. POSSIBILIDADE JURÍDICA. ROMPIMENTO DO VÍNCULO SOCIETÁRIO. 1. Discute-se a possibilidade jurídica de dissolução de sociedade em conta de participação, ao fundamento de que ante a ausência de personalidade jurídica, não se configuraria o vínculo societário. 2. Apesar de despersonificadas, as sociedades em conta de participação decorrem da união de esforços, com compartilhamento de responsabilidades, comunhão de finalidade econômica e existência de um patrimônio especial garantidor das obrigações assumidas no exercício da empresa. 3. Não há diferença ontológica entre as sociedades em conta de participação e os demais tipos societários personificados, distinguindo-se quanto aos efeitos jurídicos unicamente em razão da dispensa de formalidades legais para sua constituição. 4. A dissolução de sociedade, prevista no art. 1.034 do CC/02, aplica-se subsidiariamente às sociedades em conta de participação, enquanto ato inicial que rompe o vínculo jurídico entre os sócios. 5. Recurso especial provido." (STJ, REsp 1230981/RJ, Rel. Min. Marco Aurélio Bellizze, 3ª Turma, j. 16/12/2014, DJe 05/02/2015)

mente a limitação da responsabilidade dos sócios, a característica mais atrativa que justifica a escolha do tipo societário para exercício da atividade empresarial.

Sendo sociedade, em todo seu iter histórico no direito brasileiro é suposta a necessidade de ao menos dois sócios (veja-se o antigo Decreto n. 3.708/1919, que por décadas dispôs sobre a sociedade por quotas de responsabilidade limitada). Contudo, recentemente, sob a justificativa de incentivo à atividade empresarial, com a redução de exigências para sua formalização, incluiu-se os §§ 1º e 2º no art. 1.052 do Código Civil, para efeito de admitir a denominada sociedade limitada unipessoal. Os objetivos da alteração devem ser reconhecidos, porém o meio para alcançá-lo se afasta da melhor técnica, por razões evidentes: sociedade unipessoal é expressão contraditória em si mesma, se é de uma só pessoa, como cogitar-se sociedade consigo mesma? O mesmo objetivo, que é a eficácia de limitação da responsabilidade do empresário ao que investe na atividade, poderia ter sido obtido reduzindo-se a exigência de capital social na já existente Empresa Individual de Responsabilidade Limitada (considerado excessivo ao exigir no mínimo o correspondente ao valor de cem vezes o salário mínimo vigente no país), ou permitindo ao empresário individual constituir patrimônio separado para exercício da atividade. Trata-se de figura jurídica também definida em outros sistemas, apesar da sua estrutura peculiar (sociedade de um único sócio), concebida, sobretudo, para a limitação da responsabilidade do empresário, no exercício da atividade. Sua constituição, igualmente, se dá com o registro do contrato social, porém celebrado por único sócio, no Registro Público de Empresas Mercantis.

O capital social da sociedade limitada divide-se em quotas que se serão integralizadas e de titularidade dos sócios, observado que não se admite sua integralização em serviços a serem prestados pelos sócios. Pela exata estimação do valor dos bens a ele conferidos, respondem solidariamente todos os sócios, até o prazo de cinco anos do registro da sociedade (art. 1.055 do Código Civil). No caso das sociedades limitadas, o elemento subjetivo que é móvel da decisão comum de constituir a pessoa jurídica (*affectio societatis*) se projeta no tempo, de modo que o próprio contrato pode restringir a cessão de quotas sociais, tanto para outros sócios, quanto para terceiros. No seu silêncio, o art. 1.057 do Código Civil admite a cessão livre para outros sócios e para terceiros, desde que, neste último caso, mais de um quarto do capital social não se oponha (art. 1.057 do Código Civil). A cessão é eficaz perante terceiros a partir da sua averbação no registro

Os administradores da sociedade limitada são designados pelo contrato social (ato constitutivo) ou em ato separado (podem ser eleitos por assembleia dos sócios, que os designam formalmente). Quando a administração for atribuída a todos os sócios, outros que venha a se integrar à sociedade posteriormente não se tornam, por si só, administradores (art. 1.060 do Código Civil). No caso de administradores não sócios, sua designação dependerá da unanimidade dos sócios quando o capital social não estiver integralizado, e de no mínimo 2/3 (dois terços), no caso de já ter havido a integralização (art. 1.061). O uso da firma social é privativo dos administradores com poderes para este fim (art. 1.064).

O Código Civil prevê detalhada disciplina do funcionamento das sociedades limitadas, inclusive sobre modo e quórum de deliberação dos sócios, matérias que lhe são atinentes, e o funcionamento da respectiva assembleia (art. 1.071 a 1.080-A). Pode haver a dissolução da sociedade limitada pelas mesmas causas definidas para a sociedade simples (art. 1.087), ou ainda sua resolução parcial, quando da retirada de sócios minoritários (art. 1.085), preservando-se a continuidade da pessoa jurídica.

As **sociedades anônimas**, por sua vez, são pessoas jurídicas também criadas para o exercício de atividade empresarial, porém vocacionadas à mobilização de maior volume de recursos para consecução dos seus fins, em vista do seu capital social dividir-se em ações (art. 1.088 do

Código Civil), pelos quais os respectivos sócios ou acionistas, por intermédio de subscrição pública (quando há oferta pública inicial para constituição da pessoa jurídica), ou particular, as adquirem e tem sua responsabilidade limitada pelo preço de emissão das respectivas ações. Por isso se define como espécie de sociedade de capital. Dada a maior complexidade de sua organização e atuação, tem disciplina definida em lei própria – a Lei 6.404/1976. Considerando que as ações da sociedade anônima, quando for constituída como de capital aberto, podem ser negociadas em mercado, sendo por isso qualificadas como valor mobiliário, repercute sobre sua atividade uma série de outras leis, como é o caso, especialmente, da que disciplina o mercado de capitais (art. 2º, inciso I, da Lei 6.385/1976).

Outra sociedade empresária cujo capital social é dividido em ações é a **sociedade em comandita por ações**. Embora se revele mais como reminiscência histórica do que propriamente uma realidade na experiência empresarial contemporânea, tem disciplina no Código Civil, e distingue-se por estender aos administradores responsabilidade subsidiária e ilimitada pelas obrigações da sociedade (art. 1.091 do Código Civil). Em outras palavras, respondem sem limitação, com seu patrimônio pessoal, pelas obrigações sociais, assim que esgotados os bens da sociedade. Da mesma forma, mesmo se destituído ou exonerado, o administrador permanece responsável, nos mesmos termos, por dois anos, pelas obrigações contraídas durante seu período de administração.

A **sociedade em nome coletivo** é aquela constituída apenas por pessoas físicas como sócias, de modo que respondam solidária e ilimitadamente pelas obrigações sociais (art. 1.039 do Código Civil), ou seja, respondem pelas obrigações da sociedade tanto o patrimônio dela própria quanto o dos sócios. Esta responsabilidade dos sócios pode ser limitada pelo ato constitutivo ou, posteriormente, por convenção apartada, deliberada por unanimidade dos sócios. A administração da sociedade em nome coletivo e o uso da firma social é exclusivo dos sócios (art. 1.042 do Código Civil).

A **sociedade em comandita simples** é sociedade empresária que se caracteriza por distinguir seus sócios em duas categorias, os comanditados, que são pessoas físicas responsáveis solidária e ilimitadamente pelas obrigações sociais, e os comanditários, que tem sua responsabilidade limitada ao valor de sua quota do capital social (art. 1.045 do Código Civil). Em tutela da confiança de terceiros, exige-se que o contrato social de constituição da sociedade discrimine expressamente os sócios comanditados e comanditários. Da mesma forma, o sócio comanditário, embora possa participar das deliberações sociais, assim como fiscalizar suas operações, não pode praticar atos de gestão, tampouco ter seu nome na firma social, sob pena de ficar sujeito à mesma responsabilidade do sócio comanditado. Todavia, pode ser constituído como procurador da sociedade, quando lhe seja conferido poderes especiais para negócio determinado (art. 1.047 do Código Civil). A diminuição da quota social do comanditário só pode ser oposta a terceiros, desde quando averbada a modificação do contrato. A sociedade em comandita simples se dissolve se por 180 dias perdurar a falta de uma das categorias de sócio (art. 1.051, inciso II, do Código Civil). Se deixar de haver sócio comanditado, ao qual, afinal, compete a administração da sociedade, os sócios comanditários remanescentes devem nomear administrador provisório, para praticar no prazo destes 180 dias, os atos de administração, sem assumir, contudo, a condição de sócio (art. 1.051, parágrafo único).

Por fim, há de referir-se as **sociedades cooperativas**, que são pessoas jurídicas que se caracterizam pela variabilidade do capital social e de adesão voluntária, com natureza civil e constituídas para prestação de serviços aos associados, assim como com o retorno das sobras líquidas do exercício, proporcionalmente, às operações realizadas pelo associado, salvo deliberação em contrário da assembleia geral (art. 4º da Lei 5.764/1971).[117] Da mesma forma, define a lei que "as sociedades cooperativas poderão adotar por objeto qualquer gênero de serviço, operação ou atividade, assegurando-se-lhes o direito exclusivo e exigindo-se-lhes a obrigação do uso da expressão "cooperativa" em sua denominação." (art. 5º da Lei 5.764/1971).

O art. 1.094 do Código Civil dispõe que "são características da sociedade cooperativa: I – variabilidade, ou dispensa do capital social; II – concurso de sócios em número mínimo necessário a compor a administração da sociedade, sem limitação de número máximo; III – limitação do valor da soma de quotas do capital social que cada sócio poderá tomar; IV – intransferibilidade das quotas do capital a terceiros estranhos à sociedade, ainda que por herança; V – *quorum*, para a assembleia geral funcionar e deliberar, fundado no número de sócios presentes à reunião, e não no capital social representado; VI – direito de cada sócio a um só voto nas deliberações, tenha ou não capital a sociedade, e qualquer que seja o valor de sua participação; VII – distribuição dos resultados, proporcionalmente ao valor das operações efetuadas pelo sócio com a sociedade, podendo ser atribuído juro fixo ao capital realizado; VIII – indivisibilidade do fundo de reserva entre os sócios, ainda que em caso de dissolução da sociedade."

A responsabilidade dos sócios na sociedade cooperativa pode ser limitada ou ilimitada. Será limitada quando o sócio responder apenas pelo valor das quotas de que for titular, e pelo prejuízo das operações sociais proporcionais à sua participação nelas; será ilimitada quando previsto no estatuto que deva responder ilimitada e solidariamente pelas obrigações da sociedade (art. 1.095 do Código Civil).

6.2.4. *Organizações religiosas*

As organizações religiosas são espécies de pessoas jurídicas de direito privado definidas no art. 44, inciso IV, do Código Civil. Trata-se de previsão que não estava presente na promulgação do Código, sendo acrescentada logo em seguida sob a justificativa de buscar resolver dificuldade histórica relativa à variabilidade da estrutura das organizações religiosas no Brasil. O Decreto federal nº 119/A, de 7 de janeiro de 1890, já dispunha em seu art. 5º que "A todas as igrejas e confissões religiosas se reconhece a personalidade jurídica, para adquirirem bens e os administrarem, sob os limites postos pelas leis concernentes à propriedade de mão-morta, mantendo-se a cada uma o domínio de seus haveres atuais, bem como dos seus edifícios de culto". Observe-se que a edição do decreto em questão tem lugar logo no princípio da República, especialmente para sinalizar a laicidade do Estado e o reconhecimento da pluralidade religiosa. Contudo, em termos práticos, ocorre que o reconhecimento, pelo Estado, da religião católica, historicamente mais antiga e majoritária no Brasil, sempre se estabeleceu de modo diverso das demais, seja pela vinculação de seus presbíteros ao próprio Estado – durante o Império –, seja

---

[117] No Brasil, as primeiras cooperativas são criadas no final do século XIX, como espécies de cooperativas de consumo, mas também com a previsão de caixa de auxílios e socorros, visando à oferta de auxílio a viúvas e associados em dificuldades, com caráter assistencial. O cooperativismo de crédito, todavia, surge a partir da criação, em 1902, no Rio Grande do Sul, da Caixa de Economia e Empréstimos Amstadt, posteriormente denominada Caixa Rural de Nova Petrópolis, a partir da qual passaram a surgir dezenas de outras cooperativas, em seguida objeto de regulamentação por intermédio do Decreto do Poder Legislativo nº 979, de 6 de janeiro de 1903. As sociedades cooperativas, de sua vez, foram reguladas, inicialmente, pelo Decreto do Poder Legislativo nº 1.637, de 5 de janeiro de 1907, o qual autorizou a organização das cooperativas sob a forma de sociedades anônimas, sociedades em nome coletivo ou o em comandita. Da mesma forma, previu-se as cooperativas agrícolas, às quais se admitiu o recebimento de depósitos a juros de pessoas associadas ou não.

por sua organização *sui generis*, apoiada pela tradição e, posteriormente, inclusive, por acordos internacionais, ao longo do século XX, entre o Brasil e a Santa Sé (que representa internacionalmente o Estado do Vaticano), relativos ao estatuto jurídico da Igreja Católica no Brasil.[118]

As demais organizações religiosas, todavia, sempre tiveram de adaptar-se aos tipos de pessoa jurídica sem fins econômicos previstos pela legislação, notadamente as associações e as fundações. Nestes casos, sua estrutura ficava subordinada ao desenho institucional definido pela lei, como, por exemplo, o direito de participação dos associados nas decisões da associação, ou a fiscalização do Ministério Público no caso das fundações. Tais exigências legais, nem sempre se conformam à estrutura das organizações religiosas, de acordo com os traços característicos da própria doutrina religiosa que professam e seus dogmas, ou ainda em relação à própria liberdade de consciência e crença e de exercício de cultos religiosos assegurada pela Constituição da República (art. 5º, inciso VI). O art. 44, §1º, do Código Civil dá conformação à liberdade assegurada pela Constituição, nos seguintes termos: "São livres a criação, a organização, a estruturação interna e o funcionamento das organizações religiosas, sendo vedado ao poder público negar-lhes reconhecimento ou registro dos atos constitutivos e necessários ao seu funcionamento."

Neste particular, inclusive, é de ter-se claro que a constituição da organização religiosa supõe o registro no Registro Civil das Pessoas Jurídicas.[119] Nestes termos, considera-se que o registro é condição para todos os efeitos que advêm da constituição da pessoa jurídica, como é o caso da própria imunidade tributária reconhecida aos templos de qualquer culto (art. 150,

---

[118] Em vigor está o acordo celebrado entre o Brasil e a Santa Sé em 2008, promulgado pelo Decreto nº 7.107, de 11 de fevereiro de 2010. Dispõe seu art. 3º: "A República Federativa do Brasil reafirma a personalidade jurídica da Igreja Católica e de todas as Instituições Eclesiásticas que possuem tal personalidade em conformidade com o direito canônico, desde que não contrarie o sistema constitucional e as leis brasileiras, tais como Conferência Episcopal, Províncias Eclesiásticas, Arquidioceses, Dioceses, Prelazias Territoriais ou Pessoais, Vicariatos e Prefeituras Apostólicas, Administrações Apostólicas, Administrações Apostólicas Pessoais, Missões *Sui Iuris*, Ordinariado Militar e Ordinariados para os Fiéis de Outros Ritos, Paróquias, Institutos de Vida Consagrada e Sociedades de Vida Apostólica. § 1º. A Igreja Católica pode livremente criar, modificar ou extinguir todas as Instituições Eclesiásticas mencionadas no *caput* deste artigo. § 2º. A personalidade jurídica das Instituições Eclesiásticas será reconhecida pela República Federativa do Brasil mediante a inscrição no respectivo registro do ato de criação, nos termos da legislação brasileira, vedado ao poder público negar-lhes reconhecimento ou registro do ato de criação, devendo também ser averbadas todas as alterações por que passar o ato."

[119] "APELAÇÃO CÍVEL. REGISTRO DAS PESSOAS JURÍDICAS E DE TÍTULOS E DOCUMENTOS. AUTONOMIA. REQUISITO INDISPENSÁVEL À CONSTITUIÇÃO DA PESSOA JURÍDICA. MANTIDA A SENTENÇA DE PARCIAL PROCEDÊNCIA. 1. Devem-se sopesar as garantias constitucionais de liberdade de culto religioso, estatuídas nos arts. 5º, inciso VII e 19, inciso I, ambos da Magna Carta, vedando as pessoas jurídicas de direito público a intervenção nas associações *religiosas*. 2. O legislador constitucional pretendeu dar garantia à liberdade de culto religioso, vedando toda e qualquer discriminação ou proibição ao exercício de qualquer fé ou religião. 3. Foi com esse espírito, de proteção às entidades *religiosas*, que a Lei Federal 10.825 de 2003 alterou o art. 44 do Código Civil, a fim de incluir as *organizações religiosas* e os partidos políticos como pessoas jurídicas de direito privado e, ao mesmo tempo, acrescentar o parágrafo primeiro, o qual veda ao poder público a negativa do reconhecimento, ou registro dos atos constitutivos e necessários ao seu funcionamento. 4. A vedação presente em tal artigo não pode ser considerada como absoluta, cabendo ao Judiciário tutelar interesses a fim de certificar-se, precipuamente, do cumprimento da legislação pátria, vale dizer, há que se averiguar se a organização religiosa atende os requisitos necessários ao registro do ato constitutivo. 5. Deve haver respeito ao nomen juris de cada entidade e, sendo a Associação Espírita Cristo e Caridade uma organização religiosa, não pode ostentar em seu nome a menção "sociedade", nomenclatura que se destina a outras entidades que comunguem de interesses de finalidade diversa da suscitada. Negado provimento ao apelo." (TJRS, ApCiv 70027034164, Rel. Jorge Luiz Lopes do Canto, 5ª Câmara Cível, j. 21/01/2009).

inciso VI, *b*, da Constituição da República), a distinção da sua responsabilidade e a de seus membros e administradores ou o exercício dos direitos sobre o próprio patrimônio, inclusive sua proteção em relação a terceiros.[120] Qual seja seu ato constitutivo, contudo, é algo que pode imbricar-se já na proteção constitucional da liberdade religiosa. Uma ata de constituição e respectivos estatutos são os documentos comuns que expressam a declaração de vontade, que pode ser individual ou coletiva na sua constituição, assim como sua estrutura organizacional e modo de atuação. Pode a lei definir o conteúdo de exigências para constituição da pessoa jurídica, sem que o faça em tal grau a caracterizar um obstáculo de difícil transposição – a comprometer o próprio exercício da liberdade religiosa. Há dificuldades sensíveis para definir-se, em termos absolutos, o que caracteriza uma religião.[121] A rigor, pressupõe-se a definição articulada a partir de um conjunto unificado de crenças e práticas relativas a coisas sagradas. Porém, a própria liberdade fundamental de consciência e crença assegurada pela Constituição não permite que, em termos legais, se delimite esta definição ou o modo como se expressam tais crenças e práticas sem uma justificação legítima e séria (como é o caso da proibição de que certos comportamentos que caracterizem ilícitos penais possam ser invocados como prática religiosa),[122] sob pena de violar esta garantia fundamental.

O Enunciado nº 143, da III Jornada de Direito Civil do Superior Tribunal de Justiça e do Conselho da Justiça Federal define que: "A liberdade de funcionamento das organizações religiosas não afasta o controle de legalidade e legitimidade constitucional de seu registro, nem a possibilidade de reexame pelo judiciário da compatibilidade de seus atos com a Lei e com seus Estatutos". Deve-se considerar, contudo, o que diz respeito à constituição das organizações religiosas, não cabe ao registrador interpretar restritivamente a definição de organização religiosa, para o que lhe falta conhecimento técnico e legitimidade. Isso não significa que a constituição da pessoa jurídica deixe de estar sob controle de legalidade e legitimidade próprios da sua atuação concreta, a ser realizada pelo Poder Judiciário. Assim, por exemplo, as situações em que a organização religiosa é constituída comprovadamente com a finalidade diversa da promoção da crença, mas para aproveitar, por exemplo de tratamento fiscal mais favorável (em especial a imunidade fiscal). Neste caso, há vício que inquina a própria validade da constituição da pessoa jurídica, o que não se presume, exigindo-se prova em juízo. O mesmo quando o desvio de finalidade é posterior à constituição da pessoa jurídica, podendo dar causa a outros efeitos jurídicos, conforme o caso (e.g. desconsideração da personalidade jurídica, dissolução).

---

[120] Inclusive em relação a párocos da própria Igreja, que venham a violar sua propriedade, conforme decidiu o Supremo Tribunal Federal em caso de 1977: "Embargos de terceiro. Bens da Igreja Ortodoxa no Brasil, reivindicados, em decorrência de cisma, pela diocese do pároco rebelde. Embargos, em execução, da paróquia, dados por improcedentes. Ofensa ao princípio constitucional que garante o direito de propriedade, pois sendo a paróquia pessoa jurídica regularmente constituída, tem o direito de reger seu patrimônio conforme seus próprios estatutos. Recurso extraordinário conhecido e provido dando-se pela procedência dos embargos de terceiro." (STF, RE 80.340/RJ, Rel. Min. Bilac Pinto, 1ª Turma, j. 10/05/1977).

[121] Veja-se: Roger Trigg, Equality, freedom and religion. New York: Oxford University Press, 2012, p. 16 e ss; Tom Head, Freedom of religion, New York: Facts on file, 2005, p. 106. No plano internacional, a proteção a associação entre liberdade de religião e crença, realiza-se para dar o sentido mais amplo à esta liberdade, não limitada à existência de uma religião ordenada ou estruturada, mas ambas (religião e crença) expressão de certa dimensão da moralidade humana. Bahiyyih G. Tahzib, Freedom of religion or belief: ensuring effective international legal protection. The Hague: Martinus Nijhoff Publishers, 1996, p. 9 e ss.

[122] Assim, por exemplo, o caso da prática do curandeirismo, que o Supremo Tribunal Federal, em decisão anterior à Constituição da República vigente, entendeu como não abrangido pelo exercício da liberdade religiosa: "Habeas corpus. Curandeirismo. Condenação criminal inconfundível com o mero exercício da liberdade religiosa. Processo penal que não se pode invalidar em habeas corpus. Recurso desprovido" (STF, RHC 62.240/SP, Rel. Min. Francisco Rezek, j. 13/12/1984; *DJ* 02/08/1985).

Por outro lado, não se desconhece que, associado ao exercício da liberdade de consciência e crença que fundamenta a atividade religiosa, se articulem atividades que assegurem a sustentabilidade econômica da organização religiosa, ou ainda sejam expressivas do próprio modo de divulgação e promoção da crença que a orienta. Tais atividades, que podem ter natureza empresarial, ou ainda prestação de serviços educacionais, de saúde ou de assistência, não compreendem diretamente a finalidade religiosa, embora se relacionem à organização religiosa, razão pela qual devem ser exercidas, como regra, por pessoas jurídicas constituídas para estas finalidades específicas, sejam elas sociedades, associações ou fundações, por exemplo. O mais comum, na experiência brasileira, são hospitais e escolas vinculados a organizações religiosas. Todavia, embora possa ter a participação direta ou indireta da organização religiosa, não se confundem com ela, tampouco se estende a eles a eficácia das normas que incidem sobre sua atuação. A não ser quando, violando o disposto no art. 19, inciso I, da Constituição da República,[123] fique demonstrado eventual embaraço ao próprio exercício de cultos ou ao funcionamento da organização religiosa.

6.2.5. Partidos políticos

Os partidos políticos são pessoas jurídicas de direito privado, nos termos do art. 44, inciso V, do Código Civil. Embora sua finalidade seja a de organização de atividade de participação política, inclusive para fins eleitorais (a filiação a partido político é condição de elegibilidade para cargos públicos – art. 14, inciso V, da Constituição da República), a definição de sua natureza jurídica como pessoa jurídica de direito privado assume também o sentido de assegurar sua autonomia em relação ao Estado.[124] O art. 1º da Lei 9.096/1995 define a finalidade do partido político nos seguintes termos: "O partido político, pessoa jurídica de direito privado, destina-se a assegurar, no interesse do regime democrático, a autenticidade do sistema representativo e a defender os direitos fundamentais definidos na Constituição Federal."

A Constituição da República, por sua vez, prevê em seu art. 17, que "é livre a criação, fusão, incorporação e extinção de partidos políticos, resguardados a soberania nacional, o regime democrático, o pluripartidarismo, os direitos fundamentais da pessoa humana e observados os seguintes preceitos: I – caráter nacional; II – proibição de recebimento de recursos financeiros de entidade ou governo estrangeiros ou de subordinação a estes; III – prestação de contas à Justiça Eleitoral; IV – funcionamento parlamentar de acordo com a lei." Da mesma forma, é assegurada autonomia dos partidos políticos para definir sua estrutura interna, nela incluída as regras sobre escolha, formação e duração de seus órgãos permanentes e provisórios e sobre sua organização e funcionamento (art. 17, §1º, da Constituição da República).

Será a própria Constituição da República, contudo, que estabelece, em relação à constituição dos partidos políticos, que sua personalidade jurídica será adquirida na forma da lei civil, após o que seus estatutos são registrados no Tribunal Superior Eleitoral (art. 17, § 2º). Neste sentido, deve-se distinguir em relação aos partidos políticos o que seja a aquisição de personalidade jurídica, na forma da lei civil, com o registro do seu estatuto no Cartório do Registro Civil das Pessoas Jurídicas, e o preenchimento das condições para sua atuação, eficácia

---

[123] "Art. 19. É vedado à União, aos Estados, ao Distrito Federal e aos Municípios: I – estabelecer cultos religiosos ou igrejas, subvencioná-los, embaraçar-lhes o funcionamento ou manter com eles ou seus representantes relações de dependência ou aliança, ressalvada, na forma da lei, a colaboração de interesse público".

[124] Esta definição da Constituição de 1988 contrasta com a ordem constitucional anterior que definia os partidos políticos como pessoas jurídicas de direito público, conforme dispunha a antiga Lei Orgânica dos Partidos Políticos (Lei 5.682/1971), revogada.

que dependerá do atendimento das exigências legais sob exame da Justiça Eleitoral, perante o Tribunal Superior Eleitoral.

A Lei 9.096/1995 define, em seu art. 8º, os requisitos para o registro do estatuto do partido político, que deve ocorrer no local de sua sede, em requerimento subscrito por seus fundadores nunca inferior a 101 cidadãos, com domicílio eleitoral em, no mínimo, 1/3 dos Estados. O requerimento de registro será acompanhado de: I – cópia autêntica da ata da reunião de fundação do partido; II – exemplares do Diário Oficial que publicou, no seu inteiro teor, o programa e o estatuto; III – relação de todos os fundadores com o nome completo, naturalidade, número do título eleitoral com a Zona, Seção, Município e Estado, profissão e endereço da residência. Da mesma forma, deve ser indicado no requerimento o nome e a função dos dirigentes provisórios e o endereço da sede do partido no território nacional.

Após este registro, adquirida a personalidade jurídica, o partido deve comprovar, no prazo de dois anos, o apoio de eleitores não filiados a partido político, correspondente a, "pelo menos, 0,5% (cinco décimos por cento) dos votos dados na última eleição geral para a Câmara dos Deputados, não computados os votos em branco e os nulos, distribuídos por um terço, ou mais, dos Estados, com um mínimo de 0,1% (um décimo por cento) do eleitorado que haja votado em cada um deles" (art. 7º, § 1º, da Lei 9.096/1995), como condição para registro do seu estatuto pelo Tribunal Superior Eleitoral, exigência para que possa exercer plenamente a capacidade legal que lhe é conferida.

Discute-se, em relação ao funcionamento dos partidos políticos, a possibilidade de aplicação subsidiária das regras relativas às associações, em especial como instrumento para assegurar a proteção do devido processo legal nas deliberações partidárias, assegurando também internamente o conteúdo mínimo dos direitos de participação política. A rigor, o devido processo legal é garantia constitucional com eficácia reconhecida na relação entre particulares,[125] havendo razão para que se afirme nas relações entre os filiados e o partido político. Os limites para conhecimento judicial destas questões, contudo, são definidos tanto a partir da limitação da Justiça Eleitoral em relação apenas aos atos *interna corporis* de partido político que possam refletir no processo eleitoral, o que mitiga a garantia de autonomia do partido político definida pela Constituição.[126] Já decidiu o STF que "o postulado constitucional da autonomia partidária criou, em favor dos Partidos Políticos – sempre que se tratar da definição de sua estrutura, de sua organização ou de seu interno funcionamento – uma área de reserva estatutária absolutamente indevassável pela ação normativa do Poder Público. Há, portanto, um domínio constitucionalmente delimitado, que pré-exclui – por efeito de expressa cláusula constitucional (CF, art. 17, § 1º) – qualquer possibilidade de intervenção legislativa em tudo o que disser respeito à intimidade estrutural, organizacional e operacional dos Partidos Políticos".[127] Todavia, a jurisprudência delineia que "a autonomia partidária não consagra regra que exima o partido do respeito incondicional aos direitos fundamentais"[128]

6.2.6. *Empresas individuais de responsabilidade limitada*

São definidas como pessoas jurídicas de direito privado as empresas individuais de responsabilidade limitada – EIRELI (art. 44, inciso VI, do Código Civil). Tratam-se de pessoas

---

[125] STF, RE 201819, Rel. p/ Acórdão: Min. Gilmar Mendes, 2ª Turma, j. 11/10/2005, p. *DJ* 27/10/2006.
[126] TSE, REspe nº 448–33/MA, Rel. Min. Herman Benjamin, *DJe* 24/05/2018
[127] STF, ADI 1407 MC, Rel. Min. Celso de Mello, Tribunal Pleno, j. 07/03/1996, *DJ* 24/11/2000.
[128] STF, ADI 5617, Rel. Min. Edson Fachin, Tribunal Pleno, j. 15/03/2018, *DJe* 03/10/2018.

jurídicas criadas pela Lei 12.441/2011, que introduziu o art. 980-A do Código Civil, com a finalidade, especialmente, de permitir à pessoa que pretenda exercer a atividade empresarial isoladamente (sem constituir sociedade), limitar sua responsabilidade pelas obrigações assumidas ao capital social que destinar a ela. Define o art. 980-A do Código Civil: "Art. 980-A. A empresa individual de responsabilidade limitada será constituída por uma única pessoa titular da totalidade do capital social, devidamente integralizado, que não será inferior a 100 (cem) vezes o maior salário-mínimo vigente no País."

A possibilidade de constituição de pessoa jurídica de um único titular, com a finalidade de limitar sua responsabilidade e segregar o patrimônio aplicado à atividade econômica desenvolvida, conta com variada previsão em outros sistemas jurídicos. Por vezes como sociedade limitada unipessoal (caso do direito alemão, com a *Einpersonem-Gesellschaft mit beschränkter Haftung*, desde 1980,[129] e com a reforma legislativa de 2008, a *Unternhehmergesellschaft – UG* –, com capital social inicial reduzido, de até um euro, integralizado progressivamente).[130] No direito norte americano, é exemplo o §101 do General Corporation Law do Estado de Delaware, assim como pela categoria das subsidiárias integrais.[131] O mesmo se diga em relação ao direito francês (Lei 85-697, de 1985, que alterou o art. 1832 do Códe Civil), português (Decreto-Lei 248, de 1986 que criou o estabelecimento mercantil individual de responsabilidade limitada), assim como o disposto na Diretiva 89/667/CEE, da União Europeia, de 1989, cujas sucessivas alterações encontram-se consolidadas pela Diretiva 2009/102/CE, em vigor, sobre sociedades de responsabilidade limitada com um único sócio, transposta ao direito nacional dos diversos países que a integram.

A crítica principal à disciplina da empresa individual de responsabilidade limitada no direito brasileiro diz respeito ao valor considerado elevado do capital social a ser integralizado, correspondente a cem vezes o maior salário mínimo vigente no país, o que se considera sendo o salário mínimo nacional. Trata-se de exigência considerada de difícil atendimento para o exercício de atividades exercidas pelo empresário individual na realidade brasileira, em especial tomando em consideração a ausência de um capital social mínimo fixado em lei no caso das sociedades empresárias, a estimular muitas vezes a adoção da forma de sociedade limitada com a participação meramente formal de um dos sócios, em detrimento da constituição da EIRELI.

A pessoa natural apenas poderá ser titular de uma empresa individual de responsabilidade limitada (art. 980-A, § 2º, do Código Civil). É limitação cujo propósito parece ser o de evitar a segmentação artificial de uma mesma atividade empresarial, porém não se justifica, ao se considerar que um mesmo empresário pode desenvolver atividades diversificadas, todas em caráter empresarial, porém de objetos distintos. Da mesma forma, pode a empresa individual ser criada em decorrência da concentração de quotas de sociedade empresária em um único sócio, "independentemente das razões que motivaram tal concentração" (art. 980-A, §3º), ou para a prestação de serviços de qualquer natureza, a remuneração da cessão de direitos patrimoniais de autor ou de imagem, marca ou voz de que seja detentor o titular da pessoa jurídica, vinculados à atividade profissional (art. 980-A, §5º). Não há impedimento a que a pessoa jurídica possa constituir a EIRELI.

---

[129] Karsten Schmidt, Gesellschaftsrecht, 4. Auf., p. 1243 e ss.
[130] Kathrin Giegling, Unternehmergesellschaft, GmbH und Limited: ein Vergleich. Hamburg: Diplomica, 2010, p. 14 e ss.
[131] Warner Fuller, The incorporated individual: A study of the One-Man Company. *Harvard Law Review*, v. 51, n. 8, jun/1938, p. 1373-1406.

A constituição das empresas individuais de responsabilidade limitada se dá pelo registro do ato constitutivo. Seus requisitos são os mesmos previstos no art. 997 do Código Civil, definidos para o contrato social da sociedade simples – observadas as remissões sucessivas, que definem a aplicação, no que couber, à EIRELI, das regras previstas para as sociedades limitadas (art. 980-A, §6º c/c art. 1.054 do Código Civil). O art. 1.054 do Código Civil, que disciplina as sociedades limitadas, de sua vez remete à exigência dos requisitos do contrato social da sociedade simples (art. 997), que se aplica no que couber. Observe-se que há uma exigência específica em relação ao nome empresarial da pessoa jurídica, que deverá ser formado pela inclusão da expressão "EIRELI", após a firma ou a denominação social (art. 980-A, §1º, do Código Civil).

A autonomia patrimonial da EIRELI em relação ao patrimônio do seu titular é reforçada pelo §7º do art. 980-A do Código Civil, que dispõe: "Somente o patrimônio social da empresa responderá pelas dívidas da empresa individual de responsabilidade limitada, hipótese em que não se confundirá, em qualquer situação, com o patrimônio do titular que a constitui, ressalvados os casos de fraude." A rigor, a ressalva de fraude, cujo ônus da prova cabe ao credor do titular que pretenda alcançar o patrimônio da pessoa jurídica, ou ao contrário, do credor da EIRELI que vise o patrimônio do seu titular, é acompanhada também pelas hipóteses de desconsideração da pessoa jurídica, previstas no art. 50 do Código Civil, como exceções à sua autonomia patrimonial.[132]

6.2.7. Pessoas jurídicas de direito privado integrantes da Administração Pública

Além das pessoas jurídicas de direito privado relacionadas no Código Civil, há outras que merecem a mesma qualificação, porém previstas em legislação própria, que define a estrutura da Administração Pública. É o caso das: a) empresas públicas; b) sociedades de economia mista; e c) fundações públicas. Sua definição legal é estabelecida pelo art. 5º do Decreto-lei 200/1967 que dispôs sobre a reforma da administração federal no Brasil, e cujas disposições permanecem em vigor. A finalidade de sua constituição foi a racionalização da execução de serviços públicos ou de atividade econômica em sentido estrito pela Administração Pública, mediante organização de pessoas jurídicas destinadas a este fim. Sua natureza jurídica como pessoa jurídica de direito privado revela-se com o objetivo de sinalizar a isonomia em relação aos particulares nas relações jurídicas que estabelecer, embora pelo fato de integrarem a Administração Pública, estarão submetidas a um regime diferenciado, conforme a lei que dispor sobre sua criação.[133]

Empresa pública é "entidade dotada de personalidade jurídica de direito privado, com patrimônio próprio e capital exclusivo da União, criado por lei para a exploração de atividade econômica que o Governo seja levado a exercer por força de contingência ou de conveniência administrativa podendo revestir-se de qualquer das formas admitidas em direito" (art. 5º, II, do Decreto-lei 200/1967). As empresas públicas se caracterizam por contar com a integralida-

---

[132] STJ, AgInt no AREsp 1503932/SP, Rel. Min. Raul Araújo, 4ª Turma, j. 24/09/2019, DJe 14/10/2019. Presumindo a fraude do devedor que citado em execução fiscal adquire as quotas e torna-se titular de EIRELI visando proteger seu patrimônio: STJ, REsp 1810414/RO, Rel. Min. Francisco Falcão, 2ª Turma, j. 15/10/2019, DJe 18/10/2019.

[133] Sobre este regime jurídico diferenciado das empresas públicas e sociedades de economia mista, incide a regra do art. 8º, §2º da Lei 13.303/2016, que dispõe: "Quaisquer obrigações e responsabilidades que a empresa pública e a sociedade de economia mista que explorem atividade econômica assumam em condições distintas às de qualquer outra empresa do setor privado em que atuam deverão: I – estar claramente definidas em lei ou regulamento, bem como previstas em contrato, convênio ou ajuste celebrado com o ente público competente para estabelecê-las, observada a ampla publicidade desses instrumentos; II – ter seu custo e suas receitas discriminados e divulgados de forma transparente, inclusive no plano contábil."

de do patrimônio público. Podem ser constituídas para a prestação de serviços públicos, por delegação do Estado, ou para exercício de atividade econômica.

As empresas públicas, embora pessoas jurídicas de direito privado, submetem-se a regras que lhe definem um regime jurídico diferenciado, caracterizado por certo hibridismo dos regimes de direito público e de direito privado, com relação a diferentes características. Assim por exemplo, no tocante à sua estrutura organizacional, devem atender às normas estabelecidas na Lei 13.303/2016, que dispõe sobre o estatuto jurídico da empresa pública, da sociedade de economia mista e de suas subsidiárias. Da mesma forma, seu regime contratual é tipicamente administrativo, incidindo, dentre outras, as normas da mesma Lei 13.303/2016 e da Lei de Licitações e Contratos Administrativos. A este regime diferenciado podem se agregar regras específicas incidentes sobre determinada empresa pública, previstas na lei que dispõe sobre sua criação. É o caso, por exemplo, da Empresa de Correios e Telégrafos, empresa pública federal que, diferente de todas as demais, tem assegurada a impenhorabilidade de seus bens, rendas e serviços, por força de disposição expressa do Decreto-lei 509/1969, que a criou.

Sociedade de economia mista é "a entidade dotada de personalidade jurídica de direito privado, criada por lei para a exploração de atividade econômica, sob a forma de sociedade anônima, cujas ações com direito a voto pertençam em sua maioria à União ou a entidade da Administração Indireta." (art. 5º, inciso III, do Decreto-lei 200/1967). Ao contrário da empresa pública, a sociedade de economia mista, que se constitui para exploração de atividade econômica, organiza-se exclusivamente sob a forma de sociedade anônima, com a exigência – que a caracteriza – de que a maioria das ações com direito a voto pertençam a pessoa jurídica de direito público ou a entidade integrante da Administração. Poderá, portanto, ter particulares como acionistas, e inclusive suas ações negociadas no mercado, desde que preservado para o Poder Público a maioria do capital social com direito a voto.

A sociedade de economia mista também se submete a regime jurídico diferenciado, acentuado seu hibridismo, por submeter-se ao disposto na Lei 13.303/2016, mas também as normas que disciplinam as sociedades anônimas (Lei 6.404/1976), e quando tenham ações de livre negociação no mercado, também às normas da Comissão de Valores Mobiliários (art. 235, § 1º, da Lei 6.404/1976).

A constituição da sociedade de economia mista depende de autorização legislativa específica, que define seu objeto social e poderá acrescer às especificidades de seu regime jurídico. Porém, para além disso, os requisitos para sua constituição serão os definidos na lei para as sociedades anônimas, tanto sobre o registro, quanto ao modo de subscrição do capital social.

Em relação aos deveres e responsabilidades do acionista controlador, a lei autoriza que a par do interesse dos acionistas, poderá orientar suas atividades "de modo a atender ao interesse público que justificou a sua criação" (art. 238 da Lei 6.404/1976). A disposição é objeto de acentuada divergência entre a visão que reconhece a prevalência do interesse público primário que justificou a criação da pessoa jurídica, mesmo com eventual comprometimento de sua lucratividade,[134] e a que acentua a preservação do interesse dos acionistas minoritários e da própria pessoa jurídica (seu fim social),[135] o que pode se dar por distintos fundamentos, como a garantia da propriedade privada e a tutela da confiança dos particulares em relação ao Estado.

---

[134] Modesto Carvalhosa, Comentários à Lei das Sociedades Anônimas, v. 4, t. I. 4ª ed. São Paulo: Saraiva, 2009, p. 410.

[135] Indicando que o atendimento do interesse público não pode descurar o fim lucrativo: Alfredo Assis Gonçalves Neto, Manual das companhias ou sociedades anônimas. São Paulo: RT, 2010, p. 36-37. No mesmo sentido, o argumento de que "o Estado, ao buscar junto aos particulares a parte do capital neces-

Anote-se, por fim, que a alienação do controle acionário, mesmo no caso de manter-se pessoa jurídica de direito público como acionista, descaracteriza a sociedade de economia mista, tornando-se uma sociedade empresarial comum, preservando a natureza de sociedade anônima.

Por fim, a **fundação pública** é "entidade dotada de personalidade jurídica de direito privado, sem fins lucrativos, criada em virtude de autorização legislativa, para o desenvolvimento de atividades que não exijam execução por órgãos ou entidades de direito público, com autonomia administrativa, patrimônio próprio gerido pelos respectivos órgãos de direção, e funcionamento custeado por recursos da União e de outras fontes." (art. 5º, inciso IV, do Decreto-lei 200/1967). Em termos conceituais, embora seja instituída por pessoa jurídica de direito público, mediante dotação de patrimônio público destinado a uma finalidade definida no ato de dotação, a fundação pública é pessoa jurídica de direito privado. Sua constituição se dá nos mesmos termos das demais fundações, segundo a disciplina do Código Civil, mediante celebração do ato de dotação por escritura pública e o registro de seu estatuto no Cartório do Registro Civil das Pessoas Jurídicas. Distingue-se das demais fundações apenas pela exigência de lei que autorize sua criação, a qual deve exprimir a finalidade para a qual ser instituída, podendo também definir o patrimônio que será objeto da dotação original.

Também em relação às fundações públicas pode ocorrer que certas características do seu regime jurídico possam ser definidas por lei, inclusive com o uso da denominação e da estrutura de fundação, porém com sua previsão mesmo como pessoa jurídica de direito público, o que a afastaria da definição legal consagrada no Decreto-Lei 200/1967. Em tais situações, contudo, há liberdade de conformação do legislador que se afasta do regime próprio das fundações públicas, adotando regime próprio da pessoa jurídica segundo características definidas livremente, não raras vezes aproximando-a de figuras outras, como a autarquia. Tais situações dão mesmo origem a neologismo consagrado na doutrina, embora sem qualquer fundamento legal, sob a referência imprópria de "fundações autárquicas". É de rigor considerar, contudo, que as fundações públicas, como pessoas jurídicas de direito privado, em tudo se submetem às normas do Código Civil sobre sua constituição e funcionamento, naquilo que este regime não for afastado pela lei que autoriza sua criação.

7. AUTONOMIA PATRIMONIAL E DESCONSIDERAÇÃO DA PERSONALIDADE JURÍDICA

A razão do surgimento e da existência, nos contornos atuais, da pessoa jurídica, é além da formação orgânica para realização de uma atividade, a separação entre a pessoa dos que a constituem e sua própria personalidade. O princípio da separação da pessoa jurídica da pessoa de seus sócios ou constituintes (*societas distat a singuli*) comporta dois aspectos: a separação *subjetiva*, pela qual sua personalidade não se confunde com a daqueles que a constituíram, seus sócios ou administradores; e a separação *objetiva*, segundo a qual não se confundem o patrimônio da pessoa jurídica e o destes mesmos constituintes, sócios ou administradores. A técnica de personificação, pela qual se origina a pessoa jurídica para o Direito, tem por efeito sua distinção em relação às pessoas que a criaram. Esta distinção se revela tanto pela capacidade conferida às pessoas jurídicas para serem titulares de direitos e obrigações, quanto pela absoluta distinção entre seu patrimônio e das pessoas que a criaram.

---

sária à complementação do projeto econômico que pretende desenvolver por meio de uma companhia de economia mista, deve respeitar os interesses daqueles, mesmo minoritários, que são precipuamente econômicos – ou seja: a busca de lucros". Haroldo Malheiros Duclerc Verçosa, Curso de direito comercial, v. 3. 2ª ed. São Paulo: Malheiros, 2012, p. 746.

O art. 20 do Código Civil de 1916 já dispunha: "As pessoas jurídicas tem existência distinta da dos seus membros". Trata-se de tradição do sistema jurídico brasileiro, desde sua origem romana, cujos princípios fundamentais foram sempre invocados pela doutrina que o formou (*societas dista a singuli; si quid universitati debetur, singulis non debetur: nec quod debet suniversitas singuli debet* – D. 3,4, fr. 7, §1º)[136] Sobre a regra, mencionava Clóvis Beviláqua, ainda que se reportando apenas às sociedades: "A consequência imediata da personificação da sociedade é distingui-la, para os efeitos jurídicos, dos membros que a compõe. Pois que cada um dos sócios é uma individualidade e a sociedade uma outra, não há como lhes confundir a existência."

Este princípio da separação, inerente às pessoas jurídicas em diferentes sistemas (*Trennungsprinzip*),[137] consagra a autonomia patrimonial da pessoa jurídica em relação a seus constituintes, sócios ou administradores. O efeito direto da separação é a regra de que será o patrimônio da pessoa jurídica que responderá pelas obrigações que ela assumir. Note-se, contudo, que embora se relacionem, não se confunde a noção de autonomia patrimonial e a de responsabilidade. Dizer-se que o patrimônio da pessoa jurídica não se confunde com os daqueles que a constituíram, seus sócios ou administradores, separa-os; a responsabilidade pelas obrigações da pessoa jurídica recai, como regra, sobre seu patrimônio. Porém, há critérios decorrentes da espécie de pessoa jurídica (em especial, certos tipos societários), ou situações de fato que atraem a incidência de norma cujos efeito podem ser a extensão da responsabilidade por tais obrigações ao patrimônio dos sócios ou administradores, em caráter subsidiário (após esgotamento dos bens da pessoa jurídica) ou solidário (em concorrência com o patrimônio da pessoa jurídica).

A autonomia patrimonial da pessoa jurídica voltou a ser afirmada por lei, de modo expresso no direito brasileiro, com a inclusão do art. 49-A no Código Civil, pela Lei 13.874/2019. Estabelece o art. 49-A do Código Civil: "Art. 49-A. A pessoa jurídica não se confunde com os seus sócios, associados, instituidores ou administradores. Parágrafo único. A autonomia patrimonial das pessoas jurídicas é um instrumento lícito de alocação e segregação de riscos, estabelecido pela lei com a finalidade de estimular empreendimentos, para a geração de empregos, tributo, renda e inovação em benefício de todos." É indisfarçável que a autonomia patrimonial que resulta da própria noção de pessoa jurídica encontra seu fundamento no direito fundamental à propriedade privada e a sua função social (art. 5º, incisos XXII e XXIII, da Constituição da República), assim como do exercício da livre iniciativa econômica (art. 1º, inciso III, e art. 170, *caput*, da Constituição da República). Sua explicitação no Código Civil vigente enuncia conceito jurídico relevante, a exemplo do que dispunha o art. 20 do Código Civil de 1916.

O mesmo não deve ser dito em relação ao parágrafo único do art. 49-A, cujo conteúdo retórico é evidente. Não se desconhece o contexto da inclusão da regra no Código Civil, por intermédio da cognominada "Lei da Liberdade Econômica" (Lei 13.874/2019), cujo propósito foi o de promoção da livre iniciativa, em especial reagindo à interferência excessiva ou disfuncional do Estado em matérias próprias ao exercício da autonomia privada dos particulares. Ao afirmar a regra que "a autonomia patrimonial das pessoas jurídicas é um instrumento lícito de alocação e segregação de riscos, estabelecido pela lei com a finalidade de estimular empreendimentos, para a geração de empregos, tributo, renda e inovação em benefício de todos", consagra o óbvio, mas nem por isso fixa definição geral, como deveria ser próprio da legislação

---

[136] Augusto Teixeira de Freitas. Código Civil: esboço, v. 1. Brasília: Ministério da Justiça, 1983, p. 110; Clóvis Beviláqua, Código Civil dos Estados Unidos do Brasil. Rio de Janeiro: Editora Rio, 1977, p. 226.
[137] Manfred Wolf; Jörg Neuner, Allgemeiner Teil des Bürgerlichen Rechts. München: C.H. Beck, 2012, p. 150.

neste caso. De fato, a autonomia patrimonial é instrumento de alocação de riscos e tem entre suas finalidades aquelas enunciadas na regra, especialmente quando se tem em vista as pessoas jurídicas constituídas para fins econômicos. Podem variar estes fins em relação a pessoas jurídicas sem fins econômicos, acrescendo-se simplesmente a limitação de responsabilidade dos que constituam a pessoa jurídica ou dela participem, que não se vinculam necessariamente ao desenvolvimento de um empreendimento econômico, mas é interesse tão legítimo quanto os demais enunciados na lei. Como ocorre, por vezes, em inclusões assistemáticas ou pouco refletidas em textos normativos mais amplos – como é o caso do Código Civil – pretendendo dizer mais, o texto legal que se inclui diz menos. Afinal, a autonomia patrimonial é expressão e eficácia da própria personificação – é elemento conceitual da pessoa jurídica. Não é absoluta, admitindo exceções previstas em lei. A correta compreensão destas exceções, merecedoras de interpretação restritiva em vista do princípio geral de separação dos patrimônios, é que deve ser objeto de atenção do jurista, para o que serve pouco a enunciação parcial de algumas finalidades a que serve a autonomia patrimonial.

Em termos práticos, contudo, a afirmação da autonomia patrimonial como consequência intrínseca da personificação e da definição de pessoa jurídica terá relevância para bem delimitar as exceções a esta separação dos patrimônios, não por acaso denominadas hipóteses de desconsideração da personalidade jurídica.

7.1. Fundamentos da desconsideração da personalidade jurídica

A desconsideração da personalidade jurídica compreende o afastamento dos efeitos da limitação de responsabilidade patrimonial dos sócios ou administradores da pessoa jurídica, em certas hipóteses excepcionais, em relação às obrigações contraídas por ela. Sua origem é casuística, inicialmente na jurisprudência norte-americana,[138] por intermédio da via especial da *equity*,[139] para um universo de casos que abrangem desde a definição da competência jurisdicional para decidir sobre pretensões deduzidas por pessoas jurídicas a partir dos interesses concretos dos seus sócios (*Bank of United States v. Deveaux*, 1809), a tutela do interesse dos credores de obrigações da pessoa jurídica (*Salomon v. Salomon e Cia Co.*, 1897)[140], inclusive

---

[138] A exata compreensão das origens da desconsideração da personalidade jurídica no *common law* não pode deixar de atentar para o próprio caráter pragmático sobre o que seja pessoa jurídica e o fenômeno da personificação, do que é ilustrativo o conhecido estudo de John Dewey, e sua fórmula sintética de que a pessoa jurídica "signifies what law makes it signify»: John Dewey, The historic background of corporate legal personality, Yale Law Journal, v. 35, 1926, p. 655 e ss.

[139] Juan M. Dobson, *El abuso de la personalidad jurídica en el derecho privado*. 2ª ed. Buenos Aires: DePalma, 1991, p. 134 et seq; Juan M. Dobson, Lifting the veil in four countries: The law of argentina, england, france and the united states. International and Comparative Law Quarterly, v. 35, n.4, 1986, p. 839-863.

[140] O caso Salomon v Salomon e Cia Co., julgado definitivamente, no Reino Unido, em 1897, tornou-se exemplo paradigmático da desconsideração da personalidade jurídica na *common law* em todo o mundo. Tratou-se de sociedade empresária constituída por Aron Salomon, em 1892, tendo como sócios seus cinco filhos e a sua esposa. Aron Salomon como pessoa física, transferiu fundo de comércio equivalente a 20 mil libras, equivalente a 1 libra cada ação, para que pudesse exercer suas atividades. Em troca, a sociedade constituiu Aron como seu credor privilegiado, em especial no caso dela tornar-se insolvente. Tendo enfrentado dificuldades nos anos seguintes, tornou-se insolvente, sendo submetida a liquidação. Na oportunidade, verificou-se que, frente ao privilégio de Aron, os bens da sociedade seriam utilizados para satisfazer seu crédito, de modo que nenhum dos demais credores receberiam quaisquer valores, na ausência de patrimônio remanescente para este fim. Isso leva a que, em 1895 a Corte de Apelação entendeu pela ausência de boa-fé de Aron Salomon ao constituir a sociedade, desvirtuando a própria finalidade da constituição da pessoa jurídica prevista na legislação (em especial, o *Companies Act*, de 1862). Deste modo, decidiu

para alcançar o patrimônio dos sócios, até o respeito à finalidade para a qual a pessoa jurídica foi constituída (*United States v. Lehigh Valley Road Co.*, 1911).[141] O objetivo determinante da desconsideração, nestes casos associa-se à prevenção da fraude[142] e à preservação do interesse público.

No direito europeu, a desconsideração da personalidade jurídica surge também a partir da casuística jurisprudencial, que desafia o próprio tratamento unitário do tema,[143] em especial enfrentando a limitação da responsabilidade frente à confusão do patrimônio e dos interesses dos sócios e das sociedades limitadas. É a partir da obra de Rolf Serick (*Rechtsreform und Realität juristischer Person*, 1955),[144] que a sistematização do instituto da *Durchgriff* no direito alemão consolida-se na hipótese de responsabilização dos sócios e administradores pelas obrigações assumidas pela sociedade, de modo a afastar a limitação prevista em seus atos constitutivos, quando houver abuso ou fraude no exercício da atividade da pessoa jurídica (critério subjetivo para a desconsideração, compreendendo seu elemento intencional). O trabalho de Serick influenciou a jurisprudência posterior, em especial pela formação de casos da constituição de sociedades com capital social em valor inferior ao necessário para o exercício das atividades sociais (subcapitalização, *Unterkapitalisierung*),[145] e a confusão das esferas patrimoniais das pessoas jurídicas e daqueles que a integram (*Sphärenvermischung*),[146] ao que se acrescenta a própria proteção a terceiros em face do abuso da personalidade jurídica, que gradualmente se vincula à noção objetiva de desconformidade de atuação da pessoa jurídica com a finalidade para a qual foi constituída (*objektiv-zweckwidrge Verwendung der juristichen Person*).[147] Para tanto contribui a crítica à teoria de Serick, feita a partir da compreensão de que a desconsideração da personalidade jurídica deve ter lugar não apenas nas situações em que caracterizada a fraude,

---

pela desconsideração da personalidade jurídica para que os bens pessoais de Aron Salomon pudessem servir à satisfação dos demais credores da sociedade. Esta decisão, contudo, foi revertida pela House of Lords, que privilegiou a interpretação restrita da lei que autorizava a constituição da sociedade nestes termos. A força do caso, contudo, mantém-se até hoje, sendo a decisão da Corte de Apelação paradigma para a desconsideração da personalidade jurídica (ou o "levantamento do véu" da pessoa jurídica, *Piercing the Corporate Veil*) na jurisprudência da common law. Veja-se: Murray A. Pickering, The company as a separate legal entity. The modern law review, v. 31, n. 5, setember/1968, p. 481-511.

[141] O caso United States v Lehigh Valley Road envolvia sociedade empresária cujo objeto social vinculava-se a exploração do transporte ferroviário. Esta sociedade, contudo, realizava o transporte de carvão de uma mina de propriedade de outra sociedade da qual era sócia majoritária. Legislação superveniente proibiu que uma mesma empresa realizasse as duas atividades em comum (o transporte interestadual) ao que a Leigh Valley Road alegou tratarem-se de pessoas jurídicas distintas, entendimento que, contudo, não foi acolhido pela Corte, cuja compreensão foi a de reconhecer um dever da sociedade de não abusar de seu poder como sócia de outra pessoa jurídica cujos bens transporta, de modo a confundir os negócios de ambas as sociedades a ponto de tornarem-se indissociáveis.

[142] Assim no caso Booth v. Bunce, de 1865, em que o tribunal de Nova York destaca a proibição a que a pessoa jurídica possa servir como meio de fraudar credores legítimos. Assim já identificava em obra original de 1927, Isaac Maurice Wormser, Disregard of corporate fiction and allied corporation problems. Washington: Beard Books, 2000 (reprinted), p. 47-49.

[143] Karsten Schmidt, Gesellschaftsrecht, 4. Auf., p. 219 e ss.

[144] Rolf Serick, Rechtsreform und Realität juristischer Person. *Ein rechts-vergleichender Beitrag zur Frage des Durchgriffs auf die Personen oder Gegenstände hinter der juristischen Person.* Berlin: Walter de Gruyter, 1955. Na tradução italiana: *Forma e realtà della persona giuridica.* Milão: Giuffrè, 1966. Influente, do mesmo modo, foi o estudo, no direito italiano, de Piero Verrucoli, *Il superamento de la personalità giuridica della società di capitali nella "Common Law" e nella "Civil Law".* Milano: Giuffrè, 1964.

[145] Karsten Schmidt, Gesellschaftsrecht, 4. Auf. Köln: Carl Heymanns, 2002, p. 240 e ss.

[146] Karsten Schmidt, Gesellschaftsrecht, 4. Auf. Köln: Carl Heymanns, 2002, p. 234 e ss.

[147] Karsten Schmidt, Gesellschaftsrecht. 4. Auf. Köln: Carl Heymanns, 2002, p. 222.

mas igualmente, em situações nas quais se identifiquem diferenciação em relação à finalidade das normas jurídicas aplicáveis, no caso em que a limitação de responsabilidade possa comprometer certa finalidade relevante, em vista das funções desempenhadas pela pessoa jurídica.[148]

No direito brasileiro, o artigo de Rubens Requião, de 1969,[149] introduz a teoria aos debates jurídicos, sendo logo admitida na jurisprudência para permitir a responsabilização dos sócios de pessoas jurídicas que tenham agido de má-fé em prejuízo da própria sociedade ou de terceiros. Passou então a merecer larga acolhida em nosso direito, sem ter sido, entretanto, positivada no direito privado durante pelo menos duas décadas. Desenvolveu-se, contudo, soluções em outras disciplinas jurídicas, que, de certo modo, visavam alcançar os efeitos da *disregard doctrine*, com a responsabilização dos sócios e administradores em relação a determinadas obrigações. Será o caso do previsto no art. 2º, § 2º, da Consolidação das Leis do Trabalho, nos arts. 134, *caput*, e inciso VII, e 135, inciso III, do Código Tributário Nacional, assim como o art. 116 da Lei das Sociedades Anônimas (Lei nº 6.404/76) e inclusive no tocante à liquidação extrajudicial de instituições financeiras.[150]

A noção de desconsideração da personalidade jurídica é ampla, e pode compreender todas as situações em que não se tome em conta os efeitos da personificação da sociedade, como é o caso da que se refere à distinção entre a pessoa dos sócios e da sociedade para extensão de efeitos atributivos ou restritivos de direitos (p. ex. a proibição de concorrência ao sócio que se estenda à sociedade da qual faz parte, ou a boa-fé subjetiva do sócio que pode aproveitar à sociedade).[151]

No direito brasileiro, contudo, desenvolve-se prioritariamente a desconsideração da personalidade jurídica visando excetuar as regras de separação patrimonial e limitação da

---

[148] Em especial, a resenha crítica de Wolfram Müller-Freienfels, Zur Lehre vom sogenannten Durchgriff bei juristischen Personen in Privatrecht, Archiv für die civilistische Praxis, 156 Bd, H. 6, 1957, p. 522-543. No direito brasileiro, veja-se, para detalhes, a culta exposição de Calixto Salomão Filho, O novo direito societário. 4ª ed. São Paulo: Malheiros, em especial p. 241 e ss.

[149] Rubens Requião. Abuso de direito e fraude através da personalidade jurídica (*disregard doctrine*). Revista dos Tribunais, v. 410, 1969, p. 12.

[150] DIREITO PROCESSUAL CIVIL E COMERCIAL. DESCONSIDERAÇÃO DA PERSONALIDADE JURÍDICA DE INSTITUIÇÃO FINANCEIRA SUJEITA À LIQUIDAÇÃO EXTRAJUDICIAL NOS AUTOS DE SUA FALÊNCIA. POSSIBILIDADE. A CONSTRIÇÃO DOS BENS DO ADMINISTRADOR É POSSÍVEL QUANDO ESTE SE BENEFICIA DO ABUSO DA PERSONALIDADE JURÍDICA. – A desconsideração não é regra de responsabilidade civil, não depende de prova da culpa, deve ser reconhecida nos autos da execução, individual ou coletiva, e, por fim, atinge aqueles indivíduos que foram efetivamente beneficiados com o abuso da personalidade jurídica, sejam eles sócios ou meramente administradores. – O administrador, mesmo não sendo sócio da instituição financeira liquidada e falida, responde pelos eventos que tiver praticado ou omissões em que houver incorrido, nos termos do art. 39, Lei 6.024/74, e, solidariamente, pelas obrigações assumidas pela instituição financeira durante sua gestão até que estas se cumpram, conforme o art. 40, Lei 6.024/74. A responsabilidade dos administradores, nestas hipóteses, é subjetiva, com base em culpa ou culpa presumida, conforme os precedentes desta Corte, dependendo de ação própria para ser apurada. – A responsabilidade do administrador sob a Lei 6.024/74 não se confunde a desconsideração da personalidade jurídica. A desconsideração exige benefício daquele que será chamado a responder. A responsabilidade, ao contrário, não exige este benefício, mas culpa. Desta forma, o administrador que tenha contribuído culposamente, de forma ilícita, para lesar a coletividade de credores de uma instituição financeira, sem auferir benefício pessoal, sujeita-se à ação do art. 46, Lei 6.024/74, mas não pode ser atingido propriamente pela desconsideração da personalidade jurídica. Recurso Especial provido. (REsp 1036398/RS, Rel. Min. Nancy Andrighi, Terceira Turma, j. 16/12/2008, *DJe* 03/02/2009)

[151] Dentre outros exemplos mencionados por Calixto Salomão Filho, que designa tais casos como desconsideração atributiva, vertendo à língua portuguesa a expressão *Zurechnungsdurchgriff*. Calixto Salomão Filho, O novo direito societário, p. 244.

responsabilidade obrigacional, a partir da combinação das situações em que se tenha presente ao menos um dos dois critérios definidos, de *confusão patrimonial* ou de *desvio de finalidade*. Estes critérios receberão diferentes ênfases na doutrina,[152] o que, todavia, termina superado pelo texto do art. 50 do Código Civil de 2002, que a eles endereçará idêntica importância como critério para caracterizar o "abuso da personalidade jurídica".

A redação original do art. 50 do Código Civil dispunha que bastava para caracterizar o abuso da personalidade jurídica, a demonstração do desvio de finalidade ou confusão patrimonial, de modo que a eficácia de limitação da responsabilidade determinada pela personificação pudesse ser afastada "para certas e determinadas relações de obrigações".

A recepção da desconsideração da personalidade jurídica pela doutrina brasileira, antes de sua consagração pela lei, observou certa diversidade quanto aos seus fundamentos. Com a progressiva previsão legislativa, desde a regra do art. 50 do Código Civil de 2002, assim como em outras normas especiais, é certo considerá-la como técnica que se perfaz a partir da aplicação de hipóteses legais específicas, embora não seja possível se afastar completamente de certo caráter casuístico na concreção dos conceitos legais em vista do exame dos fatos pelo intérprete/juiz. Sustenta a boa doutrina que "a vantagem da desconsideração é exatamente a flexibilidade que permite modelar a separação patrimonial".[153] Afinal, é praticamente impossível a previsão exaustiva das hipóteses específicas de abuso da personalidade jurídica,[154] razão pela qual sua enunciação legal não perde o caráter exemplificativo. O que dá razão a compreendê-la como espécie de método que atenua a eficácia da separação patrimonial, presentes as condições previstas em lei. Seu caráter de exceção, contudo, deve ser reconhecido,[155] submetendo-se as hipóteses legais à interpretação restritiva.[156]

A crítica a uma interpretação ampliativa das hipóteses de desconsideração, a ponto de comprometer as próprias finalidades da técnica de personificação e da definição da pessoa

---

[152] Registre-se o entendimento de Fabio Konder Comparato, valorizando a configuração do abuso na hipótese de desvio da função da pessoa jurídica (Fabio Konder Comparato, Poder de controle na sociedade anônima. Rio de Janeiro: Forense, cit.). José Lamartine Corrêa de Oliveira, de sua vez, também registra o desvio da finalidade da pessoa jurídica, contudo registrando que sua principal função é a separação do patrimônio (José Lamartine Corrêa de Oliveira, A dupla crise da personalidade jurídica. São Paulo: Saraiva, 1979, p. 263).

[153] Calixto Salomão Filho, O novo direito societário. 4ª ed. São Paulo: Malheiros, 2011, p. 263.

[154] Vincenzo Franceschelli; Michael Lehmann, Superamento della personalitá giuridica e societá collegate: sviluppi di diritto continentale.In: *Responsabilitá limitata e gruppi di societá*. Milano: Giuffré, 1987. p. 102-103.

[155] Rubens Requião, Abuso de direito e fraude através da personalidade jurídica, p. 17; Paulo Lôbo, Direito civil: parte geral, p. 184; Caio Mario da Silva Pereira, Instituições de direito civil, v. 1. 28ª ed. Rio de Janeiro: Forense, 2015, p. 281; Gustavo Tepedino, Notas sobre a desconsideração da personalidade jurídica. In: Gustavo Tepedino (Org.) Diálogos sobre o direito civil. Rio de Janeiro: Renovar, 2008, p. 21; José Lamartine Corrêa de Oliveira, A dupla crise da pessoa jurídica. São Paulo: Saraiva, 1979. p. 609; Marçal Justen Filho, Desconsideração da personalidade societária no direito brasileiro. São Paulo: RT, 1987, p. 60; Oksandro Gonçalves, Desconsideração da personalidade jurídica. Curitiba: Juruá, 2004, p .166; Maria Helena Diniz, Curso de direito civil brasileiro, v. 1. 24ª ed. São Paulo: Saraiva, 2007, p. 306; Cristiano Chaves de Farias e Nelson Rosenwald, Curso de direito civil, v. 1. São Paulo: Atlas, 2015, p. 401;

[156] Neste sentido orienta-se, também, o enunciado 146, da III Jornada de Direito Civil, do Centro da Justiça Federal/Superior Tribunal de Justiça: "Nas relações civis, interpretam-se restritivamente os parâmetros de desconsideração da personalidade jurídica previstos no art. 50 (desvio de finalidade social ou confusão patrimonial)."

jurídica (sua autonomia pessoal e patrimonial),[157] influenciaram a modificação do art. 50 do Código Civil pela Lei 13.874/2019 (Lei da Liberdade Econômica), trazendo à definição legal novos pressupostos para sua aplicação.

Dispõe o art. 50, *caput*, do Código Civil: "Art. 50. Em caso de abuso da personalidade jurídica, caracterizado pelo desvio de finalidade ou pela confusão patrimonial, pode o juiz, a requerimento da parte, ou do Ministério Público quando lhe couber intervir no processo, desconsiderá-la para que os efeitos de certas e determinadas relações de obrigações sejam estendidos aos bens particulares de administradores ou de sócios da pessoa jurídica beneficiados direta ou indiretamente pelo abuso."

São dois os pressupostos originais a que se refere a regra, caracterizando o abuso da personalidade jurídica, que é a causa legal reconhecida para a desconsideração: a) a demonstração de desvio de finalidade ou de confusão patrimonial; e b) o prejuízo dos credores, que fundamenta pretensão para requerer a desconsideração. A redação original da norma indicava a extensão dos efeitos de certas e determinadas relações de obrigações, genericamente, aos administradores ou sócios da pessoa jurídica. A nova redação do artigo, de 2019, acrescentou a limitação dos efeitos da desconsideração aos bens particulares de administradores ou de sócios da pessoa jurídica "*beneficiados direta ou indiretamente pelo abuso*". Em outras palavras, para além da presença dos pressupostos que autorizam a desconsideração, sua extensão estará limitada aqueles administradores ou sócios que tenham se beneficiado em razão do abuso. Esta limitação, por um lado, justifica-se em razão da variabilidade da estrutura interna das diferentes pessoas jurídicas, em especial quanto à participação dos sócios nas vantagens que podem decorrer do abuso da personalidade jurídica. O exemplo ilustrativo é o da associação recreativa ou desportiva que conte com milhares de associados, na qual ocorram situações de desvio de finalidade ou confusão patrimonial. Cogitar-se que o patrimônio pessoal de todos os associados deva responder pelas obrigações contraídas pela associação, sem que tenham participado dos atos que implicaram na confusão patrimonial ou no desvio de finalidade, tampouco se beneficiado em razão deles, seria um excesso flagrante. Limitar-se os efeitos da desconsideração àqueles que tenha se beneficiado dos atos que caracterizam o abuso da personalidade jurídica, entretanto, conduz a mais um ônus dos credores que pretendam reconhecê-la para eventual satisfação de seus créditos, que é demonstrar em favor de quem reverteu o benefício.

Refere-se, a norma, aos que tenham sido beneficiados direta ou indiretamente pelo abuso. Há situações típicas que se podem enquadrar sem dificuldade, como é o caso do sócio ou administrador em favor de quem o patrimônio da pessoa jurídica tenha servido para satisfazer suas dívidas particulares; ou nas situações de fraude, em que a pessoa jurídica sirva para desviar o patrimônio, de modo a frustrar credores dos sócios ou administradores, o que evidencia o benefício. Daí para diante, não apenas a circunstância do desvio de finalidade ou da confusão patrimonial será suficiente para dirigir a pretensão creditória contra determinados administradores ou sócios, exigindo-se também a demonstração do benefício direta ou indiretamente relacionado com o abuso.

Trata-se de um novo critério para extensão dos efeitos da técnica de desconsideração, a partir do resultado dos atos que caracterizam o abuso da personalidade jurídica. Ao delimitar-se a legitimidade da pretensão creditória apenas em relação aos beneficiados pelo abuso, dissocia-

---

[157] Um inventário das desvantagens da extensão da desconsideração da personalidade jurídica em sentido amplo e extensão da responsabilidade de sócios e administradores das pessoas jurídicas no direito brasileiro é feito, sob a perspectiva da análise econômica do direito por Bruno Meyerhof Salama, O fim da responsabilidade limitada no Brasil: história, direito e economia. São Paulo: Malheiros, 2014, p. 384 e ss.

-se com mais vigor as posições dos administradores e dos sócios, associados ou instituidores, conforme o caso. Como se sabe, os administradores sequer precisam ser sócios, associados ou instituidores. Não integram necessariamente a relação jurídica que decorre da constituição da pessoa jurídica (associativa ou societária), porém, pelo exercício dos poderes de administração, podem dar causa às situações que autorizam a desconsideração, beneficiando-se ou não. Há situações em que é exclusiva a posição do administrador, como na fundação, em que não há relação pessoal orgânica com a pessoa jurídica (afinal, o instituidor, a tendo criada, não preserva, por isso, relação jurídica com a fundação instituída). Já sócios ou associados nas respectivas sociedades ou associações que integrem, podem ou não participar da administração. Naquelas de maior porte, é de regra que, embora tenha direitos de participação e deliberação coletiva, não possuam poderes de administração, que por suas características se conferem apenas a alguns. Nestes casos, a extensão da responsabilidade pelas obrigações da pessoa jurídica ao patrimônio particular dos sócios ou associados, encontra limite na exigência de demonstração do benefício obtido pelos atos que caracterizam o abuso (desvio de finalidade ou confusão patrimonial).

A exigência de benefício direto ou indireto de administradores ou sócios cujo patrimônio pessoal possa vir a responder pelas obrigações da pessoa jurídica no caso de desconsideração, conduz a necessidade de precisão do conceito. Quando se refira ao benefício direto do administrador ou sócio, o que se pressupõe é a relação direta entre uma das hipóteses que autorizam a desconsideração (desvio de finalidade ou confusão patrimonial) como causa ou consequência da satisfação de interesse específico e determinável destes cujo patrimônio se deva alcançar. O mesmo não ocorre, entretanto, quando se cogita do benefício indireto, para o que a noção de interesse dos sócios e administradores possa ser estendida conforme o caso. Pode, em tese, abranger as vantagens econômicas que tenha a pessoa jurídica e venham a ser distribuídas ou favorecer sócios que não intervenham na administração, e não tenham qualquer participação no ato que dá causa à desconsideração. A eficácia da desconsideração da personalidade jurídica nos casos de benefício indireto de sócios ou administradores deve compreender não apenas a identificação precisa de uma vantagem àqueles cujo patrimônio pessoal possa vir a responder pelas obrigações; também esta vantagem deve se vincular, ainda que indiretamente, à situação que se caracterize como de desvio de finalidade ou confusão patrimonial. Não é de admitir presunção em desfavor do sócio ou administrador, mais uma vez tendo em conta que a desconsideração, neste caso, constitui exceção à autonomia patrimonial da pessoa jurídica. O ônus de demonstrar o benefício indireto decorrente do desvio de finalidade ou confusão patrimonial será do titular da pretensão a quem aproveite a desconsideração.

7.2. Pressupostos do abuso da personalidade jurídica: desvio de finalidade ou confusão patrimonial

Tomada a desconsideração da personalidade jurídica como técnica legislativa com o objetivo de relativizar a separação objetiva e subjetiva da pessoa jurídica e daqueles que a criam, administram ou integram, há situações distintas em que a lei estenderá efeitos de relações obrigacionais na qual sejam parte a própria pessoa jurídica ou seus sócios e administradores (no caso da desconsideração inversa), de modo a alcançar o patrimônio de pessoas que originalmente não participem das mesmas. Resulta, assim, de mera eficácia de lei, sem vinculação necessária com abuso ou fraude.[158]

---

[158] Fábio Konder Comparato, *O poder de controle na sociedade anônima*. 3ª ed. Rio de Janeiro: Forense, 1983, p. 284; Fábio Ulhôa Coelho. *Desconsideração da personalidade jurídica*. São Paulo: RT, 1989, p. 63, embora

O Código Civil, neste caso, dispõe apenas de uma desta situações, que é aquela na qual ocorre o abuso da personalidade jurídica, a saber, o exercício irregular da autonomia privada por sócios ou administradores, que ao criar ou exercer os poderes de administração da pessoa jurídica, não respeitam as funções para as quais é prevista pelo ordenamento jurídico, e para o que deve servir a técnica de personificação. Em outros termos, a autonomia patrimonial das pessoas jurídicas fundamenta-se a partir de um determinado modelo de distribuição dos riscos de sua atividade, pelas pessoas que a constituem ou integram, especialmente para proteção de seus patrimônios individuais em relação à própria ruína pessoal. Quando este modelo de distribuição de riscos é violado porque os sócios ou administradores se utilizam da pessoa jurídica de modo diverso, caracteriza-se o abuso que autoriza a desconsideração. Ou seja, porque utilizam a pessoa jurídica em violação da lei, ou de deveres expressamente assumidos pelas partes, ou com fraude em prejuízo de terceiros.[159]

Esta noção de abuso da personalidade jurídica consolidou-se na necessidade de demonstração de situações características, a saber: a) o desvio de finalidade; ou b) a confusão patrimonial. Tais situações abrangem tanto aquelas em que a pessoa jurídica desenvolve sua atuação em contraste com a finalidade para a qual foi formalmente constituída, como também naquelas em que o efeito jurídico da separação entre os patrimônios da pessoa jurídica e de seus sócios ou administradores é contraposta à realidade, em que no exercício de suas atividades não se perceba esta distinção – muitas vezes em razão de má-administração ou mesmo pela atuação dolosa dos sócios ou administradores, opera-se a confusão de patrimônios. Deste modo, as obrigações constituídas pela pessoa jurídica servem diretamente ao interesse ou à vantagem de seus administradores ou sócios; ou o inverso, as obrigações que constituam em seu favor administradores ou sócios tem as vantagens direcionadas à pessoa jurídica, com o objetivo de dificultar que sejam alcançados por eventuais interessados (credores, p. ex.)

Note-se que, em sua origem, seja a noção de abuso do direito propriamente dita, seja a do abuso da personalidade jurídica em específico, admitiram uma vertente subjetiva, a exigir a demonstração do dolo.[160] Esta orientação, todavia, restou superada pela corrente objetiva,[161] consagrada, inclusive, na interpretação do art. 187 do Código Civil, que exigirá para a caracterização a demonstração de contrariedade ao ordenamento jurídico, sendo desnecessário perquirir sobre o dolo daquele que assim atuou.[162] Mais recentemente, a redação original da Medida

---

não mais em seu *Curso de direito comercial*, v. 2. São Paulo: Saraiva, 1999, p. 44. Exigindo a fraude, Gustavo Tepedino, Heloísa Helena Barboza, Maria Celina Bodin de Moraes, *Código Civil interpretado conforme a Constituição da República*, v. I. Rio de Janeiro: Renovar, 2004, p. 128-129.

[159] Rolf Serick, Rechtsreform und Realität juristischer Person. *Ein rechts-vergleichender Beitrag zur Frage des Durchgriffs auf die Personen oder Gegenstände hinter der juristischen Person*, p. 203.

[160] Na origem, Rolf Serick, Rechtsreform und Realität juristischer Person, p. 38 e ss. Na jurisprudência brasileira, veja-se: EREsp 1306553/SC, Rel. Min. Maria Isabel Gallotti, 2ª Seção, j. 10/12/2014, *DJe* 12/12/2014.

[161] Em relação à desconsideração da personalidade jurídica, a concepção objetiva, que prescinde do dolo firma-se sob vários fundamentos, tais como a própria teoria do escopo das normas, formulada na Alemanha por Wolfram Müller-Freienfels, que ao negar o caráter absoluto da separação patrimonial atinente à pessoa jurídica, indicava que as normas que a consagram podem ser afastadas por outras cuja finalidade implique na tutela de interesses legítimos, como é o caso da tutela de credores prejudicados (Wolfram Müller-Freienfels, Zur Lehre vom sogenannten Durchgriff bei juristischen Personen in Privatrecht, Archiv für die civilistische Praxis, 156 Bd, H. 6, 1957, p. 522 e ss). Da mesma forma não é incomum o recurso à boa-fé e à proibição do comportamento contraditório como fundamento da desconsideração, ou ao próprio abuso do direito em sua concepção objetiva tal como consagrada no direito brasileiro (art. 187 do Código Civil).

[162] Bruno Miragem, Abuso do direito. 2ª ed. São Paulo: RT, 2013, p. 196.

Provisória 881/2019, que veio depois a ser convertida na Lei 13.874/2019 (Lei da Liberdade Econômica), previa no texto do § 1º, incluído no art. 50 do Código Civil, ao definir o desvio de finalidade, que este se caracterizava pela "utilização dolosa" da pessoa jurídica, retomando a adesão à corrente subjetiva em relação ao abuso da personalidade jurídica. Cogitar-se o dolo como característica do abuso enfrenta dois óbices: um *dogmático*, considerando a interpretação prevalente da noção de abuso independentemente da vontade do titular do direito ou posição jurídica em questão, em praticamente todos os quadrantes do Direito (assim, p. ex., o abuso de posição dominante, o abuso de autoridade ou o próprio abuso do direito); outro *pragmático*, uma vez que a exigência de demonstração do dolo, a toda evidência, representaria um ônus da prova excessivo e de difícil realização a quem viesse a requerer a desconsideração, com o risco de tornar a regra inócua. Tais razões parecem ter sido observadas pelo legislador, que refutou o texto original da medida provisória no ponto, deixando de referir-se ao dolo para definir o desvio de finalidade.

A definição legal do **desvio de finalidade** (art. 50, § 1º, do Código Civil), assim ficou estabelecida: "Para os fins do disposto neste artigo, desvio de finalidade é a utilização da pessoa jurídica com o propósito de lesar credores e para a prática de atos ilícitos de qualquer natureza".

Tal como se afirmou, a redação do § 1º do art. 50 do Código Civil permite interpretações contraditórias. Não se ignora que a menção ao *"propósito de lesar credores"* permite que se siga dando guarida à concepção subjetiva, uma vez que restringe o desvio de finalidade à utilização da pessoa jurídica para fraudar a garantia patrimonial geral ou especial dos credores. É a figura que no direito alemão vem se denominado de intervenção destrutiva dos administradores ou sócios, que compromete a própria existência da pessoa jurídica (*Existenzvernichtungshaftung*)[163], como no caso de alienação do seu patrimônio por valor manifestamente inferior ao real.[164] A parte final da norma contudo, quando se refere à "prática de atos ilícitos de qualquer natureza", torna abrangente a definição, permitindo a compreensão de que havendo a utilização da pessoa jurídica para a prática de atos ilícitos, configura-se o desvio de finalidade que dá causa à desconsideração da personalidade jurídica. Nesta parte, contudo, os termos abrangentes em que redigida a norma admite a pergunta se qualquer ato ilícito praticado pela pessoa jurídica (afinal refere-se a "atos ilícitos de qualquer natureza") permitiria a desconsideração da personalidade jurídica. Seria o caso em que a pessoa jurídica se tornasse inadimplente ou causasse um dano, por exemplo, derivando obrigações de ilícitos, a elas não se imporia a separação patrimonial ou a limitação de responsabilidade prevista em lei. Só a técnica legislativa deficiente na redação da norma explica este alcance que não tem acolhimento em qualquer fundamento histórico ou dogmático associado à desconsideração da personalidade jurídica.

A leitura correta é a de que caracteriza o desvio de finalidade a utilização da pessoa jurídica para a prática de atos ilícitos, logo, exige a anormalidade da atuação da pessoa jurídica para fins diversos dos quais ela foi constituída, que se substituem, na realidade, pela prática de atos ilícitos. O que não se confunde com os atos ilícitos cuja ocorrência se dê na atuação ordinária, de acordo com os riscos inerentes a sua atividade, hipótese em que não se poderá dizer que a pessoa jurídica está sendo utilizada para prática de atos ilícitos, mas que em razão de sua atuação normal poderá praticá-los. Traduzindo em exemplos, caracterizará desvio de finalidade

---

[163] Veja-se, em especial, o caso "Trihotel", julgado pelo Segundo Senado do BGH (Bundesgerichtshof, Corte Federal Alemã), II ZR 3/04, de 16/07/2007, cuja íntegra é disponível em http://juris.bundesgerichtshof.de.

[164] BGH, II ZR 252/10, de 23/04/2012, com fundamento no §826 do BGB, que imputa a responsabilidade pela reparação de danos causados por violação aos bons costumes.

e, consequentemente, abuso da personalidade jurídica, a hipótese em que a pessoa jurídica sirva para ocultar ou dissimular a natureza, origem, localização, disposição, movimentação ou propriedade de bens, direitos ou valores provenientes de infrações penais (crime de "lavagem de dinheiro"), uma vez que será instrumentalizada para este fim que é distinto daquele para qual foi constituída. Por outro lado, não se cogita de abuso da personalidade jurídica, como regra, quando a pessoa jurídica cometa ilícitos abrangidos pelo risco comum à atividade que desenvolve, como são os casos de inadimplemento contratual ou de danos causados, a cuja reparação se obrigue. Neste sentido, por exemplo, é a orientação da Súmula 430 do Superior Tribunal de Justiça: "O inadimplemento da obrigação tributária pela sociedade não gera, por si só, a responsabilidade solidária do sócio-gerente"

Da mesma forma, tem relevância a regra do § 5º do art. 50 do Código Civil, ao dispor que: "Não constitui desvio de finalidade a mera expansão ou a alteração da finalidade original da atividade econômica específica da pessoa jurídica". Embora possa ser acusado de tautologia, o sentido da norma é pedagógico. Dirige-se às pessoas jurídicas com fins econômicos (as sociedades), cuja atividade econômica específica se expressa, como regra, em seu objeto social. Pode ocorrer que no desenvolvimento ordinário de suas atividades, oportunidades de negócio ampliem o âmbito de atuação da sociedade, ou ainda determinem sua modificação. Trata-se de curso normal da atividade econômica, que deverá ser oportunamente objeto de alteração do respectivo objeto social, mas que por isso não implica em desvio da finalidade com o efeito da desconsideração. *Desvio de finalidade* é expressão cujo sentido vincula-se, sobretudo, à instrumentalização da pessoa jurídica de modo disfuncional e contrário aos fins para os quais o ordenamento jurídico prevê sua constituição, e reconhece sua criação em uma determinada situação concreta.

Tais situações previstas no § 5º do art. 50 não se confundem com os atos *ultra vires* (para além das forças), praticados pelos administradores da pessoa jurídica de modo desviado das finalidades para as quais foi constituída; ou ainda os atos praticados com excesso de poder, pelos quais os administradores agem em desatenção aos limites do poder que lhes é conferido no âmbito da pessoa jurídica. Embora nestes casos possa haver a responsabilização dos administradores perante a própria pessoa jurídica e, eventualmente, perante terceiros com os quais se relacionaram apresentando-se, indevidamente, com poderes que não detinham, não resultam diretamente da desconsideração da personalidade jurídica, senão responsabilidade por ato próprio, cujos danos que venham a causar obrigam o ressarcimento. Da mesma forma, a pessoa jurídica poderá vir a responder, porém não em razão da incidência da norma que prevê a desconsideração, senão com fundamento na tutela da confiança dos terceiros, que podem não ter como conhecer, em detalhes, os poderes conferidos ao administrador.

Já a **confusão patrimonial** ocorre quando dissocia-se a autonomia patrimonial que é efeito da constituição da pessoa jurídica, e a realidade da sua atuação, em situações nas quais os administradores ou sócios se utilizam do patrimônio da pessoa jurídica para satisfação de obrigações das quais não é ela a devedora. Ou quando venham a utilizar da pessoa jurídica de modo a transferir-lhe patrimônio pessoal com o fim, geralmente, de escapar à pretensão de terceiros. Em outros termos, na confusão patrimonial há sempre a dissociação entre uma determinada realidade fática de uso, gozo e disposição de bens que integram certo patrimônio por quem não seja necessariamente seu titular. Há uma infinidade de situações típicas, especialmente identificadas pela jurisprudência tanto no direito brasileiro, quanto nos sistemas jurídicos estrangeiros, o que levou o legislador a pretender uma definição cujos méritos rivalizam com suas imperfeições.

Define o art. 50, § 2º, do Código Civil: "Entende-se por confusão patrimonial a ausência de separação de fato entre os patrimônios, caracterizada por: I – cumprimento repetitivo pela sociedade de obrigações do sócio ou do administrador ou vice-versa; II – transferência de ativos ou de passivos sem efetivas contraprestações, exceto os de valor proporcionalmente insignificante; III – outros atos de descumprimento da autonomia patrimonial." Optou o legislador por enunciar hipóteses em caráter exemplificativo, uma vez que o inciso III expressamente faz referência a "outros atos de descumprimento da autonomia patrimonial", permitindo a concreção da norma em vista de situações específicas, nas quais se desrespeite a separação entre o patrimônio da pessoa jurídica e o de seus administradores ou sócios.

O § 2º do art. 50 do Código Civil expressa o elemento nuclear da definição, que é a ausência da separação de fato entre os patrimônios da pessoa jurídica e de seus administradores ou sócios. Será nas hipóteses apresentadas nos incisos onde surgem os problemas que devem ser bem compreendidos e superados pelo intérprete e aplicador da norma. No inciso I há situações específicas, quais sejam, a de "cumprimento repetitivo pela sociedade de obrigações do sócio ou do administrador ou vice-versa" o que sinaliza a existência de confusão uma vez que o patrimônio da pessoa jurídica, que deve servir à realização dos fins para os quais ela foi constituída, acaba sendo desviado para a satisfação de obrigações de interesse exclusivo dos administradores ou sócios; ou ainda o inverso, quando estes venham a satisfazer as obrigações de que é devedora a pessoa jurídica. A definição legal registra a necessidade de reiteração e, portanto, de pluralidade de atos que repetidamente caracterizem este cumprimento de obrigações por aquele que não é seu devedor originário. A rigor, contudo, nada impede que tal cumprimento de obrigação não se dê repetida ou reiteradamente, mas apenas uma vez, desde que seja o suficiente para comprometer a própria existência da pessoa jurídica ou a garantia geral de seus credores. A segunda hipótese definida na lei (inciso II), de transferência de ativos ou de passivos sem efetivas contraprestações, ressalvado os de valor proporcionalmente insignificante, também merece reparo em seus termos. Afinal, a confusão patrimonial não resultará do fato da transferência de ativos ou passivos sem contraprestações, o que pode ocorrer regularmente por eventual deliberação dos sócios, sem que isso implique no comprometimento da existência da pessoa jurídica ou na garantia dos credores. O que torna abusivo e poderá caracterizar a confusão patrimonial será a situação em que há transferência do patrimônio da pessoa jurídica a sócios, administradores, e mesmo instituidores (no caso de fundação) ou quaisquer terceiros, sem que exista uma causa jurídica que o justifique. Não se cogita confusão patrimonial, nestes termos, quando uma sociedade delibera pela distribuição de lucros ou dividendos, ou mesmo na redução do seu patrimônio social e sua distribuição aos sócios, desde que isso não prejudique sua regular atuação, ou quaisquer direitos de terceiros, uma vez que há, em todos estes casos, causa jurídica para transmissão, ainda que sem contraprestação direta, o que não se exige.

A desconsideração da personalidade jurídica pressupõe o requerimento do interessado (a parte ou o Ministério Público quando lhe couber intervir no processo), que para demonstrar que é titular de interesse jurídico que legitima sua pretensão, necessariamente deve caracterizar a existência de prejuízo em razão dos atos de desvio de finalidade ou confusão patrimonial.

7.3. A denominada "desconsideração inversa"

Trata-se a denominada desconsideração inversa da pessoa jurídica, das situações em que a responsabilidade pelas obrigações de que são devedores os administradores ou sócios se estenda também à pessoa jurídica. Trata-se a desconsideração inversa de expressão consagrada, especialmente a partir de seu desenvolvimento, no Brasil, no direito de família,[165] em situações nas quais um dos cônjuges, para evitar a partilha dos bens comuns em razão dissolução da sociedade conjugal,[166] transfere seu patrimônio pessoal, no todo ou em parte[167] para uma pessoa jurídica.[168] Nestes casos, há sensíveis dificuldades teóricas e práticas de caracterizar

---

[165] Em especial: Rolf Madaleno, A *disregard* no direito de família. In: Rolf Madaleno, Direito de família; aspectos polêmicos. Porto Alegre: Livraria do Advogado, 1998, p. 20 e ss. Do mesmo autor, a obra: A *disregard* e sua efetivação no juízo de família, Porto Alegre: Livraria do Advogado, 1999, bem como: A efetivação da *disregard* no juízo de família. In: Família na Travessia do Milênio. Anais do II Congresso Brasileiro de Direito de Família. Belo Horizonte: IBDFAM, 2000, p. 517-550.

[166] "DIREITO CIVIL. RECURSO ESPECIAL. AÇÃO DE DISSOLUÇÃO DE UNIÃO ESTÁVEL. DESCONSIDERAÇÃO INVERSA DA PERSONALIDADE JURÍDICA. POSSIBILIDADE. REEXAME DE FATOS E PROVAS. INADMISSIBILIDADE. LEGITIMIDADE ATIVA. COMPANHEIRO LESADO PELA CONDUTA DO SÓCIO. ARTIGO ANALISADO: 50 DO CC/02 1. Ação de dissolução de união estável ajuizada em 14.12.2009, da qual foi extraído o presente recurso especial, concluso ao Gabinete em 08.11.2011. 2. Discute-se se a regra contida no art. 50 do CC/02 autoriza a desconsideração inversa da personalidade jurídica e se o sócio da sociedade empresária pode requerer a desconsideração da personalidade jurídica desta. 3. A desconsideração inversa da personalidade jurídica caracteriza-se pelo afastamento da autonomia patrimonial da sociedade para, contrariamente do que ocorre na desconsideração da personalidade propriamente dita, atingir o ente coletivo e seu patrimônio social, de modo a responsabilizar a pessoa jurídica por obrigações do sócio controlador. 4. É possível a desconsideração inversa da personalidade jurídica sempre que o cônjuge ou companheiro empresário valer-se de pessoa jurídica por ele controlada, ou de interposta pessoa física, a fim de subtrair do outro cônjuge ou companheiro direitos oriundos da sociedade afetiva. 5. Alterar o decidido no acórdão recorrido, quanto à ocorrência de confusão patrimonial e abuso de direito por parte do sócio majoritário, exige o reexame de fatos e provas, o que é vedado em recurso especial pela Súmula 7/STJ. 6. Se as instâncias ordinárias concluem pela existência de manobras arquitetadas para fraudar a partilha, a legitimidade para requerer a desconsideração só pode ser daquele que foi lesado por essas manobras, ou seja, do outro cônjuge ou companheiro, sendo irrelevante o fato deste ser sócio da empresa. 7. Negado provimento ao recurso especial." (REsp 1236916/RS, Rel. Min. Nancy Andrighi, 3ª Turma, j. 22/10/2013, *DJe* 28/10/2013)

[167] De interesse o caso decidido pelo STJ, em que o sócio controlador de sociedade empresária transferiu parte de seus bens à pessoa jurídica controlada com o intuito de fraudar partilha em dissolução de união estável, hipótese na qual decidiu a Corte que a companheira prejudicada, ainda que integrasse a sociedade empresária na condição de sócia minoritária, tem legitimidade para requerer a desconsideração inversa da personalidade jurídica de modo a resguardar sua meação: STJ, REsp 1236916/RS, Rel. Min. Nancy Andrighi, 3ª Turma, j. 22/10/2013, *DJe* 28/10/2013.

[168] "RECURSO ESPECIAL. 1. NÃO PREENCHIMENTO DOS REQUISITOS DA DESCONSIDERAÇÃO INVERSA DA PERSONALIDADE JURÍDICA. AUSÊNCIA DE PREQUESTIONAMENTO. SÚMULAS N. 282 E 356 DO STF. 2. LEGITIMIDADE AD CAUSAM. PERTINÊNCIA SUBJETIVA ENTRE O SUJEITO E A CAUSA. TITULARIDADE DA RELAÇÃO JURÍDICA DE DIREITO MATERIAL. 3. DESCONSIDERAÇÃO INVERSA DA PERSONALIDADE JURÍDICA. AÇÃO DE DIVÓRCIO. POSSIBILIDADE. EVIDÊNCIAS DA INTENÇÃO DE UM DOS CÔNJUGES DE SUBTRAIR DO OUTRO DIREITOS ORIUNDOS DA SOCIEDADE AFETIVA. 4. LEGITIMIDADE AD CAUSAM. APLICAÇÃO DA TEORIA DA ASSERÇÃO. 5. SÓCIA BENEFICIADA POR SUPOSTA TRANSFERÊNCIA FRAUDULENTA DE COTAS SOCIAIS POR UM DOS CÔNJUGES. LEGITIMIDADE PASSIVA DAQUELA SÓCIA PARA A AÇÃO DE DIVÓRCIO CUMULADA COM PARTILHA DE BENS, NO BOJO DA QUAL SE REQUEREU A DECLARAÇÃO DE INEFICÁCIA DO NEGÓCIO JURÍDICO EFETIVADO ENTRE OS SÓCIOS. EXISTÊNCIA DE PERTINÊNCIA SUBJETIVA. 6. RECURSO ESPECIAL PARCIALMENTE CONHECIDO E, NESTA EXTENSÃO, DESPROVIDO. 1. A ausência de prequestionamento se evidencia quando o conteúdo normativo contido nos dispositivos supostamente violados não foi objeto de debate pelo Tribunal de origem. Hipótese em que incidem os rigores das Súmulas n. 282 e 356/STF. 2. A legitimidade de agir (*legitimatio ad causam*) é uma espécie de condição da ação consistente na pertinência subjetiva da demanda, ou seja, decorre da relação jurídica de direito material existente entre as partes. 3. A jurisprudência desta Corte admite a aplicação da desconsideração inversa da personalidade jurídica toda vez que um dos cônjuges ou companheiros utilizar-se da sociedade empresária que detém controle, ou de

outras figuras que atinjam a própria validade dos atos (como a simulação ou a fraude à lei), de modo a restaurar o estado anterior à transmissão, razão pela qual a desconsideração da personalidade jurídica acabou sendo adotada pela doutrina especializada. Registre-se, contudo, que, embora consagrada,[169] inclusive na legislação processual,[170] a expressão desconsideração inversa é equívoca. Pressupõe haver um sentido comum ou natural que é aquele que permite aos credores da pessoa jurídica avançarem sobre o patrimônio dos administradores ou sócios, sendo inversa justamente quando seja o patrimônio da sociedade a responder pelas obrigações pessoais destes mesmos sócios ou administradores.[171] O *caput* do art. 50 do Código Civil suporta este sentido natural, indicando que os efeitos das obrigações da pessoa jurídica sejam estendidos aos bens particulares de administradores ou sócios. Daí o sentido inverso seria o de obrigações dos administradores e sócios estenderem-se ao patrimônio da pessoa jurídica. Acentua-se a distinção de nomenclatura como uma estratégia para estender seus efeitos (embora inversa, ainda assim seria desconsideração). Porém, no atual estágio, a expressão perde o sen-

---

interposta pessoa física, com a intenção de retirar do outro consorte ou companheiro direitos provenientes da relação conjugal. Precedente. 4. As condições da ação, aí incluída a legitimidade para a causa, devem ser aferidas com base na teoria da asserção, isto é, à luz das afirmações contidas na petição inicial. 5. A sócia da empresa, cuja personalidade jurídica se pretende desconsiderar, que teria sido beneficiada por suposta transferência fraudulenta de cotas sociais por um dos cônjuges, tem legitimidade passiva para integrar a ação de divórcio cumulada com partilha de bens, no bojo da qual se requereu a declaração de ineficácia do negócio jurídico que teve por propósito transferir a participação do sócio/ex-marido à sócia remanescente (sua cunhada), dias antes da consecução da separação de fato. 6. Recurso especial parcialmente conhecido e, nesta extensão, desprovido." (STJ, REsp 1522142/PR, Rel. Min. Marco Aurélio Bellizze, 3ª Turma, j. 13/06/2017, *DJe* 22/06/2017)

[169] A doutrina a aceita amplamente: Carlos Roberto Gonçalves, Direito civil brasileiro, v. 1, 2013, p. 255; Cristiano Chaves de Farias e Nelson Rosenwald, Curso de direito civil, v. 1, p. 400; Rodrigo Xavier Leonardo, A desconsideração da personalidade societária em sua modalidade inversa. Revista dos Tribunais, v. 917. São Paulo: RT, 2012, p. 502 e ss; Fredie Didier Jr. e Julia Lipiani, Desconsideração inversa da personalidade jurídica. (parecer) Revista de direito civil contemporâneo, v. 13. São Paulo: RT, out.-dez./2017, p. 445-466; Flavio Tartuce, Direito civil, v. 1. 15ª ed. São Paulo: Forense, 2019, p. 300

[170] O art. 133, §2º do Código de Processo Civil, ao dispor sobre o incidente de desconsideração da personalidade jurídica refere, expressamente, que este também se aplica à "desconsideração inversa da personalidade jurídica".

[171] "DIREITO CIVIL. RECURSO ESPECIAL. AÇÃO DE DISSOLUÇÃO DE UNIÃO ESTÁVEL. DESCONSIDERAÇÃO INVERSA DA PERSONALIDADE JURÍDICA. POSSIBILIDADE. REEXAME DE FATOS E PROVAS. INADMISSIBILIDADE. LEGITIMIDADE ATIVA. COMPANHEIRO LESADO PELA CONDUTA DO SÓCIO. ARTIGO ANALISADO: 50 DO CC/02. 1. Ação de dissolução de união estável ajuizada em 14.12.2009, da qual foi extraído o presente recurso especial, concluso ao Gabinete em 08.11.2011. 2. Discute-se se a regra contida no art. 50 do CC/02 autoriza a desconsideração inversa da personalidade jurídica e se o sócio da sociedade empresária pode requerer a desconsideração da personalidade jurídica desta. 3. A desconsideração inversa da personalidade jurídica caracteriza-se pelo afastamento da autonomia patrimonial da sociedade, para, contrariamente do que ocorre na desconsideração da personalidade propriamente dita, atingir o ente coletivo e seu patrimônio social, de modo a responsabilizar a pessoa jurídica por obrigações do sócio controlador. 4. É possível a desconsideração inversa da personalidade jurídica sempre que o cônjuge ou companheiro empresário valer-se de pessoa jurídica por ele controlada, ou de interposta pessoa física, a fim de subtrair do outro cônjuge ou companheiro direitos oriundos da sociedade afetiva. 5. Alterar o decidido no acórdão recorrido, quanto à ocorrência de confusão patrimonial e abuso de direito por parte do sócio majoritário, exige o reexame de fatos e provas, o que é vedado em recurso especial pela Súmula 7/STJ. 6. Se as instâncias ordinárias concluem pela existência de manobras arquitetadas para fraudar a partilha, a legitimidade para requerer a desconsideração só pode ser daquele que foi lesado por essas manobras, ou seja, do outro cônjuge ou companheiro, sendo irrelevante o fato deste ser sócio da empresa. 7. Negado provimento ao recurso especial." (STJ, REsp 1236916/RS, Rel. Min. Nancy Andrighi, 3ª Turma, j. 22/10/2013, *DJe* 28/10/2013)

tido. A desconsideração como técnica legislativa, é também o efeito da incidência das normas jurídicas que a preveem. Daí o § 3º do art. 50 do Código Civil muito bem estabelecer que "o disposto no *caput* e nos §§ 1º e 2º deste artigo também se aplica à extensão das obrigações de sócios ou de administradores à pessoa jurídica." Ou seja, é o mesmo efeito em um sentido e em outro, não há o que é inverso, senão que em qualquer caso, o que existe é desconsideração da personalidade jurídica, atendido ao disposto na norma. Preenchidas as condições do art. 50 do Código Civil, tanto o patrimônio dos administradores e sócios respondem pelas obrigações da pessoa jurídica, quanto ela poderá responder pelas obrigações pessoais destes mesmos administradores ou sócios.

7.4. Efeitos da desconsideração da personalidade jurídica

A desconsideração da personalidade jurídica situa-se no plano da eficácia. No sentido definido pela técnica legislativa adotada no sistema brasileiro, preenchidas as condições legais, "os efeitos de certas e determinadas relações de obrigações" poderão ser estendidos aos bens particulares de administradores ou de sócios da pessoa jurídica beneficiados direta ou indiretamente pelo abuso"; ou ainda, conforme foi visto, em razão do § 3º do art. 50, do Código Civil, "também se aplica à extensão das obrigações de sócios ou de administradores à pessoa jurídica".

Ressalta-se neste ponto o caráter excepcional da extensão dos efeitos obrigacionais sobre o patrimônio daquele que não seja o titular originário do dever, mas que passa a responder uma vez preenchidos os pressupostos legais. Não se estendem os efeitos de toda e qualquer obrigação, de modo que o patrimônio dos administradores ou sócios se converta como garantia geral das obrigações contraídas pela pessoa jurídica ou se instale concurso de todos os credores sobre os bens particulares. Por *certas e determinadas relações de obrigações* tem-se em vista aquelas cujos credores requeiram a extensão de seus efeitos, demonstrando o preenchimento das condições legais, e seu efetivo prejuízo em razão do desvio de finalidade ou da confusão patrimonial devidamente caracterizada. Toma-se em conta, igualmente, a espécie de pessoa jurídica e a situação concreta de sua atuação (p. ex. quando se trate de sociedades unipessoais ou se exija a caracterização do grupo econômico, ou ainda quando se tratem de sociedades limitadas cujo capital de sua constituição é manifestamente insuficiente para a realização do seu objeto social).

Da mesma forma, não estende seus efeitos a todo e qualquer sócio ou administrador, mas, conforme já se examinou, apenas àqueles que que tenham sido "beneficiados direta ou indiretamente pelo abuso". Isso implica uma restrição à extensão da responsabilidade de sócios ou administradores em relação aos quais, especificamente, o titular da pretensão deverá caracterizar quais tenham sido beneficiados. Conforme já foi mencionado, beneficiado direto será aquele sócio ou administrador em relação ao qual se demonstre que aproveitou do desvio de finalidade ou da confusão patrimonial da pessoa jurídica, seja porque deixou de despender do patrimônio próprio para satisfazer suas obrigações, seja porque recebeu vantagem patrimonial que deveria ser endereçada à pessoa jurídica. Maior dificuldade reside na definição de quem sejam os beneficiados indiretamente pelo abuso. Em relação aos administradores, a resposta será sempre casuística, devendo-se exigir a demonstração – ou ao menos a correlação lógica – entre a situação que caracteriza o desvio de finalidade ou confusão patrimonial e o benefício, ainda que indireto, que lhe possa ser imputado. Neste particular, refira-se que há modos distintos de participação na organização interna da pessoa jurídica, com poderes limitados, que não autorizam *per se* a desconsideração em relação a todos os administradores.[172] Da mesma forma ocorre com os sócios que não participem da administração, e cujo benefício indireto não pode residir apenas na presunção de uma vantagem. O benefício indireto de sócios ou administradores deve compreender não apenas a identificação precisa de uma vantagem, mas uma relação lógica desta, ainda que indireta, com a situação que se caracterize como de desvio de finalidade ou confusão patrimonial. Tanto a própria pessoa jurídica, quanto seus sócios, tem legitimidade para recorrer da decisão que decide pela desconsideração de sua personalidade.[173]

Destaque-se algumas situações que, embora determinem consequências semelhantes, não se confundem com a desconsideração da personalidade jurídica. É o caso da dissolução regular da pessoa jurídica por distrato, em que eventuais credores poderão direcionar suas pretensões aos sócios apenas se demonstrarem haver resultado da liquidação da sociedade a distribuição do patrimônio líquido positivo, o que é hipótese de sucessão, e não de desconsideração.[174] Da mesma forma, não se confunde com a desconsideração da personalidade jurídica, a responsabilidade subsidiária dos associados de uma associação civil, pelas obrigações da pessoa jurídica, o que resulta diretamente da incidência da lei (art. 1.023 do Código Civil).[175]

7.5. Desconsideração da personalidade jurídica e extensão legal da responsabilidade de sócios ou administradores

A consagração da desconsideração da personalidade jurídica pelo Código Civil não exaure seu exame, considerando que, mesmo antes de sua edição, em diferentes disciplinas normativas os mesmos efeitos de extensão da responsabilidade dos sócios ou administradores pelas obrigações da pessoa jurídica foram estabelecidos, normalmente, com o propósito de ampliar a possibilidade de satisfação de diferentes credores.

A extensão da responsabilidade pelas obrigações da pessoa jurídica aos administradores ou sócios é prevista em diversas hipóteses específicas pela legislação brasileira. Em alguns casos, a lei define responsabilidade solidária pelas obrigações da pessoa jurídica, como, por exemplo: (a) o administrador das sociedades anônimas no caso de violação de seus deveres legais e estatutários, quando passa a responder solidariamente com a companhia (art. 158, §§ 2º e 5º, da Lei 6.404/1976); (b) nas mesmas condições os diretores, administradores, gerentes e fiscais das sociedades seguradoras (art. 109 do Decreto-lei 73/1966); (c) os ex-administradores e controladores de instituições financeiras submetidos a regime de administração especial temporária, intervenção e liquidação extrajudicial (art. 1º da Lei 9.447/1997 c/c art. 15 do Decreto-lei 2.321/1987). Em tais situações, contudo, não se trata de desconsideração, uma vez que a responsabilidade não resultará do afastamento da separação patrimonial, mas da solidariedade prevista em lei. Igualmente, a responsabilidade dos sócios no caso de ilícitos apurados na falência da sociedade empresária (art. 82 c/c art. 186 da Lei 11.101/2005) não se confunde com a desconsideração da personalidade jurídica; é imputação decorrente de expressa previsão legal, sem prejuízo do reconhecimento da ineficácia dos atos anteriores à decretação da falência que tenham resultado no prejuízo de credores, nos termos dos arts. 129 e 130 da Lei de Recuperação e Falências. De todo modo, a desconsideração da personalidade jurídica,

---

[172] STJ, REsp 1766093/SP, Rel. p/ Acórdão Min. Ricardo Villas Bôas Cueva, 3ª Turma, j. 12/11/2019, *DJe* 28/11/2019.
[173] REsp 1421464/SP, Rel. Min. Nancy Andrighi, 3ª Turma, j. 24/04/2014, *DJe* 12/05/2014.
[174] REsp 1784032/SP, Rel. Min. Marco Aurélio Bellizze, 3ª Turma, j. 02/04/2019, *DJe* 04/04/2019.
[175] REsp 1398438/SC, Rel. Min. Nancy Andrighi, 3ª Turma, j. 04/04/2017, *DJe* 11/04/2017.

nestes casos, não se confunde com a ação revocatória dos atos praticados em detrimento dos credores ou para sua invalidação por fraude.[176]

No **direito do trabalho**, a Consolidação das Leis do Trabalho, que disciplina as relações trabalhistas, dispôs sobre a extensão da responsabilidade pelas obrigações de uma pessoa jurídica a outras, sob a justificativa que integrem o mesmo grupo econômico. A definição original do art. 1º, § 2º, da CLT era abrangente, tendo sido reformulada em 2017 e dando causa a nova redação do mesmo parágrafo e inclusão de um § 3º, para restringir a definição, nos seguintes termos: "§ 2º Sempre que uma ou mais empresas, tendo, embora, cada uma delas, personalidade jurídica própria, estiverem sob a direção, controle ou administração de outra, ou ainda quando, mesmo guardando cada uma sua autonomia, integrem grupo econômico, serão responsáveis solidariamente pelas obrigações decorrentes da relação de emprego. § 3º Não caracteriza grupo econômico a mera identidade de sócios, sendo necessárias, para a configuração do grupo, a demonstração do interesse integrado, a efetiva comunhão de interesses e a atuação conjunta das empresas dele integrantes." A responsabilidade dos sócios da pessoa jurídica empregadora, da mesma forma, se imputava com fundamento na teoria da desconsideração, inclusive com a referência ao art. 50 do Código Civil. Visando limitar esta responsabilização, houve a introdução, também em 2017, do art. 10-A na CLT, que estabelece: "Art. 10-A. O sócio retirante responde subsidiariamente pelas obrigações trabalhistas da sociedade relativas ao período em que figurou como sócio, somente em ações ajuizadas até dois anos depois de averbada a modificação do contrato, observada a seguinte ordem de preferência: I – a empresa devedora; II – os sócios atuais; e III – os sócios retirantes. Parágrafo único. O sócio retirante responderá solidariamente com os demais quando ficar comprovada fraude na alteração societária decorrente da modificação do contrato." Na mesma direção observa-se a inclusão, pela Lei 13.874/2019, do §4º do art. 50 do Código Civil, nos seguintes termos: "A mera existência de grupo econômico sem a presença dos requisitos de que trata o *caput* deste artigo não autoriza a desconsideração da personalidade da pessoa jurídica". Visa a norma, claramente, que ao lado da existência de grupo econômico seja exigido, como pressuposto da desconsideração da personalidade jurídica, a caracterização do desvio de finalidade e da confusão patrimonial a que se refere o *caput* do art. 50 do Código Civil.

Da mesma forma, a crítica a excessos na extensão aos sócios da responsabilidade pelas obrigações trabalhistas da pessoa jurídica também deu causa à introdução, no âmbito do processo trabalhista, do incidente de desconsideração da personalidade jurídica (art. 855-A, da CLT), a exemplo do que passou a dispor o Código de Processo Civil de 2015 (arts. 133 a 137). São duas, essencialmente, as finalidades do incidente: impedir que o sócio seja surpreendido com a imputação de responsabilidade pelas obrigações da pessoa jurídica; e permitir o contraditório quanto à presença ou não dos pressupostos da desconsideração no caso concreto.

No **direito tributário**, o Código Tributário Nacional prevê em seu art. 134 que "nos casos de impossibilidade de exigência do cumprimento da obrigação principal pelo contribuinte, respondem solidariamente com este nos atos em que intervierem ou pelas omissões de que forem responsáveis", dentre outros "os sócios, no caso de liquidação de sociedade de pessoas" (inciso VII). Da mesma forma, o art. 135 do CTN, dispõe: "São pessoalmente responsáveis pelos créditos correspondentes a obrigações tributárias resultantes de atos praticados com excesso de poderes ou infração de lei, contrato social ou estatutos: I – as pessoas referidas no artigo anterior; II – os mandatários, prepostos e empregados; III – os diretores, gerentes ou representantes de pessoas jurídicas de direito privado."

---

[176] REsp 1180191/RJ, Rel. Min. Luis Felipe Salomão, 4ª Turma, j. 05/04/2011, *DJe* 09/06/2011.

Com a previsão do **incidente de desconsideração da personalidade jurídica** pelo Código de Processo Civil de 2015, a jurisprudência desdobra-se no exame das situações em que ele será exigível como pressuposto da extensão de responsabilidade. Assim é que na hipótese de redirecionamento da execução no caso da sucessão empresarial em que identificada a confusão patrimonial, o STJ vem dispensando a necessidade de instauração do incidente.[177] Por outro lado, a exige nas hipóteses em que o redirecionamento destine-se a pessoa jurídica integrante do grupo econômico, mas que não tenha sido identificada no ato de lançamento.[178]

No âmbito das relações privadas, contudo, é o modelo legal de desconsideração da personalidade jurídica previsto no art. 28 do Código de Defesa do Consumidor aquele que provoca maior atenção, em especial pela distinção dos pressupostos que exige para reconhecer a hipótese, em comparação aos definidos pelo art. 50 do Código Civil.[179]

Neste sentido, no **direito do consumidor**, dispõe o art. 28 do CDC: "Art. 28. O juiz poderá desconsiderar a personalidade jurídica da sociedade quando, em detrimento do consumidor, houver abuso de direito, excesso de poder, infração da lei, fato ou ato ilícito ou violação dos estatutos ou contrato social.[180] A desconsideração também será efetivada quando houver falência, estado de insolvência, encerramento ou inatividade da pessoa jurídica provocados por má administração. § 1º (Vetado); § 2º As sociedades integrantes dos grupos societários e as sociedades controladas, são subsidiariamente responsáveis pelas obrigações decorrentes deste código. § 3º As sociedades consorciadas são solidariamente responsáveis pelas obrigações decorrentes deste código. § 4º As sociedades coligadas só responderão por culpa. § 5º Também poderá ser desconsiderada a pessoa jurídica sempre que sua personalidade for, de alguma forma, obstáculo ao ressarcimento de prejuízos causados aos consumidores."

A desconsideração da personalidade jurídica é prevista no artigo 28 do CDC com duas funções básicas: de sanção pelo uso da pessoa jurídica para prática de atos ilícitos genericamente considerados; e como garantia do consumidor ao ressarcimento de seus prejuízos.[181]

As hipóteses estabelecidas no *caput* do art. 28, primeira parte, têm como característica comum a *ilicitude* ou *irregularidade* da conduta do fornecedor. Já no que diz respeito à segunda parte do dispositivo, as hipóteses de *falência, insolvência, encerramento* ou *inatividade* da pessoa jurídica não importam na desconsideração *per se*. Ao contrário, apenas importam na desconsideração quando tais circunstâncias decorram diretamente de *má-administração*. A dificuldade prática reside justamente em precisar no que consiste o significado de *má-administração*. Um primeiro entendimento vai sustentar que má-administração equivale à gestão dos negócios da sociedade mediante fraude ou má-fé[182]. Por outro lado, há os que vão defender a

---

[177] AgInt nos EREsp 1786311/PR, Rel. Min. Regina Helena Costa, 1ª Seção, j. 15/10/2019, *DJe* 18/10/2019.
[178] STJ, REsp 1775269/PR, Rel. Min. Gurgel de Faria, 1ª Turma, j. 21/02/2019, *DJe* 01/03/2019.
[179] STJ, REsp 970.635/SP, Rel. Min. Nancy Andrighi, 3ª Turma, j. 10/11/2009, *DJe* 01/12/2009; REsp 744.107/SP, Rel. Min. Fernando Gonçalves, 4ª Turma, j. 20/05/2008, *DJe* 12/08/2008.
[180] Bruno Miragem, Curso de direito do consumidor. 8ª ed. São Paulo: RT, 2019, p. 811 e ss.
[181] Bruno Miragem, Curso de direito do consumidor. 8ª ed. São Paulo: RT, 2019, p. 814; Ruy Rosado de Aguiar Júnior, Aspectos do Código de Defesa do Consumidor. *Revista da AJURIS*, nº 52. Porto Alegre, julho de 1991, p. 167-187.
[182] "RESPONSABILIDADE CIVIL – NAUFRÁGIO DA EMBARCAÇÃO "BATEAU MOUCHE IV" – ILEGITIMIDADE DE PARTE PASSIVA *AD CAUSAM* – SÓCIOS – TEORIA DA DESCONSIDERAÇÃO DA PERSONALIDADE JURÍDICA – DANOS MATERIAIS – PENSIONAMENTO DECORRENTE DO FALECIMENTO DE MENOR QUE NÃO TRABALHAVA. 1. Argüições de ilegitimidade de parte passiva e imputações recíprocas dos réus acerca da responsabilidade pelo trágico evento. Em sede de recurso especial não é dado rediscutir as bases empíricas da lide definidas pelas instâncias ordinárias. Incidência

noção como espécie de atos de gestão incompetente dos sócios ou administradores que deem causa à extinção da pessoa jurídica[183].

Não é desconhecido que o alcance da expressão má-administração, nesta segunda parte do artigo 28, *caput*, é essencial para circunscrever os limites da responsabilidade dos sócios e administradores. O primeiro entendimento, exigindo a má-fé, fixa o mesmo sentido do que a primeira parte do dispositivo, referindo-se à necessidade de reprovação jurídica da conduta dos sócios e administradores. Já a exigência de simples incompetência administrativa abre a possibilidade de desconsideração, via interpretação extensiva, a qualquer espécie de falência ou estado de insolvência uma vez que é de se pressupor que racionalmente a consecução da finalidade lucrativa das sociedades não é alcançada em vista de falta de conhecimento ou competência na administração do negócio. Da mesma forma, embora não seja reprovável sob o aspecto jurídico como a má-fé, a demonstração do que seria incompetência administrativa do sócio ou administrador, e sua vinculação como causa da falência ou insolvência do fornecedor, é prova de difícil produção.

Por outro lado, a eficácia da desconsideração alcança todas as obrigações decorrentes de relação de consumo, como a responsabilidade por acidentes de consumo, vícios do produto ou do serviço, assim como perdas e danos e outras consequências pecuniárias decorrentes do inadimplemento. A desconsideração impõe, neste sentido, a responsabilidade ilimitada dos sócios e administradores pelas obrigações do fornecedor decorrentes de relação de consumo, em vista igualmente da sanção ao comportamento irregular e como garantia do ressarcimento devido, promovendo em última análise, a efetividade do direito do consumidor.

Além da hipótese geral de desconsideração prevista no art. 28, *caput*, também nos §§ 2º e 3º são abrangidas hipóteses de desconsideração em relação às sociedades integrantes de **grupos societários e sociedades controladas**. No caso, o § 2º do art. 28 estabelece que "as sociedades integrantes dos grupos societários e as sociedades controladas, são subsidiariamente responsáveis pelas obrigações decorrentes deste Código". Por sociedade integrante de grupo societário entenda-se aquelas que se estruturam no regime das sociedades ligadas por vínculo orgânico ou de direção.

Segundo Rafael Manóvil, o que distingue o grupo societário é a *unidade que se lhe reconhece de interesse e direção*[184]. Já as sociedades controladas têm seu conceito estabelecido pela Lei das Sociedades Anônimas. O art. 243, § 2º, da Lei 6.404/76, estabelece sociedade controlada como sendo "a sociedade na qual a controladora, diretamente ou através de outras controladas, é titular de direitos de sócio que lhe assegurem, de modo permanente, preponderância nas deliberações sociais e o poder de eleger a maioria dos administradores."

A este respeito, Fábio Konder Comparato ensina que existem duas espécies de grupos societários, quais sejam: os *fundados em controle societário* e os *fundados em controle contra-*

---

da Súmula 7-STJ. 2. Acolhimento da teoria da "desconsideração da personalidade jurídica". O juiz pode julgar ineficaz a personificação societária, sempre que for usada com abuso de direito, para fraudar a lei ou prejudicar terceiros. 3. Reconhecido que a vítima menor com seis anos de idade não exercia atividade laborativa e que a sua família possui razoáveis recursos financeiros, os autores – pai e irmã – não fazem jus ao pensionamento decorrente de danos materiais, mas tão-somente, nesse ponto, aos danos morais fixados. Recurso Especial interposto por Ramon Rodriguez Crespo e outros não conhecido; Recurso da União conhecido, em parte, e provido" (STJ – REsp 158051/RJ – Rel. Min. Barros Monteiro – j. 22.09.1998, p. DJU 12.04.1999, p. 159).

[183] Luciano Amaro, Desconsideração da pessoa jurídica..., p. 80.
[184] Rafael Mariano Manóvil, *Grupos de sociedades en el derecho comparado*. Buenos Aires: Abeledo Perrot, 1998, p. 416.

tual. De acordo com sua precisa lição, "os grupos econômicos são de duas espécies: grupos de subordinação e de coordenação. Os primeiros apresentam uma estrutura hierárquica, em que uma empresa (individual ou societária, pública ou privada) exerce um poder de dominação, denominado poder de controle, sobre as demais. Nos grupos de coordenação, ao revés, não há empresas dominantes e dominadas, mas a coordenação de duas ou mais empresas sob uma mesma direção unitária: são os consórcios." E prossegue, afirmando que "o poder de controle de uma empresa sobre outra – elemento essencial do grupo de subordinação – consiste no direito de decidir, em última instância, a atividade empresarial de outrem. Normalmente, ele se funda na participação societária de capital, permitindo que o controlador se manifeste na assembléia geral ou reunião de sócios da empresa controlada. Mas pode também ocorrer que essa dominação empresarial se exerça *ab extra*, sem participação de capital de uma empresa em outra e sem que o representante da empresa dominante tenha assento em algum órgão administrativo da empresa subordinada. É o fenômeno do chamado controle externo".[185] Note-se, todavia, que para definir-se grupo econômico, não há necessidade do *efetivo exercício* do poder de influência de uma sociedade sobre as demais, mas apenas que exista a *possibilidade do exercício* deste poder.[186]

Neste caso, havendo circunstância fática ou jurídica que caracterize a existência de grupo societário, e havendo obrigações decorrentes de relações de consumo para os consumidores, resulta aplicável a regra de responsabilidade subsidiária das outras empresas do grupo de que faz parte o fornecedor originariamente responsável. Este caráter apenas subsidiário, e não solidário, da responsabilidade das sociedades controladas mereceu críticas da doutrina especializada.[187]

Destaque-se, contudo, que não há necessidade de demonstração de culpa ou dolo das empresas responsabilizadas subsidiariamente. Basta ao consumidor que não tenha tido seu crédito satisfeito, a demonstração de existência de grupo econômico, devendo ser considerado prova para tal, tanto documentos que atestem formalmente sua existência, até o que é mais comum, a demonstração de características das próprias empresas e suas atividades, que corroborem esta conclusão.

Em ambos os casos, ao prever a responsabilidade subsidiária do grupo societário e das sociedades coligadas, o legislador do CDC não parece estabelecer efeito próprio da desconsideração da personalidade jurídica, senão de *responsabilidade legal subsidiária*[188], a ser imputada na hipótese do fornecedor direto, integrante destas estruturas societárias, não puder responder pelas obrigações decorrentes de relações de consumo.

Outra hipótese prevista no CDC é o da extensão da responsabilidade às **sociedades consorciadas**. O art. 28, § 3º, do CDC estabelece que sua responsabilidade decorrente das obrigações estabelecidas sob o regime desta lei (decorrentes de relação de consumo), serão de responsa-

---

[185] Fábio Konder Comparato, Grupo Societário Fundado em Controle Contratual e Abuso de Poder do Controlador. In: Fábio Konder Comparato, *Direito Empresarial: Estudos e Pareceres*. São Paulo: Saraiva, 1990, p. 275.

[186] José Engrácia Antunes, *Os grupos de sociedades. Estrutura e organização jurídica da empresa plurissocietária*. Coimbra: Almedina, 1993, p. 359 e ss.

[187] Genacéia Alberton, em lúcido estudo sobre a desconsideração da pessoa jurídica no CDC, observa que o legislador foi tímido ao estabelecer em caráter subsidiário a responsabilidade das sociedades controladas, uma vez que, em se tratando de subsidiariedade, é impositivo, em um primeiro momento, que se comprove a impossibilidade de pagamento pela devedora principal: Genacéia da Silva Alberton, A desconsideração da pessoa jurídica no Código do Consumidor. Aspectos processuais. *Revista de direito do consumidor*, v. 7. São Paulo: RT, julho-setembro/1993, p. 7-29.

[188] Luciano Amaro, Desconsideração da pessoa jurídica, p. 82-83.

bilidade solidária entre todas os fornecedores participantes do consórcio. Note-se que a regra estipulada no CDC estabelece uma exceção ao disposto na Lei das Sociedades Anônimas. Isto porque, no regime da Lei 6.404/76, as chamadas sociedades consorciadas não integram pessoa jurídica específica, mas ao contrário, mantém cada uma sua personalidade jurídica original, não havendo em regra, solidariedade pelas obrigações assumidas. Neste sentido, o art. 278, § 1º, da Lei nº 6.404/76, refere que "o consórcio não tem personalidade jurídica e as consorciadas somente se obrigam nas condições previstas no respectivo contrato, respondendo cada uma por suas obrigações, sem presunção de solidariedade." Deste modo, em face do disposto no CDC, seu art. 28, § 3º estabelece exceção à regra fixada na Lei das Sociedades Anônimas, fixando a solidariedade das sociedades consorciadas quando se trate de obrigações derivadas de relações de consumo.[189]

O art. 28, § 4º, do CDC, da mesma forma estende a responsabilidade pelas obrigações do fornecedor em relação ao consumidor, também às **sociedades coligadas**. A norma em questão vai estabelecer, por fim, que em relação às sociedades coligadas, estas só responderão por culpa, restringindo a extensão da responsabilidade que é a tônica das normas de proteção do consumidor. Esta aparente exceção se explica em face do próprio conceito de sociedade coligada. O art. 243, § 1º da Lei 6.404/76 (Lei das Sociedades Anônimas), define sociedades coligadas como aquelas em que uma delas "participa, com 10% (dez por cento) ou mais, do capital da outra, sem controlá-la". Ou seja, trata-se o conceito de sociedades coligadas deriva apenas da participação do capital, sem que necessariamente haja poder de controle ou direção de uma sociedade em outra. Há, portanto, autonomia de ação entre as sociedades[190]. Por esta razão a responsabilidade de uma delas em relação às obrigações originadas de contratos de consumo ou danos a consumidores, em que a outra tenha atuado como fornecedora, só terá lugar se ficar demonstrada a culpa daquela a quem se deseja estender a responsabilidade, em caráter subsidiário.

Registre-se, porém, que a principal hipótese legal de extensão da responsabilidade pelas obrigações da pessoa jurídica a seus sócios e administradores, quando se trate de relações de consumo, situa-se no **§ 5º do art. 28 do CDC**. Trata-se de norma com texto abrangente, prevendo a possibilidade de desconsideração, independentemente da causa, sempre que personalidade jurídica for, de alguma forma, obstáculo ao ressarcimento dos consumidores. Assim dispõe: "§ 5º. Também poderá ser desconsiderada a pessoa jurídica sempre que sua personalidade for, de alguma forma, obstáculo ao ressarcimento de prejuízos causados aos consumidores."

Em matéria de significado e âmbito de incidência da norma, note-se que o §5º em questão, abrange completamente todas as hipóteses legais precedentes, previstas no mesmo artigo 28. Ao indicar que sempre poderá ser desconsiderada a pessoa jurídica quando esta for de alguma forma obstáculo ao ressarcimento, a norma que aparentemente seria subsidiária em relação à aplicação do *caput* e demais parágrafos do artigo 28, assume, em razão do seu conteúdo abrangente, a qualidade de norma principal. O caráter amplo e, de certo modo objetivo, ou ao menos independente de culpa, uma vez que abrange todas as hipóteses, presentes ou não a culpa e o dolo, suscita grandes discussões doutrinárias e jurisprudenciais. Em primeiro lugar, sobre o acerto técnico da norma.

---

[189] STJ, REsp 1635637/RJ, Rel. Min. Nancy Andrighi, 3ª Turma, j. 18/09/2018, *DJe* 21/09/2018.
[190] Eduardo Gabriel Saad, *Comentários ao Código de Defesa do Consumidor*. 2ª ed. São Paulo: LTr, 1997, p. 280. O STJ, contudo, reconhece a possibilidade de desconsideração da personalidade jurídica para estender os efeitos da falência de uma das sociedades coligadas em relação às demais, quando identificada fraude: STJ, REsp 1259020/SP, Rel. Min. Nancy Andrighi, 3ª Turma, j. 09/08/2011, *DJe* 28/10/2011.

Assim por exemplo, Zelmo Denari, para quem a manutenção do § 5º em questão deveu-se a um equívoco do Presidente da República, que no momento da promulgação do CDC, ao invés de vetar o dispositivo em questão, por engano terminou vetando o §1º do mesmo artigo[191]. Ocorre que, ainda que procedam estas observações, no caso não houve veto, de modo que a disposição está plenamente vigente e aplicável.

A largueza semântica significativa da disposição pode conduzir à certa insegurança jurídica, e mesmo ao menosprezo da eficácia típica da personificação e do instituto da pessoa jurídica. É um dos principais fundamentos da crítica sobre excessos na aplicação da desconsideração em detrimento dos efeitos próprios da personalidade jurídica. Em termos literais, o § 5º do art. 28, do CDC, tem o condão de transformar a exceção em regra, no sentido do afastamento da personalidade jurídica para efeito da responsabilização dos sócios e administradores em quaisquer hipóteses nas quais exista prejuízo do consumidor e impossibilidade de ressarcimento pela pessoa jurídica fornecedora.[192] A toda evidência, que não tem como subsistir sua interpretação literal como regra. Ao contrário, só poderá ser tido como instrumento útil em vista de aplicação prudente da norma pela jurisprudência, de modo a torná-lo garantia de ressarcimento dos prejuízos sofridos pelos consumidores, sem prejuízo dos direitos individuais dos sócios e administradores, e, especialmente, sem a restrição excessiva à livre iniciativa econômica assegurada pela Constituição (art. 170, *caput*).

Merece atenção, neste aspecto, a decisão paradigma do Superior Tribunal de Justiça, acerca da responsabilidade pelos danos decorrentes da explosão do shopping em Osasco/SP. Na defesa das suas posições, houve divergência entre os Ministros Ari Pargendler, defensor da denominada *teoria maior da desconsideração*, pela qual esta só tem lugar quando demonstrada o desvio de finalidade ou confusão patrimonial. Entretanto, restou assentado no julgado, por maioria, em vista do voto condutor da Ministra Nancy Andrighi, que em relação ao microssistema do CDC, aplica-se a *teoria menor da desconsideração*, pela qual "o risco empresarial normal às atividades econômicas não pode ser suportado pelo terceiro que contratou com a pessoa jurídica, mas pelos sócios e/ou administradores desta, ainda que estes demonstrem conduta administrativa proba, isto é, mesmo que não exista qualquer prova capaz de identificar conduta culposa ou dolosa por parte dos sócios e/ou administradores da pessoa jurídica".[193]

---

[191] Zelmo Denari, *Código brasileiro de defesa do consumidor comentado pelos autores do anteprojeto*. 8ª ed. Rio de Janeiro: Forense Universitária, 2005, p. 239.

[192] Com fundamento no art. 28, §5º, decidiu o STJ: "RECURSO ESPECIAL. AÇÃO DE RESOLUÇÃO DE CONTRATO DE PROMESSA DE COMPRA E VENDA DE IMÓVEL PROPOSTA CONTRA A CONSTRUTORA E SEUS SÓCIOS. DESCONSIDERAÇÃO DA PERSONALIDADE JURÍDICA. ART. 28, CAPUT E § 5º, DO CDC. PREJUÍZO A CONSUMIDORES. INATIVIDADE DA EMPRESA POR MÁ ADMINISTRAÇÃO. 1. Ação de resolução de contrato de promessa de compra e venda de imóvel movida contra a construtora e seus sócios. 2. Reconhecimento pelas instâncias ordinárias de que, em detrimento das consumidoras demandantes, houve inatividade da pessoa jurídica, decorrente da má administração, circunstância apta, de per si, a ensejar a desconsideração, com fundamento no art. 28, caput, do CDC. 3. No contexto das relações de consumo, em atenção ao art. 28, § 5º, do CDC, os credores não negociais da pessoa jurídica podem ter acesso ao patrimônio dos sócios, mediante a aplicação da disregard doctrine, bastando a caracterização da dificuldade de reparação dos prejuízos sofridos em face da insolvência da sociedade empresária. 4. Precedente específico desta Corte acerca do tema (REsp. nº 279.273/SP, Rel. Min. Ari Pargendler, Rel. p/ Acórdão Min. Nancy Andrighi, 3ª Turma, *DJ* 29.03.2004). 5. Recurso especial conhecido e provido. (STJ, REsp 737.000/MG, Rel. Min. Paulo de Tarso Sanseverino, 3ª Turma, j. 01/09/2011, *DJe* 12/09/2011)

[193] REsp 279273 / SP; Rel. p/Acórdão Min. Nancy Andrighi; j. 04/12/2003; p. DJU 29.03.2004, p. 230. Dentre outras decisões no mesmo sentido: STJ, REsp 744.107/SP, Rel. Min. Fernando Gonçalves, 4ª Turma, j. 20/05/2008, *DJe* 12/08/2008.

A questão, contudo, remanesce envolta em divergência. Daí porque não é incorreto observar que a aplicação do § 5º do art. 28, do CDC, como fundamento da desconsideração tem sua aplicação circunscrita às circunstâncias do caso concreto, reclamando prudência e cautela do juiz, e tomado em caráter subsidiário em relação à responsabilidade da própria pessoa jurídica fornecedora, mas ao mesmo tempo como garantia, de acordo com o princípio da confiança, em vista da necessidade de assegurar o direito do consumidor ao ressarcimento integral de seus prejuízos. Da mesma forma, devem ser examinados os custos exigidos das partes, sem perder de vista que ao final, redistribuem-se entre todos os agentes econômicos, seja por intermédio da formação dos preços, ou da elevação/retração da atividade econômica do mercado.

Também no **direito ambiental** a desconsideração da personalidade jurídica é expressamente prevista pelo art. 4º da Lei 9.605/1998, que dispõe sobre as sanções penais e administrativas por lesão ao meio ambiente, nos seguintes termos: "Art. 4º. Poderá ser desconsiderada a pessoa jurídica sempre que sua personalidade for obstáculo ao ressarcimento de prejuízos causados à qualidade do meio ambiente." A interpretação da regra em questão suscita as mesmas discussões relativas ao art. 28, § 5º, do CDC, com o qual se identifica o texto, em especial sobre o fato de distinguir-se uma hipótese especial de desconsideração da personalidade jurídica, mais rigorosa, dispensando os pressupostos da norma geral do art. 50 do CDC.[194] Ou seja, segundo este entendimento, bastará a demonstração de ausência de patrimônio da pessoa jurídica para a reparação dos danos ambientais causados, sendo dispensada a demonstração de desvio de finalidade ou de confusão patrimonial.[195] Esta hipótese não se confunde com aquelas em que se reconheça a coparticipação de administradores ou sócios da pessoa jurídica na realização do dano, situação em que respondem solidariamente com fundamento em sua contribuição causal.[196] O fundamento da desconsideração da personalidade jurídica no caso da obrigação de indenizar danos ambientais orienta-se pela priorização da efetividade da sanção, inclusive visando o desestímulo de potenciais lesantes, e a prevenção de danos muitas vezes irreversíveis.[197]

---

[194] Neste sentido, é o entendimento jurisprudencial que afirma: "Não custa lembrar que o Direito Ambiental adota, amplamente, a teoria da desconsideração da personalidade jurídica (*in casu*, *v.g.*, os arts. 4º da Lei 9.605/1998 e arts. 81 e 82 da Lei 11.101/2005). Sua incidência, assim, na Ação Civil Pública, vem a se impor, em certas situações, com absoluto rigor. O intuito é viabilizar a plena satisfação de obrigações derivadas de responsabilidade ambiental, notadamente em casos de insolvência da empresa degradadora. No que tange à aplicação do art. 4º da Lei 9.605/1998 (= lei especial), basta tão somente que a personalidade da pessoa jurídica seja "obstáculo ao ressarcimento de prejuízos causados à qualidade do meio ambiente", dispensado, por força do princípio da reparação in integrum e do princípio poluidor-pagador, o requisito do "abuso", caracterizado tanto pelo "desvio de finalidade", como pela "confusão patrimonial", ambos próprios do regime comum do art. 50 do Código Civil (= lei geral)" (STJ, REsp 1339046/SC, Rel. Min. Herman Benjamin, 2ª Turma, j. 05/03/2013, *DJe* 07/11/2016).

[195] TJSP, AgIn 731.517-5/3-00, Rel. Regina Capistrano, Câmara de Direito Público/Reservada ao Meio Ambiente, j. 28/2/2008, RT 872/229; TJPR, AgIn 15636161-9, Rel Leonel Cunha, 5.ª Câmara Cível, j. 13/9/2016, *DJe* 23/9/2016; TJMG, ApCiv 1.0338.05.037512-4/001, Rel. Washington Ferreira, 1.ª Câmara Cível, j. 02/02/2016, p. 16/02/2016;TJRS – AgIn 70078938628, Rel. Ricardo Torres Hermann, 2.ª Câmara Cível, j. 14/11/2018, p. 20/11/2018. Em sentido contrário, exigindo os requisitos do art. 50 do Código Civil para a desconsideração em matéria de responsabilidade por danos ambientais: TJSP, ApCiv Ap 0004750-75.2010.8.26.0299, Rel. Moreira Viegas, j. 18/06/2015, p. 20/06/2015.

[196] TJSP – Ap 0004750-75.2010.8.26.0299 – 1ª Câmara Reservada ao Meio Ambiente – j. 18/6/2015 – julgado por Moreira Viegas – WEB 20/6/2015.

[197] Antônio Herman Benjamin, Responsabilidade civil pelo dano ambiental. Revista de direito ambiental, v. 9. São Paulo: RT, janeiro-março/1998, p. 5-52.

7.6. O incidente de desconsideração da personalidade jurídica

O caráter de exceção da desconsideração da personalidade jurídica dá causa à preocupação com a tutela da confiança dos administradores ou sócios, em especial no tocante às situações em que seu deferimento pelo juiz possa dar causa a sua responsabilização pelas obrigações da pessoa jurídica. Na origem, a ausência de um procedimento próprio para esta providência judicial deu causa ao seu deferimento em diferentes momentos do processo, muitas vezes sem oportunizar ao titular do patrimônio atingido pela responsabilização a oportunidade de contraditório.

Visando evitar tais situações, a legislação processual, marcada pela proteção da confiança das partes (arts. 9º e 10 do Código de Processo Civil), passa a prever que a desconsideração da personalidade jurídica seja objeto de um incidente processual específico, para o qual os administradores ou sócios cujo patrimônio possa ser alcançado para responder pelas obrigações da pessoa jurídica, possam exercer o contraditório e a ampla defesa. Dispõe o art. 133 do Código de Processo Civil: "O incidente de desconsideração da personalidade jurídica será instaurado a pedido da parte ou do Ministério Público, quando lhe couber intervir no processo". A regra em questão define, a partir da lei processual, que a desconsideração da personalidade jurídica não poderá ser decretada de ofício pelo juiz, o que teria por efeito delimitar os termos da interpretação das normas que dispõe sobre o tema no plano do direito material.[198] Por esta visão, apenas quando houver pedido da parte interessada ou do Ministério Público, processando-se o incidente, será deferida ou não a desconsideração. O mesmo se diga, em razão do §2º do mesmo art. 133, em relação à desconsideração inversa da personalidade jurídica, pela qual a pessoa jurídica possa vir a responder por obrigações contraídas pelos sócios. Todavia, dispensa-se a instauração do incidente se houver pedido com este fim já na petição inicial, hipótese em que o sócio ou a pessoa jurídica serão citados para participar da ação (art. 134, § 2º, CPC/2015). Neste particular, anote-se que não se deve fazer distinção entre os sócios (se administradores da sociedade ou não) para efeito de reconhecer a legitimação passiva para o incidente de desconsideração ou mesmo, diretamente, dirigir-se a petição inicial da ação.[199]

O efeito da instauração do incidente será a suspensão do processo e citação do sócio ou da pessoa jurídica para manifestar-se e requerer provas. Concluída a instrução do processo, será proferida decisão interlocutória, da qual cabe recurso (art. 136, CPC/2015). Acolhido o pedido de desconsideração, define o art. 137 do CPC/2015 que "a alienação ou a oneração de bens, havida em fraude de execução, será ineficaz em relação ao requerente". Note-se, neste particular, o entendimento de que os efeitos da desconsideração só se estabelecem para caracterizar a fraude à execução, se o beneficiário tinha meios de conhecer a existência do incidente.[200]

8. OS ENTES NÃO PERSONIFICADOS

Ao lado das pessoas naturais e das pessoas jurídicas as quais, por serem dotadas de personalidade, o Direito confere capacidade jurídica, há entes que, embora não sejam personificados (ou seja, não tenham personalidade), ainda assim, por expressa previsão legal, serão dotados de capacidade jurídica. Por capacidade jurídica, neste caso, entenda-se a capacidade de serem

---

[198] Alexandre Freitas Câmara, Comentário ao art. 134. In: Teresa Arruda Alvim Wambier et alli, *Breves comentários ao novo Código de processo civil*. São Paulo: Ed. RT, 2015, p. 426-427... Teresa Arruda Alvim Wambier, Maria Lúcia Lins Conceição, Leonardo Ferres da Silva Ribeiro, Rogério Licastro Torres de Mello, *Primeiros comentários ao novo Código de Processo Civil*: artigo por artigo. São Paulo: RT, 2015, p. 252.

[199] STJ, REsp 1.250.582/MG, rel. Min. Luis Felipe Salomão, 4ª Turma, j. 12.04.2016, *DJe* 31.05.2016.

[200] Alexandre Freitas Câmara, Comentário ao art. 134, cit., p. 429.

titulares de determinados direitos e deveres, assim como das pretensões que os asseguram. Para bem compreender sua situação é preciso retomar a distinção essencial já abordada: a personalidade jurídica compreende a capacidade jurídica, de modo que a pessoa tenha a aptidão de titular direitos e deveres. Porém pode haver capacidade jurídica sem personalidade, o que decorre de técnica legislativa definindo certo modo de tutela de interesses. É comum referir-se a estes entes que prescindem de personificação como *entes despersonalizados*, de *personalização anômala*, ou como o qualificamos aqui, *entes não personificados*.

Afora a circunstância de constatar-se a ausência de personalidade jurídica, diversificada é a definição doutrinária quanto a tais entes. Alterna-se sua classificação como "massa de bens" ou "núcleos unitários",[201] "universalidade" "com representação ativa e passiva",[202] "grupos despersonalizados"[203] que se caracterizam como "sujeitos de direito despersonificados"[204], valendo ainda a classificação mais antiga dos "direitos sem sujeito",[205] de que são "mais uma ficção do direito", que podem ser sujeitos de direitos e deveres com capacidade judicial,[206] ou de que se tratam de "realidade fática e jurídica"[207] que por técnica do direito faz confluir sua capacidade processual e material.

A previsão destes entes não personificados tradicionalmente se estabeleceu de modo difuso pela legislação, sem unidade dogmática, e geralmente identificados por sua capacidade processual, na medida em que dotados de legitimidade para exercício de pretensões em juízo. No Código de Processo Civil (art. 75) é previsto que serão representados em juízo, ativa e passivamente, além das pessoas jurídicas, a massa falida, pelo administrador judicial (inciso V), a herança jacente ou vacante, por seu curador (inciso VI), o espólio, pelo inventariante (inciso VII), a sociedade e a associação irregulares e outros entes organizados sem personalidade jurídica, pela pessoa a quem couber a administração de seus bens (inciso IX) e o condomínio, pelo administrador ou síndico (inciso XI).

Duas críticas principais são tradicionalmente opostas à legislação processual neste ponto, a qual reproduz, em parte, o que já dispunha o art. 12 do Código de Processo Civil anterior. A primeira, de que é incorreto afirmar que serão "representados em juízo", uma vez que apenas a pessoa poderia representar e ser representada. A segunda, de que não são partes propriamente, embora admitido que se possam reconhecer como "partes de ofício".[208]

Atualmente, contudo, a identificação e sistematização dos entes não personificados não se restringe à capacidade processual, tampouco apenas àqueles relacionados no Código de Processo Civil. A dissociação, por técnica legislativa, entre personalidade e capacidade jurídica vem abrangendo também situações que visam à garantia de adimplemento, bem como a proteção em vista de obrigações não relacionadas diretamente com a finalidade a que se aplica, do que é bom exemplo a existência de patrimônios autônomos (de afetação), segregados daquele

---

[201] Orlando Gomes, Introdução ao direito civil, p. 178.
[202] Caio Mário da Silva Pereira, Instituições de direito civil, v. I, p. 270;
[203] Carlos Roberto Gonçalves, Direito civil brasileiro, v. 1, p. 226; Flavio Tartuce, Direito civil, v. 1, p. 315; Cristiano Chaves de Farias, Nelson Rosenvald, Curso de direito civil, v. 1, p. 360.
[204] Maria Helena Diniz, Curso de direito civil brasileiro, v. 1. São Paulo: Saraiva, 2007, p. 293; Carlos Roberto Gonçalves, Direito civil brasileiro, v. 1, p. 226; Flavio Tartuce, Direito civil, v. 1, p. 315; Cristiano Chaves de Farias, Nelson Rosenvald, Curso de direito civil, v. 1, p. 360.
[205] Miguel Maria de Serpa Lopes, Curso de direito civil, v. 1. Rio de Janeiro: Freitas Bastos, 1988, p. 197-198.
[206] Francisco Amaral, Direito civil: introdução, 9ª ed., p. 416.
[207] Fernando Antônio Barbosa Maciel. Capacidade e entes não personificados. Curitiba: Juruá, 2008, p. 90.
[208] José Lamartine Corrêa de Oliveira, A dupla crise da pessoa jurídica. São Paulo: Saraiva, 1979, p. 209.

de titularidade de determinada pessoa, aos quais também se passa a reconhecer a capacidade jurídica para ser titular de direitos e obrigações, exercendo-os em favor do fim para o qual se constituíram. O exemplo mais conhecido se dá no âmbito das incorporações imobiliárias e a possibilidade de registrar-se patrimônio de afetação pelo qual "o terreno e as acessões objeto de incorporação imobiliária, bem como os demais bens e direitos a ela vinculados, manter-se-ão apartados do patrimônio do incorporador e constituirão patrimônio de afetação, destinado à consecução da incorporação correspondente e à entrega das unidades imobiliárias aos respectivos adquirentes" (art. 31-A, da Lei 4.591/1964).

Frente a estas situações, surge na doutrina contemporânea propostas de ressistematização que separam a noção de sujeito de direito e de pessoa, afirmando expressamente a possibilidade de entes não personificados serem titulares de direitos e deveres (capacidade jurídica), independentemente da personalidade, e criticando as soluções que restringem seu reconhecimento apenas à concessão de capacidade ou legitimação processual.[209] É correta esta visão. Embora os entes não personificados jamais tenham se constituído em uma categoria jurídica, dada sua previsão difusa e episódica pela legislação, é certo que seu reconhecimento se vincula, inclusive por comparação e exclusão, a uma categoria afirmada que é a da pessoa jurídica.[210] Esta, como se viu, historicamente associa-se a dois elementos essenciais, que é a existência da declaração de vontade com o propósito de sua criação de forma distinta daqueles que a constituem, e um modo de seu reconhecimento formal pelo Direito. Os entes não personificados, por sua vez, são definidos, em comparação à pessoa jurídica, por não resultarem necessariamente de uma declaração de vontade com este propósito específico ou porque não tenham formalização direcionada ao fim de personificação. Respondem, contudo, a outras exigências práticas, em especial para definir uma disciplina uniforme a interesses comuns.

São considerados entes não personificados no direito brasileiro: a) o espólio; b) a herança jacente e vacante; c) a massa falida; d) o condomínio; e) as sociedades não personificadas; f) as sociedades de fato ou irregulares; g) os fundos de investimento; h) a família.

Uma tradicional solução para a interpretação da capacidade processual destes entes, como "partes de ofício", inspirados no direito alemão (*Partei kraft Amtes*)[211] não pode deixar de notar que naquele sistema, embora a capacidade para atuar em juízo seja reconhecida a certas pessoas, expressamente se consigna que atuam em nome de uma determinada parte por necessidade ou conveniência, seja porque a parte não pode se fazer representar (§ 56 do ZPO) ou por que atue no interesse geral (§ 116 do ZPO). No direito brasileiro, cumprem estas funções a nomeação de curador para o processo ou certas situações de substituição processual.

A falta de elementos comuns às várias hipóteses de entes não personificados previstos na legislação conduz à conclusão de que qualquer solução que desconheça aí uma técnica legislativa, e pretenda uma identidade entre elas, será marcada pelo artificialismo. É a norma que, reconhecendo, por vezes, situações que são inclusive históricas e antecedentes, não prevê sua personificação, mas lhe dota de capacidade para adquirir e exercer certos direitos, contrair

---

[209] Em especial, na doutrina brasileira, veja-se Paulo Lôbo, Direito civil: parte geral, São Paulo: Saraiva, 2009, p. 184-188.

[210] A identidade entre personalidade e capacidade para ser titular de direitos e obrigações está na gênese da própria origem moderna da pessoa jurídica, conforme bem registra Riccardo Orestano (Il problema della persone giuridiche in diritto romano. Torino: Giappichelli, 1968, p.17 e ss), daí a razão evidente do paralelismo ao tratar-se da dissociação entre os conceitos.

[211] No direito brasileiro, conforme registrou-se é a referência de José Lamartine Corrêa de Oliveira, em especial para os caso da massa falida e da herança. José Lamartine Corrêa de Oliveira, A dupla crise da pessoa jurídica. São Paulo: Saraiva, 1979, cit.

obrigações e exercer as pretensões e exceções inerentes a tal condição. Correto dizer que não há aqui apenas a capacidade de atuação em juízo – como resulta da legislação processual –, que é apenas um dos modos de exercício, mas também para adquirir e dispor, nos limites fixados pela norma.

No caso do **espólio**, compreende a universalidade de bens que pertencendo a pessoa que veio falecer, assume esta qualidade com a morte, transmitindo-se desde logo aos herdeiros, por força do princípio da *saisine* (art. 1.784, do Código Civil: "Aberta a sucessão, a herança transmite-se, desde logo, aos herdeiros legítimos e testamentários."). Não tem personalidade jurídica, e a titularidade sobre os bens que compõem a universalidade é comum dos herdeiros, um todo unitário (art. 1.791 do Código Civil), mantendo-se o espólio existente até que haja a partilha, com a consequente divisão dos bens para que passem a integrar, individualmente, o patrimônio de cada um deles. Incumbe a administração da herança como todo unitário, ao inventariante, assim como, enquanto ele não prestar o compromisso, aqueles a quem a lei atribua a tarefa (art. 1.794 do Código Civil). O inventariante administra o espólio (herança) e por força desta atribuição, age no interesse comum dos herdeiros, pretendendo os créditos que o integram, ou respondendo pelas dívidas que devam ser deduzidas deste patrimônio comum, daí a previsão também, da sua capacidade processual (art. 75, VII, do CPC).

Herança jacente é a universalidade de bens arrecadados que pertenceram a pessoa que veio a falecer sem deixar herdeiros conhecidos. Após serem arrecadados os bens, estes ficarão "sob a guarda e administração" de um curador, até sua entrega ao sucessor que venha a se habilitar, ou à declaração de sua vacância (art. 1.819 do Código Civil). Cumpre ao curador arrecadar os bens e proceder o inventário, após o que dará conhecimento por edital da existência da herança para a habilitação de eventuais sucessores. Passado um ano da primeira publicação de edital com este propósito, sem haver herdeiros habilitados, a herança é declarada vacante. A **herança vacante** é aquela da qual não há herdeiros. Cumpre ao curador administrá-la, satisfazendo os créditos que a ela oponham os credores, exercer os direitos e pretensões de caráter patrimonial que tinha o falecido em favor da herança e, mantendo-se a falta de herdeiros, promover sua incorporação ao domínio do Município, do Distrito Federal ou da União, conforme o caso (art. 1.822 do Código Civil). Aqui também cumpre ao curador a guarda e administração da universalidade de bens, no interesse de sua preservação. Atua, inclusive, exercendo pretensões, ações e exceções em juízo ou fora dele, mediante um poder-dever conferido por lei, e para o que será nomeado pelo juízo. Revela-se o interesse público não apenas porque ao final a herança vacante se incorpora ao patrimônio público, mas também na tutela do interesse de eventuais sucessores que venham a se habilitar no prazo legal. Não é a melhor técnica afirmar que o curador representa a herança jacente ou vacante, senão que atua em seu favor, exercendo para tanto os poderes que lhe são conferidos a partir de sua nomeação pelo juiz.

No caso da **massa falida**, é a universalidade de bens que tem origem com a decretação da falência da sociedade empresária. Até o ato de decretação da falência, há uma universalidade de bens e direitos que integram o patrimônio da sociedade empresária. Por serem insuficientes para satisfação das obrigações da sociedade, há decretação da falência pelo juiz, ato que extingue a personalidade jurídica e converte os bens e direitos que integravam seu patrimônio na massa falida. A Lei 11.101/2005, que dispõe sobre a falência empresarial, define em vários momentos, posições da massa falida. A massa falida tem obrigações e direitos cujo poder de disposição do administrador se submete ao crivo judicial (art. 24, § 3º); é ela quem poderá arcar com a remuneração do administrador judicial e de quem o auxilie (art. 25), assim como do comitê de credores (art. 29) e das despesas de convocação da assembleia de credores (art. 36, § 3º). Da mesma forma, o administrador judicial responde pelos prejuízos causados à massa falida (art. 32). Por outro lado, deve ser ressarcida dos custos que teve para conservar bens que seja obrigada a restituir (art. 92), tem direito a créditos (art. 129, III), assim como toma-se em consideração o seu interesse para decidir (art. 111), poderá ela dispor de bens (art. 119) e ser dispensada de certas providências formais para atuar (art. 146).

O art. 22, III, "c" da Lei 11.101/2005 define que compete ao administrador judicial a representação judicial e extrajudicial da massa falida, incluindo os processos arbitrais; o art. 76, parágrafo único, da mesma lei dá conta de que todos os processos terão prosseguimento com o administrador judicial, que deverá ser intimado para representar a massa falida, sob pena de nulidade do processo. Aqui, vale transpor a fórmula já clássica de Pontes de Miranda: o administrador judicial não representa, e sim presenta. Porque, a rigor, atua em favor do interesse comum dos credores da falência, administrando a preservando os bens da massa, exercendo as pretensões quando seja ela própria credora, e promovendo sua liquidação regular para satisfação dos créditos contra ela opostos. Predomina em relação à massa falida, o interesse dos credores na sua liquidação e recebimento dos respectivos créditos. O que ocorre, apenas, é que a massa falida expressa o interesse comum e indivisível dos credores até que haja a liquidação e adimplemento dos respectivos créditos, e a conclusão da falência.

Também o **condomínio** é um ente não personificado, que conta com extensa disciplina legal (art. 1.331 e seguintes, do Código Civil). É categoria jurídica do direito das coisas, caracterizada pelo domínio comum, por mais de uma pessoa, sobre uma mesma coisa (cada condômino possuindo fração ideal do bem). O condomínio pode ser voluntário quando resulta da vontade comum na sua constituição, caso do condomínio edilício que surge de uma incorporação imobiliária, e vários proprietários de unidades autônomas – apartamentos, p. ex. – são condôminos em relação às áreas comuns da edificação; ou o condomínio de lotes, nos quais convivem áreas de domínio exclusivo, sobre os quais o proprietário dispõe livremente, e áreas de domínio comum; ou quando, simplesmente, mais de uma pessoa adquira um único bem, sem dividi-lo. O mesmo se diga do condomínio em multipropriedade, no qual a exclusividade se vincula a uma fração de tempo de fruição do imóvel (art. 1.358-C do Código Civil). Quem administra o condomínio é o administrador ou síndico, de onde resulta sua capacidade processual para atuar em seu nome, em juízo (art. 75, XI, do CPC). Mais uma vez aqui, revela-se que condomínio é tomado como ente não personificado pelo fato de titular o interesse comum dos condôminos, que poderá ser distinto do interesse individual de cada um deles. Prova disso, inclusive, é que o condomínio pode postular contra os próprios condôminos individualmente, quando não cumpram deveres inerentes a sua condição, tais como a obrigação relativa às despesas de manutenção no interesse comum, ou as regras de convivência ajustadas em comum. Por outro lado, no caso da pretensão reparatória, há situações em que o condomínio poderá postular por danos objetivamente sofridos ao interesse comum (danos patrimoniais, por ex.), em outras restringindo a legitimidade às pessoas dos condôminos que o integram (no caso de danos extrapatrimoniais).[212]

---

[212] RECURSO ESPECIAL. AÇÃO DE INDENIZAÇÃO POR DANOS MATERIAIS E COMPENSAÇÃO DE DANO MORAL. NEGATIVA DE PRESTAÇÃO JURISDICIONAL. AUSÊNCIA. LEGITIMIDADE ATIVA DO CONDOMÍNIO. PRETENSÃO EXERCIDA PARA DEFENDER INTERESSE PRÓPRIO. NATUREZA JURÍDICA DO CONDOMÍNIO. ENTE DESPERSONALIZADO. VIOLAÇÃO DA HONRA OBJETIVA. DANO MORAL NÃO CONFIGURADO. (...) 4. O condomínio tem legitimidade ativa para pleitear, em favor próprio, indenização por dano moral, não podendo fazê-lo em nome dos condôminos. 5. No âmbito das Turmas que compõem a Segunda Seção do STJ, prevalece a corrente de que os condomínios são entes despersonalizados, pois não são titulares das unidades autônomas, tampouco das partes comuns, além de não haver, entre os condôminos, a *affectio societatis*, tendo em vista a ausência de intenção dos condôminos

Há quem entenda que o condomínio possa ser pessoa jurídica, em especial o condomínio edilício. Argumento clássico é o de que a lei lhe confere direitos específicos, e por isso necessita ser pessoa.[213] No estágio atual do exame da matéria, aceitar este argumento e estendê-lo os demais entes sem personificação exigiria, por coerência, afirmar que todos são pessoas porque a lei lhe confere, sob diferentes intensidades, direitos e pretensões. Ou sob o correto destaque feito por Paulo Lôbo, seria afirmar-se a identidade entre pessoa e sujeito de direitos, do que a melhor atenção sobre o tema recomenda se afastar.[214] Os enunciados 90 da I Jornada de Direito Civil do CJF/STJ, e 246 da III Jornada, que alterou sua redação original, sustentam hoje: "Deve ser reconhecida personalidade jurídica ao condomínio edilício". A correta leitura deste entendimento parece ser: *"Pode ser reconhecida a personalidade"*, ou em outros termos, se for admitido que a relação das pessoas jurídicas de direito privado previstas no art. 44 do Código Civil é exemplificativa, que ele poderá ou não ser pessoa jurídica desde que se submeta a certa formalização. O fato eventual de admitir-se sua inscrição, para fins tributários no Cadastro Nacional de Pessoas Jurídicas, não é o que o torna pessoa jurídica. É necessário ter cuidado para não se inverter causa e consequência, bem como o que é uma definição sobre a categoria jurídica de direito civil, e suas consequências eficaciais, inclusive no plano tributário (inserção ou não em cadastro fiscal específico). O mais importante, contudo, é notar que, afinal, o condomínio justifica-se apenas na preservação e atuação em favor do interesse comum dos condôminos, do que é uma realidade indissociável, daí o fato de, mesmo não sendo personificado, se admitir que a atuação em favor deste interesse comum se dê pelo administrador ou síndico, ou mesmo, em situações específicas, pelos próprios condôminos. Os direitos e deveres dos condôminos (arts. 1.335 e 1.336 do Código Civil) são exercíveis entre si.

As **sociedades não personificadas**, como é intuitivo, também não detêm personalidade jurídica. São duas as previstas no Código Civil: a) a sociedade em comum; e b) a sociedade em conta de participação. A **sociedade em comum** é aquela que detém contrato social existente e válido entre os sócios, porém não é submetida a registro, razão pela qual permanece sem personificação (p. ex., contrato social de uma sociedade empresária que não é levada a registro na Junta Comercial). Pode ocorrer dela originar-se de contrato entre os sócios, para exercício de determinada atividade, porém sem prova escrita; tendo contrato escrito, exercer suas atividades sem registro. Da mesma forma, as regras da sociedade em comum incidem também sobre a **sociedade irregular**, que é aquela cujo contrato social é nulo e sem registro, assim como as

---

de estabelecerem, entre si, uma relação jurídica, sendo o vínculo entre eles decorrente do direito exercido sobre a coisa e que é necessário à administração da propriedade comum. 6. Caracterizado o condomínio como uma massa patrimonial, não há como reconhecer que seja ele próprio dotado de honra objetiva, senão admitir que qualquer ofensa ao conceito que possui perante a comunidade representa, em verdade, uma ofensa individualmente dirigida a cada um dos condôminos, pois quem goza de reputação são os condôminos e não o condomínio, ainda que o ato lesivo seja a este endereçado. 7. Diferentemente do que ocorre com as pessoas jurídicas, qualquer repercussão econômica negativa será suportada, ao fim e ao cabo, pelos próprios condôminos, a quem incumbe contribuir para todas as despesas condominiais, e/ou pelos respectivos proprietários, no caso de eventual desvalorização dos imóveis no mercado imobiliário. 8. Hipótese em que se afasta o dano moral do condomínio, ressaltando que, a par da possibilidade de cada interessado ajuizar ação para a reparação dos danos que eventualmente tenha suportado, o ordenamento jurídico autoriza o condomínio a impor sanções administrativas para o condômino nocivo e/ou antissocial, defendendo a doutrina, inclusive, a possibilidade de interdição temporária ou até definitiva do uso da unidade imobiliária. 9. Recurso especial conhecido e provido." (REsp 1736593/SP, Rel. Min. Nancy Andrighi, 3ª Turma, j. 11/02/2020, *DJe* 13/02/2020)

[213] José Lamartine Corrêa de Oliveira, A dupla crise da pessoa jurídica. São Paulo: Saraiva, 1979, p. 101.
[214] Paulo Lôbo, Direito civil: parte geral, São Paulo: Saraiva, 2009, cit.

sociedades de fato, que compreendem aquelas em que mais de uma pessoa desenvolve atividade em comum, contudo, sem o propósito de constituir sociedade.[215] Em qualquer caso, a capacidade para atuar em juízo será da pessoa a quem couber a administração de seus bens, nos termos do art. 75, IX, do Código de Processo Civil ("Serão representados em juízo, ativa e passivamente: ... IX – a sociedade e a associação irregulares e outros entes organizados sem personalidade jurídica, pela pessoa a quem couber a administração de seus bens")

O que caracteriza a sociedade em comum, quanto a sua eficácia, é que os bens e dívidas sociais constituem patrimônio especial, do qual os sócios são titulares em comum (art. 988 do Código Civil), qualquer deles responde pelos atos de gestão dos demais, salvo pacto expresso que delimite os poderes. Neste caso, tal pacto só terá efeito em relação a terceiro "que o conheça ou deva conhecer" (art. 989 do Código Civil). Uma das principais distinções da sociedade em comum em relação às sociedades personificadas é que, justamente por não deter personalidade jurídica que lhe possa assegurar a separação de patrimônio, "todos os sócios respondem solidária e ilimitadamente pelas obrigações sociais", excluído do benefício de ordem aquele que contratou pela sociedade (art. 990 do Código Civil).

A **sociedade em conta de participação** é também não personificada, sendo a atividade que constitui seu objeto social exercida apenas pelo sócio ostensivo, em seu próprio nome e sob sua exclusiva responsabilidade, cabendo aos demais sócios, denominados sócios participantes, apenas a participação nos seus resultados (art. 991 do Código Civil). Neste caso, apenas o sócio ostensivo obriga-se perante terceiros; já o sócio participante obriga-se apenas em relação ao sócio ostensivo, nos termos do contrato social, que produz efeitos apenas entre os sócios, não sendo exigida qualquer formalidade para sua celebração. Por esta razão, inclusive, a existência da sociedade em conta de participação pode ser provada por todos os meios de direito (art. 992 do Código Civil). Eventual registro de contrato escrito, que havendo, deve ser feito no respectivo Registro de Títulos e Documentos, não dá causa à personificação.

Os efeitos da sociedade em conta de participação merecem exame em duas ordens de relações: a) entre os sócios; e b) com terceiros. Entre os sócios, sendo o sócio ostensivo quem exerce as atividades da sociedade, cumpre ao sócio participante tão-somente fiscalizar sua atuação e participar dos resultados. No caso de tomar parte das atividades, relacionando-se com terceiros, passa a responder solidariamente pelas obrigações em que intervir. Por força do contrato entre os sócios, a contribuição patrimonial de ambos para a sociedade constitui patrimônio especial, objeto de conta de participação, e que produz efeitos exclusivamente entre eles. No caso de falência do sócio ostensivo, há dissolução da sociedade e liquidação da conta, cujo saldo constitui crédito quirografário; falindo o sócio participante, o contrato social submete-se às regras comuns relativas aos efeitos da falência nos contratos bilaterais do falido.[216]

---

[215] O enunciado 58 da I Jornada de Direito Civil do CJF/STJ, propõe: "A sociedade em comum compreende as figuras doutrinárias da sociedade de fato e da irregular".

[216] A regra geral do art. 117, *caput*, da Lei 11.101/2005 dispõe: "Art. 117. Os contratos bilaterais não se resolvem pela falência e podem ser cumpridos pelo administrador judicial se o cumprimento reduzir ou evitar o aumento do passivo da massa falida ou for necessário à manutenção e preservação de seus ativos, mediante autorização do Comitê." Todavia, dependendo da natureza da obrigação, poderão incidir regras especiais previstas na própria Lei 11.101/2005 ou na legislação especial. Assim, por exemplo, nas sociedades em conta de participação para exercício de atividade de incorporação imobiliária, eventual constituição de patrimônio de afetação atrai a regra do art. 119, IX, da mesma Lei 11.101/2005: "os patrimônios de afetação, constituídos para cumprimento de destinação específica, obedecerão ao disposto na legislação respectiva, permanecendo seus bens, direitos e obrigações separados dos do falido até o advento do respectivo termo ou até o cumprimento de sua finalidade, ocasião em que o administrador judicial arrecadará o saldo a favor da massa falida ou inscreverá na classe própria o crédito que contra ela remanescer."

Trata-se, neste sentido, de um contrato cuja natureza obrigacional compreende como objeto um investimento comum das partes, e partilha dos respectivos riscos. A liquidação da sociedade em conta de participação se dá por prestação de contas (art. 996 do Código Civil c/c ação de exigir contas – art. 550 do Código de Processo Civil), de iniciativa de qualquer dos sócios. Todavia, admite-se a aplicação subsidiária das hipóteses legais de dissolução da sociedade simples (art. 1.034 do Código Civil) como momento antecedente à liquidação.[217]

Na relação com terceiros, há exclusividade da atuação do sócio ostensivo, que responde ilimitadamente pelas obrigações que contrai pessoalmente. A rigor, os terceiros podem sequer ter conhecimento da existência do contrato de sociedade, relacionando-se apenas com a pessoa do sócio ostensivo.

Os **fundos de investimento** também são entes não personificados, cuja natureza jurídica definida por lei é a de condomínio,[218] o que já era objeto de disposição própria na lei que estruturou o mercado de capitais no Brasil (arts. 49 e 50 da Lei 4.728/1965), e recentemente veio a ser introduzido, de forma pouco sistemática no Código Civil, no Livro dos Direitos Reais, dispondo em seu art. 1.368-C: "O fundo de investimento é uma comunhão de recursos, constituído sob a forma de condomínio de natureza especial, destinado à aplicação em ativos financeiros, bens e direitos de qualquer natureza." Por expressa disposição legal, contudo, não se aplicam aos fundos de investimento as regras gerais sobre condomínio voluntário (art. 1.368-C, § 1º). Segundo a boa doutrina, "são condomínios voluntários, nascidos de uma comunhão de interesses, formado pela propriedade comum de bens móveis ou imóveis, sem que com sua constituição nasça uma pessoa jurídica".[219] A disciplina indicada pelo Código Civil consagra a noção já afirmada de que o fundo de investimento compreende um patrimônio segregado do seu administrador. Se lhes imputa responsabilidade pelas obrigações legais e contratuais assumidas. Assim o art. 1.368-E, do Código Civil: "Os fundos de investimento respondem diretamente pelas obrigações legais e contratuais por eles assumidas, e os prestadores de serviço não respondem por essas obrigações, mas respondem pelos prejuízos que causarem quando procederem com dolo ou má-fé." Havendo limitação de responsabilidade do fundo, e não tendo patrimônio suficiente para responder por suas dívidas, o §1º do mesmo art. 1.368-E, dispõe que serão aplicadas a ele as regras gerais de insolvência do devedor nas relações obrigacionais (arts. 955 e ss. do Código Civil).

Como entes não personificados, note-se que, ainda assim, se lhes confere expressamente capacidade para ser titular de direitos e responder pelas obrigações legais e contratuais, tanto frente a seus investidores (que contribuíram com patrimônio para formação do fundo), quanto

---

[217] "DIREITO EMPRESARIAL E CIVIL. RECURSO ESPECIAL. AÇÃO DE DISSOLUÇÃO DE SOCIEDADE. SOCIEDADE EM CONTA DE PARTICIPAÇÃO. NATUREZA SOCIETÁRIA. POSSIBILIDADE JURÍDICA. ROMPIMENTO DO VÍNCULO SOCIETÁRIO. 1. Discute-se a possibilidade jurídica de dissolução de sociedade em conta de participação, ao fundamento de que ante a ausência de personalidade jurídica, não se configuraria o vínculo societário. 2. Apesar de despersonificadas, as sociedades em conta de participação decorrem da união de esforços, com compartilhamento de responsabilidades, comunhão de finalidade econômica e existência de um patrimônio especial garantidor das obrigações assumidas no exercício da empresa. 3. Não há diferença ontológica entre as sociedades em conta de participação e os demais tipos societários personificados, distinguindo-se quanto aos efeitos jurídicos unicamente em razão da dispensa de formalidades legais para sua constituição. 4. A dissolução de sociedade, prevista no art. 1.034 do CC/02, aplica-se subsidiariamente às sociedades em conta de participação, enquanto ato inicial que rompe o vínculo jurídico entre os sócios. 5. Recurso especial provido. (STJ, REsp 1230981/RJ, Rel. Min. Marco Aurélio Bellizze, 3ª Turma, j.16/12/2014, DJe 05/02/2015)

[218] Bruno Miragem, Direito bancário, 3ª ed. São Paulo: RT, 2019, p. 498.

[219] Ary Oswaldo Mattos Filho, Direito dos valores mobiliários. São Paulo: FGV, 2015. t. 2. vol. 1. p. 345.

perante terceiros. Refere o art. 1386-C, § 3º, do Código Civil que "o registro dos regulamentos dos fundos de investimentos na Comissão de Valores Mobiliários é condição suficiente para garantir a sua publicidade e a oponibilidade de efeitos em relação a terceiros". Trata-se de registro constitutivo do fundo, mas que não serve para lhe conferir personalidade. Induz também a capacidade processual, nos mesmos termos do art. 75, IX, do Código de Processo Civil. Isso não afasta, por si só, os efeitos da responsabilidade daqueles que promovem o registro e lhes ofertam no mercado, segundo as regras comuns da oferta, tanto sob a égide do Código Civil, quanto do Código de Defesa do Consumidor, no caso em que venham a incidir sobre a relação jurídica a ele atinente.[220]

Por fim, refira-se que a **família** é habitualmente reconhecida como ente não personificado, tomado em consideração como destinatária de normas jurídicas de caráter protetivo, a partir de comando constitucional expresso (art. 226 da Constituição da República). Porém, ao contrário dos demais entes não personificados, não será ela dotada de capacidade processual, senão tomada como grupo social reconhecido pelo direito como uma instituição jurídica, razão pela qual se lhe endereça proteção que pode ser pretendida por seus membros. O exemplo notório, neste caso, é o da proteção ao bem de família e sua impenhorabilidade frente a dívidas (art. 1º da Lei 8.009/1991).

9. EXTINÇÃO DA PESSOA JURÍDICA

A extinção da pessoa jurídica se dá por diversas causas. No caso das pessoas jurídicas de direito público é a norma quem as extingue ou transforma, disciplinando as respectivas consequências jurídicas e situações transitórias que provierem deste ato. As pessoas jurídicas de direito privado observam também diferentes causas de extinção, conforme suas características.

É comum associar-se a extinção das pessoas jurídicas ao procedimento de sua dissolução. O próprio Código Civil refere-se aos casos de dissolução da pessoa jurídica ou cassada a autorização para seu funcionamento (art. 51). Não parece ser a melhor redação, sobretudo porque permite supor que no caso de cassação da autorização, para as pessoas jurídicas submetidas a tal exigência, extingue-se desde logo a pessoa jurídica. A toda evidência não é assim, tanto que é a mesma norma a dispor que, nestes casos, a pessoa jurídica "subsistirá, para os fins de liquidação, até que esta se conclua". A cassação não extingue, mas dá causa à extinção, porque a pessoa jurídica deixa de poder cumprir seu objeto (torna-se impossível juridicamente fazê-lo).

Não é por outra razão que o art. 51 do Código Civil disciplina o procedimento de liquidação do patrimônio da pessoa jurídica, antecedente a sua extinção. Liquida-se o patrimônio para satisfazer suas dívidas e receber seus créditos, assim como para dar a destinação correta ao seu saldo, se houver. No caso das sociedades, incidem as regras gerais do art. 1.102 e seguintes do Código Civil, sem prejuízo do disposto na legislação no caso da falência de sociedades empresárias (Lei 11.101/2005), ou ainda os procedimentos especiais de liquidação de certas pessoas jurídicas. Assim por exemplo, o disposto no art. 208 e seguintes da Lei 6.404/1976, em relação às sociedades anônimas, sem prejuízo do regramento especial relativo a certas sociedades, como as instituições financeiras (Lei 6.024/1974), seguradoras (art. 94 e ss do Decreto-lei 73/1966), e operadoras de saúde (art. 24 da Lei 9.656/1998), dentre outras.

---

[220] STJ, REsp 1326592/GO, Rel. Min. Luis Felipe Salomão, 4ª Turma, j. 07/05/2019, *DJe* 06/08/2019); e REsp 656.932/SP, Rel. Min. Antonio Carlos Ferreira, 4ª Turma, j. 24/04/2014, *DJe* 02/06/2014.

Dissolução da pessoa jurídica, assim, é gênero do que se pode sistematizar as seguintes espécies: a) dissolução voluntária; b) dissolução por força de lei; c) dissolução por decurso de prazo; d) dissolução judicial; e) dissolução por decisão administrativa.

No caso da dissolução judicial, a impossibilidade do cumprimento do seu objeto do ponto de vista fático ou jurídico promove a extinção, assim como aquela que decorre da própria insolvência econômica, que provoca a liquidação do patrimônio e satisfação dos credores, e que no caso das sociedades empresariais se realiza, como regra, com a decretação da falência.

Já foi registrado no exame das diversas espécies de pessoas jurídicas de direito privado, a existência de regras especiais sobre a destinação do patrimônio no caso de extinção. No caso das associações, o art. 61 do Código Civil disciplina a destinação do patrimônio remanescente após a liquidação, que poderá se dar conforme se disponha no estatuto, ou por deliberação dos associados.[221] No caso das fundações, o art. 69 do Código Civil dispõe que seu patrimônio se incorpora, "salvo disposição em contrário no ato constitutivo, ou no estatuto, em outra fundação, designada pelo juiz, que se proponha a fim igual ou semelhante." Nas sociedades, a regra é que, satisfeitas as dívidas da sociedade, o remanescente reverta-se em favor dos sócios.

A **dissolução voluntária** resulta de manifestação da autonomia privada. Quem constitui decide extinguir, o que é o caso das associações e sociedades, em que associados e sócios mantêm-se participando e com poder de deliberação sobre a atuação da pessoa jurídica. Podem fazê-lo nos termos previstos do ato constitutivo, ou conforme lhes faculte a lei. Há casos em que o próprio ato constitutivo prevê hipóteses de dissolução, em outros a decisão é superveniente daqueles que tem poder para deliberar pela extinção (e.g. no caso da sociedade anônima, art. 206, I, "b" e "c", da Lei 6.404/1976, na sociedade simples, do art. 1.033, II e III, do Código Civil). No caso das sociedades, a dissolução parcial que implique a retirada de um ou mais sócios por vontade própria não extingue necessariamente a pessoa jurídica, que permanece a existir com os sócios remanescentes (art. 1.028, II, do Código Civil, *a contrario sensu*). No caso de dissolução parcial, em que reste apenas um sócio único, tanto pode ocorrer a reconstituição da pluralidade de sócios no prazo legal (art. 1.033, IV, do Código Civil), quanto, se sociedade empresarial, tornar-se o remanescente empresário individual (extinguindo-se a pessoa jurídica), ou transformar-se, a própria pessoa jurídica, em empresa individual de responsabilidade limitada (caso em que nova pessoa jurídica sucede a sociedade).

A **dissolução por força de lei** compreende aquela em que é a lei quem extingue, o que em relação às pessoas jurídicas de direito privado se admite apenas nas situações em que também foi a lei quem criou a pessoa jurídica. É o caso das fundações públicas e empresas públicas. No caso das sociedades de economia mista a lei autorizou criar, de modo que poderá determinar que se extinga, promovendo as providências e formalidades tendentes a este fim. Outra situação é a que a lei atinge a própria possibilidade de realização do objeto social, ou porque tornou total ou parcialmente ilícito, ou porque o tornou inexequível. Não se trata de dissolução por força de lei, mas de dissolução por impossibilidade jurídica da realização do objeto social, que

---

[221] "Art. 61. Dissolvida a associação, o remanescente do seu patrimônio líquido, depois de deduzidas, se for o caso, as quotas ou frações ideais referidas no parágrafo único do art. 56, será destinado à entidade de fins não econômicos designada no estatuto, ou, omisso este, por deliberação dos associados, à instituição municipal, estadual ou federal, de fins idênticos ou semelhantes. § 1º Por cláusula do estatuto ou, no seu silêncio, por deliberação dos associados, podem estes, antes da destinação do remanescente referida neste artigo, receber em restituição, atualizado o respectivo valor, as contribuições que tiverem prestado ao patrimônio da associação. § 2º Não existindo no Município, no Estado, no Distrito Federal ou no Território, em que a associação tiver sede, instituição nas condições indicadas neste artigo, o que remanescer do seu patrimônio se devolverá à Fazenda do Estado, do Distrito Federal ou da União".

se torna inexequível (e.g. arts. 69 e 1.034, II, in fine, do Código Civil). Nestes casos em que se torne impossível a continuidade da pessoa jurídica, por ter se tornado inexequível seu objeto, a dissolução resultará de decisão judicial que o reconheça.

Ambas as situações descritas, de sua vez, não se confundem com as hipóteses em que uma pessoa jurídica venha a perder autorização para funcionar. A perda de autorização para funcionar é também conceito amplo (no caso das sociedades, o Código Civil refere-se apenas genericamente, no seu art. 1.033, V; nas sociedades anônimas, refere-se simplesmente à extinção da autorização, art. 206, I, "e" da Lei 6.404/1976), que abrange tanto situações de cassação da autorização como sanção administrativa ou penal em razão do cometimento de ato ilícito. Ou porque deixou de preencher as condições estabelecidas em lei para manutenção ou renovação da autorização, ou ainda – mais raro, mas possível – porque lei superveniente venha alterar as condições exigidas para concessão ou manutenção da autorização. Em todos estes casos, não se trata de dissolução por força de lei. A perda da autorização, qualquer que seja a razão, atingindo a finalidade ou a atividade da pessoa jurídica, torna-a inexequível, razão pela qual deverá ser promovida sua dissolução. Não é a lei, contudo, que extingue, ela impossibilita o exercício normal da atividade pela pessoa jurídica, o que dará causa à decisão de sua extinção, que poderá ser por deliberação dos sócios ou associados, ou judicial, no caso das fundações, ou também quando a lei determinar.

A **dissolução por decurso de prazo** tem lugar no caso de pessoas jurídicas constituídas por prazo certo. Implementado o termo final previsto para sua existência, extinguem-se de pleno direito (art. 69 do Código Civil, quanto às fundações; art. 206, I, da Lei 6.404/1976 – em relação às sociedades anônimas), ainda que se admita, em relação às sociedades, que a falta de providências para sua liquidação e na ausência de oposição de sócio, sua existência se prorrogue por prazo indeterminado (art. 1.033, I, do Código Civil).

Os casos de **dissolução judicial** são variados, reunindo todos aqueles em que compete ao juiz, conferindo os pressupostos para deliberação, decidir pela extinção. A expressão dissolução da pessoa jurídica, nestes casos, é adotada pela legislação de modo abrangente, tanto nas situações em que há o comprometimento da própria validade da constituição da pessoa jurídica (veja-se art. 1.034, I, do Código Civil e 206, II, "a", da Lei 6.404/1976), quanto situações que atuem no plano da eficácia, cessando sua existência *pro-futuro*, após a liquidação das relações jurídicas em curso (resolução). Neste caso, se está à frente da dissolução judicial que reconheça a inexequibilidade dos fins da pessoa jurídica, independentemente das razões: porque os fins a que se propunha foram atingidos ou se tornaram inexequíveis (art. 1.034, II, do Código Civil, art. 206, II, "b", da Lei 6.404/1976) ou inúteis (art. 69 do Código Civil), ou porque a se tornou insolvente, e por isso não terá mais como realizá-los, o que no caso das sociedades empresárias compreende a decretação da falência (arts. 1.087, 1.044 do Código Civil; art. 206, II, "c", da Lei 6.404/1976).

Também é **judicial** o caso de **dissolução compulsória da pessoa jurídica**, que resulta de sanção pela prática de ilícito, conforme prevê, por exemplo, o art. 24 da Lei 9.605/1998 (Lei dos Crimes Ambientais),[222] e o art. 19 da Lei 12.846/2013 (cognominada "Lei Anticorrupção").[223]

---

[222] "Art. 24. A pessoa jurídica constituída ou utilizada, preponderantemente, com o fim de permitir, facilitar ou ocultar a prática de crime definido nesta Lei terá decretada sua liquidação forçada, seu patrimônio será considerado instrumento do crime e como tal perdido em favor do Fundo Penitenciário Nacional."

[223] "Art. 19. Em razão da prática de atos previstos no art. 5º desta Lei, a União, os Estados, o Distrito Federal e os Municípios, por meio das respectivas Advocacias Públicas ou órgãos de representação judicial, ou equivalentes, e o Ministério Público, poderão ajuizar ação com vistas à aplicação das seguintes sanções às pessoas jurídicas infratoras: I – perdimento dos bens, direitos ou valores que representem vantagem

Por fim, refira-se a hipótese de **dissolução por decisão administrativa**, que é excepcional no sistema jurídico brasileiro, apenas ocorrendo em relação a pessoas jurídicas cujo regime jurídico da atividade submete-se a autorização e rigorosa fiscalização que autoriza, por razões de interesse público, a intervenção do Estado na autonomia privada. É o caso das instituições financeiras (art. 15 e ss da Lei 6.024/1974), seguradoras (art. 94, "b", do Decreto-lei 73/1966), operadoras de plano de assistência à saúde (arts. 24 e 24-D, da Lei 9.656/1998), e entidades de previdência complementar (art. 55 da Lei Complementar 109/2001), em que a extinção da pessoa jurídica subordinada à fiscalização estatal pode se dar com a conclusão dos procedimentos de liquidação extrajudicial. Em relação às sociedades anônimas, esta hipótese é prevista expressamente no art. 206, III, da Lei 6.404/1976 ("Dissolve-se a companhia: ... III – por decisão de autoridade administrativa competente, nos casos e na forma previstos em lei especial).

---

ou proveito direta ou indiretamente obtidos da infração, ressalvado o direito do lesado ou de terceiro de boa-fé; II – suspensão ou interdição parcial de suas atividades; III – dissolução compulsória da pessoa jurídica".

Capítulo IX
DOMICÍLIO

A disciplina do domicílio tem razões práticas muito importantes. Trata-se do reconhecimento jurídico da localização da pessoa em determinado lugar, o que repercute para definição das normas aplicáveis a uma série de situações nas quais ela participe. Repercute sobre as relações de direito privado, assim como de direito processual e de vários ramos do direito público. A definição do domicílio tem utilidade para determinar-se a lei que incide sobre determinada relação jurídica (como elemento de conexão no âmbito do direito internacional privado), como por exemplo, o que dispõe o art. 7º da Lei de introdução às normas do direito brasileiro: "A lei do país em que domiciliada a pessoa determina as regras sobre o começo e o fim da personalidade, o nome, a capacidade e os direitos de família." Da mesma forma pode fixar a competência jurisdicional, como é o caso da regra geral do art. 46, *caput*, do CPC que dispõe: "A ação fundada em direito pessoal ou em direito real sobre bens móveis será proposta, em regra, no foro de domicílio do réu." Também será onde poderá se alistar como eleitor (domicílio eleitoral), nos termos do art. 42, parágrafo único, do Código Eleitoral, ou em relação ao qual se possa exigir o cumprimento de obrigações tributárias (domicílio tributário), nos termos do art. 127 do Código Tributário Nacional. No âmbito penal, a tutela em relação ao crime de inviolabilidade do domicílio, como projeção do direito fundamental assegurado no art. 5º, XI, da Constituição da República ("a casa é asilo inviolável do indivíduo"), associa a "casa" ao domicílio, definindo-o como "qualquer compartimento habitado", "aposento ocupado de habitação coletiva", ou ainda "compartimento não aberto ao público, onde alguém exerce profissão ou atividade", tratando-se a jurisprudência de concretizar e expandir seu significado.[1]

No direito civil, o domicílio é critério a ser considerado, dentre outras situações, para o lugar do pagamento das obrigações, quando outra coisa não se defina (art. 327 do Código Civil), o que determina também o lugar em que um cheque pode ser apresentado a protesto (art. 6º da Lei 9.492/1997). Na abertura da sucessão, será considerado o último domicílio do falecido (art. 1.785 do Código Civil), bem como se exigirá, para nomeação do tutor, que a escolha recaia em pessoa residente no domicílio do menor (art. 1.732 do Código Civil).

A definição de domicílio, contudo, pertence ao direito civil, podendo ser adotada no todo ou em parte por outras áreas do Direito. Observa tanto elementos da sua tradição histórica, quanto critérios de conveniência, definidos por técnica legislativa, visando permitir que atenda a sua função básica de localização da pessoa no espaço. Afinal, o domicílio é o lugar de situação da pessoa.

---

[1] STF, HC 82.788, rel. Min. Celso de Mello, 2ª Turma, j. 12/04/2005; STF, HC 90.376, Rel. Min. Celso de Mello, 2ª Turma, j. 03/04/2007.

1. DOMICÍLIO DA PESSOA NATURAL

No caso da pessoa natural, incide a norma do art. 70 do Código Civil: "O domicílio da pessoa natural é o lugar onde ela estabelece a sua residência com ânimo definitivo". Reproduz o que já dispunha o art. 31 do Código Civil de 1916, e que vem da tradição do direito brasileiro[2]. No mesmo sentido, a lição de Clóvis Beviláqua, para quem *"o domicilio civil da pessoa natural é o lugar onde ela, de modo definitivo, estabelece a sua residência e o centro principal de sua atividade"*.[3]

Há dois elementos: um de caráter objetivo, o lugar de residência; outro subjetivo, o ânimo definitivo, que em verdade revela a intenção de permanecer.[4] Neste sentido, observa-se os modos pelos quais a pessoa natural exterioriza a intenção, que não precisará ser necessariamente expressa. Para tanto, note-se que se distinguem, em termos jurídicos, o domicílio e a residência. *Residência* é uma circunstância de fato, em que a pessoa faz sua moradia, onde habita. É relevante para a definição de domicílio, assim como é o do seu centro de atividade, o lugar onde exerça sua profissão e que será critério para determinação do domicílio profissional. *Domicílio* é conceito jurídico que toma este fato e lhe acresce do ânimo da pessoa de permanecer. Não identificada a residência, ainda assim se confere à pessoa natural um domicílio, neste caso a partir de uma ficção definida pela norma. Daí dizer o disposto no art. 73 do Código Civil: "Ter-se-á por domicílio da pessoa natural, que não tenha residência habitual, o lugar onde for encontrada."

Originalmente, entendia-se que o domicílio da pessoa natural só poderia ser um, inclusive pelo fato dela não poder estar em dois lugares ao mesmo tempo. A unicidade do domicílio era afirmada sob o argumento de que *"se o fim do domicílio é fixar as pessoas em um lugar determinado, para que se saiba qual o país cuja legislação se lhes deve aplicar, é evidente que o domicílio só pode ser um. O que quer dizer que, simultaneamente, uma pessoa não pode ter dois ou mais domicílios"*.[5] Para as pessoas de existência visível, indicava a possibilidade do domicílio ser *voluntário* ou *legal*, não variando, entretanto, sua finalidade, de *certeza legal ou judicial de um lugar de residência*.[6] Trata-se de influência do direito francês, a partir do art. 102 do *Code Napoléon*, de que "o domicílio de todo o francês, quanto ao exercício de seus direitos civis, é o local do seu principal estabelecimento" (*"Le domicile de tout Français, quant à l'exercice de sés droits civils, est au lieu ou il a son principal établissement"*), ainda sustentado naquele país, mas que não mais escapa à crítica da doutrina brasileira.[7] No direito alemão o domicílio, ao lado do nome, é um dos elementos de individualização da pessoa, admitida sua fixação subordinada à vontade e em vista da sua localização no espaço como centro de interesses (§ 7º do BGB).[8]

---

[2] Era já a solução do direito romano (*domicilium*) recebido pela tradição como lugar de residência permanente e centro de suas relações jurídicas, e incorporada na doutrina jurídica do século XIX, por Friedrich von Savigny, System des heutigen römischen Rechts, t. 8, Berlin: Bei Veit und Co., 1849, p. 58. Assim já previam as Ordenações Filipinas, Livro 2, título 56, §1, V. E, na doutrina brasileira do século XIX, definia o Conselheiro Ribas que *"domicílio é o lugar onde se habita com intenção de permanecer"*. Antônio Joaquim Ribas, Curso de direito civil brasileiro, v. II. Rio de Janeiro: B.L. Garnier – Livreiro Editor, 1880, p. 128.

[3] Clóvis Beviláqua, *Theoria geral do direito civil*. Campinas: RED Livros, 1999, p. 200.

[4] Augusto Teixeira de Freitas, *Código Civil. Esboço*, v. 1. Brasília: Ministério da Justiça, 1983, p. 65-66.

[5] Augusto Teixeira de Freitas, *Código Civil. Esboço*, v. 1. Brasília: Ministério da Justiça, 1983, p. 23-24.

[6] Augusto Teixeira de Freitas, *Código Civil. Esboço*, v. 1. Brasília: Ministério da Justiça, 1983, p. 65-66.

[7] Veja-se: Zeno Veloso, O domicílio no direito brasileiro, no português, e no projeto de Código Civil do Brasil. Revista de Direito Civil, v. 37. São Paulo: RT, jul.-set./1986, p. 14 e ss.

[8] Manfred Wolf; Jörg Neuner, Allgemeiner Teil des Bürgerlichen Rechts, 10 Auf. München: C.H. Beck, 2012, p. 138.

Esta compreensão é superada pela lei e pela realidade da vida. A maior facilidade para circulação de pessoas, com o desenvolvimento dos meios de transporte, e das comunicações, tornou absolutamente comum a possibilidade de contar-se com mais de um lugar de residência habitual. Esta nova realidade é reconhecida pelo art. 71 do Código Civil, que dispõe: "Art. 71. Se, porém, a pessoa natural tiver diversas residências, onde, alternadamente, viva, considerar-se-á domicílio seu qualquer delas".

Porém, a pessoa natural não apenas pode ter mais de uma residência, considerando qualquer delas domicílio, como também terá como domicílio para efeito das relações concernentes a sua profissão, o lugar onde é exercida.[9] Admitia-se, no direito anterior, a hipótese de ter a pessoa natural *mais de um centro de ocupação habitual* (art. 32 do Código Civil de 1916, revogado), considerando seu domicílio quaisquer deles. Para tanto, sustentava Clóvis Beviláqua, que a definição do domicílio da pessoa natural seguia a noção de morada e centro de atividade, admitindo-se, outrossim, que se encontrassem em lugares diferentes, ao indicar que "prendeu-se mais à residencia não sendo transitória, mas permanente, embora alternada", e da mesma forma, "o centro de ocupações é ideia que somente aparece na lei, quando a sua dualidade ou multiplicidade, mostrando a dispersão da atividade da pessoa, torna necessário submetê-la a foros diferentes".[10]

No direito anterior, alguma discussão se estabelecia em relação ao centro de ocupação habitual da pessoa, razão pela qual a expressão não vingou no Código Civil de 2002.[11] Contudo, por influência do direito português,[12] a definição de domicílio profissional prevista no art. 72 do Código Civil brasileiro vigente dispôs: *"É também domicílio da pessoa natural, quanto às relações concernentes à profissão, o lugar onde esta é exercida"*. A definição prende-se a um elemento característico de natureza fática, qual seja: o efetivo exercício da atividade profissional em dada localidade. Tanto é assim, que o parágrafo único do mesmo artigo consagra: *"Se a pessoa exercitar profissão em lugares diversos, cada um deles constituirá domicílio para as relações que lhe corresponderem"*. Parece indiscutível que se trata de solução em que se destaca sua utilidade prática,[13] considerando a realidade em que a pessoa pode desenvolver, cada vez mais, suas atividades profissionais em múltiplas ocupações ou empregos, em lugares distintos.

Compreende o domicílio da pessoa natural o lugar de residência onde habita com ânimo definitivo ou de permanência, ou seja, sua fixação é, como regra, voluntária, e sua alteração é ato que se inscreve na autonomia privada.[14] De modo que a pessoa pode escolher modificá-lo desde que altere o lugar de residência e manifeste vontade de fazê-lo. O art. 74 do Código Civil refere: "Art. 74. Muda-se o domicílio, transferindo a residência, com a intenção manifesta de o mudar." A intenção de alterar o domicílio pode ser demonstrada por qualquer meio de prova admitido em direito. O parágrafo único do art. 74 do Código Civil é exemplificativo ao

---

[9] CC 78.875/PR, Rel. Min. Felix Fischer, 3ª Seção, j. 24/10/2007, *DJ* 26/11/2007, p. 115.

[10] Clóvis Beviláqua, *Código Civil dos Estados Unidos do Brasil*, v. 1. Rio de Janeiro: Francisco Alves, 1959, p. 201.Também é a solução do direito alemão, conforme Manfred Wolf; Jörg Neuner, Allgemeiner Teil des Bürgerlichen Rechts, 10 Auf. München: C.H. Beck, 2012, cit.

[11] Conforme assinala Moreira Alves, a previsão de centro de ocupação habitual, que não mais se admite para fixação do domicílio da pessoa, foi interpretado por parte da doutrina como espécie de domicílio subsidiário, com o que não concordam outros, havendo decisões jurisprudenciais em ambos os sentidos. José Carlos Moreira Alves, *A parte geral do novo Código Civil brasileiro*. São Paulo: Saraiva, 2003, p. 78-79.

[12] José Carlos Moreira Alves, *A parte geral do novo Código Civil brasileiro*. São Paulo: Saraiva, 2003, cit.

[13] Carlos Alberto da Mota Pinto, *Teoria geral do direito civil*. Coimbra: Coimbra Editora, 1996, p. 259.

[14] Friedrich Carl von Savigny, System des heutigen römischen Rechts, t. 8, Berlin: Bei Veit und Co., 1849, p. 61.

referir que "A prova da intenção resultará do que declarar a pessoa às municipalidades dos lugares, que deixa, e para onde vai, ou, se tais declarações não fizer, da própria mudança, com as circunstâncias que a acompanharem." Tais declarações, como é sabido, não se fazem mais às autoridades do lugar, mas, geralmente, a prestadores de serviços público essenciais (de água e de luz, por exemplo), requerendo que estes deixem de ser oferecidos de onde se sai, e passem a ser prestados no novo local de residência.

Há classificações comuns ao domicílio da pessoa natural. Diz-se que ou será **domicílio voluntário** ou **legal** (também referido domicílio necessário), quando se suponha que sua fixação se dê por ato de vontade ou pela lei. Como regra, já foi visto, consagra-se para a pessoa natural a liberdade de fixação do domicílio por ato jurídico (domicílio voluntário),[15] que será tanto onde tenha sua residência com ânimo definitivo (arts. 70 ou 71, do Código Civil, conforme o caso), quanto seu domicílio profissional (art. 72 do Código Civil).

Porém há situações em que a lei fixa o domicílio, restringindo a escolha livre da pessoa a quem se refira. Estes casos de **domicílio legal ou necessário**, são previstos no art. 76 do Código Civil que refere: "Art. 76. Têm domicílio necessário o incapaz, o servidor público, o militar, o marítimo e o preso." O parágrafo único do mesmo art. 76, fixa, então, qual o domicílio de cada um deles. É considerado domicílio do incapaz, o do seu representante ou assistente.[16] O domicílio do servidor público será o lugar em que exercer permanentemente suas funções. O dos servidores militares, no lugar em que servirem, sendo que no caso da Marinha ou da Aeronáutica, a lei considera o lugar da sede do comando a que se encontrar imediatamente subordinado. No caso do marítimo, é seu domicílio legal o lugar onde o navio no qual atue estiver matriculado, e o do preso o lugar em que cumprir a sentença. Observe-se que nestes casos os critérios adotados pelo Código Civil para determinar um domicílio necessário privilegia a certeza e previsibilidade das relações jurídicas de que participam as pessoas ali indicadas. Da mesma forma, em relação àqueles cujo domicílio é fixado em razão do cargo ou função que desempenham, tome-se em consideração que este deverá ser considerado para as relações concernentes a estas atividades, nada obstando a identificação de domicílio voluntário para quaisquer outras relações jurídicas não relacionadas ao critério que justifica aquele fixado na lei.

Da mesma forma, o art. 77 do Código Civil prevê o domicílio do agente diplomático do Brasil, que tendo citado no estrangeiro, "alegar extraterritorialidade sem designar onde tem, no país o seu domicílio". Neste caso, determina que ele poderá ser demandado no Distrito Federal ou no último ponto do território brasileiro onde teve domicílio.

Em relação ao domicílio dos cônjuges, dispõe o art. 1.569 do Código Civil: "Art. 1.569. O domicílio do casal será escolhido por ambos os cônjuges, mas um e outro podem ausentar-se do domicílio conjugal para atender a encargos públicos, ao exercício de sua profissão, ou a interesses particulares relevantes." O dever de manter a vida em comum no domicílio conjugal, compreende-se entre os efeitos do casamento (art. 1.566, II, do Código Civil). Da norma em exame, observa-se que pertence aos cônjuges a escolha do domicílio comum. Destaca-se a voluntariedade. Todavia, há quem entenda tratar-se de domicílio necessário, porque fixado em lei.[17] Não parece ser o caso, ademais porque nada impede, no estágio atual das relações familiares, manter mais de um domicílio, ou mesmo, no que supera a própria coabitação dos

---

[15] A contrario sensu, bem identifica a jurisprudência que a falta do elemento anímico implica na ausência de fixação do domicílio ou de sua alteração: TJRS, Agravo de Instrumento 70001214667, 2ª Câmara Especial Cível, Rel. Marilene Bonzanini, j. 18/10/2000.

[16] STJ, CC 127.109/AM, Rel. Min. Paulo de Tarso Sanseverino, 2ª Seção, j. 26/06/2013, *DJe* 01/07/2013.

[17] Carlos Roberto Gonçalves, Direito civil brasileiro: parte geral, v. 1, p. 178.

cônjuges, não manter domicílio comum, sem perder os demais elementos que caracterizam o casamento, instituição em que a liberdade de autoconformação da relação pelos cônjuges ganha cada vez mais espaço, em comparação à rigidez das fórmulas legais.

2. DOMICÍLIO DA PESSOA JURÍDICA

Os critérios para a definição do domicílio da pessoa jurídica são definidos pelo art. 75 do Código Civil. As pessoas jurídicas de direito público interno têm seu domicílio fixado conforme onde esteja a sede do governo. O domicílio da União é o Distrito Federal (inciso I); dos Estados e Territórios as respectivas capitais (inciso II); a do Município é o lugar onde funcione a administração municipal (inciso III), que será a sua sede. Não faz referência às autarquias, que por isso se enquadram na regra geral das demais pessoas jurídicas, sem prejuízo de a lei que as criar poder fixar expressamente qual seu domicílio.

As pessoas jurídicas de direito privado têm seu domicílio fixado segundo os critérios do art. 75, inciso IV do Código Civil, que o define no "lugar onde funcionarem as respectivas diretorias e administrações, ou onde elegerem domicílio especial no seu estatuto ou atos constitutivos". Há, portanto, dois critérios: um *material* – onde de fato funcionem suas respectivas diretorias e administrações, que são os órgãos que atuam por ela; outro *formal*, elegendo nos respectivos atos constitutivos seu domicílio especial. A escolha do domicílio, aqui também, pertence à autonomia privada que se expressa na constituição da pessoa jurídica ou sua alteração posterior. Não havendo a eleição do domicílio especial, então se toma em consideração o lugar onde funcionem seus órgãos de administração.

Não se perde de vista, contudo, duas regras que aproximam o critério de fixação do domicílio a situações fáticas de atuação das pessoas jurídicas. O §1º do art. 75 refere que "tendo a pessoa jurídica diversos estabelecimentos em lugares diferentes, cada um deles será considerado domicílio para os atos nele praticados." É o caso de pessoas jurídicas que tenham filiais, agências, ou qualquer forma de estabelecimento em lugares distintos. Refere a regra que será considerado domicílio qualquer destes lugares para os atos nele praticados.[18] Há esta delimitação objetiva. Embora possa induzir o foro competente para demandas de que seja parte, não se confundem *domicílio* e *foro*. Ainda que aquele possa ser critério para definição deste (arts. 46 e 53, III, "a" e "b" do Código de Processo Civil).

Da mesma forma, o § 2º do art. 75 refere, em relação às pessoas jurídica com sede em outros países: "Se a administração, ou diretoria, tiver a sede no estrangeiro, haver-se-á por domicílio da pessoa jurídica, no tocante às obrigações contraídas por cada uma das suas agências, o lugar do estabelecimento, sito no Brasil, a que ela corresponder." Também, neste caso, verifica-se a pluralidade de domicílios possíveis da pessoa jurídica estrangeira, considerado quaisquer daqueles onde, no Brasil, ela tiver estabelecimento, em relação às obrigações contraídas por cada um deles.

3. DOMICÍLIO ESPECIAL DO CONTRATO

O art. 78 do Código Civil estabelece: "Nos contratos escritos, poderão os contratantes especificar domicílio onde se exercitem e cumpram os direitos e obrigações deles resultantes." Trata-se de poder conferido à autonomia privada para escolha tanto do lugar para cumprimento dos direitos e obrigações decorrentes do contrato – inclusive o lugar do pagamento, em atenção

---

[18] STJ, REsp 1580075/RJ, Rel. Min. Nancy Andrighi, 3ª Turma, j. 11/12/2018, *DJe* 13/12/2018.

ao que dispõe também o art. 327 do Código Civil ("Efetuar-se-á o pagamento no domicílio do devedor, salvo se as partes convencionarem diversamente, ou se o contrário resultar da lei, da natureza da obrigação ou das circunstâncias") – quanto o foro competente para as partes exercerem direitos, pretensões, ações e exceções a ele relacionados.

Não se confunde o domicílio especial do contrato (domicílio para adimplemento) e o foro de eleição. *Domicílio do contrato* é fixado para adimplemento das prestações nele previstas, define o lugar do pagamento. *Foro de eleição* define, à escolha das partes, o lugar cujo foro será competente para solver litígios decorrentes da relação contratual. Não precisam, necessariamente, coincidir. Como regra, a eleição do domicílio de cumprimento é livre às partes (o art. 327 do Código Civil, conforme se percebe, é norma dispositiva, que cede à disposição em contrário dos contratantes), assim como a escolha do foro competente para resolução de controvérsias relativas ao contrato. Há, contudo, situações, em que se limita o poder de definição do foro, como é o caso dos contratos de consumo, quando possa impedir o acesso do consumidor ao juízo – o que ocorre, especialmente, considerando que a competência fixada por lei, do domicílio do consumidor para as pretensões relativas à responsabilidade civil (art. 101, inciso I, do Código de Defesa do Consumidor), e cujas hipóteses de cabimento foram objeto de extensão pela jurisprudência.[19]

Da mesma forma, o art. 63 do Código de Processo Civil, quando prevê a possibilidade das partes eleger o foro onde será proposta ação relativa a direitos e obrigações, condiciona sua eficácia à celebração de instrumento escrito, relacionado a determinado negócio jurídico, assim como tenha sua abusividade conhecida de ofício pelo juiz (§3º), ou alegada pelo réu na contestação (§ 4º). Não é de rigor a orientação assumida pela norma, pela ineficácia da cláusula, considerando que tanto as normas que disciplinam a competência jurisdicional, quanto as que fundamentam a própria abusividade (em especial, o Código de Defesa do Consumidor), consideram-se normas de ordem pública, ensejando sanção de nulidade.

---

[19] Bruno Miragem, Comentários ao Código de Defesa do Consumidor, 6ª ed. São Paulo: RT, 2019, p. 2084.

Capítulo X
OBJETO DO DIREITO: O REGIME DOS BENS

O que seja objeto da relação jurídica de direito privado ou objeto de direitos (se tomado em consideração não apenas as relações jurídicas – situações jurídicas relacionais – mas também as situações jurídicas absolutas, como as que dizem respeito a direitos reais) observa diferentes definições dos juristas, conforme o critério utilizado. Daí ser pressuposto ao seu exame mais detalhado convencionar-se a terminologia. Por objeto da relação jurídica (situações jurídicas relacionais) ou de situações jurídicas absolutas, entende-se que são tanto bens (móveis e imóveis, materiais ou imateriais), quanto direitos. Abrange assim, tanto bens corpóreos quanto incorpóreos – como aqueles que resultam de obras intelectuais (sobre os quais recaem direitos de propriedade intelectual, tais como os privilégios de invenção, sobre marcas, nome empresarial, nomes de domínio, ou os direitos patrimoniais de autor). Da mesma forma são objetos das relações (e situações) jurídicas de direito privado tanto os bens em si, quanto os direitos sobre eles, seja o direito de propriedade, sejam direitos específicos ou faculdades, como o uso, a fruição ou a disposição. Também os direitos que resultam das relações e situações jurídicas. O devedor obriga-se a entregar algo, ou a realizar certo comportamento, fazendo ou deixando de fazer alguma coisa. O proprietário exerce seus poderes sobre um bem, usando, fruindo ou dispondo dele, ou se abstendo do fazê-lo. O empresário exerce a empresa organizando certa atividade econômica, empregando seus bens ou de terceiros com o propósito do lucro. A família e seus integrantes supõem o domínio de certo patrimônio, integrado por bens e direitos necessários a sua subsistência, para o que se prevê, inclusive, o dever de assegurá-los. Em todos os casos descritos há objetos das relações ou situações jurídicas.

Os bens são objetos das relações ou situações jurídicas na medida que a eles se refiram os direitos. Tomem-se dois exemplos. Em um contrato de compra e venda de um automóvel, tanto é objeto da relação jurídica o próprio bem a que se refira (o automóvel), quanto o direito do comprador ao bem e o direito do vendedor de receber o valor em dinheiro correspondente ao preço. Há aí direito à prestação, que é direito subjetivo a um determinado comportamento humano (dar, fazer ou não fazer); é a prestação o objeto da relação jurídica obrigacional. Já quando alguém é proprietário de um bem qualquer (um imóvel, por exemplo), o objeto da situação jurídica que resulta da propriedade será tanto o próprio bem, quanto os direitos que dela resultem, de uso, fruição e disposição, que poderão ser exercidos todos, em comum ou separadamente.

Por outro lado, esta noção de bem, tanto pode compreender o que é dotado de valor econômico, tais como bens de existência corpórea, comportamentos humanos (prestações que integrem a relação obrigacional), ou direitos de caráter patrimonial; quanto inestimáveis economicamente, como bens da personalidade (direito à honra, à vida ou à imagem, p.ex.). Da mesma forma consideram-se bens jurídicos, porque dignos de tutela jurídica, interesses insuscetíveis de apropriação privada, fora do comércio, como é o caso do próprio meio ambiente ou o patrimônio histórico e artístico, que se inserem em outra classificação, dos interesses difusos e coletivos, cuja titularidade é transindividual (art. 81, parágrafo único, inciso I e II, da Lei 8.078/90). No caso, podem ser titulares pessoas indeterminadas e ligadas por circunstâncias de fato (direitos difusos) ou grupo, categoria ou classe de pessoas ligadas entre si ou com a parte contrária por uma relação jurídica base (direitos coletivos em sentido estrito).

Duas são as perspectivas para exame do objeto das relações e situações jurídicas. O primeiro deles é o dos *bens* e seu regime jurídico, o que pressupõe sua classificação, para o confluem as opções do legislador do Código Civil e de leis especiais, bem como a tradição jurídica do direito civil, que no tema remete ao direito romano. O segundo refere-se à universalidade dos bens e direitos de titularidade de uma mesma pessoa, o *patrimônio*, que será objeto de relações jurídicas específicas e mesmo de tutela especial, em algumas situações. É o patrimônio da pessoa falecida que se converte no todo unitário objeto da herança (art. 1.791 do Código Civil), assim como é o patrimônio do devedor a garantia geral das suas obrigações (art. 391 do Código Civil). Igualmente, visando reforçar esta função de garantia, ganham relevo no direito contemporâneo as noções de *patrimônio especial* ou *separado*, afetados a uma determinada finalidade, e por esta razão segregados do demais bens do titular que devem servir à satisfação das suas obrigações.

O que se deve compreender, deste modo, é o caráter funcional das classificações definidas pelo direito privado às várias espécies de bens. É critério que se vincula à própria tradição do direito. Não se pode esquecer que na origem do direito romano, as classificações se estruturaram a partir de determinada função ou utilidade que deveriam atender, como é o caso das coisas mancipáveis (*res mancipi*) ou não mancipáveis (*res nec mancipi*), conforme o modo admitido para transmissão do seu domínio (*mancipatio*). E mesmo na origem, as coisas móveis (*res mobile*) e imóveis (*res imobile*), que surgem no direito romano pós-clássico, visando a melhor possibilidade de controle pelo Estado sobre o patrimônio particular e sua eventual tributação.

A concreta definição sobre os bens e sua classificação, dentre as diversas possíveis, supõe o exame da função a que devem servir. Neste sentido, tanto poderão compreender a definição mais tradicional dos bens como objeto de apropriação individual, quanto objeto da própria situação jurídica correspondente, incluindo, em sentido amplo, todo e qualquer interesse passível de tutela (bens jurídicos).

1. OS BENS COMO OBJETO DE RELAÇÕES E SITUAÇÕES JURÍDICAS DE DIREITO PRIVADO

A definição de bem jurídico tanto se pode tomar como tudo aquilo que pode ser objeto de relação jurídica, independentemente de sua materialidade ou patrimonialidade (assim incluindo-se, por ex., os bens da personalidade, ou o bem ambiental), quanto em sentido mais estrito, sejam dotados de valor econômico, suscetíveis de apropriação, portanto, de natureza patrimonial. Por outro lado, observa-se uma distinção entre bens e coisas.

Bens e *coisas* são tomados em sentidos distintos pela doutrina nacional. De um lado, há os que sustentam que coisas são materiais e concretas, os bens, em sentido estrito, imateriais e abstratos.[1] Na origem do direito brasileiro, sustentava Teixeira de Freitas que coisa é tudo aquilo que tem existência material e é suscetível de medida de valor.[2] Outro entendimento é de que as coisas são gênero, tudo o que existe objetivamente com exceção do homem, do que

---

[1] Caio Mário da Silva Pereira, Instituições de direito civil, v. 1, p. 338; Cristiano Cristiano Chaves Farias e Nelson Rosenvald, Curso de direito civil, v. 1, p. 422.

[2] Augusto Teixeira de Freitas, Código Civil: Esboço, v. 1. Brasília: Ministério da Justiça, 1983, p. 115.

bens são espécie, dotados de valor econômico (utilidade) e suscetíveis de apropriação.[3] E há, ainda, quem sustente o contrário, de que bem é gênero do que coisa é espécie; de modo que bem compreende "tudo o que pode ser objeto de direito, sem valor econômico", enquanto coisa "restringe-se às utilidades patrimoniais, isto é, as que possuem valor pecuniário", ressalvando, por outro lado, que há coisas que não são bens, por não interessarem ao direito.[4]

Impõe-se cuidados no exame desta definição, que parte é da tradição do Direito, parte de opções legislativas de um determinado sistema jurídico. No direito alemão, por exemplo, coisas, são apenas as corpóreas (§ 90 do BGB), o que torna controversa, por exemplo, a qualificação de inovações tecnológicas como o software, que tem natureza imaterial.[5] No direito italiano, o art. 810 do *Codice Civile* refere-se aos bens como "as coisas que podem ser objeto de direitos", enquanto no direito português, ao inverso, o art. 202 do Código Civil de 1966 dispõe: "Diz-se coisa tudo aquilo que pode ser objeto de relações jurídicas." A influência de sistemas jurídicos estrangeiros e o método comparatístico devem auxiliar o que é interpretação e construção do sentido do direito nacional, mas não substituir o que é opção legislativa expressa e coerente com seu sistema de fontes.

No direito brasileiro, desde o Código Civil de 1916, houve opção em disciplinar-se os bens, identificando-lhe maior amplitude conceitual. Segundo Clóvis Beviláqua, "o Código Civil preferiu denominar "Dos bens" o livro da Parte Geral para, de acordo com a extensão maior do significado da palavra bens, dar-lhe maior latitude ao alcance dos dispositivos. A palavra bens compreende: coisas, direitos reais, obrigacionais e hereditários. Na parte especial conservou a designação Direito das coisas, porque é de propriedade e dos seus desmembramentos que se trata".[6]

Esta proposição original não se alterou substancialmente no Código Civil vigente. A fidelidade ao direito romano e às Institutas de Gaio, em sua notória tripartição entre pessoas, coisas e ações, leva a que se considere coisas como tudo o que é apropriável. No sistema jurídico brasileiro, é definição mais ampla, definida na lei. Na atualidade, são pessoas não apenas os seres humanos, mas também as pessoas jurídicas, do porquê se excluem também ao conceito de coisas. Segundo evidente tendência do Direito, já afirmada em outros sistemas e no direito *costituendo* brasileiro,[7] encaminha-se a distinção entre animais e coisas, embora não sejam pessoas. Segundo o direito vigente, contudo, não se pode meramente excluir os animais da qualificação como coisa, somente baseado em bons propósitos ou considerações de ordem ética. É certo que a legislação deverá se alterar logo, como imperativo de uma nova compreensão dos animais como diferente de coisas inanimadas, o que tende a oferecer-lhe novo status jurídico. Até lá, contudo, a invocação da fórmula do direito comparado, de que são "diferentes de coisas" (§90-A do BGB), não os transforma em pessoas, tampouco permite que se lhe confiram direitos. O que há são normas que determinam limites ao exercício do direito de propriedade sobre os animais, ou que tutelam o bem estar animal. Daí a fórmula mais precisa: as coisas são tudo o que existe, que não sejam pessoas, ou a que o Direito não tenha atribuído qualificação diversa.

---

[3] Silvio Rodrigues, Direito civil, v. 1. 32ª ed. São Paulo: Saraiva, 2002, p. 115; Francisco Amaral, Direito Civil: introdução,9ª ed., p. 425; Maria Helena Diniz, Curso de direito civil brasileiro, v. 1, 24ª ed, p. 319-320; Carlos Roberto Gonçalves, Direito civil brasileiro, v. 1, p. 276; Paulo Lôbo, Direito civil: parte geral, p. 199; Flavio Tartuce, Direito civil, v. 1, 15ª ed, p. 331-332;
[4] Orlando Gomes, Introdução ao direito civil, 19ª ed., p. 179-180.
[5] Manfred Wolf; Jörg Neuner, Allgemeiner Teil des Bürgerlichen Rechts. München: C.H. Beck, 2012, p. 284.
[6] Clóvis Beviláqua, Código Civil dos Estados Unidos do Brasil comentado, v. I, p. 215.
[7] Em especial, o Projeto de Lei 315/2015, do Senado Federal, proposto pelo Senador Antônio Anastasia que visa reproduzir, no Código Civil brasileiro, a fórmula alemã, de que "os animais são diferentes de coisas".

Os bens se podem tomar em sentido amplo e estrito. Em sentido amplo, são tudo o que pode ser objeto de direito, ou seja, de relações e situações jurídicas. Neste conceito amplo fala-se dos bens da personalidade (sem estimação econômica) tanto quanto bens móveis ou imóveis dotados de valor econômico ou objeto de relações obrigacionais. Em sentido estrito, que é o de uso corrente na legislação civil, são tudo o que dotado de valor econômico (utilidade) e passíveis de apropriação. Podem ser materiais ou imateriais, o que desde logo permite abranger como bens *informações ou dados*, isoladamente ou em conjunto para as quais certa aplicação tecnológica tenha conferido valor econômico e tornada passível de apropriação. É, claramente, o caso dos programas de computador (software), previstos na Lei 9.609/1998, as aplicações de internet (art. 5º, VII, da Lei 12.965/2014), ou os dados pessoais (art. 5º, I, da Lei 13.709/2018).

Da mesma forma, os bens podem receber qualificações específicas, segundo critérios adotados por leis especiais. É o caso do objeto das relações de consumo, previsto no Código de Defesa do Consumidor, definido como produto ou serviço, sendo *produto* "todo bem móvel ou imóvel, material ou imaterial". Pressupõe que seja qualquer bem, desde que oferecido pelo fornecedor no mercado de consumo.[8] Na legislação tributária, há referência à *mercadoria*, que é conceito para o qual converge a tradição do direito comercial,[9] que excluía originalmente os imóveis e as coisas fora do comércio. As vicissitudes do direito comercial repercutem no direito tributário,[10] e até hoje não é livre de controvérsia, circundando a definição de bem corpóreo objeto de operações mercantis, definição submetida às transformações do mercado e dos bens, em especial com o desenvolvimento e valor de bens incorpóreos decorrentes da tecnologia da informação.[11]

Outra questão diz respeito ao corpo humano e aos embriões. O *corpo humano* é inseparável da pessoa viva, identifica-se com ela, razão pela qual sobre isso não reside qualquer dúvida quanto a sua classificação. A questão se coloca no caso de morte da pessoa natural, em relação ao cadáver. A dignidade do corpo humano – inclusive do cadáver – é assegurada pelo

---

[8] Bruno Miragem, Curso de direito do consumidor, 8ª ed. São Paulo: RT, 2019, p. 257.
[9] José Xavier Carvalho de Mendonça, Tratado de direito comercial brasileiro, v. V. 4ª ed. Rio de Janeiro: Freitas Bastos, 1946, p. 29.
[10] Roque Antônio Carrazza, *ICMS*. 11ª ed. São Paulo: Malheiros, 2006, p. 44.
[11] Assim o entendimento jurisprudencial de que "sendo a mercadoria o objeto material da norma de competência dos Estados para tributar-lhe a circulação, a controvérsia sobre se determinado bem constitui mercadoria é questão constitucional em que se pode fundar o recurso extraordinário. III. Programa de computador ("software"): tratamento tributário: distinção necessária. Não tendo por objeto uma mercadoria, mas um bem incorpóreo, sobre as operações de "licenciamento ou cessão do direito de uso de programas de computador" " matéria exclusiva da lide ", efetivamente não podem os Estados instituir ICMS: dessa impossibilidade, entretanto, não resulta que, de logo, se esteja também a subtrair do campo constitucional de incidência do ICMS a circulação de cópias ou exemplares dos programas de computador produzidos em série e comercializados no varejo – como a do chamado "software de prateleira" (*off the shelf*) – os quais, materializando o *corpus mechanicum* da criação intelectual do programa, constituem mercadorias postas no comércio." (STF, RE 176626, Rel. Min. Sepúlveda Pertence, 1ª Turma, j. 10/11/1998, *DJ* 11/12/1998). O STJ, segue o entendimento: "Os programas de computador desenvolvidos para clientes, de forma personalizada, geram incidência de tributo do ISS (...) diferentemente, se o programa é criado e vendido de forma impessoal para clientes que os compra como uma mercadoria qualquer, esta venda é gravada com o ICMS". STJ, REsp 216.967/SP, Rel. Min. Eliana Calmon, 2ª Turma, j. 28/08/2001, *DJ* 22/04/2002). Vale a referência, ainda, a outra decisão do STF que afirmou: " inexistência de bem corpóreo ou mercadoria em sentido estrito. Irrelevância. O Tribunal não pode se furtar a abarcar situações novas, consequências concretas do mundo real, com base em premissas jurídicas que não são mais totalmente corretas. O apego a tais diretrizes jurídicas acaba por enfraquecer o texto constitucional, pois não permite que a abertura dos dispositivos da Constituição possa se adaptar aos novos tempos, antes imprevisíveis" (STF, ADI 1945 MC, Rel. p/ Acórdão: Min. Gilmar Mendes, Tribunal Pleno, j. 26/05/2010, *DJe* 14/03/2011)

Direito, admitindo-se sua disposição gratuita pela pessoa para depois de sua morte (art. 14 do Código Civil), e punindo criminalmente seu vilipêndio (art. 212 do Código Penal). As próprias *partes do corpo* quando separadas deste, mesmo com a pessoa viva, consideram-se coisas que pertencem à pessoa de quem se destacou,[12] sendo sua disposição restrita por lei, admitindo-se apenas a doação para fins de transplante (art. 13, parágrafo único, do Código Civil e art. 1º, da Lei 9.434/1997). Não há dúvida, em relação ao *cadáver*, que pode ser objeto de direito. O que se restringe é a disposição sobre ele, cujos contornos admitidos à autonomia privada são muito estritos. Como já foi mencionado, pode a pessoa dispor gratuitamente do próprio corpo para depois da morte. Não é doação em sentido próprio, porque a pessoa não está transmitindo bens ou vantagens (art. 538 do Código Civil), a não ser se tomado o sentido amplo de bem (também abrangendo os de natureza não econômica). Não integra herança ou legado pelas mesmas razões. É negócio jurídico *sui generis*, de disposição gratuita do corpo, para as finalidades que a lei prevê (altruísticas ou científicas), ou de parte dele (para fins de transplante). Quem recebe o corpo inteiro ou suas partes, o faz com coisa fora do comércio (*res extra commercium*), ou seja, que não pode ser objeto de outras relações de caráter econômico. Tem posse e domínio sobre a coisa até que se implante em outro corpo humano (caso do transplante de partes do corpo), ou até que se esgote sua finalidade ou se destrua (p.ex. no caso de corpos utilizados para fins científicos, aí compreendidos os educativos). Neste sentido, terá reconhecida pretensão no caso de turbação ou retirada injusta (esbulho) da posse, a semelhança de tutela conferida em relação a qualquer outra coisa.

Em relação ao *embrião*, a Lei 11.105, de 24 de março de 2005 – Lei de Biossegurança – admite a manipulação e utilização de células-tronco embrionárias, obtidas de embriões humanos produzidos por fertilização *in vitro* e não utilizados no respectivo procedimento, desde que sejam considerados inviáveis, ou estejam congelados há três anos ou mais (art. 5º). Veda, porém, sua utilização para engenharia genética, bem como a clonagem humana (art. 6º, III e IV). Os embriões não são pessoa em sentido técnico-jurídico. Quando implantados no útero, tornam-se nascituro, destinatário da proteção especial e abrangente da lei civil (art. 2º do Código Civil). Porém, quando não implantados, não detém esta qualificação. Neste caso – a solução é doutrinária, na ausência de lei que estabeleça uma definição – tanto podem ser tomados como *coisa fora do comércio* (o que permite justificar o próprio descarte nas condições previstas em lei), quanto como *algo diferente de coisa*, para acentuar sua natureza especial, em face da humanidade que os caracteriza. A segunda solução parece a melhor, mas é *sui generis* e sem previsão legal específica, o que faz valer mais o próprio tratamento que a legislação endereçou à produção e manipulação de embriões humanos, restringindo-lhe extensamente o modo e as finalidades.

2. *STATUS* JURÍDICO DOS ANIMAIS

Na célebre tripartição romana, destacada, sobretudo, nas *Institutas* de Gaio, a racionalização das relações jurídicas se punha a partir das categorias fundamentais, de pessoas, coisas e ações (*persona, res* e *actio*). As pessoas, a quem se atribuiu depois – sobretudo como resultado da escola jusracionalista – a condição abstrata de sujeitos de direito, distingue-se, habitualmente, como pessoas naturais (seres humanos) e pessoas jurídicas. Neste ponto, não se perca de vista que até pouco tempo atrás, também se indicava distinção, de fundamento romanístico, entre as pessoas naturais e os monstros – assim entendidos aqueles que nascidos seres humanos, não eram dotados "de forma humana", ou seja, vinham ao mundo com deformidades tais que não

---

[12] Francisco Cavalcante Pontes de Miranda, Tratado de direito privado, t. II. São Paulo: RT, 2012, p. 68.

se identificavam como humanos. Da mesma forma, é recente, do ponto de vista histórico, a qualificação de certos seres humanos – distinguidos em geral pela cor ou etnia – como espécies de "coisas" passíveis de apropriação privada, em termos tais para permitir fundamentação jurídico-formal à escravidão. Viu-se, igualmente, que, em caráter excepcional, é reconhecida também a capacidade postulatória dos chamados entes despersonalizados, a expressar projeção de interesses humanos, como nos casos da massa falida ou do condomínio. Quanto a estes últimos, não são pessoas, mas tem seus interesses reconhecidos para efeito de tutela jurídica, que indiretamente dizem respeito a determinados indivíduos que com eles se relacionam.

As categorias construídas pelo Direito o são segundo a tradição, mas em acordo com a mentalidade de uma época. O Direito é que deve servir ao bem comum e à tutela de interesses legítimos na vida de relações e não o contrário. Desconsiderar isso resulta em esforço inútil frente ao motor das exigências da realidade, que se contrapõe ao formalismo de velhas fórmulas jurídicas, cujo sentido original é esvaziado pelo passar do tempo.

Esta tensão entre a tradição do Direito, a exigência de soluções contemporâneas e a contínua releitura de conceitos clássicos, tem no *status* jurídico reconhecido aos animais um exemplo emblemático. Tradicionalmente, os animais se qualificam como coisas. Assim era no direito romano e até hoje na legislação brasileira: os semoventes a que se referia o art. 47 do Código Civil de 1916 e ora o art. 82 do Código Civil de 2002. Assim são reconhecidos na doutrina tradicional.

A par desta classificação formal, contudo, não se perde de vista que o espírito humano desde o último século passa a distinguir, ainda que sem exata clareza, uma dignidade própria aos animais, vinculando-se cada vez mais por laços de respeito ou afetividade, e em linha de consequência, apartando-os das demais coisas passíveis de apropriação. A ética fundante das relações do ser humano com os demais elementos do meio ambiente, de sua vez, assiste conhecida transição entre uma visão antropocêntrica (preserve-se o mundo para que ele possa continuar servindo ao homem), para uma visão biocêntrica (as coisas do mundo e seu meio ambiente tem valor em si mesmo, e por isso devem ser preservados).[13]

Efeitos desta nova visão se fazem sentir no Direito em geral, e no Direito privado em particular. Na última década do século passado, uma conhecida decisão do Supremo Tribunal Federal colocou em destaque a proteção dos animais contra atos de crueldade, previsto no art. 225, VII, da Constituição Federal. O Caso da "Farra do Boi" (RE 153531/SC)[14] resultou na declaração de inconstitucionalidade da Lei do Estado de Santa Catarina que instituía esta prática no calendário estadual de eventos, sob o argumento de que se tratava de manifestação cultural protegida pelos arts. 215 e 216 da Constituição da República. A Corte entendeu, na ocasião, haver colisão entre os direitos de livre manifestação e preservação da cultura regional, e o direito à proteção do meio ambiente, decidindo em favor deste e coibindo a prática considerada cruel aos animais.

Mais recentemente, o mesmo fundamento foi esposado na Ação Direta de Inconstitucionalidade 1.856/RJ, na qual se declarou a inconstitucionalidade de Lei Estadual do Rio de Janeiro, que favorecia a "Rinha" ou "Briga de Galos". Em sua decisão, o Min. Celso de Mello, relator da ação, destacou que: "a proteção jurídico-constitucional dispensada à fauna abrange tanto os animais silvestres quanto os domésticos ou domesticados, nesta classe incluídos os galos utilizados em rinhas, pois o texto da Lei Fundamental vedou, em cláusula genérica, qualquer forma de submissão de animais a atos de crueldade. – Essa especial tutela, que tem

---

[13] Veja-se Fernando Araújo, A hora dos direitos dos animais. Coimbra: Almedina, 2003, p. 334 e ss.
[14] STF, RE 153531, Rel. p/ Acórdão: Min. Marco Aurélio, 2ª Turma, j. 03/06/1997, *DJ* 13/03/1998.

por fundamento legitimador a autoridade da Constituição da República, é motivada pela necessidade de impedir a ocorrência de situações de risco que ameacem ou que façam periclitar todas as formas de vida, não só a do gênero humano, mas, também, a própria vida animal, cuja integridade restaria comprometida, não fora a vedação constitucional, por práticas aviltantes, perversas e violentas contra os seres irracionais".[15]

Não se perca de vista, contudo, que a Constituição da República protege os animais contra atos de crueldade (art. 225, VII), fazendo-o em vista da realização de um direito fundamental de proteção e preservação do meio ambiente, que é, antes de tudo, um direito humano fundamental. Há aqui, nítida marca de uma visão antropocêntrica da proteção do meio ambiente, da qual, inclusive, se pode permitir associações entre a preservação dos animais contra atos de crueldade e o próprio sistema de valores da Constituição, coroado pelo princípio da dignidade da pessoa humana (o raciocínio sintético: ofenderia a dignidade humana o comportamento daquele que gratuitamente submetesse animais a atos de crueldade, ofendendo sua própria "humanidade").

A rigor, esta discussão, sem que se tenha em vista a necessária atualização das categorias tradicionais do direito no ponto, perde-se em um discurso circular, que embora resulte na rejeição aos maus-tratos e crueldade contra animais, não produz maiores efeitos práticos. Um primeiro movimento de concretização deste novo status jurídico dos animais foi a edição da Lei dos Crimes Ambientais (Lei 9.605/1998), que além de fixar tipos penais específicos para crimes contra a fauna silvestre (arts. 29 e ss.) e também maus-tratos contra animais silvestres, domésticos ou domesticados, nativos ou exóticos (art. 32), define como circunstância agravante "o emprego de métodos cruéis para abate ou captura de animais" (art. 15, II, "m").

Neste caso, não avançou a lei no sentido de alterar formalmente o status jurídico dos animais, embora lhes tenha endereçado proteção em vista da concretização do que define o art. 225, VII, da Constituição da República. No âmbito dos conceitos jurídicos, mudanças em geral não se fazem apenas por lei, mas por evolução do convencimento comum sobre a natureza, ou acerca de dadas características do que procura expressar certa categoria.

Por outro lado, pode haver um apressamento da discussão quando se fala indistintamente em um "direito dos animais", ou no "direito" do animal a certas prestações ou comportamentos humanos. Não há categoria em nosso sistema que permita falar-se em direito subjetivo do animal. O pressuposto para a titularidade de direitos é a personalidade, e animais não são pessoas. Todavia, não significa que sejam coisas como quaisquer outras. E antes que se contra-argumente com a existência de uma Declaração Universal dos Direitos dos Animais da UNESCO, de 1978, a qual expressamente reconhece direitos subjetivos aos animais, o fato é que tal não resolve um problema, que apenas a cuidadosa redefinição de conceitos jurídicos assentados pela tradição histórica do Direito pode fazer. Proclamar-se os direitos dos animais não resolve problema algum, se do ponto de vista prático, não se encaminhar uma atualização dos conceitos assentados na dogmática e na doutrina.

Foi esse caminho seguro que tomaram, primeiro, os austríacos, em 1988, estabelecendo que os animais não são coisas, são protegidos por leis especiais, e as leis que dispuserem sobre coisas não se aplicam aos animais, exceto se houver disposição em contrário" (§ 285a do

---

[15] No mesmo sentido: "AÇÃO DIRETA DE INCONSTITUCIONALIDADE. LEI N. 11.366/00 DO ESTADO DE SANTA CATARINA. ATO NORMATIVO QUE AUTORIZA E REGULAMENTA A CRIAÇÃO E A EXPOSIÇÃO DE AVES DE RAÇA E A REALIZAÇÃO DE "BRIGAS DE GALO". A sujeição da vida animal a experiências de crueldade não é compatível com a Constituição do Brasil. Precedentes da Corte. Pedido de declaração de inconstitucionalidade julgado procedente." (STF, ADI 2514, Rel. Min. Eros Grau, Tribunal Pleno, j. 29/06/2005, DJ 09/12/2005); e ADI 3776, Rel. Min. Cezar Peluso, Tribunal Pleno, j. 14/06/2007, DJ 29/06/2007.

ABGB). Na mesma linha, os alemães atualizaram o BGB, incluindo um novo artigo na sua Parte Geral, definindo os animais em seu §90-A, nos seguintes termos: "Animais não são coisas. Eles são protegidos por leis especiais. São regidos pelas disposições que se aplicam às coisas, com as modificações necessárias, exceto nos casos em que exista previsão em contrário." ("Tiere sind keine Sachen. Sie werden durch besondere Gesetze geschützt. Auf sie sind die für Sachen geltenden Vorschriften entsprechend anzuwenden, soweit nicht etwas anderes bestimmt ist."). Seguiu definição semelhante, neste particular, o Código Civil da República Tcheca, de 2014, que mesmo foi além, ao estabelecer em seu §494, "seu significado especial e valor", assim como indicando que não se aplicam aos animais disposições que contradigam sua natureza." ("Live animal has a special meaning and value as an already talented senses alive. Live animal and not a matter to the provisions on the live animal shall apply mutatis mutandis to the extent in which it does not contradict his nature.").

Recentemente, ganhou destaque decisão da França, que alterou seu Código Civil estabelecendo distinção mais radical, ao definir os animais como seres sencientes, ou seja, dotados de sensibilidade e, por isso, passíveis de proteção legal distinta das coisas. Assim, o novo art. 515-14, do Código Civil francês: "Les animaux sont des êtres vivants doués de sensibilité. Sous réserve des lois qui les protègent, les animaux sont soumis au régime des biens". Acompanha, neste sentido, o que prestigiosos neurocientistas já afirmaram em relação à aptidão dos animais para certos níveis de consciência e afetividade, do que é manifestação mais conhecida a *The Cambridge Declaration on Consciousness*, de 2012.

A mesma tendência percebe-se no direito português, no qual a Lei 8/2017 fez incluir no Código Civil o art. 201-B, com a seguinte redação "Os animais são seres vivos dotados de sensibilidade e objeto de proteção jurídica em virtude de sua natureza". A norma em questão se fez acompanhar dos arts. 201-C e 201-D, os quais definem que a proteção jurídica dos animais se estabelece pelas disposições do próprio Código e da legislação especial, ao mesmo tempo em que apenas subsidiariamente admitem a aplicação a eles, das disposições relativas às coisas, desde que não sejam incompatíveis com sua natureza – na mesma orientação traçada em outros sistemas.

No direito brasileiro, há iniciativa legislativa no mesmo sentido (Projeto de Lei do Senado 351/2015, de autoria do Senador Antônio Anastasia), visando alterar o Código Civil no ponto, de modo a introduzir um parágrafo único ao seu art. 83, com a seguinte redação "Os animais não são considerados coisas", e incluindo-os entre os bens móveis, "salvo o disposto em lei especial" (mediante a proposição de novo inciso IV, ao art. 83). Aprovado pelo Senado Federal, o projeto aguarda deliberação da Câmara dos Deputados.

Redefinir a classificação dos animais no direito privado, seja na avançada conceituação como seres dotados de sensibilidade, seja em mudança mais restrita, simplesmente distinguindo-os das coisas, promove a alteração de seu *status* jurídico em sentido mais amplo, cuja eficácia se projeta em todos os setores do direito. Trata-se, ademais, de estratégia mais correta e coerente com o sistema jurídico posto. Isso porque, simplesmente desejar – como certa linha de entendimento pretende – que se considerem os animais como sujeitos de direito, implica em desafios muito mais complexos, e que avançam além do que se percebe da realidade da vida. Tais como justificar, nestes termos, porque se autoriza a morte dos mesmos para fins de alimentação humana, ou ainda seu aprisionamento no caso de animais domésticos, ou dos silvestres em zoológicos, apenas para ficar em dois exemplos mais destacados. Estas justificativas guardariam, sempre, certo grau de incoerência sistêmica ou incompletude, quanto às soluções dadas para definir restrições a seus interesses fundamentais (ou mesmo direitos eventualmente conferidos).

O caminho da evolução do pensamento e da prática humana em relação aos animais está aberto no âmbito do Direito. Nada obsta, contudo, que seja trilhado com a segurança necessária para que qualquer redefinição conceitual, mais do que vença, convença. E altere, no campo das relações entre o ser humano e os outros animais, o *status* e o cuidado que se reclama em vista de uma nova mentalidade havida na realidade da vida, e que deve ser reconhecida pelo Direito. A solução de diferenciação entre animais e coisas é técnica adequada, que deve ser assumida pela legislação brasileira, e mesmo quando isso não se opera pode ser tomado como critério de interpretação das normas que incidam sobre situações jurídicas envolvendo animais. Sua proteção jurídica, contudo, não parte do Código Civil – a quem compete apenas eventual distinção quanto ao conceito ou qualificação – devendo ser confiada ao conjunto de normas de natureza penal e administrativa.

3. CLASSIFICAÇÃO DOS BENS

A classificação dos bens pelo Código Civil compreende distintos critérios, a partir da tradição romanística. A finalidade da classificação é a de permitir identificação de semelhanças e distinções, tanto quando tomados individualmente, quanto em conjunto, de modo a permitir a definição da disciplina jurídica que se lhes aplique, assim como seu modo de aproveitamento e disposição. Os critérios de classificação conformam-se a partir de características de sua própria natureza, da relação que possam estabelecer com outros bens, quanto à pessoa que seja titular, e quanto à possibilidade de sua disposição no comércio jurídico.

Em relação às características de sua própria natureza, definem-se os bens como a) *móveis ou imóveis*; b) *fungíveis ou infungíveis*; c) *materiais ou imateriais*; d) *consumíveis ou não consumíveis*; e) *singulares ou coletivos*. No tocante à relação que possam estabelecer com outros bens, são *principais ou acessórios*. Em relação à pessoa do titular dos direitos sobre eles, serão bens *públicos ou particulares*. Sobre a possibilidade de sua disposição no comércio jurídico diz-se *bens submetidos ao comércio* ou *bens* (ou coisas) *fora do comércio*. (*res extra commercium*).

3.1. Bens móveis e imóveis

A classificação de bens móveis e imóveis descende do direito romano.[16] É uma das principais classificações presentes na lei, com repercussão prática. Sob a perspectiva de valor, durante muito tempo os bens imóveis contaram como maior relevância, em detrimento dos móveis. A propriedade de um terreno ou prédio, por exemplo, considerava-se mais relevante do que móveis. Atualmente esta realidade se modifica, como resultado das transformações econômicas, do modo de formação de patrimônio e acumulação da riqueza, e das inovações tecnológicas. Neste sentido, valores mobiliários (como ações de companhias abertas, cotas de fundos de investimento, contratos futuros), assim como energias, programas de computador (softwares), dados (informações) e tudo o que resulta da nova economia digital – considerados bens móveis – tem valorização expressiva, rivalizando em prestígio com os imóveis.

A distinção entre bens móveis e imóveis tem diversas repercussões para o Direito, conforme extensa disciplina do Código Civil. O modo de aquisição dos bens é distinto, sendo que os móveis, como regra, são adquiridos por tradição (art. 1.226), enquanto os imóveis supõem a celebração de escritura pública e seu registro no Cartório de Registro de Imóveis (arts. 108 e 1.227). Há, do mesmo modo, formas específicas de aquisição, todas elas com origens no

---

[16] Max Kaser; Rolf Knütel, *Römisches Privatrecht*. 20. Auflage. München: Verlag C.H.Beck, 2014, p. 114.

direito romano. No caso dos bens imóveis, trata-se de sua aquisição por acessão (art. 1.248), usucapião (art. 1.238 a 1.244), ou por sucessão hereditária (art. 1.784). Os bens móveis, de sua vez, adquirem-se também por usucapião (art. 1.260 a 1.262), ocupação (art. 1.263), achado de tesouro (art. 1.264 a 1.266), especificação (art. 1.269 a 1.272), confusão, comistão e adjunção (art. 1.272 a 1.274). No caso da usucapião, variam os prazos exigidos por lei conforme se trate de bens móveis ou imóveis. Quando sirvam de garantia, sobre os bens imóveis admite-se que sirvam a este fim mediante a constituição de hipoteca (art. 1.473); os bens móveis podem servir ao penhor (art. 1.431; exceção à regra são os navios e aeronaves, sobre os quais pode recair a hipoteca, art. 1.473, VI e VII). Conforme suas características, também se distinguem algumas relações jurídicas de que podem ser objeto. Neste sentido, o direito de superfície apenas se constitui sobre bens imóveis (art. 1.369). Estes, todavia, quando objeto de empréstimo, o serão por comodato, gratuitamente (art. 579); os móveis admitem o empréstimo gratuito (comodato) ou oneroso, pelo mútuo (art. 586), embora ambos possam ser objeto de locação, remunerada por aluguel (art. 565 e ss.; sobre imóveis urbanos, Lei 8.245/1991)

Estas distinções se expandem a outras áreas do direito. Na configuração do tipo penal de furto e roubo, refere-se à subtração de "coisa alheia móvel". Em matéria tributária, distinguem-se os tributos que incidem sobre negócios jurídicos que tenham por objeto a transmissão de direito sobre bens imóveis e móveis.

A definição mais tradicional de **bens imóveis** os considera aqueles que não se podem remover ou transportar de um lugar a outro sem que se deteriorem ou destruam.[17] O Código Civil, em seu art. 79, refere: "São bens imóveis o solo e tudo quanto se lhe incorporar natural ou artificialmente." O solo (ou terreno) é o substrato sobre o qual se delineia o conceito de imóvel.[18] Torna-se imóvel o que se incorpora a ele, natural ou artificialmente, no que se incluem os prédios que venham a ser construídos, os vegetais que sejam plantados (com aplicação do engenho humano), ou simplesmente venham a nascer sem qualquer interferência. Por outro lado, pode ocorrer que se destaquem do solo, por intervenção humana ou naturalmente, tais como pedras, metais, frutos colhidos ou os líquidos que corram sobre ele, hipótese em que se consideram, uma vez separados, móveis. Assim, neste último caso, por exemplo, a água dos rios, que embora se renove, mantém seu curso corrente, considerada por isso imóvel. Sendo separada ou colhida da fonte, colocada em reservatório ou se lhe dando aplicação destacada, torna-se móvel.

Os bens imóveis classificam-se como: a) os **bens imóveis por natureza**, que são o solo e tudo o que se incorpore a ele de modo natural (caso em que se torna imóvel por acessão natural). Compreende as árvores (quando nasçam sem ação humana), o espaço aéreo e de subsolo; b) os **bens imóveis por acessão física artificial**, compreendendo tudo o que for incorporado pela atividade humana, de modo permanente, e que não se removem sem destruição, alteração, fratura ou dano, como é o caso dos prédios, plantações e outras instalações que se juntem ao solo; c) os **bens imóveis por acessão física intelectual**, quando sejam empregados no imóvel, de modo intencional, para sua exploração industrial, aformoseamento ou comodidade, caso em que se identificam com a noção de pertença (imobiliza-se o que é originalmente um móvel, para efeito de atender ou agregar determinada finalidade ao imóvel). Assim os exemplos comuns de aparelhos de refrigeração do ar (aparelhos de ar-condicionado, "splits"), ou máquinas cuja instalação exija sua aderência em caráter permanente ao solo. O desenvolvimento da noção de pertença pelo art. 93 do Código Civil de 2002 ("São pertenças os bens que, não constituindo

---

[17] Clóvis Beviláqua, Código Civil dos Estados Unidos do Brasil comentado, v. 1, p. 215.
[18] Francisco Cavalcante Pontes de Miranda, Tratado de direito privado, t. II. São Paulo: RT, 2012, p. 94.

partes integrantes, se destinam, de modo duradouro, ao uso, ao serviço ou ao aformoseamento de outro") e seu silêncio sobre esta classificação dos bens imóveis por acessão intelectual, promoveu a discussão sobre a manutenção desta categoria atualmente.[19] Não há razão, contudo, para dispensá-la, uma vez que, embora prevista em lei, também é classificação de fundo doutrinário e com critérios claros para distingui-la das demais (em especial, dos bens imóveis por acessão física artificial), o que permite melhor compreensão, inclusive, em relação aos efeitos dos negócios jurídicos que tenham por objeto imóveis, e que não abrangem, salvo se o contrário resultar da lei, da manifestação de vontade, ou das circunstâncias do caso, as pertenças (art. 94 do Código Civil). Por fim, há d) os **bens imóveis por determinação legal**, hipóteses em que a lei realiza equiparação a imóveis com o objetivo de estender a eficácia de seu regime jurídico, de modo a oferecer maior segurança e previsibilidade às relações que os tenham por objeto.

No caso dos bens imóveis por determinação legal, também denominados bens imóveis por equiparação, dispõe o art. 80 do Código Civil: "Art. 80. Consideram-se imóveis para os efeitos legais: I – os direitos reais sobre imóveis e as ações que os asseguram; II – o direito à sucessão aberta." Os direitos reais sobre imóveis e as ações que o asseguram são determinados, expressamente, como imóveis, visando assegurar o mesmo modo de exercício de direitos e pretensões, tanto em relação aos direitos inerentes ao domínio sobre os bens (usufruto, uso, habitação, p. ex.), quanto os que tenham eles em garantia de obrigação (como regra, hipoteca, mas também o penhor agrícola, quando recaia sobre imóveis – art. 1.442, II, do Código Civil). Quanto às ações que asseguram estes direitos, serão aquelas que tenham por objeto o próprio bem, assim como as que possam resultar em modificação, no todo ou em parte, da sua titularidade (p.ex. ação que vise declarar a nulidade de escritura ou de registro). O direito à sucessão aberta compreende direitos reais e pessoais como universalidade patrimonial, sendo destacado e qualificado como imóvel para efeito de maior segurança quanto a seu exercício e das pretensões a que diga respeito. Assim, por exemplo, a renúncia da herança, quando ocorra, deverá observar a formalidade para os atos de disposição sobre bens imóveis, o que exige que seja realizada por instrumento público (escritura pública).

Da mesma forma, o art. 81 do Código Civil dispõe que não perdem o caráter de imóveis: "I – as edificações que, separadas do solo, mas conservando a sua unidade, forem removidas para outro local; II – os materiais provisoriamente separados de um prédio, para nele se reempregarem." A técnica moderna permite que estruturas se edifiquem e se transportem conservando sua unidade. O exemplo comum é de certos silos de armazenagem de grãos que podem ser deslocados de um lugar ao outro, o que pode também ocorrer com outras estruturas de ferro e metal que conservem suas características originais na desinstalação, transporte e nova instalação em terreno diverso. O mesmo se diga de materiais que se separam do prédio para serem reempregadas nele, como, por exemplo, esquadrias, janelas e portas, ou esculturas que se destacam do terreno para conserto ou restauro. Permanecem integrando o imóvel para os fins de direito, de modo que seu proprietário não perde quaisquer direitos e pretensões em relação a tais partes, enquanto estejam separadas, tampouco quem tenha direito sobre o imóvel – como, por exemplo, titulares de direitos de garantia que recaiam sobre o bem.

---

[19] O Enunciado n. 11, da I Jornada de Direito Civil do CJF/STJ, assim afirma: "Não persiste no novo sistema legislativo a categoria dos bens imóveis por acessão intelectual, não obstante a expressão "tudo quanto se lhe incorporar natural ou artificialmente", constante da parte final do art. 79 do Código Civil." Veja-se, neste mesmo sentido a lição doutrinária de Carlos Roberto Gonçalves, Direito civil brasileiro, v. 1, p. 285. Justificando a orientação do Código Civil de 2002, José Carlos Moreira Alves, A parte geral do Código Civil brasileiro, p. 80.

Os bens móveis são definidos pelo Código Civil (art. 82) como aqueles "suscetíveis de movimento próprio, ou de remoção por força alheia, sem alteração da substância ou da destinação econômico-social". Vale dizer: são os bens que sendo movimentados de lugar a outro, não perdem suas características essenciais ou sua integridade. Podem movimentar-se por força própria ou alheia. No primeiro caso, diz-se os **semoventes**, dentre os quais é da tradição jurídica referir-se aos animais – hoje objeto de crescente atenção para diferenciar-se como categoria especial. Há doutrina que propõe a necessidade de atualizar-se o catálogo, incluindo também automóveis, navios e aeronaves.[20] A consideração não é fora de propósito, mas envolve o que se entenda por força alheia ou força própria. A rigor, dependem de combustível ou energia para se moverem, o que coloca em questão no conceito se a força que as move é autônoma ou não. Da mesma forma, a opção brasileira é de uma definição ampla de bem móvel em contraposição aos imóveis.[21] São móveis os bens incorpóreos em geral, considerando, ademais, que o Código Civil não prevê estes em específico. Será o caso, por exemplo, dos softwares, das aplicações de internet, dos valores mobiliários, dentre outros. E ao lado dos semoventes estão os móveis inanimados, que se caracterizam por poderem ser deslocados por força alheia sem perder suas características ou sua destinação econômico-social (utilidade).

Há os **bens móveis por determinação legal**. Serão aqueles previstos expressamente no art. 83 do Código Civil. Este define como tais "as energias que tenham valor econômico" (inciso I); "os direitos reais sobre objetos móveis e as ações correspondentes" (inciso II) e "os direitos pessoais de caráter patrimonial e respectivas ações" (inciso III). As **energias que tenham valor econômico** serão aquelas já resultado de transformação, e que tem existência objetiva, não se confundindo com a classificação que se dê à matéria-prima de onde se originam. Como regra, embora classificada como bem, a própria fruição da energia não dependerá exclusivamente do exercício comum do direito de propriedade ou outro direito real sobre ela. Supõe outras relações jurídicas, em especial de caráter obrigacional, que envolva serviços de fornecimento e que permitam seu aproveitamento pelo titular, para o que, inclusive, varia o regime jurídico que pode compor normas de direito privado obrigacional e real, e outras de direito público.

Em relação aos **direitos pessoais de caráter patrimonial**, aproveitando-se também da definição ampla dos bens móveis, permitem compreender na classificação, dentre outros, o direito de crédito em sentido genérico, assim como os direitos que recaem sobre o fundo de comércio os que resultam da própria titularidade de outros bens móveis como ações ou cotas sociais nos quais se dividem o capital social das sociedades, em razão do que também se conferem direitos pessoais a seus titulares. Muitos dos bens móveis podem ser representados por documentos físicos ou digitais, além de registros. No caso dos títulos de crédito ou dos valores mobiliários, o documento que representa é também móvel. Assim também a moeda é bem móvel, mesmo quando tenha curso forçado e sirva à função de meio de pagamento das obrigações em geral, independentemente de ser representada por suporte físico ou por registros escriturais. As moedas estrangeiras também são bens móveis nas mesmas condições, não repercutindo nesta classificação as limitações legais que se prevejam a sua circulação, ou como meio de pagamento a obrigações no país. Na legislação especial, os direitos de propriedade industrial, que recaem sobre marcas e patentes de invenção, são considerados bens móveis (art. 5º da Lei 9.279/1996), assim como os direitos autorais (art. 3º da Lei 9.610/1998).

---

[20] Antônio Menezes Cordeiro, Tratado de direito civil, III. Parte geral: coisas. 3ª ed. Coimbra: Almedina, 2013, p. 196.

[21] Clóvis Beviláqua, Código Civil dos Estados Unidos do Brasil comentado, v. 1, p. 219.

O efeito prático desta classificação é o de submeter todos os classificados como móveis a um menor número de formalidades para sua disposição e transmissão do que aquelas relativas aos bens imóveis, em especial a dispensa de instrumento público e/ou registro. Não se descuida, contudo, que a par das formalidades exigidas para a transmissão e registro dos bens imóveis, outras vem sendo definidas por lei para certos bens móveis, como é o caso dos valores mobiliários em que a emissão, transação e custódia se submetem a requisitos específicos. Alguns bens móveis, do mesmo modo, são submetidos a registro ou matrícula, por força de previsão legal específica, sem que isso altere sua natureza. É o caso dos automóveis, submetidos ao Registro Nacional de Veículos Automotores (art. 5º, e Anexo I, da Lei 9.503/1998 – Código de Trânsito Brasileiro), de navios, que devem ser inscritos na Capitania dos Portos e contar com o registro de propriedade marítima (Lei 7.652/1998) e aeronaves, cuja matrícula pertence ao Registro Aeronáutico Brasileiro (art. 72 a 85 da Lei 7.565/1986 – Código Brasileiro de Aeronáutica).

Incidem sobre os bens móveis normas que produzem, dentre outros efeitos, os seguintes: a) a transmissão do domínio sobre os bens móveis se opera por simples tradição, que consiste na entrega física do titular originário para o adquirente (art. 1.226 do Código Civil); b) no caso de alienação, não se exige o consentimento ou autorização do cônjuge como requisito de validade do negócio jurídico, bastando a vontade do proprietário do bem; c) tem prazo para aquisição por usucapião menor do que o exigido para bens imóveis, conforme o caso, de três ou cinco anos(arts. 1.260 e 1.261 do Código Civil); d) podem servir como garantia de obrigações por intermédio de penhor (com exceção de aeronaves e embarcações que, embora móveis, serão, por expressa previsão legal, objeto de hipoteca).

O art. 84 do Código Civil define também que "os materiais destinados a alguma construção, enquanto não forem empregados, conservam sua qualidade de móveis; readquirem essa qualidade os provenientes da demolição de algum prédio." A rigor, são móveis enquanto não se integrem à construção de bem imóvel que passem a integrar (tornando-se imóveis por acessão física artificial). Ou em sentido diverso, no caso de demolição do prédio, voltem a ser considerados em si, e não como parte do bem imóvel que deixa de existir, total ou parcialmente – conforme a destruição seja total ou parcial. Recorde-se, contudo, que no caso em que se trate de materiais que apenas provisoriamente se separem do imóvel para voltar a se reempregar, não perdem a qualidade de imóveis (art. 83, II, do Código Civil). É o caso da esquadria da casa, que retirada para reformar e voltar-se a instalar no prédio, conserva-se imóvel; caso se retire para substituir por outra, a que sai volta a ser bem móvel. Não se tratará propriamente de demolição neste caso, como prevê o art. 84, mas *mobilização* daquele bem que se desprende em caráter definitivo do imóvel no qual estava originalmente empregado.[22]

Refira-se, ainda, aos **bens móveis por antecipação**. Embora não haja previsão expressa a respeito da espécie na parte relativa à classificação dos móveis, trata-se de figura amplamente reconhecida em vista da disciplina dos frutos, prevista no art. 95 do Código Civil, que refere: "Art. 95. Apesar de ainda não separados do bem principal, os frutos e produtos podem ser objeto de negócio jurídico." Neste sentido, os frutos ou produtos que sejam objeto de negócio jurídico, ainda que não colhidos, serão considerados em si como bem móvel diferente do bem principal ao qual ainda estão ligados. É o exercício da autonomia privada que delimita e caracteriza este bem, observada certa função econômica, de modo a antecipar sua conversão em novo bem móvel no tempo que prever. O raciocínio é o de que a manifestação da vontade

---

[22] No direito anterior, o art. 45 do Código Civil fazia referência que os bens empregados no imóvel por seu proprietário, para exploração industrial, aformoseamento ou comodidade (art. 43, III), poderiam ser mobilizados a qualquer tempo.

das partes já define que se tornarão bens móveis porque serão colhidos ou produzidos a certo tempo, embora mantenham-se até lá vinculados a um determinado bem principal. Os exemplos mais significativos aqui serão os dos negócios de compra e venda de safra futura, que até a colheita se mantém vinculada ao imóvel, ou a venda de árvores para corte. É a manifestação de vontade (exercício da autonomia privada), por intermédio do negócio jurídico, que antecipa sua mobilização.[23] O efeito prático da distinção será considerar tais bens móveis como objeto de relações jurídicas próprias, independentemente do bem principal, como é o caso de admitir que sirvam como garantia em contrato de penhor (art. 1.442, II, do Código Civil).[24]

3.2. Bens fungíveis e infungíveis

A distinção entre bens fungíveis e infungíveis diz respeito à possibilidade ou não de sua substituição. *Fungível* é que pode ser substituído; *infungível* o que não admite substituição. O art. 85 do Código Civil define: "São fungíveis os móveis que podem substituir-se por outros da mesma espécie, qualidade e quantidade."

O fundamental desta classificação consiste na investigação do critério para determinar-se a possibilidade de substituição por outras de mesma espécie, qualidade ou quantidade. Os bens serão substituíveis ou não conforme possam atender a mesma função/finalidade. É por todos referido como bem fungível o dinheiro. De fato, pouco importa para que atenda as funções próprias do dinheiro (da moeda), por exemplo, que se trate de determinadas cédulas ou de outras. O depósito em banco e o saque não se fazem com mesmas cédulas, e aí se expressa sua fungibilidade. Contudo, se a mesma cédula ou moeda integra uma coleção, poderá ser considerada infungível. A fungibilidade não é algo que se demonstre com critério absoluto. Podem ser fungíveis o dinheiro, cereais ou substâncias líquidas. A pertinência de bens que possam ser substituídos entre si a partir de uma mesma função que se lhe reconheça dependerá da precisa definição desta funcionalidade, inclusive segundo os usos, no que predomina uma avaliação objetiva de utilidade. Discute-se qual o espaço de apreciação dos sujeitos da relação jurídica, na definição se o bem é ou não passível de substituição. Não pode a vontade das partes tornar fungível o que não é, na medida em que não se possam substituir por espécie, qualidade ou quantidade. Esta possibilidade apenas verifica-se pela comparação entre dois bens. Por outro lado, pode tornar-se infungível determinado bem por vontade dos sujeitos de determinada relação jurídica. A convenção torna infungível o que naturalmente seja fungível.[25] Assim, por

---

[23] "Venda de safra futura. Bens móveis por antecipação. A venda de frutos, de molde a manifestar o intuito de separação do objeto da venda em relação ao solo a que adere, impõe a consideração de que tais coisas tenham sido, pela manifestação de vontade das partes contratantes, antecipadamente mobilizadas. Se, no momento do ajuizamento do feito, já havia sido realizada a colheita, tem-se como acertada a decisão que nega aos frutos a natureza de pendentes. Agravo a que se nega provimento." (STJ, AgRg no Ag 174.406/SP, Rel. Min. Eduardo Ribeiro, 3ª Turma, j. 25/08/1998, *DJ* 23/11/1998)

[24] No direito anterior o penhor agrícola era considerado imóvel para efeitos legais (art. 44, I, do Código Civil), anotando a melhor doutrina que sem esta previsão expressa, por serem direitos, "poderiam ser tidos por móveis" se não houvesse a regra (Francisco C. Pontes de Miranda, Tratado de direito privado, t. II. São Paulo: RT, 2012, p. 97). É o que se dá no direito vigente. Ressalva Pontes de Miranda, contudo, que a figura dos móveis por antecipação é ficção sem base em direito, "primeiro porque o objeto da relação jurídica obrigacional não precisa já existir ao tempo de se assumir a obrigação; segundo, se o obrigado se recusa a cortar as árvores, ou deixar que o credor as corte, nenhuma separação acontece, o que de si só bastaria para se ver quão atecnicamente se pensou em ficção" (p. 106-107).

[25] Clóvis Beviláqua, Código Civil dos Estados Unidos do Brasil comentado, v. 1, p. 225.

exemplo, quando empresta algo que em princípio pode ser devolvido por substituto, porém se defina que é o mesmo bem que deve ser restituído.

O Código Civil de 2002 reproduziu a restrição tradicional a esta classificação, que confere fungibilidade apenas aos bens móveis, solução que também se mantém em outros sistemas jurídicos. As razões da restrição, em geral, apontam que os bens imóveis sempre são individualizados, porque se lhes indicaria o endereço, a localização ou a matrícula. A rigor, contudo, nada impede que se reconheça como fungíveis os imóveis, o que se pode convencionar segundo a vontade das partes. Pode ocorrer de que, em um negócio jurídico, alguém se obrigue a adquirir ou alienar certo número de lotes em um loteamento, sem precisar quais serão, mas apenas indicados pela espécie e quantidade.

A repercussão prática desta classificação é significativa. Para além da classificação dos bens como fungíveis ou não, no domínio do direito das obrigações, saber-se se a prestação é fungível ou não importa efeitos distintos. Tratando-se de prestação de fazer fungível, poderá o credor mandar executá-la à custa do devedor, quando haja recusa ou mora deste. As situações que legitimam o credor a promover a execução por terceiro são a recusa ou a mora do devedor, as quais deverão estar devidamente caracterizadas. Como regra geral, deverá haver reconhecimento judicial da situação de inadimplemento. Incide o art. 817 do Código de Processo Civil: "Se a obrigação puder ser satisfeita por terceiro, é lícito ao juiz autorizar, a requerimento do exequente, que aquele a satisfaça à custa do executado." Do mesmo modo, tendo o pagamento se realizado pela entrega de coisas fungíveis, se o credor, de boa-fé, as recebeu e consumiu, não poderão ser mais reclamadas, mesmo quando quem pagou não pudesse aliená-las. É o que refere o parágrafo único do art. 307 do Código Civil: "Se se der em pagamento coisa fungível, não se poderá mais reclamar do credor que, de boa-fé, a recebeu e consumiu, ainda que o solvente não tivesse o direito de aliená-la". Do credor que recebe e consome as coisas fungíveis de boa-fé, não poderá ser reclamada restituição ou indenização, porque não sabia que quem alienou não poderia fazê-lo. A utilidade das regras sobre imputação de pagamento pressupõe a existência de dívidas fungíveis. Também a compensação, que é fenômeno extintivo da obrigação, exige dentre as condições para que opere, dívidas de coisas fungíveis (art. art. 369 do Código Civil: "A compensação efetua-se entre dívidas líquidas, vencidas e de coisas fungíveis"). Neste sentido, entende-se que as prestações de caráter personalíssimo, ou seja, que só possam ser executadas por um determinado devedor, são consideradas infungíveis. Da mesma forma, dispõe o art. 370 do Código Civil: "Embora sejam do mesmo gênero as coisas fungíveis, objeto das duas prestações, não se compensarão, verificando-se que diferem na qualidade, quando especificada no contrato". Neste caso, é a convenção das partes, ao definir certa qualidade, que as tornam infungíveis.

Da mesma forma, também em relação à disciplina do contrato de empréstimo, tem relevância a classificação. O comodato tem por objeto o empréstimo gratuito de coisas não fungíveis (art. 579 do Código Civil), cumprindo ao final do contrato a restituição do mesmo bem. O mútuo é tipo contratual que tem por objeto empréstimo de coisas fungíveis (art. 586 do Código Civil), como por exemplo, o dinheiro, cumprindo ao final a restituição pelo equivalente. O depósito de coisas fungíveis atrai a disciplina legal do mútuo (art. 645 do Código Civil).

Também o art. 1.361 do Código Civil, ao dispor sobre a propriedade fiduciária, define que recai sobre coisa infungível, transferida ao credor com o escopo de garantia.

3.3. Bens materiais e imateriais

São os bens também classificados como materiais ou imateriais –admitindo-se, igualmente, aqui, sua identificação como corpóreos ou incorpóreos. Uma definição mais estrita de bens, conforme já foi referido, circunscreve-os apenas aos bens materiais (assim a fórmula de Teixeira de Freitas, que referindo-se às coisas, entende-as como "todos os objetos materiais suscetíveis de uma medida de valor").[26] Porém se admite que os bens, tomados em sentido amplo, compreendam não apenas aqueles de existência material ou corpórea, considerados tangíveis (ou que podem ser tocados *quae tangi possunt*), mas todos os que podem ser percebidos pelos sentidos, tais como a energia elétrica, gases ou o próprio ar. Também devem ser admitidos os bens cuja existência é ideal, convencionada e admitida pelo Direito, que lhe confere existência jurídica, serão considerados como tal. É o caso dos denominados *bens jurídicos* de um modo geral como o são, por exemplo, os atributos da personalidade (bens da personalidade), tais como a honra, a intimidade ou a vida privada ou os relativos à criação autoral. Também as prestações objeto de obrigações aí se podem considerar. O crédito ou a moeda, independentemente de sua existência material, mas meramente convencional, são bens incorpóreos,[27] independentemente do modo como venham a ser expressos ou a formalização que recebam. Também o aviamento, que é a capacidade de um estabelecimento empresarial de gerar lucro e sua clientela é, tradicionalmente, considerado bem imaterial.[28] Os direitos que se incorporam em títulos ou valores mobiliários em geral[29] também são bens imateriais ou incorpóreos, uma vez que não são tangíveis. Mais ainda, são bens incorpóreos os softwares e as aplicações de internet,[30] havendo na doutrina também referência aos bens digitais,[31] bem como os direitos que a ele se refiram. Da mesma forma, quaisquer outras criações autorais pelo uso das novas tecnologias da informação são incorpóreas, em todos os casos servindo titularidade e exercício também para seu aproveitamento econômico.

Atualmente observa-se clara abertura da classificação dos bens imateriais ou incorpóreos, não apenas no seu reconhecimento como objeto de situações ou relações jurídicas de titularidade individual definida, mas também dos *bens culturais de natureza imaterial*, que embora fora do comércio jurídico (não podem ser objeto de apropriação), compreendem sentido largo como práticas e domínios da vida social que se manifestam em saberes, ofícios e modos de fazer; celebrações; formas de expressão cênicas, plásticas, musicais ou lúdicas; e nos lugares (como mercados, feiras e santuários que abrigam práticas culturais coletivas), objeto de tutela pelo Direito, inclusive a partir de expressa disposição constitucional (arts. 215 e 216).[32]

3.4. Bens consumíveis e não consumíveis

Outra classificação se estabelece entre os bens consumíveis e não consumíveis, sobre o que dispõe o art. 86 do Código Civil: "São consumíveis os bens móveis cujo uso importa

---

[26] Augusto Teixeira de Freitas, Código Civil: Esboço, v. 1. Brasília: Ministério da Justiça, 1983, p. 115.
[27] Bruno Miragem, Direito bancário. 3ª ed. São Paulo: RT, 2019, p. 80 e ss.
[28] Paolo Greco, Beni immateriali. In: Novissimo digesto italiano, t. I. Torino: UTET, p. 360.
[29] Veja-se a definição de valor mobiliários no art. 2º da Lei 6.385/1976.
[30] Consideram-se aplicações de internet, segundo o art. 5º, VII, da Lei 12.965/2014 (Marco Civil da Internet): "o conjunto de funcionalidades que podem ser acessadas por meio de um terminal conectado à internet".
[31] Bruno Zampier, Bens digitais. Indaiatuba: Foco, 2017, p. 57 e ss.
[32] O art. 216 da Constituição da República estabelece: "Art. 216. Constituem patrimônio cultural brasileiro os bens de natureza material e imaterial, tomados individualmente ou em conjunto, portadores de referência à identidade, à ação, à memória dos diferentes grupos formadores da sociedade brasileira, nos quais se incluem: I – as formas de expressão; II – os modos de criar, fazer e viver; III – as criações científicas, artísticas e tecnológicas; IV – as obras, objetos, documentos, edificações e demais espaços destinados às manifestações artístico-culturais; V – os conjuntos urbanos e sítios de valor histórico, paisagístico, artístico, arqueológico, paleontológico, ecológico e científico". O Decreto 3.551 de 4 de agosto de 2000, criou o Registro de bens culturais de natureza imaterial que integram o Patrimônio Cultural brasileiro.

destruição imediata da própria substância, sendo também considerados tais os destinados à alienação." O elemento central da noção aqui, é o de destruição pelo uso. Tanto pode ocorrer a destruição natural do bem, caso em que e que se refere a sua consumição natural, quanto convencionar-se este seu caráter consumível, hipótese em que não há destruição física, mas um critério de consumição jurídica. É o caso em que se considera consumível por convenção, os bens destinados à alienação, conforme prevê a parte final do art. 86 do Código Civil. Uma peça de vestuário ou um livro não são destruídos pelo uso, mas o fato de serem destinados à alienação em um estabelecimento comercial, por exemplo, os tornam consumíveis por uma convenção fixada na lei. Pode ocorrer também, de a convenção que se origine na vontade das partes torne inconsumível um bem que naturalmente o seja. Quando não ocorra nem a destruição física ou natural pelo uso, tampouco se destinem à alienação, os bens serão considerados não consumíveis (ou inconsumíveis).

Tenha-se atenção, contudo, aos elementos da definição legal. Segundo ela, consumíveis são os bens móveis cujo uso importa destruição imediata da própria substância. A interpretação do conceito deve ter em conta, sempre, seu uso normal ou razoável, vinculado, portanto, a uma noção de utilidade. Afinal, todo o bem pode ser utilizado de modo anormal e levado à destruição. Quando tomo um móvel de madeira (que a rigor, pode ser inconsumível) e o utilizo para alimentar o fogo de uma lareira ou fogueira, necessariamente ele será destruído. Não significa, por isso, que seja um bem consumível, afinal não é este seu uso esperado.

Esta classificação, que é tipicamente civil, não se confunde com outra, afeta sobretudo ao direito do consumidor, que distingue entre bens duráveis e não duráveis. O Código de Defesa do Consumidor, ao dispor, especialmente, sobre os vícios de produtos e serviços – que são eventuais falhas que comprometem sua adequação, a finalidade para a qual são ofertados no mercado de consumo – distingue quanto aos prazos para exercício do direito de reclamação pelo consumidor, entre produtos e serviços *não duráveis* (cujos prazo seria de 30 dias) e de produtos e serviços *duráveis* (cujo prazo seria de 90 dias). Conforme já observamos, "não há uma definição legal para o que sejam produtos e serviços duráveis e não duráveis. Sua caracterização decorre das regras de experiência e da primazia da realidade, considerando-se duráveis, aqueles cuja existência e utilidade se projeta no tempo e não duráveis, quando em geral, sua existência ou utilidade esgota-se com maior brevidade."[33]

Isso faz com que coincidam boa parte das vezes, embora a classificação se firme por critérios diferentes, os bens não consumíveis como espécies de bens duráveis e os consumíveis como bens não duráveis. Mas esta relação sempre deverá ser tomada em vista das características do próprio bem e da finalidade da classificação. O mesmo se diga em relação aos bens perecíveis, que são espécies de bens não duráveis, uma vez que a própria qualificação lhe confere como característica relevante o fato de tendente ao perecimento, ou seja, à deterioração ou extinção com o tempo. Neste sentido, alimentos serão bens não duráveis, como regra, e consumíveis. Um livro ou uma roupa é considerado bem durável, naturalmente inconsumível, porém considerado consumível (juridicamente) se destinado à alienação (como ocorre com produtos e serviços ofertados no mercado de consumo).

3.5. Bens divisíveis e indivisíveis

A classificação entre bens divisíveis e indivisíveis respeita a um critério natural, mas também jurídico. Conceitualmente, em termos físicos, tudo pode ser dividido. Interessa ao

---

[33] Bruno Miragem, Curso de direito do consumidor. 8ª ed. São Paulo: RT, 2019, p. 801.

Direito, contudo, um critério funcionalista, na medida em que se admita divisíveis os bens que mesmo sendo fracionados, preservem sua própria finalidade e utilidade. Será divisível o bem que sendo fracionado mantenha sua finalidade e utilidade. Indivisível é aquele cujo fracionamento o descaracteriza, retirando-lhe o valor de utilidade a que serve. Assim, por exemplo, um automóvel será um bem indivisível, porquanto sua secção física fará com das duas ou mais partes não se mantenha como bem de mesma utilidade original. Também em um livro ou em um eletrodoméstico isso ocorre. Diferente disso, será uma quantia determinada em dinheiro, que é bem divisível – cada parcela do dinheiro mantém seu valor, ou sacas de cereais cuja divisão não lhe altera as características.

O art. 87 do Código Civil dispõe: "Bens divisíveis são os que se podem fracionar sem alteração na sua substância, diminuição considerável de valor, ou prejuízo do uso a que se destinam." O critério para divisibilidade, como se notou, será que se conserve sem alteração considerável sua substância – ou seja, suas características – não haja diminuição considerável do seu valor econômico (valor de troca), ou prejuízo de sua utilidade (valor de uso). Divisíveis, deste modo, são os bens que se fracionam sem dano, segundo célebre fórmula romana (*Res quae sine interitu vel sine damno dividi possunt*).

A indivisibilidade dos bens, de sua vez, será natural quando, na realidade da vida, se verifique a impossibilidade de sua ocorrência, sem depreciação do valor, alteração considerável de suas características ou diminuição de sua utilidade. Afinal, a utilidade e valor econômico de determinado bem pode tomar-se em seu conjunto, de modo que embora fisicamente divisível, haja excessiva depreciação do seu valor, caso que se pode ter em relação a um determinado bem, em condomínio, cujo eventual parcelamento inviabilize sua função ou deprecie excessivamente seu valor, ou mesmo, como é acentuado atualmente, os shopping centers.

O art. 88 do Código Civil, de sua vez, define que "os bens naturalmente divisíveis podem tornar-se indivisíveis por determinação da lei ou por vontade das partes." A indivisibilidade por determinação legal ocorre quando a impossibilidade de divisão decorra de expressa previsão legislativa. É o que se dá no tocante às servidões prediais, sobre as quais o art. 1386 do Código Civil dispõe que são indivisíveis em relação ao prédio serviente, salvo se "por natureza, ou destino, só se aplicarem a certa parte de um ou de outro". No Estatuto da Terra (Lei 4.504/1964), dispõe o art. 65 que "o imóvel rural não é divisível em áreas de dimensão inferior à constitutiva do módulo de propriedade rural". Da mesma forma, o condomínio especial, que resulta de usucapião especial em núcleos urbanos informais, é definido por lei como indivisível (art. 10, § 4º, do Estatuto da Cidade – Lei 10.257/2001).

Será indivisível por vontade das partes quando estas pactuem em relação a bens que, salvo este ajuste, seriam divisíveis, ou seja, poderiam ser fracionados. Trata-se de expressão da autonomia privada das partes, podendo a indivisibilidade ser convencionada de modo temporário ou permanente. Em alguns casos, como é caso do condomínio voluntário, pode ocorrer de os condôminos acordar manter indivisa a coisa comum por prazo não superior a cinco anos, ainda que suscetível de prorrogação posterior (art. 1320, §1º, do Código Civil). Da mesma forma, pode o doador ou o testador, ao celebrar a doação ou o testamento, determinar a indivisibilidade do bem doado ou que tenha sido objeto de disposição testamentária, hipótese em que não poderá exceder ao prazo de cinco anos (art. 1.320, § 2º, do Código Civil).

3.6. Bens singulares e coletivos

A distinção entre bens singulares e bens coletivos é útil para efeito de determinar o modo com a incidência da norma se deva estabelecer (de que modo devam ser considerados), se individualmente ou em conjunto com outros. Também neste caso, deve se considerar o critério funcional (sua utilidade ou função) para delimitar a própria existência e qualificação dos bens. O art. 89 do Código Civil define: "São singulares os bens que, embora reunidos, se consideram *de per si*, independentemente dos demais." São singulares, portanto, os bens tomados na sua individualidade, o que se determina, sobretudo, em razão de sua aptidão para cumprir a respectiva função ou utilidade independente de quaisquer outros, inclusive com os quais esteja eventualmente reunido.

Os *bens singulares* podem ser simples ou compostos, classificação que tem origem romana. Os bens simples formam um todo homogêneo que os caracteriza, implicando também a unidade dos atos jurídicos que lhe digam respeito. O exemplo tradicional da doutrina é o de um animal, ou de uma árvore, que são bens dotados de coesão natural. De outro modo, os bens compostos são aqueles que resultam da união de bens simples, que em razão disso perdem sua autonomia. Assim é quando se constrói um prédio que se forma de vários bens simples (telhas, esquadrias, tijolos...), ou um automóvel (a partir da utilização unitária de todas as suas peças), formando o novo bem composto do qual estes materiais se tornam indissociáveis. Importante destacar aqui, que não se confundem as noções de partes integrantes do bem e bens acessórios. Partes integrantes não se dissociam do bem sem prejudicar sua integridade, diminuir-lhe função ou valor. Da mesma forma, pode-se substituir partes integrantes, sem que se prejudique o todo da coisa. É assim que ocorre com as peças de uma máquina, que podem deixar de cumprir sua função e serem substituídas. A doutrina nacional que segue a influência germânica distingue que há *partes integrantes essenciais*, na medida em que, caso deixe de existir ou seja retirada, sacrifica a utilidade ou função do bem; outras, podem ser retiradas sem que se comprometa a utilidade ou função, caso em que se estará a falar de *partes integrantes não essenciais*.[34] É solução do § 93 do Código Civil alemão, que em termos conceituais pode ser útil para fins didáticos. Já os bens acessórios, não sendo integrantes, se vinculam ao bem principal apenas de modo exterior, para incrementar certa finalidade. Deste modo, embora o bem acessório dependa do bem principal, o inverso não ocorre de modo que, destacando-se o acessório, o bem principal não sofre qualquer diminuição ou lesão a sua integridade ou utilidade.

Os *bens coletivos*, também denominados bens universais, são aqueles que se compõem de vários bens simples tomados em conjunto, formando um todo unitário e orgânico, e assim é considerado como objeto de relações jurídicas do qual faça parte. O tratamento unitário do bem coletivo ou universal, de sua vez, também se deve à função que os bens reunidos exercem, que não se confunde com sua função individual. Segundo os tradicionais exemplos doutrinários, os livros tomados em si são bens singulares, porém quando reunidos em conjunto podem formar uma biblioteca, a ser tomada como um todo unitário; também as árvores são bens singulares, que tomadas em conjunto com unidade funcional, podem integrar um bem coletivo, a floresta.

A noção de bens coletivos ou universais decorre de transições conceituais ao longo da tradição do direito privado, resultando no reconhecimento, a partir da Idade Média, da noção de universalidade como categoria, tanto de coisas (*universitas rerum*), quanto de pessoas (*universitates personarum*), estas últimas na origem das corporações, antecedente da pessoa jurídica moderna.[35] No tocante às *universitas rerum* distinguia-se entre universalidades de fato ou de direito: universalidade de fato, que é origem da noção de bens coletivos ou universais;

---

[34] Francisco Cavalcante Pontes de Miranda, Tratado de direito privado, t. II. São Paulo: RT, 2012, p.104.
[35] Veja-se Andreas Groten, Corpus und universitas. Römisches Körperschafts- und Gesellschaftsrecht: zwieschen, griechsicher Philosophie und römischer Politik. Tübingen: Mohr Siebeck, 2015, p. 47 e ss.

universalidade de direito, por outro lado, compreendendo a reunião de posições jurídicas tomadas em conjunto, ao qual se dá um tratamento unitário.[36]

A universalidade de fato (*universitas facti*) e a universalidade de direito (*universitas iuris*) caracterizam-se por poderem ser objeto de imputação jurídica em conjunto, sem que suas partes percam autonomia. O que lhes distingue é justamente o tratamento específico pelo Direito, em razão do fato de serem tomadas em comum. O art. 90 do Código Civil dispõe: "Constitui universalidade de fato a pluralidade de bens singulares que, pertinentes à mesma pessoa, tenham destinação unitária". Seu parágrafo único, por outro lado, destaca que, embora a destinação econômica comum que lhe é reconhecida, isoladamente os bens que a integram podem cumprir também função econômica e social própria (art. 90, parágrafo único, do Código Civil). Assim, por exemplo, o rebanho ou o enxame, a biblioteca, são bens coletivos, na medida em que se dá aos bens singulares que a integram uma destinação comum. Já a universalidade de direito é prevista no art. 91 do Código Civil: "Art. 91. Constitui universalidade de direito o complexo de relações jurídicas, de uma pessoa, dotadas de valor econômico." São exemplos de universalidade de direito a herança (art. 1.791 do Código Civil), o patrimônio especial (e.g. arts. 988 e 994 do Código Civil) ou separado (e.g. art. 1.368-D, III do Código Civil) e a massa falida (Lei 11.101/2005).

Esta imputação jurídica que se confere à universalidade define um regime jurídico aos bens que a integram em conjunto, de modo que ao se incluir ou excluir algum bem desta universalidade, estará sujeito aos efeitos desta imputação comum ou excluído dela, conforme o caso. Neste sentido, aquele que é titular da universalidade, como regra, pode dispor sobre bens e direitos específicos que a integram, constituindo relações jurídicas que os tenham por objeto isoladamente. A qualificação do conjunto como uma universalidade atrai um determinado regime jurídico, mas não a torna um único objeto de direito, insuscetível de relações jurídicas que tenham por objeto cada um dos bens e direitos que o integram.

3.7. Bens principais e acessórios

A distinção entre bens principais e acessórios resulta do art. 92 do Código Civil: "Principal é o bem que existe sobre si, abstrata ou concretamente; acessório, aquele cuja existência supõe a do principal." A definição se insere no capítulo dos "bens reciprocamente considerados", assim entendidos aqueles cuja definição supõe uma relação com outros bens. O próprio Código Civil identifica expressamente dentre estes bens os produtos, os frutos, os rendimentos, as benfeitorias e as pertenças. Refere a norma que a existência do bem acessório supõe a do bem principal. Nesta fórmula entenda-se mais que sua função ou utilidade justifica-se em razão do bem principal, para servir ou agregar a ele. Segundo a lição doutrinária "a relação de acessoriedade deriva de concorrerem, a respeito de duas coisas, certas circunstâncias que tornem a sorte de uma dependente da outra, sem que isso resulte do serviço de uma à finalidade da outra."[37] O sentido que confere a esta relação o Código Civil, induz a uma relação de dependência funcional. São, todavia, bens distintos, não sendo uma parte integrante do outro, razão pela qual conservam, cada um, aptidão para ser objeto de direito autônomos

Registre-se que no regime anterior, o Código Civil de 1916 expressamente enunciava que "salvo disposição especial em contrário, a coisa acessória segue a principal" (art. 59). No Código

---

[36] Para a evolução histórica do conceito, veja-se Filippo Milone, Le universitates rerum: studio in diritto romano. Roma : L'Erma di Bretschneider, 1971, p. 46 e ss.

[37] Francisco Cavalcante Pontes de Miranda, Tratado de direito privado, t. II. São Paulo: RT, 2012, p. 136.

Civil de 2002 esta norma não foi reproduzida. A fórmula que tem raiz romana (*accessorium sequitur suum principale*),[38] merecia da doutrina a interpretação de que "1º Que o acessório acompanha o principal em seu destino; 2º Que o acessório assume a natureza do principal (...); 3º Que o proprietário do principal, em regra, o é também do acessório."[39] A rigor, ausência da regra expressa não inibe o reconhecimento da concepção que resulta da tradição do direito brasileiro, e ademais é reproduzida em inúmeras disposições especiais, tais como que: a) a obrigação de dar coisa certa abrange seus acessórios, salvo se o contrário resultar do título ou das circunstâncias (art. 233 do Código Civil); b) a cessão de crédito abrange seus acessórios, salvo convenção em contrário (art. 287 do Código Civil) ; c) não sendo limitada, a fiança compreende todos os acessórios da dívida principal (art. 822 do Código Civil); ou de que d) a posse do imóvel faz presumir, até prova contrária, a das coisas móveis que nele estiverem.(art. 1209 do Código Civil). Da mesma forma, no caso da teoria das invalidades, sendo um negócio jurídico considerado acessório de outro, vincula-se ao destino do negócio jurídico principal. Inválido o negócio jurídico principal, inválido será o negócio jurídico acessório. O exemplo mais expressivo é o da fiança, cujo objeto é a garantia de cumprimento de uma obrigação principal. Inválida a obrigação garantida, inválida será a obrigação com o objeto de garantia: nulo o contrato, nula a fiança[40] (art. 824 do Código Civil). Identifica-se a fórmula em preceito de direito conhecido como *princípio da gravitação jurídica*, pelo qual os bens acessórios se vinculam, quanto ao seu destino, ao do bem principal.

É assente o princípio da gravitação jurídica, independentemente de norma expressa, para configurar a relação entre bens acessórios e principais. Dois aspectos merecem, contudo, atenção. Primeiramente, naquilo que não decorra de norma imperativa, o exercício da autonomia privada pode destacar o destino do bem acessório do bem principal. Assim as fórmulas "salvo convenção em contrário", que o indique de modo expresso, ou ainda as circunstâncias ou os usos, que sejam admitidos para afastar presunção legal. Da mesma forma, o Código Civil de 2002 estabeleceu expressamente no direito brasileiro, qualificação e disciplina sobre as pertenças, que embora sendo bens que se relacionam com outro bem principal, não são abrangidos pelos negócios jurídicos que o tenham por objeto. Segundo a lição doutrinária, três são as situações jurídicas determinadas pelo Código Civil de 2002: a primeira, sobre as partes integrantes, que não podem ser objeto de relações jurídicas próprias (salvo o caso de frutos e produtos não colhidos, art. 95); a segunda sobre as pertenças, que não integram, como regra, o negócio jurídico relativo ao bem principal; e a terceira sobre os demais bens acessórios, que embora possam ser objeto de negócios jurídicos autônomos, como regra, seguem o destino do bem principal.[41] Examinam-se, a seguir, estas distinções.

3.7.1. Pertenças

As pertenças são bens que mantêm sua autonomia em relação ao bem principal. Não é parte integrante, mas é a ele aplicado para, de modo duradouro, servir a seu uso, serviço ou aformoseamento. Sua origem apartada da noção de bens acessórios e dos efeitos típicos do princípio da gravitação jurídica (*accessorium sequitur suum principale*) data do final do século

---

[38] Ernst Holthöfer, Sachteil und Sachzbehör im römischen und in gemeinen Recht. Berlin: Walter de Gruyter, 1972 (reimpressão 2020), p. 72 e ss *passim* p. 92.
[39] Clóvis Beviláqua, Código Civil dos Estados Unidos do Brasil comentado, v. 1, p. 233.
[40] Luís Pedro Moitinho de Almeida. Nulo o contrato, nula a fiança. Coimbra: Coimbra Editora, 1985, p. 278.
[41] Marcelo Junqueira Calixto, Dos bens. In: Gustavo Tepedino (Coord.) A parte geral do novo Código Civil: estudos na perspectiva civil-constitucional. Rio de Janeiro: Renovar, 2002, p. 169-170.

XVIII no direito alemão, sendo prestigiada pela pandectística do século seguinte até ser incorporada ao Código Civil alemão (BGB) de 1900.[42] O §97 do BGB dispõe que a caracterização da coisa como acessória depende da vontade das partes (1), da mesma forma como seu uso temporário não lhe confere esta qualidade de acessoriedade (2).[43] Explica-se no direito alemão o conceito, distinguindo as coisas que embora sirvam para agregar funcionalidade a outras, não se integram a coisa principal, e nestes termos não serão partes integrantes, nos termos do § 93 do BGB, que contem este conceito.

A noção de pertença transitou então em outros sistemas jurídicos, dispondo o art. 817, primeira parte, do Código Civil italiano de 1942: "Sono pertinenze le cose destinate in modo durevole a servizio o ad ornamento di un'altra cosa." A norma em questão inspira o legislador brasileiro, que no art. 93 do Código Civil de 2002, define: "São pertenças os bens que, não constituindo partes integrantes, se destinam, de modo duradouro, ao uso, ao serviço ou ao aformoseamento de outro."

Caracteriza as pertenças o fato de que seu vínculo funcional com o bem principal, destinando-a para promover o uso, serviço ou aformoseamento, decorre da vontade exercida pelo proprietário. Não são, deste modo, partes integrantes do bem principal, o que é critério útil para diferenciação. Neste sentido, considera-se pertença aquele bem cuja destinação se dá ao bem principal sem que a separação posterior atinja sua integridade. Conjuga-se ao bem e se retira posteriormente sem que afete a natureza do bem principal ou sua função própria, que será apenas acrescida pela destinação dada à pertença, no tempo em que se manter. Da mesma forma, define um determinado bem como pertença o fato de sua destinação ser duradoura – pelo que se afastam as situações que se aplique um bem a outro apenas de modo temporário ou episódico. É o caso de uma máquina que se instale em determinada indústria, ou dos aparelhos de refrigeração do ar instalados em um prédio ("aparelhos de ar condicionado" ou "splits"). A definição de pertença, neste sentido, especializa, em parte, no direito brasileiro, os denominados bens imóveis por acessão intelectual, segundo o qual os móveis cuja destinação se aplicasse aos imóveis por vontade do seu proprietário, tornavam-se por isso imóveis, vinculando-se ao bem principal. No caso, a distinção do conceito, neste caso, deverá diferenciar aquilo que mesmo agregado à coisa principal, conserva autonomia funcional, e o que uma vez incorporado, não se destaca mais sem fratura ou dano.

Em síntese, portanto, a noção de pertença no direito brasileiro compreende o bem acessório que **possui vínculo funcional com outro bem**, conforme a destinação que lhe é dado, por **vontade do seu proprietário ou titular de direito real**, para seu uso, serviço ou aformoseamento, **de modo duradouro**, sem que se constitua, por isso, parte integrante.

O principal efeito prático da noção de pertença diz respeito aos negócios jurídicos que envolvam o bem principal, a respeito do que dispõe o art. 94 do Código Civil: "Os negócios jurídicos que dizem respeito ao bem principal não abrangem as pertenças, salvo se o contrário resultar da lei, da manifestação de vontade, ou das circunstâncias do caso." Neste particular, note-se que o direito brasileiro, no ponto, seguiu o direito português, que em seu Código Civil de 1966 dispõe que "os negócios jurídicos que tem por objeto a coisa principal não abrangem, salvo declaração em contrário, as coisas acessórias." Trata-se de regra objeto de crítica doutri-

---

[42] Ernst Holthöfer, Sachteil und Sachzbehör im römischen und in gemeinen Recht. Berlin: Walter de Gruyter, 1972 (reimpressão 2020), p. 89 e ss.
[43] Manfred Wolf; Jörg Neuner, Allgemeiner Teil des Bürgerlichen Rechts. München: C.H. Beck, 2012, p. 293-294.

nária expressiva naquele sistema,[44] uma vez que se aparta do princípio da gravitação jurídica que informa, na tradição a relação entre bens acessórios e principais. Em outros sistemas, como no direito italiano, os atos jurídicos relativos aos bens principais incluem as pertenças, salvo se as partes dispuserem em contrário, preservando, contudo, a possibilidade de serem objeto de relações jurídicas distintas (e.g. art. 818 do *Codice Civile*). No direito brasileiro, contudo, a regra é de que as pertenças não integram o negócio jurídico relativo ao bem principal, a não ser que as partes expressamente convencionem, por determinação legal, ou ainda segundo as circunstâncias do caso. A inferência às circunstâncias do caso coloca em relevo a boa-fé que pode incidir sobre as relações jurídicas que tenham por objeto um bem principal e cujas pertenças passem a integrar o negócio em vista da tutela das expectativas legítimas do adquirente, seja em razão dos termos da oferta ou mesmo dos usos negociais. Assim, por exemplo, a venda de um cavalo para montaria (bem principal), que se faça acompanhar dos arreios ou das ferraduras que lhe protejam os cascos (pertenças) porque estes são os usos em determinada região. Da mesma forma, no âmbito das relações de consumo, a centralidade do dever de informar do fornecedor e o regime da oferta (art. 30 do CDC), incidem para tutelar a expectativa legitima do consumidor em relação às características do bem adquirido, podendo abranger, conforme as circunstâncias, e na ausência de advertências em contrário, as pertenças que o acompanhem.

3.7.2. *Frutos, produtos ou rendimentos*

Frutos são utilidades ou proveitos, dotados de valor econômico, que derivam do bem sem lhe alterar a essência, diretamente (naturais) ou por intermédio da intervenção humana (industriais), inclusive como efeito de relações jurídicas (frutos civis). São considerados bens acessórios, podendo ser percebidos e se destacar do bem principal sem fratura ou dano. Divide-se o entendimento se para a definição de fruto, deve-se exigir ou não que surjam periodicamente ou com regularidade (*Fructus este quidquid ex re nasci et renasci sole*t).[45] A rigor, o que indica o critério é que a separação dos frutos não esgota o bem principal, que permanece íntegro e poderá voltar a produzi-los.

A definição dos frutos se dá objetivamente, de modo que se verifica tratar-se ou não de utilidade ou proveito que decorre de um bem principal. Se permanecerá ligado a este bem principal ou não, quem é que o percebe ou colhe, ou ainda, quem tem direito a percebê-lo (direito de fruição), são efeitos que decorrem da disciplina que a incidência das normas jurídicas vai determinar. As regras relativas à posse tem efeito sobre a titularidade dos frutos, e a existência do direito a percebê-los ou não (art. 1.214 e ss. do Código Civil) . Em paralelo aos critérios gerais, se desdobram outras normas que incidem sobre situações específicas, no domínio das obrigações, dos direitos reais, no direito de família e nas sucessões.

São três as espécies de frutos tradicionalmente reconhecidos: a) os **frutos naturais**, assim entendidos os que resultam do desenvolvimento próprio, orgânico do bem; b) os **frutos industriais**, que resultam da intervenção e trabalho humano para sua obtenção; e c) os **frutos**

---

[44] António Menezes Cordeiro qualifica a opção portuguesa como um "aparatoso erro histórico" (Tratado de direito civil português, t. III. Parte geral: coisas. 3ª ed. Coimbra: Almedina, 2012, p. 228).

[45] Favorável à periodicidade como característica dos frutos: Clóvis Beviláqua, Código Civil dos Estados Unidos do Brasil comentado, v. 1, p. 234; contrário: Francisco Cavalcante Pontes de Miranda, Tratado de direito privado, t. II. São Paulo: RT, 2012, p.141. De outro modo situa-se o entendimento que, embora afaste a periodicidade do conceito de fruto, reconhece sua importância para separar realidades distintas (e.g. o corte único de árvores que afetaria a essência do bem, e cortes periódicos que caracterizariam frutos). António Menezes Cordeiro, Tratado de direito civil português, t. III. Parte geral: coisas. 3ª ed. Coimbra: Almedina, 2012, p. 233.

civis, que são utilidades retiradas do bem, a partir de uma convenção jurídica, em razão de sua utilização, caso dos juros, dos aluguéis e dos rendimentos em geral.

Classificação alternativa adotada é a que reúne sob um mesmo critério de frutos *in natura*, os frutos naturais e os frutos industriais, uma vez que resultam da realidade de desenvolvimento do bem principal, independentemente de haver ou não ação humana, e os frutos *in pecunia*, abrangendo os frutos civis em razão da expressão em dinheiro (pecúnia) que os caracteriza.

Outra categoria que se identifica é a de produto. Segundo a técnica tradicional do direito civil, **produtos** são utilidades que se retiram da coisa, diminuindo-lhe a quantidade, porque não se reproduzem periodicamente.[46] Diferenciam-se dos frutos, porquanto estes são renováveis, se reproduzem periodicamente, tal qual os frutos de uma árvore ou de filhotes de um animal. Já o exemplo de produto geralmente é o das pedras ou metais que se retiram de pedreiras ou minas, ou o petróleo que se extrai do solo. O Código Civil refere-se em diversas oportunidades aos *produtos*, definindo efeitos para o mútuo de *produtos* agrícolas (art. 592, I), a responsabilidade por danos causados por *produtos* colocados em circulação (art. 931), o privilégio do credor por animais sobre o *produto* do abate (art. 964, IX), com elemento do inventário dos bens do empresário e da sociedade empresária (art. 1.187, II), o domínio do proprietário da coisa de que resultam (art. 1.232) e como objeto passível de penhor (art. 1.447). Não se confunde, por outro lado, esta definição dogmática civilista, e aquela que advém da legislação de proteção do consumidor, segundo a qual *produto*, como objeto da relação de consumo, é "todo o bem móvel ou imóvel, material ou imaterial" oferecido no mercado de consumo (art. 3, § 1º, do CDC).[47]

O Código Civil de 1916 fazia referência em seu art. 60 aos *rendimentos*, cuja expressão não traduzia ideia nova ou diferente, sendo outro modo de denominar os frutos civis.[48] O Código Civil de 2002 não reproduziu a expressão na classificação dos bens. A referência aos *rendimentos*, contudo, segue em diversas disposições específicas. Assim, na disciplina sucessória em razão de ausência ou de sucessão hereditária, bem como ao dispor sobre a anticrese, faz referência a lei a "frutos e *rendimentos*" (arts. 33, 1.506 e 1.508, 1.800, § 3º e 1.817); quando se refere aos títulos ao portador distingue o capital e seus *rendimentos* (art. 909); também da eficácia do casamento surge que concorrem os cônjuges com os *rendimentos* do seu trabalho para o sustento da família (art. 1.568); ou ainda o direito do herdeiro donatário, cujos bens sejam trazidos à colação na herança, sobre os *"rendimentos* e lucros" (art. 2.004, § 2º). Deste modo, mesmo com ausência de menção expressa na classificação dos frutos na parte geral do Código Civil, deve-se conservar a compreensão de que pela expressão *rendimentos* se designa, sob outro signo, os frutos civis.

Quanto ao estado em que se encontram, os frutos são classificados do seguinte modo: a) **frutos pendentes**, enquanto estiverem unidos ao bem que os produziu; b) **frutos percebidos ou colhidos**, desde quando sejam separados do bem que os produziu; c) **frutos percipiendos**, os que deveriam ter sido, mas não foram percebidos ou colhidos; d) os **frutos estantes**, que uma vez colhidos, conservam-se existindo, para futura utilização ou alienação; e e) **frutos consumidos**, os que já foram utilizados, de modo que tenham desaparecido ou se transformado com o consumo.

---

[46] Clóvis Beviláqua, Código Civil dos Estados Unidos do Brasil comentado, v. 1, p. 234.
[47] Bruno Miragem, Curso de direito do consumidor. 8ª ed. São Paulo: RT, 2019, p. 257.
[48] Assinala Clóvis Beviláqua que a expressão não constava no projeto original por se entender incluídos nos frutos. O acréscimo se deu posteriormente, pela comissão do governo encarregada de concluir o texto, "para acomodar a tecnologia jurídica à linguagem comum". Clóvis Beviláqua, Código Civil dos Estados Unidos do Brasil comentado, v. 1, p. 234.

Os frutos e produtos ainda não separados do bem principal pode ser objeto de negócio jurídico, nos termos do art. 95 do Código Civil: "Art. 95. Apesar de ainda não separados do bem principal, os frutos e produtos podem ser objeto de negócio jurídico." Significa dizer que poderão, por exemplo, ser alienados, ou dados em garantia, considerados como espécies de *bens móveis por antecipação*. Trata-se de categoria já reconhecida pela jurisprudência anterior ao Código Civil de 2002,[49] e em sistemas jurídicos estrangeiros,[50] bem como na doutrina nacional,[51] ainda que com ressalvas.[52] Independente da classificação em si, contudo, o reconhecimento do poder de disposição sobre os frutos e produtos não separados do bem principal torna juridicamente possível o objeto do negócio jurídico com este fim, como ocorre com o exemplo da venda para entrega futura de árvores ou de safra de cereais.

3.7.3. Benfeitorias

São benfeitorias o conteúdo da intervenção em um determinado bem, destinado a conservar sua integridade, incrementar sua utilidade ou promover seu embelezamento. Compreendem obras e despesas realizadas no bem, merecendo classificação legal no art. 96, do Código Civil, de acordo com sua finalidade, nos seguintes termos: a) **benfeitorias necessárias** as que se destinem a conservar o bem ou evitar que se deteriore; b) **benfeitorias úteis**, as que aumentam ou facilitam o uso do bem; c) **benfeitorias voluptuárias**, segundo o § 1º do art. 96, "as de mero deleite ou recreio, que não aumentam o uso habitual do bem, ainda que o tornem mais agradável ou sejam de elevado valor".

O critério para classificação das benfeitorias nas suas distintas espécies, embora se avalie objetivamente, observa as circunstâncias, a própria destinação e características do bem. Há benfeitorias que, uma vez realizadas, são visíveis e destacáveis do bem principal – ainda que não sem fratura ou dano. Outras não são perceptíveis ou separáveis do bem. Quando se trate de despesas de conservação e melhoramento de um prédio, por exemplo, podem não aparecer exteriormente. Por outro lado, quando se trate de instalar um elevador para facilitar o deslocamento, ou uma piscina para proveito dos seus habitantes, identifica-se claramente o conteúdo da intervenção. Relevante é considerar que a definição de benfeitoria exige que tenha havido intervenção humana. Dispõe o art. 97 do Código Civil: "Art. 97. Não se consideram benfeitorias os melhoramentos ou acréscimos sobrevindos ao bem sem a intervenção do proprietário, possuidor ou detentor."

A diferenciação entre as espécies de benfeitorias, segundo sua finalidade, da mesma forma merece atenção. Mais evidente são as benfeitorias necessárias, cuja destinação a conservação do bem ou para evitar sua ruína, é demonstrável segundo critérios técnicos. Entre as benfeitorias úteis e as voluptuárias, contudo, pode haver pontos de intersecção. Tornar o bem mais agradável

---

[49] STJ, AgRg no Ag 174.406/SP, Rel. Min. Eduardo Ribeiro, 3ª Turma, j. 25/08/1998, *DJ* 23/11/1998). Seu reconhecimento, contudo, é controverso para fins tributários, conforme se percebe em: STJ, REsp 1691098/PR, Rel. Min. Herman Benjamin, 2ª Turma, j. 05/12/2017, *DJe* 19/12/2017. Em sentido contrário,

[50] Em especial, no direito francês, conforme se vê em Louis Josserand, Cours de droit positif français, I. Paris: Sirey, 1938, p. 766; Marcel Fréjaville, Des meubles par anticipation. Paris: E. de Boccard, 1927, p. 219 e ss.

[51] Carlos Roberto Gonçalves, Direito civil brasileiro: parte geral. 11ª ed. São Paulo: Saraiva, 2013, p. 292; Flavio Tartuce, Direito civil: parte geral e introdução, v. 1. 15ª ed. Rio de Janeiro: Forense, 2019, p. 336-337; Maria Helena Diniz, Curso de direito civil brasileiro: teoria geral do direito civil, 1. 24ª ed. São Paulo: Saraiva, 2007, p. 331; Cristiano Chaves de Farias; Nelson Rosenvald, Curso de direito civil: parte geral, v. 1. São Paulo: Atlas, 2015, p. 433.

[52] Francisco Cavalcante Pontes de Miranda, Tratado de direito privado, t. II. São Paulo: RT, 2012, p. 107.

sem aumentar seu uso, restringe o alcance das benfeitorias voluptuárias ao incremento estético do bem (embelezamento). Havendo intervenção que aumente ou diversifique o uso da coisa, mesmo que dissociado parcialmente da sua destinação original, pode tornar mais agradável a fruição do bem, inclusive para fins de recreio, ao mesmo tempo em que aumenta sua utilidade. O exemplo usual é o da piscina instalada no imóvel residencial. Incrementa o uso do imóvel que se destina originalmente à moradia, ainda que não seu uso habitual ou típico, tornando-o mais agradável aos seus habitantes.

Tais distinções são relevantes, em especial por conta da incidência de outras normas sobre a posse e a indenização de benfeitorias, previstas no Código Civil. O art. 1.219 prevê que "o possuidor de boa-fé tem direito à indenização das benfeitorias necessárias e úteis, bem como, quanto às voluptuárias, se não lhe forem pagas, a levantá-las, quando o puder sem detrimento da coisa, e poderá exercer o direito de retenção pelo valor das benfeitorias necessárias e úteis." Já o possuidor de má-fé terá direito ao ressarcimento somente das benfeitorias necessárias, contudo, sem direito de reter a coisa até a efetiva indenização; também não terá direito ao levantamento das benfeitorias voluptuárias (art. 1.220). O valor das benfeitorias, para efeito de sua indenização, no direito antigo se dava pelo acréscimo de utilidade ou de valor que davam à coisa, não por seu custo (assim art. 584 do Regulamento 737/1850). A partir do Código Civil de 1916, admitiu-se a possibilidade de se optar pelo valor atual ou do seu custo. O Código Civil de 2002 previu a possibilidade, no caso do possuidor de má-fé, do reivindicante optar pelo valor atual da benfeitoria ou o seu custo; no caso do possuidor de boa-fé a indenização será paga pelo seu valor atual (art. 1.222). Da mesma forma, as benfeitorias que se achem integradas ao bem compensam-se com os danos que venham a ser indenizáveis (art. 1.221).[53]

Há, igualmente, regras especiais que disciplinam a indenização das benfeitorias em certas espécies de contratos. Na locação imobiliária "salvo expressa disposição contratual em contrário, as benfeitorias necessárias introduzidas pelo locatário, ainda que não autorizadas pelo locador, bem como as úteis, desde que autorizadas, serão indenizáveis e permitem o exercício do direito de retenção" (art. 35 da Lei 8.245/1991). As benfeitorias voluptuárias, por outro lado, não são indenizáveis, podendo ser levantadas pelo locatário, ao final da locação, desde que sua retirada não afete a estrutura e substância do imóvel (art. 36). Admite-se, todavia, a possibilidade, nos contratos de locação, de estipular-se cláusulas de renúncia à indenização das benfeitorias e ao direito de retenção, nos termos da jurisprudência do Superior Tribunal de Justiça (Súmula 335).[54] Nos contratos de consumo, contudo, o Código de Defesa do Consumidor prevê, expressamente, a abusividade das cláusulas que "possibilitem a renúncia do direito de indenização por benfeitorias necessárias" (art. 51, XVI, do CDC).

3.8. Bens públicos

No direito romano identificavam-se coisas que não podiam ser objeto de relações jurídicas privadas, caso da *res extra patrimonium* ou *res extra commercium*. Estas dividiam-se em: a) *res divini iuris*, que se encontravam em poder dos Deuses, como eram as coisas consagradas às divindades (*res sacreae*) como templos estátuas e altares; os sepulcros (*res religiosae*) sobre os quais havia direito de sepultura pertencente à família ou a herdeiros; e as coisas profanas que

---

[53] Em qualquer caso, contudo, estas benfeitorias devem ser individualizadas, descritas e com estimado seu valor. Neste sentido: TJRS, Apelação Cível 70084094218, Rel. Maria Isabel de Azevedo Souza, 19ª Câmara Cível, j. 01/09/2020.

[54] Súmula 335 do STJ: "Nos contratos de locação, é válida a cláusula de renúncia à indenização das benfeitorias e ao direito de retenção." (3ª Seção, j. 25/04/2007, *DJ* 07/05/2007)

estão sob proteção dos deuses (*res sanctae*), tais como as muralhas ou as portas da cidade; b) *res communes omnium*, como o ar, a água corrente da chuva e do rio, o mar e a costa; e c) as *res publicae* que eram as coisas de propriedade do Estado, por isso não submetidas ao direito privado, dentre as quais se encontravam as coisas de uso comum (*usus publicus*), tais como ruas, praças públicas, rios, lagos e aquedutos, e cujo uso podia ser protegido por interditos reclamados perante o pretor.[55] Ao lado dos bens do Estado e aqueles públicos, acessíveis a todos, completava a relação as *res nullius* (coisas de ninguém), de que não pertenciam a um particular, tampouco ao Estado, sendo acessíveis a todos e passíveis de aquisição pela posse; e as *res derelictae* (abandonadas), cujo titular renunciava à coisa, o que seguiu a antiga tradição do direito português e brasileiro.[56] Neste caso, tratando-se de bem imóvel abandonado, o art. 1.276 do Código Civil vigente o submete à arrecadação, como bem vago, passando ao domínio do Município ou do Distrito Federal, onde se encontre, três anos após ter sido arrecadado.

Da longa evolução para chegar-se aos critérios atuais expostos na lei, pertence ao direito civil a definição dos bens públicos como aqueles de titularidade do Estado. Adota-se o critério do titular do domínio, consagrando, o Código Civil, classificação que ao mesmo tempo em que é útil ao direito público e lhe marca o uso, serve-se também de conceitos desenvolvidos naquele âmbito. Assim dispõe o art. 98 do Código Civil: "Art. 98. São públicos os bens do domínio nacional pertencentes às pessoas jurídicas de direito público interno; todos os outros são particulares, seja qual for a pessoa a que pertencerem."

No direito público concentra a ideia de **domínio público**,[57] compreendido como "o conjunto dos bens móveis e imóveis de que é detentora a administração, afetados quer a seu próprio uso, quer ao uso direto ou indireto da coletividade, submetidos a regime jurídico de direito público derrogatório e exorbitante do direito comum."[58] Distingue-se, neste particular, o *domínio público* – que é o domínio patrimonial do Estado, a titularidade sobre os bens que integram o seu patrimônio – e o *domínio eminente*, que é o poder do Estado atributo da sua soberania. A rigor, contudo, a adoção do critério da titularidade é o que prevalece no nosso sistema, havendo bens que pertencem ao domínio público por estarem afetados ao uso ou ao fim público ou ao domínio privado – regime em que predomina o interesse particular do titular. Segundo a lição clássica, "o domínio público compreende os bens que *in usu publico sunt*, isto é, os destinados ao uso indistinto e coletivo dos indivíduos, bens imprescritíveis, que se acham fora do comércio e não são passíveis de apropriação particular por qualquer dos meios de direito".[59] Opõe-se ao domínio público, pelo qual o Estado (pessoas jurídicas de direito público) é titular de bens afetados à finalidade ou uso público (*Widmung*),[60] os bens que

---

[55] Max Kaser; Rolf Knütel, *Römisches Privatrecht*. 20. Auflage. München: Verlag C.H.Beck, 2014, p. 113; P. Ourliac; J. de Malafosse, Histoire du droit privé, t. 2. Les biens. Paris: PUF, 1971, p. 18-19.

[56] Augusto Teixeira de Freitas, Código Civil: Esboço, v. 1. Brasília: Ministério da Justiça, 1983, p. 123-124 (art. 327); Francisco Cavalcanti Pontes de Miranda, Tratado de direito privado, t. II, p. 195.

[57] As origens da teoria do domínio público residem no direito administrativo francês, de grande influência no direito brasileiro. Veja-se, especialmente, André de Laubadère, Traité de droit administratif, v. 2. Paris: LGDJ, 1994, p. 3 e ss.

[58] José Cretella Júnior, Tratado do domínio público. Rio de Janeiro: Forense, 1984, p. 29.

[59] Rodrigo Octavio, Do domínio da União e dos Estados segundo a Constituição Federal. 2ª ed. São Paulo: Saraiva, 1924, p.

[60] Para o conceito de afetação (Widmung) e de sua teoria (Widmungstheorie), desenvolvida no direito alemão, veja-se, na origem: Otto Mayer, Deutsches Verwaltungsrecht, Bd 2. Leipzig: Duncker und Humblot, 1896, p. 86 (§36). Na doutrina original, a possibilidade do uso público ou sua vinculação à uma finalidade pública (afetação) pode se der de múltiplas formas, por vezes solene e expressa, por vezes de modo implícito (p.

embora tenham a mesma titularidade, não se vinculam a esta finalidade ou uso, sendo objeto de relações próprias de direito privado (**domínio privado do Estado**).

No direito brasileiro, tanto a classificação dos bens públicos, quanto a detalhada disciplina da propriedade previstas no Código Civil, faz incidir sobre o domínio público, em comum, regras de direito público e de direito privado. As normas de direito público preferem as de direito privado, em especial as do Código Civil. A própria Constituição da República dispõe sobre bens públicos de titularidade da União (art. 20), assim como diversas outras normas especiais – caso, por exemplo, do Decreto-lei 9.760/1946, que trata sobre os bens imóveis da União.

São bens públicos, conforme classificação do art. 99 do Código Civil: a) os bens de uso comum do povo; b) os bens de uso especial; e c) os bens dominicais. Adota-se a classificação a partir do critério de sua utilização.

No caso dos **bens de uso comum do povo** (*res communes omnium*), a técnica legislativa adotada foi a de pontuar exemplos, indicando-os "tais como rios, mares, estradas, ruas e praças". Em comum, se tratam de bens que, como regra, são de livre acesso por todos, observadas apenas as medidas de polícia administrativa porventura existentes. Seu uso pode ser gratuito a todos ou mediante retribuição, conforme seja determinado por lei (art. 103 do Código Civil). Assim, por exemplo, ocorre na concessão de uso de bens públicos, ou ainda de serviços que envolvam o uso de determinados bens (e.g. concessão de estradas e rodovias).

Os **bens de uso especial** também observam enumeração exemplificativa, sendo designados como "edifícios ou terrenos destinados a serviço ou estabelecimento da administração federal, estadual, territorial ou municipal, inclusive os de suas autarquias". A rigor, são bens de titularidade das pessoas jurídicas de direito público que estejam vinculados à prestação de serviço público, podendo compreender tanto instalações para serviços administrativos, quanto quaisquer outros diretamente vinculados ao serviço, sejam imóveis (como são os exemplos da norma), ou móveis. Os bens públicos de uso especial tanto podem ser utilizados pelo próprio titular, seus órgãos e entidades, como também por particulares, sem perder sua vinculação com a finalidade pública (assim, por exemplo, o mercado municipal submetido à permissão pública, um aeroporto objeto de concessão).

Já os **bens dominicais** são aqueles que constituem patrimônio de direito pessoal ou real das pessoas jurídicas de direito público. Recaem sobre eles *direitos de proprietário*, segundo a exata lição doutrinária.[61] Integram, por isso, o domínio privado do Estado. E podem ser objeto de disposição pelo titular, observadas as exigências legais (art. 101 do Código Civil). Neste sentido, por exemplo, ocorrerá que, mesmo sendo bem dominical, sua cessão ou alienação exija lei específica que autorize. O parágrafo único do art. 99 do Código Civil, da mesma forma, refere que, "não dispondo a lei em contrário, consideram-se dominicais os bens pertencentes às pessoas jurídicas de direito público a que se tenha dado estrutura de direito privado". No conceito se inserem as entidades da administração pública indireta, tais como empresas públicas, sociedades de economia mista e fundações públicas submetidas ao regime jurídico de direito privado (art. 5º, II a IV, do Decreto-lei 200/1967).

No caso dos bens de uso comum do povo e dos bens de uso especial, encontram-se afetados à finalidade pública, razão pela qual, igualmente, consideram-se inalienáveis enquanto conservarem esta qualificação (art. 100 do Código Civil). A desafetação dos bens, quando

---

87). No mesmo sentido: Walter Jellinek Verwaltungsrecht, 3. Aufl. Berlin: Julius Springer, 1931, p. 500 e ss.

61 Clóvis Beviláqua, Código Civil dos Estados Unidos do Brasil comentado, v. 1. São Paulo: Francisco Alves, 1959, p. 240.

imóveis, se deve realizar por lei. Quando móveis, segundo procedimento previsto no âmbito da respectiva pessoa jurídica de direito público.

Os bens públicos não estão sujeitos à usucapião (art. 102 do Código Civil), independentemente de qual sua espécie e finalidade. A Súmula 340 do STF, de 1963, já excluía mesmo a possibilidade de usucapião dos bens dominicais, objeto do domínio privado do Estado.[62] Mais recentemente, a própria Constituição da República restringe esta possibilidade para fins de moradia e trabalho (art. 183, §3º e 191, parágrafo único).

4. BEM DE FAMÍLIA

Bem de família é qualificação que se atribui, por força de lei ou por ato de vontade do titular do bem, em favor da entidade familiar, visando preservá-lo no atendimento de suas necessidades, de modo que não possa servir para a satisfação de dívidas. Trata-se de instituto jurídico inspirado no *common law* (o *homestead*),[63] e de larga reprodução em vários outros sistemas jurídicos, visando à proteção, especialmente, do bem imóvel onde reside a família. Trata-se da afetação do bem determinado a uma finalidade específica, sendo percebido também pela doutrina como espécie de patrimônio especial.[64] Há uma segregação para certa finalidade – que é a atribuição de isenção por dívidas, que pode resultar da eficácia da lei ou do exercício da autonomia privada conforme a lei.

No direito brasileiro, a disciplina do bem de família vincula-se à proteção constitucional da família (art. 226 da Constituição da República) e ao direito fundamental à moradia (art. 6º da Constituição da República). Do ponto de vista legislativo, convivem dois modelos de proteção do bem de família: o *legal* e o *convencional*.

O **modelo legal do bem de família** é instituído pela Lei 8.009/1990, que dispõe em seu art. 1º: "O imóvel residencial próprio do casal, ou da entidade familiar, é impenhorável e não responderá por qualquer tipo de dívida civil, comercial, fiscal, previdenciária ou de outra natureza, contraída pelos cônjuges ou pelos pais ou filhos que sejam seus proprietários e nele residam, salvo nas hipóteses previstas nesta lei." Seu parágrafo único complementa: "A impenhorabilidade compreende o imóvel sobre o qual se assentam a construção, as plantações, as benfeitorias de qualquer natureza e todos os equipamentos, inclusive os de uso profissional, ou móveis que guarneçam a casa, desde que quitados." Neste caso, a eficácia da proteção legal independe de qualquer providência por parte do titular do bem ou dos que venham a se beneficiar dela. Trata-se, aliás, de norma de ordem pública, a cuja proteção não pode o beneficiário renunciar ou restringir,[65] ao mesmo tempo em que seus efeitos podem ser declarados de ofício pelo juiz.[66]

A interpretação que é dada pela jurisprudência estende seus efeitos para além dos estritos termos da lei – em relação a cônjuges, pais ou filhos que nele residam – abrangendo também o locatário do imóvel em relação aos móveis quitados que guarneçam o bem (art. 2º, parágrafo único, da Lei 8.009/1990), assim como pessoas que não integram necessariamente um núcleo

---

[62] STF, ACO 685, Rel. Min. Ellen Gracie, Plenário, j. 11/12/2014, *DJE* 12-2-2015; STF, AI 852.804 Agr, Rel. Min Luiz Fux, 1ª Turma, j. 04/122012, *DJE* 01/02/2013.
[63] John Smyth, The law of homestead and exemptions. San Francisco: Sumner Whitney, 1875, p. 40 e ss; Seymour D. Thompson, A treatise of homestead and exemption laws. Saint Louis: F. H. Thomas, 1878, p. 2 e ss.
[64] Álvaro Villaça Azevedo. Bem de família com comentários à Lei 8.009/90. 5ª ed. São Paulo: RT, 2002, p. 141.
[65] STJ, REsp 875.687/RS, Rel. Min. Luis Felipe Salomão, 4ª Turma, j. 09/08/2011, *DJe* 22/08/2011.
[66] AgRg no AREsp 140.598/SP, Rel. Min. Luis Felipe Salomão, 4ª Turma, j. 24/06/2014, *DJe* 01/08/2014.

familiar, como é o caso da pessoa solteira, divorciada ou viúva, nos termos que afirma a Súmula 364 do Superior Tribunal de Justiça: "O conceito de impenhorabilidade de bem de família abrange também o imóvel pertencente a pessoas solteiras, separadas e viúvas."[67] Ou mesmo situação na qual quem reside no imóvel é um integrante da entidade familiar, mas não o proprietário do bem.[68] Privilegia-se, segundo acentuado pela jurisprudência, uma interpretação teleológica da norma, em proteção do direito fundamental à moradia.[69] Neste mesmo sentido, a interpretação jurisprudencial seguiu estendendo a eficácia da norma a outras particularidades, como é o caso do imóvel residencial que, sendo o único de titularidade do seu proprietário, é objeto de locação, mas cuja renda reverte em favor de sua subsistência. Neste sentido, a Súmula 486 do STJ afirma: "É impenhorável o único imóvel residencial do devedor que esteja locado a terceiros, desde que a renda obtida com a locação seja revertida para a subsistência ou a moradia da sua família."[70] Na mesma tendência de interpretação extensiva da norma percebe-se o reconhecimento da impenhorabilidade do recurso depositado em conta poupança vinculada à aquisição de moradia familiar,[71] ou em relação ao imóvel alienado fiduciariamente em garantia do financiamento tomado pelo devedor para sua aquisição.[72]

Aceso debate resulta das hipóteses que afastam a proteção ao bem de família definida na lei. O art. 2º da Lei 8.009/1990 dispõe que: "Excluem-se da impenhorabilidade os veículos de transporte, obras de arte e adornos suntuosos." Da mesma forma, quando se trate de bem imóvel de elevado valor, a própria lei define que não fará jus à proteção legal o devedor que "sabendo-se insolvente, adquire de má-fé imóvel mais valioso para transferir a residência familiar" (art. 4º). A discussão se coloca na comparação entre a finalidade da lei de proteção da subsistência e dignidade da pessoa e um eventual excesso de benefício ao devedor. Em relação ao bem imóvel de elevado valor, a jurisprudência inclina-se em exigir o preenchimento das condições previstas na lei, definindo que não cabe ao intérprete distinguir onde não o fez o legislador.[73] Esta tem sido a tendência de ampliar-se a proteção legal do bem de família, sem estabelecer exceções aos bens imóveis de luxo,[74] mesmo quando se contraponha o argumento de promoção da sua venda com a reserva do suficiente para assegurar a aquisição de outro imóvel de menor valor que atenda ao mesmo fim de moradia. Porém já se admitiu, sob argumento análogo, o desmembramento de imóveis contíguos, de modo que a impenhorabilidade fosse preservada em relação àquele que serve para residência, respondendo pelas dívidas o outro em que localizada uma piscina, espécie de benfeitoria voluptuária.[75] Na mesma linha de entendimento, o STJ afastou a impenhorabilidade da garagem que guarnecia o imóvel residencial, mas tinha matrícula própria, razão pela qual tornara-se bem distinto daquele a que se destinava o propósito da norma de assegurar o direito à moradia. É o que resulta da Súmula 449, do STJ:

---

[67] STJ, Corte Especial, em 15/10/2008, p. DJe 03/11/2008.
[68] STJ, EREsp 1216187/SC, Rel. Min. Arnaldo Esteves Lima, 1ª Seção, j. 14/05/2014, DJe 30/05/2014.
[69] STJ, EREsp 182.223/SP, Rel. Min. Sálvio Figueiredo Teixeira, Rel. p/ Acórdão Min. Humberto Gomes de Barros, Corte Especial, j. 06/02/2002, DJ 07/04/2003.
[70] STJ, Corte Especial, j. 28/06/2012, DJe 01/08/2012.
[71] STJ, REsp 707.623/RS, Rel. Min. Herman Benjamin, 2ª Turma, j. 16/04/2009, DJe 24/09/2009.
[72] STJ, REsp 1677079/SP, Rel. Min. Ricardo Villas Bôas Cueva, 3ª Turma, j. 25/09/2018, DJe 01/10/2018.
[73] STJ, REsp 1320370/RJ, Rel. Min. Castro Meira, 2ª Turma, j. 05/06/2012, DJe 14/06/2012; STJ, REsp 1178469/SP, Rel. Min. Massami Uyeda, 3ª Turma, j. 18/11/2010, DJe 10/12/2010.
[74] STJ, REsp 1351571/SP, Rel. Min. Luis Felipe Salomão, Rel. p/ Acórdão Min. Marco Buzzi, 4ª Turma, j. 27/09/2016, DJe 11/11/2016.
[75] STJ, REsp 624.355/SC, Rel. Min. Humberto Gomes de Barros, 3ª Turma, j. 07/05/2007, DJ 28/05/2007.

"A vaga de garagem que possui matrícula própria no registro de imóveis não constitui bem de família para efeito de penhora."[76]

Por outro lado, a exclusão expressa de "adornos suntuosos" da proteção legal ao bem de família suscita o exame de variada espécie de bens para verificar sua adequação ou não ao conceito. Assim é que a jurisprudência já definiu como abrangido pela proteção legal os eletrodomésticos que guarneçam a casa, como televisão e a máquina de lavar roupas,[77] bem como outros que embora não se considerem indispensáveis, não podem ser considerados de luxo ou suntuosos.[78] Admitirá, contudo, a penhora daqueles que se encontrem em duplicidade no imóvel,[79] ao mesmo tempo em que considerará não apenas o valor do bem, mas também sua utilidade concreta para a família.[80]

No caso de haver a propriedade de vários imóveis por um mesmo titular, o art. 5º da Lei 8.009/1990 prevê que será considerado residência, para os efeitos da impenhorabilidade, "um único imóvel utilizado pelo casal ou pela entidade familiar para moradia permanente". Sendo vários os imóveis utilizados como residência, a impenhorabilidade recairá sobre o de menor valor, salvo se outro tiver sido registrado como bem de família convencional (art. 5º, parágrafo único). O STJ, contudo, reconheceu a possibilidade de mais de um imóvel ser considerado bem de família se "destinados à residência de membros de sua família que, devido à separação judicial ou à dissolução de união estável, constituíram entidades familiares distintas", de modo que em um deles resida o devedor e sua atual esposa e em outro a ex-companheira com o filho do antigo casal.[81]

O art. 3º da Lei 8.009/1990 prevê exceções à impenhorabilidade do bem de família, que abrangem a execução de dívidas: a) pelo titular do crédito decorrente do financiamento destinado à construção ou à aquisição do imóvel, no limite dos créditos e acréscimos constituídos em função do respectivo contrato; b) pelo credor da pensão alimentícia, resguardados os direitos, sobre o bem, do seu coproprietário que, com o devedor, integre união estável ou conjugal, observadas as hipóteses em que ambos responderão pela dívida – a exceção inclui a obrigação de caráter alimentar decorrente de ilícito;[82] c) para cobrança de impostos, predial ou territorial, taxas e contribuições devidas em função do imóvel;[83] d) para execução de hipoteca sobre o imóvel oferecido como garantia real pelo casal ou pela entidade familiar; e) por ter sido adquirido com produto de crime ou para execução de sentença penal condenatória a ressarcimento, indenização ou perdimento de bens; e f) por obrigação decorrente de fiança concedida em contrato de locação.

---

[76] STJ, Corte Especial, j. 02/06/2010, *DJe* 21/06/2010.

[77] STJ, Rcl 4.374/MS, Rel. Min. Sidnei Beneti, 2ª Seção, j. 23/02/2011, *DJe* 20/05/2011.

[78] STJ, REsp 488.820/SP, Rel. Min. Denise Arruda, 1ª Turma, j. 08/11/2005, *DJ* 28/11/2005; STJ, REsp 589.849/RJ, Rel. Min. Jorge Scartezzini, 4ª Turma, j. 28/06/2005, *DJ* 22/08/2005.

[79] STJ, REsp 533.388/RS, Rel. Min. Teori Albino Zavascki, 1ª Turma, j. 04/11/2004, *DJ* 29/11/2004; STJ, REsp 237.298/PR, Rel. Min. Eduardo Ribeiro, 3ª Turma, j. 21/03/2000, *DJ* 19/06/2000.

[80] Assim o caso de um piano que, podendo se tratar de bem suntuoso porque sem utilidade específica (STJ, REsp 198.370/MG, Rel. Min. Waldemar Zveiter, 3ª Turma, j. 16/11/2000, *DJ* 05/02/2001), será considerado impenhorável quando "indispensável ao estudo e futuro trabalho das filhas" do devedor (STJ, REsp 207.762/SP, Rel. Min. Waldemar Zveiter, 3ª Turma, j. 27/03/2000, *DJ* 05/06/2000).

[81] STJ, AgInt no REsp 1801059/SE, Rel. Min. Og Fernandes, 2ª Turma, j. 11/06/2019, *DJe* 18/06/2019.

[82] STJ, AgRg no Ag 772.614/MS, Rel. Min. Sidnei Beneti, 3ª Turma, j. 13/05/2008, *DJe* 06/06/2008.

[83] Como regra, considera-se incluídos os valores cobrados a título de taxa condominial (STF, RE 439003_; Todavia, o próprio STJ entende que a exceção à impenhorabilidade não abrange a cobrança de taxas ou mensalidades de associação de moradores de condomínio fechado (STJ, 1324107).

Tais exceções devem ser interpretadas restritivamente. É o caso da exceção prevista no art. 3º, inciso V, em que é afastada a impenhorabilidade para execução de hipoteca sobre o imóvel oferecido como garantia real, hipótese em que a interpretação jurisprudencial não admite sua aplicação às dívidas constituídas por terceiro.[84] No caso da exceção à impenhorabilidade oposta à execução do fiador que assume a obrigação de garantia em contrato de locação (art. 3º, VII, da Lei 8.009/1990), sua constitucionalidade chegou a ser questionada sob o argumento de confronto com o direito fundamental à moradia, o que não foi reconhecido pelo STF.[85] Todavia, em outro precedente envolvendo a fiança prestada em locação comercial, o STF irá reconhecer a impenhorabilidade do bem de família do fiador para protegê-lo da execução promovida pelo locador.[86] Considerados estes dois precedentes do STF, criou-se uma diferenciação entre o fiador do locação comercial, que tem reconhecida a impenhorabilidade do imóvel residencial, e do fiador da locação residencial, da qual esta proteção é afastada. O STJ, de sua fez, de modo indistinto, consagrou o entendimento da possibilidade de penhor do bem imóvel que serve de residência ao fiador, nos termos da Súmula 459, que dispôs: "É válida a penhora de bem de família pertencente a fiador de contrato de locação".[87] Da mesma forma observe-se a interpretação do STJ à exceção de impenhorabilidade para as "taxas e contribuições devidas em razão o imóvel", de modo a incluir entre estas as dívidas de indenização de titularidade do condomínio para a qual este não tenha patrimônio suficiente para responder, assumindo a natureza de obrigação *propter rem*.[88]

---

[84] STJ, AgRg no REsp 1163841/RJ, Rel. Min. Luis Felipe Salomão, 4ª Turma, j. 09/04/2013, *DJe* 17/04/2013.

[85] "FIADOR. Locação. Ação de despejo. Sentença de procedência. Execução. Responsabilidade solidária pelos débitos do afiançado. Penhora de seu imóvel residencial. Bem de família. Admissibilidade. Inexistência de afronta ao direito de moradia, previsto no art. 6º da CF. Constitucionalidade do art.3º, inc. VII, da Lei nº 8.009/90, com a redação da Lei nº 8.245/91. Recurso extraordinário desprovido. Votos vencidos. A penhorabilidade do bem de família do fiador do contrato de locação, objeto do art. 3º, inc. VII, da Lei nº 8.009, de 23 de março de 1990, com a redação da Lei nº 8.245, de 15 de outubro de 1991, não ofende o art. 6º da Constituição da República" (STF, RE 407688, Rel. Cezar Peluso, Pleno, j. 08/02/2006, *DJ* 06/10/2006).

[86] "RECURSO EXTRAORDINÁRIO MANEJADO CONTRA ACÓRDÃO PUBLICADO EM 31.8.2005. INSUBMISSÃO À SISTEMÁTICA DA REPERCUSSÃO GERAL. PREMISSAS DISTINTAS DAS VERIFICADAS EM PRECEDENTES DESTA SUPREMA CORTE, QUE ABORDARAM GARANTIA FIDEJUSSÓRIA EM LOCAÇÃO RESIDENCIAL. CASO CONCRETO QUE ENVOLVE DÍVIDA DECORRENTE DE CONTRATO DE LOCAÇÃO DE IMÓVEL COMERCIAL. PENHORA DE BEM DE FAMÍLIA DO FIADOR. INCOMPATIBILIDADE COM O DIREITO À MORADIA E COM O PRINCÍPIO DA ISONOMIA. 1. A dignidade da pessoa humana e a proteção à família exigem que se ponham ao abrigo da constrição e da alienação forçada determinados bens. É o que ocorre com o bem de família do fiador, destinado à sua moradia, cujo sacrifício não pode ser exigido a pretexto de satisfazer o crédito de locador de imóvel comercial ou de estimular a livre iniciativa. Interpretação do art. 3º, VII, da Lei nº 8.009/1990 não recepcionada pela EC nº 26/2000. 2. A restrição do direito à moradia do fiador em contrato de locação comercial tampouco se justifica à luz do princípio da isonomia. Eventual bem de família de propriedade do locatário não se sujeitará à constrição e alienação forçada, para o fim de satisfazer valores devidos ao locador. Não se vislumbra justificativa para que o devedor principal, afiançado, goze de situação mais benéfica do que a conferida ao fiador, sobretudo porque tal disparidade de tratamento, ao contrário do que se verifica na locação de imóvel residencial, não se presta à promoção do próprio direito à moradia. 3. Premissas fáticas distintivas impedem a submissão do caso concreto, que envolve contrato de locação comercial, às mesmas balizas que orientaram a decisão proferida, por esta Suprema Corte, ao exame do tema nº 295 da repercussão geral, restrita aquela à análise da constitucionalidade da penhora do bem de família do fiador em contrato de locação residencial. 4. Recurso extraordinário conhecido e provido." (STF, RE 605709, Rel. Dias Toffoli, Rel. p/ Acórdão: Rosa Weber, 1ª Turma, j. 12/06/2018, p.18/02/2019)

[87] STJ, 2ª Seção, j. 14/10/2015, *DJe* 19/10/2015.

[88] STJ, REsp 1473484/RS, Rel. Min. Luis Felipe Salomão, 4ª Turma, j. 21/06/2018, *DJe* 23/08/2018.

O **modelo convencional do bem de família**, por sua vez, é previsto nos arts. 1.711 a 1.722 do Código Civil, dispondo sobre a possibilidade de sua instituição por intermédio da declaração de vontade do instituidor. Trata-se de bem de família instituído por declaração de vontade dos cônjuges ou membros de entidade familiar, ou por terceiro – com aceitação dos beneficiados – mediante escritura pública; ou por testamento, desde que não ultrapasse um terço do patrimônio líquido existente ao tempo da sua instituição. A instituição do bem de família convencional se dá sem prejuízo das normas previstas na Lei 8.009/1990, e das regras que estabelece sobre a impenhorabilidade do imóvel residencial, conforme expressa disposição do art. 1.711, *in fine*, do Código Civil.

Pode ser objeto da convenção que institua o bem de família o prédio urbano ou rural que sirva de moradia para a família,[89] mas também se admite a declaração de vontade abranger "valores mobiliários, cuja renda será aplicada na conservação do imóvel e no sustento da família" (art. 1.712 do Código Civil). Estes, contudo, não poderão exceder o valor do prédio à época da sua instituição (art. 1.713), podendo ter sua administração confiada, a instituição financeira, sendo protegidos no caso de sua liquidação e passíveis de restituição no caso de falência (art. 1.718 do Código Civil). Sua oponibilidade a terceiros, por outro lado, pressupõe que o ato conste da matrícula do imóvel.[90]

A eficácia do bem de família convencional abrange sua isenção na execução de dívidas posteriores a sua instituição, ressalvadas as que decorrem de tributos relativo aos próprio bem imóvel ou suas respectivas despesas de condomínio. Admitida sua execução para fazer frente a estas dívidas, o saldo remanescente deverá ser utilizado para aquisição em outro bem que passa a se qualificar como bem de família, ou em títulos da dívida pública para o sustento familiar. O art. 1.715 do Código Civil, que prevê a hipótese, admite ainda ao juiz a possibilidade de adotar outra solução, que deverá sempre ser inspirada na finalidade de assegurar a subsistência e moradia familiar, conforme o caso. Por outro lado, a limitação de seus efeitos para dívidas posteriores a sua instituição explica-se pela finalidade de prevenir que sirva para frustrar o interesse legítimo de credores já constituídos em relação à garantia patrimonial do devedor.[91]

A eficácia da instituição do bem de família convencional no tempo durará enquanto viver um dos cônjuges, ou na sua falta, até que os filhos completem a maioridade (art. 1.716). A dissolução da sociedade conjugal não extingue automaticamente o bem de família, podendo no caso de morte de um dos cônjuges, o sobrevivente requerer a extinção, se for o único bem do casal. Também há extinção do bem de família no caso de morte de ambos os cônjuges e a maioridade dos filhos, desde que não estejam sujeitos à curatela (art. 1.722).

Tomando em consideração, ainda, que o bem de família, mesmo convencional, vincula-se à função de assegurar moradia ou subsistência à família, eventual desvio em relação a tais funções deve autorizar a sua extinção por decisão judicial. Hipótese que é prevista, ademais, pelo art. 31 do Decreto-lei 3.200/1941, sem revogação expressa por outra lei, e cujas disposições, no ponto, devem ser interpretadas de modo coerente com o Código Civil de 2002.[92]

Eventual impossibilidade de manutenção do bem de família nas condições em que foi constituído dá causa à pretensão dos interessados em extingui-lo, ou a autorizar sua substituição por outros bens (sub-rogação real), ouvidos o instituidor e o Ministério Público. Isso

---

[89] STJ, AREsp 776046, Rel. Min. Antônio Carlos Ferreira, j. 31/08/2016, p. 02/09/2016.
[90] STJ, REsp 1397552/SP, Rel. Min. Luis Felipe Salomão, j. 04/04/2014, p. 07/05/2014.
[91] STJ, AREsp 1026404/SP, Rel. Min. Antônio Carlos Ferreira, j. 18/09/1018; p. 26/09/2018.
[92] Guilherme Calmon Nogueira da Gama, Comentários ao Código Civil. Direito privado contemporâneo. São Paulo: Saraiva, 2019, p. 2119.

pode ocorrer quando, pelas características do bem, as despesas para sua manutenção se revelem excessivamente gravosas ao beneficiário, por exemplo. Nesta hipótese, a sub-rogação real determina que o novo bem que venha a desempenhar a mesma função, porque foi adquirido com o resultado da alienação do bem original, ou simplesmente, porque pertence aos mesmos beneficiários, estará isento das dívidas, na medida em que sirva para garantir a moradia ou subsistência da família.

5. OUTRAS CLASSIFICAÇÕES: MEIO AMBIENTE E BENS CULTURAIS

As transformações do mundo contemporâneo e, sobretudo, dos valores ético-sociais que se refletem na conformação do conteúdo do próprio Direito e suas categorias fundamentais, também repercutem na classificação dos bens. A importância que passa a ser conferida a certas parcelas da realidade e aos interesses que se relacionam a elas, dão causa a sua qualificação como bens, como é o caso do meio ambiente, definido, quanto a sua natureza, como bem de uso comum do povo (art. 227 da Constituição da República).

Sua definição legal original no direito brasileiro, que é anterior à Constituição, o refere como "o conjunto de condições, leis, influências e interações de ordem física, química e biológica, que permite, abriga e rege a vida em todas as suas formas" (art. 3º, I, da Lei 9.638/1981). A consequência desta consideração em conjunto de diversos elementos como integrativos de uma só realidade jurídica dá causa à classificação por critérios distintos daqueles tradicionalmente adotados pelo direito civil. Disso resulta que convivam distintas qualificações sobre o bem. Refere-se, assim, ao **bem ambiental**, sobre o qual incide o interesse coletivo de sua tutela, assim como eventuais agressões que venha a sofrer são reconhecidas como danos a toda a coletividade. Da mesma forma, o reconhecimento da proteção ao meio ambiente implica na legitimidade de restrições ao exercício das virtualidades do domínio (uso, fruição e disposição) pelas pessoas em relação a seus bens particulares, em benefício da preservação ambiental.

Também o interesse coletivo legitima a classificação dos denominados **bens culturais**, assim entendidos os que integram o patrimônio histórico e artístico nacional. Define o art. 1º, *caput*, do Decreto-lei n. 25/1937: "Constitui o patrimônio histórico e artístico nacional o conjunto dos bens móveis e imóveis existentes no país e cuja conservação seja de interesse público, quer por sua vinculação a fatos memoráveis da história do Brasil, quer por seu excepcional valor arqueológico ou etnográfico, bibliográfico ou artístico." A qualificação como bem integrante do patrimônio histórico e artístico nacional, contudo, supõe formalidade prevista em lei, que é sua inscrição em livros do Tombo, conforme os critérios definidos na norma. Mais recentemente, o Decreto 3.551/2000 estabeleceu o registro de bens culturais de natureza imaterial, que embora sem definição legal expressa, tem seu conteúdo delimitado a partir dos quatro livros previstos para este finalidade: a) *dos saberes*, onde serão inscritos conhecimentos e modos de fazer enraizados no cotidiano das comunidades; b) *das celebrações*, compreendendo rituais e festas que marcam a vivência coletiva do trabalho, da religiosidade, do entretenimento e de outras práticas da vida social; c) *das formas de expressão*, relativas a manifestações literárias, musicais, plásticas, cênicas e lúdicas; e d) *dos lugares*, relativo a mercados, feiras, santuários, praças e demais espaços onde se concentram e reproduzem práticas culturais coletivas."

6. A TUTELA JURÍDICA DO PATRIMÔNIO PELO DIREITO PRIVADO

A definição jurídica de patrimônio tem ampla repercussão no direito privado. Relaciona-se com a responsabilidade do devedor pelas obrigações de que é parte, assim como da sucessão *mortis causa*, no qual o patrimônio da pessoa falecida (*de cujus*), expresso na herança, será objeto de transmissão aos herdeiros. No direito de família, a administração do patrimônio comum é reconhecida a qualquer um dos cônjuges. Relaciona-se, igualmente, com a causa dos negócios jurídicos patrimoniais, a proteção de bens que o integram para diversas finalidades, inclusive para sua segregação do patrimônio geral do titular, ou à reserva que assegure a subsistência do titular. Também em relação à pessoa jurídica, pressupõe-se que tenham um patrimônio que permita sua atuação, e mesmo nas sociedades não personificadas dispõe-se que seus bens e dívidas sociais constituem patrimônio especial. No direito empresarial, o patrimônio será objeto de variada disciplina, como por exemplo, aquela que confere o direito sobre parte dele aos sócios, cotistas ou acionistas, sejam os modos para sua mensuração e preservação. Do mesmo modo, no caso de insolvência da empresa, a disposição de regras para sua liquidação.

A definição jurídica de patrimônio era objeto do Código Civil de 1916, que dispunha: "O patrimônio e a herança constituem coisas universais, ou universalidade, e como tais subsistem, embora não constem de objetos materiais." O Código Civil, no seu artigo 91, dispõe: "Constitui universalidade de direito o complexo de relações jurídicas, de uma pessoa, dotadas de valor econômico." Observe-se que ao referir o complexo de relações jurídicas dotadas de valor econômico, tem-se em consideração os bens, créditos e demais posições ativas, tanto quanto as dívidas e quaisquer outras posições passivas que possam ser deduzidas. É o patrimônio o conjunto de relações jurídicas ativas e passivas, de situações jurídicas patrimoniais de que participe a pessoa, dotadas de valor econômico. Daí a noção de universalidade de direito (*universitas iuris*), uma vez que seu vínculo unitário e funcional se estabelece em razão da lei.

No século XIX, a primeira concepção teórica sobre o patrimônio se atribui aos juristas franceses Charles Aubry e Frédéric Charles Rau, que ao traduzir a obra sobre o Código Civil francês, originalmente escrita em alemão por Karl-Salomo Zacariae (*Handbuch des Französischen Civilrechts*), observam já na nota de tradução, que os objetos não devem ser vistos apenas como individualidade, mas como integrantes de uma universalidade jurídica (patrimônio). A rigor, "o patrimônio é o conjunto de bens de uma pessoa, considerado como formando uma universalidade de direito".[93] Distinguem o patrimônio como uma emanação da personalidade, associando estes dois conceitos, de modo que irão admitir que apenas pessoas sejam titulares de patrimônio.[94]

Esta visão que identificava patrimônio e personalidade, de modo que aquele seja a projeção desta, inclusive como expressão de poder,[95] comumente é designada como **concepção subjetiva do patrimônio (teoria clássica)**, e foi objeto de revisão ao longo dos anos. Daí a origem de uma concepção moderna de patrimônio, pela qual, embora se reconheça que a personalidade seja seu pressuposto, tal qual é de toda e qualquer situação jurídica subjetiva (só a pessoa será titular de direitos e deveres), confere autonomia à definição. Neste sentido, o patrimônio é de titularidade da pessoa, mas não se confunde com a personalidade. Esta definição de patrimônio a partir de suas finalidades, consagrada sua autonomia conceitual e independente da pessoa que seja sua titular, é referida como **concepção objetiva de patrimônio (ou teoria moderna)**. Deste modo, abre-se a possibilidade que uma mesma pessoa seja titular de mais de um patrimônio, o que permite a especialização ou afetação de patrimônios a certas

---

[93] Nosso exame é já o da quinta edição da obra: Charles Aubry; Frédéric Charles Rau. Cours de droit civil français: d'après la méthode de Zachariae. 5ª ed. révue et mise au courant de la legislatión et de la jurisprudence, t. 2. Paris: Marchal et Billard, 1897, p. 3.

[94] Charles Aubry; Frédéric Charles Rau. Cours de droit civil français: d'après la méthode de Zachariae. 5ª ed. révue et mise au courant de la legislatión et de la jurisprudence, t. 2. Paris: Marchal et Billard, 1897, p. 3.

[95] Karl Birkmeyer, Ueber das Vermögen im juristischen Sinne: römisch-rechtliche Quellenstudien. Erlangen: Palm & Enke, 1879, p. 325.

finalidades (patrimônio especial, separado ou de afetação), a partir da formulação germânica reconhecendo a possibilidade de patrimônios independentes, que inclusive não precisariam estar vinculados a um sujeito (*Zweckvermögen*).[96]

A noção de patrimônio é operacional, vincula-se às finalidades que cumpre no Direito. A principal é a de garantia das obrigações, uma vez reconhecida a responsabilidade patrimonial. É expressivo o art. 789 do Código de Processo Civil ao dispor que: "O devedor responde com todos os seus bens presentes e futuros para o cumprimento de suas obrigações, salvo as restrições estabelecidas em lei." Sobre o patrimônio, do mesmo modo, seu titular exerce o domínio, que compreende o poder de administrar com o propósito de preservá-lo e perceber suas vantagens, dentre as quais os frutos. Também dispõe sobre os bens que o integram, inclusive para alienar e transmitir em vida ou a causa de morte, e reclamar sobre quem tenha consigo, injustamente, parte dele. Os bens e direitos que integram o patrimônio são passíveis de alteração, de modo que ao ingressarem ou saírem se integram ao complexo de relações jurídicas a ele atinentes.

No caso do **patrimônio especial ou de afetação**, também será uma universalidade, com a característica distintiva de que o complexo de relações jurídica que o integram estão vinculados a uma destinação específica, de modo que não poderão ser utilizados para satisfação de quaisquer obrigações, que não aquelas relacionadas diretamente à finalidade determinada. Neste sentido, podendo uma pessoa ser titular de mais de um patrimônio, as obrigações pelas quais responda apenas poderão alcançar os bens integrantes do patrimônio de afetação no caso em que se demonstre tratar-se de crédito relacionado à destinação a qual se vincula. O poder de disposição do titular do patrimônio de afetação também estará limitado pela destinação prevista, de modo que só poder exercê-los observando a finalidade a que está vinculado.

Observa-se a crescente previsão legal do patrimônio de afetação no direito brasileiro, especialmente com o propósito de segregação dos riscos de determinadas atividades, como é possível perceber no tocante à incorporação imobiliária (art. 31-A da Lei 4.591/1964), ao fundo de investimento imobiliário (art. 7º da Lei 8.668/1993), à securitização de créditos imobiliários (arts. 10, II e 11, I, da Lei 9.514/1997), ao sistema de pagamentos brasileiro (art. 5º da Lei 10.214/2001), ao sistema de consórcio (arts. 3º, § 3º, e 5º, § 5º, da Lei 11.795/2008) e ao depósito centralizado de ativos financeiros e valores mobiliários (art. 24, 3º, I, da Lei 12.810/2013).

A **separação do patrimônio** nestes casos, pode ser **absoluta**, assim considerada quando, na hipótese de os bens que integram o patrimônio separado ou de afetação não forem suficientes para satisfazer os credores das relações jurídicas a ele pertinentes, não se admite ao credor dirigir sua pretensão em relação ao patrimônio geral do titular; ou **relativa**, na hipótese em que o esgotamento do patrimônio especial ou de afetação dará causa à possibilidade do credor demandar o patrimônio geral do titular.

Refira-se, ainda, o reconhecimento no direito privado brasileiro da tutela jurídica de um **patrimônio mínimo** a ser assegurado à pessoa natural,[97] com o propósito de garantir sua

---

[96] Ernst Immanuel Bekker Zweckvermögen, insbesondere Peculium, Handelsvermögen und Actiengesellschaften, *Zeitschrift für das gesamte Handelsrech und Wirtschaftsrecht* ZHR 4, 1861, p. 499-567; do mesmo autor, no tema: Zur Lehre vom Rechtssubjekt: Genutz und Verfügung, Zwecksatzungen, Zweckvermögen und juristische Personen. Jena: F. Mauke, 1871, p. 12; e System des heutigen Pandektrechts, Bd I, Weimar: h. Böhlau, 1886, p. 132. No direito francês: Serge Guinchard L'affectation des biens en droit privé français. Paris: LGDJ, 1976, p. 34; Pierre Crocq, Propriété et garantie, Paris, L.G.D.J., 1995, p. 10 e ss . No direito brasileiro: Milena Donato Oliva, Patrimônio separado: herança, massa falida, securitização de créditos imobiliários, incorporação imobiliária, fundos de investimento imobiliário, trust, Rio de Janeiro: Renovar, 2009, p. 384.

[97] Luiz Edson Fachin, Estatuto jurídico do patrimônio mínimo. 2ª ed. Rio de Janeiro: Renovar, 2006, p. 67.

subsistência (mínimo existencial).[98] Esta tutela, que tem como fundamento o princípio da dignidade da pessoa humana (art. 1º, III, da Constituição da República) é operacionalizada por diversas regras do sistema, tais como as que asseguram a proteção do bem de família e sua impenhorabilidade (Lei 8.009/1990 e arts. 1711 e ss. do Código Civil)[99], assim como de certos bens necessários à subsistência e ao trabalho do indivíduo (arts. 833 e 834 do Código de Processo Civil), e certos limites à responsabilização por danos (e.g. arts. 928 e 944, parágrafo único, do Código Civil). No direito do consumidor, este é um fundamento elementar das iniciativas que, no Brasil, visam disciplinar a renegociação global dos débitos de consumidores superendividados, de assentada aplicação em outros sistemas jurídicos estrangeiros.[100]

---

[98] Ingo Wolfgang Sarlet, Direitos fundamentais, mínimo existencial e direito privado. Revista de direito d consumidor, v. 61. São Paulo: RT, jan.-mar./2007, p. 90-125; Luiz Edson Fachin, Estatuto jurídico do patrimônio mínimo, cit., p. 248.
[99] Bruno Miragem; Clarissa Costa de Lima. Patrimônio, contrato e proteção constitucional da família. Revista de direito do consumidor, v. 91. São Paulo RT, 2014, p. 85-116.
[100] Claudia Lima Marques, Sugestões para uma lei sobre o tratamento do superendividamento de pessoas físicas em contratos de crédito ao consumo: proposições com base em pesquisa empírica de 100 casos no Rio Grande do Sul. Revista de direito do consumidor, v. 55. São Paulo: RT, jul.-set./2005, p. 11-52; Clarissa Costa de Lima, O tratamento do superendividamento e o direito de recomeçar dos consumidores. São Paulo: RT, 2014, p. 25 e ss; Karen Danilevicz Bertoncello, Superendividamento do consumidor. São Paulo: RT, 2015, p. 25 e ss.

Capítulo XI
A DINÂMICA DAS RELAÇÕES JURÍDICAS: OS FATOS JURÍDICOS

1. A JURIDICIZAÇÃO DOS FATOS DA VIDA NO DIREITO PRIVADO

Do fato provém o direito: esta formulação elementar resulta do conhecido brocardo latino *ex facto oritur ius*. Na compreensão contemporânea apontada pela melhor doutrina, *o mundo jurídico não é mais do que o mundo dos fatos jurídicos*.[1] Afinal, o direito existe para incidir sobre fatos da realidade da vida, cuja importância ou repercussão leva a que haja uma decisão jurídica de dispor sobre eles, reconhecendo-os e atribuindo-lhes efeitos jurídicos. Os fatos da realidade tornam-se, parte deles, jurídicos. Tornar jurídico revela o fenômeno da *juridicização*, pelo que se identificam certos fatos tomados isoladamente ou em conjunto e, por intermédio de uma prescrição normativa, faz com que passem a ser fatos jurídicos.

A identificação destes fatos e sua juridicização realizam-se a partir das atividades de distinção e classificação. Aliás, é o método classificatório inerente às ciências, reunindo e separando, por semelhanças e diferenças, os diversos fenômenos. No caso dos fatos jurídicos, merecerão classificação pelo direito segundo a mesma orientação.

Por outro lado, o propósito de se definirem fatos como jurídicos é o de fazer com que originem efeitos jurídicos. Esta produção de efeitos pode ser abstrata ou concreta. Os efeitos jurídicos consistem na constituição, alteração ou extinção de relações jurídicas. Pode ocorrer que estes efeitos resultem diretamente do direito, que expressamente a eles faz referência; ou pode ser que naquilo sobre o que não haja uma previsão expressa do direito, trate-se de fato social, em relação ao qual, não existindo qualquer previsão normativa, ainda assim tenha repercussão jurídica. Ausente qualquer condicionamento, restrição ou consequência de um determinado fato, este será indiferente ao direito, mas pode ocorrer que um comportamento humano se insira no âmbito do exercício da liberdade individual.

O meio pelo qual o direito define quais fatos se tornam jurídicos é o da sua previsão em uma norma jurídica. A previsão na norma dos elementos da realidade fática que, isoladamente ou em conjunto, são determinantes para a determinação de uma consequência jurídica, denomina-se **suporte fático** (do alemão *Tatbestand*, do italiano *fattispecie*). No suporte fático há uma descrição abstrata dos fatos cuja ocorrência, segundo as condições que ela própria prevê, dá causa a uma **consequência jurídica**. Esta norma é, como regra, a lei, mas pode resultar de outras fontes do direito (os princípios, os usos, ou o exercício da autonomia privada, produzem norma jurídica). Da mesma forma, a norma pode determinar, permitir (submetendo a certas condições ou não), ou proibir. O fato jurídico surge quando a norma jurídica incide sobre a realidade prevista abstratamente no seu suporte fático, definindo efeitos. Tome-se o exemplo da

---
[1] Francisco Cavalcante Pontes de Miranda, Tratado de direito privado, t. II. São Paulo: RT, 2012, p. 253.

primeira parte do art. 2º do Código Civil, que prevê: "A personalidade civil da pessoa começa do nascimento com vida". O suporte fático da norma é o nascimento com vida da pessoa natural, é o fato da realidade que descrito pela norma, determina uma consequência/efeito: a aquisição de personalidade. Ainda para fins didáticos, faça-se o mesmo exercício em relação ao art. 15 do Código Civil: "Ninguém pode ser constrangido a submeter-se, com risco de vida, a tratamento médico ou a intervenção cirúrgica." O suporte fático da norma descreve a situação de fato, que é identificação da necessidade ou simples possibilidade de uma pessoa ser submetida a tratamento médico ou intervenção cirúrgica. Trata-se de norma que define uma proibição: "ninguém pode ser constrangido"; veda-se que qualquer pessoa seja submetida, contra sua vontade, quando implique risco de vida: é o efeito jurídico da norma. Consequentemente, se ainda assim, houver na realidade da vida quem constranja outra a submeter-se nos termos que a lei veda, há conduta contra a norma, a caracterizar um ato ilícito, cujas consequências também serão definidas por outras normas (e.g. arts. 186 e 927, *caput*, do Código Civil).

O direito ordena a vida de relações – vale dizer, relações humanas e sua interação com o ambiente. Neste sentido, uma primeira classificação é a que distingue os fatos jurídicos entre fatos humanos e os fatos naturais. Os **fatos humanos** serão aqueles que se realizam com a participação humana, seja da pessoa natural diretamente, seja por intermédio da pessoa jurídica. Compreende o comportamento humano que influencia ou determina certa situação da realidade. Este fato humano pode ser voluntário, quando a pessoa se orienta de acordo com sua vontade; mas também pode ocorrer sem vontade (involuntário), como se dá, em geral, nas situações de atuação culposa. Nestes casos, a atuação humana pode se dar conforme o direito, preenchendo as condições ou requisitos que prevê a norma, ou no exercício da liberdade reconhecida (autonomia privada), hipótese em que se estará à frente de fatos lícitos. Porém, pode também ser contrária à norma, hipótese em que se estará à frente de fatos ilícitos. Basta para a ilicitude, neste caso, que haja contrariedade à norma. Ou porque a norma proíbe, ou porque determina que sejam observadas condições ou requisitos que define. A atuação que não os observe também será ilícita.

Por outro lado, os **fatos naturais** são aqueles que ocorrem sem atuação humana, não dependem do comportamento humano. Assim os fenômenos naturais em geral, como a tempestade que causa dano ao patrimônio, ou o animal que dá cria. Observe-se: não haver atuação humana significa que o ser humano não intervém, porém sobre ele pode repercutir seus efeitos. Assim, também o nascimento ou a morte da pessoa natural são fatos naturais, uma vez que não depende, o ato em si, da atuação humana. Seguirá, aliás, sendo fato natural, mesmo na hipótese de que esta morte seja causada por um ato ilícito (homicídio, que ilícito penal, inclusive); a morte em si, é fato cujos efeitos civis realizam-se, independentemente da causa.

Os **fatos naturais**, que são objeto de previsão no suporte fático da norma sem qualquer atuação humana, são denominados também **fatos jurídicos stricto sensu**. Os **fatos humanos**, porque pressupõem uma atuação humana, denominam-se também atos jurídicos, que para efeito de distinção dentre suas espécies, referem-se **atos jurídicos *lato sensu***.

O fenômeno da juridicização dos fatos não é exclusivo do direito civil, naturalmente, mas comum a todo o Direito. A teoria geral do direito civil ocupa-se da classificação dos fatos segundo os critérios definidos nas normas de direito civil, que ademais servem ao direito privado em geral e, em muitas situações, também a outros ramos do direito. Do ponto de vista legislativo, contudo, há reservas à opção do Código Civil em dispor sob o título "fatos jurídicos", no Livro III, da Parte Geral, sob o argumento de que as normas ali estabelecidas não podem ser estendidas para as demais áreas do direito, em especial no tocante ao negócio jurídico.[2] De fato, as distinções devem ser pontuadas, porém é certo o reconhecimento da Parte Geral e de suas regras sobre os fatos jurídicos, como base conceitual do direito privado, e inclusive de outros ramos, observadas diferenças que serão afirmadas nos respectivos sistemas. A classificação dos fatos jurídicos, ao ser definida pela teoria geral do direito civil, compreende os fatos jurídicos civis.

Outras classificações também são úteis na compreensão dos fatos jurídicos. Podem eles serem fatos simples ou fatos complexos. **Fatos simples** serão aqueles cuja realização de um único evento preenche o suporte fático da norma jurídica. Novamente refira-se o exemplo do nascimento com vida (art. 2º do Código Civil); o implemento de idade de 18 anos completos, que tem por consequência jurídica habilitar a pessoa à prática de todos os atos da vida civil (art. 5º do Código Civil); ou a emissão de um título de crédito mediante assinatura do emitente (art. 889 do Código Civil). Por outro lado, serão **fatos complexos** os que exigem a concorrência de uma série de eventos, simultâneos ou não, para o preenchimento do suporte fático e deflagração da consequência jurídica. É o exemplo do casamento, que exige a habilitação prévia dos interessados e, nos termos do art. 1.514 do Código Civil "se realiza no momento em que o homem e a mulher manifestam, perante o juiz, a sua vontade de estabelecer vínculo conjugal, e o juiz os declara casados." O mesmo se diga da aquisição da propriedade por usucapião, para o que – sem prejuízo de outros pressupostos – se exige a posse mansa e pacífica do bem, por certo período de tempo, com ânimo de dono (arts. 1.238 e 1.260 do Código Civil).

Não se perde de vista que a incidência da norma sobre o fato, e sua consequente juridicização, é operação ideal. Em concreto, é o intérprete que identifica dentre os fatos da realidade, quais se inserem no suporte fático da norma. Para tanto, há interpretação e atribuição de sentido ao enunciado normativo, do qual decorre propriamente a norma. Uma vez havendo este preenchimento dos enunciados do texto normativo, se identificam os conceitos e a norma é dotada de sentido, o que serve para deflagrar seus efeitos. Se estes efeitos serão respeitados ou conhecidos é uma outra questão. O comportamento exigível, segundo a eficácia da norma, será atendido espontaneamente, com a cooperação dos sujeitos da relação jurídica em causa, ou dará origem à atuação do Estado, com a finalidade de assegurá-lo, inclusive em sua repercussão sobre a realidade, ou impondo sanção a quem desatenda a prescrição. Embora seja notório que o direito, tomado como norma jurídica, supõe certo grau de adesão ou aceitação social para prevalecer, o que implica no seu reconhecimento por ao menos parte dos destinatários como determinação cogente, que por isso deve ser observada. Incidindo a norma, produz os efeitos, que não sendo observados ou atendidos colocam aquele que assim se conduz em contrariedade ao próprio direito (comportamento antijurídico), o que também estará apto a deflagrar outros efeitos jurídicos em resposta à violação.

2. CLASSIFICAÇÃO DOS FATOS JURÍDICOS

A classificação dos fatos jurídicos no âmbito civil adota como critérios a presença ou não da atuação humana voluntária, bem como, estando presente, a função exercida pela vontade humana para sua caracterização. Como toda a classificação útil à compreensão e operação dos conceitos jurídicos, o critério adotado tem sua razão de ser na resposta à exigência ou não de critérios para o reconhecimento da vontade humana (p.ex. a capacidade da pessoa que manifesta vontade), bem como sua função no exercício da autonomia privada – tal como quando a manifestação de vontade individual ou que se deva somar a outras sirva apenas para deflagrar

---

[2] Paulo Lôbo, Direito civil: parte geral, p. 221.

efeitos previstos na norma, ou se lhe é reconhecida a aptidão para definir no todo ou em parte os efeitos a serem produzidos.

As várias categorias que resultam da identificação do fato jurídico e suas espécies terão maior ou menor influência de outros sistemas jurídicos. Assim a noção de ato jurídico desenvolve-se no direito francês e se impõe no direito brasileiro, especialmente em sua fase de formação. Contudo, será a categoria do negócio jurídico, desenvolvida pelo direito alemão, (em especial a partir da pandectística do século XIX), que triunfa no direito brasileiro, inclusive com sua disciplina no Título I, que domina o Livro III da Parte geral do Código Civil. O protagonismo do negócio jurídico, contudo, não afasta a utilidade da classificação de outras espécies de fatos jurídicos, ainda que dele se apartem. Em relação a estas outras espécies, com exceção dos atos jurídicos, não é uniforme seu exame pela doutrina. Daí a influência que adquiriu, a par do mérito de outras formulações propostas, a classificação dos fatos jurídicos, e suas diferentes espécies, fixada por Pontes de Miranda em seu *Tratado de direito privado*,[3] depois desenvolvida em estudos de cunho didático e com larga aceitação doutrinária,[4] razões pelas quais merece atenção.

Deste modo, os fatos jurídicos podem ser classificados em: a) *fatos jurídicos stricto sensu*; b) *atos jurídicos*, divididos em *atos jurídicos stricto sensu* e *negócios jurídicos*; c) os *atos-fatos jurídicos*; d) os *fatos jurídicos ilícitos*, compreendendo os *fatos ilícitos stricto sensu*, os *atos-fatos ilícitos* e os *atos ilícitos*. Examinamos, a seguir, seus conceitos, resguardando para adiante o exame mais detalhado do negócio jurídico e dos atos ilícitos, considerando a complexidade e relevância destas categorias (respectivamente, os Títulos I e III do Livro III, da Parte geral do Código Civil).

2.1. Fatos jurídicos *stricto sensu*

Fatos jurídicos *stricto sensu* são os fatos sobre os quais incide a norma jurídica, que não tem na sua composição qualquer atuação humana. Nesta afirmação considere-se o fato tal qual ele é tomado da realidade e previsto no suporte fático da norma jurídica. Pode ocorrer que na cadeia causal da qual resulte possa ter ação humana, mas não é o que descreve a norma, que toma em consideração apenas o fato em si, atribuindo-lhe efeitos.

São exemplos o nascimento e a morte da pessoa natural, seu implemento de idade ou a produção de frutos. Nestes casos, o que a norma jurídica identifica são tais fatos em si, atribuindo-lhe efeitos (consequência jurídica), que podem ser, nos exemplos usuais, a aquisição ou extinção da personalidade da pessoa natural, a cessação da menoridade e a aquisição de capacidade (no caso dos dezoito anos completos), ou certa qualificação jurídica (de idoso, ao implementar 60 anos, conforme art. 1º da Lei 10.741/2003 – Estatuto do Idoso); ou ainda a aquisição da propriedade ou direito de percepção dos frutos, conforme o caso. Nos exemplos mencionados, pode ser que o fato reconhecido pela norma, para que se realizasse, tenha contado com certa atuação humana. Repetindo o exemplo já mencionado, a morte de alguém que tenha sido causada por outra pessoa, a par do mesmo fato integrar-se a outros para preencher o suporte fático de normas jurídicas distintas (que definem os ilícitos civil e penal, por exemplo),

---

[3] Francisco Cavalcante Pontes de Miranda, Tratado de direito privado, t. II. São Paulo: RT, 2012, p. 253 e ss.

[4] Registre-se, em especial, os estudos do Professor Marcos Bernardes de Mello, contemplando os diferentes planos do fato jurídico (existência, validade e eficácia), de destacado mérito na exposição criteriosa da teoria. Veja-se: Marcos Bernardes de Mello, Teoria do fato jurídico: plano da existência. São Paulo; Saraiva, p. 143 e ss.

a produção de efeitos em razão do evento morte – como é o caso da extinção da personalidade – independe destas circunstâncias. O mesmo se diga em relação ao nascimento com vida, que faz adquirir a personalidade, ou o nascimento sem vida, que extingue os efeitos que tenha produzido a concepção.[5]

2.2. Atos jurídicos

Nos atos jurídicos há atuação humana, que se revela pela manifestação de vontade ou de um conhecimento. A manifestação de vontade pode ser receptícia ou não. Será receptícia quando necessite ser recebida pelo destinatário para produzir efeitos. A renúncia, por exemplo, compreende manifestação de vontade não receptícia, uma vez que não precisa ser recebida ou aceita. Por outro lado, se alguém realiza uma proposta, é necessário que seja recebida e aceita para que se origine um negócio jurídico bilateral. Neste caso, note-se que a própria manifestação de vontade gera efeito desde que tenha sido realizada (a proposta obriga o proponente, nos termos do art. 427 do Código Civil). Porém, especificamente para que passe a existir o negócio jurídico bilateral, precisará ser conhecida e aceita. Desde logo, contudo, sendo ato jurídico, a manifestação de vontade por si só é suficiente para preencher o suporte fático da norma.

Dividem-se os atos jurídicos em atos jurídicos *stricto sensu* e negócio jurídico. Nos **atos jurídicos *stricto sensu***, a manifestação de vontade preenche o suporte fático da norma, mas não tem qualquer influência na produção dos seus efeitos. Neste caso, o exercício da autonomia privada cinge-se a reconhecer à pessoa a possibilidade de realização do ato, mas sem qualquer influência sobre sua eficácia, toda ela pré-determinada por lei. Do ponto de vista do seu conteúdo, os atos jurídicos stricto sensu caracterizam uma: a) reclamação; b) comunicação de vontade; c) comunicação de um fato; d) uma determinação (ordem).

São exemplos de reclamação a interpelação que faz o credor ao devedor para constitui-lo em mora (art. 397, parágrafo único, do Código Civil), ou ainda o ato do doador para que o donatário declare se aceita ou não o objeto da doação (art. 539 do Código Civil). Aliás a interpelação tomada em quaisquer outros contextos também é ato jurídico stricto sensu, chamando seu destinatário à ação, nos termos aliás, que expresso art. 727 do Código de Processo Civil: "Também poderá o interessado interpelar o requerido (...) para que faça ou deixe de fazer o que o requerente entenda ser de seu direito". Já os atos jurídicos que comunicam vontade exteriorizam o elemento que preenche o suporte fático da norma. Assim os atos que comunicam uma escolha (e.g. a escolha da prestação, art. 252 do Código Civil), ou uma decisão (assim a alteração de domicílio, art. 74 do Código Civil), pelo qual alguém se retira e transfere a posse (caso da "entrega de chaves" no imóvel), ou autoriza (e.g. autorização do locador para o locatário realizar benfeitorias). Os atos que implicam a comunicação de um fato, podem enunciar seu conhecimento por quem o realiza (declara que tem ciência), podendo conter além disso manifestação de acordo ("tem ciência do fato e o reconhece verdadeiro"). Assim os exemplos do reconhecimento voluntário da filiação (art. 1.607 do Código Civil), da confissão (arts. 212, I, e 214 do Código Civil) e da participação do sinistro pelo segurado ao segurador (art. 771 do Código Civil). Nestes casos, note-se que ato jurídico poderá ser realizado, inclusive, para atender um dever (e.g. dever de comunicar, avisar).[6] Os efeitos destas comunicações são variados, e estarão previstos na norma.

---

[5] Francisco Cavalcante Pontes de Miranda, Tratado de direito privado, t. II. São Paulo: RT, 2012, p. 260.
[6] Francisco Cavalcante Pontes de Miranda, Tratado de direito privado, t. II. São Paulo: RT, 2012, p. 548.

Por fim, os atos jurídicos *stricto sensu* podem conter uma ordem, determinando ao destinatário que adote certo comportamento, que faça algo. É o que ocorre quando o vizinho exige a demolição ou reparo do prédio em ruínas (art. 1.280 do Código Civil), ou para que alguém faça ou não algo em favor daquele que ordena, no exercício do direito de que é titular.

Já o **negócio jurídico**, cujo exame mais abrangente se dará a seguir, deve ser compreendido como a espécie de fato jurídico que é fato humano (por isso ato jurídico lato sensu),realizado mediante exercício da autonomia privada, de modo que a manifestação da vontade opere tanto na realização do ato, quanto na determinação de seu conteúdo e eficácia, nos limites definidos pelo ordenamento jurídico. Em outros termos, a manifestação de vontade é que dá origem ao negócio jurídico, integrando o suporte fático da norma que incide sobre ele. Seus efeitos serão também preenchidos, em parte, pela manifestação da vontade, e em parte decorrem da incidência da norma. Tome-se como exemplo a principal espécie de negócio jurídico, o contrato, em que os contratantes, ao celebrarem, também decidem sobre elementos que formam seu conteúdo e vinculam o comportamento das partes (suas cláusulas e disposições, o conteúdo das respectivas prestações e contraprestações das partes, p. ex.). Há neste caso, o reconhecimento da manifestação da vontade para definir parte da eficácia do negócio. Porém, há outros efeitos que decorrem da norma. Nascida a obrigação do contrato, a pretensão de cumprimento ou de resolução, para além do que possa ser definido pelas partes no exercício de sua autonomia privada, decorrem da norma (e.g. 475 do Código Civil).

Os negócios jurídicos resultam de uma manifestação de vontade. Pode ser ela objeto de uma declaração pela qual a pessoa expressamente diz qual sua vontade, ou de exteriorizações da vontade que se dão por outros meios, como é o caso do próprio comportamento ou por gestos reconhecidos como tal, e mesmo pelo silêncio, quando "as circunstâncias ou os usos o autorizarem, e não for necessária a declaração de vontade expressa" (art. 111 do Código Civil).

2.3. Atos-fatos jurídicos

Os atos-fatos jurídicos expressam categoria que é própria da proposição teórica de Pontes de Miranda, com larga adesão na doutrina nacional, por sua utilidade no exame de fatos humanos cujo reconhecimento pelo direito – mediante previsão no suporte fático da norma que incide sobre ele – se dá com indiferença à presença de vontade na sua realização. Em outros termos, mesmo havendo vontade, o modo como o fato que dela resulta ingressa no suporte fático da norma, não a considera; daí, inclusive, tratar-se do resultado de atuações que serão juridicizadas independentemente da capacidade da pessoa que tenha agido. Exemplos significativos dos atos-fatos jurídicos são os da especificação, da aquisição da posse, a realização de uma criação literária ou artística (ex. escrever um livro, esculpir uma escultura), ou de uma descoberta científica (invenção).

Em todos estes casos, a norma incide sobre o resultado de um comportamento que é pressuposto, mas que lhe é indiferente. No caso da *especificação*, o art. 1.269 do Código Civil refere: "Aquele que, trabalhando em matéria-prima em parte alheia, obtiver espécie nova, desta será proprietário, se não se puder restituir à forma anterior." A norma considera o fato de haver espécie nova decorrente do trabalho em matéria prima, e confere a propriedade a quem trabalhou e criou a espécie nova, sendo irrelevante se a atuação do especificador se deu ou não mediante manifestação de vontade válida. O mesmo se diga em relação à *aquisição da posse*, mediante o exercício de fato, de que algum dos poderes inerentes à propriedade (uso, fruição, disposição). No caso de criação literária ou artística, sua titularidade (assim como os direitos de autor que daí resultem), é atribuída a quem tenha realizado a obra intelectual. O art. 11 da Lei 9.610/1998 refere que "autor é a pessoa física criadora de obra literária, artística ou científica." Basta o fato da criação, que é resultado do comportamento, não se imiscuindo a norma sobre qualquer espécie de exteriorização da vontade. A descoberta científica (*invenção*) segue o mesmo princípio, uma vez que a norma, ao reconhecer sua realização e atribuir-lhe efeitos (patenteabilidade, p. ex.), prevê requisitos objetivos, como o de novidade, que não esteja compreendido no estado atual da técnica e tenha aplicação industrial. Não exige a manifestação da vontade do inventor em obter aquele preciso resultado.

Refira-se, por fim, a *prescrição* e a *decadência* como espécies de atos-fatos jurídicos, uma vez que, ao se caracterizarem como efeito extintivo de pretensões e direitos em razão da ausência do seu exercício no prazo que a lei define, é irrelevante a razão pela qual seu titular não exerceu, observadas as regras sobre a fluência do prazo. Basta à incidência da norma e extinção da pretensão ou do direito, que seu titular não tenha exercido no prazo fixado na lei. Assim se percebe das normas do Código Civil e seus comandos: "violado o direito, nasce para o titular a pretensão, a qual se extingue, pela prescrição" (art. 189); "não corre a prescrição" (art. 197); ou simplesmente "prescreve" (art. 206). Toma-se em consideração apenas o não exercício da pretensão ou direito no prazo estabelecido, sendo irrelevante qualquer espécie de manifestação de vontade do titular.

2.4. Fatos jurídicos ilícitos

A contrariedade ao direito também dá causa a fatos jurídicos, ou porque a norma incide sobre fatos proibindo sua realização e determinando consequências jurídicas a sua violação, ou porque mesmo sem conteúdo proibitivo, fatos que não atendam requisitos ou condições previstos no suporte fático da norma também se sujeitam, por isso, a consequências jurídicas em decorrência da sua inobservância (e.g. a nulidade ou anulabilidade). A norma pode, ainda, simplesmente definir o ilícito e atribuir-lhe consequências (e.g. imputação de responsabilidade pela reparação dos danos que dele decorram).

Os fatos jurídicos ilícitos são contrários a direito. Daí decorre também sua especialização em fatos jurídicos ilícitos no qual não haja atuação humana qualquer (fatos jurídicos ilícitos *stricto sensu*); ou em relação aos quais exista atuação humana, mas ela não é relevante para a norma, que toma para si apenas o resultado desta atuação e sua contrariedade a direito (atos--fatos ilícitos); e os atos ilícitos, em que a atuação humana dirige-se voluntariamente a um comportamento contrário a direito (ilícito com dolo), ou porque há uma falha no comportamento (ilícito culposo), identificado no suporte fático da norma como falha a um dever que pode ser o de diligência exigida em determinada situação de fato (negligência), ou de prudência ao conduzir seu comportamento na mesma situação (imprudência). Em situações específicas, na qual a norma pressuponha certo conhecimento específico, decorrente da formação ou treinamento, exige-se o dever de perícia, cujo desatendimento pode integrar o suporte fático da norma (imperícia).

Os **fatos jurídicos ilícitos *stricto sensu*** são aqueles nos quais, mesmo sem atuação humana, há contrariedade à direito e consequência jurídica de imputação de responsabilidade pela reparação da lesão. O exemplo doutrinário é aquele em que a pessoa responde por caso fortuito ou por força maior. O caso fortuito e a força maior "verifica-se no fato necessário, cujos efeitos não era possível evitar ou impedir" (art. 393, parágrafo único), ou seja, são fatos estranhos e irresistíveis ao titular do dever, e como regra excluem sua responsabilidade pela eventual reparação dos danos a que tenham dado causa. Contudo, pode ocorrer que alguém expressamente tenha se responsabilizado pelos prejuízos que decorram deles (art. 393, *caput, in* *fine*), o que será uma assunção convencional, mediante negócio jurídico; ou mesmo situações cujo reconhecimento é crescente, em que, embora não deixando de se reconhecer seu caráter irresistível, ainda assim se atribui a responsabilidade por considerar tal evento inserido em um risco inerente à atividade daquele a quem se atribui responsabilidade (e.g. o caso fortuito interno, conforme assumido pela jurisprudência – veja-se, a Súmula 479, do STJ).[7]

Os **atos-fatos jurídicos ilícitos** são aqueles nos quais o resultado da conduta é contrário a direito, de modo que o comportamento em si, embora seja pressuposto na realização desta contrariedade, não é previsto pela norma. Segundo a lição doutrinária: "pode dar-se que o ato se dê, mas o direito só lhe aprecie o fato: isto é, o ato entra no mundo jurídico como fato, e não como ato."[8] O exemplo mais significativo é o dos danos causados por absolutamente incapazes, cuja conduta não será objeto de previsão pela norma, ou aferição sobre a existência ou não de manifestação da vontade. Objeto do suporte fático da norma jurídica é o dano e quem o tenha causado, estabelecendo sua consequência jurídica na imputação de responsabilidade dos pais pelos danos causados pelos filhos menores, sob sua autoridade e companhia, e de tutores e curadores por aqueles submetidos à tutela ou curatela (art. 932, incisos I e II).

Já nos **atos ilícitos** percebe-se a contrariedade a direito resultante de uma atuação humana que estará prevista no suporte fático da norma, com os respectivos elementos que o componham. Tradicionalmente, o ato ilícito pressupunha culpa. É esta ainda a fórmula do art. 186 do Código Civil: "Aquele que, por ação ou omissão voluntária, negligência ou imprudência, violar direito e causar dano a outrem, ainda que exclusivamente moral, comete ato ilícito". A evolução do direito foi descaracterizando a exclusividade da exigência de culpa, embora autorizado entendimento ainda mantenha esta associação. No direito brasileiro, é especialmente influente o desenvolvimento da teoria do abuso do direito – de influência francesa – em paralelo à boa-fé objetiva – de influência alemã – que resultou no reconhecimento de uma segunda categoria de ato ilícito, expressa no art. 187 do Código Civil, sem a exigência da culpa no suporte fático da norma. Assim, a regra em comento: "Também comete ato ilícito o titular de um direito que, ao exercê-lo, excede manifestamente os limites impostos pelo seu fim econômico ou social, pela boa-fé ou pelos bons costumes".

A ilicitude, contudo, é juridicizante,[9] porque traduz a presença no suporte fático da norma, de uma contrariedade a direito. As consequências jurídicas é que podem variar. Do ilícito pode resultar a responsabilidade pela reparação dos danos (art. 927, *caput*), a perda de direito, pretensão ou ação (caducidade), como ocorre com a perda do poder familiar pelo mau exercício (art. 1.638 do Código Civil), ou a responsabilidade que decorre da infração culposa de deveres e obrigações constituídos pela própria manifestação da vontade, como ocorre no inadimplemento contratual. A ilicitude também pode dar causa à nulidade do ato que se realize contrário a direito (e.g. o negócio jurídico celebrado por absolutamente incapaz, ou com objeto ilícito – art. 166, incisos I e II, do Código Civil).

A importância dos atos ilícitos no universo dos fatos jurídicos ilícitos, contudo, faz com que seu exame seja aprofundado adiante.

---

[7] Súmula 479 do STJ: "As instituições financeiras respondem objetivamente pelos danos gerados por fortuito interno relativo a fraudes e delitos praticados por terceiros no âmbito de operações bancárias." (STJ, 2ª Seção, j. 27/06/2012, p. 01/08/2012).
[8] Francisco Cavalcante Pontes de Miranda, Tratado de direito privado, t. II. São Paulo: RT, 2012, p. 265.
[9] Francisco Cavalcante Pontes de Miranda, Tratado de direito privado, t. II. São Paulo: RT, 2012, p. 275.

Capítulo XII
NEGÓCIO JURÍDICO

1. IMPORTÂNCIA E DELIMITAÇÃO CONCEITUAL

Negócio jurídico é uma categoria criada pelo direito para expressar a afirmação da liberdade individual na constituição de efeitos jurídicos. Daí porque sua compreensão não se aparta do conceito de autonomia privada, que expressa o poder que é conformado pelo direito para o indivíduo decidir segundo seus interesses, conferindo a estas decisões eficácia jurídica. A origem do negócio jurídico é de uma categoria lógica visando sistematizar várias realidades representativas da atuação humana conforme ao direito, de criação relativamente recente, não sendo conhecida do direito romano. Será, contudo, no estudo dos textos romanos, em especial pelos juristas alemães a partir do século XVIII, que se estrutura seu conceito. Daí para diante, as noções romanas originais de *contractus*, *pacta*, *testamenta* e outros, passam a ter seu exame reconduzido ao de negócio jurídico, para fins de sua análise estrutural.[1]

Assume centralidade neste exame, originalmente, a noção de *contractus* romana, que ao longo das várias fases do direito romano assumirá características posteriormente atribuídas ao negócio jurídico, em especial o fato de que resultam da manifestação de vontade das partes direcionadas à formação do consentimento.[2] Da mesma forma, a expressão *negotium*, designará diferentes situações no direito romano tardio,[3] desenvolvendo-se, contudo, em relação aos elementos que adiante serão identificados com o negócio jurídico, a reflexão especialmente no tocante à vontade (*voluntas*) na formação dos pactos (*pacta*), e a distinção destes entre os *nudum pactum* (*pactos nus*), que não contavam com pretensão do interessado no caso de inadimplemento, e os pactos que serão revestidos de forma, a partir do qual se asseguram as pretensões e ações no caso de descumprimento. Dentre estes distinguem-se os contratos reais, formais (concluídos verbalmente ou por escrito) e os consensuais, estes últimos supondo um encontro de vontades das partes. Também no pensamento canônico será percebido, mais adiante, o crescente destaque da vontade como motor da atuação humana, em perspectiva mais ampla do que só a atuação no plano do direito, mas cuja reflexão influenciará decisivamente a formação de várias categorias jurídicas, inclusive do negócio jurídico. Paralelamente a isso, tanto o desenvolvimento de formas próprias de manifestação de vontade (com especial destaque à atividade dos notários), quanto a tendência de delimitação entre o direito público e o direito privado como disciplina dos interesses privados de uma nascente burguesia, exprimem também

---

[1] Aldo Schiavone, Negozio giuridico (diritto romano). Enciclopedia del diritto, t. XXVII, Milano: Giuffrè, 1977, p. 907.
[2] Aldo Schiavone, Negozio giuridico (diritto romano). Enciclopedia del diritto, t. XXVII, Milano: Giuffrè, 1977, p. 920.
[3] Manlio Bellomo, Negozio giuridico (diritto intermmedio). Enciclopedia del diritto, t. XXVII, Milano: Giuffrè, 1977, p. 926.

o contexto cultural no qual se afirmam os elementos que em seguida formarão os fundamentos da concepção unitária de negócio jurídico.[4]

Na sua formulação moderna a concepção de negócio jurídico se atribui a Daniel Nettelbladt (*Systema elementare universae jurisprudentiae naturalis in usum praelectionum academicarum adornatum: Iurisprudentia naturalis specialis*), como espécie de ato jurídico,[5] no que seguem-se outros autores da doutrina germânica,[6] até afirmar-se com Savigny, que define: "Por declarações de vontade ou negócio jurídico que não são apenas atuações livres, senão igualmente que a vontade do agente dirige-se à finalidade imediata de constituir ou extinguir uma relação jurídica."[7] Nestas condições será assentado na ciência jurídica alemã do século XIX, e incorporado no seu Código Civil de 1900 (BGB), vindo a influenciar outros sistemas jurídicos de matriz romano-germânica, como bem se vê em Portugal[8] e no Brasil,[9] embora sem adesão com a mesma intensidade em outros – o caso da França e, em menor escala, na Itália[10] (onde a ausência de usa previsão no Código Civil não afasta o reconhecimento do conceito por influente doutrina).[11]

O negócio jurídico distingue-se de outros atos jurídicos pelo propósito de quem o celebra, de regular, ao menos em parte, o conteúdo e os efeitos jurídicos a serem produzidos, de modo não contrário ao Direito, visando à satisfação de seus próprios interesses. Segundo autorizada lição doutrinária, "o negócio jurídico cria, em relação aos interesses regulados, poderes e vínculos que originalmente não existiam".[12] Resultará, nestes termos, de expressão da autonomia privada, que se traduz como uma "permissão genérica de atuação jurígena"[13], vale dizer, o exercício da liberdade reconhecida e delimitada pelo ordenamento jurídico para que o indivíduo promova a realização de uma determinada finalidade. O negócio jurídico compreende uma manifestação de vontade dirigida ao fim de obtenção de um efeito jurídico de direito privado.[14] A manifestação de vontade será elemento do suporte fático, destinada à produção

---

[4] Manlio Bellomo, Negozio giuridico (diritto intermmedio). Enciclopedia del diritto, t. XXVII, Milano: Giuffrè, 1977, p. 928-929.

[5] "Variae dantur actuum iuridicorum diuisiones, quarum praecipuae hic recensendae. Diuiduntur vero actus iuridici I) in obligatorios, fi iura et obligationes actu producunt, et non obligatorios, fi non producunt. Obligatorii actus funt vel illiciti, fi legibus funt contrarii, vel licitu, fi legibus non funt contrarii. Actus iuridici liciti vero negotia iuridica (rechtliche Geschäfte) appellari folent, eaque in valida et invalida diuidi, prout vel producunt actu, vel non producunt iura et obligationes". Daniel Nettelbladt, Systema elementare universae jurisprudentiae naturalis in usum praelectionum academicarum adornatum: Iurisprudentia naturalis specialis, editio tertia, 1767, §145 p. 63.

[6] Assim, por exemplo, Gustav Hugo, Lehrbuch des heutigen Römischen rechts, Berlin, 1826, p. 53 (primeira edição é de 1789).

[7] Friedrich Carl von Savigny, System des heutigen Römischen Rechts, Band III. Berlin, 1840 §114, p. 98-99.

[8] António Menezes Cordeiro, Tratado de direito civil, t. II. 4ª ed, 2017, p. 58 e ss.

[9] Francisco Cavalcanti Pontes de Miranda, Tratado de direito privado, t.. III. São Paulo: RT, p. 55 e ss.

[10] Dentre as razões apontada para a não recepção do negócio jurídico no Código Civil italiano está a de rejeição a conceitos abstratos sob o argumento de privilegiar-se uma dimensão econômico-social, reconhecida na figura do contrato que então domina a disciplina legislativa e cujas regras devem aplicar-se, quando compatíveis aos demais atos jurídicos. Francesco Galgano, El negocio jurídico. Trad. Francisco de P. Blasco Gascó e Lorenzo Prats Albentosa Valencia: Tirant lo blanch, 1992, p. 46-49.

[11] Refira-se, como destaque, a obra de Emilio Betti, cuja primeira edição é de 1943, ora consultada na edição de 2002: Teoria generale del negozio giuridico. Napoli: Edizione Scientifiche Italiane, 2002.

[12] Emilio Betti, Teoria generale del negozio giuridico. Napoli: Edizione Scientifiche Italiane, 2002, p. 75.

[13] António Menezes Cordeiro, Tratado de direito civil, t. II. 4ª ed, 2017,p. 40.

[14] Manfred Wolf, Jorg Neuner, Allgemeiner Teil, des Bürgerlichen Rechts, 10 Auf., München: C.H.Beck, 2012, p. 311.

de efeitos jurídicos.[15] Neste sentido, quando se fala manifestação de vontade, tanto pode ser uma declaração, quanto um comportamento que exprima a vontade de realizar o negócio.[16]

Celebrado o negócio jurídico, constitui-se uma relação jurídica cujos efeitos compreendem a criação, modificação ou extinção de direitos, pretensões, ações ou exceções. Estes efeitos podem se produzir desde logo (desde a celebração), ou serem deixado em suspenso alguns deles, pendentes de que outro evento se realize (condição), que se atinja certo marco temporal (termo), ou se vincule a uma conduta que o domine (encargo). Em qualquer caso, tem protagonismo na definição destes efeitos a manifestação de vontade, cujo papel essencial merece atenção.

2. A FUNÇÃO DA VONTADE NA CELEBRAÇÃO DO NEGÓCIO JURÍDICO

A vontade é elemento interno da pessoa, de sua psique, examinada em distintas dimensões. É o livre arbítrio, sobre o qual se debruça a filosofia como motor da ação humana. Para a teoria do negócio jurídico importa antes, a manifestação da vontade, que será qualificada; afinal, não são todas as pessoas que a tem reconhecida, independentemente de exteriorizá-la. Fixa, o direito, alguns critérios para este reconhecimento. O primeiro deles é a capacidade de fato ou de exercício. O negócio jurídico válido será constituído por agente capaz, a quem se reconhece discernimento para formação e exteriorização da vontade em benefício do seu interesse. Há, neste caso, liberdade e consciência no processo de formação e exteriorização da vontade. Da mesma forma, o direito protege a vontade e deixa de reconhecer sua exteriorização, independentemente da qualidade pessoal do agente, em situações específicas, nas quais dissocia-se o conteúdo exterior da manifestação e a vontade formada. Ou ainda, quando a vontade formada se dá sem o conhecimento de todas as circunstâncias que envolvem a celebração do negócio jurídico. No primeiro caso, há coação (e também pode haver simulação). No segundo, há erro, quando o equívoco na formação da vontade é involuntário, mas escusável; e há dolo, quando a falsa representação da realidade se forma em razão da atuação do outro sujeito do negócio que com ela se beneficia, ou de terceiro.

A identificação da vontade como elemento característico do negócio jurídico (atuação voluntária, declaração de vontade, manifestação de vontade), desenvolveu-se em comum com a própria construção do conceito, resultando na fórmula de Savigny, para quem a vontade é seu fundamento de juridicidade.[17] Está formulação ficou conhecida como **teoria da vontade**, pela qual a declaração de vontade é o elemento central do negócio jurídico, visando a produção de um efeito jurídico desejado.[18] Há aqui uma relação com a vontade subjetivamente considerada, o desejo daquele que celebra o negócio jurídico e deve ter o controle e direção sobre seus efeitos, criando direito.[19]

Percebe-se, contudo, que nem todos os efeitos resultam da manifestação de vontade. Alguns serão os que decorrem dela e são os pretendidos pelo sujeito que manifesta vontade para constituir o negócio jurídico. Porém, há outros, que o declarante não antevê, necessariamente,

---

[15] Francisco Cavalcanti Pontes de Miranda, Tratado de direito privado, t. III. São Paulo: RT, p. 56.
[16] Francisco Cavalcanti Pontes de Miranda, Tratado de direito privado, t. III. São Paulo: RT, p. 57; Emilio Betti, Teoria generale del negozio giuridico. Napoli: Edizione Scientifiche Italiane, 2002, p. 55.
[17] Veja-se o exame completo em: António Menezes Cordeiro, Tratado de direito civil, t. II. 4ª ed, 2017, p. 47-48.
[18] Bernhard Windscheid, Wille und Willenserklärung. Archiv für die civilistische Praxis, 63, 1888, p. 72-112.
[19] Rudolf Jhering, Geist des römischen Rechts auf den verschiedenen Stufen seiner Entwicklung, Band 3. Leipzig: Breitkopf und Härtel, 1865, p. 155; Jan Schap, Grundfragen der Rechtsgeschäftslehre. Tübingen: Mohr Siebeck, 1986, p. 13 e ss.

decorrentes da própria incidência da norma sobre o negócio jurídico que passa a existir. Neste caso, a própria consequência jurídica prevista na norma, e que se associa à finalidade do negócio, pode dar causa a outras repercussões jurídicas. Daí o surgimento, a partir da crítica à teoria da vontade, do entendimento que passará admitir, em diferentes graus, um protagonismo do próprio direito no reconhecimento desta vontade manifestada; para tanto, toma-se em conta que não é a vontade que dominará todos os efeitos do negócio, senão apenas aqueles que estejam de acordo com o direito, no espaço que for delimitado para este fim, produzindo também os efeitos que o ordenamento jurídico estabeleça – o direito tutela o resultado desejado pelo sujeito,[20] mas considera ademais, outros que se produzem como resultado da incidência da norma.

Por outro lado, um efeito prático das críticas à teoria da vontade no negócio jurídico diz respeito a sua relação com a manifestação da vontade. Uma visão que sustente a dominância da vontade, no caso de erro na sua manifestação – como se a declaração do sujeito dirigida a realizar o negócio jurídico não representasse de fato sua verdadeira vontade subjetiva – teria de considerar a completa ausência da vontade, e logo, de nulidade da declaração. Contudo, como resultado das críticas ao que se convencionou denominar de dogma da vontade,[21] desenvolve-se entendimento que visa à valorização da própria declaração e da confiança a que ela dá causa para o seu destinatário, limitando as possibilidades de o declarante invocar a vontade interna desconforme com a manifestada para efeito de liberar-se do vínculo. Uma primeira reação, neste sentido, visualiza-se na construção da teoria da *culpa in contrahendo*, de Rudolf von Ihering, pela qual se sustenta a imputação do dever de indenizar da parte que venha a dar causa à nulidade do contrato, com fundamento outro que não pode ser o próprio contrato inválido. Deste modo, "uma vez que o contrato não chegou a se formar não pode falar-se da aplicabilidade dos princípios sobre culpa contratual, mas o caso também não se deixa albergar nos princípios de culpa extracontratual, da *actio legis Aquiliae*".[22] As críticas à teoria da vontade e o reconhecimento de um conteúdo objetivo da declaração foram respostas à insegurança das relações jurídicas frente à ausência de proteção às expectativas do destinatário da manifestação de vontade. Daí o desenvolvimento da **teoria da declaração** (*Erklärungstheorie*), sustentando a consideração do conteúdo da declaração de vontade de modo independente da vontade interna do declarante, em acordo com a compreensão objetiva do destinatário e, igualmente, visando a proteção de terceiros.[23] Neste sentido, a declaração da vontade não seria mero veículo, senão ela própria que integraria o suporte fático da norma.[24]

---

[20] Manfred Wolf, Jorg Neuner, Allgemeiner Teil, des Bürgerlichen Rechts, 10 Auf., München: C.H.Beck, 2012, p. 312.

[21] Relevante, ainda, na segunda metade do século XIX, a repercussão da obra de Ernst Zittelmann sustentando a investigação psicológica do processo de formação da vontade, reforçando a noção de vontade subjetiva (Irrtum und Rechtsgeschäft : Eine psychologisch-juristische Untersuchung, Leipzig : Duncker & Humblot, 1879, p. 34 e ss.). A força da vontade também se faz perceber no direito francês, como assinala, em sua tese clássica de doutoramento na Universidade de Estrasburgo, Alfred Rieg, Le role de la volonté dans l'acte juridique en droit civil français et allemand, Paris: LGDJ, 1961, p. 47 e ss.

[22] Rudolf Von Ihering, *Culpa in contrahendo ou indenização em contratos nulos ou não chegados à perfeição*. Tradução de Paulo Mota Pinto. Coimbra: Almedina, 2008, p. 2. O original alemão Culpa in contrahendo: oder Schadensersatz bei nichtigen oder nicht zur Perfection gelangten Verträgen, publicado no *Jahrbücher für die Dogmatik des heutigen römischen und deutschen Privatrechts* 4 Bd, é de 1861. No mesmo sentido, Otto Bahr Ueber Irrungen im Contrahiren, *Jahrbücher für die Dogmatik des heutigen römischen und deutschen Privatrechts*, 14Bd, 1874, p. 393-427.

[23] Jan Schap, Grundfragen der Rechtsgeschäftslehre. Tübingen: Mohr Siebeck, 1986, p. 27 e ss.

[24] Ferdinand Regelsberger, Civilrechtliche Erörterungen. Die vorverhandlungen bei Vertra¨gen. Angebot, annahme, traktate, punktation Nebst der lehre von der Versteigerung und von der Auslobung, Weimar: Hermann Böhlau, 1868, §4°, p. 17-23.

A etapa seguinte deste desenvolvimento será o de reconhecer que a manifestação da vontade não se encerra em uma atuação isolada e formal de declaração, mas deve tomar em consideração o comportamento daquele que manifesta a vontade como um todo, que ademais deve ser consciente,[25] e as circunstâncias em que se estabelece. Deste comportamento poderá resultar uma declaração, mas também outras circunstâncias a partir das quais seja possível identificar, inclusive segundo padrões de boa-fé,[26] a existência de manifestação da vontade. Daí resultam teorias que valorizam, sob diferentes critérios, uma dimensão objetiva da manifestação da vontade.[27] É o caso da compreensão do negócio jurídico como meio de realização de interesses privados, mediante exercício da autonomia privada, de onde resulta a denominada **teoria preceptiva**, de Emilio Betti, do negócio jurídico como *precetto dell'autonomia privata*,[28] que conta com significativa influência no direito brasileiro.[29] Nesta concepção, o exercício da autonomia privada é suficiente e socialmente reconhecido, nos limites que o ordenamento jurídico dispõe para que crie norma jurídica, de modo que configura-se como fonte formal de direito.[30]

Ao longo do tempo, terão sequência, sempre com referência à boa-fé, a culminar nas situações de responsabilidade fundada na **teoria da confiança**, sustentada a partir da tese de Claus-Wilhelm Canaris, no direito alemão.[31] A vontade negocial, assim, não resulta exclusivamente da sua manifestação expressa, mas de outros comportamentos que permitam concluir o propósito das partes. No direito brasileiro, a par de outros sistemas,[32] são reconhecidos elementos parcelares característicos de tutela da confiança sob distintas figuras, em especial mediante a valorização, em certas situações da aparência como fundamento para a proteção da expectativa legítima que venha a despertar (teoria da aparência).[33]

Nestes termos, atualmente tem relevância a compreensão objetiva do conteúdo da manifestação da vontade e suas circunstâncias, segundo a interpretação que a ela dê o destinatário de modo razoável e consentâneo ao que se reconheça como confiança legítima despertada. A possibilidade da declaração de invalidade do negócio por desconformidade entre a vontade do declarante e o conteúdo da declaração se mantém em situações específicas, nas quais a causa da invalidade seja adequadamente demonstrada e, segundo padrões objetivos, tomada

---

[25] Claus-Wilhelm Canaris, Die Vertrauenshaftung im deutschen Privatrecht. München: Beck, 1971. p. 427
[26] Já induzia a ideia Gustav Hartmann, Wort und Wille im Rechtsverkehr, Jherings Jharbücher für die Dogmatik des Bürgerlichen Rechts, 20 Bd, 1882, p. 1-79.
[27] Emilio Betti, Teoria generale del negozio giuridico. Napoli: Edizione Scientifiche Italiane, 2002, p.127-137; Paulo Mota Pinto, Declaração tácita e comportamento concludente no negócio jurídico. Coimbra: Almedina, 1995, p. 28-30.
[28] Emilio Betti, Teoria generale del negozio giuridico. Napoli: Edizione Scientifiche Italiane, 2002, p. 159 e ss.
[29] Francisco Amaral, Direito civil: introdução. 9ª ed. São Paulo: Saraiva, 2017, p. 478-481.
[30] Luigi Ferri, L'autonomia privata, Milano: Giuffrè, 1959, p. 23.
[31] Claus-Wilhelm Canaris, *Die Vertrauenshaftung im deutschen Privatrecht*, cit.
[32] Carlos Alberto da Mota Pinto, Teoria geral do direito civil, 2005, p. 127.
[33] Arnaldo Rizzardo, Teoria da aparência. Revista da Ajuris, v. 9, n. 24. Porto Alegre: Ajuris, mar. 1982, p. 222-231; Vitor Frederico Kümpel, Teoria da aparência no código civil de 2002. São Paulo: Método, 2007, p. 85-86; No direito do consumidor, por exemplo, os negócios jurídicos de consumo, a atuação negocial do fornecedor é reconhecida de modo amplo, ao se estabelecer a eficácia vinculante a "toda informação ou publicidade, suficientemente precisa, veiculada por qualquer forma ou meio de comunicação", determinando que ela "obriga o fornecedor que a fizer veicular ou dela se utilizar e integra o contrato que vier a ser celebrado" (art. 30 do CDC). Veja-se, a respeito: Bruno Miragem, Curso de direito do consumidor, 8ª ed. São Paulo: RT, 2019, p. 335-336.

as circunstâncias concretas admissíveis em uma situação comum (e.g. o "erro substancial que poderia ser percebido por pessoa de diligência normal, em face das circunstâncias do negócio", art. 138 do Código Civil).

A repercussão prática do papel da vontade no negócio jurídico terá especial relevância no reconhecimento de alguns dos defeitos na sua formação (em especial no caso do erro e do dolo, arts. 138 a 150 do Código Civil), assim como de sua interpretação. No caso da interpretação do negócio jurídico, o direito brasileiro prevê a valorização da intenção (art. 112 do Código Civil), que deve ser tomada como o entendimento concreto do declarante em relação ao conteúdo do negócio,[34] e o sentido objetivo da declaração (art. 113 do Código Civil), inclusive com alusão expressa da lei à boa-fé e aos usos, o que neste caso, está de acordo com uma intepretação conforme a função econômica e social própria,[35] conforme o estabelecido pelo ordenamento jurídico.

3. EXISTÊNCIA, VALIDADE E EFICÁCIA DO NEGÓCIO JURÍDICO

A estrutura do negócio jurídico é geralmente examinada de forma decomposta, a partir de seus elementos. Há na identificação destes elementos significativa influência da teoria do fato jurídico de Pontes de Miranda – já mencionada – ainda que seja tomada apenas em parte no texto do Código Civil.[36]

O exame doutrinário identifica os elementos do negócio jurídico a partir da sua associação com seus planos (existência, validade e eficácia), em relação aos fatos jurídicos lícitos. O **plano da existência** compreende-se pela ocorrência, na realidade fática, dos eventos descritos no suporte fático da norma jurídica. Daí porque se afirma o plano da existência – o fato juridicamente existe – quando preenchidos os elementos nucleares do suporte fático da norma jurídica. Assim, por exemplo, no caso da norma em que o art. 2º do Código Civil dispõe que "a personalidade civil da pessoa começa do nascimento com vida", se não há o nascimento com vida, não se preenche o suporte fático da norma, de modo que o fato juridicamente é inexistente. Em relação ao negócio jurídico, ocorre o mesmo quando, por exemplo, se celebre um contrato sem que aqueles que se reputem os contratantes tenham manifestado sua vontade. Afinal, ele pressupõe a manifestação de vontade, que ausente, faz com que o negócio jurídico se repute inexistente.

Já em relação ao **plano da validade** o que está em causa é o preenchimento dos requisitos que o próprio direito atribui aos fatos descritos no suporte fático da norma. Sobre os eventos da realidade descritos no suporte fático da norma são acrescentadas exigências pelo simples efeito da sua incidência. Em outros termos, para os fatos da realidade terem sua conformidade reconhecida pelo direito, devem atender a requisitos que a norma define, inclusive com o propósito de proteção da segurança jurídica e de outras finalidades específicas promovidas pelo ordenamento jurídico.[37] O não preenchimento destes requisitos dá causa à invalidade do negócio, que tanto pode ser declarada mediante exercício da pretensão pelo interessado (geralmente aquele que é prejudicado pela invalidade), quanto nas situações em que tais requisitos visam tutelar

---

[34] Francisco Cavalcante Pontes de Miranda, Tratado de direito privado, t. XXXVIII. Atual. Bruno Miragem e Claudia Lima Marques. São Paulo: RT, 2012, p. 165-166.
[35] Emilio Betti, Teoria generale del negozio giuridico. Napoli: Edizione Scientifiche Italiane, 2002, p. 322-326.
[36] José Carlos Moreira Alves, A parte geral do Código Civil brasileiro, p. 105. Carlos Roberto Gonçalves, Direito civil brasileiro, v. 1, p. 349.
[37] Paulo Lôbo, Direito civil. Parte geral, São Paulo: Saraiva, 2009, p. 226.

interesse público (ordem pública), ser conhecida de ofício por quem caiba decidir (e.g. o juiz), ou postulada por quem caiba velar pela autoridade do Direito (e.g. Ministério Público). No primeiro caso, quando o próprio direito confia que a declaração e invalidade poderá ser postulada apenas por quem nela tenha interesse, há anulabilidade. Trata-se neste caso, de interesses disponíveis, uma vez que nestes casos, pode o interessado não exercer qualquer pretensão para anular, inclusive atuando ou permitindo que se atue para preencher o requisito faltante para o reconhecimento do ato ou negócio jurídico pelo direito (convalidação); ou ainda deixando de se manifestar no tempo que a norma prevê para que seja suscitada a invalidade, de modo que convalesça pela extinção do prazo para anular.

Já nos casos em que a invalidade decorra do não atendimento de requisitos associados ao interesse público, de preservação da própria autoridade do Direito, não é reconhecido aos particulares a possibilidade de convalidar ou corrigir de qualquer modo a situação daí decorrente. Trata-se de hipótese de nulidade, para a qual há poder-dever de promover seu reconhecimento por parte do órgão de Estado que a identifique. O juiz, neste caso, deve conhecer de ofício a ausência do requisito exigido e decretar a nulidade; o Ministério Público deve promovê-la.[38]

Há neste caso, uma decisão jurídico-normativa quanto à definição dos requisitos de validade e a sanção por sua ausência. Assim, por exemplo, o negócio jurídico requer seja celebrado por agente capaz (art. 104, I, do Código Civil). Isso cumpre a finalidade de assegurar, segundo certo critério eleito pelo legislador, a liberdade e consciência da vontade (discernimento). Descumprido este requisito, a invalidade poderá ser decretada, tanto porque se trate de um negócio jurídico nulo, uma vez celebrado por absolutamente incapaz (art. 166, I, do Código Civil), quanto anulável, no caso em que se trate de relativamente incapaz (art. 171, I, do Código Civil).

Por fim, o **plano da eficácia** dispõe sobre os elementos necessários para que o fato jurídico lícito produza efeitos. Pode ocorrer que dependa, para eficácia, exclusivamente da incidência da norma, de modo que desde logo, quando esta se dê, já se identifiquem posições jurídicas, situações jurídicas subjetivas, ou resulte no surgimento de direitos subjetivos, deveres jurídicos, pretensões, ações, por exemplo. No caso do negócio jurídico, é definido que a possibilidade da manifestação de vontade junto com os outros elementos que integram o negócio jurídico válido, controle parte dos efeitos jurídicos que deva produzir (constituindo, alterando ou extinguindo relações jurídicas). Será o caso quando se defina que certos efeitos do negócio jurídico se realizem a partir de uma determinada data (termo, evento futuro e certo), ou a partir da ocorrência de um evento incerto, se vier a ser realizar (condição). Assim também os

---

[38] Também nas relações jurídicas de direito público (relações jurídico-administrativas) é reconhecido o poder da Administração Pública rever seus próprios atos (poder de autotutela). Neste sentido, a Súmula 346, do STF, dispõe: "A Administração Pública pode declarar a nulidade dos seus próprios atos". Ressalva necessária, contudo, é que a teoria das invalidades do negócio jurídico desenvolvida no direito privado, embora possa servir como base conceitual, regulando-os em seus princípios gerais, conforme sustentava Ruy Cirne Lima (Princípios de direito administrativo. São Paulo: RT, 1984, p. 94), não é aplicável, na sua integralidade, às relações jurídicas de direito público (veja-se: Carlos Bastide Horbach, A teoria da nulidade dos atos administrativos, São Paulo: RT, 2007, p. 262). Registre-se, ainda, que este poder de autotutela encontrará como limite também nas relações de direito público, a tutela da confiança: Almiro do Couto e Silva, O princípio da segurança jurídica (proteção à confiança) no direito público brasileiro e o direito da administração pública e anular seus próprios atos administrativos: o prazo decadencial do art. 54 da Lei de Processo Administrativo da União (Lei n. 9.784/99). *Revista da Procuradoria-Geral do Estado do RS*. Cadernos de direito público, n. 57. Porto Alegre: PGE, dez. 2003; e Almiro do Couto e Silva, Almiro. Princípios da legalidade da Administração Pública e da segurança jurídica no Estado de Direito contemporâneo. *Revista de direito público*, n. 84. São Paulo, out.-dez. 1987. Veja-se ainda: Bruno Miragem, A nova administração pública e o direito administrativo. 2ª ed. São Paulo: RT, 2013, p. 212-215.

efeitos que se produzam a partir de certo evento que, se não ocorresse, não os deflagraria (e.g. o inadimplemento imputável, do qual resultam pretensões do credor, art. 389 do Código Civil).

O negócio jurídico é constituído para ser eficaz, daí considerar-se que a ineficácia, como regra, é temporária,[39] embora possa ocorrer de jamais produzir certos efeitos. É o caso da condição suspensiva que impede a produção certos efeitos do negócio até que se realize. Não se realizando, não há tais efeitos. Assim, por exemplo, o seguro de vida com vigência por um ano, pelo qual o segurador se obriga a pagar uma indenização ao beneficiário indicado pelo segurado, no caso deste vir a falecer. Passado o prazo em questão e mantendo-se vivo o segurado, o efeito correspondente ao direito à indenização do beneficiário não se realizou. O mesmo ocorre com o testamento, cuja eficácia se dá apenas após a morte do testador, e que este venha a revogar em vida.

No esquema teórico formulado por Pontes de Miranda, os três planos se sucedem, sendo pressupostos um do outro. Em termos sintéticos, apenas o que tem existência jurídica poderá ser considerado válido; e só o que preencha os requisitos de validade (for válido), produz efeitos (eficácia jurídica). Ainda que se afirme a menor relevância do plano da existência do negócio jurídico no Código Civil,[40] estão presentes na lei a referência à inexistência das condições impossíveis ou de fazer coisa impossível (art. 124), e da aceitação proferida antes do recebimento da proposta (art. 433).

Por outro lado, há situações que se consideram como exceções a este esquema teórico, em especial à sucessão dos planos como pressupostos um do outro. Isso ocorre no tocante ao que se convenciona referir como o nulo que gera efeitos, ou a eficácia jurídica dos atos ou negócios jurídicos inválidos (nulos). Assim são os exemplos do casamento inválido porque as pessoas que dele participam não sabem serem impedidas para casar (casamento putativo), em especial os efeitos quanto aos filhos (que serão permanentes) e entre os cônjuges até a sentença anulatória (art. 1.561 do Código Civil). Neste caso, a eficácia que se produz não é do casamento nulo, mas da própria norma que o prevê integrando o seu suporte fático, e a tal situação confere eficácia.[41] O nulo segue não produzindo efeitos, é a norma do art. 1.561 do Código Civil quem os produz, da mesma forma como integra o suporte fático do art. 170 do Código Civil, por exemplo, que estabelece do fato negócio jurídico nulo, a possibilidade de subsistir se contiver requisitos de outro quando preenchidas os demais elementos que prevê a norma. A conversão é pela norma (sua consequência jurídica), não pelo nulo que é elemento que integra seu suporte fático.

Para a existência do negócio jurídico pressupõe-se a manifestação da vontade, a finalidade negocial e a idoneidade do objeto. Sua validade, por sua vez, requer o que prevê o art. 104 do Código Civil: "Art. 104. A validade do negócio jurídico requer: I – agente capaz; II – objeto lícito, possível, determinado ou determinável; III – forma prescrita ou não defesa em lei". Os efeitos do negócio jurídico, ou se produzem desde logo, ou serão, como se viu, subordinados a certos eventos que poderão obstar sua realização até que ocorram, ou extingui-los quando se realizem.

---

[39] Paulo Lôbo, Direito civil. Parte geral, São Paulo: Saraiva, 2009, p. 228.
[40] José Carlos Moreira Alves, A parte geral do Código Civil brasileiro, p. 105.
[41] Não se desconhece que a situação de não valer e ainda assim ser eficaz é reconhecida pelo próprio Pontes de Miranda em conhecidas locuções, e seu mais eminente intérprete (Marcos Bernardes de Mello,). Veja-se, igualmente, em especial o exame jurisprudencial que expõe a realidade do tema nos tribunais brasileiros, procedido por Hamid Charaf Bdine Júnior, Efeitos do negócio jurídico nulo. São Paulo: Saraiva, 2010, p. 192 e ss.

4. ELEMENTOS DO NEGÓCIO JURÍDICO

A classificação do negócio jurídico e sua decomposição nos elementos que o integram permite identificar três categorias: a) os elementos essenciais; b) os elementos naturais; e c) os elementos acidentais. Não há perfeita simetria na doutrina sobre o enquadramento dos vários elementos do negócio jurídico, e inclusive há quem questione o próprio cabimento da classificação, preservando-a apenas para fins didáticos.[42] Distinguem-se os **elementos essenciais** do negócio jurídico como aqueles necessários ao seu reconhecimento pelo direito, caso da vontade declarada, do objeto, da forma e da causa (finalidade negocial).

Já os **elementos naturais** do negócio são aqueles estabelecidos por normas supletivas, caso as partes não venham a dispor diversamente, caso do lugar de pagamento (art. 327 do Código Civil) no caso em que não for definido pelas partes, ou aquele que deva escolher a prestação nas obrigações alternativas, no caso de não ter sido objeto da declaração negocial (art. 252 do Código Civil). Assim também a responsabilidade por vícios redibitórios (art. 441 do Código Civil) ou evicção (art. 447 do Código Civil) nos negócios jurídicos de alienação. Também se considera como elementos naturais aqueles que não estando presentes em todos, identificam e caracterizam alguns deles, caso do preço em dinheiro na compra e venda (art. 481 do Código Civil), a retribuição do aluguel na locação (art. 565 do Código Civil). Sobre estes que caracterizam determinados negócio jurídico, não estando presente em outros (e.g. não há compra e venda sem preço), classificam-se também como elementos essenciais a certos tipos de negócio.[43]

Por fim, os **elementos acidentais** do negócio são aqueles que podem ou não estar previstos no negócio jurídico. No caso de estarem presentes, por disposição expressa dos sujeitos que celebram o negócio, atuam na sua eficácia, modificando-a conforme a declaração das partes, por intermédio da condição ou do encargo, assim como certos efeitos do inadimplemento (e.g. juros, cláusula penal).

Por outro lado, é influente no direito brasileiro a classificação feita por Antônio Junqueira de Azevedo,[44] que não desconsidera a distinção das três espécies de elementos, porém a inclui em um panorama mais amplo, identificando a os **elementos de existência do negócio jurídico**, seus **requisitos de validade** e os **fatores de eficácia**. O emprego dos termos justifica-se por demonstrarem realidades distintas. Os elementos integram a estrutura do negócio jurídico, os requisitos se exigem para que sejam reconhecidos pelo Direito; os fatores de eficácia, podem existir e quando tal ocorra, operam sobre seus efeitos.

A rigor, o exame da estrutura do negócio jurídico apresenta uma classificação bastante diversificada pela doutrina nacional, seja em razão da influência da doutrina estrangeira, seja pela admissão, em muitos casos, apenas em parte da proposição teórica de determinados autores (como é o caso da prestigiada *Teoria do fato jurídico* de Pontes de Miranda). Ou ainda mesmo, em razão do cotejo destas proposições e sistema definido na legislação – em especial pelo Código Civil de 2002.

O exame aqui proposto leva em consideração a análise estrutural do negócio jurídico tomando por base, de um lado, aqueles elementos essenciais de sua existência como tal, que se

---

[42] Francisco Amaral, Direito civil: introdução, p. 492. Da mesma forma, Marcos Bernardes de Mello e Marcos Erhardt Júnior, em suas notas de atualização a: Francisco Cavalcante Pontes de Miranda, Tratado de Direito Privado, t. II. 2012, p. 89.

[43] Manuel Domingues de Andrade, Teoria geral da relação jurídica, v. II: Facto jurídico, em especial Negócio jurídico. Coimbra: Almedina, 1992, p. 33-35.

[44] Antônio Junqueira de Azevedo, Negócio jurídico: existência, validade e eficácia. 4ª ed. São Paulo: Saraiva, 2002, p. 26 e ss.

depreendem da realidade e sua juridicização pela norma. Em seguida, examinam-se os requisitos de validade do negócio, considerando-os como aqueles que a lei define para qualificar os elementos que o integram (art. 104 do Código Civil). Por fim, em relação aos elementos a que se subordinam seus efeitos, quando presentes no negócio jurídico.

4.1. A manifestação da vontade

Já foi observado que a exteriorização da vontade caracteriza o negócio jurídico, concretizando a atuação humana no exercício da autonomia privada, com a finalidade de constituir, alterar ou extinguir direitos. Os vários estágios de reconhecimento da vontade humana partem, em um primeiro momento, de sua identificação como elemento característico do negócio jurídico, exigindo, contudo, que seja exteriorizada de algum modo – daí o reconhecimento da declaração de vontade. Mesmo na compreensão clássica, contudo, a declaração de vontade – que é vontade exteriorizada – não se deve confundir com o próprio negócio jurídico. A declaração de vontade não é o negócio jurídico, mas um dos seus elementos, integra o suporte fático da norma que o reconhece ou exprime o exercício da autonomia privada.

A exteriorização da vontade pode se dar com a declaração, quando se deixa claro, esclarece ou revela expressamente o propósito negocial. Porém, também pode haver vontade exteriorizada no comportamento, de modo que ao se conduzir de tal ou qual modo, alguém possa indicar o propósito de celebrar o negócio. Nesta linha de entendimento fixam-se as teorias objetivas, associadas à valorização da declaração da vontade no século XIX, mas que evoluem para o reconhecimento também do comportamento que é interpretado pelo destinatário como manifestação da vontade.

Originalmente, contudo, a vontade dirigida a constituir o negócio jurídico deve ser não apenas conhecida, mas também interpretada pela outra parte, em vista da finalidade com que é exteriorizada e o conteúdo que exprime. Frente a negócios jurídicos complexos, não é suficiente identificar a finalidade de sua celebração. A exteriorização da vontade também se dirige ao conteúdo do negócio, aos efeitos que deve produzir. Nestes termos, pode ocorrer que não haja um único evento que se revista de manifestação de vontade, consubstanciado no assentimento com a constituição do negócio. Há aqui um processo comunicativo, em que os sujeitos manifestam a vontade expressamente (mediante declaração de vontade), ou por comportamentos que adotem frente a circunstâncias, ou provocações ou chamamentos da outra parte. Em sentido oposto, são conhecidos os processos de padronização das técnicas de contratação, por intermédio de condições gerais em que um dos sujeitos pré-determina o conteúdo do negócio jurídico e o outro apenas manifesta vontade de aderir, o que inclusive dá causa a normas específicas de proteção da livre manifestação da vontade do aderente (arts. 423 e 424 do Código Civil;[45] art. 54 do Código de Defesa do Consumidor[46]).[47]

---

[45] Assim, os arts. 423 e 424 do Código Civil: "Art. 423. Quando houver no contrato de adesão cláusulas ambíguas ou contraditórias, dever-se-á adotar a interpretação mais favorável ao aderente. Art. 424. Nos contratos de adesão, são nulas as cláusulas que estipulem a renúncia antecipada do aderente a direito resultante da natureza do negócio."

[46] Assim, o art. 54 do Código de Defesa do Consumidor: "Art. 54. Contrato de adesão é aquele cujas cláusulas tenham sido aprovadas pela autoridade competente ou estabelecidas unilateralmente pelo fornecedor de produtos ou serviços, sem que o consumidor possa discutir ou modificar substancialmente seu conteúdo. § 1º A inserção de cláusula no formulário não desfigura a natureza de adesão do contrato. § 2º Nos contratos de adesão admite-se cláusula resolutória, desde que a alternativa, cabendo a escolha ao consumidor, ressalvando-se o disposto no § 2º do artigo anterior. § 3º Os contratos de adesão escritos serão redigidos em termos claros e com caracteres ostensivos e legíveis, cujo tamanho da fonte não será inferior ao corpo

A manifestação da vontade pode ser a declaração ou um comportamento que é interpretado segundo a boa fé e os usos (art. 113, *caput*, do Código Civil) – um comportamento concludente,[48] que permite a outra parte interpretar como vontade dirigida ao negócio jurídico. Em outros sistemas, como o direito português, há disciplina específica sobre a declaração de vontade (modalidades de declaração) já nas disposições iniciais do Código Civil sobre o negócio jurídico, em que distingue a declaração expressa e a tácita,[49] e dispõe sobre o silêncio como meio declarativo.[50] No direito brasileiro, o Código Civil não classifica entre modalidades de declaração da vontade, confia à doutrina. Porém, a classificação se reproduz. As manifestações de vontade (*rectius* declarações de vontade) são habitualmente classificadas em expressas, tácitas, presumidas e fictas. **Declaração de vontade expressa** é aquela que se realiza com o uso da linguagem, de modo claro e ostensivo sobre a finalidade de constituir negócio jurídico. No caso, o declarante tanto explicita o propósito de celebrar negócio jurídico, quanto pode detalhar, em maior ou menor grau, parcela do seu conteúdo. **Declaração de vontade tácita** é aquela que, não sendo expressa, é deduzida de fatos e circunstâncias. Assim, por exemplo, quem expõe ao público bens ou se dispõe, segundo os usos, em situação que se interprete como oferta de bens e serviços, faz declaração tácita. Da mesma forma dispõe o Código Civil que a "aceitação do mandato pode ser tácita, e resulta do começo de execução". (art. 659).

Por fim, há a **declaração presumida**, que resulta da atribuição que a lei confere a certo fato, tomando-o como declaração de vontade. Admitindo prova em contrário, há presunção *iuris tantum*, cabendo àquele a quem se atribui a manifestação, o ônus de demonstrar que tal assim não se deu. É o caso do art. 324 do Código Civil, ao dispor que "a entrega do título ao devedor firma a presunção do pagamento." Caberá ao credor demonstrar que não é assim. Pode ocorrer, contudo, que a eficácia que a lei confere não admita prova em contrário ou oposição, criando efeito de manifestação da vontade, daí a razão pela qual é inexato referir-se a *presunção* no que é *atribuição* de eficácia jurídica a determinado comportamento. Mais correto será classificar estas situações como **declaração ficta** (manifestação ficta de vontade), caso do art. 1.807 do Código Civil, sobre a aceitação da herança pelo herdeiro. Ou na renúncia à garantia real, que é presumida com a restituição do bem empenhado (art. 387 do Código Civil).

Afinal, nos casos de declaração presumida ou ficta, há presunção ou ficção (por efeito de lei), sobre uma atuação jurídica, daí presunção ou ficção sobre uma manifestação de vontade. Não se confundem com situações em que o efeito jurídico, mesmo no contexto de uma relação

---

doze, de modo a facilitar sua compreensão pelo consumidor. § 4º As cláusulas que implicarem limitação de direito do consumidor deverão ser redigidas com destaque, permitindo sua imediata e fácil compreensão."

[47] Em relação às condições gerais contratuais e a limitação à liberdade de estipulação do negócio jurídico por uma das partes, não faltará quem as afasta da própria definição de contrato, perspectiva que, todavia, não é majoritária, preferindo-se diferentes soluções admitem a incidência de diferentes fontes normativas sobre o contrato. Veja-se: Joaquim de Sousa Ribeiro, O problema do contrato: as cláusulas contratuais gerais e o princípio da liberdade contratual. Coimbra: Almedina, 2003, p. 275 e ss. Para a combinação de diferentes fontes normativas, veja-se, dentre outros: Franz Bydlinski, System und Prinzipen des Privatrechts, p. 179-180.

[48] Paulo Mota Pinto, Declaração tácita e comportamento concludente no negócio jurídico, p. 746.

[49] Assim o art. 217 do Código Civil português: "1. A declaração negocial pode ser expressa ou tácita: é expressa, quando feita por palavras, escrito ou qualquer outro meio directo de manifestação da vontade, e tácita, quando se deduz de factos que, com toda a probabilidade, a revelam. 2. O carácter formal da declaração não impede que ela seja emitida tacitamente, desde que a forma tenha sido observada quanto aos factos de que a declaração se deduz."

[50] Assim o art. 218 do Código Civil português: "O silêncio vale como declaração negocial, quando esse valor lhe seja atribuído por lei, uso ou convenção."

negocial, vem da lei, sem que esta cogite de qualquer atuação das partes. É o que ocorre quando alguém perde o direito, pretensão ou exceção porque não exerceu no tempo previsto (e.g. prescrição ou decadência), ou quando mesmo efeitos positivos vem da lei (prorrogação de prazo, extensão da garantia), sem que se exija manifestação de vontade. Assim, por exemplo, ocorre na prorrogação da locação no caso em que superado o prazo legal, mantenha-se o locatário na posse do imóvel, sem oposição do locador (art. 46, § 1º, da Lei 8245/1991). Neste caso, não se presume manifestação de vontade, é a permanência de uma situação de fato associada à ausência de oposição da outra parte que preenche o suporte fático da norma que lhe atribui a eficácia de prorrogação da vigência contratual.

Por fim, a declaração de vontade pode ser receptícia ou não receptícia. A **declaração de vontade receptícia** é aquela destinada à constituição de negócio jurídico, mas que precisará ser recebida pelo destinatário para realizar este propósito. Trata-se de declaração destinada a uma determinada pessoa, como o são os casos da proposta de contrato ou a revogação do mandato. Em outras situações há **declaração de vontade não receptícia**, cuja eficácia plena, com a constituição do negócio jurídico, não depende que sejam recebidas. Tome-se os exemplos da declaração de vontade do instituidor para constituir uma fundação, ou a oferta ao público, que é em si já negócio jurídico unilateral, ainda que, nesta segunda hipótese, sendo aceita em seus termos, pode dar origem a um negócio jurídico contratual. Em relação às declarações receptícias e a dependência de sua plena eficácia constitutiva do negócio jurídico a que corresponda seu recebimento pelo destinatário, há variedade de fórmulas para a identificação deste evento. No direito brasileiro, em especial no tocante aos negócios jurídicos contratuais, se cogitam das teorias da expedição e da recepção. Segundo a **teoria da expedição**, há a eficácia da declaração desde quando remetida ao destinatário. A **teoria da recepção**, por sua vez, cogita que não apenas tenha sido remetida ao destinatário, mas por este efetivamente recebida. Mais adiante, se pode considerar ainda, em homenagem à própria consciência da vontade que se exige no negócio jurídico, que não apenas se receba, mas seja conhecida ou ao menos tenha possibilidade de acesso ao destinatário (*Moglichkeit des Informationszugriffs*)[51] – revelando-se aperfeiçoamento da teoria da recepção.

O exame desta questão, do ponto de vista doutrinário, é mais usual no domínio da formação dos contratos (art. 427 e ss do Código Civil), mas é do interesse de toda a dogmática do negócio jurídico. Aliás, sem prejuízo de sua repercussão nas mais variadas relações negociais, atualmente reforça seu interesse prático também em relação aos negócios jurídicos celebrados por via eletrônica, não apenas os contratos celebrados pela internet, mas também o consentimento para tratamento de dados pessoais segundo certa finalidade (art. 7º, I, e § 4º da LGPD), que é negócio jurídico, ou as várias escolhas e negócios jurídicos sucessivos que se realizam a partir da adesão a condições gerais para utilização de funcionalidades que se desenvolvem e ofertam com o tempo em aplicações de internet (art. 5º, VII, da Lei 12.965/2014).

4.1.1. O silêncio como manifestação de vontade

O art. 111 do Código Civil brasileiro concentra sua disciplina, sobretudo, a partir do reconhecimento do silêncio como manifestação de vontade, desde que as circunstâncias ou os usos o autorizem, em situações para as quais não se exige declaração de vontade expressa. Neste sentido, conceitualmente manter-se em silêncio compreende o exercício de uma liberdade

---

[51] Manfred Wolf, Jorg Neuner, Allgemeiner Teil, des Bürgerlichen Rechts, 10 Auf., München: C.H.Beck, 2012, p. 357-358.

negativa em abstenção: "Se por exemplo alguém me propõe um contrato e declara que considera o meu silêncio como consentimento, isso não me obriga, porque não tem ele o direito de obrigar-me a dar-lhe uma resposta negativa."[52] Deste modo, não deve *per se* ser interpretado como assentimento ou atuação negocial, porém as circunstâncias e os usos permitirão interpretá-lo como tal.

Aqui se considera o silêncio como comportamento consciente daquele que assim se mantém, e sua consideração por aquele que dele conhece, interpretando-o como anuência. Quem se cala sobre determinada situação também pode expressar que deseja que certa consequência jurídica seja aplicada. Esse silêncio eloquente (*beredtes Schweigen*) é modo de exercício da autonomia privada, expressando decisão jurídica tão possível quanto uma declaração expressa.[53] Isso exige que conheça da situação, o silêncio não pode decorrer do alheamento sobre os fatos que contextualizam o exercício da liberdade de vincular-se ou não pelo negócio jurídico, mas de escolha consciente ou que assim se interprete. Havendo aceitação, forma-se negócio jurídico,[54] ainda que para isso se deva ter, em consideração das circunstâncias, também o relacionamento já existente entre as partes, que é critério de interpretação.[55]

Da mesma forma, pode ser tomado como aceitação o silêncio diante da ausência de manifestação, por força de lei, como ocorre com o herdeiro em relação à herança (art. 1.807 do Código Civil), ou quando a lei dispense, ou permita dispensar a aceitação expressa, caso do art. 432 do Código Civil que dispõe: "Se o negócio for daqueles em que não seja costume a aceitação expressa, ou o proponente a tiver dispensado, reputar-se-á concluído o contrato, não chegando a tempo a recusa."

4.1.2. Reserva mental

É relevante destacar ainda, em relação à declaração de vontade, a preservação de seus efeitos mesmo quando o declarante tenha feito reserva mental de não querer o que manifestou, sem conhecimento do destinatário. Dispõe o art. 110 do Código Civil: "Art. 110. A manifestação de vontade subsiste ainda que o seu autor haja feito a reserva mental de não querer o que manifestou, salvo se dela o destinatário tinha conhecimento".

A reserva mental, em precisa definição doutrinária, compreende *a emissão de uma declaração não querida em seu conteúdo, tampouco em seu resultado, tendo por único objetivo enganar o declaratário*.[56] Pode-se discutir aqui se o propósito de enganar é elemento próprio do conceito, ou se pode haver reserva mental mesmo sem que este se verifique. De rigor, a figura só terá sentido, tratando-se de manifestação de vontade consciente, se houver tal propósito, embora

---

[52] Eduardo Espínola, Manual do Código Civil, v. III. Parte terceira. Rio de Janeiro: Jacintho Ribeiro dos Santos Editor, 1929, p. 60.

[53] Manfred Wolf, Jorg Neuner, Allgemeiner Teil, des Bürgerlichen Rechts, 10 Auf., München: C.H.Beck, 2012, p. 343.

[54] Solução alternativa seria o reconhecimento do dever de reparação daquele que se mantém em silêncio e adiante frustra a confiança daquele que o interpretou como assentimento, e não do vínculo para cumprir, como se dá com formação do negócio jurídico. Neste sentido: Claus-Wilhelm Canaris, Schweigen im Rechtsverkehr als Verpflichtungsgrund. In: Hans Christoph Grigoleit, Jörg Neuner (Hrsg.) Claus-Wilhelm Canaris, Gesammelte Schriften. Berlin: De Gruyter, 2012, p. 691 e ss. Não é esta, contudo, a opção do direito brasileiro, tampouco do direito alemão.

[55] Priscila David Sansone Tutikian, O silêncio na formação dos contratos: proposta, aceitação e elementos da declaração negocial. Porto Alegre: Livraria do Advogado, 2009, p. 125.

[56] Nelson Nery Júnior, Vícios do ato jurídico e reserva mental. São Paulo: RT, 1983, p. 18.

possa dispensar que se demonstre a ciência do destinatário da declaração (declaratório).[57] O que se exige, no caso, é o desconhecimento do destinatário sobre a divergência entre a manifestação de vontade e a vontade real, interna do declarante. Há vontade de realizar a declaração, mas não sobre seu conteúdo. Subsiste o negócio jurídico, no caso em que o destinatário não tinha conhecimento entre o conteúdo da declaração e a reserva mental de não querer, em vista da tutela da confiança daquele que ignorava. Esta tutela da confiança, contudo, cede espaço quando se trate de negócio testamentário, onde a fidelidade da declaração à vontade real determina, quando o testador a desfigura conscientemente, decretar a sua invalidade.[58]

Segundo a regra do art. 110 do Código Civil, contudo, ocorrendo de o destinatário ter conhecimento, ao tempo da declaração, da reserva mental feita pelo declarante, não existirá negócio, porque a vontade inexiste.[59] Daí porque sua sanção se aproxima da nulidade, podendo ser reconhecida de ofício pelo juiz. A reserva mental, por outro lado, não se confunde com a simulação, pois nesta deve haver o consenso entre o declarante e o destinatário sobre a falsa representação da realidade.[60] No caso de o destinatário, antes da constituição do negócio, comunicar ao declarante que sabe, mas ainda assim prossigam em acordo com a celebração, coloca-se em razão da exigência de acordo entre as partes para obtenção de fins queridos, sob a aparência de outros efeitos, o que pressupõe nova manifestação de vontade simulada.

4.2. A finalidade negocial e a causa do negócio jurídico

A declaração de vontade dirige-se a uma finalidade negocial, assim entendida a de constituir, modificar ou extinguir efeitos jurídicos. No desenvolvimento do conceito de negócio jurídico sucede sua compreensão ora em relação a seus efeitos (função), ora em razão da declaração de vontade para sua criação (gênese).[61] Há no negócio jurídico o poder reconhecido aos sujeitos, de escolha da própria categoria jurídica para realização dos seus interesses. Neste sentido, a declaração de vontade dirige-se a um fim reconhecido pela ordem jurídica, colocando em destaque a causa do negócio jurídico.

No direito brasileiro, por muito tempo foi vivo o debate sobre o acolhimento ou não da teoria da causa pelo Código Civil de 1916, em especial por não figurar ela como requisito de validade dos atos jurídicos em geral, em seu art. 82. No Código Civil de 2002, a questão se renova em vista da reprodução do texto normativo revogado, ora no art. 104 do Código vigente. Paulo Barbosa de Campos Filho, ao debruçar-se sobre o tema sob a égide do direito anterior, rejeitava a interpretação da noção de causa como incorporada na noção de objeto lícito, possível, determinado ou determinável, previsto por lei.[62] Segundo seu entendimento, estaria presente, no sentido de objeto do ato jurídico (e do contrato), a causa como justificativa da relação de

---

[57] Nelson Nery Júnior, Vícios do ato jurídico e reserva mental. São Paulo: RT, 1983, p. 20. Em sentido contrário: Francisco Cavalcante Pontes de Miranda, Tratado de direito privado, t. IV. São Paulo: RT, 2012, p. 546.
[58] Nelson Nery Júnior, Vícios do ato jurídico e reserva mental. São Paulo: RT, 1983, p. 73.
[59] Rosa Maria de Andrade Nery; Nelson Nery Júnior, Instituições de direito civil: parte geral, v. I, t. II. São Paulo: RT, 2015, p. 213; José Carlos Moreira Alves, Parte geral do Código Civil, p. 108.
[60] Rosa Maria de Andrade Nery; Nelson Nery Júnior, Instituições de direito civil: parte geral, v. I, t. II. São Paulo: RT, 2015, p. 209.
[61] Antônio Junqueira de Azevedo, Negócio jurídico: existência, validade e eficácia. São Paulo: Saraiva, 2002. p. 4-14.
[62] Paulo Barbosa de Campos Filho, O problema da causa no Código Civil brasileiro. São Paulo: Max Limonad, 1959, p. 61-68.

direito, ou, como propõe definir, o "interesse material ou moral, a cuja realização tende o agente, e que se conforme à ordem jurídica, legitima o resultado procurado".[63] Embora não expresso como pressuposto do ato jurídico no direito anterior, tal como ocorre no Código Civil de 2002, reconhece a doutrina que a noção de causa está implícita no sistema jurídico brasileiro.[64]

No caso dos contratos comerciais (ora empresariais), o Código Comercial brasileiro indicava, em seu art. 129, item 3, a causa como seu elemento essencial, na medida em que cominava de nulidade aqueles que "não designarem a causa certa de que deriva a obrigação". No mesmo sentido, conforme lembra Couto e Silva, o art. 90 do Código Civil de 1916, tomava a noção de causa em sua concepção objetiva, ao referir que "só vicia o ato a falsa causa, "quando expressa como razão determinante ou sob forma de condição". Nesse sentido, "quando o ordenamento jurídico valora certo negócio jurídico, não perquire sobre a série de volições que estejam eventualmente envolvidas no negócio. De fato, valoriza o negócio direta e positivamente e indiretamente sua causa, do negócio em si".[65]

O exame da causa do negócio jurídico pode ser realizado sob duas perspectivas principais: a primeira, vinculada diretamente ao plano da validade, orientando-se no exame da ilicitude da causa; a segunda, pelo reconhecimento, no conceito de causa, da utilidade do contrato para as partes contratantes, ou, ainda, o reconhecimento, pela causa, da função social do contrato.

A construção histórica da noção de causa compreende a sucessão de concepções subjetivas e objetivas sobre sua definição. A concepção subjetiva identifica seu significado a partir do interesse específico dos sujeitos do negócio, e sua conformidade com o ordenamento jurídico; a concepção objetiva, ao promover a distinção entre a causa e o motivo do ato,[66] separa o que seriam interesses próprios dos contratantes (motivo) e sua conformação com a ordem jurídica, que reconheceria ao negócio jurídico, especialmente quando regulado por lei (e.g. contratos típicos), dado interesse ou utilidade a serem promovidos.

Indefinida no direito romano a noção de causa,[67] desenvolve-se a partir dos glosadores, sob o influxo do direito canônico, identificada com o conceito de *causa finalis*. Nesse sentido, será de Bártolo a observação de que todo pacto se origina de uma causa, e, ao celebrá-lo, as partes

---

[63] Paulo Barbosa de Campos Filho, *O problema da causa no Código Civil brasileiro*. São Paulo: Max Limonad, 1959, p. 125.

[64] Claudia Lima Marques, Cem anos do Código Civil alemão: o BGB de 1896 e o Código Civil brasileiro de 1916, Revista dos Tribunais, v. 741. São Paulo: RT, p. 30 e ss.

[65] Clóvis do Couto e Silva, Teoria da causa no direito privado, In: *O direito privado na visão de Clóvis do Couto e Silva*. Porto Alegre: Livraria do Advogado, 1997, p. 67. A rejeição à falsa causa e à causa ilícita, a par da influência que depois vai exercer o Código Civil francês sobre as codificações contemporâneas, já se encontra no antigo direito ibérico, em especial na Ley de las Siete Partidas, conforme anota Federico Castro y Bravo, El negocio jurídico. Madrid: Civitas, 1985, p. 244.

[66] Giommaria Deiana, I motivi nel diritto privato. Torino: Instituto Giuridico della R. Università, 1939, 18-22. No direito argentino, por exemplo, fiel à clássica distinção francesa, diferenciam-se, segundo previsão de presunção *iuris tantum* da existência de causa nos contratos em geral (art. 500 do Código Civil argentino), as noções de causa-fonte dos contratos e da causa-motivo ou causa-fim, ambas devendo guardar conformidade com o ordenamento jurídico: Carlos Ghersi; Celia Weingartner, *Tratado jurisprudencial y doctrinario*. Derecho civil. Contratos. Buenos Aires: La Ley, 2009. t. I. p. 169.

[67] Segundo Luis Renato Ferreira da Silva, em sua reconhecida tese doutoral, "a noção de causa no sinalagmática, ainda que não estruturada no direito romano clássico, pode já ser vislumbrada (...). Seja com o papel dilatador do conceito de contrato (Labeão e Aristão), seja como ideia norteadora da proteção aos simples pactos, ou, ainda, como justificadora da aceitação de uma categoria contratual (contratos inominados), o que se via era uma tentativa de abarcar, no conceito de juridicidade, situações que não estavam tipicamente abrangidas. Mais ainda, o que se vê é um respeito pela recomposição de deslocamentos patrimoniais que não encontravam respaldo no sistema então vigente, servindo para um alargamento das fontes das

perseguem um fim, critério que, posteriormente, será adotado por Jacques Cujas.[68] A afirmação da teoria da causa, todavia, como é sabido, deve-se a Jean Domat, em seu *Les lois civiles*, que se converte em uma das principais influências do futuro Código Civil francês. Refere-se à causa como um dos elementos do contrato, o que depois será previsto expressamente no art. 1.108 do Código Civil francês.[69] Nessa configuração original, distinguem-se a *causa* da denominada *causa impulsiva* ou *motivo*, esse que não se considera como elemento do contrato,[70] mas fator puramente psicológico a determinar a declaração de vontade. Essa visão objetivista da causa, contudo, foi moderada pela própria jurisprudência francesa e pela doutrina que a ela se seguiu, especialmente para admitir a invalidade do negócio jurídico em face da ilicitude da causa-motivo[71] – opção adotada expressamente pelo Código Civil brasileiro de 2002.[72] E mesmo a própria noção de causa foi duramente criticada por parte da doutrina francesa de então, considerada como vazia de sentido, dada a multiplicidade de acepções possíveis, uma vez considerada a referência à causa das obrigações ora como fonte, ora para designar sua natureza.[73]

Distinguem-se entre as explicações que historicamente se vinculam à causa, a **teoria subjetiva**, cuja matriz[74] se apoia na vontade como elemento de ligação entre móvel (motivo quanto ao passado que leva a celebrar o contrato) e finalidade, indicando elementos teleológicos quanto ao futuro (objetivos pretendidos pelo declarante);[75] e a **teoria objetiva**,[76] que identifica a causa como finalidade do negócio jurídico,[77] reconhecida como razão de sua tutela.[78] De resto, consigne-se que, mesmo em sistemas jurídicos identificados como anticausalistas – caso do direito alemão[79] –, não se perde a noção de preservação de interesse útil das partes no negócio

---

obrigações (...)": Luis Renato Ferreira da Silva, *Reciprocidade e contrato. A teoria da causa e sua aplicação nos contratos e nas relações paracontratuais*. Porto Alegre: Livraria do Advogado, 2013. p. 40-41.

[68] Roberto H Brebbia, La causa como elemento del negocio jurídico en el derecho argentino y comparado. *La Ley* 1991-E/884. In: Ricardo Lorenzetti (Dir.). *Doctrinas esenciales* – Obligaciones y contratos, t. IV. Buenos Aires: La Ley, 2009, p. 420.

[69] Segundo ensina Planiol, a partir da teoria da causa de Jean Domat se podem observar três ideias essenciais: a) de que nos contratos sinalagmáticos a obrigação de cada uma das partes tem por causa o compromisso contraído pela outra, de modo que se sustentam mutuamente e serve cada prestação de fundamento da outra; b) nos contratos reais como o empréstimo, em que não há mais de uma prestação, a obrigação nasce com a entrega da coisa; e c) nos contratos gratuitos, em que não há reciprocidade de prestações em prestação anterior, a causa da obrigação encontra-se na liberalidade dos motivos daquele que outorga o benefício. Marcel Planiol, *Traité élémentaire de droit civil*. 3. ed. rev. e comp. Georges Ripert e Jean Boulanger. Paris: LGDJ, 1949. t. II. p. 105.

[70] Roberto H Brebbia, La causa como elemento del negocio jurídico... cit., p. 421.

[71] Louis Josserand, *Les mobiles dans les actes juridiques du droit privé*. Paris: Dalloz, 1928.

[72] Assim, o art. 166, III, do Código Civil de 2002: "É nulo o negócio jurídico quando: (...) III – o motivo determinante, comum a ambas as partes, for ilícito".

[73] Marcel Planiol, *Traité élémentaire de droit civil*, cit., p. 106-107.

[74] Especialmente Louis Josserand, *Les mobiles...*, cit.

[75] Clóvis do Couto e Silva, Teoria da causa no direito privado, p. 65-66; Torquato Castro, *Da causa no contrato*. Recife: Imprensa Universitária da Universidade Federal de Pernambuco,1966. p. 8.

[76] Emilio Betti, *Teoria generale del negozio giuridico*. Camerino: Edizione Scientifiche Italiane, 2002, p. 170 e ss.

[77] Henri Capitant, *De la cause des obligations*. 3. ed. Paris: Librairie Dalloz, 1927. p. 19.

[78] Emilio Betti, *Teoria generale del negozio giuridico*. Camerino: Edizione Scientifiche Italiane, 2002, p. 186; Manfred Wolf, Jorg Neuner, Allgemeiner Teil, des Bürgerlichen Rechts, 10 Aufl., München: C.H.Beck, 2012, p. 331.

[79] Manfred Wolf, Jorg Neuner, Allgemeiner Teil, des Bürgerlichen Rechts, 10 Aufl., München: C.H.Beck, 2012, cit. A desatenção à causa contratual no direito alemão justifica-se por diversos argumentos, desde

jurídicos, ou ainda de limites que se lhe determinam em vista do interesse comum,[80] a partir de outros critérios, normalmente estabelecidos por intermédio de cláusulas gerais.[81]

Na moderna doutrina italiana percebe-se claramente a afirmação da teoria objetiva, à luz do negócio jurídico contratual, indicando-se a causa como a razão prática do contrato, ou seja, "o interesse que a operação contratual destina-se a satisfazer".[82] A rigor, identifica-se a causa com a função econômico-social do negócio jurídico, que se converte em critério de controle de mérito dos atos expressivos da autonomia privada, onde igualmente se sustenta a necessidade de identificação de causa concreta de certo negócio jurídico em questão, especialmente para fins de interpretação das suas disposições e da conduta das partes.[83] No direito francês, Jacques Ghestin sustenta a necessidade de distinção entre o objeto e a causa. Observa, então, que causa é a justificação do compromisso de cada uma das partes, enquanto o objeto é único e resultado de sua vontade comum. O direito brasileiro contemporâneo claramente orienta-se ao prestígio da teoria objetiva da causa, em vista da função econômico-social do negócio jurídico.[84]

O exame da causa é relevante aos negócios jurídicos em geral, mas tem especial utilidade em relação aos contratos. Assim, nos negócios jurídicos contratuais comutativos, em que o objeto contempla uma troca de prestações, o que distingue a causa é a consideração dos termos do negócio jurídico tomado globalmente, em que se permita identificar a existência do compromisso correspectivo das partes em relação ao comportamento do outro, justificando-se a conduta a ser adotada pela expectativa em relação à conduta da outra parte.[85] Essa compreensão aproxima as distintas concepções sobre causa, especialmente nos negócios jurídicos sinalagmáticos, associadas à vantagem atribuída aos sujeitos, em decorrência das prestações

---

uma maior tendência à abstração naquele sistema, passando pela própria resistência da incorporação da noção de contrato pela doutrina da pandectística do século XIX, que precedeu a elaboração do Código Civil, bem como a proteção maior à confiança na conduta concreta dos indivíduos em relação à manifestação meramente volitiva na formação do contrato. Nesse sentido, veja-se Michele Giorgianni, La causa tra tradizione e innovazione. In: Guido Alpa; Mario Bessone, *Causa e consideration*. Padova: Cedam, 1984. p. 18. Os atos de disposição no direito alemão passíveis de dar origem à atribuição patrimonial de uma pessoa para outra (conhecida pela expressão *Zuwendungen*) não se ligam ao contrato em si, e suas condições de validade. Essa peculiaridade, que se liga à exigências de segurança do comércio jurídico e de proteção a terceiros de boa-fé sob o fundamento reconhecido do princípio da abstração implica em que a eventual invalidade do negócio causal não prejudicará necessariamente a eficácia de atribuição patrimonial, a qual poderá ser atacada apenas mediante demonstração do rompimento do equilíbrio patrimonial de partes mediante recurso ao instituto do enriquecimento sem causa. Michel Pédamon, *Le contrat en droit allemand*. 2. ed. Paris: LGDJ, 2004. p. 6-7.

[80] Silvio Rodrigues, Direito civil, v. I. 32ª ed. São Paulo: Saraiva, 2002, p. 171.
[81] Neste sentido, a contrariedade à norma imperativa (§ 134) ou aos bons costumes (§ 138) como causa de nulidade do contrato, conforme observa Michel Pédamon, *Le contrat en droit allemand*, cit., p. 80 e ss. Indicando estas cláusulas gerais como implícitas ao sistema do Código Civil brasileiro de 1916, Claudia Lima Marques, *Cem anos do Código Civil alemão...* cit., p. 31.
[82] Cesare Massimo Bianca, *Diritto civile – Il contrato*. 2. ed. Milano: Giuffrè, 2000. t. III. p. 447; Francesco Galgano, *Corso di diritto civile – Il contrato*. Padova: Cedam, 2007, p. 141-142.
[83] Cesare Massimo Bianca, *Diritto civile – Il contrato*, p. 451-454.
[84] Silvio Rodrigues, Direito civil, v. I. 32ª ed. São Paulo: Saraiva, 2002, cit.; José Abreu Filho, O negócio jurídico e sua teoria geral (de acordo com o novo Código Civil). 5ª ed. São Paulo: Saraiva, 2003, p. 141.
[85] Jacques Ghestin, *Cause de l'engagement et validité du contrat*. Paris: LGDJ, 2006. p. 700.

estabelecidas e da sua execução.[86] Inclusive para fundamentar a intervenção excepcional da lei sobre negócio jurídico,[87] depois de constituído, visando a sua conservação.

5. REQUISITOS DE VALIDADE DO NEGÓCIO JURÍDICO

Os requisitos de validade do negócio jurídico são aqueles exigidos por lei mediante qualificação dos fatos da realidade que integram previsão do suporte fático da norma, para seu reconhecimento pelo direito. A validade do negócio jurídico é pressuposto para que possa produzir os efeitos jurídicos correspondentes, aos quais se dirige a declaração e vontade das partes.

O art. 104 do Código Civil, refere: "Art. 104. A validade do negócio jurídico requer: I – agente capaz; II – objeto lícito, possível, determinado ou determinável; III – forma prescrita ou não defesa em lei."

5.1. Capacidade do agente

A celebração do negócio jurídico pressupõe a capacidade do agente. Significa, neste caso, a capacidade de exercício de direitos (ou capacidade de fato), de quem venha a emitir declaração de vontade negocial. Diz-se, neste caso, que tem **capacidade negocial**. São capazes para exercer os atos da vida civil os maiores de 18 anos, ou os maiores de 16 que tenham adquirido capacidade por emancipação ou por outra causa prevista em lei (art. 5º do Código Civil). Trata-se de requisito que visa proteger a higidez da vontade declarada e dirigida à celebração do negócio, aptidão reconhecida às pessoas naturais a nas quais a lei pressuponha a existência de discernimento; e nas pessoas jurídicas, cuja atuação deve se dar nos termos previstos na lei e em seus respectivos atos constitutivos.

Nas situações de incapacidade do agente, em razão das causas previstas em lei (arts. 3º e 4º do Código Civil), sua atuação negocial se dá pelos institutos da representação e da assistência. No caso da representação, será o representante quem emite declaração de vontade no lugar do incapaz representado, atua em nome deste, a quem também se dirigem os efeitos do negócio jurídico celebrado. A representação se dá por *efeito da lei*, que confere os poderes de representação a determinadas pessoas, para que atuem em nome de outras (e.g. os pais em relação aos filhos menores), ou por *convenção*, hipótese em que o representado nomeia seu representante outra pessoa (e para tanto celebra negócio jurídico de mandato), para que realize em seu nome determinados atos, ou todos os necessários a um determinado fim – sem prejuízo da nomeação para exercício de poderes gerais de representação. A representação dos incapazes se dá por força de lei, caso em que é ela a definir os pais como representantes dos filhos (art. 1.634, V, do Código Civil), os tutores dos tutelados (art. 1.747, I, do Código Civil), e os curadores dos curatelados (art. 1.781 do Código Civil). A proteção de certos interesses do representado pode determinar que, para além do poder de representação previsto em lei, se defina a exigência de outras providências de legitimação para o ato (e.g. o poder de disposição dos pais sobre bens imóveis dos filhos menores, art. 1.691 do Código Civil). Negócios jurídicos celebrados diretamente por absolutamente incapazes, sem representação, são nulos (art. 166, I, do Código Civil).

Os relativamente incapazes, por sua vez, emitem declaração de vontade que, todavia, para ser reconhecida pelo direito, submete-se à assistência. Serão assistidos por quem a lei

---

[86] Marcel Planiol, *Traité élémentaire de droit civil*, cit., p. 109-110.
[87] Nesse sentido refira-se à sequência do exame de Jacques Ghestin, do comprometimento da causa em vista da lesão nos contratos sinalagmático: Jacques Ghestin, *Cause de l'engagement et validité du contrat*. Paris: LGDJ, 2006. p. 701 e ss.

determine – de regra, pelos seus representantes legais, cuja declaração é exigida para completar a declaração de vontade do incapaz (*suprir-lhe o consentimento*, no caso dos pais, art. 1.634, VII, do Código Civil). Os negócios jurídicos celebrados por relativamente incapazes sem que sejam assistidos nos termos da lei, serão anuláveis (art. 171, I, do Código Civil). Isso significa que poderão ser confirmados pelas partes, ressalvado o direito de terceiro, de modo que a manifestação posterior do assistente, concordante com a declaração de vontade do relativamente incapaz, convalida o ato. Registre-se, contudo, a regra do art. 105 do Código Civil, que limita a possibilidade de invocação da incapacidade relativa de uma das partes por outras que com ela tenha celebrado o negócio jurídico. Dispõe a norma em referência: "Art. 105. A incapacidade relativa de uma das partes não pode ser invocada pela outra em benefício próprio, nem aproveita aos cointeressados capazes, salvo se, neste caso, for indivisível o objeto do direito ou da obrigação comum." Ou seja, apenas o relativamente incapaz pode pretender anular o negócio jurídico em razão da sua incapacidade, fiel à finalidade de proteção dos incapazes que orienta o regime das incapacidades no Código Civil. A única exceção será no caso em que o objeto do direito ou da obrigação comum for indivisível, hipótese em que a invalidade poderá ser pleiteada pelos cointeressados.

No caso das pessoas jurídicas, que são realidades criadas pelo direito, sua capacidade negocial é exercida por intermédio daqueles a quem se confira, nos termos dos seus atos constitutivos, poderes de representação. Neste caso, há variação das formas de representação, podendo inclusive prever-se no ato constitutivo – conforme a relevância do negócio a ser celebrado, sua repercussão econômica ou de outra ordem para os fins da pessoa jurídica – diferentes modos de exercício (e.g. negócios que possam ser celebrados apenas por uma única pessoa que a represente, outros que exijam a intervenção de duas ou mais pessoas com mesmos poderes). Da mesma forma, pode variar a qualidade da representação, prevendo-se no ato constitutivo pessoas diferentes para celebrá-los, conforme seja o seu conteúdo (e.g. para disposição sobre certos bens da pessoa jurídica serão certos representantes, para celebração de outros contratos confere-se poder a outros; em tudo há, no entanto, poder de representação).

Não se confunde a capacidade para a constituição de negócio jurídico e a **legitimação**. Esta diz respeito a requisitos específicos que a lei define para a prática de certos atos (ou celebração de determinados negócios, em vista certa posição jurídica do sujeito). Em outros termos, a pessoa pode ser capaz para o exercício pessoal dos atos da vida civil, tendo por isso capacidade para celebrar negócios jurídicos (capacidade negocial) – é qualidade pessoal sua. Porém, para certos atos, se lhe reclama que ostente determinada qualidade ou atenda certo requisito que indique o poder de disposição sobre o objeto do negócio jurídico a ser celebrado (e.g. poder para alienar)[88] – ocupa certa posição jurídica.[89] A legitimação traduz ausência de impedimentos ou restrições para celebração do negócio.[90] O proprietário do imóvel gravado com cláusula de inalienabilidade (art. 1911 do Código Civil) não tem legitimidade para alienar, assim como a pessoa casada no regime da comunhão, não poderá alienar sem a autorização do cônjuge (art. 1647, I, do Código Civil). Casada, também precisará da autorização para prestar

---

[88] Manfred Wolf, Jorg Neuner, Allgemeiner Teil, des Bürgerlichen Rechts, 10 Auf., München: C.H.Beck, 2012, p. 662.
[89] Emilio Betti, *Teoria generale del negozio giuridico*. Camerino: Edizione Scientifiche Italiane, 2002, p. 221.
[90] Francisco Amaral, Direito civil: introdução, p. 501; Caio Mário da Silva Pereira, utiliza-se da expressão impedimentos ou incapacidades especiais, para distinguir da incapacidade geral do regime das incapacidades (Caio Mário da Silva Pereira, Instituições de direito civil, v. I, p. 407). Também se menciona como o poder de exercer o direito corretamente (Orlando Gomes, Introdução ao direito civil. 19ª ed. Rio de Janeiro: Forense, 2007, p. 331). Não parecem, todavia, as melhores expressões, do ponto de vista didático.

fiança ou aval (art. 1647, III, do Código Civil). A autorização pode ser exigida como requisito de legitimação, com o propósito de proteger o interesse do próprio sujeito que realiza o negócio, do outro com quem o negócio será celebrado, ou de terceiros, e deve ser prévia à celebração do negócio. Neste particular, note-se que quando a legitimação resulte de autorização, a falta desta dá causa à invalidade, admitida a convalidação do negócio jurídico caso venha a ser prestada posteriormente (art. 176 do Código Civil)

5.2. Licitude, possibilidade e determinação do objeto

O objeto do negócio jurídico deve ser lícito, possível, determinado ou determinável, conforme dispõe o art. 104, II, do Código Civil. Por objeto do negócio jurídico entenda-se o seu conteúdo determinado pela declaração de vontade das partes, de que resultam seus efeitos. Assim por exemplo, o objeto do negócio jurídico de que resulte uma obrigação será a prestação, consistente em comportamentos que se comprometem as partes a realizar nos termos da declaração. Estes comportamentos podem ser o de transmitir a propriedade sobre um bem, ou o de fazer ou não fazer algo. Em outros negócios jurídicos pode ser o de destinar certos bens, vinculando-os a um fim legalmente previsto, para que constituam pessoa jurídica (instituição de fundação), ou transmitir a propriedade sobre a universalidade de bens e direitos, cuja eficácia fica subordinada à morte do declarante (testamento). Os requisitos que a lei impõe ao reconhecimento da validade do negócio jurídico relacionam-se com estes comportamentos que, uma vez resultantes do exercício da autonomia privada, são delimitados pelo próprio ordenamento jurídico. Neste sentido, há conteúdo do negócio jurídico que resultará exclusivamente da declaração de vontade dos sujeitos que o integram, no espaço de liberdade de conformação definido pelo próprio ordenamento jurídico, sem prejuízo que parte dos efeitos decorram da lei. Assim, por exemplo, ao celebrar-se um contrato de compra e venda, há acordo das partes sobre o bem a ser alienado e seu preço, o que integra o objeto do negócio. Em relação a ele, incidem normas sobre a responsabilidade por vícios redibitórios (arts. 441 a 446 do Código Civil), sem prejuízo das partes fazerem integrar, como parte do objeto do negócio jurídico, disposições sobre a garantia em relação a riscos oferecida pelo alienante.

Sobre o objeto do negócio jurídico, exige-se como requisito para sua validade, inicialmente, que seja lícito. A noção de **licitude** aqui se toma de modo amplo. Para ser lícito não pode ser contrário à lei. Deste modo, por exemplo, se impede que seja objeto do negócio jurídico declaração de vontade dirigida à alienação ou qualquer outra disposição sobre bem que seja proibida por lei, assim como disposições para fazer algo que a lei proíbe. O alcance do sentido que se atribui à licitude, contudo, não se estende apenas ao respeito do que a lei proíbe ou restringe, senão também uma conformidade ao direito em sentido mais amplo, de juridicidade do objeto. Nesta perspectiva, a licitude do objeto abrange também sua não **contrariedade aos bons costumes e à moral social** – embora em ambos os casos o preenchimento do significado destes conceitos represente um desafio interpretativo, para o qual se deve adotar critérios objetivos, em conformidade com a própria ordem jurídica, sob o risco de cerceamento da liberdade de atuação negocial e da isonomia. A doutrina aponta como exemplos de contrariedade à moral, tanto negócios que se encaminham a um resultado imoral, quanto estimulem conduta imoral, como é o caso de consentimento para um homicídio, a renúncia ao dever de fidelidade conjugal ou ao direito de educar os filhos, ou a promessa de matrimônio por pessoa casada. Da mesma forma, a estipulação, como objeto de negócio jurídico, de deliberações que devem ser objeto de livre determinação pessoa, como a promessa de celibato, da troca de religião, ou de pagamento em dinheiro para que a vítima não denuncie um crime.[91]

A contrariedade aos bons costumes, igualmente, expressa antijuridicidade que torna ilícito (em sentido amplo) o objeto do negócio jurídico. No direito alemão, há expressa previsão sobre a nulidade de cláusulas contrárias aos bons costumes no § 138 do BGB, no âmbito mais amplo dos negócios jurídicos considerados imorais (*Sittenwidrige Geschäfte*), como um limite geral de decência e correção ao exercício da autonomia privada, princípio de ética social e jurídica.[92] No direito brasileiro, o limite dos bons costumes é previsto expressamente no Código Civil em situações que podem ser reconduzidas ao objeto do negócios jurídico, para atos de disposição sobre o próprio corpo (art. 13), estipulação de condições (art. 122), bem como para o exercício de direitos subjetivos em geral (art. 187). A concreção do conceito de bons costumes não encerra critérios absolutos, devendo-se identificar sua violação, contudo, frente à ofensa de valores ético-sociais dominantes, e concretamente quando presente violação direta ou indireta a direitos fundamentais, ainda que sem previsão legal específica (e.g. a proibição da discriminação em relações jurídicas privadas).

O objeto do negócio jurídico ainda deve ser possível. Trata-se de **possibilidade fática (ou física) e jurídica**. Considerando que o negócio jurídico é constituído para produzir efeitos jurídicos, a impossibilidade do seu objeto frustra-o *ab initio*, daí ser rejeitada pelo direito. A *possibilidade do objeto* como requisito de validade do negócio jurídico é aquela que se avalia no momento de sua constituição, como regra (com exceção da regra do art. 106 do Código Civil, examinada adiante). Não se confunde com as situações em que haja impossibilidade de cumprimento da prestação, que é posterior a celebração do negócio jurídico e se examina no tocante a sua eficácia jurídica – e.g. se tornou impossível por causa atribuível ou não a uma das partes, com consequente imputação de responsabilidade.

A possibilidade fática diz respeito às condições do objeto do negócio jurídico realizar-se em termos lógicos e naturais. Não se pode prometer transmitir a propriedade sobre algo que não existe porque se perdeu, ou que jamais virá a existir, ou uma obrigação de fazer personalíssima cuja prestação deva ser realizada por quem já esteja morto, ou ainda por pessoa jurídica que tenha já se extinguido. Há impossibilidade física e lógica neste objeto.

Já a possibilidade jurídica diz respeito a inexistência de obstáculos determinados pelo direito para que o objeto do negócio jurídico se realize. Neste particular, é importante o registro de que a noção de possibilidade jurídica é vizinha da licitude do objeto – outro dos seus requisitos expressos –, mas com ela não se confunde. Afinal, o exercício da autonomia privada se faz no âmbito delimitado pelo ordenamento jurídico, que ademais não circunscreve todo o espaço de atuação jurídica expressamente: "ninguém será obrigado a fazer ou deixar de fazer alguma coisa, senão em virtude de lei" (art. 5º, II, da Constituição da República). Pode ser que a lei prescreva comportamentos ou os proíba. A proibição ou restrição legal é o âmbito próprio da ilicitude, que ademais se amplia, como foi mencionado, para a noção de antijuridicidade. De modo que é juridicamente impossível fazer o que a lei expressamente proíbe, mas não apenas isso, uma vez que mesmo na ausência de norma expressa que proíba ou impeça determinado comportamento, retiram-se das características ou qualidades que o direito define para seus institutos, por intermédio de prescrições ou definições, a impossibilidade que possam servir a

---

[91] Raquel Campani Schmiedel, Negócio jurídico: nulidades e medidas sanatórias. 2ª ed. São Paulo: Saraiva, 1985, p. 28.
[92] Manfred Wolf, Jorg Neuner, Allgemeiner Teil, des Bürgerlichen Rechts, 10 Auf., München: C.H.Beck, 2012, p. 533 e ss.

outras finalidades que não a que delas se presumem, e também, por consequência, que possam ser objeto de negócio jurídico.

É juridicamente impossível o objeto do negócio jurídico que envolva a disposição sobre herança de pessoa viva. Observe-se, contudo, que essa impossibilidade jurídica não se liga apenas ao fato de que o art. 426 do Código Civil expressamente o proíbe ("Art. 426. Não pode ser objeto de contrato a herança de pessoa viva"), porque se assim fosse, o caso seria de ilicitude do objeto, não impossibilidade jurídica. A impossibilidade jurídica resulta também do fato de que estando viva a pessoa, não se cogita da herança, que é todo unitário compreendendo o patrimônio da pessoa, apenas quando aberta a sucessão, ou seja, com a morte daquele a quem se refira. Há impossibilidade jurídica, deste modo, de dispor sobre algo que não existe e sequer se liga a qualquer herdeiro antes da morte do titular do patrimônio em vida. Da mesma forma, são obstáculos definidos pelo direito à realização do negócio jurídico, os que restringem o poder de disposição sobre seu objeto. Será o caso dos negócios jurídicos que tenham por objeto a alienação de bens gravados com cláusula de inalienabilidade, ou a constituição de garantia real sobre bens gravados com impenhorabilidade. Por fim, refira-se como exemplo de impossibilidade jurídica (sem prejuízo da desatenção de outros requisitos previstos em lei), dos negócios jurídicos de alienação de bens fora do comércio, como é o caso de bens públicos de uso comum do povo ou de uso especial (art. 99, I e II, do Código Civil), uma vez insuscetíveis de apropriação.

O art. 106 do Código Civil dispõe que "a impossibilidade inicial do objeto não invalida o negócio jurídico se for relativa, ou se cessar antes de realizada a condição a que ele estiver subordinado." Trata a regra da impossibilidade fática (ou física), quando ao tempo da constituição do negócio jurídico haja declaração de vontade consistente em dar, fazer ou não fazer algo que ainda não existe, mas que pode vir a existir; ainda não é possível, mas pode vir a ser. Assim, por exemplo, é a cessão de um crédito futuro, ou as hipóteses de compra e venda de coisa futura, que ainda não existe, mas virá a existir. Da mesma forma é o objeto que ainda não existe, mas que poderá existir até que o efeito do negócio jurídico relativo a ele, e que esteja subordinado a evento futuro e incerto (condição suspensiva), venha a se realizar. Em relação à impossibilidade jurídica, a incidência do art. 106 do Código Civil exige que se distingam duas situações: a) no caso em que resulte de previsão da lei (que proíbe ou restringe), será definitiva, verificada no momento da constituição do negócio jurídico, dando causa à invalidade; e b) decorrendo de situação jurídica que pode se alterar ao longo do tempo, antes de implementada a condição ou termo a que se subordina seu efeito, não invalida desde logo o negócio (e.g. "prometo vender se a cláusula de inalienabilidade deixar de existir").

Por fim, refira-se que objeto do negócio deve ser **determinado ou determinável**. Aqui também há requisito que se dirige ao próprio atendimento da finalidade reconhecida ao negócio jurídico, que é a produção de efeitos jurídicos queridos pela declaração de vontade das partes, com vista ao atendimento de seus respectivos interesses. A determinação do objeto (ou sua aptidão para determinar-se) serve a esta finalidade, tanto para que a seus efeitos repercutam sobre o interesse concreto das partes, quanto para permitir o exame de sua conformidade com as exigências da lei. Diz-se determinado quando o objeto consta perfeitamente identificado no momento da constituição do negócio jurídico; e determinável quando passível de precisão no momento em que deva ser realizado (e.g. execução da prestação do contrato, caso da venda de coisa incerta, art. 243 do Código Civil). Neste caso, os sujeitos do negócio definem os critérios ou os atos a serem promovidos para sua determinação (e.g. escolha por uma das partes, por comum acordo entre elas, ou por terceiro, subordinação a certa circunstância de fato).

5.3. Forma

É requisito de validade do negócio jurídico a forma prescrita ou não defesa em lei (art. 104, III, do Código Civil). A importância da forma do negócio jurídico resulta da atenção ao propósito de assegurar a certeza sobre o conteúdo das declarações de vontade dos sujeitos que o constituem, no seu próprio interesse e no interesse de terceiros. Neste sentido é que, desde o direito romano, a forma da manifestação da vontade tem relevância, inclusive como critério para a classificação do próprio objeto sobre a qual recai (e.g. as *res mancipi* e *res nec mancipi*, conforme fossem passíveis de transmissão por *mancipatio*). Do mesmo modo, a preocupação romana com as fórmulas a serem enunciadas ou realizadas de distintos modos com a finalidade de assegurar a certeza sobre o conteúdo da vontade exteriorizada.[93]

Por outro lado, o dinamismo do exercício da autonomia privada incide também na escolha sobre a forma de realização dos negócios jurídicos, de modo a promover a liberdade de sua constituição, em benefício da agilidade e atendimento aos interesses a ele relacionados. No direito brasileiro, o art. 107 do Código Civil reconhece, como regra, o **princípio da liberdade de forma** dos negócios jurídicos, nos seguintes termos: "Art. 107. A validade da declaração de vontade não dependerá de forma especial, senão quando a lei expressamente a exigir."

A liberdade de forma do negócio jurídico permite que sua constituição, quando a lei não determine de modo expresso como deva ser manifestada a declaração de vontade, possa se dar por qualquer modo de exteriorização. Forma comum é a escrita, pela qual os sujeitos do negócio jurídico traduzem na linguagem escrita, no idioma, o conteúdo da declaração de vontade, seguida ao final de aposição da assinatura pessoal.[94] Porém há negócios que são celebrados apenas verbalmente, por comportamentos socialmente típicos (e.g. o consumidor que entra em um supermercado, apreende certos produtos expostos a venda, leva-os ao caixa onde paga o preço e os adquire; a consulta ao cardápio que é seguida do pedido e entrega de alimentos e bebidas em restaurantes e similares), por gestual (e.g. o erguimento de mão ou placa em certos leilões presenciais, anunciando o propósito de dar lance para compra) ou, com o advento da internet, também por comandos em *softwares* e aplicações de internet. No caso dos negócios celebrados pela internet, a certeza sobre a identidade do declarante e o conteúdo da declaração de vontade liga-se a senhas e códigos diversos, ou à assinatura eletrônica,[95] bem como a processos distintos para a própria formação da vontade negocial (e.g. um continuum de declarações sobre aspectos determinados do negócio a ser celebrado até sua conclusão). Da mesma forma, tem crescente importância os meios automatizados de formação da declaração de vontade por intermédio da programação de *softwares*, seja mediante reconhecimento de comandos preestabelecidos, ou por atuação proativa (inteligência artificial), o que desafia não apenas a forma da declaração negocial, mas o próprio processo de sua formação.

Por outro lado, maiores exigências quanto à forma, ao prestar mais segurança à declaração de vontade e a sua prova no caso de dúvida ou litígio sobre o conteúdo, podem se dar em

---

[93] Max Kaser; Rolf Knütel, *Römisches Privatrecht*. 20. Auflage. München: Verlag C.H.Beck, 2014, p. 49 e ss.
[94] A assinatura pessoal identifica o declarante e o vincula ao conteúdo da declaração, conforme ensina Heinz Holzhauer, Die eigenhändige Unterschrift. Geschichte und Dogmatik des Schriftformerfordernisses im deutschen Recht. Frankfurt am Main: Athenäum, 1973, p. 115 e ss. Não precisa ser legível, mas encerra o texto e individualiza o declarante. Hans Brox, Wolf-Dietrich Walker, Allgemeiner Teil des BGB, 37. Auf., München: Verlag Franz Vahlen, 2014, p. 141-143.
[95] A assinatura eletrônica é disciplinada pela Medida Provisória 2.200-2/2001 e pela Lei 14063/2020, distinguindo entre assinatura eletrônica simples, qualificada e avançada, conforme o nível de confiabilidade sobre a identidade e a manifestação de vontade de seu titular (art. 4º da Lei 14063/2020).

prejuízo da agilidade na celebração e execução dos negócios jurídicos. Daí o equilíbrio que os diversos sistemas jurídicos observam entre a exigência de solenidades para declaração de vontade para certos negócios jurídicos em relação a outros, opondo os **negócios jurídicos formais ou solenes** – para os quais a validade do negócio exigirá a atenção a certo procedimento ou forma para sua celebração – e os **negócios jurídicos consensuais** que independem destas exigências, bastando que a vontade seja manifestada de qualquer modo.

Na tradição do direito civil, a exigência de maiores formalidades sempre se deu para negócios jurídicos relativos a bens e direitos de maior valor e que, portanto, a repercussão sobre a pessoa ou o patrimônio dos sujeitos envolvidos, justificasse atenção à higidez e certeza da declaração de vontade (e.g. o casamento, ou os negócios jurídicos relativos a bens imóveis). Essa realidade se encontra substancialmente alterada, seja porque, por diversas razões, o direito privilegia quanto a certas relações, a consideração de situações fáticas em relação à declaração de vontade formalizada (e.g. o reconhecimento legal da união estável), ou porque o dinamismo do processo econômico redimensiona a valorização dos bens que integram o patrimônio (e.g. negócios relativos a valores mobiliários com repercussão econômica substancialmente maior do que os que envolvam bens imóveis, não se submetem aos mesmos requisitos para sua validade).

No direito moderno, a prescrição de forma específica para a constituição de negócio jurídico vai se referir a apenas algumas espécies, visando atender à finalidade de preservação da certeza da declaração e da possibilidade de sua demonstração. Trata-se de uma *função de advertência*, com o objetivo de que o declarante não precipite a declaração sem refletir sobre suas consequências; e uma *função de evidência*, permitindo a mais plena exteriorização da declaração de vontade. Recebe da tradição a distinção entre ***forma ad substantiam*** e a ***forma ad probationem***. Forma *ad substantiam* é aquela cujo atendimento compõe-se com a própria declaração de vontade, como requisito para a constituição do negócio jurídico (sem a forma determinada como da substância, não há negócio). Forma *ad probationem*, de sua vez, é aquela que se exige para provar a existência do negócio jurídico, não se admitindo que seja demonstrado de outro modo.

O art. 108 do Código Civil dispõe: "Não dispondo a lei em contrário, a escritura pública é essencial à validade dos negócios jurídicos que visem à constituição, transferência, modificação ou renúncia de direitos reais sobre imóveis de valor superior a trinta vezes o maior salário mínimo vigente no País."[96] Igualmente, o reconhecimento dos filhos tem forma própria prevista em lei (art. 1.609 do Código Civil). São hipóteses de forma *ad substantiam*, que são, portanto, da substância do ato. Sem ser observada esta forma da declaração de vontade, o ato ou negócio jurídico celebrado serão considerados nulos, nos termos do art. 166, IV, do Código Civil: "É nulo o negócio jurídico quando: (...) IV – não revestir a forma prescrita em lei." Por outro lado, podem as próprias partes convencionarem como requisito de validade de um determinado negócio jurídico que ele deverá ser celebrado por instrumento público, hipótese em que tal exigência, neste caso, passa a integrar a substância do ato. Assim, o art. 109 do Código Civil: "Art. 109. No negócio jurídico celebrado com a cláusula de não valer sem instrumento público,

---

[96] O art. 108 do Código Civil refere a possibilidade de a lei dispor em contrário, admitindo a celebração do negócio jurídico por instrumento particular, como ocorre, por exemplo: no caso da compra e venda de terrenos em loteamentos para pagamento em prestações (arts. 11 e 22 do Decreto-lei 58/1937); na compra e venda, promessa de venda, cessão ou promessa de unidades autônomas em incorporações imobiliárias (art. 32, § 2º, da Lei 4.591/1964); nos contratos que envolvam alienação fiduciária de imóveis (art. 38 da Lei 9.514/1997); ou no caso de compromisso de compra e venda, cessões ou promessa de cessão de contratos relativos a lotes urbanos (art. 26 da Lei 6.766/1979).

este é da substância do ato." É o que ocorre, por exemplo, quando as partes definam que certo negócio jurídico, embora a lei não preveja, deverá ser celebrado por escritura pública.

Por outro lado, há negócios jurídicos a que a lei admite apenas uma forma de sua realização, caso da transmissão de direitos sobre imóveis (por escritura pública), do casamento (art. 1.535 do Código Civil), ou da deserdação do herdeiro (por testamento, art. 1.964 do Código Civil). Outros negócios jurídicos admitirão mais de uma forma, que poderá ser de escolha dos declarantes que visem celebrá-lo. É o caso, por exemplo, da transação, que pode se dar por escritura pública ou por termo nos autos, sem prejuízo do instrumento particular, quando a lei o admita (art. 842 do Código Civil); da renúncia ao testamento, por escritura pública ou termo judicial (art. 1.806 do Código Civil); ou da instituição de fundação, por escritura pública ou testamento (art. 62 do Código Civil).

É controverso no direito brasileiro o reconhecimento da forma *ad probationem*, exigida por lei não como requisito de validade do negócio jurídico, mas para determinar o meio com que deve ser provado. Não deixa de ter a classificação certo apelo histórico, embora mereça atenção ainda hoje na doutrina nacional. Divide-se a doutrina entre a opinião original de Clóvis Beviláqua, para quem a forma, ou é preestabelecida por lei, e neste casos é da substância do ato, ou é livre,[97] e os que vão reconhecer o cabimento da exigência legal de forma para a prova do negócio jurídico e seu conteúdo.[98] O art. 212 do Código Civil refere que "Salvo o negócio a que se impõe forma especial, o fato jurídico pode ser provado", relacionando os respectivos meios de prova. Do mesmo modo, o art. 406 do Código de Processo Civil dispõe: "Art. 406. Quando a lei exigir instrumento público como da substância do ato, nenhuma outra prova, por mais especial que seja, pode suprir-lhe a falta". Do exame destas disposições, poderia se entender que, ou bem o negócio jurídico atendeu forma prescrita em lei para sua constituição, e esta deva ser provada, ou não há forma prescrita que também seria da substância do ato, e nestes termos poderá ser provado por qualquer meio admitido em direito. Contudo, note-se que há previsões específicas que versam sobre a prova de certos negócios jurídicos, como é o caso do depósito ("Art. 646. O depósito voluntário provar-se-á por escrito"), ou do seguro ("Art. 758. O contrato de seguro prova-se com a exibição da apólice ou do bilhete do seguro, e, na falta deles, por documento comprobatório do pagamento do respectivo prêmio.").

Nestes casos, é de anotar que a forma de prova do negócio jurídico não se confunde com a forma do negócio jurídico em si, que é exigência para sua constituição. Em outros termos, não é exigência legal para que *existam validamente*, senão para que se *demonstre que existem validamente*. Nestes casos, não há modo exclusivo, previsto por lei, para a prova do negócio jurídico, que poderá ser realizada em vista das normas do Código Civil (art. 212 e ss) e do Código de Processo Civil (art. 369 e ss).

6. CLASSIFICAÇÃO DOS NEGÓCIOS JURÍDICOS

A classificação dos negócios jurídicos observa diversos critérios, com o propósito de destacar certas características ou efeitos. Trata-se de classificação doutrinária de reconhecida utilidade para reconhecimento de certos aspectos da sua disciplina legal.

---

[97] Clóvis Beviláqua, Código Civil dos Estados Unidos do Brasil comentado, v. 1. São Paulo: Francisco Alves, 1959, p. 263; Silvio Rodrigues, Direito civil. Parte geral, v. 1. 32ª ed. São Paulo: Saraiva, 2002, p. 266.
[98] Francisco Cavalcanti Pontes de Miranda, Tratado de direito civil, t. IV, Rio de Janeiro: Borsoi, 1970, p. 175-176.

6.1. Negócios unilaterais, bilaterais ou plurilaterais

Em relação às partes que participam da formação do negócio jurídico, ele pode ser unilateral, bilateral ou plurilateral. Neste caso, note-se que não se tem em destaque aqui o número de pessoas ou de declarações de vontade que vem a formar o negócio jurídico, mas as partes. Em um negócio jurídico várias pessoas podem ter vinculados seus interesses ou posições, daí integrando uma mesma parte. A título de exemplo, dois coproprietários de um bem objeto de locação, serão ambos uma só parte (locadores) no negócio jurídico celebrado com o locatário individual, em um negócio jurídico bilateral, com três pessoas emitindo declarações de vontade.

Os negócios jurídicos unilaterais são aqueles que tem uma única parte cuja declaração de vontade emitida em conformidade com os requisitos definidos em lei, produz os efeitos jurídicos dela decorrentes. Os efeitos jurídicos em questão poderão ser produzidos a todos os demais (*erga omnes*) ou a terceiros. São exemplos, a instituição de fundação (art. 62 do Código Civil), o testamento (art. 1.857 do Código Civil), a promessa de recompensa (art. 854 do Código Civil), a oferta ao público (art. 429 do Código Civil), a intervenção do gestor no negócio alheio (art. 861 do Código Civil) e a confissão de dívida.

Os negócios jurídicos bilaterais são aqueles formados a partir das declarações de vontade de duas partes para a formação de seus efeitos jurídicos. Pode haver mais de uma pessoa integrando cada uma das posições jurídicas, porém sempre a bilateralidade decorre do fato que serão duas as declarações de vontade dirigidas uma a outra, visando à produção dos efeitos jurídicos. O exemplo mais significativo é o contrato. Neste caso, as declarações de vontade emitidas pelas partes formam o consentimento. É o que ocorre na consagrada fórmula em que à proposta segue-se a aceitação, formando o contrato (art. 427 a 435 do Código Civil). Em relação aos contratos, é de relevo distinguir ainda entre os sinalagmáticos e os não sinalagmáticos. Contratos sinalagmáticos serão os que contenham reciprocidade de prestações das partes de modo que cada uma delas se coloque simultaneamente na condição de credora e devedora do que tem direito a receber e tem o dever de prestar. Não sinalagmáticos ou simples, serão aqueles em que cumpre apenas a uma das partes o dever de prestação, sem reciprocidade. O sinalagma (ou reciprocidade) integra a causa do contrato em que esteja presente.[99]

Os negócios jurídicos plurilaterais são aqueles que, não sendo contratos, envolvem mais de duas partes. Sobre esta figura há sensível dissenso quanto a seus elementos característicos, e mesmo a sua distinção substancial, em termos de efeitos, dos negócios bilaterais, de modo a encerrar a classificação apenas em negócios unilaterais e multilaterais,[100] e designando os negócios plurilaterais como contratos que envolvem mais de duas partes,[101] ou mais de duas

---

[99] Conforme sustenta a doutrina, inclusive, a causa sinalagmática não apenas servirá para fundamentar o equilíbrio nos contratos sinalagmáticos, evitando que se produzam obrigações sem respectiva vantagem, como também pode ser, ela própria, fato gerador de obrigação, em relações nas quais a ausência de declaração de vontade obstaculiza o reconhecimento de um negócio jurídico específico, mas que a existência de correspectividade de vantagens de uma determinada situação é fonte geradora de obrigação. Luis Renato Ferreira da Silva, em sua tese de doutoramento, pontua o caso da responsabilidade por furto ou roubo de automóveis em estacionamentos gratuitos (Súmula 130 do STJ: "A empresa responde, perante o cliente, pela reparação de dano ou furto de veículo ocorridos em seu estacionamento"), dos atos existenciais e dos condomínios de fato, que em razão da causa sinalagmática são reconhecidos efeitos contratuais sem contrato. Luis Renato Ferreira da Silva, Reciprocidade e contrato. A teoria da causa e sua aplicação nos contratos e nas relações paracontratuais. Porto Alegre: Livraria do Advogado, 2013, p. 131 passim 137.

[100] António Menezes Cordeiro, Tratado de direito civil, t. II: Parte geral. Negócio jurídico, p. 91-93.

[101] Carlos Roberto Gonçalves, Direito civil brasileiro, v. 1. Parte geral, p. 330.

pessoas para fins comuns.[102] A rigor, os negócios plurilaterais se caracterizam pela existência de várias declarações de vontade, dirigidas a uma finalidade comum, em acordo com um interesse comum. Neste caso, distingue-se do contrato (negócio jurídico bilateral) em que os interesses das partes se dirigem ao comportamento ou à prestação da contraparte. No caso dos negócios jurídicos plurilaterais o reconhecimento do fim comum destaca sua direção em relação a um efeito que aproveite a todos. São geralmente distinguidos em duas espécies: a) as *deliberações ou atos colegiais*, que expressam o exercício da posição jurídica de diferentes pessoas dirigidas a formação de uma decisão. Neste caso, as declarações de vontade não necessitam convergir, mas serem dirigidas para o fim de deliberar, segundo regras pré-estabelecidas. É o caso das deliberações de assembleia ou outras entre sócios, acionistas ou administradores, visando a formação da vontade de uma pessoa jurídica; dos condôminos para decidir no interesse comum; ou dos participantes de um grupo de consórcio (art. 10, da Lei 11.795/2008); e b) os *negócios conjuntos ou coletivos*, pelo qual certa atuação negocial apenas poderá ser exercida mediante a manifestação de vontade comum de vários pessoas titulares de certa posição jurídica, como ocorre no caso da realização dos atos constitutivos de uma pessoa jurídica (e.g. contrato social),[103] ou ajustes parassociais como o acordo de acionistas.[104] Como toda a classificação, contudo, não é isenta de questões a serem resolvidas frente ao critério geral, como é o caso da concentração, mesmo transitória, das quotas sociais ou ações em um só sócio ou acionista,[105] ou as deliberações colegiadas para as quais se exija unanimidade das declarações de vontade,[106] hipóteses que desafiam a natureza plurilateral.

6.2. Negócios típicos e atípicos

Como expressão da autonomia privada, tanto a constituição do negócio jurídico, quanto a estipulação do seu conteúdo, submetem-se ao exercício da liberdade negocial, conforme delimite a lei. É possível, contudo, que a própria lei fixe disciplina específica para certos negócios jurídicos – normalmente segundo sua importância econômica ou social, ou certas vezes, por razões históricas. Neste caso, poderá definir seu próprio objeto, ou certos elementos que

---

[102] Paulo Lôbo, Direito civil. Parte geral, p. 245.
[103] Modesto Carvalhosa, Comentários ao Código Civil, v. 13. Parte especial. Direito da empresa (Coord. Antônio Junqueira de Azevedo). São Paulo: Saraiva, 2003, p. 55. Tulio Ascarelli, em estudo clássico, identifica o contrato plurilateral (dentre os quais os contratos de sociedade) como contratos de organização, espécie particular na teoria dos contratos. Tulio Ascarelli, Problema das sociedades anônimas e direito comparado, São Paulo: Saraiva, 1945, p. 312 e ss.
[104] As características do acordo de acionistas na legislação brasileira (art. 118 da Lei das Sociedades Anônimas – Lei 6.404/1976) distingue-se de congêneres de outros sistemas jurídicos estrangeiros (e.g. *voting trust agreement*) frente a diferentes graus de autonomia que se reconhecem aos efeitos da sua constituição frente ao exercício do direito de voto, o poder de disposição sobre as ações que integrem seu objeto, ou no exercício do poder de controle das sociedades anônimas. Tem eficácia obrigacional, seja quando versem sobre objeto previsto na lei (compra e venda de suas ações, preferência para adquiri-las, exercício do direito a voto, ou do poder de controle), que comporta pretensão de execução específica (art. 118, § 3º), sem prejuízo de efeitos próprios, independente da cooperação das partes, uma vez arquivados na sede da companhia (Art. 118, § 8º: "O presidente da assembleia ou do órgão colegiado de deliberação da companhia não computará o voto proferido com infração de acordo de acionistas devidamente arquivado"). Veja-se: Modesto Carvalhosa, Acordo de acionistas, São Paulo: Saraiva, 2011, p. 22 e ss; Marcelo Bertoldi, Acordo de Acionistas. São Paulo: RT, 2006, p. 31 e ss; Egberto Lacerda Teixeira; José Alexandre Tavares Guerreiro, Das sociedades anônimas no direito brasileiro, I. São Paulo: Jose Bushatski, 1979, p. 303.
[105] Emilio Betti, *Teoria generale del negozio giuridico*. Camerino: Edizione Scientifiche Italiane, 2002, p. 310.
[106] António Menezes Cordeiro, Tratado de direito civil, t. II: Parte geral. Negócio jurídico, p. 95.

integrem seu conteúdo e efeitos, configurando um *tipo negocial*. As normas estabelecidas pela lei serão *imperativas* – retirando dos sujeitos o poder de estipular de modo diverso ao que definir a norma – e *dispositivas*, para o que prevê efeitos no caso de as partes não disporem diferentemente. Nos casos em que sejam definidos estes tipos legais, considera-se haver negócios jurídicos típicos. É o caso dos tipos contratuais previstos no Código Civil, como, por exemplo, a compra e venda (art. 481 a 532), a doação (art. 538 a 564), o comodato (art. 579 a 585), o mútuo (art. 586 a 592), o depósito (art. 627 a 652), o transporte (art. 730 a 756) e o seguro (art. 757 a 802), dentre outros. Também há tipos legais definidos em leis especiais como, por exemplo, a franquia empresarial (art. 1º e ss. da Lei 13.966/2019), o arrendamento rural (art. 95 da Lei 4.504/1964), ou o contrato de edição (art. 53 a 67 da Lei 9.610/1998).

Ao lado dos tipos legais desenvolve-se também, mesmo sem previsão legal expressa, os *tipos sociais* (tipicidade social), assim entendidos os negócios jurídicos cujas características se formam pelos usos, com sua adoção espontânea no exercício da autonomia privada, de modo que se identifique e pressuponha um conjunto de elementos que o integrem.[107] É o caso de diversos contratos bancários, como a abertura de crédito e, no direito vigente, a conta corrente bancária.[108] O mesmo se diga em relação ao contrato de hospedagem,[109] cujas características principais podem sofrer oscilações e, inclusive, conformar novas realidades.[110] Já os negócios jurídicos atípicos opõem-se àqueles que sejam previstos como tipos legais, de modo que se caracterizam por não contarem com previsão legal de disciplina jurídica própria, ou características pré-ordenadas em lei. Resultam da liberdade de estipulação que integra o exercício da autonomia privada. Porém nem sempre são pura criação das partes, senão, muitas vezes, combinações de elementos presentes em tipos legais ou sociais, aproveitando-se de sua compreensão já assentada no tráfego jurídico.[111]

6.3. Negócios jurídicos onerosos e gratuitos

Os negócios jurídicos podem ser onerosos ou gratuitos. Considera-se negócio jurídico oneroso quando haja vantagem e sacrifícios correlativos a ambas as partes, que é determinado por suas características e a atribuição patrimonial prevista segundo a manifestação de vontade das partes e de acordo com o tipo negocial (quando for o caso), no momento da sua constituição. Negócio jurídico gratuito será aquele em que apenas uma das partes obtenha vantagem patrimonial do negócio, sem o respectivo sacrifício do seu patrimônio. São exemplos de negócios onerosos a compra e venda, na qual o comprador paga o preço (sacrifício patrimonial) para adquirir o bem (vantagem patrimonial); ou a prestação de serviços em que o prestador se compromete a prestar certa atividade em troca de remuneração. Serão negócios jurídicos gratuitos por outro lado, o comodato, que é empréstimo gratuito de coisa infungível (art. 579 do

---

[107] Emilio Betti, *Teoria generale del negozio giuridico*. Camerino: Edizione Scientifiche Italiane, 2002, p. 191-192 *passim* 323; Paulo Lôbo, Direito civil: parte geral, p. 246-247.

[108] Bruno Miragem, Direito bancário, 3ª ed. p. 331; António Menezes Cordeiro, *Manual de direito bancário*, 4ª ed. Coimbra: Almedina, 2010, p. 369.

[109] A legislação, embora regule os meios de hospedagem (art. 23 da Lei 11771/2008), não dispõe sobre o contrato de hospedagem.

[110] Como ocorre da distinção entre os serviços prestados por estabelecimento hoteleiro e os que atualmente se percebem combinando elementos de locação por temporada, por proprietários ou locadores que ofertem imóveis para este fim por intermédio de aplicações de internet.

[111] Rodolfo Sacco, Autonomia contrattuale e tipi. Rivista trimestrale di diritto e procedura civile, anno XX, Milano: Giuffrè, 1966, p. 790 e ss.

Código Civil) e a doação, quando o doador, por liberalidade, transmite a propriedade do bem ao donatário, sem qualquer contraprestação que caracterize vantagem patrimonial. Contudo, mesmo na doação, se ela for realizada com encargo atribuído ao donatário, para que faça jus ao bem doado (art. 553 do Código Civil), o negócio jurídico transmuta-se em oneroso.

A estrutura do negócio jurídico e a atribuição patrimonial que prevê às partes no momento da sua constituição é relevante, visando à proteção de sua base negocial, em detrimento de situações que, contemporâneas à celebração, ou por fatos supervenientes, possam dar causa a uma excessiva onerosidade para uma das partes, gerando distintos efeitos (no caso da onerosidade excessiva estar presente no momento da constituição do negócio, reunido a outros requisitos, pode dar causa à sua anulação (e.g. lesão, art. 157 do Código Civil). Sendo superveniente à constituição do negócio jurídico, a onerosidade excessiva é fundamento para o exercício do direito à resolução (e.g. art. 478 do Código Civil), sem prejuízo da revisão do seu objeto visando o reequilíbrio das vantagens atribuídas às partes.

Os negócios jurídicos onerosos podem ser **comutativos** ou **aleatórios**. São comutativos aqueles em que se estabeleçam vantagens e sacrifícios certos e determinados às partes, de modo que estes possam, desde logo, ser antevistos no momento da constituição do negócio jurídico. Aleatórios serão aqueles em que há risco quanto à determinação das vantagens e sacrifícios atribuídos às partes, uma vez subordinados condição (evento futuro e incerto) implementada por efeito do próprio negócio jurídico. O risco caracteriza os negócios jurídicos aleatórios, marcando a incerteza sobre seus efeitos em relação aos declarantes. A maioria dos negócios jurídicos onerosos serão comutativos, exceção comum feita aos contratos de jogo e aposta (arts. 814-817), que são aleatórios, tendo relevância jurídica quando onerosos,[112] e com *causa lucrandi* reconhecida em seu objeto lícito.[113] No jogo prevalece a finalidade de distração ou ganho, dependendo em parte da participação ou habilidade dos contratantes, enquanto na aposta o resultado decorre de fato alheio e incerto, fortuito.

O que caracteriza o negócio jurídico gratuito é a ausência de vantagem patrimonial direta ou indireta a uma das partes. Esta característica foi ainda mais evidenciada com o desenvolvimento dogmático dos contratos de consumo, que ao incorporar a exigência legal de que se trate da oferta de produtos e serviços no mercado, *mediante remuneração* (art. 3º do CDC), destacou as várias situações em que mesmo na ausência de contraprestação direta revele-se vantagem indireta de caráter promocional (e.g. brindes), ou para fidelização de consumidores (e.g. programas de pontuação conforme volume de consumo, de milhagem aérea, etc.). Em tais situações doutrina[114] e jurisprudência[115] são uníssonas em reconhecer a existência de *remuneração indireta*, caracterizando o negócio jurídico contratual oneroso, tal qual naqueles em que haja contraprestação (e.g. preço a ser pago), caso de *remuneração direta*.

6.4. Negócios jurídicos entre vivos (*inter vivos*) e a causa de morte (*mortis causa*)

Os negócios jurídicos podem ser classificados entre vivos (*inter vivos*) ou a causa de morte (*mortis causa*), conforme seus efeitos se produzam desde logo, ou dependam da condição de

---

[112] José Maria Trepat Cases, Código Civil comentado. São Paulo: Atlas, 2003. vol. VII, p. 356.
[113] Francisco Cavalcanti Pontes de Miranda, Tratado de direito privado, t. XLV. Atualizador Bruno Miragem. São Paulo: RT, 2012, p. 364.
[114] Bruno Miragem, Curso de direito do consumidor, 8ª ed. São Paulo: RT, 2019, p. 278; Claudia Lima Marques, Antônio Herman Benjamin, Bruno Miragem, Comentários ao Código de Defesa do Consumidor, 6ª ed. São Paulo: RT, 2019, p. 203-205.
[115] AgInt no REsp 1678644/BA, Rel. Min. Paulo de Tarso Sanseverino, 3ª Turma, j. 12/11/2018, *DJe* 16/11/2018.

morte de uma das partes, em vista de relações jurídicas que se originam deste evento. Neste sentido, não basta que o negócio jurídico tenha por condição a morte de uma das partes a subordinar apenas alguns dos seus efeitos. Se produzidos outros efeitos desde a sua constituição, reservando-se apenas alguns deles à morte, será negócio jurídico entre vivos, como é o caso do seguro de vida, ou contratos que prevejam o efeito de extinção ou quitação da dívida com a morte do devedor (mesmo quando vinculado a um seguro específico para este fim, seguro prestamista). Os negócios jurídicos a causa de morte dispõem de relações jurídicas que são deflagradas com a morte, como é o caso do testamento (art. 1.857 do Código Civil), e do codicilo (art. 1.881 do Código Civil).

6.5. Negócios jurídicos consensuais e reais

Os negócios jurídicos podem ser consensuais ou reais. Negócios jurídicos consensuais são aqueles que se constituem com a declaração de vontade válida das partes reunidas no consentimento. Os negócios jurídicos reais supõem para sua constituição, a entrega de um bem. Não se confundem os negócios jurídicos reais com os negócios jurídicos de eficácia real, ou ainda aqueles cujos efeitos assegurem a uma das partes a adoção de providências executivas para obtenção de um bem.

Os negócios jurídicos reais são aqueles que exigem, para que existam validamente, a tradição do bem. São exemplos o depósito, o mútuo ou o comodato, que passam a existir desde o momento em que o bem é entregue pelo depositante ao depositário, pelo mutuante ao mutuário ou pelo comodante ao comodatário. Também é o penhor, garantia real que se efetiva apenas com a entrega do bem empenhado ao credor (art. 1.431 do Código Civil), ainda que se admitam modalidades especiais em que este se conserve com o devedor (art. 1.431, parágrafo único, do Código Civil). Outra coisa é a *eficácia real* conferida a certos contratos, quando se admite a possibilidade de o credor obter o bem, como ocorre na promessa de compra e venda de imóvel, no caso em que o promitente comprador demonstre o adimplemento da sua prestação relativa ao preço, e frente à recusa ou inação do promitente vendedor em transmitir a coisa mediante outorga de escritura pública e registro, pode requerer em juízo a adjudicação do imóvel (art. 1.418 do Código Civil; art. 32, § 2º, da Lei 4.591/1964). Não torna o negócio jurídico real, igualmente, a circunstância do credor ter a pretensão de execução específica da prestação (inclusive de entregar coisa ou pagar quantia), hipótese que supõe o inadimplemento do devedor, e o interesse na execução do negócio jurídico (plano da eficácia), posterior a sua constituição.

6.6. Negócios solenes e não solenes

Negócios jurídico solenes (também referidos como formais), são aqueles cuja constituição exija a observância de solenidade ou de forma específica prevista em lei. Há exigência de forma para a declaração da vontade, tal como os negócios jurídicos que a lei prevê que devam ser celebrados por escritura pública (art. 108 do Código Civil), ou também de certas providências antecedentes à celebração, como ocorre em relação à habilitação para o casamento (arts. 1.526 a 1.532 do Código Civil), sem prejuízo da própria solenidade de celebração (art. 1.533 a 1.542 do Código Civil). A solenidade se exige para assegurar maior segurança e certeza sobre o conteúdo da declaração de vontade dirigida à constituição do negócio jurídico, assim como meio de advertência do declarante sobre as consequências da exteriorização da vontade naquelas condições, e o vínculo jurídico que daí decorra (e.g. a exigência de leitura em voz alta, pelo tabelião, de todo o conteúdo do testamento público, diante do declarante e das testemunhas – art. 1.864, II, do Código Civil).

No direito brasileiro – já foi examinado – a prescrição legal de forma para o negócio jurídico é exceção, vigendo o princípio da liberdade formal (art. 107 do Código Civil). Daí se poder afirmar que os negócios jurídicos não solenes, ou seja, aqueles que podem ser constituídos pela declaração de vontade expedida por qualquer forma lícita, como por exemplo, por escrito, verbalmente ou por gestual, são a regra no sistema jurídico nacional; os negócios jurídicos solenes, a exceção.

6.7. Negócios puros, condicionais, a termo ou modais

Os negócios jurídicos podem ser puros ou modais, conforme certos efeitos que devam produzir se subordinem ou não a elementos definidos pela declaração de vontade. Negócios jurídicos *puros* são aqueles cujos efeitos previstos na lei ou na declaração de vontade das partes se produzem independentemente de qualquer outra disposição que venha a ser estabelecida no exercício da autonomia das partes. Estas disposições que podem subordinar os efeitos próprios do negócio jurídico, limitando-os, deixando-os em suspenso, ou resolvendo-os, são definidos como elementos acidentais do negócio jurídico (condição, termo e encargo). Uma vez tendo a eficácia, ainda que parcialmente, subordinada a estes elementos acidentais, define-se o negócio jurídico *condicional, a termo* ou *modal*. Nos negócios jurídicos condicionais, parte de seus efeitos estarão subordinados à condição (art. 121 do Código Civil), tanto para que se produzam quando o evento futuro e incerto que a caracteriza venha a se realizar (condição suspensiva), quanto para que cessem quando seja implementada (condição resolutiva). É o que ocorre, por exemplo, no caso do contrato de seguro, no qual a exigibilidade do direito à indenização pelo segurado depende da ocorrência incerta do evento que caracterize a realização do risco (sinistro).

Da mesma forma, os negócios jurídicos, cujos efeitos se submetam ao advento de termo (evento futuro e certo, data) para que sejam deflagrados, ou para que cessem, sendo relevante notar, contudo, que "o termo inicial suspende o exercício, mas não a aquisição do direito" (art. 131 do Código Civil). Ou seja, o marco da aquisição do direito é a constituição do negócio jurídico. Sua eficácia, com respectivas ações, pretensões e exceções a que der causa, é que estará subordinada a ocorrência do prazo. Assim, o exemplo da dívida constituída em razão de contrato celebrado entre as partes, mas cuja exigibilidade e, portanto, possibilidade de cobrança pelo credor, se dá apenas após o termo de vencimento, na ausência de adimplemento pelo devedor.

Por fim, o negócio jurídico modal é aquele submetido a modo ou encargo, que é disposição decorrente da declaração de vontade daquele que celebre negócio originalmente gratuito, submetendo a eficácia do benefício outorgado ao cumprimento de um ônus pelo beneficiário. Segundo dispõe o art. 136 do Código Civil, não suspende a aquisição nem o exercício do direito, salvo quando expressamente imposto no negócio jurídico como condição suspensiva. Neste sentido, tanto os efeitos se produzem desde logo e poderão ser resolvidos no caso de não cumprimento do encargo, quanto poderão depender – caso expressamente previsto no negócio jurídico – do seu cumprimento prévio, como condição para fruição dos efeitos do benefício outorgado. Exemplo é a doação, que é negócio jurídico gratuito, pelo qual o doador subordina a aquisição da propriedade ou sua manutenção ao cumprimento de encargo pelo donatário (art. 553 do Código Civil).

Tais elementos, que resultam da declaração de vontade das partes do negócio jurídico e subordinam seus efeitos, serão melhor examinados adiante.

6.8. Negócios simples, complexos ou coligados

Os negócios podem ser simples (ou unitário), ou complexos. Os negócios simples (ou unitários) são aqueles que se constituem por um único ato de constituição, havendo unicidade dos elementos que o compõe: a declaração de vontade das partes dirigidas a uma finalidade específica, com um único objeto (a compra e venda entre comprador e vendedor de um determinado imóvel).

Os negócios complexos, por sua vez, são compreendidos por diversas declarações de vontade dirigidas à celebração de um único negócio jurídico. Pode se tratar de complexidade objetiva quando as declarações de vontade que se completam são emitidas por um mesmo sujeito e dirigidas a um mesmo negócio jurídico (ex. um mesmo proprietário vende dois bens distintos em um mesmo contrato de compra e venda). A complexidade subjetiva se caracteriza pela pluralidade de declarações de diferentes sujeitos, dirigidas a um mesmo objeto, que caracteriza uma única causa para o negócio, podendo ser emitidas as vontades contemporânea ou sucessivamente (ex. os negócios celebrados por coproprietários – condôminos – dispondo sobre a coisa comum; deliberação dos sócios para atuação da pessoa jurídica).

Os negócios jurídicos complexos não se confundem com os negócios jurídicos coligados, pelo qual se identifica uma pluralidade de negócios jurídicos vinculados a um fim comum que une seu conteúdo.[116]

A coligação ou conexidade negocial expressa uma comunhão finalística, como pode ocorrer entre o contrato de agência ou comissão, no qual o agente ou comissário obrigam-se a promover a venda, podendo a obrigação da entrega, ou as especificações e qualidade da prestação vincular-se a deveres próprios do fabricante ou quem diretamente a execute. Pode, ainda, vincular-se um contrato de financiamento que viabilize o pagamento do preço em uma compra e venda. A existência de uma multiplicidade de negócios jurídicos e sua coligação são uma questão de conteúdo, não de forma. Pode haver um instrumento contratual, com diversas declarações de vontade dirigidas a diferentes objetos e pessoas. A coligação negocial pode determinar que os negócios jurídicos tenham um mesmo destino, porque interdependentes.[117] É o exemplo da locação em shopping center, espécie de complexo negocial,[118] na qual a liberdade de pactuação das partes (art. 54 da Lei 8.245/1991) forma tipo social de negócio jurídico cujo objeto se integra pela locação do espaço no empreendimento, despesas de condomínio, participação em despesas de publicidade, remuneração do aluguel com participação no faturamento, imposição de exclusividade territorial (cláusula de raio), entre outros.[119] Também os contratos

---

[116] Orlando Gomes, Introdução ao direito civil, 19ª ed., p. 273-274; Carlos Roberto Gonçalves, Direito civil brasileiro: parte geral, v. 1, p. 335; Marcos Bernardes de Mello, Teoria do fato jurídico. Plano da existência. São Paulo: Saraiva, 2003, p. 214-215; Emilio Betti, *Teoria generale del negozio giuridico*. Camerino: Edizione Scientifiche Italiane, 2002, p. 297-298.

[117] STJ, REsp 1127403/SP, Rel. p/ Acórdão Min. Marco Buzzi, 4ª Turma, j. 04.02.2014, *DJe* 15.08.2014; STJ, REsp 1379839/SP, Rel. p/ Acórdão Min. Paulo de Tarso Sanseverino, 3ª Turma, j. 11.11.2014, *DJe* 15.12.2014.

[118] Ricardo Cesar Pereira Lira, Breves notas sobre o negócio jurídico "shopping center", in *Revista Forense*, vol. 337. Rio de Janeiro: Forense, p. 398.

[119] A atividade desenvolvida na administração do shopping center implica na organização de uma diversidade de parceiros contratuais visando a oferta de produtos e serviços de modo permanente no tempo, com esforços comuns na atração de clientela e organização de uma diversidade de atividades disponíveis ao consumidor. Veja-se, a respeito: Caio Mário da Silva Pereira, Shopping centers. Lei aplicável à locação de unidades. Revista dos Tribunais, v. 596, junho de 1985, p. 10; Guilherme Calmon Nogueira da Gama, Contrato de Shopping center. *Revista da Escola da Magistratura do Estado do Rio de Janeiro*, v. 5, n. 18,

de consumo (compra e venda ou prestação de serviços) que se vinculem a um financiamento para pagamento do preço podem ser considerados coligados, assim como situações em que um dos contratantes, a par das prestações do contrato, também presta financiamento ao outro, para que possa adimplir, vinculando a finalidade dos contratos.[120]

6.9. Negócios causais e negócios abstratos

Os negócios jurídicos podem ser causais ou abstratos. Negócios jurídicos *causais* são aqueles que se vinculam à realização de um fim determinante, portanto, a uma função jurídica que devem desempenhar. Os negócios jurídicos *abstratos*, por sua vez, não se vinculam a uma causa determinante que porventura tenha levado a sua constituição. Diz-se, por isso, que sobre eles incide o princípio da abstração. O princípio da abstração (*Abstraktionsprinzip*) é uma característica peculiar ao direito alemão, cuja influência no direito brasileiro é tópica, podendo ser identificada nos negócios de transmissão de propriedade imobiliária (pelo registro do título), ou na disciplina dos títulos de crédito. Compreende, além de sua abstração relacionada ao conteúdo, o que reduz o negócio de disposição a um consenso mínimo e, que se desvincula do acordo causal, também chamada abstração externa (*äussere Abstraktheit*).[121]

Realiza um negócio jurídico abstrato quem emite um título de crédito, por exemplo. Os títulos de crédito são negócios jurídicos abstratos pelo fato de seus efeitos não se vincularem à causa de sua constituição. Seguindo o exemplo, se para realizar o pagamento de dívida decorrente de contrato emito um título de crédito e entrego ao credo, mas este não fica com o título para si, o transmitindo a outra pessoa que se torna por isso credora em razão de possuí-lo. Se o contrato que serviu de causa para a emissão do título foi cumprido ou não, se as partes tem pretensões entre si para questionar o pagamento, para que haja abatimento ou indenização por fatos relativos ao cumprimento, isso em nada atinge a posição do possuidor do título de crédito, pois esse se desvinculou completamente do contrato que deu causa a sua emissão.

Já os negócios causais não apenas mantêm o vínculo com a finalidade para o qual foram celebrados, mas tem seu reconhecimento jurídico a partir de um conjunto de efeitos que os caracteriza. A causa exerce um função jurídica que distingue o negócio jurídico de outros, e informa sua constituição e execução, a interpretação de seu conteúdo e respectivos efeitos. A declaração de vontade que se dirige a uma finalidade negocial vincula-se a uma causa que o ordenamento jurídico reconhece (função jurídica). É assim que o negócio de compra e venda serve à alienação onerosa de um bem, tal qual a doação compreende uma alienação gratuita, por liberalidade, ou a empreitada compreende a realização de uma obra. São expressões de sua função jurídica, portanto, da sua causa.

6.10. Negócios diretos e indiretos. Negócios fiduciários

Negócios jurídicos *diretos* são aqueles cuja declaração de vontade é emitida com o objetivo de alcançar de modo imediato um efeito reconhecido a ele, como ocorre na celebração de contratos típicos. Negócios jurídicos *indiretos*, por sua vez, serão aqueles em que as partes declaram vontade dirigida à sua celebração, todavia utilizando-se da estrutura típica para ob-

---

2008, p. 191;, Orlando. Traços do perfil jurídico de um "shopping center". Revista dos Tribunais, v. 576. São Paulo: RT, out./1983, p. 24-25.

[120] STJ, REsp 985531/SP, Rel. Des. convocado Vasco Della Giustina, 3ª Turma, j. 01/09/2009, p. DJe 28/10/2009.

[121] Manfred Wolf, Jorg Neuner, Allgemeiner Teil, des Bürgerlichen Rechts, 10 Auf., München: C.H.Beck, 2012, p. 332-333.

ter outro resultado que não o que é objetivamente reconhecido ao tipo; servindo-se dele, mas conferindo-lhe nova função.[122] Como exemplo de negócio indireto há o negócio fiduciário, pelo qual se adota determinado tipo negocial para o fim de assegurar outra finalidade que não aquela prevista no tipo, caso da garantia.

Os negócios fiduciários se desenvolvem sobretudo com a finalidade de constituição de novos meios de garantia de obrigações, o que importa na valorização tanto do modelo legal da propriedade fiduciária e suas derivações, quanto de negócios fiduciários como a alienação fiduciária de móveis e imóveis e a cessão fiduciária de direitos – em especial direitos de crédito.

Os negócios fiduciários têm sua origem remota no direito romano, em especial na figura conhecida da *fiducia cum amico*, pela qual a transferência de propriedade cumpria a função de proteção do patrimônio, mediante sua administração pelo fiduciário, perante riscos externos, como a guerra; e da *fiducia cum creditore*, que se aproximava mais do perfil atual dos negócios fiduciários, mediante transferência de um bem ao credor, visando garantir o adimplemento de uma obrigação.[123]

Ensina a doutrina que "sempre que a transmissão tem um fim que não é a transmissão mesma, de modo que ela serve a negócio jurídico que não é o de alienação àquele a quem se transmite, se diz que há fidúcia ou negócio jurídico fiduciário".[124] Por isso é comum observar-se a aproximação conceitual entre negócios fiduciários e negócios indiretos. De fato, coincidem no fato de que "o resultado final visado pelas partes discrepa do resultado jurídico normal do negócio adotado: enquanto nos negócios indiretos, essa discrepância caracteriza-se apenas pela atipicidade desse efeito final em relação aos efeitos normais do negócio-meio adotado, os negócios fiduciários caracterizam-se pelo fato de o negócio-meio representar um excesso em relação ao fim visado". Todavia, "ainda que a hipótese mais frequente seja a do negócio único, nada obsta a que as partes lancem mão de uma combinação de negócios, para conseguirem o resultado que visam, devendo este último ser normalmente alheio a cada negócio isoladamente considerado, surgindo sem mais dos seus efeitos combinados".[125]

Distinguem-se, comumente, contudo, os negócios fiduciários próprios e impróprios. *Negócios fiduciários próprios* seriam aqueles que envolvem a transferência patrimonial por intermédio de negócio jurídico com finalidade diversa da que lhe é típica. *Negócios fiduciários impróprios*, ao revés, seriam aqueles que passam a ser reconhecidos pela legislação e, dessa maneira, tornados típicos, pelos quais as partes não mais têm seu interesse vinculado exclusivamente à confiança mútua, mas em tutela legal que confere exigibilidade ao cumprimento da fidúcia (e.g. alienação fiduciária em garantia).[126] Na qualidade de garantias, têm o mérito de se afastarem da tipicidade das garantias reais em relação à propriedade.[127] Em outros termos, os negócios fiduciários envolvem a transmissão de um direito para que seja exercido de modo a atingir uma finalidade avençada entre as partes, que não seria alcançado pela finalidade comum prevista na lei, embora se constitua com fins não proibidos.

---

[122] Tulio Ascarelli, Problema das sociedades anônimas e direito comparado, São Paulo: Saraiva, 1945, p. 101 e ss.
[123] Francisco Cavalcanti Pontes de Miranda, *Tratado de direito privado*, t. III. São Paulo: RT, 2012. p. 188.
[124] Francisco Cavalcanti Pontes de Miranda, *Tratado de direito privado*, t. III. São Paulo: RT, 2012. p. 177; Milena Donato Oliva, Do negócio fiduciário à fidúcia. São Paulo: Atlas, 2014, p. 14.
[125] Custódio da Piedade Ubaldino. Negócio jurídico indireto e negócios fiduciários. *Revista de direito civil, imobiliário, agrário e empresarial*, v. 8, n. 29. São Paulo: RT, jul./set., 1984, p. 81–94.
[126] Melhim Chalub, *Negócio fiduciário*. Rio de Janeiro: Renovar, 2006. p. 76-77.
[127] Orlando Gomes, Perfil dogmático da alienação fiduciária, Revista Jurídica, n. 79. Porto Alegre, set. 1970, p. 70-71.

7. INTERPRETAÇÃO DO NEGÓCIO JURÍDICO

O negócio jurídico e seus efeitos produzem normas que resultam do exercício da autonomia privada.[128] A interpretação do negócio jurídico, ao pretender compreender o significado da declaração de vontade, é atividade que sempre precede o conhecimento do seu conteúdo. Não se conhece sem interpretar. Em relação ao negócio jurídico, certo entendimento sustenta que há aqueles em cuja declaração de vontade inequívoca dispensa a interpretação (*eindeutige Rechtsgeschäfte*).[129] Assim é no exemplo em que o devedor se compromete a prestar 500 unidades e entrega apenas 200: sustenta-se que não há o que interpretar sobre a não realização integral da prestação. Há aqui uma falta de compreensão do que seja mesmo a interpretação. Clareza ou dúvida sobre a declaração são conclusões sempre posteriores à interpretação. No exemplo em questão, pode-se questionar no que, propriamente, consistem as unidades, suas características de acordo com o item, embalagem e modo de fornecimento, a par de outros elementos.[130]

O negócio jurídico e as declarações de vontade que o compõe não resultam de especialistas em direito, tampouco, necessariamente, no objeto que o integra. Parte-se da linguagem para exteriorizar a vontade de celebrar o negócio e seu conteúdo. O modo como os declarantes compreendem a própria manifestação e como ela é percebida pelos destinatários não será necessariamente unívoca, e daí a essencialidade da interpretação. A interpretação não se realiza apenas dando significado às expressões que compõe a declaração, senão valorando-as no seu conjunto, qualificando situações previstas expressamente ou não na declaração, em vista de sua repercussão para o interesse das partes e a função que atende o negócio jurídico. Seu objetivo é determinar os efeitos do negócio jurídico ou a repercussão de eventual frustração dos fins para o qual foi celebrado.

Há critérios de interpretação que resultam da construção doutrinária e da tradição jurídica, segundo certo estágio de desenvolvimento do direito e dos princípios e valores que o informam. É assim que, na origem da concepção do negócio jurídico e o destaque que nela se dava para a teoria da vontade, a interpretação era sobretudo a atividade de "descoberta" da intenção das partes, para tanto investigando-se o que levou os declarantes a formar declaração de vontade do modo e com o conteúdo com que fizeram. Preponderava a investigação sobre os motivos da declaração. O desenvolvimento do direito e da realidade social e econômica em que são celebrados e produzem efeitos os negócios jurídicos, fez perder importância a investigação dos motivos (ainda que se conserve um critério útil em algumas situações),[131] vinculando-se, a

---

[128] Erich Danz, Die Auslegung der Rechtsgeschäfte : Zugleich ein Beitrag zur Rechts- und Thatfrage, Jena: G. Fischer, 1897, p. 4. Interpretando a doutrina clássica de Danz, em língua portuguesa, veja-se António Ferrer Corrêa, Erro e interpretação na teoria do negócio jurídico. Coimbra: Almedina, 2001, p. 168 e ss.

[129] B. Boemke, B. Ulrici, Auslegung von Rechtsgeschäften. In: BGB Allgemeiner Teil. Berlin: Springer, 2009, p. 120.

[130] Um conhecido caso didático alemão da "caixa do papel higiênico" (*Der Toilletenpapierfall*), bem demonstra o problema, ao narrar a oferta feita a uma diretora de escola pelo representante do fabricante de papel higiênico, que lhe sugere a compra de rolos de papel higiênico "de 25 groβ", que é aceito pela diretora. Duas semanas depois chega à escola para entrega 3600 rolos de papel higiênico, o que é recusado pela diretora, que aceita ficar apenas com 25, alegando que havia adquirido 25 pacotes "grandes" ("Groβ" em alemão). Porém a expressão "Groβ" designava, para o vendedor, 12 dúzias de rolos, e não a expressão como originariamente indicada, passando-se a discutir aí as despesas de entrega e devolução e a perda do devedor com o negócio desfeito.

[131] Giommaria Deiana, I motivi nel diritto privato. Torino: Instituto Giuridico della R. Università, 1939, p. 81 e ss

interpretação à função econômico-social reconhecida ao negócio jurídico e do que se conforma com ela – o interesse objetivo das partes em relação aos seus efeitos.

Por outro lado, também a lei define critérios para a interpretação do negócio jurídico. Embora não seja conveniente ao legislador dispor excessivamente como se deve interpretar aquilo que resulta do exercício da autonomia privada,[132] há regras sobre interpretação do negócio jurídico previstas na legislação em diferentes sistemas jurídicos. No direito brasileiro, estão dispostas nos arts. 112 a 114 do Código Civil. Podem também as partes do negócio jurídico convencionarem, nele próprio, regras para interpretação de suas disposições (art. 113, § 2º, do Código Civil).

As regras de interpretação destinam-se a quem deva compreender o conteúdo do negócio jurídico. São endereçadas às partes para que atendam as disposições de acordo com o significado que resulte para cumprimento, e ao juiz ou ao árbitro no caso de dissenso ou litígio, cumprindo-lhes determinar o significado em conformidade com elas.

O art. 112 do Código Civil refere que "nas declarações de vontade se atenderá mais à intenção nelas consubstanciada do que ao sentido literal da linguagem." Há, no caso, reprodução do sentido que dispunha o art. 85 do antigo Código Civil de 1916 ("Nas declarações de vontade, se atenderá mais à sua intenção que ao sentido literal da linguagem"). Clóvis Beviláqua sustentava, em relação a esta regra, que a exteriorização da vontade poderia não traduzir fielmente o que o agente queria exprimir, razão pela qual a lei "manda atender, de preferência, à intenção, desde que haja elementos para determiná-la, fora da expressão verbal imperfeita, indecisa, obscura ou insuficiente".[133] Esta valorização da vontade interna dos declarantes será superada pela redação do art. 112 em vigor, ao fazer referência "à intenção nelas consubstanciadas", referindo-se às declarações de vontade. Neste sentido, não há investigação sobre a vontade interna, senão à intenção consubstanciada na declaração, o que destaca a prevalência da compreensão que se dá à declaração da vontade em relação à motivação íntima do declarante.[134]

A interpretação da intenção consubstanciada na declaração de vontade, de sua vez, pode servir-se de diferentes meios. Em alguns negócios jurídicos celebrados por escrito, antes das disposições específicas que expressem o conteúdo da declaração de vontade, as partes realizam explicitações sobre as circunstâncias e fatos que o determinaram (e.g. os "considerandos" ou disposições preambulares do negócio). Também se considera o próprio comportamento das partes antes e depois da celebração do negócio jurídico, buscando elementos que permitam

---

[132] Caio Mário da Silva Pereira anota, criticando o direito francês, que "nos sistemas em que o legislador se derramou por luxo de regras hermenêuticas (...) os tribunais tem julgado que as disposições relativas à interpetação das convenções não passam de conselhos oferecidos ao juiz, sem caráter imperativo". Caio Mário da Silva Pereira, Instituições de direito civil, v. I. 28ª ed. Rio de Janeiro: Forense, 2015, p. 420. A advertência do jurista, embora representada pela versão original do Código Civil de 2002, parece não ter merecido atenção do legislador por ocasião da alteração do art. 113 do Código Civil pela Lei 13874/2019, para inserir – com certa imprecisão e tautologia – um rol de critérios a serem observados na interpretação do negócio jurídico.

[133] Clóvis Beviláqua, Código Civil dos Estados Unidos do Brasil comentado, v. 1. São Paulo: Francisco Alves, 1959, p. 265. Já em relação ao Código Civil de 1916 já compunha-se a doutrina em favor da interpretação objetiva da declaração, como demonstra Eduardo Espínola, ao referir que o respeito à boa-fé e à confiança dos interessados (...) mandam atender à intenão consubstanciada na declaração, ao invés de procurar o pensamento íntimo do declarante". Eduardo Espínola, Manual do Código Civil brasileiro: parte geral (dos fatos jurídicos), v. III, parte primeira. Rio de Janeiro: Jacintho Ribeiro dos Santos Editor, 1923, p. 78.

[134] José Carlos Moreira Alves, A parte geral do Código Civil brasileiro: subsídios históricos para o novo Código Civil brasileiro. 2ª ed. São Paulo: Saraiva, 2003, p. 108; Carlos Roberto Gonçalves, Direito civil brasileiro: parte geral, v. 1, p. 340.

atribuir ou justificar certo significado para suas disposições. Este critério é, inclusive, objeto de previsão expressa em alguns sistemas jurídicos (art. 1362 do *Codice Civile* italiano de 1942 e, do mesmo modo, iniciativas de uniformização do direito contratual europeu[135]).

O art. 113 do Código Civil, de sua vez, define no seu *caput*, norma claramente inspirada no § 157 do BGB,[136] que consagra a boa-fé e os usos como critérios de interpretação do negócio jurídico. Assim deve ser considerado, sem deixar de registrar que o Código Comercial brasileiro de 1850, embora não mais em vigor, já ter contemplado em seu art. 131, 1, que: "Sendo necessário interpretar as cláusulas do contrato, a interpretação, além das regras sobreditas, será regulada sobre as seguintes bases: 1. a inteligência simples e adequada, que for mais conforme à boa-fé, e ao verdadeiro espírito e natureza do contrato, deverá sempre prevalecer à rigorosa e restrita significação das palavras".

Dispõe o *caput* do art. 113 do Código Civil: "Os negócios jurídicos devem ser interpretados conforme a boa-fé e os usos do lugar de sua celebração." Dizer-se que devem os negócios jurídicos ser interpretados conforme a boa-fé significa contemplar, na atividade de interpretação, os *standards* ético-jurídicos que resultam do princípio da boa-fé ao direito, dentre os quais o reconhecimento dos deveres de lealdade, cooperação e respeito às expectativas legítimas das partes. Da mesma forma, parece claro que adoção da boa-fé como critério para interpretação do negócio jurídico (e das declarações de vontade que o integram), sinaliza o prestígio da teoria da confiança, desenvolvida no direito privado a partir dos influentes estudos de Claus-Wilhelm Canaris (*Vertrauenstheorie*),[137] no Código Civil de 2002. De clara influência em relação aos negócios jurídicos *inter vivos*, merecerá moderação no tocante aos negócios jurídicos *causa mortis*, os quais, em regra contendo disposições que expressam liberalidade do declarante (caso do testador), privilegiam a identificação da intenção consubstanciada na declaração (art. 112 do Código Civil).[138]

As expectativas legítimas das partes, a serem protegidas, surgem primeiro da própria declaração negocial, mas também do comportamento concreto que assumam em outras relações que mantenham entre si, ou ainda com terceiros, mas que seja do conhecimento da outra parte. Da mesma forma, os usos do lugar da celebração do negócio jurídico informam a compreensão das partes, e orientam a atividade do intérprete. Na exata lição de Pontes de

---

[135] O Draft Common Frame of Reference for European Contract Law, iniciativa inconclusa de uniformização do direito europeu dos contratos, previu em seu art. art. 8:102 como critérios para interpretação do contrato "as circunstâncias na qual foi concluído, incluindo as negociações preliminares" e " a conduta das partes após a conclusão do contrato", assim como a interpretação que já tenha sido dada pelas partes aos mesmos termos e expressões em relação ao próprio contrato ou a outras relações que tenha estabelecido entre si.

[136] Assim o texto do §157 do BGB ("Verträge sind so auszulegen wie Treu und Glauben mit Rücksicht auf die Verkehrssitte es erfordern"/ "Os contratos interpretam-se em acordo com o que a boa-fé, em consideração ao que exijam os usos do tráfego").

[137] Claus-Wilhelm Canaris, Die Vertrauenshaftung im deutschen Privatrecht, 1971, cit. Registrando sua influência no Código Civil brasileiro, Rosa Maria de Andrade Nery, Nelson Nery Júnior, Instituições de direito civil. Parte geral, v. I, t. II. São Paulo: RT, 2015, p. 200-201.

[138] Emilio Betti, *Teoria generale del negozio giuridico*. Camerino: Edizione Scientifiche Italiane, 2002, p. 356 e ss. Giuseppe Stolfi, de sua vez, embora referindo-se à intepretação, faz advertência no tocante à integração do negócio jurídico. Destaca o cuidado de não se tratar as "lacunas" no negócio jurídico, do mesmo modo como se faça com as lacunas da lei. Nestas há necessariamente de formar-se solução secundum ius de qualquer questão que surja. No negócio jurídico isso será inadmissível, porquanto este apenas obriga as partes no tanto que tenham manifestado vontade, razão pela qual, nem sempre o que não esteja previsto mereça necessidade de ser completado pelo intérprete. Giuseppe Stolfi, Teoria del negocio jurídico. Trad. Jaime Santos Briz. Madrid: Editorial Revista de Derecho Privado, 1959, p. 285-286.

Miranda, ao registrar sua função interpretativa, os usos "ora servem a completar o conteúdo do negócio jurídico, ora para entendimento do que foi dito (usos do tráfico interpretativos), ora para apreciação das circunstâncias."[139] A rigor, a interpretação do negócio jurídico, ao não se prender apenas à manifestação de vontade em si, serve-se de todos os meios que permitam a compreensão do significado dos seus termos (texto, enunciado, circunstâncias negociais, usos), tomado por paradigma a proteção da confiança das partes em relação à declaração de vontade e à finalidade negocial.[140] Os usos, neste caso, informam a interpretação, mas são dotados também de normatividade, delimitando o exercício da autonomia privada e da finalidade que anima o comportamento das partes.[141] Prefere-se a interpretação que assegure o efeito útil do negócio celebrado.[142]

Tradicionalmente, também a compreensão da linguagem que exprime a declaração será interpretada em acordo com certos usos linguísticos estabelecidos no local onde se constitua o negócio jurídico,[143] ou mesmo em atenção aos que sejam próprios de certos grupo ou atividade[144] (assim por exemplo, não é incomum o uso de expressões em língua inglesa em contratos empresariais, compreensíveis neste círculo). Estes critérios, por influência da teoria da confiança, e mediante a aplicação da boa-fé para interpretação do negócio, passam a considerar também o modo como a declaração será compreendida pelo destinatário, em vista do que seja razoável exigir-lhe em termos de conhecimento e atenção. Esta razoabilidade é medida também para qualificar a expectativa do destinatário da declaração de vontade, frente ao que sabia ou deveria saber (ou se informar) sobre o contexto em que o negócio jurídico é celebrado. Daí, inclusive, dever-se distinguir as declarações negociais que se dirigem a um grupo indefinido de pessoas, para os quais se deva adotar como critério de interpretação o destinatário médio,[145] e aquelas dirigidas a pessoas determinadas, situação em que se deve atentar aos aspectos contextuais e pessoais que envolvem o reconhecimento e atribuição de sentido ao negócio jurídico, segundo os interesses de cada uma das partes. Adota-se neste caso, o que no direito alemão denomina-se horizonte objetivo do destinatário (*objektiven Empfängerhorizont*), tomando em consideração as circunstâncias que são reconhecíveis por ele para determinação de como será compreendida a declaração.[146] O que também influencia o direito português nos termos do seu art. 236, 1, do seu Código Civil: "A declaração negocial vale com o sentido que um declaratário normal, colocado na posição do real declaratário, possa deduzir do comportamento do declarante, salvo se este

---

[139] Francisco Cavalcanti Pontes de Miranda, Tratado de direito privado, v. XXXVIII. Atual. Bruno Miragem e Claudia Lima Marques. São Paulo: RT, 2012, p. 176.
[140] Carlos Ferreira de Almeida, Texto e enunciado na teoria do negócio jurídico. Coimbra: Almedina, 1992. vol. I, p. 197.
[141] Emilio Betti, Diritto, metodo, ermeneutica. Milano: Giuffrè, 1991. p. 340
[142] João Manuel de Carvalho Santos, Código Civil brasileiro interpretado, t. II. 3ª ed. Rio de Janeiro: Freitas Bastos, 1944, p. 287.
[143] Erich Danz, Die Auslegung der Rechtsgeschäfte : Zugleich ein Beitrag zur Rechts- und Thatfrage, Jena: G. Fischer, 1897, p. 156.
[144] Erich Danz, Die Auslegung der Rechtsgeschäfte : Zugleich ein Beitrag zur Rechts- und Thatfrage, Jena: G. Fischer, 1897, p. 159.
[145] Manfred Wolf; Jörg Neuner, Allgemeiner Teil des Bürgerlichen Rechts. 10 Auf. München: C.H. Beck, 2012, p. 395.
[146] Manfred Wolf; Jörg Neuner, Allgemeiner Teil des Bürgerlichen Rechts. 10 Auf. München: C.H. Beck, 2012, p. 395.

não puder razoavelmente contar com ele." O fundamento da norma em questão será designado então como teoria da impressão do destinatário[147] ou horizonte objetivo do declaratário.[148]

Ao alterar-se o conteúdo do art. 113 do Código Civil, por intermédio da Lei 13.874/2019, para inserir em novos parágrafos outros critérios expressos para a interpretação do negócio jurídico, o legislador acabou por contemplar alguns já estabelecidos em outros sistemas jurídicos, e que no direito brasileiro eram suscitados pela doutrina e jurisprudência. Dispõe o § 1º do art. 113, do Código Civil: "§ 1º A interpretação do negócio jurídico deve lhe atribuir o sentido que: I – for confirmado pelo comportamento das partes posterior à celebração do negócio; II – corresponder aos usos, costumes e práticas do mercado relativas ao tipo de negócio; III – corresponder à boa-fé; IV – for mais benéfico à parte que não redigiu o dispositivo, se identificável; V – corresponder a qual seria a razoável negociação das partes sobre a questão discutida, inferida das demais disposições do negócio e da racionalidade econômica das partes, consideradas as informações disponíveis no momento de sua celebração." Excetuada a tautologia da referência à boa-fé no inciso III do § 1º, repetindo o que já consta no *caput*, há méritos na explicitação dos critérios de interpretação fixados pelo legislador.

A relevância do comportamento das partes posterior à celebração do negócio (art. 113, §1º, I) já era reconhecida pela doutrina nacional[149] como critério útil para interpretação do negócio jurídico, a exemplo – conforme já se mencionou – de outros sistemas jurídicos (e.g. art. 1362 do *Codice Civile* italiano de 1942). O mesmo se diga em relação à interpretação que corresponda "aos usos, costumes e práticas do mercado relativas ao tipo do negócio". Afirmava-os como critério de interpretação, dentre outros, Pontes de Miranda, referindo que: "em caso de dúvida, é de entender-se que o sentido do que se disse na manifestação de vontade ou nas manifestações de vontade coincide com o que está assente no uso do tráfico (...) Os usos e costumes, uso do tráfico, quer se trate de usos e costumes regras jurídicas, quer se trate de simples usos e costumes que enchem conteúdo de negócios jurídicos como elementos do suporte fáctico, podem ser interpretativos. Então, ou são regras jurídicas de interpretação, ou são enunciados que dizem como se entendem as manifestações de vontade."[150] A determinação dos usos, costumes e práticas remete tanto a um critério geral de comportamentos reconhecíveis na generalidade das relações negociais, quanto a conduta desempenhada pelas próprias partes em relações anteriores que tenham mantido entre si, ou com outras pessoas, mas reconduzíveis como critério para atribuição de significado àquele negócio jurídico, cujo conteúdo é objeto de interpretação.

O inciso IV, do § 1º, do art. 113 do Código Civil encerra, por sua vez, critério que busca favorecer a parte que, ao menos em tese, não tendo redigido a disposição – no que se aplica à interpretação de negócios jurídicos celebrados por escrito – é destinatária de declaração de vontade expressa pela contraparte. Por isso a determinação de que se interprete no sentido que "for mais benéfico à parte que não redigiu o dispositivo, se identificável" (interpretação *contra proferentem*). A interpretação *contra proferentem* já tem lugar nos contratos de adesão (art. 423 do Código Civil). Sua adoção como critério geral de interpretação do negócio jurídico, contudo, pode enfrentar dificuldades práticas para identificação, em negócios jurídicos paritários que tem seu conteúdo amplamente negociado pelas partes, e não permitam tomar o

---

[147] Manuel Domingues de Andrade, Teoria geral da relação jurídica, v. II: Facto jurídico, em especial negócio jurídico. Coimbra: Almedina, 1992, p. 309.
[148] António Menezes Cordeiro, Tratado de direito civil, t. II. 4ª ed., p. 717.
[149] Francisco Cavalcante Pontes de Miranda, Tratado de direito privado, t. XXXVIII, cit., p. 173.
[150] Francisco Cavalcante Pontes de Miranda, Tratado de direito privado, t. XXXVIII, cit., p. 176.

todo do dispositivo objeto de interpretação, considerando que ambas as partes tenham incluído e retirado expressões textuais, ajustado regras de redação, ou mesmo definido sua localização no texto, sistematizando, aproximando ou distinguindo de outras disposições existentes. Igualmente, pode ser que um dispositivo específico do texto, objeto de interpretação, justifique-se apenas em relação a outros que integrem o mesmo negócio jurídico, de modo que tenha sido redigido para explicitar, estender ou restringir o conteúdo ou alcance de outra disposição, ou ainda com o fim de conferir vantagem a uma das partes, em vista de outra atribuída à contraparte. As vicissitudes que envolvem a formação do conteúdo das declarações de vontade em um negócio escrito devem ser sopesadas, inclusive com a concorrência dos demais critérios interpretativos previstos em lei, para definir-se o papel da interpretação *contra proferentem* na determinação de sentido das disposições negociais. Especialmente quando estejam em causa negócios jurídicos precedidos de ampla negociação das partes (a toda evidência, não se põe em causa aqui a interpretação dos contratos de consumo, para os quais o art. 47 do CDC é definitivo ao determinar que suas cláusulas contratuais "serão interpretadas de maneira mais favorável ao consumidor").

Mencione-se, ainda, o critério definido no inciso V, do § 1º, do art. 113 do Código Civil, ao definir que a interpretação do negócio jurídico deve "corresponder a qual seria a razoável negociação das partes sobre a questão discutida, inferida das demais disposições do negócio e da racionalidade econômica das partes, consideradas as informações disponíveis no momento de sua celebração." Trata-se de proposição de inegável senso prático, que conjuga distintos critérios para interpretação do negócio jurídico, a saber: a) as disposições que o integram devem ser interpretadas em conjunto (o "conjunto negocial"); b) no caso dos negócios jurídicos bilaterais (contratos), a interpretação é informada a racionalidade econômica das partes em vista da finalidade a ser atingida, inclusive rechaçando sentidos que beneficiem comportamentos oportunistas; c) as informações concretamente disponíveis às partes, no momento da celebração do negócio, determinam o sentido que atribuem à declaração, o que está em acordo com o horizonte objetivo do destinatário reconhecido, podendo tomar em conta eventual assimetria informativa entre partes para o efeito específico da interpretação de suas disposições.

Sobre negócios jurídicos benéficos (gratuitos) e os que tenham por objeto e renúncia, o art. 114 do Código Civil define que se interpretam restritivamente. São exemplos de negócios jurídicos gratuitos a doação pura, o comodato e a fiança. A justificação para sua interpretação estrita reside em que se tratam de atos de liberalidade do declarante que dispõe do seu patrimônio em benefício de outra pessoa, sem auferir qualquer vantagem patrimonial direta. No tocante à renúncia, trata-se de negócio jurídico unilateral dirigido à extinção de direito do próprio declarante, razão pela qual se admite a lógica de que, reduzindo seu próprio patrimônio, não se possa estender ou presumir mais larga a declaração de vontade, de modo a eliminar vantagem que lhe beneficia. É o caso, por exemplo, sempre de acordo com as circunstâncias, da vítima que renuncia a todas as pretensões de que seja titular, ao celebrar acordo extrajudicial com o ofensor, hipótese em que poderá se interpretar restritivamente a renúncia em relação a danos resultantes de agravamento ou dos quais desconhecia a extensão.

8. REPRESENTAÇÃO

O exercício de posições jurídicas e dos direitos, deveres, faculdades, pretensões e ações a elas inerentes, é como regra realizado por seus titulares. Desta atuação resultam atos e negócios jurídicos que constituem, modificam ou extinguem direitos e obrigações, e produzem outros efeitos que lhe sejam inerentes. Ocorre que este exercício atribuído, como regra, ao titular da posição jurídica, por vezes não poderá ser exercido pessoalmente por ele, seja por impossibilidade física de se ter em presença, por conveniência ou por determinação legal; serão atuações nas quais se fará representar, ou seja, não atua pessoalmente, mas por intermédio de representante. Neste sentido, vale referir que agem pessoalmente tanto a pessoa natural quanto a pessoa jurídica. O fato desta última agir por intermédio de seus sócios ou administradores pode induzir a que se considere agir por representação. Não é o caso. Embora seja comum, inclusive na legislação, a referência aos sócios ou administradores como representantes legais das pessoas jurídicas, não é do instituto da representação que se trata, uma vez que sua atuação como órgão é a da própria pessoa jurídica, que por seu intermédio declara vontade e pratica os atos da vida civil. A norma, embora a isso não se refira em termos conceituais, confirma a inferência (art. 47 do Código Civil). Daí a conhecida expressão de Pontes de Miranda, para quem "quando o órgão da pessoa jurídica pratica o ato, que há de entrar no mundo jurídico como ato da pessoa jurídica, não há representação, mas presentação. O ato do órgão não entra, no mundo jurídico, como ato da pessoa que é órgão, ou das pessoas que compõem o órgão. Entra como ato da pessoa jurídica".[151]

A relevância do instituto da representação coloca em destaque uma relação de cooperação, pela qual o representante coopera com o representado ao agir em seu nome e no seu interesse, sob diferentes intensidades: no mais, atua no lugar e mesmo defende o interesse do representado; no menos, simplesmente realiza atos materiais para formalizar declaração de vontade que emite em lugar do representado.

A disciplina da representação pela lei, em especial como instituto próprio da Parte Geral do Código Civil, visa pontuar, especialmente: a) o modo como alguém é investido na qualidade de representante de outra pessoa; b) os poderes que são inerentes à qualidade do representante e o dever de fidelidade aos fins para os quais foi instituída a representação, e ao interesse do representado; e c) a proteção da confiança de terceiros em relação à legitimidade do representante na prática de atos em nome do representado.

A representação é instituto do moderno direito privado. A desconhecia, com seus contornos atuais, o direito romano, pelo fato de não se admitir que uma pessoa pudesse se obrigar em nome de outra (*alteri stipulari nemo potest*).[152] Passa a ser identificada a partir do jusracionalismo e desde logo associada – a representação convencional – ao mandato. Segundo os juristas da época, "através do mandato a vontade do *dominus* expressa externamente entra em contato direto com a vontade de terceiro. O representante, esse é um simples *internuncius* ou intérprete da vontade do principal."[153] A partir daí, diversas teorias buscaram definir a natureza e características da representação, desde as que colocavam o representante como mero mensageiro ou núncio do representado, até as que a aproximavam, em diferentes graus, à categoria clássica da gestão de negócios.[154] A identidade entre a representação e o mandato, embora objeto de críticas pontuais, será contestada apenas na segunda metade do século XIX, em especial pelo estudo, no direito alemão, de Paul Laband, a propósito do novo Código Comercial alemão da época (ADHGB de 1861).[155] Nele sinaliza a separação entre as noções de poder de

---

[151] Francisco Cavalcante Pontes de Miranda, Tratado de direito privado, t. III. São Paulo: RT, 2012, p. 308.

[152] Para uma ampla reconstrução histórica do instituto, veja-se a tese de Pedro de Albuquerque, A representação voluntária em direito civil: ensaio de reconstrução dogmática. Coimbra: Almedina, 2004, p. 43 e ss.

[153] Pedro de Albuquerque, A representação voluntária em direito civil: ensaio de reconstrução dogmática. Coimbra: Almedina, 2004, p. 277.

[154] António Menezes Cordeiro, Tratado de direito civil, t. V. Parte geral: exercício jurídico. 3ª ed. Coimbra: Almedina, 2018, p. 78 e ss.

[155] Paul Laband, Die Stellvertretung bei dem Abschluß von Rechtsgeschäften nach dem allgemeinen deutschen Handelsgesetzbuch, Zeitschrift für das gesammte Handelsrecht 10 (1866), p. 183-241.

representação (*Vollmacht*) e *mandatum*, de modo a identificar situações em que o poder de representação se confere sem mandato, e ao mesmo tempo, mandato sem que o mandatário exerça poder de representação. O exemplo mais evidente será o dos poderes de representação da pessoa jurídica, que se conferem aos seus administradores. No caso, a vinculação da pessoa jurídica aos atos praticados por seus representantes, independentemente de terem sido ou não observadas instruções ou visando o seu interesse.

8.1. Representação legal e voluntária

A representação no direito brasileiro pode ser legal ou voluntária, quando resulte de efeitos da lei ou de declaração de vontade do interessado. A **representação legal** resulta de eficácia direta da lei, inerente a determinada posição jurídica a que se confere os respectivos poderes. Assim, por exemplo, os pais em relação aos filhos menores (arts. 1.634, VII, primeira parte e 1.690 do Código Civil), o tutor em relação aos tutelados (art. 1.747, I, do Código Civil) e o curador em relação aos curatelados (art. 1.774 c/c art. 1.747, I, do Código Civil).

Em relação às pessoas jurídicas, já se disse, não são tecnicamente representadas, uma vez que a declaração de vontade decorrente de seus órgãos se considera como delas próprias. Referindo-se à representação, contudo, como também faz a doutrina, esta será pelo órgão, representação orgânica (*organschaftliche Vertretung*).[156] A remissão ao mandato, como faz o art. 1.011 do Código Civil, ao dispor da administração das sociedades personificadas,[157] é meramente instrumental, visando aproveitar-se da noção assentada dos deveres do representante em relação ao interesse do representado, não a qualquer aspecto da natureza ou estrutura das relações jurídicas em causa, completamente distintas.

A **representação voluntária** decorre do negócio jurídico de mandato, para o qual devem ser identificados os requisitos e efeitos de sua constituição (art. 120, *in fine*, do Código Civil). Dispõe o art. 653 do Código Civil: "Opera-se o mandato quando alguém recebe de outrem poderes para, em seu nome, praticar atos ou administrar interesses. A procuração é o instrumento do mandato." Neste particular – registre-se – integra a causa do negócio jurídico de mandato conferir poderes de representação ao mandatário. Aqui se situa, contudo, uma importante discussão doutrinária, se no direito brasileiro seria admissível mandato sem representação. O entendimento majoritário não admitirá mandato sem poderes de representação,[158] para o que converge o próprio conteúdo do art. 653 do Código Civil. Porém, registre-se que de outro lado, há quem sustente o equívoco em restringir a representação voluntária ao mandato, sobretudo pelo fato de admitir, a própria lei, que o mandatário possa agir em seu próprio nome, mas a conta do mandante (art. 663, *in fine*, do Código Civil), onde não se identificaria representação.[159]

A rigor, o fato de a representação dos interesses do mandante integrar o objeto do contrato de mandato não impede que se possa estipular poderes de representação em outros negócios

---

[156] Manfred Wolf; Jörg Neuner, Allgemeiner Teil des Bürgerlichen Rechts. 10 Auf. München: C.H. Beck, 2012, p. 586.

[157] Art. 1.011, § 2º: "Aplicam-se à atividade dos administradores, no que couber, as disposições concernentes ao mandato."

[158] Caio Mário da Silva Pereira, Instituições de direito civil, v. 1, cit.; José Carlos Moreira Alves, A parte geral do Código Civil brasileiro, p. 109; Gustavo Tepedino, Comentários ao novo Código Civil brasileiro, v. X. Rio de Janeiro: Forense, 2008, p.25 e ss.

[159] Francisco Cavalcante Pontes de Miranda, Tratado de direito privado, t. III. São Paulo: RT, 2012, p. ; Orlando Gomes, Introdução ao direito civil, p. 390;391; Francisco Amaral, Direito civil: introdução, 537 e ss; Rosa Maria de Andrade Nery, Nelson Nery Júnior, Instituições de direito civil, v. I, t. II, p. 182.

jurídicos, seja no interesse do representado, do próprio representante, ou de ambos. Assim ocorre quando o representado autoriza que o representante emita título em seu nome e a sua conta. No contrato de comissão, por exemplo, o comissário atua em seu próprio nome na aquisição ou venda de bens, porém nada impede que realize certos atos, perante terceiros, em nome do comitente, quando este expressamente lhe autorizar. O poder de representação para certos atos pode surgir, então, como parte do objeto do negócio jurídico.

8.2. Procuração e mandato

Há distinção marcada entre o mandato e a procuração. Sendo o mandato um negócio jurídico específico (contrato de mandato), terá seus efeitos vinculantes, sobretudo entre as partes, portanto, às *relações internas* entre mandante e mandatário. Já a procuração, mesmo tomada como instrumento do mandato, concentrará seus efeitos nas *relações externas* entre o mandante e terceiros.[160] Em outros termos, no mandato, domina a relação de prestação de serviços do mandatário ao mandante, é relação jurídica base;[161] na procuração assegura-se o poder de representação. Disso resulta, de um lado, a distinção entre o contrato de mandato e a procuração, e na própria autonomia do instituto da representação, como foi a opção do Código Civil de 2002, ao prever sua disciplina própria na parte geral (arts. 115-120 do Código Civil).[162]

Ocorre que o art. 653 refere-se, expressamente, à procuração como instrumento do mandato. Neste caso, trata-se de saber se esta definição deve ser tomada de modo a restringir sua função, ou simplesmente enuncia como exemplo. Isso porque, a rigor, mandato e procuração não se confundem. Pode haver a celebração do negócio jurídico de mandato entre as partes, sem que o mandante, a quem cabia outorgar procuração, não o faça. Da mesma maneira, se do negócio jurídico de mandato que vier a ser celebrado, seja outorgada procuração, sua revogação posterior não extingue por si só o contrato. A procuração, neste sentido, é um dos instrumentos do mandato, não o único. Em outros sistemas jurídicos é bem delimitada, inclusive na lei, a distinção entre o mandato e a procuração. Ambos são negócios jurídicos que não se confundem.

O mandato é negócio jurídico bilateral, forma-se pelo consenso, que pode ser celebrado a título gratuito ou oneroso (art. 658 do Código Civil), e estabelece efeitos entre os sujeitos que dele participam – mandante e mandatário. A procuração é negócio jurídico unilateral, autônomo e abstrato, pelo qual o declarante constitui procurador para atuar em seu nome, e que produz efeitos a terceiros nos limites em que define, observados os requisitos de forma. Sua eficácia projeta-se a terceiros que, com base nela, estabeleçam relações com o procurador na qualidade de representante do outorgante. Da mesma forma, a declaração de vontade que outorga a procuração não é receptícia.[163] Não há necessidade que o procurador a aceite para que produza efeitos (e.g. o declarante dirige-se a um tabelionato de notas e lá outorga procuração nomeando alguém como seu procurador e fixando os poderes; este não participa do ato e não precisa aceitar para que o negócio jurídico desde logo produza efeitos). Por outro lado, se o procurador não tomou conhecimento da procuração, ou tomou conhecimento, mas diante de

---

[160] António Menezes Cordeiro, Tratado de direito civil, V. Parte geral. Exercício jurídico. 3ª ed. Coimbra: Almedina, 2018, p. 75-76.
[161] Dieter Medicus, Allgemeiner Teil des BGB. 10. Auf. Heidelberg: C.F. Muller, 2010, 388-389.
[162] Na exata referência de Renan Lotufo, o "instituto da representação foi libertado de sua condição servil ao mandato, deixando-se à disciplina deste contrato apenas as relações entre as partes contratantes". Renan Lotufo, *Questões relativas a mandato, representação e procuração*. São Paulo: Saraiva, 2001. p. 145.
[163] Francisco Cavalcante Pontes de Miranda, Tratado de direito privado, t. XLIV. Atual. Bruno Miragem e Claudia Lima Marques. São Paulo: RT, 2012, p. 186.

ajuste preexistente com o representado, não exerceu qualquer poder que lhe fora outorgado, não há inadimplemento, porque não se obrigou a nada. Já o mandato, como negócio jurídico bilateral, supõe a declaração de vontade de mandante e mandatário para que seja celebrado e produza seus efeitos; se em razão dele outorga-se procuração (que é outro negócio jurídico em razão do primeiro), e o procurador deixa de exercer os poderes nos termos ajustados no mandato, há inadimplemento em relação a esta obrigação. Mas pode haver procuração sem mandato, como é o caso do advogado que represente seu cliente *pro bono* perante processo judicial (não há contrato entre as partes, mas há procuração como exigência para regular representação judicial).

Da mesma forma, com a procuração, o outorgante pode conferir ao procurador poderes de representação gerais ou especiais. Quais poderes serão conferidos é decisão do representado no exercício da autonomia privada. O art. 661 do Código Civil, embora diga respeito à disciplina do mandato, pode ser reconduzido à procuração como instrumento de outorga dos poderes de representação, quando refere: "O mandato em termos gerais só confere poderes de administração." *Poderes de administração* geralmente são considerados aqueles para realização de atos visando à preservação do interesse do representado, estando excluídos, a princípio, a disposição sobre bens (e.g. alienação ou imposição de gravame sobre o patrimônio), o que entretanto merece exame sempre segundo o caso concreto (e.g. a alienação de perecíveis pode ser admitida na preservação do interesse do representado). A lei, quando exija poderes especiais, deve fixá-los, como faz no art. 661, § 1º, do Código Civil: "Para alienar, hipotecar, transigir, ou praticar outros quaisquer atos que exorbitem da administração ordinária, depende a procuração de poderes especiais e expressos." Da mesma forma, o § 2º do art. 661: "O poder de transigir não importa o de firmar compromisso". O representado, ao outorgar a procuração, pode prever poderes especiais, ou expressamente excluí-los, segundo seu interesse.

Quanto à forma, as procurações não tem uma específica quando a lei não exija. Podem inclusive ser *verbais*. Porém, se por escrito, poderão ser celebradas por *instrumento particular* ou por *instrumento público*. As outorgadas por instrumento público o serão por escritura pública lavrada por tabelião, segundo os requisitos formais para este fim. Quanto ao prazo, podem ser outorgadas a prazo certo (termo), ou para realização de atos ou negócios jurídicos específicos, de modo que mesmo celebradas sem prazo, realizado o ato, exaure sua eficácia; e ainda sem prazo certo, hipótese em que produzem efeitos até que sejam revogadas pelo representante ou se extingam pela incapacidade do representante, ou a morte do representante ou do representado (exceção feita às procurações "em nome próprio", art. 685 do Código Civil, cujos efeitos não se extinguem com a morte de qualquer das partes). Registre-se, sobre a possibilidade de revogação, que tanto a lei poderá restringir esta possibilidade (mesma hipótese da procuração "em nome próprio", art. 685 do Código Civil), quanto ela própria ser outorgada com expressa previsão sobre sua irrevogabilidade. Neste caso, o art. 683 dispõe que havendo previsão de irrevogabilidade, mas o representado revogar, responderá por perdas e danos – o que afasta a possibilidade de cumprimento específico de manutenção dos efeitos da procuração com outorga de poderes. Contudo, tratando-se da condição de um negócio bilateral, ou se tiver sido estipulada no exclusivo interesse do representante, o art. 684 prevê a ineficácia da revogação.

8.3. Efeitos da representação

Caracteriza, a representação, o poder que que é exercido pelo representante de modo a produzir efeitos na esfera jurídica do representado. A declaração de vontade que o representante realize nesta qualidade, produz efeitos perante o representado, constituindo, modificando ou extinguindo relações jurídicas de que participe. É o que dispõe o art. 116 do Código Civil: "Art.

116. A manifestação de vontade pelo representante, nos limites de seus poderes, produz efeitos em relação ao representado."

O exercício deste poder, contudo, não é livre. Estará vinculado a certas finalidades para as quais tenha sido outorgada representação; em termos gerais, é reconhecido um dever de lealdade do representante em relação aos interesses do representado. A relação de cooperação que caracteriza a representação implica o desenvolvimento de deveres específicos, em especial do representante em vista do representado. Há o dever do representante de informar e prestar contas ao representado, bem como atuar com diligência ordinária na representação dos interesses que lhe são confiados. Do mesmo modo, há de ser reconhecido um dever de lealdade do representante com o representado, orientando sua atuação segundo a fidelidade ao interesse que lhe foi confiado (não se desviando sua atuação para outros fins).

Da mesma forma, pode ser que deva se comportar – especialmente nos casos de representação voluntária – mediante instruções, ou em acordo com obrigações assumidas com o representado em razão do mandato. Se a representação é para gerir interesses de que resultem vantagens ao representado, o representante tem o dever, inclusive, de prestar contas (art. 668 do Código Civil). Pode ocorrer, por outro lado, que em certas situações o exercício do poder de representação não se dê no interesse do representado (ou ao menos, não exclusivamente), como é o caso em que o representante tenha sido constituído para atuar em causa própria, para realização de ato, em nome do representado, mas no seu interesse (e.g. transmissão da propriedade de um imóvel para o seu próprio nome), caso em que a própria lei confere efeitos específicos visando à preservação do interesse que predomina (art. 635 do Código Civil).

A manifestação de vontade do representante que produz efeitos em relação ao representado será aquela realizada *nos limites de seus poderes*. Isso implica em que, se o representante manifestar vontade no estrito exercício dos seus poderes de representação, os efeitos desta manifestação não se produzem sobre si, ou em relação aos seus interesses, mas exclusivamente na esfera jurídica do representado. O representante não será parte do negócio jurídico, cuja declaração de vontade emitiu nesta qualidade; todos os efeitos aquisitivos, modificativos ou extintivos de direitos, ou a constituição de obrigação vinculam o representado, que também responderá por eventual infração aos efeitos que decorram da relação jurídica em questão.

Porém, outras duas situações podem surgir daí: a) a primeira, em que o representante realiza atos em nome do representado, para os quais não tenha poderes conferidos por ele (excesso de poder); b) a segunda, na qual pratica atos nos limites dos poderes que lhe foram conferidos, porém de modo contrário aos interesses reconhecidos do representado (conflito de interesses).

Se o representante exorbita seus poderes, praticando atos que o título da representação não admite, estes não obrigam o representado. No caso de representação voluntária, o art. 665 do Código Civil dispõe que o "mandatário que exceder os poderes do mandato, ou proceder contra eles, será considerado mero gestor de negócios, enquanto o mandante lhe não ratificar os atos." A ratificação pelo *dominis negoti* titular do interesse objeto do ato estará previsto nas regras pertinentes à gestão de negócios, em especial o art. 873 do Código Civil, que dispõe: "A ratificação pura e simples do dono do negócio retroage ao dia do começo da gestão, e produz todos os efeitos do mandato".[164] Por outro lado, o representante responde pelos atos praticados que excedam os poderes conferidos pelo representado. Esta responsabilidade abrange as perdas e danos devidas ao próprio representado e para aquele com quem tratou em nome deste, exorbitando os poderes de representação concedidos.

---

[164] Caio Mário da Silva Pereira, Instituições de direito civil, v. I, p. 519.

Já as situações de conflito de interesses entre o representante e o representado conferem a este o direito de anular o negócio jurídico, se demonstrar que era de conhecimento daquele com quem tratou. Estabelece o art. 119 do Código Civil: "É anulável o negócio concluído pelo representante em conflito de interesses com o representado, se tal fato era ou devia ser do conhecimento de quem com aquele tratou." O conflito de interesses, neste caso, deve ser demonstrado, porque o representante contrariou orientações ou determinações do representante, ou a própria finalidade dos atos que deveria praticar e que constavam no título da representação. Por outro lado, é pressuposto para reconhecer o direito à anulação que aquele com quem foi celebrado o negócio jurídico saiba ou devesse saber acerca do conflito; vale dizer, sabia ou deveria saber qual o interesse do representado, de modo a identificar seu contraste com a manifestação do representante. Trata-se de fato a ser provado, tutelando-se, por outro lado, a confiança legítima daquele que celebrou negócio com representante crendo na regularidade do exercício da representação (confiança despertada pela aparência de regularidade). O direito de anular o ato, neste caso, pelo representado ou interessado (e.g. seus herdeiros), decai em 180 dias, a contar da conclusão do negócio ou da cessação da incapacidade (art. 119, parágrafo único, do Código Civil).

Outra situação é a que o representante aja com dolo no exercício da representação, visando celebrar negócio jurídico não querido pelo representado. Neste caso, a par da anulação do negócio, tratando-se de dolo do representante legal, o representado também poderá responder perante o prejudicado, porém apenas pelo proveito que obteve com o negócio anulado; sendo o caso de representação voluntária (convencional), o representado responderá solidariamente com o representante pelas perdas e danos devidas ao prejudicado, sob o fundamento na presunção de culpa na escolha daquele que atuou em seu nome e causou dano (*culpa in elegendo*), conforme dispõe o art. 149 do Código Civil.

8.4. Aparência de representação

Nos negócios jurídicos celebrados com representante, aquele que com ele trata confia na regularidade dos poderes de representação que o legitima a declarar vontade no lugar do representado. O Código Civil, inclusive, dispõe sobre o dever de o representante fazer prova de que atua em nome do representado, e sobre a qualidade e a extensão de seus poderes, sob pena de responder pelo excesso (art. 118, do Código Civil: "O representante é obrigado a provar às pessoas, com quem tratar em nome do representado, a sua qualidade e a extensão de seus poderes, sob pena de, não o fazendo, responder pelos atos que a estes excederem.").

A proteção da confiança da parte que acredita tratar com o representante, deste modo, coloca em destaque diversas situações de aparência de representação. A primeira delas é a que a doutrina denomina de representação sem poderes (*falsus procurator*), na qual quem age como representante não tem poderes de representação, ou porque não lhe foram outorgados, ou tendo sido, cessaram ou se exauriram. Diferencia-se das situações em que há outorga de representação, mas o representante excede em seus atos os poderes que lhe foram conferidos.[165] É assente que o tema se resolve no plano da eficácia.[166] Não há norma que decrete sua nulidade, nem que proíba. Trata-se de situação na qual é a eficácia do negócio que se sujeita à ratificação daquele em nome de quem foi celebrado. No caso do representante que age excedendo os poderes de

---

[165] Mairan Gonçalves Maia Júnior, A representação no negócio jurídico.2ª ed. São Paulo: RT, 2004, p. 154-155.
[166] Francisco Cavalcante Pontes de Miranda, Tratado de direito privado, t. III. São Paulo: RT, 2012, p. 280; Mairan Gonçalves Maia Júnior, A representação no negócio jurídico, cit., p. 157-158.

representação, é a solução expressa do Código Civil (art. 665 c/c art. 873, já mencionados). A ratificação, neste caso, produz efeito retroativo, desde a data em que o ato foi praticado (*ex tunc*). A proteção da confiança de quem celebra negócio com aquele que se apresenta, mesmo sem poderes, como representante, supõe a caracterização da boa-fé subjetiva, crença fundada em circunstâncias de fato, e na própria conduta do que se identifica como representante, e também do que acredita ser o representado.

Outras são as situações de atuação do representante em excesso ou abuso de poder. *Excesso*, quando sua atuação esteja além dos poderes de representação conferidos. *Abuso*, quando exerça os poderes conferidos pelo representante em desvio de finalidade para o qual foram conferidos. Ao representante cumpre, antes de tudo, dar ciência para aquele com quem está tratando, que o faz em representação dos interesses do representado (*contemplatio domini*).[167] Há um dever do representante de provar às pessoas com quem tratar em nome do representado, sua qualidade e a extensão de seus poderes, sob pena de, não o fazendo, responder pelos atos que a estes excederem (art. 118 do Código Civil).

A responsabilidade do representante pelo excesso de poderes corresponde, igualmente, no caso da representação voluntária fundada em negócio de mandato, na responsabilidade do representado apenas se promete ratificar os atos praticados. Dispõe o art. 673 do Código Civil: "Art. 673. O terceiro que, depois de conhecer os poderes do mandatário, com ele celebrar negócio jurídico exorbitante do mandato, não tem ação contra o mandatário, salvo se este lhe prometeu ratificação do mandante ou se responsabilizou pessoalmente." Neste caso, note-se que o conhecimento do terceiro sobre os poderes de representação e seus limites, só atrai a responsabilidade do representado na hipótese deste prometer ratificação dos atos praticados pelo representante em seu nome. A confiança que atrai a responsabilidade do representado não se dá em razão da qualidade ou do ato imputável ao representante, mas da promessa de ratificação.

8.5. Negócio jurídico consigo mesmo

Negócio jurídico consigo mesmo é termo que designa a situação em que o representante, nesta qualidade, celebra negócio jurídico no qual também atua como parte. Será referido também pela doutrina como "contrato consigo mesmo" ou "autocontrato". A expressão negócio jurídico consigo mesmo, contudo, tem vantagem, em especial por abranger também negócios jurídicos unilaterais que venham a ser celebrados, como é o caso da emissão de título cambial ou seu aceite pelo representante, em nome do representado.[168] Trata-se de situação que evidencia o risco de conflito de interesses,[169] uma vez que no exercício dos poderes de representação, o representante deve declarar vontade no lugar e no interesse do representado, e como parte do negócio jurídico, declarará vontade em acordo com seu próprio interesse.

A origem do contrato consigo mesmo e sua utilidade é reputada à atividade mercantil na Idade Moderna, em que especialmente os bancos eram autorizados por seus clientes comercian-

---

[167] Emilio Betti, *Teoria generale del negozio giuridico*. Camerino: Edizione Scientifiche Italiane, 2002, p. 573; Mairan Gonçalves Maia Júnior, A representação no negócio jurídico, cit., p. 129.
[168] José Carlos Moreira Alves, Considerações sobre a disciplina do negócio jurídico consigo mesmo no novo Código Civil. Revista do advogado, v. 28, n. 98. São Paulo, jul./2008, p. 7-11. A Súmula 60 do STJ refere: "É nula a obrigação cambial assumida por procurador do mutuário vinculado ao mutuante, no exclusivo interesse deste". Da mesma forma a Súmula 476 do STJ, quanto a extensão dos efeitos do endosso-mandato: "O endossatário de título de crédito por endosso-mandato só responde por danos decorrentes de protesto indevido se extrapolar os poderes de mandatário".
[169] José Paulo Cavalcanti, O contrato consigo mesmo. Rio de Janeiro: Freitas Bastos, 1956, p. 39.

tes, a celebrarem negócios consigo para emissão de títulos representativos de dívida, visando facilitar o fluxo de capitais. O risco de conflito de interesses, mesmo potencial, fundamenta restrições a figura, animadas pelo velho brocardo romano *dificille este, ut unus homo duorum vicem sustineat* ("É difícil que uma pessoa só faça as vezes de duas"), que porém não divisavam os problemas aqui percebidos, originários da moderna teoria da representação. Sua utilidade, contudo, é inegável, em especial para prestar agilidade e simplificação à realização dos interesses do representado e do representante.

É variado o modo como os diferentes sistemas jurídicos dispõem sobre o negócio jurídico celebrado pelo representante consigo mesmo. No direito brasileiro, o art. 117 do Código Civil dispõe que "salvo se o permitir a lei ou o representado, é anulável o negócio jurídico que o representante, no seu interesse ou por conta de outrem, celebrar consigo mesmo." Admite-se, portanto, a possibilidade do negócio jurídico celebrado pelo representante, nesta qualidade, consigo mesmo, em duas situações: a) havendo permissão legal; e b) havendo permissão do representado. No primeiro caso, tem-se as procurações outorgadas *in rem suam* (em causa própria), pela qual o representado confere poderes ao representante para que realize o negócio nesta qualidade, visando contemplar seu próprio interesse. O art. 685 do Código Civil define: "Conferido o mandato com a cláusula "em causa própria", a sua revogação não terá eficácia, nem se extinguirá pela morte de qualquer das partes, ficando o mandatário dispensado de prestar contas, e podendo transferir para si os bens móveis ou imóveis objeto do mandato, obedecidas as formalidades legais." É relativamente comum em situações de alienação de imóveis, na qual o promitente vendedor outorga procuração ao promitente comprador para que celebre, em seu nome, o negócio jurídico definitivo, por intermédio de escritura pública, e leve a registro. Nestas hipóteses, contudo, se diz que há mandato, sem representação.

Da mesma forma, note-se que são duas as hipóteses de negócios jurídicos consigo mesmo previstas no art. 117. A primeira, na qual o representante celebra negócio jurídico nesta qualidade e consigo mesmo, **no seu próprio interesse** – vale dizer, negócio ao qual se vincula pessoalmente, com repercussões no seu próprio patrimônio. Outra a situação em que o negócio jurídico será celebrado por representante **por conta de outrem**, hipótese em que o exerce os poderes de representação em relação a dois ou mais representados, e em seus respectivos nomes celebra negócio jurídico (a que se denomina dupla representação). Assim é o exemplo daquele que é representante comum do comprador e do vendedor na compra e venda, e celebra o negócio jurídico em nome de ambos.

Assiste ao representado o direito de anular o negócio jurídico celebrado pelo representante consigo mesmo na ausência de previsão legal, e no caso de não ter dado sua permissão (*rectius* autorização). Nesta hipótese, a ausência de permissão do interessado é suficiente para dar causa à anulação, sendo dispensada a prova da existência de prejuízo. O parágrafo único do art. 117, do Código Civil, por sua vez, estende os efeitos da restrição aos negócios jurídicos consigo mesmo também aos casos em que o representante tenha substabelecido os poderes de representação de que seja titular a outra pessoa, de modo a celebrá-lo com ela, na qualidade de representante, em nome do representado. A regra, com incidência nas hipóteses de representação voluntária, visa reforçar o direito de anulação previsto no *caput*, ademais porque o substabelecimento a uma terceira pessoa tem sua origem no poder de representação do representante originário. Impede, contudo, interpretação com o propósito de contornar a restrição legal, pela distinção entre as pessoas celebrantes do negócio jurídico, assinalando que sua legitimação para o negócio decorre da mesma fonte – os poderes de representação conferidos pelo representado – seja diretamente (o representante original), seja indiretamente (aquele que for substabelecido). O negócio que venham a celebrar ambos como representantes da mesma pessoa, será considerado celebrado consigo mesmo, para efeito de conferir ao representado o direito de promover sua anulação, nos termos do art. 117, *caput*, do Código Civil.

Nos contratos de consumo há expressa proibição em relação às denominadas cláusulas mandato insertas no negócio jurídico, assim definidas aquelas que "imponham representante para concluir ou realizar outro negócio jurídico pelo consumidor", caso em que serão reputadas nulas (art. 51, VIII, do CDC).

9. MODALIDADES E EFICÁCIA DO NEGÓCIO JURÍDICO: CONDIÇÃO, TERMO E ENCARGO

A eficácia do negócio jurídico se produz, como regra, desde sua constituição válida. Contudo, poderá ser subordinada à disposições que resultem da declaração de vontade das partes, que passam a integrar o negócio jurídico dispondo sobre seus efeitos. Tais disposições convenciona-se denominar elementos acidentais do negócio jurídico, justamente pelo caráter eventual com que podem figurar no negócio. Uma vez integrando, por deliberação das partes, o conteúdo do negócio jurídico, serão dele indissociáveis.

São considerados elementos acidentais do negócio jurídico a condição, o termo e o encargo. O modo como se vinculam ao negócio varia. Enquanto a condição e o termo são disposições que, segundo a vontade das partes, passam a integrar o negócio e subordinar os efeitos que produza – de modo que se o evento da realidade que prevejam se realize, deflagram-se ou extinguem-se os efeitos, conforme o caso – no caso do encargo (ou modo) ele só suspenderá os efeitos (aquisição e exercício do direito), se expressamente imposto no negócio jurídico como condição suspensiva (art. 136 do Código Civil). Nos negócios jurídicos que tenham seus efeitos subordinados a condição ou termo, diz-se que integram a própria declaração de vontade. Quando o declarante define o conteúdo do negócio e seus efeitos, e determina que serão produzidos se realizar-se determinado evento, a partir de tal instante, ou por certo tempo, delimita o próprio conteúdo da declaração. Daí porque Pontes de Miranda sugere denominá-los *disposições inexas* ao negócio jurídico.[170] Já o encargo se compreende como uma segunda declaração que é externa à primeira, impondo um ônus àquele que se beneficia do negócio jurídico. Trata-se de liberalidade que aquele que se beneficia dos efeitos do negócio aceita para a fruir dos efeitos. Ou não aceita ou não cumpre, e os efeitos do negócio jurídico a que está vinculado se extinguem. Esta distinção entre o encargo e o negócio jurídico a que esteja vinculado se vê quando sua eventual ilicitude não contamina ou torna inválido o negócio (o encargo será considerado não escrito, preservando-se o negócio jurídico e seus efeitos), dando causa à invalidade apenas quando constituir seu motivo determinante (art. 137 do Código Civil). Esta diferenciação faz com que se denomine, a diferença dos outros elementos mencionados, *disposição anexa* ao negócio jurídico.[171]

9.1. Condição

A expressão *condição* pode ser tomada em sentidos diversos. Tanto expressa, em termos genéricos, o conteúdo do negócio jurídico (e especialmente do contrato), quando se refere a "condições contratuais" ou "condições gerais do contrato", quanto se refere a ela como o evento

---

[170] Francisco Cavalcante Pontes de Miranda, Tratado de direito privado, t. XV. Atual. Marcos Bernardes de Mello e Marcos Erhardt Júnior. São Paulo: RT, 2012, p. 159 e ss.
[171] Francisco Cavalcante Pontes de Miranda, Tratado de direito privado, t. XV. Atual. Marcos Bernardes de Mello e Marcos Erhardt Júnior. São Paulo: RT, 2012, p. 273 e ss.

futuro a que se subordinam efeitos do negócio jurídico. A *condictio* romana também tem acepção ampla, associada ao que hoje se reconhece como causa (ou ausência de causa) para certas pretensões de restituição.[172] Por fim, o sentido técnico, como *elemento acidental do negócio jurídico*, resultando da declaração de vontade das partes para subordinar certos efeitos a sua ocorrência, sem prejuízo de haver efeitos a eventos futuros previstos por lei. Neste sentido, será identificada tanto com a *disposição negocial em si*, quanto com o *evento* a que ela se refira.

A condição é a disposição inserta no negócio jurídico prevendo evento futuro e incerto ao qual se subordina sua eficácia. Dispõe o art. 121 do Código Civil: "Considera-se condição a cláusula que, derivando exclusivamente da vontade das partes, subordina o efeito do negócio jurídico a evento futuro e incerto." A realização deste evento futuro e incerto, no plano da realidade, identifica-se como o implemento da condição prevista no negócio jurídico, cuja disposição incide para deflagrar os efeitos contidos que aguardavam sua realização, ou extingui-los, na hipótese em que deveriam se produzir, de acordo com a declaração de vontade, apenas até a realização do evento futuro e incerto em questão. A função da condição é submeter os efeitos do negócio jurídico, que como regra se produziriam desde a celebração, a evento futuro e incerto a que se refira a declaração negocial. É correto afirmar, portanto, que resulta do exercício da autonomia privada,[173] permitindo às partes a regulamentação dos próprios interesses frente à incerteza, quando da celebração do negócio jurídico, sobre o futuro. Apostas no negócio jurídico, servem à função de acautelar as partes sobre este desenvolvimento futuro da realidade e dos riscos que lhe são próprios.

Registre-se que a referência à vontade das partes distingue as condições que se caracterizem propriamente como elemento acidental do negócio jurídico, ao integrarem a declaração de vontade que o conforme, das subordinações a eventos ou características do negócio que preveja a lei (que é requisito para sua validade ou eficácia, *conditio iuris*). Neste caso, denominam-se *conditio iuris* elementos previstos em lei e que caracterizam certos negócios jurídicos, ou que configuram requisitos para sua celebração. No Código Civil de 1916, regra expressa (art. 117) previa: "Não se considera condição a cláusula que não derive exclusivamente da vontade das partes, mas decorra necessariamente da natureza do direito, a que acede".[174] É o caso em que se condiciona a entrega da coisa no depósito, a gratuidade do comodato ou a escritura pública na compra e venda de imóvel. São elementos que caracterizam estes negócios jurídicos, sem os quais eles não se formam. Da mesma forma, consideram-se *conditio iuris* os fatos eventuais e futuros previstos em lei que subordinam certo efeito a sua realização, caso do pacto antenupcial, cuja eficácia depende da realização futura do casamento.

Caracteriza a condição como elemento acidental do negócio jurídico, tratar-se de disposição que, ao integrar a declaração de vontade negocial, tem sua realização estranha às partes do negócio jurídico, a ocorrer no futuro, sem que, no entanto, possa haver certeza sobre sua realização. Dizer-se que sua realização é estranha às partes significa que não é algo que possa ser determinado depois da constituição do negócio jurídico, pela atuação exclusiva de qualquer uma delas. Se qualquer dos sujeitos do negócio jurídico atuar maliciosamente para impedir a

---

[172] Max Kaser; Rolf Knütel, *Römisches Privatrecht*. 20. Auflage. München: Verlag C.H.Beck, 2014, p. 290-291; Fritz Schwarz, Die Grundlage der condictio im klassischen Romischen Recht. Münster/Köln: Böhlau, 1952, p. 64 e ss; 286-287; Jean Gaudemet, Emmannuelle Chevreau, Droit privé romain. 3ª ed. Paris: Montchrestien, 2009, p. 286-287.

[173] Joaquim de Sousa Ribeiro, O problema do contrato: as cláusulas contratuais gerais e o princípio da liberdade contratual. Coimbra: Almedina, 1999. p. 21; Carlos Alberto da Mota Pinto, Teoria geral do direito civil, 3ª ed. Coimbra: Coimbra Editora, 1996, p. 555-556.

[174] Carlos Alberto Dabus Maluf, As condições no direito civil. 2ª ed. São Paulo: Saraiva, 1991, p. 82-83.

realização do evento ou favorecer sua ocorrência, conforme lhe beneficie, o direito vai impedir que se produzam os efeitos pretendidos (art. 129 do Código Civil).

Por outro lado, ao deixar pendente a eficácia do negócio jurídico ou, ao contrário, sua preservação no tempo, a condição se caracteriza também por ser disposição sobre o futuro, é evento futuro. Isso significa, de um lado, que deve ser real e efetiva a possibilidade de que venha a se realizar em momento posterior ao da constituição do negócio jurídico que integra.

A realização do evento previsto como condição deve ser incerta. A incerteza sobre sua realização é o que a distingue, inclusive, do outro elemento acidental do negócio jurídico, o termo. *Incerteza* implica que haja possibilidade que ocorra – não pode ser impossível, o que lhe retira a dúvida de que possa ocorrer ou não –, e também não pode ser algo que necessariamente ocorrerá, ou como já referimos, dependa exclusivamente de uma das partes. A incerteza pode se dar sobre: a) se o evento se realizará e quando ocorrerá (*incertus an incertus quando*); b) se o evento se realizará, mas se ocorrer, deverá se dar em certo período (*incertus an certus quando*).[175] Mesmo fatos cuja ocorrência é necessária, se delimitado o período de tempo em que deverá ocorrer, torna-se incerto quanto ao momento do evento (e.g. a morte como condição para que determinado negócio jurídico produza efeitos).

Certos negócios jurídicos, por sua natureza, não irão admitir ser subordinados a condição, especialmente, por rejeitarem a possibilidade de ter seus efeitos pendentes. Apenas para mencionar alguns exemplos, no direito de família é insuscetível de subordinar-se a condição o casamento ou a união estável, assim como os atos jurídicos *stricto sensu* de reconhecimento de filiação, a aceitação da tutela ou curatela, a emancipação, ou os atos inerentes ao exercício do poder familiar. O mesmo se diga, no âmbito do direito das sucessões, da aceitação e renúncia de herança (art. 1.898 do Código Civil) ou do legado, a aceitação, ou a impugnação de inventariante ou testamenteiro. Refira-se, ainda, a emissão de título de crédito (que é negócio jurídico unilateral), os negócios jurídicos de constituição de pessoa jurídica, o ato de interpelação. Justificam a impossibilidade de estarem submetidos a condição, tanto a própria função dos institutos e a necessidade de estabilidade dos seus efeitos jurídicos, quanto imperativos ético-jurídicos que os informam.

9.1.1. Espécies de condições

A classificação sobre as várias espécies de condição respeitam distintos critérios. Relacionam-se os principais a seguir.

9.1.1.1. Condições suspensivas e resolutivas

Tratando-se de disposições que integram o negócio jurídico e subordinam seus efeitos a evento futuro e incerto, distinguem-se as condições em suspensivas e resolutivas conforme repercutam sobre sua eficácia.

Condição suspensiva é a disposição inserida no negócio jurídico prevendo evento futuro e incerto que, até que se realize, impede que se produzam os efeitos subordinados a ele. No direito romano, apenas as condições suspensivas eram reconhecidas insertas no próprio negócio, sendo as resolutivas, resultado da jurisprudência. Três as situações: a) estado de pendência, enquanto não se realiza o evento futuro (*conditio pendet*); b) o implemento da condição (*conditio existit*);

---

[175] Caio Mário da Silva Pereira, Instituições de direito civil, v. I. 28ª ed. Rio de Janeiro: Forense, 2014, p. 466-467.

c) a não-realização da condição, sua frustração (*condtio deficit*).[176] Pendente a condição (*conditio pendet*), não se produzem os efeitos; implementada a condição (*conditio existit*), adquire-se o direito; deixando de se realizar a condição, nenhum efeito se produz, considerando-se como se não tivesse havido qualquer estipulação. Assim, por exemplo, no seguro, determinado efeito, que é o direito do segurado à indenização securitária, fica subordinado à ocorrência dos eventos qualificados como sinistro no respectivo contrato, do qual resultam os danos indenizáveis passíveis de cobertura securitária.

O art. 125 do Código Civil dispõe: "Subordinando-se a eficácia do negócio jurídico à condição suspensiva, enquanto esta se não verificar, não se terá adquirido o direito, a que ele visa." Ou seja, na situação de pendência da condição o efeito de aquisição do direito pelo titular não se produz, há apenas expectativa de direito. A tutela da expectativa não permite o exercício do direito que ainda não se adquiriu (e que pode nunca vir a ser adquirido se o evento futuro e incerto previsto não se realizar),[177] porém se admite que o interessado pratique atos visando à preservação do seu interesse como os que visem, por exemplo, interromper a prescrição, ou a realização de atos de registro que assegurem a certeza sobre a situação jurídica e sua oponibilidade a terceiros, sem prejuízo de medidas processuais visando à proteção do objeto da expectativa (e.g. sequestro ou arresto de bens). Neste sentido, dispõe o art. 130 do Código Civil: "Art. 130. Ao titular do direito eventual, nos casos de condição suspensiva ou resolutiva, é permitido praticar os atos destinados a conservá-lo."

A tutela da expectativa (direito expectativo) do mesmo modo, resulta da rejeição ao comportamento de qualquer dos sujeitos do negócio que vise impedir ou dificultar a ocorrência da condição, o que será incompatível com a boa-fé (art. 129 do Código Civil).[178] Em relação ao negócio jurídico celebrado sob condição suspensiva, o art. 126 do Código Civil impede o sujeito que tiver declarado vontade negocial dispondo sobre uma coisa sob condição suspensiva, de realizar na sua pendência, novas disposições que forem com ela incompatíveis. Trata-se de norma que incide, sobretudo, sobre atos de disposição, de modo a impedir que os efeitos relativos à posse ou à propriedade do bem objeto do negócio jurídico, e subordinado à condição, sejam impedidos por novas disposições realizadas no exercício do poder de disposição. Assim, se o bem é doado sob condição suspensiva, e em seguida sobre ele se constitua garantia real, esta torna-se ineficaz, implementada a condição. Embora defina limites específicos aos atos e negócios jurídicos de disposição, destaca também o reconhecimento, pela lei, da retroatividade da condição suspensiva, ainda que com limites.[179]

O tema da retroatividade das condições é objeto de vivo dissenso na tradição jurídica, desde o direito romano. O examinamos adiante, porém permitindo já notar que por força de lei, ao dispor sobre a ineficácia das disposições incompatíveis com a condição suspensiva, no caso dela se realizar, desde logo admite o legislador a possibilidade de retroação dos efeitos à

---

[176] Frederick J. Tomkins; Henry D. Jencken, A compendium of modern roman law. London:Butterworths, 1870, p. 74; Max Kaser, Rolf Knütel, *Römisches Privatrecht*. 20. Auflage. München: Verlag C.H.Beck, 2014, p. 77.

[177] Assim, por exemplo, o art. 803, III, do Código de Processo Civil dispõe que "é nula a execução se (...) III – for instaurada antes de se verificar a condição ou de ocorrer o termo".

[178] Manfred Wolf; Jörg Neuner, Allgemeiner Teil des Bürgerlichen Rechts. 10 Auf. München: C.H. Beck, 2012, p. 650.

[179] Assim sustenta Clóvis Beviláqua comentando o art. 122 do Código Civil de 1916, com o mesmo texto: Clóvis Beviláqua, Código Civil dos Estados Unidos do Brasil comentado, v. 1. São Paulo: Francisco Alves, 1959, p. 304.

data da constituição do negócio jurídico. Conforme bem assinala a doutrina,[180] é no momento da celebração do negócio jurídico subordinado à condição suspensiva que se define sobre sua existência e validade, ainda que seus efeitos se verifiquem depois. Assim, se alguém celebra negócio jurídico para alienar ou adquirir, mas subordina os efeitos da transmissão da propriedade à verificação de condição suspensiva, realizada esta, será da data da constituição que se determina o princípio da prioridade para efeito da preferência em relação a outras situações jurídicas que se constituírem sobre o bem (*prior in tempore potior in jure*). Por outro lado, perecendo a coisa na pendência da condição, as consequências serão do alienante, considerando que o direito ainda não foi adquirido, não se transferindo o domínio e, deste modo, tampouco os riscos da coisa (*res perit domino*). Perecendo a coisa por ato ilícito cometido pela parte titular da coisa, esta responderá pela lesão à expectativa jurídica do expectante (titular da expectativa), que terá inclusive pretensão de indenização, quando se verifique a condição.

Já a condição resolutiva é a disposição inserida no negócio jurídico prevendo evento futuro e incerto que, caso se realize, extingue os efeitos que estejam subordinados a ele. No negócio jurídico com condição resolutiva, os efeitos jurídicos se produzem desde a celebração, adquirindo as partes os direitos a ele relacionados. Realizando-se o evento previsto na condição resolutiva, extinguem-se os efeitos a ela subordinados. Neste caso, pode se referir a certos efeitos, como pode o negócio como um todo ser extinto. A extinção dos efeitos abrange tanto aqueles que beneficiam diretamente um dos sujeitos do negócio jurídico, quanto terceiros se for o caso, retornando as partes ao estado anterior.

Dispõe o art. 127 do Código Civil: "Art. 127. Se for resolutiva a condição, enquanto esta se não realizar, vigorará o negócio jurídico, podendo exercer-se desde a conclusão deste o direito por ele estabelecido." Os efeitos que se subordinem à condição resolutiva, neste caso, se extinguem retroagindo, observados certos limites, ao momento da constituição do negócio. Neste sentido, dispõe o art. 128 do Código Civil: "Art. 128. Sobrevindo a condição resolutiva, extingue-se, para todos os efeitos, o direito a que ela se opõe; mas, se aposta a um negócio de execução continuada ou periódica, a sua realização, salvo disposição em contrário, não tem eficácia quanto aos atos já praticados, desde que compatíveis com a natureza da condição pendente e conforme aos ditames de boa-fé." Assim, por exemplo, no caso em que o negócio jurídico é de disposição, tendo por efeito a transmissão do domínio sob condição resolutiva, verificando-se ela, a propriedade retorna à titularidade do alienante. Da mesma forma, os efeitos de que porventura tenham se beneficiado terceiros se extinguem, sendo oponível a estes a condição resolutiva desde que conste de registro público. Todavia, preservam-se os atos de administração, ou que resultem da posse de boa-fé do titular do bem no período em que se produziam os efeitos posteriormente extintos. Da mesma forma, tratando-se de negócios jurídicos de execução continuada ou periódica, cujas prestações e contraprestações se sucedem no tempo, sendo percebidas e aproveitadas pelas partes, a verificação da condição resolutiva preserva, salvo disposição em contrário, os atos já praticados, exigindo que sejam compatíveis com a própria condição pendente e com a boa-fé. Privilegia-se na solução legal a segurança jurídica em relação aos efeitos já produzidos, e cuja extinção para retorno ao estado anterior implicaria não apenas custos, mas a própria incerteza e eventual comprometimento da utilidade do negócio jurídico no tempo em que os efeitos se produziam. Trata-se de operar efeitos comuns de resolução (desde o momento em que se verifique sua causa, *ex nunc*), observada sua compatibilidade com a boa-fé.

---

[180] Caio Mário da Silva Pereira, Instituições de direito civil, v. I, p. 474-475.

Por fim, refira-se distinção que é da tradição do direito, entre a condição resolutiva *expressa* e a *tácita*. A rigor, se trata de distinção com utilidade para as relações obrigacionais, e que estava presente no Código Civil anterior. *Condição resolutiva expressa* é a que é explicitada na declaração de vontade que integra o negócio jurídico; *condição resolutiva tácita* é a que se presume, mesmo quando não expressa. No antigo direito romano, a compra e venda contava com cláusula segundo a qual sua resolução se operava de pleno direito frente ao inadimplemento do preço pelo adquirente. Em outros contratos, por construção pretoriana, reconheceu-se uma *condictio* pela qual o credor que sofresse o inadimplemento não necessitava realizar sua prestação. A partir daí, o refinamento da fórmula ao longo do tempo permitiu identificar-se certa vontade presumida das partes, frente ao descumprimento do contrato pela outra (espécie de cláusula resolutiva tácita). Tomada como condição, foi prevista no Código Civil de 1916, junto a disciplina da condição, na parte geral (art. 119, parágrafo único).[181] Objeto de disposição legal, neste sentido, não será condição em sentido técnico, mas *conditio iuris*, com os efeitos que a norma deve fixar. No Código Civil de 2002, mais apropriado considerou-se remeter a regra para a disciplina das obrigações (art. 474).[182] Segundo autorizada doutrina, não se trataria de autêntica condição.[183] De qualquer modo, sendo expressa e de conhecimento das partes, a condição resolutiva da obrigação opera de pleno direito, independentemente de qualquer providência adicional do credor. Sendo condição resolutiva tácita, dependerá da interpelação judicial.

9.1.1.2.   Condições casuais e condições potestativas

Consideradas as condições como evento futuro e incerto, deve-se também considerar de que modo a vontade das partes do negócio jurídico repercute na sua verificação. Segundo este critério, distinguem-se as condições em casuais e potestativas. Serão **casuais** as condições que disponham sobre evento futuro e incerto sobre o qual a vontade das partes do negócio jurídico não tenha qualquer interferência para sua verificação. Em outros termos, a vontade das partes não controla, sequer minimamente, a realização do evento, tratando-se como regra, de fatos naturais ou outros completamente alheios ao poder de interferência das partes (e.g. "se o animal procriar, será vendida sua prole"; "se tal lei for editada, certo efeito previsto pelas partes se produzirá"; "será contratado se o visto de trabalho for concedido").

As condições potestativas, por sua vez, se distinguem em *condições meramente potestativas* e *condições puramente potestativas*. **Condições meramente potestativas** (ou simplesmente potestativas) são aquelas cuja ocorrência do evento que dispõe depende apenas parcialmente da vontade de uma das partes, ou seja, depende da vontade, porém associada a algum fato que influa "a algum motivo, ação, conveniência, acontecimento."[184] (e.g. "se a parte for convidada e aceitar"). As **condições puramente potestativas**, de sua vez, são aquelas em que a realização do evento que caracteriza a condição subordina-se exclusivamente à vontade da parte que decide, segundo seu arbítrio, implementá-la ou não (é o caso da confissão de dívida cujo ven-

---

[181]   Assim o art. 119, parágrafo único, do Código Civil de 1916: 'A condição resoluta da obrigação pode ser expressa, ou tácita; operando, no primeiro caso, de pleno direito, e por interpelação judicial, no segundo."
[182]   Dispõe o art. 474 do Código Civil de 2002: "A cláusula resolutiva expressa opera de pleno direito; a tácita depende de interpelação judicial."
[183]   Miguel Maria de Serpa Lopes, Curso de direito civil, v. I. Rio de Janeiro: Freitas Bastos, 1988, p. 438; Caio Mário da Silva Pereira, Instituições de direito civil, v. I, p. 477.
[184]   Zeno Veloso, Condição, termo e encargo. São Paulo: Malheiros, 1997, p. 27.

cimento da obrigação fique exclusivamente ao arbítrio do devedor;[185] ou deixa ao arbítrio de uma das partes a decisão sobre a celebração de negócio que produz efeitos para os demais).[186] São também definidas pela cláusula *si volam* ("se eu quiser"), caso em que, por se tratarem de condições que subordinam-se apenas à vontade exclusiva de uma das partes, elimina a incerteza que deve caracterizar o evento, razão pela qual serão consideradas inválidas, porque ilícitas (art. 123, II, do Código Civil).

9.1.1.3. Condições lícitas ou ilícitas, possíveis ou impossíveis. Condições contraditórias

Assim como é estabelecido em relação ao objeto do negócio jurídico, também em relação às condições exige a lei que sejam lícitas e possíveis. Não poderia ser diferente, considerando se tratarem de disposições que, se contidas na declaração de vontade das partes, integra o negócio jurídico com o fim de determinar os efeitos do seu objeto. Deste modo, é relevante a correta distinção entre as condições lícitas e ilícitas, possíveis e impossíveis.

O art. 122 do Código Civil dispõe que "São lícitas, em geral, todas as condições não contrárias à lei, à ordem pública ou aos bons costumes; entre as condições defesas se incluem as que privarem de todo efeito o negócio jurídico, ou o sujeitarem ao puro arbítrio de uma das partes." São lícitas, portanto, como regra, as condições não contrárias à lei, a ordem pública e aos bons costumes. Condições contrárias a lei se consideram as que prevejam como evento futuro e incerto ato ou fato expressamente proibido por lei, ou cujo resultado seja proibido (ex. se A matar B, origina-se o direito de A ou de C). Neste sentido, são ilícitas as condições que definem uma vantagem que decorra da realização do ato que é proibido, ou ao revés, um dano ou uma pena em razão de algo que a lei expressamente confira à parte de modo imperativo. Igualmente ilícita será a condição que preveja vantagens para atos que se devem praticar ou se abster, sem o estímulo de prêmios ou recompensa,[187] ou quando imponha uma limitação de vontade que a lei não autoriza.

A contrariedade à ordem pública e aos bons costumes é definição mais larga. *Ordem pública* diz respeito aos valores que são próprios do ordenamento jurídico, ainda que implícitos nas suas normas; bons costumes devem ser compreendidos em duas perspectivas que se interseccionam, de caráter sociológico e axiológico, de modo que são reconhecidos como valores ético-sociais dominantes que informam o exercício da autonomia privada. Nestes termos, serão contrárias à ordem pública e aos bons costumes as condições que violarem direitos fundamentais (e.g. doação feita para contemplar casamento futuro com pessoa de uma de uma determinada religião, restringindo a liberdade do nubente; ou a condição de morar com determinada pessoa). A ilicitude da condição dá causa à invalidade do negócio jurídico

---

[185] STJ, REsp 14899213/PR, Rel. Min. Marco Aurélio Belizze, j. 11/11/2014, *DJ* 20/11/2014.

[186] É conhecido o caso em que DIREITO CIVIL. CONTRATO ENTRE AGREMIAÇÕES DE FUTEBOL. VENDA DE PASSE DE JOGADOR. CLÁUSULA CONDICIONADA A EVENTO FUTURO – POTESTATIVIDADE. I – Cláusula contratual que condiciona a realização de negócio futuro à vontade e ao ilimitado arbítrio de apenas uma das partes é potestativa e, por isso, não goza de respaldo no direito positivo pátrio (Art. 115 do Cód. Civil). II – Não tem efeito jurídico, em vista de encerrar condição puramente potestativa, a cláusula contratual que, na cessão de passe do jogador de futebol, confere excessivos poderes ao cessionário, em prejuízo do cedente. Recurso conhecido e provido. (STJ, REsp 291.631/SP, Rel. Min. Castro Filho, 3ª Turma, j. 04/10/2001, *DJ* 15/04/2002). No âmbito do direito do consumidor, há regra expressa que considera nula a cláusula que "deixem ao fornecedor a opção de concluir ou não o contrato, embora obrigando o consumidor", e da mesma forma, "XI – autorizem o fornecedor a cancelar o contrato unilateralmente, sem que igual direito seja conferido ao consumidor" (art. 51, IX e XI, do CDC)

[187] Miguel Maria de Serpa Lopes, Curso de direito civil, v. I. Rio de Janeiro: Freitas Bastos, 1988, p. 434-435.

(art. 123, I, do Código Civil). O exame das restrições que se imponham, contudo, verifica-se segundo a razoabilidade e a proporcionalidade.

Da mesma forma, considera-se ilícita a condição que privar o negócio jurídico de todo o seu efeito. Trata-se de impedir a constituição de negócio jurídico cuja condição estabelecida seja contraditória com seu próprio objeto. Há contradição lógica da condição e o efeito que resulta do objeto do negócio jurídico, nestas que se denominam **condições perplexas**. Assim o exemplo: "se o bem for desapropriado pelo Estado, eu, atual proprietário, cedo seu o uso ao cessionário"; ou ainda: "se o donatário morrer antes, eu doador, transmito-lhe a propriedade". O art. 123, III, do Código Civil estabelece que a disposição de condições incompreensíveis ou contraditórias que subordinem os efeitos do negócio jurídico o tornam inválido.

Compreendem-se ainda, dentre as condições ilícitas, as que sujeitarem os efeitos do negócio *ao puro arbítrio de uma das partes*, assim entendidas as condições puramente potestativas que, sendo proibidas, quando estabelecidas no negócio jurídico, devem ser consideradas inválidas.

Distinguem-se as condições também sobre a possibilidade de ocorrência do evento futuro e incerto a que subordinam os efeitos do negócio jurídico. A incerteza que caracteriza a condição significa que o evento previsto pode ou não ocorrer. Se for impossível, desaparece a incerteza, descaracterizando a condição. A possibilidade física se dá na realidade da vida. Assim, por exemplo, é fisicamente impossível a condição de impedir-se a realização de um evento climático (não fazer coisa impossível). Ou quando se exija a comunicação entre as partes com celeridade que não permitem as características da relação, tampouco os meios disponíveis para este fim.[188] A possibilidade jurídica examina-se sob o critério de se o direito reconhece o evento futuro e incerto a que se subordina o negócio jurídico. Assim por exemplo, não pode configurar como condição que subordina efeitos do negócio jurídico a aquisição, por usucapião, da propriedade de bens públicos, o que o direito expressamente veda (art. 102 do Código Civil).

O Código Civil de 2002 distingue as consequências da aposição de condições impossíveis ao negócio jurídico. Tratando-se de condições suspensivas que sejam física ou juridicamente impossíveis, invalidarão o negócio jurídico. Aqui privilegia-se, assim como no caso das condições contraditórias (perplexas), a própria função que a condição como elemento acidental que se origina do exercício da autonomia privada deve exercer na modulação dos efeitos do negócio jurídico. Se integrando a declaração de vontade das partes, ao formar o negócio jurídico, priva-o de seus efeitos porque a condição prevista não deverá se realizar, determina o legislador que todo ele seja considerado inválido (art. 123, I, do Código Civil). É distinta a consequência para o caso de impossibilidade da condição resolutiva, cuja sanção legal define que são inexistentes ("têm-se por inexistentes", art. 124 do Código Civil). A rigor, deve-se bem compreender que se tem por não escritas as condições resolutivas impossíveis ou de não fazer coisa impossível. Deste modo, o negócio jurídico preserva todos os seus efeitos, como se a condição não tivesse sido estipulada (negócio jurídico puro).

Discute-se a impossibilidade deve ser absoluta ou relativa. *Absoluta* no sentido de afirmar-se a impossibilidade de modo objetivo, em qualquer circunstância ou relativamente a qualquer pessoa. *Relativa*, por tratar-se de evento impossível em relação às partes do negócio

---

[188] "CONTRATO DE FIANÇA. CLÁUSULA TIDA COMO NULA PELA DECISÃO RECORRIDA. CONDIÇÃO POTESTATIVA E IMPOSSÍVEL. SUBSISTÊNCIA PELO SEGUNDO FUNDAMENTO. ART. 115, 2ª ALÍNEA, 1ª PARTE, DO CÓDIGO CIVIL. Exigência constante de cláusula que implicaria em anular os efeitos do contrato (condição fisicamente impossível). Aplicação escorreita do art. 115, 2ª alínea, 1ª parte, do Código Civil. Agravo desprovido" (STJ, AgRg no Ag 213.602/RJ, Rel. Min. Barros Monteiro, 4ª Turma, j. 13/06/2000, *DJ* 21/08/2000).

jurídico cujos efeitos subordina, ainda que seja possível no tocante a outras pessoas (e.g. produzem-se os efeitos, se a parte celebrar o casamento marcado; porém esta não tem habilitação para tal).

Outra situação é o da condição possível quando da sua aposição no negócio jurídico, e que posteriormente se torna impossível. Neste caso, trata-se de requisito legal que deve ser examinado por ocasião da constituição do negócio. Tratando-se de condição que era possível no momento da celebração do negócio, será válida. Se houver impossibilidade superveniente, diz que é falha a condição, de modo que sendo o caso de condição suspensiva, reputa-se que não se realizou, deixando de produzir-se o efeito a ela subordinado. Por outro lado, se o caso é de condição impossível no momento da constituição do negócio jurídico, mas que se torna possível, será o caso de seguir-se, por coerência, o mesmo critério indicado ao objeto do negócio jurídico, cuja impossibilidade inicial não invalida (art. 105 do Código Civil). Neste sentido, sendo impossível na constituição do negócio, mas tornando-se possível posteriormente, durante sua execução – e sobretudo, realizado o evento a que se referia – reputa-se válida.[189] É a solução, aliás, preconizada pelo art. 1347 do *Codice Civile* italiano[190] que, no ponto, merece acolhida também em nosso sistema.

9.1.2. *Efeitos da condição no tempo*

Por disporem sobre os efeitos do negócio jurídico no tempo, deixando-os em suspenso desde a constituição ou extinguindo-os no futuro, a disciplina jurídica da condição põe em relevo sua própria eficácia, em especial no tocante ao momento em que é verificado o evento futuro e incerto previsto na declaração de vontade, em relação aos efeitos que produz. Em outros termos, trata-se de definir se, implementada a condição, seus efeitos deverão alcançar o momento da constituição do negócio jurídico (retroativos, *ex tunc*), ou se serão produzidos desde o momento que se verifique em diante (*pro futuro, ex nunc*). No direito romano, a retroatividade da condição resulta de modo incipiente, do período pós-clássico.[191] A retroatividade da condição desenvolve-se a partir dos glosadores (especialmente Bártolo), e depois, dos humanistas.[192] Na pandectística alemã do século XIX, conservou-se assim, com a exceção relevante de Bernhard Windscheid,[193] cujo entendimento pela não retroatividade acabou consagrado pelo BGB, determinando que os efeitos do implemento da condição retroagem apenas se o conteúdo do negócio o prever (§ 159), em que pese a relevância da posição contrária mesmo na Alemanha.[194] O direito francês expressamente consagrou a retroatividade dos efeitos da condição (art. 1176 do Code Civil), especialmente sob a inspiração da interpretação capitaneada por Pothier sobre

---

[189] No mesmo sentido sustenta Zeno Veloso, Condição, termo e encargo. São Paulo: Malheiros, 1997, p. 32-33.

[190] Assim o art. 1347 do Codice Civile: "Il contratto sottoposto a condizione sospensiva o a termine è valido, se la prestazione inizialmente impossibile diviene possibile prima dell'avveramento della condizione o della scadenza del termine." ("O contrato submetido à condição suspensiva ou a termo é válido se a prestação, inicialmente impossível, tornou-se possível antes da verificação da condição ou do vencimento do termo").

[191] Biondo Biondi, Instituzioni de diritto romano. Milano: Giuffrè, 1972, cit.

[192] António Menezes Cordeiro, Tratado de direito civil, II. Parte geral: negócio jurídico. 4ª ed. Coimbra: Almedina, 2017, p. 622.

[193] Bernhard Windscheid, Die Wirkung der erfüllten Bedingung: Eine Akademische Gelegenheitsschrift. Basel: Schweighauseriche Universitaets-Buchdruckerei, 1851, p. 3 e ss.

[194] António Menezes Cordeiro, Tratado de direito civil, II. Parte geral: negócio jurídico. 4ª ed. Coimbra: Almedina, 2017, p. 623.

o direito romano.[195] Em outros sistemas, como o direito italiano, os efeitos do implemento da condição suspensiva retroagem como regra, ao momento da celebração, exceto se o contrário for objeto de disposição expressa das partes ou em razão da natureza da relação jurídica. Da mesma forma, prevê expressamente, no caso dos contratos de execução continuada, que salvo disposição em contrário, o implemento da condição resolutiva preserva os efeitos já formados (art. 1360 do Codice Civile). No Código Civil português a retroação dos efeitos à celebração também é a regra, salvo disposição diversa das partes ou se a natureza do ato reportem a outro momento. (art. 276).

O exame da questão colocou em relevo a própria identificação do lugar da condição no negócio jurídico, se ínsita à própria declaração de vontade negocial, integrando-a, e deixando pendente seus efeitos quando se verificasse, ou como disposição acessória que a ela se agregaria como estipulação distinta. O debate se reproduziu no direito brasileiro, de modo que parte da doutrina admitiu a retroatividade limitada,[196] parte a rejeitou. Se não retroagirem os efeitos da condição implementada, os atos anteriores, realizados quando pendia a condição suspensiva, não serão eficazes; esse retroagir os atos praticados no interstício entre a constituição do negócio sob condição e o implemento desta (*medio tempore*) serão considerados, perdem eficácia e são desfeitos. Se admitida a retroatividade, uma vez implementada a condição tem-se os efeitos do negócio como se desde a constituição se produzissem.[197]

Observa-se que, mesmo no sistema francês, que adota expressamente o princípio da retroatividade, há temperamentos, preservando-se efeitos em relação aos atos de administração e a percepção dos frutos enquanto pendente a condição. Trata-se de solução equânime em diferentes sistemas, tanto optantes da retroatividade quanto da não retroatividade, em especial frente ao interesse comum das partes do negócio jurídico sob condição em que não se deixe de cuidar do objeto da prestação cuja exigibilidade tem sua eficácia pendente.[198]

O direito brasileiro não adota o princípio da retroatividade da condição, o que não significa que deixe de adotar certos temperamentos, admitindo a retroação em situações previstas em lei, por expressa convenção das partes, ou para proteger a posição do titular de expectativas jurídicas, especialmente guiado pela boa-fé. Neste sentido, a aquisição do direito, quando efeito subordinado à condição, se dá apenas com seu implemento (art. 125 do Código Civil). Todavia, não deixa de se proteger o titular da expectativa jurídica (direito expectativo), em especial, impedindo disposições incompatíveis enquanto pendente a condição (art. 126 do Código Civil).[199] Em relação à transmissão da propriedade que se submete à condição resolutiva (propriedade resolúvel), o art. 1.359 do Código Civil dispõe: "Resolvida a propriedade pelo implemento da condição ou pelo advento do termo, entendem-se também resolvidos os direitos reais concedidos na sua pendência, e o proprietário, em cujo favor se opera a resolução, pode reivindicar a coisa do poder de quem a possua ou detenha." É regra que expressamente consagra a retroação dos efeitos da condição resolutiva, tornando ineficaz os negócios jurídicos

---

[195] Robert Joseph Pothier, *Traité des obligations*, tome premier, Paris: Debure, 1761, p. 237 passim 239.
[196] Clóvis Beviláqua, Código Civil dos Estados Unidos do Brasil comentado, v. 1. São Paulo: Francisco Alves, 1959, p. 304.
[197] Zeno Veloso, Condição, termo e encargo, p. 67-68.
[198] Zeno Veloso, Condição, termo e encargo, p. 69; Carlos Alberto da Mota Pinto, Teoria geral do direito civil, 3ª ed, p. 569.
[199] Francisco Amaral, Da irretroatividade da condição suspensiva no direito civil brasileiro. Rio de Janeiro: Forense, 1984, p. 284; Francisco Amaral, Direito civil: introdução, 9ª ed., p. 585; Caio Mário da Silva Pereira, Instituições de direito civil, v. I, p. 471; Zeno Veloso, Condição, termo e encargo, p. 71.

que tenham concedidos direitos na sua pendência. Sua razão de ser é excepcionar a regra geral de não retroatividade dos efeitos da condição.

Deste modo, a retroação dos efeitos da condição pode decorrer da convenção das partes, ou de disposição legal que o preveja. Retroagindo, atribui-se à declaração de vontade efeito de negócio puro e simples, definindo por lei a extensão da desconstituição dos efeitos (assim o art. 1.359 do Código Civil, já mencionado), inclusive preservando-se aqueles que expressamente se prevejam – caso dos atos de administração e os frutos percebidos, que não precisam ser restituídos, como regra. Trata-se de solução equilibrada, que privilegia a segurança jurídica ao adequar-se aos preceitos gerais de eficácia da lei no tempo (irretroatividade), sem prejuízo de conferir tutela a situações jurídicas nas quais a posição do titular de expectativa jurídica (direito expectativo) o justifique.

9.2. Termo

Termo é o evento futuro e certo que subordina a eficácia de ato ou negócio jurídico. Designa o tempo ou o momento de realização dos efeitos. A certeza quanto a sua ocorrência futura vincula-se ao fato de associar-se à fluência do tempo. O termo se define em minuto, hora, dia, mês ou ano. Subordina os efeitos do negócio jurídico fazendo com que se produzam ou se extingam, segundo disposto na declaração de vontade que o forma. Por se tratar de evento certo e vincular-se ao curso do tempo, o termo não suspende a aquisição do direito, apenas seu exercício (art. 131 do Código Civil). Significa dizer que o direito se adquire desde a celebração do negócio jurídico, apenas seu exercício é que deverá aguardar o tempo previsto para tal. É o caso da obrigação em que o devedor difere o cumprimento e conveciona com o credor pagar a dívida em certa data – seu termo de vencimento. O credor já é titular do direito de crédito desde a constituição do negócio jurídico, mas poderá exigi-lo apenas após o implemento do termo de vencimento (e.g. se a dívida vence dia 6, não pode o credor exigir que o devedor pague antes deste dia, ainda que ele possa voluntariamente fazê-lo, pois já está constituído o direito de crédito).

Diferencia-se o negócio jurídico condicional e o negócio jurídico a termo. Subordinado à condição, o direito a que ele se subordina, só nasce com o implemento da condição. Subordinado a termo, o direito nasce com a celebração do negócio, mas se torna eficaz (passível de ser exercido) com seu advento. Nada impede, igualmente, de em um mesmo negócio jurídico conjugar-se condição e termo, de modo que certos efeitos dependam da verificação de ambos os eventos – e.g. "se tal evento (que é incerto) ocorrer em até dois anos (que é certo)".

Há negócios jurídicos, contudo, que não podem ser celebrados a termo, quando este se revele incompatível com a sua natureza ou os direitos de que disponha. A título de exemplo, não se cogita de casamento sob termo resolutivo, que caracterize sua provisoriedade. O próprio Código Civil exemplifica algumas hipóteses como o caso de renúncia de herança (art. 1808) ou o ato jurídico stricto sensu de reconhecimento de filho (art. 1613), em que não o admite.

9.2.1. *Espécies de termo*

O termo pode ser **suspensivo** ou **resolutivo**, conforme o modo que se subordinem a ele os efeitos do negócio jurídico. Será termo suspensivo no caso de permanecerem em suspenso os efeitos do negócio jurídico até o seu advento; termo resolutivo, se a sua ocorrência se subordinar a extinção dos efeitos (resolução) que até então se produziam. O termo suspensivo, por dar conta, quando ocorra, do início dos efeitos a serem produzidos, também pode ser denominado termo inicial (*dies a quo*); o termo resolutivo, porque do seu advento decorre o término dos efeitos que se davam até então, considera-se termo final (*dies ad quem*). Assim, por exemplo, um contrato pode ser celebrado em certa data para passar a ter vigência em 1º de janeiro do ano seguinte. A data de celebração será aquela em que ele passa a existir validamente; seus efeitos, contudo, passam a se produzir com o advento do termo inicial (1º de janeiro). Em sentido oposto, quando se define que o contrato "é celebrado pelo prazo de um ano" ou que "vigorará até 31 de dezembro do ano tal", estes serão seu termo final.

O termo pode ainda ser **determinado** ou **indeterminado**. Determinado é o termo que indica um momento preciso, tal como uma data específica; indeterminado quando a data é futura, mas sem definição específica. Também se utiliza denominar termo certo, quando determinado (*dies certus an et quando*) e incerto quando indeterminado (*dies certus an incertus quando*). Considerando que a definição do termo é associada ao curso do tempo, há eventualidade da ocorrência no tempo, sem a precisão de data. A eventualidade é certa, apenas não há como definir quando deva ocorrer. Porém não se pode confundir o termo indeterminado ou incerto, com a condição. Se a fórmula é: "no dia da minha morte", trata-se de termo indeterminado, uma vez que a morte é certa, incerto é quando; se por outro lado formula-se: "no dia da morte, na vigência do contrato", há incerteza completa, quanto a se o evento se dará durante a vigência do negócio jurídico em questão, caracterizando condição.

Quando o termo resulta de disposição no negócio jurídico, que o faz propriamente elemento acidental decorrente da declaração de vontade das partes, denomina-se **termo convencional**. Porém também pode ser determinado por decisão judicial, a partir da aplicação da lei, ao que se denomina **termo de direito**.

9.2.2. Termo e prazo

A compreensão do termo como evento futuro e certo, associado ao curso do tempo, exige igualmente, o exame dos critérios para sua determinação. Neste sentido, tem relevância o prazo, que é o período de tempo intermédio entre o termo inicial (*dies a quo*) e final (*dies ad quem*), ou no âmbito do negócio jurídico, o período de tempo decorrido entre sua constituição e a superveniência de certo termo.

A fixação e contagem dos prazos é objeto de disciplina pelo direito, o que tem aplicação às relações negociais e demais disciplinadas pelo Código Civil. No tocante aos prazos processuais, prevalentes são as regras do Código de Processo Civil (arts. 218 a 235).

O art. 132 do Código Civil define algumas das regras essenciais: a) *salvo disposição legal ou convencional em contrário, computam-se os prazos, excluído o dia do começo (termo inicial, dies a quo), e incluído o do vencimento (termo final, dies ad quem)*; b) *se o dia do vencimento cair em feriado, considera-se prorrogado o prazo até o dia útil seguinte*. Considere-se, neste sentido, que os feriados são definidos por lei, podendo ser nacionais, estaduais ou municipais. Sua repercussão sobre o negócio jurídico dependerá da função a ser cumprida pelo termo. Assim, por exemplo, se é para exigência da prestação (termo de vencimento da dívida), é relevante determinar se no lugar de cumprimento há dia útil ou feriado, para efeito de incidência da regra que determina a prorrogação; c) *meado considera-se, em qualquer mês, o seu décimo quinto dia*. A regra é determinante, independentemente do que se calcule em termos aritméticos (assim, por exemplo, também o mês de fevereiro, embora menos extenso que os demais, é meado no mesmo dia); d) *os prazos em meses e anos expiram no dia de igual número do de início, ou no imediato, se faltar exata correspondência*. Trata-se de regra de utilidade prática: um ano desde 1º de janeiro, será o mesmo número, 1º de janeiro do ano seguinte, não se contam em dias; um ano desde 29 de fevereiro, dia presente apenas em anos bissextos, considera-se 1º de março do ano seguinte; e) *os prazos fixados por hora contar-se-ão minuto a minuto*. Podem ter importância para a fixação da hora do nascimento e morte em casos que envolvam a sucessão, para fixação da anterioridade do evento.

Sobre os critérios que definem o curso do tempo incidem regras jurídicas fixadas de modo arbitrário ou segundo convenções (sociais, políticas ou científicas). A adoção do calendário gregoriano indicando a cada ano 365 dias, as semanas em sete dias e as 24 horas ao dia, vem do antigo direito português (Lei de 20 de setembro de 1582). O ano civil e o mês são definidos pela Lei 810/1949. Os feriados são fixados em lei. Os feriados nacionais são fixados pelas Leis 662/1949 e 6.802/1980, indicando-se que nestes serão permitidos apenas "atividades privadas e administrativas absolutamente indispensáveis" (art. 2º da Lei 662/1949). Os demais feriados, observam os critérios da Lei 9.093/1995, inclusive em relação ao número de datas em que permitida sua fixação. Para efeito forense, são feriados, além dos declarados em lei, "os sábados, os domingos e os dias em que não haja expediente forense" (art. 216 do CPC). Para efeito dos negócios jurídicos em geral, o domingo é consagrado como dia feriado, regra dos usos. O sábado não, embora seja regra a ser interpretada em acordo com as circunstâncias e os efeitos que se busquem determinar ao negócio jurídico.[200] A hora legal é disciplinada pelo Decreto 2784, de 18 de junho de 1913, observando o Brasil quatro fusos horários, em acordo com meridiano de Greenwich. Em certos períodos do ano podem se adotar convenções distintas de horário para fins de melhor aproveitamento ou redução do uso de energia, o que implica alterações na referida norma (e.g. "horário de verão", atualmente abolido).

Para além dos critérios de contagem, o Código Civil também define regras de interpretação dos prazos em determinados negócios jurídicos. Daí é que define que a) *nos testamentos, presume-se o prazo a favor do herdeiro*; e b) *nos contratos presumem-se em favor do devedor*, salvo "se do teor do instrumento, ou das circunstâncias, resultar que se estabeleceu a benefício do credor, ou de ambos os contratantes." (art. 133). No caso do testamento, impondo-se obrigação ao herdeiro e fixando prazo para o cumprimento (como, por exemplo, para entrega do legado ao legatário, ou para cumprir encargo), este conta a seu favor. No caso dos contratos, o prazo em favor do devedor se entende de modo que ele possa inclusive dispensá-lo, realizando o pagamento antes do termo final (vencimento da dívida), se não se interpretar que o prazo se dá em benefício do credor ou de ambos os contratantes. Esta regra, ademais, pode ser objeto de disposições especiais, como ocorre, por exemplo, nos contratos de consumo, quando assegura ao consumidor o direito à liquidação antecipada da dívida (art. 52, § 2º, do CDC).

Da mesma forma, o art. 134 do Código Civil define que, não sendo estabelecido prazo, os negócios jurídicos entre vivos são exequíveis desde logo, salvo se a execução tiver de ser feita em lugar diverso ou depender de tempo. É norma que, em relação às obrigações, interpreta-se em comum, temperando o comando do art. 331 do Código Civil, o qual dispõe que não tendo sido ajustada época para o pagamento, pode o credor exigi-lo imediatamente. Trata-se de regra de cumprimento instantâneo que, todavia, cede às características ou à natureza do negócio celebrado. Na compra e venda pode ser necessário prazo para entrega; na empreitada

---

[200] A Lei 4.178/1962 dispunha que os estabelecimentos de crédito não funcionarão aos sábados, determinando em seu art. 2º que "as obrigações em cobrança cujos vencimentos estiverem marcados para um sábado serão pagáveis no primeiro dia útil imediato." Embora a norma tenha sido posteriormente revogada, o não funcionamento das instituições financeiras que impeçam cumprimento de obrigações que só podem ser realizadas por seu intermédio (pagamento de certas dívidas expressas em títulos pagáveis em bancos), consideram-se prorrogados até o próximo dia útil, pela impossibilidade temporária de seu cumprimento, solução a que acede, em termos gerais, a melhor doutrina, como a de Zeno Veloso, Condição, termo e encargo, p. 98.

para que se inicie e conclua a obra. Estará implícito a necessidade de tempo razoável para o cumprimento, ainda que as partes não formalizem o termo, no que convergem as regras de interpretação do negócio jurídico.

Aplicam-se ao termo, no que couber, as disposições relativas à condição (art. 135 do Código Civil). Esta remissão ao regime da condição, faz com que incidam sobre o termo e as disposições que o fixem no negócio jurídico, os mesmos requisitos para sua validade, no que couber. Assim é o caso do termo impossível, como será aquele que se refira subordine os efeitos do negócio jurídico a momento anterior ao da sua própria celebração, ou à data inexistente (e.g. "30 de fevereiro"). Neste caso, sendo suspensivo e impossível, atrai a incidência do art. 123 do Código Civil e invalida o negócio jurídico; sendo resolutivo, será dado como não escrito (art. 124 do Código Civil), preservada a hipótese, conforme o caso, de retificar-se o que for simples erro material (e.g. falha ao digitar a data).

9.3. Encargo ou modo

Encargo ou modo (*modus* de origem no direito romano) é elemento acidental anexo à declaração de vontade que defina uma liberalidade, impondo obrigação para aquele que dela se beneficia, cujo cumprimento subordina sua eficácia. Vinculando-se a uma liberalidade, apenas pode ser disposto em negócios jurídicos gratuitos. A doutrina costuma referir-se ao encargo como uma restrição ou limitação à liberalidade, de modo que parte da vantagem do beneficiário reverta em favor da finalidade definida por aquele que a outorgou.[201] A rigor, não é de se exigir que a obrigação a que o beneficiário do encargo pode aceitar ou não, diga respeito ao próprio benefício. Pode ser que, para cumprir o encargo, o beneficiário tenha de restringir parte do próprio benefício (assim quando ao dispor sobre o benefício, o vincula a um fim que deverá ser observado pelo beneficiário); nada impede, porém, que tenha de cumpri-lo mediante o uso do seu próprio patrimônio.[202] O que desnatura o encargo, e o próprio negócio jurídico em que seja aposto, é a circunstância de que seu destinatário seja o próprio declarante, aquele que outorga a vantagem (e.g. "transmito em doação, desde que me pague quantia em dinheiro, ou que o donatário também me doe certo bem"). Nesta hipótese, não há encargo, mas contraprestação em negócio jurídico oneroso, uma relação obrigacional comum.[203] O encargo distingue-se porque só cabe em negócios jurídicos que não se caracterizam pela reciprocidade. A obrigação do beneficiário, a cujo cumprimento se subordina a vantagem que lhe aproveita, não pode consumir todo o benefício, nem caracterizar contraprestação.[204] Assim, por exemplo, não há encargo quando alguém aliena terreno sem cobrar preço, mas define que o adquirente deverá edificar prédio, do qual certas unidades serão, quando prontas, transmitidas ao alienante original. Há aí negócio jurídico que poderá se estruturar de vários modos, porém sempre de caráter oneroso, com reciprocidade de prestações. Não significa, contudo, que obrigatoriamente tenha de ser retirada ou restringida a vantagem obtida. Assim, por exemplo, quando alguém doe um terreno com o encargo para que o donatário sobre ele construa uma escola. Não retira da vantagem (o terreno ou seu valor respectivo), parte para o cumprimento do encargo (a construção da escola). O juízo do donatário sobre aceitação ou não da doação, não se confunde com a restrição da vantagem patrimonial objetivamente percebida com o benefício.

---

[201] Francisco Amaral, Direito civil: introdução, p. 589; Zeno Veloso, Condição, termo e encargo, p. 105; Carlos Roberto Gonçalves, Direito civil brasileiro, v. 1. Parte geral, p. 396.
[202] António Menezes Cordeiro, Tratado de direito civil, t. II. Parte geral. Negócio jurídico, 4ª ed., p. 664-665.
[203] Miguel Maria de Serpa Lopes, Curso de direito civil, v. 1, p. 441.
[204] João de Matos Antunes Varela, Ensaio sobre o conceito de modo. Coimbra: Atlântida, 1955, p. 282.

São negócios jurídicos gratuitos em que comumente se disponha com encargo, a doação, o testamento e o legado. Pode-se doar vinculando o bem a certa finalidade, e este será seu encargo; ou doar para que o donatário sobre ele edifique para atender a certo fim. Também é o caso do testador que lega bem de caráter histórico para certo museu, fixando como deva se integrar ao acervo; também a biblioteca que se transmita para uma instituição, dispondo que os livros devam se conservar em conjunto; ou que determina ao herdeiro que parte da herança se destine à instituição de uma fundação, fixando as instruções para este fim. O art. 553 do Código Civil estabelece: "O donatário é obrigado a cumprir os encargos da doação, caso forem a benefício do doador, de terceiro, ou do interesse geral." O incumprimento do encargo dá causa à revogação da doação (art. 562 do Código Civil). Por outro lado, tendo sido cumprido o encargo, não mais será revogável por esta razão (art. 564, II, do Código Civil). Tem pretensão para exigir o cumprimento o terceiro beneficiado e o Ministério Público, quando o encargo for definido no interesse geral (art. 554 do Código Civil). Não tem, contudo, o terceiro, legitimidade para propor a ação revocatória. No caso do Ministério Público, será legítimo apenas no caso de morte do autor da liberalidade. Tratando-se de legado com encargo, o art. 1.838 do Código Civil remete sua disciplina às normas que disciplinam as doações de igual natureza.

Como regra, encargo não suspende a aquisição nem o exercício do direito, salvo quando expressamente assim seja disposto no negócio jurídico, caso em que será definido como condição suspensiva (art. 136 do Código Civil), hipótese em que atrai a incidência das normas que a disciplinam. A vantagem decorrente da liberalidade, deste modo, produz efeitos desde a constituição do negócio jurídico, nos termos em que este a estabeleça. O descumprimento do encargo nos termos definidos pela declaração de vontade do disponente, não conduz, de pleno direito, à extinção dos efeitos do benefício conferido pelo negócio jurídico. Gera desde logo, pretensão de cumprimento. Para extinção dos efeitos do negócio e reversão da vantagem, é necessário que o autor da liberalidade exerça o direito de revogação, que é direito potestativo, uma vez demonstrado o incumprimento do beneficiário.

Por outro lado, tratando-se de elemento acidental do negócio jurídico, submete-se aos requisitos da declaração de vontade negocial, razão pela qual também se exige que seja lícito e possível. A *contrario sensu*, considera-se não escrito o encargo ilícito e impossível, de modo que, nesta situação, preserva-se o negócio jurídico que conferiu a liberalidade como se fosse puro, produzindo seus efeitos sem condicionamentos. Exceção a esta regra é caso em que a aposição do encargo ilícito ou impossível se constitua no motivo determinante da liberalidade, hipótese em que invalida o negócio jurídico (art. 137 do Código Civil). Encargo impossível pode se considerar aquele imposto pelo testador sobre a legítima, cuja intangibilidade não admite qualquer forma de restrição ou condicionamento imponível aos herdeiros necessários. Da mesma forma, é ilícito o encargo que consiste na exigência de comportamento ilícito do beneficiário (e.g. "para receber em doação, tem que cometer o homicídio de determinada pessoa"). Neste último exemplo, sendo o motivo determinante da liberalidade, o próprio negócio jurídico será inválido.

10. DEFEITOS DO NEGÓCIO JURÍDICO

A constituição do negócio jurídico resulta da declaração de vontade dirigida a este fim. Para tanto, reclama-se que esta vontade manifestada expresse fielmente o interesse do declarante. A manifestação da vontade é necessária para que o negócio tenha existência. Esta vontade, contudo, deve ter certos atributos que a qualificam para que seja reconhecida pelo direito como apta à formação do negócio. De um lado, para que não haja descompasso entre a vontade interna do declarante e a vontade declarada; de outro, para que não se dirija ao propósito de prejudicar terceiros. No primeiro caso, tradicionalmente usa-se falar em *vícios da vontade* (ou do consentimento); no segundo, *vícios sociais*. Consideram-se tradicionalmente como vícios da vontade o erro, o dolo e a coação; o Código Civil de 2002 agregou a esta relação, ainda, a lesão e o estado de perigo. São vícios sociais a fraude a credores e a simulação (esta para a qual o Código Civil de 2002 deu tratamento específico, retirando-a do âmbito dos defeitos do negócio jurídico, dispondo-a entre as causas de nulidade).

Estas falhas na declaração de vontade denominam-se *defeitos do negócio jurídico*. Suas causas podem se associar a falta de consciência ou liberdade na formação da vontade declarada. Ou porque quem o faz baseia-se em falsa representação da realidade, involuntária, ou a que é levado pela ação do outro participante do negócio ou por terceiro, porque declarou vontade diversa da efetivamente querida sob ameaça ou temor, sem liberdade para manifestar sua efetiva intenção, ou pressionado pelas circunstâncias de necessidade extrema. Ocorre também de a declaração de vontade dirigir-se a fins contrários ao próprio ordenamento jurídico, porque dissocia a declaração e a vontade real de modo consciente e ativo, visando ocultar o propósito real do negócio, ou para frustrar interesse legítimo de terceiros. O negócio jurídico como expressão do exercício da autonomia privada confere eficácia jurídica à vontade; a autodeterminação pessoa, contudo, supõe liberdade e consciência para formação e exteriorização da vontade. Não sendo assim, há defeito do negócio jurídico, porque não se forma validamente, podendo ser anulado pelo interessado.

A expressão defeito do negócio jurídico pode ser tomada em *sentido amplo* para designar toda e qualquer falha na formação, aí incluída a ausência de elementos essenciais ou naturais que deixem de integrar sua estrutura. Nesta perspectiva, tanto podem afetar a existência quanto a validade ou eficácia do negócio jurídico.[205] Em *sentido estrito*, defeito do negócio jurídico designa especificamente falhas na formação e exteriorização da vontade negocial, por dissociação entre a vontade real e a exteriorizada, ou porque a declaração de vontade oculta fins que o direito repele. Nesta segunda acepção é que se toma em geral no direito brasileiro, sendo inclusive a adotada pelo Código Civil.

Os defeitos do negócio jurídico, de regra, darão causa à anulação do negócio, sob o crivo do interesse dos prejudicados (art. 171, II, do Código Civil), que deverão promover a respectiva ação anulatória no prazo legal de quatro anos (art. 178 do Código Civil). Não o fazendo, o negócio convalesce, mantendo-se válido e eficaz. Isso porque o entendimento é de que predomina o interesse dos prejudicados, a quem cumpre decidir promover ou não a anulação do negócio jurídico defeituoso.

O Código Civil de 1916 desconhecia a lesão e o estado de perigo, não lhe dirigindo disciplina alguma, e incluía entre os vícios do negócio jurídico a simulação. Orientou a lei, no seu perfil atual, apartar a simulação das demais hipóteses, dada a ofensa direta e consciente do declarante à ordem jurídica, a ofender a autoridade do direito, por isso dando causa a sanção de nulidade (art. 167 do Código Civil).[206] São defeitos do negócio jurídico, assim considerados pelo Código Civil de 2002: a) o erro; b) o dolo; c) a coação; d) a fraude a credores; e) a lesão; e f) o estado de perigo.

---

[205] Esta acepção ampla percebe-se no estudo de Wilson de Souza Campos Batalha, Defeitos dos negócios jurídicos. Rio de Janeiro: Forense, 1988, p. 5; em menor extensão, mas buscando justificar a inclusão da teoria da imprevisão como espécie de defeito "posterior à feitura do ato", Silvio Rodrigues, Dos defeitos dos atos jurídicos. São Paulo: Max Limonad, 1959, p. 17.

[206] Vejam-se, para além do exposto, as justificativas de José Carlos Moreira Alves, A parte geral do projeto de Código Civil brasileiro, p. 118-120.

10.1. Erro

Considera-se erro a falsa representação da realidade que fundamenta a declaração de vontade. Tem lugar em razão da falta de informações do declarante, ou por má apreciação das informações de que dispõe. A falibilidade humana e sua repercussão na formação da vontade juridicamente relevante é conhecida desde o direito romano, no qual tem seu desenvolvimento associado ao dolo (em que o equívoco do declarante não é involuntário, mas provocado pela conduta maliciosa de outra pessoa). Inicialmente, foram reconhecidas pretensões para se opor à vontade negocial que se manifestava influenciada pela atuação maliciosa de quem dela se beneficiava (a *exceptio doli* e a *actio doli*), para em seguida promover sua desvinculação, admitindo-se o erro involuntário.[207]

Nesta linha desenvolveram-se várias espécies de erro, dentre as quais se preservam úteis frente às características atuais, o *error in negotio*, pelo qual o declarante tinha o propósito de celebrar um determinado negócio e celebrava outro (queria vender, mas declarava doar); o *error in personam*, pelo qual o declarante se equivocava em relação ao destinatário da declaração, dirigindo-a a pessoa diferente daquela que desejava; e o *error in corpore*, no qual o declarante se equivocava sobre o objeto a que se referia a declaração de vontade. Da mesma forma, distinguia entre o erro de fato (*ignorantia facti*) e o erro de direito (*ignorantia iuris*).[208] Registre-se ainda o erro quanto aos motivos (falso motivo) que, todavia, não comprometia a manifestação de vontade (*falsa causa non nocet*), o que segue até hoje, quando não for a razão determinante do negócio (art. 140 do Código Civil).

Com o protagonismo do papel da vontade no jusracionalismo, afirma-se sua importância na decisão de constituir o negócio jurídico, de modo a associar, inclusive, em certos sistemas, o erro como causa de invalidade do negócio cominado pela lei, retirando do declarante a possibilidade de decidir provocar ou não sua anulação. (erro obstáculo). Por outro lado, também se ocupa a doutrina, crescentemente, de destacar o caráter ou gravidade do erro (erro substancial), assim como das suas próprias características, se admissível seu cometimento em relação à pessoa de diligência normal (erro escusável). A falta de consciência sobre a vontade e sua declaração associa-se à noção de erro, tanto em relação à apreciação de um determinado fato, quanto em relação à manifestação em si, exteriorizando algo diverso da vontade efetivamente existente.[209] Em outros termos, pode haver erro quanto à própria realização da declaração, ao que leva o declarante a emiti-la, ou aos fins que imagina serão alcançados com ela.

Estes estudos diversos darão ao erro, nos vários sistemas jurídicos, perfis significativamente distintos, seja em relação a suas características, ou a seus efeitos.[210] No direito brasileiro, o Código Civil equipara o erro à ignorância, como causa que vicia a declaração de vontade, embora se distingam conceitualmente. A rigor, o erro compreende uma falsa representação da

---

[207] Max Kaser, Rolf Knütel, *Römisches Privatrecht*. 20. Auflage. München: Verlag C.H.Beck, 2014, 64-67.

[208] Para um amplo exame, veja-se: Ugo Zilletti, La dottrina dell'errore nella storia del diritto romano. Milano: Giuffrè, 1961, p. 193 e ss.

[209] O exame da consciência em relação à vontade direta (de realização do ato) e indireta (sobre os fins que persegue), tem o marco na obra de Ernst Zittelmann, Irrtum und Rechtsgeschafte, Irrtum und Rechtsgeschäft : Eine psychologisch-juristische Untersuchung. Leipzig : Duncker & Humblot, 1879, em especial, p. 117 e ss. A valorização extrema do caráter psicológico da formação da vontade jurídica, contudo, será crítica contumaz que segue a proposição de Zitelmann, e que marcará a própria evolução da teoria do erro, conforme assinala António Ferrer Correia, Erro e interpretação na teoria do negócio jurídico, Coimbra: Almedina, 2001, p. 45 e ss.

[210] António Menezes Cordeiro, Tratado de direito civil, t. II. Parte geral. Negócio jurídico, 4ª ed., p. 841.

realidade, há apreciação incorreta sobre fatos; a ignorância revela-se no completo desconhecimento sobre os fatos da realidade. Ambos se equivalem em nosso sistema, contudo, como causa para invalidade do negócio jurídico.

10.1.1. Características do erro invalidante

Para invalidar o negócio jurídico, o erro deve observar certas características, fixadas ao longo da tradição e estabelecidas na lei. Em primeiro lugar, deve ser **erro substancial** (ou essencial), assim considerado aquele que expressa a falsa representação da realidade sobre circunstâncias ou características relevantes, de modo que seja determinante para que o negócio jurídico tenha sido celebrado. Em outros termos, se não houvesse ocorrido erro, e aquele que declarou vontade conhecesse a realidade, não a teria manifestado, e o negócio jurídico não teria sido celebrado. A importância que torna o erro substancial é demonstrada, portanto, pelo fato de que sem ele, não teria havido a celebração do negócio jurídico. Neste particular distingue-se do **erro acidental**, que se refere à falsa representação da realidade sobre aspectos ou circunstâncias secundárias em relação aos sujeitos ou ao objeto do negócio jurídico que, se conhecidas, não alterariam a decisão de sua celebração. O erro acidental, neste sentido, não dá causa à invalidade do negócio jurídico.

Assim é o art. 143 do Código Civil que ao referir-se ao **erro de cálculo**, dispõe que ele apenas autoriza a retificação da declaração de vontade, afastando, portanto, o direito à anulação do negócio. Afinal, não há no erro de cálculo uma representação equívoca da realidade, senão um erro material, decorrente da má realização de uma operação aritmética ou do seu registro, supondo-se que as partes do negócio tenham conhecimento do seu efetivo valor. Neste caso, há direito das partes à retificação do conteúdo da declaração de vontade, para fazer consignar a informação correta. Erro de cálculo pode fazer referência ao valor do negócio em dinheiro, a dimensões do objeto, ou qualquer outra variável que se expresse como resultado de uma operação aritmética. O erro de cálculo pode ser retificado a qualquer tempo, no que não se confunde com os critérios para cálculo, cuja alegação em processo judicial é alcançada pela preclusão e a coisa julgada.[211]

Define, o legislador, critérios para determinação do erro substancial. Dispõe o art. 139 do Código Civil, que o erro é substancial quando: "I – interessa à natureza do negócio, ao objeto principal da declaração, ou a alguma das qualidades a ele essenciais; II – concerne à identidade ou à qualidade essencial da pessoa a quem se refira a declaração de vontade, desde que tenha influído nesta de modo relevante; III – sendo de direito e não implicando recusa à aplicação da lei, for o motivo único ou principal do negócio jurídico".

O **erro quanto ao negócio** (*error in negotio*), previsto no art. 139, I, diz respeito à falsa representação da realidade sobre a natureza do negócio jurídico celebrado. É erro sobre o enunciado de fato relativo ao negócio e suas características, de modo que não significa que decorra do desconhecimento do direito ou de interpretação equivocada da lei, senão da própria compreensão sobre a realidade e a declaração de vontade própria ou da outra parte (no caso do consentimento do destinatário da declaração de vontade). É o caso no qual o declarante julga estar celebrando determinado negócio jurídico e, em realidade, está constituindo outro. É erro sobre a categoria jurídica, de modo que o declarante pretendeu alugar, mas manifestou que quer vender; ou queria emprestar, mas declarou que doava, ou mesmo que não tenha sido

---

[211] STJ, AgRg no AREsp 16.627/RS, Rel. Min. Ricardo Villas Bôas Cueva, 3ª Turma, j. 04/09/2012, *DJe* 11/09/2012.

claro, assim entendeu o destinatário que recebeu como doação e não como empréstimo. A divergência da declaração de vontade e o propósito do declarante, seja em seu próprio conteúdo, seja como é compreendida pelo destinatário, implica em erro. Também o equívoco sobre os efeitos de uma determinada categoria jurídica pode dar causa ao erro, como é o caso daquele que empresta em comodato, pensando que pode cobrar como se fosse locação. Para que haja o erro quanto ao negócio é preciso que haja discrepância entre o significado objetivo do ato e significado que lhe atribuiu, subjetivamente, aquele que declarou vontade.[212] Por outro lado, se as partes do negócio jurídico, apesar da dissonância da declaração, compreenderam o sentido exato do negócio que se pretendia celebrar, não há causa para invalidade.

O erro também pode se dar em relação ao objeto principal da declaração de vontade – **erro quanto ao objeto** (*error in corpore*). Neste caso, o declarante não quis manifestar vontade com o conteúdo que lhe foi atribuído. É o caso em que acredita estar declarando vontade de adquirir determinado bem, mas está adquirindo outro (e.g. a promessa de compra e venda em que se aponta no contrato matrícula de outro lote pertencente ao promitente vendedor, que não aquele que efetivamente deseja adquirir o promitente comprador). Também pode ser erro sobre qualidades essenciais do objeto, como é o caso de quem adquire certa obra de arte, acreditando ter sido realizada por artista consagrado, mas que de fato o foi por um homônimo; ou que adquire como original um bem que é simples réplica; ou equipamentos de informática com certa capacidade de processamento ou armazenamento, que verifica serem significativamente inferiores.

Também se considera erro substancial aquele sobre a identidade ou qualidade da pessoa a quem se refira a declaração de vontade, quando tenha influído para ela de modo relevante – o **erro quanto a pessoa** (*error in persona*). Trata-se dos casos em que a declaração de vontade só foi emitida por dirigir-se a determinada pessoa, ou relativamente a certa pessoa. A declaração de vontade é *intuitu personae*, destina-se a pessoa certa, ou ao menos para que se produza efeitos a certa pessoa. É o caso de quem contrata certo profissional em razão de qualificações amplamente conhecidas, mas que descobre tratar-se de homônimo. No tocante ao erro sobre a pessoa dos nubentes como causa de anulação do casamento, o art. 1.557 do Código Civil dispõe sobre critérios especiais pelos quais será admitido.[213]

O erro essencial sobre a pessoa tem lugar nos negócios jurídicos em que a declaração de vontade se dá em razão das qualidades de ao menos uma das partes (*intuitu personae*), quando vise realizar uma liberalidade (e.g. na doação, no testamento), assim também naqueles em que a confiança na pessoa da outra parte é determinante para seus próprios fins (e.g. mandato, sociedade). Pode também ser qualidade essencial que a pessoa tenha certa habilitação formal ou certificação exigidas como pressupostos para a prática dos atos a que se refira o negócio jurídico, ou que lhe sejam subjacentes. Certas qualidades pessoais decorrentes da reputação da parte ou de outros elementos subjetivos devem guardar estrita relação com as características e finalidades do negócio jurídico, objetivamente aferíveis, sob pena de serem consideradas discriminatórias quando baseadas em critérios pelos quais a diferenciação se proíba (e.g. art. 3º, IV, da Constituição da República).

---

[212] Francisco Cavalcante Pontes de Miranda, Tratado de direito privado, t. IV. São Paulo: RT, 2012, p. 401.
[213] "Art. 1.557. Considera-se erro essencial sobre a pessoa do outro cônjuge: I – o que diz respeito à sua identidade, sua honra e boa fama, sendo esse erro tal que o seu conhecimento ulterior torne insuportável a vida em comum ao cônjuge enganado; II – a ignorância de crime, anterior ao casamento, que, por sua natureza, torne insuportável a vida conjugal; III – a ignorância, anterior ao casamento, de defeito físico irremediável que não caracterize deficiência ou de moléstia grave e transmissível, por contágio ou por herança, capaz de pôr em risco a saúde do outro cônjuge ou de sua descendência".

Note-se que o art. 142 do Código Civil refere que "o erro de indicação da pessoa ou da coisa, a que se referir a declaração de vontade, não viciará o negócio quando, por seu contexto e pelas circunstâncias, se puder identificar a coisa ou pessoa cogitada." Em outros termos, mesmo que a declaração de vontade seja equívoca, porém as partes tem como apreender corretamente os termos do que pretendia o declarante na identificação da pessoa ou coisa a que se refira o negócio jurídico, em face do contexto e pelas circunstâncias, não há vício, afastando-se a possibilidade de anulação. É regra semelhante àquela que dispõe o art. 1.903 do Código Civil em relação aos negócios jurídicos que disponham sobre a sucessão por morte, quando refere: "Art. 1.903. O erro na designação da pessoa do herdeiro, do legatário, ou da coisa legada anula a disposição, salvo se, pelo contexto do testamento, por outros documentos, ou por fatos inequívocos, se puder identificar a pessoa ou coisa a que o testador queria referir-se." É o caso de quem indica de modo equívoco o bem deixado em testamento, mas que em razão de outras provas permite-se aos herdeiros identificá-lo, evitando a anulação.[214]

Da mesma forma, o erro sobre fatos que motivam a declaração de vontade (**falso motivo**), só vicia a declaração de vontade quando expresso como razão determinante. Como regra, a avaliação sobre a higidez da declaração orienta-se pela irrelevância dos motivos que a determinaram.[215] Ou seja, o que levou o declarante a manifestar-se de um modo ou outro, desde que tenha consciência sobre o conteúdo da declaração de vontade e seus efeitos, não é tomado em consideração, em especial para proteção da segurança jurídica. A exceção se dá quando se trate de razão determinante para a celebração do negócio jurídico e seja conhecido das partes. É o caso de quem aliena terreno para que o adquirente edifique em termos e extensão que a legislação urbanística não permite; ou, nas mesmas condições, permuta imóvel com a condição de que nele o adquirente edifique e lhe transfira em contraprestação certas unidades da incorporação. A exigência que seja expresso o falso motivo para que dê causa à anulação também se desenvolve em benefício da segurança jurídica, de modo a que seja conhecido da outra parte, impedindo que ela seja surpreendida com a alegação. Da mesma forma, a fórmula não se afasta da complexidade da vida de relações, nos quais a motivação para celebração de certos atos ou negócios jurídicos nem sempre se delimitam com precisão e rigidez. É a investigação dos fatos e sua valoração pelo intérprete que conduzirá à resposta em casos difíceis. Assim, por exemplo, o caso decidido pelo Tribunal de Justiça do Rio Grande do Sul, de outorga, por testamento, da parte disponível dos avós a sua neta, que após a celebração do negócio jurídico, em razão de ação negatória de paternidade, tem desconstituído o vínculo familiar. Do exame dos fatos revela-se convivência próxima e duradoura da herdeira com os testadores, impedindo qualificar como motivo determinante exclusivo, o vínculo familiar desfeito.[216]

---

[214] "AGRAVO DE INSTRUMENTO. INVENTÁRIO. DECISÃO INTERLOCUTÓRIA QUE DECLAROU A NULIDADE DE TESTAMENTO PARTICULAR POR ERRO DA COISA LEGADA. INSURGÊNCIA DOS LEGATÁRIOS. INTERPRETAÇÃO MAIS FAVORÁVEL À ÚLTIMA VONTADE DA TESTADORA. CONJUNTO PROBATÓRIO QUE PERMITE IDENTIFICAR O IMÓVEL DEIXADO AOS NETOS DA TESTADORA. REFORMA DA DECISÃO. TESTAMENTO VÁLIDO. COISA LEGADA ESTABELECIDA. Não será nulo o testamento se, pelo contexto apresentado nos autos, pelos documentos ou pelos fatos inequívocos, for possível identificar a pessoa ou coisa a que o testador se referiu, em razão da necessidade de dar efetividade, na medida do possível, à vontade do autor da herança. RECURSO CONHECIDO E PROVIDO." (TJSC, Agravo de Instrumento n. 4001435-05.2017.8.24.0000, Rel. José Agenor de Aragão, 4ª Câmara de Direito Civil, j. 21-11-2019).

[215] Marcos Bernardes de Mello, Teoria do fato jurídico. Plano da validade. São Paulo: Saraiva, 2004, p. 163.

[216] TJRS, ApCiv 70003404316, Rel. Alfredo Guilherme Englert, 8ª Câmara Cível, j. 21/03/2002.

Refira-se, por fim, o **erro de direito** (*error iuris*), que revela a falsa representação sobre as normas de direito que incidem sobre determinado fato, ou sobre sua correta interpretação e respectivos efeitos. O erro de direito não era admitido, originalmente, pelo Código Civil de 1916, sob o argumento, de inescusabilidade do cumprimento da lei sob a alegação de desconhecimento, depois expresso no art. 3º da Lei de Introdução às Normas do Direito Brasileiro (Decreto 4.657/1942): "Ninguém se escusa de cumprir a lei, alegando que não a conhece." O Código Civil de 2002, inspirado no direito italiano (art. 1429, 4 do Codice Italiano de 1942),[217] e já reproduzido no Anteprojeto de Código de Obrigações de Caio Mário da Silva Pereira (art. 48),[218] vai admitir como invalidante o erro de direito, desde que sendo o motivo único ou principal do negócio jurídico, não implicar recusa à aplicação da lei.[219] Observe-se que retorna o Código Civil, também aqui, ao exame do motivo determinante da declaração de vontade. Neste caso, não se trata de o declarante saber da existência da lei e não querer cumprir, mas, no mais das vezes, de desconhecimento sobre a própria existência da lei cujo conteúdo frustra a finalidade que pretende obter com o negócio jurídico celebrado. É o que ocorre quando há divergência de interpretação sobre o conteúdo da norma jurídica, de modo que a declaração de vontade supõe certa interpretação como correta, mas que diverge do sentido afirmado pelo Poder Judiciário; ou quem celebra negócio supondo como motivo determinante previsão legal posteriormente declarada inconstitucional. A dificuldade prática que se levanta em relação ao erro de direito é sua distinção em relação a situações que impliquem em escusa ao cumprimento da lei e outras que na verdade se revelem como erro de fato (e.g. o declarante atua supondo uma permissão, porque desconhece a lei que a proíbe).

O art. 138 do Código Civil dispõe que o erro que permite a anulação do negócio jurídico será aquele *que poderia ser percebido por pessoa de diligência normal, em face das circunstâncias do negócio*. A fórmula dá causa a significativa divergência doutrinária. Respondendo pela previsão original da norma no anteprojeto do Código Civil, José Carlos Moreira Alves atribui a divergência, em parte, a erros materiais de redação, que acabaram por não deixar claro que se trata da exigência de que o erro seja reconhecível (cognoscível) pelo destinatário da declaração de vontade.[220] De outro lado, parte da doutrina reconhece nela exigência de **escusabilidade do erro**, distinguindo-se aquele que pudesse ser cometido por pessoa de diligência normal e o erro grosseiro ou manifesto.[221] No direito italiano, que como visto, é o modelo em que se espelha o legislador brasileiro, a fórmula conduz à **cognoscibilidade do erro**, ou seja, que a falsa representação da realidade pelo declarante seja passível de reconhecimento pelo outro sujeito do negócio jurídico a quem se dirige. Relevados os equívocos de redação e a distância entre o que o legislador pretendia dizer e o que consta no texto, parece claro que a fórmula relativa à

---

[217] José Carlos Moreira Alves, A parte geral do projeto de Código Civil brasileiro, p. 116. O texto do art. 1429, 4, do Codice Civile admite como erro invalidade " quando, trattandosi di errore di diritto, è stato la ragione unica o principale del contratto."

[218] Marcos Bernardes de Mello, Teoria do fato jurídico. Plano da validade. São Paulo: Saraiva, 2004, p. 163-164.

[219] No tocante à transação, contudo, o art. 849, parágrafo único, do Código Civil é expresso ao dispor que "a transação não se anula por erro de direito a respeito das questões que foram objeto de controvérsia entre as partes." Neste sentido; STJ, REsp 1620710/GO, Rel. Min. Ricardo Villas Bôas Cueva, 3ª Turma, j. 14/03/2017, DJe 21/03/2017.

[220] José Carlos Moreira Alves, A parte geral do projeto de Código Civil brasileiro, cit. No mesmo sentido: Ana Alvarenga Moreira Magalhães, O erro no negócio jurídico. Autonomia da vontade, boa-fé e teoria da confiança. São Paulo: Atlas, 2011, p. 107.

[221] Marcos Bernardes de Mello, Teoria do fato jurídico. Plano da validade. São Paulo: Saraiva, 2004, p. 154-155.

percepção por pessoa de diligência normal conduz à aptidão do destinatário da declaração para reconhecer seu preciso conteúdo. Este é entendimento mais adequado a teoria da confiança, que preside a interpretação da declaração de vontade pelo destinatário. Contudo, não se afasta, só por isso, a exigência de que o erro seja escusável. Mesmo no silêncio do texto legal, em vista da proteção da segurança jurídica e de sua estabilidade, não se pode admitir que o erro grosseiro, resultado de um comportamento negligente do declarante, possa ser tomado como causa para a anulação.[222] Daí porque será exigido também, para que dê causa à anulação do negócio jurídico, que o erro seja escusável,[223] ou seja, que se trate de erro no qual possa incorrer o declarante, mesmo quando adotado comportamento de diligência normal.

10.1.2. Transmissão errônea da vontade por meios interpostos

A declaração de vontade pode ser feita diretamente pelo declarante, ou por pessoas ou meios interpostos, que façam chegar ao destinatário seu conteúdo sem a presença física das partes. É o caso da declaração de vontade, no passado, comumente expressa em telegrama, carta ou telefone. Atualmente, ganha relevo a utilização das novas tecnologias da informação e comunicação, em especial pela internet, e suas várias aplicações de comunicação.

---

[222] Trata-se de solução que se encontra na tradição do direito brasileiro. Conforme refere o art. 466 do Esboço de Teixeira de Freitas: "A ignorância ou erro não aproveitará aos agentes, sempre que da parte deles tenha havido negligência ou imprudência, sem a qual o ato ilícito não teria sido praticado". Augusto Teixeira de Freitas, Código Civil: Esboço, v. 1. Brasília: Ministério da Justiça, 1983, p. 171. Igualmente, Antônio Joaquim Ribas referia que seria o caso de anulação apenas quando "o erro é escusável, isto é, quando não procede de negligência grosseira e imperdoável, de modo que não se teria podido evita-lo, empregando-se os cuidados convenientes". Antônio Joaquim Ribas, Curso de direito civil brasileiro, t. II. Rio de Janeiro: Garnier, 1880, p. 358. Considerando-o implícito ao conceito de erro: Silvio Rodrigues, Direito civil, v. 1. Parte geral. São Paulo; Saraiva, 2002, p. 190; Francisco Amaral, Direito civil: introdução. 9ª ed. São Paulo: Saraiva, 2017, p. 599. Em sentido contrário, Pontes de Miranda sustenta a possibilidade de que o erro inescusável também importe a anulação, sob o argumento de que não se deve confundir a dimensão jurídica do erro (declaração fundada em falsa representação da realidade) e sua dimensão ética, que adviria do reconhecimento da culpa do declarante pela declaração equívoca. Francisco Cavalcanti Pontes de Miranda, Tratado de direito privado, t. IV. São Paulo: RT, 2012, p. 429-430. Sob o mesmo argumento Pontes de Miranda também critica a exigência de cognoscibilidade pela outra parte, tomando em conta que se o erro é percebido pelo destinatário e este silencia, procede com dolo (cit., p. 432).

[223] "DIREITO CIVIL E PROCESSUAL CIVIL. ANULAÇÃO DE NEGÓCIO JURÍDICO. DAÇÃO EM PAGAMENTO. IMÓVEL. LOCALIZAÇÃO. INSTITUIÇÃO FINANCEIRA DE SÓLIDA POSIÇÃO NO MERCADO. ERRO INESCUSÁVEL. 1. Não se há falar em omissão em acórdão que deixa de analisar o segundo pedido do autor, cujo acolhimento depende da procedência do primeiro (cumulação de pedidos própria sucessiva). 2. O erro que enseja a anulação de negócio jurídico, além de essencial, deve ser inescusável, decorrente da falsa representação da realidade própria do homem mediano, perdoável, no mais das vezes, pelo desconhecimento natural das circunstâncias e particularidades do negócio jurídico. Vale dizer, para ser escusável o erro deve ser de tal monta que qualquer pessoa de inteligência mediana o cometeria. 3. No caso, não é crível que o autor, instituição financeira de sólida posição no mercado, tenha descurado-se das cautelas ordinárias à celebração de negócio jurídico absolutamente corriqueiro, como a dação de imóvel rural em pagamento, substituindo dívidas contraídas e recebendo imóvel cuja área encontrava-se deslocada topograficamente daquela constante em sua matrícula. Em realidade, se houve vício de vontade, este constituiu erro grosseiro, incapaz de anular o negócio jurídico, porquanto revela culpa imperdoável do próprio autor, dadas as peculiaridades da atividade desenvolvida. 4. Diante da improcedência dos pedidos deduzidos na exordial – inexistindo, por consequência, condenação –, mostra-se de rigor a incidência do § 4º do art. 20 do CPC, que permite o arbitramento por equidade. Provimento do recurso especial apenas nesse ponto. 5. Recurso especial parcialmente provido." (STJ, REsp 744.311/MT, Rel. Min. Luis Felipe Salomão, 4ª Turma, j. 19/08/2010, DJe 09/09/2010).

O erro na transmissão da manifestação da vontade pelo declarante pode resultar de diferentes circunstâncias, como é caso de falhas de conexão que tornem a mensagem truncada, ou a conversão do arquivo de texto em formato incompatível com outro programa, com supressão ou modificação de parte do seu conteúdo, ferramentas que completam o texto automaticamente, sem que o perceba quem redige a mensagem – todos casos que podem implicar na alteração do que se desejava exprimir. O mesmo se diga em negócios jurídico cuja declaração de vontade para celebração se exprima por "cliques" sobre certos espaços da tela de computador ou *smartphone*, casos em que a própria dificuldade de leitura ou descuido em relação aos espaços de tela a pressionar, podem dar causa à transmissão errônea da vontade. Nestes casos, o art. 141 do Código Civil dispõe que "a transmissão errônea da vontade por meios interpostos é anulável nos mesmos casos em que o é a declaração direta".

Deste modo, pode anular-se por erro a declaração de vontade transmitida por meios interpostos demonstrando o declarante tratar-se de erro substancial. O caráter escusável e, sobretudo, a cognoscibilidade do erro pelo destinatário poderá enfrentar dificuldades práticas considerando a automatização de muitas destas relações, em especial dos meios de recepção da vontade.

10.1.3. Consequências do erro

O erro invalidante implica no direito do declarante de anular o negócio jurídico no prazo decadencial de quatro anos contados da sua celebração (art. 178, II, do Código Civil). Todavia, a anulação poderá ser evitada se o destinatário da declaração se oferecer para executá-la de acordo com a vontade real do declarante. Neste sentido, dispõe o art. 144 do Código Civil: "Art. 144. O erro não prejudica a validade do negócio jurídico quando a pessoa, a quem a manifestação de vontade se dirige, se oferecer para executá-la na conformidade da vontade real do manifestante." Valoriza-se a conservação do negócio jurídico e sua utilidade.

Em outros sistemas jurídicos, aquele que declarou a vontade com erro, dando causa à anulação do negócio jurídico, tem dever de indenizar os danos decorrentes da lesão à confiança (interesse negativo). É o caso do § 122 do BGB alemão.[224] No direito brasileiro, a lei não cogita expressamente de indenização nesta hipótese, sobretudo em vista dos demais requisitos que se agregam ao erro invalidante – que seja cognoscível pela outra parte e escusável. Aliás, o art. 122, 2, do BGB, inclusive afasta a indenização no caso em que o destinatário saiba ou deva saber da causa da invalidade, o que se confronta com a noção afirmada no direito brasileiro de *percepção por pessoa de diligência normal* (art. 138 do Código Civil). É discutível se isso será suficiente para afastar a possibilidade de indenização pelo declarante,[225] afinal, com fundamento na tutela da confiança pela boa-fé (responsabilidade pré-negocial), cabível seria a compensação dos interesses negativos, decorrentes da invalidade do negócio, considerando a situação do destinatário se este houvesse sido celebrado validamente. O Código Civil, todavia, não contempla expressamente esta possibilidade,[226] prevendo a indenização apenas para o caso

---

[224] Manfred Wolf; Jörg Neuner, Allgemeiner Teil des Bürgerlichen Rechts. 10 Auf. München: C.H. Beck, 2012, p. 489. Francisco Cavalcanti Pontes de Miranda, Tratado de direito privado, t. IV. São Paulo: RT, 2012, p. 442.
[225] Marcos Bernardes de Mello, Teoria do fato jurídico. Plano da validade. São Paulo: Saraiva, 2004, p. 167.
[226] Emenda ao Projeto do Código Civil, prevendo expressamente a possibilidade de indenização no caso de anulação por erro, foi rejeitada pela Comissão Revisora da Câmara dos Deputados, sob o argumento de que estenderia impropriamente a responsabilidade por reparação, "ainda que o erro não seja culposo",

em que o destinatário da declaração ou terceiro tenham dado causa ao engano do declarante (dolo, art. 145 e ss.).

10.2. Dolo

Dolo é termo polissêmico, designando diferentes realidades jurídicas. O dolo pode dizer respeito: (a) ao elemento subjetivo da conduta (intencional), na prática do ilícito (art. 186 do Código Civil); (b) como elemento subjetivo da conduta típica penal, quando o agente quer o resultado ou assume o risco de produzi-lo (dolo direto ou eventual, art. 18, I, do Código Penal); e (c) o dolo como vício do consentimento, cuja presença dá causa ao direito de anulação do negócio jurídico defeituoso. É deste último sentido que se trata ao fazer referência ao comprometimento da declaração de vontade constitutiva do negócio jurídico pelo dolo.

10.2.1. Dolo como vício do consentimento que invalida o negócio jurídico

Caracteriza-se o dolo como vício de consentimento que dá causa à invalidade do negócio jurídico, pelo comportamento malicioso consistente em ação ou omissão de pessoa que, de modo consciente, induz, mantém ou confirma falsa representação da realidade para aquele que, por isso, declara erroneamente sua vontade (o *deceptus*). A atuação dolosa, que pode se caracterizar em atuação positiva (e.g. aquele que mente ou confunde), ou negativa (e.g. aquele que, podendo, silencia e deixa de desmentir ou esclarecer), será tanto daquele que se beneficia da declaração de vontade errônea, quanto de terceiro. Em termos práticos, há dolo quando aquele que pretende celebrar negócio, para convencer a outra parte a declarar vontade com este fim, dá conta de informações que sabe serem inverídicas, ou deixa de informar sobre certas circunstâncias ou características que deveria esclarecer. Há múltiplas formas do agir doloso, que por ser consciente de parte daquele que atua para enganar, pode envolver artifícios maliciosos para induzir sem declarar expressamente, ou revelando parcialmente informações de modo que o declarante conforme uma representação falsa da realidade pela falta de compreensão do todo.

O dolo que invalida o negócio jurídico, como vício do consentimento, é aquele contemporâneo à declaração de vontade. A indução em erro se dirige à formação da declaração de vontade, visando enganar o declarante. Isso não significa que não possa haver dolo em momento anterior à formação do negócio jurídico – na fase pré-negocial – ou mesmo após ter sido constituído, no momento da sua execução. O que se altera é o objetivo do comportamento doloso e suas consequências. O dolo que se restringe à fase das tratativas, mas não alcança ou influencia a formação da declaração de vontade negocial, não invalida. Quando ocorra na fase da execução do negócio jurídico, pode se aproximar do regime do inadimplemento obrigacional, dando origem ao direito de resolução pelo credor enganado, e caso dele resulte perdas e danos, à pretensão de indenização.

É da tradição do direito distinguir entre o dolo que se associa à má-fé, que oculta conscientemente para obter vantagem indevida – ***dolus malus*** – e a atuação intencional visando o convencimento para a celebração do negócio jurídico sem ocultar elementos essenciais, embora adotando exageros intencionais (como ocorre com a publicidade, o exagero publicitário)[227], e valorizando ou destacando certas informações em detrimento de outras – o ***dolus bonus***. Apenas o *dolus malus* se considera como vício do consentimento, e consequentemente, torna

---

optando pelo texto original, "tendo em vista a segurança e a estabilidade dos negócios jurídicos". Veja-se: José Carlos Moreira Alves, A parte geral do projeto de Código Civil brasileiro, p. 147.

[227] Bruno Miragem, Curso de direito do consumidor. 8ª ed. São Paulo: RT, 2019, p. 353-354.

defeituoso o negócio jurídico, dando causa a sua invalidade. No direito romano não se cogitava da invalidade propriamente dita, mas da exceção para não cumprir o negócio jurídico que tivesse sido celebrado em razão de dolo (*exceptio doli*), ou a pretensão de reparação no caso dele já ter sido executado (*actio de dolo*).[228]

Estabelece o art. 145 do Código Civil que "são os negócios jurídicos anuláveis por dolo, quando este for a sua causa." A causa do negócio jurídico aqui deve se entender em associação à própria noção de erro substancial, ou seja, a falsa representação da realidade que, no caso do dolo, induzida pela atuação maliciosa da contraparte ou de terceiro relativamente à qualificação do próprio negócio jurídico, à identidade daqueles que são partes ou ao seu objeto. A irrelevância dos motivos, que é a regra nos negócios jurídicos, cede no tocante ao dolo. Afinal será na influência que o erro maliciosamente provocado terá na formação da vontade declarada (motivação), o cerne para seu reconhecimento como causa de invalidade do negócio jurídico.[229]

O dolo pode ser essencial (ou determinante, *dolus causa dans*) ou acidental. O **dolo essencial** é o que invalida o negócio jurídico, uma vez demonstrado que não teria sido celebrado se o declarante soubesse a verdade. Difere do **dolo acidental**, em que a indução em erro do declarante faz com que o negócio jurídico tenha sido celebrado, o que também teria ocorrido se não tivesse havido a indução a erro, ainda que de outro modo. Em geral, o dolo acidental leva o declarante a realizar o negócio, porém em condições mais onerosas ou menos vantajosas, porque induzido em erro pela outra parte ou por terceiro. O negócio ainda assim teria sido celebrado, embora de outro modo (art. 146 do Código Civil). Não dá causa à anulação do negócio jurídico, mas apenas à pretensão de indenização pelo prejudicado – o que pressupõe, naturalmente, a existência de prejuízo.[230] Havendo o dolo acidental sem que declarante possa demonstrar prejuízo em razão do engano a que foi induzido, não se produzem outras consequências jurídicas: o negócio jurídico se preserva válido, não se cogitando de indenização para o declarante.

O dolo pode ser comissivo ou omissivo. **Dolo comissivo** é o que resulta da ação maliciosa para induzir em erro o declarante. Neste caso, quem atue dolosamente falseia informações ou cria representações com o propósito de induzir a declaração de vontade no sentido da celebração do negócio jurídico. No **dolo omissivo**, mantém-se inerte aquele que teria o dever de agir para informar ou esclarecer o declarante, seja o outro participante do negócio jurídico, seja terceiro. O art. 147 do Código Civil dispõe: "Nos negócios jurídicos bilaterais, o silêncio intencional de uma das partes a respeito de fato ou qualidade que a outra parte haja ignorado, constitui

---

[228] Max Kaser, Rolf Knütel, *Römisches Privatrecht*. 20. Auflage. München: Verlag C.H.Beck, 2014, p. 70.

[229] Francisco Cavalcanti Pontes de Miranda, Tratado de direito privado, t. IV. São Paulo: RT, 2012, p. 447-448; Marcos Bernardes de Mello, Teoria do fato jurídico. Plano da validade. São Paulo: Saraiva, 2004, p. 171; Silvio Rodrigues, Dos defeitos dos atos jurídicos. São Paulo: Max Limonad, 1959, p. 191. No direito italiano, Alberto Trabucchi, Il dolo: nella teoria dei vizi del volere. Padova: CEDAM, 1937, p. 378.

[230] Francisco Cavalcanti Pontes de Miranda, Tratado de direito privado, t. IV. São Paulo: RT, 2012, p. 447. É o caso do sócio que celebra negócio jurídico para dissolução parcial e sua retirada devido a dificuldades financeiras pelas quais passava a sociedade empresária que, poucos dias depois da celebração, tem a integralidade das suas quotas vendidas à empresa norte-americana, em negociação que foi mantida em sigilo pelos demais sócios. Neste caso, entendeu-se que a retirada do sócio ainda assim teria se realizado, porém em outras condições, caso soubesse das negociações para alienação da empresa por expressivo valor, sendo-lhe concedido, por isso indenização por perdas e danos: TJRS, ApCiv 70082901208, Rel Niwton Carpes da Silva, 6ª Câmara Cível, j. 13/12/2019. Da mesma forma, o caso da compra e venda de imóvel cujos vendedores omitem que se situa em área de preservação ambiental, a elevar exigências para edificação na área: TJSP, ApCiv 1001360-67.2019.8.26.0266, Rel. Francisco Loureiro, 1ª Câmara de Direito Privado, j. 28/09/2020.

omissão dolosa, provando-se que sem ela o negócio não se teria celebrado." *Omissão* resulta do incumprimento de um dever de atuar. A fonte deste dever tanto pode ser a lei, como os usos ou o comportamento exigível conforme a boa-fé. Assim é o dever de informar pré-negocial, como se identifica, na jurisprudência, o exemplo do vendedor do imóvel residencial que deixa de informar o comprador sobre o fato dele situar-se ao lado de aterro sanitário.[231]

Porém, note-se que se trata de silêncio intencional, de modo que a omissão dolosa pressupõe que a malícia, de quem sabe ou deveria saber e deixa de informar o declarante. Se quem deixa de informar não o faz porque ignora, não há intenção ou malícia, de modo que não se cogita dolo, embora possa o declarante, eventualmente, anular em razão de erro substancial. Mais difícil será quando aquele que, para não ter que informar, mantém-se em estado de ignorância, furta-se de conhecer para não ser obrigado a informar o declarante (aquele que "deveria saber"). A rigor, também se pode caracterizar tal comportamento como omissão dolosa, revelando-se dificuldades práticas sobre sua prova.

10.2.2. Dolo da contraparte do negócio jurídico, do seu representante ou de terceiro

A comportamento doloso que induz em erro o declarante tanto pode resultar do destinatário da declaração de vontade – contraparte do negócio jurídico – quanto de terceiro cuja malícia dirija-se a celebração do ajuste. Da mesma forma, pode ser que a contraparte do negócio jurídico não participe diretamente, agindo por representação. Neste caso, pode ocorrer do dolo ser imputado ao seu representante.

No caso do comportamento doloso, por ação ou omissão, que induza a erro a declaração de vontade do *deceptus*, verificado tratar-se de dolo essencial, constitui causa de invalidade do negócio jurídico. No caso de o comportamento doloso ser atribuído ao representante da contraparte, preserva-se o direito do declarante (*deceptus*) anular o negócio jurídico. O art. 149 do Código Civil, contudo, distingue as hipóteses em que se trate de representação legal ou convencional para efeitos de responsabilidade do representado por perdas e danos devidos ao *deceptus*.

Tratando-se de comportamento doloso levado a efeito por terceiro, que portanto não integra o negócio jurídico, o art. 148 do Código Civil dispõe: "Pode também ser anulado o negócio jurídico por dolo de terceiro, se a parte a quem aproveite dele tivesse ou devesse ter conhecimento; em caso contrário, ainda que subsista o negócio jurídico, o terceiro responderá por todas as perdas e danos da parte a quem ludibriou." No caso do **dolo de terceiro**, portanto, agrega-se mais um pressuposto para a anulação do negócio jurídico pelo *deceptus*: a demonstração de que a parte a quem aproveita tenha ou deva ter conhecimento sobre sua ocorrência. A parte associa-se ao dolo do terceiro, por saber e não impedir, aproveitando-se, ou por agir com culpa (devia saber, mas por negligência ignora). O terceiro não é parte da ação que vise a anulação do negócio jurídico, do qual, afinal, não é parte. Mas responde pelos danos causados ao *deceptus* (e.g. o corretor de imóveis que omite informações essenciais sobre o bem do comprador para celebrar o negócio e perceber sua comissão).

De interesse, igualmente, será o negócio jurídico bilateral em que sejam vários os figurantes nas suas posições (e.g. cocontratantes). São partes do negócio (e não terceiros), embora nada impeça que apenas um deles aja com dolo (e.g. havendo mais um comprador, apenas um deles age para enganar o vendedor, os demais ignoram o fato). Esta hipótese não se subsume à

---

[231] TJSP, ApCiv 1003051-35.2019.8.26.0099; Rel. Alexandre Coelho, 8ª Câmara de Direito Privado, j. 18/11/2020.

disciplina do dolo de terceiro. O entendimento de Pontes de Miranda é que se há duas ou mais pessoas como figurantes, de um lado "o dolo de uma não é o dolo das outras", sustentando a possibilidade de invalidade parcial do negócio jurídico, salvo sua inseparabilidade subjetiva ou objetiva.[232] A solução pode ser reconduzida ao disposto no art. 184 do Código Civil em vigor ("Respeitada a intenção das partes, a invalidade parcial de um negócio jurídico não o prejudicará na parte válida, se esta for separável; a invalidade da obrigação principal implica a das obrigações acessórias, mas a destas não induz a da obrigação principal.").

A rigor, os figurantes que estão na mesma posição daquele que agiu com dolo, mas não sabiam ou deviam saber da sua atuação maliciosa, pode ser que também tenham sido enganados ou ignorem o dolo. Esta posição os preserva. Diferentemente da conclusão a que se chegue, de que deveriam saber a respeito do comportamento doloso daquele que assim se conduziu – o que não dispensa o desafio prático de demonstrar porque desconheciam o fato e lhes era lícito assim se manter. Porém, não serão, em qualquer hipótese, terceiros, razão pela qual, ou: (a) se anula o negócio, com fundamento na regra geral do art. 145, de modo que não apenas o *deceptus*, mas também todas as demais partes que não tenham agido com dolo, sejam titulares de pretensão de indenização contra o autor do ilícito, com fundamento na responsabilidade por ato ilícito (art. 186); ou (b) sendo separável o objeto da obrigação pertinente ao figurante que agiu dolosamente e dos demais figurantes de sua mesma posição negocial, torná-lo inválido em relação àquele que agiu com dolo, preservando-se em relação aos demais, mediante incidência dos arts. 145 e 184 do Código Civil. Certo é que a ausência de previsão expressa sobre esta hipótese dá lugar às soluções cogitadas, cujas fragilidades se podem reforçar pelas circunstâncias do caso, sem prejuízo da incidência dos princípios da proteção da confiança e da conservação do negócio jurídico.

Por fim, refira-se ao **dolo do representante** que conclui, em nome do representado, o negócio jurídico. Representante, como se sabe, não é terceiro, razão pela qual não é necessário que o representado tenha conhecimento sobre sua atuação dolosa para que se anule o negócio jurídico. O que se altera são as consequências no plano da responsabilidade pelos danos sofridos pelo *deceptus*. Tratando-se do dolo atribuído ao representante no caso de representação legal, o representado fica obrigado a responder civilmente apenas até a importância do proveito que teve com o ato. Significa dizer que a indenização será limitada em relação a ele, apenas até o valor da vantagem obtida com o negócio jurídico celebrado por dolo, sem prejuízo da responsabilidade do representante, que não observa limitação, abrangendo todas as perdas e danos que tenha sofrido o *deceptus*. Já na hipótese de representação convencional, há responsabilidade solidária entre representante e representado pela reparação dos danos causados ao *deceptus* (art. 149 do Código Civil). A lei presume, neste caso, a culpa do representado na escolha do seu representante que agiu dolosamente (*culpa in elegendo*).

10.2.3. Dolo bilateral

Distingue-se o dolo em unilateral e bilateral. Dolo unilateral é aquele em que apenas uma das partes do negócio jurídico, ou terceiro, atua de modo malicioso, visando induzir em erro a outra (o *deceptus*). No dolo bilateral, como é intuitivo, ambas as partes procedem de modo malicioso visando induzir a outra em erro. Neste caso, o art. 150 do Código Civil estabelece: "Se ambas as partes procederem com dolo, nenhuma pode alegá-lo para anular o negócio, ou reclamar indenização."

---

[232] Francisco Cavalcanti Pontes de Miranda, Tratado de direito privado, t. IV. São Paulo: RT, 2012, p. 455.

O fundamento da regra se destaca: ninguém pode alegar em seu proveito, a própria torpeza (*nemo auditur propriam turpitudinem allegans*). É comum na doutrina nacional reconhecer na regra, que no caso de dolo bilateral, eles se compensam.[233]

10.3. Coação

A coação é defeito do negócio jurídico na medida em que a declaração de vontade se realiza mediante violência ou ameaça ao declarante, que por esta razão a manifesta.[234] Afeta a liberdade na formação e manifestação da vontade. No direito romano reconhecia-se a possibilidade de restituição daquilo que se tivesse obtido pela força ou pela ameaça (*actio quod metus causa*),[235] em seguida reconhecendo-se exceção ao cumprimento dos contratos celebrados mediante ameaça de uma das partes (*exceptio metus*). Adiante, distingue-se a *vis compulsiva* e a *vis absoluta*. A *vis compulsiva* é a coação invalidante, o temor de grave lesão que leva o declarante a manifestar vontade. A *vis absoluta* não é declaração de vontade, interpondo-se aquele que constrange para, usando a força física irresistível, realizar o ato como se fosse o declarante (e.g. aquele que, a força, conduz a mão do declarante para assinar o contrato). Denominada também coação absoluta, não será caso de invalidade, mas de inexistência do negócio jurídico. A declaração de vontade embora aparente ser do declarante, não existe, uma vez que foi levada a efeito, mediante força, pelo que coage.

A coação que vicia o consentimento e torna o negócio jurídico defeituoso é aquela em que a declaração de vontade procede do declarante, porém é realizada apenas em razão de um fundado temor de dano grave e considerável, de modo a evitá-lo. Formação e manifestação da vontade existem, mas não são livres. Pressupõe o coator, que é aquele que deverá incutir o temor do dano ao coagido e o modo de evitá-lo, que será mediante declaração de vontade que consinta com a celebração do negócio jurídico. Há, neste aspecto, uma relação de causa e efeito que o coator exprime direta ou indiretamente ao coagido: se houver declaração de vontade em determinados termos, evita-se o dano suposto.

A coação pode dar causa à ação anulatória para a qual é legitimado o coagido e seus sucessores, bem como pode ser alegada em matéria de defesa (*exceptio metus*) para contrapor-se

---

[233] Marcos Bernardes de Mello, Teoria do fato jurídico. Plano da validade. São Paulo: Saraiva, 2004, p. 175; Wilson de Souza Campos Batalha, Defeitos dos negócios jurídicos. Rio de Janeiro: Forense, 1988, p. 133; Silvio Rodrigues, Dos defeitos dos atos jurídicos. São Paulo: Max Limonad, 1959, p. 232.

[234] O art. 1109 do Código Civil francês refere-se ao *consentimento extorquido por violência*; o art. 1434 do Código Civil italiano faze referência à *violência* como causa de anulação do negócio. No direito alemão ao §123 refere-se à *ameaça*; o art. 666 do Código Civil português formula sobre o *consentimento extorquido por coação*; o Código Civil do Quebéc faz referência ao *medo de um dano grave* (art. 1402), que inclusive pode ser *medo do exercício abusivo de um direito* ou de *abuso de autoridade* (art. 1403); o art. 276 do Código Civil argentino, sob o título de *violência como vício da vontade*, refere-se à *força irresistível e as ameaças que geram o temor de sofrer um mal grave e iminente*; o Código Civil do Uruguay refere-se distingue a violência *física* – a força irresistível – e *moral* – temor fundado de sofrer mal iminente (art. 1272). *Violência física* ou *mental* também são referidos pelo Código Civil da República Checa (art. 587). No Código Civil espanhol, distingue-se *violência* e *intimidação*: violência quando para arrancar o consentimento se emprega força irresistível; intimidação quando inspira a um dos contratantes o temor racional e fundado de sofrer um mal iminente e grave sobre sua pessoa ou bens, ou relativo a seu cônjuge, descendentes e ascendentes (art. 1267). Da mesma forma, coação ou medo grave são causas de anulação do casamento (art. 73).

[235] Max Kaser, Rolf Knütel, *Römisches Privatrecht*. 20. Auflage. München: Verlag C.H.Beck, 2014, p. 69; Emanuela Calore, *Actio quod metus causa:Tutela della vittima e azione in rem scripta*. Milano, Giuffré, 2011, p. 261 e ss.

à exigibilidade do objeto do negócio anulável, bem como em reconvenção.[236] O direito à anulação pode ser exercido no prazo de quatro anos do dia em que cessar (art. 178, I, do Código Civil), do que se percebe que os efeitos da ameaça sobre o coagido podem se projetar para além do momento da celebração do negócio jurídico. Cabe ao coagido ou a quem interesse anular o negócio provar a existência dos pressupostos da coação invalidante, que não poderá, em qualquer hipótese, ser alegada pelo próprio coator. Tratando-se de ilícito, obriga o coator a reparar os danos causados.

10.3.1. Pressupostos da coação invalidante

Dispõe o art. 151 do Código Civil que "a coação, para viciar a declaração da vontade, há de ser tal que incuta ao paciente fundado temor de dano iminente e considerável à sua pessoa, à sua família, ou aos seus bens." Dele se retiram os pressupostos da coação invalidante.

Em primeiro lugar, deve tratar-se de **(a) fundado temor de dano**. No caso, examina-se a própria capacidade de compreensão do declarante sobre os fatos cujo conhecimento lhe permita interpretar como ameaça para que realize a declaração de vontade de determinado modo. Para tanto, o próprio Código Civil define critérios para apreciar a compreensão do declarante coagido, dispondo seu art. 152 que "no apreciar a coação, ter-se-ão em conta o sexo, a idade, a condição, a saúde, o temperamento do paciente e todas as demais circunstâncias que possam influir na gravidade dela". Se tem em conta as circunstâncias concretas de cada situação e dos sujeitos envolvidos. Afinal, o modo como se receba uma ameaça pode variar subjetivamente, desde os que reforçam postura de resistência ao coator, àqueles que cedem mais facilmente, visando evitar o conflito ou o dano. Esta percepção subjetiva daquele a quem a ameaça é dirigida tem relevo para aferir a aptidão para cercear sua liberdade de formação e manifestação da vontade.

Do mesmo modo, não é temor em relação a qualquer dano que caracteriza a coação, deve ser **(b) dano iminente e considerável**. Há na fórmula duas qualificações relevantes. Ser *iminente*, significa que o temor de dano se produza para logo, em momento temporalmente próximo daquele em que se realiza a ameaça, pressionando a declaração de vontade que o coator pretende obter do coagido.[237] Da mesma forma, *considerável* é o dano que apresente certa gravidade, capaz de assim ser compreendida pelo coagido, no tocante à natureza ou extensão das lesões que envolvem a ameaça. Também aqui tem utilidade o art. 152 do Código Civil. O que se considere grave também deve ser tomado, concretamente, em vista da compreensão daquele a quem se dirige a ameaça.[238] O que uma pessoa considere como dano grave não o será, necessariamente, para outra, que pode tomar a mesma ameaça como mero incômodo. Em relação ao matrimônio, o art. 1.558 do Código Civil prevê a invalidade "quando o consentimento de um ou de ambos os cônjuges houver sido captado mediante fundado temor de mal considerável e iminente para a vida, a saúde e a honra, sua ou de seus familiares." Delimita, pois, os interesses aos quais a ameaça de lesão se dirige para caracterizar a coação.

A coação, para invalidar o negócio jurídico, deve ser sua razão determinante. Ou seja, deve haver **(c) relação de causalidade entre a ameaça de dano e a declaração de vontade**. Embora não seja necessário que seja a única causa, é preciso restar demonstrado que, se não houvesse

---

[236] TJRS, ApCiv 70083996231, Rel. Maria Isabel de Azevedo Souza, 19ª Câmara Cível, j. 28/05/2020.
[237] Em sentido contrário, entendendo que é o efeito da ameaça que deve ser para logo, não a risco concreto do dano que a compreende, Silvio Rodrigues, Direito civil: parte geral, v. 1, p. 211; Carlos Roberto Gonçalves, Direito civil brasileiro: parte geral, v. 1, p. 429.
[238] Orosimbo Nonato, Da coação como defeito do ato jurídico (ensaio). Rio de Janeiro: Forense, 1957, p. 126-128.

a ameaça, a declaração de vontade não teria sido manifestada com determinado conteúdo. É o caso em que o declarante manifesta vontade interpretando certo ato da contraparte do negócio jurídico ou de terceiro como ameaça, sendo irrelevante se aquele tomado como coator tivesse ou não a intenção ameaçar ou incutir temor.

Refira-se, ainda, que para caracterizar a coação, **(d) a ameaça deve reportar-se a um dano injusto** (antijurídico). Para tanto o dano suposto, que induz a declaração de vontade, viola a esfera jurídica do declarante, antevendo-se atuação ilícita do coator. Como bem afirma a doutrina, "em princípio, quem ameaça de exercer direito, pretensão, ação ou exceção, não coage".[239] Neste sentido, dispõe o art. 153 do Código Civil: "Não se considera coação a ameaça do exercício normal de um direito, nem o simples temor reverencial." Ameaça de exercício regular de direito ocorre quando o credor que sofre o inadimplemento faz ver ao devedor que exercerá pretensão de cobrança, ou o inscreverá em bancos de dados restritivos de crédito, e faculta renegociar ou novar a dívida. Se daí resultar negócio jurídico como a dação em pagamento ou a novação, por exemplo, não serão anuláveis em razão de coação. Da mesma forma ocorre com aquele que descobre desvios ou prejuízos causados por outro, e ameaça exercer pretensão de reparação se o lesante não consentir em acordo pelo qual assuma a obrigação de ressarcir.

Ameaça de exercício normal, ou de exercício regular de direito, se mede também pela situação inversa, que é o seu exercício abusivo. Exercício normal de um direito é aquele que não se caracteriza como abuso – para o que são úteis os critérios presentes no art. 187 do Código Civil ("Também comete ato ilícito o titular de um direito que, ao exercê-lo, excede manifestamente os limites impostos pelo seu fim econômico ou social, pela boa-fé ou pelos bons costumes."). Da mesma forma, a coação que ao mesmo tempo se configure crime (e.g. extorsão, art. 158-160 do Código Penal), será no âmbito das relações privadas, ilícita. O mesmo se diga em relação à ameaça de noticiar um fato delituoso às autoridades, visando constranger o autor do delito a celebrar negócio jurídico com vantagem ao autor da ameaça.[240] Tal comportamento desvia-se do fim legítimo de promover a persecução do crime e sua sanção pelo Estado, transmutando-se em contrariedade a direito. A ameaça de dano, para caracterizar a coação invalidante, observa seus meios ou fins contrários a direito, que é obter a declaração de vontade que não existiria sem ela.

A mesma regra também exclui do âmbito da coação o *temor reverencial*. Este diz respeito ao temor de constrangimento frente a quem a quem se tenha reverência, e que pela admiração ou respeito não se queira desagradar. Assim, por exemplo, os filhos geralmente guardam temor reverencial dos pais, bem como da análise de situações concretas, possa-se identificá-lo em diferentes relações, como é o caso do discípulo em relação ao mestre, ou do religioso em relação ao sacerdote ou ao pastor. Isso não afasta, contudo, a hipótese de que aquele pelo qual o declarante guarde temor reverencial, a despeito disso, realize ameaça concreta, de dano iminente e grave, visando à declaração de vontade – hipótese em que se poderá caracterizar coação invalidante.

Registre-se, ainda, que **(e) a ameaça de dano deve dizer respeito à pessoa ou ao patrimônio do coagido, a seus familiares, ou a terceiro** que, conforme as circunstâncias e os laços que os unam, possa o juiz identificar a aptidão para incutir o temor que leva a declarar vontade, visando evitá-lo. O parágrafo único do art. 151 do Código Civil dispõe: "Se disser respeito a pessoa não pertencente à família do paciente, o juiz, com base nas circunstâncias,

---

[239] Francisco Cavalcanti Pontes de Miranda, Tratado de direito privado, t. IV. São Paulo: RT, 2012, p. 476; Orosimbo Nonato, Da coação como defeito do ato jurídico (ensaio). Rio de Janeiro: Forense, 1957, p. 172-173.

[240] Wilson de Souza Campos Batalha, Defeitos dos negócios jurídicos. Rio de Janeiro: Forense, 1988, p. 150.

decidirá se houve coação." Neste particular, é de recordar que os laços de afeição que movem o comportamento com o propósito de proteger ou evitar o mal – impedindo que se concretize o dano objeto da ameaça – não respeita, necessariamente, vínculos familiares formais. Assim, por exemplo, namorados podem ser pressionados a declarar vontade e formar negócio jurídico para evitar o dano ao outro; pessoas que convivem proximamente sem que se configurem formalmente família também. Nestes casos, o maior desafio é de prova das circunstâncias que permitam concluir pela restrição fundamental à liberdade de querer em vista de quem se deseje preservar do dano objeto da ameaça.

10.3.2. Coação exercida por terceiro

A coação pode ser exercida tanto pela parte a quem interessa celebrar o negócio jurídico com o coagido, quanto por terceiro. A coação exercida por terceiro, contudo, apenas invalida o negócio jurídico se dela tem ou deva ter conhecimento a parte a quem aproveite. No caso, se está a referir, essencialmente, àquele que vem a celebrar o negócio jurídico anulável com o coagido. Neste caso, tomando em conta que a coação é ilícito, sabendo ou devendo saber dele, e se beneficiando, quem é parte do negócio jurídico anulável por coação responderá solidariamente com o coator pelos danos causados ao coagido. Assim dispõe o art. 154 do Código Civil: "Vicia o negócio jurídico a coação exercida por terceiro, se dela tivesse ou devesse ter conhecimento a parte a que aproveite, e esta responderá solidariamente com aquele por perdas e danos."

Contudo, no caso da coação de terceiro não ser de conhecimento da parte que dela se aproveite, nem devesse ela ter conhecimento, o negócio jurídico não será anulado. Deverá o coator, então, responder, integralmente, perante o coagido, pelos danos causados (art. 155 do Código Civil), o que inclui aqueles decorrentes da preservação do negócio jurídico válido.

Tratando-se de negócio jurídico unilateral, como é o caso do testamento, incidem as regras da coação de terceiro. Embora os herdeiros testamentários e demais beneficiários não sejam tecnicamente "partes", se a declaração de vontade do testador foi premida por ameaça de dano grave, nos termos definidos pela lei, formulada por pessoa que não herda ou se beneficia diretamente do testamento, devem incidir as regras sobre a coação exercida por terceiro (arts. 154 e 155 do Código Civil).

10.3.3. Coação e representação

A coação exercida por representante daquele a quem aproveita o negócio jurídico e atua como parte, também vicia o negócio jurídico, e dá causa a sua anulação. A ausência de norma expressa no Código Civil sobre esta situação não afasta a invalidade. Sendo a ameaça do representante, é como se fosse exercida pela própria parte; uma vez que este age em seu nome, não se cogita se tinha ou não conhecimento. O raciocínio aqui deve ser o mesmo que o Código Civil define para o caso de dolo do representante (art. 149 do Código Civil). Se este age em nome da parte com quem o declarante coagido celebra o negócio jurídico, há invalidade. No plano da responsabilidade civil pelos danos sofridos em razão do ilícito pelo coagido é que se pergunta serem cabíveis as mesmas regras sobre o dolo, que diferenciam as hipóteses de representação legal e convencional. No caso de representação legal, a responsabilidade do representado no negócio jurídico anulado por dolo limita-se à vantagem que obteve com o ato; na representação convencional, o representado responde solidariamente com o representante, sob o fundamento da culpa da escolha (*culpa in elegendo*). Embora se trate de ilícito mais grave para o interesse do prejudicado, a coação merece solução análoga.

Por outro lado, no caso do representante ser o coagido a declarar vontade em nome do representado, aplicam-se os mesmos critérios gerais da coação invalidante.[241] Neste sentido, anula-se o negócio quando a ameaça de dano iminente e considerável dirija-se a familiares ou terceiros vinculados ao representante – que constrangido por isso tenha celebrado negócio jurídico em nome do representado. Bem como, também quando a ameaça se dirija a familiares ou terceiros vinculados ao representado, em razão do que ele venha a orientar o representante que profira declaração de vontade em seu nome.

10.4. Estado de perigo

O estado de perigo é espécie de vício social, que afeta a liberdade de formação e manifestação da vontade pelo declarante, que o leva a celebrar negócio jurídico desvantajoso premido da necessidade de salvar a si ou a pessoa de sua família de grave dano conhecido da parte que dela se aproveita. Trata-se de defeito do negócio jurídico previsto no Código Civil de 2002, e que embora estivesse presente no Projeto original redigido por Clóvis Beviláqua, do Código Civil de 1916, foi suprimido àquele tempo pela Comissão Revisora do Congresso Nacional.[242] Também o Código Civil italiano de 1942 previu, em seu art. 1447, a rescisão do negócio jurídico celebrado em estado de perigo, embora, diferentemente do direito brasileiro, autorize o juiz, conforme as circunstâncias, a atribuir uma justa indenização à outra parte pelo trabalho realizado (*assegnare un equo compenso all'altra parte per l'opera prestata*).

O art. 156, *caput*, do Código Civil brasileiro, dispõe sobre o estado de perigo nos seguintes termos: "Configura-se o estado de perigo quando alguém, premido da necessidade de salvar-se, ou a pessoa de sua família, de grave dano conhecido pela outra parte, assume obrigação excessivamente onerosa." Dele se verificam os pressupostos para sua configuração.

Em primeiro lugar, exige-se **(a) o risco atual de um dano grave, do qual tenha a necessidade de salvar a si o declarante, ou pessoa de sua família**. Tratando-se de pessoa não pertencente à família do declarante, o juiz decidirá segundo as circunstâncias (art. 156, parágrafo único). A referência no texto da norma a *premente necessidade de salvar* e a *grave dano*, conduz à noção de um risco elevado à integridade pessoal do declarante, de pessoa de sua família, ou de terceiro em relação ao qual, segundo interpretação do juiz, se confira a mesma capacidade de pressionar a decisão de declarar vontade. É a premência da necessidade de salvar que constrange a liberdade de formação e manifestação da vontade pelo declarante. E por outro lado, identifica-se que se queira salvar em relação à risco sobre a *vida, saúde* ou *integridade* do declarante, pessoa de sua família ou, eventualmente, de terceiro.

O exame sobre a compreensão do que se configure risco atual de um dano grave, não permite que se tome a situação em caráter abstrato, mas segundo as circunstâncias concretas e pessoais do declarante para interpretar os fatos e o risco que representam de modo a concluir pela premência de salvar-se declarando vontade para formação de negócio jurídico. É o efeito da compreensão do risco pelo declarante que o induz ou não à celebração do negócio jurídico. Pode ser que tome o risco mais iminente ou o dano por mais grave do que objetivamente se-

---

[241] Wilson de Souza Campos Batalha, Defeitos dos negócios jurídicos. Rio de Janeiro: Forense, 1988, p. 151.
[242] O texto original do projeto de Clóvis Beviláqua (art. 121), que todavia não resistiu a revisão do texto pelo Congresso Nacional, dispunha: "O contrato feito quando alguma das partes se acha sob a ameaça de um perigo iminente de naufrágio ou parada no alto-mar, inundação, incêndio ou operação cirúrgica, acarretando risco de vida, presume-se nulo por vício da vontade, enquanto não for ratificado, depois de passado o perigo, sob cuja iminência foi feito. A mesma presunção de nulidade existe em relação aos contratos celebrados em estado crítico de moléstia aguda e grave".

jam. Quando se diz *premido pela necessidade*, valoriza-se a compreensão do próprio declarante em relação a ela. É possível que haja estado de perigo se esta compreensão, ainda que inexata, pressiona a declaração de vontade.

Um segundo pressuposto para configuração do estado de perigo é que **(b) o risco atual de dano grave seja de conhecimento da outra parte com quem celebra o negócio jurídico anulável**. Neste sentido, ao presumir-se que a outra parte terá proveito de um negócio jurídico celebrado em condições desiguais com o declarante, exige-se que este comportamento seja consciente. Há ciência da parte que se aproveita da celebração do negócio jurídico em relação aos fatos que motivam a declaração de vontade. Trata-se de prova que se exige do declarante prejudicado para o êxito da pretensão de anulação.

Da mesma forma, **(c) o temor de um dano grave deve ser o motivo que leva o declarante a manifestar vontade negocial**. Aqui, mais uma vez, excepciona-se a irrelevância dos motivos de modo a exigir que se demonstre a relação de causalidade entre a compreensão do declarante sobre a necessidade de salvar a si, pessoa de sua família ou eventualmente terceiro, do dano grave, e a declaração de vontade negocial.

Por fim, exige-se que o pressuposto objetivo, de que o negócio jurídico celebrado consista em **(d) obrigação excessivamente onerosa para o declarante**. Tem lugar nos negócios jurídicos comutativos em que há reciprocidade de prestações e, nestes termos, elas devem guardar certa equivalência, embora não identidade – visa preservar seu sinalagma genético, equilíbrio que é pressuposto. Da mesma forma, note-se que a excessiva onerosidade é critério que se examina em relação ao negócio jurídico em si, não devendo ter qualquer influência o patrimônio do declarante ou da contraparte. Se o declarante ou a contraparte tem vasto patrimônio, é irrelevante. A excessiva onerosidade se percebe na comparação entre as prestações, pois o que se pretende neste caso, é impedir o aproveitamento indevido daquele que conhece da situação em que se encontra o declarante e em razão disso celebra negócio jurídico do qual obtém vantagem que não teria em situação normal.

Exemplo usual de negócio anulável por estado de perigo são os contratos de prestação de serviços celebrados entre estabelecimentos hospitalares e seus pacientes ou familiares, no caso de internações de emergência. De fato, nestes casos, é comum figurarem os pressupostos subjetivos relativos ao temor do risco atual de dano grave conhecido pela contraparte.[243] Todavia, não basta, devendo estar demonstrada a onerosidade excessiva, que é antes de tudo, desproporção entre as prestações que integram o objeto do negócio jurídico. De outro lado, trata-se de situação em que a incidência das normas do Código de Defesa do Consumidor conduz à proteção do declarante prejudicado,[244] sem prejuízo da sua aplicação em comum.

A anulação do negócio jurídico por estado de perigo pode decorrer do exercício do direito de anular, em ação própria, pelo declarante prejudicado ou por seus herdeiros, sendo admitido que se alegue também em reconvenção. Note-se que o Código Civil silencia sobre a aplicação, em relação ao estado de perigo, da possibilidade de evitar-se a anulação do negócio jurídico se a parte beneficiada ofereça suplemento suficiente, ou concorde com a redução do proveito, tal qual prevê o art. 157, § 2º, em relação ao defeito de lesão. Enunciado interpretativo da III Jornada de Direito Civil sustenta a possibilidade de sua aplicação por analogia. A rigor, poderia se justificar a sanção de anulação e impossibilidade de convalidar como reprovação ao comportamento da contraparte que se aproveita da situação de temor do declarante. Contudo,

---

[243] STJ, REsp 1680448/MG, Rel. Min. Nancy Andrighi, 3ª Turma, j. 22/08/2017, *DJe* 29/08/2017; REsp 1578474/SP, Rel. Min. Nancy Andrighi, 3ª Turma, j. 11/12/2018, *DJe* 13/12/2018.
[244] Com acerto sustenta Flávio Tartuce, Direito civil, v.1. Parte geral. São Paulo: Forense, 2019, p. 469.

sendo o caso de negócio jurídico anulável, em que embora não se ignore a autoridade da ordem jurídica, orienta-se pela proteção de interesse das partes, a solução que permita o reequilíbrio das prestações e preservação do negócio não se afasta, inclusive do próprio princípio da conservação do negócio jurídico. O exercício do direito de anular, por sua vez, decai em quatro anos da data em que se realizou o negócio jurídico (art. 178, II, do Código Civil).

10.5. Lesão

A lesão é defeito do negócio jurídico que, tal qual o estado de perigo, concentra-se na proteção da equivalência material das prestações das partes no negócio jurídico. Distingue-se deste, contudo, em relação ao seu elemento subjetivo, admitindo a possibilidade de anulação do negócio jurídico se demonstrada a inexperiência ou premente necessidade do declarante da vontade prejudicado. Historicamente, tem origem no direito romano, a partir do século III d. C. (286 d.C.), quando o Imperador Deocleciano admite a *lesão enorme* (*laesio enormis*) para a proteção dos vendedores em relação ao comprometimento do preço da coisa, sustentando-se o conceito na consideração de que cada bem tem seu preço justo (*iustum pretius*).[245] Esta noção que era objetiva, decorrente do desequilíbrio em si, será depois desenvolvida na Idade Média, especialmente a partir da influência da doutrina cristã sobre o Direito, também expressando as restrições da Igreja às atividades que visavam o lucro e a usura.[246] Daí se desenvolve, inclusive, a noção de *lesão enormíssima*, na qual se presumia o dolo daquele que tirava proveito exagerado na celebração do contrato com a outra parte. Já na modernidade, a tradução da regra romana como critério geral de equivalência material nos contratos aparece em diversos autores, inclusive Robert Joseph Pothier, que formula entendimento segundo o qual mesmo quando o favorecido não aja para enganar, havendo excesso de uma das prestações à metade do preço justo, configura-se a lesão.[247]

Atualmente, a lesão é instituto que protege a equivalência material do negócio jurídico, associando-se às noções de desvantagem exagerada ou desequilíbrio significativo.[248] Esta ideia de *desequilíbrio significativo* admite duas compreensões: uma moral, outra econômica. Em termos morais, exigirá um abuso da posição por parte daquele que tem poder de impor à outra parte condições onerosas, ou de outro lado, a inexperiência de quem, embora prejudicado, com elas consente. Em termos econômicos, há a onerosidade excessiva, que se caracteriza pela manifesta desproporção das prestações devida pelas partes no negócio jurídico.

A lesão é reconhecida em diversos sistemas jurídicos. No direito italiano, há possibilidade de rescisão do contrato quando há desproporção entre as prestações, devido à necessidade de uma das partes, da qual a outra tenha se aproveitado (art. 1448 do *Codice Civile*). Da mesma forma, no direito alemão é prevista a invalidade do negócio jurídico pelo qual uma das partes,

---

[245] Max Kaser; Rolf Knütel, Römisches Privatrecht. 20. Auflage. München: Verlag C.H.Beck, 2014, p. 244; Hermann Lange, Römisches Recht im Mittelalter, Band I. Die Glossatoren. München: C.H. Beck, 1997, p. 271 e ss.No texto original referia-se a *laesio ultra dimidium*, ou "lesão além da metade". A expressão lesão enorme atribui-se aos glosadores, já no século XIII.

[246] O cerne da concepção cristã de justo preço permanece válido segundo o pensamento católico, em especial na denominada doutrina social da Igreja, conforme Fernando Bastos de Ávila, Pequena enciclopédia da doutrina social da Igreja. 2. ed. São Paulo: Loyola, 1993, p. 376.

[247] Robert Joseph Pothier, Traité des obligations, tome premier. Paris: Debure, 1761, p. 44.

[248] Fernando Rodrigues Martins, Princípio da justiça contratual. São Paulo: Saraiva, 2009, p. 356 e ss. Para a construção, na modernidade, da concepção de equivalência material, veja-se o que pontua Franz Wieacker, História do direito privado moderno. 2. ed. Lisboa: Fundação Calouste Gulbenkian, 1993, p. 599.

explorando a inexperiência da outra, faz com que se obrigue a prestação manifestamente desproporcional (§ 138, 2, do BGB). No direito francês, a existência de lesão supõe proporções definidas na lei, que caracterizem onerosidade, em diferentes negócios jurídicos.

Nos antecedentes do direito brasileiro, era a lesão prevista nas Ordenações Filipinas, porém rejeitou-a, expressamente, o Código Comercial de 1850, ao dispor que "a rescisão por lesão não tem lugar nas compras e vendas celebradas entre pessoas todas comerciantes; salvo provando-se erro, fraude ou simulação" (art. 220). Também não mereceu a melhor acolhida de Teixeira de Freitas no seu Esboço do Código Civil ("A lesão só por se não vicia os contratos", art. 1.869).[249] O Código Civil não dispôs sobre ela, sob o argumento de que a tutela do interesse do sujeito no negócio já estaria atendida pela disciplina dos vícios do consentimento (em especial o erro e o dolo).[250] Tornou-se, contudo, pressuposto de uma série de leis posteriores visando à proteção da equivalência material nos contratos, como é o caso do Decreto 22.626/1933 (conhecido como "Lei de Usura"), e na legislação que dispunha sobre os crimes contra a economia popular (Decreto-lei 869/1938 e Lei 1.521/1951).

Mais recentemente, a proteção do contratante inexperiente ou que necessite contratar, realiza-se por outros meios na legislação especial, como ocorre com os contratos de consumo. No direito brasileiro o Código de Defesa do Consumidor dispõe de uma série de normas visando impedir ou desconstituir situações em que se caracterize vantagem exagerada do fornecedor em relação ao consumidor. Neste sentido, autoriza o juiz a modificação das cláusulas contratuais ou sua revisão (art. 6º, V), define como práticas abusivas, dentre outras, as que impliquem no prevalecimento da fraqueza ou ignorância (art. 39, IV), bem como a nulidade das cláusulas abusivas (art. 51), sempre presumindo a vulnerabilidade do consumidor.

Quanto à lesão como defeito do negócio jurídico, dispõe o art. 157 do Código Civil: "Ocorre a lesão quando uma pessoa, sob premente necessidade, ou por inexperiência, se obriga a prestação manifestamente desproporcional ao valor da prestação oposta." Há **dois pressupostos** característicos: um **objetivo**, que é (a) a manifesta desproporção das prestações; outro **subjetivo**, consistente no fato de que (b) tal obrigação resulta da premente necessidade ou inexperiência da outra parte. Embora a norma não consigne expressamente, parte da doutrina entende que o preceito compreende presunção de dolo da parte que aproveita da premente necessidade ou inexperiência da outra (dolo de aproveitamento) para obter uma vantagem exagerada.[251] A rigor, a norma em vigor reproduz o art. 31 do Anteprojeto do Código de Obrigações de 1941, traçando-se uma distinção com o estado de perigo no qual expressamente se exige que a parte que aproveite do negócio tenha conhecimento da necessidade que motiva o declarante; na lesão é indiferente a circunstância daquele que aproveita da desproporção das prestações saber ou não que o prejudicado obrigou-se em termos que lhe são desfavoráveis, por premente necessidade ou inexperiência.[252]

De fato, a caracterização da lesão não exige qualquer exame da conduta da parte do negócio jurídico que dela se beneficia. Afinal, não é necessário que ela induza o prejudicado a celebrar o negócio, aproveitando de sua inexperiência (o que poderia caracterizar o dolo), ou necessidade (que não precisa conhecer, como no estado de perigo). Também não incute temor, pela ameaça

---

[249] Augusto Teixeira de Freitas. Código Civil: Esboço, v. 2. Brasília: Ministério da Justiça, 1983, p. 356.
[250] Clóvis Beviláqua, Código Civil dos Estados Unidos do Brasil comentado, v. 1. São Paulo: Francisco Alves, 1959, cit.
[251] Caio Mário da Silva Pereira, Instituições de direito civil, v. 1. 28ª ed. Rio de Janeiro: Forense, 2015, p. 457.
[252] José Carlos Moreira Alves, A parte geral do projeto de Código Civil brasileiro. 2ª ed. São Paulo: Saraiva, 2003, p. 114.

de dano (caso da coação). A decisão de celebrar o negócio jurídico será exclusivamente do prejudicado, porque sendo inexperiente deixa de compreender a desproporção manifesta das prestações (o que em determinadas situações pode se aproximar da ideia de falsa representação da realidade característica do erro), ou simplesmente porque, mesmo sabendo excessivamente oneroso, o celebra nestes termos para satisfazer necessidade premente. O que orienta o reconhecimento da lesão invalidante no Código Civil são exigências de justiça contratual, em especial a equivalência material que deve caracterizar os negócios jurídicos comutativos.

Importante registrar, igualmente, que ambos os pressupostos para caracterização da lesão, o objetivo (desproporção das prestações) e o subjetivo (premente necessidade ou inexperiência), avaliam-se em vista do próprio negócio jurídico. Deste modo, a desproporção das prestações, que se avaliam segundo os valores vigentes ao tempo em que foi celebrado (art. 157, § 1º, do Código Civil), é exame que toma em conta as características do negócio jurídico e das prestações que o compõe, o tempo em que foi realizado e o interesse concreto das partes na sua realização. Assim, por exemplo, aquele que busca vender um imóvel por longo tempo, mas sem êxito, decide reduzir significativamente o preço, e para logo realiza a venda por algo próximo à bagatela. Mesmo que se cogite em concreto, da desproporção manifesta, há formação de vontade e interesse negocial legítimo das partes. O mesmo se diga em relação ao pressuposto subjetivo da premente necessidade e inexperiência que se avaliam em relação ao negócio. Não diz respeito à situação econômica geral daquele que celebra o negócio prejudicial, mas refere-se ao negócio jurídico em si. Do mesmo modo, avalia-se a inexperiência em relação ao negócio jurídico celebrado, assim como a premente necessidade é de celebrá-lo, ainda que obrigando-se a prestação manifestamente desproporcional à oposta (e.g. aquele que celebra contrato de locação, assumindo aluguel exorbitante, em razão de necessitar abrigar a si e sua família). Pode ser que aquele que é prejudicado pela lesão seja alguém com as melhores condições de inteligência e atenção, porém lhe falte experiência específica em relação ao negócio jurídico celebrado. Da mesma forma, pode ser alguém de patrimônio considerável, mas que tenha necessidade de celebrar o negócio jurídico em questão.

Pode-se evitar a anulação por lesão no caso em que a parte beneficiada pela manifesta desproporção das prestações oferecer suplemento suficiente ou a redução do proveito obtido com o negócio jurídico lesivo (art. 157, § 2º, do Código Civil). Intentada a ação de anulação, e havendo oferta idônea do favorecido, não cabe ao prejudicado aceitá-la ou não, submetendo-se à avaliação do juiz sua aptidão para instaurar a equivalência material das prestações do negócio jurídico. Tratando-se da alienação de bem que o favorecido, após tê-lo adquirido, transmite a terceiro de boa-fé, a proteção do interesse legítimo deste impõe que a pretensão do prejudicado se limite às perdas e danos.

10.6. Fraude contra credores

A fraude contra credores é espécie de vício social, que se compreende como defeito do negócio jurídico que importa na disposição de bens ou direitos por devedor insolvente ou por ele reduzido a insolvência em prejuízo de credor preexistente. O patrimônio do devedor constitui garantia geral aos credores, para o caso de vir a responder pelo inadimplemento, sendo-lhe lícito convencionar garantias especiais, tanto quanto se vinculem a determinados bens ou a certas e determinadas obrigações (e.g. hipoteca, penhor, fiança).

A fraude ocorre quando se viola indiretamente a norma, com a consciência sobre as consequências advindas do seu comportamento, ainda que sem a intenção deliberada de causar dano. Fraude contra credores ocorre quando, por intermédio da celebração do negócio jurídico, o devedor retira do alcance do credor bens ou direitos que integram seu patrimônio e, nesta condição servem de garantia das obrigações pelas quais deve responder. Os vários sistemas jurídicos distinguem quanto ao perfil dogmático e à sanção da fraude contra credores, ora reconhecendo a invalidade, ora a ineficácia dos negócios jurídicos praticados. Da mesma forma, podem conviver em um mesmo sistema jurídico soluções distintas, conforme a natureza da relação jurídica e as partes envolvidas. Assim, no direito brasileiro, a previsão da fraude contra credores como espécie de defeito do negócio jurídico, dando causa à anulação, convive – no direito falimentar – com a ineficácia em relação à massa falida, de certos atos ou negócios jurídicos de disposição independentemente da intenção de fraudar credores (art. 129 da Lei 11.101/2005).[253] Esta sanção visa à proteção do princípio de igualdade dos credores (*par conditio creditorum*). Por outro lado, também se exige a revogação dos atos praticados com a intenção de prejudicar credores, quando presente o conluio fraudulento entre o devedor e terceiro que participe ou se beneficie do ato ou negócio jurídico, bem como o efetivo prejuízo do credor (art. 130 da Lei 11.101/2005).[254] Neste caso, a pretensão que veicula a ação revocatória na falência é o do reconhecimento da sua ineficácia à massa falida, independentemente da intenção de fraudar credores. Presente a intenção de fraudar credores, contudo, cabe a revogação a partir da prova do conluio fraudulento entre as partes. A razão de ser da distinção deve-se à preocupação, na falência, de preservar o poder de disposição do devedor empresário, a não ser que se verifique o prejuízo do conjunto dos credores, daí a ineficácia relativa, a ser requerida pelo administrador judicial. Da mesma forma, embora com finalidade próxima, não se confunde também com a fraude à execução, que pressupõe já ter havido o exercício da pretensão pelo credor para obtenção do crédito, verificando-se a adoção ou não dos procedimentos que a lei define para a proteção de terceiros de boa-fé (art. 792 do Código de Processo Civil).

A fraude contra credores no direito romano dá lugar à ação revocatória, conhecida como **ação pauliana**, porque atribuída à fórmula do jurista Paulo (*per quam quae in fraudem creditorum alienata sunt revocantur*), em que se revoga o que foi alienado mediante fraude.

---

[253] Assim, o art. 129 da Lei 11101/2005 (Lei de Recuperação judicial e falências): "Art. 129. São ineficazes em relação à massa falida, tenha ou não o contratante conhecimento do estado de crise econômico-financeira do devedor, seja ou não intenção deste fraudar credores: I – o pagamento de dívidas não vencidas realizado pelo devedor dentro do termo legal, por qualquer meio extintivo do direito de crédito, ainda que pelo desconto do próprio título; II – o pagamento de dívidas vencidas e exigíveis realizado dentro do termo legal, por qualquer forma que não seja a prevista pelo contrato; III – a constituição de direito real de garantia, inclusive a retenção, dentro do termo legal, tratando-se de dívida contraída anteriormente; se os bens dados em hipoteca forem objeto de outras posteriores, a massa falida receberá a parte que devia caber ao credor da hipoteca revogada; IV – a prática de atos a título gratuito, desde 2 (dois) anos antes da decretação da falência; V – a renúncia à herança ou a legado, até 2 (dois) anos antes da decretação da falência; VI – a venda ou transferência de estabelecimento feita sem o consentimento expresso ou o pagamento de todos os credores, a esse tempo existentes, não tendo restado ao devedor bens suficientes para solver o seu passivo, salvo se, no prazo de 30 (trinta) dias, não houver oposição dos credores, após serem devidamente notificados, judicialmente ou pelo oficial do registro de títulos e documentos; VII – os registros de direitos reais e de transferência de propriedade entre vivos, por título oneroso ou gratuito, ou a averbação relativa a imóveis realizados após a decretação da falência, salvo se tiver havido prenotação anterior. Parágrafo único. A ineficácia poderá ser declarada de ofício pelo juiz, alegada em defesa ou pleiteada mediante ação própria ou incidentalmente no curso do processo."

[254] Dispõe o art. 130 da Lei 11101/2005 (Lei de recuperação judicial e falência): "Art. 130. São revogáveis os atos praticados com a intenção de prejudicar credores, provando-se o conluio fraudulento entre o devedor e o terceiro que com ele contratar e o efetivo prejuízo sofrido pela massa falida".

Consolidou-se como seu pressuposto, para caracterização a fraude, o efetivo prejuízo dos credores (*eventus damni*).[255]

Como defeito do negócio jurídico – categoria em que lhe insere o Código Civil de 2002, a exemplo do anterior – firma-se a definição de fraude a credores de modo distinto, em relação a negócios jurídicos *gratuitos* e *onerosos*. Nos primeiros se inserem os atos de disposição em que o devedor já insolvente ou reduzido por eles à insolvência, retire do seu patrimônio bens (mediante alienação), ou direitos (por renúncia ou remissão) de modo gratuito (art. 158 do Código Civil). Nos negócios onerosos, embora pela alienação de bens ou a cessão de direitos ingresse contraprestação no patrimônio do devedor, anula-se também o negócio quando sua insolvência for notória ou houver motivo para ser conhecida pela outra parte (art. 159 do Código Civil).

Há pressupostos comuns a todas as hipóteses que se caracterizem como fraude contra credores e outros que caracterizam apenas algumas situações específicas.

10.6.1. Pressupostos da fraude contra credores

São pressupostos da fraude contra credores: (a) a celebração de negócio jurídico de disposição de que resulte redução do patrimônio do devedor; (b) insolvência do devedor ao tempo da celebração do negócio jurídico ou que dele resulte; (c) a existência de credores não pagos; (d) prejuízo dos credores.

O primeiro pressuposto compreende **(a) celebração de negócio jurídico de disposição de que resulte redução do patrimônio do devedor**, assim entendido a alienação de bens (e.g. venda, doação, permuta, dação em pagamento), bem como a remissão de dívidas, ou constituição de garantias especiais em favor de certas dívidas em detrimento de outras, o pagamento antecipado e a renúncia a direitos patrimoniais. Havendo redução do patrimônio do devedor, que serve como garantia geral das suas obrigações, estará preenchido este pressuposto da fraude.

Um segundo pressuposto é **(b) a insolvência do devedor**, aí considerada tanto a situação já consolidada ao tempo da celebração do negócio jurídico, quanto a que dele resulte. Neste sentido, não basta que do negócio jurídico resulte diminuição do patrimônio do devedor, o que afinal pode ser repercussão querida ou não por ele, no exercício da autonomia privada. Passa a atingir o interesse do credor uma vez que já tenha comprometida ou venha a comprometer a função do patrimônio como garantia geral das obrigações em razão da sua diminuição, tornando-o insuficiente para responder em caso de inadimplemento. Se entre o negócio anulável e o exercício da pretensão do credor para anular, se incorporem ao patrimônio do devedor outros bens que revertam a situação de insolvência, desaparece o pressuposto para anulação.

A insolvência aqui é situação fática de insuficiência do patrimônio.[256] O art. 955 do Código Civil dispõe: "Procede-se à declaração de insolvência toda vez que as dívidas excedam à importância dos bens do devedor". Observe-se que a declaração se houver, é posterior e reconhece situação já existente. Poderá ter efeitos para o devedor, se houver declaração nos termos dos arts. 751 e 752 do Código de Processo Civil de 1973, cuja vigência foi preservada pelo CPC/2015, em vigor. A anulação por fraude a credores não pressupõe a prévia existência de declaração judicial de insolvência, mas o fato da insuficiência de patrimônio.

O terceiro pressuposto é de que **(c) o crédito já esteja constituído por ocasião do ato de disposição**. A fraude a credores destina-se a proteger os credores que já o eram à época da

---

[255] Max Kaser; Rolf Knütel, Römisches Privatrecht. 20. Auflage. München: Verlag C.H.Beck, 2014, p. 74.
[256] Alfredo Buzaid, Do concurso de credores no processo de execução. São Paulo: Saraiva, 1952, p. 22; Nelson Hanada. Da insolvência e sua prova na ação pauliana. 4ª ed. São Paulo: RT, 2005, p. 116.

celebração do negócio que vem a frustrar a garantia patrimonial. A anterioridade do crédito é pressuposto lógico da fraude, já deve existir. O art. 158 do Código Civil prevê a possibilidade de anulação dos negócios jurídicos gratuitos pelos credores quirografários, admitindo que possam fazê-lo também os credores cuja garantia se tornar insuficiente (art. 158, § 1º). É o que ocorre, por exemplo, com o credor que detenha garantia real, cujo bem tenha perdido valor por causa superveniente.

Por fim, o quarto pressuposto é **(d) o prejuízo do credor (*eventus damni*)**. Apenas poderá pleitear anulação o credor prejudicado pelo negócio de disposição. Não é prejudicado aquele que se torna credor depois do negócio jurídico de disposição, só o que tem crédito anterior e é atingido com a redução do patrimônio (art. 158, § 2º, do Código Civil), ou ainda aquele que conte com garantia especial para seu crédito, não frustrada pelos atos de disposição do devedor.

Para além destes pressupostos gerais, que devem estar presentes em qualquer situação de fraude contra credores, resultam da lei alguns pressupostos específicos, conforme se trate de negócios jurídicos gratuitos ou onerosos, sem prejuízo das regras especiais atinentes aos negócios celebrados com o falido e seus efeitos aos respectivos credores.

10.6.2. Negócios jurídicos gratuitos e onerosos

A caracterização da fraude contra credores difere em relação a negócios jurídicos gratuitos e onerosos. Tratando-se de negócios jurídicos gratuitos (e.g. alienação ou remissão de dívida), celebrado por devedor insolvente ou reduzido à insolvência em razão dele (e.g. o devedor que tem um crédito a receber e o perdoa) podem ser anulados por credores quirografários (ou seja, aqueles que não tem qualquer privilégio)[257], assim como outros credores, mesmo quando titulares de garantia especial ou privilégio creditório, mas cuja garantia se torne insuficiente (art. 158 do Código Civil). Não se exige, neste caso, que o negócio jurídico tenha sido celebrado com o propósito de fraudar (*consilium fraudis*), tampouco que o próprio devedor, o terceiro com quem celebra o negócio ou o próprio credor, tenham ciência da insolvência existente ou que se produz em razão do negócio jurídico de disposição (*scientia fraudis*).[258] Em outros termos, a insuficiência de patrimônio para adimplemento das dívidas é algo sobre o que não precisa ter em conta o devedor quando dispõe do seu patrimônio. Ele próprio, ou seus credores, podem perceber depois, pleiteando a anulação do negócio no prazo de quatro anos contados da data de sua celebração.

Já nos negócios jurídicos onerosos, previstos no art. 159 do Código Civil, pode ser pleiteada a anulação por fraude a credores quando a insolvência for notória ou houver motivo para ser conhecida da outra parte. Ou seja, no caso dos negócios jurídicos onerosos, exige-se a *scientia fraudis*. Afinal, se o adquirente celebrou negócio de disposição com o devedor insolvente e pagou preço compatível, não há como exigir que soubesse, é terceiro de boa-fé em relação às demais obrigações entre o alienante e seus credores. Apenas se presume que conhecesse ou devesse conhecer se a insolvência é notória, seja porque se noticiou amplamente, seja porque na situação concreta do terceiro adquirente, ele deveria saber. O reconhecimento da fraude a credores nos negócios jurídicos onerosos orienta-se também pela preservação do patrimônio do devedor no interesse dos credores. Em especial, para impedir alterações de qualidade neste

---

[257] Consideram-se créditos quirografários aqueles sem qualquer privilégio. Sua previsão legal consta, no direito brasileiro, no art. 83, inciso VI da Lei 11101/2005 – Lei de recuperação judicial e falência.
[258] STJ, AgInt no REsp 1.401.474/SP. Rel. Min. Antonio Carlos Ferreira, j. 09/09/2019; *DJ* 19/09/2019.

patrimônio, como por exemplo, ao converter bens imóveis em dinheiro, facilitando sua dilapidação ou ocultação pelo devedor.

A fraude contra a credores e sua sanção de anulação não objetivam punir, seu fim é resguardar o interesse do credor no patrimônio do devedor. Deste modo, nos negócios jurídicos onerosos de disposição, se o adquirente ainda não tiver pago o preço ao devedor, e este for aproximadamente o corrente, pode depositar em juízo e promover a citação de todos os interessados, de modo a evitar a anulação (art. 160 do Código Civil). Se o preço definido for inferior, para impedir a anulação pode depositar o que corresponda ao valor real, conservando consigo o bem (art. 160, parágrafo único, do Código Civil). Em tais situações, não se deve exigir que o adquirente aguarde o ingresso da ação para então realizar o depósito do preço ou seu complemento. Nada impede que o faça mediante consignação em pagamento (art. 335, V). No caso de já ter sido citado para ação anulatória poderá: (a) desde logo responder a ação, depositando o preço; (b) apresentar contestação e depositar em juízo o preço ou seu complemento, de modo que, se acolhida a primeira e afirmada a validade do negócio celebrado, com a improcedência da ação, o valor depositado lhe é restituído.

Registre-se apenas que é admitido ao devedor realizar validamente negócios jurídicos indispensáveis à regular manutenção de seu estabelecimento mercantil, rural ou industrial, ou que se destinem a sua subsistência e de sua família, sem que sejam considerados fraudulentos. Presumem-se de boa-fé, nos termos do art. 164 do Código Civil, presunção que é relativa (*iuris tantum*), admitindo prova em contrário pelos credores. A rigor, a preservação destes negócios jurídicos converge também ao interesse dos credores, afinal, pode evitar a completa paralisação das atividades do devedor insolvente e o agravamento de sua situação patrimonial. Assim, por exemplo, se vende a varejo, não faz sentido que se impeça de celebrar negócios com seus clientes, de modo a que possa perder ou depreciar a mercadoria. Por outro lado, no que diga respeito aos negócios que assegurem a subsistência pessoal ou de sua família, o critério é o da preservação da própria integridade pessoal do devedor, consentâneo com tutela da dignidade da pessoa humana. O critério de exame sobre a presunção de boa-fé que preserve a validade de tais negócios em relação à possibilidade de anulação, contudo, deve ser estrito, de modo a delimitar sua incidência apenas a hipóteses de efetiva subsistência, evitando legitimar despesas excessivas ou supérfluas.

10.6.3. *Sanções para a fraude a credores*

A identificação da fraude a credores dá causa, conforme o caso, a diferentes sanções legais, de acordo com a norma que o disciplina. Nos negócios jurídicos civis, destaca-se como caso de defeito do negócio jurídico, ensejando sua anulação. No curso do processo falimentar, em relação, portanto, a devedor empresário ou sociedade empresária, incidem as regras da Lei 11.101/2005 – Lei de recuperação e falência – com suas sanções próprias.

Como defeito do negócio jurídico, seu efeito próprio se dá em relação à **invalidade**, por intermédio da **anulação**. Sua finalidade é restaurar o patrimônio do devedor em favor de todos os credores. Os arts. 158 e 159 do Código Civil dispõem sobre a anulação dos negócios jurídicos por fraude a credores. Deste modo, tem aplicação o art. 182 do Código Civil: "Anulado o negócio jurídico, restituir-se-ão as partes ao estado em que antes dele se achavam, e, não sendo possível restituí-las, serão indenizadas com o equivalente." O efeito da anulação (decretação da invalidade) se produz *erga omnes*, retroagindo à época da celebração do negócio (*ex tunc*). O legislador, neste caso, orientou-se com o propósito de proteger todos os credores, e não apenas aqueles que porventura postulassem contra o devedor ou terceiro.[259] Neste sentido é que dispõe o art. 165 do Código Civil: "Anulados os negócios fraudulentos, a vantagem resultante reverterá em proveito do acervo sobre que se tenha de efetuar o concurso de credores."

Contudo, as situações de fraude a credores não se resumem apenas aos negócios jurídicos de disposição. O devedor que prefere o pagamento ou constitui indevidamente garantia a alguns credores em detrimento de outros, frauda. Se o credor quirografário recebe antes de vencida a dívida, fica obrigado a repor o que recebeu em favor do acervo. É **ineficaz** o pagamento. No processo de falência, são **ineficazes** em relação à massa falida (ineficácia relativa), independentemente do conhecimento daquele que contrata com o devedor (*scientia fraudis*), ou da intenção de fraudar credores (*consilium fraudis*),[260] uma série de atos do que vem a ser decretado falido (e.g. pagamento de dívidas não vencidas pelo devedor, dentro do termo legal; o pagamento de dívidas vencidas e exigíveis dentro do termo legal, sem forma de previsão contratual; prática de atos a título gratuito e renúncia de herança desde dois anos antes da decretação da falência, dentre outros). Trata-se de ineficácia que se produz de pleno direito, e aproveita apenas os que integram o concurso de credores ou os credores habilitados na falência, conforme o caso (**ineficácia relativa**).

Já no caso de **revogação**, previsto no art. 130 da Lei 11.101/2005 (Lei de Recuperação e Falência) para o caso em que haja intenção de fraudar (*consilium fraudis*) comum entre o devedor e terceiro, assim como efetivo prejuízo da massa falida, afasta-se a declaração de vontade original, produzindo seus efeitos *ex tunc*.

10.6.4. Legitimação para ação anulatória

A ação anulatória do negócio jurídico celebrado com fraude contra credores pode ser proposta por aqueles que já eram credores ao tempo da celebração do negócio jurídico cuja anulação se postula e seus sucessores a qualquer título (e.g. tanto herdeiros, quanto o cessionário de um crédito). A menção expressa aos credores quirografários no *caput* do art. 158 do Código Civil pode conduzir ao entendimento de que apenas eles seriam legítimos para propor a ação anulatória. Não é o caso. Seu § 1º estende a possibilidade a todos os credores cuja garantia se tornar insuficiente. O credor privilegiado, que tenha garantias especiais para seu crédito, apenas precisa demonstrar interesse na anulação, o que ocorre pela demonstração de sua insuficiência.[261] É o que ocorre quando o valor apurado na execução do bem dado em

---

[259] A solução prevista no Código Civil pela anulação por defeito de fraude a credores é defendida sob o argumento de preservar-se uma linha de compreensão que já era a do Código Civil de 1916, e durante o qual se desenvolveu sem maiores dificuldades. Eventual alteração da sanção para revogação poderia colocar em causa o momento em que se produziriam seus efeitos (desde a celebração – *ex tunc* – ou desde a decisão que revogasse – *ex nunc*). É o que concluiu a comissão que elaborou o anteprojeto do Código Civil e a que o revisou na Câmara dos Deputados. José Carlos Moreira Alves, *A parte geral do projeto de Código Civil brasileiro*, p. 152-153. O entendimento que sustenta a ineficácia do negócio jurídico como sanção principal da fraude contra credores firma-se na circunstância de que o negócio jurídico originalmente transmite bens ou direitos, e apenas deixa de produzir efeitos, demonstrada a fraude, frente aos credores prejudicados. Às soluções distintas somam-se à identidade da ação pauliana com a ação revocatória, explicitada na legislação falimentar. Daí haver previsões legislativas distintas, sem prejuízo de que, tomadas em consideração do defeito do negócio jurídico, preserve-se o reconhecimento da invalidade, de modo coerente com a sistemática adotada a todas as situações de mesma natureza previstas no Código Civil.

[260] AgInt no AREsp 901.010/SC, Rel. Min. Luis Felipe Salomão, 4ª Turma, j. 23/08/2016, DJe 29/08/2016.

[261] O Enunciado nº 151 da III Jornada de Direito Civil do CJF sustenta que: "O ajuizamento da ação pauliana pelo credor com garantia real (art. 158, §1º) prescinde de prévio reconhecimento judicial da insuficiência da garantia".

garantia não contemple a dívida toda, no caso de credor garantido por hipoteca sobre a qual precede outra hipoteca (que por isso terá prioridade), ou porque o bem dado em garantia é deteriorado ou destruído, ou sofra depreciação.

Os credores podem pretender a anulação do negócio fraudulento do devedor comum tanto individualmente, quanto em litisconsórcio, que é facultativo, caso em que a decisão pode ser distinta para cada um deles – assim o caso em que alguns credores observem a anterioridade da constituição do crédito em relação ao negócio fraudulento e outros não.

A legitimação passiva será do devedor insolvente e daquele com quem ele celebrou a estipulação considerada fraudulenta, visando a decretação da invalidade. Se o bem ou o direito sobre o qual dispõe o negócio jurídico anulável já tenha sido transmitido a terceiros adquirentes, estes poderão ser parte da ação, desde que tenham agido de má-fé – com intenção de promovê-la (e.g. aqueles que participa de sucessivas transmissões para dificultar o acesso ao bem pelos credores) ou com simples ciência da sua realização (art. 161 do Código Civil). Embora a norma mencionada tenha referido que a ação poderá ser intentada, é consagrado o entendimento de que se trata de uma imposição legal. A ação deve ser intentada contra devedor insolvente e aquele com quem realizou a disposição, assim como contra terceiro adquirente de má-fé (preservando-se o terceiro de boa-fé).[262] É hipótese de litisconsórcio passivo necessário (art. 114 do Código de Processo Civil), de modo que deixando o credor prejudicado de demandar contra qualquer deles, o juiz determinará ao autor que requeira a citação de todos que devam ser litisconsortes, dentro do prazo que assinar, sob pena de extinção do processo (art. 115, parágrafo único, do Código de Processo Civil).

10.6.5. *Pagamento antecipado de dívidas e concessão fraudulenta de garantia*

O termo de vencimento de uma dívida se interpreta em favor do devedor. Nada impede que pague antecipadamente, antes do vencimento. No caso do devedor insolvente ou reduzido à insolvência, contudo, o pagamento antecipado de dívida de um credor, em detrimento de outros, presume-se fraudulento. Dispõe o art. 162 do Código Civil: "O credor quirografário, que receber do devedor insolvente o pagamento da dívida ainda não vencida, ficará obrigado a repor, em proveito do acervo sobre que se tenha de efetuar o concurso de credores, aquilo que recebeu." A lei presume que a antecipação do pagamento, neste caso, visa liberar o credor que recebe de concorrer com os demais, pelo patrimônio do devedor, em violação à igualdade entre eles (*par conditio creditorum*). É regra que se aplica a situação anterior à abertura do concurso de credores, a partir do qual se impede que haja pagamento de dívidas vencidas ou vincendas pelo devedor, diretamente a um dos credores. Por esta razão, aliás, a instauração do concurso de credores importa causa de vencimento antecipado da dívida, de modo a poder ser desde logo exigida pelo credor (art. 333, I, do Código Civil). A incidência do art. 162 do Código Civil dirige-se aos credores quirografários, pelo fato de que em relação aos privilegiados, detentores de garantia especial, o pagamento antecipado, até o limite do valor da garantia, não prejudica o restante do patrimônio acessível aos demais credores.

É a mesma diretriz que orienta a presunção de fraude na constituição da garantia em favor de algum dos credores pelo devedor insolvente. O art. 163 do Código Civil dispõe: "Presumem-se fraudatórias dos direitos dos outros credores as garantias de dívidas que o devedor insolvente tiver dado a algum credor." É presunção legal absoluta, uma vez que implicam na violação da paridade entre os credores. Da mesma forma, o parágrafo único do art. 165 do

---

[262] AgInt no REsp 1561103/SP, Rel. Min. Luis Felipe Salomão, 4ª Turma, j. 29/06/2020, *DJe* 03/08/2020.

Código Civil dispõe que se os negócios jurídicos tenham "por único objeto atribuir direitos preferenciais, mediante hipoteca, penhor ou anticrese, sua invalidade importará somente na anulação da preferência ajustada."

Em todas estas situações, destaque-se, é irrelevante que o devedor ou o credor beneficiado ajam com propósito de fraudar (*consilium fraudis*) ou tenham conhecimento da situação de insolvência (*scientia fraudis*).

10.6.6. Fraude contra credores e fraude à execução

Distinguem-se a fraude contra credores e a fraude à execução. Embora tenham características comuns, uma vez que em ambas revela-se negócio jurídico que tem por resultado a diminuição do patrimônio do devedor em prejuízo da garantia do credor, observam distinções relevantes.

A fraude contra credores é, como já foi examinado, espécie de defeito do negócio jurídico, que o atinge no momento da formação, dando causa a sua invalidade. A fraude à execução, prevista no art. 792 do Código de Processo Civil, pressupõe a existência de processo movido contra o devedor, de modo que a alienação ou oneração de bem seja assim considerada: "I – quando sobre o bem pender ação fundada em direito real ou com pretensão reipersecutória, desde que a pendência do processo tenha sido averbada no respectivo registro público; II – quando tiver sido averbada, no registro do bem, a pendência do processo de execução, na forma do art. 828 [do CPC]; III – quando tiver sido averbada no registro do bem, hipoteca judiciária, ou outro ato de constrição judicial originário do processo onde foi arguida a fraude; IV – quando, ao tempo da alienação ou da oneração, tramitava contra o devedor ação capaz de reduzi-lo à insolvência; V – nos demais casos previstos em lei."

Ao contrário da fraude contra credores, em que a lei tutela diretamente o interesse destes na preservação do patrimônio do devedor, na fraude à execução também há este interesse, porém em caráter secundário. Tutela-se antes a autoridade do próprio juízo contra artifícios ou malícia do réu que visem frustrar a aplicação da lei. Da mesma forma, dois são os entendimentos quanto ao momento em que passa a se configurar a fraude à execução: a) se pressupõe que o devedor já tenha sido citado, tomando conhecimento sobre o conteúdo do processo, ou b) mesmo antes da citação, mas já havendo sido proposta a ação. A primeira posição privilegia a segurança jurídica, evitando que o devedor ou o terceiro com quem ele celebre o negócio, sejam surpreendidos com a ação. A segunda posição privilegia a efetividade da medida, evitando que o credor busque evitar a citação enquanto realiza a alienação ou oneração dos bens que lhe reduzam o patrimônio, frustrando a execução.[263] Da mesma forma, embora se trate de fraude à execução, nada impede que seja reconhecida já quando do processo de conhecimento, quando ainda se discuta judicialmente a própria existência e o conteúdo do direito do credor em relação ao devedor, considerando que desde então seus atos possam dar causa à frustração de futura execução.

---

[263] Registre-se que mesmo na fraude contra credores, a jurisprudência reage à iniciativa do devedor que antecipa a própria existência futura de dívida, e de modo excepcional, frente à demonstração de sua atuação maliciosa, dispensa a exigência de anterioridade do crédito como pressuposto para o reconhecimento da fraude: STJ, MC 16.170/SP, Rel. Min. Nancy Andrighi, 3ª Turma, j. 20/10/2009, *DJe* 18/11/2009. No mesmo sentido, ponderando que dispõe que "o requisito da fraude contra credores de anterioridade do crédito só admite mitigação, quando evidenciada a predeterminação fraudulenta entre alienante e adquirente": STJ, AgInt no AgInt no AREsp 1009655/MT, Rel. Min. Marco Aurélio Bellizze, 3ª Turma, j. 15/06/2020, *DJe* 22/06/2020. A ausência destas evidências, não admitem a dispensa do pressuposto: STJ, REsp 1217593/RS, Rel. Min. Nancy Andrighi, 3ª Turma, j. 12/03/2013, *DJe* 18/03/2013.

Neste sentido, o reconhecimento da fraude à execução não exige ação própria, podendo ser reconhecida incidentalmente no processo cujo negócio jurídico impugnado vise frustrar o alcance do patrimônio do devedor. Outra distinção da maior importância em relação à fraude contra credores é que, enquanto nesta a anulação do negócio fraudulento aproveita a todos os credores, uma vez que como resultado da ação anulatória o bem ou direito reverte em favor do acervo, na fraude à execução a alienação será considerada ineficaz em relação ao exequente (art. 792, § 1º, do Código de Processo Civil). Esta ineficácia, inclusive, pode ceder frente à demonstração de boa-fé do adquirente que tenha se mostrado diligente ao perscrutar a situação do bem e do alienante antes da celebração do negócio. Ilustra este entendimento a Súmula 375 do Superior Tribunal de Justiça, ao referir: "O reconhecimento da fraude à execução depende do registro da penhora do bem alienado ou da prova de má-fé do terceiro adquirente."[264]

10.7 Prazo para a anulação em razão de defeito do negócio jurídico

O prazo para anulação do negócio jurídico em razão de defeitos que inquinem sua validade é de quatro anos. Este prazo tem seu termo inicial de contagem, em relação aos defeitos de erro, dolo, estado de perigo, lesão e fraude contra credores, da data da celebração do negócio jurídico.

Tendo sido celebrado sob coação, inicia-se a contagem do prazo do dia em que ela cessar, uma vez que pode se projetar no tempo a ameaça em si, ou o temor da ameaça de dano a que dá causa a coação, impedindo a ação livre do declarante da vontade para desconstituir o negócio jurídico que lhe é prejudicial.

11. NULIDADE E ANULABILIDADE DO NEGÓCIO JURÍDICO

A nulidade e a anulabilidade do negócio jurídico são sanções que expressam sua invalidade. O nulo e o anulável são sanções do inválido. Dentre os temas objeto da teoria geral do direito civil (e do direito em geral), este é dos que atrai maiores controvérsias, em especial pelo incompreensão de que seu exame deve observar três condições essenciais: (a) uma visão sobre a tradição histórica do direito em relação às exigências para o reconhecimento jurídico da ação humana (exercício da autonomia privada) e das sanções por sua desconformidade; (b) o pressuposto de que as sanções ao negócio jurídico e aos atos jurídicos em geral são, sem prejuízo da proposição doutrinária de uma sistematização das invalidades, resultado da lei – e consequentemente, de uma determinada opção do legislador ao estabelecer o Direito; e (c) o reconhecimento de que tal sistema se orienta a partir da utilidade da tutela do interesse geral ou dos particulares que são partes do negócio jurídico, ou terceiros sobre os quais ele tem repercussão.

No direito romano, a referência ao nulo (*nullus*), ao que não produz efeitos (*effectum non habere*) ou ao que não vale (*non valere*), não observava qualquer sistematização. Apenas no direito medieval vão ser identificadas posições atribuídas à Bártolo, para quem a *nullitas* operaria de pleno direito (*ipso iure*), enquanto a anulabilidade implicava na atuação do interessado, por intermédio da rescisão.[265] Mais recentemente a sistematização se inicia, com forte influência do direito germânico desde Savigny, culminando em uma complexa ordem de sanções consagrada no Código Civil alemão e em outras codificações.

---

[264] Registre-se, contudo, que segundo jurisprudência afirmada, o entendimento da súmula 375 não se aplica à execução fiscal, para a qual há presunção absoluta de fraude da alienação realizada após a inscrição do débito em dívida ativa, nos termos da Lei Complementar 118/2005. Neste sentido: STJ, REsp 1141990/PR, Rel. Min. Luiz Fux, 1ª Seção, j. 10/11/2010, *DJe* 19/11/2010.

[265] António Menezes Cordeiro, Tratado de direito civil, t. II. Parte geral. 4ª ed. Coimbra: Almedina, 2014, p. 912-913.

Será com Savigny que a noção de invalidade será conferida, com a possibilidade de impugnar determinados fatos jurídicos (*Ungültigkeit*: negação de eficácia) que não produzam seus efeitos correspondentes (nenhum efeito, caso da nulidade, ou *Nichtigkeit*) ou alguns deles, identificando uma série de causas para esta situação, como a ilicitude, os vícios que contaminassem o momento da celebração dos negócios jurídicos, a falta do elementos que os integram, dentre outros,[266] a serem alegadas pelas partes (anulabilidade, ou *Anfechtbarkeit*).[267] Daí a tradição do direito alemão de articular sob uma categoria de ineficácia do negócio jurídico em sentido amplo (*Die Unwirksamkeit*), as hipóteses várias de invalidade (nulidade, anulabilidade) e a ineficácia em sentido estrito.[268]

A rigor, no cerne do conceito de invalidade estará o desatendimento dos requisitos que a lei exige para que determinado exercício da autonomia privada seja reconhecido pelo Direito. Em alguns casos, a falta destes requisitos poderá ser suprida ou mesmo que não seja, revelam-se graves ao interesse particular das partes que deles participam, ou que podem ser afetadas por eles; em outros, há um desrespeito à própria autoridade do Direito, devendo a sanção dirigir-se a preservá-la ou restaurá-la.

No direito brasileiro, originalmente colhe-se a mesma tradição histórica do direito romano vertida para a legislação. Clóvis Beviláqua explicita as dificuldades de precisão do conceito: "O ato foi praticado contra as prescrições da lei? É nulo, quer dizer, não tem existência legal. *Ea quae lege fieri prohibentuir si fuerint facta, non solo inutilia, sed pro infects, etiam habentur,* ainda se diz no direito imperial. Mas este rigor de lógica jurídica pareceu excessivamente rígido, e começaram os abrandamentos do direito pretoriano a criar distinções, das quais resultava que uns atos eram nulos de pleno direito e outros necessitavam de uma ação em justiça e de uma sentença para serem declarados nulos".[269] Distingue-se, originalmente, a nulidade absoluta e a relativa. Esta compreensão inicial justificava-se, ainda segundo a lição de Clóvis Beviláqua, pela reação da ordem jurídica em relação à violação dos preceitos estabelecidos, que se dá "de modo mais ou menos violento, mais ou menos decisivo, segundo os interesses feridos pela ilegalidade do ato. Quando o ato ofende princípios básicos da ordem jurídica, princípios garantidores dos mais elevados interesses da coletividade, é bem de ver que a reação deve ser mais enérgica, a nulidade deve ser de pleno direito, o ato é nulo. Quando os preceitos que o ato contraria são destinados mais particularmente a proteger os interesses das pessoas (...) a reação é atenuada pela vontade individual que se interpõe. O ato neste caso, é apenas anulável."[270]

A *nulidade absoluta* caracteriza ofensa à ordem jurídica que é incorrigível, e nestes termos, identificada, será para logo decretada. A segunda, denominada originalmente *nulidade relativa*, cumpria ao interessado alegar a causa da invalidade e postular a anulação. A nulidade relativa, no texto legislativo, passou-se a referir como *anulabilidade*, e os negócios jurídicos passíveis de invalidade nestes termos, como *anuláveis*. A mesma compreensão se desenvolve em outros sistemas, como é o caso do direito francês. Nele se encontra a lição de que a nulidade é meio de

---

[266] Friedrich Carl von Savigny, System des heutigen Römischen Rechts, 4 Bd. Berlin, 1841, p. 536 e ss. António Menezes Cordeiro, Tratado de direito civil, t. II. Parte geral. 4ª ed. Coimbra: Almedina, 2014, p. 917.
[267] Friedrich Carl von Savigny, System des heutigen Römischen Rechts, 4 Bd. Berlin, 1841, p. 540-541.
[268] Veja-se, no direito atual, a sistematização de Manfred Wolf; Jörg Neuner, Allgemeiner Teil des Bürgerlichen Rechts. 10 Auf. München: C.H. Beck, 2014, p. 666 e ss; Helumt Köhler, BGB Algemeiner Teil, 38 Auf. Munchen: C.H. Beck, 2014, p. 222 e ss; Dieter Medicus, Allgemeiner Teil des BGB. 10. Auf. Heidelberg: C.F. Muller, 2010, p. 202; Reinhard Bork, Allgemeiner Teil des Bürgerlichen Gesetzbuch, 3. Auf. Tübingen: Mohr Siebeck, 2011, p. 473 e ss
[269] Clóvis Beviláqua, Theoria geral do direito civil. São Paulo: Red, 1999, p. 334.
[270] Clóvis Beviláqua, Theoria geral do direito civil. São Paulo: Red, 1999, p. 346-347.

assegurar respeito à lei, podendo haver, conforme bem assinalam Ripert e Boulanger, dentre as nulidades absolutas, as que se denominam *nulidades de ordem pública*, consideradas como as revestidas de tal gravidade contra o interesse coletivo, que podem ser decretadas de ofício pelo juiz.[271] Na mesma linha Mazeud e Chabas, ao ensinarem que "as nulidades absolutas sancionam a violação de uma regra de ordem pública, as nulidades relativas a violação de regras editadas para a proteção de interesses privados".[272]

Esta distinção se mantém, distinguindo-se a nulidade conforme seja violação da lei na formação do negócio jurídico que ofenda o interesse geral, e a anulabilidade, que é violação da lei que dá causa à lesão de interesses particulares, por isso disponível ao prejudicado que as alegue, para somente assim torná-lo inválido. Como exemplos iniciais de um e outro caso tomem-se a incapacidade absoluta do agente ou o objeto ilícito, ambos causas de nulidade. Neles a sanção resulta da tutela do interesse geral de proteção dos incapazes, ou da própria autoridade do direito (como reconhecer válido um negócio jurídico cujo objeto a lei proíbe?). Já se alguém celebra contrato porque foi enganado pela outra parte, que falseou e omitiu, sem o que a parte enganada não teria declarado vontade, poderá anular o negócio por dolo. A invalidade só resultará, contudo, se o declarante enganado postular anulação (anulabilidade), sem o que deve convalidar-se por sua inércia no tempo previsto na lei.

A nulidade é ofensa à autoridade do direito. Por essa razão o negócio nulo não pode ser convalidado por atuação posterior à celebração, tampouco convalesce com o tempo (art. 169 do Código Civil), de modo que não se prevê prazo no Código Civil para ação que vise sua decretação ou para que possa ser alegada. Da mesma forma, não tem lugar como condição para decretação da nulidade do negócio jurídico, a exigência de prejuízo. A célebre fórmula de que não há nulidade sem prejuízo (*pas de nulitté sans grief*) também não se aplica ao regime das invalidades do negócio jurídico,[273] ainda que se possa conservar em outros quadrantes do direito brasileiro, caso do direito processual, no qual o art. 282, §2º do Código de Processo Civil dispõe: "Quando puder decidir o mérito a favor da parte a quem aproveite a decretação da nulidade, o juiz não a pronunciará nem mandará repetir o ato ou suprir-lhe a falta." Também é princípio que se observa no direito administrativo. Assim dispõe o art. 55 da Lei 9.784/1999 (Lei do Processo Administrativo Federal): "Em decisão na qual se evidencie não acarretarem lesão ao interesse público nem prejuízo a terceiros, os atos que apresentarem defeitos sanáveis poderão ser convalidados pela própria Administração."

A nulidade, neste sentido, pode ser alegada por qualquer interessado ou pelo Ministério Público quando lhe couber intervir no processo (art. 168, *caput*, do Código Civil). Da mesma forma, devem ser pronunciadas pelo juiz quando conhecer do negócio jurídico ou dos seus efeitos e as encontrar provadas "não lhe sendo permitido supri-las, ainda que a requerimento das partes" (art. 168, parágrafo único, do Código Civil). Neste ponto, merece atenção a classificação das denominadas *nulidades de pleno direito* (*ipso iure*), que vem da tradição do direito brasileiro. O Regulamento 737 de 1850, ao dar origem à disciplina das nulidades no direito privado, usava a expressão *nulidade de pleno direito* e a distinguia da *nulidade pendente de rescisão*, de modo que a primeira decorrente de lei e a segunda dependente de alegação pelo interessado ("rescisão"). Da mesma forma, distinguiu a nulidade de pleno direito absoluta e relativa, sendo a primeira

---

[271] Georges Ripert, Jean Boulanger, *Tratado de derecho civil según el tratado de Planiol*. Trad. Delia Garcia Dareaux. Buenos Aires: La Ley, 1963. v. 1, p. 456-457.
[272] Henri Mazeaud, Leon Mazeaud, Jean Mazeuad, François Chabas, *Leçons de droit civil. Introduction à l'étude du droit*. 12. ed. Paris: Montchrestien, 2000, p. 492.
[273] Caio Mário da Silva Pereira, Instituições de direito civil, v. I. Introdução ao direito civil. Teoria geral do direito civil. 28ª ed. Rio de Janeiro: Forense, 2015, p. 530.

passível de alegação por qualquer interessado, e a segunda apenas pelas pessoas que favorecia ou seus herdeiros.[274] Apenas as nulidades de pleno direito absolutas podiam ser pronunciadas de ofício, *não podendo ser relevadas pelo juiz quando constem de documento ou de prova literal*.[275] O modo como foi desenvolvida pelo direito moderno identificou a nulidade de pleno direito tanto com a circunstância de que sua caracterização é independente da decretação pelo magistrado, quanto à identificação de um dever do juiz de pronunciá-las, independentemente de requerimento expresso, sempre quando delas tiver conhecimento. O reconhecimento da nulidade de pleno direito pelo juiz é comum aos sistemas de direito romano-germânico.[276] Neste sentido, é correto identificar, no regime das nulidades, que estas operam de pleno direito, ou seja, "não se torna necessário intentar uma ação ou emitir uma declaração nesse sentido, nem uma sentença judicial prévia, e podem ser declaradas *ex officio* pelo tribunal".[277] No direito brasileiro, discute-se a nulidade de pleno direito depende de reconhecimento judicial para produzir seus efeitos, desconstituído o ato ou negócio jurídico nulo. Parte da doutrina assim entende, sustentando que o nulo de pleno direito dispensaria sua decretação pelo juízo, sendo sua eficácia meramente aparente.[278] É correto observar, contudo, que no direito brasileiro não se admite a autotutela, de modo que se torna imprescindível a decretação judicial da nulidade para que passe a ser reconhecida.[279] É solução que se identifica com o a tradição do direito francês.[280] Diferentemente, no direito alemão, no qual o § 143, 1, do BGB, admite a possibilidade de anulação por declaração da parte interessada (*Die Anfechtungserklärung*).[281]

---

[274] Clóvis Beviláqua, *Theoria geral do direito civil*. São Paulo: Red, 1999, p. 347.

[275] Clóvis Beviláqua, *Theoria geral do direito civil*. São Paulo: Red, 1999, p. 346; Francisco Pereira de Bulhões Carvalho, *Sistema de nulidades dos atos jurídicos*. Rio de Janeiro: Forense, 1981. p. 54. Para um inventário da doutrina brasileira atual, veja-se a tese de Maurício Bunazar, A invalidade do negócio jurídico. São Paulo: RT, 2020, p. 128 e ss.

[276] Francesco Galgano, *Diritto privato*. 13. ed. Padova: Cedam, 2006. p. 286.

[277] Carlos Alberto Mota Pinto, *Teoria geral do direito civil*. 3. ed. Coimbra: Ed. Coimbra, 1996. p. 611. A distinção se firma desde o antigo direito português. Neste sentido, Coelho da Rocha já indica que "a nulidade umas vezes resulta *ipso iure*, isto é, por expressa declaração da lei; outras vezes só se verifica quando o interessado reclama (...) nos primeiros a nulidade é estabelecida pela lei em favor do interesse geral; qualquer a pode arguir, e até às vezes o Ministério Público. Dos segundos é estabelecida em favor de certa pessoa, querendo usar d'ella". Manuel Antônio Coelho da Rocha, Instituições de direito civil portuguez, t. I. 8ª ed. Lisboa: Livraria Clássica Editora M. A. Teixeira, 1917, p. 62-63.

[278] Francisco Cavalcanti Pontes de Miranda, Tratado de direito privado, t. IV. São Paulo: RT, 2012, p 152. Concordam com ele os atualizadores da obra, Professores Marcos Bernardes de Mello e Marcos Erhardt Jr. em suas notas de atualização: "O ato jurídico nulo, em regra, não precisa ser desconstituído, nem ter desconstituída sua eficácia, essa porque ou nunca foi produzida (eficácia apenas aparente) que é o *quod plerunque fit*, ou porque a que for, eventualmente, gerada é definitiva (eficácia putativa)". Op cit., p. 154. No direito francês, veja-se: Henri Mazeaud, Leon Mazeaud, Jean Mazeuad, François Chabas, *Leçons de droit civil. Introduction à l'étude du droit*. 12. ed. Paris: Montchrestien, 2000, p. 493.

[279] Eduardo Nunes de Souza, Teoria geral das invalidades do negócio jurídico. Nulidade e anulabilidade no direito civil contemporâneo. São Paulo: Almedina, 2017, p. 243; Paulo Lôbo. Direito civil: parte geral. São Paulo: Saraiva, 2009, p. 299.

[280] "Qualquer nulidade deve, como regra geral, ser pronunciada por decisão judicial. A este respeito, não há necessidade de distinguir entre os casos em que a lei se limita a prever uma ação para anulação e aqueles em que se declara a nulidade, seja de forma pura e simples, seja com adição de direito ou de pleno direito. Os atos inquinados de nulidade, portanto, permanecem eficazes enquanto sua decretação não for pronunciada pelo juiz". Charles Aubry, Charles Rau, Cours de droit civil français, v. 1. Paris; LGDJ, 1897, p. 184.

[281] Manfred Wolf; Jörg Neuner, Allgemeiner Teil des Bürgerlichen Rechts. 10 Auf. München: C.H. Beck, 2012, p. 458-459.

No caso dos negócios jurídicos anuláveis, sendo a invalidade decorrente do não preenchimento de algum requisito exigido por lei – e não proibição ou cominação expressa de nulidade – em jogo está, prioritariamente, o interesse daquele que é prejudicado pelo negócio jurídico. Deste modo, poderá alegar a invalidade no caso dos negócios jurídicos anuláveis apenas quem demonstre interesse, aproveitando os efeitos da sentença que a decretar somente a quem a alegue. Assim dispõe o art. 177 do Código Civil: "Art. 177. A anulabilidade não tem efeito antes de julgada por sentença, nem se pronuncia de ofício; só os interessados a podem alegar, e aproveita exclusivamente aos que a alegarem, salvo o caso de solidariedade ou indivisibilidade."

Da mesma forma, os atos e negócios jurídico anuláveis podem ser convalidados (convalescem), no caso de ser preenchido o requisito de validade faltante (como é o caso em que falte a autorização de terceiro, ela venha a ser dada posteriormente, art. 176 do Código Civil), ou a confirmação das partes, salvo o direito de terceiro (art. 172 do Código Civil). Para além da confirmação, pode ocorrer que mesmo ciente do vício que tornava o negócio jurídico anulável, o devedor tenha cumprido, ainda que em parte, seu objeto, o que dispensa a exigência de confirmação expressa (art. 175). Os efeitos da confirmação ou da execução voluntária do negócio jurídico anulável é a extinção das ações, ou exceções, de que contra ele dispusesse o devedor (art. 175 do Código Civil).

Nos negócios jurídicos anuláveis, igualmente, a diferença dos nulos, há prazo para que o direito para promover a decretação da invalidade seja exercido, após o qual convalescem pelo tempo, tornando-se válidos. Os prazos para a anulação são previstos na lei (e.g. para anulação por defeitos do negócio jurídico, o prazo de quatro anos – art. 178 do Código Civil). Na ausência de prazo específico, incide o art. 179 do Código Civil que define, nas hipóteses de outro prazo não ser previsto em lei, dois anos a contar da data da conclusão do ato para o interessado exercer seu direito à anulação.

11.1. Invalidade e inexistência do negócio jurídico

No direito brasileiro, o plano da existência do negócio jurídico foi destacado, sobretudo por Pontes de Miranda, em sua teoria do fato jurídico. Inspirada no direito alemão, mas reconhecidamente original em diversos aspectos,[282] não foi, todavia, acolhida pelo legislador do Código Civil de 2002.[283] Na sua origem, contudo, a inexistência destinou-se a apreender as situações em que faltam os elementos da realidade no preenchimento do suporte fático da norma jurídica, para o que não se põe em causa seu reconhecimento jurídico, mas o fato de sequer ter sido formado.

A origem da teoria dos atos inexistentes, no direito francês da virada dos séculos XVIII para o XIX, apontam circunstâncias que a favorecem, mais por apelo prático, do que por consistência teórica. Menezes Cordeiro,[284] com base na lição de Planiol, observa sua formação para justificar a rejeição a defeitos graves na constituição do casamento, que não eram contemplados expressamente pela lei. Assim os casamentos celebrados à época, entre pessoas do mesmo sexo, sem observar qualquer forma legal, ou com a falta do consentimento de alguma das partes.

---

[282] Neste sentido, recomenda-se o estudo de Jan Peter Schmidt, Vida e obra de Pontes de Miranda a partir de uma perspectiva alemã (com especial referência à tricotomia existência, validade e eficácia do negócio jurídico). Revista Fórum de Direito Civil, Belo Horizonte: Fórum, ano 3, n. 5, jan./abr.2014.
[283] José Carlos Moreira Alves, *A parte geral do projeto de Código Civil brasileiro*, p. 105.
[284] António Menezes Cordeiro, Tratado de direito civil, t. II. Parte geral. 4ª ed. Coimbra: Almedina, 2014, p. 925-926.

Diante da máxima de ausência de nulidade sem previsão expressa (*pas de nullité sans texte*), desenvolve-se a figura da inexistência para justificar sua rejeição pelo Direito.

Em vários sistemas jurídicos, a inexistência foi consagrada, pelo Código Civil, especialmente no domínio do casamento.[285] No direito brasileiro, ainda que expressamente se indique a rejeição do plano da existência – e consequentemente do recurso à inexistência como sanção dos negócios jurídicos, o Código Civil faz uso da expressão em alguns momentos, a saber: a) têm-se por inexistentes as condições impossíveis, quando resolutivas, e as de não fazer coisa impossível (art. 124) – sobre elas se refere como não escritas; b) nos contratos, considera-se inexistente a aceitação, se antes dela ou com ela chegar ao proponente a retratação do aceitante (art. 433). Outras hipóteses vêm da antevisão doutrinária, como a adoção verbal, a declaração não séria, o negócio celebrado com *vis absoluta*, em que não há declaração, uma vez que o declarante se manifesta por força do coator.[286] Na doutrina nacional, igualmente, há respeitável entendimento em defesa da relevância de considerar-se a inexistência apartada da invalidade,[287] em especial quando não haja o preenchimento dos elementos de fato que integram o suporte fático da norma que reconhece o exercício da autonomia privada.[288] Em sentido, contrário, todavia, não são menos relevantes os argumentos em sua crítica.[289]

Em termos didáticos ou de exposição do tema, a distinção do plano da existência e o da validade tem utilidade para melhor compreensão dos elementos que, afinal, integram o negócio jurídico a partir da sua previsão normativa. Dentre os que sustentam o acerto da distinção, como regra se reproduz a menção à diferença prática entre o inexistente e o nulo, pelo fato de que em relação ao que não existe, nenhum efeito se produz, enquanto que o nulo preservaria alguns efeitos. Não procede o argumento. O que se denomina efeitos do nulo decorrem na verdade da lei, que tem o ato ou negócio nulo como simples elemento do suporte fático da norma.

---

[285] No direito português, divide-se a doutrina. À rejeição da hipótese por Menezes Cordeiro contrapõe-se o entendimento de sua utilidade teórica e prática por outros autores. Pedro Pais de Vasconcelos, inclusive, distingue entre a inexistência ôntica, a inexistência qualificativa e a inexistência por imposição de lei. No primeiro caso, a inexistência ôntica se dá quando não existe qualquer negócio, que não se realizou, não foi celebrado, não aconteceu, como é o caso em que se falsifiquem os instrumentos relativos a um suposto negócio jurídico, os negócios jurídico celebrados por falso procurador ou o mesmo exemplo do casamento sem qualquer consentimento; a inexistência é qualificativa quando "o ato ou negócio existem como algo, mas não enquanto tal". O exemplo dado é o de pessoas do mesmo sexo que convivem com todas as características de casamento, mas que não se pode assim qualificar pela ausência do elemento fático da diversidade de sexo, sendo união entre pessoas do mesmo sexo. Por fim, a inexistência por mera imposição de lei, pela qual é a disposição expressa que o define como tal, dando conta da sua irrelevância para ordem jurídica. Pedro Pais de Vasconcelos, Teoria geral do direito civil. 5ª ed. Coimbra: Almedina, 2008, p. 736-738.

[286] Relatando um inventário amplo de exemplos da doutrina nacional, Eduardo Nunes de Souza, Teoria geral das invalidades do negócio jurídico. Nulidade e anulabilidade no direito civil contemporâneo. São Paulo: Almedina, 2017, p. 179.

[287] Carlos Roberto Gonçalves Direito civil brasileiro, v. 1. São Paulo: Saraiva, 2013, p. 473-474; Paulo Lôbo. Direito civil: parte geral. São Paulo: Saraiva, 2009, p. 296; Francisco Amaral, Direito civil: introdução. São Paulo: Saraiva, p. 615-616.

[288] Antônio Junqueira de Azevedo. Negócio jurídico: existência, validade e eficácia. São Paulo: Saraiva, 2002, p. 34-35; Marcos Bernardes de Mello, Teoria do fato jurídico: plano da existência. São Paulo: Saraiva, 2003, p. 96-97.

[289] Silvio Rodrigues, Direito civil: parte geral, v. 1. São Paulo: Saraiva, 2002, p. 291-292; em sentido crítico é também a breve nota de Caio Mário da Silva Pereira, Instituições de direito civil, v. I. Introdução ao direito civil. Teoria geral do direito civil. 28ª ed. Rio de Janeiro: Forense, 2015, p. 527.Da mesma forma, a afirmação de que " a teoria da inexistência é tida como construção inútil", proferida por Orlando Gomes, Introdução ao direito civil. 19ª ed. Rio de Janeiro: Forense, 2007, p. 422.

O negócio jurídico pode ser inexistente porque não preenche o suporte fático com elementos da realidade da norma. Porém, se há negócios ou atos jurídicos que, mesmo na falta de elementos de fato, possam repercutir sobre a esfera jurídica daqueles que seriam partes ou terceiros no caso em que fosse constituído validamente, estes poderão exercer pretensão para que se declare tais falhas. Nesta situação, o que se decreta é a nulidade do ato ou negócio jurídico, em razão da sua má-formação. Não há uma confusão de planos, mas simplesmente de sanções legais reconhecidas. Os atos e negócios jurídico mal formados porque lhe faltem elementos ou porque sejam contrários à lei, serão sempre inválidos (e mesmo os que não contem com elementos de fato exigidos na norma para o exercício da autonomia privada, também o serão, ainda porque lhe falte existência jurídica. A sanção legal à invalidade (e por conseguinte ao inexistente que, por isso, também será inválido), será a nulidade. A anulabilidade atinge o inválido quando se trate de tomá-lo segundo o interesse disponível dos prejudicados.

11.2. Espécies de nulidade

Na classificação das nulidades, destacam-se três distinções relevantes: a) as nulidades absoluta e relativa; b) as nulidades total e parcial; e c) as nulidades textual e virtual.

A distinção entre nulidades absoluta e relativa vem de terminologia mais antiga que hoje deve ser bem situada. A rigor, a **nulidade absoluta** é a aquela que a lei designa simplesmente nulidade. Trata-se da sanção da invalidade que não permite sua correção e convalidação por ato posterior das partes, tampouco pelo tempo. Ofende a interesse geral, representado por preceitos que se denominam de ordem pública, e nestes termos podem tanto ser alegados por qualquer interessado, quanto ser decretados de ofício pelo juiz que deles vem a conhecer, mesmo sem pedido das partes (art. 168 do Código Civil).

A **nulidade relativa** é expressão de larga utilização doutrinária, mas que atualmente se deve compreender como anulabilidade.[290] Os atos ou negócios jurídicos anuláveis são aqueles que podem ser decretados inválidos, desde que mediante alegação do interessado dentro do prazo previsto na lei. Podem ser convalidados por ato das partes que completa a falta que os torna anuláveis, ou convalescem pelo tempo, na medida em que o interessado não à alegue dentro do prazo legal, extinguindo-se por decadência do seu direito de promover a anulação.

A nulidade pode ser total ou parcial. **Nulidade total** ocorre quando se refira à integralidade do ato ou negócio jurídico, que é todo ele considerado inválido. Já a **nulidade parcial** atinge apenas parte do negócio jurídico, preservando a validade do restante. A nulidade parcial é favorecida pela visão de aproveitamento do negócio jurídico na parte válida, se separável, consagrado pelo art. 184, do Código Civil: "Respeitada a intenção das partes, a invalidade parcial de um negócio jurídico não o prejudicará na parte válida, se esta for separável; a invalidade da obrigação principal implica a das obrigações acessórias, mas a destas não induz a da obrigação principal.". Trata-se, a nulidade parcial, do que se costuma denominar também **redução do negócio jurídico.** Consagra-se a máxima *utile per inutile non vitiatur* ("o útil não é viciado pelo inútil"). Deste modo, se parte das disposições do negócio jurídico sejam nulas, isso não induz a invalidade das demais, se mesmo sem a parte inválida ele se preserve como realidade jurídica dotada de sentido e apta a satisfação do interesse das partes.

---

[290] Em linha com a classificação de Clóvis Beviláqua, entre nulidade pleno direito (ora nulidade absoluta), e a nulidade sanável, ou anulabilidade. Clóvis Beviláqua, Código Civil dos Estados Unidos do Brasil comentado, v. 1. 12ª ed. São Paulo: Francisco Alves, 1959, p. 331.

A separabilidade da parte válida, nestes termos, orienta-se pela aptidão que conserve para satisfação do interesse das partes. Por outro lado, pode haver situações em que a lei determina que a nulidade atinja todo o negócio jurídico. É o que dispõe o art. 848 do Código Civil em relação à transação: "Sendo nula qualquer das cláusulas da transação, nula será esta."

Da mesma forma, a nulidade parcial do negócio jurídico pode repercutir sobre outros, no caso de coligação negocial. Assim, havendo negócios jurídicos que sejam interdependentes (embora sem que se possa distingui-los quanto à relação recíproca, entre principais e acessórios), pode ocorrer da invalidade parcial ou total de um deles repercutir nos demais, caso dos negócios jurídicos coligados.[291]

Por fim, refira-se a distinção entre nulidade textual e a nulidade virtual. **Nulidade textual** (ou cominada) é aquela que é expressa em lei. São as situações na qual a norma pronuncia a nulidade sob diferentes fórmulas ("é nulo", "considera-se nulo", "invalida"). A **nulidade virtual** ou implícita (não cominada) é aquela que, não sendo expressa, decorre da violação de uma proibição legal. Quando a lei dispõe expressamente que algo não é permitido, ou que não admite determinado ato, se do exercício da autonomia privada realiza-se o que a lei não admite (portanto, um ilícito), ou que para valer, necessariamente deve ser realizado de determinada forma (*ad substantiam*), há nulidade. Neste sentido, aliás, o art. 166, inciso VII, dispõe que é nulo o negócio que a lei taxativamente o declarar nulo, ou proibir-lhe a prática, sem cominar sanção."

11.3. Causas de nulidade

As causas de nulidade do negócio jurídico são expressas no art. 166 do Código Civil, seja em razão da falta de algum dos requisitos de validade também previsto em lei (art. 104 do Código Civil), seja por ofensa a preceitos de ordem pública, cuja tutela se dá pela decretação expressa da invalidade.

Assim dispõe o art. 166 do Código Civil: "Art. 166. É nulo o negócio jurídico quando: I – celebrado por pessoa absolutamente incapaz; II – for ilícito, impossível ou indeterminável o seu objeto; III – o motivo determinante, comum a ambas as partes, for ilícito; IV – não revestir a forma prescrita em lei; V – for preterida alguma solenidade que a lei considere essencial para a sua validade; VI – tiver por objetivo fraudar lei imperativa; VII – a lei taxativamente o declarar nulo, ou proibir-lhe a prática, sem cominar sanção."

Examina-se, a seguir, cada uma das hipóteses previstas na lei:

11.3.1. Incapacidade absoluta do agente

É nulo o negócio celebrado por absolutamente incapaz, uma vez que não lhe é reconhecida a possibilidade de declarar vontade apta a produção de efeitos jurídicos. A capacidade do agente é requisito de validade expresso no art. 104, I, do Código Civil. A ausência do requisito determina a invalidade. Na legislação em vigor (art. 3º do Código Civil), a incapacidade absoluta se refere aos menores de 16 anos de idade.

11.3.2. Objeto ilícito, impossível ou indeterminável

O negócio jurídico celebrado com objeto ilícito, impossível ou indeterminável é nulo. A ilicitude do objeto se define como contrariedade à lei e ao direito. Abrange o objeto ilícito

---

[291] Carlos Nelson Konder, Contratos conexos: grupos de contratos, redes contratuais e contratos coligados. Rio de Janeiro: Renovar, 2006, p. 219.

(e.g. realizar ou prometer realizar algo que a lei proíbe) e o que mesmo na ausência de vedação expressa, compreende-se como contrário ao direito (antijurídico). É o caso, por exemplo, do objeto do negócio jurídico que seja contrário aos bons costumes, o qual é limite ao exercício da autonomia privada (art. 187 do Código Civil).

Em relação à impossibilidade do objeto, deve ser contemporânea à celebração do negócio jurídico. Da mesma forma, conforme já se referiu ao examinar os requisitos de validade do negócio jurídico, a impossibilidade poder ser absoluta ou relativa. *Absoluta* é aquela comum a todos, de modo que ninguém poderá, sob nenhuma circunstância, realizar o objeto. *Relativa* é a que diz respeito apenas a certas pessoas. Será impossível para alguns realizar o objeto do negócio jurídico, não a todos. A impossibilidade do objeto dá causa à nulidade do negócio jurídico quando for inicial e absoluta. Observa-se, contudo, o que dispõe o art. 106 do Código Civil, ao referir que "a impossibilidade inicial do objeto não invalida o negócio jurídico se for relativa, ou se cessar antes de realizada a condição a que ele estiver subordinado."

O objeto deve ser determinado ou determinável, define o art. 104, II, do Código Civil. A indeterminação absoluta do objeto impede que seja realizado pelas partes, ou seja, que o próprio negócio jurídico produza seus efeitos, uma vez que sem determinação, não há o que exigir, nem como exigir. A indeterminação deve ser absoluta (indeterminável é o que não se pode determinar). Sendo possível, mas aquele a quem se atribui o poder de determinar ou escolher não o faz, ou se o processo para determiná-lo falha, o caso não é de nulidade – que vislumbra, especificamente, o momento da constituição do negócio – mas de resolução.

O exame da ilicitude, da impossibilidade ou da indeterminação se realiza em vista do *momento da celebração* do negócio jurídico. Se o que é ilícito no momento em que o negócio jurídico é celebrado, passa a ser permitido depois, ele segue sendo nulo. Igualmente, a impossibilidade inicial e absoluta é causa de nulidade. Se originalmente o objeto for possível quando da celebração do negócio jurídico, e tornar-se impossível, será hipótese de extinção dos seus efeitos, mediante resolução. Por outro lado, como já se mencionou, se for originalmente impossível, mas antes que seja exigível (ou seja, de que o negócio jurídico produza este efeito, como é caso em que estiver subordinado a condição suspensiva) torne-se possível, não há nulidade.

11.3.3. Motivo ilícito comum a ambas as partes

Conforme já foi objeto de exame, distingue-se causa e motivo. *Causa* é função objetiva reconhecida para a celebração do negócio jurídico. *Motivo* é intenção, de natureza subjetiva, identificando-se com o propósito do declarante ao manifestar vontade. Os motivos determinantes para que as partes celebrem o negócio jurídico, como regra, não se revestem de importância (irrelevância dos motivos).[292] Deste modo, a razão pela qual alguém decidiu declarar vontade com determinado conteúdo não entra em causa para exame da sua formação regular. Os motivos se tornam relevantes apenas quando assim sejam determinados pela lei ou pela própria declaração de vontade.[293] A intenção das partes (motivos), quando expressa no negócio, pode orientar sua interpretação (art. 112 do Código Civil) ou conformar certos efeitos (arts. 184 e 483 do Código Civil). Em certas situações, pode contaminar o negócio jurídico como no caso do encargo ilícito (art. 137 do Código Civil) e no erro de direito (art. 139, III, do Código Civil).

---

[292] Francisco Cavalcanti Pontes de Miranda, Tratado de direito privado, t. III. São Paulo: RT, 2012, p 130; Antônio Junqueira de Azevedo. Negócio jurídico: existência, validade e eficácia. São Paulo: Saraiva, 2002, p. 105.

[293] Francisco Cavalcanti Pontes de Miranda, Tratado de direito privado, t. III. São Paulo: RT, 2012, p 163.

Também o falso motivo dá causa à invalidade do negócio jurídico, quando expresso como razão determinante (art. 140 do Código Civil).

Será causa de nulidade, contudo, a circunstância do motivo determinante comum a ambas as partes for ilícito (art. 166, III, do Código Civil). É o caso em que as partes celebram negócio jurídico cientes e de acordo com uma finalidade contraria a direito. Assim quando haja a locação de um imóvel para instalação de equipamentos para produção de entorpecentes ilícitos, ou a doação realizada para antecipadamente beneficiar o donatário que realize ato ilícito. A decretação da nulidade, nesta hipótese, pressupõe investigar a finalidade para a qual as partes celebraram o negócio jurídico.

11.3.4. *Preterição de solenidade considerada essencial por lei*

Quando a lei exige que o negócio jurídico deve observar certa solenidade, esta é da substância do ato (*forma ad substantiam*). Assim, por exemplo, o que define o art. 108 do Código Civil: "Não dispondo a lei em contrário, a escritura pública é essencial à validade dos negócios jurídicos que visem à constituição, transferência, modificação ou renúncia de direitos reais sobre imóveis de valor superior a trinta vezes o maior salário mínimo vigente no País."[294] Outros atos e negócios jurídicos também tem forma especial (e.g. reconhecimento dos filhos) ou a lei pode prever uma forma específica para que se realizem (e.g. as partes podem dispor voluntariamente sobre a validade do negócio jurídico estar subordinada a sua celebração por instrumento público, art. 109 do Código Civil). Por outro lado, há negócios jurídicos a que a lei admite apenas uma forma de sua realizem (e.g. o casamento, art. 1535 do Código Civil; a deserdação do herdeiro, art. 1964 o Código Civil; a instituição de fundação, art. 62 do Código Civil). Preterindo-se a solenidade prevista em lei, o negócio é nulo.

11.3.5. *Fraude à lei*

Negócio jurídico celebrado com o objetivo de fraudar lei imperativa é aquele que tem o propósito de, sob aparência de legalidade, obter resultado contrário ao direito.[295] É espécie de violação indireta. Embora seja constituído com objeto lícito, sua finalidade é contornar uma determinação ou proibição legal. Busca-se obter um resultado proibido por lei, a partir de um negócio jurídico não proibido; combina-se atos lícitos, para obter um fim ilícito.[296] São exemplos de fraude a lei: a) o compromisso de compra e venda celebrado de modo concomitante a um contrato de mútuo, pelo qual o mutuário promete vender ao mutuante bem

---

[294] Dispensam a forma da escritura pública a compra e venda de terrenos em loteamentos para pagamento em prestações (arts. 11 e 22 do Decreto Lei 58/1937); a compra e venda, promessa de venda, cessão ou promessa de unidades autônomas em incorporações imobiliárias (art. 32, §2º, da Lei 4591/1964); os contratos que envolvam alienação fiduciária de imóveis (art. 38 da Lei 9514/1997); e os compromissos de compra e venda, cessões ou promessa de cessão de contratos relativos a lotes urbanos (art. 26 da Lei 6766/1979).

[295] A fraude à lei tem antecedentes já no direito romano – *fraus legi facta* – considerando a atuação que, embora respeitando a letra da lei, violava o seu espírito. Max Kaser, Rolf Knütel, *Römisches Privatrecht*. 20. Auflage. München: Verlag C.H.Beck, 2014, p. 73.

[296] A fórmula do direito italiano é de interesse. O art. 1344 do Codice Civile refere: "Reputa-se também ilícita a causa quando o contrato constitua um meio para iludir a aplicação de uma lei imperativa". A sanção será de nulidade, nos termos do art. 1418 do Codice Civile. Veja-se: Giovanne Giacobbe, *La frode alla legge*. Milano: Giuffrè, 1968, p. 15 e ss; Cesare Massimo Bianca, *Diritto civile*, t. 3. Il contrato. 2ª ed. Milano: Giuffrè, 2000, p. 625.

de sua propriedade dado em garantia, por valor equivalente ao do empréstimo mais os juros, celebrado para viabilizar o pacto comissório, que a lei não permite (art. 1428 do Código Civil); b) a alienação do patrimônio a alguns dos herdeiros que visa promover a partilha antecipada, em detrimento dos demais; [297] c) o tutor que desejando adquirir bem pertencente ao tutelado, pede autorização judicial para alienação a terceiro, e este adquirindo, vende ao tutor; ou d) o advogado que tendo sido nomeado por convênio remunerado pelo Poder Público para assistência judiciária gratuita a pessoa hipossuficiente, celebra com o mesmo, contrato de prestação de serviços visando remunerar-se de honorários e de percentual sobre o objeto do litígio.[298]

A distinção entre a fraude à lei e a simulação é sútil, mas perceptível. A simulação terá sempre declaração de vontade não verdadeira, que é manifestada de modo consciente pelo declarante, sendo dispensável que tenha consciência da contrariedade a direito, ou o propósito de fraudar.[299] Tais distinções não impedem que, em um mesmo negócio jurídico haja fraude à lei e simulação.

A rejeição do direito à fraude à lei comporta diferentes entendimentos quanto à sanção que deve ser aplicada (tais como a ineficácia do ato ou negócio fraudulento, ou aquela que a lei objeto de fraude prevê para o ato que viola diretamente).[300] O entendimento dominante, contudo, foi adotado pelo direito brasileiro, cominando de nulidade os atos e negócios jurídicos praticados em fraude à lei (*fraudem legis*), por igual aqueles celebrados contra a lei (*contra legem*).[301]

11.3.6. Previsão expressa ou proibição por lei

O art. 166, VII, do Código Civil, ao prever a nulidade do negócio jurídico que a lei taxativamente declarar nulo, ou proibir-lhe a prática, sem cominar sanção, articula no sistema de direito privado a complementariedade entre a nulidade textual (quando a sanção de nulidade é expressa em lei) e a nulidade virtual (proíbe a prática, mas não se comina expressamente sanção). A nulidade expressa resulta de diversos comandos do Código Civil e de leis especiais (e.g. a doação nula, arts. 548 e 549; o contrato de seguro nulo, art. 762; a nulidade do pacto comissório, art. 1.428; a nulidade do casamento, art. 1.548; a nulidade de disposições testamentárias, art. 1.900).

Sobre a nulidade virtual, corretamente, se não pode praticar certo ato ou celebrar negócio jurídico com certas características, é induvidoso que se alguém o faz ainda assim, não deve ter qualquer reconhecimento deste comportamento contrário a direito. Sem prejuízo de outros efeitos (sanções) que se possam aplicar (e.g. reparação de danos decorrentes do ilícito) o ato ou o negócio jurídico celebrado nestas condições serão cominados de nulidade.

11.3.7. Simulação

Trata-se a simulação de declaração falsa da vontade, o declarante manifesta-se de modo diverso do que é sua vontade real, com o objetivo de produzir efeito diversos daquele que é dado a conhecer. Simula quem age para dar aparência diversa a uma determinada realidade.

---

[297] STJ, REsp 1195615/TO, Rel. Min. Ricardo Villas Bôas Cueva, 3ª Turma, j. 21/10/2014, *DJe* 29/10/2014.
[298] STJ, REsp 919.243/SP, Rel. Min. Nancy Andrighi, 3ª Turma, j. 19/04/2007, *DJ* 07/05/2007.
[299] Luigi Carraro, Il negozio in frode alla legge. Camerino: Edizioni Scientifiche Italiane, 2014, p. 104-107.
[300] Alvino Lima, A fraude no direito civil. São Paulo: Saraiva, 1965, p. 314-321. Luigi Carraro, Il negozio in frode alla legge. Camerino: Edizioni Scientifiche Italiane, 2014, p. 235.
[301] José Carlos Moreira Alves, A parte geral do projeto do Código Civil brasileiro, p. 89.

No negócio jurídico, celebra-o com o propósito de obter um fim que não é aquele que se pode pressupor do tipo escolhido, ou do conteúdo da declaração negocial. Desde logo se aparta dos vícios do consentimento, porque não há divergência inconsciente entre a declaração e a vontade real do declarante. Ao contrário, a falsidade da declaração é proposital e conhecida pelo declarante e seu destinatário.[302]

O direito romano conheceu a simulação, em especial nas suas fases mais próximas, de modo casuístico,[303] identificando-a pela expressão *similis* (cópia, o mesmo que)[304] Segue-se longo desenvolvimento ao longo da idade média e moderna, em especial, por glosadores, comentadores e humanistas, até sua recepção pela pandectística alemã, no século XIX.[305]

Na tradição do direito brasileiro, a simulação está presente desde as Ordenações do Reino de Portugal, sempre rejeitando-se qualquer efeito que delas se produzissem, e cominando os que a tivessem praticado com o desterro.[306] Consolidou-se daí uma sólida compreensão doutrinária também, dentre os juristas portugueses, sobre o caráter intencional da desconformidade entre a declaração de vontade e a intenção das partes.[307] Na construção do direito nacional, Teixeira de Freitas a previu em seu Esboço de Código Civil (arts. 521 a 527),[308] em termos que serão depois aproveitados por Clóvis Beviláqua, restringindo sua configuração para tornar anulável o negócio jurídico apenas quando houvesse intenção de prejudicar terceiros e de violar disposições da lei (art. 103 do Código Civil de 1916).

O Código Civil de 2002 alterou substancialmente a disciplina da simulação. Dispõe sobre ela, não mais como causa a tornar o negócio anulável, mas nulo. Por outro lado, deixa de restringir a invalidade apenas aos casos em que se demonstre a intenção de prejudicar ou a violação de disposições legais. Optou, o legislador, por definir as características do negócio simulado, concentrando na divergência entre a declaração e a finalidade pretendida pelas partes, sem ocupar-se da sua motivação.

Em caráter não exaustivo, o art. 167, § 1º, do Código Civil enumera tratar-se de negócio jurídico simulado quando: (I) aparentarem conferir ou transmitir direitos a pessoas diversas daquelas às quais realmente se conferem, ou transmitem; (II) contiverem declaração, confissão, condição ou cláusula não verdadeira; (III) os instrumentos particulares forem antedatados, ou pós-datados.

A primeira hipótese, em que **aparentam conferir ou transmitir direitos a pessoas diversas daquelas às quais realmente se conferem ou transmitem (art. 167, § 1º, I)**, prevê o caso de interposição de pessoa que não tem interesse nos atos ou negócios jurídicos que celebra. Aparece para dissimular a posição da pessoa a quem na realidade se destinam os efeitos do negócio jurídico. Declara-se conferir ou transmitir direitos para A, mas quem frui de todas as vantagens é B. A pessoa interposta é designada, em linguagem comum como "testa de ferro",

---

[302] Alberto Auricchio, A simulação no negócio jurídico: premissas gerais, Coimbra: Coimbra Editora, 1964, p. 63.
[303] Veja-se, em especial, Giovanni Pugliesi, La simulazione nei negozi giuridici: sudio di diritto romano, Padova: CEDAM, 1938.
[304] Nadia Dumont-Kisliakoff, La simulation em droit romain. Paris: Cujas, 1970, p. 15 e ss.
[305] Para um amplo exame do seu desenvolvimento histórico, veja-se o estudo de António Barreto Menezes Cordeiro, Da simulação no direito civil. Coimbra: Almedina, p. 21 e ss.
[306] Assim, a título de ilustração, nas Ordenações Filipinas, Livro III, título 59, §25: "fizessem outro contrato, por mudarem a substância da verdade, que tinham em vontade fazer".
[307] António Barreto Menezes Cordeiro, Da simulação no direito civil. Coimbra: Almedina, p. 45-47.
[308] Augusto Teixeira de Freitas, *Código Civil. Esboço*, v. 1. Brasília: Ministério da Justiça, 1983, p. 175.

"homem de palha" ou, mais recentemente, "laranja". É o caso, por exemplo, em que a compra e venda entre ascendente e descendente foi celebrada originalmente com pessoa interposta para dispensar a exigência do consentimento dos outros descendentes.[309]

Uma segunda situação é a de que **contenham declaração, confissão, condição ou cláusula não verdadeira (art. 167, § 1º, II)**. Há exteriorização de vontade que não é a que pretende o declarante. Assim, o exemplo da cláusula de preço em escritura pública de compra e venda de imóvel que é fixada a menor do que realmente foi ajustado e praticado pelas partes, para efeito de reduzir os tributos a serem recolhidos, ou para ocultar a origem dos recursos para seu pagamento. Também é o caso do negócio de mútuo celebrado por escritura pública com a constituição de garantia hipotecária, celebrada para disfarçar a previsão de juros superiores ao permitido por lei.[310] Ou do cônjuge que constitui dívidas com pessoas de suas relações, havendo acordo simulatório para que o pagamento reverta em seu favor, com o objetivo de caracterizar redução do patrimônio a ser objeto de partilha em futuro divórcio.

A terceira hipótese prevista é a de **instrumentos particulares antedatados ou pós-datados (art. 167, § 1º, III)**. Trata-se de situação comum, em que contratos são celebrados deixando-se a data para preenchimento posterior, ou fixando data diversa, como a da última assinatura, ou a da conclusão da minuta. Pode ocorrer, contudo, que isso se faça com o propósito de indicar o momento da celebração anterior ao de outro ato que possa lhe prejudicar ou reduzir efeitos (e.g. para ocultar a fraude contra credores ou a fraude à execução).

11.3.7.1. Espécies de simulação

A simulação pode ser absoluta ou relativa. **Simulação absoluta** é a que contenha declaração, confissão, condição ou cláusula não verdadeira, realizada para que não produza efeitos. Há uma aparência de vontade que não corresponde a qualquer efeito desejado. **Simulação relativa** é aquela em que a declaração de vontade que forma o negócio jurídico visa ocultar ou disfarçar outro (e.g. celebra compra e venda, pretendendo, ao não cobrar o preço, realizar uma doação). Neste caso, ocorre que frente à nulidade do negócio simulado, pode preservar-se a validade do que se dissimulou, nos termos do art. 167, parte final, do Código Civil, ao definir que "subsistirá o que se dissimulou, se válido for na substância e na forma." É a hipótese que se denomina *extraversão*, hipótese em que tanto a declaração de vontade existe e é suficiente para a constituição do negócio jurídico dissimulado (substância), quanto o instrumento pelo qual operou-se a simulação, lhe bastaria (forma).[311]

Da mesma forma a simulação pode ser nocente ou inocente. É **nocente** (*nocens*, dano) a simulação que visa prejudicar terceiros ou violar a lei; e **inocente** aquela que não é movida pelo propósito de causar dano ou violar a lei. A consequência prática desta distinção é que enquanto a simulação nocente dá causa à nulidade, discute-se se pode ser alegada pelas partes que simularam, uma contra outra, uma vez que neste caso estaria se beneficiando da própria torpeza, em prestígio indevido à má-fé (*nemo auditur propriam turpitudinem allegans*). O artigo 104 do Código Civil de 1916 expressamente previa esta vedação ("Art. 104. Tendo havido

---

[309] STJ, REsp 999.921/PR, Rel. Min. Luis Felipe Salomão, 4ª Turma, j. 14/06/2011, DJe 01/08/2011. Note-se que a compra e venda de ascendente a descendente sem o consentimento dos demais é anulável (art. 496 do Código Civil). O negócio com interposta pessoa visa contornar a exigência. Tomada nestes termos (como negócio anulável), submete-se ao prazo para anulação de dois anos, nos termos do art. 179 do Código Civil (STJ, REsp 1679501/GO, Rel. Min. Nancy Andrighi, 3ª Turma, j. 10/03/2020, DJe 13/03/2020).

[310] REsp 1046453/RJ, Rel. Min. Raul Araújo, 4ª Turma, j. 25/06/2013, DJe 01/07/2013.

[311] Francisco Cavalcanti Pontes de Miranda, Tratado de direito privado, t. IV. São Paulo: RT, 2012, p. 533.

intuito de prejudicar a terceiros, ou infringir preceito de lei, nada poderão alegar, ou requerer os contraentes em juízo quanto à simulação do ato, em litígio de um contra o outro, ou contra terceiros.").

A ausência da norma no Código Civil de 2002, assim como o fato de ter deixado de ser causa que tornava o negócio anulável, no direito anterior, tornando-o nulo no direito vigente, fundamenta o entendimento pela possibilidade de que as partes do negócio jurídico simulado possam postular, elas próprias, a nulidade.[312] Este, aliás, é o propósito confesso que informa a não reprodução no Código vigente, do que era regra no direito anterior.[313] Em sentido diverso, contudo, remanesce o entendimento doutrinário que sustenta, mesmo frente à sanção da nulidade, a necessidade de não favorecer o comportamento de má-fé.[314]

A sanção de nulidade, assinala a preservação da autoridade do direito, o que altera substancialmente, no ponto, o direito anterior. Por outro lado, sendo inocente a simulação, portanto sem causar dano, não surge interesse de terceiro em postular sua nulidade, mas pode o Ministério Público ou qualquer órgão do Estado fazê-lo, em preservação da autoridade do direito. Incidirá, contudo, nesta hipótese, o art. 167 do Código Civil para, se possível, preservar o que se dissimulou se for válido na substância e na forma.

11.3.7.2. A proteção dos terceiros de boa-fé

O § 2º do art. 167 do Código Civil prevê: "Ressalvam-se os direitos de terceiros de boa-fé em face dos contraentes do negócio jurídico simulado." Neste particular, o direito brasileiro segue uma orientação que é comum aos vários sistemas jurídicos.[315] Segundo a norma, os efeitos da decretação de nulidade da simulação não são oponíveis aos terceiros de boa-fé. Terceiros em relação ao negócio jurídico simulado serão tanto aqueles que integrem outra relação jurídica com as partes que simularam, quanto todos os atingidos por seus efeitos.

Protege-se a confiança daquele que, crendo na regularidade do negócio jurídico, ou mesmo sequer conhecendo da sua existência, celebra outro negócio jurídico relativo ao bem ou direito objeto do que foi simulado, com um dos partícipes do acordo simulatório. Aquele que simulou adquirir transfere a terceiro, sem revelar a simulação. A decretação da nulidade do negócio original simulado faria o bem retornar ao patrimônio do alienante original, de modo que quem, de boa-fé, adquire daquele que originalmente simulou adquirir e depois alienou,

---

[312] STJ, REsp 1501640/SP, Rel. Min. Moura Ribeiro, 3ª Turma, j. 27/11/2018, DJe 06/12/2018.
[313] Assinala Moreira Alves que "ao disciplinar-se a simulação apartou-se o Projeto inteiramente do sistema observado pelo Código vigente [de 1916]. A simulação, seja a relativa, seja a absoluta, acarreta a nulidade do negócio simulado. Se relativa, subsistirá o negócio dissimulado, se válido for na substância e na forma, Não mais se distingue a simulação inocente da fraudulenta; ambas conduzem ao mesmo resultado: a nulidade do negócio simulado, e subsistência do dissimulado, se for o caso (...) o Projeto, ressalvando os direitos de terceiros de boa-fé em face dos contraentes do negócio jurídico simulado, admite, como decorrência mesma da nulidade, que a simulação possa ser invocada pelos simuladores em litígio de um contra o outro, ao contrário do que reza o art. 104 da Codificação atual [de 1916]". José Carlos Moreira Alves, A parte geral do projeto de Código Civil brasileiro. 2ª ed. São Paulo: Saraiva, 2003, p. 118-119.
[314] Caio Mário da Silva Pereira, Instituições de direito civil, v. I. 28ª ed. Rio de Janeiro: Forense, 2015, p. 535.
[315] No direito alemão, o §117 do BGB prevê a nulidade do negócio jurídico, originalmente sem contemplar a proteção dos terceiros de boa-fé (Martin Josef Schermaier, §117. In: Mathias Schmoeckel; Joachim Rückert; Reinhard Zimmermann (Hrsg.), Historisch-kritischer Kommentar zum BGB. Tübingen: Mohr Siebeck, 2003, p. 435). Este entendimento, contudo, foi gradualmente recomposto pela jurisprudência, e em que pese a nulidade, consagrando a proteção dos terceiros em vista do princípio da confiança (Manfred Wolf; Jörg Neuner, Allgemeiner Teil des Bürgerlichen Rechts. 10 Auf. München: C.H. Beck, 2012, p. 452).

perderia o bem, não fosse a norma que preserva seu interesse de boa-fé. Nestes termos, não pode quem simulou alegá-la contra terceiro de boa-fé,[316] assim como na hipótese de conflito entre terceiros, como pode ocorrer, exemplificativamente,[317] entre credores daquele que simula alienar e os credores do que simula adquirir; entre credores do que simula alienar e os herdeiros do que simula adquirir; dos herdeiros do que simula alienar e os credores do que simula adquirir; entre os sucessores de um e de outro; ou entre os sucessores do que simulou alienar e os que venham a adquirir do que simulou originalmente aquisição.

11.3.7.3. Prova da simulação

Há dificuldade de prova da simulação. Admite a doutrina, neste sentido, que possa o juiz valer-se de indícios e presunções para determinar sua existência.[318] Sem prejuízo que o próprio acordo simulatório se demonstre documentalmente, com as partes celebrando o negócio simulado e, ao mesmo tempo, outro acordo no qual expressam seu objetivo real,[319] que não se revela inicialmente, a não ser quando interesse servir como prova da simulação. O art. 446, I, do Código de Processo Civil, de sua vez, permite provar com testemunhas "nos contratos simulados, a divergência entre a vontade real e a vontade declarada".

11.4. Causas de anulabilidade

As situações em que a falta dos requisitos exigidos para a validade do negócio jurídico o torna anulável, podendo sua invalidade ser postulada pelo interessado, distribuem-se pelo Código Civil e a legislação em geral. Conforme já foi observado, as diferenças entre o nulo e o anulável se dão em vista da gravidade da sanção, considerando que os negócios anuláveis poderão ser tornados inválidos mediante exercício, pelo interessado, do direito potestativo de anular. Dizendo respeito a falhas na constituição do negócio jurídico que podem ser sanadas, se assim ocorrer, há convalidação. A validade que pode ser afastada pelo exercício do direito de anular o negócio, por sua vez, se preserva no caso de não se realizar no tempo previsto em lei.

O art. 171 do Código Civil estabelece: "Além dos casos expressamente declarados na lei, é anulável o negócio jurídico: I – por incapacidade relativa do agente; II – por vício resultante de erro, dolo, coação, estado de perigo, lesão ou fraude contra credores" Os negócios jurídicos celebrados por absolutamente incapazes são anuláveis, uma vez que sua declaração de vontade não é suficiente para formá-los. É necessário a assistência, que pode ser dos pais, tutores ou curadores, conforme o caso. Trata-se de uma segunda declaração de vontade que se soma a do relativamente incapaz. Se ela não se dá no momento da celebração do negócio jurídico, torna-o anulável. Se antes da anulação vem a completar os requisitos exigidos para a validade do negócio jurídico, o convalida. O prazo para exercer-se o direito à anulação por incapacidade relativa do agente é de quatro anos, contados de quando cessar a incapacidade (art. 178, III, do Código Civil).

---

[316] José Carlos Moreira Alves, A parte geral do projeto de Código Civil brasileiro. 2ª ed. São Paulo: Saraiva, 2003, p. 120.
[317] Veja-se os critérios assinalados por Fabiano Menke, em seus comentários ao art. 167 do Código Civil in: Giovanni Etore Nanni (org.) Comentários ao Código Civil: direito privado contemporâneo. São Paulo: Saraiva, 2019, p. 276.
[318] Caio Mário da Silva Pereira, Instituições de direito civil, v. I. 28ª ed. Rio de Janeiro: Forense, 2015, p. 536.
[319] Itamar Gaino, A simulação nos negócios jurídicos. 2ª ed. São Paulo: Saraiva, 2012, p. 64.

Este mesmo fundamento orienta o consentimento do cônjuge que não participe do negócio jurídico celebrado pelo outro, que disponha sobre o patrimônio comum (art. 1647 do Código Civil). Ou a venda de ascendente a descendente, que exige o consentimento dos demais descendentes e do cônjuge do alienante (art. 496 do Código Civil). O mesmo se dispõe em relação a troca de valores desiguais entre ascendente e descendente (art. 533, II, do Código Civil).

Há outras várias situações previstas em lei, como, por exemplo, o negócio jurídico celebrado pelo representante consigo mesmo, para o qual não haja permissão da lei ou do representado (art. 117 do Código Civil), ou o que seja celebrado pelo representante em conflito de interesses com o representado (art. 119 do Código Civil). São hipóteses em que se preserva a finalidade da representação e os interesses legítimos do representado. Da mesma forma, o direito do credor de postular a anulação da incorporação, fusão ou cisão de sociedade empresária (art. 1.122 do Código Civil) visa à tutela do seu crédito em relação a expedientes que possam frustrar o adimplemento. Também o casamento é anulável pelas causas previstas no art. 1.550 do Código Civil, assim como a partilha da herança, anulável pelos vícios e defeitos que invalidam, em geral, os negócios jurídicos (art. 2.027 do Código Civil).

É anulável o negócio jurídico celebrado com vício resultante de erro, dolo coação, estado de perigo, lesão ou fraude a credores. O prazo para exercício do direito potestativo à anulação é de quatro anos contados, da coação, quando cessar, nos demais vícios, desde sua celebração (art. 178, I e II, do Código Civil).

11.5. Confirmação do negócio jurídico anulável

O negócio jurídico anulável é suscetível de confirmação pelas partes, que o convalida. O art. 172 do Código Civil prevê esta possibilidade, ressalvando o direito de terceiro. A confirmação é negócio jurídico unilateral pelo qual a parte prejudicada pelo negócio anulável, e que é titular do direito de promover sua anulação, manifesta expressamente a vontade de conservá-lo. Não se confunde com a simples renúncia do direito de anular, embora chegue ao mesmo efeito prático, que é a conservação do negócio jurídico. A rigor, elimina-se o vício que inquinava a vontade ou se apõe vontade nova de acordo com a substância do negócio anulável.[320] A confirmação é, igualmente, declaração de vontade não receptícia – sua eficácia não depende do conhecimento da outra parte do negócio anulável ou de terceiro.

Da mesma forma, distingue-se a *confirmação*, que visa convalidar negócios jurídicos anuláveis pela declaração de vontade da parte que tem direito de anulá-lo, e a *ratificação*, que se coloca no plano da eficácia para que deflagre os efeitos dos negócios jurídicos celebrados em nome de outrem, por quem não tinha poderes de representação. Trata-se da *legitimidade*, de modo que se aquele em cujo nome foi celebrado o negócio jurídico o ratifica, passa a se submeter aos seus efeitos.[321] Assim, por exemplo, os casos de ratificação, pelo mandante, dos atos do mandatário que excedem aos seus poderes (art. 665 do Código Civil), ou do dono do negócio em relação aos atos praticados pelo gestor (art. 873 do Código Civil).

A confirmação do negócio jurídico pode ser expressa ou tácita. **Confirmação expressa** compreende nova declaração que deve conter a substância do negócio celebrado e a vontade

---

[320] Para a distinção entre confirmação do negócio jurídico e renúncia ao direito de anular, veja-se: Raque Campani Schmiedel, Negócio jurídico: nulidades e medidas sanatórias. 2ª ed. São Paulo: Saraiva, 1985 p. 63.

[321] Raque Campani Schmiedel, Negócio jurídico: nulidades e medidas sanatórias. 2ª ed. São Paulo: Saraiva, 1985 p. 62.

expressa de mantê-lo (art. 173 do Código Civil). Observe-se, neste particular, que se o negócio jurídico anulável foi celebrado por instrumento público, também deverá sê-lo o que tiver por objeto sua confirmação. **Confirmação tácita** é aquela em que a parte do negócio jurídico que é titular do direito potestativo de anular, embora ciente da sua anulabilidade, executa-o voluntariamente, hipótese em que fica dispensada a confirmação expressa (art. 174 do Código Civil).

A eficácia típica da confirmação será a convalidação do negócio e a extinção de todas as ações ou exceções de que até então seja titular a parte prejudicada pelo negócio jurídico anulável (art. 175 do Código Civil). A ressalva ao direito de terceiro, a que se refere o art. 172 do Código Civil pode, eventualmente, preservar seu interesse na anulação do negócio. Da mesma forma, discutia-se sobre a extensão temporal dos efeitos da confirmação. Pontes de Miranda a discutia, destacando a necessidade, na falta de previsão legal expressa, de repetir o negócio jurídico, razão pela qual inclinava-se pela eficácia *ex nunc* (desde a confirmação).[322] Havendo previsão legal expressa, como é o caso do Código Civil vigente, a utilidade lógica da norma só pode ser a de eficácia *ex tunc*, retroagindo os efeitos da confirmação ao tempo da celebração do negócio anulável que será confirmado. Neste caso, não é simples repetição, mas manifestação de vontade que pressupõe a ciência do vício que anula o negócio jurídico e confirma seus termos.

11.6. Conversão do negócio jurídico

A nulidade do negócio jurídico impede sua confirmação ou convalescimento pelo decurso do tempo (art. 169 do Código Civil). Todavia, admite-se que, mesmo nulo, se contiver os requisitos de outro negócio jurídico, poderá ser objeto de conversão neste cujas exigências preencha, mantendo-se válido. O art. 170 do Código Civil refere que se "o negócio jurídico nulo contiver os requisitos de outro, subsistirá este quando o fim a que visavam as partes permitir supor que o teriam querido, se houvessem previsto a nulidade."

Trata-se do que se denomina conversão substancial do negócio jurídico, pela qual aproveita-se a substância do negócio jurídico nulo para, em consideração dos seus elementos, e respeitado o interesse suposto das partes se houvessem previsto a nulidade, convertê-lo em negócio de outra espécie, válido. Na lição doutrinária "a conversão é o aproveitamento do suporte fático, que não bastou a um negócio jurídico, razão da sua nulidade, ou anulabilidade, para outro negócio jurídico, ao qual é suficiente. Para isso, é preciso que concorram o pressuposto objetivo dessa suficiência e o pressuposto subjetivo de corresponder à vontade dos figurantes a conversão, se houvessem conhecido a nulidade, ou a anulabilidade".[323] Orienta-se pelo princípio da conservação do negócio jurídico, dando conta de uma qualificação dos fatos em causa e da revalorização do comportamento negocial das partes.[324]

O primeiro requisito exigido para a conversão é (a) a existência de negócio jurídico nulo; o segundo (b) a presença, no nulo, dos requisitos para outro negócio jurídico – ambos são requisitos objetivos. Por fim, o requisito subjetivo, que é (c) a suposição da vontade das partes em favor da conversão, considerando o fim pretendido, se houvessem previsto a nulidade. Note-se

---

[322] Francisco Cavalcanti Pontes de Miranda, Tratado de direito privado, t. IV. São Paulo: RT, 2012, p. 143.
[323] Francisco Cavalcanti Pontes de Miranda, Tratado de direito privado, t. IV. São Paulo: RT, 2012, p. 132.
[324] João Alberto Schutzer Del Nero, Conversão substancial do negócio jurídico. Rio de Janeiro: Renovar, 2001, p. 335-336; Luis Carvalho Fernandes, A conversão dos negócios jurídicos civis. Lisboa: Quid juris, 1993, p. 468 e ss; Eduardo Luiz Bussatta, Conversão substancial do negócio jurídico, Revista de direito privado, v. 26. São Paulo: RT, abril-junho/2006, p. 160; Ana Carolina Kliemann, O princípio da manutenção do negócio jurídico: uma proposta de aplicação. Revista trimestral de direito civil, v. 26, ano 7. Rio de Janeiro: Padma, 2006, p. 22 e ss.

que a investigação da vontade suposta das partes não é psicológica, sobre a vontade interna do agente, mas o exame objetivo do interesse das partes em vista da finalidade do negócio inválido.[325] Alguns exemplos formulados pela doutrina são o do penhor que não observa os requisitos de forma que valem para constituir o direito de retenção; a constituição de usufruto que, nula, toma-se como cessão dos direitos que o integram;[326] a constituição de hipoteca que, nula por falta de autorização do cônjuge, converte-se em confissão de dívida;[327] ou a compra e venda nula, que se converte em promessa de compra e venda. No mesmo sentido, a doação nula entre ascendente e descendente, que o STJ decidiu pela conversão em mútuo,[328] de modo a assegurar o direito de restituição do bem.

---

[325] Manfred Wolf; Jörg Neuner, Allgemeiner Teil des Bürgerlichen Rechts. 10 Auf. München: C.H. Beck, 2012, p. 682-683.
[326] Francisco Cavalcanti Pontes de Miranda, Tratado de direito privado, t. IV. São Paulo: RT, 2012, p. 135;
[327] Caio Mário da Silva Pereira, Instituições de direito civil, v. I. 28ª ed. Rio de Janeiro: Forense, 2015, p. 539.
[328] STJ, REsp 1225861/RS, Rel. Min. Nancy Andrighi, 3ª Turma, j. 22/04/2014, *DJe* 26/05/2014.

Capítulo XIII
DOS ATOS ILÍCITOS

1. PRESSUPOSTOS LÓGICOS DA DEFINIÇÃO DE ATO ILÍCITO

A definição de ilicitude, e desde aí, de ato ilícito em direito civil, compreende a identificação de uma violação a preceito normativo. Esta violação se expressa quando se tenha estabelecido uma regra de proibição, ou uma regra imperativa que restrinja ou conforme determinada conduta. Estas ordens de proibição, imperativa ou de restrição, são direta e expressamente violadas por intermédio de comportamento do autor do ato que contraria a determinação normativa. A noção de delito, em sua origem romana, abrangia as duas concepções de ilícito – civil e penal – diferenciando-se em um segundo momento entre os delitos de natureza pública (*crimen*) e os delitos privados (*delicta, malleficia*), aos quais reclamava-se a culpa.[1]

O ato ilícito é identificado "genericamente" como o ato representativo da contrariedade a um dever preexistente.[2] Neste sentido, comporta certos requisitos como: (a) uma conduta que se configura na realização intencional ou apenas previsível de um resultado exterior; (b) a violação do ordenamento jurídico, caracterizada pela contraposição do comportamento à determinação de uma norma; (c) a imputabilidade, caracterizada pela atribuição do resultado antijurídico à consciência do agente; (d) a penetração da conduta na esfera jurídica alheia.[3]

Por outro lado, embora prevista em muitos ordenamentos jurídicos, a existência de cláusula geral de ilicitude que estabelece expressamente seus requisitos, ou mesmo a define conceitualmente, no direito brasileiro observa um sistema aberto, presidido pelo princípio da atipicidade dos atos ilícitos civis.[4] Estes, em tese, podem ser configurados em infinitas hipóteses de ofensa à norma, reconduzindo-se ou não às definições gerais fixadas nos arts. 186 e 187 do Código Civil.

---

[1] Salvatore Pugliatti, Delitti (premesse). *Enciclopedia del diritto*, t. XII. Milano: Giuffrè, 1964. p. 2.
[2] Francisco Cavalcante Pontes de Miranda, *Tratado de Direito Privado*. Rio de Janeiro: Borsói, 1972. t. LIII, p. 96 e ss; Caio Mário da Silva Pereira, *Instituições de direito civil*, t. I, cit. p. 548; Maria Helena Diniz, *Curso de direito civil brasileiro*. 24. ed. São Paulo: Saraiva, 2007. v. 1, p. 546; Orlando Gomes, *Introdução ao direito civil*. 18. ed. Rio de Janeiro: Forense, 2001, p. 488; Sérgio Cavalieri Filho, *Programa de responsabilidade civil*. 7. ed. São Paulo: Atlas, 2007, p. 9; Pablo Stolze Gagliano, Rodolfo Pamplona Filho, *Novo curso de direito civil*. Parte geral. 8. ed. São Paulo: Saraiva, 2006. v. I, p. 441; Francisco Clementino Santiago Dantas, *Programa de direito civil. Teoria geral*. Rio de Janeiro: Forense, 2001, p. 289; Washington de Barros Monteiro, *Curso de direito civil. Parte geral*. 39. ed. São Paulo: Saraiva, 2001. v. 1, p. 320; Sílvio de Salvo Venosa, *Direito civil. Parte geral*. 3. ed. São Paulo: Atlas, 2003, p. 589; Francisco Amaral, Os atos ilícitos. In: Domingos Franciulli Neto, Gilmar Ferreira Mendes, Ives Gandra da Silva Martins Filho (Orgs.). *O novo Código Civil. Estudos em homenagem a Miguel Reale*. São Paulo: Ed. LTr, 2003, p. 147-163; Carlos Young Tolomei, A noção de ato ilícito e a teoria do risco na perspectiva do novo Código Civil. In: Gustavo Tepedino (Org.) *A parte geral do novo Código Civil*. Rio de Janeiro: Renovar, 2002, p. 345-365.
[3] Caio Mário da Silva Pereira, *Instituições de direito civil*, t. I, cit.
[4] Francisco Amaral, Os atos ilícitos, op. cit., p. 152-153.

Neste sentido assinala Alfredo Orgaz, que em vista da sua natureza ou caráter, o ato ilícito é simplesmente o que contraria uma proibição legal, sem nenhuma outra consideração.[5] Daí porque vai concluir que "a ilicitude, portanto, se define como a contrariedade do ato, positivo ou negativo (ação ou omissão), às normas de um sistema de direito; tem em si uma ideia de relação: a relação contraditória entre o fato humano e a lei. Aprecia-se, em conseqüência, por comparação entre o fato e a proibição ou mandato legal".[6]

Contudo, é comum observar-se a definição do ilícito associada, necessariamente, a uma determinada atuação culposa, ou mesmo ao cometimento de ato danoso contra o patrimônio jurídico alheio. Tais elementos, embora se adequassem ao preceito inscrito no art. 159 do CC/1916, e mesmo agora, ao disposto no art. 186 do Código Civil vigente, não permite que desde logo deem caráter exaustivo à definição de ato ilícito. Isto é especialmente perceptível em vista da característica da atipicidade dos atos ilícitos, que conceitualmente comportam em seu significado toda a violação de norma jurídica, assim como a circunstância de o próprio Código Civil, por intermédio de outros preceitos, estabelecer normas proibitivas ou imperativas, cuja violação não se dá necessariamente por dolo ou culpa do agente, ou nem sempre dá origem a um dano.

É certo que a contrariedade a direito, característica da ilicitude, determina desde logo, como consequência, o estabelecimento de uma sanção legal, já que a ordem jurídica é, por essência, uma ordem coativa. A associação entre ilicitude e dano e, logo, a consequência típica do reconhecimento de um dano injusto, qual seja, a imputação de um dever de reparação, é própria de certa definição legal de ato ilícito. Neste sentido, estabelece o art. 186 do Código Civil de 2002: "Aquele que, por ação ou omissão voluntária, negligência ou imprudência, violar direito e causar dano a outrem, ainda que exclusivamente moral, comete ato ilícito". Esta cláusula repete os termos do art. 159 do Código Civil anterior, com duas modificações essenciais. De um lado, reconhece a autonomia do dano moral, ainda que se verifique em caráter exclusivo. Da mesma forma, o dever de indenizar deixa de ser elemento constitutivo da norma de definição do ato ilícito, ainda que esta tenha o dano como elemento do seu suporte fático. A consequência jurídica típica do art. 186, segundo se vislumbra da sua análise, é apenas a definição de ilicitude, cujo dever de indenizar, no sistema do Código, estará determinado em acordo com o art. 927 do CC/2002, em capítulo relativo à responsabilidade civil.

Há algumas distinções relevantes entre o sistema do Código Civil de 2002 e o direito anterior. Em primeiro lugar, a gradação da culpa, que pelo art. 159, segunda parte,[7] do Código Civil de 1916, era remetida para a disciplina da liquidação das obrigações *ex delicto* (arts. 1.537 a 1.553 do CC/1916). Da mesma forma, no direito anterior, a legitimação passiva era definida nos termos dos arts. 1.518 a 1.532, mesmo em hipóteses nas quais a culpa podia ser presumida. Neste caso, o Código Civil vigente preferiu afastar-se da controversa e difícil figura da presunção de culpa para adotar, nestas situações, a regra da responsabilidade objetiva (independente de culpa). Ao mesmo tempo, o dever de reparar o dano deixa de apresentar-se como um elemento constitutivo do conceito de ato ilícito subjetivo para, corretamente, ser indicado como consequência da causação do dano (art. 927 do CC/2002).

O principal argumento a sustentar a identificação do ilícito com a determinação de responsabilidade é justamente o de que, na ausência desta consequência, no plano do direito

---

[5] Alfredo Orgaz, *La ilicitud*. Córdoba: Marcos Lerner Editora, 1974, p. 17.
[6] Alfredo Orgaz, *La ilicitud*. Córdoba: Marcos Lerner Editora, 1974, p. 18.
[7] Assim a segunda parte do art. 159 do Código Civil de 1916, ao estabelecer que "a verificação da culpa e a avaliação da responsabilidade regulam-se pelo disposto nesse Código, arts. 1.518 a 1.532 e 1.537 a 1.553".

civil, a definição de ilicitude restaria sem uma utilidade prática,[8] ou seja, se concentrados apenas em uma preocupação da definição do que seja ilícito, a razão de ser da classificação não se sustentaria. Esta proposição, contudo, pode ser refutada, sobretudo, em vista de dois argumentos. Primeiro, a consideração da atipicidade dos atos ilícitos, que faz com que estes surjam da simples violação de qualquer norma do ordenamento jurídico, razão pela qual não se há de falar na necessária subsunção da hipótese à cláusula geral de atos ilícitos que preveja o dano como elemento constitutivo do conceito de ilicitude. Segundo, o próprio surgimento, no direito brasileiro, de uma cláusula geral de ilicitude que não prevê o dano como elemento do suporte fático da norma definidora do ilícito, o que, no caso, se retira do disposto no art. 187 do Código Civil.

Logo, a ilicitude deve manter sua autonomia conceitual em relação às consequências a que dá causa, como as obrigações derivadas de ilícitos. Ensina Pontes de Miranda que "no conceito de atos ilícitos, devemos precisar a independência da obrigação que deles resulta (...) o conceito de ilicitude ou de atos ilícitos é mais vasto do que a acepção, restrita e técnica, do direito civil e, particularmente, do direito das obrigações".[9] Isto porque, a rigor, o inverso também é verdadeiro. Afinal, não são poucas as hipóteses em que se há de falar, no direito vigente, de responsabilidade sem ilicitude, a ponto de converter-se em fundamento equivalente para imputação de responsabilidade civil. Esta autonomia conceitual, embora a reconhecer que a violação da norma gera, invariavelmente, a invasão da esfera jurídica alheia, ensejando na maioria dos casos, o dever de reparar, não é suficiente para fazer compreender no conceito, aspectos de natureza obrigacional. Em abstrato, a obrigação de reparar é efeito, consequência da contrariedade a direito, não pressuposto da sua caracterização.

A rejeição do ordenamento jurídico à ilicitude não se restringe apenas a eventual obrigação de indenizar. Deste modo, em matéria de ilicitude civil, também a nulidade pode surgir como espécie de sanção ao ilícito (art. 166, inc. VII, do CC/2002), sem deixar de lembrar outras consequências possíveis, mesmo em outros âmbitos, como é o caso do ilícito administrativo ou do ilícito penal.

A existência de norma jurídica prescrevendo determinado comportamento retira do agente a possibilidade de escolha – sob a perspectiva jurídica – de agir de modo contrário ao que ela dispõe. Isto porque, havendo violação da norma, surge responsabilidade, que pode ser estabelecida em vista do ônus da imputação do dever de indenizar (obrigação por ato ilícito), a perda de um direito (ilícito caducificante, como, por exemplo, a perda do poder familiar), ou de suportar a nulidade ou ineficácia do ato, e consequentemente, a supressão do seu proveito para o interesse do agente.

A reparação civil, neste sentido, é uma das consequências do ilícito, quando resulte dano, mas não o único. Ensina Pontes de Miranda que "há mais ilícitos ou contrários a direito que os atos ilícitos de que provém obrigação de indenizar". Debruçado sobre o Código Civil de 1916, então, refere que "a ilicitude pode ser encarada como juridicizante, isto é, (a) determinadora da entrada do suporte fático no mundo jurídico para a irradiação da sua eficácia responsabilizadora (art. 159) [Código Civil de 1916], ou (b) para perda de algum direito, pretensão ou ação (caducidade com culpa como se dá com o pátrio poder), ou (c) como infratora culposa de

---

[8] Sobre a identidade entre ilicitude e responsabilidade civil, em exame comparado do sistema romano-germânico e no *common law*, veja-se: Guido Alpa. *Il problema della atipicitá del'illecito*. Napoli: Jovene, 1979, p. 268.

[9] Francisco Cavalcante Pontes de Miranda, *Tratado de Direito Privado*. Rio de Janeiro: Borsói, 1972. t. LIII, p. 97-98.

deveres obrigações, ações ou exceções, tal como acontece com toda responsabilidade culposa contratual, ou (d) como nulificante".[10]

A distinção do ilícito pode se dar então, conforme os planos em que se apresenta. O ilícito que dá causa à obrigação de reparação e o que dá causa à caducidade, se colocam no plano da existência. O ilícito concernente à nulidade, situa-se no plano da validade, e o ilícito caracterizado como infração das obrigações no plano da eficácia. A inexistência do dano não descaracteriza o ilícito ou a definição de ilicitude. O que não significa que ao definir-se ilicitude não se esteja a sustentar a necessidade de proteção de um determinado bem ou interesse, cuja relevância é identificada pelo ordenamento jurídico. De modo mediato, aliás, todo o reconhecimento e sanção de ilicitude tem por objetivo a proteção da autoridade do Direito, da ordem jurídica. De modo imediato, visa à proteção de interesses jurídicos relevantes, que podem ser interesses individuais, determinados e vinculados a certa pessoa, como pode não ter uma titularidade definida, o que é facilmente demonstrável nas hipóteses de ilicitude relativa a violação ou contrariedade a interesses difusos, por exemplo.

Da mesma forma, é comum a identificação de ilicitude e culpa. Deve-se discutir em que medida seria correto identificar-se como elemento constitutivo do conceito de ilícito a presença da motivação subjetiva de seu autor, no caso, o comportamento doloso ou culposo que indicasse a intenção de violar direito, ou ao menos negligência ou imprudência que deem causa a esta violação. São dois os entendimentos possíveis: (a) o primeiro, "retira qualquer contrariedade a direito se a responsabilidade é sem culpa. Através dos últimos cem anos, tem-se discutido se há reparação sem contrariedade a direito, portanto sem ilicitude; mas isso não implica que, existindo, as espécies de responsabilidade pelo risco tenham de ser tidas como sem contrariedade objetiva a direito".[11] O segundo entendimento (b) "ou cogita de culpa objetiva (*contradictio in terminis*), ou de não culpa, mas, num e noutro caso, contrariedade a direito, ali subjetiva, aqui objetiva".[12]

Este reconhecimento à contrariedade objetiva a direito, ou seja, que para que haja ilícito seja desnecessária a presença da culpa *lato sensu* (dolo ou culpa *stricto sensu*), foi desenvolvida a partir do que ora dispõem os arts. 936,[13] 937[14] e 938,[15] do Código Civil de 2002, relativos à responsabilidade por fato dos animais, pela ruína de prédio ou por coisas que caiam ou sejam lançadas do prédio. Bem se registra que "a arraigada ideia de que a culpa seria um componente essencial da ilicitude levou a doutrina a adotar soluções técnicas para justificar a sua presença onde na realidade não existe".[16] Procura-se, assim, no domínio da responsabilidade civil, contornar a realidade do ato ilícito sem culpa para fazê-lo culposo.

Estas soluções largamente desenvolvidas para justificar as hipóteses legais de responsabilidade não culposa, admitem a possibilidade da separação entre os conceitos de ilicitude

---

[10] Francisco Cavalcante Pontes de Miranda, *Tratado de Direito Privado*, t. II. São Paulo: Ed. RT, 1977, p. 201.
[11] Francisco Cavalcante Pontes de Miranda, *Tratado de Direito Privado*, t. II. São Paulo: Ed. RT, 1977, p. 194.
[12] Francisco Cavalcante Pontes de Miranda, *Tratado de Direito Privado*, t. II. São Paulo: Ed. RT, 1977, p. p. 195.
[13] "Art. 936. O dono, ou detentor, do animal ressarcirá o dano por este causado, se não provar culpa da vítima ou força maior."
[14] "Art. 937. O dono de edifício ou construção responde pelos danos que resultarem de sua ruína, se esta provier de falta de reparos, cuja necessidade fosse manifesta."
[15] "Art. 938. Aquele que habitar prédio, ou parte dele, responde pelo dano proveniente das coisas que dele caírem ou forem lançadas em lugar indevido."
[16] Marcos Bernardes de Mello, *Teoria do fato jurídico. Plano da existência*. 12. ed. São Paulo: Saraiva, 2003, p. 240-241.

e culpa, assentando, assim, a existência de um ilícito não culposo, sobretudo em matéria de responsabilidade civil.

A ilicitude não culposa não elimina a contrariedade a direito (ou antijuridicidade), que se caracteriza exatamente pela existência de dano. As crescentes hipóteses de responsabilidade independente de culpa contribuíram para a redefinição do conceito de ilícito. Historicamente, justifica-se o esforço no sentido da classificação de certas hipóteses que ensejam a responsabilidade civil como hipóteses que dão causa à definição de um *ilícito não culposo*, mas *com dano*. Neste sentido, inclusive, desenvolve-se o entendimento de que a ilicitude comporta um duplo aspecto: um primeiro subjetivo, indicado pela reprovabilidade da conduta do agente, e outro objetivo, como "comportamento contrário ao valor que norma visa", caracterizando "comportamento objetivamente ilícito".[17] Neste sentido, desenvolve-se a definição do que se pode denominar como *antijuridicidade objetiva*, em que a reação da ordem jurídica não leva em conta o comportamento do agente, mas sim o resultado de sua conduta, como espécie de dano individual ou social.[18]

Nada impede, contudo, o reconhecimento de atos ilícitos sem a presença de dano. Assim, por exemplo, os ilícitos cuja sanção é a perda de direito subjetivo ou poder jurídico (caducificantes)[19] ou a nulidade do ato (nulificantes), assim como admitida a possibilidade de uma ilicitude que não exija a culpa, que se possa referir, igualmente, a uma *ilicitude não culposa* e *sem dano*. Neste caso, o único elemento restante de uma definição tradicional de ilícito seria a contrariedade a direito, que surge da violação de determinados preceitos do ordenamento jurídico.

1.1. Contrariedade à lei e contrariedade a direito

A contrariedade a direito (*antijurídico*) ultrapassa a mera violação expressa de preceito normativo (*ilícito ou ilegal*). Isso é bem demonstrado nas hipóteses em que se estabelece a responsabilidade de indenizar prejuízos decorrentes de atos lícitos, como por exemplo o art. 188, II, do CC/2002[20] cujo dever de indenizar, ainda que não se trate de ato ilícito (na medida em que se exclui a ilicitude), é previsto nos arts. 929 e 930[21] do Código Civil.

---

[17] Sérgio Cavalieri Filho, *Programa de responsabilidade civil*. 7. ed. São Paulo: Atlas, 2007, p. 9.

[18] Segundo Jorge Mosset Iturraspe, a partir de um critério objetivo de antijuridicidade, "o prejuízo ou dano, individual ou social, que decorre do comportamento analisado é independente da reprovação subjetiva do seu autor, da culpabilidade, e mais ainda, a invocação da não intenção, com seu correspondente: a atribuição do ônus da prova a cargo de quem a invoca é pretexto eficaz para justificar procedimentos semelhantes". Jorge Mosset Iturraspe, El "abuso" en el pensamiento de tres juristas transcendentes: Risolía, Spota y Llambías. Una situación concreta: el abuso y el derecho ambiental. *Revista de derecho privado y comunitario. Abuso del derecho*. n. 16. Buenos Aires: Rubinzal Culzoni, 1998 p. 139-177.

[19] A caducidade é efeito do não exercício no tempo da lei (neste sentido a associação entre caducidade e decadência como faz o direito português), e também decorrente de ilícito que tenha por consequência (sanção) a extinção de direitos.

[20] Art. 188. Não constituem atos ilícitos: (...) II – a deterioração ou destruição da coisa alheia, ou a lesão a pessoa, a fim de remover perigo iminente. Parágrafo único. No caso do inc. II, o ato será legítimo somente quando as circunstâncias o tornarem absolutamente necessário, não excedendo os limites do indispensável para a remoção do perigo."

[21] "Art. 929. Se a pessoa lesada, ou o dono da coisa, no caso do inc. II do art. 188, não forem culpados do perigo, assistir-lhes-á direito à indenização do prejuízo que sofreram." E "Art. 930. No caso do inc. II do art. 188, se o perigo ocorrer por culpa de terceiro, contra este terá o autor do dano ação regressiva para haver a importância que tiver ressarcido ao lesado."

O ilícito, em visão tradicional, pressupõe a violação ao ordenamento jurídico. A antijuridicidade resulta de conceito mais amplo do que o de ilicitude. Isto porque ilicitude é espécie de antijuridicidade, mas não esgota sua definição. Contudo, ambos possuem um elemento de convergência: tanto o ilícito quanto o antijurídico são fatos jurígenos, na medida em que deles resultam uma eficácia jurídica.

A antijuridicidade admite duas concepções: (a) uma primeira que associa o antijurídico à existência de lesão a situações juridicamente protegidas, em hipóteses nas quais não se possa falar do ato ilícito imputável; (b) uma segunda que associa o antijurídico como espécie de categoria transcendente a do ordenamento jurídico positivo, podendo-se identificar contrariedade a direito em situações não expressamente identificadas pelo ordenamento jurídico, como nos casos de contrariedade a princípios ou a valores jurídicos.

A *antijuridicidade formal*, vinculada à ideia de ilegalidade, e segundo a qual toda conduta que não esteja expressamente considerada ilícita na lei, não poderá ser considerada como tal; a *antijuridicidade material*, como resultado da evolução jurídica, e a consideração de que o conceito de ilícito não se esgota na contrariedade à lei, dando conta de outras fontes como os bons costumes, a moral social e os princípios gerais de direito. Da mesma forma, é possível distinguir *antijuridicidade subjetiva* e *antijuridicidade objetiva*, sendo a primeira fundada na culpa, e a segunda no caráter injusto do resultado da conduta (dano), não devendo se referir, neste caso, à culpabilidade.[22]

A antijuridicidade, deste modo, não se reporta apenas a condutas humanas, mas abrange também acontecimentos naturais que causem lesão a bens juridicamente protegidos.[23] Neste sentido, a definição de ilicitude, tradicionalmente, é indicada a situações em que se tem a contrariedade ao ordenamento jurídico, causada por um ato humano subjetivamente reprovável e imputável, em geral um ato lesivo causado por dolo ou culpa. Por outro lado, é possível considerar-se como ato objetivamente ilícito os praticados em circunstâncias nas quais não se examina o elemento subjetivo do agente (dolo ou culpa), tais como as hipóteses de atos justificados (quando inexigível conduta diversa), ou atos praticados por incapazes a que não se possa imputar a responsabilidade. Trata-se, nesta visão, de uma concepção ampla de ilicitude, a qual se confunde com a noção de antijuridicidade.

Segundo ensina Zannoni, "o sistema legal não pode deixar sem repúdio toda uma série de condutas não expressamente vedadas, mas cuja proibição surge da consideração harmônica do sistema jurídico como plexo normativo".[24] Neste sentido, a definição de antijuridicidade é mais ampla do que a de ilicitude, indicando também condutas em que o próprio ordenamento jurídico positivo pré-exclui a ilicitude ou a imputabilidade, mas que por seus efeitos concretos (lesão do patrimônio jurídico alheio), dão causa à configuração de contrariedade a direito. E nesta linha de entendimento, a distinção de uma ilicitude ampla, objetiva, e de uma ilicitude subjetiva, tida como "verdadeira", será a existência ou não da possibilidade de se atribuir ao agente uma conduta censurável.[25]

O ato antijurídico não necessita ser censurável (pela presença de dolo ou culpa), ou mesmo imputável. A rigor, os pressupostos necessários para a antijuridicidade são apenas a existência de um sujeito e um ordenamento jurídico, sendo que da relação entre eles surja o conceito

---

[22] Jorge Mosset Iturraspe, La antijuridicidad. In:. *Responsabilidade civil*. Buenos Aires: Hammurabi, 1997, p. 59-61.
[23] Fernando Noronha, *Direito das obrigações*. São Paulo: Saraiva, 2003. v. 1, p. 348.
[24] Eduardo Zannoni, *El daño em la responsabilidad civil*. Buenos Aires: Astrea, 1987, p. 4.
[25] Fernando Noronha, *Direito das obrigações*. São Paulo: Saraiva, 2003. v. 1, p. 362.

como juízo valorativo do observador, não encontrando nele uma causa de justificação.[26] O antijurídico, igualmente, não exige violação à disposição expressa de lei, embora possa haver, ou ainda violação a sua finalidade, comportamento que contraria objetivamente o ordenamento jurídico, entendendo-se este como "conjunto de normas de unidade e com aplicação coerente, consequência analítica de proibições e permissões".[27]

1.2. O modelo de ilicitude no direito civil brasileiro

O Código Civil brasileiro previu duas definições legais de ilicitude civil, respectivamente, nos arts. 186 e 187. Com isso se produz a extensão e transformação do conceito. O art. 186 traduz a definição geral de ilicitude culposa, em que pressupõe a existência de dolo ou culpa (negligência ou imprudência) na violação do direito, o evento danoso e o nexo de causalidade entre ambos. Já o art.187 consagra no direito brasileiro, abuso do direito, para o qual não exige dolo ou culpa do agente, tampouco dano. No caso do dano, embora não seja elemento do suporte fático da norma, caso resulte do ilícito, dá causa ao dever de reparação (art. 927, *caput*, do Código Civil).

1.2.1. Ilicitude culposa: art. 186 do Código Civil

A definição de ilícito civil era expressa no art. 159 do Código Civil de 1916, norma que foi reproduzida no essencial, pelo art. 186 do Código Civil do Código Civil de 2002. Consagrava a associação entre a noção de ilicitude, a causação do dano e a imposição do seu dever de reparar, resultado da influência da técnica legislativa e da compreensão de ilícito civil do Código Civil francês. Refere este, em seu art. 1.382: "*Tout fait quelconque de l'homme qui cause à autrui un dommage, oblige celui par la faute duquel il ist arrivé, à le réparer*" ("Todo o fato pelo qual um indivíduo causa dano a outrem mediante culpa, obriga à reparação"). Dispunha o antigo 159 do Código Civil revogado: "Aquele que, por ação ou omissão voluntária, negligência, ou imprudência, violar direito, ou causar prejuízo a outrem, fica obrigado a reparar o dano. A verificação da culpa e a avaliação da responsabilidade regulam-se pelo disposto neste Código (...)"

O art. 186 do Código Civil vigente dispõe: "Aquele que, por ação ou omissão voluntária, negligência ou imprudência, violar direito e causar dano a outrem, ainda que exclusivamente moral, comete ato ilícito." São elementos da norma inscrita no art. 186: a) ação ou omissão cujo móvel seja dolo ou culpa; b) a violação de direito; c) a causação de dano. Ao lado dela, tanto as situações em que haja previsão específica sobre indenização decorrente da violação de direitos específicos, quanto o descumprimento de deveres previstos em negócio jurídico (ilícitos relativos) estão compreendidos na noção ampla de ato ilícito.

1.2.1.1. Ação ou omissão culposa

O ato ilícito decorre da ação ou omissão culposa. Ou há um comportamento ativo, consistente em uma atuação da qual resulte um dano, ou ainda um comportamento omissivo, consistente na violação de um dever de agir em determinada circunstância ou de determinado modo, que acaba por se configurar causa de um dano. Exige-se a identificação de um dever de agir que, tendo sido observado, não teria havido dano. Este dever resulta da lei (e.g. descumprimento

---

[26] Carlos Alberto Ghersi, *Reparación de daños*. Buenos Aires: Editorial Universidad, 1992, p. 162-164.
[27] Carlos Alberto Ghersi, *Reparación de daños*. Buenos Aires: Editorial Universidad, 1992, p. 165.

de deveres de um cargo ou função, ou de socorro, art. 135 do Código Penal) ou de convenção (tal como o dever de guarda ou custódia assumido voluntariamente por negócio jurídico).

A exigência da culpa como pressuposto do ilícito se traduz também como justificativa moral de reprovação da conduta individual, como vontade dirigida a uma finalidade antijurídica (dolo) ou mesmo falha no comportamento do agente, que dá causa ao dano. Traduz uma compreensão de ilícito não apenas visando à reparação do dano, mas também uma função moralizadora das condutas individuais,[28] inclusive em relação a falhas de formação ou manifestação da vontade (culpa).[29]

A exigência da culpa como condição para a reparação civil foi afirmada por Rudolf Von Ihering, com seu estudo *Das Schuldmoment im Römischen Privatrecht* (1867), no qual sustenta que a consequência de qualquer violação culposa de um direito alheio dá causa à obrigação de fazer desaparecer as consequências danosas deste ato, ou seja, a obrigação de indenizar, independentemente de saber-se qual a vantagem obtida pelo culpado em razão de sua conduta. Para ele, o ponto culminante da doutrina sobre a responsabilidade no direito romano seria a distinção entre o dolo e a culpa.[30] Da mesma forma, sentencia: *"Nicht der Schaden verpflichtet zum Schadensersatz, sondern die Schuld"* ("Não é o dano que dá causa à obrigação de indenizar, mas a culpa").[31]

A culpa em sentido amplo abrange o *dolo* (entendido como a intenção de produzir certo resultado) e a culpa em sentido estrito, assim entendidas a *imprudência* e a *negligência*. Caracteriza a noção jurídica de culpa, a infração de um dever jurídico. Será o dever de prudência ou de diligência, cujo conteúdo não é definido pela lei, mas resulta de significados construídos pela doutrina e pela jurisprudência, em vista das circunstâncias e das condições subjetivas da própria pessoa a quem se refiram.

O comportamento voluntário direcionado à causação do dano (dolo), compreende tanto o conhecimento do agente sobre a consequência danosa de sua conduta, quanto também de seu caráter antijurídico. Distinguem-se o dolo característico do ilícito absoluto (art. 186 do Código Civil) e o dolo contratual. O dolo contratual se dá no plano da relação obrigacional, e consiste na intenção deliberada do devedor de descumprir o dever de prestação. Todavia, para sua caracterização não basta o propósito de descumprir a prestação – o que, no caso, assemelha quanto aos efeitos, o descumprimento doloso e culposo –, mas igualmente o propósito de causar dano ao credor. Tal circunstância deverá ser considerada na eventual ação de responsabilização do devedor.

Distingue-se o exame da *culpa in abstracto* e da *culpa in concreto*. *Culpa in abstracto* é o que resulta do exame da culpa que se dá pela comparação entre a atuação do agente e aquela que se define como padrão de comportamento desejado em sociedade. *Culpa in concreto* é aquela que resulta do exame da situação específica em que se colocou o agente, como indivíduo situado e concreto, de modo a definir que comportamento lhe seria exigido de acordo com as circunstâncias que envolveram determinado evento.

---

[28] Geneviève Viney, De la responsabilité personelle à la réparation des risques. *Archives de Philosophie du Droit*, n. 22, Paris: Sirey, 1977, p. 5.

[29] Olivier Descamps, *Les origins de la responsabilité por faute personnelle dans le Code Civil de 1804*. Paris: LGDJ, 2005, p. 463-464.

[30] Rudolf von Ihering, *Das Schuldmoment im Römischen Privatrecht. Eine Festschrift*. Giessen: Verlag von Emil Roth, 1867, p. 51.

[31] Rudolf von Ihering, *Das Schuldmoment im Römischen Privatrecht. Eine Festschrift*. Giessen: Verlag von Emil Roth, 1867, p. 40.

Em termos clássicos, a fórmula para a definição da culpa resulta da inobservância ao comportamento que teria adotado o *bom pai de família*[32] que fosse colocado nas mesmas condições do agente, cuja conduta seja investigada – o que no *common law* usa-se mencionar como o *reasonable man*. Nesse sentido, originalmente, adota-se um conteúdo moral para a definição de culpa, como comportamento que, a par de causar o dano, provoca reprovação social. Gradualmente, esse componente "subjetivo" da culpa perde espaço para uma nova compreensão de violação de dever de conduta, imposto às pessoas em geral como desdobramento do dever de não causar dano a outrem.[33] Nesta linha de evolução, a noção de culpa desvincula-se do elemento psicológico e passa a compreender *standard* de conduta a que se deve respeitar, sob pena de caracterizar-se falha de comportamento da qual decorra um dano. A violação de um dever originário de conduta, presente na doutrina clássica,[34] organiza-se atualmente – inclusive no suporte fático do art. 186 – a partir das noções de negligência e imprudência, caracterizados pela falta de adesão do comportamento do agente a um *standard* afirmado socialmente.

A imprudência, conforme talentosa formulação doutrinária, pode ser sintetizada como *todo ato de imprevisão de uma possibilidade previsível e danosa a outrem*.[35] É imprudente a conduta daquele que, tendo condições de prever suas consequências danosas à vítima, deixa de fazê-lo, dando início ou continuidade ao comportamento do qual decorrerá o dano. A *previsibilidade* é elemento definidor da noção de imprudência.: o indivíduo podia, concretamente, em acordo com suas condições, prever as consequências dos seus atos e não o fez.

Já a negligência consiste na violação do dever de cuidado (diligência). Exige-se que as pessoas se comportem segundo certo grau de diligência ordinária, visando não prejudicar outras, causando-lhe danos. Na definição da diligência exigida incide a razoabilidade, mas também as condições pessoais do agente, conforme sua capacidade de identificar situações de risco decorrentes do seu comportamento.

---

[32] A noção de bom pai de família é objeto de conhecidas críticas. a crítica de Anton Menger, no qual o autor refere que, em vez da expressão diligente pai de família que só cuida dos seus, o homem honrado deve ter em consideração também os interesses alheios, não apenas seu bem-estar, mas dos demais. Anton Menger, *El derecho civil de los pobres*. Madrid: Libreria General de Victoriano Suárez, 1898, p. 319 (do original (*Das bürgerliche Gesetzbuch und die besitzlosen Volksklassen*). Embora conhecida a inclinação crítica e socialista deste jurista, a ponderação que faz associada ao caráter excessivamente abstrato da noção de bom pai de família, fundamentou as restrições à noção do bom pai de família expressa como *standard* de conduta pela legislação.

[33] No common law, a caracterização da violação do dever de cuidado (*duty of care*), funda-se na noção de *reasonable man*, identificada nos diversos precedentes judiciais, conforme ensina Joe Thomson, *Delictual liability*. Edinburgh: Butterworths, 1999, p. 57 e ss. No direito alemão, distingue-se entre um dever de cuidado externo, associado ao sentido de uma conduta adequada a produção de certos efeitos, e um dever de cuidado interno, a pressupor o conhecimento de certas circunstâncias que dariam causa à qualificação do comportamento como ilícito. Martin Schermaier, §276-278 In: Mathias Schmoeckel, Joachim Rückert, Reinhard Zimmermann (Hrsg.). Historisch-kritischer Kommentar zum BGB, Bd II. Schuldrecht. Allgemeiner Teil, §§ 241-304, tomo 1, Tübingen: 2007, p. 94-95.

[34] René Savatier, *Traité de la responsabilité em droit français*, cit., t. I, p. 7-8; Albert Rabut, *De la notion de fauté en droit privé*. Paris: LGDJ, 1949, p. 199-200; Henri Mazeaud, Léon Mazeaud, André Tunc, *Tratado teórico práctico de la responsabilidad civil delictual y contractual*, t. 1, v. 2, cit., p. 36 e ss.

[35] Eurico Sodré, Da imprudência culposa. In: *Doutrinas essenciais de direito civil*. São Paulo: RT, 2010, v. 4, p. 665.

1.2.1.2. A violação do direito

A violação do direito é elemento integrativo do ilícito. No caso do art. 186, a violação do direito toma-se tanto em relação ao direito subjetivo que, violado, dá causa a um dano para seu titular, quanto em sentido amplo, violação da lei, abrangendo a lesão a quaisquer posições jurídicas. Neste caso, contudo, há uma relação de causalidade entre a violação do direito e o dano. Se o dano tem outra causa que não a violação do direito, não se integra no suporte fático do ilícito. É o caso, por exemplo, do dano que resulte do fato da coisa (danos causados por animais, de coisas caídas do edifício, arts. 936 a 938 do Código Civil), da responsabilidade do Estado por atos lícitos (com fundamento no abrangente art. 37, §6º, da Constituição da República); ou ainda os que resultem de caso fortuito e força maior, os quais, definidos como causa do dano, afastam o dever de reparação (art. 393 do Código Civil).

1.2.1.3. A causação do dano

A dissociação da definição do ilícito com sua consequência natural em caso de dano – a responsabilidade pela reparação (art. 927 do Código Civil), não elimina a associação necessária, neste caso, considerando que o dano será um elemento integrativo da definição legal presente no art. 186. A *causação do dano*, neste sentido, dá conta de dois elementos essenciais da própria imputação de responsabilidade do autor do ilícito pelo dever de reparar o dano: a) a *relação de causalidade* e b) o *dano injusto*.

Sobre a relação de causalidade, observa duas funções, a hipótese do art. 186 do Código Civil: a) fundamentar a constituição do dever de reparar o dano (*haftungsbegründende Kausalität*);[36] b) preenchimento da relação de responsabilidade, preenchendo o conteúdo e extensão da reparação (*haftungsausfüllende Kausalität*),o que se dá pelas regras da responsabilidade civil (v. arts. 927, 944 e 402 do Código Civil).

São várias as teorias que buscam explicar e justificar a relação de causalidade.[37] No direito brasileiro, divide-se o entendimento pela consagração teoria da causalidade adequada [38] e da interrupção do nexo causal (também conhecida como teoria do dano direto e imediato).[39] De qualquer sorte, em perspectiva prática, o critério de interrupção do nexo causal, dada sua utilidade lógica (em face da pergunta: "o dano teria se realizado caso tivesse sido interrompido o nexo causal?"), vem sendo utilizado também entre os defensores da teoria da causalidade adequada como um critério útil de valoração da causa que melhor contribui à realização do dano.

A teoria da causalidade adequada pode ser explicada sinteticamente como resposta a uma questão de probabilidade, de modo a definir um método que resulte na identificação e no afas-

---

[36] Ana Mafalda Castanheira Neves de Miranda Barbosa, *Responsabilidade civil extracontratual. Novas perspectivas em matéria de nexo de causalidade*. Cascais: Principia, 2014, p. 9-10.

[37] Para um exame detalhado destas teorias, remete-se ao volume sobre responsabilidade civil: Bruno Miragem, Responsabilidade civil. 2ª ed. Rio de Janeiro: Forense, 2021, p. 119 e ss.

[38] Ruy Rosado Aguiar Júnior, Responsabilidade civil do médico. *Revista dos Tribunais*, v. 84, n. 718, São Paulo: RT, ago. 1995, p. 33-53; Clóvis do Couto e Silva. Dever de indenizar. In: *O direito privado brasileiro na visão de Clóvis do Couto e Silva*. Porto Alegre: Livraria do Advogado, 1997, p. 195; Paulo de Tarso Vieira Sanseverino, *Responsabilidade civil no Código do Consumidor e a defesa do fornecedor*. São Paulo: Saraiva, 2002, p. 243.

[39] Orlando Gomes, *Obrigações*. 15ª ed. Rio de Janeiro: Forense, 2002, p. 275; Gustavo Tepedino, Notas sobre o nexo de causalidade, cit., p. 63-81; Antônio Herman V. Benjamin, Responsabilidade civil pelo dano ambiental, *Revista de Direito Ambiental*, v. 9, São Paulo: RT, jan./mar. 1998, p. 5-52; Gisele Sampaio da Cruz, *O problema do nexo causal na responsabilidade civil*. Rio de Janeiro: Renovar, 2005, p. 107.

tamento, dentre os antecedentes do dano, daqueles menos relevantes para a sua ocorrência, de modo que resulte apenas aquele que necessariamente veio a produzi-lo.[40] Tal entendimento resulta na aproximação das duas teorias, sobretudo na jurisprudência em que a adoção nominal da causalidade adequada muitas vezes parece induzir, quanto aos fundamentos da decisão, a adoção do critério da causalidade necessária.[41] O que deve resultar claro, contudo, é que o autor do dano não responde ilimitadamente por todas as consequências que derivem de sua ação. Nesse sentido, é didática a expressão "dano direto e imediato" para identificar que todas as causas que venham a se realizar depois da conduta do autor, e que venham a aumentar a extensão ou gravidade do dano, quando não ligadas imediatamente a este autor, não serão de sua responsabilidade, senão daquele que deu causa à sua ocorrência.

O dano injusto, de sua vez é aquele que resulta da violação do direito, e por isso deve ser reparado. Nele não se incluem, por exemplo, o dano que a própria vítima praticar contra si, ou aquele resultante do próprio comportamento da vítima de exposição ao risco, sem qualquer participação ativa de outra pessoa a quem se possa identificar como causador ou que tenha facilitado sua ocorrência. Não há violação de direito que permita afirmar ser o dano decorrente de conduta antijurídica, deixando de preencher a definição legal do ilícito.

Os diversos sistemas jurídicos consagram diferentes visões no que diz respeito à definição do dano injusto, distinguindo os que optam por uma enumeração taxativa dos interesses, cuja violação dá causa a um dano indenizável, e outros que preveem de modo genérico, sem a menção específica aos interesses, cuja violação enseja dano (a atipicidade do ilícito),[42] de modo a permitir que o intérprete identifique novos interesses a partir da evolução do pensamento jurídico e dos riscos da vida social. Tanto se podem definir os interesses cuja lesão importa dano reparável, quanto pode-se deixar a definição para a jurisprudência, como ocorre no direito brasileiro.[43]

Pode haver o dano a pessoas ou a coisas. Em relação ao dano à pessoa, a lesão se pratica contra a pessoa humana, assim considerada ao seu corpo (dano corporal) ou ao seu estado anímico (dano moral em sentido estrito). Os danos a coisas dão conta de lesão a objetos externos à pessoa. Outra definição compreende a identificação do dano como expressão de um valor econômico em si mesmo – os danos patrimoniais – e aqueles que não são estimáveis economicamente – danos extrapatrimoniais – ainda que possam ser reconduzidos a uma expressão econômica, para efeito de reparação.

1.2.2. Abuso do direito

Quem exerce seu próprio direito não causa dano, é máxima afirmada desde o direito romano (*qui iure suo utitur neminem laedit*). Sobre ela se funda a ciência jurídica dos séculos XVIII e XIX para consagrar a autonomia privada e seu exercício sendo apenas limitado pela lei. Contudo, a identificação de situações concretas nas quais o exercício de direitos subjetivos, embora não confronte o texto expresso da lei, mas apresente resultado manifestamente injusto, que repugna a consciência social e a noção da justiça e do direito, vai dar causa a reações, inicialmente da jurisprudência e, em seguida, da própria lei, definindo limites a este exercício.

---

[40] Caio Mário da Silva Pereira, *Responsabilidade civil*. 10. ed. Rio de Janeiro: GZ, 2012, p. 110.
[41] Gustavo Tepedino, Notas sobre o nexo de causalidade In: *Temas de direito civil*, t. II. Rio de Janeiro: Renovar, 2006, p. 63 e ss.
[42] Guido Alpa, Mario Bessone, *Attipicità dell'illecito*, I. Milano: Giuffrè, 1980, p. 247.
[43] Anderson Schreiber, *Novos paradigmas da responsabilidade civil*. Da erosão dos filtros da reparação à diluição dos danos. São Paulo: Atlas, 2007, p. 95-96.

Longo desenvolvimento jurisprudencial e doutrinário passa a definir as bases conceituais de uma nova categoria, do abuso do direito. Esta categoria jurídica, ao tempo em que polariza desde sua origem, entusiastas e críticos sobre sua própria autonomia e utilidade, de outro lado encontra ambiente fértil para seu desenvolvimento em diversos sistemas jurídicos, dentre os quais o direito brasileiro.[44] Neste sentido, a noção de abuso do direito é inicialmente identificada pela interpretação *a contrario sensu* do art. 160, I, do Código Civil de 1916, que ao dispor que não constitui ato ilícito "os praticados em legítima defesa ou no exercício regular de um direito reconhecido" permitia inferir que constitui ato ilícito o exercício irregular. Identificava o abuso do direito com seu uso anormal.[45]

O Código Civil de 2002, contudo, parcialmente inspirado no direito português,[46] dispôs no seu art. 187: "Também comete ato ilícito o titular de um direito que, ao exercê-lo, excede manifestamente os limites impostos pelo seu fim econômico ou social, pela boa-fé ou pelos bons costumes." A norma consagra, no direito brasileiro, de modo expresso, a categoria do abuso do direito, identificando-o com o ato ilícito,[47] a par de outras previsões, em leis especiais,[48] de vedação ao exercício abusivo do direito.

---

[44] Bruno Miragem, *Abuso do direito*. 2ª ed. São Paulo: RT, 2013, p. 97 e ss; Pedro Baptista Martins, *O abuso do direito e o ato ilícito*. 3. ed. Rio de Janeiro: Forense, 1997, p. 5 e ss.

[45] Clóvis Beviláqua, *Código Civil dos Estados Unidos do Brasil comentado*, v. 1. 12ª ed. São Paulo: Francisco Alves, 1959, p.347-348. A doutrina subsequente, embora oscile entre associar o abuso do direito a uma reprovação moral do exercício (Everardo Cunha Luna, *Abuso de direito*. 1. ed. Rio de Janeiro: Forense, 1959. p. 107), não deixa de considerar a experiência de outros sistemas, em especial do direito francês e do direito suíço. Sobre ele, refere-se Pontes de Miranda: "No Código Civil suíço, art. 2.º, adota-se a solução negativa: o manifesto abuso de um direito não é protegido pela lei (*Der offenbare Missbrauch eines Rechtes findet keinen Rechtsschutz*). Também negativa, mas de outra natureza, é a solução do Código Civil brasileiro: não é ato ilícito o exercício regular de um direito reconhecido (art. 160, I). Portanto: o exercício irregular constitui ato ilícito. Trata-se de regra jurídica objetiva: a opinião do que exerce o direito ou do que se diz prejudicado nenhuma significação tem. A extensão dos direitos é apreciada pelo juiz. Cabe a ação de perdas e danos. Não é preciso que haja a exclusividade de fim a que se refere o BGB; mas, no sistema do Código, será exigida a culpa. No suíço, a má-fé (sem *Treu und Glauben*). Dos três, o que mais largo conceito apresentou foi o brasileiro." Francisco Cavalcante Pontes de Miranda, *Fontes e evolução do direito civil brasileiro*. Rio de Janeiro: Forense, 1981. p. 162-163.

[46] Estabelece o art. 334 do Código Civil português de 1966: "É ilegítimo o exercício de um direito, quando o titular exceda manifestamente os limites impostos pela boa fé, pelos bons costumes ou pelo fim social ou econômico desse direito." A norma portuguesa, de sua vez, tem sua origem no art. 281 do Código Civil grego, de sua vez influenciado, senão no texto, na compreensão de diversos conceitos que o compõe, pelo direito alemão. Neste sentido, veja-se: a tese de Fernando Augusto Cunha de Sá, *Abuso do direito*. Coimbra: Almedina, 1997, p. 76. Para a influência do direito alemão sobre o direito grego: Demetrios Gogos, Das griechische Bürgeliche Gesetzbuch vom 15. März 1940. Archiv für die civilistische Praxis, 149 Bd, H.1. Tübingen: Mohr Siebeck, 1944, p. 78-101.

[47] José Carlos Moreira Alves, A parte geral do projeto de Código Civil brasileiro. 2ª ed. São Paulo: Saraiva, 2003, p. 86.

[48] Dentre as mais significativas no direito privado, refira-se: (a) a proibição, pelo Código de Defesa do Consumidor, da publicidade abusiva (art. 37, II), das práticas abusivas (art. 39) e das cláusulas contratuais abusivas (art. 51); (b) na Lei de Defesa da Concorrência (Lei 12.529/2011), refira-se ao abuso de poder econômico (arts. 1º e 106), abuso de posição dominante (art. 36, IV) e ao abuso no exercício ou exploração de direitos de propriedade industrial, intelectual, tecnologia ou marca (art. 36, XIX); (c) o abuso do poder familiar (art. 98, II, do Estatuto da Criança e do Adolescente), também caracterizado pelas hipóteses que implicam na sua perda, conforme art. 1.638 do Código Civil; (d) o abuso do poder de controle de que dispõe a Lei das Sociedades Anônimas (Lei 6.404/1976), em seu art. 117, constituindo outra linha de exame do exercício abusivo, porém com o mesmo fundamento de limite ao exercício da autonomia privada.

1.2.2.1. Formação histórico-dogmática

A origem histórica do abuso do direito remonta à jurisprudência francesa do século XIX. Em diversas decisões que se tornaram célebres, buscou-se delimitar o exercício do direito pelo titular, em acordo com as circunstâncias do caso, quando identificado que sua finalidade não se dirigia à obtenção de uma utilidade, senão era animado apenas pela intenção de prejudicar outra pessoa. Isso se percebeu em casos no domínio dos direitos de vizinhança, hipóteses em que o exercício do direito pelo proprietário deu causa a danos ao bem de propriedade dos vizinhos. Recuperou-se, para tanto, a noção de atos emulativos do direito romano (*aemulatio*),[49] com os acréscimos a sua intepretação pelos juristas medievais,[50] para rejeitar os atos praticados com a finalidade exclusiva de causar dano. Os exemplos mais significativos são os casos *Lingard, Mercy* e *Lacante*, relativos a fumos e maus cheiros de fábricas, e o caso *Grosheintz*, que girou sobre escavações no terreno do próprio titular que provocaram o desmoronamento do terreno vizinho. Ainda o caso *Doerr* (também referido pela doutrina como caso *Colmar*, por ter sido decidido nesta localidade), relativo à construção de uma chaminé falsa em terreno próprio, com o fito exclusivo de retirar a luz do terreno vizinho; o caso *Savart*, em que o proprietário de um terreno construiu uma estrutura de madeira com dez metros de altura, pintada de negro, com o objetivo de sombrear e entristecer o terreno vizinho; e, talvez o mais citado deles, o caso *Clément-Bayard*, em que um proprietário rural construiu em seu imóvel vizinho a um hangar, estrutura de madeira sobre a qual instalou espigões de ferro com o objetivo de impedir o lançamento dos dirigíveis pelo vizinho; tendo havido um acidente com um dos dirigíveis, o prejudicado postulou em relação ao vizinho a reparação das perdas e danos e a destruição das estruturas, pretensão julgada procedente com fundamento na teoria do abuso do direito.[51]

É comum mencionar[52] as teses de Porcherot e Salleiles, ambas de 1901, Ripert e Josserand,[53] de 1905, Dessertaux e Perreau, de 1906, e Valet, de 1907, como precursoras da teoria do abuso

---

[49] A *aemulatio* romana foi reconhecida em situação circunscrita às questões relativas ao uso das água. Condenava o desvio feito pelo proprietário do curso de rio e canal que passasse pelo seu imóvel, para que a vazão da água não atingisse ao terreno vizinho, agindo com a exclusiva finalidade de causar dano ao proprietário deste terreno que ficaria privado do respectivo recurso (Pedro Baptista Martins, *O abuso do direito e o ato ilícito*. 3. ed. Rio de Janeiro: Forense, 1997. p. 17). Em que pese esta associação, os críticos da identidade e autonomia do abuso do direito, destacam a distinção entre a *aemulatio* romana e o abuso. António Manuel da Rocha e Menezes Cordeiro, *Da boa-fé no direito civil*. Coimbra: Almedina, 2001. p. 683.

[50] Ugo Gualazzini, Abuso del diritto. *Enciclopedia del Diritto*. Milano: Giufré, 1964. p. 163. Destaca-se, no período medieval a influência do direito canônico sobre a interpretação do direito romano, em especial com a revitalização da equidade (*aequitas*) como sinônimo de justiça cristã, e corretivo do sistema jurídico laico, imprimindo o senso de justiça difuso na consciência social. Valoriza-se a intenção individual (*animus*), *compreendida como* íntima consciência do indivíduo em relação a quaisquer outras manifestações exteriores ou aparência, característica da ética pregada por Cristo. No centro desta avaliação, situa-se a vontade, ainda que não tendo sido expressa, mas formada no interior do indivíduo (Biondo Biondi, *Il diritto romano cristiano* Milão: Giuffrè, 1952, t. II. p. 39 passim 305). Esta influência é marcada pelos autores na identificação do ato emulativo em razão do ânimo de causar dano (*animus nocendi*), o que vai se traduzir na associação entre a figura e a primeira concepção oriignal do abuso do direito (Ugo Gualazzini, Abuso del diritto, cit., p. 164).

[51] Fernando Augusto Cunha de Sá, *Abuso do direito*. Coimbra: Almedina, 1997, p 53 e ss.

[52] Pascal Ancel; Claude Didry, L'abus de droit: une notion sans histoire. L'apparition de la notion d'abus de droit en droit français au début du XX siècle. In: Pascal Ancel, Gabriel Aubert, Christine Chappuis, *L'abus de droit. Comparaisons franco-suisses*. Saint-Étienne: Publications de l'Université de Saint-Étienne, 2001. p. 51-66.

[53] Louis Josserand, *De l'abus des droits*. Paris: Arthur Rousseau Éditeur, 1905.

do direito.⁵⁴ Contudo, é a tese de Josserand que vai alcançar maior destaque, tanto no direito francês, quanto nos sistemas jurídicos sob sua influência. Ao definir as características principais da configuração do abuso do direito, reclama atenção para a necessidade de fixar, com o máximo de precisão, o critério de identificação do ato abusivo.⁵⁵ Será em relação ao critério a ser adotado que vai debater a doutrina. Saleilles, ao identificar o abuso do direito, o faz em perspectiva objetiva, vinculando-o a um exercício contrário ao fim econômico e social do direito.⁵⁶ François Gény vai reclamar simetria ao conceito de abuso do poder, desenvolvido no direito administrativo, vinculado ao desvio de finalidade da atuação, sem exigência do elemento intencional.⁵⁷ O próprio Louis Josserand destaca-o como exercício de direito sem motivo legítimo, também dispensando a caracterização da intenção ou da culpa do titular do direito.⁵⁸ Em termos legislativos a primeira previsão rejeitando o abuso do direito se dá no âmbito da legislação trabalhista francesa, em 1890, distinguindo as situações de despedida do empregado por motivos legítimos e aquela considerada abusiva.

A expressão *abus de droit*, de sua vez, é atribuída a François Laurent, explicando desde então que, na hipótese de se verificar a existência de abuso, a rigor, não há direito (espécie de delito civil).⁵⁹ Do exame dos casos da jurisprudência desenvolve-se ampla reflexão doutrinária, que logo polariza os debates, inicialmente no direito francês, associado a exigências morais elementares, que rejeitam o comportamento destinado, exclusivamente, a promover o prejudicar alguém (ato emulativo).⁶⁰ Daí o esforço empreendido, desde logo, para distinguir os atos praticados *sem direito* e o ato *abusivo*.⁶¹ O primeiro se compreende como espécie de violação direta e expressa à norma jurídica; o segundo, embora baseado em uma posição jurídica da qual resulte a titularidade de um direito, um poder jurídico, faculdade jurídica ou qualquer outra espécie de permissão lícita, transmuta-se, quando do seu exercício, em irregular (antijurídico), pela violação de limites pré-estabelecidos em acordo com o sistema jurídico. Daí porque, desde o princípio sofreu críticas quanto a sua concepção, sob a alegação de confundir direito e moral, ou ainda por se traduzir em uma fórmula sem utilidade.⁶² Em objeção original, firma-se que um ato não

---

54 E. Porcherot, *De l'abus de droit*. Dijon: Libraire J. Venot, 1901; Raimond Salleiles, *De l'abus de droit. Rapport présenté à la première sous-commission de révision du Code Civil. Bulletin de la société d'études législatives*, t. 4. 1901. p. 325-350; Georges Ripert, L'exercice des droits et la responsailité. *Revue critique de droit civil*, 1905. p. 352; M. Dessertaux, Abus de droit ou conflits de droits. *Revue trimmestrelle de droit civil*, 1906, p. 119; E.H. Perreau, Origine et développement de la théorie de l'abus de droit. *Revue générale du droit*. 1906, t. 37, p. 481-507, todos citados por Pascal Ancel e Claude Didry, L'abus de droit: une notion sans histoire, p. 51.
55 Louis Josserand, *De l'abus des droits*. Paris: Arthur Rousseau Éditeur, 1905, p. 43.
56 Raymond Saleilles, *Théorie générale de l'obligation*. Paris, 1914, p. 370.
57 François Gèny, *Méthode d'interprétation et sources em droit privé positif*. Paris: LGDJ, 1954, p. 544.
58 Louis Josserand, Paris: Arthur Rousseau Éditeur, 1905, p. 57-59.
59 A referência é de Menezes Cordeiro, remetendo à terceira edição da obra de François Laurent. *Principes de droit civil français*, 3ª ed. Bruxelles: Bruylant, 1878, identificando-o já como delito civil (ns. 410-411). António Menezes Cordeiro, *Tratado de direito civil português*, t. V. Parte geral: Exercício jurídico, Coimbra: Almedina, 2018, p. 283.
60 Marcel Planiol Georges Ripert, *Tratado práctico de derecho civil frances*, Trad. Mario Diaz da Cruz. Havana: Cultural, 1946. t. 6, p. I, p. 789.
61 Louis Josserand, *De l'espirit des droits et de leur relativité. Théorie dite de l'abus des droits*. Paris: Dalloz, 2006, p. 334-335.
62 Um dos maiores críticos da teoria do abuso do direito foi, na França, Marcel Planiol, para quem os direitos têm limites que devem ser respeitados e, em não o fazendo, estar-se-á atuando *sem direito*. Para ele o direito cessa onde começa o abuso e não pode haver o uso abusivo de um direito qualquer, porque um mesmo ato não pode ser, a um só tempo, conforme e contrário ao direito. Deste modo, "a expressão

pode ser, ao mesmo tempo, conforme e contrário a direito,[63] rejeitando a possibilidade, a partir de critérios de relativa indeterminação, de restrição à liberdade individual.[64] A tais críticas se contrapôs, desde logo, o argumento de que a ausência de precisão legal não afastou o direito romano da possibilidade de delimitar a atuação individual (leia-se hoje, exercício da autonomia privada), a inspirar a rejeição do comportamento abusivo.[65] Trata-se de uma exigência de equidade e proibição de causar dano a outrem.[66]

1.2.2.2. Concepções do abuso do direito

Embora a expressão abuso do direito conduza ao entendimento inicial relativo ao exercício abusivo de direitos subjetivos, a rigor compreende toda e qualquer efeito decorrente de uma posição jurídica ativa. Por esta razão, inclusive, é denominada mais recentemente – a par da expressão consagrada pela tradição – como *abuso de posição jurídica*. Deste modo, podem ser objeto de exercício abusivo direitos subjetivos, mas também direitos potestativos, faculdades, liberdades e poderes jurídicos.

Duas são as concepções do abuso do direito, a subjetiva e a objetiva. A **concepção subjetiva**, associada à origem da teoria, e que foi prevalente, inicialmente, no direito brasileiro,[67]

---

abuso dos direitos concretiza e apoia eficazmente uma tendência à extensão dos casos de responsabilidade pela diminuição destes direitos subjetivos. Esta concepção deve rechaçar-se. (1) Ninguém há pretendido nunca que os direitos subjetivos, definidos ou não, sejam ilimitados, senão, ao contrário, são limitados evidentemente pelos direitos dos demais; (2) falar, portanto, de abuso dos direitos, é enunciar uma fórmula inútil, e ainda incorrer em uma logomaquia; (3) toda vez que eu faço uso de meu direito, meu ato é lícito, e quando não o é, é porque ultrapassei meu direito e atuo sem direito. Por outra parte, não se chegou a fixar um critério prático do abuso dos direitos entendidos nestes termos. O melhor que se propôs, consistente em que há abuso do direito quando se faz uso anormal deste, atendidas as concepções e necessidades do meio e da época, não é mais que uma fórmula sem grande valor prático e, em definitivo, a mesma que se logra ao tratar de definir o ato ilícito, como condição da culpa. Sem dúvida alguma, quando dois interesses se chocam, merecendo igual proteção do direito e sendo impossível sua conciliação, tem que se decidir qual deles deve prevalecer (...). Este problema se apresenta sempre, mas é problema de determinação e limitação de cada direito subjetivo, de fixação de seus contornos". Marcel Planiol, Georges Ripert, *Tratado práctico de derecho civil frances*, Trad. Mario Diaz da Cruz. Havana: Cultural, 1946. t. 6, p. I, p. 790-791. No original, Marcel Planiol, *Traité elémentaire de droit civil*. 2. ed. Paris, 1902, v. 2. p. 87.

[63] Marcel Planiol, *Traité elémentaire de droit civil*. 2. ed. Paris, 1902. v. 2, p. 87.

[64] Sem concordar com o argumento, o menciona Pietro Rescigno, *L'abuso del diritto*. Bologna: Il Mulino, 1998. p. 13.

[65] Louis Josserand, *De l'espirit des droits et de leur relativité. Théorie dite de l'abus des droits*. Paris: Dalloz, 2006, p. 357.

[66] René Savatier, *Cours de droit civil*. Paris: LGDJ, 1949, t. 2, p. 116.

[67] Não sem exceções de relevo, defendendo, ao menos doutrinariamente, a concepção objetiva, ainda que em termos práticos não tenha se afirmado. Neste sentido: Clóvis Bevilaqua, *Código Civil dos Estados Unidos do Brasil comentado*. Rio de Janeiro, 1917, t. I. p. 420; Alvino Lima, *Culpa e risco*. 2. ed. São Paulo: Ed. RT, 1998 [original de 1960], p. 243 e ss. Naquele que possivelmente seja o primeiro estudo monográfico sobre o tema no direito brasileiro, com sua 1. edição publicada em 1922, Jorge Americano já assinalava a dificuldade da determinação do conceito de ilícito, indicando que seu significado pela doutrina, após inúmeros debates sobre a necessidade da demonstração de dolo ou má-fé, o traço distintivo do delito civil "da falta de assento em direito no acto danoso". Jorge Americano, *Do abuso do direito no exercício da demanda*. 2. ed. São Paulo: Saraiva, 1932, p. 21 Na jurisprudência, contudo, se destaca a concepção subjetiva, o que se percebe, em especial, nas decisões que rejeitavam a malícia do locatário de evitar a resolução do contrato e respectivo despejo, recorrendo a sucessivas purgações que a lei lhe autorizava: STF, RE 81.902/ RJ, j. 18.11.1977, rel. Min. Leitão de Abreu, *RTJSTF* 85/568); STF, RE 85.816/RJ, j. 01.10.1976, rel. Min. Moreira Alves; STF, RE 80.798/GB, j. 07.03.1975, rel. Min. Xavier de Albuquerque, *DJU* 04.04.1975; STF,

pressupõe para a configuração do abuso o elemento intencional do titular do direito, que o exerce visando causar dano (exercício emulativo), ou mesmo com culpa – exerce-o de modo negligente ou imprudente. Já a **concepção objetiva** associa o exercício abusivo à violação de limites externos ao titular do direito, caso daqueles que digam respeito à própria finalidade para a qual um direito ou uma posição jurídica determinada é assegurada pelo ordenamento jurídico, de modo que o exercício que se desvie destes fins seja considerado abusivo; e da mesma forma, princípios que expressem determinados valores ético-jurídicos que integram um determinado sistema de Direito,[68] cujo conteúdo defina efeitos próprios, caso da boa-fé e dos bons costumes.[69] Na sua concepção objetiva, o abuso do direito prescinde do elemento intencional, de modo que é dispensável a demonstração da malícia, negligência ou imprudência do titular do direito ou posição jurídica, para caracterizar seu exercício abusivo.

O direito brasileiro, a partir do disposto no art. 187 do Código Civil, adota a concepção objetiva do abuso do direito, dispensando a existência de dolo ou culpa para sua caracterização, embora estes possam estar presentes, em muitas situações da realidade – o que se identifica tanto no direito brasileiro como em outros sistemas jurídicos.[70] Se traduz assim como ilícito de caráter objetivo, que se associa à **tutela da confiança**[71] em relação ao exercício da autonomia privada que viole limites valiosos ao Direito – seus fins econômicos ou sociais, a boa-fé e os bons costumes.

1.2.2.3. Elemento caracterizadores do abuso do direito

De acordo com o art. 187 do Código Civil, o abuso do direito constitui ato ilícito,[72] quando haja, no exercício de um direito, excesso manifesto em relação aos limites impostos por seus

---

RE 20.817, j. 02.09.1955, rel. Min. Lafayette de Andrada; STF, RE 26.122, j. 23.08.1954, rel. Min. Mário Guimarães, *DJU* 30.04.1956; STF, RE 29.749, j. 08.05.1956, rel. Min. Ribeiro da Costa; Em sentido contrário, confirmando a legitimidade do exercício do direito à purga da mora: STF, RE 65.774/GB, j. 10.12.1968, rel. Min. Themistocles Cavalcanti, *DJU* 28.03.1969; STF, RE 29.904, j. 28.10.1955, rel. Min. Hahnemann Guimarães, *DJU* 19.04.1956. Atualmente, o parágrafo único do art. 29 da Lei 8245/1991, que disciplina a locação de imóveis urbanos, com a redação que lhe determinou a Lei 12.112/2009, estabelece que "não se admitirá a emenda da mora se o locatário já houver utilizado essa faculdade nos 24 (vinte e quatro) meses imediatamente anteriores à propositura da ação."

[68] Aponta a evolução do conceito, Carlos Férnandes Sessarego, que "o fenômeno conhecido como abuso do direito consiste em uma conduta que, sustentando-se em um direito subjetivo, converte-se em antisocial, ao transgredir, seu exercício, ou através de sua omissão, um dever genérico que cristaliza o valor da solidariedade. Ele origina um específico sui generis ato ilícito que não é matéria da responsabilidade civil. O antisocial é o irregular, o anormal, é dizer, contrário à solidariedade e, por fim, à moral social". Carlos Férnandes Sessarego, *Abuso del derecho*. Buenos Aires: Astrea, 1992. p. 179. A ideia do exercício antisocial também marca o direito italiano, conforme percebe-se em Mário Rotondi, *L'abuso di diritto. Aemulatio*. Padova: CEDAM, 1979. p. 23-25; Giulio Levi, *L'abuso del diritto*. Milano: Dott. A. Giuffrè Editore, 1993. p. 23.

[69] No direito alemão, inclusiva, a ausência de desenvolvimento do abuso do direito como categoria própria deve-se, em grande parte à função que os bons costumes (§§ 138 e 826 do BGB) e a boa-fé (§242 do BGB) exerceram como limite expresso ao exercício de posições jurídicas. Neste sentido, por todos: António Menezes Cordeiro, Tratado de direito civil, v. V. Parte geral: exercício jurídico. Coimbra: Almedina, 2018, p. 286-289.

[70] Neste sentido refere Stéphanie Moracchini-Zeidenberg, *L'abus dans les relations de droit privé*. Aix-Marseille: Presses Universitaries d' Aix de Marseille, 2004. p. 59 et seq.

[71] Bruno Miragem, Abuso do direito. 2ª ed. São Paulo: RT, 2013, p. 167 e ss.

[72] É da tradição do direito brasileiro a identificação entre o abuso do direito e o ilícito, conforme se percebe, em especial, na obra de referência, publicada originalmente em 1935, de Pedro Batista Martins, *O abuso*

fins econômico ou sociais, a boa-fé ou os bons costumes. Trata-se aqui, da violação a limites que buscam assegurar tanto as finalidades para as quais foram concebidos os direitos subjetivos e institutos em geral, inerentes a uma posição jurídica, quanto os elementos ético-juridicizados dos quais se utiliza o legislador para pontuar o esquema legal de previsão desses mesmos direitos.[73]

Na gênese deste exame, igualmente, distingue-se em relação aos limites definidos pela lei ao exercício de direitos, caracterizam-se como internos ao próprio direito subjetivo (**teoria interna**) ou se externos a ele (**teoria externa**). A rigor, cada direito subjetivo ou posição jurídica são definidos pelo ordenamento jurídico em acordo com certas finalidades: os fins econômicos e sociais lhe são inerentes (internos). Entretanto, também devem respeitar limites que lhe impõe o ordenamento jurídico como um todo, o respeito à boa-fé e aos bons costumes relacionam-se com a conduta esperada em vista de certa ética comunitária que não diz respeito ao direito ou posição jurídica em si, mas ao modo como se deverá exercê-la (externos).

Dispensa-se para a caracterização do abuso – ao contrário do ilícito culposo previsto no art. 186 do Código Civil – a demonstração de dolo ou culpa do titular do direito. Também não se exige que do exercício abusivo resulte dano. Se houver, surge o dever de reparar com fundamento no art. 927, *caput*, do Código Civil, mas não se trata de um elemento necessário à caracterização do ilícito, neste caso.

Por outro lado, a exigência de *excesso manifesto* resulta da compreensão que o titular de um direito (ou de uma posição jurídica) conta, originalmente, com uma permissão da própria ordem jurídica, consistente no reconhecimento da legitimidade do exercício da autonomia privada, visando à realização do seu próprio interesse. Torna-se ilícito o exercício permitido quando haja excesso manifesto em relação aos limites estabelecidos pela lei,[74] consistente em um comportamento contrário aos fins econômicos e sociais do direito, à boa-fé e aos bons costumes.

Os **fins econômicos e sociais de um direito** percebem-se no exame das suas características e da localização no sistema jurídico. O direito é ciência que prioriza a solução de problemas práticos, e por isso orienta seus institutos a finalidades que devam atender, que poderão ser econômicas (especialmente quando a relação jurídica seja dotada de sentido econômico) e sociais, não raro conjugando ambas. O *fim social* é aquele de interesse comum pelo qual se previu normativamente um direito subjetivo ou posição jurídica com determinado conteúdo. *Fim social*, contudo, não se confunde com fim coletivo, afinal, pode ser o fim social de um determinado direito subjetivo a tutela de certo interesse individual, inclusive contra a coletividade (assim, a proteção dos direitos da personalidade). Em outras hipóteses é razoável indicar que o fim social absorve o fim econômico, uma vez que o fim social de um direito também é a realização de seu fim econômico, não se podendo separar o que é socialmente útil daquilo que é economicamente útil, como transparece com clareza em relação ao conteúdo e ao exercício do direito de propriedade. Os fins econômicos ou sociais não se percebem fora do conteúdo do próprio direito subjetivo ou de determinada posição jurídica, constituindo um limite intrínseco. Assim, por exemplo, o direito de crédito visa permitir ao seu titular, o credor, a realização de certo interesse patrimonial, podendo exigi-lo de quem deva realizar este interesse; de outro lado, o direito à privacidade visa preservar certas informações e decisões à esfera exclusiva do titular do direito, blindando-as do conhecimento ou interferência externa.

---

do direito e o ato ilícito. 3. ed. Rio de Janeiro: Forense, 1997, p. 93-94.

[73] Maria Amália Dias de Moraes. Do abuso de direito: alguns aspectos. *Revista da Procuradoria-Geral do Estado do Rio Grande do Sul*. vol. 15. n. 42. Porto Alegre: PGE, 1985. p. 19.

[74] Thiago Rodovalho, Abuso do direito e direitos subjetivos. São Paulo: RT, 2011, p. 198-200.

A **boa-fé**, de sua vez, é modelo ideal de conduta social, válvula para exigências ético-sociais do comportamento em sociedade,[75] e nestes termos compreende-se como um dos principais limites aos exercícios de direitos.[76] Todas as situações contrárias à boa-fé reconhecidas e objeto de sistematização, enquadram-se na ideia de exercício abusivo, a saber: (a) a *exceptio doli*; (b) o *venire contra factum proprium*; (c) a *supressio*; (d) a *surrectio*; e (e) a *tu quoque*. A *exceptio doli* aparece como a faculdade potestativa de paralisar o comportamento de outra parte na hipótese de dolo[77]. O *venire contra factum proprium* configura-se na proibição do comportamento contraditório[78]. Ou seja, a proibição a que alguém que, tendo se conduzido de determinada maneira em razão da qual deu causa a expectativas legítimas da outra parte, venha a frustrar esta expectativa em razão de comportamento diverso e inesperado.[79] A *supressio* caracteriza-se como a situação na qual um direito subjetivo que, não tendo sido exercido em certas circunstâncias, durante determinado lapso de tempo, não possa mais sê-lo por contrariar a boa-fé[80]. Em sentido parcialmente contrário, a *surrectio* é caracterizada como o fenômeno pelo qual há o surgimento de um direito não existente antes de forma jurídica, mas que era socialmente tido como presente[81]. O *tu quoque* caracteriza-se pela regra segundo a qual a pessoa que viole uma norma jurídica não pode, sem que se caracterize abuso, exercer a situação jurídica que esta mesma norma violada lhe tenha atribuído[82]. Ou seja, recusa-lhe a possibilidade de que aja com pesos e medidas distintos em situações que lhe prejudicam e beneficiam, tomando em consideração uma mesma regra.

Sobre os **bons costumes**, compreendem um apelo à ética comunitária e aos valores sociais dominantes. O conceito, todavia, aproxima-se da noção ampla de moralidade, tanto pública como privada, cujos efeitos do ato remetem à ilicitude, nulidade ou ineficácia daquilo que contrariar ou violar esta concepção.[83] Sua definição tanto se faz sob critério sociológico, quanto axiológico. Não se confundem com simples costumes, que são fonte do direito, mas não expressam necessariamente um conteúdo ético social. Os bons costumes, além de comportamentos assentes vinculam-se a determinada valoração axiológica,[84] compreendendo um conjunto de

---

[75] Franz Wieacker, *El principio general de la buena fe*. Madri: Civitas, 1986. p. 29-30.
[76] Karl Larenz, *Derecho civil*. Parte general.Trad. Miguel Izquierdo y Macías-Picavea. Madri: Editorial Revista de Derecho Privado, 1978, p. 299.
[77] António Manuel da Rocha e Menezes Cordeiro, *Da boa-fé no direito civil*, Lisboa: Almedina, 2001, p. 740.
[78] António Manuel da Rocha e Menezes Cordeiro, *Da boa-fé no direito civil*, Lisboa: Almedina, 2001, p. 742 e ss.
[79] Assim, por exemplo, um dos primeiros casos julgados com o reconhecimento dos efeitos da boa-fé, pelo Tribunal de Justiça do Rio Grande do Sul, considerado caso-líder sobre o tema: "Contrato. Tratativas. 'Culpa in contrahendo'. Responsabilidade civil. Responsabilidade da empresa alimentícia, industrializadora de tomates, que distribui sementes, no tempo do plantio, e então manifesta a intenção de adquirir o produto, mas depois resolve, por sua conveniência, não mais industrializá-lo, naquele ano, assim causando prejuízo ao agricultor, que sofre a frustração da expectativa de venda da safra, uma vez que o produto ficou sem possibilidade de colocação. Provimento em parte do apelo, para reduzir à metade da produção, pois uma parte da colheita foi absorvida por empresa congênere, às instâncias da ré. Voto vencido julgando improcedente a ação" (TJRS, Apelação Cível nº 591028295, Rel. Ruy Rosado de Aguiar Júnior, 5ª Câmara Cível, j. 06/06/1991).
[80] António Manuel da Rocha e Menezes Cordeiro, *Da boa-fé no direito civil*, Lisboa: Almedina, 2001, p. 797.
[81] António Manuel da Rocha e Menezes Cordeiro, *Da boa-fé no direito civil*. Lisboa: Almedina, 2001, p. 816.
[82] António Manuel da Rocha e Menezes Cordeiro, *Da boa-fé no direito civil*, Lisboa: Almedina, 2001, p. 837.
[83] F. Gorphe, Bonnes mouers. In: Emmanuel Verge; Georges Ripert, *Répertoire de droit civil*. Paris: Dalloz, 1951. p. 490-493.
[84] Juan Carlos Lapalma, Moral y buenas costumbres: um limite poco delimitado? In: Omar Barbero et alli. *Abuso del derecho*. Buenos Aires: Universitas, 2006. p. 53-58.

regras morais aceitas pela consciência social, correspondendo à moral objetiva, ao sentido ético que impera na comunidade social.[85] Daí porque é definição variável no tempo e no espaço. No direito brasileiro, a ofensa aos bons costumes está prevista não apenas como limite ao exercício de direito, cuja violação caracteriza o abuso, mas também no art. 17 da Lei de Introdução às Normas do Direito Brasileiro, o qual estabelece que leis, atos e sentenças de outro país, bem como quaisquer declarações de vontade, não terão eficácia no Brasil quando ofenderem, dentre outros limites, os bons costumes. Da mesma forma, o art. 13 do Código Civil estabelece que é defeso o ato de disposição do próprio corpo quando contrariar os bons costumes.

Os bons costumes, assim, distinguem-se da boa-fé, mais em razão de um *critério funcional* do que de *conteúdo*. Ambos são conceitos que expressam *limites externos* ao exercício dos direitos subjetivos, bem como expressam *valores ético-sociais dominantes*. Ocorre apenas que a boa-fé está afeta a uma eficácia interna de relação jurídica já constituída ou como causa de constituição de uma nova relação jurídica. Resta identificada, portanto, com a proteção de interesses legítimos das partes de uma determinada relação jurídica, já constituída ou a constituir, assumindo o que ora se propõe denominar como espécie de *eficácia relacional*. Já os bons costumes, ao contrário, dizem respeito a um limite geral, que embora possa também proteger o interesse dos sujeitos de uma dada relação jurídica, projeta-se para além dela, como cláusula de proteção do interesse social dominante, expressão de valores integrantes de uma moralidade social. Neste sentido, em relação aos bons costumes, sua eficácia limitativa do exercício do direito pelas partes não se restringe aos interesses legítimos das partes, senão também permite a aferição destes interesses e de sua legitimidade, em relação à proteção de toda a comunidade. Daí porque se pode identificar nos bons costumes uma eficácia que ultrapassa os limites dos interesses dos sujeitos da relação jurídica no interesse dos valores fundantes do próprio sistema jurídico, o que se pode identificar, portanto, como uma *eficácia geral*, porque em relação a todos.

O intérprete, quando se dedique à concreção dos bons costumes, não deve se vincular a sua sensibilidade pessoal, mas aos valores ético sociais que reconhece na coletividade, inclusive aqueles fundantes do próprio sistema jurídico. Trata-se de compreensão que se apreende de certo sistema cultural, também formado pelo direito, mas que nele não se esgota. A ofensa a bons costumes como limite ao exercício de direitos e liberdades serve, igualmente, como veículo para incidência de normas constitucionais às relações privadas,[86] na proteção da liberdade e igualdade dos sujeitos da relação jurídica, ou da sua própria integridade pessoal.

Os efeitos do reconhecimento do abuso do direito podem ser a imputação do dever de reparação de danos que venha a causar o exercício abusivo, como também a nulidade do ato abusivo – ou sua ineficácia em determinadas situações –, bem como o reconhecimento da pretensão de paralisar o exercício abusivo mediante tutela inibitória do ilícito.[87]

Neste sentido, em linhas gerais, registre-se que o art. 187 do CC/2002 caracteriza o abuso do direito como nova espécie de ilicitude objetiva no sistema de Direito Privado, um ilícito de proteção da confiança, mediante limitação do exercício da autonomia privada. Sua interpretação e aplicação se dá em acordo com o conjunto do ordenamento jurídico, inclusive da Constituição da República, cujo catálogo de direitos fundamentais é critério para determinação dos sentido concreto dos limites que expressa.

---

[85] Jorge Manuel Coutinho de Abreu, *Do abuso do direito. Ensaio de um critério em direito civil e nas deliberações sociais*. Coimbra: Almedina, 1983. p. 63.
[86] Bruno Miragem. Abuso do direito. 2ª ed. São Paulo: RT, 2013, p. 202 e ss; Thamis Dalsenter Viveiros de Castro, Bons costumes no direito civil brasileiro. São Paulo: Almedina, 2017, p. 169.
[87] Luiz Guilherme Marinoni, *Tutela inibitória. Individual e coletiva*. 4. ed. São Paulo: Ed. RT, 2006. p. 47.

1.3. Excludentes de ilicitude

Há situações em que a própria lei pré-exclui a ilicitude, estabelecendo que configuradas determinadas circunstâncias, mesmo quando resulte dano, não será considerado ilícito. Estabelece o art. 188 do Código Civil: "Art. 188. Não constituem atos ilícitos: I – os praticados em legítima defesa ou no exercício regular de um direito reconhecido; II – a deterioração ou destruição da coisa alheia, ou a lesão a pessoa, a fim de remover perigo iminente. Parágrafo único. No caso do inciso II, o ato será legítimo somente quando as circunstâncias o tornarem absolutamente necessário, não excedendo os limites do indispensável para a remoção do perigo".

A exclusão de ilicitude, nesse caso, resulta também, no caso de legítima defesa e do exercício regular de um direito, na exclusão do dever de indenizar. Nesse sentido, diz-se que poderá haver dano, porém, não será dano injusto, indenizável, na medida em que a ação daquele que causa o dano está pré-autorizada pela ordem jurídica, seja para defesa de direito próprio contra violação antijurídica (legítima defesa), seja por a ação estar legitimada pela ordem jurídica (exercício regular de um direito).

Já no caso da remoção de perigo iminente, a lei legitima a ação daquele que atua para remover o perigo, exonerando-o de indenizar o dano causado para esse fim, desde que não tenha sido o próprio agente quem tenha dado causa ao perigo. Não elimina, contudo, o dever de indenizar, que permanece imputável àquele que deu causa à situação de perigo.

No caso do estado de necessidade, não se encontra plenamente previsto na norma, ainda que se perceba contemplado em parte na hipótese de remoção de perigo iminente prevista no art. 188, II.[88] De outra parte, o art. 23, I, do Código Penal estabelece que não há crime quando o agente pratica o fato em estado de necessidade.

1.3.1. Legítima defesa

O art. 188, I, primeira parte, do Código Civil, prevê a legítima defesa como causa de exclusão de ilicitude. O mesmo ocorre com o art. 23, II, do Código Penal, que afasta a caracterização do crime quando o agente atua em legítima defesa. Da mesma forma, o art. 25 do Código Penal define legítima defesa nos seguintes termos: "Entende-se em legítima defesa quem, usando moderadamente dos meios necessários, repele injusta agressão, atual ou iminente, a direito seu ou de outrem". Nesses mesmos termos, é considerado punível o excesso doloso ou culposo no exercício da defesa (art. 23, parágrafo único, do Código Penal).

Tal definição é, sem dúvida, útil para a interpretação da causa de justificação sob a órbita do direito civil. Note-se que do que aqui se trata como causa que afasta, no plano da responsabilidade civil, o dever de indenizar do causador do dano é a defesa legítima. Essa legitimidade se apresenta de acordo com as seguintes condições: ***(a) Agressão ilegítima ou injusta:*** que a defesa daquele que atua causando o dano refira-se a uma agressão ilegítima ou injusta que esteja sofrendo ele próprio ou terceiro; **(b) Ausência de provocação do próprio agredido**: não se admite a legítima defesa da legítima defesa, de modo a reconhecer ao agredido defender-se da agressão que se dá em defesa de uma provocação que ele próprio deu causa; **(c) Atualidade da defesa**: a defesa deve referir-se a uma agressão atual, em curso, de modo que o agredido se defenda com o propósito de impedir que se consume o dano ou para que cesse a lesão, mitigando seus efeitos. Não se admite, com isso, que a lesão já esteja consumada tendo cessado a agressão, hipótese na qual, em qualquer ação direta, o agredido deixa de configurar defesa legítima para

---

[88] Sérgio Cavalieri, *Programa de responsabilidade civil*, cit., p. 34.

traduzir-se em exercício arbitrário das próprias razões, o que não é admitido pelo direito; **(d) Necessidade e proporcionalidade da defesa**: a legitimidade da defesa daquele que, sobre a agressão, submete-se a juízo de utilidade, de modo a investigar-se se sua atuação se deu nos limites do estritamente necessário para impedir ou fazer cessar a lesão. Ou seja, os critérios de necessidade e proporcionalidade da defesa não permitem que se considere legítima a atuação do defensor que cause dano mais gravoso do que seria necessário para impedir a agressão. Não se perde de vista, contudo, que nem sempre o agente, ao se defender, tem consciência plena da proporcionalidade de sua ação em relação ao agravo que está a sofrer.[89] A avaliação do atendimento dessas condições se dá em vista da situação concreta em que se encontra o defensor e suas condições pessoais de conhecer e mensurar o risco.

Nessa mesma linha, lembre-se que no direito penal é prevista também a *legítima defesa putativa*, como espécie que permite a descaracterização de crime diante do erro do agente quanto à ocorrência da agressão (art. 20, § 1º, do Código Penal). Ocorre quando alguém, equivocadamente, acredita estar diante de uma agressão atual e injusta, sendo assim legalmente autorizado à reação, que realiza acreditando defender-se.[90] Todavia, não é relevante no plano da responsabilidade civil, em que, diante do erro, e inexistente situação de legítima defesa, deverá se perquirir da existência de culpa, imputando-se ao agente o dever de indenizar, nos termos do art. 186 do Código Civil.

1.3.2. *Exercício regular de um direito*

O exercício regular de um direito constitui causa de justificação tradicional, que exclui a ilicitude da conduta e afasta o dever de indenizar. Trata-se de preceito coerente com a própria autoridade do ordenamento jurídico, uma vez que não se pode prever determinado direito e seu exercício regular para, em situações quaisquer, considerá-lo ilícito e passível de sanção (*qui iure suo utitur nemini facit iniuriam*). Há de se destacar, naturalmente, que se está a tratar de exercício regular, ou seja, exige-se que a conduta do titular do direito se coloque em parâmetros de regularidade, exercício normal de direitos. Quem exerce regularmente direito de que é titular não comete ato ilícito, não sendo passível de imputação do dever de indenizar os danos decorrentes.

Não por acaso, na vigência do Código Civil de 1916, era pela interpretação *a contrario sensu* da regra do seu revogado art. 160, I, que a doutrina identificava – conforme já se examinou – a previsão normativa do abuso do direito no sistema jurídico brasileiro. Exercício irregular, assim, caracteriza-se como exercício abusivo, atraindo – no direito vigente – a incidência do art. 187 do Código Civil.

Assim, por exemplo, o credor que exerce o direito de crédito e protesta a dívida vencida e não paga, ou inscreve o devedor inadimplente em banco de dados fornecendo rigorosamente as informações verdadeiras sobre o débito e o inadimplemento, exerce regularmente o direito; o mesmo se diga de quem, ao apresentar defesa em demanda judicial, informa fatos de conhecimento exclusivo seu e do réu, mas necessários para fundamentar suas razões; ou os pais que, para educar os filhos, lhes impõem castigo moderado com finalidade educativa. O mero fato de ser titular de um direito não elimina um dever geral de diligência (cuidado) e prudência. O

---

[89] Heinz Wagner, *Individualistische oder über individualistische Notwehr Begründung*. Berlin: Duncker e Humblot, 1984, p. 30-32.
[90] Nelson Hungria, *Comentários ao Código Penal*. 5. ed. Rio de Janeiro: Forense, 1982, v. 6, p. 292.

titular do direito não tem que indenizar quaisquer prejuízos que venham a decorrer da frustração de interesses em decorrência desse exercício.[91]

1.3.3. Remoção de perigo iminente (estado de necessidade)

O estado de necessidade resulta de excludente de ilicitude pela qual se autoriza a defesa de interesse próprio ou alheio mediante lesão a direito de terceiros. Nesse caso, a lesão ao direito de terceiro é o único modo de preservar o interesse, razão pela qual se pondera sobre o interesse que se pretende preservar em detrimento daquele que sofre a lesão, verificando-se a superioridade e consequente prioridade da manutenção de um deles. O Código Civil prevê a hipótese em seu art. 188, II, ao excluir a ilicitude da conduta de quem deteriora ou destrói coisa alheia, ou causa lesão à pessoa, a fim de remover perigo iminente. Exprime a ideia de defesa de direito próprio ou alheio, que apenas será eficaz mediante a lesão a direitos de terceiro. Concentra-se a permissão para o dano a terceiro na existência de perigo iminente.

Também no direito penal é previsto o estado de necessidade como justificação que afasta a caracterização de crime (art. 23, I, do Código Penal). O art. 24 do Código Penal assim o define, ao estabelecer: "Considera-se em estado de necessidade quem pratica o fato para salvar de perigo atual, que não provocou por sua vontade, nem podia de outro modo evitar, direito próprio ou alheio, cujo sacrifício, nas circunstâncias, não era razoável exigir-se". Trata-se de provocar dano a bem ou à pessoa, em vista do objetivo de evitar perigo mais grave para o próprio agente ou para terceiro.[92]

Distingue a doutrina entre o estado de necessidade objetivo e o subjetivo.[93] O *estado de necessidade objetivo* consiste na lesão a interesse alheio como modo razoavelmente perceptível para impedir a ocorrência do perigo maior, caracterizado pela lesão ou sacrifício do interesse superior que o agente tinha o propósito de preservar. Já o *estado de necessidade subjetivo* é aquele em que o agente acredita que atua para impedir uma lesão a interesse próprio ou de terceiro, e atua movido por esse objetivo, o qual, todavia, não é real. Apenas o estado de necessidade objetivo, em que há de fato perigo iminente ao direito próprio ou de terceiro, há excludente de ilicitude.

O parágrafo único do art. 188 do Código Civil estabelece: "o ato será legítimo somente quando as circunstâncias o tornarem absolutamente necessário, não excedendo os limites do indispensável para a remoção do perigo". Há de existir, portanto, perigo iminente e real. A mera crença sobre a existência do mal, embora possa apresentar efeitos para a interpretação do estado de necessidade no âmbito do direito penal, não é relevante na perspectiva civil. O erro de interpretação sobre a situação de fato que leve a concluir sobre a existência de perigo iminente, contra o que razoavelmente se deve interpretar dos fatos, situa-se no domínio da discussão sobre a culpa do agente.

Exige-se para que se configure o estado de necessidade: a) que haja lesão ao direito de alguém; b) que tal lesão seja o meio necessário para preservar outro interesse; c) que a ação se dê em face de perigo atual, cuja ocorrência não tenha sido provocada pelo titular do direito

---

[91] Fernando Pessoa Jorge, *Ensaio sobre os pressupostos da responsabilidade civil*, Coimbra: Almedina, 1999, p. 207.
[92] Philippe Brun, *Responsabilité civile extracontractuelle*. Paris: Litec, 2005, p. 205.
[93] Fernando Pessoa Jorge, *Ensaio sobre os pressupostos da responsabilidade civil*. Coimbra: Almedina, 1999, p. 251-252.

que se visa preservar; d) em ponderação dos direitos envolvidos, que o direito em causa, do qual é cometida a lesão, seja superior ao direito lesado.

Note-se que, quando se diz meio necessário, pressupõe-se que seja proporcional ao objetivo de preservação do interesse considerado superior. Sendo permitido exemplificar: não é necessário arrombar a porta do imóvel, cujo acesso se possa fazer pela janela que se encontra aberta. Tratando-se de situação excepcional, as que caracterizam causas de justificação, qualquer atuação excessiva descaracteriza seu conteúdo e efeitos. Assim, por exemplo, quem sofre o ataque de um animal de propriedade alheia, mas que tenha meios de se desvencilhar sem provocar o sacrifício do animal, não poderá alegar estado de necessidade se der causa a sua morte.

No plano do direito penal, distinguem-se as situações em que haja o estado de necessidade e aquelas que se refiram ao estrito cumprimento de dever legal (art. 24, § 1º, do Código Penal). Em muitos sistemas, constitui, mesmo no plano da ilicitude civil, causa justificadora autônoma, de modo a excluir a ilicitude. No direito civil brasileiro, parece-nos que não é o caso de precisar a distinção dos efeitos de um e outro. Isso porque, havendo atuação do agente para remover o dano, não importa se esta ação se dá em vista de um ato de alteridade ou pelo cumprimento do dever. Relevante será o propósito da ação: remover perigo iminente. Sobre as consequências do ato, em relação à possibilidade de indenização ao lesado, incidem as regras dos arts. 929 e 930 do Código Civil, podendo, na hipótese de dano causado por agente público, cujo dever de agir seja inerente ao cargo ou função pública que desempenhe, resultar na responsabilidade objetiva do Estado, nos termos do art. 37, § 6º, da Constituição da República.

Por outro lado, note-se que a exclusão de ilicitude não implica, necessariamente, o afastamento do dever de indenizar. A hipótese do art. 188, II, do Código Civil, nesse sentido, constitui a hipótese de maior destaque em que o dever de indenizar pode resultar de fatos lícitos.

Dispõe o art. 929 do Código Civil: "Se a pessoa lesada, ou o dono da coisa, no caso do inciso II do art. 188, não forem culpados do perigo, assistir-lhes-á direito à indenização do prejuízo que sofreram". Esse direito à indenização corresponde ao dever de indenizar do autor do dano, mesmo que se considere tenha agido licitamente. Por outro lado, o art. 930 do Código Civil estabelece: "No caso do inciso II do art. 188, se o perigo ocorrer por culpa de terceiro, contra este terá o autor do dano ação regressiva para haver a importância que tiver ressarcido ao lesado".

Como resultado da interpretação dessas normas, deve-se concluir que o autor do dano, mesmo agindo licitamente (uma vez excluída a ilicitude), responde pela indenização devida ao lesado, quando este não tiver dado causa ao perigo cuja lesão visou impedir que se consumasse ou teve por propósito fazer cessar. Não tendo aquele que cometeu a lesão sido causador da situação de perigo, terá direito a ação regressiva em relação ao terceiro que a esta deu causa.[94]

Tome-se o exemplo simples e elucidativo do proprietário de um imóvel que esquece o fogão aceso e sai de casa, dando causa a um princípio de incêndio. Tendo os vizinhos de arrombar a porta para evitar que o fogo se alastre, não poderão ser responsabilizados pelo dano decorrente do arrombamento, em face da incidência do art. 929 do Código Civil, nem terá o lesado que deu causa ao perigo, direito à indenização.

---

[94] Flávio Tartuce critica a norma do art. 929, destacando a inversão de prioridades que consagra entre a vida e integridade da vítima e o patrimônio. Nesses termos, observa que a regra está em dissonância com a tendência contemporânea de personalização do direito civil e consequente despatrimonialização. Flávio Tartuce, *Direito civil*. 8. ed. São Paulo: Método, 2013. v. 2: Direito das obrigações e da responsabilidade civil, p. 574.

Capítulo XIV
PRESCRIÇÃO E DECADÊNCIA

1. A REPERCUSSÃO DO TEMPO SOBRE AS SITUAÇÕES JURÍDICAS

A fluência do tempo é, paradoxalmente, fato da maior importância para a vida e as relações humanas, mas igualmente, sobre o qual o direito não tem exame sistemático, embora contemplando-o em diferentes situações. Assim, por exemplo, a fluência do tempo faz cessar a menoridade, assim como determina o momento em que se produzem ou se extinguem efeitos das relações jurídicas em geral. É o tempo que diferencia em parte a tutela que a ordem jurídica confere aos negócios jurídicos, conforme sejam de cumprimento instantâneo ou de duração. O caráter transitório das relações obrigacionais se firma em referência ao tempo de sua constituição, cumprimento e extinção. A prestação é sempre futura em relação à constituição do vínculo, seja imediatamente, seja em plano mais alargado. Os direitos reais, por sua vez, tendem à perpetuidade, de modo que se nova relação jurídica não se constitua, permanecem com sua situação inalterada no tempo.

Da mesma forma, a medida do tempo é importante para o direito, tanto assim que se convencionam os prazos e o modo de sua contagem, em vista das relações de direito material, bem como no âmbito do processo.

A fluência do tempo é física, mas sua percepção e representação compreende-se como fenômeno da cultura. O presente pressupõe o passado, mas se inclina sempre ao futuro, como expressão de renovação e novidade.[1] No plano do direito civil, o tempo tem importante papel na estabilização das relações jurídicas e na autorresponsabilidade individual. A qualificação jurídica do tempo tanto se estabelece pelos prazos que se concedam a quem tenha direitos ou poderes a exercer, que se condicionem ou limitem no período previsto na lei,[2] quanto pode ser fator que mede e qualifica expectativa sobre o comportamento futuro.[3] A confiança que é despertada pelo tempo em que se exerce ou deixa de realizar certo exercício jurídico é passível de tutela, em especial pela boa-fé, por intermédio das figuras da *supressio*.[4] A passagem

---

[1] Jürgen Habermas, Diagnósticos do tempo: seis ensaios. Tradução: Flávio Beno Siebeneichler. Rio de Janeiro: Tempo Brasileiro, 2005. p. 9

[2] Stephan Kirste, Die Zeitlichkeit des positiven Rechts und die Geschichtlichkeit des Rechtsbewusstseins: Momente der Ideengeschichte und Grundzüge einer systematischen Begründung, Berlin: Duncker und Humblot, 1998, p. 207 e ss.

[3] Stephan Kirste, Die Zeitlichkeit des positiven Rechts und die Geschichtlichkeit des Rechtsbewusstseins, cit., p. 358; Niklas Luhman, Law as a social system, Oxford: Oxford University Press, 2014, p. 147.

[4] A *supressio* como efeito da boa-fé objetiva, determinando a ineficácia de determinado direito ou pretensão que o titular não exerça por um tempo tal a gerar a expectativa legítima da outra parte, de estabilização de uma determinada relação jurídica, incide tutelando a repercussão do tempo nas relações jurídicas, com certa proximidade de fins com os institutos gerais da prescrição e da decadência (Manfred Wolf; Jörg Neuner, Allgemeiner Teil des Bürgerlichen Rechts. 10 Auf. München: C.H. Beck, 2012, p. 237-238), complementando-os no tocante a uma aplicação casuística. Destacando este caráter de complementarie-

do tempo, por certo período, consolida situações e permite identificar realidades na qual é elemento integrador.[5]

No direito romano, a fluência do tempo contrapunha situações transitórias e perpétuas, cuja medida passa gradualmente das estações – caracterizadas pelos fenômenos atmosféricos, para os dias e meses.[6] No tocante aos efeitos do tempo, registre-se o desenvolvimento da prescrição aquisitiva – a usucapião – que era modo de transmissão da coisa pelo tempo.[7] O uso da coisa traduzia a posse que, no tempo, levava à aquisição. Adiante, o desenvolvimento da *longi temporis preascriptio*, inicialmente como exceção à reivindicação da propriedade (*exceptio*), depois como modo de aquisição originária, dá origem a dois institutos que vem até os dias atuais, da *usucapião* como modo de aquisição da propriedade e da *prescrição extintiva*, embora com requisitos distintos.[8]

A recepção do tema da prescrição nas codificações aproveitou-se da tradição romana e suas intercorrências, porém, ocupa-se – e a partir delas a legislação de um modo geral – especialmente com a fixação dos prazos. Da mesma forma, sua adoção na parte geral é resultado de abstração decorrente da pandectística,[9] modelo que é seguido na tradição jurídica brasileira.

No direito brasileiro, o fator determinante do tempo na extinção de direitos e pretensões se estabelece com critérios distintos e não sem alguma confusão – em especial quanto a distinção sobre a natureza dos prazos prescricionais e decadenciais – durante a vigência do Código Civil de 1916.[10] O Código Civil de 2002 sistematiza a distinção a partir de critério uniforme, definindo-se a prescrição como instituto que visa à extinção da pretensão, e a decadência como fenômeno extintivo do direito subjetivo. Com isso, supera discussão doutrinária sobre o objeto de extinção pela prescrição – se a ação ou o direito – coordenando tanto da definição dos institutos distintos (prescrição e decadência), quanto sua funcionalidade. A definição e os aspectos operativos da prescrição são previstos na parte geral, com exceção da prescrição aquisitiva, disciplinada em conjunto com os modos originários de aquisição da propriedade, no direito das coisas – arts. 1.238 e 1.260 do Código Civil. No caso da decadência, disciplinam-se apenas aspectos gerais na parte geral, deixando-se os prazos decadenciais, como regra, acompanhando a previsão específica do direito a que se referem, também na parte especial.

2. FUNDAMENTO DA PRESCRIÇÃO E DA DECADÊNCIA: A SEGURANÇA JURÍDICA

Os direitos subjetivos que surgem como efeito da relação jurídica compreendem a prerrogativa para fazer respeitar ou exigir de outra pessoa um comportamento determinado, seja ele uma atuação positiva ou uma abstenção. Este *poder de exigir*, que é próprio do direito subjeti-

---

dade da supressão: STJ, REsp 1643203/RJ, Rel. Min. Marco Aurélio Bellizze, 3ª Turma, j. 17/11/2020, *DJe* 01/12/2020.

[5] Emmanuelle Chevreau, *Le temps et le droit : la réponse de Rome. L'approche du droit privé*. Paris, De Boccard, 2006, p. 63.

[6] Emmanuelle Chevreau, *Le temps et le droit : la réponse de Rome. L'approche du droit privé*. Paris, De Boccard, 2006, cit.

[7] Max Kaser, Rolf Knütel, *Römisches Privatrecht*. 20. Auflage. München: Verlag C.H.Beck, 2014, p. 146-148.

[8] Adriana Campiteli, Prescrizione (diritto intermédio). Enciclopedia del Diritto, v. XXXV. Milano: Giuffrè, 1986, p. 46 e ss.

[9] António Menezes Cordeiro, *Tratado de direito civil português*, t. V. Parte geral: Exercício jurídico, Coimbra: Almedina, 2018, p. 177.

[10] Yussef Sahid Cahali, Prescrição e decadência. São Paulo: RT, 2008, p. 21.

vo, pode ser atendido por aquele a quem se destina de modo espontâneo, tal qual ocorre com quem é devedor e realiza o pagamento antes, ou na data do vencimento da dívida, cumprindo o dever; ou quem respeita a propriedade de outra pessoa sobre um bem, abstendo-se de usar a coisa sem sua permissão. Este comportamento espontâneo observa a eficácia do direito subjetivo e atende voluntariamente o dever que lhe corresponde. Contudo, em outras situações, o titular do direito, embora tenha o poder de exigir, não observa o comportamento voluntário do titular do dever no sentido de realizá-lo. Ao contrário, o titular do dever deixa de pagar, ou de respeitar e se abster nos termos do dever jurídico que lhe caiba. Neste caso, caracteriza-se a violação do direito subjetivo, e em decorrência dela, o nascimento de uma pretensão de exigir sua realização, inclusive de modo coercitivo, ou ainda de ter reparados ou compensados os danos sofridos em razão desta mesma violação.

É a pretensão o poder de exigir o respeito ao direito subjetivo por seu titular. Trata-se do poder de perseguir o direito, conforme se revela no festejado conceito alemão de *Anspruch*,[11] que inspira o legislador brasileiro.[12] Nasce como efeito da violação do direito e seu exercício não se confunde com ele. O direito subjetivo legitima certo interesse que pode ser o de receber um bem, ou certos direitos sobre ele, fruir de um serviço ou atividade, ou que alguém se abstenha de interferir em um bem, sobre sua posse ou propriedade. Pretensão é o poder de assegurar que, caso este comportamento do titular do dever não seja cumprido espontaneamente, o será coercitivamente, com todos os meios previstos em direito para constranger o titular a realizar o comportamento devido.

Registre-se que não se confundem a pretensão e a ação. **Pretensão** é o poder do titular do dever violado de exigir seu cumprimento ou o ressarcimento dos danos decorrentes de sua violação. Compreende também o poder de impedir o dano ou fazer cessá-lo. A pretensão se exerce por intermédio da **ação** que é meio de postulação em juízo pretendendo uma tutela – ou direito subjetivo público de provocar o exercício da atividade jurisdicional do Estado. Porém, não se confunde com ela e nem a ela se restringe. Compreendem o exercício da pretensão outros atos como, por exemplo, o protesto e a interpelação; pode também ser exercida, tratando-se de direitos patrimoniais disponíveis, perante o juízo arbitral (art. 1º da Lei 9.307/1996).

Às pretensões podem se opor as exceções. **Exceções** são situações jurídicas pelas quais uma pessoa pode recusar o cumprimento de um dever ou de uma pretensão que lhe corresponda. Ou, em outros termos, posições que permitem ao titular impedir a eficácia do direito da contraparte. Assim, por exemplo, a exceção de incumprimento do contrato pela qual o contratante de quem venha a ser exigida a prestação, possa condicionar o cumprimento ao implemento da prestação da outra parte (art. 476 do Código Civil); ou aquele que se pretenda que restitua um bem possa retê-lo enquanto o titular da pretensão não promova seu ressarcimento (arts. 578

---

[11] Na linha de evolução do pensamento pandectista do século XIX, a pretensão e a ação não se confundiam. A ação é o direito subjetivo em "estado de defesa" conforme apontava Savigny (System des heutigen römischen Rechts, Bd V, Berlin, 1841, § 204, p. 2). Bernhard Windscheid, de sua vez, compreende a pretensão como elemento do próprio direito subjetivo, identificado com a noção de actio romana: "Actio ist der Ausdruck für den Anspruch" Bernhard Windscheid, Die Actio des römischen Civilrechts, vom Standpunkte des heutigen Rechts. Düsseldorf: Buddeus, 1856, p. 5. Dessa origem delineia-se a noção material da pretensão no direito contemporâneo. Na tradição francesa, esta compreensão se dá, especialmente, no exame das obrigações, distinguindo-as entre as perfeitas, dotadas da possibilidade de exigir cumprimento, e as imperfeitas (obrigações naturais) em que não há como o credor exigir o cumprimento. Veja-se Robert Joseph Pothier, Traité des obligations, tome premier, Paris: Debure, 1761, p. 193.

[12] José Carlos Moreira Alves, A parte geral do projeto de Código Civil brasileiro. 2ª ed. São Paulo: Saraiva, 2003, p. 157.

e 681 do Código Civil), e ainda quando quem é cobrado por uma dívida, oponha ao titular da pretensão a exigência de que seja paga outra também exigível, da qual seja ele credor e aquele devedor (exceção de compensação, art. 368 do Código Civil).

Ao lado dos direitos subjetivos propriamente ditos há os direitos potestativos. Conforme já se viu anteriormente, os **direitos potestativos** são espécies de direitos cujo titular, ao exercer, realiza plenamente seus efeitos, independentemente da cooperação ou comportamento do titular do dever. Resulta do simples exercício pelo titular a constituição, alteração ou extinção de uma determinada relação jurídica, de modo que os demais sujeitos que a integram apenas se sujeitam aos efeitos produzidos. Daí dizer-se que ao direito potestativo corresponde um **dever de sujeição**. Os direitos potestativos são previstos por lei para que seu titular os exerça produzindo para logo os efeitos. É o exemplo do direito de postular a anulação de um ato ou negócio jurídico anulável; de resolver um contrato, extinguindo-o em razão do inadimplemento; ou de denunciá-lo quando as partes prevejam esta possibilidade. Nestes casos, o exercício do direito potestativo preenche toda a eficácia, dispensando qualquer cooperação espontânea do outro sujeito da relação jurídica, para que produza efeitos.

Retomar esta distinção é relevante porque os efeitos do tempo operam diferentemente em relação a cada um deles. As pretensões devem ser exercidas no tempo que a lei prevê. Como regra, portanto, o poder de exigir a realização do direito subjetivo não é indefinido. É célebre a máxima latina *dormientibus non sucurrit ius* ("O direito não socorre os que dormem"). Isso se faz em benefício da estabilidade das relações jurídicas e da própria segurança jurídica. Para tanto, é prevista a prescrição. Registre-se uma vez mais: o direito reconhece a prescrição aquisitiva, de origem romana (a usucapião) e a prescrição extintiva. A **prescrição aquisitiva**, pela qual o possuidor pode adquirir propriedade de modo originário, em razão da posse mansa e pacífica pelo tempo previsto na lei (a par de outras condições) é disciplinada no direito das coisas. A prescrição que resulta do não exercício do direito e extingue a pretensão pelo não exercício no tempo previsto na lei é a **prescrição extintiva**. Desta é que se trata quando há referência à extinção do poder de exigir a realização do direito. Nestes termos, prescrição é a extinção da pretensão em razão do seu não exercício pelo titular no tempo previsto em lei. Este tempo é o que se denomina prazo prescricional, cuja fluência também se submete a critérios definidos em lei, que determina em qual instante começa a contar, e quais situações podem suspender ou interromper seu curso. Dispõe o art. 189 do Código Civil: "Art. 189. Violado o direito, nasce para o titular a pretensão, a qual se extingue, pela prescrição, nos prazos a que aludem os arts. 205 e 206." A inércia do titular da pretensão em não exercê-la no prazo definido na lei, faz com que se extinga, deixando de poder exigir o que ela lhe assegurava.

As exceções, de sua vez, prescrevem no mesmo prazo em que a pretensão a que se oponham (art. 190 do Código Civil). A razão é fácil de perceber, afinal, o que se apresenta como exceção de direito material deve ser objeto de alegação pelo réu, e é a rigor, antes, uma pretensão daquele que é demandado e a opõe como defesa (contradireito).[13] Veja-se, no exemplo da exceção de compensação: ambos são credores um do outro de dívidas líquidas e exigíveis; quando um exerce a pretensão de cobrança, o outro que também é titular da pretensão de exigir, oferece-a como exceção. Nesta mesma orientação, a própria extinção da pretensão, por prescrição, pode ser alegada em defesa daquele contra quem é exercida.

O direito potestativo, igualmente, deve ser exercido no prazo fixado em lei ou que for convencionado pelas partes. Extingue-se no caso de inércia do titular pelo período previsto,

---

[13] José Carlos Barbosa Moreira, Notas sobre pretensão e prescrição no sistema do novo Código Civil brasileiro. Revista trimestral de direito civil, v. 11. Rio de Janeiro: Padma, jul.-set./2002, p. 75.

decaindo. **Decadência** é a extinção do direito potestativo em razão do seu não exercício pelo titular no tempo previsto em lei ou convencionado pelas partes em negócio jurídico.

Dentre os critérios para distinguir a prescrição e a decadência, em especial frente às dificuldades que impunha o caráter assistemático da disciplina do tema pelo Código Civil de 1916,[14] logrou justo prestígio o proposto pelo Professor Agnelo Amorim Filho, que influenciou o legislador do Código Civil de 2002. Ainda que marcado pela terminologia pouco clara do Código Civil anterior (e em especial na identificação entre pretensão e ação, ora tomada como imprópria), propôs a distinção a partir das ações correspondentes aos direitos subjetivos, todas de natureza condenatória, consistentes na exigência de uma prestação não realizada espontaneamente pelo devedor; e os direitos potestativos, aos quais não corresponde uma prestação, e são insuscetíveis de violação, dos quais se originam ações constitutivas ou desconstitutivas, que tendo prazo previsto em lei, será decadencial. Da mesma forma, sustenta que as ações declaratórias são imprescritíveis, considerando que visam obter uma certeza sobre dada situação jurídica.[15]

3. A PRESCRIÇÃO E SUAS CARACTERÍSTICAS

Tratando-se de fenômeno extintivo da pretensão, a prescrição admite apenas em parte que seus efeitos sejam objeto de disposição pelos interessados. Dispõe a lei, a renúncia à prescrição, de forma expressa ou tácita, que se reconhece a quem ela favorece, ou seja, aquele cujo dever deixaria de poder ser exigido em razão da extinção da pretensão (e.g. o devedor que renuncia à prescrição que extinguiu a pretensão do credor). Assim, o art. 191 do Código Civil: "A renúncia da prescrição pode ser expressa ou tácita, e só valerá, sendo feita, sem prejuízo de terceiro, depois que a prescrição se consumar; tácita é a renúncia quando se presume de fatos do interessado, incompatíveis com a prescrição."

Trata-se de exercício da autonomia privada que pode se dar de forma expressa ou tácita. De forma expressa, se dá por negócio jurídico unilateral. Diz-se que pode ser tácita quando resulte da presunção de fatos do interessado, incompatíveis com a prescrição, como é o caso, por exemplo, em que aquele que se beneficia da prescrição admite a existência da obrigação e propõe acordo ao titular da pretensão.[16] A renúncia pressupõe já existir o direito à prescrição. Logo, só há renúncia quando transcorrido o prazo prescricional, antes do que não há o que renunciar.[17] Se a renúncia ocorrer antes de transcorrido o prazo, pode ser tomado como ato que importa o reconhecimento inequívoco do direito do credor, hipótese que configura causa de interrupção do prazo prescricional (art. 202, VI, do Código Civil).[18] A renúncia, caso prejudique direito de terceiros não produz efeitos em relação a eles.

---

[14] Em relação especialmente à decadência, o caráter assistemático dos prazos e hipóteses de cabimento é uma constante histórica, conforme assinala António Menezes Cordeiro, Tratado de direito civil, V. Parte geral. Exercício jurídico. 3ª ed. Coimbra: Almedina, 2018, p. 246 e ss.

[15] Agnelo Amorim Filho, Critério científico para distinguir a prescrição da decadência e para identificar as ações imprescritíveis, Revista dos Tribunais, v. 300. São Paulo: RT, outubro de 1960, p. 7-37. Mais recentemente, veja-se à luz do Código Civil de 2002, o exame já mencionado de José Carlos Barbosa Moreira, Notas sobre pretensão e prescrição no sistema do novo Código Civil brasileiro. Revista trimestral de direito civil, v. 11. Rio de Janeiro: Padma, jul.-set./2002, p. 67-77.

[16] STJ, REsp 1520012/SP, Rel. Min. Ricardo Villas Bôas Cueva, 3ª Turma, j. 14/03/2017, *DJe* 21/03/2017.

[17] STJ, AgInt no AREsp 1365839/SP, Rel. Min. Ricardo Villas Bôas Cueva, 3ª Turma, j. 27/05/2019, *DJe* 29/05/2019.

[18] Fabiano Menke, Comentários ao art. 191 do Código Civil, In: Giovanni Etore Nanni (org.) Comentários ao Código Civil: direito privado contemporâneo. São Paulo: Saraiva, 2019, p. 313.

Os prazos fixados em lei para a prescrição não podem ser alterados por convenção das partes (art. 192 do Código Civil), considerando-se tratar-se de normas de ordem pública as que deles dispõe.[19] Nestes termos, havendo disposições neste sentido dispostas em negócio jurídico, serão nulas. "Art. 192. Os prazos de prescrição não podem ser alterados por acordo das partes". Da mesma forma, podem ser alegadas em qualquer grau de jurisdição (art. 193). Neste particular, anote-se que por qualquer grau de jurisdição, em tese admite que sejam reconhecidas tanto em apelação,[20] como também no julgamento de recurso especial e extraordinário, perante o STJ e o STF, respectivamente.[21] Discute-se, contudo, se a exigência de prequestionamento, que ínsita aos recursos propostos nestas Cortes, impediria ou não seu reconhecimento.[22] Tratando-se de disposição expressa em lei, porém, deve ser evidenciada a possibilidade de alegação e reconhecimento da prescrição, independentemente de ter havido prequestionamento, configurando-se regra de exceção,[23] desde que desnecessária dilação probatória, permitindo-se sua identificação por inferência lógica dos fatos já demonstrados.

A redação original do Código Civil impedia que a prescrição fosse reconhecida de ofício, a não ser a que se beneficiasse o incapaz absoluto, devendo em outras hipóteses ser objeto de alegação da parte a quem interessava para ser conhecida pelo juiz. Esta vedação, contida no art. 194 do Código Civil, foi revogada,[24] visando privilegiar a celeridade do processo, ademais, confirmada pelos arts. 332, §1º e 487, II, do Código de Processo Civil, que dispõem expressamente sobre a possibilidade do seu conhecimento de ofício pelo juiz, seja para juízo de improcedência liminar do pedido, ou em sentença com resolução do mérito do processo. As intercorrências na fluência do prazo prescricional, contudo – que são matérias de fato e impedem que inicie a contar, suspendem ou interrompem seu curso, são matérias que exigem o exame judicial e o contraditório das partes, insuscetível de ser apurado sem considerar as razões de ambas as partes. Daí a exigência, no Código de Processo Civil, de que "ressalvada a hipótese do §1º do art. 332, a prescrição e a decadência não serão reconhecidas sem que antes seja dada às partes oportunidade de manifestar-se." (art. 487, parágrafo único). No caso de improcedência liminar do pedido (art. 332, §1º do CPC), o conhecimento de ofício da prescrição poderá ser objeto de recurso, com a demonstração dos fatos que apontem o não exaurimento do prazo prescricional.

No caso dos relativamente incapazes que atuam por intermédio de seus assistentes e da pessoa jurídica, através de seus representantes legais, se estes deixarem de exercer em tempo as pretensões de que sejam titulares seus assistidos ou representados, fazendo com que prescrevam, ou deixarem de alegar em tempo a prescrição que os favoreça, responderão pelos prejuízos que causarem em razão desta falha (art. 195 do Código Civil). Neste caso, a responsabilidade é

---

[19] Francisco Cavalcante Pontes de Miranda, Tratado de direito privado, t. VI. Atual. Otávio Luiz Rodrigues Júnior, Tilman Quarch e Jefferson Carús Guedes. São Paulo: RT, 2012, p. 233.
[20] STJ, REsp 767.246/RJ, Rel. Min. Jorge Scartezzini, 4ª Turma, j. 19/10/2006, DJ 27/11/2006.
[21] STJ, REsp 1360269/RJ, Rel. Min. Luis Felipe Salomão, 4ª Turma, j. 27/11/2018, DJe 08/03/2019.
[22] Sustentando falta de prequestionamento para deixar de conhecer alegação de prescrição: STJ, AgRg no REsp 1197216/MG, Rel. Min. Napoleão Nunes Maia Filho, Rel. p/ Acórdão Min. Benedito Gonçalves, 1ª Turma, j. 13/03/2018, DJe 04/04/2018.
[23] STJ, REsp 694.766/RS, Rel. Min. Luis Felipe Salomão, 4ª Turma, j. 06/05/2010, DJe 24/05/2010; REsp 968.913/RS, Rel. Min. Eliana Calmon, 2ª Turma, j. 06/11/2008, DJe 01/12/2008.
[24] A revogação da norma se deu pela Lei 11280/2006, que alterou o art. 219, §5º do Código de Processo Civil de 1973 – ora revogado e substituído pelo de 2015 – definindo naquela regra que o juiz deveria pronunciar de ofício a prescrição. Com fundamento nesta alteração, inclusive, passou-se a entender que o reconhecimento da prescrição poderia se estabelecer, de ofício, inclusive na fase de execução da sentença: STJ, REsp 723.210/PR, Rel. Min. Herman Benjamin, 2ª Turma, j. 06/02/2007, DJ 19/12/2007.

subjetiva, fundada na culpa, que é a regra tanto em relação à representação, quanto à assistência de incapazes (art. 1781 c/c art. 1752 do Código Civil), quanto dos administradores da pessoa jurídica (arts. 1011 e 1016 do Código Civil).

Por fim, refira-se que o prazo prescricional que inicia a contar em relação a uma pessoa, corre também contra seu sucessor (art. 196 do Código Civil), independentemente de que espécie se trate, ou a que título se dê a transmissão do direito e da respectiva pretensão[25] – se *inter vivos* ou *causa mortis* e, em relação a esta, se a título universal (herdeiro) ou singular (legatário). Trata-se da *acessio temporis* comum à prescrição extintiva e aquisitiva,[26] também mencionada como *acessio praescriptionis*.[27]

4. TERMO INICIAL DO PRAZO PRESCRICIONAL

A extinção da pretensão pela prescrição submete-se aos prazos definidos em lei. Para além do prazo em si, contudo, é decisivo identificar os critérios para sua contagem, em especial a identificação do seu termo inicial e as intercorrências que impedem o início da fluência ou afetam seu curso (causas suspensivas e interruptivas).

A rigor, a fórmula legal da primeira parte do art. 189 do Código Civil é didática: "violado o direito nasce para seu titular a pretensão". A pretensão, a rigor, nasce e passa a poder ser exercida desde o momento da violação do direito. Contudo, a caracterização deste momento merece atenção. Nos direitos que resultem de negócio jurídico, como é caso de muitas relações obrigacionais, a celebração do negócio pode deixar em suspenso certos efeitos, como é o caso daqueles que estejam submetidos a termo ou condição. Embora tenham ajustado desde logo a prestação (e.g. o que se deve prestar, o preço a pagar) define-se que seu cumprimento deve ser feito até determinado dia (termo de vencimento, art. 315 do Código Civil), ou apenas no caso de realizar-se um determinado evento futuro e incerto (condição suspensiva). No caso das obrigações subordinadas a termo, já há o direito de o credor receber, porém, não pode ainda exigir, antes do vencimento. O termo se fixa em favor do devedor, que pode, salvo convenção em contrário, pagar antes do final do prazo, mas não pode ser constrangido a fazê-lo. Até que ocorra o termo de vencimento, não é exigível o dever de prestação, razão pela qual não há como o devedor violar diretamente o direito do credor receber, recusando-se ao pagamento. Situações específicas podem dar causa ao direito de exigir antes do vencimento (art. 333 do Código Civil), hipótese em que a lei prevê fatos que antecipam excepcionalmente a exigibilidade da dívida.

Todavia, se é dívida que o credor deva interpelar para ser paga, só havida esta, e mantendo-se inerte o devedor que não realiza o pagamento, verifica-se a violação do direito. A recusa do cumprimento do dever, que implica a violação do direito e faz nascer a pretensão, não precisa ser expressa. Pressuposto o dever de realizar determinado comportamento e tendo ele se mantido inerte, há recusa e violação do direito.

Há situações, contudo, que a lei estabelece como termo inicial da contagem do prazo, não o do nascimento da pretensão, mas aquele em que o seu titular tenha conhecimento dela, ou mesmo condições concretas de exercê-la. *Contra non valentem agere nulla currit praescriptio* é máxima que literalmente significa "contra quem não pode agir, não corre a prescrição". Neste sentido, tanto na legislação, quanto na jurisprudência, definem-se hipóteses em que a ciência do titular da pretensão é exigida para que inicie a fluir o prazo prescricional. É o caso das pre-

---

[25] STJ, REsp 1077222/MG, Rel. Min. Luis Felipe Salomão, 4ª Turma, j. 16/02/2012, *DJe* 12/03/2012.
[26] Orlando Gomes, Introdução ao direito civil. 19ª ed. Rio de Janeiro: Forense, 2007, p. 448.
[27] Caio Mário da Silva Pereira, Instituições de direito civil, v. 1, cit.

tensões do segurado contra o segurador, que se contam, no caso do seguro de responsabilidade civil, quando é citado para responder a ação de indenização proposta por terceiro, e nos demais seguros, da ciência do fato gerador da pretensão (art. 206, § 1º, II, do Código Civil). Da mesma forma, a pretensão do consumidor em relação ao fornecedor por danos decorrentes de produtos e serviços defeituosos, cuja contagem do prazo inicia-se "a partir do conhecimento do dano e de sua autoria" (art. 27 do CDC).

A teoria da *actio nata* (da máxima *actioni nondum natae non praescribitur*, ou "ações que ainda não nasceram não prescrevem") fundamenta a fixação do termo inicial do prazo prescricional no momento da violação do direito e nascimento da pretensão. Sua compreensão moderna, a partir dos textos romanos, deve-se a Savigny.[28] Adotou-a o direito brasileiro,[29] inclusive na fórmula do art. 189 do Código Civil vigente. Só flui prescrição quando já há pretensão; e esta nasce apenas quando o direito é violado. Por esta razão, inclusive, é que o art. 199 do Código Civil dispõe que não corre a prescrição: "I – pendendo condição suspensiva; II – não estando vencido o prazo; III – pendendo ação de evicção." Em tais situações o direito inexiste ou não é exigível, não tendo como haver violação que faça nascer a pretensão. Neste caso, a opção legislativa não é a melhor, pois ao incluir tais situações em que não há pretensão junto de outras em que ela existe, mas o prazo prescricional não inicia a fluir (causa impeditiva) ou é paralisado (causa suspensiva), pode induzir a confusão do intérprete menos atento.

Decidiu o STJ: "o termo inicial da prescrição surge com o nascimento da pretensão (*actio nata*), assim considerada a possibilidade do seu exercício em juízo. Conta-se, pois, o prazo prescricional a partir da ocorrência da lesão, sendo irrelevante seu conhecimento pelo titular do direito."[30] Esta compreensão, contudo, vem cedendo em situações para as quais a jurisprudência estende o sentido do que considera possibilidade de exercício da pretensão em juízo, contemplando além das hipóteses previstas expressamente em lei, situações em que o prazo prescricional na reparação de danos patrimoniais e compensação dos danos morais iniciam da ciência da lesão em toda sua extensão, e do responsável pelo ilícito.[31]

Parte-se da ideia de que se a prescrição é sanção pela negligência do titular por manter-se inerte durante o tempo previsto pela lei para seu exercício, ignorando a violação do direito, não deve fluir o prazo.[32] Há, na doutrina contemporânea, autorizada defesa deste entendimento,[33]

---

[28] Friedrich Carl von Savigny, *System des heutigen Römischen Rechts*, Bd V. Berlin: Veit und Co., 1841, p. 280-281.

[29] "A prescrição inicia-se ao nascer a pretensão; portanto, desde que o titular do direito pode exigir o ato, ou a omissão. A pretensão supõe o direito, que é prius; pode ser posterior a ele, e.g., se há dia para vencimento e exigibilidade" Francisco Cavalcanti Pontes de Miranda, *Tratado de direito privado*, t. VI. São Paulo: RT, 2012, p. 239. No mesmo sentido, Antônio Luis da Câmara Leal, *Da prescrição e da decadência*. 3. ed. Rio de Janeiro: Forense, 1978, p. 22.

[30] STJ, REsp 1003955/RS, Rel. Min. Eliana Calmon, 1ª Seção, j. 12/08/2009, DJe 27/11/2009.

[31] STJ, AgInt no AREsp 639.598/SP, Rel. Min. Nancy Andrighi, 3ª Turma, j. 13/12/2016, DJe 03/02/2017; STJ, AgInt no REsp 1150102/PR, Rel. Min. Antônio Carlos Ferreira, 4ª Turma, j. 29/09/2016, DJe 04/10/2016; STJ, REsp 1347715/RJ, Rel. Min. Marco Aurélio Bellizze, 3ª Turma, j. 25/11/2014, DJe 04/12/2014; STJ, REsp 1354348/RS, Rel. Min. Luis Felipe Salomão, 4ª Turma, j. 26/08/2014, DJe 16/09/2014; STJ, AgRg no REsp 1248981/RN, Rel. Min. Mauro Campbell Marques, 2ª Turma, j. 06/09/2012, DJ 14/09/2012.

[32] Antônio Luis da Câmara Leal, *Da prescrição e da decadência*. 3. ed. Rio de Janeiro: Forense, 1978, cit.

[33] Nelson Rosenvald e Cristiano Chaves de Farias, Curso de direito civil, v. 1. Parte geral e Lindb. 13ª ed. São Paulo: Atlas, 2015, p. 622; Flávio Tartuce, Direito civil: Lei de Introdução e parte geral. São Paulo: Forense, 2019, p. 540-543. Circunscrevendo-a às hipóteses de responsabilidade extracontratual em face do desconhecimento do próprio crédito pelo titular, José Fernando Simão, Prescrição e decadência: início dos prazos. São Paulo: Atlas, 2013, p. 213.

que de resto expressa no sistema brasileiro uma tendência de flexibilização do termo inicial do prazo prescricional pelo legislador em diferentes sistemas jurídicos.[34] Todavia, é de tomar-se em conta eventuais dificuldades da extensão das hipóteses para além das fixadas em lei, em especial frente a diferentes pretensões de reparação de danos patrimoniais ou compensação de danos morais como vem contemplando a jurisprudência. As circunstâncias de fato que envolvem a identificação do momento da ciência da pretensão pelo titular podem repercutir com a incerteza sobre a fluência e atingimento do prazo prescricional, perturbando a estabilidade das relações jurídicas, que afinal, é o fundamento da prescrição extintiva.

5. CAUSAS DE IMPEDIMENTO, SUSPENSÃO E INTERRUPÇÃO DO PRAZO PRESCRICIONAL

A fluência do prazo prescricional pode sofrer intercorrências que, previstas em lei, assinalam o impedimento de que comece a fluir, ou que, estando em curso, seja suspenso ou interrompido pelo advento de causas que o justifiquem.

Causas que impedem a prescrição são aquelas que não permitem que o prazo inicie a fluir. Embora já exista a pretensão, seu prazo prescricional não flui, havendo causa impeditiva. Diferentemente, as causas que suspendem a prescrição são eventos que ocorrem já durante a fluência do prazo prescricional e o paralisam, de modo que, quando deixam de existir, fazem com que volte a fluir de onde parou.[35] Já as causas que interrompem a prescrição são eventos que, ao se realizarem, também paralisam a fluência do prazo prescricional em curso; porém, quando deixam de existir fazem com que este prazo seja renovado, passando a contar todo, integralmente, mais uma vez.

5.1. Causas de impedimento e suspensão

Os arts. 197, 198 e 199 do Código Civil dispõem sobre diversas situações que interferem na fluência do prazo prescricional, dispondo em todos que "não corre a prescrição". Apenas o exame de cada situação permite identificar se tratam de causas impeditivas ou suspensivas do prazo prescricional, ou ainda que não corre prescrição porque não nasceu a pretensão (*actio nata*). Já o artigo 202 do Código Civil dispõe expressamente sobre as causas que interrompem a prescrição. Examina-se a seguir estas disposições.

Não corre prescrição entre os cônjuges na constância da sociedade conjugal (art. 197, I). Tratando-se de pretensão anterior à constituição da sociedade conjugal (casamento ou união estável), esta surge como causa suspensiva; sendo pretensão que nasce durante a sociedade conjugal, o prazo prescricional não flui enquanto esta perdure (causa impeditiva). O propósito da regra, neste caso, é preservar a harmonia da relação conjugal, evitando constrangimentos que derivariam da necessidade de exercício da pretensão para que não se extinguisse pela inércia.

---

[34] Ewoud Hondius, General Report. In: Ewoud H Hondius (Ed.), *Extinvtive prescription on the limitation of actions*, The Hague: Kluwer Law international, 1995, p. 19 passim 25.

[35] Registre-se o disposto no art. 3º, da Lei 14.010/2020, que no âmbito do regime emergencial transitório de direito privado instituído em razão dos efeitos da pandemia de coronavírus no Brasil, determinou que "Os prazos prescricionais consideram-se impedidos ou suspensos, conforme o caso, a partir da entrada em vigor desta Lei até 30 de outubro de 2020. O § 1º do mesmo artigo, todavia, excepciona sua incidência nos casos em que "perdurarem as hipóteses específicas de impedimento, suspensão e interrupção dos prazos prescricionais previstas no ordenamento jurídico nacional."

Da mesma forma, *não corre prescrição entre ascendentes e descendentes, durante o poder familiar (art. 197, II)*. Trata-se de causa impeditiva que se justifica pelo fato de, nesta situação, os ascendentes atuarem como representantes legais dos descendentes até que completem dezesseis anos, e depois como assistentes até a maioridade (art. 1.634, VII). Nesta hipótese, não se pode lhes exigir que exerçam, nesta condição, pretensão contra si mesmos, tampouco tal condição prejudique a futura satisfação do interesse do descendente em relação a eles.

Pelas mesmas razões *não corre prescrição entre tutelados ou curatelados e seus tutores ou curadores, durante a tutela ou curatela (art. 197, III)*. Neste caso, trata-se de causa impeditiva quando a pretensão nasça durante a vigência da tutela ou curatela, independentemente de relacionar-se ao seu exercício ou a outros fatos que lhe sejam estranhos; será suspensiva do prazo prescricional que já estiver fluindo caso seja anterior à nomeação do tutor ou curador respectivo, hipótese em que desde a nomeação até a extinção da tutela ou curatela (arts. 1763 a 1766) não corre o prazo, daí voltando a fluir de onde foi paralisado.

Não corre prescrição em relação a pretensões dos absolutamente incapazes, que é norma consentânea à proteção que o direito lhes oferece (causa impeditiva, art. 198, I, do Código Civil).[36] Não se impede que possam exercer, por intermédio de representante legal, a pretensão de que sejam titulares, apenas os protege de eventual inércia.[37] *Também em relação às pretensões daqueles que se encontrem ausentes do País em serviço público da União, dos Estados ou dos Municípios (art. 198, II), ou contra quem se ache servindo nas Forças Armadas, em tempo de guerra (art. 198, III), não corre prescrição*. Da mesma forma, são causas que podem ser impeditivas ou suspensivas, tendo em conta se a pretensão venha a surgir durante a situação prevista ou lhe seja anterior, de modo que esta apenas paralisa a fluência do prazo, retomando de onde foi paralisado quando deixe de existir. A correta interpretação da ausência do país em serviço público pressupõe exercício do cargo ou função no exterior em caráter não eventual, de modo que a situação autorize presumir dificuldade ou obstáculo ao exercício da pretensão, traduzindo idêntico fundamento para o caso dos que sirvam às Forças Armadas em tempo de guerra.

As hipóteses mencionadas no art. 199 não configuram, como já foi observado antes, causas de impedimento ou suspensão da fluência do prazo prescricional, embora localizados em seção com este título. A rigor, são casos em que ainda não há pretensão (*actio nata*) ou porque o direito não foi ainda adquirido (caso da pendência de condição suspensiva ou de ação de evicção, incisos I e III), ou porque o prazo não venceu e o direito não é exigível (inciso II), o que impede sua violação (e consequente nascimento da pretensão de cujo exercício se trate).

Registre-se, por fim, que não corre o prazo prescricional relativo à pretensão resultante de fato que deva ser apurado no juízo criminal, antes da respectiva sentença definitiva (art. 200 do Código Civil). Nesse caso, trata-se de causa impeditiva, ademais porque a própria existência da pretensão pode depender do que se defina na sentença penal, nos termos que, aliás, dispõe o art. 935 do Código Civil, em matéria de responsabilidade civil: "A responsabilidade civil é independente da criminal, não se podendo questionar mais sobre a existência do fato, ou sobre quem seja o seu autor, quando estas questões se acharem decididas no juízo criminal." Ademais, constitui efeito da sentença penal condenatória tornar certa a obrigação de indenizar (art. 91, I, do Código Penal). Não é por outra razão que havendo processo civil sobre o mesmo fato, poderá ser objeto de suspensão pelo juiz, nos termos do art. 315 do Código de Processo Civil.

---

[36] STJ, AgInt no AREsp 1430937/SP, Rel. Min. Raul Araújo, 4ª Turma, j. 10/12/2019, *DJe* 06/03/2020); STJ, REsp 1349599/MG, Rel. Min. Luis Felipe Salomão, 4ª Turma, j. 13/06/2017, *DJe* 01/08/2017.

[37] STJ, REsp 1529971/SP, Rel. Min. Ricardo Villas Bôas Cueva, 3ª Turma, j. 12/09/2017, *DJe* 19/09/2017.

Para efeito de incidência do art. 200 do Código Civil, contudo, será necessário relação de dependência e prejudicialidade entre a pretensão civil e a apuração do fato pelo juízo criminal, hipótese, inclusive, que a jurisprudência vem condicionando à instauração de inquérito policial ou a proposição de ação penal.[38]

No caso de solidariedade ativa – caso da pluralidade de credores em determinada obrigação, na qual qualquer deles pode exigir integralmente a dívida do devedor comum (art. 267 do Código Civil) – a suspensão do prazo prescricional em relação a um deles só aproveita aos demais se a obrigação for indivisível (art. 201 do Código Civil). Ilustrando o âmbito de incidência da norma, tratando-se de dívida que consista pagar quantia em dinheiro, que é obrigação divisível, operada a suspensão do prazo em relação a um dos credores solidários (e.g. porque ausente do país no exercício de serviço público), continuará fluindo em relação aos demais; sendo credores solidários de um bem indivisível, por exemplo, a suspensão do prazo para exercer a pretensão por um deles, aproveita aos demais.

5.2. Causas de interrupção

Conforme foi mencionado, as causas de interrupção do prazo prescricional paralisam seu curso e, deixando de existir, faz com que ele seja retomado integralmente. As causas de interrupção do prazo prescricional são previstas no art. 202 do Código Civil, e só podem ocorrer uma vez,[39] podendo ser promovida por qualquer interessado (art. 203). Ao titular da pretensão interessa interromper o prazo prescricional para poder exercê-la regularmente, assim como terceiro que demonstre ter interesse jurídico na preservação da pretensão (e.g. credor do titular da pretensão em relação a créditos cuja exigência venha a integrar seu patrimônio e evitar a insolvência). Há casos em que a interrupção se dá por um ato que é instantâneo, que desde logo interrompe e renova o prazo que volta a correr do início; em outros há um processo para interrompê-lo. Nesta hipótese, o prazo não corre neste intervalo, sendo renovado e voltando a correr todo ele a partir do último ato do processo para interrompê-lo (art. 202, parágrafo único). Assim, por exemplo, compreendendo o exercício da pretensão por via de processo judicial, o prazo prescricional passa a fluir, renovado, a partir do trânsito em julgado da respectiva sentença judicial.[40]

A primeira das causas de interrupção do prazo é o *despacho do juiz, mesmo incompetente, que ordenar a citação, se o interessado a promover no prazo e na forma da lei processual* (art. 202, I). Neste caso, a interrupção do prazo se opera mesmo se adiante seja reconhecida a nulidade da citação, ou do próprio processo, assim como se este venha a ser extinto sem julgamento do mérito. O despacho que ordena a citação retroage, de sua vez, à data de propositura da ação

---

[38] STJ, REsp 1180237/MT, Rel. Min. Paulo de Tarso Sanseverino, 3ª Turma, j. 19/06/2012, DJe 22/06/2012; STJ, REsp 1135988/SP, Rel. Min. Luis Felipe Salomão, 4ª Turma, j. 08/10/2013, DJe 17/10/2013; STJ, REsp 1704525/AP, Rel. Min. Nancy Andrighi, 3ª Turma, j. 12/12/2017, DJe 18/12/2017; STJ, AgInt no REsp 1831298/CE, Rel. Min. Raul Araújo, 4ª Turma, j. 10/12/2019, DJe 19/12/2019.

[39] Não é incomum que o titular da pretensão a exerça propondo mais de uma ação judicial contra o devedor. Neste caso, contudo, não se deverá reconhecer a cada uma delas a eficácia de interrupção da prescrição, considerando a determinação legal de que ela só possa ocorrer uma vez: STJ, REsp 1810431/RJ, Rel. Min. Nancy Andrighi, 3ª Turma, j. 04/06/2019, DJe 06/06/2019.

[40] STJ, REsp 1512283/SP, Rel. Min. Nancy Andrighi, 3ª Turma, j.14/08/2018, DJe 17/08/2018. Nas pretensões de repetição de indébito contra a Fazenda Pública, o protesto judicial, via medida cautelar é faculdade do contribuinte, não sendo condição para exercício da pretensão: STJ, REsp 1329901/RS, Rel. Min. Mauro Campbell Marques, 2ª Turma, j. 23/04/2013, DJe 29/04/2013.

nos termos do art. 240, § 1º, do Código de Processo Civil, o mesmo ocorrendo em relação à execução (art. 802 do Código de Processo Civil).

A segunda causa interruptiva da prescrição prevista em lei é do *protesto judicial* (art. 202, II). Cabe o protesto judicial como espécie de tutela de urgência de natureza cautelar, contra a alienação de bens ou visando assegurar direitos (art. 301 do Código de Processo Civil). Na linguagem forense usa-se referir ao "protesto interruptivo da prescrição". Sendo por demanda judicial, a retomada de contagem do prazo, desde seu início, se dá a partir do último ato do processo para este fim (art. 202, parágrafo único).

Constitui causa interruptiva da prescrição, igualmente, o *protesto cambial* (art. 202, III), que é levado a efeito em tabelionato de protesto de títulos (art. 1º da Lei 9.492/1997).[41] A interrupção do prazo prescricional é considerada do momento da apresentação do título para protesto, pelo credor. Na mesma linha de entendimento, *a apresentação do título de crédito em juízo de inventário ou em concurso de credores interrompe a prescrição* (art. 202, IV). Fundamenta o critério, a circunstância de que, ao apresentar o título, o credor age – não se mantém inerte –, porém, submete-se ao procedimento que é próprio para sua satisfação no caso do falecimento ou insolvência do devedor.

Qualquer ato judicial que constitua em mora o devedor se reconhece como causa interruptiva da prescrição (art. 202, V). Neste caso, tem lugar a notificação ou interpelação judicial do devedor (arts. 726 a 729 do Código de Processo Civil),[42] assim como a notificação para formação do juízo arbitral.[43] Neste particular, observe-se que o art. 19, §2º da Lei de Arbitragem (Lei 9307/1996), dispõe: "A instituição da arbitragem interrompe a prescrição, retroagindo à data do requerimento de sua instauração, ainda que extinta a arbitragem por ausência de jurisdição." Da mesma forma, embora não se trate de ato judicial, coerente com o reconhecimento da arbitragem no direito brasileiro é o reconhecimento do compromisso arbitral como causa de interrupção do prazo prescricional. Nos termos do art. 9º da Lei de Arbitragem, ele consiste na "convenção através da qual as partes submetem um litígio à arbitragem de uma ou mais pessoas, podendo ser judicial ou extrajudicial." O reconhecimento da existência de litígio a ser decidido por arbitragem pressupõe o da pretensão, cujo exercício se dará perante o juízo arbitral.

Por fim, é prevista como causa que interrompe a prescrição "*qualquer ato inequívoco, ainda que extrajudicial, que importe reconhecimento do direito pelo devedor.*" (art. 202, VI). Trata-se de hipótese que exige valoração do comportamento do devedor, e não apenas a consideração formal da prática de qualquer ato, embora não se exija que seja direcionado ao credor.[44] Assim é que o pedido de prazo para exame de documentos não configura ato inequívoco de reconhecimento do direito;[45] por outro lado, o pagamento parcial do débito tem este efeito, interrompendo o prazo prescricional.[46]

A interrupção do prazo prescricional, como regra, produz efeitos em relação ao titular da pretensão e àqueles contra quem ela deva ser exercida. Neste sentido, deve ser interpretado o art. 204 do Código Civil: "A interrupção da prescrição por um credor não aproveita aos outros; semelhantemente, a interrupção operada contra o codevedor, ou seu herdeiro, não prejudica

---

[41] No direito anterior, a Sùmula 153 do STF dispunha em sentido contrário, de que o protesto cambial não interrompia a prescrição, entendimento superado com o advento do Código Civil de 2002.
[42] STJ, REsp 1658663/RJ, Rel. Min. Nancy Andrighi, 3ª Turma, j. 04/06/2019, *DJe* 07/06/2019.
[43] STJ, AREsp 640.815/PR, Rel. Min. Gurgel de Faria, 1ª Turma, j. 07/12/2017, *DJe* 20/02/2018.
[44] STJ, AgInt no REsp 1475681/SP, Rel. Min. Marco Aurélio Bellizze, 3ª Turma, j. 19/08/2019, *DJe* 22/08/2019.
[45] STJ, REsp 1677895/SP, Rel. Min. Nancy Andrighi, 3ª Turma, j. 06/02/2018, *DJe* 08/02/2018.
[46] STJ, AgInt no REsp 1531731/SP, Rel. Min. Luis Felipe Salomão, 4ª Turma, j. 19/04/2018, *DJe* 10/05/2018.

aos demais coobrigados." São exceções à regra o aproveitamento da interrupção da prescrição promovida por um credor solidário pelos demais, bem como quando se opera contra os devedores solidários e seus herdeiros (art. 202, § 1º, do Código Civil). No caso da interrupção que se dê em relação a um dos herdeiros do devedor solidário não prejudica os demais herdeiros ou devedores, senão quando se trate de obrigações e direitos indivisíveis (art. 202, § 2º). Tratam-se de regras que se vinculam à própria natureza das obrigações solidárias, que permitem, no caso de solidariedade ativa, que cada credor possa exigir integralmente a dívida; e no caso de solidariedade passiva, que os codevedores respondam qualquer deles, pela integralidade do débito. Neste sentido, os efeitos da interrupção da prescrição se operam igualmente a todos, no que se distingue da hipótese de suspensão do prazo prescricional, que só aproveita aos credores solidários se a obrigação for indivisível. A diferença de tratamento deve ser encontrada no fato de que, enquanto as causas suspensivas do prazo prescricional vinculam-se, em regra, a condições subjetivas do titular da pretensão, as causas de interrupção distinguem-se por sua atuação, senão exercendo diretamente a pretensão, adotando providências para evitar sua extinção. Nestes mesmos termos, a interrupção da prescrição que o titular da pretensão ou terceiro interessado promova contra devedor, produz efeitos em relação ao fiador (art. 202, § 3º), preservando a possibilidade de exigir a garantia em caso de inadimplemento.

6. OS PRAZOS PRESCRICIONAIS

Os prazos prescricionais são definidos em lei, e são de ordem pública. No Código Civil estão sistematizados os prazos prescricionais nos arts. 205 e 206 do Código Civil, tendo sido observado a redução de parte deles em relação ao que dispunha o direito anterior (Código Civil de 1916).

A técnica legislativa adotada prevê a definição de um prazo geral de dez anos para exercício das pretensões para as quais a lei não tenha determinado prazo menor. Neste caso, tanto prazos previstos no próprio Código Civil (em especial no art. 206), quanto na legislação especial. É o caso do prazo de cinco anos para a reparação de danos por violação a direito de propriedade intelectual, art. 225 da Lei 9.279/1996; de cinco anos, contados do conhecimento do dano e sua autoria, para reparação de danos causados por produtos e serviços defeituosos ao consumidor, art. 27 do Código de Defesa do Consumidor; de seis meses para execução do cheque contados da expiração do prazo para apresentação (art. 59 da Lei 7.357/1985); cinco anos para a cobrança de honorários advocatícios (art. 25 da Lei 8.906/1994); de um a três anos para pretensões previstas na Lei das Sociedades Anônimas (art. 287 da Lei 6.404/1976), dentre outros.

O art. 206 do Código Civil dispõe sobre os prazos especiais, relacionando diversas pretensões específicas com prazos prescricionais de um a cinco anos.

Prescreve em **um ano** (art. 206, § 1º): "I – a pretensão dos hospedeiros ou fornecedores de víveres destinados a consumo no próprio estabelecimento, para o pagamento da hospedagem ou dos alimentos; II – a pretensão do segurado contra o segurador, ou a deste contra aquele, contado o prazo: a) para o segurado, no caso de seguro de responsabilidade civil, da data em que é citado para responder à ação de indenização proposta pelo terceiro prejudicado, ou da data que a este indeniza, com a anuência do segurador; b) quanto aos demais seguros, da ciência do fato gerador da pretensão; III – a pretensão dos tabeliães, auxiliares da justiça, serventuários judiciais, árbitros e peritos, pela percepção de emolumentos, custas e honorários; IV – a pretensão contra os peritos, pela avaliação dos bens que entraram para a formação do capital de sociedade anônima, contado da publicação da ata da assembleia que aprovar o laudo; V – a pretensão dos credores não pagos contra os sócios ou acionistas e os liquidantes, contado o prazo da publicação da ata de encerramento da liquidação da sociedade".

Em relação às pretensões que decorrem do contrato de seguro, sejam do segurado contra o segurador ou, ao contrário, do segurador em relação ao segurado, a prescrição de um ano se conta, no caso do seguro de responsabilidade civil, desde quando o segurado é citado para responder a ação de indenização proposta por terceiro, e nos demais seguros, da ciência do fato gerador da pretensão. A rigor, para o segurado, o fato gerador da pretensão cuja ciência deflagra o início do prazo prescricional é o da recusa ao pagamento da indenização pelo segurador, que caracteriza a violação do direito que faz nascer a pretensão. Contudo, ocorrendo o sinistro e deixando de comunicá-lo ao segurador, como determina a lei e o contrato, embora não se relacione diretamente à fluência contratual, é infração que pode dar causa, inclusive, à perda da garantia (art. 771 do Código Civil). Para o segurador, o termo inicial do prazo é o da ciência do inadimplemento do dever pelo segurado, seja em relação ao pagamento do prêmio devido, ou de outros deveres previstos na lei ou no contrato. Já a pretensão do terceiro beneficiário do seguro (e.g. no caso do seguro de vida) contra o segurador, na falta de prazo específico remete-se ao prazo geral de dez anos (art. 205 do Código Civil);[47] tratando-se de seguro obrigatório, o prazo é de três anos (art. 206, §3º, IX, do Código Civil).

É de **dois anos** o prazo prescricional para haver prestações alimentares, a partir da data em que se vencerem (art. 206, § 2º). A definição deste prazo não se confunde com a constituição da obrigação alimentar, que é imprescritível, dada a relevância do interesse de preservação da integridade e subsistência da pessoa do alimentando. O prazo prescricional em questão refere-se à exigência de prestação alimentar já constituída, e que sendo exigível e inadimplida pelo devedor, dá causa à pretensão para cobrança. A pretensão compreende a exigência das parcelas vencidas no período e vincendas no curso da ação judicial para cobrá-la. No caso de situações em que há indenização de caráter alimentar (alimentos indenizatórios), em que a constituição da obrigação se firma a título de reparação do dano decorrente de ilícito, o prazo prescricional será de três anos, nos termos do art. 206, § 3º, V, do Código Civil.

Em **três anos** prescrevem: "I – a pretensão relativa a aluguéis de prédios urbanos ou rústicos; II – a pretensão para receber prestações vencidas de rendas temporárias ou vitalícias; III – a pretensão para haver juros, dividendos ou quaisquer prestações acessórias, pagáveis, em períodos não maiores de um ano, com capitalização ou sem ela; IV – a pretensão de ressarcimento de enriquecimento sem causa; V – a pretensão de reparação civil; VI – a pretensão de restituição dos lucros ou dividendos recebidos de má-fé, correndo o prazo da data em que foi deliberada a distribuição; VII – a pretensão contra as pessoas em seguida indicadas por violação da lei ou do estatuto, contado o prazo: a) para os fundadores, da publicação dos atos constitutivos da sociedade anônima; b) para os administradores, ou fiscais, da apresentação, aos sócios, do balanço referente ao exercício em que a violação tenha sido praticada, ou da reunião ou assembleia geral que dela deva tomar conhecimento; c) para os liquidantes, da primeira assembleia semestral posterior à violação; VIII – a pretensão para haver o pagamento de título de crédito, a contar do vencimento, ressalvadas as disposições de lei especial; IX – a pretensão do beneficiário contra o segurador, e a do terceiro prejudicado, no caso de seguro de responsabilidade civil obrigatório" (art. 206, § 3º).

Dentre as pretensões que prescrevem no prazo de três anos, a do locador pelo recebimento dos aluguéis de prédios urbanos e rurais, contados da data do vencimento de cada parcela. Este

---

[47] STJ, AgInt no AREsp 178.910/MG, Rel. Min. Ricardo Villas Bôas Cueva, 3ª Turma, j. 19/06/2018, *DJe* 25/06/2018; STJ, AgRg no REsp 1165051/BA, Rel. Min. Raul Araújo, 4ª Turma, j. 17/03/2016, *DJe* 13/04/2016.

prazo não abrange os débitos relativos a débitos condominiais ou outros encargos, cujo prazo é remetido pela jurisprudência ao prazo de cinco anos previsto para obrigações constantes de instrumento público ou particular (art. 206, § 5º, I).[48]

Outra pretensão cujo prazo prescricional é de três anos diz respeito à pretensão de ressarcimento por enriquecimento sem causa, que no Código Civil de 2002, converte-se expressamente em fonte autônoma de obrigação (art. 884). No caso, trata-se de pretensão restitutória, a contar do momento em que há o acréscimo indevido no patrimônio do enriquecido.

Merece atenção o prazo para exercício da pretensão de reparação civil, em especial frente à divergência sobre o prazo prescricional às pretensões de reparação de danos em geral (por ilícitos absolutos, extracontratual) e as que tenham por causa o inadimplemento de obrigação pré-existente (por ilícitos relativos, contratual). Quem suscita a distinção argumenta pela ausência de identidade entre as situações, sendo a noção de reparação utilizada pela legislação para as situações de responsabilidade em sentido estrito (extracontratual), como, por exemplo, os arts. 927 e 932 do Código Civil. Da mesma forma, o reconhecimento do prazo prescricional para a pretensão do credor às perdas e danos, no caso de inadimplemento, daria causa a certo descompasso entre as várias pretensões que lhe cabem. Exemplifica-se demonstrando que poderia exigir o cumprimento específico da prestação devida, ou mesmo o equivalente – na ausência de prazo prescricional específico previsto em lei – exercendo sua pretensão no prazo geral de dez anos previsto no art. 205 do Código Civil. Porém, a pretensão de ressarcimento das perdas e danos estaria confinada ao prazo menor de três anos, distinguindo dentre os efeitos decorrentes do inadimplemento. Da mesma forma, a diferença quanto aos efeitos da responsabilidade contratual e extracontratual no tocante à definição do *dies a quo* para contagem do prazo prescricional, que no caso de responsabilidade extracontratual é a data do dano e nos casos de responsabilidade contratual poderá depender de interpelação prévia do devedor pelo credor.[49]

Em sentido diverso, o entendimento que confirma a incidência em comum do prazo prescricional de três anos para o exercício das pretensões de reparação tanto para quaisquer danos, tanto os que deem causa à responsabilidade em sentido estrito (extracontratual), quanto decorrente de inadimplemento (contratual), sustenta-se na interpretação ampla do vocábulo "reparação civil" do art. 206, § 3º, V, assim também como na diretriz de redução dos prazos prescricionais pelo Código Civil de 2002 com o objetivo de promover a segurança jurídica.

A jurisprudência dividiu-se no entendimento sobre o tema, parte confirmando o prazo prescricional de 3 anos independente da causa que dá origem à pretensão de reparação,[50] parte admitindo o prazo de dez anos, previsto no art. 205 do Código Civil, para a prescrição da pretensão às perdas e danos decorrentes do inadimplemento contratual.[51] Em 2018, a 2ª Seção do STJ reconheceu a distinção, entendendo pela incidência do prazo de dez anos para as pretensões decorrentes de inadimplemento contratual.[52] Prosseguindo a controvérsia, este

---

[48] STJ, AgInt no REsp 1742232/CE, Rel. Min. Nancy Andrighi, 3ª Turma, j. 01/04/2019, *DJe* 03/04/2019; STJ, AgInt no REsp 1608935/PR, Rel. Min. Moura Ribeiro, 3ª Turma, j. 14/03/2017, *DJe* 27/03/2017; STJ, AgRg no REsp 1449577/SP, Rel. Min. Sidnei Beneti, 3ª Turma, j. 22/05/2014, *DJe* 04/06/2014; STJ, REsp 1139030/RJ, Rel. Min. Nancy Andrighi, 3ª Turma, j. 18/08/2011, *DJe* 24/08/2011.

[49] Judith Martins-Costa, Cristiano de Souza Zanetti, *Responsabilidade contratual: prazo prescricional de dez anos*. Revista dos Tribunais, v.979. São Paulo: RT, maio/2017, p. 215-241; Flávio Tartuce, Manual de responsabilidade civil. São Paulo: Método, 2018, p. 1560.

[50] STJ, REsp 1281594/SP, Rel. Min. Marco Aurélio Bellizze, 3ª Turma, j. 22/11/2016, *DJe* 28/11/2016.

[51] STJ, REsp 1159317/SP, Rel. Min. Sidnei Beneti, 3ª Turma, j. 11/03/2014, *DJe* 18/03/2014; REsp 1280825/RJ, Rel. Min. Maria Isabel Gallotti, 4ª Turma, j. 21/06/2016, *DJe* 29/08/2016.

[52] STJ, EREsp 1280825/RJ, Rel. Min. Nancy Andrighi, 2ª Seção, j. 27.06.2018.

entendimento veio a ser confirmado por julgamento da Corte Especial do STJ, em 2019, nos Embargos de Divergência em Recurso Especial 1281594/SP, entre outros argumentos, pelo fato de que: "o caráter secundário assumido pelas perdas e danos advindas do inadimplemento contratual, impõe seguir a sorte do principal (obrigação anteriormente assumida). Dessa forma, enquanto não prescrita a pretensão central alusiva à execução da obrigação contratual, sujeita ao prazo de 10 anos (caso não exista previsão de prazo diferenciado), não pode estar fulminado pela prescrição o provimento acessório relativo à responsabilidade civil atrelada ao descumprimento do pactuado."[53]

Da mesma forma é de três anos a prescrição da pretensão para a restituição de lucros e dividendos recebidos de má-fé, correndo o prazo da data em que foi deliberada a distribuição. A rigor, trata-se de pretensão que pode ser exercida pela própria sociedade empresária ou por algum sócio em seu favor. No caso das sociedades anônimas, incide o art. 287, II, "c", da Lei 6.404/1976, que estabelece o mesmo prazo de três anos para a ação contra acionistas para restituição de dividendos recebidos de má-fé, contado o prazo da data da publicação da ata da assembleia-geral ordinária, do exercício em que os dividendos tenham sido declarados.

O prazo prescricional de três anos para haver o pagamento de título de crédito (art. 206, §3º, VIII), de sua vez, aplica-se apenas no caso de não haver prazo específico em lei especial (assim o prazo de seis meses relativo à execução do cheque, contados do fim do prazo de apresentação, previsto no art. 59 da Lei 7.357/1985). Da mesma forma, este prazo não se confunde com o que se aplica à causa de emissão do título – e.g. no caso de um contrato escrito, pelo qual emite-se título em pagamento, o prazo será de cinco anos, nos termos do art. 206, § 5º, I, do Código Civil, integrando-se o título não pago entre as provas de que disporá o credor.

O prazo prescricional de **quatro anos** é previsto para a pretensão relativa à tutela, a contar da data da aprovação das contas (art. 206, § 4º). Tais pretensões decorrem em especial da responsabilidade do tutor por danos ao tutelado (art. 1.752 do Código Civil), como também do saldo de débito e crédito, conforme as despesas com o exercício da tutela devam ser ressarcidas ao tutor (arts. 1.752, 1.760 e 1.761 do Código Civil), e as vantagens da administração do patrimônio devam ser asseguradas ao tutelado (art. 1.757, parágrafo único, do Código Civil).

De **cinco anos** é o prazo para: "I – a pretensão de cobrança de dívidas líquidas constantes de instrumento público ou particular; II – a pretensão dos profissionais liberais em geral, procuradores judiciais, curadores e professores pelos seus honorários, contado o prazo da conclusão dos serviços, da cessação dos respectivos contratos ou mandato; III – a pretensão do vencedor para haver do vencido o que despendeu em juízo" (art. 206, § 5º).

A pretensão de cobrança de dívidas líquidas constantes de instrumento público ou particular abrange aquelas decorrentes de contrato escrito que não se encontre prevista em outras hipóteses específicas da lei. *Dívida líquida* é aquela certa quanto à sua existência e determinada quanto ao seu objeto. Conforme já se referiu, "é aquela que se identifica com precisão o conteúdo, sendo desnecessário qualquer processo de apuração, ainda que não se exclua da liquidez a dívida sobre a qual se tenha, para identificar o valor preciso, recorrer a cálculo aritmético simples, como a aplicação de índice ou cotação, ou ainda para verificar a incidência de juros determinados."[54]

---

[53] STJ, EREsp 1281594/SP, Rel. Min.Benedito Gonçalves, Rel. p/ Ac. Min. Felix Fischer, Corte Especial, j. 15/05/2019, DJe 23/05/2019.

[54] Bruno Miragem, Direito das obrigações. 3ª ed. Rio de Janeiro: Forense, 2021, p. 242. STJ, AgInt no REsp 1807018/SP, Rel. Min. Antonio Carlos Ferreira, 4ª Turma, j. 29/10/2019, DJe 05/11/2019; STJ, AREsp 1591384/MG, Rel. Min. Herman Benjamin, 2ª Turma, j. 21/11/2019, DJe 19/12/2019.

No caso da pretensão de profissionais liberais, aos advogados aplica-se a norma especial do art. 25 da Lei 8.906/1994 (Estatuto da Advocacia)": "Prescreve em cinco anos a ação de cobrança de honorários de advogado, contado o prazo: I – do vencimento do contrato, se houver; II – do trânsito em julgado da decisão que os fixar; III – da ultimação do serviço extrajudicial; IV – da desistência ou transação; V – da renúncia ou revogação do mandato." No mesmo prazo prescreve a pretensão à prestação de contas pelas quantias recebidas pelo advogado de seu cliente, ou de terceiros por conta dele (art. 25-A da Lei 8906/1994).

7. IMPRESCRITIBILIDADE

Há pretensões que em razão dos direitos ou interesses que visam realizar não se extinguem pela inércia do titular, são exercíveis a qualquer tempo. Tratam-se das pretensões imprescritíveis, que em razão de sua relevância para a ordem jurídica,[55] e da necessidade de assegurar-se a proteção contra sua violação, não estão condicionadas a prazo de exercício.

A previsão das pretensões imprescritíveis não se encontra sistematizada na legislação. Resulta da compreensão do instituto da prescrição e sua inaplicabilidade a certas pretensões que, por sua natureza e características, não se submetem a prazo para exercício, em caráter excepcional.

Uma primeira hipótese é a pretensão relativa aos direitos da personalidade, atinentes à proteção contra sua violação, para a impedir ou fazer cessar lesões. Abrange interesses existenciais, não se confundindo, como regra, com a pretensão de natureza patrimonial, de reparação dos danos que se submete à prescrição. Registre-se, contudo, exceção feita pela jurisprudência em relação à reparação dos danos decorrentes da violação de direitos da personalidade durante o regime militar (1964-1985), para a qual reconheceu a imprescritibilidade não apenas em relação ao reconhecimento do ilícito em si, mas também das pretensões de caráter patrimonial.[56] Será a jurisprudência também que define a imprescritibilidade da pretensão de ressarcimento ao Erário pelo particular, dos danos decorrentes de ato doloso tipificado na Lei de improbidade administrativa.[57]

A pretensão de reivindicação do bem pelo proprietário não se submete à prescrição, considerando o caráter perpétuo que caracteriza a propriedade. Da mesma forma, as pretensões relativas aos direitos de vizinhança (art. 1277 e ss do Código Civil). Também as pretensões relativas à retomada de bens públicos pelo Estado não se submetem à prescrição. Ademais, os bens públicos não estão sujeitos à usucapião (art. 102 do Código Civil; art. 183, § 3º e art. 191 da Constituição da República). Os direitos relativos ao estado da pessoa (filiação, estado civil, cidadania) não se submetem a prazo para serem exercidos, assim como as pretensões correspondentes. É imprescritível, por força de lei, igualmente, a pretensão de restituição dos depósitos populares em estabelecimentos bancários (art. 2º da Lei 2313/1954).

Também nas relações jurídicas familiares, as pretensões que resultem da posição da pessoa na família ou de seus efeitos, não se submetem à prescrição para serem constituídas

---

[55] Neste sentido é que sob certo entendimento aproxima-se como critério para reconhecimento das pretensões imprescritíveis, a indisponibilidade do direito a que se refiram (Pier Giuseppe Monateri, Oggetto e âmbito della prescrizione. In: Pier Giuseppe Monateri; Cristina Constatini, La prescrizione. Trattato di diritto civile (dir. Rodolfo Sacco). Torino: Utet, 2009, p. 32). Embora haja aproximação das noções como signo do valor concedido pela ordem jurídica a tais direitos, esta identidade não é exata.

[56] STJ, EREsp 816.209/RJ, Rel. Min. Eliana Calmon, 1ª Seção, j. 28/10/2009, *DJe* 10/11/2009; STJ, REsp 1565166/PR, Rel. Min. Regina Helena Costa, 1ª Turma, j.. 26/06/2018, *DJe* 02/08/2018.

[57] STF, RE 852475, Rel. p/ Acórdão: Edson Fachin, Tribunal Pleno, j. 08/08/2018, p. 25/03/2019.

ou declaradas. Assim, por exemplo, a pretensão à constituição da obrigação alimentar (não para exigência de prestação alimentar já constituída, que prescreve em 2 anos desde quando vencerem, art. 206, §2º, do Código Civil).

8. A DECADÊNCIA E SUAS CARACTERÍSTICAS

A decadência, conforme já se referiu, compreende a extinção do direito potestativo em razão do seu não exercício pelo titular no prazo que resulte de lei ou tenha sido estabelecido em convenção. Considerando as características do direito potestativo, seus efeitos dependem apenas do exercício pelo titular, suficiente para constituir, alterar ou extinguir determinada relação jurídica, sem a necessidade de qualquer comportamento dos demais sujeitos que a integrem. É o caso, como já foi mencionado, do direito de anular atos ou negócios jurídicos anuláveis,[58] o direito de renovação do contrato que se conceda a uma das partes mediante sua simples manifestação de vontade, ou o direito de extinguir a sociedade conjugal pelo divórcio ou a dissolução da união estável. Alguns destes direitos potestativos terão prazo para serem exercidos, e passado ele, com inércia do titular, se extinguem por decadência. Outros se exercem a qualquer tempo, como no caso da dissolução da sociedade conjugal (que pressupõe apenas que exista validamente para que alguma ou ambas as partes tenham interesse em dissolvê-la), ou o direito ao reconhecimento da paternidade (art. 1.606 do Código Civil).

Certas características da decadência a afastam da prescrição. Os prazos decadenciais, como se destacou, decorrem de previsão legal ou de convenção das partes, enquanto os prazos prescricionais são estabelecidos apenas em lei.

Da mesma forma, a decadência fixada em lei não é suscetível de renúncia (art. 209 do Código Civil), como se permite à prescrição. Pode a parte a quem favoreça, contudo, renunciar à decadência que tenha sido convencionada em negócio jurídico: afinal, se a origem do prazo decadencial resulta da autonomia privada, nada obsta que mediante vontade daquele a quem favoreça possa ser objeto de renúncia (extintiva), tal qual poderia ser objeto de alteração por novo acordo das partes.

Da mesma forma, o art. 207 do Código Civil "salvo disposição legal em contrário, não se aplicam à decadência as normas que impedem, suspendem ou interrompem a prescrição." Deste modo, como regra, o prazo decadencial não se submete a causas de impedimento, suspensão ou interrupção, senão previsto expressamente em lei. É este o caso do disposto no art. 3º, § 2º, da Lei 14.010/2020, que ao dispor sobre as consequências da pandemia de coronavírus sobre as relações jurídicas de direito privado, previu causa de impedimento ou suspensão dos prazos prescricionais e também dos decadenciais no período compreendido entre 12 de junho e 30 de outubro de 2020. Nada impede, contudo, que em relação ao prazo decadencial estabelecido em negócio jurídico, possam as partes também prever causas que o modulem, dispondo expressamente de causas que impeçam, suspendam ou interrompam sua fluência. A norma do

---

[58] Nas relações jurídicas administrativas, respeitadas as distinções necessárias ao exame da teoria das nulidades em direito público, há o dever da Administração Pública de anular os próprios atos quando ilegais (autotutela administrativa), hipótese que abrange atos nulos ou anuláveis também submetido à prazo decadencial previsto em lei (5 anos, art. 54 da Lei 9.784/1999). Admite-se também que possa convalidá-los quando não acarretem lesão ao interesse público nem prejuízo a terceiros (art. 55). Tal situação não se confunde com o exercício de direitos e pretensões pelos próprios interessados contra a administração pública, para o que incide a disciplina legal que for própria a tais interesses, inclusive no tocante aos prazos para exercício.

art. 207 refere-se à decadência cujo prazo se fixe em lei. As exceções legais à regra podem estar previstas no próprio Código Civil ou na legislação especial

Por força do art. 208 do Código Civil não corre o prazo decadencial contra os absolutamente incapazes (causa impeditiva). Da mesma forma, o art. 26 do Código de Defesa do Consumidor prevê hipóteses que obstam a decadência do direito do consumidor, associado especialmente à constituição do fornecedor em mora ou à resolução do contrato.[59]

No caso de assistentes dos relativamente incapazes ou representantes legais de pessoas jurídicas darem causa a decadência do direito dos respectivos assistidos ou representados, ou deixarem de alegá-la quando tiverem oportunidade, respondem perante eles pelos prejuízos que causarem (art. 208 c/c art. 195 do Código Civil).

A decadência estabelecida em lei é de ordem pública, razão pela qual não pode a parte a quem aproveita renunciar a ela (art. 209 do Código Civil: "É nula a decadência fixada em lei"), bem como deve ser conhecida de ofício pelo juiz (art. 210). Tratando-se de decadência convencionada pelas partes, a parte a quem aproveita poderá alegá-la em qualquer grau de jurisdição, mas o juiz não pode suprir a alegação (art. 211).

9. OS PRAZOS DECADENCIAIS

Os prazos decadenciais são estabelecidos na lei ou em convenção das partes. São exemplos de prazos decadenciais previstos no Código Civil: a) quatro anos para anulação do negócio jurídico em razão de defeito (art. 178); b) dois anos para promover a anulação quando a lei dispuser que determinado ato é anulável, sem estabelecer prazo específico (art. 179); c) o de três anos para exercer o direito de anular a constituição das pessoas jurídicas por defeito no ato constitutivo (art. 45) ou as deliberações da administração quando violarem a lei ou estatuto,

---

[59] No direito do consumidor é objeto de debate a redação do art. 26, § 2º, do CDC, em especial no tocante a ter havido acerto ou equívoco do legislador na referência a causas obstativas da decadência (Bruno Miragem, Curso de direito do consumidor. 8ª ed. São Paulo: RT, 2019, p. 802-803). A rigor, as situações de vício do produto ou do serviço, tem natureza de inadimplemento, surgindo o direito do consumidor à constituição do fornecedor em mora, ou de resolver o contrato, sem prejuízo de perdas e danos, implícita no art. 18, §1º, II e no art. 20, II, do CDC. Contudo, as demais alternativas que podem ser objeto de exigência do consumidor, nos termos do art. 18, § 1º, I e III, art. 19 e art. 20, inciso I e III, evidenciam hipóteses de direitos subjetivos que podem ser exercidos e, violados, dar causa à pretensão, sujeita a prazo prescricional. Também se submete à prescrição a pretensão à indenização por perdas e danos, assim como a de pretensão de restituição da quantia paga pelo consumidor, que todavia pressupõe a a resolução do contrato em razão do inadimplemento, que é direito potestativo. Resolvido o contrato nasce a pretensão à restituição do preço, submetida à prescrição. A ausência de prazo específico no CDC para exercício destas pretensões fez com que três entendimentos se afirmassem ao longo do tempo: (a) a aplicação do prazo de cinco anos previsto no art. 27 do CDC para prescrição dos danos decorrentes de produtos e serviços defeituosos (arts. 12 a 14 do CDC), também ao regime de responsabilidade por vícios e por inadimplemento em geral; (b) o prazo de 3 anos no caso das pretensões de reparação civil, aplicando-se o art. 206, § 3º, V, do Código Civil; (c) o prazo de 5 anos para cobrança de dívidas líquidas constantes de instrumento público ou particular (art. 206, § 5º, I, do Código Civil); (d) no caso da pretensão da restituição de valores ou do preço, o prazo de 3 anos previsto em relação ao ressarcimento do enriquecimento sem causa (art. 206, § 3º, IV, do Código Civil); (e) o prazo geral de 10 anos previsto no art. 205 do Código Civil. Atualmente, a tendência jurisprudencial vem sendo a de afastar a aplicação do art. 27 do CDC para situações de inadimplemento contratual, utilizando-se, nas situações de reparação de perdas e danos decorrentes do inadimplemento, o prazo geral de dez anos previsto no art. 205 do Código Civil, variando as demais situações quanto à natureza da pretensão e da relação jurídica a que se refiram (e.g. em um contrato de seguro ao qual se aplique o CDC, poderá incidir o prazo de um ano para as pretensões do segurado-consumidor, nos termos do art. 206, § 1º, II, do Código Civil.

ou serem tomadas por erro, dolo, simulação ou fraude (art. 48); d) de trinta dias (no caso de bens móveis) ou um ano (no caso de bens imóveis), para exercício do direito à redibição ou abatimento no preço em caso de vícios redibitórios (art. 445); e) 30 dias para denunciar o defeito no caso de ser estipulada cláusula de garantia contra vícios (art. 446); f) um ano para reclamar a resolução do contrato ou o abatimento do preço no caso da compra e venda de imóvel ad mesuram (art. 501); g) o prazo máximo de 180 dias para móveis, ou de dois anos para imóveis, para exercício do direito de preferência (art. 513, parágrafo único); h) dois anos após dissolvida a sociedade conjugal para o cônjuge anular a doação feita pelo outro cônjuge adúltero a seu cúmplice (art. 550); i) dez dias, contados da entrega, para reclamar perda parcial ou avaria não perceptível à primeira vista no transporte de coisas (art. 754, parágrafo único); j) noventa dias da publicação da ata da assembleia da sociedade que aprovar redução do capital ou os dispense da integralização, para que os credores quirografários se oponham à deliberação (art. 1.084, § 1º); l) noventa dias após a publicação dos atos relativos à incorporação, fusão ou cisão da sociedade, por credor prejudicado promover sua anulação (art. 1.022); m) 180 dias para anular, por falta de autorização, o casamento do menor em idade núbil (art. 1.555), n) em relação a outras causas, para anulação do casamento: 1) 180 dias no caso do incapaz de consentir ou manifestar, de modo inequívoco, o consentimento; 2) dois anos em razão de incompetência da autoridade celebrante; 3) três anos por erro essencial sobre a pessoa do outro cônjuge; 4) quatro anos no caso de coação (art. 1.560); o) quatro anos para o direito de demandar a exclusão do herdeiro ou legatário, contados da abertura da sucessão (art. 1.815, § 1º); p) cinco anos para anular o testamento, contados do registro (art. 1859); q) um ano para anular a partilha da herança (art. 2.027, parágrafo único).

Prevê ainda, o Código Civil, a fixação de prazos decadenciais para o exercício de determinados direitos potestativos: a) por convenção das partes, como é o caso do fixado ao vendedor para que manifeste aceitação na venda a contento (art. 512) ou pelo doador para o donatário manifestar-se se aceita a liberalidade (art. 539); b) pelo juiz, e não superior a trinta dias, para que o herdeiro diga se aceita ou recusa a herança, quando requerido pelo interessado (art. 1.807). Refira-se, por fim, situação na qual, prescrita a pretensão do proprietário para exigir o desfazimento da obra que não respeite os recuos previsto em lei, extinga-se o direito de construir daquele que tolerou a infração do prédio vizinho, sem respeitá-la (art. 1.302).

Capítulo XV
DA PROVA DOS FATOS JURÍDICOS

1. SIGNIFICADO E ABRANGÊNCIA DA PROVA DOS FATOS JURÍDICOS

A disciplina da prova dos fatos jurídicos é comum ao direito civil e ao direito processual civil. Tanto o Código Civil dela se ocupa, quanto o Código de Processo Civil, considerando-se que a prova se destina ao juiz no processo, mas em um universo de relações jurídicas de que não resulta litígio, também aqueles que as integram necessitam conhecer e confiar na higidez e conteúdo das declarações de vontade manifestadas, na existência de determinados pressupostos de fato ou ocorrência de certos eventos.

Na disciplina do processo, distingue-se a *prova* dos *meios de prova*: "um fato é provado somente quando se extraem com êxito algumas inferências concernentes a sua existência a partir dos meios de prova disponíveis".[1] A disciplina do direito civil preocupa definir os meios de prova dos fatos jurídicos materialmente relevantes. No processo civil, há perspectiva mais ampla do tema, ocupando-se também, e com mesmo destaque, sobre a atribuição do ônus da prova e o procedimento para sua produção. Não por acaso, igualmente, toma-se a prova no processo em concepções distintas, tanto para o conhecimento sobre fatos, quanto a persuasão do julgador.[2] Nesta perspectiva é que se adota no direito brasileiro um sistema de persuasão racional, no qual não se define uma hierarquia entre as provas, podendo-se o julgador valer-se de qualquer delas, desde fundada em motivação racional (livre convencimento motivado).[3]

A legislação processual dispõe, no art. 369 do Código de Processo Civil, que: "As partes têm o direito de empregar todos os meios legais, bem como os moralmente legítimos, ainda que não especificados neste Código, para provar a verdade dos fatos em que se funda o pedido ou a defesa e influir eficazmente na convicção do juiz". No tocante ao direito material, o Código Civil ocupa-se de definir que meios de prova são admissíveis para demonstrar a existência pretérita de fatos jurídicos e seu conteúdo, com especial atenção ao negócio jurídico. Dispõe o art. 212 do Código Civil: "Art. 212. Salvo o negócio a que se impõe forma especial, o fato jurídico pode ser provado mediante: I – confissão; II – documento; III – testemunha; IV – presunção; V – perícia."

2. CONFISSÃO

Confissão é manifestação expressa sobre fato realizada sobre quem a ele deu causa ou dele tenha participado. Pode haver confissão tão somente sobre fato em si, ação ou omissão pessoal relativo a ele, quanto à intenção que a consubstanciava. Na legislação processual "há

---

[1] Michele Taruffo, A prova. Trad. João Gabriel Couto. São Paulo: Marcial Pons, 2014, p. 34.
[2] Michele Taruffo, Ensaios sobre o processo civil. Escritos sobre processo e justiça civil. Porto Alegre: Livraria do Advogado, 2017, p. 151-152.
[3] Luiz Guilherme Marinoni, Daniel Mitidiero, Código de processo civil comentado. 3ª ed. São Paulo: RT, 2011, p. 181 passim 411.

confissão, judicial ou extrajudicial, quando a parte admite a verdade de fato contrário ao seu interesse e favorável ao do adversário" (art. 389 do Código de Processo Civil). Ainda, segundo as normas do processo, a confissão pode ser judicial ou extrajudicial. Se *judicial*, é obtida mediante depoimento pessoal em juízo pela própria parte, ou por seu procurador; nesta última hipótese exige-se que lhe tenha sido conferido poderes especiais para este fim (art. 390, § 1º, do Código de Processo Civil). A confissão *extrajudicial* normalmente se dá por escrito; caso feita oralmente, só terá eficácia nos casos em que a lei não exija prova literal (art. 394 do Código de Processo Civil). Em qualquer caso, a confissão dispensa a parte contrária da prova sobre os fatos aos quais se refere (art. 374, II, do Código de Processo Civil).

A confissão extrajudicial pode ser realizada por negócio jurídico e não se presta apenas a fins processuais. Melhor exemplo é o da confissão de dívida, pela qual o devedor reconhece, voluntariamente, a existência de determinada obrigação. Nestes casos, observam-se os requisitos de validade do negócio jurídico (art. 104 do Código Civil). Da mesma forma, o art. 213 do Código Civil dispõe que "não tem eficácia a confissão se provém de quem não é capaz de dispor do direito a que se referem os fatos confessados", bem como, quando se trate da confissão feita por representante, que "somente é eficaz nos limites em que este pode vincular o representado" (art. 213, parágrafo único). Regra de mesmo teor resulta do Código de Processo Civil (art. 392, §§ 1º e 2º). Tratando-se de uma declaração sobre fatos pretéritos, a confissão não é revogável, contudo, pode ser anulada se causada por erro de fato ou coação (art. 214 do Código Civil); será nula caso objeto de simulação (art. 167, § 1º, II, do Código Civil).

Também a lei presume a confissão do que, intimado para depoimento pessoal, não comparece em juízo para este fim, ou comparecendo, recusa-se a depor (art. 385, §1º, do Código de Processo Civil). Da mesma forma se opera a presunção em relação ao réu que, quando citado regularmente, não contesta a ação (art. 344 do Código de Processo Civil), ou deixa de apresentar os livros com a escrituração contábil do empresário ou sociedade empresária (art. 1192, parágrafo único). Neste caso, a presunção é relativa, podendo ser elidida por prova documental em contrário (art. 1.192, parágrafo único, do Código Civil). Refira-se, ainda, que o art. 1.602 do Código Civil estabelece que "Não basta a confissão materna para excluir a paternidade." Embora mantenha-se vigente, é norma em desuso, dada a evolução dos meios técnicos para investigação da paternidade (em especial o exame de compatibilidade do DNA).

3. DOCUMENTO

Não há uma definição legal do que se considere documento. Neste sentido é a representação de algo, independentemente do material ou meio que se produza. Com maior frequência, dado o desenvolvimento da informática, admite-se documento com suporte material físico ou eletrônico como força probante, permitindo a demonstração de um fato ou de uma manifestação de vontade. Neste sentido, o fato de se realizar por meio eletrônico não altera a substância ou a definição do documento.

Os documentos podem ser particulares ou públicos. *Documento particular* é aquele produzido por qualquer pessoa visando caracterizar fato ou manifestação de vontade. *Documento público* é o produzido por agente público investido desta função. Podem ser aqueles produzidos na prestação de serviços notariais e de registro, por delegação do Poder Público, aos quais se confere fé pública; quanto os produzidos por agentes públicos em geral. Devem ser considerados como tais, dentre outros, a escritura pública, que é lavrada por tabelião e definida em lei como documento dotado de fé pública, "fazendo prova plena", observados os requisitos previstos no art. 215 do Código Civil. É, ademais, requisito de forma de certos negócios jurídicos, conforme exige a lei (*forma ad substantiam*, como no caso dos que tenham por objeto a disposição de direitos reais sobre bens imóveis, art. 108 do Código Civil). São documentos públicos, igualmente, os traslados e as certidões, se os originais houverem sido produzidos em juízo como prova de algum ato (art. 218 do Código Civil), assim como aqueles que decorram de certidões lavradas por escrivão ou sob sua vigilância (art. 216 do Código Civil). Da mesma forma, são documentos públicos os traslados e as certidões, extraídos por tabelião ou oficial de registro, de instrumentos ou documentos lançados em suas notas (art. 217 do Código Civil). Documento particular (ou instrumento particular) é aquele produzido pelo próprio interessado sem intervenção do agente público na sua elaboração. Tanto a legislação quanto a linguagem forense comum referem-se aos documentos público e particular como instrumentos (instrumento público ou particular).

Os documentos físicos podem ser escritos ou não. O documento escrito é, há séculos, o principal meio de prova do negócio jurídico.[4] Quando assinados, presumem-se verdadeiros em relação aos seus signatários (art. 219 do Código Civil). É presunção relativa de autoria, que pode ser afastada por prova em contrário. A aposição de assinatura é tradicional modo de manifestação de assentimento. Quem assina em seguida às declarações que constam por escrito, considera-se que fez do conteúdo que lhe antecede uma declaração pessoal, ou que com ele concorda. Deste modo, a presunção de veracidade a que se refere a lei compreende tanto o conteúdo da declaração escrita, quanto sua autoria ou assentimento, conforme o caso. Tratando-se, contudo, de declarações *enunciativas* que são aquelas que não tem relação direta com as disposições principais ou com a legitimidade das partes, compreendendo, geralmente, informações ou esclarecimentos (ao contrário das declarações *preceptivas* ou dispositivas que estatuem dever), incumbe à parte que as fizer o ônus de provar sua veracidade (art. 219, parágrafo único, do Código Civil).[5] Quando para a celebração de determinado ato exija-se autorização como requisito para sua validade, esta se prova da mesma forma que o próprio ato, e sempre quando possível, constará do próprio instrumento (art. 220 do Código Civil)

No tocante à prova das obrigações, dispõe o art. 221 que "o instrumento particular, feito e assinado, ou somente assinado por quem esteja na livre disposição e administração de seus bens, prova as obrigações convencionais de qualquer valor; mas os seus efeitos, bem como os da cessão, não se operam, a respeito de terceiros, antes de registrado no registro público." Todavia, considerando que o negócio jurídico observa liberdade de forma para sua constituição

---

[4] Embora até o século XVI possa ter sido vista com certo artificialismo, em especial devido ao própria habilidade da escrita circunscrever-se a poucos Jean- Phillippe Levy, L'evolution de la preuve des origines a nos jours. Synthese generale (XVII) In: La preuve. Recueils de la. Societe Jean Bodin pour l'histoire comparative des institutions, Parte II: Moyen Age et temps modernes. Bruxelles:Libraire Encyclopedique, 1965, p. 9-70. Igualmente, na mesma obra: Jean-Philippe Lévy, Le problème de la preuve dans les droits savants du Moyen Âge, p. 137-168; e John Gilissen, La preuve em Europe du XVIe au debut du XIXe siècle: Rapport de Synthese, p. 755-826. Para o exame da perspectiva histórica da função da prova no processo civil, no direito brasileiro, veja-se também; Luis Alberto Reichelt, A prova no direito processual civil. Porto Alegre: Livraria do Advogado, 2009, p. 21 e ss.

[5] "(...) a declaração em questão se limitava a afirmar o modo pelo qual, no futuro, seria feito o pagamento dos negócios. Não houve declaração de quitação, como afirmam os recorrentes; o máximo valor que a interpretação judicial pode conferir ao instrumento público é o de que o comprador se obrigou, na presença do notário, a emitir três notas promissórias para pagamento do negócio jurídico, mas não que tais notas foram efetivamente resgatadas ou, quando menos, realmente emitidas. A declaração que consta da escritura, no sentido de descrever a forma de pagamento acertada, é inabalável, mas disso não se extrai, dentro das peculiaridades da hipótese – que são muitas – a vedação da tentativa de demonstração de que os fatos posteriores não se deram como o combinado." (STJ, REsp 885.329/MG, Rel. Min. Nancy Andrighi, 3ª Turma, j. 25/11/2008, DJe 27/03/2009) Eduardo Espínola, Manual do Código Civil, v. III. Parte terceira. Rio de Janeiro: Jacintho Ribeiro dos Santos Editor, 1929, p. 118-119.

("forma prescrita ou não defesa em lei", art. 104, III, do Código Civil), admite-se que se possa provar por qualquer meio admitido em direito.

Ainda, em relação ao documento escrito, sua eficácia, observando certos requisitos legais, pode não se restringir à prova da existência do negócio, mas inclusive ser dotado de eficácia executiva, como é caso do documento particular assinado pelo devedor e por 2 (duas) testemunhas, que constitui título executivo extrajudicial (art. 784, III do Código de Processo Civil).[6] Caracteriza-se por oferecer o conhecimento do fato sem qualquer interferência que não a que resulta dos seus próprios termos. Da mesma forma há documentos que, sendo escritos no idioma nacional ou mesmo por qualquer outro traço distintivo, assumem a função de legitimação para demonstrar tanto a existência de um negócio jurídico, quanto para viabilizar sua execução e a fruição da prestação (e.g. caso de bilhetes de ingresso ou de passagem), assim como que foi realizado um pagamento, hipótese em que servem como prova de quita sempre poderá ser dada por instrumento particular, designará o valor e a espécie da dívida quitada, o nome do devedor, ou quem por este pagou, o tempo e o lugar do pagamento, com a assinatura do credor, ou do seu representante". A celebração do instrumento particular é um dos modos pelos quais se realiza o ato de quitação, não o único. O próprio parágrafo único do mesmo artigo, na linha do que já era cogitado na tradição do direito brasileiro[7], faz referência a que ainda sem os requisitos que menciona, "valerá a quitação, se de seus termos ou das circunstâncias resultar haver sido paga a dívida". Pode haver quitação, portanto, sem um termo de quitação, um documento específico que contenha os elementos previstos no art. 320. O desenvolvimento da informática e dos meios digitais que servem à comunicação entre as pessoas[8] e também ao pagamento de dívidas, torna obsoleta qualquer regra que exija requisitos específicos à quitação, sob pena de não valer. Nesse sentido, ao definir que valerá a quitação "se de seus termos ou das circunstâncias resultar haver sido paga a dívida" o legislador permitiu amplas possibilidades, tanto de realização da quitação, quanto do modo como se pode demonstrá-la.[9]

---

[6] A rigor, diversos documentos, além da prova do negócio jurídico em si, são considerados título executivo extrajudicial, viabilizando desde logo a execução do devedor. É o caso do rol do art. 784 do Código de Processo Civil: "Art. 784. São títulos executivos extrajudiciais: I – a letra de câmbio, a nota promissória, a duplicata, a debênture e o cheque; II – a escritura pública ou outro documento público assinado pelo devedor; III – o documento particular assinado pelo devedor e por 2 (duas) testemunhas; IV – o instrumento de transação referendado pelo Ministério Público, pela Defensoria Pública, pela Advocacia Pública, pelos advogados dos transatores ou por conciliador ou mediador credenciado por tribunal; V – o contrato garantido por hipoteca, penhor, anticrese ou outro direito real de garantia e aquele garantido por caução; VI – o contrato de seguro de vida em caso de morte; VII – o crédito decorrente de foro e laudêmio; VIII – o crédito, documentalmente comprovado, decorrente de aluguel de imóvel, bem como de encargos acessórios, tais como taxas e despesas de condomínio; IX – a certidão de dívida ativa da Fazenda Pública da União, dos Estados, do Distrito Federal e dos Municípios, correspondente aos créditos inscritos na forma da lei; X – o crédito referente às contribuições ordinárias ou extraordinárias de condomínio edilício, previstas na respectiva convenção ou aprovadas em assembleia geral, desde que documentalmente comprovadas; XI – a certidão expedida por serventia notarial ou de registro relativa a valores de emolumentos e demais despesas devidas pelos atos por ela praticados, fixados nas tabelas estabelecidas em lei; XII – todos os demais títulos aos quais, por disposição expressa, a lei atribuir força executiva."

[7] Augusto Teixeira de Freitas já consignava no art. 1.097 do Esboço, que "Para sua validade, o pagamento não dependerá de alguma forma instrumental. A falta de quitação ou recibo do credor poderá ser suprida por qualquer outra prova". Augusto Teixeira de Freitas, *Código Civil*. Esboço, v. 1. Brasília: Ministério da Justiça, 1983, p. 258.

[8] Neste sentido a admissão de mensagens em aplicações de comunicação pela internet como demonstração da realização do pagamento pelo devedor, em conjunto com outras provas: TJSP, ApCiv 1056057-90.2015.8.26.0100, Rel. Azuma Nishi, 1ª Câmara Reservada de Direito Empresarial, j. 04/09/2019.

[9] Bruno Miragem, Direito das obrigações. 3ª ed. Rio de Janeiro: Forense, 2021, p. 199-201.

Os documentos eletrônicos são usados com cada vez maior frequência como prova, para o que se deve preservar sempre condições de definição da autoria e integridade.[10] Em termos tecnológicos, é a criptografia assimétrica (ou criptografia de chaves públicas) que permite assegurar a integridade do documento eletrônico, ou a evidência de sua eventual alteração (arts. 5º e 6º, da Medida Provisória 2200-2/2001). No direito brasileiro, os documentos eletrônicos que contenham assinatura eletrônica têm presunção relativa sobre sua veracidade e integridade (art. 10, § 1º, da Medida Provisória 2200-2/2001).[11] A ausência da assinatura eletrônica, contudo, não impede tomar-se o documento eletrônico como prova, desde que aceitando-o as partes que o celebraram como válido ou aquele a quem ele seja oposto (art. 10, § 2º).

O Código de Processo Civil dispõe que a utilização de documentos eletrônicos no processo convencional dependerá de sua conversão à forma impressa e da verificação de sua autenticidade, na forma da lei (art. 439 do Código de Processo Civil). O art. 440 do Código de Processo Civil dispõe que o valor probante do documento eletrônico que não for convertido será apreciado pelo juiz, assegurado às partes o acesso ao seu teor. Contudo, prevê que serão admitidos documentos eletrônicos produzidos e conservados com a observância da legislação específica (art. 441). Ao lado dos documentos eletrônicos em si, admite-se a utilização de documento público, consistente em ata lavrada por tabelião, para atestar a existência de determinado conteúdo eletrônico, visando assegurar que continha certas características e estava disponível, ou acessível, em determinado momento (e.g quando publicado na internet). Dispõe a respeito, o art. 384 *caput* e parágrafo único, do Código de Processo Civil sobre a ata notarial: Art. 384. A existência e o modo de existir de algum fato podem ser atestados ou documentados, a requerimento do interessado, mediante ata lavrada por tabelião. Parágrafo único. Dados representados por imagem ou som gravados em arquivos eletrônicos poderão constar da ata notarial."

Negócios jurídicos celebrados por meio eletrônico, permitem fazer prova da sua existência e conteúdo. Inclusive, quando firmados por assinatura digital certificada por Autoridade Certificadora credenciada, na forma da lei (ICP-Brasil) por intermédio de um sistema de assinatura eletrônica, discute-se a possibilidade de, excepcionalmente, reconhecer-se sua força executiva, dispensando-se a exigência das testemunhas, estendendo o rol previsto na legislação processual.[12] Da mesma forma, a jurisprudência admite mensagens de correio eletrônico como fundamento da ação monitória.

---

[10] Cesar Viterbo Matos Santolim, Formação e eficácia probatória dos contratos por computador. São Paulo: Saraiva, 1995, p. 33; Ugo Bechini, Firma digitale, documento eletrônico e lex attestationis: un nuovo (circoscrito) caso di dépeçage? Diritto del commercio Internazionale, v. 25.3. Milano: Giuffrè, Luglio-Settembre/2011, p. 772-773; Michel Grimaldi, Bernard Reynis, L'acte authetique électronique, Repertoire du Notariat, n. 17/03. Paris: Defrénois, set./2003, p. 1023-1042; Jorge Sinde Monteiro, Assinatura eletrônica e certificação, Revista de legislação e jurisprudência, n.3910-3921, ano 133, Coimbra: Coimbra Editora, 2002, p. 261-272.

[11] Fabiano Menke, *Assinatura eletrônica no direito brasileiro*. São Paulo: Revista dos Tribunais, 2005, p. 138-139.

[12] Assim, ao julgar o Recurso Especial 1495920/DF, o STJ reconheceu, por maioria que a garantia de integridade e autenticidade do documento eletrônico permitiria a dispensa da exigência de testemunhas previstas no art. 784, III, do Código de Processo Civil, estendendo excepcionalmente o rol dos títulos executivos extrajudiciais. A questão é, contudo, objeto de divergência, como assinala a observação do Ministro Ricardo Villas Bôas Cueva em seu voto vencido ao referir que "reconhecer a força probante e a validade jurídica de um documento eletrônico é algo significativamente diferente de lhe atribuir força executória" (STJ, REsp 1495920/DF, Rel. Min. Paulo de Tarso Sanseverino, 3ª Turma, j. 15/05/2018, *DJe* 07/06/2018). No mesmo sentido da decisão do STJ: TJSC, Apelação Cível n. 0319061-15.2017.8.24.0038, Rel. Guilherme Nunes Born, 1ª Câmara de Direito Comercial, j. 05/04/2018.

Da mesma forma, a Lei Federal 11.419/2009 ao dispor sobre a informatização do processo judicial, permite que petições das partes e atos judiciais sejam assinados digitalmente por meio da utilização de certificado digital emitido pelo ICP-Brasil, ou assinados eletronicamente, mediante cadastro prévio plataforma do Poder Judiciário, conforme disciplinado pelos respectivos tribunais, de modo que tais documentos consideram-se provas dos respectivos atos.

São documentos com a função de prova, segundo o Código Civil, também: a) o telegrama (mediante conferência com o original assinado (art. 222); b) a cópia fotográfica do documento, conferida por tabelião de notas, mas que se tiver sua autenticidade impugnada, exige que se exiba o original (art. 223); no caso de título de crédito, a prova não supre sua ausência, nos casos em que a lei ou as circunstâncias condicionarem o exercício do direito à sua exibição (art. 223, parágrafo único), o que diz respeito à própria natureza do crédito cartular, e à necessidade de verificar o atendimento de seus requisitos formais. c) as reproduções fotográficas, cinematográficas, os registros fonográficos e, em geral, quaisquer outras reproduções mecânicas ou eletrônicas de fatos ou de coisas fazem prova plena destes, se a parte, contra quem forem exibidos, não lhes impugnar a exatidão (art. 225); d) os livros e fichas dos empresários e sociedades provam que são admitidos como prova contra quem pertençam, e em seu favor quando se demonstre que a escrituração se dá sem vícios e é confirmada por outros elementos (art. 226). Neste particular, considera-se que a escrituração contábil é indivisível, de modo que todos os dados são considerados em conjunto (art. 419 do Código de Processo Civil). O responsável pela escrituração, neste sentido, não pode registrar ou tornar disponível apenas as informações que lhe favoreçam. Por outro lado, o próprio art. 226, parágrafo único, do Código Civil, dispõe que a escrituração é insuficiente para provar fatos que a lei exija escritura pública (e.g. um negócio jurídico relativo a direito sobre imóvel), ou escrito particular revestido de requisitos especiais (e.g. fiança se dá por escrito, art. 819) podendo ser elidida pela comprovação e falsidade ou inexatidão dos lançamentos (art. 226, parágrafo único).

Os documentos podem ser redigidos em língua nacional ou em língua estrangeira. Contudo, para terem efeitos legais no Brasil, devem ser traduzidos para o português, que é o idioma oficial do país (art. 13 da Constituição da República). No caso de documentos estrangeiros levados a registro, devem ser acompanhados da respectiva tradução (art. 129, 6º, da Lei 6.015/1973 – Lei dos Registros Públicos). Da mesma forma, o art. 192, parágrafo único, do Código de Processo Civil, dispõe que: "O documento redigido em língua estrangeira somente poderá ser juntado aos autos quando acompanhado de versão para a língua portuguesa tramitada por via diplomática ou pela autoridade central, ou firmada por tradutor juramentado." Admite, a jurisprudência, contudo, a dispensa da tradução juramentada no caso de ausência de prejuízo das partes,[13] ou admitindo que seja sanada pela parte interessada.[14]

4. TESTEMUNHA

A prova testemunhal se realiza pela inquirição de pessoas que não sejam parte da relação jurídica ou do processo no qual venha depor. A condição de terceiro não interessado é decisiva para a própria função probatória que se reconheça à testemunha. Daí a série de restrições subjetivas estabelecidas pelo Código de Processo Civil sobre quem possa testemunhar no processo

---

[13] STJ, REsp 1231152/PR, Rel. Min. Nancy Andrighi, 3ª Turma, j. 20/08/2013, DJe 18/10/2013; AgRg no AREsp 153.005/RN, Rel. Min. Antonio Carlos Ferreira, 4ª Turma, j. 04/04/2013, DJe 16/04/2013; REsp 616.103/SC, Rel. Ministro Teori Albino Zavascki, 1ª Turma, j. 14/09/2004, DJ 27/09/2004.

[14] REsp 434.908/AM, Rel. Min. Aldir Passarinho, 4ª Turma, j. 03/04/2003, DJ 25/08/2003.

(art. 447).¹⁵ O art. 228 do Código Civil de sua vez, dispõe que não podem ser admitidos como testemunhas: a) os menores de dezesseis anos; b) o interessado no litígio, o amigo íntimo ou o inimigo capital das partes; e c) os cônjuges, os ascendentes, os descendentes e os colaterais, até o terceiro grau de alguma das partes, por consanguinidade, ou afinidade. Embora tratando-se de fatos que apenas elas conheçam o juiz poderá admitir seu depoimento (art. 228, § 1º). Neste caso deverá apreciar a prova com outros elementos de que dispor. No caso da pessoa com deficiência, o art. 228, §2º, do Código Civil estabelece que poderá testemunhar "em igualdade de condições com as demais pessoas, sendo-lhe assegurados todos os recursos de tecnologia assistiva."

Em relação à existência ou ao conteúdo do negócio jurídico, o art. 227, parágrafo único do Código Civil dispõe que "a prova testemunhal é admissível como subsidiária ou complementar da prova por escrito." Na redação original da norma, o *caput* do artigo admitia a prova testemunhal apenas para os negócios jurídicos cujo valor não ultrapassasse o décuplo do maior salário mínimo vigente no País ao tempo em que foram celebrados", que reproduzia, na íntegra a regra constante no art. 401 do Código de Processo Civil de 1973. Com a edição do Código de Processo Civil de 2015, revogou-se o *caput* da norma, afirmando-se, em qualquer caso, a função subsidiária e complementar da prova testemunhal no caso de demonstração quanto a existência ou conteúdo do negócio jurídico, concedendo-lhe valor apenas quando já exista início de prova escrita. Neste sentido já sinalizava a jurisprudência antes da alteração legislativa em destaque.¹⁶ É disposição coerente com o que dispõe ao art. 444 do Código de Processo Civil vigente, a saber: "Nos casos em que a lei exigir prova escrita da obrigação, é admissível a prova testemunhal quando houver começo de prova por escrito, emanado da parte contra a qual se pretende produzir a prova."

O art. 445 do Código de Processo Civil, por outro lado, admite prova testemunhal "quando o credor não pode ou não podia, moral ou materialmente, obter a prova escrita da obrigação". Exemplifica com casos como o de parentesco, de depósito necessário ou de hospedagem em hotel ou em razão das práticas comerciais do local onde contraída a obrigação. A enumeração é exemplificativa, devendo ser considerada em relação aos negócios jurídicos em geral cujas práticas permitam inferir que se celebram e executam sem maior formalidade, tal como ocorre com certos contratos de consumo do cotidiano, em casos de prestação de serviços. A interpretação da norma processual, contudo, se fez em conjunto com o art. 227, parágrafo único, do Código Civil. Também as testemunhas que firmam o instrumento particular para dar-lhe eficácia de título executivo extrajudicial (art. 784, III, do Código de Processo Civil), podem

---

[15] Art. 447. Podem depor como testemunhas todas as pessoas, exceto as incapazes, impedidas ou suspeitas. § 1º São incapazes: I – o interdito por enfermidade ou deficiência mental; II – o que, acometido por enfermidade ou retardamento mental, ao tempo em que ocorreram os fatos, não podia discerni-los, ou, ao tempo em que deve depor, não está habilitado a transmitir as percepções; III – o que tiver menos de 16 (dezesseis) anos; IV – o cego e o surdo, quando a ciência do fato depender dos sentidos que lhes faltam. § 2º São impedidos: I – o cônjuge, o companheiro, o ascendente e o descendente em qualquer grau e o colateral, até o terceiro grau, de alguma das partes, por consanguinidade ou afinidade, salvo se o exigir o interesse público ou, tratando-se de causa relativa ao estado da pessoa, não se puder obter de outro modo a prova que o juiz repute necessária ao julgamento do mérito; II – o que é parte na causa; III – o que intervém em nome de uma parte, como o tutor, o representante legal da pessoa jurídica, o juiz, o advogado e outros que assistam ou tenham assistido as partes. § 3º São suspeitos: I – o inimigo da parte ou o seu amigo íntimo; II – o que tiver interesse no litígio. § 4º Sendo necessário, pode o juiz admitir o depoimento das testemunhas menores, impedidas ou suspeitas. § 5º Os depoimentos referidos no § 4º serão prestados independentemente de compromisso, e o juiz lhes atribuirá o valor que possam merecer."

[16] REsp 864.308/SC, Rel. p/ Acórdão Min. Nancy Andrighi, 3ª Turma, j. 05/10/2010, *DJe* 09/11/2010.

ser chamadas em juízo para confirmar a autenticidade do documento, hipótese em que podem atestar sua regularidade formal, mas não necessariamente seu conteúdo.[17] Tendo interesse na causa (tal como o advogado que participa como testemunha de contrato em que seu cliente é uma das partes), o juiz deve tomá-la em conta com outros elementos de prova.[18]

Admite-se, ainda, a prova testemunhal para a provar simulação e os vícios de consentimento que dão causa à invalidade dos contratos (art. 446, do Código de Processo Civil). Neste caso, note-se que se trata de prova sobre fatos que vão dar causa à anulação do contrato, impugnando sua constituição regular.

5. PRESUNÇÃO

Presunção é o efeito da inferência realizada a partir de um fato conhecido, segundo critério autorizado pelo direito, para deduzir a existência de outro, que todavia não se pode demonstrar cabalmente. Sua utilização dá causa a uma verdade jurídica formal, não demonstrável, mas que produz efeitos nesta qualidade, seja como critério para disciplina de determinada situação jurídica ou como fundamento de decisão judicial.

Em termos práticos, a presunção dispensa a realização de prova que demonstre um determinado fato, ou ao menos se estabelece modo como deve ser considerado que se desenvolveram certos fatos, caso não sejam objeto de prova que desconstitua a inferência que dela resulte. As presunções são previstas em lei por diferentes razões. Podem ser definidas em razão de a demonstração do fato que presume existente seja excessivamente difícil de ser produzida, por razões de ordem prática, para evitar o custo de providências para demonstrar fato que resulta do curso normal e provável, ou para facilitar a proteção de direitos de certos sujeitos que o legislador que se considerem em situação de dificuldade de realizar a demonstração de suas razões.[19]

As presunções são classificadas em legais (*praesumptiones juris*) ou comuns (*praesumptiones hominis*). As presunções legais são as previstas em lei. As presunções comuns são aquelas que resultam de máximas de experiência, permitindo inferir um fato do que normalmente ocorre.

As presunções legais podem ser absolutas (*juris et de jure*) ou relativas (*juris tantum*). As presunções absolutas resultam de uma dedução legal que não pode ser afastada por prova em contrário. É o caso da presunção de abandono do bem pelo proprietário que deixa de exercer a posse e de responder pelos tributos relativos a ele (art. 1.276, § 2º, do Código Civil), ou de que são fraudatórias as garantias oferecidas por devedor insolvente (art. 163 do Código Civil). Também os documentos lavrados por tabeliães e as certidões expedidas por registro público gozam de presunção absoluta de veracidade do que nelas contiver ou estiver declarado. No caso de presunção absoluta, portanto, não há necessidade de qualquer prova em relação ao que resulta do efeito da presunção. As presunções relativas implicam na inversão do ônus da prova,

---

[17] "A assinatura das testemunhas instrumentárias somente expressa a regularidade formal do instrumento particular, mas não evidencia sua ciência acerca do conteúdo do negócio jurídico." STJ, REsp 1185982/PE, Rel. Min. Nancy Andrighi, 3ª Turma, j. 14/12/2010, DJe 02/02/2011.

[18] "Em princípio, como os advogados não possuem o desinteresse próprio da autêntica testemunha, sua assinatura não pode ser tida como apta a conferir a executividade do título extrajudicial. No entanto, a referida assinatura só irá macular a executividade do título, caso o executado aponte a falsidade do documento ou da declaração nele contida.". STJ, REsp 1453949/SP, Rel. Min. Luis Felipe Salomão, 4ª Turma, j. 13/06/2017, DJe 15/08/2017.

[19] Michele Taruffo, La *valutazione delle prove*. In: Michele Taruffo (cur.), *La prova nel processo civile* (Cicu, Messineo, Mengoni, Schlesinger, Trattato di diritto civile e commerciale) Milano: Giuffrè, 2012, p 252.

atribuindo como verdadeiro um fato, se não houver demonstração em sentido contrário. Assim, por exemplo as presunções de quitação da dívida que podem ser afastadas demonstrando o credor que não houve pagamento (arts. 322 a 324 do Código Civil).

As presunções comuns também são designadas judiciais, pois geralmente conferidas ao juiz na interpretação dos fatos em causa, permitindo inferir do que se encontra demonstrado no processo outros fatos, de acordo com o curso ordinário dos acontecimentos. Neste sentido, dispõe o art. 375 do Código de Processo Civil: "O juiz aplicará as regras de experiência comum subministradas pela observação do que ordinariamente acontece e, ainda, as regras de experiência técnica, ressalvado, quanto a estas, o exame pericial." Neste sentido, as presunções relativas não são prova ou meios de prova, mas critérios instrumentais de apreciação dos fatos da causa e da formulação de conclusões acerca de suas consequências de modo a compor os motivos que fundamentam sua decisão.[20]

6. PERÍCIA

Prova pericial é a obtida mediante utilização de conhecimento técnico ou científico especializado, produzida por profissional habilitado (o perito). A prova pericial pode ser produzida em juízo, por intermédio de exame, vistoria ou avaliação (art. 464 do Código de Processo Civil). O exame relaciona-se a verificação de estado de pessoa ou bem, visando identificar e certificar certa característica ou fato que a eles se vinculem; a vistoria destina-se a bens imóveis, de modo a identificar seu estado e condições; avaliação compreende a estimação do valor econômica de bens ou direitos.

Embora de natureza técnica ou científica, a prova pericial submete-se ao contraditório das partes e à apreciação judicial, considerando as técnicas e metodologias utilizadas pelo perito em face do estado da ciência e da técnica, a relação entre os fatos identificados e as conclusões apontadas, dentre outros elementos inerentes à valoração da prova. A prova pericial se produz documentalmente (laudo pericial), admitindo-se sua produção por inquirição do perito (art. 464, § 3º). Nos sistemas de *common law* o depoimento do perito como testemunha especialista (expert) é regra.[21]

O exame médico como modalidade de prova pericial é relevante para atestar condição de saúde da pessoa. Tem utilidade para diversos efeitos, seja para determinar a existência e extensão de danos à integridade pessoal ou à saúde da vítima, para determinar as condições da pessoa submetida a processo de interdição (art. 753 do Código de Processo Civil), os nas pretensões relativas ao reconhecimento ou negação de paternidade. Neste sentido dispõe o Código Civil que aquele se nega a submeter-se a exame médico não pode aproveitar-se de sua recusa (art. 231 do Código Civil). Da mesma forma, a recusa à perícia médica ordenada pelo juiz poderá suprir a prova que se pretendia obter com o exame (art. 232 do Código Civil). Esta orientação já vinha sendo observada pela jurisprudência, mesmo antes da vigência do Código Civil. O precedente mais relevante é o do Habeas Corpus 71.373/RS, julgado pelo Supremo Tribunal Federal, em 1994, no qual a Corte entendeu que a obrigatoriedade da submissão e a condução coercitiva da pessoa para realização do exame de DNA ofende a intimidade pessoal e a dignidade da pessoa humana, porém dá causa a uma presunção desfavorável àquele

---

[20] José Carlos Barbosa Moreira, As presunções e a prova. Temas de direito processual. São Paulo: Saraiva, 1977, p. 58-59. Registrando que tais presunções judiciais por vezes, avançam para o exercício de um poder discricionário que por vezes se dissocia da lei, Michele Taruffo, A prova. Trad. João Gabriel Couto. São Paulo: Marcial Pons, 2014, p. 150-152.

[21] Michele Taruffo, A prova. Trad. João Gabriel Couto. São Paulo: Marcial Pons, 2014, p. 87 e ss.

que se recusou.[22] Este entendimento foi consagrado pela Súmula 301 do Superior Tribunal de Justiça ("Em ação investigatória, a recusa do suposto pai a submeter-se ao exame de DNA induz presunção *juris tantum* de paternidade")[23] e restou consagrado em lei (art. 2º-A da Lei 12004/2009), com a ressalva de que a presunção de paternidade "será apreciada em conjunto com o contexto probatório". A jurisprudência, ademais, não restringe este efeito apenas ao investigado, mas também aos demais familiares, réus da ação, que se recusem indevidamente à realização do exame.[24]

---

[22] "INVESTIGAÇÃO DE PATERNIDADE – EXAME DNA – CONDUÇÃO DO RÉU "DEBAIXO DE VARA". Discrepa, a mais não poder, de garantias constitucionais implícitas e explícitas – preservação da dignidade humana, da intimidade, da intangibilidade do corpo humano, do império da lei e da inexecução específica e direta de obrigação de fazer – provimento judicial que, em ação civil de investigação de paternidade, implique determinação no sentido de o réu ser conduzido ao laboratório, "debaixo de vara", para coleta do material indispensável à feitura do exame DNA. A recusa resolve-se no plano jurídico-instrumental, consideradas a dogmática, a doutrina e a jurisprudência, no que voltadas ao deslinde das questões ligadas à prova dos fatos" (STF, HC 71373, Rel. p/ Acórdão Min. Marco Aurélio, Tribunal Pleno, j. 10/11/1994, *DJ* 22/11/1996).

[23] STJ, 2ª Seção, j. 18.10.2004, *DJ* 22.11.2004.

[24] STJ, REsp 1253504/MS, Rel. Min. Maria Isabel Gallotti, 4ª Turma, j. 13/12/2011, *DJe* 01/02/2012.

BIBLIOGRAFIA

ABREU, Jorge Manuel Coutinho de. *Do abuso do direito. Ensaio de um critério em direito civil e nas deliberações sociais*. Coimbra: Almedina, 1983.

ABREU FILHO, José. O negócio jurídico e sua teoria geral (de acordo com o novo Código Civil). 5ª ed. São Paulo: Saraiva, 2003.

ADARRAGA, Ana Azurmendi. *El derecho a la propia imagen*: su identidad y aproximación al derecho a la información. Madrid: Civitas, 1997.

AFFORNALLI, Maria Cecília Naréssi Munhoz. *Direito à própria imagem*. Curitiba: Juruá, 2003.

AGALLOPOULOU, Penelope. *Basic concepts of greek civil law*. Brussels: Bruylant, 2005.

AGUIAR JÚNIOR, Ruy Rosado de. Aspectos do Código de Defesa do Consumidor. *Revista da AJURIS*, nº 52. Porto Alegre, julho de 1991.

AGUIAR JÚNIOR, Ruy Rosado de. Responsabilidade civil do médico. *Revista dos Tribunais*, v. 84, n. 718, São Paulo: RT, ago. 1995.

AGUIAR JÚNIOR, Ruy Rosado. Prefácio. In: TEIXEIRA DE FREITAS, Augusto. Teixeira de Freitas, *Consolidação das leis civis*, v. 1. Brasília: Senado Federal, 2003.

ALBANESE, Bernardo. Persona (storia) - Diritto Romano. *Enciclopedia del Diritto*, v. XXXIII. Milano:- Giuffrè, 1983.

Alberto Trabucchi, *Il dolo: nella teoria dei vizi del volere*. Padova: CEDAM, 1937.

ALBERTON, Genacéia da Silva. A desconsideração da pessoa jurídica no Código do Consumidor. Aspectos processuais. *Revista de direito do consumidor*, v. 7. São Paulo: RT, julho-setembro/1993.

ALBUQUERQUE, Pedro de. *A representação voluntária em direito civil: ensaio de reconstrução dogmática*. Coimbra: Almedina, 2004.

ALEXY, Robert. *Teoria de los derechos fundamentales*. Trad. Ernesto Garzón Valdés. Madrid: Centro de Estudios Políticos y Constitucionales. 2002.

ALMEIDA, Carlos Ferreira de. *Texto e enunciado na teoria do negócio jurídico*, v. I. Coimbra: Almedina, 1992.

ALMEIDA, Carlos Ferreira de; CARVALHO, Jorge Morais. *Introdução ao direito comparado*. Coimbra: Almedina, 2016.

ALMEIDA, Luís Pedro Moitinho de. *Nulo o contrato, nula a fiança*. Coimbra: Coimbra Editora, 1985.

ALPA, Guido. *Il problema della atipicità del'illecito*. Napoli: Jovene, 1979.

ALPA, Guido. *La cultura della regole. Storia del diritto civile italiano*. Roma: Laterza, 2009.

ALPA, Guido. Mario Bessone, *Attipicità dell'illecito*, I. Milano: Giuffrè, 1980.

ALPA, Guido; BESSONE, Mario. *Causa e consideration*. Padova: Cedam, 1984.

ALVES, Alexandre Ferreira de Assumpção. *A pessoa jurídica e os direitos da personalidade*. Rio de Janeiro: Renovar, 1998.

ALVES, José Carlos Moreira. *A parte geral do projeto de Código Civil brasileiro. Subsídios históricos para o novo Código Civil brasileiro*. 2ª ed. São Paulo: Saraiva, 2003.

ALVES, José Carlos Moreira. Considerações sobre a disciplina do negócio jurídico consigo mesmo no novo Código Civil. *Revista do advogado*, v. 28, n. 98. São Paulo, jul./2008.

AMARAL, Francisco. *Da irretroatividade da condição suspensiva no direito civil brasileiro*. Rio de Janeiro: Forense, 1984.

AMARAL, Francisco. *Direito civil. Introdução*. 9ª ed. São Paulo: Saraiva, 2017.

AMARAL, Francisco. Historicidade e racionalidade na construção do direito brasileiro. *Revista Brasileira de Direito Comparado*, Rio de Janeiro, n. 20, p. 29:87, 2002.

AMARAL, Francisco. Individualismo e universalismo no direito civil brasileiro: permanência ou superação dos paradigmas romanos? *Revista de Direito Civil, Imobiliário, Agrário e Empresarial*, São Paulo, n. 71, p. 69:86, jan./mar. 1995.

AMARAL, Francisco. Os atos ilícitos. In: FRANCIULLI NETO, Domingos; MENDES, Gilmar Ferreira; MARTINS FILHO, Ives Gandra da Silva (Orgs.). *O novo Código Civil. Estudos em homenagem a Miguel Reale*. São Paulo: Ed. LTr, 2003.

AMARO, Luciano. Desconsideração da pessoa jurídica no Código de Defesa do Consumidor. *Revista Ajuris*. n. 58. Porto Alegre, jul. 1993.

AMELUNG, Ulrich. *Der Schutz der Privatheit im Zivilrecht. Schadenersatz und Gewinnabschöpfung bei Verletzung des Rechts auf Selbstbestimmung über personenbezogene Informationen im deutschen, englischen und US-amerikanischen Recht*. Tubingen: Nomos, 2002.

AMESCUA, Balthassare Gomezio de. *Tractatus de potestate in seipsum, nunc denuò in lucem editus, & à multis erroribus ob purgatiorem studiosorum lectionem accuratissimè expurgatus*. Mediolani: apud Hieronymum Bordonum, 1609.

AMORIM, FILHO, Agnelo. Critério científico para distinguir a prescrição da decadência e para identificar as ações imprescritíveis, *Revista dos Tribunais*, v. 300. São Paulo: RT, outubro de 1960.

ANCEL, Pascal; DIDRY, Claude. L'abus de droit: une notion sans histoire. L'apparition de la notion d'abus de droit en droit français au début du XX siècle. In: ANCEL, Pascal; AUBERT, Gabriel; CHAPPUIS, Christine. *L'abus de droit. Comparaisons franco-suisses*. Saint-Étienne: Publications de l'Université de Saint-Étienne, 2001.

ANDRADE, Manuel A. Domingues de. *Teoria da relação jurídica*, v. 1. Coimbra: Almedina, 2013.

ANDRADE, Manuel de. *Teoria geral da relação jurídica*. Coimbra, 1998.

ANDRADE, Manuel Domingues de. *Teoria geral da relação jurídica*, v. II: Facto jurídico, em especial Negócio jurídico. Coimbra: Almedina, 1992.

ANTUNES, José Engrácia. *Os grupos de sociedades. Estrutura e organização jurídica da empresa plurissocietária*. Coimbra: Almedina, 1993.

ARAÚJO, Fernando. *A procriação assistida e o problema da santidade da vida*. Coimbra: Almedina, 1999.

ARAÚJO, Fernando. *A hora dos direitos dos animais*. Coimbra: Almedina, 2003.

ARAÚJO, Luiz Alberto David. *A proteção constitucional da própria imagem*. Belo Horizonte: Del Rey, 1996.

ARENHART, Sérgio Cruz. *Perfis da tutela inibitória coletiva*. São Paulo: RT, 2003.

ARIÉS, Philippe. *História social da criança e da família*. Trad. Dora Flaksman. 2. ed. Rio de Janeiro: Guanabara, 1986.

ARMINJON, Pierre; NOLDE, Baron Boris; WOLFF, Martin. *Traité de droit comparé*. v. 1. Paris: LGDJ, 1950.

ARNHOLD, Jonas. *Die selbständige Stiftung und der Testamentsvollstrecker*. Frankfurt am Main: Peter Lang, 2010.

ASCARELLI, Tulio. *Panorama do direito comercial*. São Paulo: Saraiva, 1947.

ASCARELLI, Tulio. *Problema das sociedades anônimas e direito comparado*, São Paulo: Saraiva, 1945.

ASCENSÃO, José de Oliveira. *Direito civil, v. 3. Teoria geral. Relações e situações jurídicas*. São Paulo: Saraiva, 2010.

AUBRY, Charles; RAU, Frédéric Charles. *Cours de droit civil français: d'après la méthode de Zachariae*. 5ª ed. révue et mise au courant de la legislatión et de la jurisprudence, t. 1 e 2. Paris: Marchal et Billard, 1897.

AUER, Marietta. *Materialisierung, Flexibisierung, Richterfreiheit: Generalklauseln im Spiegel der Antinomien des Privatrechtsdenkens*. Tübingen: Mohr Siebeck, 1972.

AURICCHIO, Alberto. *A simulação no negócio jurídico: premissas gerais*. Coimbra: Coimbra Editora, 1964.

ÁVILA, Fernando Bastos de. *Pequena enciclopédia da doutrina social da Igreja*. 2. ed. São Paulo: Loyola, 1993.

AZEVEDO, Álvaro Villaça. *Bem de família com comentários à Lei 8.009/90*. 5ª ed. São Paulo: RT, 2002.

AZEVEDO, Antônio Junqueira de. Insuficiências, deficiências e desatualização do Projeto de Código Civil na questão da boa-fé objetiva nos contratos. Revista dos Tribunais, v. 775, São Paulo: RT, maio/2000.

AZEVEDO, Antônio Junqueira de Azevedo, *Negócio jurídico: existência, validade e eficácia*. 4ª ed. São Paulo: Saraiva, 2002.

AZEVEDO, Plauto Faraco de. *Método e hermenêutica material no direito*. Porto Alegre: Livraria do Advogado, 1999.

AZEVEDO, Plauto Faraco. *Limites e justificação do poder do Estado*. Petrópolis: Vozes, 1979.

BADER, Peter. *Duldungs und Anscheinsvollmacht: zur Entwicklung in der Rechtsprechung der Zivilgerichte und zur dogmatischen Einordnung*. Frankfurt: Peter Lang, 1978.

BAHR, Otto. Ueber. Irrungen im Contrahiren, *Jahrbücher für die Dogmatik des heutigen römischen und deutschen Privatrechts. Jahrbücher für die Dogmatik des heutigen römischen und deutschen Privatrechts* 14Bd, 1874.

BAILEY, Stephen. Public authority liability in negligence. The continued search for coherence. *Legal Studies*, v. 26, n. 2, June/2006.

BARBERO, Omar et alli. *Abuso del derecho*. Buenos Aires: Universitas, 2006.

BARBOSA, Ana Mafalda Castanheira Neves de Miranda. *Responsabilidade civil extracontratual. Novas perspectivas em matéria de nexo de causalidade*. Cascais: Principia, 2014.

BARBOSA, Fernanda Nunes. *Biografias e liberdade de expressão. Critérios para a publicação de histórias de vida*. Porto Alegre: Arquipélago Editorial, 2016.

BARROSO, Luís Roberto. Colisão entre liberdade de expressão e direitos da personalidade. Critérios de ponderação. Interpretação constitucionalmente adequada do Código Civil e da Lei de Imprensa. *Revista Trimestral de Direito Público*, n. 6, São Paulo: Malheiros, 2001.

BARTNIK, Marcel. *Der Bildnisschutz im deutschen und französischen Zivilrecht*, Tubingen: Mohr Siebeck, 2004.

BATALHA, Wilson de Souza Campos. *Defeitos dos negócios jurídicos*. Rio de Janeiro: Forense, 1988.

BDINE JÚNIOR, Hamid Charaf. *Efeitos do negócio jurídico nulo*. São Paulo: Saraiva, 2010.

BECHINI, Ugo. Firma digitale, documento eletrônico e lex attestationis: un nuovo (circoscrito) caso di dépeçage? *Diritto del commercio Internazionale*, v. 25.3. Milano: Giuffrè, Luglio-Settembre/2011.

BEIGNIER, Bernard. *L´honneur et le droit*. Paris: LGDJ, 1995.

BEKKER, Ernst Immanuel. *System des heutigen Pandektrechts*, Bd I, Weimar: H. Böhlau, 1886.

BEKKER, Ernst Immanuel. *Zur Lehre vom Rechtssubjekt: Genutz und Verfügung, Zwecksatzungen, Zweckvermögen und juristische Personen*. Jena: F. Mauke, 1871.

BEKKER, Ernst Immanuel. Zweckvermögen, insbesondere Peculium, Handelsvermögen und Actiengesellschaften. *Zeitschrift für das gesamte Handelsrecht und Wirtschaftsrecht* ZHR 4, 1861.

BELLOMO, Manlio. Negozio giuridico (diritto intermmedio). *Enciclopedia del diritto*, t. XXVII, Milano: Giuffrè, 1977.

BENDA, Ernesto. *Manual de derecho constitucional*. Madrid: Marcial Pons, 1996.

BENJAMIN, Antônio Herman V. Responsabilidade civil pelo dano ambiental, *Revista de Direito Ambiental*, v. 9, São Paulo: RT, jan./mar. 1998.

BÉNOIT, Francis-Paul. *Le droit administratif français*. Paris: Dalloz, 1968.

BERLIN, Isaiah. *Quatro ensaios sobre a liberdade*. Brasília: Editora da UnB, 1981.

BERTHÉLEMY, H. *Traité élémentaire de droit administratif*, 7ªed. Paris: LGDJ, 1913.

BERTOLDI, Marcelo. *Acordo de Acionistas*. São Paulo: RT, 2006.

BERTONCELLO, Karen Danilevicz. Superendividamento do consumidor. São Paulo: RT, 2015.

BESELER, Georg. *Volksrecht und Juristenrecht*. Leipzig: Weidmann Buchhandlung, 1843.

BETTERMAN Karl; NEUMANN, Franz; NIPPERDEY, Hans Carl; SCHEUNER, Ulrich (Hrsg.) *Die Grundrechte. Handbuch der Theorie und Praxis des Grundrechte*, v. 2. Berlin: Duncker und Humblot, 1954.

BETTI, Emilio. *Diritto, metodo, ermeneutica*. Milano: Giuffrè, 1991.

BETTI, Emilio. *Teoria generale del negozio giuridico*. Napoli: Edizione Scientifiche Italiane, 2002.

BEVILÁQUA, Clóvis. *Código Civil dos Estados Unidos do Brasil comentado*, v. 1. 12ª ed. São Paulo: Francisco Alves, 1959.

BEVILÁQUA, Clóvis. *Código Civil dos Estados Unidos do Brasil*. Rio de Janeiro: Editora Rio, 1977.

BEVILÁQUA, Clóvis. *Direito das coisas*. Rio de Janeiro: Freitas Bastos, 1941.

BEVILÁQUA, Clóvis. *Em defeza do projecto de Código Civil brazileiro*. Rio de Janeiro: Livraria Francisco Bastos, 1906.

BEVILÁQUA, Clóvis. Evolução jurídica do Brasil no segundo reinado. *Revista Forense*, v. 12, n. 46. Rio de Janeiro; Forense, jan.-jun./1926.

BEVILÁQUA, Clóvis. *Resumo das lições de legislação comparada sobre o direito privado*, Recife: Typographia de F. P. Boulitreau, 1893.

BEVILÁQUA, Clóvis. *Theoria geral do direito civil*. Campinas: Red Livros, 1999.

BEYLEVELD, Deryck; BROWSWORD, Roger. *Consent in the law*. Oxford: Hart Publishing, 2007.

BIANCA, Cesare Massimo. *Diritto civile*, t. 3. Il contrato. 2. ed. Milano: Giuffrè, 2000.

BIONDI, Biondo. *Istituzioni di diritto romano*. 4. ed. Milano: Giuffrè, 1972.

BIONDI, Biondo. *Il diritto romano cristiano*, t. II. Milão: Giuffrè, 1952.

BIONI, Bruno Ricardo. *Proteção de dados pessoais. A função e os limites do consentimento*. São Paulo: Forense, 2019.

BIRKMEYER, Karl. *Ueber das Vermögen im juristischen Sinne: römisch-rechtliche Quellenstudien*. Erlangen: Palm & Enke, 1879.

BITTAR, Carlos Alberto. *Os direitos da personalidade*, 1a ed. Rio de Janeiro: Forense Universitária, 1989.

BITTAR, Carlos Alberto. *Os direitos de personalidade*, 2a ed., São Paulo: Saraiva, 1995.

BLACKMUN, Harry. La Cour Suprême des États Unis et les droits de l'homme. *Revue internationale de droit comparé*, nº 2, avril-juin/1980.

BOBBIO, Norberto. *A era dos direitos*. 11ª ed. São Paulo: Campus, 1992.

BOBBIO, Norberto. *Teoria do ordenamento jurídico*. Trad. Maria Celeste Cordeiro Leite dos Santos. Brasília: UnB, 1994.

BOEMKE, Burkhard; ULRICI, Bernhard. *BGB Allgemeiner Teil*. Berlin: Springer, 2009.

BORK, Reinhard. *Allgemeiner Teil des Bürgerlichen Gesetzbuch*, 3. Auf. Tübingen: Mohr Siebeck, 2011.

BÖTTICHER, Eduard. *Gestaltungsrecht und Unterwerfung im Privatrecht*, Berlin: Walter de Gruyter, 1964.

BRAVO, Federico Castro y. *El negocio jurídico*. Madrid: Civitas, 1985.

BREBBIA, Roberto H. *La causa como elemento del negocio jurídico en el derecho argentino y comparado*. La Ley 1991-E/884. In: LORENZETTI, Ricardo. (Dir.). *Doctrinas esenciales. Obligaciones y contratos*, t. IV. Buenos Aires: La Ley, 2009.

BRESSLER, Robert J. *Freedom of association: Rights and liberties under de law*. Santa Barbara, Abc Clio, 2004.

BRINZ, Alois. *Lehrbuch des Pandekten*, I, 2. Auf. Erlangen, 1873.

BROX, Hans; WALKER, Wolf-Dietrich. *Allgemeiner Teil des BGB*, 37. Auf., München: Verlag Franz Vahlen, 2014.

BRUN, Philippe. *Responsabilité civile extracontractuelle*. Paris: Litec, 2005.

BUDEO, Guillaume. *Annotationes in Pandectas*. Paris, 1551.

BURGARD, Ulrich. *Gestaltungsfreiheit im Stiftungsrecht. Zur Einführung korporativer Strukturen bei der Stiftung*. Köln: Otto Schmidt, 2006.

BUSSATTA, Eduardo Luiz. Conversão substancial do negócio jurídico, *Revista de direito privado*, v. 26. São Paulo: RT, abril-junho/2006.

BUZAID, Alfredo. *Do concurso de credores no processo de execução*. São Paulo: Saraiva, 1952.

BYDLINSKI, Franz. *System und Prinzipen des Privatrechts*. Wien: Verlag Österreich, 2013.

BUNAZAR, Maurício. *A invalidade do negócio jurídico*. São Paulo: RT, 2020.

CACHAPUZ, Maria Cláudia. Os bancos cadastrais positivos e o tratamento à informação sobre (in)adimplemento. *Revista AJURIS*, v. 40, n. 131. Porto Alegre: Ajuris, set. 2013,

CAHALI, Yussef Sahid. *Prescrição e decadência*. São Paulo: RT, 2008.

CAHALI, Yussef Sahid. *Responsabilidade civil do Estado*. 3. ed. São Paulo: RT, 2007.

CALASSO, Francesco. *Medievo del diritto*, v. I. Milano: Giuffré, 1970.

CALDAS, Pedro Frederico. *Vida privada, liberdade de imprensa e dano moral*. São Paulo: Saraiva, 1997.

CALIXTO, Marcelo Junqueira. Dos bens. In: TEPEDINO, Gustavo (Coord.). *A parte geral do novo Código Civil: estudos na perspectiva civil-constitucional*. Rio de Janeiro: Renovar, 2002.

CALORE, Emanuela. *Actio quod metus causa:Tutela della vittima e azione in rem scripta*. Milano, Giuffré, 2011.

CÂMARA, Alexandre Freitas. Comentário ao art. 134. In: WAMBIER, Teresa Arruda Alvim et alli, *Breves comentários ao novo Código de processo civil*. São Paulo: Ed. RT, 2015.

CAMPITELI, Adriana. Prescrizione (diritto intermédio). *Enciclopedia del Diritto*, v. XXXV. Milano: Giuffré, 1986.

CAMPOGRANDE, Valerio. *I diritti sulla propria persona*. Catania: Tipografia Reale Adolfo Pansini, 1896.

CAMPOS FILHO, Paulo Barbosa de. *O problema da causa no Código Civil brasileiro*. São Paulo: Max Limonad, 1959.

CANARIS, Claus-Wilhelm Canaris, *Pensamento sistemático e conceito de sistema na ciência do direito*. 2ª ed. Trad. António Menezes Cordeiro. Lisboa: Fund. Calouste Gulbenkian, 1996.

CANARIS, Claus-Wilhelm. De la manière de constater et de combler les lacunes de la loi en droit allemand. In: PERELMAN, Charles (org.). *Le problème des lacunes en droit*. Bruxelles: Bruylant, 1968.

CANARIS, Claus-Wilhelm. *Die Vertrauenshaftung im deutschen Privatrecht*. München: Beck, 1971.

CANARIS, Claus-Wilhelm. *Direitos fundamentais e direito privado*. Trad. Ingo Wolfgang Sarlet. Coimbra: Almedina, 2003.

CANARIS, Claus-Wilhelm. *Grundrechte und Privatrecht. Eine Zwischenbilanz*. Berlin: De Gruyter, 1999.

CANARIS, Claus-Wilhelm. *Handelsrecht*, 24 Auf. Munchen: C.H. Beck, 2006.

CANARIS, Claus-Wilhelm. *Schweigen im Rechtsverkehr als Verpflichtungsgrund*. In: GRIGOLEIT, Hans Christoph; NEUNER, Jörg (Hrsg.) Claus-Wilhelm Canaris, Gesammelte Schriften. Berlin: De Gruyter, 2012.

CANOTILHO, José Joaquim Gomes Canotilho, *O problema da responsabilidade do Estado por atos lícitos*. Coimbra: Almedina, 1974.

CAPITANT, Henri. *De la cause des obligations*. 3. ed. Paris: Librairie Dalloz, 1927.

CARNEIRO, Levi. Estudo crítico-biográfico. In: TEIXEIRA DE FREITAS, Augusto. *Código Civil. Esboço*, v. 1. Brasília, 1983.

CARRARO, Luigi. *Il negozio in frode alla legge*. Camerino: Edizioni Scientifiche Italiane, 2014.

CARRAZZA, Roque Antônio. *ICMS*. 11ª ed. São Paulo: Malheiros, 2006.

CARVALHO, Ana Paula Gambogi. O consumidor e o direito à autodeterminação informacional: considerações sobre os bancos de dados eletrônicos. *Revista de direito do consumidor*. v. 46. São Paulo: Ed. RT, abr.-jun. 2003.

CARVALHO, Francisco Pereira de Bulhões Carvalho, *Sistema de nulidades dos atos jurídicos*. Rio de Janeiro: Forense, 1981.

CARVALHO, José Murilo de. *A construção da ordem: a elite política imperial*. Teatro de sombras: a política imperial. 4ª ed. Rio de Janeiro: Civilização brasileira, 2008.

CARVALHO, Manuel Vilhena de. O nome das pessoas e o direito. Coimbra: Almedina, 1989.

CARVALHO, Orlando de. Teixeira de Freitas e a Unificação do Direito Privado. In: SCHIPANI, Sandro. Augusto *Teixeira de Freitas e il diritto latinoamericano*. Padova: CEDAM, 1988.

CARVALHO, Orlando de. *Teoria geral da relação jurídica*. Coimbra, 1969.

CARVALHO, Orlando de. *Teoria geral do direito civil*. 3ª ed. Coimbra: Coimbra Editora, 2012.

CARVALHOSA, Modesto. *Acordo de acionistas*, São Paulo: Saraiva, 2011.

CARVALHOSA, Modesto. *Comentários à Lei das Sociedades Anônimas*, v. 4, t. I. 4ª ed. São Paulo: Saraiva, 2009.

CARVALHOSA, Modesto. *Comentários ao Código Civil*, v. 13. Parte especial. Direito da empresa (Coord. Antônio Junqueira de Azevedo). São Paulo: Saraiva, 2003.

CASES, José Maria Trepat. *Código Civil comentado*, v. VII (coord. Álvaro Villaça de Azevedo). São Paulo: Atlas, 2003.

CASSIN, René. Les droits de l'homme. *Recueil des Cours de L'Academie de Droit International de la Haye*, t. 140, IV, 1974.

CASTRO, Thamis Dalsenter Viveiros de. Bons costumes no direito civil brasileiro. São Paulo: Almedina, 2017.

CASTRO, Torquato. *Da causa no contrato*. Recife: Imprensa Universitária da Universidade Federal de Pernambuco,1966.

CASTRO, Torquato. *Teoria da situação jurídica em direito privado nacional*. São Paulo: Saraiva, 1985.

CASTRONOVO, Carlo. L'avventura delle clausole generali, *Rivista critica del diritto privato*, anno 4, n. 1, 1986.

CAVALCANTI, José Paulo. *O contrato consigo mesmo*. Rio de Janeiro: Freitas Bastos, 1956.

CAVALIERI FILHO, Sérgio. *Programa de responsabilidade civil*. 7. ed. São Paulo: Atlas, 2007.

CHALUB, Melhim. *Negócio fiduciário*. Rio de Janeiro: Renovar, 2006.

CHAPUS, René. *Responsabilité publique et responsabilité privée. Les influences réciproques des jurisprudences administratif et judiciaire*. Paris: LGDJ, 1954.

CHAVES, Antônio. Direito à imagem e direito à fisionomia. *Revista dos Tribunais*, São Paulo, n. 620, jun. 1987.

CHAVES, Antônio. *Tratado de direito civil*, v. 1, t. 1. São Paulo: Revista dos Tribunais, 1982.

CHEVREAU, Emmanuelle. *Le temps et le droit : la réponse de Rome. L'approche du droit privé*. Paris, De Boccard, 2006.

CHINELATO, Silmara Juny de Abreu. *A tutela jurídica do nascituro*. São Paulo: Saraiva, 2000.

CHOPER, Jesse H.; COFFEE, John C.; GILSON, Ronald J. *Cases and materials on Corporations*. 5th ed. Aspen Publishers, 2000.

CIFUENTES, Santos Los derechos personalissimos. *Revista del Notariado*. Buenos Aires, 1973.

COELHO NETTO, J. Teixeira. *Semiótica, informação e comunicação*. São Paulo: Perspectiva, 2001.

COELHO, Fábio Ulhôa. *Curso de direito comercial*, v. 2. São Paulo: Saraiva, 1999.

COELHO, Fábio Ulhôa. *Desconsideração da personalidade jurídica*. São Paulo: RT, 1989.

COLEMAN, Janet. Guillaume d'Occam et la notion de sujet. *Archives de philosophie du droit*, v.34. Paris: Sirey, 1989.

COMPARATO, Fábio Konder. *O poder de controle na sociedade anônima*. 3ª ed. Rio de Janeiro: Forense, 1983.

COMPARATO, Fabio Konder; SALOMÃO FILHO, Calixto. *O poder de controle na sociedade anônima*. 5ª ed. Rio de Janeiro: Forense, 2008.

COMPARATO, Fabio Konder. Aparência de representação: a insustentabilidade de uma teoria. *Revista de direito mercantil*, v. 36, n. 111. São Paulo: Malheiros, 1998.

COMPARATO, Fábio Konder. *Direito Empresarial: Estudos e Pareceres*. São Paulo: Saraiva, 1990.

COMPARATO, Fábio Konder. Função social da propriedade dos bens de produção. *Revista de Direito Mercantil, Industrial, Econômico e Financeiro* (nova série). São Paulo, RT, n. 63, jul.-set. 1986.

COMPARATO, Fábio Konder. Grupo Societário Fundado em Controle Contratual e Abuso de Poder do Controlador. In: COMPARATO, Fábio Konder. *Direito Empresarial: Estudos e Pareceres*. São Paulo: Saraiva, 1990.

COMPARATO, Fábio Konder. *O poder de controle na sociedade anônima*. 3ª ed. Rio de Janeiro: Forense, 1983.

CORBO, Wallace. *Discriminação indireta: conceito, fundamentos e uma proposta de enfrentamento à luz da Constituição de 1988*. Lumen Juris: Rio de Janeiro, 2017.

CORDEIRO, António Barreto Menezes. *Da simulação no direito civil*. Coimbra: Almedina, 2014.

CORDEIRO, António Manuel da Rocha e Menezes *Tratado de direito civil*, IV. Parte geral: pessoas. 3ª ed. Coimbra: Almedina, 2011.

CORDEIRO, António Manuel da Rocha e Menezes. *Da boa-fé no direito civil*, v. 1. Coimbra: Almedina, 1984.

CORDEIRO, António Manuel da Rocha e Menezes. *Da boa-fé no direito civil*. Coimbra: Almedina, 2001.

CORDEIRO, António Manuel da Rocha e Menezes. *Manual de direito bancário*, 4ª ed. Coimbra: Almedina, 2010.

CORDEIRO, António Manuel da Rocha e Menezes. *Tratado de direito civil*, v. I. Coimbra: Almedina, 2012.

CORDEIRO, António Manuel da Rocha e Menezes. *Tratado de direito civil português – parte geral: introdução, doutrina geral e negócio jurídico*, v. 1, t. I. 3ª ed. Coimbra: Almedina, 2005.

CORDEIRO, António Manuel da Rocha e Menezes. *Tratado de direito civil*, t. V. Parte geral: exercício jurídico. 3ª ed. Coimbra: Almedina, 2018.

CORDEIRO, António Manuel da Rocha e Menezes. *Tratado de direito civil*, II. Parte geral: negócio jurídico. 4ª ed. Coimbra: Almedina, 2017.

CORDEIRO, António Manuel da Rocha e Menezes. *Tratado de direito civil*, t. II. Parte geral. 4ª ed. Coimbra: Almedina, 2014.

CORDEIRO, Antônio Manuel da Rocha e Menezes. *Tratado de direito civil*, III. Parte geral: coisas. 3ª ed. Coimbra: Almedina, 2013.

CORDEIRO, Antônio Manuel da Rocha e. *Tratado de direito civil português*, t. III. Parte geral: coisas. 4ª ed. Coimbra: Almedina, 2019.

CORREIA António Ferrer Correia, *Erro e interpretação na teoria do negócio jurídico*, Coimbra: Almedina, 2001.

CORTIANO JÚNIOR, Eroulths. Alguns apontamentos sobre os chamados direitos da personalidade. In: FACHIN, Luiz Edson (Coord.). *Repensando os fundamentos do direito civil contemporâneo*. Rio de Janeiro: Renovar, 2000.

COSTA, Judith Martins. Da boa fé no direito privado. São Paulo: RT, 1999.

COSTA, Judith Martins. A boa fé no direito privado; critérios para a sua aplicação. São Paulo: Marcial Pons, 2015.

COSTA, Judith Martins. O direito privado como sistema em construção. As cláusulas gerais no Projeto do Código Civil brasileiro. *Revista de informação legislativa*, n. 39. Brasília: Senado Federal, jul.-set./1998.

COSTA, Judith Martins; ZANETTI, Cristiano de Souza. Responsabilidade contratual: prazo prescricional de dez anos. *Revista dos Tribunais*, v.979. São Paulo: RT, maio/2017.

COSTA, Mario Júlio de Almeida. *História do direito português*. 3ª ed. Coimbra: Almedina, 2001.

COTTERELL, Roger. Comparative law and legal culture. In: REIMAN, Mathias; ZIMMERMANNN, Reinhard. *The Oxford Handbook of Comparative Law*. Oxford: Oxford University Press, 2006.

COUTO E SILVA, Almiro. O princípio da segurança jurídica (proteção à confiança) no direito público brasileiro e o direito da administração pública e anular seus próprios atos administrativos: o prazo decadencial do art. 54 da Lei de Processo Administrativo da União (Lei n. 9.784/99). *Revista da Procuradoria-Geral do Estado do RS*. Cadernos de direito público, n. 57. Porto Alegre: PGE, dez. 2003.

COUTO E SILVA, Almiro. Princípios da legalidade da Administração Pública e da segurança jurídica no Estado de Direito contemporâneo. *Revista de Direito Público*, n. 84. São Paulo, out.-dez. 1987.

COUTO E SILVA, Almiro. Responsabilidade pré-negocial e culpa *in contrahendo* no direito administrativo brasileiro. *Revista de direito administrativo*, n. 217. Rio de Janeiro: Renovar, jul.-set. 1999, p. 163-171

CRETELLA JÚNIOR, José. Tratado do domínio público. Rio de Janeiro: Forense, 1984.

CROCQ, Pierre. Propriété et garantie, Paris, L.G.D.J., 1995.

CRUZ, Gisele Sampaio da Cruz, *O problema do nexo causal na responsabilidade civil*. Rio de Janeiro: Renovar, 2005.

CUPIS, Adriano de. *Os direitos da personalidade*. Lisboa: Livraria Morais Editora, 1961 (I diritti della personalità, Milano, 1942).

D'ALESSANDRO, Floriano. *Persone giuridiche e Analisi del Linguaggio*. Padova: CEDAM, 1989.

D'AMICO (cur.), *Principi costituzionali e clausole generali nell'evoluzione dell'ordinamento giuridico*, Milano: Giuffrè, 2017.

DABIN, Jean. *Le Droit Subjectif*. Paris: Dalloz, 1952.

DANNEMANN, Gerhard. Comparative law: study of similarities or differences. In: REIMAN, Mathias; ZIMMERMANNN, Reinhard. *The Oxford Handbook of Comparative Law*. Oxford: Oxford University Press, 2006.

DANZ, Erich. *Die Auslegung der Rechtsgeschäfte : Zugleich ein Beitrag zur Rechts- und Thatfrage*, Jena: G. Fischer, 1897.

DAVID, René. *Os grandes sistemas do direito contemporâneo*. 3ª ed. Trad. Hermínio A. Carvalho. São Paulo: Martins Fontes, 1996.

DAWSON, John P. The general clauses viewed from a distance. *Rabels Zeitschrift für Ausländisches und Internationales Privatrecht*, ano 41, 3, Tübingen: Mohr, 1977.

DEIANA, Giommaria. I motivi nel diritto privato. Torino: Instituto Giuridico della R. Università, 1939.

DEL NERO, João Alberto Schutzer. *Conversão substancial do negócio jurídico*. Rio de Janeiro: Renovar, 2001.

DENARI, Zelmo. *Código brasileiro de defesa do consumidor comentado pelos autores do anteprojeto*. 8ª ed. Rio de Janeiro: Forense Universitária, 2005.

DESCAMPS, Olivier. *Les origins de la responsabilité por faute personnelle dans le Code Civil de 1804*. Paris: LGDJ, 2005.

DEWEY, John. The historic background of corporate legal personality, *Yale Law Journal*, v. 35, 1926.

DIAS, Maria Berenice. *Manual de direito das famílias*, 8ª ed. São Paulo: RT, 2011.

DI PIETRO, Maria Sylvia Zanella. *Direito administrativo*. 20. ed. São Paulo: Atlas, 2007.

DIDIER JR., Fredie; LIPIANI, Julia. Desconsideração inversa da personalidade jurídica. (parecer) *Revista de direito civil contemporâneo*, v. 13. São Paulo: RT, out.-dez./2017.

DINIZ, Gabriel Saad. O poder nas fundações privadas. *Revista de Direito Privado*, v. 76. São Paulo: RT, abril/2017.

DINIZ, Gustavo Saad. *Direito das fundações privadas: teoria geral e exercício de atividades econômicas*. 3. ed. São Paulo: Lemos & Cruz, 2006.

DINIZ, Maria Helena Diniz, *Curso de direito civil brasileiro*, v. 1. São Paulo: Saraiva, 2007.

DINIZ, Maria Helena. *O estado atual do biodireito*. 4ª ed. São Paulo: Saraiva, 2007.

DOBSON, Juan M. *El abuso de la personalidad jurídica en el derecho privado*. 2ª ed. Buenos Aires: DePalma, 1991.

DOBSON, Juan M. Lifting the veil in four countries: The law of Argentina, England, France and the United States. *International and Comparative Law Quarterly*, v. 35, n.4, 1986.

DOMAT, Jean. Le droit public, Livre I, Tit. XV. In: DOMAT, Jean. *Le quatre livre du droit public* – 1697. Centre de philosophie politique et juridique: Université de Caen, 1989.

DONEDA, Danilo. *Da privacidade à proteção dos dados pessoais*. Rio de Janeiro: Renovar, 2006.

DONEDA, Danilo. O direito fundamental à proteção de dados pessoais. In: MARTINS, Guilherme Magalhães; LONGHI, João Victor Rozatti (Coord.) *Direito digital. Direito privado e internet*. 2ª ed. Indaiatuba: Foco, 2019.

DONELLI, Hugonis. *Commentatorium de jure civili*, tomus primus. Florentiae, 1840.

DONNINI, Oduvaldo; DONNINI, Rogério Ferraz. *Imprensa livre, dano moral, dano à imagem e sua quantificação à luz do novo Código Civil*. São Paulo: Método, 2002.

DOTTI, René Ariel. *Proteção da vida privada e liberdade de informação*. São Paulo: RT, 1980.

DUFF, P. W. *Personality in roman private law*. Cambridge: Cambridge University Press, 1938.

DUGUIT, Léon. *Les transformations générales du droit privé depuis le Code Napoléon*. 2. ed. Paris: Libraire Félix Alcan, 1920.

DUGUIT, Léon. *Traité de droit constitutionnel*, t. I. 2ª ed. Paris; E. de Boccard, 1921.

DUQUE, Marcelo Schenk. *Direito privado e Constituição*. São Paulo: RT, 2013.

DÜRIG, Günter. Grundrechte und Zivilrechtsprechung. In: MAUNZ, Theodor (Hrsg.) *Vom Bonner Grundgesetz zur gesamtdeutschen Verfassung – Fest zum 75. Geburtstag von Hans Nawiasky*. München: Isar, 1956.

DUVAL, Hermano. *Direito à imagem*. São Paulo: Saraiva, 1988.

ELACHEVITCH, Basile. *La Personnalité Juridique em Droit Prive Romain*. Paris: Sirey, 1942.

ENDEMANN, W. *Das Deutsche Handelsrecht. Systematisch dargestellt*. 2. Aufl. Heidelberg, 1868.

ENGISCH, Karl. *Introdução ao pensamento jurídico*. Trad. J. Baptista Machado. Lisboa: Fundação Calouste Gulbenkian, 1988.

ESPÍNOLA, Eduardo. *Manual do Código Civil brasileiro: parte geral (dos fatos jurídicos)*, v. III, Parte primeira. Rio de Janeiro: Jacintho Ribeiro dos Santos Editor, 1923.

ESPÍNOLA, Eduardo. *Manual do Código Civil brasileiro: parte geral (dos fatos jurídicos)*, v. III. Parte terceira. Rio de Janeiro: Jacintho Ribeiro dos Santos Editor, 1929.

ESSER, Josef. *Grundsatz und Norm in der richterlichen Fortbildung des Privatrechts* Tübingen, J.C.B. Mohr, 1956.

ESSER, Josef. *Princípio y norma en la elaboración jurisprudencial del derecho privado*. Trad. Eduardo Valentí Fiol. Barcelona: Bosch, 1961.

FACHIN, Luiz Edson (Coord.). *Repensando os fundamentos do direito civil contemporâneo*. Rio de Janeiro: Renovar, 2000.

FACHIN, Luiz Edson. *Estatuto jurídico do patrimônio mínimo*. Rio de Janeiro: Renovar, 2006.

FACHIN, Luiz Edson. O *aggiornamento* do direito civil brasileiro e a confiança negocial. *Repensando fundamentos do direito civil brasileiro*. Rio de Janeiro: Renovar. 2000.

FACHIN, Luiz Edson. *Teoria crítica do direito civil*. 3ª ed. Rio de Janeiro: Renovar, 2012.

FADDA, Carlo; BENSA, Paolo Emilio. *Note e riferimenti al diritto civile italiano a B. Windscheid, Diritto delle pandette*, Libri I - Del diritto in genere e II – Dei diritti in generale. Torino, Utet, 1926.

FARIAS, Cristiano Chaves de; ROSENVALD, Nelson. *Curso de direito civil*, v. 1. Parte geral. São Paulo: Atlas, 2015.

FASSÒ, Guido. *Storia della filosofia del diritto*, I. Antichità e medioevo. Roma: Laterza, 2008.

FASSÒ, Guido. *Storia della filosofia del diritto*, t. III. Ottocento e novecento. Roma: Laterza, 2001.

FERNANDES, Luis Carvalho. *A conversão dos negócios jurídicos civis*. Lisboa: Quid juris, 1993.

FERNANDES, Milton. Direitos da personalidade e estado de direito. *Revista brasileira de estudos políticos*, Belo Horizonte, nº 50, janeiro de 1980.

FERRARA, Francesco. *Le persone giuridiche*. Torino: Utet, 1958.

FERREIRA, Waldemar Martins. *Curso de Direito Comercial*, v. I. São Paulo: Sales, Oliveira, Rocha & Cia., 1927.

FERRI, Enrico. *L'omicidio-suicidio: responsabilità giuridica*. Torino: Bocca,1884.

FERRI, Giovanni B.. Diritto all'informazione e diritto all'oblio. *Rivista di Diritto Civile*, anno XXXVI, Parte prima. Padova: Cedam, 1990.

FERRI, Luigi. *L'autonomia privata,* Milano: Dott. A. Giuffrè Editore, 1959.

FIÚZA, Ricardo. O novo Código Civil e as propostas de aperfeiçoamento. São Paulo: Saraiva, 2004.

FLORES, Alfredo. O papel de Teixeira de Freitas no contexto do pensamento jurídico do Séc. XIX. *The Latin American and Caribbean Journal of Legal Studies*, v. 1, n. 1, article 3, [https://services.bepress.com/lacjls/vol1/iss1/art3]

FORKEL, Hans. Zur systematischen Erfassung und Abgenzung des Persönlichkeitsrechts auf Individualität. In: FORKEL, Hans; KRAFT, Alfons. *Festschrift für Heinrich Hubmann zur 70. Geburstag*. Frankfurt am Main: Metzner, 1985.

FORKEL, Hans; KRAFT, Alfons. *Festschrift für Heinrich Hubmann zur 70. Geburstag*. Frankfurt am Main: Metzner, 1985.

FRADA, Manuel Carneiro de. Die Zukunft der Vertrauenshaftung oder Plädoyer für eine "reine" Vertrauenshaftung. In: HELDRICH, Andreas et alli (Hrsg.). *Festschrift für Claus-Wilhelm Canaris zum 70. Geburtstag.*, Band I. Munich: C.H.Beck, 2007.

FRAISSEX, P. Protection de la dignité de la personne et de l'espèce humaines dans le domaine de la biomédecine: L'exemple de la Convention d'Oviedo". *Revue internationale de droit comparé*, nº2. Paris: Librairie Technique, avril-juin/2000.

FRANÇA, Rubens Limongi. Direitos da personalidade. Coordenadas fundamentais. *Revista dos Tribunais*, n. 567. São Paulo: RT, janeiro/1983.

FRANÇA, Rubens Limongi. *Do nome civil das pessoas naturais*. 3ª ed. São Paulo: RT, 1975.

FRANÇA, Rubens Limongi. Direitos privados da personalidade. Subsídios para a sua especificação e sistematização. *Revista dos Tribunais*, v. 370. São Paulo: RT, 1968.

FRANCESCHELLI, Vincenzo; LEHMANN, Michael. Superamento della personalitá giuridica e societá collegate: sviluppi di diritto continentale.In: *Responsabilitá limitata e gruppi di societá*. Milano: Giuffré, 1987.

FRANKENBERG, Günter. Critical comparisons: Re-thinking Comparative Law. *Harvard International Law Review*, v. 26, n.2, Spring 1985.

FREDMAN, Sandra. *Discrimination law*. 2. ed. Oxford: Oxford University Press, 2011.

FRÉJAVILLE, Marcel. Des meubles par anticipation. Paris: E. de Boccard, 1927.

FROTA, Pablo Malheiros da Cunha. *Danos morais e a pessoa jurídica*. São Paulo: Método, 2008.

FULLER, Warner. The incorporated individual: A study of the One-Man Company. *Harvard Law Review*, v. 51, n. 8, jun/1938.

FÜRST, Henderson. *No confim da vida: direito e bioética na compreensão da ortotanásia*. Belo Horizonte: Casa do direito, 2019.

GAGLIANO, Pablo Stolze; PAMPLONA FILHO, Rodolfo. *Novo curso de direito civil. Parte geral*. 14ª ed. São Paulo: Saraiva, 2012.

GAGLIANO, Pablo Stolze; PAMPLONA FILHO, Rodolfo. *Novo curso de direito civil. Parte geral*, v. I. 8. ed. São Paulo: Saraiva, 2006.

GAINO, Itamar. *A simulação nos negócios jurídicos*. 2ª ed. São Paulo: Saraiva, 2012.

GALGANO, Francesco. *Corso di diritto civile*. Il contrato. Padova: Cedam, 2007.

GALGANO, Francesco. *Diritto privato*. 13. ed. Padova: Cedam, 2006.

GALGANO, Francesco. El negocio jurídico. Trad. Francisco de P. Blasco Gascó e Lorenzo Prats Albentosa Valencia: Tirant lo blanch, 1992.

GALLEGO, Elio A. *Tradición jurídica y derecho subjetivo*.Madrid: Dykinson, 1999.

GAMA, Guilherme Calmon Nogueira da. Comentário ao art. 1717. In: NANNI, Giovane Ettori. *Comentários ao Código Civil. Direito privado contemporâneo*. São Paulo: Saraiva, 2019.

GAMA, Guilherme Calmon Nogueira da. Contrato de Shopping center. *Revista da Escola da Magistratura do Estado do Rio de Janeiro*, v. 5, n. 18, 2008.

GAMA, Guilherme Calmon Nogueira da. *Herança legítima ad tempus*. São Paulo: RT, 2018.

GAMBARO, Antonio; SACCO, Rodolfo; VOGEL, Louis. *Traité de droit comparé. Le droit de l'Occident et d'ailleurs*. Paris: LGDJ, 2011.

GARCIAL DEL CORRAL, Ildefonso L. *Cuerpo del derecho civil romano*. Barcelona 1897. Edição Fac-similar. Valladolid: Lex Nova, 2004.

GARFINKEL, Simson. *Database nation. The death of privacy in 21th century*. Sebastopol: O'Reilly Media, 2000.

GAUDEMET, Jean; CHEVREAU, Emmannuelle. Droit privé romain. 3ª ed. Paris: Montchrestien, 2009.

GELLA, Agustín Vicente y. *Introducción al derecho mercantil comparado*. 3a ed. Barcelona: Labor, 1941.

GÈNY, François. Méthode d'interprétation et sources em droit privé positif. Paris: LGDJ, 1954.

GÉNY, François. *Science et technique em droit privé positif. Nouvelle contribution a la critique de la methode juridique*, t. III. Paris: Sirey, 1921.

GHERSI, Carlos Alberto. *Reparación de daños*. Buenos Aires: Editorial Universidad, 1992.

GHERSI, Carlos Ghersi; WEINGARTNER, Celia. *Tratado jurisprudencial y doctrinario*, t. I. Derecho civil. Contratos. Buenos Aires: La Ley, 2009.

GHESTIN, Jacques. *Cause de l'engagement et validité du contrat*. Paris: LGDJ, 2006.

GHISALBERTI, Alessandro. *Guilherme de Ockham*. Tradução Luis A. de Boni. Porto Alegre: EDIPUCRS, 1997.

GIACOBBE, Giovanne. *La frode alla legge*. Milano: Giuffrè, 1968.

GIEGLING, Kathrin. *Unternehmergesellschaft, GmbH und Limited: ein Vergleich*. Hamburg: Diplomica, 2010.

GIERKE, Otto von. *Deutsches privatrecht*, I. Leipzig: Duncker & Humblot, 1895.

GIERKE, Otto von. *Die Genossenchaftstheorie und die deutsche Rechtsprechung*. Berlin: Weidmann, 1887.

GIERKE, Otto. *Personengemeinschaften und Vermögensinbegriffe in dem Entwurfe eines Bürgelichen Gesetzbuches für das Deutsche Reich*. Berlin: Guttentag, 1889.

GILISSEN, John. La preuve em Europe du XVIe au debut du XIXe siècle: Rapport de Synthese. In: *La preuve. Recueils de la. Societe Jean Bodin pour l'histoire comparative des institutions*, Parte II: Moyen Age et temps modernes. Bruxelles: Libraire Encyclopedique, 1965.

GILISSEN, John. Le problème des lacunes du droit dans l'évolution du droit médiéval et moderne. In: PERELMAN, Charles (org.). *Le problème des lacunes en droit*. Bruxelles: Bruylant, 1968.

GIORGIANNI, Michele. La causa tra tradizione e innovazione. In: ALPA, Guido; BESSONE, Mario. *Causa e consideration*. Padova: Cedam, 1984.

GLAESER, Walter Schmitt. Schutz der Privatsphäre. In: ISENSEE, Josef; KIRCHOF, Paul. *Handbuch des Staatsrechts der Bundesrepublik Deutschland*, Bd VI. Heidelberg: C.F.Muller, 1989.

GODINHO, André Osório. Função social da propriedade. *In*: TEPEDINO, Gustavo (Coord.). *Problemas de direito civil constitucional*. Rio de Janeiro: Renovar, 2000.

GOGOS, Demetrios. Das griechische Bürgeliche Gesetzbuch vom 15. März 1940. *Archiv für die civilistische Praxis*, 149 Bd, H.1. Tübingen: Mohr Siebeck, 1944.

GOLDSCHMIDT, James. *Problemas generales del derecho*. Buenos Aires: De Palma, 1944.

GOLDSCHMIDT, James. *Teoría general del proceso*. Barcelona: Labor, 1936.

GOMES, Joaquim Benedito Barbosa. *Ação afirmativa e princípio constitucional da igualdade: o direito como instrumento de transformação social (A experiência dos EUA)*. Rio de Janeiro: Renovar, 2001.

GOMES, Orlando. Direitos de personalidade. *Revista Forense*, v. 216. Rio de Janeiro: Forense, outubro--dezembro/1966.

GOMES, Orlando. *Introdução ao direito civil*. 18ª ed. Rio de Janeiro: Forense, 2001.

GOMES, Orlando. *Introdução ao direito civil*. 19ª ed. Rio de Janeiro: Forense, 2007.

GOMES, Orlando. Novas dimensões da propriedade privada. *Revista dos Tribunais*, v. 411. São Paulo: RT, jan. 1970.

GOMES, Orlando. *Obrigações*. 15ª ed. Rio de Janeiro: Forense, 2002.

GOMES, Orlando. Perfil dogmático da alienação fiduciária. *Revista Jurídica*, n. 79. Porto Alegre, set. 1970.

GOMES, Orlando. *Raízes históricas e sociológicas do Código Civil brasileiro*. São Paulo: Martins Fontes, 2003.

GOMES, Orlando. Traços do perfil jurídico de um "shopping center". *Revista dos Tribunais*, v. 576. São Paulo: RT, out./1983.

GOMES, Orlando; NONATO, Orosimbo; PEREIRA, Caio Mário da Silva; (Secretário: Professor Francisco Luiz Cavalcanti Horta). *Projeto de Código civil: Comissão revisora do anteprojeto apresentado pelo professor Orlando Gomes*. Brasília: Imprensa Nacional, 1965.

GONÇALVES NETO, Alfredo Assis. *Manual das companhias ou sociedades anônimas*. São Paulo: RT, 2010.

GONÇALVES, Carlos Roberto. *Direito civil brasileiro*, v. 1. São Paulo: Saraiva, 2003.

GONÇALVES, Carlos Roberto. *Direito civil brasileiro: Parte geral.* 11ª ed. São Paulo: Saraiva, 2013.

GONÇALVES, Luis Cunha. *Tratado de direito civil português*, t. III, 1930.

GONÇALVES, Oksandro. *Desconsideração da personalidade jurídica.* Curitiba: Juruá, 2004.

GÖRING, Michael. *Unternehmen Stiftung: Stiften mit Herz und Verstand.* München: Carl Hansen, 2010.

GORPHE, F. Bonnes mouers. In: VERGE, Emmanuel; RIPERT, Georges. *Répertoire de droit civil.* Paris: Dalloz, 1951.

GÖTTING, Horst-Peter. Geschichte des Persönlichkeitsrechts. In: GÖTTING, Horst-Peter; SCHERTZ, Christian; SEITZ, Walter. *Handbuch des Persönlichkeitsrechts.* München: C.H. Beck, 2008.

GÖTTING, Horst-Peter; SCHERTZ, Christian; SEITZ, Walter. *Handbuch des Persönlichkeitsrechts.* München: C.H. Beck, 2008.

GOUBEAUX, Gilles. *Traité de droit civil:* las persones. Paris: LGDJ, 1989.

GRECO, Paolo. Beni immateriali. In: *Novissimo digesto italiano*, t. I. Torino: UTET.

GRIGOLEIT, Hans Christoph; NEUNER, Jörg (Hrsg.) *Claus-Wilhelm Canaris, Gesammelte Schriften.* Berlin: De Gruyter, 2012.

GRIMALDI, Michel; REYNIS, Bernard. L'acte authetique électronique, *Repertoire du Notariat*, n. 17/03. Paris: Defrénois, set./2003.

GROSSI, Paolo. *La propriedad y las propriedades. Un análisis histórico.* Trad. Angel Lopez y Lopez. Madrid: Cuadernos Civitas, 1992.

GROTEN, Andreas. *Corpus und universitas. Römisches Körperschafts- und Gesellschaftsrecht: zwieschen, griechsicher Philosophie und römischer Politik.* Tübingen: Mohr Siebeck, 2015.

GROTIUS, Hugo. *Le droit de la guerre et de la paix.* Paris: PUF, 2005.

GUALAZZINI, Ugo. Abuso del diritto. *Enciclopedia del Diritto.* Milano: Giufré, 1964. BIONDI, Biondo. *Il diritto romano cristiano*, t. II. Milão: Dott. A. Giuffrè Editore, 1952.

GUERRA, Sylvio. *Liberdade de imprensa e direito de imagem.* Rio de Janeiro: Renovar, 1999.

GUIMARÃES, Hanemann. A falência Civil. *Revista Forense*, n° 85, Rio de Janeiro: Forense, janeiro/1941.

GUINCHARD, Serge. L'affectation des biens en droit privé français. Paris: LGDJ, 1976.

GUTMANN, Daniel. *Le sentiment d'identité. Étude de droit des personnes et de la familie.* Paris: LGDJ, 2000.

GUTTERIDGE, H. C. *Comparative law.* Cambridge: Cambridge University Press, 2015.

HABERMAS, Jürgen. *Diagnósticos do tempo: seis ensaios.* Tradução: Flávio Beno Siebeneichler. Rio de Janeiro: Tempo Brasileiro, 2005.

HACKENBERG, Wolfgang. Big data. In: HOEREN, Thomas; SIEBER, Ulrich; HOLZNAGEL, Bernd (Hrsg.) *Multimedia-Recht: Rechtsfragen des elektronischen Geschäftsverkehrs*.37 Auf,, 2017.

HAEFS, Julia Aya. Der Auskunftsanspruch im Zivilrecht. Zur Kodifikation des allgemeinen Auskunftsanspruchs aus Treu und Glauben (§242 BGB). Baden-Baden: Nomos, 2009.

HAGEMANN, Matthias. *Iniuria. Von den XII-Tafeln bis zur Justinianischen Kodifikation.* Köln: Bohläu Verlag, 1998.

HAMBURGER, Max. *Treu und Glauben in Verkehr.* Manheim: Bensheimer, 1930.

HANADA, Nelson. Da insolvência e sua prova na ação pauliana. 4ª ed. São Paulo: RT, 2005.

HÄRTING, Niko. Anonymität und Pseudonymität im Datenschutzrecht, *Neue Juristische Wochenschrift*, 29. Munich: C.H. Beck, 2013.

HARTMANN, Gustav. *Wort und Wille* im Rechtsverkehr, *Jherings Jharbücher für die Dogmatik des bürgelichen Rechts*, 20 Bd, 1882.

HATTENHAUER, Hans. *Conceptos fundamentales del derecho civil.* Introducción histórico-dogmática. Trad. Gonzalo Hernandez. Barcelona: Ariel, 1987.

HAURIOU, Maurice. De la personnalité comme élément de la réalité sociale. Revue générale du droit, de la législation et de la jurisprudence en France et à l'Étranger, Tome XXII, 1898.

HAURIOU, Maurice. Les actions en indemnité contre l'État pour préjudices causés dans l'administration publique. *Revue de Droit Public*, v. 3, 1896.

HEAD, Tom. *Freedom of religion*, New York: Facts on file, 2005.

HEDEMANN, Justus Wilhelm. *Die Flucht in die Generalklauseln.Eine Gefahr für Recht und Staat*. Tübingen: Mohr, 1933.

HELDRICH, Andreas et alli (Hrsg.). *Festschrift für Claus-Wilhelm Canaris zum 70. Geburtstag.*, Band I. Munich: C.H.Beck, 2007.

HERRMANN, Manfred. *Der Schutz der Persönlichkeit in der Rechtslehre des 16. -18. Jahrhunderts: dargestellt an Hand der Quellen des Humanismus, des aufgeklärten Naturrechts und des Usus modernus*. Stuttgart: Kohlhammer, 1968.

HERZOG, Benjamin. *Anwendung und Auslegung von Recht in Portugal und Brasilien. Eine rechtsvergleichende Untersuchung aus genetischer, funktionaler und postmoderner Perspektive (Zugleich ein Plädoyer für mehr Savigny un weniger Jhering)*. Tübingen: Mohr Siebeck, 2014.

HESSE, Konrad. *Verfassungsrecht und Privatrecht*. Heidelberg: C.F. Müller, 1988.

HOBBES, Thomas. *Do Cidadão*. Trad., apres. e notas por Renato Janine Ribeiro. São Paulo: Martins Fonte, 1998.

HOLANDA, Sérgio Buarque de. Raízes do Brasil (edição crítica). São Paulo: Companhia das Letras, 2016.

HOLLSTEIN, Thorsten. *Die Verfassung als "Allgemeiner Teil": Privatrechtsmethode und Privatrechtskonzeption bei Hans Carl Nipperdey (1895 - 1968)*. Tübingen: Mohr Siebeck, 2006.

HOLTHÖFER, Ernst. *Sachteil und Sachzbehör im römischen und in gemeinen Recht*. Berlin: Walter de Gruyter, 1972 (reimpressão 2020).

HOLZHAUER, Heinz. *Die eigenhändige Unterschrift. Geschichte und Dogmatik des Schriftformerfordernisses im deutschen Recht*. Frankfur am Main: Athenäum, 1973.

HONDIUS, Ewoud. General Report. In: Ewoud H Hondius (Ed.), *Extinvtive prescription on the limitation of actions*, The Hague: Kluwer Law international, 1995.

HORBACH, Carlos Bastide. *A teoria da nulidade dos atos administrativos*. São Paulo: RT, 2007.

HUBMANN, Heinrich. *Das Persönlichkeitsrecht*. 2. veränd. und überarb. Auflage. Koln: Böhlau, 1967.

HUGO, Gustav. *Lehrbuch des heutigen Römischen rechts*, Berlin, 1826.

HUNGRIA, Nelson. *Comentários ao Código Penal*, v. 6. 5. ed. Rio de Janeiro: Forense, 1982.

HUTTEN, Kirsten von Der Unterlassungsanspruch [Zivilrechtliche Rechtsfolgen und ihre Durchsetzung]. In: GÖTTING, Horst-Peter; SCHERTZ, Christian; SEITZ, Walter. *Handbuch des Persönlichkeitsrechts*. München: C.H. Beck, 2008.

IHERING, Rudolf von. *Culpa in contrahendo ou indenização em contratos nulos ou não chegados à perfeição*. Tradução de Paulo Mota Pinto. Coimbra: Almedina, 2008.

IHERING, Rudolf von. *Culpa in contrahendo*: oder Schadensersatz bei nichtigen oder nicht zur Perfection gelangten Verträgen. Jahrbücher für die Dogmatik des heutigen römischen und deutschen Privatrechts 4 Bd, 1861.

IHERING, Rudolf von. *Das Schuldmoment im Römischen Privatrecht. Eine Festschrift*. Giessen: Verlag von Emil Roth, 1867.

IHERING, Rudolf von. *El espíritu del derecho romano en las diversas fases de su desarrollo*. Granada: Comares, 1998.

IHERING, Rudolf. *Geist des römischen Rechts auf den verschiedenen Stufen seiner Entwicklung*, Band 3. Leipzig: Breitkopf und Härtel, 1865.

IRTI, Natalino. *Introduzione allo studio del diritto privato*. Padova: Cedam, 1990.

IRTI, Natalino. *L' etat della decodificazione*. 3. ed. Milano: Giuffrè, 1989.

ISENSEE, Josef; KIRCHOF, Paul. *Handbuch des Staatsrechts der Bundesrepublik Deutschland*, Bd VI. Heidelberg: C.F.Muller, 1989.

IZZI, Bernardino. *Il rapporto giuridico non patrimoniale*. Milano: Giuffrè, 2012.

JAYME, Erik. *Identité culturelle et intégration: le droit international privé postmoderne. Cours général de droit international privé* (Tiré à part du Recueil des Cours, tome 251). Hague: Nijhoff, 1995.

JAYME, Erik. Visões para uma teoria pós-moderna do direito comparado. *Revista dos Tribunais*, v. 759. São Paulo: RT, janeiro/1999.

JELINNEK, Walter. *Verwaltungsrecht*, 3. Aufl. Berlin: Julius Springer, 1931.

JELLINEK, Georg. *Allgemeine Staatslehre*. Berlin: O. Häring, 1914.

JELLINEK, Walter. *Die Entlohnung der Frau und Artikel 3 Absatz 2 des Grundsgesetzes* – Betriebsberater. Heidelberg Verlagsgsellschaft "Recht und Wirtschaft", 1950.

JORGE, Fernando Pessoa. *Ensaio sobre os pressupostos da responsabilidade civil*, Coimbra: Almedina, 1999.

JOSSERAND, Louis. Cours de droit positif français, I. Paris: Sirey, 1938.

JOSSERAND, Louis. *De l'abus des droits*. Paris: Arthur Rousseau Éditeur, 1905.

JOSSERAND, Louis. *De l'espirit des droits et de leur relativité. Théorie dite de l'abus des droits*. Paris: Dalloz, 2006.

JOSSERAND, Louis. *De l'espirit des droits et de leur relativité*: théorie dite l'abus des droits. Paris, 1927.

JOSSERAND, Louis. *Les mobiles dans les actes juridiques du droit privé*. Paris: Dalloz, 1928.

JUSTEN FILHO, Marçal. *Desconsideração da personalidade societária no direito brasileiro*. São Paulo: RT, 1987.

JUSTO, A. Santos. A situação jurídica dos escravos em Roma. *Boletim da Faculdade de Direito da Universidade de Coimbra*, Coimbra, v. 59, 1983.

KAISER, Thorsten. *Eigentumsrecht in Nationalsozialusmus und Fascismo*. Tübingen: Mohr Siebeck, 2005.

KANT, Immanuel. *Fundamentação da metafísica dos costumes*. Trad. Paulo Quintela. Lisboa: Edições 70, 2007.

KASER, Max Kaser, *Direito privado romano*. Lisboa: Calouste, 1999.

KASER, Max; KNÜTEL, Rolf. *Römisches Privatrecht*. 20. Auflage. München: Verlag C.H.Beck, 2014.

KAYSER, Pierre. *La protection de la vie privée par le droit. Protection du secret de la vie privée*. 3ª ed. Paris: Economica, 1995.

KAYSER, Pierre. Les droits de la personnalité: aspects théoriques et pratiques. *Revue trimestrielle* de droit civil n. 3, v. 70, Paris: Sirey, juil-sept. 1971.

KELSEN, Hans. *Teoria geral do direito e do Estado*. Trad. Luis Carlos Borges. São Paulo: Martins Fontes, 1998.

KELSEN, Hans. *Teoria pura do direito*. Trad. João Baptista Machado. São Paulo: Martins Fontes, 1999.

KIRSTE, Stephan. *Die Zeitlichkeit des positiven Rechts und die Geschichtlichkeit des Rechtsbewusstseins: Momente der Ideengeschichte und Grundzüge einer systematischen Begründung*, Berlin: Duncker und Humblot, 1998.

KISLIAKOFF, Nadia Dumont. *La simulation em droit romain*. Paris: Cujas, 1970.

München: C.H. Beck, 2008.

KLIEMANN, Ana Carolina. O princípio da manutenção do negócio jurídico: uma proposta de aplicação. *Revista trimestral de direito civil*, v. 26, ano 7. Rio de Janeiro: Padma, 2006.

KLIPPEL, Diethelm; LIES-BENACHIB, Gudrun. Der Schutz von Persönlichkeitsrechten um 1900. In. FALK, Ulrich; MONHAUPT, Heinz (Hrsg). *Das Bürgerliche Gesetzbuch und seine Richter. Zur Re-*

aktion der Rechtsprechung auf die Kodifikation des deutschen Privatrechts (1896-1914), Frankfurt am Main: Klostermann, 2000.

KÖHLER, Helumt. BGB Algemeiner Teil, 38 Auf. Munchen: C.H. Beck, 2014.

KÖHLER, Josef. *Das Autorrecht, eine Zivilistiche Abhandlung, zugleich ein Beitrag zur Lehre vom Eigenthum, vom Miteigenthum, vom Rechtsgeschäft und von Individualrecht*. Jena: Fischer, 1880.

KONDER, Carlos Nelson. *Contratos conexos: grupos de contratos, redes contratuais e contratos coligados*. Rio de Janeiro: Renovar, 2006.

KOSCHAKER, Paul. *Europa und das römische Recht*. 2. ed. München: C.H. Beck, 1953.

KRÜGER, Herbert. Die Verfassungen in der Zivilrechtsprechung. *Neue juristische Wochenschrift*, v. 2, 5. München : Beck, 1949.

KÜMPEL, Vitor Frederico. Teoria da aparência no Código Civil de 2002. São Paulo: Método, 2007.

KUNKEL, Wolfgang; SCHERMAIER, Martin. *Römische Rechtsgeschichte*. 14. ed. Köln: Bölau, 2005.

LABAND, Paul. Die Stellvertretung bei dem Abschluß von Rechtsgeschäften nach dem allgemeinen deutschen Handelsgesetzbuch, *Zeitschrift für das gesammte Handelsrecht* 10, 1866.

LADEUR, Karl-Heinz. Die verfassungsrechtlichen Dimensionen des Persönlichkeitsrechts. In: GÖTTING, Horst-Peter; SCHERTZ, Christian; SEITZ, Walter. *Handbuch des Persönlichkeitsrechts*. München: C.H. Beck, 2008.

LAMBERT, Edouard. Concéption générale, définition, méthode et histoire du droit comparé. *Congrès international de droit comparé, tenu à Paris, du 31 juillet au 4 août 1900. Procès verbaux des séances et documents*, v. I. Paris: LGDJ, 1905.

LANGE, Hermann. *Römisches Recht im Mittelalter*, Band I. Die Glossatoren. München: C.H. Beck, 1997.

LAPALMA, Juan Carlos. Moral y buenas costumbres: um limite poco delimitado? In: BARBERO, Omar et alli. *Abuso del derecho*. Buenos Aires: Universitas, 2006.

LARENZ, Karl. Das "allgemeine Persönlichkeitsrecht" im Recht der unerlaubten Handlungen, Neue Jusristiche Wochenschrift, 1955.

LARENZ, Karl. *Derecho civil. Parte general*. Trad. Miguel Izquierdo y Macías-Picavea. Madrid: Editorial Revista de Derecho Privado, 1978.

LARENZ, Karl. *Derecho civil. Parte general*.Trad. Miguel Izquierdo y Macías-Picavea. Madri: Editorial Revista de Derecho Privado, 1978.

LARENZ, Karl. Derecho civl. Parte general. Madrid: EDERSA, 1978.

LARENZ, Karl. *Derecho justo. Fundamentos de ética jurídica*. Madrid: Civitas, 1985.

LARENZ, Karl. *Metodologia da ciência do direito*. 3. ed. Trad. José Lamego. Lisboa: Fundação Calouste Gulbenkian, 1997.

LASKI, Harold J.. The early history of the corporation in England. *Harvard Law Review*, v. 30, n. 6, april/1917.

LAUBADÈRE, André de.Traité de droit administratif, v. 2. Paris: LGDJ, 1994.

LAURENT, François. *Principes de droit civil français*, 3ª ed. Bruxelles: Bruylant, 1878.

LAUTERPACH, H. The international protection of human rights. *Recueil des Cours de L'Academie de Droit International de la Haye*, v.70, 1947.

LEAL, Antônio Luis da Câmara. *Da prescrição e da decadência*. 3. ed. Rio de Janeiro: Forense, 1978.

LECEY, Eládio. Autoria singular e coletiva nas infrações contra o ambiente e as relações de consumo. A problemática da criminalidade pela pessoa jurídica. Revista de direito do consumidor, vol. 22. São Paulo: RT, abr.-jun./1997.

LEGEAIS, Raymond. *Grands systèmes de droit conteporains. Approche comparative*. Paris Litec, 2004.

LEGRAND, Pierre. *Como ler o direito estrangeiro*. Trad. Daniel Hachem. São Paulo: Contracorrente, 2018.

LEGRAND, Pierre. The same and the different. In: LEGRAND, Pierre; MUNDAY, Roderick (Ed.). Comparative Legal Studies: Traditions and Transitions. Cambridge: Cambridge University Press, 2003.

LEGRAND, Pierre; MUNDAY, Roderick (Ed.). Comparative Legal Studies: Traditions and Transitions. Cambridge: Cambridge University Press, 2003.

LEISNER, Walter. *Grundrechte und Privatrecht*. München: C.H.Beck, 1960.

LEME, Lino de Moraes. *Direito civil comparado*. São Paulo: Revista dos Tribunais, 1962.

LEONARDO, Rodrigo Xavier. A desconsideração da personalidade societária em sua modalidade inversa. *Revista dos Tribunais*, v. 917. São Paulo: RT, 2012.

LEONARDO, Rodrigo Xavier. *Associações sem fins econômicos*. São Paulo: RT, 2014.

LETE DEL RIO, José Manuel. *Derecho de la persona*. 4ª ed. Madrid: Tecnos, 2000.

LEVI, Giulio. *L'abuso del diritto*. Milano: Dott. A. Giuffrè Editore, 1993.

LÉVY, Jean Philippe; CASTALDO, André. *Histoire du droit civil*. Paris: Dalloz, 2002.

LÉVY, Jean- Phillippe. L'evolution de la preuve des origines a nos jours. Synthese generale (XVII) In: *La preuve. Recueils de la. Societe Jean Bodin pour l'histoire comparative des institutions*, Parte II: Moyen Age et temps modernes. Bruxelles:Libraire Encyclopedique, 1965.

LÉVY, Jean-Philippe. Le problème de la preuve dans les droits savants du Moyen Âge, In: La preuve. Recueils de la. Societe Jean Bodin pour l'histoire comparative des institutions, Parte II: Moyen Age et temps modernes. Bruxelles:Libraire Encyclopedique, 1965.

LEZIROLI, Giuseppe. Persona morale e persona fisica nel diritto canônico. In: Studi in onore di Pietro Agosto d'Avack. Milano: Giuffrè, 1976.

LIMA, Alvino. *A fraude no direito civil*. São Paulo: Saraiva, 1965.

LIMA, Alvino. *Culpa e risco*. 2. ed. São Paulo: RT, 1998.

LIMA, Clarissa Costa de. O tratamento do superendividamento e o direito de recomeçar dos consumidores. São Paulo: RT, 2014.

LIMA, Cíntia Rosa Pereira de. Direito ao esquecimento e internet: o fundamento legal no direito comunitário europeu, no direito italiano e no direito brasileiro. *Revista dos Tribunais*, v. 946, São Paulo: RT, ago. 2014.

LIMA, Ruy Cirne. *Princípios de direito administrativo*. São Paulo: RT, 1984.

LIRA, Ricardo Cesar Pereira. Breves notas sobre o negócio jurídico "shopping center". *Revista Forense*, vol. 337. Rio de Janeiro: Forense, 1997.

LÔBO, Paulo. *Direito civil. Parte geral*. São Paulo: Saraiva, 2009.

LÔBO, Paulo. *Direito civil: famílias*. 3ª ed. São Paulo: Saraiva, 2010.

LONG, Marceau; WEIL, Prosper; BRAIBANT, Guy Braibant; DEVOLVÉ, Pierre; GENEVOIS, Bruno. *Les grands arrêts de la jurisprudence administrative*. 16. ed. Paris: Dalloz, 2007.

LOPES, Miguel Maria de Serpa. *Curso de direito civil*, v. 1. Rio de Janeiro: Freitas Bastos, 1988.

LORENZETTI, Ricardo Luis. *Fundamentos de direito privado*. São Paulo: RT, 1998.

LORENZETTI, Ricardo. *Teoria da decisão judicial. Fundamentos de direito*. Trad. Bruno Miragem. São Paulo: Ed. RT, 2010.

LOSANO, Mario G. *Sistema e estrutura no direito*, t. I e II Trad. Carlos Alberto Dastoli. São Paulo: Martins Fontes, 2008.

LOTUFO, Renan. *Questões relativas a mandato, representação e procuração*. São Paulo: Saraiva, 2001.

LUHMAN, Niklas. *Law as a social system*, Oxford: Oxford University Press, 2014.

LUHMAN, Niklas. *Vertrauen. Ein mechanismus der Reduktion sozialer Komplexität*. 5. Auflage, Konstanz: UVK, 2014.

LUNA, Everardo Cunha. *Abuso de direito*. 1. ed. Rio de Janeiro: Forense, 1959.

LUZZATI, Claudio. *La vagheza delle norme. Un'analisi del linguaggio giuridico*. Milano: Giuffrè, 1990.

LUZZATTI, Claudio. Clausole generali e princìpi. Oltre la prospettiva civilistica. In: G. D'AMICO (cur.). *Principi costituzionali e clausole generali nell'evoluzione dell'ordinamento giuridico*, Milano: Giuffrè, 2017.

MACIEL, Fernando Antônio Barbosa Maciel. *Capacidade e entes não personificados*. Curitiba: Juruá, 2008.

MACINTYRE, Alasdair. *Tres versiones sobre la etica*. Madrid: RIALP, 1992.

MADALENO, Rolf. *A disregard e sua efetivação no juízo de família*. Porto Alegre: Livraria do Advogado, 1999.

MADALENO, Rolf. A disregard no direito de família. In: MADALENO, Rolf. *Direito de família; aspectos polêmicos*. Porto Alegre: Livraria do Advogado, 1998.

MADALENO, Rolf. A efetivação da *disregard* no juízo de família. In: *Família na Travessia do Milênio*. Anais do II Congresso Brasileiro de Direito de Família. Belo Horizonte: IBDFAM, 2000.

MAIA JÚNIOR, Mairan Gonçalves. *A representação no negócio jurídico*. 2ª ed. São Paulo: RT, 2004.

MAIA, L. de Campos. *Delictos de linguagem contra a honra*, xx.

MAJO, Adolfo Di. Clausole generali e diritto delle obbligazioni. *Rivista critica di diritto. privato*, 1984.

MALBERG, Carré de. *Contribution à la theorie générale de L'État*, t. I. Paris: Sirey, 1920.

MALUF, Carlos Alberto Dabus. *As condições no direito civil*. 2ª ed. São Paulo: Saraiva, 1991.

MALUF, Carlos Alberto Dabus; MALUF, Adriana Caldas do Rego Dabus. *Introdução ao direito civil*. São Paulo: Saraiva, 2017.

MANÓVIL Rafael Mariano. *Grupos de sociedades en el derecho comparado*. Buenos Aires: Abeledo Perrot, 1998.

MARCONDES, Sylvio. *Questões de direito mercantil*. São Paulo: Saraiva, 1977.

MARINONI, Luiz Guilherme. Tutela contra o ilícito (art. 497, parágrafo único, do CPC/2015). *Revista de Processo*, v. 245. São Paulo: RT, jul./2015.

MARINONI, Luiz Guilherme. *Tutela Inibitória*. 3ª. ed. São Paulo: RT, 2003.

MARINONI, Luiz Guilherme. *Tutela inibitória. Individual e coletiva*. 4. ed. São Paulo: Ed. RT, 2006.

MARINONI, Luiz Guilherme; MITIDIERO, Daniel. *Código de processo civil comentado*. 3ª ed. São Paulo: RT, 2011.

MARKESINIS, Basil. Réflexions d'un comparatiste britannique sur et à partir de l'arrêt Perruche. *Revue trimestrielle de droit civil*, 1. Paris, jan.-mar./2001.

MARQUES, Claudia Lima (Org.). *Diálogo das Fontes: do conflito à coordenação de normas do direito brasileiro*. São Paulo: Revista dos Tribunais, 2012.

MARQUES, Claudia Lima Marques, Antônio Herman Benjamin e Bruno Miragem, *Comentários ao Código de Defesa do Consumidor*. 3. ed. São Paulo: Ed. RT, 2010.

MARQUES, Claudia Lima Marques, *Contratos no Código de Defesa do Consumidor*. 5. ed. São Paulo: RT, 2006.

MARQUES, Claudia Lima. *Contratos no Código de Defesa do Consumidor*, 9ª ed. São Paulo: RT, 2019.

MARQUES, Claudia Lima. Os cem anos do Código Civil alemão: o BGB de 1896 e o Código Civil brasileiro de 1916. *Revista dos Tribunais*, v. 741. São Paulo: RT, julho/1997.

MARQUES, Claudia Lima. Sugestões para uma lei sobre o tratamento do superendividamento de pessoas físicas em contratos de crédito ao consumo: proposições com base em pesquisa empírica de 100 casos no Rio Grande do Sul. *Revista de direito do consumidor*, v. 55. São Paulo: RT, jul.-set./2005.

MARQUES, Claudia Lima; BENJAMIN, Antônio Herman; MIRAGEM, Bruno. *Comentários ao Código de Defesa do Consumidor*, 6ª ed. São Paulo: RT, 2019.

MARQUES, Claudia Lima; MIRAGEM. *O novo direito privado e a proteção dos vulneráveis*. 2ª ed. São Paulo: RT, 2014.

MARQUES, Claudia Lima; MIRAGEM. Bruno. (Coord.) *Diálogo das fontes: novos estudos sobre a coordenação e aplicação das normas no direito brasileiro*. São Paulo: RT, 2020.

MARTIN, Klaus. *Das allgemeine Persönlichkeitsrecht in seiner historischen Entwicklung: Schriften zum Persönlichkeitsrecht*. Hamburg: Dr. Kovac, 2007.

MARTINO, Francesco De. *Individualismo e diritto privato romano*. Torino: G.Giappichelli Editore, 1999.

MARTINS, Fernando Rodrigues Martins, *Princípio da justiça contratual*. São Paulo: Saraiva, 2009.

MARTINS, Pedro Baptista. *O abuso do direito e o ato ilícito*. 3. ed. Rio de Janeiro: Forense, 1997.

MATTOS FILHO, Ary Oswaldo. *Direito dos valores mobiliários*, t. 2, v. 1. São Paulo: FGV, 2015.

MAUNZ, Theodor (Hrsg.) Vom Bonner Grundgesetz zur gesamtdeutschen Verfassung – Fest zum 75. Geburtstag von Hans Nawiasky. München: Isar, 1956.

MAURER, Hartmut. *Direito administrativo geral*. Barueri: Manole, 2002.

MAURER, Hartmut. *Elementos de direito administrativo alemão*. Trad. Luis Afonso Heck. Porto Alegre: Sérgio Antônio Fabris, 2001.

MAYER, Otto. *Deutsches Verwaltungsrecht*, Bd 2. Leipzig: Duncker und Humblot, 1896.

MAZEAUD, Henri; MAZEAUD, Leon; MAZEAUD, Jean; CHABAS, François. *Leçons de droit civil. Introduction à l'étude du droit*. 12. ed. Paris: Montchrestien, 2000.

MAZEAUD, Henri; MAZEAUD, Leon; MAZEAUD, Jean; CHABAS, François. *Leçons de droit civil.*, t. 2, v. 2. 8ª ed. Paris, Montchrestien, 1994.

MAZEAUD, Henri; MAZEAUD, León; TUNC, André. *Tratado teórico práctico de la responsabilidad civil delictual y contractual*. Tradução de Luis Alcalá- Zamora y Castillo. Buenos Aires: EJEA, 1962. t. 1, v. 2.

MEDICUS, Dieter. *Allgemeiner Teil des BGB*. 10. Auf. Heidelberg: C.F. Muller, 2010.

MELLO FILHO, José Celso de. Notas sobre as fundações. *Revista de Jurisprudência do Tribunal de Justiça do Estado de São Paulo*, v. 11, n. 49, nov. dez. 1977.

MELLO, Celso Antônio Bandeira de. *Curso de direito administrativo*. 16. ed. São Paulo: Malheiros, 2003.

MELLO, Marcos Bernardes de. *Teoria do fato jurídico. Plano da existência*. 12. ed. São Paulo: Saraiva, 2003.

MELLO, Marcos Bernardes de. *Teoria do fato jurídico. Plano da validade*. São Paulo: Saraiva, 2004.

MENCK, José Theodoro Mascarenhas (Org.). *Código Civil brasileiro no debate parlamentar. Elementos históricos da elaboração da Lei nº 10.406, de 2002*, t. 1. Audiências Públicas e relatórios (1975-1983). Brasília: Câmara dos Deputados, 2012.

MENDES, Gilmar Ferreira; BRANCO, Paulo Gustavo Gonet. *Curso de direito constitucional*, 14ª ed. São Paulo: Saraiva, 2019.

MENDES, Gilmar Ferreira; COELHO, Inocêncio Mártires; BRANCO, Paulo Gonet. *Curso de direito constitucional*. São Paulo: Saraiva, 2007.

MENDES, Laura Schertel. A vulnerabilidade do consumidor quanto ao tratamento de dados pessoais. In: MARQUES, Claudia Lima; GSELL, Beat (Orgs.) *Novas tendências do direito do consumidor: rede Alemanha-Brasil de pesquisa em direito do consumidor*. São Paulo: RT, 2015.

MENDES, Laura Schertel. *Privacidade, proteção de dados e defesa do consumidor. Linhas gerais de um novo direito fundamental*. São Paulo: Saraiva, 2014.

MENDES, Laura Schertel; DONEDA, Danilo. Reflexões iniciais sobre a nova Lei Geral de Proteção de Dados. *Revista de direito do consumidor*, v. 120. São Paulo: RT, nov.-dez./2018.

MENDONÇA, José Xavier Carvalho de. *Tratado de direito comercial brasileiro*, v. V. 4ª ed. Rio de Janeiro: Freitas Bastos, 1946.

MENEZES, Joyceane Bezerra de Menezes. O novo instituto da tomada de decisão apoiada: instrumento de apoio ao exercício da capacidade civil da pessoa com deficiência instituído pelo Estatuto da Pessoa com Deficiência – Lei Brasileira de Inclusão (Lei nº 13.146/2015). In: MENEZES, Joyceane Bezerra de (Org.). Direito das pessoas com deficiência psíquica e intelectual nas relações privadas. Convenção sobre os direitos da pessoa com deficiência e Lei Brasileira de Inclusão. Rio de Janeiro: Editora Processo, 2016,

MENGER, Anton. *El derecho civil de los pobres.* Madrid: Libreria General de Victoriano Suárez, 1898.

MENGONI, Luigi. Spunti per una teria delle clausole generali. *Rivista critica del diritto privato*, 1986.

MENKE, Fabiano. A interpretação das cláusulas gerais: a subsunção e a concreção dos conceitos. *Revista de direito do consumidor*, v. 50. São Paulo: RT, abr.-jun./2004.

MENKE, Fabiano. *Assinatura eletrônica no direito brasileiro.* São Paulo: Revista dos Tribunais, 2005.

MENKE, Fabiano. Comentário ao art. 167. In: Giovanni Etore Nanni (org.). *Comentários ao Código Civil: direito privado contemporâneo.* São Paulo: Saraiva, 2019.

MENKE, Fabiano. Comentários ao art. 191 do Código Civil, In: Giovanni Etore Nanni (org.). *Comentários ao Código Civil: direito privado contemporâneo.* São Paulo: Saraiva, 2019.

MERÊA, Manuel Paulo. *Estudos de direito visigótico.* Coimbra, 1948.

MICHAELS, Ralf. The functional method of comparative law. In: REIMAN, Mathias; ZIMMERMANN, Reinhard. *The Oxford Handbook of Comparative Law.* Oxford: Oxford University Press, 2006.

MICHOUD, Léon. *La théorie de la personnalité morale et son application au droit français.* t. I. Paris: LGDJ, 3ª ed., 1932.

MILONE, Filippo. *Le universitates rerum: studio in diritto romano.* Roma : L'Erma di Bretschneider, 1971.

MINOW, Martha. *Making all the difference. Inclusion, exclusion and American Law.* Ithaca: Cornell University Press, 1990.

MIRAGEM, Bruno. *Abuso do direito.* 2ª ed. São Paulo: RT, 2013.

MIRAGEM, Bruno. *Curso de direito do consumidor.* 8ª ed. São Paulo: RT, 2019.

MIRAGEM, Bruno. *Direito administrativo aplicado: a nova administração pública e o direito administrativo.* São Paulo: RT, 2017.

MIRAGEM, Bruno. *Direito bancário*, 3ª ed. São Paulo: RT, 2019.

MIRAGEM, Bruno. *Direito das obrigações.* 3ª ed. Rio de Janeiro: Forense, 2021.

MIRAGEM, Bruno. Discriminação injusta e direito do consumidor. In: MIRAGEM, Bruno; MARQUES, Claudia Lima; MAGALHÃES, Lucia Ancona Lopez de (Orgs.). *Direito do consumidor, 30 anos do CDC: da consolidação como direito fundamental aos atuais desafios da sociedade.* Rio de Janeiro: Forense, 2020.

MIRAGEM, Bruno. Do direito comercial ao direito empresarial: formação histórica e tendências do direito brasileiro. Revista da Faculdade de Direito da UFRGS, v. 24. Porto Alegre: UFRGS, 2004.

MIRAGEM, Bruno. *Eppur si muove*: diálogo das fontes como método de interpretação sistemática no direito brasileiro. In: Claudia Lima Marques (Org.). *Diálogo das Fontes: do conflito à coordenação de normas do direito brasileiro.* São Paulo: Revista dos Tribunais, 2012.

MIRAGEM, Bruno. *Responsabilidade civil.* 2ª ed. Rio de Janeiro: Forense, 2021.

MIRAGEM, Bruno; LIMA, Clarissa Costa de. Patrimônio, contrato e proteção constitucional da família. *Revista de direito do consumidor*, v. 91. São Paulo RT, 2014.

MIRANDA, Custódio da Piedade Ubaldino. Negócio jurídico indireto e negócios fiduciários. *Revista de direito civil, imobiliário, agrário e empresarial*, v. 8, n. 29. São Paulo: RT, jul./set., 1984.

MONATERI, Pier Giuseppe. Oggetto e âmbito della prescrizione. In: MONATERI, Pier Giuseppe; CONSTATINI, Cristina. *La prescrizione. Trattato di diritto civile* (dir. Rodolfo Sacco). Torino: Utet, 2009.

MONATERI, Pier Giuseppe; CONSTATINI, Cristina. *La prescrizione. Tratatto di diritto civile* (dir. Rodolfo Sacco). Torino: Utet, 2009.

MONTEIRO, António Pinto. Direito a não nascer? Anotação ao Ac. STJ de 19/06/2001. *Revista de legislação e jurisprudência*, ano 134, n. 3933, 2002.

MONTEIRO, João. *Da universalização do direito: prelecção inaugural da cadeira de legislação comparada.* São Paulo, 1892.

MONTEIRO, Jorge Sinde. Assinatura eletrônica e certificação. *Revista de legislação e jurisprudência*, n.3910-3921, ano 133, Coimbra: Coimbra Editora, 2002.

MONTEIRO, Washington de Barros. *Curso de direito civil. Parte geral.* 39a ed. São Paulo: Saraiva, 2003.

MONTORO, André Franco. Cultura dos direitos humanos. *Cinqüenta anos da Declaração Universal dos Direitos Humanos.* Série Pesquisas, n. 11. Rio de Janeiro: Fundação Konrad Adenauer, 1998.

MORACCHINI-ZEIDENBERG, Stéphanie. *L'abus dans les relations de droit privé.* Aix-Marseille: Presses Universitaries d' Aix de Marseiile, 2004.

MORAES, Maria Amália Dias de. Do abuso de direito: alguns aspectos. *Revista da Procuradoria-Geral do Estado do Rio Grande do Sul.* vol. 15. n. 42. Porto Alegre: PGE, 1985.

MORAES, Maria Celina Bodin de. A caminho de um direito civil constitucional. *Revista de direito civil*, São Paulo, v. 65, jul./set. 1993.

MORAES, Walter. Concepção tomista de pessoa; um contributo para a teoria do direito da personalidade. *Revista Forense*, v. 590. Rio de Janeiro: Forense, dez./1984.

MOREIRA, José Carlos Barbosa. As presunções e a prova. *Temas de direito processual.* São Paulo: Saraiva, 1977.

MOREIRA, José Carlos Barbosa. Notas sobre pretensão e prescrição no sistema do novo Código Civil brasileiro. *Revista trimestral de direito civil*, v. 11. Rio de Janeiro: Padma, jul.-set./2002.

MOSSET ITURRASPE, Jorge. El "abuso" em el pensamiento de tres juristas transcendentes: Risolía, Spota y Llambías. Una situación concreta: el abuso y el derecho ambiental. *Revista de derecho privado y comunitario. Abuso del derecho.* n. 16. Buenos Aires: Rubinzal Culzoni, 1998.

MOSSET ITURRASPE, Jorge. *El valor de la vida humana.* Santa Fé: Rubinzal Culzoni, 1983.

MOSSET ITURRASPE, Jorge. La antijuridicidad. In:. *Responsabilidade civil.* Buenos Aires: Hammurabi, 1997.

Motive zu dem Entwurfe eines Bürgerlichen Gesetzbuches für das Deutsches Reich, Band I, Allgemeiner Teil. Berlin/Leipzig: J. Guttentag, 1888, § 106.

MOUSOURAKIS, George. *Roman law and the origins of civil law tradition.* Cham: Springer, 2015.

MÜLLER-FREIENFELS, Wolfram. Zur Lehre vom sogenannten Durchgriff bei juristischen Personen in Privatrecht, *Archiv für die civilistische Praxis*, 156 Bd, H. 6, 1957

MUNIZ, Francisco José Ferreira; OLIVEIRA, José Lamartine de. O estado de direito e os direitos da personalidade. *Revista dos Tribunais*, v. 532. São Paulo: RT, fev./1980.

MURRAY A. Pickering. The company as a separate legal entity. *The modern law review*, v. 31, n. 5, setember/1968.

MUTZENBECHER, Franz Matthias. *Zur Lehre vom Persönlichkeitsrecht.* Hamburg: Lütcke & Wulff, 1909.

NERSON, Roger. *Les droits extra-patrimoniaux*, Thèse Lyon, 1939.

NERY JÚNIOR, Nelson. *Vícios do ato jurídico e reserva mental.* São Paulo: RT, 1983.

NERY, Rosa Maria de Andrade; NERY JÚNIOR, Nelson. *Instituições de direito civil: parte geral*, v. I, t. II. São Paulo: RT, 2015.

NERY, Rosa Maria de Andrade; NERY JÚNIOR, Nelson. Instituições de direito civil: família e sucessões. São Paulo: RT, 2019

NETTELBLADT, Daniel. *Systema elementare universae jurisprudentiae naturalis in usum praelectionum academicarum adornatum: Iurisprudentia naturalis specialis*, editio tertia, 1767.

NEUNER, Georg Karl. *Wesen und Arten der Privatrechtsverhältnisse*. Kiel: Schwers, 1866.

NEVES, António Castanheira. *Digesta – Escritos acerca do direito, do pensamento jurídico, de sua metodologia e outros*, v. 2. Coimbra: Coimbra Editora, 1995.

NIPPERDEY, Hans Carl. Die Würde des Menschen. In: BETTERMAN Karl; NEUMANN, Franz; NIPPERDEY, Hans Carl; SCHEUNER, Ulrich (Hrsg.) *Die Grundrechte. Handbuch der Theorie und Praxis der Grundrechte*, v. 2. Berlin: Duncker und Humblot, 1954.

NEUNER, Jörg. Diskriminierungsschutz durch Privatrecht. *JuristenZeitung*, v. 58, n. 2. Tübingen: Mohr Siebeck, jan./2003.

NIPPERDEY, Hans Carl. *Grundrechte und Privatrecht*. Krefeld: Scherpe, 1961.

NOBRE JÚNIOR, Edilson Pereira. O direito brasileiro e o princípio da dignidade da pessoa humana. *Revista de direito administrativo*, Rio de Janeiro, n. 219, jan./mar. 2000.

NONATO, Orosimbo. *Da coação como defeito do ato jurídico (ensaio)*. Rio de Janeiro: Forense, 1957.

NONATO, Orozimbo. As fundações de direito privado em face dos poderes de vigilância do Ministério Público, *Revista dos Tribunais*, v. 296. São Paulo: RT, junho/1960.

NONATO, Orozimbo; AZEVEDO, Philadelpho; GUIMARÃES, Hahnemann. *Anteprojeto do Código de Obrigações. Parte geral*. Rio de Janeiro: Imprensa Nacional, 1941.

NORONHA, Fernando. *Direito das obrigações*, v. 1. São Paulo: Saraiva, 2003.

OCTÁVIO, Rodrigo. *Do domínio da União e dos Estados segundo a Constituição Federal*. 2ª ed. São Paulo: Saraiva, 1924.

OHLY, Ansgar. *Richterrecht und Generalklausel im Recht des unlauteren Wettweberbs: ein Methodenvergleich des englischen und des deutschen Rechts*. Köln: Carl Heymanns Verlag Köln, 1997.

OLIVA, Milena Donato. *Do negócio fiduciário à fidúcia*. São Paulo: Atlas, 2014.

OLIVA, Milena Donato. *Patrimônio Separado: Herança, Massa Falida, Securitização de Créditos Imobiliários, Incorporação Imobiliária, Fundos de Investimento Imobiliário, Trust*. Rio de Janeiro: Renovar, 2009.

OLIVEIRA FILHO, João Pacheco de. Uma etnologia dos "índios misturados"? Situação colonial, territorialização e fluxos culturais. Revista Mana. *Estudos de antropologia social*, v. 4(1). Rio de Janeiro: PPGAS/UFRJ, 1998.

OLIVEIRA, Cândido Luis Maria. *Curso de legislação comparada*. Rio de Janeiro: J. Ribeiro dos Santos, 1903.

OLIVEIRA, José Lamartine Corrêa de. *A dupla crise da personalidade jurídica*. São Paulo: Saraiva, 1979.

OLIVEIRA, Roberto Cardoso de. *O processo de assimilação dos Terêna*. Rio de Janeiro: Museu Nacional, 1960.

OLIVEIRA, Roberto Cardoso de. *Urbanização e tribalismo. A integração dos índios Terena numa sociedade de classes*. Rio de Janeiro: Zahar Editores, 1968.

OLLIER, Pierre Dominique; LE GALL, Jean-Pierre. Violation of rigths of personality. In: TUNC, Andre (org.) *International Encyclopedia of Comparative Law*, v. 10, 2, cap. 10. Boston: Luwer Academics, 1986.

ONDEI, Emilio. *Le persone fisiche e i diritti della personalità*. Torino: Torinese, 1965.

ORESTANO, Ricardo. *Il problema delle persone giuridiche in diritto romano*. Torino: G. Giapichelli, 1968.

ORGAZ, Alfredo. *La ilicitud*. Córdoba: Marcos Lerner Editora, 1974.

OURLIAC, P.; MALAFOSSE, J. *Histoire du droit privé*, t. 2. Les biens. Paris: PUF, 1971.

PAES, José Eduardo Sabo. Fundações: origem e evolução histórica. *Revista de informação legislativa*, ano 35 n. 140. Brasília: Senado Federal, out./dez. 1998.

PÉDAMON, Michel. *Le contrat en droit allemand*. 2. ed. Paris: LGDJ, 2004.

PEREIRA, Caio Mário da Silva. *Anteprojeto do Código de Obrigações*. Rio de Janeiro, 1964.

PEREIRA, Caio Mário da Silva. *Instituições de direito civil*, v. 1. 28ª ed. Atualizadora: Maria Celina Bodin de Moraes. Rio de Janeiro: Forense, 2015.

PEREIRA, Caio Mário da Silva. *Instituições de direito civil*, v. I. 19a ed. Rio de Janeiro: Forense, 2001.

PEREIRA, Caio Mário da Silva. *Responsabilidade civil*. 10. ed. Rio de Janeiro: GZ, 2012.

PEREIRA, Caio Mário da Silva. Shopping centers. Lei aplicável à locação de unidades. *Revista dos Tribunais*, v. 596, junho de 1985.

PEREIRA, Lafayette Rodrigues. *Direito das cousas*. 2. ed. Rio de Janeiro: Jacintho Ribeiro dos Santos.

PEREIRA, Rodrigo da Cunha. Direito das famílias. 2ª ed. Rio de Janeiro: Forense, 2021.

PERELMAN, Charles (org.). *Le problème des lacunes en droit*. Bruxelles: Bruylant, 1968.

PERLINGIERI, Pietro. *Il diritto civile nella legalitá constituzionale*. Napoli: Edizione Scientifiche Italiane, 1991.

PERLINGIERI, Pietro. *La personalità umana nell'ordinamento giuridico*. Camerino: Jovene, 1972.

PERLINGIERI, Pietro. *La personalità umana nell'ordinamento giuridico*. Napoli: Jovene, 1991.

PERLINGIERI, Pietro. *Manuale de diritto civile*, 8ª ed. Napoli: Edizione Scientifichi Italiane, 2017.

PERREAU, Étienne Ernest Hippolyte. *Des droits de la personalité*. Paris: L Larose et L Lenin, 1909 (antes publicado na Revue trimestrielle de droit civil, VIII, 1909, p. 501 e ss).

PICKER, Edward. *Schadensersatz Fur Das Unerwunschte Eigene Leben: Wrongful Life*. Tübingen: J.C. B. Mohr (Paul Siebeck), 1995.

PIERANGELLI, José Henrique. A responsabilidade penal das pessoas jurídicas e a Constituição. *Revista dos Tribunais*, v. 684. São Paulo: RT, out.1992.

PIEROTH, Bodo; SCHLINK, Bernhard. Trad. António Francisco de Sousa, António Franco. São Paulo: Saraiva, 2012.

PINTO, Carlos Alberto da Mota. *Teoria geral do direito civil*. 3ª ed. Coimbra: Almedina, 1996.

PINTO, Carlos Alberto da Mota. *Teoria geral do direito civil*. 4ª ed. Atualizadores: António Pinto Monteiro e Paulo Mota Pinto. Coimbra: Almedina, 2005.

PINTO, Paulo Mota. *Declaração tácita e comportamento concludente no negócio jurídico*. Coimbra: Almedina, 1995.

PLANIOL, Marcel. *Traité élémentaire de droit civil*, t. II. 3. ed. rev. e comp. Georges Ripert e Jean Boulanger. Paris: LGDJ, 1949.

PLANIOL, Marcel. *Traité elémentaire de droit civil*, v. 2. 2. ed. Paris, 1902.

PLANIOL, Marcel. Traité elementaire de droit civil, t. 1, avec la collaboration de Georges Ripert. Paris: LGDJ, 1928.

PLANIOL, Marcel; RIPERT, Georges. *Tratado práctico de derecho civil frances*, t. 6, Trad. Mario Diaz da Cruz. Havana: Cultural, 1946.

PONTES DE MIRANDA, Francisco Cavalcante. Fontes e evolução do direito civil brasileiro, Rio de Janeiro: Pimenta de Melo, 1928.

PONTES DE MIRANDA, Francisco Cavalcante. *Fontes e Evolução do Direito Civil Brasileiro*. 2. ed. Rio de Janeiro: Forense, 1981.

PONTES DE MIRANDA, Francisco Cavalcante. *Tratado de direito privado*, t. I. São Paulo: RT, 1984.

PONTES DE MIRANDA, Francisco Cavalcante. *Tratado de direito privado*, t. I. Atualizadores Judith Martins Costa et alli. São Paulo: RT, 2012.

PONTES DE MIRANDA, Francisco Cavalcante. *Tratado de direito privado*, t. 10. 4. ed. São Paulo: RT, 1977.

PONTES DE MIRANDA, Francisco Cavalcante. *Tratado de direito privado*, v. 1. 4. ed. São Paulo: RT, 1977.

PONTES DE MIRANDA, Francisco Cavalcante. *Tratado de direito privado*, t. LIII. Atualizador: Rui Stoco. São Paulo: RT, 2012.

PONTES DE MIRANDA, Francisco Cavalcante. *Tratado de direito privado*, t. XXXVIII. Atual. Bruno Miragem e Claudia Lima Marques. São Paulo: RT, 2012.

PONTES DE MIRANDA, Francisco Cavalcante. *Tratado de direito privado*, t. II. Atualizadores Marcos Bernardes de Mello e Marcos Erhardt Júnior. São Paulo: RT, 2012.

PONTES DE MIRANDA, Francisco Cavalcante. *Tratado de direito privado*, t. IV. Atual. Marcos Bernardes de Mello e Marcos Erhardt Júnior. São Paulo: RT, 2012.

PONTES DE MIRANDA, Francisco Cavalcante. *Tratado de direito privado*, t. LIII. Rio de Janeiro: Borsói, 1972.

PONTES DE MIRANDA, Francisco Cavalcante. Tratado de direito privado, t. VI. Atual. Otávio Luiz Rodrigues Júnior, Tilman Quarch e Jefferson Carús Guedes. São Paulo: RT, 2012.

PONTES DE MIRANDA, Francisco Cavalcanti. *Tratado de direito privado*, t. 7. 4a ed. São Paulo: Revista dos Tribunais, 1974.

PONTES DE MIRANDA, Francisco Cavalcanti. *Tratado de direito privado*, t. XLV. Atualizador Bruno Miragem. São Paulo: RT, 2012.

PONTES DE MIRANDA, Francisco Cavalcanti. *Tratado de direito privado*, t. III. Atual. Marcos Bernardes de Mello e Marcos Erhardt Júnior .São Paulo: RT, 2012.

PONTES DE MIRANDA, Francisco Cavalcanti. *Tratado de direito privado*, v. XXXVIII. Atual. Bruno Miragem e Claudia Lima Marques. São Paulo: RT, 2012.

PORTO, Sérgio José. *A responsabilidade civil por difamação no direito inglês*. Porto Alegre: Livraria do Advogado, 1995.

POTHIER, Robert Joseph. *Traité des obligations*, tome premier, Paris: Debure, 1761.

POUND, Roscoe. *Philosophy of law and comparative law*. University of Pensylvania Law Review, v. 100, n.1. out./1951.

PROSSER, William L. Privacy. *California Law Review*, v. 48, n. 3, ago. 1960.

PROST, Antoine Vincent. *História da vida privada*: da Primeira Guerra aos nossos dias. Tradução: Denise Bottman. São Paulo: Companhia das Letras, 1992.

PUCHTA, G. F. *Cursus der Institutionen*, Leipzig, 1875.

PUCHTA, Georg Friedrich. *Pandekten*. Leipzig: Verlag von J. A. Barth, 1866.

PUFENDORF, Samuel. *De jure naturae et gentium*, Lib. Octo, tomus primus. Frankfurt: Ex officina Knochiana, 1759.

PUGLIATTI, Salvatore. Delitti (premesse). *Enciclopedia del diritto*, t. XII. Milano: Giuffrè, 1964.

PUGLIESE, Giovanni. *La simulazione nei negozi giuridici: studio di diritto romano*, Padova: CEDAM, 1938.

PUGLIESE, Giovanni. *Studi sull'"iniuria"*. Milano: Giuffrè, 1941.

RABEL, Ernst. *Aufgabe und Notwendigkeitder der Rechtsvergleichung*. München, M. Heuber, 1925.

RABUT, Albert. *De la notion de fauté en droit privé*. Paris: LGDJ, 1949.

RADBRUCH, Gustav. *Introdução à ciência do direito*. São Paulo: Martins Fontes, 1999.

RAFAEL, Edson José. *Fundações e direito : terceiro setor*. São Paulo : Melhoramentos, 1997.

RAISER, Ludwig. O futuro do direito privado. *Revista da Procuradoria-Geral do Estado*, v. 25, n. 9. Porto Alegre: PGE, 1979.

RAUSCHER, Thomas. *Familienrecht*. 2ª Auf. Heidelberg: C.F.Müller, 2008.

RAVÀ, Adolfo Marco. *I diritti sulla propria persona nella scienza e nela filosofia del diritto*. Torino: Fratelli Bocca, 1901.

REALE, Miguel. *Fontes e modelos do direito. Para um novo paradigma hermenêutico*. São Paulo: Saraiva, 1999.

REALE, Miguel. *Lições preliminares de direito*. 27. ed., 9. tir. São Paulo: Saraiva, 2010.

REALE, Miguel. *O direito como experiência*. 2ª ed. São Paulo: Saraiva, 1992.

REALE, Miguel. *O projeto do novo Código Civil*. São Paulo: Saraiva, 1997.

REGELSBERGER, Ferdinand. *Civilrechtliche Erörterungen. Die vorverhandlungen bei Verträgen. Angebot, annahme, traktate, punktation Nebst der lehre von der Versteigerung und von der Auslobung*. Weimar: Hermann Böhlau, 1868.

REICHELT, Luis Alberto. *A prova no direito processual civil*. Porto Alegre: Livraria do Advogado, 2009.

REINHARDT, Rudolf. Das Problem des allgemeinen Persönlichkeitsrechts. *Archiv für die civilistische Praxis*, 153, 1954.

RENNER, Karl. *Die Rechtsinstitute des Privatrechts und ihre soziale Funktion. Ein Beitrag zur Kritik des bürgerlichen Rechts*. Tübingen: J.C.B. Mohr,1929.

RENNER, Karl. *Die soziale Funktion der Rechtsinstitute besonders des Eigentums*. Brand, 1904.

RENNER, Karl. *Mensch und Gesellschaft. Grundriß einer Soziologie*. Wien, 1951.

REQUIÃO, Rubens. Abuso de direito e fraude através da personalidade jurídica (*disregard doctrine*). *Revista dos Tribunais*, v. 410, 1969.

REQUIÃO, Rubens. *Curso de Direito Comercial*. 22o ed. 1o v. São Paulo: Saraiva, 1995.

RESCIGNO, Pietro. *L'abuso del diritto*. Bologna: Il Mulino, 1998.

RESTA, Giorgio. Revoca del consenso ed interesse al tratamento nella legge sulla protezione dei dati personali. *Rivista critica del diritto privato*, ano XVIII, n. 2.,Bologna, giugno/2000.

RIBAS, Antônio Joaquim. *Curso de direito civil brasileiro*, t. II - Parte geral. Rio de Janeiro: B.L.Garnier, 1880.

RIBAS, Antônio Joaquim. *Curso de direito civil brasileiro*, t. II. Rio de Janeiro: Garnier, 1880.

RIBEIRO, Joaquim de Sousa. *O problema do contrato: as cláusulas contratuais gerais e o princípio da liberdade contratual*. Coimbra: Almedina, 2003.

RIEG, Alfred. *Le role de la volonté dans l'acte juridique en droit civil français et allemand*. Paris: LGDJ, 1961.

RÍO, José M. Lete del. *Derecho de la persona*. 4. ed. Madrid: Tecnos, 2000.

RIOS, Roger Raupp. A propriedade e sua função social na Constituição da República de 1988. *Revista Ajuris*, v.22, n. 64. Porto Alegre: Ajuris, jul./1995.

RIOS, Roger Raupp. *Direito antidiscriminação: discriminação direta, indireta e ações afirmativas*. Porto Alegre: Livraria do Advogado, 2008.

RIPERT, Georges. BOULANGER, Jean. *Tratado de derecho civil según el tratado de Planiol*, v. 1. Trad. Delia Garcia Dareaux. Buenos Aires: La Ley, 1963.

RIVERA, Julio Cesar Rivera, The scope and structure of civil codes. Relations with commercial law, family law, consumer law and private international law. A comparative approach. In: RIVERA, Julio Cesar (ed.) The scope and strucuture of civil codes. Dordrecht: Springer, 2013.

RIVERO, Jean. Les garanties constitutionnelles des droits de l'homme en droit français. *Revue internationale de droit comparé*, nº 1. Paris: Librairies Techniques, janvier-mars/1977.

RIZZARDO, Arnaldo. *Parte geral do Código Civil*. 7ª ed. Rio de Janeiro: Forense, 2011.

RIZZARDO, Arnaldo. Teoria da aparência. *Revista da Ajuris*, v. 9, n. 24. Porto Alegre: Ajuris, mar. 1982.

ROBLES, Gregorio. *Los derechos fundamentales y la ética em la sociedad actual*. Madrid: Civitas, 1992.

ROCHA, Manuel Antônio Coelho da. *Instituições de direito civil portuguez*, t. I. 8ª ed. Lisboa: Livraria Clássica Editora M. A. Teixeira, 1917.

RODOTÁ, Stefano. *El terrible derecho*. Estúdio sobre la propriedad privada. Trad. Luis Díez-Picazo. Madrid: Civitas, 1986.

RODOTÀ, Stefano. Il tempo delle clausole generali, *Rivista critica de diritto. privato*, 1987.

RODOVALHO, Thiago. *Abuso do direito e direitos subjetivos*. São Paulo: RT, 2011.

RODRIGUES JÚNIOR, Otávio Luiz. Clóvis Beviláqua e o Código Civil de 1916 na visão de um estrangeiro: contradições com a imagem preponderante na historiografia nacional. *Revista de direito civil contemporâneo*, v. 12. São Paulo: RT, jul.-set./2017.

RODRIGUES JÚNIOR, Otávio Luiz. *Direito civil contemporâneo: estatuto epistemológico, Constituição e direitos fundamentais*. 2ª ed. São Paulo: Forense Universitária, 2019.

RODRIGUES, Antônio Coelho. *Projecto do Codigo civil brazileiro: precedido de um projecto de lei preliminar*. Rio de Janeiro: Imprensa Nacional, 1893.

RODRIGUES, Silvio. *Direito civil*, v. 1. 32ª ed. São Paulo: Saraiva, 2002.

RODRIGUES, Silvio. *Direito civil*, v. 1. São Paulo: Saraiva, 2000.

RODRIGUES, Silvio. *Dos defeitos dos atos jurídicos*. São Paulo: Max Limonad, 1959.

ROHLF, Dietwalt. *Der grundrechtliche Schutz der Privatsphäre: Zugleich ein Beitrag zur Dogmatik des Art. 2 Abs. 1 GG*. Berlin: Duncker & Hublot, 1980.

ROMANO, Santi. *L'ordinamento giuridico*. Firenze: Sanzoni, 1945.

ROMANO, Santi. *O ordenamento jurídico*. Trad. Arno Dal Ri Júnior. Florianópolis: Fundação Boiteux, 2008.

ROPPO, Vicenzo. *Il contrato*. Milano: Giuffrè, 2011.

ROSENWALD, Nelson. O modelo social de direitos humanos e a Convenção sobre os direitos da pessoa com deficiência: O fundamento primordial da Lei 13.146/2015. In: MENEZES, Joyceane Bezerra de (Org.) *Direito das pessoas com deficiência psíquica e intelectual nas relações privadas. Convenção sobre os direitos da pessoa com deficiência e Lei Brasileira de Inclusão*. Rio de Janeiro: Editora Processo, 2016.

RÖTHEL, Anne. *Normokonkretisierung im Privatrecht*. Tübingen: Mohr Siebeck, 2004.

ROTONDI, Mário. *L'abuso di diritto. Aemulatio*. Padova: CEDAM, 1979.

ROUBIER, Paul. *Droits subjectifs et situations juridiques*. Paris: Dalloz, 1963.

RUFFERT, Matthias. *Vorrang der Verfassung und Eigenständigkeit des Privatrechts. Eine verfassungsrechtliche Untersuchung zur Privatrechtsentwicklung des Grundgesetzes*. Tübingen: Mohr, 2001.

RÜPKE, Giselher. *Der verfassungsrechtliche Schutz der Privatheit: zugleich ein Versuch pragmatischen Grundrechtsverständnisses*. Baden-Baden: Nomos, 1976.

SÁ, Fernando Augusto Cunha de. *Abuso do direito*. Coimbra: Almedina, 1997.

SAAD, Eduardo Gabriel. *Comentários ao Código de Defesa do Consumidor*. 2ª ed. São Paulo: LTr, 1997.

SACCO, Rodolfo. Autonomia contrattuale e tipi. *Rivista trimestrale di diritto e procedura civile*, anno XX, Milano: Giuffrè, 1966.

SAHM, Regina. *Direito à imagem no direito civil contemporâneo, de acordo com o novo Código Civil*. São Paulo: Atlas, 2002.

SALAMA, Bruno Meyerhof. *O fim da responsabilidade limitada no Brasil: história, direito e economia*. São Paulo: Malheiros, 2014.

SALEILLES, Raymond. *De la personnalité juridique. Histoire et theories*. Paris: Librairie Nouvelle de Droit et Jurisprudence, 1910.

SALOMÃO FILHO, Calixto. *O novo direito societário*. 4ª ed. São Paulo: Malheiros, 2011.

SAMPAIO, José Adércio Leite. *Direito à intimidade e à vida privada*. Belo Horizonte: Del Rey, 1998.

SAN TIAGO DANTAS, Francisco Clementino. *Programa de direito civil*. t. I. Rio de Janeiro: Editora Rio, 1979.

SAN TIAGO DANTAS, Francisco Clementino. *Programa de direito civil. Teoria geral.* Rio de Janeiro: Forense, 2001.

SANSEVERINO, Paulo de Tarso Vieira. *Responsabilidade civil no Código do Consumidor e a defesa do fornecedor.* São Paulo: Saraiva, 2002.

SANTA MARIA, José Serpa de. *Direitos da personalidade e a sistemática civil geral.* Campinas: Julex, 1987.

SANTILLI, Marina. *Il diritto d'autore nella societá dell'informazione.* Milano: Giuffrè, 1988.

SANTOLIM, Cesar Viterbo Matos. *Formação e eficácia probatória dos contratos por computador.* São Paulo: Saraiva, 1995.

SANTOS, Carlos Maximiliano Pereira dos. *Hermenêutica e aplicação do direito.* 18. ed. Rio de Janeiro: Forense, 1999.

SANTOS, João Manuel da Carvalho. Código Civil brasileiro interpretado, t. II. 3ª ed. Rio de Janeiro: Freitas Bastos, 1944.

SANTOS, Joaquim Felício. *Projecto do Código Civil. Publicado por autorisação do Ministro da Fazenda T. de Alencar Araripe para ser apresentado ao Congresso Nacional.* Rio de Janeiro: Imprensa Nacional, 1891.

SARLET, Ingo Wolfgang. *A eficácia dos direitos fundamentais.* 6ª ed. Porto Alegre: Livraria do Advogado.

SARLET, Ingo Wolfgang. *Dignidade da pessoa humana e direitos fundamentais na Constituição Federal de 1988.* Porto Alegre: Livraria do Advogado, 2004.

SARLET, Ingo Wolfgang. Direitos fundamentais e direito privado: algumas considerações em torno da vinculação dos particulares aos direitos fundamentais. In: Ingo Wolfgang Sarlet (Org.). A Constituição concretizada: construindo as pontes com o público e o privado. Porto Alegre: Livraria do Advogado, 2000.

SARLET, Ingo Wolfgang. Direitos fundamentais, mínimo existencial e direito privado. *Revista de direito do consumidor,* v. 61. São Paulo: RT, jan.-mar./2007.

SAVATIER, René. *Cours de droit civil,* t. 2. Paris: LGDJ, 1949.

SAVATIER, René. *Les metamorphoses economiques et sociales du droit prive d'aujourd' hui. L'universalisme renouvelé des disciplines juridiques.* Paris: Dalloz, 1959.

SAVATIER, René. *Traité de la responsabilité em droit français.* t. I e II. Paris: LGDJ, 1951.

SAVIGNY, Friedrich Carl von. *System des heutigen römischen Rechts,* Bd IV. Berlin, 1841.

SAVIGNY, Friedrich Carl von. *System des heutigen römischen Rechts,* Bd I. Berlin: Veit und Comp., 1840.

SAVIGNY, Friedrich Carl von. *System des heutigen römischen Rechts,* Bd VIII, Berlin: Bei Veit und Co., 1849.

SAVIGNY, Friedrich Carl von. *System des heutigen römischen Rechts,* Bd III. Berlin: Veit und Comp., 1840.

SAVIGNY, Friedrich Carl von. *System des heutigen römischen Rechts,* Bd V. Berlin: Veit und Comp., 1841.

SAVIGNY, Friedrich Karl von. *System des heutigen römischen Rechts,* Bd II. Berlin: Veit und Comp., 1840.

SCHAP, Jan. *Grundfragen der Rechtsgeschäftslehre.* Tübingen: Mohr Siebeck, 1986.

SCHAUER, Frederick. *The Politics and Incentives of Legal Transplantation* CID Working Paper N. 44, Law and Development Paper No. 2. Center of International Development of Harvard University, april 2000.

SCHERMAIER, Martin Josef. §117. In: SCHMOECKEL, Mathias; RÜCKERT, Joachim; ZIMMERMANN, Reinhard (Hrsg.), *Historisch-kritischer Kommentar zum BGB,* Bd I. Tübingen: Mohr Siebeck, 2003.

SCHERMAIER, Martin Josef. §276-278. In: SCHMOECKEL, Mathias; RÜCKERT, Joachim; ZIMMERMANN, Reinhard (Hrsg.), *Historisch-kritischer Kommentar zum BGB,* Bd II. Schuldrecht. Allgemeiner Teil, §§ 241-304. Tübingen: Mohr Siebeck, 2007.

SCHIAVONE, Aldo. Negozio giuridico (diritto romano). *Enciclopedia del diritto,* t. XXVII, Milano: Giuffrè, 1977.

SCHIPANI, Sandro. Augusto *Teixeira de Freitas e il diritto latinoamericano.* Padova: CEDAM, 1988.

SCHMIDT, Jan Peter. Vida e obra de Pontes de Miranda a partir de uma perspectiva alemã (com especial referência à tricotomia existência, validade e eficácia do negócio jurídico). *Revista Fórum de Direito Civil*, Belo Horizonte: Fórum, ano 3, n. 5, jan./abr.2014.

SCHMIDT, Karsten. *Gesellschaftsrecht*, 4. Auf. Köln: Carl Heymanns, 2002.

SCHMIDT, Karsten. *Handelsrecht*. 5ª ed. Köln: Carl Heymmans, 1999.

SCHMIEDEL, Raquel Campani. *Negócio jurídico: nulidades e medidas sanatórias*. 2ª ed. São Paulo: Saraiva, 1985.

SCHMOECKEL, Mathias; RÜCKERT, Joachim; ZIMMERMANN, Reinhard (Hrsg.), *Historisch-kritischer Kommentar zum BGB*. Tübingen: Mohr Siebeck, 2003.

SCHREIBER, Anderson. *Novos paradigmas da responsabilidade civil*. Da erosão dos filtros da reparação à diluição dos danos. São Paulo: Atlas, 2007.

SCHÜNEMANN, Hermann. Schadensersatz für missgebildede Kinder Schadensersatz für mißgebildete Kinder bei fehlerhafter genetischer Beratung Schwangerer? — Zugleich Anmerkung zum Urteil des OLG München vom 27. 2. 1981, *JuristenZeitung* 36 (17), jan. 1981.

SCHWAB, Dieter. *Familienrecht*. 8ª Auf. C.H.Beck, 1995.

SCHWABE, Jürgen (Comp.). *Cincuenta años de jurisprudencia del Tribunal Constitucional Federal Alemán*. Traducción Marcela Anzola Gil. Medelín: Gustavo Ibañez/Konrad Adenauer Stiftung, 2003.

SCHWARTZ, Fritz. *Die Grundlage der condictio im klassischen Romischen Recht*. Münster/Köln: Böhlau, 1952.

SCHWENKE, Matthias Cristoph. *Individualisierung und datenschutz. Rechtskonformer Umgang mit personenbezogenen Daten im Kontext der Individualisierung*. Wiesbaden: Deutscher Universitäts-Verlag, 2006.

SCHWERDTNER, Peter. *Das Persönlichkeitsrecht in der deutschen Zivilrechtsordnung*. Berlin: Schweitzer, 1977.

SENNET, Richard. *O declínio do homem público*: as tiranias da intimidade. São Paulo: Companhia das Letras, 2001.

SERICK, Rolf. *Forma e realtà della persona giuridica*. Milão: Giuffrè, 1966.

SERICK, Rolf. *Rechtsreform und Realität juristischer Person. Ein rechts-vergleichender Beitrag zur Frage des Durchgriffs auf die Personen oder Gegenstände hinter der juristischen Person*. Berlin: Walter de Gruyter, 1955.

SESSAREGO, Carlos Férnandes. *Abuso del derecho*. Buenos Aires: Astrea, 1992.

SEYMOUR, D. Thompson. *A treatise of homestead and exemption laws*. Saint Louis: F. H. Thomas, 1878.

SHIMURA, Sérgio. A legitimidade da associação para a ação civil pública. In: SAMPAIO, Aurisvaldo; CHAVES, Cristiano (Orgs.) *Estudos de direito do consumidor: tutela coletiva. Homenagem aos 20 anos da Lei da Ação Civil Pública*. Rio de Janeiro: Lumen Juris, 2005.

SIECKMANN, Jan-R. *Modelle des Eigentumsschutzes. Eine Untersuchung zur Eigentumsgarantie des Art. 14 GG*. Baden-Baden: Nomos, 1998.

SILVA, Clóvis do Couto e. Dever de indenizar. In: *O direito privado brasileiro na visão de Clóvis do Couto e Silva*. Porto Alegre: Livraria do Advogado, 1997.

SILVA, Clóvis do Couto e. Para uma história dos conceitos no direito civil e no direito processual civil. *Separata do número especial do Boletim da Faculdade de Direito de Coimbra. Estudos em homenagem aos Profs. Manuel Paulo Merêa e Guilherme Braga da Cruz*. Coimbra, 1983.

SILVA, Clóvis do Couto e. Teoria da causa no direito privado, In: *O direito privado na visão de Clóvis do Couto e Silva*. Porto Alegre: Livraria do Advogado, 1997.

SILVA, Fernando Quadros da. Responsabilidade penal da pessoa jurídica: a Lei 9.605, de 13.02.1998 e os princípios constitucionais penais. *Revista de direito ambiental*, v. 18. São Paulo: RT, abr.-jun./2000.

SILVA, Jorge Cesa Ferreira da. *Discriminação e contrato*. São Paulo: RT, 2020.

SILVA, José Afonso da. *Curso de direito constitucional positivo*. 16. ed. rev. e aum. São Paulo: Malheiros, 1999.

SILVA, Luis Renato Ferreira da. *Reciprocidade e contrato. A teoria da causa e sua aplicação nos contratos e nas relações paracontratuais*. Porto Alegre: Livraria do Advogado, 2013.

SILVA, Nuno J. Espinosa Gomes da. *História do direito português. Fontes de direito*. Lisboa: Fundação Calouste Gulbenkian, 2006.

SIMÃO, José Fernando. *Prescrição e decadência: início dos prazos*. São Paulo: Atlas, 2013.

SIMITIS, Spiros (Hrsg). *Bundesdatenschutzgesetz*, 8. Auf. Baden-Baden: Nomos, 2014.

SIMITIS, Spiros. *Die informationelle Selbstbestimmung – Grundbedingung einer verfassungskonformen Informationsordnung. Neue Juristische Wochenschrift*, 8. München: C.H. Beck, 1984.

SMYTH, John. *The law of homestead and exemptions*. San Francisco: Sumner Whitney, 1875.

SODRÉ, Eurico. Da imprudência culposa. In: *Doutrinas essenciais de direito civil*, v. 4 São Paulo: RT, 2010.

SOUPHANOR, Nathalie. *L'influence du droit de la consommation sur le système juridique*. Paris: LGDJ, 2000.

SOUSA, Rabindranath Capelo de. *O direito geral de personalidade*. Coimbra: Coimbra Editora, 1995.

SOUSSE, Marcel. *La notion de réparation de dommages en droit administratif français*. Paris: LGDJ, 1994.

SOUZA, Brás Florentino Henriques. *Dos responsáveis nos crimes de exprimir o pensamento*. Recife, 1866.

SOUZA, Eduardo Nunes de. *Teoria geral das invalidades do negócio jurídico. Nulidade e anulabilidade no direito civil contemporâneo*. São Paulo: Almedina, 2017.

STOLFI, Giuseppe. Teoria del negocio jurídico. Trad. Jaime Santos Briz. Madrid: Editorial Revista de Derecho Privado, 1959.

SUÁREZ, Francisco. *Tractatus de legibus ac Deo legislatore*, Livro I, Cap. 2, 5. Coimbra, 1612.

SZANIAWSKI, Elimar. *Direitos da personalidade e sua tutela*. 2ª ed. São Paulo: RT, 2005.

TAHZIB, Bahiyyih G. *Freedom of religion or belief: ensuring effective international legal protection*. The Hague: Martinus Nijhoff Publishers, 1996.

TARTUCE, Flavio. *Direito civil: Lei de introdução e parte geral*, v. 1. 15ª ed. São Paulo: Forense, 2019 [13ª ed. 2017; 14ª ed. 2018]

TARTUCE, Flávio. *Direito civil: Direito das obrigações e da responsabilidade civil*, v. 2. 8. ed. São Paulo: Método, 2013.

TARTUCE, Flávio. *Manual de responsabilidade civil*. São Paulo: Método, 2018.

TARUFFO, Michele. *A prova*. Trad. João Gabriel Couto. São Paulo: Marcial Pons, 2014.

TARUFFO, Michele. *Ensaios sobre o processo civil. Escritos sobre processo e justiça civil*. Porto Alegre: Livraria do Advogado, 2017.

TARUFFO, Michele. La *valutazione delle prove*. In: Michele Taruffo (cur.), *La prova nel processo civile (Cicu, Messineo, Mengoni, Schlesinger*, Trattato de diritto civile e commerciale) Milano: Giuffrè, 2012.

TAVARES, Ana Lúcia de Lyra. A utilização do direito comparado pelo legislador. *Revista de ciência política*, v. 30. Rio de Janeiro, jul.-set./1987.

TAVARES, Ana Lúcia de Lyra. Nota sobre as dimensões do direito constitucional comparado. *Revista do Instituto de Direito Comparado Luso-Brasileiro*, n. 37 (2º semestre de 2009). Rio de Janeiro: IDCLB, 2011.

TAVARES, Ana Lúcia de Lyra. O direito comparado na história do sistema jurídico brasileiro. *Revista de Ciência política*, v. 33 (1). Rio de Janeiro, nov. 1989/jan.1990.

TAVARES, Ana Lúcia de Lyra. Professor Haroldo Valladão. Um mestre do direito comparado. *Revista do Instituto de Direito Comparado Luso-Brasileiro*, n. 33. Rio de Janeiro: IDCLB, 2º semestre de 2007.

TEIXEIRA DE FREITAS, Augusto. *Código Civil. Esboço*, v. 1 e 2. Brasília: Ministério da Justiça, 1983.

TEIXEIRA DE FREITAS, Augusto. *Codigo Civil. Esboço*. Rio de Janeiro: Typographia Universal de Laemmert, 1864.

TEIXEIRA DE FREITAS, Augusto. *Consolidação das Leis Civis*. Rio de Janeiro: Garnier, 1896.

TEIXEIRA, Egberto Lacerda; GUERREIRO, José Alexandre Tavares. *Das sociedades anônimas no direito brasileiro*, I. São Paulo: Jose Bushatski, 1979.

TEPEDINO, Gustavo (Coord.). *A parte geral do novo Código Civil: estudos na perspectiva civil-constitucional*. Rio de Janeiro: Renovar, 2002.

TEPEDINO, Gustavo (Org.). *Diálogos sobre o direito civil*. Rio de Janeiro: Renovar, 2008.

TEPEDINO, Gustavo (org.). *Problemas de direito civil-constitucional*. Rio de Janeiro: Renovar, 2000.

TEPEDINO, Gustavo. A tutela da personalidade no ordenamento civil-constitucional brasileiro. In: TEPEDINO, Gustavo. *Temas de direito civil*, t. I. Rio de Janeiro: Renovar, 1999.

TEPEDINO, Gustavo. *Comentários ao novo Código Civil brasileiro*, v. X. Rio de Janeiro: Forense, 2008.

TEPEDINO, Gustavo. Contornos constitucionais da propriedade privada. *Temas de direito civil*. Rio de Janeiro: Renovar, 1999.

TEPEDINO, Gustavo. Direitos humanos e relações jurídicas privadas. *Temas de direito civil*. Rio de Janeiro: Renovar, 1999.

TEPEDINO, Gustavo. Notas sobre a desconsideração da personalidade jurídica. In: TEPEDINO, Gustavo (Org.). *Diálogos sobre o direito civil*. Rio de Janeiro: Renovar, 2008.

TEPEDINO, Gustavo. Notas sobre o nexo de causalidade In: *Temas de direito civil*, t. II. Rio de Janeiro: Renovar, 2006.

TEPEDINO, Gustavo. O Código Civil, os chamados microssistemas e a Constituição: premissas para uma reforma legislativa. In: TEPEDINO, Gustavo (org.). *Problemas de direito civil-constitucional*. Rio de Janeiro: Renovar, 2000.

TEPEDINO, Gustavo. *Temas de direito civil*. Rio de Janeiro: Renovar, 1999.

TEPEDINO, Gustavo; BARBOZA, Heloísa Helena; MORAES, Maria Celina Bodin. *Código Civil interpretado conforme a Constituição da República*, v. I. Rio de Janeiro: Renovar, 2004.

TESTUZZA, Maria Solle. *Ius corporis, quasi ius de corpore disponendi: il tractatus de potestate in se ipsum di Baltasar Gomez de Amescua*. Milano: Giuffrè Editore, 2016.

TEUBNER, Gunter. *Standards und Direktiven in Generalklauseln. Möglichkeiten und Grenzen der empirischen Sozialforschung bei der Präzisierung der Gute-Sitten-Klauseln im Privatrecht*. Frankfurt: Athenaum Verlag, 1971.

THOMSON, Joe. *Delictual liability*. Edinburgh: Butterworths, 1999.

THON, August. *Rechtsnorm und subjektives Recht. Untersuchungen zur allgemeinen Rechtslehre*. Aalen: Scientia, 1964.

TIMBAL, Piérre Clement. La vie juridique des personnes morales ecclésiastiques en France aux XIIIe et XIVe siècles. *Études d'Histoire du Droit Canonique*, v. 11, Paris: Sirey, 1965.

TOLOMEI, Carlos Young. A noção de ato ilícito e a teoria do risco na perspectiva do novo Código Civil. In: TEPEDINO, Gustavo (Org.) *A parte geral do novo Código Civil*. Rio de Janeiro: Renovar, 2002.

TOMASEVICIUS FILHO, Eduardo. *O princípio da boa-fé no direito civil*. São Paulo: Almedina, 2020.

TOMKINS, Frederick J.; JENCKEN, Henry D. *A compendium of modern roman law*. London: Butterworths, 1870.

TRIGG, Roger. *Equality, freedom and religion*. New York: Oxford University Press, 2012.

TUNC, Andre (org.) *International Encyclopedia of Comparative Law*, v. 10. Boston: Luwer Academics, 1986.

TUTIKIAN, Priscila David Sansone. *O silêncio na formação dos contratos: proposta, aceitação e elementos da declaração negocial*. Porto Alegre: Livraria do Advogado, 2009.

UHLENBROCK, Henning. *Der Staat als juristische Person Dogmengeschichtliche Untersuchung zu einem Grundbegriff der deutschen Staatsrechtslehre*. Berlin: Duncker & Humblot, 2000.

VALLADÃO, Haroldo. O ensino e o estudo do direito comparado no Brasil: séculos XIX e XX. *Revista de informação legislativa*, v. 8, n. 30. Brasília: Senado Federal, abr.-jun./1971.

VALLADÃO, Haroldo. Teixeira de Freitas, jurista excelso do Brasil, da América, do Mundo. In: TEIXEIRA DE FREITAS, Augusto. *Código Civil. Esboço*, v. 1. Brasília, 1983.

VALTICOS, Nicolas. La notion des droits de l'homme en droit international. *Le droit international au service de la paix, de la justice et du développement*. Paris: Pedone, 1991.

VAREIILES-SOMMIÈRES, Gabriel de Labroue de. *Les Personnes morales*. Paris: E. Pichon 1902.

VARELA, João de Matos Antunes. *Ensaio sobre o conceito de modo*. Coimbra: Atlântida, 1955.

VASCONCELOS, Pedro Pais de. *Teoria geral do direito civil*. 5ª ed. Coimbra: Almedina, 2008.

VELLUZZI, Vito. *Le clausole generali: semantica i politica del diritto*. Milano: Giuffrè, 2010.

VELOSO, Zeno. *Condição, termo e encargo*. São Paulo: Malheiros, 1997.

VELOSO, Zeno. Novo casamento do cônjuge ausente. *Revista brasileira de direito de família*, v. 6, n. 23. Porto Alegre: Síntese, 2004.

VELOSO, Zeno. O domicílio no direito brasileiro, no português, e no projeto de Código Civil do Brasil. *Revista de direito civil*, v. 37. São Paulo: RT, jul.-set./1986.

VENOSA, Sílvio de Salvo. *Direito civil. Parte geral*. 3. ed. São Paulo: Atlas, 2003.

VERÇOSA, Haroldo Malheiros Duclerc. *Curso de direito comercial*, v. 3. 2ª ed. São Paulo: Malheiros, 2012.

VERGE, Emmanuel; RIPERT, Georges. *Répertoire de droit civil*. Paris: Dalloz, 1951.

VERKINDT, Pierre-Yves. Rapport de synthése. L´égalité. *Archives de philosophie du droit*, t. 51. Paris: Dalloz, 2008.

VERRUCOLI, Piero. *Il superamento de la personalità giuridica della società di capitali nella "Common Law" e nella "Civil Law"*. Milano: Giuffrè, 1964.

VIEWHEG, Theodor. *Tópica e jurisprudência*. Trad. Tércio Sampaio Ferraz Jr. Brasília: Imprensa Nacional/UnB, 1979.

VILLEY, Michel. *Direito Romano*. Porto: Res Juridica, 1991.

VILLEY, Michel. *Leçons d'histoire de la philosophie du droit*. 2. ed. Paris: Dalloz, 1962.

VINEY, Geneviève. De la responsabilité personelle à la réparation des risques. *Archives de Philosophie du Droit*, n. 22, Paris: Sirey, 1977.

VIVANTE, Cesare. *Trattato di diritto commerciale*, v. I. 5ª ed, 1922.

WAGNER, Heinz. *Individualistische oder über individualistische Notwehr Begründung*. Berlin: Duncker e Humblot, 1984.

WALD, Arnoldo. *Curso de direito civil brasileiro. Introdução e Parte geral*. 9ª ed. São Paulo: Saraiva, 2002.

WAMBIER, Teresa Arruda Alvim et alli, *Breves comentários ao novo Código de processo civil*. São Paulo: Ed. RT, 2015.

WAMBIER, Teresa Arruda Alvim; CONCEIÇÃO, Maria Lúcia Lins; RIBEIRO, Leonardo Ferres da Silva; MELLO, Rogério Licastro Torres. *Primeiros comentários ao novo Código de Processo Civil*: artigo por artigo. São Paulo: RT, 2015.

WANCKEL, Endress. Der Schutz vor Indiskretion, In: GÖTTING, Horst-Peter; SCHERTZ, Christian; SEITZ, Walter. Handbuch des Persönlichkeitsrechts. München: C.H. Beck, 2008.

WARREN, Samuel Dennis; BRANDEIS, Louis Dembitz. The right of privacy. *Harvard Law Review*, v. 4, n. 5, p. 193-220, 1890.

WATANABE, Kazuo. *Código brasileiro de defesa do consumidor comentado pelos autores do anteprojeto*. 8. ed. São Paulo: Forense Universitária, 2005.

WATSON, Alan. *Legal transplants. An approach to comparative law.* 2nd ed. Georgia: University of Georgia Press, 1993.

WEBER, Max. *Economia y sociedad.* Traducción José Medina Etchevarría. México: Fondo de Cultura Económica, 1997.

WEBER, Ralph. Einige Gedanken zur Konkretisierung von Generalklauseln durch Fallgrupen. *Archiv für die Civilistische Praxis* 192, 6, Tübingen: Mohr, 1992.

WEINGARTNER, Celia. *La confianza em el sistema jurídico. Contratos y derecho de daños.* Mendoza: Jurídicas Cuyo, 2002.

WELTER, Henri. *Le contrôle jurisdictionnel de la moralité administrative – Étude de doctrine et de jurisprudence.* Paris: Recueil Sirey, 1929.

WERNER, Olaf. Allgemeine Grundlagen. In: WERNER, Olaf; SAENGER, Ingo. *Die Stiftung: Recht, Steuern, Wirtschaft. Stiftungsrecht.* Berlin: BWV, 2008.

WERNER, Olaf; SAENGER, Ingo. *Die Stiftung: Recht, Steuern, Wirtschaft. Stiftungsrecht.* Berlin: BWV, 2008.

WIEACKER, Franz. *El principio general de la buena fe.* Madri: Civitas, 1986.

WIEACKER, Franz. *História do direito privado moderno.* 2. ed. Trad. Botelho Espanha. Lisboa, Calouste: Gulbenkian, 1993.

WINDSCHEID, Bernhard. *Die Actio des römischen Civilrechts, vom Standpunkte des heutigen Rechts.* Düsseldorf: Buddeus, 1856.

WINDSCHEID, Bernhard. *Die Wirkung der erfüllten Bedingung: Eine Akademische Gelegenheitsschrift.* Basel: Schweighauseriche Universitaets-Buchdruckerei, 1851.

WINDSCHEID, Bernhard. *Lehrbuch des Pandektenrechts*, Band II. 6. Aufl. Frankfurt, 1887.

WINDSCHEID, Bernhard. *Lehrbuch des Pandektenrechts*, Bd 1, 4ª Auf. Düsseldorf: Julius Buddeus, 1875.

WINDSCHEID, Bernhard. Wille und Willenserklärung. *Archiv für die civilistische Praxis*, 63, 1888.

WOLF, Manfred; NEUNER, Jörg. *Allgemeiner Teil des Bürgerlichen Rechts.* 10 Auf. München: C.H. Beck, 2012.

WORMSER, Isaac Maurice. *Disregard of corporate fiction and allied corporation problems.* Washington: Beard Books, 2000 (reprinted).

ZAMPIER, Bruno. *Bens digitais.* Indaiatuba: Foco, 2017.

ZANCANER, Weida. *Da responsabilidade extracontratual da administração pública.* São Paulo: RT, 1981.

ZANNONI, Eduardo. *El daño em la responsabilidad civil.* Buenos Aires: Astrea, 1987.

ZILLETTI, Ugo. *La dottrina dell'errore nella storia del diritto romano.* Milano: Giuffrè, 1961.

ZITTELMANN, Ernst. *Begriff und Wesen der sogenannten juristischen Personen.* Leipzig: Duncker & Humblot, 1873.

ZITTELMANN, Ernst. *Irrtum und Rechtsgeschäft: Eine psychologisch-juristische Untersuchung*, Leipzig: Duncker & Humblot, 1879.

ZWEIGERT, Konrad; KÖTZ, Hein. *An introduction to comparative law.* 3rd ed. Translated by Tony Weir. Oxford: Clarendon Press, 2011.

ZWEIGERT, Konrad; KÖTZ, Hein. *Introducción al derecho comparado.* Trad. Arturo Vázquez. México: Oxford, 2002.